国学经典文库

中国二十大名著

图文珍藏版

济公全传

聚天地神灵鬼怪于一书 演人间悲欢离合于一世

[清] 郭小亭 ○著

马博 ○主编

第十九册

中国名簿

线装书局

图书在版编目（ＣＩＰ）数据

济公全传 / (清) 郭小亭著. -- 北京：线装书局，
2016.1
　（中国二十大名著 / 马博主编）
　ISBN 978-7-5120-2004-7

　Ⅰ.①济… Ⅱ.①郭… Ⅲ.①章回小说－中国－清代
Ⅳ.①I242.4

　中国版本图书馆CIP数据核字(2015)第255663号

济公全传

原　　著：［清］郭小亭
主　　编：马　博
责任编辑：高晓彬
装帧设计：博雅圣轩藏书馆
　　　　　Boyashengxuan Cangshuguan
出版发行：线装书局
　　　　地　址：北京市西城区鼓楼西大街41号（100009）
　　　　电　话：010-64045283（发行部）　64045583（总编室）
　　　　网　址：www.xzhbc.com
经　　销：新华书店
印　　制：北京彩虹伟业印刷有限公司
开　　本：710mm×1040mm　1/16
印　　张：28
字　　数：340千字
版　　次：2016年1月第1版第1次印刷
印　　数：0001－3000套

定　　价：4980.00元（全二十册）

导读

　　济公是一个妇孺皆知的传奇人物,他的传奇经历被多次搬上荧幕。《济公全传》是济公传说的最早蓝本之一,全书共二百四十回,将从宋代即开始流传的济公传说进行整理,其主要内容是济公出家以后行侠仗义的故事,而对济公的童年生活描写较少,全书的结构较为松散,但由于贯穿始终的主人公济公给人留下了深刻的印象,所以在一定程度上弥补了这一缺陷。

目　录

国学经典文库

中国二十大名著

目录

图文珍藏版

国学经典文库

中国二十大名著

目录

图文珍藏版

3

国学经典文库

中国二十大名著

目录

图文珍藏版

4

国学经典文库

中国二十大名著

目录

图文珍藏版

5

国学经典文库

中国二十大名著

目录

图文珍藏版

6

国学经典文库

中国二十大名著

目录

图文珍藏版

国学经典文库

中国二十大名著

目录

图文珍藏版

9

图文珍藏版

国学经典文库

中国二十大名著

目录

图文珍藏版

11

国学经典文库

中国二十大名著

目录

图文珍藏版

第一回　李节度拜佛求子
　　　　　真罗汉降世投胎

诗曰：

闲居慎勿说无妨，才说无妨便有妨。
争先经路机关恶，退后诚言滋味长。
爽口物多须作疾，快心事过必为殃。
与其病后能求药，不若病前能自防。

话说南宋自南渡以来，迁都临安，高宗皇帝建炎天子四年，改为绍兴元年。在朝有一位京营节度使，姓李名茂春，原籍浙江台州府天台县人，娶妻王氏，夫妻好善。李大人为人最慈，带兵军令不严，因此罢官回籍，在家中乐善好施，修桥补路，扶危济困，冬施棉衣，夏施汤药。这李大人在街市闲游，人都呼之李善人。内中就有人说："李善人不是真善人，要是真善人，怎么会没儿子？"这话李大人正听见，自己回至家中，闷闷不乐。夫人王氏见大人回来闷闷不乐，就问大人因何不乐？大人说："我在街市闲游，人都称我为李善人，内中就有人暗中说，被我听见。他说我隐恶扬善，又说善人不是真心，要是真心为善，不能没儿子。我想上天有眼，神佛有灵，当教你我有儿子才是。"夫人劝大人纳宠，买两侍妾，也可以生儿养女。大人说："夫人此言差矣，吾岂肯做那不才之事？夫人年近四旬，尚可以生儿育女。你我斋戒沐浴三天，同到永宁村北天台山国清寺拜佛求子。倘使上天有眼，你我夫妻也可生子。"王氏夫人说："甚好。"

　　李茂春择了日期，带着僮仆人等，夫人坐轿，员外乘马，到了天台山下，只见此山高耸天际，山峰直立，树木森森，国清寺在半山之上。到了山门以外，只见山门高大，里面钟鼓二楼。前至后五层大殿，后有斋堂客舍，经堂戒堂，二十五间藏经楼。员外下马，里面僧人出来迎接，到客堂奉茶。老方丈性空长老知道是李员外降香，亲自出来接见，带着往各处拈香。夫妻先至大雄宝殿拈香，叩求神佛保佑："千万教我得子，接续香烟。如佛祖显灵，我等重修古庙，再塑金身。"祷告已毕，又至各处拈香。到了罗汉堂拈香，方烧至四尊罗汉，忽见神像由莲台坠地。性空长老说："善哉，善哉，员外定生贵子，过日我给员外道喜。"

　　李员外回到家中，不知不觉夫人有喜。过了数个月，生了一个公子。临生之时，红光照院，异香扑鼻，员外甚喜。这孩儿自生落之后，就哭声不止，直至三朝。这日正有亲友来庆贺，外面家人来回话，说有国清寺方丈性空给员外送来一分厚礼，亲来贺喜。员外迎接进来。性空说："员外大喜。令郎公可平安？"员外说："自从生落之后，直哭到今朝不止。吾正忧虑此事。老和尚有何妙法能治？"性空说："好办。员外先到里面把令公子抱出我看看，就知道是何缘故了。"员外说："此子

国学经典文库　中国二十大名著　济公全传　图文珍藏版

未过满月，就抱出来，恐有不便。"性空说："无妨。员外可用包袱盖上，可以不冲三光。"员外一听有理，连忙把孩儿从里面抱出来，给大众一看。那孩儿生得五官清秀，品貌清奇，啼哭不止。性空和尚过来定睛一看，那孩儿一见和尚，立止啼哭，一咧嘴笑了。老和尚就用手摸那孩儿头顶说：

"莫要笑，莫要笑，你的来历我知道。你来我去两抛开，省的大家胡倚靠。"

那孩儿立时不哭了。性空说："员外，我收一个记名徒弟，给他取个名字，叫李修缘走吧。"员外应了，把孩儿抱进去，出来给和尚备斋。吃去吧，众亲友都散去，性空长老也去了。员外另雇奶娘扶养孩儿。

光阴似箭，日月如梭，不知不觉过了几年。李修缘长至七岁，懒说懒笑，不与同村儿童聚耍。入学读书，请了一位老秀才杜群英先生在家教他，还有两个同伴，一个是永宁村武孝廉韩成之子韩文美，年九岁。还有李夫人内侄，永宁村住，姓王名全，乃是兵部司马王安士之子，年八岁。三子共读书，甚是和美。就是李修缘年幼，过目不忘，目读十行，才华出众。杜先生甚奇之，常与人言："久后成大器者，李修缘也。"至十四岁，五经四书诸子百家，背诵极熟，合王韩两人在学房时常作诗，口气远大。

这年想要入县考取文童，李茂春卧床不起，人事不知，病势垂危。派人把内弟王安士请来到床前。李员外说："贤弟，我不久于人世，你外甥与你姐姐全要你照应。修缘不可纵性废读，吾已给他定下亲了，是刘家庄刘千户之女。家中内外无人，全丈贤弟分心。"王安士说："姐丈放心养病，不必多嘱，弟自当照应。"员外又对王氏夫人说："贤妻，我今年五十五岁，也不算夭寿。我死之后，千万要抚养孩儿，教训他成名。我虽在九泉之下也甘心。"又嘱了修缘几句话，自己心中一乱，口眼一闭，呜呼哀哉。李员外一死，合家恸哭。王员外帮办丧事已毕，修缘守制不能入场。是年王全、韩文美都中了秀才，两家贺喜。

王氏夫人家中有一座问心楼，一年所办之事，写在账上。每到岁底，写好表章，连同账一并交天，一年并无一件事隐瞒的。李修缘好道学，每见经卷必喜爱，读之不舍。过了二年，王氏夫人一病而亡，李修缘自己恸哭一番，王员外帮办丧事完毕。李修缘喜看道书，到了十八岁，这年孝满脱服，他立志出家，看破红尘，所有家中之事，都是王员外办理。李修缘自己到了坟上，烧了些纸钱，给王员外留下一纸书字，径自去了。王员外两日不见外甥，先派人各处寻找，不见外甥。自己拆开字来一看。上面写的是：

修缘去了，不必寻找。他年相见，便知分晓。

王员外知道外甥素近释道，在临近庵观寺院各处派人寻找，并不见下落。派家人贴白贴，在各处寻找："如有人把李修缘送来，谢白银百两。如有人知道实信，人在何处，送信来，谢银五十两。"一连三个月并无下落。

书中交代，且说李修缘自从家中分手之后，信步游行，到了杭城，把银钱用尽，到了庙中要出家，人家也不敢留他。他自己到西湖飞来峰上灵隐寺庙中见老方丈，要出家。当家和尚方丈乃是九世比邱僧，名元空长老，号远害堂。一见李修缘，知道他是西天金身降龙罗汉降世，奉佛法旨为度世而来，因他执迷不醒，用手击了他三掌，把天门打开，他才知道自己根本源流，拜元空长老为师，起名道济。他坐禅坐颠，还有些疯。庙里独叫他颠和尚，外面又叫他疯和尚，讹言传说济颠僧。他本是奉佛法旨，所为度世而来，自己在外面济困扶危，劝化众生，在庙内不论哪个和尚，有钱就偷，有衣服偷出去就当了吃酒，最爱吃肉。常有人说和尚例应吃斋，为什么吃酒？济颠说："佛祖留下诗一首，我人修心他修口。他人修口不修心，唯我修心不修口。"自己就是与庙中的监寺广亮不对。庙中除去了方丈，就属监寺僧为尊。广亮新作了一件僧衣，值钱四十吊。他偷了去当在当铺中，把当票贴在山门上。监寺广亮一见僧袍没有了，派人各处一找，把当票找着。和尚挂失票不行，把山门摘下来，四人抬着去赎。广亮回禀老方丈，说："庙中疯和尚不守清规，常偷众僧的银钱衣服等物，理应按清规治罪于他。"元空长老说道："道济无赃，不能治他。你等去暗中访察，如要有赃证，把他带来见我就是。"广亮派两个徒弟在暗中访拿济颠。

济颠在大雄宝殿桌头睡觉，两个小和尚志清、志明每日留神。这天见济颠在大殿里探头出来，往各处偷瞧了多时，后又进去一看，蹑足潜踪出来，怀中鼓棚棚的。方至甬道当，只见志清、志明由屋中出来，说："好济颠，你又偷什么物件？休想逃走！"过去一伸手，把那济颠和尚抓住，一直竟到方丈房中回话。监寺的先见长老说："禀方丈知道，咱们庙中济颠不守清规，偷盗庙中物件，按清规戒律之例治罪。"元空长老一听，心中说："道济，你偷庙中物件，不该叫他等拿住。我虽然庇护你，也无话可说。"吩咐人："把他带上来就是。"济公来到方丈前屋内说："老和尚你在哪里？我在这里问心。"见了方丈永远是这样，元空也不教他磕头，说道："道济不守清规，偷盗庙中物件，应得何罪？"广亮说："砸毁衣钵戒牒，逐出庙外，不准为僧。"老方丈说："我重责他就是。"就问道："道济，把偷之物献出。"济公说："师傅，他们真欺负我。我在大雄宝殿睡觉，因扫地没有盛土之物，我放在怀中。你等来看吧。"说着，把丝绦一解，哗啦落下土片。老方丈大怒，说："广亮误害好人为盗，应得重责！"吩咐看响板要打监寺。众僧都来瞧热闹。

济公自己出来，到了西湖，见树林内有人上吊。济公连忙过去要救此人。正是：行善之人得圣僧救，落难女子父女相会。要知后事如何，且看下回分解。

第二回　董士宏葬亲卖女
活罗汉解救好人

话说济公长老在西湖见一个人方要上吊，自己按灵光一算，早已知道。书中交代，那人姓董名士宏，原籍浙江钱塘县人，为人事母至孝。父早丧，母秦氏。娶妻杜氏早死，留下一女名玉姐，甚伶俐。董士宏锤金匠手艺，他女儿八岁时，秦氏老太太染病不起，董士宏小心进汤医。家贫无力赡养老母，把女儿玉姐典在顾进士家作女，十年回赎，典银五十两，给老太养病。老母因看不见孙女，问："我孙女哪里去了？"董士宏说："上他外祖那里去了。"老太太病重，一连七日不起，竟自呜呼哀哉。他就把家中些银两尽力葬母之后，自己到镇江府那里忍耐时光。十载光景，好容易积凑了六十两纹银，想把女儿赎出来，另找婆家。在路上无话。

这一日到了临安，住在钱塘门外悦来店中。带了银两，明日到了百家巷。一问顾宅进士，左右邻居都说："顾老爷升了外任，不知在哪儿做官？"董士宏一听，如站万丈高楼失脚，扬子江断缆崩舟。自己各处访问，并不知顾大人住在哪里，也不知女儿下落。到了钱塘门外，在天竺街吃酒店吃了几杯闷酒，不知不觉，醉入梦乡。出了酒店想要回寓，不觉自己失错了道路，把银子也丢了。及至酒醒，身边一摸，银子丢了！这一惊非同小可，无奈走至树林，越想越无滋味，想："女儿也不能见面了，自己不如一死，以了此生之孽冤。"想罢，来至树林，把腰中丝绦解下来，拴上一个套儿，想要自缢身死。忽然对面来了一个和尚，口中说："死了死了，一死就了，死了倒比活的好，我要上吊。"解下丝绦，就要往树上拴。董士宏一听，猛吃一惊，抬头一看，只见那僧人长的甚为不堪。怎见得？有诗为证：

脸不洗，头不剃，醉眼乜斜睁又闭。若痴若傻若癫狂，到处诙谐好耍戏。破僧衣，不趁体，上下窟窿钱串记。丝绦七断与八结，大小鹑鹕接又续。破僧鞋，只剩底，精光两腿双胫赤。涉水登山如平地，乾坤四海任逍遥。经不谈，禅不理，吃酒开荤好诙戏。警愚劝善度群迷，专管人间不平气。

董士宏看罢，只听和尚说："我要上吊了！"就要把绳子往颈里套。董士宏连忙过去，说："和尚，你为什么去寻短见？"济公说："我师傅同我化了三年之久善缘，日积月累，好容易凑了五两银子。我奉师傅之命，派我买两身僧衣僧帽，我最好喝酒，在酒馆之中，因为多贪了两杯酒，不知不觉，酩酊大醉，把五两银子丢了。我有心回庙见我师傅，又怕老和尚生气。我自己越思越气，无路生活世上，故来此上吊。"董士宏一听这话，说："和尚，你为了五两银子，也不至于死。我囊内尚有散银五六两，我亦是遇难之人，留了也无用。来罢，我周济你五六两银子吧。"伸手掏出了一包递给和尚。和尚接在手中哈哈大笑说："你这银子可不如我那银子那样好，又碎又有成色潮点。"董士宏一听，心中不悦，暗想："我白施舍给你银子，你还嫌不好。"自己说："和尚，你对付着使用去吧。"和尚答应一声，说："我走了。"董士宏说："这个和尚真真不知人情世务。我白送给他银子，他还说不好，临走连我姓没问，也不知谢我，真正是无知之辈。唉，反正是死。"

正在气恼，只见和尚从那边又回来，说："我和尚一见了银子全忘了，也没问恩公贵姓？因何在此？"董士宏把自己丢银子之故，说了一遍。和尚说："你也是丢了银子啦，父女不能见面。你死吧！我走啦。"董士宏一听，说："这个和尚太不知世务，连话都不会说。"见和尚走了五六步又回来说："董士宏，你是真死假死呢？"董士宏说："我是真死，怎么样？"和尚说："你要是真死，我想你做一个整人情吧。你身上穿了这身衣服，也值五六两银子。你死了，也是叫狼吃狗咬，白白地糟蹋。你脱下来送给我吧。落一个净光来净光去，岂不甚好？"董士宏一听此言，气得浑身发抖，说："好个和尚，你真懂交情！我同你萍水之交，送你几两银子，我反烧纸引了鬼来！"和尚拍手大笑说："善哉，善哉，你不要着急。我且问你，你银子丢失，你就寻死。五六十两银子也算不了什么。我代你去把女儿找着，叫你父女相会，骨肉团圆好不好？"董士宏说："和尚，我把赎女儿的银子已丢了，就是把女儿找着，无银赎身，也不行。"和尚说："好，我自有道理，你同我走吧。"董士宏说："和尚，宝刹在哪里参修？贵上下怎么称呼？"济公说："我西湖飞来峰灵隐寺。我名道济，人皆叫我济颠僧。"董士宏见和尚说话不俗，自己把丝绦解下，说："师傅你说上哪儿去？"济公说："走。"转身带了董士宏往前走。和尚口唱山歌：

走走走，游游游，无是无非度春秋。今日方知出家好，始悔当牛做马牛。想恩爱，俱是梦幻。说妻子，均是魔头。怎如我赤手单飘，怎如我过府穿州，怎如我潇潇洒洒，怎如我荡荡悠悠，终日快活无人管，也没烦恼也没忧。烂麻鞋踏平川，破衲头赛缎绸。我也会唱也会歌，我也会刚也会柔。身外别有天和地，何妨世上要髑髅。天不管，地不休，快快活活傲王侯。有朝困倦打一盹，醒来世事一笔勾。

话说和尚同了董士宏往前走，进了钱塘门，到了一条巷内。告诉董士宏说："你在这里站着，少时有人问你生辰年岁，你可就说。你可别走，我今日定叫你父女见面，骨肉相逢。"董士宏答应说："圣僧慈悲慈悲。"和尚抬首一看，见路北有一座大门，门内站着几十个家人，门上悬牌挂匾，知道是个仕宦人家。自己迈步上了台阶，说："辛苦众位。贵宅赵姓吗？"那些家人一瞧，是个穷和尚，说："不错，我们这主人姓赵。你做什么？"和尚说："我听人说，贵宅老太太病体沉重，恐怕要死，我特意前来见见你家主人，给老太太治病。"那些家人一听和尚之言，说；"和尚，你来得不巧。不错，我家老太太因我家小主人病重，心疼孙子，急上病来，请了多少先生皆没见好。我家主赵文会最孝母，见老太太病重，立时托人请精明医家。有一苏员外，字北山，他家也是老太太病了，请一位先生绰号赛叔和，姓李名怀春。此人精通岐黄之术，我家主人方才上苏宅请先生未回来。"

正说着，从那面来了一群骑马之人。为首三个人，头一匹白马上人，五官清秀，年约三旬，头戴四棱巾，上安片玉，绣带双飘，身披宝蓝缎逍遥员外氅，上绣百蝠百蝶，足蹬青缎宫靴。面皮微白，海下无须。此人就是赛叔和李怀春。第二位是双叶宝蓝缎逍遥员外巾，三蓝绣花，迎面箍美玉，安明珠。身穿蓝缎逍遥氅，足下青缎宫靴。面如古月，慈眉善目，三绺长髯，飘洒胸前。这就是苏北山。第三位也是富翁员外打扮。白面长髯，五官清秀。和尚看完，过去拦住马说："三位慢去，我和尚守候多时了。"赵文会在后面，一见疯和尚截住去路，说："和尚，我等有急事，请先生给老母治病，化缘改日来，今日不行。"和尚说："不行？我并非化缘，我今日听说府上老太太病势沉重，我是许下心愿，哪里有人害病，我就去给调治。今日我是特意来给治病。"赵文会说："我这里请来先生，乃当代名医。你去吧，不用你。"和尚一听，回头看了李怀春一眼，说："先生，你既是名医，我领教你一味药材治什么病。"李先生说："和尚，你说什么药？"济公说："新出笼热馒首，治什么病呀？"李先生说：

"《本草》上没有，不知。"和尚哈哈大笑说："你连要紧的事均不知道，还敢自称名医！新出笼热馒首治饿，对不对？你就跟我来。"赵文会、苏北山也不好拦住，只好同着和尚进了大门，来到老太太住的上房之内落座，家人献上茶来。

老先生先给太太看脉，道："是痰瘀上行，非把这口痰治上来不能好。老太太上了年岁之人，气血两亏，不能用药。赵员外另请高明吧。"赵文会说："先生，我又不在医道之内，我知道哪里有高明之人？你可荐一人。"李先生说："咱们这临安，就我和汤万方二人。他治得了的病，我也能治；他治不了的病，我也不行。我二人都是一样能为。"正说到这儿，济公答说："你等不要着急，我先给老太太看看如何？"赵文会本是孝子，一听和尚之言，说："好，你来看看。"李怀春也要看看和尚能为。济公来至老太太近前，先用手在头上拍了两掌，说："老太太死不了啦，脑袋还硬着呢。"李怀春说："和尚，你说的什么话？"济公说："好，我把这口痰叫出来就好了。"说着，走到了老太太跟前，说："痰啦痰啦，你快出来吧！老太太快堵死了。"李先生暗笑说："这不是外行吗？"只见老太太咳出一口痰来。济公伸手掏出一块药说："拿一碗阴阳水。"家人把水取来。赵文会一看说："和尚，你那药叫何名？可能治我母亲之病吗？"济公大笑，手托那块药："此药随身用不完，并非丸散与膏丹，人间杂症他全治，八宝伸腿瞪眼丸。"济公说罢，把药放在碗内说："老太太因急所得，一口瘀痰上涌，立刻昏迷不醒，你等给她好好扶养，吃了我这药，立见功效。"赵文会一听，知道和尚有些来历，说的原因真对，忙忙说："圣僧，你老人家慈悲吧！我母因疼孙子，急的这场病。我有一小儿方六岁，得了一宗冤孽之症，昏迷不醒。我母一急，把痰急上了。师傅要治好我母病，再求给小儿治治。"和尚叫把药灌下去，老太太立刻痊愈。赵文会过来给老太太请安，复给和尚磕头，求和尚给他儿子治病。济公说："要给你儿治病也不难，须依我一件事，方能治好。"赵文会问哪一件事。济公不慌不忙，说出这件事来，叫董士宏父女相会，赵文会全家病好。要知后事如何，且看下回分解。

第三回　施禅机赵宅治病　说佛法暗中救人

话说济公把赵文会之母治好，还有六岁孩儿求济公治。济公说："我可能治，就是药引子难找。非有五十二岁男子，还得是五月初五日生人；十九岁女子，八月初五日生人。二人的眼泪合药，才可治好。"苏北山、李怀春见和尚真有来历，便问和尚在哪里住？贵上下怎么称呼？和尚全皆说明。赵文会至外面派家人找五十二岁男子，五月初五日生人。众人觅问一回，就连本宅及外来亲友家人皆没有。岁数对了，生日不对；日月对了，年纪不对。大众直找至门口，见外面站了一人，年约半百以外。家人赵连升忙过去抱拳拱手，说："老兄贵姓？"那人说："我姓董名士宏，本钱塘人氏，在这里等人。"家人说："老兄五十二岁吗？"答曰："不差。"又说："五月初五日生辰吗？"答曰："不差。"家人忙过去一拉，说："董爷你跟我来，我家主人有请！"董士宏说："贵主人怎么认得我？你说给我听再去。"家人就把找药引子之故，说了一番。那董士宏就跟他到了里面，见了济公、赵文会等，家人回明，皆引见了。济公说："快去找十九岁女子，八月初五日生人来。"董士宏一听，这岁数及生日，和他女儿一般，心中辗侧不安。只见家人进来说："姑奶奶的丫鬟春娘是十九岁，八初五日生辰，把她找来了。"只见由外面进来一个女子。董士宏一看，是自己的女儿，心中一惨，落下泪来。姑娘一看是她父亲，也是啼哭。和尚哈哈大笑说："善哉，善哉，我今一举三得，三全其美。"伸手取出药来，托在手中，叫家人用二人泪水化下药，叫人给赵公子灌下去。少时神清气爽，病症全好。和尚告诉赵文会董士宏丢银子上吊，自己救他父女团圆之故。赵文会帮了董士宏一百两银子，把春娘教他领去，自给姑奶奶再买一个使女。李怀春一问和尚，方知和尚是灵隐寺济公长老。苏北山过来给和尚行礼,求慈悲慈悲,给母亲治病。和尚站起身来说:"我到你家里去吧。"苏北山说:"很好。"赵文会也不好相留,拿出白银百两,给济公做衣服。和尚说:"你如谢我,附耳过来,如此如此。"赵文会说:"师傅请放宽心,我是日必到。"说完,同苏北山出了赵宅。董士宏父女谢济公送走不提。

且说和尚到了苏北山家中书房落座,和尚问苏北山:"令堂老太太之病,可曾请人治过?"苏北山说:"实不相瞒,请过多少先生皆不行。前者有一位神医活人汤万方先生给治,并未见好。又转请李先生给治,也不见效。皆说上岁数人,气血两亏,不能扶养也。我也尽力凭天命。今日得遇圣僧,真乃三生有幸,该当老母沉疴痊愈。"说着,就同和尚出了书房,来至青竹轩西院上房门首,是路北五间,至内落座。只见老太太在床上躺着,那些婆子丫鬟均站旁边,笑和尚身上破褴不堪。和尚说:"你等休笑我这件衣服,且听我道来:世人休笑僧衣破,本来面目世上无。"家人献上茶,济公掏出一块药,托在手中。苏北山一见,其黑似槟榔,异香扑鼻,伸手接了灵丹妙药,问:"此药何名?"济公说:"那是我和尚的妙药,名叫要命丹。比如人要该死,吃了我这药去,把命要回来。又名伸腿瞪眼丸。"苏北山用水化开,给他母亲灌下去,少刻老太太病症痊愈。苏北山吩咐摆酒,请和尚在书房之内,落座吃酒,谈论些古往今来之事。济公胸藏锦绣,满腹经纶。苏北山方知是一位世外高人,便拜和尚为师,要给和尚换衣服。济公一概不要,说:"你要谢我,只需如此这般。我要走了。"苏北山说:"师傅,我这里就同你老人家俗家一般,哪时愿意来,哪时就来,在我家住着。"和尚答应说:"好说,我今天回庙去了。"和尚出了苏宅,到街市之上,口唱狂歌说:

自古当年笑五侯,含花逗锦最风流,如今声势归何处?孤家斜阳漫对愁。嗟我儿辈且修修,世事如同水上鸥,因循迷途归愿路,打破迷关一笔勾。

济公回到庙中,他在大碑楼上睡觉。广亮要害济公长老,以报前仇,知道济公在大碑楼上睡觉,派徒弟必清夜内放火烧死济公。头次放火,被济公一泡尿,撒了小和尚一脑袋,把火浇灭。二次又放火,把大碑楼点着了,只见烈焰腾空,火光大作。有诗为证:

凡引星星之火,勾出离部无情。随风照耀显威能,烈焰腾空势猛。只听忽忽声响,冲霄密布烟升,满天遍地赤通红,画阁雕梁无影。

这大火一起,庙中众僧皆起来说:"不好了,快救火!疯和尚道济在楼上睡觉,要被火烧死!也该遇着劫吧。"大众把火救灭,监寺广亮以为这次把疯和尚烧死,无人知觉,正喜悦之间,只见济公由大雄宝殿出来,哈哈大笑说:"人叫人死天不肯,天叫人死有何难!"广亮一见济公没死,心中不悦。他至方丈那里回话,说:火烧大碑楼,理应治罪于他。老方丈说:"火烧大碑楼,此乃天意,与道济何干?"广亮回禀方丈:"国有王法,庙有清规。咱这庙内一人点灯,众人皆点灯,按时刻吃斋睡觉。道济点灯火不息,连夜点灯,凡火接引神火,有犯清规,理应治罪于他,砸毁衣钵戒牒,逐出庙外,不准为僧。"老方丈说:"太重,派他募化重修可也。"吩咐:"叫道济进来见我。"不多时,只见济公从外面进来,立在方丈面前打一问讯,说:"老和尚在上,我问讯了。"方丈说:"道济,你不守清规,火烧大碑楼,派你化缘重修此楼,必得一万两银子工程。问你师兄给你多少日子限。"济公说:"师兄,你给我几日限?"广亮说:"三年你可化来一万两银子吗?"济公说:"不行,太远,还得说近着些日期。"广亮说:"一年你花一万两银子,修大碑楼工程,行了吧?"济公说:"不行,还远,你往近处说吧。"广亮又说:"半年吧。"他摇头还叫说近些。广亮说:"一月。"济公仍嫌远。广亮说:"一天你花一万两银子可行吗?"济公说:"一天花一万两银子,你去化吧,我不行。"济公说罢,哈哈大笑。众僧皆议论道:"一百天限期,叫他去化。如化了一万两银子,将功折罪。"济公也答应,每日出去化缘,在临安舍药救人,普度众生,记名徒弟收了无数。装疯作傻,也不露本来面目。

那日在飞来峰后山坡之上,见两猎户扛着兔鹿狐鹳。他阻住去路说:"二位贵姓?哪里去?"那人说:"我叫陈孝,绰号美髯公。那是我结拜弟,病服神杨猛。由山上打猎回来,师傅何人?"济公说明了,又哈哈大笑说:"每日在山穴,终将来打猎，你为养你生，他命就该绝。"杨猛、陈孝知和尚是高人隐士，立刻跪下行礼，拜济公为师，说："我二人从此改行，同朋友在镖行找碗饭吃，想个安身立命之处。"和尚说："好，你等必日见茂盛。"二人走后，和尚在庙吃酒开荤，并不化缘。广亮也不催他，想到了日期，好把他逐出。

光阴荏苒，日月如梭，过了一个多月，他一两银子没花。这日济公见看山门的和尚不在，他到了韦驮殿，看神像威仪，甚为可观。有诗为证：

凤翅金盔耀目，连环锁甲飞光。手中铁杵硬如钢，面似观音模样。足蹬战靴墨绿，周身绣带飘扬，佛前护法大神王，魔怪闻知胆伤。

济公看罢，说："老韦同我出去逛逛吧。"伸手把韦驮扛起来，出了山门，循西湖往前行走。来往行路之人就说："众位，我瞧见过化缘和尚，有拉大锁的，有打木鱼的，没见过扛着一个韦驮爷满街化缘的。"和尚哈哈大笑说："你不开眼，少说话。这是我们庙中搬家。"众人听和尚之言都笑了。

和尚正往前走，猛抬头一看，只见一股黑气直冲霄汉之间。济公按灵光连击三掌，口中说："善哉，善哉，我焉能不管。"正往前走，只见大街路北有一座酒饭馆，是醉仙楼。上挂酒牌子，写的是：太白斗酒诗百篇，长安市上酒家眠。天子呼来不上船，口称臣是酒中仙。两旁对子是：醉里乾坤大，壶中日月长。里面杓只响。济公一掀帘子，说："辛苦了掌柜的。"里面掌柜一看，只当他是化缘的小和尚，说："和尚，咱这里是初一十五才给钱。"那济公说："是了，你们这里是初一十五才卖哪。"站在门外，只见，从东边来了三人，是米粮店掌柜请客来。济公一伸胳膊说："三位要吃饭那？这里初一十五才卖那。"三人一听往别家去了。一连来了三四起人，都被济公挡回去了。饭馆掌柜的大怒，从里面出来说："和尚，你都把吃饭之人挡走，是什么居心那？"济公说："我要吃饭，方一进门，你就告诉说初一十五。我知道你这里是初一十五才卖饭之人。"掌柜的一听说："我只当你是个化缘的哪，故此才告诉你初一十五施僧道的钱。你知道吗？"济公说："不对，我是吃饭的。"掌柜的说："你请进来吧。"济公扛韦驮到了后堂，找了一张净桌儿坐下，要了几样菜，吃了四五壶酒。用完，叫跑堂的过去，算一算，一共算一吊六百八十文。济公说："写账罢，改日吃了同给。"掌柜的早就在这里留神了，听说没钱，掌柜的过来说："和尚，把吃饭之人都给支走了。今日吃完，你不给钱走不了！必须要给一吊六百八十文。"济公正与伙计口角相争，只听外面一声喊，如雷劈之声。来了两位英雄，要大闹酒饭馆，引出许多事来。要知后事如何，且看下回分解。

第四回 扛韦驮周宅捉妖
病服神怒打老道

话说济公在酒饭馆吃完饭没钱，正和铺中人口角相争，只见从外面进来两个人，来至济公跟前行礼。众人一看，头走的那人，赫扬扬身高八尺以外，头戴翠蓝扎巾，擂金抹额，二龙斗宝，迎面茨菇叶乱晃，身穿蓝箭袖袍，腰系丝绦，足下青缎快靴，外披蓝缎绣团花英雄氅，面皮微黄，长眉阔目，二目神光满足，准头端正，四字方海口，海下一部黑胡须，飘洒胸前。后跟那人是二十以外年岁，头上粉缎色软包巾，绣团花分五彩，身穿粉色缎绫箭袖袍，上绣三蓝花朵，足下快靴，闪披英雄氅，面如白纸，白中透青，并无一点血色。头一位乃是美髯公陈孝，后跟病服神杨猛，新从外保镖回来，要上灵隐寺瞧瞧济公，正走至这里，听见饭馆中一阵喧哗，二人掀帘进来，见济公正与伙计争吵。他忙过来给济公行礼，说："师傅，你老人家因何来到这里争吵？哪个欺辱你老人家？告诉弟子，将他的脑袋给拿下来。"陈孝过来说："兄弟不可莽撞，问问倒是因为什么。"饭铺伙友见这两位形象，吓得战战兢兢，说："二位达官老爷别生气，原来这位大师傅吃完饭没钱，反出口不逊，因此争吵起来。"和尚说："好的，你们二个徒弟来得好，这饭铺把我欺辱苦了。"陈孝说："师傅，他们因为什么欺辱你？""和尚吃完饭，他们不放走，要钱。"陈孝一听这话，不由一笑，说："这应当给钱。"回头说："掌柜的，你们不认得这和尚，勿论吃多少钱，不要跟和尚要，三节我还钱。这就是灵隐寺活佛济公长老。"掌柜说："我们实在失敬。"和尚说："你们两人吃了饭没有？"陈孝说："你老人家的弟子，都是缙绅富户，用多少我不敢说，十两八两现成，何必你老人家化缘。"和尚上摇头说："化缘那是我和尚的本事。杨猛你给我扛个韦驮。"杨猛答应扛起来。

三个人出了酒店往东走，街上来往的人有认识杨猛、陈孝的，低声说："二位达官，怎么跟和尚化小缘哪？"陈孝臊的脸一红，蹲在一旁，跟熟人谈话。杨猛浑人，不懂得害臊，跟着和尚往前走，见眼前路北新开张的大茶叶铺，济公叫杨猛把韦驮放下。和尚心中一转："我必须得如此这般这样。"想罢，一上茶叶店台阶，说："辛苦，辛苦。"茶叶店一听和尚道辛苦，起紧过来说："和尚买茶呀？"和尚说："不买茶叶。你这铺子是新开张，我来道喜。"伙行说："原来和尚你来道喜，请里面吃茶去吧。"济公说："一来道喜，二来我来化个小缘。"伙计说："你化小缘化多少钱？"和尚道："你给二百两银子我就走，并不多要。"伙计一听说："化小缘就是二百两！和尚你别处去化罢，我们这店施舍不起。"济公闻听哈哈大笑说："这时候花你二百两，你给就算完；要等太阳一正午，就是四百两；太阳一斜西，就是六百两；太阳一落，就是八百两。我要叫花一天一夜，把你的铺子给我，还算不清账。"掌柜一听这话，知道是个疯和尚，来这搅闹。旁边有买茶叶的人爱管闲事，过来说："和尚，人家大新开张的，你别在这里闹。你要化两股香钱，我给你；要花三吊两吊的，换换衣裳，改天来，在我身上。"和尚说："在你身上，你驼得动我吗？"那人一听和尚话不正经，说："和尚，别玩笑，我不管你，你可准化出银子来，化不出来不算好和尚。"济公说："不用你管，你瞧着我必有个转身。"济公说："杨猛，回头你瞧。由南胡同出来一个老道，你揪住，把他打死这铺子门口，叫茶叶铺打一场人命官司。"杨猛本是浑人，听见济公说，他点头答应，瞪着眼瞧着胡同内，静等老道。

果然工夫不大，由胡同出来一个老道，身高八尺，细腰扎背，头戴青缎子九梁道巾，身穿蓝缎子道袍，腰系丝绦，白袜云鞋，背上背着一口宝剑，绿鲨鱼皮鞘，黄绒穗头，黄绒腕，真金什件。面如三秋古月，慈眉善目，五官倒也清秀，三绺长髯，飘洒胸前，根根见肉。一面走，老道口中作歌道：

玄中妙，妙中玄，三清教下有真传。也非圣，也非仙，长在洞中苦修炼，口服金丹原神现，方显三清真有传。

杨猛一看，勃然大怒说："好妖道，我在此等候多时，哪里走？"赶过去抢拳就打。

书中交代，这个老道从哪里来？济公长老因为什么叫杨猛打他？只因为这临安城内太平街，住有一家财主，姓周名景，字望廉，外号人称周半城。家中称百万之富，跟前就个儿子，名叫周志魁，二十一岁，尚未有室。周志魁长得相貌甚美，每逢提亲，是高不成，低不就。官宦人家又不给，小户人家又不要，因此总未定亲。周员外七十余岁，就是这一子。这天周志魁忽然染病，在花园书房调养，请了许多高明医生，吃药永不见功效。老员外心中烦闷，这天晚上，自己点上灯笼要亲自到后花园书房看看病体如何。刚来到书斋门首，就听屋中有男女欢笑之声。老员外心中一动："这必是婆子丫鬟勾引我儿做那苟且之事，这还了得！败坏家风，我倒要看看是什么人？"来至窗棂外，将纸窗湿破，往里一看。这屋中是顺前檐炕，炕上搭着小桌，摆着几样菜，一支蜡烛。东边是他儿坐定，西边坐着一个如花似玉的女子，生得芙蓉白面，珠翠满头。老员外细细一看，认得是东隔壁街邻王成王员外之女，名叫月娥。老员外大吃一惊，心说："我与王员外是孩童携手，垂髫之交，这两个孩子做出这不要脸之事。"自己也没敢进去，怕二人害羞难当死了。自己转身回归前面上房，一见安人，把灯笼熄灭，老员外叹了一口气，说："安人，你晓得儿子哪里是病！他与东隔壁王成之女王月娥，在那里吃酒取乐。你看这便如何是好？"安人说："员外不必着急，明天你亲到那院，见见王贤弟，跟他谈谈，问问她女儿有婆家没有，如没有婆家，赶紧托媒人去说。一来保住两家名节，二则依了他们两人之心愿，倒是两全其美。"员外一听此言，深为有理。夫妻安歇，一夜晚景无话。

次日早晨起来,吃了早饭,带着家人,老员外换上衣服,出去要拜王员外。刚来到门首,就见由正西尘沙荡漾,土雨翻飞,一骣马二乘小轿,来者正是王员外。那王员外翻身下马,就与周半城行礼。王成说:"兄长久违,一向可好?"周员外说:"贤弟你上哪里去了?轿里是什么人?"王成说:"轿里是你侄女王月娥,她在她娘舅家住了两个多月,只因我给她说停当婆家,明天放定礼,故此今天一早,我亲身前去接她回来。"周员外一听,心中一动:"此言差矣,昨天我看见王月娥在后面同我儿吃酒,她怎么又会在舅舅家住两个月?莫非我眼花了,认错了人?决定不会!"想罢,说:"贤弟,你把轿子搭进大门,我瞧瞧我这个侄女。"王成叫把轿子搭进来。婆子下轿,把小姐轿帘掀开,搀王月娥下轿过来,给周员外深深万福。周员外一看,果然跟昨天看见在书房的女子长得一般不差,心中一想:"了不得了!那个王月娥是非妖便则怪,非鬼便则妖狐。"自己一着急,几乎跌倒,幸有人扶住。王员外说:"兄长,见你侄女为何这样?"周员外说:"贤弟,我看见侄女,想起你侄儿来了,现在病势沉重。"王成说:"我实在不知道,过一天必要来看望。"说罢,员外告辞。

周员外回到家里,唉声叹气,安人一问缘由,也是着急。员外说:"你我夫妻活不成了。这怎么是好?"夫妻正在烦恼,由外面进来一个书童叫得福,十五六岁,甚是伶俐,说:"员外不必着急,在清波门外有座三清观,有个老道刘泰真,善能捉妖净宅,退鬼治病。员外去请他来,准能把公子爷病体治好。"员外一听有理,赶紧吩咐备马,带着四个从人,书童引路,来到清波门外三清观门首,下马叩门。由里面出来一个小道童,问:"你们几位找谁?"家人说:"我们是城里周员外那里来此,请道爷捉妖。"道童往里面通报。这庙一层殿,东西配殿,有东西跨院。老员外来到东跨院,老道降阶相迎。周员外见老道头戴旧道巾,蓝布道袍,五官清秀。员外说:"久仰仙长大名,如轰雷贯耳。现在我花园有妖作乱,变了一个女子,是我们邻居王月娥的模样,将我儿志魁迷住。求仙长大发慈悲,去捉妖净宅,退鬼治病。"老道知周宅是大财主,连忙答应,说:"员外请回,小道随后就到。"老员外吃了一碗茶告辞,老道送出来,回至庙中,问:"道童,我的新道冠新鞋,押多少钱?"道童说:"那天打酒押两吊。"老道说:"拿磬和蜡扦换出来。我那道袍丝绦当多少钱?"道童说:"当五吊。"老道说:"拿围桌和幔帐顶去换出来。这一去得穿好点,好多进钱。"道童赎来,老道穿戴齐了,就步进清波门。他又绕着进钱塘门,为是显显这身衣裳。正往前走,只听对面一声呐喊,杨猛抡拳就打。济公要戏要老道,周宅捉妖,且看下回分解。

第五回　周员外花园见妖
三清观邀请老道

话说杨猛过去抡拳就打,打了老道几拳,把道冠打坏,金簪落地。济公赶过去拉开。这时陈孝赶去说:"杨贤弟,你还不走!帮着师傅疯闹,打出人命官司来!"拉着杨猛径自去了。老道气得两眼发直,口中直嚷:"反了,反了,无缘无故,揪我就打。我上钱塘县去告你去。"济公说:"得了,道爷瞧着我吧,这么话说,把道爷的磬、蜡扦也打掉了地下,把五供、围桌、帐幔也脏了,我给你掸掸走吧。"老道一听这话就一愣,心说:"我顶当他怎么知道?"拿眼上下一瞧,和尚长得其貌不扬,身高五尺来往,头上头发有两寸余长,滋着一脸的泥,破僧衣,短袖缺领,腰系丝绦,疙里疙瘩,光着两只脚,拖一双破草鞋。老道问道:"和尚宝刹在哪里?"济公说:"我在取马莱胡同黄连寺,名字叫苦核。"老道说:"你上哪里去?"和尚说:"我上临安城内,有一家财主在太平街,姓周叫周望廉,是临安城内第一家财主,人称叫周半城,请我前去捉妖净宅,退鬼治病。"刘泰真一听,心中大大不悦,心说道:"周员外就不对,既请我就不该请和尚,既请和尚就不该请我。我到那里瞧,要恭敬我,我就捉妖;要恭敬和尚,我急速退步。"想罢,说:"和尚,你我一同走吧。"和尚扛起韦驮像一同走，说："刘道爷贵姓？"老道说："你叫我刘道爷，又问我贵姓，你是个疯和尚。"济公哈哈大笑，信口说道："说我疯，我就疯，疯癫之症大不同。有人学我疯癫症，须谢贫僧酒一瓶。"

说着话，两人进了钱塘门，来到太平街路北大门，见门口四棵龙爪槐树，门里有几块匾，上写："急公好义""乐善好施""义重乡里""见义勇为"。来到门口叫门，管家出来一瞧，说："道爷来了。"老道说："辛苦，劳驾往里回禀一声，就提我山人来了。"见和尚扛着书驮一言不发。管家瞧了瞧僧道，转身进去，来至书斋。

员外正在书房等候老道。家人进来回禀员外："清波门外三清观刘泰真来了，还同着一位和尚。"周员外一听一愣，问："和尚是谁请的？"周福说："必是老道请的。你老人家出去，倒要恭敬和尚，给老道做脸。"其实都闹错了。员外疑惑和尚是老道请的，老道只道是本家请的，其实全不对，原本是和尚开味来的。员外由里面出来，济公睁眼一看，见这员外身高八尺，细腰扎背，头戴宝蓝缎大叶逍遥员外巾，三蓝绣花，迎面嵌美玉，镶明珠，绣带双飘，身穿宝蓝缎逍遥氅，腰系丝绦，白袜云鞋，面如三秋古月，慈眉善目，三山得配，五岳停匀，海下一部花白胡须，根根见肉。员外出来迎和尚，抱拳拱手说："和尚请了，道爷里面坐。"老道心中有些不悦，心说："这是恭敬和尚。见和尚抱拳拱手，见我就嚷道爷走吧。"有心不进去吧，又想自己好容易拿五供蜡扦赎出衣裳来的，指望着来得几十几两银子好赎当。无奈，只得同员外进去。

来至书房，是西房三间，当中条案八仙桌，两旁两把椅子，墙上名人字画，甚为清雅。和尚老道落座，家人刚献上茶来。和尚说："摆酒罢。"老道一瞧，和尚比我熟识，必是常来。很够着自己，不分彼此。老员外立刻吩咐摆酒。少时家人擦抹桌案，杯盘碗箸，将酒席摆上。和尚并不谦让，就在正当中坐下。老道心中虽不愿意，也不好说出来。吃了三四杯酒，见周员外很恭敬和尚，老道实忍不住了，问员外道："这位和尚你老人家怎请的？"周员外一听，此言差矣，连连摇首道："不是我请的。我不认识，是跟道爷来的。"老道说："我不认识他，他说是员外请的。"和尚说："不用提这个，再喝一盅罢。"周员外说："好，和尚，你敢是蒙吃蒙喝的？来人，快把他轰出去！"家人过来，见和尚还端着酒杯要喝，周福说："好和尚，蒙到我这里来了，快出去！"拉拉扯扯，把和尚推出大门，关上门进来一瞧，和尚把韦驮像落下。过来回禀员外，已把和尚赶去，没拿韦驮像。员外说："回头来拿给他，不准难为他。"老道喝着酒，问："员外，现在贵宅有什么把公子爷迷住？我回头给烧古香瞧瞧，画道符。"本来老道只烧香画符，也没多大能为，无非依靠三清观的神仙找碗饭吃。周员外说："现在妖精变了一个女子，是我们隔壁王月娥的姑娘模样，天天同我儿在花园吃酒。"老道一听就是一愣。老道一想："我也无非瞧香画符，妖精善能变化人身，我别捉妖不成，反叫妖精捉我去了。"自己踌躇了半天，这才说："员外，我捉妖须用七个人，连我是八卦连环式，才可以捉妖，以保万全之策。"员外说："可以。"叫："周福，你跟道爷去捉妖。"周福说："不行，我闹肚子，不能当差，员外派别人吧。"员外吩咐："周禄，你去。"周禄说："不行，我害眼呢。"周员外是位善人，一听都不愿去，自己明白：重赏之下必有勇夫，人不为利，谁肯早起？员外说："谁要去跟道爷捉妖？不白去，一夜一个人，我给十两银子。可就要七个人，谁愿去谁去。"旁边周福说："员外，我去。"员外说："你不是闹肚子吗？"周福说："我方才得了个仙方，买一棵芍药要粗的。"员外说："要那个做什么？"周福说："熬水喝了，就好。"员外说："你这是听见了银子了，混账东西！"周禄说："我去。"员外说："你不是害眼吗？"周禄说："不是，员外没听明白，我在家碍眼。"少时七个人都有了。员外问："道爷用什么东西？"老道叫拿笔，开了一个单子：用高桌子一张，太师椅子一把，五供堂蜡扦、香炉一份，素蜡一对，长寿香一封，钱粮一份，新笔一枝，朱砂一钱，砚台一方，黄毛边一张，香菜，无根水，五谷粮食，白芨一块。员外吩咐照样预备，问："道爷，这东西搁在哪里？"老道吩咐："搁在后花园公子书房的院内，我随即就去。"

少时天已掌灯，老道同员外带着七个从人，各拿顺手的兵刃，来至花园，老道睁眼一看，这花园甚是齐整，花卉群芳，树木森森，楼台殿阁，水榭凉亭，曲院雕栏，真有四时不谢之花，八节长春之草。老道往前走，见对面白灰墙花瓦堆的窟窿钱，当中棋盘心。老道进去一看，这院子三合房，北房三间，东西配房各三间，见院中所要用的东西，预备齐了。众人来至院中，屋内公子听见有动作，说："外面什么东西？快滚出去！"家人说："公子爷别嚷，请来道爷给捉妖净宅，退鬼治病。你给妖精迷住了。"公子说："混账胡说！"老道也不答应。员外回前厅去，净听道爷的喜信。

老道叫众家人在上房外间屋中给他助威。老道在院中椅子上一坐，候至天交二鼓，把蜡烛点上，恭恭敬敬烧上一股香，心中祷告："三清教主神佛在上，信士弟子刘泰真，我乃三清观老道，现在周宅请我捉妖净宅，退鬼治病，望神佛保佑，将妖怪退去，我得几十两银子，回庙挂袍上供还愿。"祷告完了，将道冠摘下，包头解开，披散了头发，抽出宝剑，用香菜沾无根水往宝剑上一掸，把五谷粮食搁在宝剑上，拿白芨研了朱砂，画了三道灵符。老道说："周福，你看我这头道符一烧，狂风大作；二道符把妖精拘来；三道符用宝剑斩了妖怪，叫他立现原形！要是人死变为鬼，鬼死化为聻，当时结果了他的性命。"周福等大众看着老道作法，把头符贴在宝剑尖上，见老道口中咕哝咕哝念念有词，不知念的什么。就听念完，老道说："太上老君急急如律令，敕！"点着头道符，拿宝剑一晃，真有冷盘大的火光，把符一甩，众人看着一点风声也没有。周福说："你们瞧老道是造谣言。"周禄说："别忙，且看他第二道符。"老道口中又念咒，把二道符用剑挑着，点着扔出去，又不见动静。老道一瞧真急了，把三道符贴在剑上，口中念念有词，刚扔出去，只见一阵狂风大作。这阵风一过去，老道睁眼一看，吓得魂不附体！来了一个妖精要吃老道。不知性命如何，且看下回分解。

第六回　周望廉细说见妖事　刘泰真捉妖被妖捉

话说老道三道符烧完，一阵狂风大作，只听有脚步的声音。老道只打算这妖精必是青脸红发一身毛，仔细睁眼一看，却原来是一位千娇百媚的女子，果然芙蓉白面，杨柳细腰。怎见得？有词为证：

只闻异香阵阵，行动百媚千娇。巧笔丹青难画描，周身上下堆俏。身穿蓝裙称体，金钗轻拢发梢。垂金小扇手中摇，粉面香腮带笑。

真是梨花面，杏蕊腮，瑶池仙子，月里嫦娥不如也。这女子扑奔老道说："好贼泰真，你敢拘起你家姑姑来了！"周福同众家人说："敢情不是外人，跟老道都是亲戚。"老道吓得魂飞魄散，说："仙姑不要生气，你听小道，我天胆也不敢拘你老人家。只因周宅请我来给公子治病，把仙姑请来。我给你说，哈哈哈，仙姑必是在深山幽谷之中修炼，道德深远，何必贪恋凡尘？劝仙姑你老人家可以修炼个万世不化金身，好不好？"妖精一听此言，说："你放屁！我多日不曾吃人，今天我要饱餐一顿！"说着话往前扑奔老道，就见把肚子一嗷，由嘴内喷出一口黑气。老道"哎呀"一声，就地栽倒，宝剑也扔了。周福等众家人吓得亡魂皆冒，往床底就挤。众人挤不下，周禄就拉周福的腿，说："你出来，我藏进去。"周福吓昏了，说："姑姑别拉腿！"众人正在乱藏，只听外面山崩地裂一声响，有胆子大的往外面一看，见外头红光一片，有一位金甲天神在门口站着，正是韦驮显圣。众人也不敢进去，直至天色大亮。

老员外在前面一夜没睡。天亮，员外带着一个胆大家人，来至花园瞧老道捉妖怎么样。来到这院一看，见老道在地下躺着，脸都青了，宝剑在旁边扔着。过去一摸，身上都凉了。来至书房一看，见众人也有在床底下的，也有在桌底下的。过去一拉腿，众人说："姑姑别拉腿，饶命！"老员外说："哪里来的姑姑？你等还不出来！"周福众人一瞧，说："员外呀，可吓死我们了！"周员外一问是怎么一回事，周福就把夜间老道捉妖之事，如是情形一说。员外叹了一声，说："真是福无双至，祸不单行。妖没捉成，老道在这里死了，只得报官相验。"有钱的人最怕打人命官司，赶急吩咐把院子打扫打扫。员外回至前面，自己一想："和尚这个韦驮倒不错，在前厅搁着，怎么跑到后面显圣？等和尚来取，别说给他，问要多少钱，我买下可以镇宅。"正在这般景况，就听外面有人打门，说话是和尚声音，叫："开门！取韦驮来了。我那韦驮有了主人，给六百万两银子也不卖。"员外一听，赶紧往前面奔来，向门外一看，见外面不是和尚，站立一人，身高八尺，头戴宝蓝缎逍遥员外巾，身穿宝蓝缎逍遥氅，粉底宫靴，面似三秋古月，慈眉善目，三绺黑胡须飘洒在胸前，后面跟着小童十四五岁。周员外一看，认识是拜弟苏北山。周员外问："是苏贤弟叫门？"苏北山说："不是，我给兄长引见一位朋友。我常跟兄长提西湖灵隐寺济颠活佛，昨天晚上到我家去，提起扛韦驮化缘，说兄长家中闹妖精，到这来捉妖，被兄长轰出，将韦驮像留在这里。昨天住在我家中。我想兄长必然是不认识，要知是济公，兄长决不能怠慢。我今天陪着来，一来捉妖，二来取韦驮。"周员外说："贤弟，可了不得了，现在三清观的刘老道来捉妖没捉成，反给妖精喷了妖气，至今昏迷不醒。我正要给老道庙中送信，报官相验，听外面和尚叫门，贤弟，你把大师傅让过来。"苏北山一瞧，和尚在影壁墙根蹲着。苏北山说："师傅请过来，给员外相见。"周员外往里让，来至厅房，家人献上茶来。周员外说："圣僧，我等不知，望希恕罪。"赶紧吩咐摆酒给和尚陪话。济公说："我今天不喝酒，我先提妖净宅，退鬼治病，然后才喝酒。你带我们到后面去瞧瞧。"周员外说："是。"立刻头前领路。

来至后面，见老道还在地下躺着。和尚说："老道，昨天许是遇到亲戚了。"周福说："不错，昨天我们听是老道的姑姑。"济公说："我先把老道治好了罢。你们去拿半碗开水，半碗凉水，我灌他点药，拿阴阳水一送，老道就好了。"家人把水取来，和尚把药化开，给老道灌下去。少待片刻，老道呕吐了半天，睁眼一看，是那穷和尚同着周员外、苏员外都站在跟前。老道都认得，自己站起来说："惭愧惭愧。"和尚说："员外，你给老道五十两银子，把他回庙，好拿五供蜡扦赎出来。"员外吩咐家人把银子拿来递给老道。老道谢了谢员外。老道说："这位大和尚的古刹在哪里？"周员外说："是西湖灵隐寺的济公活佛。"老道一听，赶紧趴地下磕头，说："我可实不知圣僧，昨天多有冲撞你老人家。"济公说："道爷不可行礼，你回庙还想替人家捉妖不想了？"老道说："这一回几乎要了我的命，我可怕了。从今以后，再不敢捉妖了。"说完，老道这才告辞回庙，来至三清观，叫童子去换银子赎当，把外头的捉妖净宅的匾摘下，嘱咐童子："勿论是谁来请我捉妖，就说我入山采药去了。"

不言讲老道，单说济公见老道走后，和尚说："员外，我先给公子退鬼治病，然后再捉妖。"员外说："好，圣僧大发慈悲罢。"带领济公来到公子周志魁屋中，见这屋子顺前檐炕，公子头向东脚向西横躺着，面上焦黄，一点血色没有。周员外一看，心中甚为难过，连叫数声："志魁儿呀！"公子并不言语，睁开眼看了看员外，又把眼闭上。苏员外一看，说："我这儿子素常是风流人物，这些日不见，大改了样子，脸上也没了血色，抬头纹也开了，大眼极角也散了，鼻角翘发汕，耳朵梢也干了，这便如何是好？"济公说："不要紧，我给他点药吃就好了。"周志魁是一向的虚弱，白天昏昏沉沉，晚上彻夜无眠，精神恍惚，心中却也明白，见老员外、苏员外同和尚进来，睁眼瞧瞧，见和尚伸手拿出一块药来。周员外说："圣僧，这什么药？"和尚说："这叫要命丹。你儿子的命是没有了，拿我这药把命要回来。"和尚把药搁在口内嚼了，拿手一拨周志魁的嘴，和尚一喷，把药喷在公子嘴里，周志魁一看和尚真脏，要吐没吐出来，把药咽下去，觉着肚子"咕噜"一响，药引血走，血引气行，五脏六腑，觉着气爽，身上如去了一座泰山。和尚说："周志魁，你父母跟前有几个儿？"周志魁公子说："就是我一个。"和尚说："你既知道就是你一个，不孝有三，无后为大，你在花园以邪招邪，做出这桩事来，我和尚越说越有气！"说着话，照周志魁的天灵盖就是一掌。本来公子是病虚了的人，当时一伸腿，呕吐一声，没了气。周员外大惊。和尚一回头说："员外你倒不用着急。是儿不死，是冤不散，这是该死。合该我庙中有了买卖，接三堂焰口。"员外心疼儿子，点头答应。

书中交代，周志魁这病怎么得的：皆因他在花园念书，这花园有三间艳阳楼，那一日公子上楼,扶着栏杆看花,厅东隔壁有妇女说话的声音。周公子一看,是王员外的花园,姑娘王月娥叫丫鬟摘鲜花。公子仔细一看,见王月娥果然长得天姿国色。公子暗说:"头几年我与月娥在一处玩耍,见她长得平平无奇。这几年不见她,会变得这么好看,真是女子十八变。我周志魁娶个这等媳妇,也一辈子不委屈。"心中想着,二目就瞧出神。那里王月娥正叫丫鬟摘花,一抬头见西院楼上站定文生公子,见周志魁右手一揪绣带,左手拿了扇子,往后一背,伸着脖子睁了眼,往这边瞧。姑娘臊得脸一红,告诉丫鬟:"荷花,快下楼吧。"公子直看着姑娘下楼,这才叹一口气:"唉,我恨不能肋生二翅,飞过去跟月娥成其好事,才合我心愿。"由这天,公子就中了迷,在书房闭上眼,书房内童子一倒茶,公子就说:"月娥贤妹来了!"吓得书童撒腿就跑。这天晚上闷坐,一闭眼就仿佛月娥在眼前,睁眼又没了。天天跑到花园叫道:"月娥妹妹快来吧!"闹得小书童真害怕。有一天晚间,公子闷坐无聊,说:"我这条命给月娥要了,要得单思病,茶饭怕吃。"正在思想,见帘板一起,进来一位如花似玉的女子,正是王月娥。公子如得了斗大明珠,赶过去用手相拉。不知该当如何,且看下回分解。

第七回　见佳人痴呆起淫心
想美丽花园遇妖女

话说周志魁在屋内枯坐无聊,思想王月娥,天有二鼓之时,听外面有脚步的声音,那帘板一起,进来一位千娇百媚女子,果然品貌秀艳,姿容绝代,风雅宜人,有诗为证:

但只见头上乌云,巧挽盘髻,髻心横插白玉簪,簪押云鬓飞彩凤,凤头鞋趁百子衫,衫袖半吞描花腕,腕带川镯是发蓝,蓝缎宫裙捏百裥,裥下微露小金莲,莲花裤腿鸳鸯带,带侧佩香珠颜色鲜,鲜艳秋波芙蓉面,面似桃花柳眉弯,弯弯柳眉趁杏眼,眼含秋水鼻悬胆,胆垂一点樱桃口,口内银牙细嘴含,含情不露多姣女,女中国色,好似九天仙女临凡。

周志魁一瞧,正是月娥,忙说:"贤妹,你可来了!我正想你如大旱之望云霓,你今一来,真遂我生平之愿。"书中交代,来者并非是真王月娥,原本是天台山一个精灵,有三千五百年道行,天天至城隍山前去听经,从此路过,见周志魁想王月娥发疯。她倒是好意,变出个王月娥度脱度脱他。她也见过月娥,自己摇身一变,变的一点不差,来至公子屋中,说:"周大哥,你天天站在墙根叫我的名字,倘若婆子丫鬟听见,岂不败坏我名节。你若真有心爱慕于我,可托媒人前去提亲,大概我父母不能不允,那时名正言顺,以合我二人之心愿。"周志魁一听,说:"贤妹你别走,我自从那一天看见贤妹,我时刻想你,恨不得你我一时成其夫妻,今天你既来了,我今焉能放你去?"拉住苦苦不放。妖精本打算来劝解,见周公子死不放手,又见周公子长得美貌,自己一想:"我何不盗取他真阳炼补内丹?"想完,这才说:"君既有情意,妾岂可不为你铺床叠被?你我这也是前世俗缘,唯恐你父母知道,多有不便。"公子此时神魂飘荡,一概不顾,真是色胆比天大。当时二人携手把腕,共入罗帏,鸾颠凤倒,如醉如痴,直至更交四鼓。妖怪说:"我走了,恐其被人查出。"公子说:"你多时来?"妖怪说:"明天来。"由这一天,就天天初鼓来。二人喝酒谈心,追欢取乐,食则同桌,寝则同床,天天如是。人有多大精神,闹得周志魁精气神三宝损亏,饮食不进,面如白纸,一日不如一日。员外不明底细,以为他念书用功,劳神过度,焉知他净在夜里用了功。今天和尚一掌,把妖气打散,公子当时没了气。员外心疼儿子急呆了,苏北山也是后悔:"真是荐卜不荐医,这怎么好?"正在为难,见公子悠悠气转。和尚说:"我越瞧你越有气。"过去伸手要打,给苏北山阻住。员外见儿子好了,也放了心。

公子此时定了定神,要一碗白糖水,妖气也散了。和尚说:"我们捉妖。"叫周福、周禄二人，把韦驮拿过去。二人前去，也抬不动。周福心说："看这韦驮不很重，怎么两人会抬不动？"和尚说："我就知道你们抬不过。"说着，过去伸手，就把韦驮拿开。原来妖怪押在韦驮底下，一股黑风起来，要大肆横行，本来见和尚其貌不扬，济公又闭着三光，妖怪要拿妖气喷和尚。济公哈哈大笑道："好孽畜，你也不知我是何人！"自己用手一拍天灵盖，透出佛光、灵光、三光，别人瞧和尚照旧肉体凡胎，妖怪一见，吓得惊魂千里，见和尚赫扬身高丈六，头如巴斗，面如狮盖，身上穿铁锃，赤腿光脚，活活一位知觉罗汉。用金光一照妖怪，照去五百年道行。和尚摘下僧帽一扔，霞光万道，紫气千条，竟把妖怪照住。只见一阵狂风，现出原形。大家过来一看，乃一个大狐狸，跪在地下叫。人有人言，兽有兽语，求和尚饶命说："师傅，你老人家别气，弟子本打算劝解他，公子苦苦揪着不放，我不从他，他也是想死。师傅呀，你老人家慈悲慈悲，放了我，再也不敢滋事了。"和尚这才过去，把帽子拿起来，说："好东西，我今天便宜你这条命，你再遇到我和尚手里，我定用掌心雷劈你。"妖怪自己走了。

老员外见儿子也好了，把和尚请至书房摆酒，邀苏北山陪着。喝了两杯，周员外把北山叫到一旁，说："贤弟，你看你侄儿也好了，妖怪也捉了，我这家当你说句话，我在和尚面前尽点儿心，你只管说，我不驳回。"苏北山说："兄长，你准备要给济公银子，那可不行。圣僧的脾气古怪，最不爱财，前次给我家治病，给赵文会治病，我们皆打算要给银子，奈和尚分文不要。依我倒有个好主意，兄长至轿铺要顶八抬轿，全分执事，把韦驮抬了，送回灵隐寺，那倒体面，圣僧定愿意。别提给银子，他的徒弟富户施主很多。"二人商量好了回至书房，见和尚还喝着酒。苏北山说："师傅，方才周兄长叫我到外面同我说，师傅给捉妖治病，打算谢你银子。"和尚说："好，我这两天正需银子，和尚按口锅也就同俗家差不多，我和尚也得吃饭。"苏北山说："师傅，我知你老人家素不爱财，我已给拦下，不叫他给银子，叫他雇顶轿子，把韦驮送回去。"和尚说："给银不给银倒不要紧，千万别给我惹事。这回用轿把韦驮送回去，以后我一出来，他就磨我，别提多跟脚了。回头我扛着走在街上，找个地方把他脑撞个窟窿，下次他就不想跟我出来。"周员外说："既是如此，我送师傅点银子，换换衣裳。"和尚说："你若给我银子"，附耳如此如此，"须谨记在心，不可错过。"大家点头。

和尚扛着韦驮告辞出来，往前走不多远，睁开慧眼一看，有股怨气冲天。和尚点头，见路北一座酒馆，和尚往里走。众人一看，说："和尚化缘吗？"和尚说："不是。"众人说："和尚，你怎么扛了韦驮满街走？"和尚说："我是贩韦驮的。"众人说："和尚，这韦驮打哪贩来？卖多少钱？"和尚说："我由外口一百两本，卖二百两。我这韦驮供在哪庙，哪庙就灵，有人烧香。"说着，要一壶酒，把韦驮搁在一边旁，吃了两杯酒。和尚告诉伙计给他看着："我到外头一行。"和尚刚一出去，就由外面进来八九个和尚说："在这里呢。我们庙里一个疯和尚把韦驮偷出来，到处诓酒喝。奉老和尚之命，叫我等来找。"掌柜的一听，说："你们众位扛了去吧。一个泥像，我们要了没有用。"掌柜短一句话，也没问是哪庙来的。众僧七手八脚，把韦驮搭走了。工夫不大，济公回来，一进门："呦，我的货哪里去了？"掌柜的说："你们庙里的和尚扛走了。"济公说："他是哪庙的？"掌柜的还不话来。和尚说："你给人家蒙了去，你赔我二百两银子。没有，咱们是一场官司。"众饭客皆说："堂倌，这是你不是。方才那些和尚来扛韦驮，你就该问是哪庙的。"回头说："和尚瞧着我们吧，他本是苦人，一月才能挣两吊钱，他哪赔得起二百两银子。我们给你凑几吊钱。"和尚说："凑几吊钱，我不能要。得了，既你们众位出来管，我钱不要了，韦驮也不要了，我走了。"说罢，出了酒馆往前走，见一股怨气直冲霄斗，和尚往前飞跑。济公施法力大展神通，要知后事如何，且看下回分解。

第八回　炼法术戏耍刘泰真　李国元失去天师符

话说和尚出了酒馆，正往前走，想起要到三清观找刘泰真，见股怨气冲天。和尚按灵光三击掌，点了点头，说："善哉，善哉，我焉能不管？"嘴里念念叨叨，出了清波门外。至三清观，见门口捉妖的牌子也摘了，冷冷清清。和尚拍了两下门。老道自打周宅回到庙中，拿银子把当赎出，叫童儿把捉妖牌摘下："如果有人请我捉妖，你说我入山采药去了。"小童点首答应，老道天天看书解闷。今天童子正在院中玩耍，听外面叫门，童子出来开门一瞧，门口站了一个穷和尚。道童道："找谁呀？"济公说："找你家刘道爷，到我们那儿捉妖，请他退鬼治病。"道童说："不行，我师傅入山采药去，不定几天回来。"和尚说："你到里面告诉在屋内看书的那个老道，就提我老人家，他就得见我。"小童一听一愣，心想："呦，他怎么知道我师傅正在家看书？"赶紧说："和尚，你等等。"忙奔到里面说："师傅，外面有个穷和尚，说请你捉妖净宅，我道你采药去了，他说你到里面告诉那看书的老道，就提他来了准得见。"老道一听一愣："许是他老人家来了。"小童说："对了，和尚也说我老人家来了。"老道忙跑到外面一瞧，果是济公，忙说："圣僧，你老人家从哪里来？弟子这里稽首了。"济公说："好，你头前领路，我到你庙里坐坐。我问你一件事，你这不捉妖净宅，师徒几个靠着什么吃饭？"老道说："师傅我这里素常就指着给人治病，蒙碗饭吃。自从周宅回来，吓得我哪敢捉妖？我这庙并无分文进项，你老人家给我想个什么主意吃饭。"说着来到里面落座。和尚说："我教你个搬运法。你如学会，要金银，一念咒就有；要好衣裳好食物，一动念就来。"老道说："我就学这个好，别的全不学。师傅，你老人家教我炼炼。"和尚说："你炼不了。要炼先得一天磕一千个头，磕四十九天。你须认我为师，你跪在地上念声'无量佛'，磕一个头站起，念声'阿弥陀佛'，才算一个。"老道说："我炼，一天磕一千头，只要我四十九天炼成了，想要什么就有，我愿意炼。"和尚说："还不行，我和尚喝酒谁打去？"老道说："我叫童子打去。"和尚说："我每顿饭要吃肉，谁去买？"老道说："我去买。早晚两遍点心，三顿饭，全是我的。"和尚说："就是，由明天早晨起来就炼。你先叫道童给我沽酒买菜，我先喝酒。"老道忙叫小童去买了酒菜吃了。

次早，和尚出了主意，用两个笸箩，买一千黄豆，和尚坐在蒲垫，老道念一声"无量佛"，磕一头念一声"阿弥陀佛"，由黄笸箩拿粒黄豆，搁在红菠萝内，省记着。老道磕了几十个头，就觉腰酸腿痛，磕至二百，见和尚闭着眼打盹。老道一想："我捧过一把去，少磕些。"见和尚睡熟了，忙捧了一把，往红笸箩内搁下。和尚一睁眼，说："好东西，炼法术偷私，重磕！"把豆儿又抓回去，又拐了三百多去。老道磕了五六天，把剩的银子也花完了。和尚叫打酒买菜，老道叫童子："把我的道袍别顶金簪当了，等我炼好搬运法，再换好的。"童子给当了，吃了五六天又没了钱。老道叫当铺盖，卖大殿的桌椅板凳。

话不可重叙，直到一个月零六天，老道就剩了一条裤子，四个道童光着屁股。老道说："师傅，我可真没了钱，你教给搬运法。搬了来再吃吧。"和尚说："我要会搬运法，为什么叫你给我打酒？"老道一听说："对呀，师傅冤了我，怎么样呢？"和尚说："你没钱我走了。"老道说："圣僧一走，我同徒弟一同吊死完了。"和尚说："我教你念咒，你学的会。"老道说："什么咒？"和尚说："唵嘛呢叭咪吽。"老道没听明白说："叭了你就轰。"和尚说："对了。"一连教了三遍，老道会了，和尚叫他在院中跪着念。老道刚一念："唵嘛呢叭咪吽。"济公在后面用手一指地下，由地下飞起来一块小砖，照着老道脑袋"吧哒"一下，打了一个小疙瘩。老道说："师傅，这怎么的？"济公说："你一念咒，砖头见你就打，这就是你炼的能为。"老道说："我不炼了。"和尚说："不要紧，我教你几句话，你见砖头就磕头说：'砖头在上，老道有礼，我不念咒,你也别起。'"老道说:"师傅,我怎么好?"济公说:"把我僧袍穿上,僧帽戴上,教你几句话,到钱塘门西湖堤上,有个冷泉亭,往上一站,你说:李国元,李国元,不必上西湖找济颠,十两纹银交于我,腰里还带着三百六十钱。"老道要不去吧,庙里一文没有;去吧,真难看。每常出去衣帽整齐,今天老道没法,穿了一身和尚的破衣裳,说:"师傅,我到那里去说三遍,就有着落吗?"和尚说:"你只管去,高嚷三遍,就有人问你。我和尚说法,化个小缘,就够你一辈子用。"老道没法,出了三清观,低头恐怕碰了熟人。这溜老街旧邻,认识老道的不少。有人瞧见这个说:"这不是三清观的刘道爷吗? 怎么这个样? 平常很有钱。"那个又道:"这必是输掉了。道爷没别的,就爱赌。"老道听了,也不好答言,自己往前走。

来到西湖苏堤冷泉亭。这里是一条大道,来往人不少。老道就站在亭子上一嚷:"李国元,李国元,不必上西湖灵隐找济颠,十两纹银交于我,腰里还带着三百六十钱。"道爷嚷了三遍,围了好些人,大家纷纷议论。有说这老道是疯子的,有说这也许找李国元的。正在纷纷议论,由那旁来了两个人。这个说:"贤弟,你看济公真有先见之明。"二人来到近前,老道一瞧,头里走的这位是富翁员外打扮,后面一位文生公子打扮。二人一瞧老道,这位员外道:"你这老道把济公害了,这身衣裳你穿着。"老道说:"我倒没害济公,他把我害了,吃得我剩下一条裤子。二位贵姓?"

书中交代,这位文生公子叫李国元,家住临安青竹林四条胡同,本是财主,乃是文生秀才,娶妻蔺氏,甚为贤德,无故这天得了疯病,请多少先生也瞧不好。李国元甚为烦闷。他有个朋友叫李春山,在杜大夫家中教读。一天李国元去找春山,二人本是知己,李国元就提妻子得了疯病,请多少先生瞧不好。李春元说:"我们杜大夫祠堂里,有一张五雷八卦天师符,是镇宅之宝。我说给你借,他准不借。我偷着给你拿来,你挂在家中,有什么妖邪皆去得了。"李国元说:"好,倘能把你弟妹病治好了,我再送回来。"李春山到了祠堂,开开箱子,把天师符拿出,是个楠木匣装着。李春山说:"这是杜大人传家之宝,我私自借给你,可千万小心留神,你挂两个时辰邪去了,可速送来。"李国元说:"我明天送来。"拿着告辞,自己出来一想:呦,还没吃早饭,本打算约李春山吃饭,一提这轴画,把饭忘了。我也不便回家吃去,跟前路北就是酒馆。自己进来一看,真是高朋满座。众人皆站起来,让说:"李先生一同喝吧。"李国元说:"众位别让,我还同着人说话。"自己到后面找张桌,要了酒喝了两杯。自己一想:"人让我,我不让人家,这可不对。"忙站起,过去回让。让完,转身回来,睁眼一瞧,吓得目瞪口呆——五雷八卦天师符踪迹不见! 欲知后事如何,且看下回分解。

第九回　赵文会西湖访济公　醉禅师西湖盗灵符

话说李国元只让人,回头见画轴不见,自己酒也不喝了,饭也不吃了,心中暗想:"丢了别的东西,我可以赔人家。这种东西有钱没处买,这是杜宅传家之宝,倘若走漏风声,岂不把李兄长馆散了?"自己忙叫堂倌算账:"给我写上。"堂倌说:"你怎么不吃了?"李国元说:"我还有要紧事。"也并没有声张,跑至家中,派几个心腹家人,说:"我方才在某酒馆吃饭,丢了一轴五雷八卦天师符。你们去访查访查,是哪路贼偷去? 不怕托个人花钱买回来。这是人家的东西。"家人答应出去。工夫不大,李升出来说:"方才我打听明白,你在那里喝酒,这个东西叫白钱偷去,已卖给博古斋古玩铺的刘掌柜。刘掌柜是三十两银子买的。他跟秦丞相府要好,现已卖给秦丞相五百两银。挂在阁天楼镇宅。"李国元一听:"可了不得! 要在古玩铺,我可以花钱买回来;落在丞相府,论人情势利,均比不了人家。"正在踌躇,外面打门,叫家人出去一瞧,原来是李春山之子少棠。进来一见,李少棠说:"方才你走了,听说杜大人宅里明日有祭祀,我父亲叫我先把五雷八卦天师符拿回来,等过了明天,再给拿来使。"李国元说："你先回去，我这轴画方才一挂，撕了一点，送在裱画铺去，少时立刻送过来，你不必来了。"

李少棠走后，李国元更急了，正为难之际，家人报赵员外来了。李国元走出去一看是赵文会，二人知己之交，赶紧上前行礼说："兄长久违。"赵文会说："我今天约贤弟先逛城隍山，回头上天珠街望江楼吃酒，逛逛天下第一江。"李国元说："大哥，今天小弟不能奉陪，我有心难的事，兄长请里面坐。"来至书房，国元把丢天师符情节一说，赵员外说："不要紧，这事我给你办。西湖灵隐寺济公长老，他是在世活佛，你我去走一趟，求他老人家，天师符也可以找回来，弟妹病也可治好，真是神通广大，佛法无边。"国元一想："我闻其名，未见其人。倘若回来，约他来吃饭，我得带着银子。"赶紧拿了十两银子四百钱，同赵文会出来，买了四十钱茶叶，一直往前。真是十里长堤跨六桥，一株柳树一株桃。这是怎名？曰苏堤春晓。乃是苏东坡做此地太守时，修的这道堤。到了三春之时，桃柳争春。湖中有湖心亭，南望南屏山雷峰塔，北山坡有林和靖的梅园，西眺有岳王墓、苏小小坟。

二人将走至冷泉亭，就听人群中有人喊说："李国元，李国元，不必上西湖灵隐寺找济颠，十两纹银交于我，腰内还带着三百六十钱。"赵文会一听说："贤弟，圣僧有先见之明，在这里等候你我。"及至分开众人一瞧，是济公衣裳，不是济公。赵文会过去一揪，说："好老道，你把济公长老害了，你是蒙事来。"老道说："我倒没害济公，济公把我们师徒吃得一件衣服都没有，交给我这几句话，叫我到这里来说。"赵文会说："济公在哪里？你带我二人去见见。"老道这才带着二位来至三清观。赵文会一看这庙，穷得什么都没有，四个道童赤身露体，济公赤着背在椅子上坐着。文会说："师傅在上，弟子赵文会有礼。"忙叫李国元参见圣僧。国元一瞧和尚，直像乞丐，冲着赵员外的面子，不能不过去行礼，作了个揖。和尚说："你二人来此何干？"赵文会就把丢五雷八卦天师符情节一说。和尚说："不要紧。"叫老道把衣服脱下，和尚穿上。把国元银子要过来，给老道赎当。

和尚同二人出三清观，来到国元家中。和尚说："我先给你妻子治病，然后再找天师符。可有一件事，我给你妻子治病，回头我跟她揪在一处，滚到一处，你可别管。"国元一听，半晌无语。赵文会说："贤弟，不必生疑。济公乃是在世活佛，绝无差错。要是不敦品的人，我亦不能请来。"李国元说："就是吧。"带了济公直奔上房，门也锁了，蔺氏也用铁链锁着，丫鬟婆子早躲开，怕疯子打。刚一开锁，蔺氏见外面是穷和尚，忙往外追。和尚跑至院中，有口大鱼缸，和尚就转鱼缸，口中直嚷："可了不得了！要一追上，我就没了命。"说着跑着。蔺氏摔了一个跟斗，口内吐出一堆痰来，心中也明白了，自己说："我怎会到这里来？"这才有胆大婆子过来，搀扶起来。和尚掏了一块药，叫人拿水化开给她吃。

书中交代，蔺氏这病本是痰迷心窍，被事所挤。皆因他家有个兄弟叫蔺庭玉，在家把一分家业皆花完了，所交些匪人，这天找姐姐借钱，说去做买卖。至亲骨肉，焉有不疼之理？瞒着丈夫借给几百两银子。蔺庭玉拿去，跟狐朋狗友一花花完了，这天又找他姐姐，说他"拿银子去做买卖，走在半路被强盗劫去。你再借给我几百两银子做买卖，赚了钱连先前银子一并交还"。蔺氏又给了他。这天蔺氏在花园坐着，见庭玉又来了，身上褴褛不堪，心中一着急，一口痰上来迷住，因此疯了。今天和尚一溜，把痰溜开，吐出来。

国元很佩服和尚，请他书房摆酒款待。正在喝酒之际，外面家人进来回禀："李少棠又来催五雷八卦天师符。"李国元叫家人出去告诉他随后就送去。李国元说："师傅怎么办？"和尚说："回头我雇我庙里的韦驮给你把五雷八卦天师符盗来。"李国元说："师傅，你庙中韦驮是泥胎，怎么能偷东西？"济公说："能行。我们那韦驮专管些闲事。"李国元说："师傅，怎样去请？"和尚说："我得就去跟他商量，得拿钱雇他去，白叫他去不成。你们喝着酒等我，我先去，回头再喝。"和尚站起身，往外就走。二人送出回来。李国元说："赵兄长，你听和尚这话是真的吗？"赵文会说："我也不知真假。前次在周半城家扎韦驮捉过妖，这事在两可之际，也许是真的。"

再说二人摆着酒，直到掌灯以后。二人甚为焦急，恐怕关城，将济公关在城外。

国学经典文库

中国二十大名著

济公全传

图文珍藏版

正在说着话,就见济公进来。二人说:"师傅回来了。"济公说:"可气死我了。"赵文会说:"师傅同谁生气?"济公说:"跟我们庙里韦驮,真可恨!平常我一出来,他就说济师公要有事,给我张罗着。我今天回去,他瞧我奔了他去,他把脸一扬不理我。我就搭讪着跟他说:'老韦,我给你找了个事。'他问什么事,我就提叫他到秦相府花园阁天楼去,偷五雷八卦天师符。问他要多少钱,他一张嘴就要大价。"李国元、赵文会齐说:"他要多少钱?"和尚说:"他要五吊钱,我给他五百钱。"李国元说:"五吊钱也不多。"和尚说:"头里他倒让了个价,说要三吊钱,少了不去。我说你落了价,我给你添了凑满五百钱,多了不要。他说少了不去。故我们散了。我由庙里出来走大佛寺,碰见大佛寺的韦驮,远远地就问我上哪去。我说给你找个事,你去不去?他问什么事?我就叫他去找符。说你没跟你庙里老韦驮说吗?我说说了,因为他要钱太多。他要三吊,我给五百钱,没雇停当。他说我也不能少要,少要对不起我们庙的韦驮。我说我要多花了也不对。因此又散了。"李国元一听说都没停当:"这怎么办?"和尚说:"我又往前走,走至紫竹林,那庙韦驮饿得都打了晃,远远就喊我。我一提这个事,他就愿意。他说回头就来,价钱随我开。"李国元说:"他什么时候来?"和尚说:"我们吃完了饭,院子预备桌案,我一叫,他就来。"李国元忙摆饭完了,叫家人预备应用东西,搁在院中。和尚说:"你们大家不消慌,一眨眼等星斗出全了,那时我请韦驮来。"和尚说:"我乃非别,我乃非别,西湖灵隐,济颠僧也。韦驮不到,等待何时!"只听半空中一声喊嚷:"吾神来了!"不知来者是谁,且看下回分解。

第十回　赵斌夜探阁天楼
英雄仗义救公子

话说济公在院中烧香请韦驮,只听房上一声喊嚷:"吾神来也!"书中交代,来者可并非是真韦驮。这部《济公传》,虽没请神请鬼,并非奇怪之事,总得合乎神理。书有明笔、暗笔、伏笔、顺笔、倒笔、忿笔、惊人笔。此来者乃是一位惊天动地的英雄之子,祖贯镇江府丹阳县人,姓赵名九州,绰号人称一轮明月,东西南北中五路总镖头,娶妻梅氏,膝下单生一子,名叫赵斌,生来天真烂漫,混耀闷楞。跟他父亲练了一身拳棒好功夫。老英雄一生就教了两个徒弟,一个儿子。大徒弟乃江西玉山县的威震八方杨明,二徒弟是东路镖头上伙计叫尹士雄。赵九州这天病在床上,把梅氏叫至跟前,说:"我死之后,千万别叫赵斌保镖。他眼空自大,狂傲无知。留下我这点虚名,传留后世。"说罢竟自鸣呼哀哉。他母子办理丧事安葬已完,就剩下他母子度日,赵斌游手好闲,他父亲留下这点家私,也可享受着度日。他在外头交了几个本地朋友,一个叫秦元亮,绰号人称飞天火祖;有一位马兆熊,人称立地瘟神,二人皆是绿林,跟赵斌颇为知己。这天三个人在一处吃饭。秦元亮说:"赵贤弟,你知我们是做什么的?"赵斌说:"我不知二位兄长做何生意。"秦元亮说:"我们都是贼,但不是下贱采花淫贼。我等专讲究偷富济贫,杀赃官,斩恶霸,除暴安良,专管不平之事。只因爱贤弟这身能为,要约你入伙,这叫行侠仗义。我这里有身夜行衣送给你。"说着递给赵斌一个包袱。赵斌打开一看,里面全分皆有。赵斌就由这天跟这二人,夜间时常出去偷富济贫。

这天赵斌把包袱落在家中,梅氏打开一看,是夜行衣。赵九州之妻,也是开过眼,什么皆见过,正瞧着,赵斌由外面进来。梅氏一见,勃然大怒,说:"赵斌,你父亲保镖一辈子英名,被你弱尽。你敢情做了贼!好孩子,我是一头撞死,决不活着。"赵斌说:"母亲不要生气,不叫孩儿做贼,我就不做贼。"梅氏说:"你趁此把这衣服烧了,刀砸了。"自己一想,要在这里住着还不成,得给他把这班朋友断绝了,不然,仍怕有人勾引他。老太太要学孟母三迁之法,急把家中房产变卖,带着细软金银,同赵斌来在京师临安,租的青竹巷四条胡同卖果子王兴的房。

赵斌仍旧没事可做。王兴的母亲王老太太可就说："赵老太太，为何不叫你儿做个买卖？在家闲了，坐吃山空。"梅氏说："他自幼没做来，也不懂的什么。"王老太说："可叫他同我儿上果子市买点果子买卖，操练操练。"梅氏一想也好，同赵斌一商量，也愿意。次日拿上两吊钱，同王兴上果子市买了点北鲜。王兴说："你这货买得便宜，总得找对半利，赚两吊钱才卖呢。你合算去卖。"赵斌吃完饭，拿了小筐出去，见人也不敢吆喝，走了几条胡同，人家皆以为是送礼的，不像做买卖的，也没人买。赵斌走到凤山街，见路北一座大门，像官宦人家，门口有大板凳。赵斌把果筐搁在地下，坐在门首，瞧了果子发呆，就见由里面出来一位员外送客。这员外长身高八尺，虎背熊腰；面如乌金纸，环眉阔目，姓郑名雄，人称铁面天王，本是世家。他是武进士，素常在家见义勇为，乐善好施，今天出来送客，见赵斌相貌仪表非俗，坐在那儿发呆。郑雄很爱慕，说："朋友，你在这做什么？"赵斌说："卖果子。"郑雄说："卖多少钱？"赵斌说："我两吊钱买的，四吊钱才卖呢。"郑大官人吩咐家人把果筐倒在里面水桶里，给他拿四吊钱来。家人答应。郑雄说："朋友，你没做过买卖吧？"赵斌说："我今天头一回。"拿起果筐四吊钱回家，告诉母亲说赚了两吊钱，次日仍然同王兴上市，点名买两吊钱北鲜，回家吃完饭，提筐出来，不上别处，一直赶奔凤山街来，至郑宅，把果筐搁下一坐，候至晌午。郑雄刚要出门，刚一出来，赵斌说："别走，我给你送果子来了。"郑雄说："谁叫你送来的？"赵斌说："你拿进去，我不去卖了。"郑雄说："你愿意我不愿意，我不如天天自给你两吊钱好不好？"赵斌说："好。"郑雄一听也乐了，说："我今天留下，明天可别送来，我不要了。"叫家人给拿四吊钱。赵斌一听，说："好丧气，好容易卖出主来，又散了。"自己拿钱回家。由此练着做小买卖，有赚钱的时候，有时赔钱。
　　这一天在西湖，因花花太岁王仙抢人家逛西湖的姑娘，他路见不平，打死恶霸的三条人命，被济公把他救了，他认济公为师。济公今天由李宅出来，正碰见赵斌卖果子。和尚说："赵斌，跟我喝酒去。"赵斌跟和尚到了酒馆喝酒。和尚说："你今天给当一回韦驮。"赵斌说："怎么当韦驮？"济公就把李国元丢五雷八卦天师符，落在秦相府花园阁天楼，叫他给盗回家。到李宅装韦驮，遮盖众人耳目。赵斌说："我不认识李国元家。"和尚说："我带去。"吃喝已毕，给了钱，带着赵斌直奔李宅门口。和尚说："你晚上来，如此如此。"赵斌点首，回至家告诉母亲说："师傅济公叫我今天晚上给当韦驮去。"梅氏说："什么叫当韦驮？"赵斌说："师傅叫我到相府，给人家找五雷八卦天师符，充韦驮神。"梅氏知济公是好人，若非济公的事，也不叫赵斌晚上去。
　　赵斌换好衣服，带一把切菜刀，天有初鼓，跳出墙外，省的母亲关门，自己直奔李宅，蹲在上房，在暗中等候，听济公喊："韦驮不到，尚待何时！"赵斌这才答说："吾神来也！"和尚："老韦，你到秦相府花园阁天楼去，把五雷八卦天师符取来。"赵斌说："遵法旨。"就转身蹿房越脊，奔和合坊来，至相府的花园一看，这园地势很大，不知哪座楼是阁天楼。真是水阁凉亭，楼台小榭，四时不谢之花。八节长春之草。跳下墙，各处一找，找得东北角单有一所院子，是北房，暗五明三，东西各有配房。北房屋中灯光闪闪，人影摇摇。赵斌来至窗外，用舌尖舔破窗槅纸，往里一瞧：顺前檐的床，靠北墙是一张八仙桌，二把椅子，墙上一口单刀，桌上搁着蜡灯，两个人坐在对面椅上喝茶。靠东这人，有六十以外年岁，面皮微白，两道剑眉，一双三角目，花白胡须，头戴蓝绸四棱巾，身穿蓝绸篆花袍。西边这位有三十来岁，头戴青缎壮士帽，身穿青缎箭袍，腰系丝绦，闪披皂缎英雄大氅。就听那老人说："壮士，我把你扶养好了，所为叫你给我办件事，真要给我办好，我给你一百两银子，你拿着，天涯海角，决叫你打不了人命官司。"说着话，就见老者由怀内掏出两封银子，放在桌上，真是白花花。那壮士说："多蒙老丈之恩，栽培之德，却之不恭，受之有愧，敢领不恭之罪。"老者说："壮士，恭敬不如从命。"就见这位壮士把银子揣在怀中，伸手摘下那墙上挂着的刀说："老丈，外面无论有什么动作，你千万别管，少时自有人头前来见你。"说完话，往外就走。赵斌赶紧找暗处一隐身，见他走过，赵斌后面跟着，心说："这不定是上哪去杀人吗？我倒要跟了瞧瞧。"见往西走了两层院落，路西是四扇绿屏风,门内有北房三间,灯光隐隐,似有读书之声。见这人提刀进去,赵斌湿破窗纸一看,见里面一张八仙桌,两把椅子,椅上坐着一位文生公子,正在念书,旁边老家人伺候。这人进去把刀往桌上一扑,说:"你主仆二人快说明来历,我特来结果你们性命。"公子同家人吓倒在地,说:"好汉爷饶命,你要问我,是如此这等这般。"赵斌一听,气得肺都炸了,拉切菜刀要闯入室中,多管闲事。不知所因何故,且看下回分解。

第十一回　兄弟相认各诉前情　主仆逃难暂寄李宅

话说赵斌在暗中观看这人拉刀进去,要杀那主仆二人,公子吓得战战兢兢,跪在地下:"求大太爷暂息雷霆之怒,容我慢禀。"那老家人也跪倒。那壮士说:"你主仆二人是怎么一段事? 快说!"老管家说:"你老人家要问,我家主人姓徐名志平,原籍建安县人氏,老太爷名徐占魁,跟这秦相府花园总管韩殿元是知己之交。韩殿元有一女,跟我家公子同岁。他情愿把女儿给公子为婚,自幼下定礼。后来我家老爷去世,家中遭了一把无名天火,将万贯家财烧得片瓦无存。我就同了公子来到这里投亲。韩殿元一见我们衣服褴褛,就有悔亲之意,嫌贫爱富。明看他留下我主仆,叫公子在这花园读书。谁想到他叫你老人家来害我主仆。"拿刀的这壮士一听说:"原来如此,我实不知道。"说着话,由怀内掏出那一百两银子说:"我赐你主仆,赶紧拿了逃命吧。找个地方,用心攻书,等待大比之年,好去求取功名。你们不可住此,恐他还想害你们。"赵斌在外面一听,说:"这事办得好。"他是个直性的人,自己忘了是偷听了,心中一爽快,不觉失声说:"办得好!"那壮士一听外面有人说话,窜出来摆刀照赵斌头就剁。赵斌用切菜刀急架相还。两人走了几个照面。赵斌心中一动:怎么他使的刀法同我一样? 那壮士也是心内纳闷,忙往圈外一跳,用手一指说:"你且慢动手。你姓甚名谁? 住在哪里? 这刀法同谁练的? 来此何干?"赵斌说:"我姓赵名斌,绰号人称探囊取物。你要知道我的厉害,不必前来讨死。"那壮士一听,忙把刀一扔说:"原来是贤弟,这可是大水冲了龙王庙,一家人不认得一家人。"赵斌说:"你是谁?"壮士说:"我姓尹名士雄,贤弟你把哥哥忘了。"赵斌一想:"我八九岁的时候,尹士雄正跟我父亲练艺。这话有十几年了。"赵斌这才把切菜刀一揣,赶过去行礼,二人叙离别之情。尹士雄说:"我自从东路保镖,回头听说师母同贤弟来到京都,我特来查访,也未找着。我病在三顺店,腿上长一个疮,遇见这花园总管韩殿元。他是三顺店东家,给我瞧病,接到花园给我把病养好了。今天他给我一百两银子,叫我来杀他的仇人,我来至这里一问,方知是怎么一段事。贤弟你来此何干?"赵斌把别后的事略说一番,今天是奉济公之命,来此盗五雷八卦天师符。尹士雄说:"你今天幸遇了我,若不遇了我,你也盗不了符去。你先同我把徐志平主仆救走,然后我帮你盗符。"二人这才进到屋内,叫徐志平:"赶紧收拾好逃命,这一百银送你作盘缠。"徐志平问了尹士雄的姓名,老家人徐福给尹士雄磕头:"谢谢恩公。"忙把琴剑书箱收拾好了。徐福说:"尹恩公,这黑夜光景。我二人上何处去? 这京师重地,巡更查夜甚多,要把我等捉去,如何是好?"尹士雄一听有理,说:"赵贤弟,你有地方安置,叫他二人去,明天再给找店。"赵斌说:"尹兄长在此少待。你主仆跟我走。"带着二人出园门。走了不多远,就见眼前站定一人,正是济公。赵斌一见说:"师傅你来了? 好。现在他主仆是如此如此。"济公说:"好,我正为这件事来的。我在书房同他们喝酒,我说出来出恭,来到这里。你赶紧给我办事去,把他二人交给我。"徐志平一瞧,见个穷和尚,连忙问道:"这位大和尚怎么称呼?"赵斌说:"这是灵隐寺济公长老。"徐志平一听忙行礼。济公带了他二人来至李国元的家内,叫徐福把担子放在院中,带了二人走至书房。赵文会、李国元正然喝酒,见济公带进一位文生公子,一个老仆,忙站起来说:"师傅,你老人家从哪里带来这二位?"和尚把徐志平的根由一说,李国元这才明白。和尚说:"你借给他几间房屋,叫他在这里念书,有什么差池,有我和尚一面承当。"李国元见徐志平很文雅,说:"师傅,就是罢。"连忙让座,一同喝酒。

天有三鼓之时,就听外面一声喊嚷:"吾神来也!济公长老在上,吾神将五雷八卦天师符盗来。"济公赶紧出来。房上是赵斌、尹士雄二人。原来赵斌把徐志平主仆交给和尚带走,赵斌复返回花园,一见尹士雄,二人狂奔阁天楼。这二十五间阁楼地面宽大,拿火折纸一照,在当中有悬龛。尹士雄上去,一见上面有个硬木匣,打开一瞧,正是五雷八卦天师符。赵斌说:"得了,师兄,你我一同走吧。"尹士雄说:"你我这要一走,这个乱子丢大了。"赵斌说:"有什么乱呢?"尹士雄说:"你想他是当朝宰相,他把传家宝丢了,岂有不跟本地官要的?那时官府彻底根究,未免又拉出好些是非来。不若给他个斩草除根!"说罢,掏出引火之物,就把阁天楼窗格点着。二人跳出楼,只见火光大作,金蛇乱蹿,烈焰腾空,怎见得?有赞为证:

凡引星星之火,勾出离部无情,随风逐浪显威能,烈焰腾空所谓猛。只听忽忽声响,冲霄密布烟生,满天遍地赤通红,画阁雕梁无影。

二人早窜出墙外,施展飞檐走壁之能,来到李宅上房一嚷:"吾神来了!"济公出来把符接下,拿了个小黄口袋,装上五百钱,一香炉米,五碗炉食饽饽。和尚说:"老韦你拿去吧,这是本家的谢礼。"上面赵斌接去就嚷:"吾神去也!"同了尹士雄回家看他母亲不表。

单说和尚把五雷八卦天师符拿进来,打开一看不错。李国元赶紧派妥当家人,给拜兄李春山送去。这里喝了一夜酒,天亮济公告辞,李国元要送给金银。济公说:"你要谢我,"附耳如此如此,"我和尚领情,你好好照应徐志平念书。"李国元答应。

济公告辞,正往前走,见眼前立定一人,家人打扮,说:"济公上哪去?"和尚说:"哪位?"家丁说:"我家店东挨了四十棍,伤痕颇重。听说你老人家有仙丹妙药,求你给治治。"和尚说:"你家店东是谁?"家丁说:"是开三顺店韩殿元,乃秦相府花园总管,因昨夜花园里阁天楼失火,秦相大怒,说韩殿元失于检点,打了四十大棍,现疼痛难忍。"和尚一听,跟着到了三顺店。一进柜房,见韩殿元躺着,哼声不止。有几个伙友正在劝解,见和尚进来,众人说:"得了,这位师傅有仙丹妙药。大师傅慈悲吧!"和尚哈哈一笑,用手指点说:"妙药难治冤孽病,上天速报狠心人。"韩殿元听着心中一动,暗说:"这和尚真有点来历,夜间我派尹士雄去杀我未过门的女婿徐志平主仆,也未见回来。他主仆走了,无故阁天楼失火。"想罢说:"圣僧,你老人家救我吧。我昧心了。"和尚说:"我给你治好了,你把女儿给徐志平不给?"韩殿元说:"我好了,情愿把徐志平找回,把女儿给他,我也无悔。现秦相已把我赶出,我绝不敢再生异心,如再生异心,叫我天诛地灭。"和尚给他一块药吃了,棒伤立止疼痛。和尚叫他到李国元家内去接徐志平,韩殿元点首。

和尚出了三顺店往前走,见眼前围了一圈人,里三层外三层,拥挤不动,怨气冲天。和尚按灵光一算:"哎呀,阿弥陀佛,我和尚焉可不问!"真是一事未了,又接一事,忙分开众人挤进去一看,有一宗岔事惊人,且看下回分解。

第十二回　济公善度韩殿元　寒士舍子遇圣僧

话说和尚分开众人,挤入一瞧,只见里面站着一位穷儒,头戴旧文生巾,烧了窟窿一个,穿一件旧文生氅,上下补丁七条,怀内抱一小孩。此人有三十多岁,一脸枯槁,站在那里说:"众位,我抱的这小孩,生一年零二个月。他娘死了三天,我又雇不起奶娘,岂不要饿死。哪位愿意要就抱去。"

书中交代:此人叫马沛然,原籍常州府常熟县人,自幼在家读书,娶妻周氏,把一分家业坐吃山空全完了，只懂得念书，不知营运，直过的上无片瓦，下无尺地，跟前就有个小孩，带了妻子逃难，来至临安，住在钱塘关外吴伯舟家中。这位吴伯舟，他就在西湖使船，是有游西湖的，多雇他的船。手下有百余条船，同马沛然原系故交，知道马沛然原是位文士，就留他在船上管账，每天挣个二三百钱，也够他夫妻糊口。不想大运不通，西湖出了四家恶霸，时常在西湖抢人，闹的没人敢游湖了，船也没人赁了。马沛然没法，只好歇工罢。这西湖头一个恶霸，就是秦丞相之弟花花太岁王胜仙。那时高宗皇帝手下丞相是秦桧，他本姓王，过继给秦家。王胜仙是秦相亲兄弟，他倚仗哥哥势利，时常带了打手游湖，瞧见美貌的妇女，就叫打手抢，没人敢惹他，因此皆不敢游湖，故吴伯舟的船也赁不出去，马沛然也没了事。他妻周氏是位贤德人，说："你我夫妻莫非饿着吗？你在家中看看孩子，我出去做点针线活，你我也好度日。"连说了好几句，马沛然一语不发，周氏便把孩子留在家里，竟自走了。马沛然坐在屋中，自己一想："男子汉大丈夫，不能养妻育子，等着媳妇给人家做生活吃饭，算怎么回事？"自己越想越烦，实在无路，抱了孩子打算跳西湖一死。又一想："这孩子投爹娘来了一年，又要死了，怪可惜的，不如把他给了人，我再一死。"这才来至十字街一站，说："众位谁要这小孩谁抱去。"连喊了几声，旁边有个老者一瞧，这孩子生得不错，自己一想："我也没儿，我倒可以留下。"刚过去抱，旁边有人说："老者别要，你要一抱孩子，他就要跟你去。过两天他娘也来了，同你借银，过两天他爹也来了，你可别上当。"那老丈一听也不要了。济公说："你把孩子给我罢。"马沛然说："和尚，你要小孩做什么？你是出家人。"和尚说："我收他做个徒弟。"马沛然说："和尚，这孩也不会吃饭，还不能离乳，那如何能行？"和尚说："不行我不要。你说实话，这孩是他娘真死了吗？我的庙在你住家隔壁，你住吴伯舟的房对不对？"马沛然说："他娘虽没死，我可不是生意，指着孩子讹人。"和尚说："我知道。你跟我走吧，我带你找你妻，叫你夫妻孩子见面，给你找点事。"马沛然一听，问："和尚宝刹在哪里？上下怎么称呼？"和尚一一说明，带着马沛然往前走。济公信口作歌：

谁能谁不能，能者在五行。五行要不顺，能者也不能。众公不信细叮咛。看那众富翁，骑骡押马身受荣。再看那贫寒军民与百姓，无吃无穿受困穷。皆因前生造定。

济公带马沛然往前走，来到酱园门首。和尚说："掌柜的，给我三文钱的大头菜。"里面答应，给拿出来。和尚说："太少，我给两个钱。"掌柜的过来说："和尚，咱们这样铺的买卖，并不二价，还价不卖。"和尚说："倒不是我还价，我这兜子里就剩二文钱，我化你一文。"掌柜的说："你是出家人，就是罢。"和尚伸手一摸兜子说："呦！我这兜子漏，又丢了一文钱。先给你一个罢，明天我给你带来罢。"说罢往前走，对过就青菜摊。和尚来至切近说："掌柜的，给我一个钱蒜。"掌柜的说："一文一头。"拿了一头蒜给和尚。和尚给了一文钱，接过蒜来一瞧说："掌柜的，一文钱一头蒜，你还给我一头烂的，你给换换罢。"掌柜的又抽了一头给和尚。和尚也没把烂的交还，给人家一文钱买两头。和尚原本就带了两文钱，要买四样礼去给人家上寿。马沛然瞧了和尚太贫，跟和尚走了半里路，见路旁一个卖狗肉的。和尚过去说："这肉真肥真香真烂，五花三层，要吃肉，肥中瘦。"夸了半天，说："掌柜的，饶给我一块吃。"卖肉的正没开张，见个穷和尚夸赞了半天，要一块吃，卖狗肉的一高兴，拿刀给切一块有二两。和尚接过来一瞧，说："你要多给吃点。"卖狗肉的说："你没够？"和尚说："不是我没够，和你要不给添，连这块人情皆没了。做情做到底。"卖狗肉的又切给吃一块。和尚一文钱没花，自得两块狗肉。和尚又往前走，听那边卖馒头的，和尚叫卖馒头的："过来，我买。"那卖馒头的过来，和尚说："热不热？"卖馒头的说："才出笼。"说着把挑子搁下。一掀盖，热气腾腾。和尚伸手一拿，就是五个黑指头印。和尚刚往嘴里咬，赶紧扔下说："我忘了，没带钱，我没敢吃。"卖馒头的瞧了有气，这个馒头卖不出去了，又是牙印吐沫，又是黑印。自己一想："我有心恼气吧，刚出来，他又是个出家人。"愣了半天说："得了，我这馒头就算扔了。"认了晦气。和尚说："你既要扔，别扔，舍给我和尚罢。我明天碰见你，我要带着钱还给你。"卖馒头的说:"你拿了去吧。"

和尚拿了馒头,带着马沛然来到凤山街,见路北大门悬灯结彩,车马盈门。这家乃临安城头等富户,姓郑名雄,人称铁面天王,今天给老太太做寿,临安的绅士财主都来给祝寿。和尚来至门首,告诉马沛然,附耳如此如此,"在这等候,自有机缘可遇。"马沛然点头。和尚上了台阶,说:"辛苦众位。"由门房出来一个家人,见是一个乞丐穷和尚。家人说:"和尚,你来得太早,还没座席。你要杂烩菜回头来。"济公说:"你胡说!我知道这里老太太生日,买了四样礼,特来拜寿。"家人一听,暗想:"素来我们大官人最爱施舍,挥金如土,仗义疏财,遇见穷苦的人必要周济。也许我们大官人待他有好处,他知道今天寿辰,要来报答报答,我倒不能小觑他。穷人也有一分尽心,或许知老太太爱吃什么,买点什么。也许送桃面点心酒席票。"想罢说:"和尚,你在哪庙里?"和尚说:"我在灵隐寺小庙出家。"管家说:"你的礼物是自己带来,还是随后有人挑了?"和尚说:"我随身带来。"家人说:"你把礼物拿来,我给你回禀账房去。"和尚由袍袖里拿出五个馒头,两头大蒜,两头咸菜,两块狗肉,递给管家。和尚说:"给老太太吃狗肉就蒜瓣,吃馒头就咸菜。"家人一瞧,赌气给扔在地下说:"你快走开罢,跑来搅我们。"刚扔到地。过来两条狗就要吃,和尚赶紧轰开;"花脖四眼,你们两个给吃了,老太太吃什么?"和尚捡起来说:"你不给回禀,我会嚷。"大声喊嚷:"送礼来了!"拿手抓住往里扔,众家人瞧了,全都说:"这和尚是疯子,不管他。"

书中交代:这郑雄原来是临安头一等绅士,又是武进士,为人最爱交友。他叔父在外省做总兵,今天给老太太做寿,临安城上自公侯,下至庶民,都来送礼拜寿。今天有美髯公陈孝、病服神杨猛、赵文会、苏北山、姜百万、周半城皆在客厅,真是高朋满座。郑雄的母亲,今年七十整寿,可就是双目失明,有二年多了,请了多少先生并未治好。今天郑雄正在厅上应客,家人拿进一个礼单来,说:"三清庙的广惠师傅前来拜寿。"郑雄一听一愣,说:"我素日跟他并无来往。"接了礼单一瞧,上写:"银烛一对,寿桃全堂,寿酒一坛,寿面一盒,寿帐一轴,山鸡四只。"郑雄忙迎进。众人一看,此僧有五十多岁,衣貌鲜明。

书中交代:广惠来给郑雄送礼,他有贪心,知郑府的花园闹妖,他会捉妖净宅,打算以送礼打进步,好给捉妖赚点银子。今天来到这里,众人一让,把广惠让至杨猛、陈孝这张桌坐下。杨猛爱说话,说:"大师傅来了。"广惠说:"来了。"杨猛说:"我同你打听一位和尚,你可知道?"广惠问:"谁?"杨猛说:"西湖灵隐寺济公长老。"广惠说:"济颠和尚,疯疯癫癫算什么,我倒同他师傅相好。论起来他是师侄,常要跟我学能为,我没那么大工夫教给他。"杨猛一听就恼了,一想:"这东西,说话真可恨。他说我师傅是他师侄,我成了他孙子了。我去找我师傅去问问,如果是真便罢,如没有这回事,我把这秃头给砸碎了。"想罢站起来,才要往外走,就听外面喊嚷:"上寿送礼来了!"杨猛一听是济公的声音,说:"我师傅来了,好,我倒要问问。"忙往外跑。济公这一来,要大闹寿堂,法斗广惠。且看下回分解。

第十三回　广惠僧狂言惹祸　济禅师妙法惊人

话说杨猛忙往外跑,陈孝也就跟来。二人出了客厅,到外面一看,正是济公,说:"师傅,你老人家因何大喊小叫?"济公说:"我来这里给老太太上寿,他等嫌我破烂,不给我回禀。"陈孝、杨猛:"他们本是势利的。"郑雄也从里面出来,一见和尚甚穷,说:"二位贤弟不在厅上吃茶,来此何干?"杨猛、陈孝:"我给你引见引见,这位上人就是我常合兄长提说灵隐寺那位济公禅师。"郑雄说:"原来是圣僧,久仰大名,今幸相会,真三生之幸。"和尚说:"今天老太太千秋诞辰,我特前来拜寿,送点寿礼。"郑雄见和尚衣服褴褛,像那讨饭化缘之人,怎能往客厅里让? 看看陈孝、杨猛，又不好不让。心中犹疑未定，只听和尚说："我来送点礼，拜拜寿，我也不能客厅去坐，贵府高亲贵友不少，我也没衣服。"郑雄一听暗喜，不免虚让让说："和尚既来之，则安之，请进罢。"杨猛也愿济公进去，对对广惠那话真假。和尚说："郑大官人这么一让，我倒不能不去给老太太拜寿要紧。"郑雄也不好阻拦，同和尚来至客厅。

和尚叫茶房把八仙桌放在正中，上铺红猩猩毡。济公把狗肉等物拿出来，上边竟坐。郑雄眼都气直了，当了陈孝、杨猛未便发作，还过去谢承和尚，叫家人扔了。在座之人，济公认识一小半。茶房摆上酒菜，济公立起来各桌上都让，让到广惠那里，广惠傲然高坐，一语不发。让完回座吃酒，只听广惠说："郑大官人，我一来拜寿，二则要在老太太面前孝敬个天上飞的，地下跑的，河里浮的，草里蹦的戏法。你去后面回禀一声，我在这里变，老太太那里就瞧见。"郑雄一听说："好。"到了后面，见众亲友的女眷都陪老太太说话。郑雄说："娘呀，现有三清庙广惠僧要变戏法，给娘瞧瞧。"老太太一听，气得颜色更变说："你同和尚取笑我，快叫秃头滚出去！老身眼睛已坏了二年，你还叫我瞧戏法。"郑雄一听，这才悔恨，忙说："老娘不必生气，孩儿一时忘了。"旁边有几位女亲友，都说："伯母，你老人家叫他变个我们瞧瞧。"又有几位小姐都说："奶奶，你叫他变与我们瞧瞧。"老太太这才："郑雄，你叫他变去吧。"郑雄这才回至客厅说："大师傅，你变罢。"和尚要了一把剪，一张纸，剪了许多蝴蝶。和尚有点能为，口中念念有词，吹一口仙气，就见一对对蝴蝶直奔后堂飞，大家齐声喝彩。杨猛同陈孝一起说："师傅，你也变献点手段。"济公立起来大嚷："我也要变了！"嚷罢，说："唵嘛呢叭咪吽，唵敕令赫。"只见有三十多条小常虫满厅乱飞，大家一愣，低首一瞧，筷子皆没了，哄堂大笑。济公用手一指，常虫没了，每人跟前一双筷。大众称奇。广惠见众人夸济公，他脸上无光，说："郑大官人，我孝敬老太太一碗汤罢。"站起来就要了一块包袱，盖在桌上，口中念念有词，把包袱一掀，见变出一大碗三鲜汤，仿佛有人托着似的，飘飘悠悠，就往外走。济公用手一指，那碗汤在广惠头顶上一反，正泼了广惠一身，脑袋也烫红了。众人拍手大笑。广惠赌气用手擦了，说："众位，我本想今天在人前显耀一番，没想有小人把我法术破了。我再把我掏心窝玩艺施展施展，变些仙桃孝敬老太太。"众人一想：这时正在四月里，陈桃早没了，新桃尚没长成，正在青黄不接之际，这倒新奇。广惠才念咒，济公过来说："你变出来，别掀开包袱，我能猜着。"广惠说："就是罢。"口中说道："寿桃一盘献堂前，献与堂前不老仙，今日变出芙蓉果，寿比桃儿还在先。"念完就见包袱鼓起。济公说："你说这话不对。"广惠说："我不对，你说。"济公说："黑果一盘献堂前，献与堂前不老仙。今日变出带把果，羊肉熬着蘸醋蒜。"广惠打开一看，是四茄子。哄堂大笑，广惠臊的面红耳赤。郑雄怕和尚难过，叫家人拿出去。家人郑福端出大厅一看，是四个大桃。说："这东西真可恨。我再端回，叫众人瞧瞧。"不料到了客厅，众人一瞧还是茄子。郑雄说："郑福你疯了，端来做甚？"郑福气的转身就走，出来还是大桃。一想："这该当我吃。"才要吃，济公追出来说："郑福你干什么？"郑福说："人家变得是桃，你用什法子遮盖的？我要吃这桃。"济公手一指说："你吃。"郑福拿起一咬，把牙崩了。原来木头桃。济公说："你拿去给老太太吃。"郑福拿进去，见老太太一吃，顺嘴流水。郑福一想："真奇怪。"回身出来，济公一瞧广惠在那里默默无言，济公说："郑大官人，今天我要变个戏法，请老太太正瞧个真切。"罗汉施佛法，大展神通，且看下回分解。

第十四回　济公游戏耍广惠　郑雄为母求圣僧

话说济公要笑广惠，变了几个茄子。济公叫郑雄："去到里院把老太太请来，我要变个稀奇戏法，叫老太太瞧个明白。"郑雄说："不行。老母二目失明，足有二年，怎可瞧见的?"济公说:"我因老太太二目失明,我才叫他老人家瞧。要是有眼之人,也不算能为。"郑雄知和尚有些来历,这才到后面把老太太请出。两个丫鬟搀住,来至外面。众亲友皆站起来说:"给老太太拜寿,但愿你老人家多福多寿。"老太太落座,郑雄说:"娘呀,现有灵隐寺济公长老,他要变个戏法,能叫你老人家瞧得明白。"老太太点头。济公来到老太太面前,说:"寿筵开,寿桃色色鲜,寿酒霞杯筵,五福寿为先。寿绵绵,福长远,真正是寿比青松不怕风霜减,恰好似福如东海寿比南山。"念完了这几句,济公用手在老太太眼睛上一画,暗念六字真言:"唵嘛呢叭咪吽。"老太太果然眼睁开了。老太太说:"郑雄呀,我这左眼瞧得见了。"郑雄还不信,一招手,叫过一个丫鬟来,说:"娘亲,你见这是谁?"老太太说:"这是春梅。"丫鬟说:"正是。"老太太大喜:"真瞧得见了。"郑雄一听大喜,赶紧过来说:"娘亲,你看孩儿怎么样?"老太太说:"日月消磨,你也半老。"郑雄赶紧给济公行礼说:"圣僧,你老人家慈悲慈悲罢,既把左眼治好,再把我老娘右眼给治治。"老太太说:"我就是左眼瞧得见。"济公说:"我可不能治右眼,现在你大门外有一个抱小孩的,他叫马沛然,把他请来一治就好。"郑雄赶紧派人去把马沛然请进来。郑雄赶忙行礼,说:"先生,求你把我娘亲的右眼治好,我必要重谢。"马沛然刚要说不会。济公过来说:"马沛然,你给治罢。"过去暗递给马沛然一块药。这个时节,众仆妇丫鬟都来在门外站着,瞧给老太太治右眼。内中过来一个妇人,就把马沛然抱的小孩接过来,给小孩吃乳,小孩哇的一声就哭了。马沛然也是福至心灵,拿着这块药说:"用无根水化开,这是佛爷赐的仙丹妙药,叫老太太与水一擦眼就好了。"这才叫家人与药化开,果然给老太太一擦右眼,立时眼就好了。

　　郑雄见新来的仆妇抱马沛然的小孩接过来给乳吃,不知是怎么一段事。赶忙问马沛然。马沛然就把夫妻怎么贫苦,妻子出去,我怎么要跳河舍小孩,遇见济公,把自己的事由头至尾一说,郑雄一听,方才明白说:"得了,我这里正少个管账先生,你就在我这里吧。我单给你夫妻顺出一所房子居住。圣僧你老人家的慈悲,我给圣僧你换换衣裳。"济公说:"你倒不用给我换衣裳。我和尚化你的缘。你把清波门外的两顷稻田地,施舍给三清观的刘泰真,作为那庙的香火地,就算谢了我和尚了。"

　　广惠在旁边坐着,一看济颠大展奇才,他有些气愤不平。广惠站起来说:"郑大官人,我知道你这后面花园内有妖怪作祟,我情愿到后面给捉妖净宅,我分文不取,丝毫不要。我所为跟济颠比拼比拼法术,看我二人谁行谁不行。"济公说:"好,你既这等说,我就同你去到后面捉妖净宅,退鬼治病,还叫你先施展法术。你捉了妖精,就算我输了,你捉不了,我和尚接后场!"广惠说:"也好,咱们这就去。"济公说:"你别忙,咱们吃完饭再去,也没有白天就捉妖的,妖精也不来。"郑雄说:"我这花园,我不知道是妖怪可是仙家,时常家人在后面楼上睡觉,就把家人给扔下楼来。再不然屋中的东西乱响,乱掷地下。或者楼上没人,就点上灯。可是终没人瞧见什么,也不知是妖是怪,我也不解其意,直闹了有半年了。"广惠说:"不要紧。今天晚上,我也不管他是妖是怪是鬼,我拘来他,拿戒刀将他结果了性命。"

　　众人大家谈话,天色已晚。郑雄问:"二位和尚用什么东西?"广惠拿笔开了单子,郑雄就叫家人照样预备,放在花园,一概安置停当。两位和尚来到花园内一看,是八仙桌一张,椅子一把,香炉蜡扦一分,长生料香一颗,钱粮一分,砚台一方,白芨一块,朱砂一包,新笔二枝,黄毛边纸一张,香菜一棵,五谷粮食一盘,无根水一碗。广惠看了一看,先点着了香烛,然后祷告过往的神祇:"保佑弟子广惠把妖怪捉住,回庙烧香上供,答谢上苍。"祷告已了,用无根水拿白芨研了朱砂,拿笔画了神符三道,自己一烧,化作灵符,口中念念有词说:"头道符一烧,狂风大作;二道符,把妖精拘来;三道符,用戒刀把他结果了他的性命。"郑雄带着一个胆大的家人,在旁边瞧着。济公在那里拿着一把酒壶,一声不语,见广惠口中念念有词,把头道符点着扔了出去,并无一点动作,也没一点风。众家人无不嬉笑,都说:"广和尚造谣言,没有能为。"广惠又把二道符扔去,也并无动作。广惠真着急了,把三道符往外一甩,只见就打外面一阵怪风,刮的是沙灰荡漾,尘土翻飞,怎见得?有诗为证:

无影又无踪,卷杨花,西复东,飘蓬叶舞空。江湖常把扁舟送,推白云过岭,过园林乱摆花枝动。吼青松,穿帘入户,银烛影摇红。

这阵风过去,就见对面这三间楼,楼门一开,由里面走出来一位年迈的老翁,面如童子,鹤发苍髯,头戴古铜色四棱巾,身穿古铜色大氅,白袜云鞋,手拿蝇拂,向广惠一指说:"好广惠,我与你往日无冤,近日无仇,你何故特来惊动我?所为何因?"就使用蝇拂一指,一股白气扑奔广惠。广惠觉得头晕眼黑,翻身倒在地上。济公拿着酒壶哈哈一笑说:"你本是修道之人,无故蹈入红尘,还敢欺凌三宝的弟子。"和尚说完,把脑袋一拍,露出三光。那仙家本是修道,在楼上住着,有几千年的道行。只因郑雄的家人常不清洁,冲撞了他,他才在楼上闹。今天见济公现出三光,那仙家本是修道的,他不敢过来,恐被济公的三光照着,就得除去他五百年的道行。人有人言,兽有兽语,这位狐仙既能变人,道法就深远,赶紧说:"圣僧不要动怒,这倒不怨我,只因郑雄的家人冲撞了小狐,他等不知自爱,我叫他等知道知道。"济公说:"你急速给我快走!如不走,我要请雷劈你。"就见那仙家当时化作一阵清风而去。济公才拿出那一粒药,把广惠治好。广惠臊得面红耳赤,自己告辞回三清庙去了。

济公住在郑雄家中,次日清早起来,郑雄款待酒饭,想济公给母亲把眼治好,自己心中甚感激,要给济公换衣裳。济公说:"此番你要谢我。"随附耳如此如此,郑雄点头答应,济公才告别。出了郑宅,向前行走,一直狂奔钱塘门而来。

来至钱塘门外,见大道旁边有一个卖狗肉的担子。这个卖狗肉的,在玉皇阁对过大影壁底下蹲着出恭。济公睁开慧眼一看,按灵光三击掌。济公说:"真乃世界之中第一孝子。我和尚不来救他,雷必取他。"想罢,和尚就问:"这狗肉担是哪位的?"连问三声,并无人答言。

书中交代,这个卖狗肉的姓董,叫董平,住在钱塘门内,家中就是他母亲。娶妻韩氏。董平为人的性情,最好生疑,时常在他母亲面前不孝。虽没有什么大过,无非言语中不顺。清早起来,他就跟他母亲拌嘴,说他母亲不知好歹。他妻子韩氏是一位贤良妇人,常时劝他,说:"老娘这大年纪,你就不应该无事生非,惹老娘生气。"董平也就不言语,出去做买卖。这天董平在家中煮肉烧上锅,叫韩氏看着,他出来买狗。宋时年间,准许人买狗卖狗肉。董平走到一条胡同,见路北门首站着一人,有三十多岁,买卖人的打扮,说:"你买狗是卖狗肉去吗?"董平说:"不错"。那人说:"我本不愿意养狗,由去年来了一条野狗,轰它它也不走,晚间关门,就把狗关在院内。我夜间听见狗叫,我起来一看,原来有贼拨门,我把贼赶走。一想,此狗也有用,故此我留下养了。今年又生了个小狗,两个狗净打架,我怕碰了孩子。我有心把它卖了,那有恩养仇杀之理,我也不要钱,你白拿了去吧。"董平一想,这是顺事,用绳子把大狗一捆,扛着小狗,谢了谢那人,拉着狗回家。到家把大狗搁在院中,就走进屋中拿了一把刀要杀狗,把刀搁在院中,到屋内拿了盆子出来,一瞧刀没了。董平问他妻子:"你拿了刀去?"韩氏说:"没见"。董平一找,见小狗把刀衔在嘴边,藏在身底下,露出刀柄。董平过来一脚踢开小狗,拿刀要宰大狗。小狗跑过来往大狗脖子上一趴,龇着牙瞧着董平。小狗眼泪一滴一滴往下落。董平大嚷一声,就把刀扔在地上,往屋中就跑,吓得韩氏目瞪口呆。不知所因何故,且看下回分解。

第十五回　狗度董平改恶为善　荤酒回庙耍笑众僧

话说董平要杀狗,只见小狗儿趴在大狗脖子上,只落眼泪。董平愣了半天,自己想:"狗都知道身从何处来,何况我是个人来。"自己把大小狗放开说:"我也不杀你了。你母子愿意在我这里,我有食水喂养;不愿意在我这里,任你自去。"他到屋中给他母亲跪倒说:"孩儿我时常在你老人家面前无礼,罪该万死。"韩氏说:"只要你好好在老娘跟前尽孝,你们夫妻自有好处。"董平说:"我今日把这一锅狗肉卖了，明天改行做个小本经营，这血盆子里的买卖我不做了。"把狗肉担前去，到了外面。每日挑出来一卖就完，今日走了十几条胡同也没开张。走在钱塘江大街玉皇阁照壁前，觉得腹中疼痛，把肉担儿放在道上，只见从东边了穷和尚问："这肉担儿是谁的？"董平也不言语："昨天在大街白要了我两块狗肉，今日又来问我，不答他，看他如何？"济公见董平一脸黑气，按灵光一擦，知他乃是世界上第一孝子。"我若不救，雷必取他。"

书中交代，董平怎么是第一孝子呢？按善书有云：比如这个人要做了半辈子的善事，他要做了一件恶事，那书上注写他是第一之恶人，把从前半生的善事全没了。比如那人做了半辈子的恶事，忽然自己知道不好："我须当改，不然，我要遭报。"定能改过迁善，痛改前非，把从前恶事全勾了。书上注写乃第一善人。釐妇失节，不如老妓从良。董平虽不孝母，自己忽然知道改悔，要在他母亲跟前尽孝，乃一片至诚之心，并无半点虚浮，这就算第一之孝子。

济公问肉挑是哪位的，连问两声，无人回音，济公挑起肉担就跑。董平一瞧急了，赶紧站起来扣中衣迈步就追，刚往前一跑，只听后面山崩地裂一地声响，原来是那影壁墙塌下半截，董平吓得目瞪口呆，心中说："若非是和尚抢我的肉担，被土墙压死了，真乃好险好险！"书中交代，和尚说雷必取他，怎么土墙压死是雷劫呢？谚语常说：天打雷劈五雷轰。莫非天上还打五个雷吗？原来是金木水火土谓五雷，刀砍死谓之金雷，木棍打死谓之木雷，水淹死谓之水雷，火烧死谓之火雷，土墙压死谓之土雷。要被天雷击了，那必是罪大极恶的。

话不多叙。董平一想："我去找找和尚，跟他要挑子，还得谢谢他。"想毕向前走。哪想济公他挑着这担子，来到热闹街上，把担子一放，拿刀就切狗肉。切完了，和尚用手一点指，这狗肉变的好像有一斤重一块，济公喊六文钱一块。那走路的人走到这里，远远就闻着狗肉的香扑鼻。素来不吃狗肉的人，今天见肉块又大又香，又甚便宜。这个三块，那个五块，那个十块八块，眨眼就卖了一堆钱。肉已快完了，剩了几块，和尚不卖。买不着狗肉的，也有懊悔说："可惜这样便宜的狗肉，我未赶上买着，实在懊悔。"有一位买了四块肉，心中甚喜。心想："这肉足够一斤一块。"走两步，他闻一闻。俗话说得不错："肉贱鼻子闻。"心想到家给老娘们两块，剩两块找大哥约老弟可以喝点酒。闻了闻，走了两步，打开瞧了一瞧，这肉剩了有半斤一块。心想："我莫非挑花眼了？我瞧有一斤一块。"自己纳闷。又走了两步再瞧，一块剩有四两；再走几步瞧，四块肉也无四两。买肉的一想："今天叫那和尚冤了我。"赌气回家去了。

济公这里卖一堆钱，狗肉也快完了。董平赶到说："和尚，这肉担是我的。我来把话与你说明白了。今天你要不抢我的担子，我便被土墙压死了。我倒要谢谢你。"济公一翻眼睛说："对，今天大早起来，你许是没跟你妈妈拌嘴。"董平听和尚一说此话，他倒一愣，连忙问："和尚，你在哪庙里？"济公如此如此一说，叫董平："你把卖的这钱拿了去做小本经营。"董平："我明天改行，不做这杀生的买卖，我卖果子去。"济公说："好，你把担子钱都拿了去，我就要这几块狗肉得了。"董平说谢了和尚，济公兜住狗肉。顺着西湖苏堤往前走，信口唱起狂歌，歌曰：

孤衾独拥，睡熟转浓，梦见登科第，圣恩优宠，官居极品，父母褒封，衣锦归故里，拜友祭祖茔。一虚皆惊醒，依然敝帐樵童。只听窗外寒虫叫，原来残蝉唱古松。世人忙碌碌，都在一梦中。也梦为寒士，也梦做商庄农，也梦陶朱富，也梦范丹穷，也梦文章显达，也梦商贾经营，也梦位登台鼎，也梦执掌元戎。离合与悲欢，寿夭共穷通。仔细从头看，都在一梦中。方知父母与妻子，儿孙合弟兄，俱是梦里来相共。纵然衣紫腰金，出拥花骢，也是南柯一梦中。

济公顺着西湖苏堤口唱狂歌，过了冷泉亭，来至飞来峰灵隐寺山门外。看守山门的和尚静明、静安说："济师傅，你拿着是什么东西？"济公说："我带来是狗肉。你二位吃点？"静安、静明说："不行，我二人吃素，你也不能往庙内带，咱们这处庙是长素，荤酒莫入。提笼架鸟，都不准入庙，你白骨喧天往庙中带不行，快扔了罢，你犯了戒啦！"济公说："我不知道。身上疼痒，疥又犯了。"说着，和尚低头在身上找。静明说："不是身上长的疖，是犯了咱们和尚清规戒律。出家和尚讲究三规五戒。"济公说："什么叫三规？哪叫五戒？你说说。"静明说："可惜你还是和尚，连三规五戒都不懂。咱们出家和尚，三规是佛规、僧规、法规。五戒是杀、盗、淫、妄、酒。你快把狗肉扔了罢。要到庙里，连我二人都有失察之罪。监寺要看见，他也有罪。"济公说："你二人懂得什么，别阻我高兴。我到庙给监寺狗肉吃。"两个门头僧也不敢阻止，由他去了。

济公到里面，在大雄宝殿前面把狗肉放下，坐在旁边，说："有买肉的来买。"众僧人来了十几位，内中善心的和尚都道："济师傅别卖了，要叫老和尚监寺的知道，必要治你之罪。"济公说："你不要管。"旁边就有恨济公的和尚，说："你卖了，谁敢管你？"济公也不理论。只见监寺广亮从那边过来说："济颠你卖狗肉，我也不管你。就是杀两条狗，我也不管你。我竟问你，今日是什么时候了？自从火烧大碑楼至今日，派你化缘，我要问你，这一万银两工程，该当怎样呢？"济公说："一万我可没有，我倒有个九千。"广亮说："我不同你胡闹，我带你见老和尚去。"济公说："别忙，火烧大碑楼之时，我与你说话是天交正午，此时还短一个时辰，少时没有一万两银子，我再合你见方丈去。"广亮一听说："好，你就多待一个时辰，我看你哪来的一万两白银！"

监寺广亮方要走，只见从那边进来两个门头僧，一伸手把监寺僧拉住说："广师傅，外面有一件新奇事，只因我二人在山门坐着，见由西湖大路来了有二三百位，内中有官绅富户，也有商贾人等。头前有二位员外骑马，衣帽鲜明。一位白面长髯，一位清奇古怪，都带着有二三十个家人，到了山门外，把我二人唤过去，问：'此庙可是灵隐寺？'我等答应是。那二位问：'活佛可在庙内？'我等说：'我们这庙内没有活佛。'那二位员外又问：'罗汉可在庙内？'我说：'庙内罗汉堂有五百零八尊金身罗汉，不知你二位给哪位烧香？'那二位员外说：'不是找泥像，是找活佛罗汉。'我们说：'没有。'那二位员外说：'善缘不巧，我等别处施舍去吧。'我等说：'员外别走，这活佛倒叫什么名字，我二人替你损寿。'那二人先叩头后说：'我二人损了三十年阳寿，你看如此如何？'监寺说："活佛是哪位呀？你二人说话不明白。"静明说："不行，我二人不能说了。算命排八字，都说我活五十三岁，今年我二十二岁了，方才损了三十年，敢早敢晚，明年必死，再说了没地往外找。"监寺地说："不要紧，你二人说罢。我替你二人损阳寿十年。"那静明和尚不慌不忙，说出活佛的名字。要知道后事毕竟如何，且看下回分解。

第十六回　济公庙内卖狗肉
万善同归修碑楼

话说监寺广亮听静明之言，他要问问活佛是谁。静明说："我要一说，可是你损寿十年—咱们这庙道济，你损寿十年。"监寺一听："哎呀！道济呀？"静明说："得二十年。"监寺说："那个道济不要紧那。"静明道："你也三十年。"广亮说："你别闹了。每日他在庙里，也不卖狗肉。今日凑巧有人来找他，这如何是好？哦，有了。"几个和尚披偏衫打法器，迎到山门。那些人一看，内中没有济公，二位员外先恼了，说："众位，尔等来看，这些僧人都是妖言惑众，装模作样。此处善缘不巧，你我往外施舍去吧。"广亮边忙说："众位跟我去见活佛来。"

二位员外带着众人到山门内，只见济公在大雄宝殿前闭目而坐，口中还说："狗肉六文钱一块。"那两位员外一看，这才说："尔等大家来看，这才是活佛罗汉的气象，你我大家上前磕头。"监寺广亮一听，把嘴都气歪了，心中大大的不悦，心说："我等大家披偏衫，打着法器迎接他们，他说我们妖言惑众，装模作样。道济这里卖狗肉，他们倒说是活佛罗汉。"就见众人跪倒，给济公磕头，济公扬扬不理。广亮恐怕施主不悦，连忙过去说道："济公太不知事务，众位施主来拜访，汝怎么不应酬？"

济公尚未回言，这两位员外先恼了，站起来说："你这和尚太似无礼，汝敢呼喝活佛!"吓得监寺广亮往后倒退，不敢回言。济公不慌不忙，睁开两目说："众位施主来了。来此何干?"就听那穿白的员外说："弟子久仰圣僧大名，特地前来拜访问禅。"和尚说："你馋了，吃一块狗肉吧。"那员外摇头说："我不吃。"那边穿蓝的员外说："我也是久闻圣僧大名，特地前来请问禅机，我也问机。"济公道："饥者饿也。饿了吃一块狗肉。"那员外说："我二人原本是来问禅机妙理，并非是馋饥。乃是音同字不同。"济公道："这二人原来问馋饥二字，我和尚可知道。"那二位员外说："只要师傅说对了，两人情愿修盖大碑楼;如说不对，善缘不巧，我二人往别的庙施舍去。"济公道："你二人听着。山里有水，水里有鱼，三七共凑二十一。人有脸，树有皮，萝卜筷子不洗泥。人要往东，他偏要向西，不吃干粮尽要米。这个名字叫馋饥。"二位员外一听，连忙摇头道："我二人是问的佛门中奥妙，参禅之禅，天机之机，师傅说的这个一概不对。"和尚说："这两人好大口气，也敢说佛门奥妙禅机。好好好，我和尚要是说对了怎么样?"那二位员外道："要说对了，我二人助银子修盖大碑楼。"和尚说："你二人且听来。"和尚便说道："须知参禅皆非禅，若问天机哪有机? 机主空虚禅主净，净空空净是禅机。"二位员外一听，拍掌大笑道："罗汉爷的佛法，顿开弟子茅塞。来，监寺的看缘簿伺候。"广亮赶紧拿过缘簿，文房四宝。那穿白员外让道："贤弟先写。"那员外道："大水漫不过船桅去，还是兄长先写。"那穿白的员外拿过笔来。又让那面三百多人："众位写缘簿。"众人道："水大漫不过鸭子去，还是员外爷先写。"众人哈哈大笑："水长鸭子浮，这话更对。"那员外拿笔写上，头一笔是"无名氏施银一万两"。穿蓝的员外拿过缘簿一看，心想："我等皆是来助济公一臂之力，他既写一万，我也不能写九千。"赶紧写上"无名氏助银一万两"。剩下众人也有写三十两的，也有写五十两的。写银就给银子，写钱立刻就给钱。这些人原是临安城的绅董富户，都是济公平素早化下的，今天特来现场。写完了，那穿白的员外到里面坐下，便告诉道："我城里关外有十六座大木厂，把大木厂也舍施在灵隐寺庙内修盖大碑楼使用罢，盖完为止，不拘多少。"众人说完了话，告别而去。济公方才问道："师兄，这些银子可够修大碑楼吗?"监寺的广亮一看说："富足有余。"济公说："你就叫人动工修罢，我到我的施主家住几天去。"说完了话，济公兜起一兜狗肉，出离了灵隐寺竟是去了。

监寺的广亮找瓦木作，择黄道吉日开工动土，兴夯定磉，立柱上梁。过了些日子，砖瓦俱已齐备，抹缝灌浆，一切修理好了，就少油漆彩画。哪想到好事多磨，那一天有人进来报告:现有秦府四位管家，带着四位三爷，在山门外下马。监寺的广亮一看，赶紧往外迎接。

书中交代，这几位管家无事不来。只因秦相府的花园，有五五二十五间阁天楼，前次被火烧了，打算要重修此楼，叫管家到大木厂购买大木料。十几家木厂子都说，东家把木料施舍在灵隐寺，修盖大碑楼。管家一回秦相，秦丞相说:"灵隐寺一座大碑楼，能使多少大木? 派秦安、秦顺、秦志、秦明四个人去到灵隐寺，就提我暂借大木修楼,转年等皇木来了,我必如数奉还。"四个人答应,刚转身要走。秦丞相说:"回来。你等到灵隐寺去,和尚借是人情,不借是本分,赶紧回来,千万不可倚着人情势利,欺压和尚。"四位管家答应出来,到了门房,秦顺就说:"这个苦差事派上咱们,一文钱的进项都没有,当这个黑差使。"秦安说:"兄弟,你好糊涂。这件事咱们四个人每人有两千银子进款。"秦顺说:"大哥你穷疯了,跟和尚借大木,他借了,咱们给相爷派人取来;他不借,咱们回复相爷,哪来的进项?"秦安说:"兄弟你不行。吃这碗饭,寻岔子多,到那去不提说借,就说相爷有谕,拆他的大碑楼盖阁天楼。和尚必不叫拆,必托人见咱们,就得给咱们三千两五千两的。然后再跟和尚借大木,和尚借了,咱们就回相爷,说和尚卖给相爷,相爷再给几千,咱们四个人一分,这不是两头剩钱?"秦顺一听,说:"还是兄长高明!"吩咐外面备马,带着十余个从人,二十多匹马,出了秦和坊,一直奔至钱塘门外,来到飞来峰灵隐寺山门下马。门头僧一看是秦相府的管家大人,赶紧过去行礼,往里回话。

广亮出来迎接,让四位管家来至里面禅堂,吩咐小沙弥献上茶来。广亮说:"众位管家大人,今天是游山还是逛庙?"秦安说:"并非是来游山逛庙,奉我家相爷堂谕,叫你们把大碑楼拆了,修盖相府花园子阁天楼。"监寺的广亮一听,口念"南无阿弥陀佛",说:"这大碑楼工程浩大,独力难成,多少贵官长者,善男信女,惠助资财,共成善举。好容易修盖起来,尚未竣工,今再要一拆,不知何年何月才能重修,望求几位大人在相爷跟前说几句话罢。"秦安尚未回言,秦顺道:"相爷堂谕,不亚如圣旨,哪个敢违背?"这不会说话的人,一句话关了门。秦安瞪了他一眼,心想:"应该说:我给你回上相爷。若是相爷答应,你也别欢喜;相爷不答应,你也别烦恼。等着有人来给了我们钱,就算相爷答应;不给钱,就说相爷不答应。"他这一句话说出来关了门,秦安也不好再改说。监寺的广亮一听此话,说:"众位大人既是要拆,我得回上老和尚。"秦顺:"你回老和尚也要拆,不回也拆。"广亮赶紧来后面禅堂,一见老和尚元空长老。广亮说:"回禀老和尚,现有秦相府四位管家大人来到咱庙,说相爷有谕,要拆大碑楼修盖相府阁天楼。我不敢自专,特来回报老和尚。"老方丈一闻此言,口念"南无阿弥陀佛",说:"广亮,老僧已是上了年纪,这大碑楼是道济化的,你与他商议去吧!"广亮说:"道济自从修楼动土那天出去,至今未见回来。"老和尚说:"你出去到山门,看道济可曾回来。"广亮听老方丈之言,赶紧来至外面山门一看,见四位管家派了众位三爷,在那里传着相爷堂谕:"众工匠人等听真,相爷有谕,拆大碑楼修盖相府阁天楼,哪个敢说不拆,立即送交钱塘县治县!瓦作、木作、油漆、土匠工人等,哪个敢违了秦相爷的堂谕?"立时铣镐乱动,尘土飞扬,眨眼之际,把一座大碑楼拆得瓦解冰消。监寺的瞧着,心中甚是难过,自己又一回想:"还幸亏疯和尚没在庙里,他要在庙里,必要惹出大祸来。"正在思想,只见疯和尚一溜歪斜,脚步踉跄,直奔山门而来,要怒打四位管家大人。不知后事如何,且看下回分解。

第十七回　假相谕拆毁大碑楼　显神通怒打恶都管

话说监寺广亮正在这里慨叹,见济公由西湖苏堤冉冉而来。书中只表济公自那日灵隐寺出去,在苏北山、赵文惠两家住了些日子,今天正在苏北山房内与苏员外下棋,忽然打了一个冷战。济公按灵光连拍三掌,早已占算明白,说:"苏北山,我可不能在你这里,我要走。秦丞相派人拆我大碑楼,我要斗斗这个秦丞相!"苏北山说:"圣僧不可,他乃是当朝宰相,位显爵尊,师傅一个出家人,安能惹得起他?"济公也不理论,站起来就走。苏北山连忙送出来,见济公已走远了。和尚一直奔至钱塘关外,顺着苏堤一边向前走,一边口中唱歌,说道是:

人生百岁古来少,先出少年后出老。中间光景不多时,又有闲愁与烦恼。世上财多用不尽，朝内官多做不了。官大财多能几时？惹得自己白头早。月过中秋月不明，花到三秋花不好。花前月下能几时？不如且罢金樽倒。荒郊高低多少坟，一年一度埋青草。

和尚唱着歌来至山门，广亮一瞧说："师弟，你回来了。可不得了！咱们庙中现有塌天大祸！"济公一听，明知故问说："师兄，什么塌天大祸？不要紧，都有我济颠呢。这个可不能容他。谁会欺压本庙的和尚呢？"广亮说："师弟，这你可惹不起他。是秦丞相派了四位管家大人，来拆咱们庙里大碑楼，修盖相府阁天楼。"济公说："呵，他是当朝宰相，传堂谕要拆大碑楼就得拆？过两天京营殿帅来传谕，拆大雄宝殿，也得叫他拆？那还了得！再过两天，临安府来个信，要拆东西配殿，也得叫他拆？再过两天，钱塘县仁和县来个信，要拆藏经楼，也得叫他拆？那还了得，这大碑楼是我化的，我不能给他拆！"广亮说："师弟，你既敢挡不叫拆，四位管家大人现在里面禅堂坐着，你去找去。只怕你找出乱子来了，你接不住。"济公微微一阵冷笑说："师兄不要你管。"说罢往里就走，直奔禅堂。

这院是三合房。院中站着十几位三爷，四位管家正在北上房屋中正在吃茶。见进来了一个穷和尚，衣服破烂不堪。三爷连忙止住问道："什么人？"济公道："是我。"三爷道："你是谁？现在各位大人在此谈话，你一个穷和尚来此何干？你是哪庙的？"济公说："我是姑子庵的。"这个三爷一听说："你这不像话。你是和尚，怎么在姑子庵，男女混杂？"济公说："你不知道，那姑子庵老姑子死了，小姑子跟人家跑了，我在那庙里看庙。听说众位大人来要大木，我们大庙里房柁房梁堆积如山，真大真粗，比如把房柁放躺下，这边蹲一个人，那边蹲一个人，这边的人都会瞧不见房柁那边人。"众三爷一听说："好大的房柁。"和尚说："我们那庙的房梁放躺下，这边蹲一个人，那边蹲一个人，这边人瞧不得见那边的人。"众三爷一听说："好大的梁。"和尚道："我们那庙的房橡子要放躺下，这边蹲一个人，那边蹲一个人，这边人也不得见那边人也不得见那边的人。"众三爷一听此话，都乐了，说："和尚，你打算怎样子呢？是要卖呀？是要送给我们大人呢？"和尚说："我倒不卖给大人，叫大人赏给我几文，我换条裤子得了。"里面秦安听得明明白白，一想这是便宜事，赶紧吩咐叫和尚进来。三爷说："和尚，我们大人叫你。你见了我们大人规矩着点，别那么猴头狗脑的。"和尚也不回言，迈步掀帘栊进去。

秦安、秦顺、秦志、秦明四个人一看，是个穷苦的和尚。秦安问道："和尚，你庙有大木？"济公二目一翻，说："你们四位是哪来的？"四个人说；"我们是秦丞相府派来。大人堂谕拆大碑楼，修盖相府花园阁天楼。"济公说："你们四位是奉你们家里大人的堂谕，来拆大碑楼？"四个人说："我们家里哪有大人？"济公道："你们家连大人都没有，怨得你们怎么不知事务。你回去告诉你们大人说，就提我和尚说的：他官在首相，位列三台，调和鼎鼐三公位，燮理阴阳一大臣，理应该行善积福做德，为什么要无故拆毁佛地？你回去就告诉他，就提我老人家说得不准！"这几位管家，哪里听他这些话，盖不由己，怒从心头起，气向胆边生。秦安说："好一个无知的和尚，我先打你！"抢起一掌，照定济公就打。济公往旁边一闪道："你要打？我们俩外边来。"秦安站起身到外面跟定和尚，吩咐家人："给我打和尚！"这些三爷往上一围，个个挥拳就打，按倒和尚，拳打脚踢，直打得哼声不止，只听嚷道："别打！是我。"那些三爷说："打的是你。你就不应该跑到我们这里来送死，你真是太岁头上动土。"正打着呢，只听那旁秦顺出来说："别打，我听见声音不对，瞧瞧再打。了不得啦！和尚在东边站着呢！"众家人一看，果然和尚站在那里直笑，再低头一看，被打的这人正是大都官秦安，浑身是伤。那些家人过来说："管家，怎么把你老人家给打了？"秦安："你们是公报私仇，叫你们打和尚，你们把我给打了。我说是我，你们还说打的是我。好、好、好。"秦志、秦明二人走出来一看，秦安被打得伤痕很重，说："好，这定是和尚妖术邪法，大家替我去打他！"众人一听，个个怒目横眉，齐奔和尚而来。济公说："好，善哉，善哉。人善有人欺，马善有人骑。"口中念六句真言："唵嘛呢叭咪吽，唵敕令赫！"吓得那些三爷都打了个寒噤，彼此都有气。张升看着李禄说："我瞧见你就有气，早已想要打你—这个狗头。"李禄说："好，我们两人分个上下。"那边也是这样,甲合乙抓在一处,子合丑二人要一死相争,十八个家人打了九对。秦明一看秦志,说:"秦志,你的外号叫秦椒。我知道你定然是难斗,非打你不可。"挥拳打在一处。秦顺一看秦安浑身是伤,说:"告诉你秦安,我一瞧你就有气,你叫大众打了个鼻青脸肿,你要合我生气。"过去就是一个嘴巴,二人也打在一处。济公站在一处,竟支嘴笑说:"好,你怎么竟叫人家打。"那家人说:"我不是他的对手。"和尚说:"我帮个忙儿,你打他几下,把这人给反上来。"和尚看着他们打,有一个人一歪嘴,把那人耳朵咬下来。那人也真急了,一回头把那人鼻子咬下来。

众人正自乱打,监寺的过来一看,说:"道济,你这个乱子惹的可不小!你把那秦相爷的管家大人打的这样狼狈不堪。这还了得吗!你还不把那咒语撤了吗!"济公说:"师兄,要不是你说情,我定然把一伙坑人贼生生打死。今日饶了他吧。你们别打了!"只这一句话,果然众人都明白过来了,彼此埋怨。那个家人说:"张升兄,你我二人知己之交,你因何打的我好苦?"张升说:"我哪里知道?你看着我的耳朵,也叫你给咬了去啦。"那人说:"别说了,我的鼻子不是你嘴里吐出来的吗?"众三爷都埋怨秦安无事生非,秦安向监寺问道:"那个疯和尚是哪个庙里的?别放走了。少时没有疯僧,我和你要人。"吩咐三爷带马,出了灵隐寺,一路之上鞭上催马还嫌慢,进了钱塘门,到相府方下马。只见从里面出来一位同事,一见众人说:"你等怎么这样回来?"秦安把上项之事,由头至尾说了一番。那人说:"见上相爷,别照实话说。求相爷做主,拿这一伙凶僧。"

秦安到书房,秦相正在看书,一抬头说:"你们四个人到灵隐寺借大木,为何这样回来?"秦安说:"奴才奉大人之谕,到西湖灵隐寺借大木。那庙中和尚都肯借给大人,只有一个疯和尚不但不借,反行殴辱,求相爷做主。"秦相一听,说:"灵隐寺又出疯僧了?胆敢打我的家人,真是可恼!"即用朱笔一标牌,传到京营帅府,调两员将五百兵,府县衙各带官兵围灵隐寺,锁拿济公。要知后来之事毕竟如何,且看下回分解。

第十八回　兵围灵隐锁拿疯僧
戏耍班头醉入相府

话说秦相听秦安等回话,勃然大怒,传谕发传牌知会京营殿帅府县衙门,兵围灵隐寺,锁拿疯僧。这道传牌一出,京营帅即派两员将五百官兵,临安府派八位班头,仁和县派八位班头,各带散役,来至灵隐寺,把庙一围。众班头进庙问老方丈:"疯和尚哪去了?"老方丈说:"不知道。"众班头铁链一抖,把老方丈元空长老锁上说:"你这和尚胆子真不小,胆敢打秦相爷的管家大人。"侍者过来讲情,不叫锁老和尚,班头把侍者锁上。知客过来庇护侍者,把知客锁上,连监寺的共锁了五个和尚,带着来至秦相府,往里一回禀。秦相立刻升坐花厅,外面有七十几家将在两旁伺候。当差人等上来回禀:"现把灵隐寺方丈带到。"秦相吩咐:"把僧人带上来。"两旁传话:"相爷有谕,把僧人带上来!"当差的把五个和尚带到堂帘以外,老方丈坐在那里,这几个都跪下。相爷在里面隔着帘子瞧的真,众僧人往里看不见。相爷在里面问道:"这几个和尚哪一个是疯僧?通上名来。"下面僧人俱各答话。老方丈说:"我叫元空。我是那庙方丈。"那个说:"我是那庙的监寺广亮。"那个说:"我是那庙的知客德耀。"那个说:"我是那庙侍者宗瑞。"那个说:"我是那庙斋头惠陵。"秦相一听,说:"你们这里头没有疯僧?我派人去锁拿疯僧,他竟敢把我管家打了。"广亮说:"回禀大人,我们庙里疯和尚济颠,本是老方丈的徒弟。众位管家去,他施展妖邪法术,把管家大人打了。我等阻不了,求大人格外开恩,与我等无干。"秦相在里面一听,吩咐手下家人传谕各府县头役拿疯僧。

钱塘县几个班头在庙内找到拆大碑楼的那里,见疯僧指指掇掇,瞧拆大碑楼。这些瓦木作土工,听说有秦相府堂谕拆大碑楼修盖阁天楼,哪敢违背。内中就有好人，一想："和尚庙里不容易，不定费多大事化的缘修盖这座楼，一旦之间就拆了，作孽不小。我别作孽，我用铁锨把瓦掇拢，反正也挣二百钱，不犯上做这孽事。"正在这里思想，济公在旁边用手一指，这人从楼上一滑，掉下来，七八丈高落在地上。下脚实地，并未摔着。自己一想："好险，我幸亏未拆楼，我要拆楼，定然摔死，必是有点说处。"自己站起来溜了。就有真拆的，自己想得开："拆完了修秦相府的楼，做两个月的活，修秦相府楼完后，那庙还得动工，又做两个月工，半年的活工有了。"正在那里拆卸，济公用手一指，那人由上面摔下来，正坐在一块三尖石头上，把粪门刺破了，这小子扒着家去歇了半年的工。

济公施佛法正在报应那些瓦木匠土木工人等，过来几个班头，"哗啦"一抖铁链，把济公锁套脖颈，说："好和尚，你惹的这祸多大，你还在此指指掇掇瞧热闹呢！"和尚抬头一看，是八位班头：赵大、王二、张三、李四、孙五、刘六、耿七、马八，拉着和尚就走。和尚说："我惹这祸有多大？"赵头说："难比给你瞧，到相府去，你就知道了。有你个乐！"和尚说："这样叫我走我不走。"赵头说："你还叫我费事吗？"和尚就地上一坐，口念："唵嘛呢叭咪吽，唵敕令赫！"赵头用力拉也拉不动，叫王二过来帮忙。王二用尽平生力也拉不动。王二说："你们几位别瞧着，大家拉他。"张三、李四、孙五、刘六、耿七、马八齐过来用力拉，和尚如同泰山一般。众人说："这真可怪！"只听背后有人哈哈一笑。赵头回头一看，是仁和县的两位班头。一位姓田叫田来报，一位姓万叫万恒山。这两个人在仁和县当差，那任官都是红差事，人也精明强干，跟赵头众人还是联盟的弟兄，见赵头众人拉和尚不动，不由得一阵狂笑说："你们众位就会吃饭，没事坐在班房胡吹乱嗙，今日有了事，你们全没有主意了。"赵头一听说："你们二位先别说现成话，你们二位要把和尚拉起来，算你们全能为。"田来报说："我要拉不起和尚来，我把田字倒过来！"万恒山说："我要拉不起和尚来，我不在六扇门混饭吃。你们躲开！"赵头众人躲开，见田、万二位用手按上缨翎帽，整了衣服，紧了皮带，蹬了靴子，向前赶走几步，就在和尚面前跪倒说："圣僧，我等来请你老人家。无冤无仇，皆因是你老人家惹了秦丞相，秦相派我们老爷带着我等来请你老人家。你老人家既敢惹他，就敢见他。你要不去，秦相一气，参我们老爷，我们老爷得担处分，必要革我们的职。我们把差事一丢，一家大小挨了饿，求你老人家大发慈悲罢。"和尚一听，一阵冷笑说："要照你二人这样说来，我和尚早就去了。田头，贵姓呀？"田头一听也乐，说："你知道我姓田，还问我贵姓。"和尚说："你名字不是叫来报？"田头说："我叫来报。"和尚又说："万头，贵姓呀？"万恒山道："师傅不要怄人，慈悲慈悲，跟着他们去吧。"和尚说："走就走。"田来报这才说："赵头，这个差事得对付着点，我给央求好了，你们带着走吧。"赵头过来，方才拉和尚出了灵隐寺。

往前走了两里之地。那西湖苏堤一带，全是酒铺。和尚走到一个酒铺门首，就向地一坐不走了。赵头说："师傅怎么不走了？要歇歇吗？"和尚说："我倒不是要歇着，我且问你一句话，你们当差讲究靠山吃山，靠水吃水，指皇树，穿皇陵，无多有少，无大有小，得有朋友见过我和尚。你把我带到相府，算你们能办案，当好差事，可得在我和尚身上花点钱。不然，我不能太太平平跟着你们去。"赵头一听，心里说："我当了这些年的差事，头一回遇见打官司地跟原差要钱。"赵头说："师傅，你一个出家人，要钱做什么？"和尚说："我得喝酒，犯了酒瘾走不了。"赵头说："喝酒行。师傅喝多少酒罢。"和尚要了二十壶酒，酒铺给拿过来，和尚一仰脖就是一壶。一边喝着酒，一边说道："酒要少吃性不狂，戒花全身保命长。财能义取天加护，忍气兴家无祸殃。"眨眼和尚把酒喝完，赵头一掏钱，整整剩了二十壶酒钱，一个不多，一个不少。赵头说："师傅，你再多喝一壶，我的钱不够。少了一壶，我剩下钱。"和尚说："赵头，你早上起来，是你女人给你装的钱不是？"赵头说："是。"和尚说："那是我和尚昨晚上给她的。"赵头说："师傅别玩笑，快走吧。"拉着和尚往前走了有二里地。和尚说："赵头，你换个人拉着我吧。"赵头说："做什么？"和尚说："你没了钱啦！换个人罢。"赵头叫王头拉着。王头接过来说："师傅，走呀！"和尚说："不走，你知道赵头因为什么不拉着我？"王头说："不知道。"济公说："他拉着我和尚，得给我花钱。"王头说:"要钱做什么?"和尚说:"吃酒。"王头说:"师傅喝罢。"和尚说:"给我来十壶酒罢。"王头说:"对,我就带着四百钱整够,多了我也没有。"济公把十壶酒喝了。

书的节目,叫醉入秦相府。王头拉着和尚往前走有二里地。和尚说:"王头,你也该换人拉着。"王头说:"师傅你不讲理。赵头拉着出了灵隐寺有二里才喝酒,喝完了又走二里,共四里才换我。我接过来半步未走就喝酒。方才走了二里,怎么就换人!"和尚说:"赵头是二十壶酒,你是十壶酒。"王头说:"我也不跟你争论,张头你来拉吧。"张头说:"师傅,你要喝酒只管喝,此地醉仙楼酒铺我有账,你尽量喝罢。"和尚说:"给我来三十壶酒。"张三一听,暗中一个伸舌头道:"师傅,你老人家一天喝多少酒?"和尚说:"我也喝不多,早上起来喝二斤,吃早饭喝二斤,吃晚饭喝二斤,一到起更天,我就不喝了。"张三说:"你就睡去了。"和尚说:"我跳在酒缸中泡着去。非是泡着,不能过瘾。"张头这三十壶酒他也喝了。

话休烦絮。那八位班头都喝到了,才来至秦相府的门首,仍翻回赵头拉着。和尚喝得酩酊大醉,府门口当差人直催说:"你们这差事怎么当的? 相爷叫带疯僧,你们必得等相爷怪下来才带呀?"赵头说:"来了,来了!"领着济公进秦相府。和尚抬头一看,只相府里好生威严。怎见得? 有诗为证:

阁设麒麟玉做琛,堂前窈窕翠屏门。洞门高宏入宝辇,琅琊深敞藏雅琴。锦绣丛中古玩润,珠玑堆里辞赋分。除却万年天子贵,就让当朝宰相尊。

和尚看毕,赵头带着往里面奔去。罗汉爷施佛法大展神通,要去戏耍秦相。不知后来之事毕竟如何,且看下回分解。

第十九回　秦相梦中见鬼神　济公夜来施佛法

话说济公来至相府,听差人等往里回话,秦相吩咐:"把疯僧带进来。"左右一声答应。还是赵头拉着济公来至里面。一看,老和尚、监寺的、侍者都在这里,两廊下站着七十二家人。济公来到,立而不跪。秦丞相在里面往外一看,原来是一穷僧。在上面一拍桌案说:"好大胆的疯僧! 我派我家人到庙来借大木,借是人情,不借是本分,胆敢施展妖术邪法,打了我的管家。从实说来!"和尚就应该照直说来,怎么要拆大碑楼,我不叫拆,怎么打起来的。济公并不说这个话。和尚说:"大人,你还问我。你官居首相,位居三台,应该行善积德作福,今无故拆毁佛地,我和尚越说越有气呀! 把大人拉下来,给我打四十板子再问!"秦丞相在上面一闻此言,勃然大怒,说:"好大胆的疯僧,竟敢欺谤大臣。来! 左右将疯僧拉下去,给我重打四十竹棍!"原来这竹棍是秦相府的家法,最厉害无比。在竹子当中灌上水银,无论多健壮的人,四十竹棍能打得皮开肉绽。今天要用竹棍打疯僧。济公听说要打,一回身蹲在老方丈、监寺的五个和尚当中,过来三个家人,伸手揪着济公按倒地上说:"好和尚,你藏在此就算完了?"一个按住肩头,一个按住腿。和尚头向西,掌刑地拿着竹棍在南边请相爷验刑,抡起竹棍打了四十下,和尚并不言语。

三个人打完了,往旁边一闪,秦相在里面一看,说:"你们这一干狗头! 我叫你们打疯僧,为何把监寺的给打了?"三个人一瞧,暗思奇怪:方才明明是揪的是济颠,怎么会变了监寺的广亮? 广亮才可说出话来:"哎呀,打死我了!"方才干张口喊不出来,四十棍打了,皮开肉绽,鲜血直淋。秦相吩咐:"再换一班掌刑的人,给我重打疯僧四十竹棍! 好疯僧,我要不打你,誓不为人!"又过来三个掌刑人,一揪济颠说:"和尚,这可不能揪错了。"济公说:"该我,我就去。"三个人道:"和尚,这还待我们费事吗,你躺下罢。"济公说:"你铺上被褥了吗?"家人道:"你别不知道什么了,这就要打你,还铺被褥。"用手把济颠揪倒,一个骑着肩头,两手揪着两个耳朵,一个骑着腿,这个把三片中衣一撩,拿起竹棍。秦相吩咐:"打! 打! 打!"掌刑的用力把竹棍往下一落，距济颠的腿还有一尺，不由得竹棍拐了弯，正在骑肩头那人的腰上"扑通"一下，把骑肩头的那人打出三四步远去。那人拿手按腰腿，"哎哟哎哟"直嚷："打死我了！好好好，你早间跟我借二百钱我没借，你官报私仇！"秦相大怒，叫下去吩咐："再换掌刑人来，给我重打疯僧八十棍！我不打你这疯僧，誓不为官！"济公说："我要叫你打了，我誓不当和尚。"又过来三个人。这个说："可是我骑肩头，秦升按腿，你掌刑。你可别拿竹棍满处里混打。"掌刑家人答应，对准了和尚的腿，棍刚往下一落，就拐了弯，扒叉一下，正在骑腿的那人背脊上，打的那人往前一栽。

里面秦相一看就明白了，头一回错打监寺的，二回打了骑肩头的，这回又打了骑腿的，这必是和尚妖术邪法。吩咐家人把堂帘撤去，自己打算拿当朝宰相之威，可以避掉他那邪术。家人撤去帘栊，秦相迈步出来。这个时节，济公在地下躺着，翻二目一看，秦相好生威严。怎见得？有诗为证。但只见：

头戴乌纱帽，方儿高，长展翅，摧遥遥，翅起玫瑰攒细巧。当朝一品一顶丞相貂，身上罩，蟒翻身，龙探爪，攒五云把海水闹，寿山永固一件紫罗袍。腰系有，锦恒腰，搅八宝，白翡璧，吐光毫，富贵高升玉带一条。足下蹬，墨尼皎，时样好，细篆白底把毡包，寿山永固一双方头皂。看相貌，真不好，甚堪瞧，五官丑，恶相貌，奔楼头，下巴梢，瓯口眼双眼暴。怒冲冲一喘白玉带，喘吁吁二件紫罗袍，急尖尖汗流满面把乌纱摇，恶狠狠连踩朝靴才把圣僧瞧。

秦丞相那一番急怒相貌，令人可怕，吩咐家人："给我打！打！打！"众家人哪敢怠慢，这个抄起竹棍，恶狠狠过来要打和尚，一举竹棍往下一落，用力大些，一用棍出了手，棍奔秦丞相打去。那家人吓得亡魂皆冒！秦丞相见此光景，气往上冲，弯腰捡起棍来，要亲自打和尚，猛然听内宅响，秦丞相大吃一惊。原来秦相治家有道，内宅没有男子，就是婆子丫鬟三尺的童子，非呼唤不能入内宅，有要紧事才能打点，今天一听点响，秦相正在一愣，由宅内跑出一个婆子说："大人可了不得了！大人的卧室失了火！"秦丞相一听说，知道是和尚妖术邪法。连忙吩咐家人二十名："把和尚锁在空房，三更天我要审问和尚！"用手指着济公，秦相说："疯僧，你就把相府烧个片瓦无存，我也要把你解到有司衙门，打你八十竹棍，方出我胸中之气！"说罢，吩咐秦升："带二十家人看守和尚，我到院内宅去看。"带着十几名家将到了内宅，见夫人站在院中，吓得战战兢兢，婆子丫鬟那里连忙救火。夫人问："由哪里引的火？"仆妇说："是由大香炉内引出星星之火，把窗棂之上碧纱引着。"秦相立刻派家丁人等，大家去把火救熄，自己把香炉拿起来摔在地上，吓得众仆妇连忙收拾起来。看了看香炉并未损坏，乃是生金铸的。谚云：金盆虽破值钱宝，分两不曾短半分。

秦相见火已灭，到了房内。夫人问："大人所因何事，这般大怒？"秦相便把疯僧妖术打家人，兵围灵隐寺，把庙中和尚锁来，"我正要责打疯僧，不想一连三次，都被他邪术躲过去。我方要自己打他，后宅火起，我仍是把众僧锁押在空房之内，三更天定要责打疯僧。"夫人说："大人何必向这些无知之人较量。"正说之时，家中仆妇回话："晚饭已好，请示相爷在哪里用？"秦相说："就在这里用吧。"丫鬟摆上杯箸，秦相满心怒气，吃不下去，稍吃两杯，就撤下去了，在屋中看书，点上灯光，秦相看了几遍，也看不下去，伏几而卧，曲肱而枕之。方一迷离之际，似乎要睡，昏沉之间，只听：一阵阵冷气吹人，一声声山林失色。"咕噜噜"声如牛吼，"哗啦啦"进来一个。"的溜溜"就地乱转，原来是地府魂魄。

话说丞相一看，从外面进来一个大鬼，身高八尺，面似黑烟，头戴青缎快靴，环眉大眼，手持三股烈烟托天叉。后面又跟进来一个，身高八尺，帽子够二尺，浑身皆白，面皮微紫，紫中透黑，手拿着哭丧棒，冲着秦丞相一站。后面又进来了个头戴如意巾，两个朝天如意翅，身穿绿缎子袍，足下官靴，面皮微白，四方脸，手中拿一支笔，一本账。后面又进来一个，头上蓝缎子软帕包巾，绣团花分五彩，青缎软靠，青布快靴，面皮微紫，重眉阔目，手拉铁链锁定一人。项戴大锁，手上有镣，一脸枯槁，发髻蓬松，一团胡须如乱草一般。秦相一看，正是他爹老太师秦桧，回煞归家。后面跟定一个小鬼,头上绢帕罩头,面上青泥,两道朱砂眉,一双金睛暴出,身似刷漆,腰系虎皮战裙,手执巨齿钉、狼牙棒,紧跟后面。秦相说道:"老爹爹,孩儿我打算你老人家早升了天堂,谁想你还在阴曹地府,受这般苦楚。你老人家先回去,孩儿明天定请有道高僧,超度你老人家早早升天。"秦桧说:"儿呀,为父在阳世三间,久站督堂,闭塞贤路,在风波亭害死岳家父子,上干天怒,下招人怨,现在把我打在黑地狱,受尽百般苦楚。今奉阎罗天子之命,回煞归家,劝诫于你,你身为宰相,就应该行善积福做德,你不但不行善,你反要拆毁佛地,罪孽深重。因为你拆毁灵隐寺大碑楼,锁拿和尚。要听我良言相劝,赶紧把僧人放回去,大碑楼重修。"正说在此处,就见那拿叉的大鬼说:"众家兄弟拉着走!""哗啦啦"一抖阴阳铁叉,摔拉着秦桧就走。秦相说:"爹爹慢走,孩儿还有话禀告。"众鬼卒不容分说,拉着就走。秦相忙上前用手一拉,只听得"当啷"一声响。秦相睁眼一看,有一桩岔事惊人。要知后事如何,且看下回分解。

第二十回　赵斌夜探秦相府　　　　　王兴无故受严刑

　　话说秦相见众鬼卒拉着他爹爹秦桧就走,他一急,用手一拉,只听"当啷"一响,睁眼一看,原来是南柯一梦,把蜡灯摔在地上。外面有值宿的丫鬟,进来把蜡灯捡起来,照旧点上。夫人那里也醒了,问道:"大人因何这等大惊小怪?"秦相说:"我方才在灯下看书,偶然心血一迷,已睡入梦乡中。方才得了一个兆,见老太师回煞归家,带了手铐腿镣,众鬼卒押解,述说他在阳世三间之恶。我打算要把大碑楼止工,将众僧人放回去,夫人你看意下如何?"夫人听了一笑道:"大人乃读书之人,你怎么也信服这攻乎异端怪力乱神之事?"秦相一听夫人之言,他又把善心截住,问丫鬟外面有什么时光。丫鬟说:"方交三鼓。"秦相说:"传我的堂谕,三更天我在外书房审问疯僧。非重重责罚他不可!"正说着,只见屋中这盏蜡灯"呼呼呼",灯苗长有一尺多高。秦相爷一愣,贸然间这灯又往回梭,梭来梭去,灯苗剩了有枣核大小,屋子里全绿了,如是者三次。秦相把镇宅的宝剑摘下来,照着灯头就是一剑,忽然献出两个灯光,秦相复又一剑,献出四个灯光。秦相一连几十剑,满室中灯光缭绕。就听见婆子叫:"大人,门外面站着一个大头鬼,冲着我们直晃脑袋!"丫鬟说:"可了不得!桌底下蹲着一个支牙鬼,冲我们直乐。"那丫鬟说:"快瞧,在帘那里有个地方鬼,直点头。"秦相吩咐叫婆子打点,叫家人进来打鬼。婆子丫鬟到门外一呼唤,外面众家丁往里跑,听内宅闹鬼,都要来在相爷面前当差。刚要到了内宅,就听声音一片喊叫:"了不得了!相爷,看那破头鬼的头上直流血。了不得了!相爷,有了抗枷的鬼。了不得了!相爷,有吊死鬼。了不得了!相爷,有了无头鬼,又有了淘气鬼了,净打人拧人。"

　　书中交代,此乃是济公施的佛法。只因秦相派了二十名家人,在外面廊房之内看押和尚,内中秦升说:"咱们这差事可不是玩耍,昨夜我就一夜未睡,今日又有这个差事。我出个主意,咱们大家每人出二百钱,做一个公东,买些酒菜来,入夜二更之时,大家喝了酒,至三更相爷要升书房审问和尚,也误不了事。你等想想怎样?"众人都说:"好好好,就是那样办吧。"众人凑了四吊钱,叫一个人去沽酒买菜,都办齐了。天有初更之时,只见内中有说:"咱该喝了。"众人把酒菜摆上。济公说:"众位慈悲慈悲,我和尚喝一杯酒呀。"秦升说:"和尚不准饮酒,你因何要喝起酒来了?和尚说的是杀、盗、淫、妄、酒,此为五戒。你要喝,岂不犯了戒吗?"济公哈哈大笑道:"管家但知其一,不知其二,内中还许多好处呢。天有酒星,地有酒泉,人有酒圣。酒合万事,酒和性情。仲尼以酒为道,但不及乱耳。"秦升说:"和尚,你知道这些事,我给你一杯吃。"伸手斟了一杯给和尚。济公接过来说:"好好好,日长似岁闲方觉,事大如天醉亦休。"把那杯一饮而尽,说:"众位再给我一杯吃罢。"秦升说:

"已然给你一杯吃了，还要，真不知自爱。"和尚说："你要不给这杯，连那杯人情也没了。"秦升又给斟了他一杯。和尚喝了说："来，再给一杯，凑个三杯。"秦升说："没有了。不是我不给你，合别人要罢。"济公哈哈大笑说："好，我自己会喝。"拿着酒杯连说："唵敕令赫！来来来。"就见杯中酒忽满了，和尚连吃了几杯酒，把酒杯放下。那些家人都要喝酒，一个个向前伸手倒酒，那瓶内连一滴皆无。众人都说买东西那个剩下钱啦，又把那个酒瓶拿过来，也是点酒皆无。秦升一语未发，一闷气就先躺下了，众人东倒西歪都睡了。

济公先点化了几个鬼，想要把此事完了，也就省心了。不料秦夫人一句话就给挡住。和尚见家人睡了，和尚把铁链锁起，就到内院去报应。那些恶仆平日倚主人之势，在外招摇是非，和尚打一下，拧一下，正是报应众人。只见北房上有一人，手持钢刀一把，要杀秦相，代济公报仇。罗汉睁眼一看，来者非别，正是探囊取物赵斌。只因前次赵斌帮着济公盗五雷八卦天师符，装韦驮在秦相遇见尹士雄，两个人回家中，见过赵太太，有了两天，尹士雄告辞就走了。赵斌仍是作小本生涯，倒不为赚钱。老太太因叫赵斌有个养身之道，省得胡作非为。这一天赵斌正在西湖卖鲜果子，见有无数官兵围住灵隐寺。赵斌见有认识的人，过去一问，方知是济公打了秦相府的管家，秦相发传牌调兵围灵隐寺，捉拿疯僧到相府，要把济颠活活打死。赵斌一听大一惊，自己一想："济公待我有救命之恩，他老人家遇难，我如何不救？"又想："我娘亲晚上又不叫我出来。有了，我说个谎，等我娘亲睡着，我带上菜刀一把，奔那秦相府把奸相杀了，给我师傅济公长老报仇雪恨。"自己慢慢回家。老太太问："今天因何不卖了？"赵斌说："我今天身子不爽。"老太太说："既是身子不爽，在家休息罢。"及至晚饭后，赵斌正望他母亲睡觉，忽听外面打门。出来一看，乃是对门街居王老太太。一见说："赵斌，我烦你一件事。只因我王兴儿清早起来卖果子，去到秦相府门口摆摊，正午的时候，来了一乘小轿，说我儿得了子午痧，把我媳妇接了去，直到这时候，还不见回来，我甚不放心。家中又没人，我烦你去打听打听。"赵斌连忙答应。他本是实心做事的人，进去告诉母亲。换好了衣服，揣上了一把切菜刀，出来一直奔至秦和坊。来到秦相府门首，此时已晚，见王兴的果摊尚未收，有看街的郭四在那里看守。赵斌一看熟人，说："郭头，我王贤弟哪里去了？"郭四道："原来是赵爷。你问王兴，别提了，今天一早秦相府二公子把他叫去。他叫我给看着，也给他卖了钱不少。我尚有忙事，他一进去，就没有出来。我进去打听，他们都不叫我问，我也不知是什么事？"赵斌也不知王兴是怎么一件事，别了郭四，便在各处访查，也未打听着，直至天有二鼓，自己就奔秦相府，找僻静之处，将身蹿上房去，打算要刺杀秦相给济公报仇。哪想到将来到里面，在房上一看，院中灯火绿沉沉的，照得那些家人直似一群怨鬼，吓得赵斌战战兢兢，穿房越脊，往西奔去。

来到一所花园，赵斌站在房上东张西望，心说："这所花园子，不是秦府里。在他这相府隔壁，是谁家的？"看了够多时，只见在东北上有一所院落，灯光闪烁。赵斌跳下来至切近一看，周围栽的桂树，路北的垂花门。一进门，目前一带俱是花墙子，当中白灰抹的棋盘心。这院子是北房三间连月台，东西配房各三间。赵斌抬头一看，见上房屋中垂下竹帘子，里面现着灯光，由外向里看得甚真。见里面是一张八仙桌，桌上摆的干鲜果品，冷荤热炒，上等高粱是一桌海味席。赵斌想："这倒是活该给我预备的，叫我吃饱，喝足了，再杀那狗娘养的。"赵斌往前刚走了两步，猛然心中一动，自己叫着自己："赵斌你太粗鲁了！倘若屋内有人，我便往里走，岂不被他看见？那时多有不便。我不免找块石头，探探有人没有？"在院中找了一块小砖头，照定帘子打去。绿林人讲究投石问路，用石头一打，要有人必有答话："这是谁砍砖头呀！"有黄狗听见有响动，"汪汪"一叫，也就探出来。赵斌今天用砖头照帘子一打，并不见动作，自己满心大悦，知道是没人，这才往前行走。刚上一台阶，只听上面叫："哎呀，大哥来了。快救命呀！"赵斌大吃一惊，抬头睁眼一看，原来是王兴夫妻二人在房梁上倒吊着，浑身是血。不知这夫妇二人因何在此遇难，且看下回分解。

第二十一回

遭速报得长大头瓮
荐圣僧秦相请济公

话说赵斌抬头一看，见王兴夫妻在这里吊着，身受重伤，不由大吃一惊。书中交代，这一所花园，乃是秦丞相的二公子秦桓的花园。平日秦桓就不安本分，他倚仗着他父亲是当朝的宰相，他哥哥已死，就剩了他一个，他任意胡为，手下养活着许多的打手，时常在外面抢夺人家少妇幼女，抢了来就要霸占了。如其本家找来，他叫手下的打手一阵乱棍打死。到府县告去，衙门不敢接呈子，都知道他是宰相的公子。因此大家给他起了个绰号叫追命鬼。今天是他在花园内看书，看书也不瞧正书，也无非是淫书邪说，正瞧的是唐明皇幸宠杨贵妃。瞧到得意之处，自己便乃拍案惊奇。旁边有管家秦玉，平常最得脸的人。说道："公子爷为何这样喜悦？ 有何得意之处？"秦桓说："你不知道，怪不得唐诗有云：'虢国夫人承主恩，平明骑马入宫门，却嫌脂粉污颜色，淡扫蛾眉朝至尊。'这个杨贵妃果然是生得好。"秦玉道："公子爷，是你亲自所见吗？"秦桓说："这奴才竟说浑蛋话！那是唐朝，此是宋朝，我如何能亲眼得见？"秦玉说："目今有一个人，比杨贵妃生得好，真是天下少有，世上所无。我自出生以来，就瞧见这样一个美人，身材不高不矮，模样不瘦不胖，眉毛眼睛，都是生得好看。"秦桓本不是好人，一听此言，眼就直了，连忙说："秦玉，你在哪儿瞧见的？"秦玉说："咱们府门口有一个摆果摊的王兴，他家就住在木头市。那一天小人买了几张楠木椅子，想要雇一个人替我挑到我家去，偏巧没有相当人，我就上王兴家找他去了。一叫门，正赶上他的妻子出外。小人一见，果然长得国色天香，天下少有，第一等美人。打那一天我瞧见，我就要告公子爷，只因未得其便。"秦桓道："不行呀！好与不好，在王兴家里，还能算的是我的人吗？你可有什么主意，想法把美人给我送来，我必定多赏你银子。"秦玉说："公子要这个美人不难，你能花二百两银子，奴才有一条妙计，保管今天美人到手。只要公爷舍得赏我二百两银子，我就替你出个主意。"秦桓说："去至账房给拿。"二百两银子到手，就在秦桓耳边说道：只需如此如此。秦桓一听，哈哈大笑说："你就去叫他去。"

秦玉到了外面一瞧，见王兴正把果摊摆好，说："王兴，公子爷呼我来叫你。"王兴赶忙托付看街的郭四照应果摊，跟着秦玉往里走。王兴笑嘻嘻，只打算是要卖几两银子，必是公子要什么好果子。来到花园里丹桂轩，一瞧追命鬼秦桓正在那廊子下坐着，两旁站着有几个家丁。王兴连忙过去行礼说："公子爷呼唤小的来，有什么事情？"秦桓说："王兴，你家里有什么人？你有多大年纪？照实说。"王兴不知是什么一段事情，赶忙说："公子爷要问，我家里就是小人，我母亲今年五十岁，我今年二十二岁，我妻子十九岁。家中就是三口子度日。"秦桓一听，这小子一阵狂笑，说："王兴，我听说你女人长得不错，我给你二百两银子，再娶一个，把你女人接来给我罢。"王兴一听此言，打了个冷战，心想："我若一说不答应，必然一阵乱棍把我打死。"心中一忖度。王兴说："公子爷在上，小人有下情上告。我娶妻并不为别的，为的是服侍我老娘。待我老娘死了，我把妻子送与公子爷，我也不敢领两百两银子赏。"秦桓听王兴之言，正要说你去吧。那旁秦玉过来说："公子爷，你休听他此话，明明是搪塞你，他母亲今年才五十岁，再活三十年，他媳妇已经五十岁了，岂不送了来养老吗？"秦桓一听勃然大怒道："好一个狗头！你敢在你家公子爷面前搪塞，实在可恼，来！把他替我捆起来！"众恶奴就把王兴捆起来。秦桓说："秦玉，你有什么主意？把他女人给我诓来。我叫他看着跟他女人成亲。"秦玉这小子眼珠一转，计上心来，到了外面，把他的三小子叫过来，交了几句话，雇了一乘二人轿子。这个三爷跟着来到王兴的住家的门首。一叫门，王兴的母亲由里面出来，说："什么人叫门？"这个三爷说："老太太，你不认得我了。姓张，在秦相府花园子有二分小差事，跟我王大哥至相好。今天早起我王大哥刚摆上果摊，他摔了一个跟头，口吐白沫，不知人事。我等把他搭到花园子去,请个先生给瞧。先生说他的病太厉害,要有他的亲近人在旁边看着,才给治病呢。我王大哥叫我来接我嫂嫂。"老太太说:"也好,我去看着。"那人说:"老太太,你老人家这样年纪,如到那里见事则迷,再者留下小妇女看家,尤不方便。"老太太一听此话甚为有理,到家中合儿妇吴氏一商议。那吴氏也是知三从四德之人,听说丈夫病了,心内乱了,忙换衣服说:"孩儿去看来。"到外面说了几句客气话,上了轿子,抬起来竟奔相府而来。到了花园之内,放下轿儿,把帘子一掀,吴氏看见上房廊檐之下,端坐一位公子,她丈夫王兴在旁绑着,吴氏不知所为何因。见那公子打扮的整齐,怎见得? 有诗为证:但只见——

头上戴,如意巾,绣带儿飘,羊脂玉,吐光毫。身披一件达子袍,团花朵朵金线绕。粉底靴,足登着。看相貌,甚难瞧,贯拉头,下巴梢,瓯口眼,双睛暴,伸着脖子似仙毫,活巴巴的一块料。愿当初,做成时节手执潮。

吴氏看罢说:"公子,你是什么人? 因何把我男人绑上了?"旁边家人说:"这是我公子,乃是秦相爷之子,还不过来叩头!"那吴氏尚未回言,只听秦桓说:"娘子,你休要害怕。我本一举两得,三全其美,不料王兴这个狗头反不愿意起来。我已久仰小娘子这一分芳容,真乃倾国倾城之貌。我想你跟着王兴,无非吃些粗茶淡饭,穿的粗布衣衫。我才把王兴叫进来跟他商酌,打算给他二百两银子,再娶一房。岂不是一举两得,三全其美? 二百两银子他再娶一个也使不了,又可以发点财,又省得你跟他受罪。把你接来服侍我,我也有一个得意的人。同他一商议,他倒好大的不愿意。因此我把他捆上。"吴氏一听此言,蛾眉倒竖,杏眼圆睁,说:"公子爷,依我之见,趁此把我夫妻放回,万事皆休。你乃是当朝宰相之子,宦门之后,家中姬妾满堂,何必与我等作对? 公子理宜行善积修德,这件事要被御史言官知道,连尊大人都要被参。"王兴在那里也说:"公子爷,我在你府门口做买卖,没有得罪你老人家。你开恩把我夫妻放了吧!"秦桓听此言,反冲冲大怒,吩咐一干恶奴:"把他二人替我吊起来打!"手下人就把这小夫妻两个吊起来,用鞭子一抽,这夫妻是把心横了,就让他打死,也不能从他。

这件事直到晚间,他只摆着酒喝着,又拷打二人,忽听东院相府闹鬼,手下人回报道:"公子爷快瞧瞧去吧。"秦桓一听,急忙吩咐家人:"前面提灯,快去看看。"家人也要去看闹鬼,众人一同走了。这里一个人也没有,王兴夫妻在此忍痛。王兴说:"娘子,你同我受这般委屈。"吴氏说:"该是我两人死在这里,但是死后再到阎王爷面前告他便了。"正说之间,外面来了一人。王兴睁眼一看,原来是探囊取物赵斌。王兴说:"哎呀,赵大哥救命罢!"赵斌见王兴夫妻周身是伤,走过去先把王兴由上面放下来,然后把吴氏放下来。赵斌伸手解王兴的绳扣,解不开,捆得太紧。正是着急。后面有一人抱住赵斌。赵斌要使脱袍式把那人捺个跟头,自己好逃走。哪知道用尽平生之力,后面那人如泰山一般,把赵斌抱住不能转动。是这样的英雄,今天都会被获遭擒。不知究竟如何,且看下回分解。

第二十二回　施妙法人鬼闹秦宅
治奇病济公戏首相

话说赵斌正要给王兴解绳扣,忽有人在后面把赵斌抱住。赵斌打算要夺身出去,哪想到摇不动,回头一看,原来是济公长老。赵斌说:"师傅,你快放开我。只当你老人家为秦相所害,不想到师傅还在这里。"济公方才松手,说:"赵斌,你把他们的绳扣挑开,跟我往屋中来,我有话说。"赵斌把王兴夫妻解下来。济公掏出两块药,把王兴夫妻被打的伤痕治好。和尚进了屋中,上面一坐,大口喝酒,大把抓菜,满面抹油。赵斌说:"好,这桌酒原给师傅预备下了。"和尚说:"赵斌,你往西厢房北里间屋中,有四只箱子,第三只箱子内有黄金一匣,重百两,有白银六封,重三百两,你给拿来。"赵斌急忙到那里去一找,果然济公说得不错。赵斌把金银拿过来,济公方才问:"王兴,你是哪里人?"王兴说:"我原籍是余杭县人。"济公说:"王兴,你把这金银拿去,明天可同你母亲雇只船逃回余杭县去吧。你家中破坏的东西,给赵斌罢。你有这金银,到家买些地做个买卖,也足够你们度日子了。"王兴一听,急忙趴在地上,给罗汉磕头。济公说:"赵斌,你可送他夫妻走吧。"赵斌说:"师傅,你在这里不要紧吗?我原打算杀了秦相,给你老人家报仇。"济公说:"不要你问,我自有道理,三日后你必听得到信。"

赵斌点头答应,正要走,只听那旁有人说:"小子们跟我走,看看王兴的妻子从我不从。"众恶奴答应说:"是。"只见打着灯光,原来是二公子追命鬼秦桓,由相府回来,领了一群恶奴。原来是听说东府闹鬼,他便去给秦相请安。秦相痛儿子,怕他害怕,不叫他进去,叫他回自己花园养息,故此率领众人回来。方一到花园子,就想起王兴之妻,说:"小子们,去看那王兴之妻从我不从。如其不从,我活把她打死。"赵斌一听,大吃一惊,道:"师傅,可了不得了!要把咱们躲到屋里。"济公说:"不要紧。"和尚用手往外一指,口念六字真言:"唵嘛呢叭咪吽!"秦桓偶然打了一个冷战,扑通栽倒在地。众家人上前搀扶,大众一乱。赵斌趁他乱,领着王兴夫妻直奔花园子角门,由角门出去,送王兴夫妻到家。第二天一早,王兴同他母亲妻子叫船逃走,把家中破烂东西给了赵斌,这话不表。单说济公见赵斌等走后,吃饱喝足,仍然回归东府空房。

且说这里秦桓摔了一个跟头,心中觉得惊慌。有众家人把他扶至房中。秦桓说:"哎呀,好热!"秦玉把帽子给摘下来。秦桓说:"热!"家人又把袍子脱下来。秦桓仍叫热,连忙把趁袍脱下来。秦桓说:"热!"秦玉又把靴子袜子脱了。秦桓说:"热!"秦玉把大褂中衣又脱了。秦桓叫热,秦玉吩咐快给打扇。打扇也是热,秦玉叫抬进两块冰来。手下人才把冰抬进来,秦桓叫好冷,即把冰抛去。秦桓说:"冷!"照旧把褂裤穿上。还叫冷,又把袜子靴子穿上。秦桓说:"冷!"穿上趁袍还叫冷,套上袍子还是冷,加上帽子还是冷,盖上两床被还是说冷。秦玉叫上火盆,才把火盆引着,秦桓又嚷热,把火盆拿出去,还是热,仍然又脱衣裳。书不多叙。如是者冷了热,热了冷四五次,天色已不早了。秦桓忽然说:"脑袋里痒,痒得难过。快来人给我搔!"秦玉过去用手一搔,哪知道越搔越大,顷刻间脑袋长的如麦斗相仿,吓得秦玉也不敢搔了,众家人一个个目瞪口呆。

天已光亮了。秦玉说:"快给东府送信罢。"天色明了,秦相本是告假,也不上朝,闹了半夜的鬼,也没有审问和尚,正要休息,外面有家丁进来报告说:"有人来送信,公子爷病了。"秦相一听,父子关心,急忙带着从人来至秦桓花园子。到了屋中一看,见秦桓躺在炕上打滚,脑袋大得如斗。秦相就急了,说:"你们这些奴才,真正可恼!公子爷得这般重病,为何不早送信与我?"秦玉说:"相爷有所不知,昨天夜间公子由东府回来,偶然跌了一个筋斗,到屋内就叫热,脱了又说冷,穿上又叫热,如此者数次,后来就叫脑袋痒,奴才就替他搔。越搔越大,这病来得奇怪。"秦相连忙吩咐:"快请有名先生来调治。"家人答应。

那临安城内有两位名医,一位叫指下活人汤万方,一位叫赛叔和李怀春。家人忙至李怀春家相请。李怀春一听是秦相府,不能不去,随同家人来至相府门首,去往里回报。秦相心急如火,赶忙吩咐有请。家人带领李怀春来至里面。秦相见李怀春头带四棱逍遥巾,身穿蓝袍子大氅,篆底官靴,气宇轩昂,仪表非凡。连忙请到屋中,有人献上茶来。李怀春给公子秦桓一诊脉,便心中纳闷。眼瞧他脑袋大,看寸关尺六脉十二经,并没有病。察看多时,不知他脑袋之病,从哪经所得,实在自己无法用药。方才说:"公子这病,小生才疏学浅,相爷另请高明吧,我实不能治。"秦相说:"我怎知道谁是高明?李先生你必知道,给引荐一位。"李怀春心想:"我要治不了,汤二哥也不能治。他治不了的病,我也不能治。除我二人之外,还有谁可引荐?"想罢说:"相爷,我实无人可荐。"秦相一听真急了,说:"你既不能治我儿的病,又没人可荐,你今天休想出我这相府!"李怀春一听:"只知以势力压人!"猛然心中一想:"我何不把济师傅荐来?"想罢说:"相爷,要给公子治病,只有一个人,就是酒醉疯癫,衣衫不整,恐相爷见怪。"秦相说:"这又何妨,只要他能给我儿治病。"李怀春说:"可是出家人。"秦相说:"不问出家人,只能治病便好。你可说来,快请去!"李怀春说:"乃是西湖灵隐寺济颠。"秦相一听,说:"原来是他呀!现在疯僧在我东院里锁着。"李怀春一听锁着济公,心中方才明白:"怪不得他长大头瓮。"秦相赶忙吩咐家人:"去把疯僧叫来,他要能把我儿的病治好,我放他回庙,免他之罪。"

家人急忙来至东院空房一看,众和尚都起来。家人说:"和尚,你这造化大了。"济公说:"灶火大,费点柴。"家人说:"我家相爷叫你去替公子治病,你能治好了,放你回庙。"和尚说:"你们相爷他把我锁来,要过堂审我,一叫我就到,叫我和尚给治病,你就说我说的刷了。"家人一听说:"好,我就照你这话回相爷去。"家人就回来,见秦相说:"回相爷呀,我去说丞相叫和尚去治病,他说要过堂审他,一叫就到,叫治病他说刷了。"秦相不懂这句话,问李怀春什么叫刷了。李怀春微然一笑说:"这句话,乃是一句戏言。相爷要叫他治病,须下一请字。"秦相疼儿子,说:"好,你等去,就是我请他来治病呢。"家人想:"真是和尚走运。"连忙来至东院,见和尚说:"和尚,真真你的架子太大了,我家相爷叫我来请你去治病。"和尚说:"你家相爷安居首相,位列三台,我和尚同他平日并无往来,他要交结僧道,叫御史言官知道,就把他给参了。"家人一听说:"好和尚,你说的好,我去给你报告,见我家大人去。"自己到了西花园之内见了秦相,说:"回相爷,我去到那边面见和尚。奴才说,大人请他给公子治病。他说大人官居首相,位列三台,他和大人素无来往,说大人交接僧道,要叫御史言官知道,就把大人给参了。"秦相一闻此言,勃然大怒,说:"好大胆的僧人!"李怀春说:"相爷不要生气,要教和尚给公子治病,大人必须亲自一往。"秦相见公子满床乱滚,没奈何道:"李先生,你要随我同往。到了那里,看和尚怎样!"李怀春答应:"是。"随同秦相到了东府空房院内。

秦相咳嗽一声,这是叫家人知道我来,你们都要规矩点。果然房中众家丁听见都站起来,说:"大人来了。"济公说:"众位,哪里是狗叫唤。"众家人连忙止住:"不要胡说,我家大人来了。"只见秦相同李怀春进来,到了济公面前。秦相说:"和尚,只因我小儿得了奇怪之病,本阁特来请你治。"和尚说:"我是大人拿锁子锁来的,并不是请我来治病的。"秦相一听,便勃然大怒道:"好,好!"李怀春一见事情不好,连忙说:"大人暂息雷霆之怒,我前去必要把济公请来。"秦相只得往后一退。只见李先生过去说了一席话,圣僧便使佛法,大展神通,要来戏耍秦相。不知后事如何,且看下回分解。

第二十三回　找妙药耍笑众家丁　联佳句才惊秦丞相

话说李怀春到了济公面前说:"师傅久违了,弟子有礼。今日秦公子得了奇异病症,我把你老人家荐了去给公子治病。不论什么事,都看在弟子分上。"济公说:"好,李怀春。你要给人治病,都拿锁子锁了去呀?"李怀春一看说:"好,秦大人,请你老人家派人把圣僧铁链撤了去。"秦相立刻把和尚链子撤去了。李怀春说:"师傅,你老人家可没有别的话说了。走吧!"和尚说:"李先生,我师傅、师兄、师弟都在这里受罪,我哪有心来给人治病?"那秦相听见,立刻叫把众僧人都放回庙去吧。众僧人走了,李怀春说:"师傅,你老人家可没的说了,走吧。"济公说:"李先生,兵围灵隐寺,拆毁我庙中大碑楼,我要给人治病。我哪能情愿呀!"秦相知道和尚要把兵撤回来,他也没有话说,连忙吩咐手下人去传堂谕:"去把拆楼之人一并撤回,连兵丁也撤回来。"李怀春说:"圣僧,你老人家可没有话说了,走吧!"和尚说:"走。"站起来说:"行善积福作德,作恶必遭奇祸,贫僧前来度群魔,只怕令人难测。"和尚谈笑自若,秦相想:"和尚放荡不拘,真要把我儿的病给治好了,我要不拆他大碑楼,我是被人耻笑,他白打了我的管家,我白把他锁来。就是他把我儿的病治好了,我也要拆他的大碑楼。"济公在后面哈哈大笑说:"好好,善哉,善哉,我和尚唱个歌给大人听罢:皂帽丝绦第一人,难略紫绶罗袍,一品还嫌小。量尽海波涛,人心难忖着。翠养翎毛,谓谁头上好。豕养脂膏,谓谁肠肉饱。千寻鸟道上云霄,是处都经到,平地好逍遥,世人知事回头少。"和尚一唱山歌,秦相暗暗点头,知道这和尚甚是明白。

一同来至西花园秦桓的书房,听秦桓在那里咳嗽不止。和尚到了屋中一瞧,说:"呦,原来是这么大的脑袋,可了不得!"李怀春听和尚这话大吃一惊,心说:"费这大事把他请来,他若不能治可就糟了。"秦相也是一惊,连忙问道:"和尚你会治不会治?"和尚说:"会治。不要紧,这是三小号,我连头号大脑袋都能治。这病有个名,叫大头瘟。"说着话,和尚伸手往兜里一摸,说:"可了不得了,我把药丢了!"秦相说:"什么药?"和尚:"治大头瘟的药。"秦相一听一愣说:"和尚莫非是你来到我这相府,就知道我儿长大头瘟吗?"和尚说:"不是。只因有一位王员外,他儿子也得这个病。每逢得这个病,必不是好人,定在外面行凶作恶,抢占少妇长女,才有此病。王员外儿子不法,得了大头瘟,请我去治。我带了药刚要去,被相爷派人把我和尚锁来。我进相府的时候,摸兜子药还有呢,这时候会没了!"秦相吩咐:"尔等快给和尚去找药!"众家人一听,说:"和尚,你这药是丸药?是面子药?告诉我们,好找去。"济颠说:"是颗丸药,有小米粒大,像瓜皮颜色,也没有纸包着。"众家人一听说:"我去吧。"和尚说:"大人,他这病可有转,这是小三号,要一转了大脑袋,就没法治。"秦相说:"那怎么办呢?"和尚说:"我得吃饱了再治,要不吃饭治,越治越冤。"秦相一听,怕儿子转大头,赶忙吩咐家人摆酒,在大厅上摆下三桌酒,让和尚先行奔厅上去吃酒,吃饱了再治病。

李怀春同着和尚来至厅上,和尚一看是三桌酒,并不谦让,就在正面上头落座。秦相一看,虽是心中有些不快,暗想道:"这个和尚是有点来历,我如今为当朝的宰相,他竟占我的上座。"秦相也没法,只可主座相陪,倒让李怀春在东首坐下。和尚酒过三巡说:"大人,这个闷酒没喝头。"秦相说:"依你便该如何,可以不吃闷酒呢?"和尚说:"出个灯谜,说个酒令,对个对子,批个字意,都可解闷。"秦相说:"和尚,你还认得字吗?"济公说:"不敢云认字,也略识一两个。"秦相说:"要说酒令,是喝酒,是赌什么?"和尚说:"不赢酒,大人出个对句,我和尚如对上,我赢大人一万两银子;要对不上,我和尚输一万两银子。大人想我一个穷和尚要是输了,哪有一万两现银子?大人不是要撤我那大碑楼吗?我要输了,把大碑楼给大人好不好?"秦相一听,心中甚为欣悦,说:"和尚,我先试试你的文理,要真有才学,我再跟你打赌。我先出两个字你对。"和尚说:"大人说罢。"秦相说:"幽斋。"和尚说:"对茅庐。"秦相点了点头说:"开窗。"和尚就对"闭户"。秦相说:"读书。"和尚说:"写字。"秦相说:"和尚你输了。我这六个字凑成一处,成一句话,是:幽斋开窗读书。"和尚说:"我那六个字也是一句话,凑成一处。是:茅庐闭户写字。"秦相说:"我给你出个拆字法的对子,你对上,我输你一万两银子。"和尚说:"也好。"秦相说:"酉卒是个醉,目垂是个睡,李太白怀抱酒坛在山坡睡,不晓他是醉,不晓他是睡。"和尚吃了一杯酒,哈哈大笑说:"这个对子好对!月长是个胀,月半是个胖,秦夫人怀抱大肚在满院逛。不晓她是胀,不晓她是胖。"秦相一听连摇手说道:"和尚不要诙谐。"秦相想:"这个和尚真淘气。我再出个对子,叫他知道我秦相本是满腹文章,怀揣锦绣,腹隐珠玑。"大人说:"佛祖解绒绦,捆和尚和颠僧。"济公说:"哎呀,大人这个对子可真好,我和尚才疏学浅。"秦相说:"你对上,我再给输银一万;对不上,我要拆你的大碑楼。"和尚说:"好!"喝了一杯酒说:"我对一个天子抖玉锁,拿大臣擒丞相。又赢你一万两!"秦相想:"和尚果然满腹奇才。对对子赢不了他。"方才说:"和尚不用对对子,出酒令吧。"和尚说:"出酒令就出酒令。大人说的,还是大人出。"秦相说:"我要说两个古人,两种物件。这两个古人要一样的脸膛,做事相同,落在两件物件上,要一活一死的。说上来算赢,说不上来算输。"和尚说:"大人先说罢。"秦相说:"和尚,你听我道来,你要听着。远看一座楼,近看一只牛,吕洞宾醉卧岳阳楼,孙膑架拐骑牛。"和尚说:"远看一座庐,近看一尾鱼,张飞顾庐,敬德吊鱼。"秦相说:"和尚,你输了一万。张飞顾庐,三顾茅庐还可以说。敬德吊鱼,鱼哪有腿？"和尚说："甲鱼不是有四条腿？"秦相无法，又让和尚赢了一万。秦相想："我总要想法赢他。"出来告诉秦安："你拿个捧盒装点凉糕，你在外面等着叫和尚猜。他要猜盒子里没东西，你装着凉糕拿进去，他要是猜有东西，你拿空盒子进去。"秦安点头。秦相回到里面说："和尚，我久闻你能掐会算，善知过去未来之事。我已派家人去拿个盒子来你猜，猜盒子里有东西没有。你要猜着，我照数输给你一万两银子；如猜不着，我拆你的大碑楼。"和尚说："大人，你输急了吧？"秦相说："我并非是输急了，我倒要试试你的能为。"和尚喝了一杯酒，定了定神说道："秦大人出的主意高，这件事情真奇巧，捧盒本是空空物——"这第三句，和尚拉着长声。秦安听和尚说是空空物，把凉糕装上拿进来。刚走进来，和尚又说道："里面装的是凉糕。"秦安一听一愣，到底被和尚猜着。

秦相想："天也不早了，给儿去治病要紧。"想完说："和尚，你的酒如何？可以吃饭，给我儿去治病。"和尚说："我已然酒足饭饱。哎呀！你们给我找着药没有？"众家人说："我等趴在地上把鼻子都沾好些土，也没找着。"和尚一伸手掏出一个包，说："我这有点料，再加两味药就成了。"秦相接过来一看，上面的字太草率，看不出来。打开一看，白得很，李怀春一看，认得原本是吃的白面，问："和尚，此是什么？"济公说："这叫多磨多罗多波罗散。"秦相说："还有什么东西？"和尚说："朱砂一两，白面四两，盒子一个，用开水一冲，又用刷子一把。"秦相吩咐赶忙照样预备。家人答应。少时，回报相爷，所有应用的东西俱已齐备。和尚方才放下杯筷，随同秦相狂奔书斋。罗汉爷便大施佛法，来治大头瘟，度化秦桓。不知后事如何，且看下回分解。

第二十四回　认替僧荣归灵隐寺　醉禅师初入勾栏院

话说济公听家人回话，所有应用俱已全备，站起身来，同秦相、李怀春一同往花园书房之内。早见家人秦玉端着一盆朱砂红糨子，里面放着一个刷子。和尚伸手拿起来，说："大人要什么样都行。"照秦桓头上一刷下去，立刻是粘着糨子的，都消肿归原。和尚一连数下，秦桓立刻消肿病止。和尚说："这病可有反复，必须好好休息。我今写下一纸药方，如要犯病，看我这药方便好。"秦相知道这是和尚妙法，请济公到前厅。李怀春说："我可不能相陪。我要告辞，还有几家请我看病，我要走了。"秦相派人送出相府。那济公在书房合秦相一谈，甚是投机。二人高谈阔论，和尚对答如流，秦相甚为喜悦，说："和尚，我哪能如你跳出红尘，在古寺参修，也不问国家的兴亡，也不问是非之成败，奉经念佛，打座参禅，说是一段乐事。我虽然在朝居官，终日伴君如伴虎，有一些不是，便有身家性命之虞。"和尚说："大人说哪里话来，大人官居宰相，位列三台，有佐理皇猷，参赞化育之才。一人之下，万人之上，察吏安民。"秦相说："哎呀，和尚，你休要提那当朝一品，位列三台。不提当朝一品犹可，一提起来，更觉心中发慌。俗语云：'官大有险，树大招风，权大生谤。'我自居官以来，兢兢翼翼，对于王事，诸凡谨慎，外面尚落了许多怨言。哪里像你和尚如此清闲自在，无患无忧。常言说得好：铁甲将军夜渡关，朝臣待漏五更寒。山寺日高僧未起，算来名利不如闲。我打算要认你和尚作为我的替身，不知你意下如何？"和尚说："大人既是愿意，我和尚求之不得。"

正要说话之间，外面家人进来报告："大人，公子爷病又犯了，脑袋照旧大了。"和尚说："我也不用去，你叫他打开我那药方瞧，照那药方行事，他自然好了。若不依我那药方行，他的病是越来越重。"家人赶忙回西院去告诉秦桓。书中交代，秦桓他病好了后，便想起王兴夫妻，问家人："我的美人在哪里？"秦玉说："丢了。"秦桓说："好东西！你敢把我的美人放了，那可不行！"方一着急，脑袋呼呼又长起来，吓得家人急向西院里回报老爷。只才听到和尚一说，家人回来告诉秦桓。秦玉道：

"公子爷,方才和尚说的话,叫你照那药方行事,病自好了。"秦桓说:"快把药方拿来我瞧瞧。"家人连忙呈上去,秦桓打开一看,上面写的是:"自身有病自身知,身病还须心药医,心若正时身亦净,心生还是病生时。"秦桓一看,心想:"哎呀,我这病都是自己找的,我抢掠人家的妇女,作恶多端,我由此要改行为善,我这病就可好了。"想到这里,脑袋呼呼呼就小了。家人连忙来至东院报告相爷:"公子爷的病,一念和尚的药方就好了。"秦相说:"很好,汝等要好好服侍公子爷。"家人答应去了。

只见东府家人进来说道:"夫人得了篆风疼的病,满床乱滚。"秦相说:"知道了。圣僧,你可会治篆脑疯?"和尚说:"夫人必是错说了话啦。不然,不能得这样病症。我去看看。"秦相说:"夫人也未说什么话呀。是了,昨夜是那里闹鬼,我做了一梦,见老太师回煞归来,劝我良言。我醒来就要传谕大碑楼止工,把众和尚放回。夫人说这不过是心头想罢了,把我的善念打断,少时就闹起鬼来了。"济公说:"我去照定夫人一抓就好。"秦相同和尚到东院内宅上房,听见屋中咳嗽不止。和尚说:"夫人,不要着急。我来,管待立时就好。"说完,口中念念有词,冲定房中一抓,立刻夫人里面好了。和尚说:"大人,你看好不好?"秦相连说道:"好,好。"济公说:"我会神仙一把抓,一抓就好,抓出来还得捺出去。你看。"照定那里一条卧着的癞犬一扔,只听汪汪叫了两声,一滚竟自死了。秦相:"好厉害!错说一句话,就得篆脑风。久后我在朝中居官,说话总要小心谨慎。"秦相同和尚到书房内坐定,派人预备酒菜,就在此作通宵之乐。

天有三鼓,只听外面风起。秦相说:"不好,又到昨日闹鬼的时候了。"济公说:"大人不必担心,我去给大人捉鬼去。我令鬼打在一处,千万不可管。"和尚出去了,只听那外面和尚说:"好鬼好鬼,把我吃了,我去和你以死相拼。"秦相在屋内一听,心中大为不安,候至天色大明,出去一看,只见那边和尚躺着不动,叫家人过去把和尚唤醒,到了里面坐下。秦相说:"和尚,我这里给你换换衣服,送你荣归庙宇。"叫家人去到外面,给和尚买僧衣鞋袜。家人答应,去不多时,给拿了三身僧衣,都是上好之物,一身黄云缎的,一身白缎绣花的,一身蓝缎子的,三身连鞋袜一百二十两。秦相派书童侍候,和尚沐浴更衣。济公头一回洗脸换上衣服,到了书房坐了。秦相把和尚赢得的银两给他兑好,派家人把所乘之马备好,打全班执事,送和尚荣归故庙便了。和尚说:"大人,可恨我与大人缘浅,相见已晚,离别甚速。今日一分手,不知何年才能相见?"秦相说:"和尚,你哪时愿意只管来。这也不是离着千山万水,我正要无事合你盘桓盘桓。"济公说道:"和尚要常到大人这里来。大人,我哪里有些门包?"秦相吩咐把门工叫进来。不多时十几个家人都来,站在书房以外,大人说:"济公是我本阁的替僧,哪时来,不问我有什么公事,不许阻他,须回我知道。"那些家人连声答应:"是是,奴才等谨依命。"济公道:"这几个人我和尚要赏他几钱,大人意下如何?"秦相知道和尚有赢的几万两银子,必是做个脸,想罢说:"和尚,你自己酌量。"济公说:"众管家,每人我赏你们一百文。"秦相说:"和尚,你多赏他们几两,我给你垫上。"济公说:"不是,我赏他们每人一百文,今天给明天不给了。我和尚来,这一百文,雇他们回话;我和尚不来,有一天算一天,每月每人加工钱三吊,大人你替我垫上吧。"秦相说:"是了。"和尚这才告别,秦相派二十家人护送:"传我的堂谕,所有各庵观寺院,必须跪接跪送。他乃是本阁的替僧。送他荣耀归庙。"众家人答应,外面备马。和尚告别秦相,出了相府上马。家人打着引马,头前边牌锁棍旗锣伞扇,赶退闲人。街市上看热闹的人就多了,都要来看秦丞相的替僧。

和尚骑马来至灵隐寺,鸣钟擂鼓,聚集众僧。济公先叫监寺的:"过来。我后面有银子,你给称五十两一封二十封,十两一封一百封。"监寺的答应。济公说:"众管家,当着我和尚,代我传传堂谕。"管家说:"是,不知圣僧就传什么堂谕?"济公说:"你们这庙中和尚听真,济公和尚乃是秦相爷的替僧,今天荣耀回寺。圣僧要同你们这些和尚借钱打酒,要有钱不借,登时送有司衙门治罪。"家人照这传谕,众僧人一听:"这也不错。"济公又说:"众管家来,再给我传传堂谕,久后我和尚没钱,跟他们借钱，屋内没人，偷点什么，不许乱语，如瞧见，不叫偷。如违，当时推出庙门立斩。"管家心里想"由他反了。"虽心中不悦管家一听也笑了，只可含糊答应。众僧人一听，心想："这庙里由他反了。"虽心中不悦，敢怒而不敢言。济公把银子赏二十家人，每人五十两，打执事的人每人十两。一个个欢天喜地，径自去了。

和尚把新衣裳脱下来，包在包裹之内，仍披上旧衲衣，拿住包袱，信步出了钱塘门。见眼前一座当铺，和尚进了当铺，把包袱往柜上一捺。掌柜的一瞧，一个穷和尚，穿着一身破烂，拿了些衣服，都是件件新，再瞧和尚直掀着帘子东瞧西看，仿佛是后头有人追他，他像害怕的样子。当铺掌柜的说："和尚，你这衣服从哪里拿来的？趁此说实话。"济公说："掌柜的，你看估多少给当多少？不然给包上，我上别处当去。"旁边二柜过来说："你别不开眼了。这位大师傅，不是方才骑着马由门口过去，做了秦相的替僧。你不认得了？大师傅当多少钱吧？"济公说："给我当一百五十吊钱吧。"二柜说："和尚要银子要票子？"和尚说："我要现钱，暂把当票存在柜上。"掌柜的叫人把现钱搬在门口，和尚就嚷："谁来扛钱？"由那边过来一大汉说："和尚，我给你扛。"和尚说："你心坏了，不叫你扛。"和尚叫穷人这个扛三吊，那个扛二吊，大众一分，还剩下五吊，和尚说："叫那大汉扛着吧。"大汉扛起来趁乱就跑，和尚不追。众人说："和尚，把钱扛到哪去？"和尚说："随便吧。"众人各自散去。和尚找胡同一蹲，那大汉扛了五吊钱跑了十七条胡同，和尚过去一把将大汉揪住。不知后事究竟如何，且看下回分解。

第二十五回　尹春香烟花遇圣僧　赵文会见诗施恻隐

话说济公过去，一把揪住大汉。和尚说："好东西！你没造化，你要在那里多站一刻的功夫，我把五吊钱就给了你；你打算抢了走，那可不行。你只有五百文的命，若要拿五吊跑，我把你揪到钱塘县打场官司。"那大汉一听一害怕，用力一扎，撒腿就跑。和尚说："追。"那大汉忙不择路，刚一拐胡同口，正遇上一个瓷器担子。他没存神给碰了，摔了十七个碗，两个碟子，一算四吊五百钱。大汉没法，不得不赔，给人家四吊五，剩了五百，不怪和尚说他心不好。

和尚把钱都施舍完，正往前走，见前面来了两位员外，一位是赵文会，一位是苏北山。一见济公，苏北山二人赶过来行礼，说："师傅，你老人家的官司冤了。我们听说师傅被秦相府锁了去，我等甚不放心，今日特地到灵隐寺去探访。"济公说："我官司已完了。秦相也未把我怎么样。"便把相府之事向二人说了一遍。苏北山一听说："今天可曾吃过酒了？"济公说："我正要想吃酒。你二人这时上哪去？"苏北山说："我等听家人传说，有一官家之女落在烟花，只不知是真是假，我二人要去瞧瞧。"和尚说："好，我也去瞧瞧。"赵文会说："师傅，你老人家要上勾栏院，有些不便了。你是出家人，讲究修道参禅，要到那个地方去，岂不被人耻笑？"和尚说："逢场作戏，也未为不可。你我三人，就此前往。"苏北山哈哈大笑。

三个人一同向前行，见前面是东西的一条胡同。上写烟花巷。进了胡同，是路北第二个门，见上门高悬门灯，门上有一副对联，上写的："初鼓更消，推杯换盏多美乐；鸡鸣三唱，人离财散落场空。"和尚看毕，三个人往里面走，才一进去，门房便让："原来是赵老爷、苏老爷两位员外来了！"和尚抬头一看，迎门是照壁，墙头前有一个鱼盆，里面栽的是荷花莲花。照壁上有四句诗，上写道：

下界神仙上界无，贱人须用贵人扶。兰房夜夜迎新客，斗转星移换丈夫。

三个人往里面走，只见那院中方砖铺地，北上房五间，前廊后院，东西配着房各三间，东西配着还有院子。院子里搭着大天棚。北上房柱子上有一副对句，上面写的："歌舞庭前，栽满相思树。白莲池内，不断连理香。"横批是："日进斗金。"三个人方到院中，见由上房出来一位仆妇，说："苏老爷、赵老爷来了！今天怎样这等安闲?"高打竹帘，三个人进到上房一看，见靠北墙一张花梨俏头案，头前一张八仙桌子，一边一张椅子，条案上摆着一个水晶鱼缸，里面养着龙睛凤尾的蛋黄鱼，东边摆着一个果盘，里面又有许多果子，西面摆着镜子，墙上挂着一幅条山，上面是画的半截身子一个美人。有人题了四句诗，上写道：

百般体态百般姣，不画全身画半腰。可恨丹青无妙笔，动人情处未曾描。

下面写着："惜花主人题。"两旁又有一副对联，上面写的是："得意客来情不厌，知心人至话偏长。"赵文会看罢，点了点头，果然是风月天生一种人。

三人落座，老鸨儿说："老爷，今日是哪阵风把你老爷刮来？许久不到这里了。"苏北山说："我等听家人说，你这里新接来一个美人，把她叫出来，我们见见。"鸨儿说："我这院皆是新接来的，我唤来你们老爷看罢。"说了一声："吩咐见客！"只听外面娇滴滴声音婉转，软却却万种风流，进来四名美妓，个个皆是光梳洗头，淡敷胭脂粉，轻扫蛾眉，身穿华服，到了赵员外、苏员外二人跟前站定。问了姓名，却瞧有一穷和尚也坐在那里，众妓掩口而笑。济公说："好好，苏北山你二人看这几人如何？"苏员外说："也好。"和尚说："你看那些人都好。按我说，芙蓉白面，尽是带肉骷髅；美丽红装，皆是杀人利刃。"说罢，提起笔桌子上拿了信纸，随手写了一首七律：

烟花妓女俏梳妆，洞房夜夜换新郎。一双玉腕千人枕，半点朱唇万客尝。装就几般娇羞态，做成一片假心肠。迎新送旧知多少，故落娇羞泪两行。

赵文会二人看了，哈哈大笑。只听鸨儿说："老爷吩咐叫哪个伺候？"用手指定报名：兰香、秋桂、莲芳、小梅。苏北山说："不是这几个，你家新接来那个，我听说还是宦家之女，误入烟花，我等是访她而来。"那鸨儿素知道这二位是临安首户有钱，连忙说："二位老爷不提那新买之人，倒也罢了。提起那新买之人，一言难尽。原来我们吃这行饭的人，一老就不行了。我有一个女儿，叫花花太岁王胜仙大人买去作妾。我虽得几百银子，指着它吃，坐食山空，我才买了一个人。此人原来是金陵人，她父亲先年做过刺史，母早亡，因被议在京，住在胡万成店。她父亲叫尹铭传，要在京找个门路，哪想到被骗子骗了几千银子，功名未得着。他一口气病在店中三个月，把积的几文全行用完，便死了。他女儿春香就卖身葬父，我用了三百五十两买来。及至过来，她一看是烟花院便恼了，要寻死。我一细问她，合共使了一百两，都叫胡万成赚了。胡万成告诉她，是卖与官家为妾，她一见是勾栏院就要死。还是我哭诉我的苦处，这三百五十两甚不容易，你若死了就苦了我了！她也好，说暂在我这里避难，如遇知音之人，把她赎出去，银子少不了我的。她亲笔写了首诗，说：如有绅商文雅之人，可给他一看。"苏北山说："你拿来我看。"鸨儿取来展开一看，二位员外一愣。上写：

万种忧愁诉向谁？对人欢喜背人悲。此诗莫作寻常看，一句诗成千泪垂。

济公三个看毕，问："尹春香在哪院？我等要见此人。"鸨儿说："在东院，本是我女的住房，三位爷跟我来。"苏北山等起来，同她出了上房，向东有四扇门，进去也是一所院落，三合房，北上房前出廊，后出厦。掀帘而入，只见北壁上挂着四屏条，两旁有联头。一条上画一个女子在门首站立，有五六个男子都不走，站在那里瞧女子。上面有人题的诗句：

一绢凤髻绿如云，八字牙梳白似银。欹倚门前翘首立，往来多少断肠人。

第二条上画的是一个女子，在那里梳头。一个男子仿佛要走，那个女子仿佛不叫男子走。画的甚是传神，上面也有人题了四句诗：

姻缘本是百年期，相思日久岂肯离。描神画影传体态，二人心事二人知。

第三条上画的是一个女子，一位公子拉着手，仿佛要去安睡的样子。上面也有人题了四句诗：

欲砌雕栏花两枝，相逢却是未开时。姣姿未惯风和雨，嘱咐东君好护持。

第四条上画的是一张床，上面有帐幔，露出男女安眠半春的意思。上面也有人题了四句诗：

鸾凤相交颠倒颠，五陵春色会神仙。轻回杏脸金钗坠，浅扫蛾眉云鬓偏。

两旁边的对联上写的是："室贮金钗十二，门迎珠履三千。"二位员外瞧了一瞧，果然是别有一番风景。进了屋中坐下，见东里间垂着落地帐幔，西里间也是如此。东墙挂的条山，上画的牡丹富贵图，有人题四书两句："素富贵行乎富贵，素贫贱行乎贫贱。"两旁又有一副对联，上面写的是："名教中有乐地，风月外无多谈。"鸨儿在里面说："姑娘，今有赵老爷，苏老爷特前来过访，久仰姑娘这样的高才美貌。"就听见里面娇滴滴的声音说："原来二位老爷来此探访，待奴出去看看。"用手掀起帘子，由里面走出一位女子来。赵文会、苏北山连济公睁眼一看，果然是国色天姿，一种柔情玉骨，婉转动人。不知尹春香见了苏、赵二员外，毕竟如何，且看下回分解。

<h2>第二十六回　救难女送归清净庵
　　　　　高国泰家贫投故旧</h2>

话说赵文会、苏北山、济公三人，在外间屋中坐定，见东里间帘子一起，出来一位女子，长得是姿容秀美，大约在十八九岁，头梳的盘龙髻，身穿的是素服。苏北山一见，便知她是个良户人家之女。一问女子的出身来历，那女子现出一种愁容，就把卖身葬父，后为奸人拐卖，误入烟花巷的事，由头至尾细述了一遍。二位员外一听，心中甚为悲惨，便问道："春香姑娘，你可能吟诗？"尹春香说："我粗通文理，略知一二。"赵员外说："你既然如此，可以做两首诗，如感怀绝句我看看。"赵员外才见那诗句，疑惑不是春香自己写的，故此要当面试试她的文理。那春香并不加思索，提笔就写：

教坊脂粉喜铅华，一片闲心对落花。旧曲听来犹有恨，故园归去却无家。云鬟半绾临妆镜，两泪空流湿绛纱。安得江州白司马，樽前重与诉琵琶。

写完了，递与苏赵二人观看，连济公俱是赞美，可惜这样的高才，这样的人品，坠落在烟花院中，甚是可惨，甚是可叹。正在太息之间，又见尹春香又做了一首七律诗，上写的是：

骨肉伤残事业荒，一身何忍入为娼。涕垂玉箸辞官舍，步蹴金莲入教坊。对镜自怜倾国色，向人羞学倚门妆。春来雨露深如海，嫁得刘郎胜阮郎。

济公将诗看完，连声说好，赵文会说："来来，我作一首七绝。"鸨母取过文房四宝，赵文会不加思索，提笔一挥而就，上写：

误入勾栏喜气生，幸逢春香在院中。果然芳容似西子，卿须怜我我怜卿。

苏北山也是信口做了一首绝句诗，上写的是：

红苞翠蔓冠时芳，天下风流尽春香。一月饱看三十日，花应笑我太轻狂。

济公说："我也有一首诗。"便说道："今天至此甚开怀。"且呼春香上前来。尹春香听说："师傅，你老人家修道的人，叫我做什么？"济公说："快快解开香罗带，赠予贫僧捆破鞋。"众人听了，连声大笑。和尚说："二位员外可以做一件功德事。"苏北山问："尹春香，你愿意把婆家，还是怎么样？"尹春香说："但能有好善之人，救我出这火坑，我情愿出家做一个小尼，我尹氏之门三代感恩不浅。"苏员外问："鸨儿，要多少身价？"鸨儿说："我花费了三百五十两之多，还不算她在我家两月来日用吃穿。"苏北山说："好办。"赵文会说："苏兄这件事，你给我做主吧。我花五百两，把她救出，送在城隍山上清贞老尼姑那清净庵中，叫她照应她也好。"吩咐家人立刻取了五百两银子交与鸨儿，叫家人雇轿，把春香送往尼庵。春香一听，连忙给三位叩头，求三人亲自护送。济公说："很好，我三人先走，前头在那里等你。"家人赵明等候跟轿。济公三人出了勾栏院，一直奔城隍山而来。和尚信口说道："行善之人有善缘，作恶之人天不容。贫僧前来度愚蒙，只怕令人不惺忪。"

罗汉正往前走，只听上面有人喊叫说："济公，你老人家可来了！我连到灵隐寺去了三次，并未见着，今日你老人家可来了！"说着，跑到面前双膝跪下，向上叩头。

济公一看，是一个六十以外年纪老者，头戴四棱巾，身披土色铜氅，腰间束丝绦，白袜云鞋，五官倒也纯正。

书中交代，来者这个人是怎么一段缘故呢？只因城隍山上有一位老尼姑，名叫清贞。他娘家人一位侄女，名叫陆素贞，配夫高国泰，原籍余杭县城里南门内儒林街住家。那个高国泰本来家中甚有钱，后来他只知道念书，不懂的营运，家中过的一贫如洗，只剩他夫妻二人。上无片瓦遮身，下无立足之地，日无隔宿之粮，柴无一把，米无一粒。陆氏娘子可就说："你我夫妻莫非待守坐毙不成？常言说得好：人挪活，树挪死。莫如你我投奔临安城，我有一姑母在城隍山出家，你我投奔到哪里找个学馆，一则也可度日，二来官人也可用功，待至大比之年，官人再求取功名。不知官人意下如何？"高国泰说："你我二人也只可如此，走吧！也没法可施。"夫妻二人才变卖些破坏的家伙，零星的物件，凑成了盘费。夫妻起身，那一日到了城隍山。老尼姑一见，心中甚悦，特给他打扫三间房子，叫他夫妻这里居住。陆氏娘子帮助做些针线，高国泰在庙中发愤读书。在此庙中，夫妻甚是平安。

过了一个多月，这天合该有事。老尼姑有一个大徒弟，名叫慧性，看高国泰是玉堂人物，文质彬彬，满腹经纶，文雅秀士，品貌端方，两个人常时在一处高谈雄辩。这位慧性乃是宦门之女，文理通达，高国泰也是对答如流。这一天屋中寂然无人，慧性就拈笔挥毫，做了一首七绝诗，呈与高国泰。高国泰接在手中一看，上面写的是：

身在白衣大士前，不求西度不求仙。但求一点杨枝水，洒在人间并蒂莲。

高国泰一看，颜色改变，说："少师傅不必如是，人生世上，男女只因片刻欢娱，坏一生名节，遗臭万年，被人耻笑。况且这乃是佛门善地，岂可污秽？"慧性一听此言，便面红耳赤，径自去了。从此慧性再见高国泰，自知羞耻，急忙奔避。国泰也知多不便之处，便求老师傅："在山下找两间房子，我夫妻搬在山下居住，庙中多有不便。"老尼没法，就在山下给找了三间屋子，单门独院，是周半城周员外的房子。周员外问老尼："什么人住？"老尼说："是我一个亲戚，由余杭县来，在庙中居住，是我内侄女，就是他夫妻两人。我这内侄婿姓高，名叫国泰。他是念书的人，他因住在庙中多有不便，故此要找房住。"周半城说："明天你把高国泰带来我看看。"老尼次日把国泰带去见房东。周员外一看高国泰举止端方，文文雅雅，欲有心周济他，初次相见，又恐高国泰不受，自己又觉鲁莽，暗中吩咐家人："高国泰房钱如有拖欠，不许催讨。"这是周员外一份恻隐之心。果是他夫妻搬下山来，国泰以卖卜为生，得一百吃一百，得二百吃二百，夫妻度日，甚为窘困。

不知不觉，已是半年六个月的房钱，尚未交付。这日，合该有事，收房租的家人告假，就托伙计代收房租。伙计不知细情，把房租折子一查，只有高国泰欠房租六个月。他就想："高国泰项长三头，肩生六臂，头顶着，脚踏着，人家的产业，不给房租，我去找他去！"那家人到国泰门首叫门，里面陆氏问道："什么人叫门？"那家人说："是周宅来取房租的。"陆氏说："我家先生不在家，回来告诉他罢。"家人说："人不在家，钱也不在家吗？六个月都不在家吗？住人家的房子，你们头顶着，脚踏着，不给钱，挨便挨过去就算完了。"陆氏说："待我家先生回来，给送钱去吧。"家人说："不用送，我们在口外头修理房屋，把街门借与我们使罢。"家人就把街门扛走了。至晚，高国泰回来，一见街门没有，便问陆氏。陆氏说："房东来索房租，家人扛了去。"国泰一听，气冲牛斗："好个大胆周半城！竟敢欺辱斯文？我要往钱塘县把他去告状！"陆氏说："官人，我们没钱，就是没理。六个月的房租都未把还，要告人家，岂不于理不合？"夫妻二人正商议，就见老尼姑清贞来了，见他夫妻正在焦烦。老尼一问，陆氏便把房租扛门之故，说了一遍。老尼说："先生不要在外面住了，仍是回我庙内去吧。在外面找钱难，先生指着算卦，如今一天卖了三件假，三天卖不了一件真。先生口太直，不必在外面了。"就叫陆氏收拾收拾，老尼代交房子，同他夫妻仍回城隍山。哪想到他夫妻到庙住两天，那天一早，国泰不言而去，临走给陆氏三张字柬。陆氏一看，吓得魂飞魄散！不知因何缘故？且看下回分解。

第二十七回

寄柬留诗别妻访友
拜请济公占卦寻夫

话说高国泰二次回城隍山，仍在旧屋子居住。那天晚间，同陆氏对坐。国泰说："娘子，明天我要访友去。"陆氏说："官人明天出去，我还有二百钱，是我姑母与我买针线的，官人拿去作茶点之用。"说完便拿出来。国泰面有愧色，接在手中，说："娘子，安息罢。"陆氏安眠，国泰坐在灯下，痴呆呆发愣，仰天长叹，徒唤奈何，心中一阵难过，提笔写了三张字柬，押在砚台之下。待至天明，意欲唤醒妻子，又怕烦闷，站起身来，硬着心往外便走。庙中有一位香火道姓冯叫冯顺，今已六十多岁，老者起得早，在院内扫地，见高国泰出来，问道："高先生因何起得这般早？"国泰说："老丈你开下门，我要下山访友去。"冯顺开了门，高国泰下了城隍山径自去了。

陆氏醒来，不见丈夫，不由得大吃一惊，连忙到外面各处找寻，听冯顺说："高先生清早就走了。"陆氏连忙到屋内各处找寻，只见那边有三张字柬，头一张字柬上写的是："时衰运蹇度日难，含羞无奈住尼庵，佛门虽有亲情意，反被旁人作笑谈。"陆氏看了这首诗句的意思，云是自己因为贫寒，不能养家立业，与妻子托身庙中，岂不为人耻笑。再看那第二张是："此去他乡少归期，生死存亡自不知，大略今生难聚首，有缘来世做夫妻。"陆氏一看这二句诗是绝话，此番一去，没有回来之日，死活不定，大概不能团圆，再结来生之缘。又看那第三首是："留书落笔暗含悲，恨我无能更恨谁，寄予贤妻细参悟，托身另找画蛾眉。"陆氏一看这第三首诗，放声痛哭，五内皆裂。正在悲惨之时，老尼姑过来问道："侄女因何这般伤感？"陆氏就把高国泰留了三首绝命诗走了，大概是九死一生。老尼姑说："儿呀，不要着急，我倒有个主意。现在西湖灵隐寺有一位济公，乃是在世的活佛，能掐会算，善知过去未来之事。我派香火道冯顺去到灵隐寺，把他老人家请来，给占算占算，高先生上哪里去了？落在何方？派人去把他找回来。"立刻陆氏说："既是如此，赶速派人去请济公。"老尼姑派冯顺下山去请济公。第一次到灵隐寺，济公不在庙里。第二次去请，见兵围灵隐寺。第三次冯顺一打听，济公被秦相锁了去，因此耽误了三四日。

那天冯顺又下山去找济公禅师，见罗汉爷同着赵文会、苏北山正往山上来。冯顺赶忙跑过来行礼说："师傅，你老人家可来了。我连次到庙里去找你老人家几次，今天你老人家为何这般消闲？此时上哪里去？"济公说："我要到你们庙里找老尼姑，我们送一个人出家。"冯顺说："好，好，好。我们当家的正要请你老人家有要紧事。"赵文会、苏北山问道："你们的庙里有什么事？"冯顺把那高国泰之事，由头至尾，一五一十，详细说了一遍，众人方才一同奔进庵来了。冯顺前面引路，进了庙来，到得西院。那院是三合房，东西房各三间，北房三间。冯顺同众人进了北房。赵员外一看，屋中甚是清洁，北墙旁一张条桌，上面摆了许多经卷。头前一张八仙桌，两旁有椅子。济公在上首椅子上坐，赵文会在下首坐下，苏北山在旁边椅子上坐定。抬头一看，见正面墙上有一副对句，写得甚好。当中一张大挑，上写的是："唯爱清幽远世俗，靠山搭下小茅屋，半亩方塘一鉴水，数棵柳树几行竹。春酒熟时留客醉，夜灯红处读我书，利锁名缰全撤去，一片冰心在玉壶。"两旁又有对句，上写的："青山不改千年画，绿水长流万古诗。"下面落款，写的是高国泰拙笔。苏北山一看说："圣僧，你看高国泰真是风流才子。方才听冯顺之言，果然不差。你看这对句，写的字迹甚佳。圣僧，你老人家大发慈悲，把他找回来，我成全成全他，给他找个学馆，待至大比之年，我再赠他银两，叫他求取功名。"和尚说："好，这也是员外的功德。"

正说之间，老尼姑清贞领着徒弟侄女，一同前来参拜圣僧，求罗汉大发慈悲："这是我侄女陆素贞，只因她丈夫高国泰把她留在我这庙中，不言而别，今天已三四日，求圣僧大发慈悲，给占算占算。"和尚说："那个容易，我们今天救了一个人，乃是名门之女，误入烟花。她意欲出家，我等打算送到你这庙里来，你收个徒弟罢。"老尼姑说："师傅吩咐，弟子从命就是。"赵文会说："少时就送到，我施舍给你庙里二百两香资。"老尼姑谢过赵员外，还求："圣僧先给占算占算，高国泰落在哪里？"济公按灵光连拍三掌，和尚说："呵呀，完了，完了！"陆氏娘子在旁边一听，吓得面色改变说："圣僧慈悲，设法搭救搭救。"清贞也苦苦哀求。和尚说："此刻有了什么时光？"冯顺说："天已到了午初之时。"济公说："这个人刻下距此有一百八十里路，天要到落日之时，他有杀身之祸。"苏北山说："师傅，你老人家慈悲罢。"和尚说："我要找他回来，你可以代他成一个学馆。"苏北山说："弟子成全他便了。"济公说："你派家人同我去叫他，带二百两银子盘川。"苏北山说："苏禄，你快去到钱铺之中，去取二百两银子，同圣僧去找高先生。"清贞说："冯顺，你同济公前往。"陆氏连忙叩首。济公说："赵文会、苏北山，你二人待尹春香来，送她出家，你二人再走。"二人答应。

苏禄把银子取来，济公同二人出了清净庵，到了山下，往前走三步，往后退三步。苏禄说："师傅，你老人家到黑还走一百八十里路，连八里路也走不了，你老人家要换个样走容易哪。"和尚说："换个样走不难，向前走两步，向后退三步。"冯顺暗地只是笑，说："师傅，你至黑走回去了，这样走如何是好呢？"济公说："我要快走，你跟得上吗？"二人说："跟得上。"济公说："好，我就走。"说完，彳亍彳亍，往前就跑，展眼就不见了。那二人连忙追下去，只跑了二三里之遥，二人走的浑身大汗，说："咱们住店吧吧。"二人方一进树林，和尚说："才来呀？"二人说："我等休息都没有，你老人家早来了。"和尚说："我倒睡了两个盹了。那腿是你两个人的？"二人说："我们腿长在身上，这不是我们的是谁的？"和尚说："倒是你二人的，我一念咒，他就走。"冯顺说："好好，你老人家来念咒罢。"和尚见两人都站好了，说："我念咒了。"口中念念有词，说："唵嘛呢叭咪吽，唵敕令赫。"那二人身不由自主，两腿如飞地跑下去。苏禄只叫道："师傅，可了不得了！前面皆是树，撞了准死无疑。"和尚说："不要紧，都有我哪，到了那里都撞不上。"二人果然到了那里穿着树就过去了。

正跑着，见由树里出来一个人，手里拿了一个碗。济公睁眼一看，这是一个逆子。此人姓吴名叫云，家里就是他寡母。今天吃包饺子，他母亲都做好了。吴云回去一瞧，没打醋，他就恼了，说他母亲"年纪越老越昏，哪家吃饺子不打醋？你真是没用！"他母亲也不回言。他赌气出来，拿了碗打醋，被济公看见。济公早已占算明白，用手一点指，这吴云也就跟了冯顺二人跑，不由得喊叫道："我不往那里去呀！这是什么一段事？我的腿要疯呀！"三个人耳朵内，只听呼呼风响，仿佛驾了云一般往前跑去，见眼前白亮亮是河。苏禄就叫："圣僧，休叫我跑了，面前是河呀，跌在里头就死了！"和尚说："不要紧，加点劲就过去了。"来到河这里，仿佛如飞，就过了河。苏禄想："我快找株树抱住就得了。"好容易见有了树，苏禄忙一抱，栽倒在地。冯顺也跌倒在地，那打醋的人也跌倒。和尚来到说："你们起来。"三个人说："起不来了。"和尚掏出一块药来，分给三个人吃。三个人觉得身体能活动，站起来，吴云直发呆。由那边过来一位走路的，苏禄道："借问这是什么所在？"那个回道："这是小刘村。你们几位上哪里去？"苏禄说："我等由临安城上余杭县去。"那人说："你们走过来了，只离余杭二十里地面。"吴云一听："哎呀，把醋碗也摔了，饺子也没有吃，出来二百里之远。如今怎么回去？"和尚说："我还把你轰回去！"吴云说："可别轰了，我一个人站不住，上了北塞，我怎么回来？"自己由这里走了两天一夜，才到了家。自此见了化小缘的和尚就跑，把穷和尚怕在心里。这且不表。

单说苏禄向圣僧问道："你我今日可是往余杭去找高先生吗？"济公说："正是。"三个人于是直奔余杭而去。罗汉爷又做出一件惊天动地之事，搭救高国泰。不知后来之事究竟如何，且看下回分解。

第二十八回　苏北山派人找寒士
高国泰急难遇故知

话说济公带着苏禄、冯顺，来至余杭县南门外。路东有一座饭店，和尚抬头一看说："苏禄、冯顺，你我进去吃杯酒，可休息休息再走。"二人点头，进了饭店，要了几样菜。苏禄说："圣僧，你我已至余杭县地面，高国泰现在哪里？可以把高先生找来，一同喝酒好不好？"和尚说："咱们先喝点酒，回头再找他去，离这里路甚远。"三个人说着话，把酒吃完了，给了钱出来。离了酒饭店，进了南门，来至十字街，往东一拐，路之北头就是县衙门，和尚放步就往里跑。苏禄说："师傅往哪里去？"和尚说："你两个人在这里等着，我到里面找个人。"和尚才一到大门，就听里面叫喊："抄手问事，万不肯应，左右看夹棍伺侍！""把高国泰挟起来问！"和尚闻之，就打了一个寒战。

书中交代，高国泰因何来至此处吃官司呢？这内中有一段隐情。只因那日高国泰下了城隍山，自己因回思细想：若要投往他方，又没有亲故，也没处安身。自己一想："莫如回归余杭县。"自己搭了一只船，也是乡亲给了一百文船钱，吃了东西，来至余杭县，二百文也是用完了，心想："此时回往故土，也是没处投奔。一无亲戚，二无宾朋，想借几吊钱的地方都没有。在外思想回家，即至回家，又该如何？有几家至亲，也可以代我分忧解闷；有几个知己的朋友，也可以谈谈肺腑之言。真是应了古人那句话：贫居闹市有钢钩，钩不住至亲骨肉；富在深山有木棒，打不断无义亲朋。自己想了半天。高国泰本是一位有志气的人，又不屑求亲乞友，越想越难过，倒不如一死方休！来至南门外城河，打算跳河一死。站在河沿一看，来往船只不少，心想："死了死了，一死便了，万事皆休。生有时，死有地，这就是我绝命之所。"想罢，将要往下跳，就听背后有人说话："朋友，千万勿跳河，我来了。"高国泰回头一看，见那个人身高七尺，细腰扎背，头戴青壮帽，身穿青布裤祆，青抄包，外罩青绸子英雄氅，面皮微紫，紫中透红，红中透紫，环眉阔目，准头端正，三山得配，五岳停匀，年有二十以外，说："先生乃读书明理之人，何故寻此短见？"高国泰说："兄台，你不必问我，是阳世三间没有我立足之地，我非死不可。"那人说："先生，你有什么为难之事？何不与我谈谈。"高国泰见那人诚实，说："兄台，尊姓大名？"那人说："姓王名成璧，就在此地居住。我在河沿这里当一个拢班，所有来了客货，都是我找人来卸。先生是因何事寻此短见？"高国泰说："我也是此地人，王兄。我在南门内居住，姓高名国泰，只因家世式微，我带着家眷，到临安城投亲，把家眷住在尼庵之内。我想男子立身于天地之间，上不能致君泽民，下不能保养妻子，空生于世上，因此我想生不如死。"王成璧说："兄台，你聪明还被聪明误，何必如此轻生？你先来同我到酒饭馆中吃点酒，我给你拿出个主意。你不必呆想，人死则不能再生。"高国泰方才同王成璧来到酒馆里。

两个人要酒要菜，吃了个酒醉肴饱。王成璧说："我现在手底下没有一文，也没有一项进款，还要等上半天才能到手，今天你先去拉船纤。"高国泰说："我手无缚鸡之力，哪里能个拉纤？"王成璧说道："先生，你不要这样子说，人得到哪里是哪里。你可记得古人有两句话：君子之身可大可小，丈夫之志能屈能伸，才能够行呢。今天你先去拉纤，等我的钱到手，我再给你些银两去接家眷，然后我再托朋友给你成一学校，你看好不好？"高国泰想："我今与你萍水相逢，如此劝我，我也不可过于固执。"想罢说："兄台既是这样厚爱小弟，我就去拉船纤。"王成璧说："好。"站起身来，领着高国泰来至河沿，见有一只杂货船，早已装好，少时就开船。王成璧说："管船的，我这有一位朋友，叫他同你们一起拉拉船纤，管船的多照看点，到了卸了货，千万仍把他带回来，可不必管他。"管船的道："是了，有王大爷在里头，我们决不能错待了。"高国泰就在这里等候，工夫不大，管船的开船，众人都拿起纤板。人家皆是行家,高国泰也不懂。有人把纤板递给他。当时开船,别人拉纤都喊号子,高国泰想起念书来了,念的《中庸》右第十三章:"君子素其位而行,不愿乎其外,素富贵行乎富贵,素贫贱行乎贫贱,素夷狄行乎夷狄,素患难行乎患难,君子无人而不自得焉。"他只念他的书,众拉纤人一阵大笑。

那一日到了殷家渡,货船卸了,高国泰累得疲困不堪,就在船中睡着了。次日船又装上别的货往回走,高国泰又拉起来。这一日回至余杭县,正到了码头口,见王成璧在那里站着,国泰即赶过来。王成璧说:"先生,这一次多有辛苦了。我在此盼望你,合是你我兄弟一段前缘,今天我进了一笔款三十五吊,你先同我来吃碗茶,用点心,回头再进城换银子,明天你去接家眷。今天沽酒买肉,你我痛饮,以尽通宵之乐。"高国泰说:"很好,很好,我与王兄初会,兄长这般厚待。我实深感谢。"王成璧说:"你我好弟兄知己,不必客气。"国泰想:"这个朋友倒很诚实。"跟王成璧吃了些点心,天已不早了。王成璧把钱交付高国泰,进城换银子,拿了酒瓶,打酒买肉。高国泰拿了钱入城,换了五十两银,打酒买肉。买完了东西往回走,正要关城。国泰刚赶出了城,只见对面来了一人,飞也是直奔,仿佛有急事的一般,正与高国泰迎面相撞。那人连忙说:"先生不要见怪,我一时太急,因有要事,我给先生赔罪。"拱手作揖,说着话,竟自出城去了。高国泰本是文雅之人,虽被他碰了一下,自己一想:他也不是有心,这有何妨。国泰出城往前走,忽然一想:"方才不要银子碰去了!"用手一摸,银子形影全无,把国泰吓得目瞪口呆!原来方才那人是个白日贼,早看见高国泰换银子。真是贼有贼智,故意撞高国泰,把银子搭了去。高国泰越想这件事越不对:"回头我见了王成璧,无言可答,莫如我一死。昨日要死了,是还有两天罪未受完呢。这真是阎王注定三更死,哪敢留到五更?"到了护城河河岸,打算要投河。自己叫道:"高国泰,高国泰,你好命运不通!不想我今天死于此地。"

正自怨恨,只听那旁有人说话:"莫非是恩兄高国泰吗?"来至切近,把高国泰一拉说:"恩公可想死小弟了!我往各处去找,并无下落,不想今日在此相见。"说着话,就过来叩首。高国泰一看,并不认得。看样似面熟,一时想不起来,因说道:"老兄不要认错了人。"那人说:"兄长,你连我小弟李四明都不认识吗?"高国泰一听,说:"哎呀,原来是你呀!"且说那李四明幼年家贫,寡母住在高国泰家和左右,比邻而居。高国泰一家全好善,时常周济他家,后来李四明就在高国泰家念书。他母亲死了,也是高家花钱给他安葬。高国泰问李四明:"是要求功名,还是去做买卖?"李四明说:"要我找个铺子去学生意才好。我家又没钱,哪有这样花费去求功名?"国泰说:"也好,我给你找一个买卖罢。"便在本城天成米店去学生意。凡上工一切衣服被褥,全是高家代给。李四明也用心练习,并不荒误,专心做那生意。三年已满,东家到店算账,见李四明各事勤俭,心甚爱悦,把他带家中,另给他开个米店,在清江做买卖,甚为得利。东家没儿子,只有一个女儿,把李四明招做养老的女婿,把一份家业全给他。后来他们老夫妻也死了,李四明一手成运,全是他经理。想起当年若不是恩兄,我哪有今日?就带着家眷,收拾细物软件,要回故土,去访恩兄高国泰。到了余杭探访,并无人知道高家移往何方,皆云穷跑了。李四明叹息不已,就在西门外买了一所房子,又在南门外开了一个粮店。今天是要回家,遇见高国泰,二人相见,悲喜交加,各诉往事。高国泰说:"老弟,我今日要不丢银,你我也见不着。"李四明说:"你先跟我到家,咱俩人有话再讲。"二人站起来,往前走了不远,高国泰脚下一拌,伸手拿起一宗物件来。有分教,小人怀仇挟恨,误害良民,忠良尽公,判决奇案。要知后事如何,且看下回分解。

第二十九回　故友相逢知恩报德
小人挟仇以德报怨

话说高国泰捡起来伸手一看,原来是两匹缎子。借着皓月当空,打开一看,上面有兴隆缎店四字。李四明说:"那两匹缎子,还不是咱们本地余杭县的字号。我们余杭有两家绸缎店,字号是天成、永顺。这兴隆缎店不知在哪里?"高国泰说:"咱们在这里站着等等,有人来找好给他。要是本人丢得起,还不要紧,倘如是家人替主人办事,一丢了可就有性命之忧。"那二人在此等候多时,不见有人来找。李四明说:"天也不早了,你我回去吧。待明日有人找,说对了,就把他;没人找,我们四门贴起告白,也不算瞒昧这东西。"高国泰说:"我今天理应去见见王成璧。我拿钱出来买东西,并换银子,他还待我回去吃酒。我因为丢了银子,才要寻死。今我不回去,恐其多疑。"李四明说:"兄长先同我回家,然后再派家人去给他送信,明天你我弟兄再回拜。"

说着话,两个人向前走。来到西门李四明的住宅门首,大门虚掩,推门进去。高国泰见二门外有西房三间,屋中灯光闪烁。高国泰说:"今天天已晚了,明天我再至里面,我们就在这屋中坐吧。"李四明说:"这三间房,被我租出去,我倒可不要房钱。因为我常不在家,再招一家街坊,彼此皆有照应了。"高国泰点头,来至二门叫门,里面出来一个婆子,开了门一看:"大爷回来了。"李四明说:"你进去告诉你主母,就提我恩兄高国泰来了。"老妈进去不多时,听里面说:"有请。"二人才来至里面上房,见屋中倒也干净。里面何氏出来,见了高国泰行完了礼。李四明告诉婆子:"给收拾几样菜,我们弟兄两个,到东配房去吃酒。"两个人来至东配房,在灯光之下,又把两匹缎子打开一看。李四明说:"两匹缎子倒是真真宝蓝的颜色,只不知这兴隆缎店的字号在哪里?明天咱们四门贴上告白条,要有人来找,说对了就把他。没人找,合该你我每人做一件袍子穿。"高国泰说:"是,明日贤弟你要带我去谢那王成璧大哥。若不是他救了我,我早已九泉之下。那位朋友倒是一位忠正诚信之人,笃实仁厚,大有君子之风,同我一见如故,我心中甚为感念,良友颇不易得。"李四明说:"好,明日我同兄长去见见那个朋友。"二人吃完酒安息,一夜无话。

次日天明起来,二人净面吃茶,只听外面有人叫道:"李四明,你家住着一位高国泰吗?"连声叩门。二人站起来,到了外面,门开了一看,门口站定两个头役,带着四个伙计,头戴青布英翎帽,身穿青布衬衫,腰扣皮廷带,足下穿着窄腰快靴,个个手拿铁尺木棍。这两个头儿,一位叫金陵寿,一位叫董世昌。一见高国泰道:"朋友,你姓高叫国泰罢?"高国泰说:"不错,二位怎样呢?"那头儿一抖铁锁,把高国泰锁上。李四明走来一拦,把李四明也锁上了,拉住说:"进院搜赃。"到里院各屋一找,由东屋找出那匹缎子来。李四明两人问:"头儿,你二人因什么事,把我二人锁上?"金头说:"这里有一张票子,是我们本县老爷派我们来急速拘锁,我二人无故也不敢误锁良民,诬良担不了。你二人做的事,自己也知道,尚来问我们吗?"那些头役说:"拉着走,休要多说。到了衙门,你们就知道了。"立刻拉着二人,抱了二匹缎子,到了县衙班房之中坐下。

此时老爷迎官接差未回,候至日色西斜之时,老爷方回衙署之内,立刻传伺候升堂。三班人役喊堂威,站班伺候。壮班管的是护堂施威,皂班管的是排衙打点,快班管的是行签叫票,捕盗捉贼。三班各有所司之事。老爷姓武名兆奎,乃是科甲出身,自到任以来,断事如神,两袖清风,爱民如子,真正治的路不拾遗,夜不闭户。今日升堂,吩咐:"来,带差事!"只听下面有人说:"殷家渡抢夺缎店,明火执仗,刀伤事主,抢缎子五十匹,银子一千两,贼首高国泰,窝主李四明拿到。""哦。"两旁一喊堂威,立刻带上高国泰、李四明。二人跪下,口称:"老爷在上,生员高国泰叩头。""小的李四明叩首。"老爷在上面一看,只见高国泰文质彬彬,品貌端正,五官清秀,面不带凶杀之气,遂问道:"高国泰,汝等在殷家渡抢夺缎店,明火执仗,同伙共有多少人?抢去缎匹归于何处?讲!"高国泰说:"老父台在上,生员乃是读书之人,不知殷家渡抢缎店之故。至于明火执仗,生员一切不知。"老爷把惊堂木一拍,说:"吥,抄手问事,万不肯应。来,拉下去,给我打!"高国泰说:"老父台且息怒,生员有下情上达。殷家渡明火执仗,刀伤事主,生员实不知情,要严刑拷打,就是叫我认谋反之事,生员也得认。"老爷说:"据我看来,你这厮必是久惯为贼之人。既是抢缎店你不知情,因何这两匹缎子在你手?"高国泰说:"生员昨日晚在城外捡的。

我本打算今日四门贴帖,如有人来找,生员必还他。不料老父台把生员传来,这是一派真情实话。"老爷把那两匹缎拿在手中一看,吩咐:"带兴隆店守铺王海。"

不多时,只见由外面上来一人,年约五旬以外,五官丰满,面带忠厚,跪下给老爷叩首。老爷叫差人:"把二匹缎子拿下去,看是你铺中卖出的,是贼人抢了去的?事关重大,不可混含。"王海拿过去一看,说:"老爷,这两匹是贼人明明抢了去的。"老爷一听,问:"你怎么知道是被贼人抢了去的?有什么凭证?讲。"王海说:"回老爷,有凭证。在小的铺子内,架子上的货,只有'兴隆缎店',没有我们铺中的图记兑印。要是有人上我们那里买的缎子,临买好之时,单有一个兑印,图记是篆字:'生财有道'。这缎子上没有兑印,故此知道是贼人抢去的。"老爷吩咐下去,高国泰跪在一旁听得明白。老爷说:"高国泰,你可曾听见了吗?给我上夹棍,挟起来再问。"高国泰说:"老父台的明见;生员这两匹缎子实是拾的。就是贼人抢了去,也许遗失,被生员拾着。老父台说生员明火执仗,有何凭证?可以考核。"老爷一听勃然大怒,把惊堂木一拍,说:"你这厮分明是老贼,竟敢在本县面前如此刁猾,你还说本县把你判屈了!"吩咐左右:"把见证带上来。"高国泰一听有见证,吓得面上失色。

只见从旁边带上一个人来。高国泰一看,并不认得。只见此人有二十余岁,头戴青布头巾,身穿青布小夹袄,青中衣,白袜青鞋,面皮微白,白中带青,两道斗鸡眉,一双瓯口眼,蒜头鼻子,薄片嘴,窄脑门,撇太阳,长脖子,大颏落素。李四明一看认得,原来是同院的街房姓冷行二,外号叫冷不防,住李四明外头院三间房,平时与李四明借贷不遂,他怀恨在心。冷二就是人口两个过日子,他养不了他媳妇,他媳妇去给人家佣工做活,他一个人在家终日盘算,可恨李四明有钱不借给他。那天晚上,他正在屋中烦着,听李四明的家中请人。冷不防想:"李四明平时未在家内请过朋友,莫非有什么事?"他暗中偷听,请的是高国泰,李四明同了进去。冷二站在二门一听,听四明说拾这两匹缎子,是兴隆店的,没人找,我们二人做两件袍子。冷二听得明白,心中想:"我听说兴隆店在殷家渡,前次闹明火执仗,此案尚未拿着。我明日到衙门去,给他贴一贴膏药,就说他是窝主。李四明真是可恨,发此大财,我去借几吊钱都不借,叫他知道我的厉害!假使我再借钱,他就不敢不借给我了。"因此他第二天一早,奔县公署来,问:"那位头该班?"有人答话:"是金陵寿金头的该班。"冷二进来说:"金头,殷家渡明火执仗这案,你们办着没有?"金头说:"没办着。"冷二说:"我们院里房东李四明,他窝藏江洋大盗,昨天有贼首高国泰住在他家,两个人商酌一夜,我听得明白,特地前来送个信息。"金头儿一听:"好哇,我带你见见我们老爷罢。"叫人往里回话,老爷立刻升堂,带上冷二回话。冷二上来跪下说:"老爷,小的住的李四明的房子,常见有形迹可疑之人从他家出入。昨夜晚间,有贼首高国泰在他家里,诉说殷家渡的明火执仗,刀伤事主。我和房东并无冤仇,怕老爷访知,小的有知情不报,纵贼脱逃之罪。"老爷吩咐先把冷二带下去,派金陵寿、董世昌把高国泰、李四明一并锁拿到案。及二人一到,说带见证,便把冷二带上来。不知如何判法,且看下回分解。

第三十回　余杭县清官逢奇案　殷家渡济公捉贼人

话说冷二上堂来。老爷问道:"你说高国泰明火执仗,现在已把高国泰带来,你可认得?"冷二说:"认得。回上老爷,他与李四明在屋中谈心,小的听得明白。"高国泰在旁说道:"回老父台,我生员并不认得他。"李四明往前趴跪半步,说道:"老爷在上,这个冷二原来跟我同院,住我的房子,皆因他欠着小的房租不给,时常同我借钱。借了几次不还,他还要借,我不借与他,因此借贷不遂,他记恨在心,诬赖好人,求老爷格外施恩。"老爷说:"好,我用刑拷你们。拷明了谁,我办谁。大概抄手问事,万不肯招,把高国泰并李四明一同夹起来再问。"两旁衙役等答应。将要用刑,忽然间公堂之上起了一阵狂风,刮的真正好厉害,对面不见人。少时风住了,老爷再一看,见公案桌上有一张纸,上写"冤枉"二字。老爷也不知是谁写的,自己揣度,其中必有原因。吩咐:"来,暂把高国泰、李四明二人押下去,把冷二也押下去。"老爷退了堂。

书中交代,这阵风乃是济公来到,把手一指,起了一阵怪风。迷住众人眼目,在公案之上写了"冤枉"二字,自己出了衙门,领着冯顺、苏禄二人到了西门外。他也并不说住房,仍是往西走了二里之遥,说:"二位,你等看这是哪来的银子?"苏禄、冯顺二人立刻收拾起来,一起往口袋里装。济公说:"这必是保镖的达官遇见贼,把银子抢了这是剩下的,咱们拣个便宜。"三人说着,一直往西走,到了一个镇市叫殷家渡,由北往南走了有一箭之地,只见路东有一段白墙,上写黑字是"孟家老店,草料俱全,安寓客商"。济公立于那座门外叫开门。里面问:"做什么的?"外面说:"住店,快开门。"里面说:"没房,都住满了。"济公说:"找一个独屋就行了。"里面说:"没有。"济公说:"我这里银子甚多,走不了,如何是好?"里面听得明白。

书中交代,这座店乃是孟家老店。店东孟四雄、李虎。两个伙计,一个姓刘,一个姓李,久惯害人。要有孤行客,行李多,被套大,他们立刻用蒙汗药,把他治倒杀害。上房全有地道,因此这店不仅做买卖,竟专门害人。伙计一听外面说有银子,连忙到门口往外一看,见三个人扛着有无数银两。伙计连忙来至柜房说:"掌柜的,外面来了两个人,同着一个和尚,带着许多银子要住店。"孟四雄说:"你何不把他们请进来。"伙计说:"我已经告诉他们说没房。"孟四雄说:"我教你几句话,你就说我们掌柜的说了,怕你三位带着银两一路走,年岁饥荒,倘若遇见贼,轻者丢银两,重者伤性命。我们掌柜的最喜行好,给你们三位顺一间房,叫你们住罢。"伙计听明白,回身出来开门,见三个人还站在门口,伙计说:"三位没走呀?"济公说:"你们掌柜的听见了,顺一间房给我们住,怕我们丢了银子是不是?"伙计说:"不错。"济公说:"好,前面引路。"伙计前头走,济公三人大步进了店门,见迎面是个照壁,东边是柜房,西边是厨房,里面东方一溜房,西边一溜房,正北是上房。和尚站在院里不走,说:"你这院内是什么味?"伙计说:"什么味呀?"和尚说:"有点贼味。"伙计说:"和尚别打哈哈,你们住上房罢。"济公说:"好,上房凉快,八面全通的。"伙计说:"只是没有糊窗户,你进来罢。"

和尚同苏禄、冯顺来至上房西里间一看,靠北墙是炕,地下靠窗户是一张八仙桌,两把椅子。冯顺、苏禄也困乏了,坐下休息休息。伙计先打洗脸水,然后倒茶送来,说:"你们三位要吃什么?"和尚说:"你随便给煎炒蒸煮,配成四碟,两壶酒。"苏禄、冯顺说:"我们两个可不喝,已困乏要去睡了。"和尚说:"你们不喝我喝。"伙计下去喊了煎炒蒸烧四个菜,"白干两壶,海海的迷字。"和尚说:"伙计回来。"伙计问道:"要什么?"和尚说:"你代我要白干两壶,海海的迷字。"伙计一听,大吃一惊,心想:"这和尚可了不得,真是内行人。要不然,他怎能也说江湖黑话?"伙计回道:"和尚,什么叫海海的迷字?"和尚说:"你说理不说理?你如不说理,我打你一个嘴巴。"伙计说:"我怎么不说理?"和尚说:"你才说海海的迷字,你倒问我,我还要问你什么叫海海的迷字。"伙计一想:"这话对呀,方才可不是我说的吗,倒叫和尚问住我了。"伙计方才说:"我方说的海海的迷字,是给你打些好酒,你去拿去吧。"伙计到外面把酒拿来,和尚便睁开一只跟直向酒壶内瞧。伙计说:"和尚你瞧什么?"和尚说:"我瞧瞧分量多少,贵姓刘伙计?"伙计说:"你知道我姓刘又问我。"和尚说:"我看你这个人倒很和气,咱们两个人一见就有缘,来罢,你可喝杯酒?"伙计说:"不行,我是一点酒不喝,一闻酒便醉了,人事不知。"和尚说:"你少喝一点,一杯罢。"伙计说:"不行,要叫我们掌柜的知道,我跟客人喝酒,明天就把我散了。"和尚说:"你不喝我的酒,倒叫我好疑心,仿佛酒里放搁了什么东西似的,你不喝我也不喝了。"伙计说:"和尚,你喝你的。倒不是我不喝,如我们站柜的知道,不是买卖规矩。"和尚说:"你喝一口酒,这也不要紧,一段小事。"伙计说:"我把酒给你温温去,也许凉了。"伙计拿住酒壶来至柜房说:"掌柜的,这个和尚真怪,拿了酒去,他叫我喝，我不喝，他也不喝。我先换一壶没麻药的，他叫我喝，我就喝。"掌柜地给了一壶好酒，伙计拿到上房来说："和尚，小店本没有这个规矩，你既叫我喝，回头我喝。"和尚说："你把酒温热了？"伙计说："温热了。"给和尚，和尚一仰脖子，把一壶酒都喝了。和尚拿那壶有麻药的给伙计。和尚说："你喝这壶罢。"伙计赌气往外就走。和尚说："你不喝，我也不喝了，一个人喝酒没趣。"吃了些饭菜，撤去残桌，和尚闭上门睡了。伙计到前面柜房说："掌柜的，这三个人可就是和尚扎手。回头动手的时候，可得留神和尚。"李虎说："不要紧，回头叫伙计拿刀去，你在此休息，不用你问了。"刘伙计点头答应。

待天交三鼓后，李伙计拿了一把刀，就奔北上房。到至里面，把上头门插棍挑开，再挑底下。把底下挑开，用手一推，门上头又插上。伙计一想："怪呀！"又挑上头，把上头又拨开，一推门，底下又插上。伙计把窗户捣了一个小洞，往里面一看，见屋内三个人睡的是呼声震耳，沉睡如泥。伙计又拨门，拨了半天，依旧没拨开。他方才直奔上房西边，单有一个单间，有地道通到上房。李伙计把一轴画卷起来，桌子移开，由地道而入。方一低头向前走，走不动了，仿佛有什么阻住。掌柜的李虎在柜房等了半天，不见李伙计出来，叫刘伙计去瞧瞧。刘伙计拿了一把刀，来至上房，见那门也没开，也不知李伙计往哪里去。刘伙计便直奔上房东边，也有一个单间通到上房，有地道。他到了那东间把桌子挪开，画条卷起。打算要由地道进去。及下地道，向前走不过去。李虎、孟四雄等了半天，不见李刘两伙计回来。二人急了，各持钢刀一把，扑奔上房。见门闭了，也不知两个伙计往哪里去了。李虎用刀将门拨开，二人来至外间屋中，入神一听，西里间屋内鼻息如雷，方才把西里间帘子用刀一挑，往屋中一看，见和尚头向南，伸着脖子脑袋，将炕帘牵拉着，那两人睡的人事不知。李虎想："合该你三个人该死。"放步向前，举刀方欲杀和尚，见和尚冲他支牙一乐，把李虎吓了一跳，回身便要走。见和尚又睡了，李虎想："敢是和尚做梦呢？我怎么刚要杀他，他冲我一乐？"愣够多时，复又近前把刀举起，往下一落，和尚用手一点指，用定身法把他定在那里，李虎也不能动。孟四雄在外面等了半天，看李虎举刀不往下落，心中着急，方才闯进屋中，伸手拉刀。罗汉爷施佛法大展神通，要捉拿贼寇，搭救高国泰。不知后事如何，且看下回分解。

第三十一回　拿贼人完结奇案　施邪术妙兴定计

话说孟四雄拉刀要杀济公禅师，罗汉爷翻身爬起来，用手一指，口念六字真言："唵嘛呢叭咪吽，唵敕令赫。"就把贼人用定身法定在那里。和尚一脚把苏禄踹醒，一脚把冯顺踹醒，这才喊嚷："了不得了！有了贼了，要杀人呢！"和尚站起来要往外跑，苏禄、冯顺二人睁眼一看，只见孟四雄、李虎二人，各执利刃，站在那里不动。二人立刻跳下床去，往外就跑，站在院中喊嚷起来，说："有了贼啦，杀了人啦！救人哪！"外边正遇巡夜官兵到来，听说店内嚷有贼，本汛千总刘国斌带着有二十名官兵，正因前街兴隆缎店明火执仗，刀伤事主，失去缎子五十匹，银子一千两，并未破案获贼。今日听见店内有人喊嚷有贼，连忙叫兵丁登梯子上房，跳在院中，先把大门开放。刘老爷从外边进来，先把苏禄锁上。苏禄说："众位先别锁我，我不是贼，贼在屋中哪！我们同伴三人，还有一个老头儿冯顺，一个和尚济公，共三个人，是由临安来找人，昨日住在这店内。是贼人执刀要杀我们，故此我们喊嚷。"官兵说："好，我们要不是上过当的，我们还不先锁你。只因我们前番在绸缎店内捉贼，进院内见有人嚷，我们疑是本家，没拿。进屋一看，把本家全上了锁，贼倒跑了，我也是出于无法，这次不能上当了。"苏禄说："你们先到房内看看贼，找我们同伴两个伙计。"

众兵丁到上房一看，原来是孟四雄、李虎、刘大、李二。先把四人刀给夺过来，然后都锁上。出来各处一找，并不见那二人，正自着急，听见马槽底下有沉吟之声，过去一看，原来是冯顺爬在那里。出来一问，合苏禄说的一样。先把苏禄放开，再找和尚。众兵丁帮着苏禄、冯顺找和尚，各房中都找到了，并没有和尚。找到厕所中，听见里面呼声震耳，到里边一看，果然是和尚在那边，身倚墙睡熟了。冯顺过去一推说："济公，你老人家还睡呢，官兵来了，把贼拿住了。"和尚一睁眼，说："了不得了！有贼啦！救人哪！"苏禄说："有贼，你老人家为什么睡着了呢？"济公说："只因贼人一闹，把我睡着了。"众人说："到上房拿你们的东西。"三人到北上房再看，那些银子全变了石头了。苏禄问和尚："银子怎么会变石头了呢？"济公但笑而不答。官兵把三人带到武汛衙门之内，问冯顺，把已往之事述说一番。刘国斌问了贼人的名姓，一并办好文书，连济公三人解往余杭县衙门。

且说余杭县老爷正因高国泰这案为难，不知如何办法，只见殷家渡武汛千总解上这案来。先把济公叫上来一看，是个穷颠和尚，站在那里。老爷问："和尚是哪里的？来此何干？见了本县，因何不跪？讲！"济公哈哈大笑说："老爷，我是西湖灵隐寺济颠和尚。只因西湖有座城隍山，清贞礼拜我济颠，只因寻找高国泰，谁想公堂来鸣冤。"知县一听，说："原来是济公，弟子不知，来人安座！"和尚坐下，述说住店情由。苏禄、冯顺二人磕头，起来站在一边。

知县叫把贼带上来，两旁答应，先把孟四雄带上来，跪下叩头。老爷问道："孟四雄，店是你开的？"贼人答应："是。"又问道："因何害人？开贼店共多少年？共害了多少人？讲！"孟四雄说："回老爷，小的务本做买卖，并不敢害人。只因昨天夜内小的店中闹贼之时，小人执刀追贼，正遇官兵巡夜，把小人捉住当了贼啦。"知县说："你先下去。"叫上官兵问问，是怎么拿的？官兵把捉贼的情形，大概说了一回。老爷叫把李虎带上来，不准叫他二人串供。带上李虎来跪下，堂上老爷一看那贼人，五官凶恶，定非良善之辈。年有三旬以外，一脸横肉，短眉圆眼。看罢问道："李虎，方才孟四雄已然全招，你还不实说呢？"李虎想："他既实说，我也不必隐瞒。"说："老爷，既是他说，小人我也说罢。我二人都是殷家渡本街人，自幼结义为友，开这座店之时，也是我二人同伙开的，今年整开了十年多。每有孤行客商，行囊褡套大，下些迷魂药酒，把人迷倒了，害人得财，共害了有三四十个人。今年上月二十六日，我们店内来了山东蓬莱岛的三个人，全是绿林中朋友。为首的是净江太岁周殿明，还有他两徒弟翻浪鬼王廉，破浪鬼胡方。他三人因为买缎子，合兴隆缎店口角，相争打起来了，晌午邀我等去抢兴隆店，抢去缎子五十匹，银子一千两，持刀押颈砍倒更夫。有我们店中四个人，抢回来因为分赃不均，周殿明赌气走了。我等只因和尚带着二人到店之内，见他的银子多，我等派伙计去暗害他三人，不想被官人拿获。这是以往之事，小人并不敢撒谎。"知县问明白，把两个伙计叫上堂来，一问，刘大、李二二人也都招认了。再把孟四雄带上堂来对词，都讯问明白。把高国泰、李四明、冷二三人带上堂来，叫招房书班先生一念招供，抢兴隆缎店，并无高国泰、李四明。先吩咐把两人开放。冯顺一见高国泰，连说："先生久违，我等都为找你而来。"高国泰下堂站住，见冯顺过来先行礼，然后把上项之事，从头至尾，述说一番。只见堂上把冷二打了四十板子，钉枷示众。把孟四雄打了四十板子，连李虎带两个伙计，一同钉镣入狱。济公见把这案了完，立刻站起身来，谢了知县下堂。见高国泰，都引见了明白。李四明说："先请高兄同济公，二位管家先到我家，明天再走。"济公说："也好。"一同往前走去。

方出西门，济公问高国泰说："王成璧周济你的银两，被何人偷去？"高国泰说："弟子不知是谁，圣僧莫非知道！"和尚哈哈大笑，说："你来跟我看那边。"用手一指，只见从李四明院中出来一人，年约有二十多岁，青白面皮，短眉小眼，两腮无肉，头挽牛心发髻，身穿青布小夹袄，青布中衣，白袜青鞋，两只眼似篱鸡，东瞧西看。李四明一看，认得是冷二的妻弟，名叫夏一跳，久在街市窃取偷盗，是个白日贼。那天高国泰在钱铺换银子，被他看见。贼起贼智，假作进城，故意把高国泰撞了一个跟头，把银子掏去，在赌博场中两夜的光景，把五十两银子输净。今日找冷二借钱，在这里一问左右街坊，才知道是冷二打了官司。自己方一出来，正遇见济公带着众人,用手一指。夏一跳说:"众位你等着我,今天报应临头。"伸手自己打了几个嘴巴,跑在河沿,跳下河去,往上冒了一冒,登时死了。地方官人知道,报无名男子一个。本地面该管职官相验已毕,就地葬埋。李四明请众人到家,整理酒筵,款待济公。高国泰说:"李贤弟,你到南门口去找王成璧,把我的事都说明白,你替我谢谢罢。"李四明说:"明天我就去。"留济公住了一夜。次日天明,济公带高国泰、苏禄、冯顺由余杭县起身,顺大道直奔临安。

这日正往前走,到了一座镇店,见街市人烟稠密,买卖甚多。正走在十字街,只见东边路北有一座大门,门内高搭一座法台,三丈六尺,上安法桌法椅,头挂五色彩绸,分东西两边。济公看罢,按灵光连击三掌,说:"善哉,善哉,我和尚既遇此事,焉有袖手旁观之理?且慢,我必须如此如此。"书中交代,这座镇店名叫云兰镇,路北这家姓梁名万仓,家私巨万,膝下一子,名梁士元。老员外为人乐善好施,专好修桥铺路,斋僧布道,创修寺院,印造经文。只因有一个老道在这里,化了一百两银子,说修佛殿,及至给了他银子走了。老员外在西街拜客,正看见老道由烟花院出来。老员外回到家中,对家人说:"我施舍这些钱,原来老道前去问柳宿花,我是不能再施舍的。"家人梁修德说:"老员外乃好善之人,咱们这里连年失收,米贵如珠,员外何不修些好事,设立个粥厂,赈济这一方之邻里乡党,倒是一件好事。不知意下如何?"梁万仓一听,心中甚喜,立刻禀明本地该管官长,择日放粥。每日早来,打粥之人吃粥一份,外给钱一百文,好叫众人种地。梁员外每日在门外看讨粥之人,过了半月之久。

这日梁士元在门外闲立,天有晌午之时,只见从正西来了一个老道,年约半百以外,头戴青布道冠,身穿青布道袍,白袜青鞋,背后欹斜宝剑,手拿蝇拂,面似乌金纸,黑中透亮,粗眉大眼,一部连鬓络腮胡子。一见梁士元,恶念顿起。正是妖人妄兴害人计,罗汉长施恻隐之心。要知后事如何,且看下回分解。

第三十二回　云兰镇恶道兴妖　梁万苍善人遇害

话说梁士元正在门外站立,见从正西来了一个羽士道人,站在面前:"无量佛!善哉,善哉。贫道闲游三山,闷蹓五岳,访道寻仙,善观气色,能治凶吉。看公子这分相貌,五官端方,定是翰院之材!"梁士元连忙躬身施礼,说:"道爷贵姓?在哪座名山,何处洞府参修?我要领教。"道人说:"贫道就在这正北五里之遥,五仙山祥云观出家。我姓张名妙兴,专好相法。"梁士元说:"道爷既是好相法,奉求给我看看。"老道一听,正中心怀。他此来原因他游方回庙,见围墙已倒,大殿失修。张妙兴就说他师弟刘妙通,不知化缘修庙,尽在家中吃饭。刘妙通说:"我不能化缘了。如今云兰镇梁善人概不书缘,家中立了粥厂,竟赈济我们这一方穷人。也是道中人自己坏事,前者有一位道门中朋友,在梁善人那里化了一百两纹银,说是修佛殿,后来不修佛殿,他把一百两纹银全皆花在烟花院中嫖了,被梁员外看见他从烟花院中出来。老员外因此不施舍僧道,我还往哪里化缘?"张妙兴说:"好,我要化不了梁善人,我给你磕头,明天我去。"故此今日他来到这里,见公子梁士元在门首站立。他眉头一皱,计上心头,过来一相面,见公子问他,张妙兴要施五鬼钉头法,七箭锁阳喉恶化。张妙兴他先拉过公子的手来,说:"公子这分相貌,是上等相法,看尊相眉清目秀,生在诗书门第,礼乐人家,祖上根基不薄,真乃是石中之美玉,花中之丹桂。此时不但泮水游香,定然科甲有准。此时官星未露,遇而不遇,达而不达,好比冲云之鸟,落在荆棘之内;吞舟之鱼,临於污池之间。未得三江之水,焉能脱鳞为龙?公子把生辰八字说明,我给细细掐算。"梁士元把自己生辰八字全说明白,恶道记住,暗中掐诀念咒,照定梁士元,冷不防一掌!三魂勾去一魂,七魄勾去二魄。梁士元一愕,反身倒下。老道自己回庙中,叫师弟用干草绑一个草人,用朱笔写了生辰八字,用七个新针,把草人之心钉住。刘妙通是个忠厚之人,见他这样行为。问他所害之人是谁。张妙兴说:"你不要胡说,我这不叫害人,我要恶化梁员外。"从此每日往云兰镇上走走。

书中交代,那梁士元自老道走后,家人出来一看,公子爷倒门外,立刻叫同事之人,把梁士元抬至内院上房。梁员外一听,吓得惊魂千里。自己六十多岁,就是这一个孩儿,倘有不测,那还了得!连忙派人请高明先生来,就给儿子治病。把先生请来一看,都说:"是失去魂魄,吃药不效。"急的老员外求神祷告上天,许了大愿。一连两天,并不见好。这天早晨,梁善人站在门首,看那讨粥之人,来的不少。他自己本是烦闷,只见从南来了一个妇人,头里跑着三个小子,都有十一二岁,后面跟着两个小子,也有七八岁,背后扛着一个男孩,有三四岁,怀中抱定一子,也有一两岁。梁员外一看,说:"哎呀,这个妇人把街坊孩儿全带来了。来人把那位娘子请过来。"家人过去说:"娘子,我家员外有请。"那个妇人过来,慢慢先把孩儿都放下,然后叩头:"唯愿员外三多九如,多福多寿多儿女,福寿绵长。"梁员外问:"这几孩儿,都是你家的吗?"那妇人说:"我姓赵,只因丈夫在外贸易未归,我这几个孩儿幼小,人口甚重,又过这样荒年,故此我来这里讨一份粥,我一家人也好活命。"梁员外吩咐家人:"取十吊钱赏给这几个小孩儿。"那妇人叩头谢了,拿钱去了。老员外自己一想,方才那个妇人,虽然穷,现有七个孩子,久后要是长大之时,倒是造化。我虽有百万之富,这一个儿,如今病的这样儿。我看人生世上,大概也是命中所定,该当无子,苦求神佛也是徒然。

正是思前想后,只见正西来了一个老道,穿青色褂,面如刃铁一般,一部连鬓络腮胡子,背后敬插宝剑,口中说:"无量佛,善哉,善哉。贫道闲游三山,阿踏五岳,永未见过这样房煞!这房犯五鬼飞廉煞,家中不立小口,主于有恶病缠身。"梁员外一听,连忙过去说:"仙长请了,我家这房犯五鬼飞廉煞,求仙长给破破。"老道说:"员外须带我到宅院之内,细细看个真实。"梁万苍带着老道到了里院,往各处一看,然后到了书房之内。老道说:"员外明日在大门内,高搭法台三丈二尺,上面预备八仙桌一张,太师椅一把,再预备长寿香一封,五供一堂,黄毛边纸一张,砚台一方,笔一枝,白芨一块,朱砂一包,香菜根无根水一碗,五谷粮食一盘。法台头前预备五色绸子,青黄赤白黑五色,按金木水火土五行。预备五百两银子,我给你散散福,你这房子的劫煞就没有了。先把这五鬼解了,然后我再给你儿治病。"员外一听,心中甚为喜悦,赶紧吩咐家人倒过茶来,说:"未领教道爷贵上下?怎么称呼?在那座名山洞府修炼?"老道说:"员外是贵人多忘事,我常到员外这里来。我姓张名妙兴,在这村北五里地,五仙山祥云观出家。"员外说:"原来是街坊,我实在失敬了。"赶紧吩咐摆斋侍候。老道连连摆手,说:"员外不必费心,容日再扰,我还得回庙预备应用的东西,明好来除煞。"说罢,站起身来告辞。员外亲身送到外面,拱手作别。老道去后,员外赶紧吩咐家人,在大门内高搭法台一座,把应用的东西照样预备。众多家人直忙乱了半天,至日落之时,诸事俱已齐毕,大家安歇,一夜晚景无话。

次日众人起来,净等候老道来。天有巳正,老道倒没来,和尚来了。原来是济公带着高国泰、苏禄、冯顺从余杭县回京,由此经过。和尚睁眼一看,大门内有法台。罗汉爷早已占算明白,心说:"好孽畜,竟敢在此放妖作怪!"吩咐高国泰、苏禄、冯顺三人在此等候。和尚迈步直奔大门,见门口站立几个家人。和尚打一问讯说:"辛苦众位,我和尚从此经过,由早晨尚未用饭,我要在尊处化一顿斋吃。"众家人说:"和尚你来得晚了,看我们大门上,这里贴着概不书缘。原先我们员外本是善人,最喜僧会布道,现在勿论是僧是道,我们员外一概不施舍。你要早来粥厂,可以讨一分粥,你来迟了,明天再来吧。"和尚说:"我由早晨没吃饭,你们众位慈悲罢。"旁边有一位老管家,最好行善,见和尚说的怪可怜的,他站起来说:"和尚,我由早起身体不爽,有一碗白米饭,连菜都一点没吃,我拿来给你罢。"说罢进去,把饭端出来递给和尚,和尚伸手一接,老管家一撒手,和尚往回也一撒手,"叭嚓",连饭带碗掉在地下。老管家说:"你这和尚,我好心好意,给你端出饭来,你怎么把碗砸了?"和尚哈哈一笑说:"你叫我和尚吃这个剩饭?"老管家说:"你不吃剩饭吃什么?"和尚说:"要吃干鲜果子,冷荤热炒,糖拌蜜饯,鸡鱼鸭肉整桌的。把我和尚请在上面独坐,叫你们员外陪着我,我才吃呢。"家人一听这话,气往上撞说:"你这穷和尚满嘴胡说,我们员外陪你吃饭?你这是说梦话呢。要叫我们员外陪你吃饭,你还得转世投胎。"和尚说:"你说的话算不算?我和尚要化不出这样斋来,我对不起你们。"说着话,和尚就嚷:"化缘来了!喂!"拿手往嘴上抓,往大门里一扔。众家人掩口而笑。和尚连嚷三声,就听里面说道:"外面什么人喧哗?"由里面出来一位员外。和尚看这位员外身长八尺,头戴双叶逍遥员外巾,三蓝绣花,身穿宝蓝缎子逍遥员外氅,衣领紧系,足下篆底官靴,面如三秋古月,慈眉善目,海下一部花白胡须。从里面出来,一见济公,要请罗汉爷给儿治病。有分教,行善之人有善终,作恶之人天不容。要知后事如何,且看下回分解。

<h1 style="text-align:center">第三十三回　设阴谋恶化梁百万
发慈悲戏耍张妙兴</h1>

　　话说济公正自喊嚷化缘。见梁员外从内院出来,说:"什么人在我门首喧哗?"和尚过去,先打一问讯,然后说:"员外要问,是我和尚,从此路过,久仰员外是个善人,我一看这所宅院,犯五鬼飞廉煞,家中定有病人,我要给净宅除煞,退鬼治病。一到你这门首,这些家人先问我要门包。我说我又不是来求员外,哪里有门包给你?因此争吵起来。"梁员外一听说:"这些奴才!不知在门首做了多少弊端?"家人说:"员外不是,他来到这里,先说化缘。"就把上项之事,也学说一回。员外也不理论,问:"和尚宝刹在哪里?"和尚说:"我在杭城西湖灵隐寺。我名道济,讹传济颠僧就是我。"梁员外看和尚那样,半信半疑,说:"既是济公慈悲,随我来。"济公跟着员外,一直来到里面上房东里间。济公见炕上躺着公子梁士元,昏迷不醒,两旁有许多婆子家人伺候。梁员外忙说道:"儿呀!梁士元醒来!"连叫数声,见梁士元昏昏沉沉,人事不知,连头也不抬。济公说:"员外不便着急。我叫他说两句话,吃点东西,少时立刻见效。"老员外甚喜,说:"既得如是,圣僧慈悲慈悲罢!"罗汉爷伸手把帽子摘下,叫人把梁士元扶起来,慢慢把帽子给他戴上,口念六字真言:"唵嘛呢叭嘧吽,唵敕令赫!"见梁士元慢慢把眼睛开,叹出一口气来,说:"来人,给我点水喝。"老员外一看,甚为喜悦,连连称好。和尚说:"冲这一手,值你一顿饭不值?"梁员外说:"圣僧何出此言?慢说一顿饭,就是我常常供奉你老人家,也是应当的。"和尚:"那倒不必。"员外说:"圣僧你要吃什么?叫他们预备。"和尚说:"你把你们管厨的叫来,我告诉他。"家人去把厨子叫来。和尚说:"你去预备糖拌蜜饯,干鲜果品,冷荤热炒,一桌上等高摆海味席,就在这外间屋中吃。"厨子答应。本是大富贵人家,一应的东西俱都现成,家人摆设桌凳,少时厨子菜已齐备。员外请和尚上座吃酒,老员外旁边陪着开怀畅饮。老员外心说:"和尚这个帽子倒不错,比什么灵丹妙药都强。我问他要多少钱,把帽子留下,给我儿戴?"员外见梁士元在屋中也说出话来,要喝糖水,要吃东西,心中甚悦。员外说:"圣僧的妙法,果然是手到病除。"和尚说:"员外你瞧我这帽子好不好?"员外说:"好!"和尚说:"好可是好,我打算找个主儿,把它卖了。"员外一听,心中欢喜,说:"和尚你要卖多少钱,我留下。"济公说:"员外要留下好办,把你这份家业买卖房产地业给我,我把帽子给你。"老员外一听,连连摇头说:"我买不起。"说着话,家人把菜上齐,员外陪着和尚喝酒。和尚说:"员外,你把你门上看门的那位管家叫来。我有话说。"员外当时吩咐家人叫去,少时来到里面说:"员外叫我有何吩咐?"和尚说:"我方才说要吃上等高摆海味席,干鲜果品,冷荤热炒,糖拌蜜饯,叫你们员外陪着我。你瞧我没说错吧?对得起你。"家人说:"是。"和尚说:"员外你还得慈悲,我还带着三个跟班的在外头等着,没吃酒呢。"员外吩咐请进,预备酒席。家人说:"他还有跟班的?连他都没有整衣裳,他的跟班也必然更穷了。"想着,来到外面喊嚷:"哪个是跟穷和尚来的?"

高国泰说:"是我。"家人一看,是一位儒流秀士打扮,俊品人物,仪表非俗。穿的甚是整齐。家人说:"还有两位在哪里?"苏禄、冯顺二人过来说:"我们也是跟和尚的。"梁福一看,这二人更阔了。本来苏禄是苏北山的家人,穿得更整齐。梁福心里说:"和尚有钱,全打扮了跟班的。"赶紧把三位让到门房,摆上酒席,让三个人吃饭。里面老员外陪着和尚喝酒,说闲话。

正在高谈阔论之际,外面进来一个家人,走在员外耳边,说话不敢叫和尚听见:"回禀员外,道爷来了。"这一句话不打紧,梁员外为了难。有心陪着和尚说话,又怕老道挑了眼走了。有心走出迎接老道,应酬老道,又怕和尚挑了眼。老员外的心思,谁也不肯得罪,不拘和尚老道,谁把他儿病给治好了,老员外都要谢的。自己正在心中为难。和尚说:"员外,你必是来了亲戚,你倒不必拘束。"这一句话,把老员外提醒。员外说:"是。"和尚说:"你去应亲戚要紧,多一半还不是外人,是你小姨子来了。"老员外一笑站起,吩咐家人给圣僧斟酒:"我去看看,少时我就来陪圣僧喝酒。"说罢站起奔外书房来。老员外进到书房一看,见老道早已进来坐定,有家人在一旁献茶。梁员外赶紧行礼说:"仙长驾到,未曾远迎,面前恕罪。"老道说:"员外说哪里话来,知己勿叙套言。"梁员外赶紧吩咐摆酒,问:"老道用荤用素?"张妙兴说:"荤素皆可。"家人擦抹桌案,杯盘连落,摆上一桌酒菜。老员外亲自给老道斟酒,一旁相陪,闲谈叙话。梁员外说:"仙长,我跟你打听一个人,你可知道?"老道说:"那个有名便知,无名不晓。"梁员外说:"西湖灵隐寺有一位济公,你可知道?"老道心中一动:"我要说济公有能力,就显不出我来。"想罢老道说:"员外你提的就是那西湖灵隐寺的酒醉疯癫的济颠僧,乃无名之辈,不足挂齿。"这话尚未说完,就听院中有人答话:"好杂毛老道,背地里说人。"只见帘拢一起,由外面来者正是济公。老员外一见,心里说:"这些家人们实在可恨,我叫你们陪着和尚吃酒,你们为何放他出来?这老道一见面,倘若拌起嘴来,多有不便。"

书中交代,和尚在里面喝着酒,家人在旁边伺候,无故的和尚站起,来到里间屋中,把梁士元头上的僧帽摘下来。梁士元翻身躺下,人事不知,仍然昏迷不醒。家人说:"和尚,你为什么把帽子给摘下来?"和尚说:"一桌酒要戴多大工夫?"家人说:"好,你拿帽子换酒喝了,也不用我们员外吩咐,再给你摆一桌,你还把帽子给我们公子戴上。"和尚说:"我不饿了,等我饿了再吃罢。"说着话,和尚往外就走。家人说:"和尚上哪去?"和尚说:"我上茅坑。"家人说:"我们带你去。"和尚说:"不用,要有一个人跟着我,我就不能出恭。"家人也不敢跟了。和尚出来,就奔西跨院,刚来到这院中,正赶上老道跟员外说酒醉疯癫的济颠乃无知之辈,何足挂齿,被和尚听见。和尚这才说:"好毛杂老道胆大!背地骂人。"一掀帘子,口中说:"好毛杂老道!"张妙兴刚要答言,济公一抬头说:"呦,这屋里有个老道,你可别挑眼,我没骂你,我骂那个老道呢。"梁员外赶紧站起来说:"圣僧请坐,仙长请坐,我给你们二位引见引见。"济公说:"员外不用我们认识。"说着话和尚坐下了。家人给添了一份杯筷,和尚斟酒就喝,老道见和尚褴褛不堪,坐下就吃,这才问道:"和尚你是哪庙里的?"济公喝了一杯酒,把眼睛一翻说:"你要问我,就是西湖灵隐寺酒醉疯癫无知之辈、不足挂齿的济颠。"老道一听,有些个心中不悦。和尚说:"张道爷贵姓呢?"老道说:"和尚你这是成心,你知道我姓张,你又问我贵姓。"和尚说:"我跟你打听一个人,你可认得?"老道说:"哪个?"和尚说:"我有个徒孙叫华清风你可认识?"老道一听,气往上撞:"他说我师傅是他徒孙,待我结果他的性命。"想罢说:"和尚你满嘴胡说,待我山人结果于你!"老道当时手中掐诀,口内念咒,要跟济公斗法。正是强中更有强中手,能人背后有能人。不知僧道二人斗法,胜负如何?且看下回分解。

第三十四回 施妖法恶道害人
显神通济公斗法

　　话说济公同妖道二人正自口角相争，老道说："和尚，我叫你三声，你敢答应我三声？"济公说："慢说三声，六声我都敢答应你。你叫罢！"老道一连叫了三声，那老道口中念念有词，把酒杯往桌上一拍，说声："敕令！"只见和尚正自吃着酒，忽然间翻身躺地下。梁员外一见吃惊，连说："老法师这是怎么了？"老道说："你要问哪，我略施小术，就把他给治倒。我这酒杯在这扣一天，和尚躺一天；我把这酒杯拿起来，或是给他吃药了，他才能活哪。"这话方说完，只见和尚站起来了。老道说："我这酒杯并未拿起，你就活了。"和尚说："来，你还没给我药吃，我再躺下就完了。"老道说："和尚你敢把生辰八字告诉我吗？"和尚说："那也无妨，我就告诉你，我是某年某月某日生人，都告诉了你，你怎么样罢？"老道立刻口中念念有词，说声："敕令！"照定和尚头顶之上击了一掌，说声："急！"站起身来，说："员外我走之后，你急速把和尚放走，要不然鸡一鸣他准死，你可要打人命官司。"梁员外一看那济公昏迷不醒，人事不知。

　　老道往外就走，员外在后面紧紧跟随，说："仙长爷慢走，我来替和尚赔罪！"老道并不答言，一直到五仙山祥云观之内，叫徒弟刘妙通："快给绑个草人来！"刘妙通问："你又害谁呀？"张妙兴说："我这不是无故伤害人，只因我化梁员外，这和尚济颠僧，他胆敢戏耍于我，我是要暗害济公，报仇雪恨，方出这胸中之气。"刘妙通也不敢违背他，立刻用干草绑个草人来，放在那里。恶道又派刘妙通制办物件，吃完晚饭，自己先把八仙桌儿放在那大殿之前，然后把香炉蜡扦五供，应用东西物件全都排好，把两个草人安放在两旁。恶道候至星斗出全，他到外面先把道冠摘下来，把扎头绳一去，包头条一解，把头发散开，把宝剑拉出来，立刻点上香，口中祷告说："过往神灵，三清教主，保佑弟子，我要把济颠害了！我化了梁员外银两，我给烧香上供，挂袍还愿。"说完，把宝剑用无根水担了，拿五谷杂粮一撒，研了朱砂，撕了黄毛边纸条，画了灵符三道，把剑放好，粘上符咒，口中急说道："快！"把宝剑一抢，那道符的火光，越抢越大，口中说道："头道灵符，叫他狂风大作！二道灵符，把济公魂魄拘来！三道灵符，我叫他人死为鬼，鬼死为聻！"正自扬扬得意，只觉背后一阵冷风，抢刀剁来。老道往旁一闪身，抬头一看，来了一位绿林英雄，借灯光细看，头戴透风马尾巾，鬓边斜插一枝守正戒淫花，身穿皂缎软褂，靠周身密排寸扣，缎皂裤，花裹腿，蓝缎袜，倒纳千层底跐鞋。面如白玉，目如明星，眉似漆刷，鼻梁高耸，唇若丹霞，五官俊美，手执利刃，照定老道剁来。张妙兴往旁边一闪，用手一指点，口中念念有词。说声："敕令！"那人翻身栽倒。老道要过来抢剑剁，只听屋中说："师兄你千万别杀，那是我小弟的朋友。"过去先把那人扶起。

书中交代,来者乃是镇江府丹阳县人,姓陈名亮,家住陈家堡,自幼父母双亡,跟着叔父婶母长大成人。他还有一个胞妹玉梅,他叔父陈广泰,开白布店生理。陈亮自幼爱练拳脚棍棒,他合保镖之人学了一趟进步连环腿的工夫,后来结交本地有一人,名叫雷鸣,绰号人称风里云烟。二人情如骨肉,把陈亮引入绿林之内。在江西玉山县,有保镖头姓杨名明,绰号人称威震八方夜游神,乃是行侠仗义之人,专爱管一个路见不平之事,杀贪官,斩恶霸,平生好交结天下英雄。陈亮自入绿林以后,也就跟这些侠义在一处,人称玉山县三十六侠,内中何等人物都有。只因这日是杨明之母寿诞之辰,众人都来祝寿,俱有寿礼。陈亮来了,并未带来一物。雷鸣就说:"贤弟,你今日理应制办些礼物来,以表你孝敬之心。老伯母生辰,叫别位观之也好看。"陈亮说:"我有礼物,少时取来,与众不同些。"此时正值四月初旬,夜内三更之后,他偷来一盒北鲜十个大桃,众人一看个个称奇。此时新桃未熟,陈桃已完,他会找来十个大桃,真不容易。众人给贺了一个号,人称圣手白猿,从此人都以此号呼之。陈亮这一年回家探望叔父,到家,他妹子陈玉梅合他叔父可就说:"陈亮不该深入绿林。咱们陈氏门中,世代虽说没有做官的,也都是诗礼人家。你这一入江湖,绿林为贼,一则上对不起祖先,下也对不起这里街邻。一日为贼终身寇,事犯当官,难免去阳市口,身受国法。上为贼父贼母,下为贼子贼孙。依我等相劝,你早早回头,急速改过自新,家中买卖也无人照应。"陈亮一听这话,一语未发。这就是:酒逢知己千杯少,话不投机半句多。次日也未告辞,他自己离家,却另有一个主意。他想:"我这一走,到京师求访高僧高道,自己一出家,了一身之孽冤,上无父母牵缠,下无妻子挂碍。"
　　这日到了云兰镇,想要找点银钱做路费使用,夜间换上夜行衣,到了大户人家,盗了几十两银子,因天晚想要到祥云观看看刘妙通兄长,来至庙前,也没叩门,由东边蹿房进来。一看,那大殿头前,有一张桌子,后面站定老道,发髻散乱,黑脸带煞,手执宝剑,正自作法。陈亮并未识认,自己一想:"这厮定是把刘妙通兄给害了!他在此兴妖作怪,真乃可恼,不免我杀了他,一出我心中之气。"想罢,跳下来一刀,未砍着老道。老道一抖袖袍,把陈亮治倒在地。那陈亮闭目等死。只见刘妙通跳出来说:"师兄,这是我的朋友,看我分上别杀他。"张道说:"好,原来你勾串外人要害我,你好独占这座庙。"陈亮说:"不是,我是一时粗率,只当是你把刘妙通害了,你自己占这庙,我不知你们是师兄弟。"刘妙通给他二人引见了,陈亮认了自己之错,然后到屋内问:"张道爷在那里作何法术?"刘妙通说:"贤弟,你早不来晚不来,单候至今日来,他这是要害那灵隐寺的济公长老,拘人家三魂七魄。我也听人说过,那济公是一位得道之人,恐其未必能把人家魂给拘来。"陈亮一听,心中说:"我正要访高僧高道,想着出家,不想今日在此相遇。我今看他二人谁的能为好?"正在思想,只听外边老道又做起法来,口中说:"济颠魂魄不来,等待何时?"又把那二道符抢起来,火光大作,方往外一甩,只听见由西北起了一阵狂风,怎见得?有诗为证:
　　扬罢狂风,倒树绝林。江声昏惨惨,枯树暗沉沉。海浪如山纵,浑波万叠侵。万鬼怒嚎天烟气,走石飞沙乱伤人。
　　这阵风过去,只听有草鞋之声,随风行行。不多时,只见桌案以前,站定一个穷颠和尚。张妙兴说:"好胆大妖僧!我拘你魂来,你怎么人来见我?"济公哈哈大笑说:"孽障你好胆大!你不知'善恶到头终有报,只争来早与来迟'?"要知僧道斗法胜负如何,且看下回分解。

第三十五回　烧妖道义收陈亮　访济公路见不平

　　话说张妙兴正在大殿作法,想要拘济公魂魄,焉想到济公亲身前来。老道一见,勃然大怒说:"好颠僧,我拘你魂魄,你怎么人来了?"书中交代,老道自从云兰镇梁家出来，梁员外没追上老道，梁员外只当是济公死了。及至回到书房，见济公在那房里坐着喝酒。梁员外心中甚为喜悦，说："圣僧，你老人家没死呀？老道说把圣僧魂魄拘了去。"济公说："他把我魂魄，你儿子的魂魄，一定是拘了去。我今天晚上去找他！"老员外说："不必，他一个出家人，这等作恶，早晚必遭天报，圣僧不必跟他一般见识。依我之见，由他去吧吧。"济公也不还言，在这里喝酒，直到天晚。济公说："我到外面方便方便，少时就来。"老员外信以为真。

和尚出离了梁宅，一直正奔五仙山来。到了祥云观，见老道正在做法。陈亮来，济公也看得真真切切，见老道第二次书符念咒，济公这才随着风来到桌案以前。按说老道自己就应当醒悟，拘魂把人拘来，济公这点道德就不小。可是老道倒冲冲大怒，用宝剑一指，说："颠僧，我恶化梁万苍，与你何干？你无故坏我的大事，你好大胆量！你今天要知时达务，跪到我法台以前磕头，叫我三声祖师爷，山人有一分好生之德，饶尔不死。如要不然，当时我用宝剑结果你的性命！"济公说："好妖道，你在这里兴妖作怪，无故恶化梁万苍，你还敢见了我这样无礼，我和尚越说越有气！"冷不防济公打了老道一个嘴巴，打的老道脸上冒火，气往上撞，抢剑照定济公搂头就剁。二人就在大殿以前，各施所能。老道恨不能一剑把和尚杀了，和尚跟他来回乱绕，掐一把，拧一把气得老道哇呀呀直嚷。老道身子往旁一闪，由兜内囊掏出一宗法宝，口中念念有词，说声："敕令！"白茫茫亮亮一宗物件，扑奔济公打去。罗汉爷睁眼一看，见半悬空"刷啦啦"一响，白茫茫一宗物件，扑奔顶门而来。济公一看，认识这宗法宝，名叫混元如意石。这石头能大能小，要大真能有数丈大，要小如鸡子一般，可以带在兜囊。这石头要打着人，准打个头碎血出。济公禅师用手一指，口念六字真言："唵嘛呢叭咪吽，唵敕令赫！"这石头滴溜溜一转，现了原形，落在济公袖口之内。老道见济公把他的法术破了，气得三尸神暴跳，七窍内生烟，伸手又掏出一宗物件。老道站在正北，用宝剑一晃，口中念咒，手内掐诀，由就地起了一阵狂风，刮的毛骨悚然。济公再睁眼一看，原来是一只斑斓猛虎，摇头摆尾，扑奔济公而来。罗汉一看，好生厉害，真是：

头大耳圆尾小，浑身锦绣难描。牧童一见胆落，樵夫闻声魂消。常在深山抖雄彪，万兽丛中招讨。

济公一见，哈哈大笑说："好孽障！你用这等法术，也要在我跟前卖弄，真乃是江边卖水！"说着话，用手一指，那老虎变作一个纸老虎，现了原形。老道见连破了两宗法宝，不由气往上撞，说："好和尚真乃大胆！叫你知道我山人的厉害！"伸手由兜囊掏出一根捆仙绳，在手中一托。老道说："人无害虎心，虎有伤人意。我本不打算害你，这是你自找，屡次讨死，休怨山人。我今天要开开杀戒！"他这根捆仙绳，最厉害无比，勿论什么妖精，捆上就得现原形。和尚一看，连说不好！老道口中念咒，把绳扔起来，只见金光缭绕，扑奔济公。和尚连声喊嚷："救人哪！可了不得了！要捆和尚！"转眼就见这根绳把和尚捆了三道，和尚翻身栽倒。张妙兴哈哈大笑说："颠僧，我只当你有多大神通？敢情原来你就是这样无知之辈，待我结果你的性命。"老道说这话，举剑照定和尚脖颈就剁。宝剑砍上一道白印，见和尚睁着眼瞧看老道，也不言语，并没砍动。老道想："怪呀！我这宝剑怎么砍不动和尚？"老道一连又是数剑，仍未砍动。老道黯然醒悟，心中一动："莫非这是假的？"想到这里，再一瞧，捆仙绳捆的是一个石香炉。再找和尚，踪迹不见。老道正在各处寻找，和尚由后面掐了老道一把。老道一回头，气得直嚷，说："好颠僧，气死我也，我今天与你誓不两立！"伸手由香炉内把那点着的一炷香拿起来，大殿旁边堆着一堆柴草，口中念句火咒，把柴草引着，一团火扑奔济公而来。老道今天下毒手，要用真火把和尚烧死。老道用咒语一催，这团火扑向济公。济公用手一指，口念："唵嘛呢叭咪吽，唵敕令赫。"这团火卷回去扑奔老道，老道胡子也烧了，头发也烧了，衣裳也着了，往大殿里就跑。活该应当老道遭报，这火把大殿勾连上，少时凡火勾天空，烈焰腾空，火鸽子火蛇乱窜，就把老道烧在里面，尸骨化灰，连东西配殿火也连上。和尚也不管他，先过去把老道害梁士元地做的草人拿起，把七个针拔出来，将梁士元的魂魄收在袖口里，也不管刘妙通死活，和尚往外就走。

陈亮此时在东配房里，全都看得真切，见火连配房要连上，陈亮一脚把窗户端了，跑出来就追。跟着和尚到云兰镇，见济公奔到梁员外的门首。门口有家人，一见和尚回来，家人说："圣僧，你上哪里去？我家员外都等急了。"和尚说："好。"迈步奔向里面，来到书房。梁员外一见说："圣僧，你老人家去哪里了。"和尚说："我给你儿找魂魄去了，现在已把你儿魂魄找回来。"说着话，济公来梁士元的屋中，只见梁士元昏迷不醒。济公立刻把他魂魄给入了壳，少时片刻，梁士元能活动了。老员外在外间摆上酒席，款待济公。

二人落座，吃了有三四杯酒。济公问："员外，你这里闹贼不闹？"梁员外说："我这里不闹贼。好贼知道我是一个良善之家，也不肯偷我。那下流贼他也进不了我这宅院。"济公说："好，我提几个好贼，你可认得？"梁员外说："我不认识是谁？"暗中陈亮正在房上偷听多时，听见要题说几个贼，自己心中一动，不知济公说的是哪路的英雄。就听和尚说："那有一个踏雪无痕柳瑞，你可知道？"梁员外说："不知。"济公说："这个人外号人称踏雪无痕，是从雪地上走，全无脚印的。多轻妙。"梁员外说："好轻妙，人从雪上走都无脚印。"济公说："他走雪地无脚印，可是拿着扫帚扫着走。"梁员外一听，也就乐了。和尚又说："有一个登萍渡水陶芳，这个人能从水面上走，落不下去。"梁员外说："世界上尽有这些能人，可真少，我实未见过。"济公说："那不算出奇，可是冬天冻冰之时。"员外说："冬天我也行了。"和尚说："梁士元已然好了，我明日急速回临安。"梁员外说："圣僧何必忙，我还要留师傅多住几日，报答你老人家救命之恩。"济公说："叫一个家人来。"梁福过来，和尚附耳如此如此，梁福出去。陈亮在房上暗中观看，听济公说那些笑话，所说这二人，都是陈亮的朋友，心中说："他一个出家人，为何也知道我们绿林中之事？"正自思想，只见四方人都围满。梁福带着看家、护院、更夫、壮丁三四十名，各执刀枪器械。口口声声，叫捉拿房上之人！把陈亮吓了一跳。原来是济公吩咐梁福如此如此，就是派他暗中捉人。陈亮站在房上，把手中刀一擎，说："呔！你等闪开，我也不是偷盗，无非借路行走，如挡我者死，躲我者生。"翻身跳下房来。济公从屋中出来，有分教：英雄得登三宝地，罗汉广开大乘门。要知后事如何，且看下回分解。

第三十六回　逛西湖酒楼听闲话　气不平夤夜入苏宅

话说济公出来，见陈亮早已蹿至外面，和尚随后追至在村外。只见陈亮跑得甚快，围着村庄只绕，至天明之际，济公见祥云观已烧了一个冰消瓦解，一概皆无，尺木未剩，片瓦不存。外边有无数人救火，西边围有十数人。济公临近一看，只见刘妙通在那里烧的浑身是泡，并无一处无伤，堪堪要死。济公动了恻隐之心，过来说："道爷，你这是怎么了？"刘妙通一看是济公，说："圣僧，我没得罪你老人家，我师兄他行为不端，已然遭报。求师傅慈悲，救救我吧！"和尚哈哈大笑，说道："你既知循环报应，你可知道他自作孽不可活？来罢，我给你一粒药吃。"那边地方官人说："不行，和尚你别惹事。你给他药吃，倘有错误，那还了得。"刘妙通说："无妨，我吃死与和尚无干，是我命该如此。"旁边众人说："他既是愿意吃，何必拦他呢？"济公叫人给他找了一碗热水来，把药化开，给刘妙通端过去。刘妙通喝下去，工夫不大，觉着肚腹"咕噜噜"一响，浑身烧的泡立刻全化开，流出毒水，也不疼了。旁边众人齐声说："好药！"

在济公背后站定一人，说："罢了，真乃神也仙也！灵丹妙药！"济公回头一看，见那人身高八尺，身穿一件白月绸箭袖袍，鹅黄丝鸾带，足上薄底靴子，闪披宝蓝色缎英雄大氅。面如白玉，眉分八彩，目如朗星，五官清秀。济公回头一看，照这人脸上"呸"！唾了一口，这人拨头就跑，和尚就追。头前跑的这人，非是别人，正是圣手白猿陈亮。只因他被和尚追了半夜，好容易听不见草鞋响了，自己止住脚步，把白昼衣服换上，打算瞧瞧刘妙通的生死存亡。刚到这里来，见和尚给刘妙通药吃。陈亮一说"好药"。和尚回头一啐，陈亮拨头就跑，和尚随后就追。陈亮跑着，自己一想："我可就是个贼，他也没拿住我，我何必跑？我问问和尚为什么追我？"止住脚步；和尚说："你为什么跑呀？"陈亮一听也乐了，说："和尚，我知道你老人家是一位高僧，你老人家收我作徒弟，我跟你出家罢！"济公连连摇头说："你是个贼，焉能跟我出家？我们出家人，讲究三规五戒，三规是佛规、法规、僧规，五戒是戒杀、盗、淫、妄、酒。你要出家，你如何能改得了这几样？"陈亮说："我上无父母牵缠，下无妻子挂碍，了一身之孽冤。师傅所说的话，我都能行得了。"济公说："你既是行得了，你到临安城去等我。我把这件事情办完，咱们在临安再见。"陈亮一听，说："师傅你叫我临安等你。临安城的地方大，叫我在什么地方等你老人家？"济公想了半天说："咱们在临安城床底下见罢。"

陈亮告辞，也不到祥云观瞧刘妙通，自己顺大路直奔临安。在道路之上，饥餐渴饮，晓行夜宿，这天来到临安。陈亮本是初次到京，见人烟稠密，甚是热闹，就在钱塘门外天竺街找了店住下。次日由店中出来，打算要逛西湖，散步而行，见西湖上有冷泉亭。站在苏堤上，四下观看。一眼望不到边。信步来到灵隐寺门首，见有两个门头僧在那里坐定。陈亮过去说："二位师傅，这庙内的济公长老，可曾回来？"门头僧说："他没在庙里。时常不在庙的时候多，也许十天八日不回来，也许三五个月不回来，没有准。"陈亮听罢，转身回来，见人就打听，逢人便问："借问床底下在哪处？"一逢人问这个地方，问了好几位，俱皆不知。自己无法，心中一烦，打算找座酒楼喝点酒，回头问问跑堂的。想罢，转身往回走。来到小天竺街，见路北有一座酒楼，字号是天和，挂着酒幌子，里面刀勺乱响，过卖传菜。陈亮进了酒楼坐下，伙计赶紧过来擦抹桌案。陈亮要了几样菜，两壶酒，自己自斟自饮喝着酒。陈亮把伙计叫过来。伙计说："大爷还添什么菜？"陈亮说："不是添菜，我跟你打听一个地名，你可知道？"伙计说："你说罢，大小地名，我都可以知道。"陈亮说："这临安城有个床底下，你可知道？"伙计连连摇头说："没有这个地名。"陈亮也不往下再问，心中暗想道："济公老人家不能跟我撒谎，没有这个地名，我哪里问去？"

正在心中发闷，只听见楼下街上一阵大乱。陈亮往下一看，见有一乘小轿，跟着许多人，各拿刀枪棍棒。听轿子内有人哭，仿佛这个样子，大概是抢人，由西来往东去。陈亮站起来，瞧够多时，又见由西来了一人，浑身的血迹，跟着许多看热闹的，奔到这酒馆，在这楼下争争吵吵乱嚷。陈亮也听不明白，把伙计叫过来说："伙计，这楼下方才进来那受伤的人，是被何人打的？因为什么事？"堂官说："老爷，你老人家不是我们这本地人，要问这件事，实实可恼，令人憎恨。你可见那位受伤的人？他姓王，跟我们掌柜的是磕头的弟兄，因为管闲事，路见不平，被人家打了。他们门外有一家邻右，姓韩名文成，开钱铺生理，只因把铺子荒闭了，欠下苏北山员外二百两银。今日苏宅管家，去要银子去。韩文成说，等卖了房再还。苏管家不依，带着人把韩文成的妹子金娘抢去做押，把韩文成也打了。那位王三爷多管闲事，要和人打架，被人家打了，来找我们掌柜的给他出气。这位苏北山，是我们临安城内绅士，又是头等财主，结交官长，谁惹得了？"陈亮一听，说："这天子脚下，要是这样没王法，要到了外省，应该如何呢？这是恶棍，他在哪里住家？"跑堂的说："在城内青竹巷四条胡同路北头一大房，门也高大，门外有四棵龙爪槐树。"

陈亮听了，吃完了酒，会钱下楼，进城在青竹巷左右，探了道路。各处一看，自己找了一座茶社吃茶，心中说："帝都之所，有这样恶棍。我今既见，就要管闲事，今夜晚我到他家，把他一家人全皆杀死，也叫他知道天网恢恢，自有报应。"想罢候至天晚，吃了晚饭，找到无人之处，换好了夜行衣，把白天所穿衣服包好，斜插式系在腰间，蹿房越脊，走了有几所院落。到了苏宅，往各处探听。到内宅，见是四合瓦房，前出廊后出厦的上房，西里间屋中灯影摇摇，听见有人说话。就听见说："秋香，把茶给我斟上。"陈亮到窗外一看，见那边有个小小窟窿，眇一目往里看，只见靠北墙是花梨俏头案上，摆上好古玩，顺着檐是一张大床，上放着小儿。桌西边坐着一个半老妇人，年约四旬以外，五官清秀，有两名丫鬟，两个仆妇，正伺候吃茶。听那妇人说:"员外这时候也不回来,是往哪里去了?内宅又无男子,好叫我不放心。"那使女说:"太太,咱们员外不回来,也应该给送个信来。这内宅男子非呼唤是不能来的,太太你老人家破个闷儿,我们猜猜谜。"太太说:"我说一个,你们猜去:花姐最贱是油头,送旧迎新一夜床,来往客传情不尽,谁将玉体肯轻揉。"两个老妈猜了半天,也没猜着。使女秋香、桂香叫:"太太说了罢,别蒙人了。"那太太说:"是芝麻秸。"秋香等全笑了,又说:"你老人家说个浅近的,我们猜猜。"那太太说:"呦,我可不说了,说了你们猜不着,又来搅我。"秋香说:"这回我们不问了,太太说罢。"那妇人说:"一条白蛇在乌江,乌江岸上起红光,白蛇吸尽乌江水,乌江水尽白蛇亡。说完了,你们猜罢。"使女正是思想要猜,忽听那外边"叭嚓"一声响亮。众妇人往外一看,一片红光,只冲斗牛之间。有一宗岔事惊人!正是:眼见之事由然假,耳听之言未必真。不知陈亮在苏宅做出何等事来,且看下回分解。

第三十七回　听奸言苏福生祸心　见济公皂白得分明

话说苏北山之妻赵氏夫人,正同使女仆妇屋中闲谈,只听外面一声响。大家回头一看,外面火光冲天,只见那些花盆架和桃柘槐树上俱有火光。仆妇丫鬟过去一看是火,用手一掐就灭。书中交代,原来是圣手白猿陈亮使的调虎离山计。陈亮见众人出来,自己由房上下来,滴溜一转身,进到房中一看。见屋中极其幽雅,墙上名人字画,挑山对联,山水人物,工笔写意,花卉翎毛,顺前檐一张湘妃竹的床,挂着床帏幔帐。地下桌子椅条凳,摆着古玩应用物件。陈亮正在屋中观看,听外面婆子丫鬟说:"这必是福儿、禄儿两个孩儿淘气,弄的这火。"说罢,众人往屋中直奔。陈亮正在屋中观看,听众人要进来,自己一想,叫人躲到屋中,可不像话。急中生巧,一撩床帏,钻在床底下隐藏。众人进来,也不知屋中藏着人。方才落座,只听外面有脚步声音。秋香赶紧问:"什么人?"外面有人答话,原来是家人得福。秋香说:"什么事?"得福说:"员外爷回来了,同着和尚。这位和尚,也不在书房坐着,也不在客厅坐,要到太太屋里来坐着。"员外说:"赶紧叫太太躲避躲避。"太太一听,赶紧叫丫鬟把屋中收拾收拾,心想:"员外太不对,外头有客厅,又有书房,为什么卧室里让和尚进来?"正在思想,外面得禄又进来说:"太太快走,员外已然同和尚进来。"太太赶紧躲出去,丫鬟尚未收拾停妥,只听外面员外说话:"师傅请你老人家来到我家,就如同你老人家自己俗家一样,不要拘束,愿意哪屋里坐都可以。"陈亮在屋中床底下藏着,心中暗想:"恶霸他住家里让和尚,也没好和尚,必是花和尚。"外面济公哈哈大笑说:"没有好和尚?我怕你等急了,早来约会了!"苏北山一听:"好呀,和尚跑到我媳妇屋里,拿约会来了。"说:"师傅你老人家醉了。"和尚说:"没醉。"说着往里就走。陈亮一听,大吃一惊,来者非别,正是西湖灵隐寺济公长老。心想:"济公怎么会来到这里?"

书中交代,济公自从打发陈亮走后,回到云兰镇梁员外家中。梁员外说:"圣僧来了,我这里甚不放心,自从夜内追贼出去,不见回来。我派家人各处寻你,你老人家上哪里去了?"济公说:"我到五仙山祥云观瞧了瞧,那座庙烧了个冰消瓦解,片瓦无存,尺木未剩。"梁员外吩咐摆酒。把酒摆上,梁员外陪着喝着酒说:"师傅你从哪来?外面带着都是什么人?"济公就把被城隍山老尼姑清真所请,到余杭县寻找高国泰,带着苏禄、冯顺找着高国泰,要回临安,从头至尾,已往从前的事,细说一番。梁员外说:"原来圣僧去找高国泰,是通家之好。他父在之日,合我是金兰之好。不想他家中一贫如洗。叫家人把高国泰请进来。不多时,高国泰时到里面。梁员外让高国泰落座。梁员外说:"高国泰,你家中从前的事情,你可知道?"高国泰说:"我略知一二。"梁员外说:"你父亲名叫高文华,乃是余杭的孝廉,我等乃是金兰之好,那时你尚年幼,提起这话,有十数年的光景。后来你父亲去世,你也年幼，也没给我送信，因此就断绝往来。不想这几年不见你，落的一贫如洗。方才我听圣僧提起你的名字，我才知道是你。"高国泰一听曾记得当初母亲也提过，赶紧才站起来行礼，说："原来是老伯父，小侄男有礼。当年我听我娘亲提过你老人家，只因这家道寒难，不能应酬亲友，未能常常给伯父请安。"梁员外说："现在你兄弟梁士元，正在用功读书，也少个人指教。你也不必到余杭县去，我把你家眷们接来，你同你兄弟读书，一同用功。等大比之年，你二人一同下场。"高国泰点头答应。济公说："梁员外，我和尚要化你的缘。"梁员外说："圣僧有什么话，只管吩咐。"济公说："你花几两银，把祥云观烧的地基买回来，把刘妙通叫来，给他五百两银，叫他回古天山。你把祥云观仍然修盖起来。改为祥云庵，把城隍山老尼姑清真连高国泰的家眷接来，叫他们住，这段事算我和尚化你的缘。要不然，老道张妙兴也得讹你几千银子。"梁员外说："是了，谨遵师傅之命。"赶紧派家人去找刘妙通。此时刘妙通烧的伤痕已好了，来到梁员外家中，梁员外给了他五百两银，刘妙通知恩感德，拿银两告辞，自己回古天山凌霄观去了。梁员外把高国泰留在这里，把冯顺也留下，派妥当家人直奔城隍山迎接老尼姑清真等，并高国泰的家眷一同接来。把诸事办妥，济公禅师这才告辞。梁员外给拿出数百两银，叫济公换衣裳做盘费，和尚哈哈大笑说："员外不必费心，我和尚常说：'一不积钱，二不积怨，睡也安然，走也方便。'我不要钱。"济公带领苏禄，告辞出了云兰镇，顺大路直奔临安。一路之上，见天气晴和，和尚信口歌曰：

参透炎凉，看破世态。散淡游灵径，逍遥无挂碍。了然无拘束，定性能展才。撒手辞凡世，信步登临界。抛开生死路，潇洒无静界。初一不烧香，十五不礼拜。前厅由他倒，后墙任他坏。客来无茶吃，宾朋无款待。谤的由他谤，怪的由他怪。是非临到耳，丢在清山外。也不逞刚强，不把雄心赛。学一无用汉，亏我有何害？

济公带着苏禄往前走，顺道饥餐渴饮，晓行夜宿。这日到了临安，见眼前坐西朝东一座酒馆。和尚说："苏禄，咱们这里吃杯酒再走。"苏禄点头答应。刚一进酒店，只见苏北山带着苏升，正在这里吃酒。一见济公进来，苏员外赶紧站起来说："师傅，你老人家回来了，一路之上多有辛苦。可曾将高国泰找来？冯顺哪里去了？"济公就把找高国泰的事，已往从前之事，述说一遍。苏北山说："原来如此，师傅多受苦了，请坐一同吃酒罢。"

济公同苏员外刚才坐下，忽然从外面进来一位老者，苍头皓首，须发皆白，手执拐杖，慌慌张张进来，举拐杖照定苏员外搂头就打。苏员外往旁边一闪，吓得惊慌失色，说："韩老丈你我素有相识，再者你我远日无冤，近日无仇，你为何见我用杖搂头就打，所因何故？"老丈说："苏北山，我今天给你一死相拼，我这条老命不要了。我儿然上钱塘县去告你，我老汉上你门口上吊去，我这里有阴状！"苏禄、苏升赶紧把老丈拦住，见这位老丈气得直哆嗦。苏北山也不知所因何故，两个家人把老丈搀扶在板凳上坐，苏北山说："韩老丈你不要着急，有什么事要跟我拼命？你说明白我听听。"韩老丈坐在那里，缓了半天，叹了一口气说："苏北山，可是我儿欠你二百两银子，把买卖关闭了，应着卖了房子还你钱？你不但不等，你竟敢派家人带着许多匪棍，把我女儿抢了去，把我儿打了，将账目折算人口。我韩氏门中，世代商贾传家，无故你把女儿抢了去，这了得吗？"苏北山一闻此言，说："老丈此言差矣！这件事我实不知道，这其中定有缘故，这不是我手下家人。你问问，我如何能做出这样伤天害理之事！什么人去找你要钱？"韩老丈说："明明是你的家人，当初给我儿送银子，就是他送的。"苏北山想了半天，想不起这个人来。济公哈哈大笑："苏北山，韩老丈，都不用着急，我带你们去找这个人去。先叫人去把韩老丈的儿子韩文成找回来，不必叫他钱塘县告去。"打发苏升去不多时，把韩文成找来，韩文成一见苏北山，仇人见面，分外眼红，说："苏北山我这条命不要了！"苏北山说："贤弟你我知己相交，你欠我二百两银子，我并没打算跟你要。什么人去抢人？把这件事遗在我身上。"韩文成说："分明是你的家人，去把我妹妹抢了去，打了我一身伤。我正要去告你，你还不承认？"苏北山："这不是济公在这里，这件事求济公他老人家给办。"和尚说："你们不便争论，少时你等自然知道，跟我去。"说罢，给了酒饭账，带领苏北山、韩老丈父子出了酒馆，一直往南。进了一条胡同，来到一家门首，和尚就嚷："苏管家，给你送银子来。"只见从里面出来一人，苏北山、韩员外众人一看，说："原是你！"和尚要捉拿行凶作恶之人。不知出来是谁，且看下回分解。

第三十八回　苏北山酒馆逢韩老
济禅师床底会英雄

　　话说济公带着苏北山、韩文成来到一家门首叫门，只见由里面出来一位管家。韩文成一看，说："不错，找我要银子，带人抢我妹妹就是他。"苏北山一看，原来是苏福，苏北山赶紧叫苏禄、苏升把他揪住。这个苏福，当初他本是金华县人，他父亲带他逃难，把他卖给苏员外家五十二银子，充当书僮。自从来到苏员外家，老员外待他甚厚，苏福自己很积聚两个钱，就有一样不好，苏福最好喝酒，喝了酒，不是英雄仗酒雄，坐在门房不管是谁张嘴就骂。这天同伴伙友就劝他，大众说："苏福你自己不可这样胡闹，你常常骂人，倘若叫员外听见，你是自找无趣。"苏福借着酒性说："我告诉你们众位，慢说是员外，我拼得一身剐，敢把皇帝打，就是打皇上一个嘴巴，也无非把我剐了。员外也是个人，叫他听见，他敢把我怎么样？"正说着话，正赶上苏北山由外面回来，听见苏福在门房里大嚷大叫。苏员外一想："苏福这东西，真是无法无天。"本来素常苏福在外面胡作非为，声名就不好，苏员外就灌满了耳朵。今天听见苏福在门房里胡说，苏员外气往上冲，来到里面，吩咐把苏福叫进来。少时有人把苏福叫进来，苏北山说："苏福，你这厮素常在外面指着我招摇撞骗，任性胡为，喝了酒胡闹，我早就要管你。现在如今你这样任性，实在难容！我本应当把你送到衙门办你，无奈我这家中乃是积善之家，我不肯做损事。只可你们不仁，我不能不义，你这卖身的五十两银子的字据，我也不要了。"当时就点火烧了，叫家人："把苏福给我赶出去，是他的东西，全叫他拿了走，永不准进我的门。"

　　苏福自己有几只箱子的衣裳，还有二百多两银子，由苏宅出来，自己住店。手里有钱，年轻人无管束，自己也没事，遂终日游荡，结交一个朋友，姓余名通，外号人称金鳞甲，在二条胡同住家。家里就是夫妻两口度日，素常就指着女人过日，在外面说媒拉纤，余通他也往家里引人，他还装不知道，假充好人。见苏福年轻又有钱，余通就把苏福带了家去，跟苏福拜盟兄弟。苏福就在余通家住了一年多，把钱也都花完了。余通见苏福没了钱，就要往外撵，苏福常跟余通抬杠，口角相争。金鳞甲妻子暗中告诉苏福说："你可想法弄钱，你要不想主意，余通说了不叫你在这里住着。说你没钱，在我们这里吃闲饭，养活不起你。"苏福一听急了，钱都花完了，没有主意。忽然想起开钱铺的韩文成，当初借过我们员外二百两银子，是我给送了去，我找他要去。

　　这天苏福去找韩文成，韩文成应着卖了房给银子，韩文成也不知道苏北山把苏福赶出去。这天金鳞甲说："苏福你要真打算找韩文成要钱，我倒有个主意，现在净街罗大公子，要花二三百银子买一位姨奶奶，咱们带着人去找韩文成要钱，他给钱便罢，如不给钱，韩文成有一个妹子长得十分美貌，带人把她抢了来，卖给罗公子，可以卖三二百现银子。你想好不好？要等着韩文成卖了房给钱，知道几时能把房卖出去？"苏福一想也好，说："你想约会人，明天就去。他如不给钱，就把他妹子抢来。"余通出去，就找了些地痞光棍，有二十多位，都是不法之徒。苏福带着余通，连余通之妻马氏，一同来找韩文成要钱。韩文成出来一看，说："苏管家，我已然着你说，叫你回禀你家员外，等我折变产业给银子，你怎么又来了？"苏福说："我家员外说了，这么等不行，你不给钱，我们员外叫把你妹子带了去，就不跟你要钱了。"说着话，马氏带了人进去，就把姑娘抢出来，搁在车上，拉着就走。韩文成一拦，这些人把韩文成打了；韩老丈一拦，把韩老头推了几个跟斗。隔壁邻居出来，路见不平，要管闲事，这些人把邻居也打了。大众就把姑娘抢到余通家中，马氏又转了一个媒人，跟净街罗公子说要四百银子，罗公子说："回头骑马到余通家看看，再还价。"

余通、苏福众人在家中，静等候罗公子来瞧瞧。外面济公叫门，苏福只打算是罗公子那里有人来了，赶紧到外面一看，原来是韩老丈、韩文成、济公众人。苏北山一看，勃然大怒，叫苏禄、苏升过去，先把苏福揪住。余通出来要拦，苏员外吩咐把他揪住，先叫本地面地保来，别放他二人走。苏北山此地人杰地灵，立刻地保来把苏福、余通二人揪住。一面韩文成到里面一看，韩姑娘倒捆二臂正捆着，要不捆，姑娘早就自己撞死。正在危急之际，韩文成进来把姑娘放开，带出来找了小轿，叫韩老丈把他女儿送回家去。此时天已掌灯，苏北山说："师傅，苏福这两个东西，是把他们交官厅，是送到钱塘县衙门去？"济公说："不必，暂为把他二人带到你家去，我自有道理。再者我还有事。"苏北山深信服济公，就吩咐苏禄等押着他二人回家去。

众人来到苏员外家中，天有起更以后，叫人看守着苏福、余通。苏北山让济公来到里面书房，济公说："我今天不在这屋里坐着。"苏北山说："师傅，要上哪屋里坐？"济公说："我要在你的卧室里坐坐。"苏北山一听，说："师傅你老人家到我家，如同你自己俗家一样，愿意哪屋里坐哪屋里坐。"叫得福快给太太送信，把屋子腾出来，立刻太太躲避出去。和尚同着苏员外由外面进来，刚一到房门口，和尚说："来了么，约会？"苏北山说："师傅你跟谁定约会？"济公说："有约会，不见不散的约会。"说着话，苏员外同着济公连韩文成一并让着来屋中。陈亮一听是济公，隔着床帏一看，见济公进来。这屋中地下一张八仙桌，两边有椅子，济公在上首椅子坐下，韩文成也坐下了。

苏员外说："师傅，先喝酒先喝茶？"济公说："先坐堂，先把苏福给我带来。"员外吩咐家人："就把苏福给我带来。"济公说："苏福你今天给我说实话，是谁出的主意抢人？说了实话，我和尚饶了你。你不说实话，把你送当官治罪。"苏福一听这话，自己也知道济公为人，善晓过去未来之事，不敢撒谎，说："圣僧要问，我是被主人逐出去，在店中住。金鳞甲余通把我让至家中去，我有衣服银钱，他就帮着使我的，银钱完了，他就往外逐我。他妻子告诉我说，因为我没钱，不叫我在他家住了。我是被穷所困，想出韩文成欠我主人二百两纹银，是我经手给送去的，我想要过来，我先使用。不想他当时没钱，余通听见，他给我出的主意，叫我抢他妹子，卖给净街罗公子，以账目折算人口。不想被主人知道，把我拿来，这是已往之事，并无半点虚话。"和尚一听，说："来人，把他带到床前头，叫他冲床跪着。"陈亮在床底下听得明明白白，心中暗想，"哎呀，这件事我错了！敢情苏北山员外是好人，一概都是他家人假传圣旨。这件事亏得济公他老人家前来，要不然，还许错杀了好人。"和尚在外面用手指点说："我叫你认准了他，明天你要报应他，无故地想要拿刀杀人，你好大胆子！你自己知道是错了？"苏北山一听说："师傅，你老人家跟谁说话呢？"济公说："你不知道，你不要多说。来人，把余通带进来！"家人把余通带到里面，跪到和尚面前，和尚用手指点说："余通你这厮好生大胆，你打算你做的事我不知道呢？趁此说了实话，我饶你不死。要不说实话，我把你呈送到当官治罪。"余通说："众位，这件事实实不怨我，实是苏福他要找他主人家账主要账，与我无干。"和尚说："虽然是苏福他要找他主人的账主要账，你就不该给他出主意。"余通自己一想，"这件事大概不说不行，莫如我实说了，央求央求和尚，倒许把我放了。"想罢，说："圣僧，你老人家不必往下追问，这件事是我的错。皆因苏福他在我家住着，想起找韩文成要钱，去要不给，我们商量着，以账目抢他的人卖钱。"和尚点了点头，说："叫他冲床跪着去，你可听见了。"陈亮心中一动，"这是叫我听。"和尚在外面答话，"可不是叫你听！"陈亮一想，莫非济公他人家知道我在这里？和尚哈哈一笑，说："那是知道，要不知道呢，我还不来呢！我叫你认准了这两个人，明天你好报应他们。"苏北山道："师傅，你跟谁说话？"和尚说："你不要管。"苏北山这才吩咐摆酒。酒摆上，苏北山说："韩贤弟，你我虽系买卖交易，总算有交情。我素常为人，大概你也知道，我焉能做这样伤天害理之事？"韩文成说："也是懵懂，望既往不咎。"苏北山说："给圣僧斟酒。"和尚说："斟酒倒是小事，我闻你这有味。"苏北山说："什么味？"和尚说："贼味。"苏北山说："哪里有贼味？"和尚说："床底下。"苏北山赶紧吩咐拿贼,大概陈亮要想逃走,势比登天还难。不知该当如何,且看下回分解。

第三十九回　圣手猿初入灵隐寺
济长老被请上昆山

　　话说济公告诉苏北山床底下有贼味,苏北山立刻叫家人拿了棍,往床底下扎了数下,也没见动作,这时吓得陈亮惊魂千里。书中交代,怎么会没扎着陈亮？原来陈亮往上一蹦,贴在床上,全仗提着一口气的工夫,家人连扎几下,并未扎着。陈亮以为是躲过去了,心中说："师傅,这可跟我开玩笑,这要是叫人把我拿住怎么好？"只听家人说："员外,这里头没有贼。要有人,拿棍子还试不出来。"和尚说："什么没有贼？你拿灯笼照照,或者你们四个人把床翻过来,瞧瞧有没有？我说有贼,准有贼。"苏员外叫家人进来,把床翻过来瞧瞧有没有。家人果然进来,四个人把床一翻,陈亮如何隐得住？自己执刀往外一蹿,登时把众人吓了一跳。旁边家人用木棍一截,陈亮正剁在木棍之上。众人一围,陈亮一害怕,往外一跑,刀已撒手。众家人一片喊叫："拿人哪！"陈亮早已上房,吓得不敢久待,到了外边无人之处,先把夜行衣服换上,然后在暗中等侯。

　　天光已亮,到了苏宅门外,只见从里边大门一开,苏福出来自言自语,"员外也不要我了,我可往哪里去呢？"正在为难,只见陈亮过来说："你站住别走,我正想要打你。"那一伸手先把苏福抓住。抢拳就打,直打得恶奴苦苦哀求。陈亮正打的高兴,只见从那边过来二位,是一早上果子市。正走至此,只见二人打架,过来说："二位别打,清晨早起来,为什么争斗起来？别打了。"陈亮抬头一看,说："你们二位来劝解,我好说话。'堂前生瑞草,好事不如无',既是你们二位来劝,冲你们二位完了。"这两人一看,这架倒好劝,一劝就完。又一看,认得是苏福,"这不是苏管家吗？你们二位因为什么打起来？"苏福说："我也不知道,我跟这位也不认识,无冤无仇。我今天早起,由我们宅里出来,他叫我站住,揪住我也不知因为什么。"这二人说："苏管家走吧。"苏福也不敢不走,打又打不过,自己无奈走了。

　　他刚才走,余通由苏员外家里出来。依着苏北山要把他二人送县治罪,济公说："不必,他二人既是苦求,只要叫他二人知道知道,如再要不改过,必遭恶报。"苏北山说："既是师傅给他二人讲情,便宜你这两个东西。"等到天亮,苏员外这才吩咐把他二人放了。光放了余通,刚一出来,那陈亮一瞧,气往上冲,心说："好东西,要不是你二人,我焉能涉险？"想罢,赶奔过去,揪住余通,不容分说,抢拳就打,连踢带踹,直打得余通满地乱滚。这一顿比打苏福还厉害,偏巧有个路人一劝,陈亮也就不打了,连说："完了！"余通也不知因为什么,忍痛而去。

　　陈亮在这里立着,工夫不大,见济公出来,手里拿着陈亮那口刀。苏员外说："师傅,你吃了饭再走,何必这么早回庙？"济公说："我得回庙,我甚不放心,有半月之久,我也未曾回去。"说罢,往前走。走了不远,陈亮在那里看看,四处无人,要过去合济公要刀,又不敢过来,只听济公那里说："你真好大胆,还要合我要刀？你一过来,我就拿刀剁你。眼见之事犹然假,耳听之言未必真,无故要杀人家满门家眷,也不访察真假虚实。我把这刀一卖,谁要买我卖给谁。"只见那边有一位是专买古玩字画、书籍刀剑,一听济公之言,过来一看,那刀是纯钢打就的。看了看,说："师傅,你老人家要多少钱？我买。"和尚说："你给我两瓶酒钱,你就拿去。"那人说："师傅,你要喝多少钱一壶的？"和尚说："我喝十两银一壶。"那人一笑就走了。陈亮这跟到西湖冷泉亭,过来跪倒说："师傅,这只是一时间懵懂,做错了事,你老人家慈悲罢。"济公说："你起来,把刀给你,跟我回庙。"陈亮答应,跟随在后。

　　到了灵隐寺山门,见了山头僧,济公说："二位师弟,我收了徒弟了,你二人看好不好？"净明一看,连连说："大喜大喜！师傅请罢！"济公说："也得引见引见,陈亮你过来给你师叔叩头。"门头僧只是说:"不敢当。"济公说:"你不必说虚话,头是要叩的。你两人受了礼,给徒侄多少钱吧?"二人说:"没有,没有,哪里来的钱?你不要取笑。"济公带陈亮进了山门,只见那边监寺的正在那里站定,济公说:"陈亮快过来给你太师爷叩头!"广亮说:"别叩头,我没钱。"济公带陈亮到方丈屋内,先给老方丈行礼。然后行到大雄宝殿,先拜佛,后鸣钟击鼓,聚集大众僧人,说:"众位师兄师弟,我可收了徒弟了,你们众位都要照应。可有一件,陈亮你是我徒弟,我要想酒喝,你就给我沽酒,我要想吃肉,你就给我买肉。"陈亮答应:"是,徒弟有钱没钱,我有地方去找。"和尚说:"不必找,要偷在本庙偷,都是你师叔师太爷,那个看见也不能嚷,我说这件事对不对?"众僧一听都笑了,说:"好,你先教他偷,有什么师傅,有什么徒弟。"

自此日起,每日陈亮给沽酒买肉供奉济公。陈亮把所有的钱也都花完,不到十几天把衣服也都当完。这日实没有钱了,自己一想:"我今夜出去偷钱,好供奉师傅。"候至天有三更时,只见济公睡着了,陈亮自己起来,先拿夜行衣包,拿起来要走,只听济公那边说:"我告诉你在本庙里偷,你不听我的话呀!好的,先给你落了发,我好管你。"济公站起来,到了斋堂之内说:"伙计们,给我一把开水壶。"那监斋僧说:"好,你黑夜要开水何用?"济公说:"给徒弟剃头落发。"先抢了一把开水壶。到了外边,此时众僧听见喊嚷都来了,说:"黑夜之间,你又犯了疯病!"陈亮不能动转,众人作好作歹,把陈亮拉到外边,说:"你快去吧吧,他是疯子。"陈亮此时也能活动了,到了外面,换上夜行衣,偷了几十两银,天亮把自己衣服都赎了来换上。找了一个小饭馆,进去要了四样菜,紧靠后门坐下。喝了一口酒,自己正心中盘算:"本打算要出家,不想闹的这样。我想济公乃是有道行高僧,进庙之时,先不给我落发,莫非我不应出家?"自己正自后悔,只听外边说:"好一个酒馆,我今日要一醉方休。古人说的,'人生有酒须当醉,一滴何曾到九泉?'"说着话,由外边进来,正是济公长老。只见众僧把陈亮放走,他恼了,讹了监寺广亮两吊钱,一早出庙,到西湖把两吊钱都施舍了,一个也没留,来到酒馆门首,他一看里面人多,一边说着话,就进来了。陈亮一看,吓得跑了。

济公到了一旁落座,拿起酒来就喝。过卖一看,说:"要菜地走了,和尚喝上了。"和尚一边喝着,口里说道:"酒要少吃性不狂,戒花全身保命长,财能义取天加护,忍气兴家无祸殃。"吃了酒足饭饱,站起来要走,过卖一拦,说:"和尚,没给钱哪,别走!"济公说:"你到柜上说,给我写上,改日来我还你,好否?"过卖:"和尚,我们这里没有账。"济公说:"没账好办,叫你们掌柜的去买一本账。"过卖说:"你不要开玩笑,我们这里有账的。和尚,我们不认识你,故此说没账。"济公说:"敢则是你不认识我?你可是胡说,你们都认识我。"过卖说:"我们要认识你装不认识,我是个王八。"和尚说:"你发誓了,你长这样大,连个和尚都不认识?"过卖说:"我知道你是个和尚,不知道是哪庙里和尚。"正在争斗,那掌柜的过来说:"和尚你打算搅我可不成,没钱走不了!"正自二人争嚷,只见从外面进来了两个人说道:"和尚吃了多少钱,我们给罢。我们找和尚如同攒冰取火,轧沙求油。师傅,你老人家快跟我们来呀!"济公一看,不知来者二人是谁,且看下回分解。

第四十回　济公舍银救孝子　赵福贪财买巨石

话说济公正自同过卖要笑,从外面来了两个人。是长随打扮,先给还了饭账,然后过来给济公行礼,说:"圣僧,我二人赵福、赵禄,是这临安太守衙门的。我二人伺候太守老爷,只因我们太夫人双目失明,我们老爷接着信,遍请名医调治,请了多少先生,都说治眼科不行。有一位赛叔和李怀春李先生,在我们大人跟前把你老人家荐举出来,说你老人家在秦相府治大头瘟,在苏宅治过紧痰绝,知道你老人家是一位世外的高人。故此派我二人前来请，好容易才得找着来，求你去给治病。望圣僧大发慈悲，跟我们走吧！”济公说：“我一个出家人，哪里懂得医道。你二人回去吧，我不会治眼。”赵福、赵禄苦苦哀求，济公方才应允。

跟随二人来到知府衙门以外，赵福、赵禄二人进去回话，工夫不大出来，说：“我家大人说了，衣冠不整，在书房恭候。”济公哈哈大笑，口中说道：“行善之人有善终，作恶之人天不容，贫僧前来点愚蒙，只怕令人不惺忪。”济公跟着来到里面，只见太守降阶相迎，头戴四棱青缎方巾，双飘秀带，身穿翠蓝袍，腰横玉带，篆底官靴，面如三秋古月，慈眉善目，三绺黑胡须飘洒胸前。和尚一看，就知道是一位为国忠良。太守一见济公，忙躬身施礼，说：“弟子久仰圣僧大名，今日得见，真乃是三生有幸！”济公打问讯答礼相还，让着到屋中落座，家人献上茶来。原来这位太守姓赵，叫赵凤山，乃是科甲出身，为人极其精明。自他有一个兄弟，叫赵凤明，自幼父母双亡，跟着婶母长大成人。近来接到家信，知道婶母老太太把眼坏了，连忙请先生打算到家中给老太太治眼。无奈请了几位先生都说不行，这才有李怀春荐举济公。说：“济公精通岐黄，手到病除。”故此今天把济公请来，赶紧吩咐置酒款待，说：“求圣僧到昆山前去治病。”和尚慨然应允，说：“老爷既是吩咐，我和尚焉敢不从命？”赵太守说：“我派赵福、赵禄二人伺候圣僧。”和尚说：“不行不行，老爷派这二位伺候我，他们二位穿的是什么衣裳？我和尚这个样，他们二位伺候我，有点不像样罢！”太守说：“这倒好办，我给圣僧拿一身衣裳换换。本来圣僧衣裳太烂，换一身就行了。”和尚说：“不行，我不爱穿新衣裳，我就是这个样。既是老爷派这二位管家伺候我，我可有一句话，只不过是当着你们老爷，我要把话说明白。你们二位伺候我，走在道上，我说走就走，我说住就住，可不准违背我。那时要一违背我，我就回来不去了。”赵福、赵禄二人连连点头。太守立时写了一封家书，多带黄金数锭，问：“圣僧是坐轿是骑马？是坐车是坐船？”和尚说：“我骑路。”太守说：“圣僧骑鹿，我哪里找去？”和尚说：“我骑道路之路，全不用，多带点盘费就得了，给我带二百五十两银子。”太守点头答应。把银子备好了，和尚告辞，带着赵福、赵禄起程。赵福、赵禄一想，“到昆山县来回有五十两银子富足有余，我二人每人剩一百两，道路上好好伺候和尚，这次差倒当着了。”跟着和尚往前走。

有天正午，和尚说：“住店。”这两人说：“是。”到了店里，要酒吃菜，吃喝完了，和尚躺下就睡，这两人坐着直到掌灯时。和尚睡醒了，又要酒要菜，吃喝完了，赵福、赵禄困了，和尚说：“算结账，我睡醒了，我高兴了要走。”两个人睡眼朦胧，跟着深一脚浅一脚，走了一夜。天亮人家都出店，他们进店，这两人也顾不得吃，躺下就睡了，和尚要酒要菜吃。这两人睡了一天醒了，有了精神，想着吃什么走呀，和尚又不高兴了。和尚睡了，这两个睡了一天，倒不困了，瞪着眼看着和尚睡了一夜。天亮这两人倦了，和尚却睡醒了，吃酒算店账起身，这两人迷迷糊糊，吃也吃不下去，睡也睡不安神，和尚调动的实在难受。

这一天正往前走，离昆山县不远，临近有一个山庄，在一个篱笆院内，有三间土房，听那边号啕痛哭，说：“不睁眼的神佛，无耳目的天地，我穷困至此，老娘你老人家一死，我连棺材都买不起！”济公禅师按灵光一算，早已知道这里住着这人姓高叫高广立。原本是一个孝子，打柴为生，侍母至孝，皆因这天打柴由山上一滑摔倒，把腿摔伤。有人把他搭回家中，他母亲一瞧，一着急，又没余钱，如何是好？急得老病复发，一命呜呼哀哉死了。高广立连棺材都买不了，自己号啕痛哭。正在悲叹之际，济公在外听见，和尚心中一动，“好事人人愿意做，要一花银子，就舍不得。我和尚要明着把银子周济他，大概赵福他二人准不愿意。”济公想罢，用手冲篱笆，往里面一指，说：“二位管家，你们看宝贝。”赵福、赵禄一看，里面有一块石头，七楞八角，朔朔放光，金光缭绕。赵福、赵禄二人一看，就问说：“圣僧，那是什么？”济公说：“那是宝贝价值连城。”赵福说：“既是宝贝，他们本主为什么不收起来，放在这里？”济公说：“你好糊涂，常言说，‘运去黄金失色，时来铁也增光’，本家必是没造化，不知道，要知道是宝贝，决不搁在这里，我和尚过去买吧，你们两人别过去，我去买去，若赚了钱，你二人二一添作五平分，我和尚不要。”赵福说：“只要赚了钱，我二人必孝敬圣僧。你过去买去吧！"

　　和尚赶上前去问："里面有人吗？"只见里面出来一个妇人，身上褴褛不堪，说："呦，大师傅，找谁呀？"济公说："我听见说你这里死了人，我和尚问问放焰口不放？"这妇人一听，说："大师傅，我们这里连棺材都没有，还能放焰口？大师傅，你请罢，我们也舍不起斋饭。"和尚说："我也不化你们斋饭。"和尚用手一指顶篱笆门的石头说："你们这块宝贝卖不卖？"妇人一想，"我们还有宝贝？这石头由我过门来就扔着这里顶门，无用之物，他怎么说是宝贝？"想罢，这妇人说："卖呀！"和尚说："要多少钱？"这妇人愣了半天，半晌无语，也不知要多少钱好。和尚说："你也不用要价，我给你一个价，我多了也没有，给你二百三十七两银子，你卖不卖？"赵福、赵禄二人一听，心说："他倒真能给价，二百五十两银子花了十三两，还剩二百三十七两，他还说他会买东西，把银子钱给人家。"两个人听着生气。那妇人听和尚一给价，有心卖吧，又怕卖漏了，有心不卖吧，真等着钱用，想罢说："卖了。"和尚说："赵福、赵禄快给他银子，你们抱起来就跑，你掉了地下，惊走了宝贝，可是一文钱不值。"

　　赵福过来，把二百三十七两银子放在地下。赵福说："赵禄你帮着抬着。"赵禄说："我不帮你抬着，你先扛着，你扛不动，我再换你。"赵福一想也好，把石头扛起来，真有七八十斤重，走了有一里多地，扛得力尽筋乏。赵福说："圣僧，这宝贝叫什么名字？"和尚说："这叫压狗石。"赵福说："这个宝贝可不错，就是这名儿可不好，怎么叫压狗石呢？"和尚说："本来就叫这名儿。"赵福说："圣僧，我扛不动了，歇歇行不行？"和尚说："不行，要往地下一搁走了宝，一文钱不值。"赵福说："扛在哪里卖去？"和尚说："在昆山还卖不了，还得扛回临安卖去。"赵福一听，说："要把我压死了！赵禄，你分钱不分？"赵禄说："分钱，"赵福说："你分钱，别叫我一个人扛着，你也换换我。"赵禄把石头接过来扛着，说："圣僧要在昆山卖。行不行？"和尚说："也行，无非少卖钱。要到临安卖，可以卖两万银。要在昆山卖，就卖一万银，少一半。"赵福赵禄说："我们没得两万银的命，就到昆山卖也好。"

　　这两人压的浑身是汗，好容易来到昆山。到了十字街热闹地方，和尚说："你们把宝贝扛着，站在这里卖吧。"只见由旁边过来几个人，看这两个人穿的衣冠整齐，掮着一块大石头站着，众人问道："二位是做什么的？"赵福说："卖宝贝。"有两个人说："可就是这块石头是宝贝？"赵福说："是。"这两人微微一笑走了，连连十数次，俱都是如是，一问就走。赵福两人正在发愣，只听那边有人说："世界上有买的，就有卖的，你买罢。"赵福二人睁眼一看，来了两位买主。当时赵福二人就想发大财。不知来者是谁，且看下回分解。

第四十一回　昆山县巧逢奇巧案
　　　　　　赵玉贞守节被人欺

　　话说赵福、赵禄二人正卖压狗石，从外面进来二人，问："这块石头要卖多少钱？"赵福说："白银一万两整。"那二人一语未发，回头就走。和尚说："二位请回来，我们要的多，也不算卖了。你二位还个价钱，我们满钱要价，你二位就底还钱，倒是给多少？"那二人说："我们是有人送给我们一条狗，它竟跑。我想用链子把这狗锁在这块石头上，他就跑不了啦！你们要的价钱太大，我们要还价，你可别恼，给你一百钱吧！"和尚说："一百钱也不少，你给满钱吧。"那人说："也好，我就给你满钱。"把钱给了，雇了一个闲汉，扛着要走。赵福说："济公，这种宝贝卖一百钱，那如何行？"和尚哈哈大笑，说："这块石头除却他还怕没主要哪！"赵禄说："一百钱够挨压的钱了。"和尚说："你二人二一添作五，一人五十文，我一文不要。你们赚钱，我再给你二人去找宝贝，短不了，不定什么人遇见。"二人一听，也不敢说别的话，无奈说："去罢，我二人这一回差事白当了，分文不落了。"和尚说："快走。"

正往前正走，只听对面有人说："快躲开，来了疯妇人了！见人就打，这可不好。"济公一听，这件事必得我算算，按灵光连击三掌，口中说："好好，这件事我焉能不管，这还了得！"正自思想，只见从西边来了一个疯妇人，年有二十以外，姿容秀美，身穿青布裙，蓝布衫，青丝发散乱，口中说："来呀！你等随我上西天去见佛祖。"济公一听，早已明白，说："好哇！闪开，我也疯了！"撒腿往前就跑。赵福、赵禄随后追。

书中交代，这是怎么件事呢？原来昆山县有一家绅士人家，姓赵名海明，字静波，家中豪富，膝下无儿，就是一个女儿，名叫玉贞。生得秋水为神，白玉做骨，品貌端严，知三从，晓四德，明七贞，懂九烈，多读圣贤书，广览烈女文。赵海明爱如掌上珠，家大业大，又是本处绅士，姑娘长大十八岁，尚未许人家。皆因赵海明有一宗脾气不好，先前有媒人来给姑娘提亲，海明不是把媒人骂出去，就是赶出去，因此吓得媒人多不敢去了。他有一个本族的兄弟，叫赵国明，乃是乡绅人家，也是个本处大财主，在外面做过一任武营里千户，后来告职在家中养老，为人极其正直。这一天，来瞧他族兄赵海明，二人在书房谈话，赵国明就问："兄长今年高寿？"赵海明说："我今年五十八岁，贤弟你忘了？"赵国明说："今年嫂嫂多大年岁？"赵海明说："她今年六十，比我长二岁。"赵国明听罢，点了点头说："兄长你还能活五十八岁吗？"赵海明说："贤弟此言差矣！寿夭穷通是命，富贵荣华自修，寿数焉能定准？"赵国明说："既然如是，我有几句话要劝你，我侄女已然十八岁，媒人一来说亲，你就骂出去，再不然抢拨出去，你莫非等着你死了，叫我侄女自己找婆家去？自古以来，男大当婚，女大当嫁，人之常礼。"赵海明一听，长叹一声，说："贤弟有所不知，这并非是我不给你侄女找婆家，皆因来的那些媒人，提的不是浮浪子弟，就是根底不清，都不对我的意思。我要给你侄女找婆家，倒不论贫富。只要是根本人家，本人五官相貌端正，不好浮华，就可以行。真要给一个浪荡子弟，岂不把侄女终身耽误？再说女儿姻亲大事，也不能粗率就办。"赵国明说："我来就为我侄女的亲事而来，咱们这西街李文芳李孝廉，他有一胞弟叫李文元，新进的一名文学，小考时也中的小三元，人称为才子，今年十八岁，我想此人将来必成大器。"赵海明说："好，明天你把这位李文元约来，我求他写两副对联，我要看看此人人品如何。"赵国明点头答应。

次日早饭后，把李文元带来，赵海明一看，果然生的丰神飘洒，气宇轩昂，五官清秀，品貌不俗，连忙让至书房。家人献上茶来，赵海明说："我久仰大名，未能拜访。"李文元说："晚生在书房读书，所有外面应酬都是家兄，故此我都不认识。"谈了几句话，又盘问些诗文，李文元对答如流，赵海明甚喜。然后书僮研了墨，求李文元写了一副对联，写完一看，上写是："书到用时方恨少，事非经过不知难。"写的笔法清秀，赵海明甚为爱惜。写完了，又谈些闲话，李文元告辞要走，赵海明送至外面，回来就托赵国明去说这门亲事。三言五语，这也该当是婚姻，就停当了。择日下礼行茶，过了有半月，又择了日子，搬娶过门，赵海明陪送嫁妆不少。

自过门之后，李文元夫妻甚是和好，过了一年之后，这也是该当李文元下场。自到场以后，自己以为必中，焉想到，"不要文章高天下，只要文章中试官。"三场之后，竟自脱科不第，名落孙山。李文元心中郁闷成疾，到家总说："考试官无眼，这样文章不中。"越病越厉害，不知不觉病体深重。赵氏玉贞衣不解带，昼夜伺侍，不想大限已到，古语说的是："好花偏逢三更雨，明月忽来万里云。"李文元一病不起，呜呼哀哉，竟自死去。派人给赵海明送信，海明一听这话，如站万丈高楼失脚，扬子江断缆崩舟！老夫妻连忙来到李宅，一见死尸，痛哭不止。到了女儿房中，只见赵氏玉贞连半滴眼泪都未落，赵海明合黄氏安人说："儿呀，你这样命苦，你丈夫去世，如何你不伤心？"赵氏一听，说："娘亲，为孩儿红颜薄命，我怀中有孕，已然六个月之久，我此时虽然五内皆裂，就不敢哭，怕伤损胎，为之不孝。久后生养，要是一男哪，可以接续李氏门中香烟，要是一女，也是我那去世丈夫一点骨血。"说着话，甚是悲惨。那赵海明夫妻，又是劝解，又是悲哀。李文芳请人开吊念经，过了几日，发引已毕，赵氏玉贞暂守贞洁。

过了三四个月，腹中动作，派人把赵海明夫妻请来，临盆之际，有收生婆伺侍，生了一男,起了一个乳名,叫末郎儿。每逢丈夫去世,守节孀妇,生这个孩儿,讹传叫慕生,正字是末生儿。人秉天地阴阳之气所生,孤阴不生,独阳不长,阴阳合而后雨泽降,夫妇合而后家道成。

闲言少叙。赵氏自生了此子之后,单打出一所院子,守节三载。儿童非呼唤不准进那院中去,赵海明夫妻也时常来看女儿来。一天,赵氏向父母说:"爹爹、娘亲,明天备一份寿礼。明日是我哥哥李文芳的寿诞之辰,前来给他祝寿,好叫他照应你这苦命的外孙子。"赵海明夫妻点头说:"我夫妻明天必到,给他祝寿。"说完了话,夫妻二人回了家。次日先叫家人送来烛酒桃面,又送一轴寿幛,然后安人坐着轿,员外骑马,带领仆从人等,来到李宅门首。一看,真是车马盈门,白马红缨。那些不是亲也来强说是亲,本来李文芳又是本处的绅士,又是财主,又是孝廉公,本处谁不恭敬? 所有昆山县的举监生员,绅董富户,都来给他祝寿起来。李文芳才三十岁,家中大摆筵宴款待亲友。赵海明夫妻来到里面祝寿,李文芳说:"亲家翁,自我兄弟去世,你我久未得畅叙。今天趁此佳美景,等晚间应酬亲友散去,家中现成的粗酌野芹,你我今天可以畅谈。"赵海明点头。天至掌灯以后,众亲友俱各散去,要书房摆了一桌酒,李文芳同赵海明慢慢小饮,吃着酒谈了些闲话。

天有初鼓之际,只见由外面进来一使女,手中拿着一个灭灯进来,站在桌前说:"亲家老爷,员外爷,可了不得了,方才吓了奴婢一惊。方才亲家太太同大奶奶在上房里吃酒,叫奴婢等去请二主母。我方到东院门前,紧对着书房那里只见那边一条黑影,我一害怕,也没瞧出是什么来,把灯笼也灭了。"李文芳、赵海明一听这话,心中诧异,把灯笼点上,二人跟着来到东院门首,叫使女叫门。使女叫了一声:"二奶奶开门!"只听里面脚步响声,把门一开,跑出一个男子,赤身露体,赵海明、李文芳一看,"呀"叫了一声,有一宗岔事惊人。不知后事如何,且看下回分解。

第四十二回　贞节妇含冤寻县主　济禅师耍笑捉贼徒

话说使女正叫赵氏守节的院门,从里面跑出一个赤身露体的男子。李文芳一把没揪住,气得颜色更变,说:"赵海明你来看,这是你养的好女儿! 咱们来书房说!"二人来至书房,酒也不能喝了,赵海明气得颜色改变,在那里默默无言。李文芳说:"咱们是官罢是私休? 要是官罢,咱两个人到昆山县打一场官司。你愿意私休,你写给我一张无事字,我给你写一张替弟休妻字。我李氏门中,世代诗书门第,礼乐人家,没有这不要脸的人,给我败坏门风。"赵海明是一位读书明理的人,一听李文芳这一遍话,自己本来是没得话。赵海明说:"官罢私休,任凭你罢。"赵海明要是不讲理,也有的话"我女儿在我家好好端端,到你家这是你家的门风,我能管三尺门里,不能管三尺门外。"无奈赵海明不能这么说。李文芳说:"要是依我,咱们私休。"赵海明说:"也好,我先写给你无事字。"

使女站在一旁,听明白了,跑到里面上房说:"亲家太太、大奶奶,可了不得了! 奴婢去请二奶奶去,走在东院门首把灯笼灭了,我到书房点灯笼去,亲家老爷跟员外爷送我出来,一叫二主母的门,由二奶奶院里跑出一个男子,浑身上下一点衣服也没穿。员外爷跟亲家都瞧见了,也没抓着这个人。我听员外说,要写替弟休妻字,亲家老爷要写无事字,这怎么好?"黄氏老太太一听这话,吓得颜色更变,女儿院中出这个事,酒也喝不下去了。大奶奶本是贤德人,素常妯娌很和美,一听这话也愣了,赶紧同黄氏老太太狂奔东跨院。来到赵氏玉贞这屋中一看,地下还点着灯,阴阴惨惨。这西里间是顺前檐的床,见赵氏怀中抱着小孩,脸冲里和衣而睡,已然睡熟,在他旁边有一身男子裤褂,男子鞋袜各一双。使女过去叫二奶奶醒来,连叫数声,赵氏惊醒,睁眼一看,娘亲、嫂嫂带着许多丫鬟、仆妇在地下站着,赶紧问:"娘亲还没回去吗? 方才我抱着孩儿睡着,也不知天有什么时光。"黄氏说:"儿呀,你怎么做出这样的事来,叫我夫妻有何面目见人!"赵氏一听,说:"娘亲,孩儿做了什么事呵?"旁边有个使女爱说话,就把方才之事,如此如此述说了一遍,说:"二主母你不必装憨,这男子的衣裳、鞋袜还在这里。"大奶奶就问说:"妹妹,这是怎么一段事情? 素常你不是这样的。"黄氏也是这样说。赵氏玉贞一听此言,是五内皆裂,气得浑身发抖,身不摇自战,体不热汗流,自己长叹一声,说:"娘亲,孩儿此寸也难以分辨,有口也难以分诉。这叫'浑浊不分鲢共鲤,水清才见两般鱼'。"

正在话说之际,只见赵海明同李文芳进来,赵海明一瞧,气往上撞,告诉黄氏:"你还不把你这不要脸的女儿带走? 我如今与李文芳换了字样,外面轿子已然都预备在院中。"赵氏抱着小孩,来到外面,方要上轿,李文芳过去一把抓住说:"赵氏你这一回娘家,不定嫁与张、王、李、赵,这孩儿是我兄弟留下的,趁此给我留下。"由赵氏怀中把孩儿夺过去。赵氏放声大哭,坐着轿,母女同赵海明回了家。

到了家中,母女下轿,来到上房,赵海明气昂昂把门一锁,拿进钢刀一把,绳子一根,说:"你这丫头,做这无脸无耻之事,趁此给我死。如不然,明天我把你活埋了!"黄氏老太太一心疼女儿,身子一仰晕过去了。赵氏玉贞一想:"我要这么死了,死后落个遗臭万年,莫若我死在昆山县大堂上去,死后可以表我清白之名。"自己想罢,拿刀把窗户割开,自己钻身出奔。到了外面一看,满天的星斗,不敢走前院,直奔后面花院子角门。开了角门一瞧,黑夜光景,自己又害怕。往外一迈步,门槛绊了一个筋斗,拿着这把刀,把手也碰破了,流了血。擦了一身的血迹,把刀带好,自己往前行走,深一脚浅一脚,心中又害怕,又不认得县衙门在哪里。心中暗想:"倘要被匪人掠抢,自己是活是死?"

走到天光亮了,自己也不知东西南北,正往前走,只见有一位老太太端着盆倒水,一见赵氏头上青丝发散乱,一身的血迹,不由得心中害怕,说:"呦,这不是疯子吗?"赵氏玉贞一听,借她的口气说:"好,好,好! 来,来,来! 跟我上西天成佛做祖!"吓得老太太拨头就跑,见人就告诉来了疯妇人了,甚是厉害。过路人又要瞧,聚了不少人。赵氏玉贞也找不着昆山县,天有已正,正往前走,只见对面有人喊嚷:"我也疯了,躲开呀!"赵氏抬头一看,由对面来了一个穷和尚,口中连声喊嚷:"我也疯了!"赵氏看这和尚,头发有两寸多长,一脸的泥污,破僧衣短袖缺领,腰系绒绦,疙里疙瘩,光着脚穿着两只草鞋,走道一溜歪斜,脚步踉跄。赵氏一瞧,大吃一惊,心说:"我是假疯,这和尚是真疯,倘若他过来跟我抓到一处,揪到一处,打到一处,那便如何是好?"吓的不敢往前走。

来者这疯和尚,正是济公。后面赵福、赵禄跟着,一听和尚说,"我也疯了",可是气就大了。他俩想:"花二百三十七两银子买了一块石头,压的我二人力尽筋乏,卖了一百钱,他却又疯了,倒要看看怎么样!"只见济公来到疯人跟前,止住脚步,和尚口中念道:"要打官司跟我去,不认衙门我带着去。"说着话,和尚头前就走。赵氏一想:"莫非这和尚也有被屈含冤之事? 他要打官司,我何不跟他走?"和尚头里走,赵氏后面就跟着,大家看着真可笑。往前走了不远,只见对面来了轿子,和尚口中说:"得了,不用走了,昆山县的老爷拜客回来,我和尚过去拦舆喊冤告状,有什么事都办得了。我和尚过去一喊冤,轿子就站住,我非得打官司,谁也拦不了。"赵氏一听昆山老爷来了,心中说:"这是该我鸣冤了。"不多时,只见从那边旗锣伞扇,清道飞虎旗、鞭牌、锁棍,知县坐轿,前呼后拥,跟人甚多。这位知县姓曾名士侯,乃科甲出身,自到任以来,两袖清风,爱民如子,今日正是迎官接送回来。赵氏在道旁喊:"冤枉哪!"轿子立刻站住,老爷一看,只见那道旁跪定一个妇人,年约二十开外,身穿缟素。知县看罢,吩咐:"抬起头来。"只见那妇人抬起头来说:"老爷,小妇人冤枉!"知县一看,说:"你为何叫冤? 从实说来!"赵氏说:"禀大人,小妇人赵氏,配丈夫李文元,丈夫去世,小妇人守媚。只因昨天是哥哥的寿诞之辰,天有初鼓,小妇人在东院抱着末郎儿已然睡熟,使女叫门,从小妇人院中跑出一个赤身男子,上下无根线。我婆家哥哥见事不明,也不知道怎样,写了一张替弟休妻字样;我父亲见事不明,写了人家一张无事字样,把小妇人带回家去,给了绳子一根,钢刀一把,叫小妇人自寻死道。小妇人非惜一死,怕是死后落一个遗臭万年,故此求老爷给我辩白此冤。"老爷一听这件事，心中一动："她告的她娘家爹爹赵海明，婆家哥哥李文芳，清官难断家务事。"打算要不管，只听人群中有一穷和尚说："放着案不办，只会比钱粮。"知县一听，说："什么人喧哗，别放他走了，拿住他！"官人过去一找，踪影全无。

老爷吩咐把那妇人带着回衙。到了衙门之内，下轿升堂，又把赵氏叫上来一问，只见赵氏一字不差，照刚才所说之话不二。知县知道赵海明、李文芳二人，是本处二个绅士，传来一问便知。想罢，吩咐："来人，先把赵海明、李文芳传到。"听差人等答应，立刻就到赵宅门首，一叫门，有人出来问明白，到里边一回话，赵海明一听，心中一动道："好丫头，你上县衙去，现在我有什么脸在昆山住着？"就跟人到了衙门。先禀见，知县一看，是五品员外模样，五官淳厚，看罢问道："赵海明，你女儿告你，你要从实说来！"赵海明说："老父台在上，职员家门不幸，出这样的事，求老父台给职员留脸，不必问了。我要不亲眼看见，如何能答复？"知县说："事已到堂，焉能糊里糊涂下去？本县必要问明白。"只见来人回话："李文芳到！"不知此案如何办法，且看下回分解。

第四十三回　巧取供审清前案
赵凤鸣款留圣僧

话说知县正在公堂之上审问赵氏，下面差役上来禀报："将孝廉李文芳传到。"知县吩咐带上来。原本李文芳正在家中料理家务，外面家人进来禀报说："老爷，现在外面有昆山县的差人来传老爷过堂，是咱们二奶奶把你告下来了。"李文芳一听，勃然大怒，说："好一个赵海明！这厮反复无常！你既不要脸面，我还怕差耻？"自己把赵氏屋中那身男子的衣裳带着，用包袱包着，跟着差人来到县衙。禀见知县，口称："老父台在上，孝廉李文芳给老爷行礼。"老爷抬头一看，见李文芳年有三十以外，头戴粉绫缎色幅巾，迎面嵌片玉，绣带双飘，上面走金线，镶金边，绣三蓝花朵，身穿一件粉绫缎色袍，绣三蓝富贵花，腰系丝绦，足上篆底宫靴，面皮正白，眉分八彩，目如朗星，五官清秀，透着精明强干。老爷看罢，说："李文芳，赵氏是你什么人？他把你喊冤告下来，你可知道？"李文芳说："回老父台，晚生知道。皆赵氏犯七出之条，我兄弟已然故去，故此我写了替弟休妻的字样，赵海明写了无事书，他情愿将女儿领回，不必经官，免致两家出丑。不想赵氏又听她父亲赵海明串唆，来捏词诬告。"老爷一听，说："赵氏犯七出之条，有何为凭据？"李文芳说："老父台，有凭据。若没有凭据，晚生也不敢无事生非。她是守节的孀妇，晚间由她院中跑出赤身露体男子，里面有男子的衣服，晚生业已带来，请老父台过目。"把包袱递上去。知县打开一看，里面是男子头巾、裤褂、鞋袜。老爷一看，问："赵氏，你屋中可见这包袱没有？"赵氏说："回老爷，不错，这包袱是在小妇人屋里来着。"老爷说："你既是守节的孀妇，你那院中又没有男子出入，何以有男子的衣服？你还来刁词诬控，搅扰本县！大概抄手问事，万不肯应，拉下去给我掌嘴！"赵氏一听，心中一动："我要在昆山县堂下挨了打，我有何面目见昆山县的人？再者赵氏门中岂不玷辱？莫如我一死倒好，死后必有稳婆验我，可以皂白得分，我落个清白之名。"想罢，自己往前跪趴半步，说："大老爷，先不必动刑，小妇人有下情禀告。"老爷说："你讲！只要说得有情有理，本县并不责罚你。"赵氏说："小妇人我苦守贞节，我院中并无男子出入，老爷如不信，有跟同榻而睡的人。"老爷一听，心中一动："既有跟她同床共榻的人，这事也许别人做的，她不知情。"老爷说："什么人跟你同床共榻？"赵氏说："是我那孩儿末郎的奶娘李氏。"老爷吩咐传李氏。

手下差役人等下去，不多时把李氏传到。一上堂，李氏说："好，我二主母把我告下来了，我正要上堂前去喊冤！"来到公堂跪倒说："老爷在上，小妇人李氏给老爷磕头。"老爷睁眼一看，见李氏有三旬以外年岁，长得姿容丰秀，身穿蓝衫、青裙，足下窄小宫鞋。老爷说："李氏，你二主母院中跑出一个赤身男子，这男子衣服是哪里来的？你必知情，从头说了实话，与你无干！"李氏说："回大老爷，小妇人我不知道，我昨天告假回家。"老爷一听，在上面把惊木一拍，做官的人，讲究聆音察理，见貌辨色，说："李氏，你满嘴胡说，你这就该打！你当奶娘，你说告假，难道说你走了，把孩子饿起来不成？"李氏吓得颜色更变，说："老爷不必动怒，我这里有一段隐情，回头说。二奶奶，我可要说了。"赵氏说："你说罢，只要你照实话说。"李氏这才说道："老爷要问，小妇人也并不是久指惯着当奶娘为生，我就在西街住，离我家主人家不远。是我家二主母雇了奶子散了，老不合式，我家就是一个婆母娘，丈夫贸易在外，我有个小女儿死了，我这也是一半行好。这一天，我二主母就问我：'李氏，你不告假吗？'我说：'不告，末郎子养活的又娇，带到我家去，二主母不放心，不带了去。公子岂不要受委屈？'我家二主母因为这个，有两天没跟我说话。又过了些日子，我家二主母又叫我歇工，小妇人我是不敢违背了，我就告假，二主母还赏了我两串钱，一包袱旧衣裳。晚间给公子吃了乳，我家去睡觉，我在家住了一夜。昨天我家二主母又叫我告假，我还说：'今天是大老爷的生日，焉有我告假之理？'我家二奶奶说：'你是我这院中的人，大老爷他也不能管。'故此我就走了，告了假，二主母还给了我三吊钱。这天晚上，就出了这个事，故此我不知。素日我家二主母实系好人，并无闲杂人进院里去。"

老爷听罢，说："赵氏，你叫李氏告假，是所因何故？"赵氏说："小妇人是红颜薄命，李氏她丈夫贸易在外，新近回来，我想为我这孩儿叫她夫妻分离，不叫她回去吗？小妇人是'修合无人见，存心有天知。'老爷自己不明白，到后面问太太就明白了。"知县一听这语，其中定有别情，说："赵氏，你这是刁词胡说，大概不打你，你也不说实话。来人呀！给我拉下去掌嘴！"赵氏一想，"我要等他打了我再死，我总算给赵氏门中丢脸，莫如我急速一死。"想罢，说："老爷，不便动怒，小妇人我还有下情。"知县说："讲！"赵氏说："我死之后，千万老爷派稳婆相验，以表我清白之名，但愿老爷公侯万代。我死后老爷如不验，叫我皂白不分，老爷后辈儿女，必要遭我这样报应。"说着话，自己拉出刀来就要在大堂自刎。知县在上面也未拦，幸亏旁边差人手疾眼快，伸手把刀夺过去。

知县正在无可如何，就听外面一阵大乱，有人喊嚷："冤枉！图财害命，老爷冤枉！"老爷借着这一乱，吩咐先把赵氏、李氏、李文芳、赵海明带下去，先办人命案要紧。差役人等将众人带上去，只见外面有一个和尚，带着一个人，两眼发直，扑奔公堂而来。书中交代，来者和尚非是别人，正是灵隐寺的济公长老。原本济公自带着赵氏鸣冤之后，赵福、赵禄追上和尚。赵福说："师傅，你老人家别犯疯病，咱们走吧。"和尚跟着往前走，来到南街赵凤山的住宅门首，家人说："师傅，这里站一站，我们进去回话。"不多时，由里面二员外迎出来。赵鸣凤一看，见济公衣服褴褛不堪，心中暗想："我打算请了什么高人来治病，原来是一穷僧。"无奈拱手往里让。到书房落座，赵福、赵禄二人先把书信拿出来，二员外叫人献上茶来。打开书信一看，是自己哥哥亲笔手书，是写：

夕阳入律，曙气同春。伏念贤弟德门景福，昌茂之时矣。前接华翰，知家务一切事宜，仰赖贤弟料理，愚兄承情莫尽矣。兹者叩禀婶母太君万福金安。以是侄仰赖祖宗之福庇，蒙圣主恩德，简任太守，不能日侍左右。前接二弟来函，知婶母太君玉体违和，瞳眸被蒙。奉读之下，感泣涕零，悲鸣之嘶，实伤五内。侄处请灵隐寺济公禅师治病，精通岐黄，手到病除，可急愈矣。遣侄家人赵福、赵禄捎至黄金数锭，重五十两，供为甘旨之资。已是侄尽忠则不能尽孝矣！并候均安不一。
　　　　　　　　　　　　　　　不孝侄男赵凤山顿首拜

赵凤鸣看罢信书，这才重新给济公行礼，说："圣僧佛驾光临，弟子有失远迎，当面恕罪！我兄长请圣僧前来给我老母治病，不知圣僧应用何药？何等治法？"济公说："贫僧自有妙法。"正说着话，听外面有脚步音，济公说："外面什么人进来？"赵凤鸣也问："什么人进来？"只见由外面进来一位大汉，头挽牛心髻，身穿旧裤褂，白袜青鞋，原来是种地的长工笨汉。和尚说："你怎么这么没根基，把我的鞋偷了去？

国学经典文库

中国二十大名著

济公全传

图文珍藏版

你一走到,我就听出来了。"那笨汉把眼睛一翻说:"和尚,你别讹人,我的鞋,你怎说是你的?"和尚说:"二员外你看,我由临安来,穿这草鞋这么远走得了吗?我是穿着那鞋来的,到了门口我换上草鞋,他就把我那鞋偷了去。"只见这大汉要给济公争竟,济公说:"你说是你的鞋,有什么凭据?说对了就算是你的。"大汉说:"我鞋底上有十四个钉子。"济公说:"我鞋上有十六个钉子。"大汉脱下来一数,果是十六个,急得要跟和尚打架。赵凤鸣说:"我给你两吊钱再买一双吧,这双鞋给圣僧留下。"大汉也不敢再争,拿钱去了。赵凤鸣说:"圣僧要这鞋何用?"济公哈哈一笑,说:"要给老太太治病,非这双鞋不可!"当时拿笔开了一个方子,赵凤鸣一看,暗为点头。不知济公写的是何言语,且看下回分解。

第四十四回　诱汤二县衙完案　两公差拜请济公

话说济公和赵凤鸣二人谈话,问圣僧要用什么妙药治眼。济公说:"这一双鞋是药引子,还要一个全单,药味不同,我开出来,你等照方儿预备罢。"叫家人取过文房四宝来,立刻济公写完,给赵二员外一看,吩咐家人照样预备,用包袱包好。济公叫:"赵福,扛着包袱跟我去,找药引子去。没有药引子不能办。"赵福跟着和尚出了大门,又告诉赵福几句话,立刻赵福去了。和尚信口唱着山歌,街前行走,唱的是:

得逍遥,且逍遥,逍遥之人乐陶陶。富贵自有前生定,贫穷也是你命该招。任你有机谋,难与天公绕。劝君跳出这朦胧,随意逍遥真正好。杯中酒不空,心上愁须扫。花前月下且高歌,无忧无虑只到老。

济公信口作歌,一直出了西门。只见前面有一人,扛着包袱,往前正走,那街市之上人全都让他说:"汤二哥,你老人家怎么会走了?我们都不知道,也没给你送行,有什么急事?"只听那人说:"我家来了一封急信,叫我急急回家。我回来再见罢!"众人让着他,他并不站住。济公一看,心中说:"要把此人捉住,方好办事。"想罢,随后就追,一直出了关厢。那人不住回头,直看和尚,和尚后面紧迫。那人就把包裹放在地下,坐在包裹上,心说:"这个和尚,追我干什么?我又不认识他。看他过来怎么样?"和尚来到近前,也就坐在地下,扬着脸看着那人,目不转睛。那人气往上撞说:"和尚,你瞧我做什么?"济公哈哈一笑,道:"你姓什么?"那人道:"我姓汤,你问我做什么?"和尚说:"你一说姓汤,我就知道你叫什么。"那人说:"我叫什么?"和尚说:"你叫汤油蜡。"那人勃然大怒,说:"和尚你又不认识我,你为何张嘴就跟我玩笑?"赌气拿起包袱来就走,和尚随后就追。走了有一里之遥,和尚后面直嚷:"汤油蜡,你等等我!"汤二一想:"这个和尚真可气!我不认识他,跟我玩笑。"

往前走了不远,眼前一个镇市,有买卖铺户,也有酒馆。汤二一想:"我进酒馆喝两壶酒躲躲他,大概穷和他没钱,等过去我再走,省得他直叫我汤油蜡。"想罢,进了酒铺坐下,说:"伙计,你们这里卖什么酒菜?"伙计说:"我们这里有酒,有豆腐干,卖饺子,没别的。你要吃菜,南隔壁有卖的,我借给你一个盘子,你自己去买去。"汤二拿了个盘子说:"伙计,你给我照应着包袱。"伙计说:"不要紧,你去买去吧。"汤二拿着盘子,刚一出酒铺,见和尚一掀帘子,进了酒铺。汤二心中好后悔,说:"我要知道和尚来,我就不来了。"自己已然拿了人家的盘子,又不好不喝,就在隔壁买了一盘熟菜。进酒铺一看,和尚把包袱坐在屁股底下,汤二一看,也不问和尚。汤二问伙计:"我叫你看着包袱哪里去了?"伙计一看,和尚那里坐着包袱,伙计过来说:"和尚,你别坐着人家的包袱,给人家罢。"和尚说:"包袱是他的给他,我是才捡的,只当我又丢了。"伙计心说:"跑我们屋里捡东西来了。"立刻把包袱给了汤二。

汤二在和尚对面坐下,每人要了两壶酒,伙计说:"有汤面饺,你们二位吃不吃?"和尚说:"吃得了。"伙计下去工夫不大,说:"汤面饺好了,你们二位要多少?"和尚说:"热不热?"伙计说:"刚出笼,怎么不热。"和尚说:"热,我怕烫了嘴,待凉了再告诉我。"汤二说:"给我来十个。"和尚见汤二要,说:"我也要十个。"伙计给端过来两屉,每人一屉。汤二要醋蒜,还没吃呢,和尚把饺子掰开,啐了一口痰,复反放在嘴里嚼了吃了。汤二一瞧,说:"伙计拿开罢,我呕心死。"伙计说:"大师傅你别闹脏,你这么吃,人家一呕心,都不用吃了。"和尚说:"我就不那么吃了,叫他吃罢。"汤二刚吃,和尚把草鞋脱下来,把热饺子搁在鞋里,烫的臭汗味熏人。汤二赌气,把筷子一摔:"不吃了!"和尚把筷子也往桌上一摔,说:"你不吃了,我还要吃呢。"跑堂的过来一算账,说:"你们两位,都是一百六十八文。"汤二带着还有六百多钱,刚要掏钱,和尚那边说:"俺救令赫!"伸手掏出有六百多钱。汤二一瞧和尚掏出那串钱,心说:"是我的那串钱。"一摸怀中果然没了。心中纳闷:"我腰里的钱,怎么会跑到和尚腰里去?"自己哼了一声,和尚拿着这串钱说:"这串钱是你的罢?"汤二说:"和尚,钱可是我的,我不要了,你拿了去吧。"和尚说:"不能,钱是我捡的。方才我一进来,见钱在地下,我捡起来。是你的,给你,我不要。"说着,把钱拿过去。汤二把钱拿起来说:"和尚,你可是好人,你要不闹脏,我真请你喝几壶酒。"和尚说:"我就不闹脏,你请我喝两壶。"汤二说:"那又何妨,我就请你喝。"和尚说:"伙计,你拿二十壶酒来。"伙计拿上酒来,汤二见和尚一口就是一壶,汤面饺三个一口,两个一口。汤二一看,大概吃完了,得一吊多钱,给我六百,得拐回去一半去,汤二就说:"和尚,我可没钱了,今天咱们别让,你吃你给。我吃我给,同桌吃饭,各自给钱。"和尚说:"你要小气,今天连你吃都是我给,我焉能扰你?我最实心的,我说我给你就别让。"汤二倒觉着过不去。和尚说:"我说我给就我给,算到一处。"伙计一算,二账归一,两吊二百八十。和尚说:"我给,我最实心的。你别瞧我穿的破袍子,有肉不在折上。"汤二说:"还是我给罢。"和尚说:"你给,你就给,我是实心的。"汤二无法,委委屈屈打开包袱给了钱,自己生气。和尚扛起汤二的包袱就走,汤二说:"和尚你吃了我两吊钱,你还要抢我的包袱?"和尚说:"不是,人得有人心,我不能白吃你,我给你扛着好不好?"汤二一想,和尚倒也有良心,真倒罢了。说着话,出了酒铺。汤二往西走,和尚往东走,汤二一回头,说:"和尚,你怎么往东走?"和尚说:"我是东川的,你是西川的,我跟你往西做什么?"汤二说:"你拿我的包袱给我。"和尚说:"你的包袱给我拿着。"汤二说:"和尚,你要抢我?"和尚说:"不但抢你,还要打你。"和尚用手一指,口念:"俺嘛呢叭咪吽,俺救令赫!"汤二打了一个冷战,就迷糊了。和尚过去打了汤二一拳,把鼻子打破了,流出血来。和尚抹了一包袱血迹,带着汤二往城里走。

　　刚到关厢,有人认得汤二,就问:"汤二哥,什么事?"和尚说:"你们少管,图财害命事。"吓得这人也不敢问了。和尚带着汤二,一直来到昆山县。到了县衙,和尚往里走,口中直嚷:"阴天大老爷,和尚冤枉!"旁边有差人说:"和尚别别嚷,哪有阴天大老爷?"和尚说:"图财害命,人命案。"说着往里走,直到公堂。老爷已派人把赵氏等带下去,见来了一个穷和尚,扛着包袱,上面污血,汤二迷迷糊糊来到公堂跪下。和尚一站,老爷说:"和尚,你见了本县,因何不跪?可有什么冤枉事?可有呈状?"济公说:"我和尚只因在庙中众僧都欺负我,我师傅叫我化缘,单修一个庙。把殿宇全都盖好了,正要开光,偏巧下了半个月的雨,又都坍塌了,又不能再化缘,我师傅在这昆山县地面有两顷地,叫我卖了盖庙。我带着一个火工道,把地卖了,带着银子,走在半路,我那火工道他说要出恭,我和尚头里走。在三岔路等有两个时辰,见这人他背着我的包袱来了,敢情把我火工道图财害命了。"老爷把案桌一拍,说:"你叫什么名字?因何你把火工道图财害命?"汤二才明白过来,一瞧这是公堂之上,自己就把方才之事,说了一遍。老爷说:"和尚,你这包袱是汤二的?"济公说:"我也不必跟他相争论,我和尚开个单子,他要说对了包袱的东西,我的单子不对,那是我诬告不实,老爷拿我治罪。如我的单子对了,他说的不对,那是他图财害命。"老爷一听有理,就叫和尚写。写完了,呈给老爷看,字还很好,上写:红绫两匹,白布两匹五尺,黄绫一块,纹银二百两,大小三十七块,钱两吊,旧衣裳一身,鞋一双钉子十六个。老爷一问汤二，焉想到由此人身上又勾出谋夺家产，暗害贞节烈妇之事。要搭救赵氏玉贞，且看下回分解。

第四十五回　华云龙气走西川　镇八方义结英雄

话说知县看罢和尚写的单子，这才问汤二："你说包袱是你的，你说里面都是什么东西？你要说对了，把包袱给你，你若说不对，我要办你图财害命。"汤二说："我那包袱里有碎花水红绫两匹，松江白布两匹，有钱两吊，使红头绳串着，里面还有红绫一块，有旧头巾一顶，旧裤褂一身，旧鞋一双，有纹银二百两，余者并无他物。"老爷一听，说："和尚，你写的跟他说的一样，叫本县把包袱断给谁？"和尚说："老爷问的还不明白，老爷问他银子多少件？"汤二说："我那银子就知是二百两，不知多少件。"老爷勃然大怒，说："你的银子，你为何不知道件数？打开包袱一看！"立时把包袱打开，一点，别的东西都对，银子果然是三十七件。老爷说："汤二，我看你这东西，必是久惯为贼。你把和尚的香火道杀了，死尸放在何处？"汤二说："小的实实不是图财害命，这个包袱有人给我的。老爷如不信，把给我包袱的人传来，一问便知。"老爷说："什么人给你的包袱？"汤二说："是本县的孝廉李文芳，他是我的主人，他给我的，我并未图财害命。"老爷就问手下书吏人等，本县有几个孝廉李文芳？书吏回禀，就是一个孝廉李文芳，老爷吩咐传李文芳上堂质对。李文芳正在书房坐着生气，众书吏都跟他认识，正在劝解他。外面差人进来说："请李老爷过堂。"李文芳问："什么事又叫我过堂？"差人说："人命重案。"李文芳到堂上一看，汤二正在那里跪定，旁边站着一个穷和尚，也不知是所因何故。汤二说："员外，你给我这个包袱，他讹我，说我图财害命。"济公在旁边说："你拉出你窝主也不怕，咱们看看谁行谁不行。"知县那里问道："李文芳，你可认识他吗？"李文芳一听，"这件事，甚不好办，我别合他受这牵连官司。"遂说："回禀老父台，孝廉不认识他，包袱不是我给的。"知县勃然大怒，说："好大胆鼠辈，我不动刑，你也不肯直说来，看夹棍伺侍！"三班人役，立刻喊堂威，吩咐人来，把夹棍一放，吓得汤二颜色改变，说："老爷不必动刑，我还有下情告禀，我和李文芳还有案哪！"老爷吩咐："招来！"汤二说："小人原籍四川人，自幼在李宅伺侍我家二员外，书房伴读，指望我家二员外成名上达，我等可以发财。不想，我家二员外一病身亡，我一烦闷，终日饮酒取乐，醒而复醉。这天我家大员外李文芳把我用酒灌醉，问：'你愿意发财不愿意？'小人说：'人不为利，谁肯早起哪！'我说愿。他说：'你要能赤身露体藏在你二主母院中，等我生日那天，我叫使人叫门，你从里面出来，我给你二百两银子。'小人一时被财所迷，就应允了。昨天是我暗中藏在二主母院中，候至天晚，我溜进房中，在床底下，把衣服全脱了，放在床上。我看见二主母抱着小孩熟睡，我自己出去一听，只听外面叫门，我往外一跑，被我家员外和赵海明看见，也没抓住我，我躲在花园书房之内。候至天明，我才知道把二主母休了，小孩子留下，要辞奶娘，奶娘直哭不走。我家大员外要谋夺家产，给了我二百两银子，连绫子带布，余下还等转过年再来给我。我打算回家，不想遇到这么一个要命鬼和尚，他说我图财害命，我并未做那样之事。这是已往之事，小人并无谎言。"知县一听，方才明白此事，旁边招房先生写着供，心中暗骂："好一个李文芳混账东西，还是个孝廉，做出这样伤天害理之事！"

招房先生写完了供，知县吩咐把赵氏李氏及赵海明带上堂来，叫招房先生一念汤二这篇供，赵海明一听，这才知道自己的女儿是贞节烈女，自己颇觉后悔，几乎叫我逼死，心中甚是可惨，这才给老爷叩头，求老爷做主。知县勃然大怒，说："李文芳，你既是孝廉，就应当奉公守法，竟做出这样伤天害理之事！为子不孝，为臣定然不忠。弟兄不义，交友必然不信。你兄弟既死，你应该怜恤孀妇，也是你李氏门中的德行。赵氏苦守贞节，你反施这样虎狼之心，设这等奸险之计，你就死地府阴曹，怎么对得起你兄弟李文元的鬼魂？你知法犯法，本县要重重办你，你是认打认罚？"吓得李文芳战战兢兢，自己觉得脸上无光，心中惭愧，无话可答，求老父台开恩，请示："认打怎么样？认罚怎么样？"老爷说："认打，我行文上宪，革去你的孝廉，本县还要重办你。你要认罚，本县待你恩典，你快把你家中所有产业，归赵氏经管。他母子如有舛错，你给我立一张甘结存案，那时有舛错，我拿治罪。我罚你五万银，给赵氏请旌表，立牌坊，你还得叫本处的绅士公同用轿，把你弟妇迎接回去。如不遵行，本县我仍然重办你。"李文芳说："那是老父台的公断，举人情愿认罚。遵老爷堂谕办理。"老爷说："虽然如是，本县我还要责罚你，恐你恶习不改。来，传吏房书，给我责他一百戒尺！"吏房立刻上来。李文芳本是本处的绅士，苦苦的哀求，老爷说："我不叫皂隶打你，就是便宜。"吏房过来，打了一百戒尺，打的李文芳苦苦求饶。

老爷吩咐带赵海明，老爷说："赵海明，你见事不明，几乎把贞节妇逼死，你认打认罚？"赵海明叩头说："我认打如何？认罚如何？"老爷说："认打，我把你员外革去，打二百军棍。认罚，罚你三千银，当堂交来，并非本县要，给你女儿盖一座节烈祠，流芳千古。"赵海明说："那是老爷的恩典，我出六千银也愿意。"老爷又叫把李氏带上来，老爷说："李氏，你要好生侍你二主母，你二主母有体恤你之心，你也该尽心，再说把孩子奶大，你也有名有利。"李氏说："谨遵老爷之谕。"知县说："汤二，你这厮狼心狗肺，你二主人在日，待你如何？"汤二说："二主人在日，待我甚厚。"老爷说："既是二员外待你甚厚，他死了，你就该在你二主母跟前尽心，你反生出谋夺家产，合谋勾串，陷害贞节烈妇。来人，把他拉下去，重责八十大板，用二十五斤的枷，在本处示众三个月，递解原籍，交本地方官严加管束。"众人具结，李文芳约请绅士迎接赵氏回家，与末郎儿团圆，这且不表。

众人下了堂，老爷倒为了难，心说："这个和尚怎么办法？要没有和尚，我这案断不完，要说多亏他，他又说香火道图财害命，我哪里给他找凶手去？"老爷心中一想："我威吓他几句，说他诬告不实，打他几下，胡乱把他轰下去就完了。"老爷想到这里，还没说话，和尚说："老爷你这倒为了难了，要没我和尚，这个案办不完，要说多亏我和尚，你又得给我办图财害命案，莫如威吓我几句，打我几下，糊里糊涂把我逐出去。"老爷说："和尚你猜着了，来，拉下去给我打！"官人过来就拉，说："和尚你躺下！"和尚说："铺上被子么？"官人说："没有那些说。"和尚就嚷："我要挨打了！我要挨打了！"连嚷了两声，就听外面有人嚷："大老爷千万别打我们那位和尚。"由外面进来一人，背着包袱，跪到公堂。老爷一看，是个长随的打扮，说："你叫什么名字？"这人说："我叫赵福，我是火工道，我跟和尚走在半路，我要出恭，出完了恭，没追上和尚。我一打听，听说和尚打了官司。"和尚说："老爷，这是我的火工道，老爷打开包袱看，如里面东西不对，就算我和尚诬告不实。"老爷打开包袱一看，果然跟汤二的包袱一样，连银子件数都对。老爷一想："这可怪！"看赵福不像火工道的人，老爷说："赵福你不像火工道，你说实话，那和尚是哪庙的？"赵福把济公的根本源流，如长如短一说，怎么被赵太守所请来到昆山。知县一听，赶紧离了座位，恭恭敬敬过来行礼，说："圣僧，原来是秦丞相的替僧济公，弟子实在不知，多有得罪。若非是你老人家来，弟子这案焉能断的清？来，把这包袱赏给圣僧跟人罢！"和尚说："谢谢！"当时告辞，把两个包袱，赏给赵福、赵禄，每人一个。一同来到二员外家中，掏出一块药来，和尚给老太太洗眼，就透清爽，一连三天，就透了三光。赵凤鸣先叫两个家人回临安，留济公住着，给老太太治眼。老太太眼也好了。

济公在这里住了三个月。终日跟赵凤鸣讲文理。这天忽然家人进来回禀说："现有临安来了两位班头，请济公有紧要大事。"和尚按灵光一算，就知临安出了塌天大祸。不知所因何故，且看下回分解。

第四十六回　贺守正花群雄结拜　逛临安城巧遇王通

　　话说济公正在昆山县赵宅闲住，把老夫人眼也都治好了，屡次要走，二员外不放，苦留在书房之内。每日闲谈诗文，济公对答如流，二员外益加佩服，说："可恨合济公相见之晚，自己要早见济公，文章必然大长。"济公在这里，不知不觉住百天之久。这天外面有人来回话，带进临安太守衙二位班头来，站在面前，给济公行礼，说："圣僧你老人家这些日子未在临安，只闹得天翻地覆，我二人特来请你老人家。"和尚一问："二位班头，怎么一段事？"二人从头至尾，述说一番。

　　书中交代，是那西川路出了个江洋大盗，此人姓华名忠，字云龙，绰号人称乾坤盗鼠。由十八岁在绿林闯荡，跟鬼头刀郑天寿久在一处，都是有文武全才，就是好采花，都在镇山豹田国本家寄住。一拜之交有数十位，唯有五个至近之人，都是绿林人物，人称五鬼。内中有开凤鬼李兆明、云中鬼郑天福、鸡鸣鬼全德亮、蓬头鬼云芳、黑风鬼张荣，人都知晓西川五鬼一条龙。只因窝主田国本由西川搬走，不知去向，这些人无地可居，都四散各投亲友。华云龙在西川采花作案，留下了九条命案，都是先奸后杀，地面官差总领各处寻踪访拿甚急，他一想"此地不能久住"，因此他离开了西川。到了江西玉山县，听人传说此地有一位保镖达官，人称威震八方杨明，乃是一位英雄，专好结交天下豪杰。华云龙去到凤凰岭如意村拜访杨明，家人回禀进去，杨明一听，知道华云龙是一个采花淫贼，告诉家人不见。家人出去告诉："我家主人不在家。"华云龙无奈，已然走了。过了几天，又有人提杨明在家，华云龙去拜，又未见着，一连去了三次。

　　这日杨明把他请进去，一说话，本来人又能说，对答如流。他一看杨明生长八尺，细腰扎臂，头戴宝蓝缎色扎巾，身披宝蓝箭袖袍，腰束丝鸾带，足下青缎快靴，闪披蓝缎花氅，面如古月，眉分八彩，目如朗星，准头端正，三山得配，四字方口，海下一部黑胡须，分为三绺飘洒胸前，五官清秀，品貌端方。华云龙甚为欣羡，说："小弟久仰兄长大名，实深想念。今得相会，实三生之大幸也！"杨明说："愚下有何德能之处？多蒙雅爱，屡次枉驾，未能面会。"二人说几句谦虚话，华云龙说："小弟异乡客居，年幼无知，求兄台教益。"杨明见华云龙说话和气，心中甚喜，留在客厅吃酒。提说他从前在西川采花作案之事，华云龙甚是后悔，杨爷在给他庆贺守正戒淫花，戴花不准采花，华云龙也愿。杨明撒帖请人，内中有追云燕子黄云、铁面夜叉马敬、千里独行杨德瑞、千里腿杨顺、飞天火祖秦元亮、立地瘟神马兆雄、追风燕子姚殿光、过渡流星雷天化、登萍渡水陶芳、踏雪无痕柳瑞、顺水推舟陶仁、摘星布斗戴奎、飞天鬼石成瑞、夜行鬼郭顺、三仇鬼姚洞、金脸鬼崔亮、律令鬼何清、探花掐马诚、矮月蜂鲍雷、雷鸣、陈亮等，共是三十六人结拜，给华云龙庆贺守正戒淫花。大家喝了血酒，从此别人走了，华云龙他在杨爷家中住着。无事也同到镖局里去去，跟着杨爷学打镖，学了一路八卦篆还刀，就在这里一住三年之久。

　　这日他想要去逛临安城，杨明给了他一百两纹银，临走嘱咐他："到外面不可胡为，无事早回来。"他自己自离开了江西玉山县凤凰岭如意村，在路上晓行夜住，饥餐渴饮。这日到了临安城，先到钱塘门外，在大街一看，只见人烟稠密，买卖钱户不少，只见路北有一座酒楼，字号是"望江楼"，挂着酒幌子、茶牌子，两旁抱柱上有对联，上写"醉里乾坤大，壶中日月长"。华云龙想要在这里吃两杯酒，迈步进去一看，楼下甚乱，登楼梯上去，找了一张桌坐下。方才要酒，猛抬头一看。见东面楼窗下坐定一人，头戴紫缎色六瓣硬包巾，身穿紫缎色箭袖袍，腰系皮挺带，肋下佩着腰刀，足下薄底缎靴，闪披绿色缎绣花团花一件英雄氅，面皮微紫，紫中透红，黑黢黢两道重眉，一双怪眼皂白得分，准头丰隆，三山得配，四字口，压耳两绺黑毫，海下抱长一部刚髯，看此人真是推垒着威风，一股杀气。华云龙一看那人，独自在那里摆着一桌酒，华云龙赶紧过去行礼说："二哥少见，久违！你我自西川分手，倏经四载的光景，万不想你我在此相遇。兄台一向可好？"那人一看，哈哈大笑说："原来是华二贤弟，真是有缘千里来相会，无缘对面不相逢！"书中交代，这个人姓王名通，绰号人称铁腿猿猴，乃是西川路的江洋大盗，跟华云龙是换帖的弟兄。二人是许久未会，今天在此相遇，彼此各叙离别。

二人落座，重新酒要菜，喝着酒，王通问道："二弟你我由西川拜别分手，贤弟在哪里存身？今天来此何干？"华云龙把在江西拜遇威震八方杨明，三十六友结拜庆贺守正戒淫花，从头至尾述一遍，这才问："兄长在此是闲逛，是有事呢？"王通说："我来到这里，找一个仇人。只因我兄长在成都府当一名书办，因为两百两赃银，狗官把我兄长入狱，闷死在狱内，那时我并未在家，等我回去才知道。我要找那狗官，给我兄长报仇，无奈那狗官已然卸任，我来到京都，寻找于他。我今天才到，尚未打店，你我二人可住在一处。"华云龙说："好，我也才到。"

二人正说话，只听楼梯"咚咚"一响，上来一人，手内拿着果筐，此人有四十来往岁，头戴青布头巾，青布小夹袄，青布夹裤，白袜青趿鞋，淡黄的脸面，细眉圆眼，鹰鼻子，裂腮额，微有几根胡须，上头七根，下头八根。一上楼来是吃酒的，他向各桌一看，忙到华云龙桌上，把筐子放下，说："哎呀！原来是二位太爷，小人有礼！"扒地下就磕头。华云龙一看，说："我打算是谁？原来是刘昌。"原来刘昌生长西川，久合这些绿人物在一处，充当踩盘子小伙计，只因被事牵连，他逃在临安城，做一个小本经营，今日遇这二位，连忙过去行礼。王通说："起来，刘昌你在这里甚好？住在什么所在？哪里有繁华热闹所？你说说我听。我二人初到此地，人地不熟。"刘昌说："二位太爷要逛这西湖，三条大街，买卖铺户都有。西湖十景，天下第一的城隍山，都是这热闹之处。二位大爷要逛，跟我走走，天晚也不必住店，我那里有间上房，院中静雅，并无闲杂人等，也可住。"华云龙一听这话，心中甚喜，刘昌坐下，跟着一同吃酒。

三人用完饭，王通给了钱，三人下了酒楼一看，街市之上，人烟不断。信步来到了城隍山上，一看，果然好一处山林，树木森森，来往行人不少。正往前走，只见对面来了一乘小轿，内中坐定一个女子，真是梨花面，杏蕊腮，瑶池仙子，月殿嫦娥不如也。华云龙一看，他是久惯采花之人，非得真好，不能入他的眼，他是曾经沧海难为水，除却巫山不是云，今日一见这妇人，跟随轿后，直到钱塘外，路北有一座乌竹庵，那轿子进去。他一回头，见王通、刘昌二人也在后面跟来，到了无人之处，问刘昌："你知道这个妇人的来历不知？"刘昌说："这个人，二太爷你老人家别妄想，这个人是赵通判之女，给孙孝廉之子为妻，未过门，孙家之子已死，赵家之女要去吊孝说：'我和你儿有夫妻之名，没有夫妻之分，开开棺材我看看。'孙家叫人一开棺材，那姑娘把头发自己剪了，要守望门寡。婆家娘家两都劝她不要，她自己一气到乌竹庵出家，带发修行。这是娘家常接去，你老人家问，要想别的怕不行。"华云龙一听，心中一动，要夜入尼庵前去采花。要知后事如何，且看下回分解。

第四十七回　遇节妇淫贼采花
泰山楼复伤人命

话说华云龙听刘昌之言，自己也未答言。三人吃了晚饭，住在钱塘门刘昌家中。天有初鼓以后，自己也睡不着，起来看了看王通、刘昌二人都睡了，自己起来把夜行衣包打开，把夜行衣换好，把白昼的衣服换下来，用包裹斜插式系在腰间，把钢刀插在软皮鞘内，拧好了软把簧，自己这才出离了上房，将门倒带。抬头一看，见满天的星斗，并有朦朦的月色，跳墙出了这所院落，见街市上路静人稀，来到尼庵以外，拧身纵上房去，往四野一看，这座庙是三层大殿，正大殿东边有一个角门，单有一所东跨院。来到东配房一看，见院中是北上房三开，东西配房各三间，正南是一条墙，里面栽松种竹，院中倒也清雅，北上房东里间屋中，映射出灯光，隐隐有念经之声，东配房北里间也有灯光。他这才由东配房上跳下来，直奔北上房台阶，来到窗棂以外，把纸撕破一看，这屋中是顺前檐的炕，炕上有一张小床，桌上面有一盏灯，有四个小尼僧，都是十四五岁，在那里抱着经本，那里念经。地上靠北墙一张条案，上面堆着许多经卷，头前一张八仙桌，两边有两张椅子，上首椅子上坐着一位老尼僧，有六十多岁，长得慈眉善目。华云龙看了一看，这里面并没有那一个带发修行的少妇，复又转身狂奔东配房。

来到北里间窗棂以外，把窗纸湿了一个小窟窿，往里一看，也是一张床，上面有一张小床桌，桌上搁着灯，旁边坐着正是那白天坐轿的那少妇，正在灯下嗥经。华云龙看罢，推门而入，来到房中，把赵氏吓了一跳。自己正在念经之际，见外面进来一男子，穿着一身青，背后插着刀，赵氏赶紧问道："你是什么人？此地乃是佛门净地，黑夜光景来此何干？快些说！"华云龙说："小娘子，白昼我见你坐轿由城隍山经过，我见你貌美，我跟到此处，故此我今晚前来寻你。你要从我片刻之欢，我这里有薄意相酬。"妇人一听，把脸一沉说："趁此出去，不然我要嚷了！把我师傅叫来，将你送到当官，悔之晚矣！"华云龙一听这话，勃然大怒，说："好！你要从我便罢，如不从我，你来看！"用手一指背后的刀。那妇人一看，本是位烈节的妇人，赶紧就嚷："了不得了！杀了人了！救人哪！"华云龙一听，恐怕有人来，过去一揪青丝发，拔出刀扑的一刀，竟将妇人杀死，可怜红粉多娇女，化作南柯一梦西。

华云龙本是一团高兴，今朝把人一杀，心中甚是懊悔，只见外面老尼姑说："什么人在我这里扰闹？已把房门堵住。"华云龙急了，照定老尼姑头上就是一刀，老尼姑"哎呀"一声，翻身栽倒。华云龙趁势纵在院中，拧身上房，自己仍由旧路回来。刘昌正醒了，说："华二太爷上哪里去了？"华云龙也不隐瞒，就把方才采花之事，如此如此一说，王通也醒了，听得明白，说："二弟初到此地，就做了这样的大案，唯恐你在此地住不长久。"华云龙一听，微微一笑，说："不要紧，就凭此地这几个班头，我有个耳闻报，不足为论。"说着话，二人起来。天光亮了，华云龙说："刘昌你做你的买卖去，不要跟我二人闲逛，你有公事在身。"刘昌答应去了。

王通同华云龙二人，狂奔钱塘门，见街市上人烟稠密，二人就听纷纷传言，"乌竹庵回头验尸。"王通说："兄弟，咱们二人找清雅地方喝酒去吧，不要在那里闲逛。"二人进了城，来到凤山街路北，有一座泰山楼，是一个大酒饭馆，二人想要进去喝杯酒。二人迈步进去，见里面虽有柜灶，并无人张罗座。二人上了楼一看，见柜里坐定一人，面如青粉，头戴宝蓝缎四棱巾，身穿宝蓝缎大氅，长得凶眉恶眼，怪肉横生，有四五个跑堂的，都不像正经买卖人。二人坐下多时，也没人过来，就听那万字柜里面如青粉那人说："伙计们，方才我没起来，听你们大家嚷什么来着？"伙计说："别提了，你回头吃碗饭去瞧热闹罢，钱塘门外有座乌竹庵，庙里有一个守节的媚妇，带发修行。昨夜晚间被淫贼杀了，还把老尼姑砍了很重的刀伤，少时就验尸，你说这事多蹊跷？"就听这位青脸掌柜的说："这个贼真可恨！可惜这样贞节烈妇，被淫贼给杀了。必是这个贼人，他上辈叫人家给淫过，他这是来报仇来了。"华云龙气得眼一瞪，又不好答话，自己在这里生气，把脚一蹬板凳，说："你们这几个东西，没长眼睛！二太爷来了半天，怎么你们不过来？是买卖不是？"伙计一听，把眼睛一翻，说："你先别嚷，你若要来眼，你打听打听这个买卖谁开的？告诉你罢，我们自从开张，打了也不是一个了，净说本地的匪棍，打了十几个，打完了拿片子送县。告诉你是好话，你先别挑衅。"华云龙一听此言，把眼一瞪，说："二太爷不论是谁开的，你惹翻了二太爷，我放火烧你的楼！你把你们东家找来，二太爷我会会，莫非他项长三头，肩生六臂？二太爷我挑瞎了眼了。"

书中交代，这座酒楼的东家，原本是秦丞相的管家秦安他的侄儿叫净街太岁秦禄开的。这座酒楼，本不为卖散客座，所为是有人托人情打官司，来找秦禄他给秦相府走动，所拉拢都是几个仕宦人等买卖，很势利。今天见华云龙一发话，秦禄由柜里就出来说："什么东西敢在我这里发哼？来人，给我打他！打完了他，拿我的名片，把他送县。"华云龙一听，气往上撞，伸手就把刀拉出来，秦禄说："你敢杀人吗？

拿刀怎么样,给你砍!"自己倚为有势利,把脑袋往前一递,华云龙说:"杀你还不如碾臭虫。"手起刀落,秦禄脑袋分了家。吓得伙计喊嚷:"我的妈!"往下就跑,脚底下一软,"咕噜噜"滚下楼梯去。立时有人到本地面官厅去报:"我们酒楼上来了两个人,把我们的东家杀了!"众官人说:"赶紧拿!"及至众人来到楼瞻一瞧,楼上并没了人。华云龙同王通早由楼窗跳出去,站在人群中看热闹,见泰山楼都围满了人,众人说:"贼跑了!"有说:"不要紧,这贼跑不了。咱们太守衙门,有四班头,叫柴元禄、杜振英、雷四远、马安杰,这四位久惯办有名的江洋大盗,像这个贼,不等三天必办着。"

华云龙在人群中听明白,记在心中,同王通找了个背向所在,进了酒铺,到雅座里坐下喝酒。王通就说:"贤弟,你太闹的不像,昨天你方到这里,晚间杀了一个,今天又杀了一个。"华云龙说:"我告诉大哥说,既我来到这里,我要做几件惊天动地之事,也是他自己找死。方才我听见说,此地有四个能办案的马快,我倒要斗斗他们这几个人,晚间我到秦相府去,把当朝宰相秦喜的项上人头取下来。我再在临安城住半年,倒要看什么样的人物前来拿我。"王通说:"贤弟你当真有这个胆量?"华云龙说:"我焉能说了不算!"王通说:"贤弟真要敢做这件事,愚兄也必跟着,我二人也是多贪了几杯酒。"王通拿话一激他,华云龙气往上冲,吃完了酒,二人就狂奔秦和坊前去探道。两个人探完道,找了个僻静的酒铺,说话谈心。

候至天色已晚,二人来到无人之处,把夜行衣包打开,换去白昼衣服,打在包裹之内。来到秦相府,拧身上墙,蹿房越脊,如履平地相仿。来到秦相府的内宅,各处一寻找,见后宅北上房屋中,灯光闪闪。两个人一想:"这里是内宅,大概必是秦相所居之处。"瞧见里面有两个丫鬟,在那里坐着值宿,都有十四五岁,桌上点着烛灯。二人蹿上房来,伸手掏出一支熏香点着,往房中一送,少时把两个丫鬟都熏过去。华云龙这才进到中间一看,只打算是秦相在这屋里住,敢情是秦夫人卧室。华云龙一看,座头之上放着镯囊,内边有奇巧玲珑透体白玉镯一对,半天产,半人工,实乃外国进贡之物,被秦相留下。华云龙说:"王二哥你要这个罢!"王通说:"我不要,你要罢!"又回头见那边有一个凤冠盒子,里边有十三挂宝贝,垂珠凤冠一顶,也拿起放在囊中,然后出来。见桌上有笔砚,拿起笔来,在墙上写了两首诗,投笔于桌,自己转身到外面,合王通二人径自去了。

秦相一早起来上朝,必要到里边来,一见丫鬟昏迷不醒,到屋中一看,失去镯囊玉镯凤冠,急派人先把夫人使女救活。一看墙上,秦相方知贼人已远去了。不知墙上写的是何诗句,且看下回分解。

第四十八回　赵太守奉命捉贼　昆山县迎请济公

话说秦丞相起来看墙上写的两首诗,是贼人留下笔迹。上写的是:

乾元宇宙逞英雄,坤刀一口任纵横。盗取大位奸邪佞,鼠走山川乐无穷。化日光天日正中,云游四海属我能。龙天保佑神加护,偷盗奸臣气不平。

秦相看下面还有一首是四句,写的是:

一口单刀背后插,实是云龙走天涯。丞相若见侠义客,着派临安太守拿。

秦相看罢,立刻到朝房,派人递了请假的折子,然后派人到临安太守衙门,把临安太守请来。不多时太守来到,一禀见,来到书房,赵凤山说:"丞相呼唤卑职,有何吩咐?"秦相说:"我请太守到我家验勘。昨天晚上竟有江洋大盗,把我的传家宝,奇巧玲珑透体玉镯一对,十三挂宝贝垂珠凤冠一顶盗去,临走还留有两首诗。"太守一闻此言,吓得魂惊千里,说:"卑职回去,赶紧派差拿贼。"丞相说:"我给太守期限三天,要把贼人拿住,将我的传家之宝交回。"太守无奈,说:"遵钧谕。"把贼人所留的诗句抄下来,带着回衙。

到了衙门,派人请钱塘、仁和二县,并镇虎厅所属的官员,一并前来。等众人齐到太守衙门,赵凤山说:"现在丞相府失去玉镯、凤冠,相爷把我传去,给了我三天限,缉拿贼人。诸公回衙,赶紧派人访拿,如果有人拿获贼人,一府两县共赏银一千二百两,诸公回去急办为妙。倘贼人逃窜无着落,你我有地面疏防之处,恐丞相开参。"大众立刻下去回衙,各派妥差,缉捕贼人。三天如何拿得着?钱塘县知县刘通英,原是两榜出身,为人正直,回太衙立派赵大、王二等八名差役,出去访案。仁和县派田来报,万恒山出去,标出赏格,务宜各尽心。三天渺无踪迹,幸喜太守托罗丞相见了秦丞相,又宽限三天。又过了三日,并未见贼的踪影。仁和县又求京营殿帅转求秦相,再宽限三天。府县就求六部九卿十三科道,这个见秦相宽限三天,那个见秦相宽限三天,不知不觉就是两个多月的光景,也并未将贼拿住。

这天太守又去求秦相,秦相说:"我原是给你三天限缉拿,皆因众大人来求,面目相观,已经两个月有余,你并未将贼拿获,实属捕务废弛,我明天必要开参于你。"太守说:"相爷格外施恩,卑职等现在派人去迎请灵隐寺的济公长老,只要他老人家一来,要拿这些贼人,易如反掌耳,毫不费吹灰之力。"秦相说:"你提的就是本阁的替僧济颠和尚,我正在想念他。他现在哪里?"赵凤山说:"济公现在我兄弟家中,给我婶母治眼,我已派人去请。"秦相说:"我看在济公的面上,再给你几天宽限,你赶紧把济公给我请来。"赵太守唯唯听令,回衙派柴元禄、杜振英带上盘费狂奔昆山,去请济公。

这天二人到了昆山赵凤鸣的门首,叫家人通禀进去,济公正在书房同赵凤鸣谈话。家人进来一回禀:"现有临安太守衙门班头,同柴元禄、杜振英二人求见。"济公说:"叫他们进来!"家人带领两位班头来到书房。柴元禄、杜振英先给济公行礼,然后给二员外行礼,行完了礼,站在一旁,就把临安之事,从头至尾一说。济公听罢,说:"这件事我和尚得管。"当时就在二员外跟前告辞。赵凤鸣说:"师傅可以明天再走,何以这样忙呢?"和尚说:"我有事不能久待。"赵凤鸣立刻吩咐摆酒,给济公送行。赏了两位班头的路费,济公这才跟着二位班头,告辞出来。

离了昆山,顺着阳关大路,在道路上饥餐渴饮,晓行夜宿。这日走在道路上,相离临安只有三十里路,济公说:"柴头、杜头,你们二位愿意拿住盗玉镯凤冠之贼,还是不愿意?"柴头说:"那怎么不愿意?"济公说:"你们两个人要拿盗凤冠玉镯的贼,赶紧走到钱塘关的外门洞里头,里门洞外头站着一个穿青衣的人,你两个人过去就揪,把他拿住就是贼人,到衙门领府县一千二百两银子赏格。"两个人说:"我二人就此前往。"心中甚为喜悦,以为是一趟美差,紧紧往前走。

赶到钱塘关门洞一看,果然有一个穿青衣的人,在那里站着,两眼发直,直往东瞧。杜振英一看,喜出望外说:"柴大哥,你我活该成功!把差事得着,到衙门领了赏,我们三人均分。"说着话,来至切近,掏出锁链"哗啦"一抖,把那人锁上。杜振英说:"朋友,这场官司你打了罢!你做的事你还不知道吗?"那人大吃一惊,回头说:"二位为什么锁我?谁把我告下来了?"杜振英、柴元禄二人一看,认识这人是钱塘门里炭厂子掌柜的。柴头、杜头一愣,那人说:"二位公差为什么锁我?"柴杜二位话还没说出来,这时和尚赶到,和尚说:"二位拿住了吗?"柴头说:"你说叫我们拿穿青衣的,就是此人。"那人说:"和尚为什么拿我?"济公说:"我买你的炭,你不给好炭,净给烟炭。"柴头一听,这话不对,说:"师傅,这人不是盗玉镯的贼。"和尚说:"不是,我跟他闹着玩呢。"柴头赶紧把铁链撤下来说:"师傅,这可不是闹着玩的,无故锁人家。幸亏他是老实人,要不然,人家不答应。"和尚说:"我倒不是撒谎,你们二位太快了,贼还没来,你们先来了,跟我走吧。"那人也不敢说什么。

和尚带领柴、杜二班头进了城,往家走了不远,和尚说:"柴头你瞧,差事来了。"用指一指,柴头是久惯办案的人,抬头一看,见对面来了一人,两只眼东瞧西望,手中拿着包裹。柴头看罢此人有些形迹可疑,二人迎上去说:"朋友,你别走了,你的事犯了。"那人一听,拨头就往南胡同跑,柴、杜二位随后就追。那人跑出南口往东一拐,就往北进了二条胡同,柴头杜头紧追,贼人跑出北口。应该往东,他又往西跑,贼人岂非智哉?复又进了头条胡同。焉想到和尚在那里等着,用手一指说:

"好贼哪跑？"把贼人用定身法定住。和尚就嚷："拿住了！捉拿贼！"本地面官人过来说："和尚，他是贼，把他交给我们罢！"和尚说："交给你，你放心我不放心。"正说着，柴元禄、杜振英赶到说："师傅你老人家放开，我把他锁上。"本地面官人一看认识，说："柴头，你把他交给我罢。"柴头一看，是本地面官人，可不知姓什么。柴头说："你姓什么？"那人说："我姓槐，我们伙计姓艾，我叫槐条，他叫艾叶。"柴头说："你们两个人帮着送到秦相府罢，到了相府，把贼交给相爷，听候发落。"二人答应，同着济公押着贼人，来到相府门首。相府当差人等，都认识得济公，众人赶过行礼，到里面回禀相爷。

相爷正在客厅，同钱塘、仁和二位知县、知府赵凤山办理公事，家人进来说："回禀相爷。现在有灵隐寺济公同着太守衙门两个班头，押着一个贼人，现在府门外求见。"相爷吩咐有请济公，家人来到外面说："我们相爷说了，衣冠不整，在客厅恭候，有请圣僧！"罗汉爷往里狂奔，相爷降阶相迎，赵太守打恭，谢过济公给婶母把眼治好。来到里面落座，钱塘县知县、仁和知县不认得济公是谁，一看是个穷和尚，"怎么相爷太守这样恭敬他？"心说："这穷和尚有什么能为？"见济公与相爷分宾主落座，先谈了几句闲话，叙了离别。秦相说："师傅，我听说你老人家走在道路上，把贼拿来？"济公说："可不是，我听说相府失盗，案情紧急，我捎带着把贼拿来。"秦相一听，心中甚为喜悦，吩咐把贼人给我带上来。下面答应，到了外面说："相爷吩咐把贼人带进去审问。"柴元禄、杜振英二人，先把贼人包袱搜出来，还有单刀一把留在外面，把贼人带进去，跪在厅房之外。秦相立刻问道："下边跪的是何人？通上名来！你把我玉镯、凤冠偷去，卖在哪里？从实说来！"不知贼人如何招来，且看下回分解。

第四十九回　秦相府太守审贼
　　　　　如意巷刺客捉拿

话说秦相一问那人叫何名，所偷物件放在哪里，那人说："小人姓刘名二，乃西川人，做小本经营为业。只为今日要回家，走至大街，不知为何，官人把小人拿来。至于玉镯、凤冠，小人一概不知。"秦相一听，向济公说："圣僧，他是做小本经营之人。"和尚微微一笑，说："大人不是问案之人，可派赵太守问问此事，定然明白。"秦相说："既然如此，来，太守你可问问此案。"赵凤山立刻到外边廊下，摆了一张桌儿，叫把贼人带过来，问道："你既做小本经营，来，把他所带之物件拿上来看。"下面答应，立刻先把包袱刀都全呈上。太守说："你这刀是做何用的？"刘二说："那是我走路防身之用。"太守问："你做什么小本经营？"刘二说："我卖鲜果为生。"正着问，只见和尚过来说："我问你，这小包只是什么物件？"刘二说："是随身所用之物。"和尚把包袱打开一看，有两件衣服，翻到底下，有一双新袜子。和尚说："你既做小本经营，还穿新袜子？"太守一听，这不像话，也不好答言。刘二说："回禀老爷，我做小本经营，有钱买一双新袜子，也不犯法。"和尚往袜子里一掏，掏出一个包来，打开一看，是一颗大珍珠。和尚说："你穿袜子不犯法，你这珠子是哪里来的？"刘二吓得颜色更变，说："回禀老爷，那珍珠是我捡的。"秦相在那边看得明白，这颗珠子是凤冠上的珠子，叫家人把珠子拿过来细看，果然不错，说："圣僧，这颗珠子是我失去的凤冠上的。"赵太守一听，勃然大怒，说："你这厮，大概我不打你，你也不实说！"秦相府这里有的是竹棍，吩咐手下人打。

刚要拉下去，吓得刘二说："大爷不必动怒，我实说。小人姓刘名昌，绰号叫野鸡溜子，原本在西川路绿林中当小伙计跑道。这颗珠子并不是小人所偷的，原本是今天早晨，有一个西川路的大盗，叫华云龙，外号叫乾坤鼠，同着一个铁腿猿猴王通，他二人先在尼庵采花，后在饭馆杀人，又到秦相府盗的玉镯、凤冠，旧日我伺候过他们二人，今天他二人给我的，叫我回西川，说'这颗珠子能值四五百两银子',叫我卖了,可以做小本经营,也够我吃的了。今天我方要出钱塘门,不想被二位公差把我拿来,这是已往从前真情实话,并无半句虚言。"太守说:"这华云龙、王通在哪里住着?你定然知道。"刘昌说:"他们两个人原先在兴隆店住着,他现在搬了,小人我可不知道了。"和尚说:"太守,把他交钱塘县钉镣入狱,这案总算破了。相爷,赏他们原办。"相爷吩咐家人拿五十两银子,赏给柴元禄、杜振英,谢了赏,把刘昌带下去。

秦相说:"圣僧,这个华云龙现在哪里?求师傅可以帮着拿了,本阁过了事再谢!"济公说:"我给你算算他在哪里。"秦相说:"甚好!"和尚说:"你拿八锭金子来,我拿金子算。"秦相立刻吩咐家人:"到账房取八锭金来。"立刻家人取来一两一锭八锭,交给济公。和尚搁在桌子上,嘴里咕哝也不念些什么,念完了把金子带起来。和尚说:"仁和县的知县呢?"秦相说:"现在外面。"立刻把仁和县知县叫进来。和尚说:"贵县你手下有一位班头田来报,给我叫来。"知县吓得颜色更变,也不知什么事,说:"不错,有一个田来报。"济公说:"给我叫来。"知县也不知济公什么心意,心中辗转,又怕田来报窝藏着盗玉镯、凤冠的贼人,赶紧派人把田来报叫来。此时田来报正同万恒山在班房说话,外面进来一个伙计说:"田头,了不得了,现在盗玉镯这案破了,拿住一个贼叫刘昌,招出盗玉镯的贼,一个叫乾坤盗鼠华云龙,一个叫铁腿猿猴王通。秦相叫灵隐寺济公给占算,这两个贼人落在哪里?济公占了半天,什么话也不说,叫咱们老爷提说,叫你去有话说,把老爷都吓了一跳,也不知什么事,老爷派我叫你来了。"田来报一听,愣了半晌,叹了口气,说:"了不得了!万贤弟,咱们哥俩知己之交,我这一去,倘有舛错,我家有老娘,有你嫂嫂,无人照管,你要多多照应。"万恒山一听这话,诧异其中有因,万恒山说:"田兄长,你说这话从何而来?"田来报说:"你也不必问,少时你便知道。"站起来跟着来人,直奔相府。

到了相府,往里回禀,把田来报带到,济公吩咐把他带进来。田来报来到里面,先给秦相济公行礼,然后给大众行完了礼,往旁边一站。和尚过去说:"田来报你来了。"过去伸手,把他拉到厅房之内说:"你把这顶缨翎帽给我摘下来。"田来报一想:"要革我这个头役罢。"和尚说:"把这皮挺带解下来,把青布衫脱下来,把靴子脱下来,把汗褂脱下来。"田来报一听,说:"师傅,你叫我把衣服都脱下来做什么?"和尚说:"我叫你脱下来有好处。我问问你,你顶头巾值多少钱?"田来报说:"大约买去得两吊钱。"和尚说:"不多,你这件青布靠衫多少钱买的?"田来报说:"也得两吊五百钱,连皮带汗衫靴子也得两吊五百钱。"和尚点了点头,吩咐家人去到账房称二百两银子来。家人知道济公是相爷替僧,遂不敢违背,立刻取了二百两银子,交给和尚。济公一只手拿着二百两银子,递给田来报,田头接过,和尚说:"你拿去吧!"田来报也不知是怎么回事,拿了二百两银子,出了相府。

刚一出来,见万恒山在府门口站着,万恒山一看,田来报帽子衣裳靴子都没有了,就剩了一条单裤子,赶紧问道:"田大哥,你的衣裳哪里去了?我听你方才说的话,甚不放心,我追下来。你的衣裳哪里去了?"田来报说:"衣裳卖了。"万恒山说:"卖了多少钱?"田来报说:"二百两银子。"就把方才之事一说。万恒山说:"你问问还要不要,我还有一身衣裳。"田来报说:"我不能再进去。"万恒山说:"田大哥你刚才说的话甚凶,又说叫我照看老娘,照看嫂嫂,倒是什么事情?"田来报说:"你好粗心,咱们两个人做的事你忘了?当初兵围灵隐寺,锁拿济公,不是你我把济公诓到秦相府?我怕他记恨前仇。"万恒山这才明白,二人拿着银两回去。此时秦相见和尚留下田来报的衣裳,给了二百两银子,也不知是什么心思,刚要问和尚,济公说:"太守哪去了?"秦相说:"现在外面。"济公说:"请进来。"赵太守进来说:"师傅,你呼唤我有什么吩咐?"和尚说:"你把你乌纱帽摘下来,蟒袍脱下来,玉带解下来,靴子脱下来。"秦相一想:"这倒不错,二百两银子买了一身,又买这身,这身前裳得花二千,倒要看和尚怎么样?"赵太守说:"圣僧不要诙谐,我非田来报可比,他是个头役。"和尚说:"你脱下来,自有好处。"赵太守无奈,只好脱下来。和尚说:"太守,你把田来报的这缨翎帽藏上,穿这件青布靠衫,穿这双布靴子。"太守就穿上,真就像头役了。和尚说:"太守,我叫你穿这身衣裳,你知道为什么不知道?"赵太守说:

"弟子不知。"济公说:"你可知道盗玉镯的贼人临走留下诗句,末句有'派着临安太守拿'的一句,我派你去拿贼。"赵太守说:"我如何能拿得了?自有差役人等去办案。"和尚说:"我帮你去拿贼,你带上柴元禄、杜振英、雷四远、马安杰四个人。今天三更至五更,我要把贼人拿来。"回头说:"相爷今天你可别睡觉,三更至五更,我把贼人拿来,要审问盗玉镯贼人的口供。"秦相点头。

和尚带赵太守、四个班头出了秦相府,狂奔大街。赵太守跟着和尚,直绕了一趟四城,天有二更,赵太守说:"师傅,倒是上哪去?我实在走不动了。"和尚说:"到了。"来到一条巷口,地名叫如意路,西边有一个更棚,里面墙上有一个黄瓷碗点着灯,阴阴惨惨,打更的枕着梆子睡着的。和尚慢慢进去,拿半头砖,把梆子抽出来,替上半头砖,打更的也没醒。和尚告诉柴元禄、杜振英,叫打更的就说大人下夜,柴、杜二班头进去一叫,打更的睡得迷迷糊糊,拿起砖头出来。和尚说:"几更天?"打更的要打梆子,一瞧是砖,吓得惊慌失色。和尚说:"你不用害怕,我告你。"就附耳如此如此这等,打更地点头。和尚把梆子给了他,带着五个人来到一家门首,和尚用手一指,说:"要拿盗玉镯的贼,就在此门内。"不知后事如何?且看下回分解。

第五十回　捉贼人班头各奋勇　办海捕济公出都门

话说济公带着五个人,到了如意巷路东,有一座大门。和尚说:"要办案,就在此地。柴头、杜头你们二位在门缝北边站着,雷头、马头你们二位在门缝南边站着。"四位班头说:"师傅做什么?"和尚说:"你们四位隔着门,由门缝往里吹气,就把贼吹出来。"这四个人也不敢不信,只好就得听和尚吩咐,上前用手拍门说:"开门来!开门来!"连拍了数下。里面门房里有两个二爷,正在屋里睡觉。听外面叫门,这个说:"你瞧瞧去。"这位二爷素来是胆子最小,点上白蜡,捻出来刚要打门缝往外瞧,觉得一阵冷风,蜡烛也吹灭了,吓得拨头就走。屋中这个家人说:"怎么了?"这个说:"黑古楼洞,毛毛轰轰鬼吹风。"两个人正说,又听门外面嚷:"开门!开门!"吓得这二位二爷也不敢出来开门。正在这番光景,里面老爷出来了。书中交代,这家主人,原本姓杨名再田,原任做过四川成都府正堂,因丁母忧,回家守制。今天正在书房,听门外喧哗,叫童子掌下灯光出来,叫手下开门,把门开开,一看门口站着几个官人。这个时节,济公早隐在一旁蹲着。赵太守一见大门开了,由里面出来一人,头戴青四楞方巾,身穿蓝袍,腰系丝绦,篆稀薄官靴,面如三秋古月,三绺黑胡须飘洒在胸前,赵太守一见认识,赶奔上前说:"原来是大哥,此时尚未睡觉?"杨再田"哼"了声,说:"什么人敢跟我呼兄唤弟?"赵太守说:"小弟赵凤山,莫非兄长就不认识了?"这二人本来自幼同窗,又系同年,又是知己相交,今日见赵太守这样的打扮,黑夜光景,没瞧出来,故此这样一问。听赵太守一说名字,杨再田说:"贤弟,拿着你堂堂的,怎么扮作这个样子?岂不失了官体,自讨下流。再说要被御史言官知道,定必奏参。"赵凤山说:"兄台有所不知,只因秦相府失去玉镯、凤冠,有灵隐寺济公长老拿住贼人刘昌,审问出盗玉镯的贼人叫华云龙、王通,故此叫我改装出来拿贼。"杨再田一听,叹了一声,说:"贤弟,你我乃念书之人,怎么也信服这攻乎异端,怪力乱神之事?和尚妖言惑众。"赵凤山说:"兄长不要如是,济公跟着我来办案。"济公站起说:"赵太守,咱们在这里歇歇坐坐再去可否?"赵太守说:"小弟我欲在兄这里歇息,叫我这几个人就在门房等候。"杨再田说:"请!"二人说着话往里走,和尚后面就跟着。

院中北上房暗五明三,东西各有配房,和尚绕着头里进去,在上首椅子上一坐,杨再田一看,大大不悦,心里说:"自天子以至于庶人,一是皆以修身为本,他连身体都不顾。"心中虽不悦,是不好说。进来落座,赵太守说:"我也忘了给你们二位引见。"杨再田说:"不用引见,我已知道了。"吩咐家人倒茶。和尚说:"不用倒茶罢,摆酒！"杨再田故作未闻,问赵太守拿住的刘昌,审出来的贼人,是哪里的人？和尚说:"摆酒呀！"赵太守把秦相府的事,述说一遍。和尚说:"摆酒呀！"二人这里谈话,和尚一连说了十几声,赵太守实在忍不住了,说:"兄长,小弟也饿了,有什么吃的吗？预备点。"杨再田说:"方才和尚说,我已听见了,只因舍间酒菜不齐,未敢奉敬。既是贤弟饿了,来预备。"一句话把酒菜摆上。和尚也不让,拿酒壶就斟,和尚说:"咱们一见如故,不要拘束。"喝了两三杯酒,杨再田存心要试探和尚,杨再田说:"和尚你既善晓过去未来之事,我有一事奉求。我自己把我的生日忘了,不记得哪年哪月所生,求你给占算占算。"和尚说:"那容易,你是某年某月生辰,今年五十八岁。"杨再田一听,真对。素常他本不信服妖言惑众。今天和尚真说对了,又说:"和尚,你给我相相面,多怎能好？"和尚说:"你可别恼。"杨再田说:"是君子问祸不问福,只要说真情实话。"济公哈哈一笑说:"大人,你气色不好,此时印堂发暗,眼光已散,脖子是裂了纹了。今夜三更,定有掉头之祸。"杨再田一听,问道:"我今夜三更准死,有何为凭据？"济公说:"今有你本宅家人,勾引外来贼寇来杀你。"杨再田说:"我哪个家人？"济公说:"你把众家人全都叫来,我一看就知道。"杨再田立刻吩咐家人都来。

　　这宅内总有二十七名男家人,九名仆妇丫鬟,于是男家人全来至书房以外,都站在那里。和尚一看,按名内中有一个三十五六岁家人,五官清秀,和尚问:"你叫什么名字？"那人说:"叫杨连升。"乃是老家人杨顺之子,为人忠厚。济公说:"你勾引贼人外来,今夜来杀你家主人。"杨连升一听,把脸一沉说:"和尚,你可是搬弄是非！我自幼受主人之恩,今日如何做出这样无礼之事？你说无凭无据之话。"济公说:"你别生气,我问你,今一早你扫大门之时,有一人向门里只瞧。你问他找谁？他说'贵宅是做过成都府正堂杨大人吗？'你就说是,对不对？"杨连升一听和尚之言,想了想说:"不错,早晨虽有此事,我也没勾引贼来杀人家主人。"和尚说:"你一告诉他,是做过成都府正堂杨大老爷,他是你家主人仇人,今夜准来,与你无干？"

　　杨再田半信半疑,自己又害怕,听见和尚问家人不是谣言,可就说:"圣僧,这件事如何办法呢？"济公说:"杨太守放心,我等今来此,就为此贼而来。把我带来四个头役叫进来,我有话吩咐。"杨再田立刻派人把四个班头叫进来。济公说:"柴头、杜头你二人在东厢房廊下埋伏,雷头、马头你二人在西厢房廊下埋伏,候至三更以后,由东边来一贼人,等他分落于地下,你四人过去,各摆兵器,把他围住拿获,杨太守自有重赏。"四人出来,分两边埋伏。那雷四远可说:"马二兄,咱们合柴、杜同衙门当差,今日他二人得了五十两银子,理应让让你我才是,他二人不但不让,连说一句也没说。今夜贼来之时,他二人过去,你我别过去,他二人捉了贼人,叫他二人进去领赏。他二人如不行,那时你我二人过去捉贼,得了赏也是你我二人均分,不能分给他二人。"马安杰说:"有理,就依你罢。"二人暗暗计议。

　　不知不觉天有三更时分,不见动作。那边柴、杜二人也暗暗说:"天到这般时候,怎么不见贼来呢？莫非济公算的不灵？要是贼人不来,今夜看济公该如何？"二人正说之际,只听见院中"啪"的一声,落下一个问路石子,后面随下一人,身穿夜行衣服,臂插单刀,身高八尺以外。方落下来,柴元禄、杜振英二人飞身窜下来,说:"呔！贼人休走！我二人在此等候多时！你今日可是放着天堂有路你不走,地狱无门闯进来！"摆刀就剁。那贼人哈哈一阵冷笑,说:"好,杨再田你有防备,我叫你防备一阵,早晚我二太爷必来取你首级。"拉出刀来,合柴杜杀在一处。两个班头见贼人刀法纯熟,武艺精通,实不能拿他。那铁尺到了贼人致命之处,不敢往下落。怕伤了他的性命,贼人刀可往二位班头致命处上剁。柴杜二人只累得力尽汗流,不见雷四远、马安杰出来帮助动手,柴头真急,口中说:"济公,你老人家快出来罢！我二人可不行了！"济公在屋中答言说:"我出去。"从里面出来。贼人一见,透些慌张,往旁一闪,说:"今日我饶你二人不死,改日再会罢！"飞身蹿上房去。柴杜二人说！"不好,贼人逃去走了,济公快念咒罢！"和尚说:"可以。"冲定贼人,用手一指,口中念六字真言。"唵嘛呢叭咪吽！唵敕令赫！"那贼人从房上一滚,落下院中。柴杜二人过去,立刻先把贼人按住,把刀夺过来,捺于地下,绑好了抬至上房屋中。杨再田一看，果然长得雄壮，问道："贼人，我与你远日无冤，近日无仇，你如何前来行刺？你叫什么名字？说来！"那贼人愕了半晌，抬起头来说："可恨，可恨！别无话说，我也命该如此！"杨再田说："你与我有什么仇，前来杀我？快些说来！如不然，我要重重责罚你。"贼人说："不要动刑，我说。"从头至尾，如此如此，说了一番。要行说出何事，且看下回分解。

第五十一回　救义仆同赴千家口　见拜弟各诉别离情

　　话说杨再田在书房内问刺客名姓，那贼人说："我姓华名云龙，绰号人称乾坤盗鼠，乃是西川人。"赵太守说："兄长不用问了，我把他带到秦相那里，听候相爷办理。"杨再田过来谢了济公，说："要非圣僧来此，吾早为泉下人矣！从今我再也不敢不信服僧道了。"重新又另整杯盘，给和尚斟酒，只吃到东方发晓，鸡鸣三唱。天色大晓，外面声音一片，门上人进来回话说："今有太守衙来轿接大人，在外边伺候。"不多时，只见赵福、赵禄二人，拿着衣包进来。赵太守立刻换了衣服，问："何人给你送信，知道我在这里？"赵福说："是如意巷的更夫李三，奉济公之命令，一早给我们送信，叫我等在这里杨宅迎接大人。"赵太守一听这话，心中这才明白，立刻把衣服换好。问济公："是坐轿是骑马？"济公说："太守你先押解贼人去，我随后就到。"太守立刻告辞，出来上轿，杨再田送出到外面。柴元禄、杜振英、雷四远、马安杰四位班头，押解贼人直奔秦相府，有人往里面回话。

　　秦相自从和尚同太守走后，在书房直等到四鼓以后，不见和尚到来，身觉劳乏，睡在床上，和衣而卧。少时天亮，起来净面吃茶，方用过点心，只见家人进来回话说："回禀相爷，现有赵太守带领班头，将贼人拿来，在府门外听候示下。"秦相说："先把太守请进来，随后把贼人带上来。"家人到外面说："相爷有请！"赵太守来到里面，给秦相行礼，将昨夜晚在如意巷口拿贼的事，多蒙济公将贼人拿获，一一述说一遍。秦相立刻吩咐将贼人带上来，两旁人答应，将贼人带到。秦相一看这贼人，比刘昌更透雄壮，穿着一身夜行衣服，怒目横眉。秦相说："你姓什么？叫什么？哪里人氏？将我的玉镯凤冠盗去，放在何处？趁此实说，免得皮肉受苦！"下面贼人说："大人不便细问，我是西川人，我叫华云龙，玉镯、凤冠是我盗的。"秦大人说："你卖在哪里？"华云龙说："我卖给过往客商，不知名姓，卖了一千三百两银子，被我随手将银子花了。"秦丞相一闻此言，勃然大怒，说："我的传家之宝，竟然被你盗去。"正在动怒，要打贼人，外面有人进来回禀："济公禅师到！"秦相吩咐有请。

书中交代,怎么济公到来晚了?只因济公由杨再田家中出来,出了如意巷,刚来到大街,只见一人拿着果篮,直奔向前,跪倒行礼,口称:"师傅,你老人家一向可好?"济公用手相搀,原来是探囊取物赵斌。济公说:"徒弟你跟我来,我有话说。"赵斌说:"我今天刚到果子市,买点果子要做小本经营,师傅有何话说?"济公说:"你跟我到酒铺喝盅酒。"赵斌点头,跟着济公来到酒铺,要了两壶酒。济公说:"赵斌,我看你这几日印堂发暗,气色不佳,我给你八锭黄金,你自己拿家去,籴米买柴,过百日之后,再做买卖。"说罢把那八锭黄金取出来,交给赵斌。赵斌谢了圣僧,给了酒钱,二人出了馆,济公直奔秦府而来。

到了门首,家人回禀进去,秦相叫请,和尚到了里边,见相爷正自审问贼人。济公说:"大人可曾问明了口供?"秦相说:"今已问明了,他叫华云龙,盗我玉镯、凤冠,卖给不知名姓之人,把我两种宝贝失迷了。"济公说:"贼人名叫华云龙,你别不要脸啦!你那样人物,连真名姓都没有吗?说姓华为是发财呀?"贼人一听,把眼一翻说:"和尚,你真是我的对头冤家,我打算替华二弟打一脱案,要招出我的案来,我也是死,不想和尚认识我。"大人说:"你姓什么叫什么?倒是怎么一段缘故?讲来!"贼人说:"我姓王名通,乃是西川人,家住在成都府。因为我家兄在成都府当一书办,因为使了二百两赃银,被杨再田收监入狱,置之死地。那时我正在外面流落,后来我回去,才知我家兄已死了。我要找杨再田报仇,不想赃官已然丁忧回籍,故我找到临安来。在酒楼遇见华云龙,他也是西川人,绿林的朋友,我二人见面,就住在城隍山下刘昌家中。因为游城隍山,遇见一个带发修行的少妇,华云龙一见美色起意,晚间入乌竹庵意欲采花,不想因奸不允,他将那少妇杀死,又将老尼姑砍倒。他回到寓所一告诉我,我就替他担惊,我二人次日来到泰山酒楼喝酒,因为口角相争,他一刀把静街太岁秦禄杀死。后来我同他在酒楼吃酒,我劝他不可这样胡闹,倘被官人拿获,岂不有性命之忧?他说我胆小,他要做惊天动地事,要杀秦相。我又用话一激他,我二人晚间就来到秦相府。他到了秦相府,盗了奇巧玲珑白玉镯、十三挂嵌宝垂珠凤冠,他在粉皮墙题的诗,所有的事,都是他一人做的。"旁边也有先生写了招供,写完了,呈与秦大人过目。秦相一看,自己这才明白,问道:"王通,现在华云龙他在哪里住?你必知情!你如要说了实话,我必要从轻办你,你如不说实话,我必要重办你!"王通说:"大人不必生气,我同华云龙原先是一处住,也不住店,或是庙宇钟楼鼓楼,或大户人家花园僻静之处存身。自从昨天晌午,听说刘昌犯了案,他不敢在临安再住。我二人商量好了,他到千家口通顺店去等我,不见不散,准约会我那时去,我二人同回西川。"秦相听明白,问:"济公,此事如何办法?"济公说:"大人派人拿去吧。"秦相说:"手下官人如何拿得了这样贼?还是师傅慈悲慈悲罢!"济公说:"我去拿也行,有功就得赏,有过就得罚,大人先赏二百两银子,给柴元禄、杜振英,他二人办此贼有功。再给二百两银子盘费。大人办一套海捕公文,相谕我带他二人去拿贼。先把王通交钱塘县钉镣入狱,不准难为他,候把华云龙拿来,当堂叫他二人对质。"秦相说:"甚好。"立刻叫太守回衙门,给办海捕公文,相爷亲笔标了相谕。

和尚说:"柴头、杜头你们二位班头去跟和尚去办案,别穿这在官应役的衣裳,你们两个人改扮作外乡人的样,好遮盖众人的眼目。"两位班头答应,跟太守回衙门。太守办好文书,柴头、杜头到街上买了两身月白粗布裤褂,左大襟白骨头钮子,两只岔配鞋,二人装扮起来,把官衣包在包裹之内,带着文书,来到秦相府。济公已吃完饭,二班头领了相谕、盘费,秦相说:"师傅这一到千家口,如将贼人拿获了,三衙门领一千二百两赏格外,也是一种喜事。"济公同二人出了府门,往前行走,只只桃红柳绿,艳阳天气,野外芳草一色新。和尚信口作歌:

堪叹人为岁月荒,何时得能出尘疆?从容做事抛烦恼,忍奈长调远怨方。

人因贪财身家丧,蚕为贪食令早亡。诸公携手回头望,元源三教礼何长。

才见英雄邦国定,回头半途在郊荒。任君盖下千间舍,一身难卧两张床。

一世功名千世孽,半生荣贵半生障。那时早隐高山上,红尘白浪任他忙。

和尚唱罢山歌,说:"二位头儿,你二人快走!华云龙在前边树林之内上吊哪,他要一死,亦不能拿他去了。"柴杜二人一听,立刻答应,飞身上前。快跑了有五六里之遥,果然见前边一树林,有一人正在歪脖树上拴套。柴元禄一瞧,说:"不得了!了不得!要是贼人一上吊,这一千二百两银子的赏也不用要了,差事亦不要办了。"自己赶紧脚底下加劲,往前跑到树林,那人早已吊上。柴元禄急了,双手一抱,竟将贼人捉住。要知后事如何,且看下回分解。

第五十二回　美髯公拜请济公　会英楼巧遇贼寇

　　话说柴元禄过去把上吊人抱住。杜振英追来一看,说:"大哥你把华云龙拿了?"柴元禄低头一看,说:"这是华云龙的老爷。"杜振英说:"怎么?"柴元禄说:"你看这个人胡须都白了,他这大年纪还采花吗?"两个人就把这老丈扶起来,一个捶腰,一个呼唤:"老丈醒来!"缓了半天,这老丈缓过一口气,一睁眼瞧了瞧,老丈反勃然大怒,说:"两个小辈,放着道路不走,多管闲事!"柴头等老头骂完了,说:"老头你真不讲理,要比我两个人在这里上吊,你瞧见了,你管也不管?人焉有见死不救之理?你别瞧我二人穿的衣服平常。你这大年纪,为什么事情行这样愚志?是为银钱,是受人欺辱?你依实细细告诉我二人,或我二人能救得的,可以救你。你骂我二人,我们也不计恼,我问你实因怎么一段情节?"老者叹了一口气,说:"方才我是一时的急火,多多得罪你二人。我倒不是因为别的骂你,我想我的事,细细告诉你二人,你们也管不了,我横竖得死,你们倒叫我受两遍罪。"柴头说:"你说说为什么事寻死?我二人既说能办就能办。你瞧我们两人穿的衣裳,像村庄乡人,也不是在你面前夸口,说一句大话,勿论什么事,我二人都可管得了。"

　　老丈说:"二位既要问我,二位请坐下,听我慢慢告禀。我本是阜丰县聚花村人,我姓傅名有德。我家主人姓冯名文泰,在安徽泾县做了一任知县。我家老爷一位清官,两袖清风,爱民如子,病故在任上,宦囊空虚,一贫如洗。我同着我家夫人、公子、小姐,扶柩回归故里原籍。我家小姐给的是临安城的官宦人家,婆家是吏部左堂朱大人,现在来信,婆家要迎娶。我家夫人无钱陪送小姐妆奁,叫我上镇江府。原本我家舅老爷做那里的二府推官,叫我去要二百两银子,赔送小姐。去到镇江府,一见我家舅老爷,舅老爷一听说我家老爷死在任上,埋怨我为何不把我家主母送到他那里去,倒难为我家夫人带着儿女过这十分苦日子。我家舅老爷给了我六百两银子,说五百两给我主母送姑娘,那一百两给我,叫我垫办着用,常看我年老受苦辛不易。我怕银子在路上不好拿,买了十二锭黄金,做了一个银幅子,就戴在腰中。我走到这树林子,觉着腹中疼痛,总是在道路上,是白天受暑夜晚着凉。我肚腹疼痛不能走,就在这树下歇息。正在发愁,来了一个二十多岁的男子,手中拿着一条绳子,问我为何坐在树下不走?我说,'我肚腹疼痛的厉害。他过来给我两颗痧药万金锭,我吃了下去,觉着一行动,就睡着了。后来我醒来一看,那男子踪迹不见,那条绳子在地上放着,我一摸腰里十二锭黄金银子幅都没有了。二位想想:我回去见了我家主母,怎么交代?我家夫人本来家寒,又要陪小姐,急等用钱。我有心再回镇江府,见了我家舅老爷,也是无话可答,我说罢了,也许我家舅老爷不信。'我左思右想,是前进无门,退后无路,莫如我一死倒也干净,也就管不了我家夫人的事了,二位虽是好意救了我,我还是得死,岂不是受二遍罪?"柴、杜二位一听,知道这是济公的取巧,支使我两个人来救人,哪里有华云龙?柴、杜一想:"我二人何不给和尚找点麻烦?"想罢,说:"傅有德,你别死,回头由南边来了一个穷和尚,你过去揪住他,跟他要银子。他不给银子,不叫他去,叫他给你想主意。"傅有德说:"甚好。"

　　正说着,只见由北边来了一个穷和尚。一溜歪斜,脚步仓皇,来者正是济公。一边往前走,和尚信口说道:"你说我疯我就疯,疯癫之症大不同,有人学僧疯癫症,须下贫僧酒一瓶。"口中正自唱歌。柴元禄说:"师傅你老人家快来。"傅有德一看,是个穷颠和尚,衣服褴褛。和尚过来问:"二位,这是何人哪?"柴、杜人把上项事细述一番,济公问道:"你二人有六百两银子哪?"二人说:"没有。"和尚说:"你们两人既没有六百两银子,怎么救得了傅有德? 不是无故的找事? 你们两个人现有多少钱?"柴头、杜头说:"我们两个人,就是这二百两银子盘费,别处并无一文钱。"傅有德一听这三个人的话,自己一想:"我丢了银子,何必为难他们?"自己想罢,说:"你们三位不用管。"和尚说:"焉有不管之理? 我方才已听明白两人说了,来罢! 我给你把套拴上,你好上吊。"柴头、杜头说:"师傅你老人家说这什么话? 你叫我们来救他的,你老人家怎么又不管? 总得想主意救了他才好。"和尚说:"事既是如此,傅有德你跟我们走吧,直奔千家口,你瞧有人大喊一声奔我来,那就是你的财了。"傅有德说:"就是罢。"

三个人跟着济公,出了树林,一直往千家口走。还有四五里之遥,和尚一边往前走,口中说道:

你会使乖,别人也不呆。你爱钱财,前生须带来。我命非你排,自有天公在。时来运来,人来还你债。时衰运衰,你被他人卖。常言道做善好消灾,怕你无福难担待。使机谋把心胸怀,一任桑田交沧海。

和尚唱着山歌,正往前走,忽然间由打千家口的村头,有人大喊一声说:"圣僧长老,你老人家可来了! 弟子找你老人家,如同钻冰取火,轧沙求油。"后面还跟着一位,两个人跑到济公跟前,双膝跪倒。二班头一看,认识这二人。头前这位身高八尺,膀阔三停,头戴粉红缎软帕袖巾,绣团花分五彩,身穿粉绫红色箭袖袍,腰系丝绦,薄底快靴,面如白雪,两道细眉,一双大眼,裂腮额。后面跟定那位,头戴宝蓝缎色扎巾,身穿宝蓝缎箭袖袍,腰系皮挺带,薄底快靴,面似淡金,重眉阔目,三山得配,五岳停匀,海下一部黄胡须遮胸前,处披一件宝蓝缎英雄大氅,这个乃是美髯公陈孝。前头一位,姓杨单名猛,外号病服神,这两个人乃是保镖达官。只因保着一支镖上曲州府,客人王忠住在千家口通顺店,忽然王忠得了禁口痢疾,忙请了一位先生来调治,又把药用反了,病症一天比一天沉重。王忠在床上睡着直哭,想起家有的父母,自己有病,在这里又无至近亲人,带着三十万银子办货,倘如口眼一闭,做他乡的怨鬼,异地的孤魂。杨猛、陈孝这两个人是忠厚人,看客人病的重,又是孝子,打算赶紧请先生给他治好了病。千家口这里,又没有高明医士,两个人去到灵隐寺问济公,到庙中一问,说济公并未在庙里,细细探听,说济公被人请到昆山县去治病。杨猛、陈孝二人无法,庙中留下话,仍回天兴店内等待。等了两天,也不见济公来,二人心中甚为愁闷,今天出来闲步,偶然听济公唱山歌而来,杨猛大喊一声,二人过去行礼。和尚说:"你二人从哪里来?"陈孝就说:"客人病在店中,到灵隐寺去请你老人家,没见着,我们也不能走,求师傅慈悲慈悲罢!"和尚点头说:"你二人起来!"柴头、杜头也认识,说:"二位达官从哪里来?"陈孝一瞧是二位班头,陈孝也乐了,说:"二位为何这样的打扮?"柴头说:"我们出来私访办案。"

这几个人跟着济公进了村口,是南北的街道,东西有铺户,路西有一座酒楼,和尚站住不走了。此时这六个人是四样心意,柴头、杜头想要办案拿华云龙;傅有德心想有人大喊一声,我这六百两银子得跟他二人要;二位达官想济公来了,好把客人王忠治好,就可以起身;和尚见了酒楼,就想吃酒。说:"众位,我们进去喝盅酒。"大众虽不愿意,也不好违背,众人同和尚进了酒馆。济公一看是会英楼,心中一动,说:"要捉拿采花淫贼华云龙,在此等候。"要知后事如何,且看下回分解。

第五十三回　绿林贼偏遇路劫
　　　　　设奸谋划虎不成

话说济公进了会英楼,掌柜的见他衣服平常,是一穷僧,并未逢迎。杨猛、陈孝等五人进来，他连忙过来说："众位里边坐！"济公站在柜外说："掌柜的，我也来了。"那掌柜的说："和尚，你来得甚好，里面请坐罢。"六人进去，到了后堂，跑堂的过来说："你六位上楼还是在哪里？"和尚问："有雅座没有？"跑堂的说："只有一个雅座，方才进去三人，已然要酒菜吃了。你六位上楼罢。"和尚说："不上楼，我到雅座，把三位让出来如何？"跑堂说："那不行！"和尚说："你不要管，我到雅座去。"一掀帘子进去，看见三人正自吃酒，是新拜的盟兄弟，大哥请两个兄弟吃酒。正在谈心，只见外边进来一和尚，到这里来说："你们三位在这里吃酒，酒钱我给了，我给你三位再要几样菜罢！"三人都站起来，大哥疑惑和尚和二位盟弟相好，那二人疑惑是大哥认识的，都连说："和尚不必会账，你在这里同吃酒罢。"和尚说："请，请！"自己退身出去了。大哥问："二位兄弟，这是哪庙里的和尚？"那二人说："我们不知道，不是兄长的朋友吗？"他又说："不是。"三人都笑了，说："这是怎么件事呢？坐下喝罢。"三人方一落座，全都连忙起来，"哼"了一声，大哥说："我方才一坐，不知什么扎我屁股一下。"那二人说："叫跑堂的快拿盘来，你这屋中不好，我们挪外间去。"跑堂的可给他们搬出来。

济公六人见人家出来，他们就进去。到了里边落座，要了酒菜，摆上喝了几杯，就听外面有人说话，声音洪亮，说："合字并赤字，唷撒窑儿，把合字赤字窑儿鹦爪孙。"说完，进来三个江洋大盗。书中交代，内中就有华云龙。只因华云龙自临安合王通分手，定准在千家口通顺店内约会，又不见不散，他在通顺店内，人家都当他是一个保镖达官。他往日住在后院上房之中，昨夜晚间他自己吃完晚饭，觉得心神不宁，发似人揪，肉似勾打，叫店中伙计算结店账，说："我要走，要有西川姓王名通来找我，你告诉他，我先走了，和他家中相见吧。"伙计答应。他出了店门，天已初鼓之际，走到村外，只见满天星斗，皓月当空，走了五六里之遥，有一座树林，从树林内跳出一人，口中说：

自幼生来心性鲁，好学枪棒懒读书。漂蓬四海免民祸，浪荡江湖临草庐。遇见良善俺要救，专把贪官恶霸诛。我人到处居方寸，哪管皇王法有无。

说完了八句，把刀一亮，说："哒！对面行路之人，快留下买路金银，饶你不死！"华云龙听罢说："对面是合字。"那拦路之人哈哈大笑说："我是济字。"华云龙说："你不是绿林中的合字吗？"那人说："我一概不懂。"说着话，摆刀过来搂头就剁。华云龙拉刀刚要动手，一看这人身高八尺，穿着翠蓝褂，面如蓝靛，发似朱砂，一部红胡髯飘洒胸前，长得凶如瘟神，猛似太岁。这人不觉把刀还入鞘内，说："原来是华二哥，从哪里来？因何连夜行路？"华云龙一看，说："原来是雷二弟，提起来一言难尽。"华云龙就把由江西来到临安，所作所为事一说，只是没提乌竹庵采花之事。

书中交代，来者这人姓雷名鸣，原籍是镇江府丹阳县龙泉坞人，也是一位绿林的英雄。他与陈亮是结义的弟兄，二人分手有一年多没见。雷鸣去到陈家堡找陈亮，陈亮家中人说："陈亮已上临安去了。"雷鸣一听，心中甚不放心，要到临安去找陈亮。今天走在半路之上，见对面来了一个夜行人，雷鸣故意由树林中蹿出来，亮刀截住，过来一看是华云龙，二人这才行礼毕，叙离别之情。华云龙说："雷二弟，你方才念的八句诗词，是你自己做的吗？"雷鸣说："不是，这是杨明大哥做的。华二哥你在临安，可见陈亮？我正要去找他呢。"华云龙说："我倒没有见过陈亮。依我说，你别去找他，因我在临安泰山楼杀了人，秦相府盗了玉镯、凤冠，你要一去，恐怕人家瞧见你形迹可疑，把你办了，倒多有不便。"雷鸣说："不要紧，我到临安没事便罢，倘若我要失了手，我替二哥打一脱案。二哥你跟我同去，俺们二人在临安盘桓一月，你我一同回江西，也不为晚。"华云龙本是没准主意的人，一听雷鸣这话，自己动了心，说："既然如是，雷二弟你我一同走。"

二人刚走了不远，见眼前树林内转出一人，过来拦住去路，二人一看，不是别人，正是圣手白猿陈亮。书中交代，陈亮自从前者济公要给开水浇头，切菜刀落发，吓得陈亮跑了，他就在临安城找了个僻静的店里住着。华云龙在临安城所作所为的事情，陈亮都知道。后来听说拿着野溜鸡子刘昌，济公奉命出都办案，陈亮才要追下华云龙送信,叫他远奔他乡。不想今天走在这里,遇见雷鸣、华云龙,三人见面行礼,坐在就地,各叙已往从前之事。天光已亮,陈亮说:"你们先到千家口沐浴净身,吃点东西,商量着再走。"华云龙点头,三个人一同来到千家口,沐浴净身,吃点心。喝了点茶,天已正午,三人要去吃酒,来到会英楼,华云龙说:"瞧见有翅子窝的鹦爪孙,留点神。"济公在雅座早已听见,和尚也未出来。

三人上了酒楼,一看也干净,要几样冷荤菜,干鲜果品,烧黄二酒,只要好吃,就得不怕钱,跑堂的立刻到柜上要了酒菜。不多时摆好,三人吃酒谈话,真是开怀畅饮,酒逢知己千杯少,话不投机半句多。雷鸣告诉华云龙说:"不必走,临安没有办案之人便罢,若要有办案之人,自有我认账,管叫他来一个拿一个,来两个拿一双。"陈亮一听,说:"二哥,你别大意。现有济公长老,带着两个班头,要捉拿华二哥,那济公善晓过去未来之事。"雷鸣一听,哈哈大笑说:"陈老三,你怕和尚,我不怕和尚。凭他这三人要捉拿华二哥?不是我说句大话,二百官兵围上,也捉不住他!"陈亮说:"兄长你有所不知,我告诉你罢,那济公长老神通广大,法术无边,要用手一指,就不能动转。"雷鸣一听此言,拍案大嚷说:"陈老三,你真气杀我也!你这是长和尚的威风,减咱们弟兄的锐气。这个和尚不来便罢,他要来时,我先把他杀了。要不然,你二人在此等候,我到临安去访问灵隐,把这和尚杀了,方出我胸中之气!"陈亮说:"雷二哥,你趁早别说这个话,你不说倒许没事,你一说也许被济公掐算出来找你,真要一来,你我三人皆逃不了。"华云龙道:"你们二位喝酒罢,幸亏此地没人,要有人听见,多有不便,你我说话总要留心。"雷鸣说:"华二哥,你怕和尚,我不怕和尚。"

正在说话之际,楼下就有人叫喊一声,说:"好贼,我就是拿华云龙的和尚来了,我今天全把你们拿住,一个跑不了!"书中交代,和尚在雅座,同着杨猛、陈孝、二位班头、傅有德正在那里吃酒,听外面有人一调绿林中的黑话,和尚就知道是他们三个人来了。容他们坐下,和尚这才由雅座出来,告诉杨猛等五个人说:"我到外面方便。"和尚来到楼梯下,正听见雷鸣那里说大话,和尚这才答言,要上楼捉拿乾坤盗鼠华云龙。不知后事如何,且看下回分解。

<h1 style="text-align:center">第五十四回　显神通戏耍雷鸣
舍妙药义救王忠</h1>

话说济公在楼下一答,楼上华云龙似惊弓之鸟,贼人胆虚,一纵身跳出楼窗,竟自逃走。陈亮一听,说:"二哥你看如何?我说不叫你说,你看来了!"雷鸣伸手拉刀,奔到楼门,往下一看,见和尚衣服褴褛不堪,长着二寸多长的短头发,一脸的油泥,登楼梯正要上楼。雷鸣举起刀来,找算和尚一上来,用刀将和尚劈下去。和尚一抬头,早瞧见他,用手一指,口念六字真言:"唵嘛呢叭咪吽!"用定神法把雷鸣定住。

济公上得楼来。由雷鸣旁边过去。陈亮一见,赶紧行礼说:"师傅,一向可好?"和尚一瞧,说:"亮儿,你在这里,好呀!"陈亮说:"弟子在此等候多时,师傅你来喝酒罢!"和尚过来坐下,陈亮斟了一杯酒,和尚端起来就喝。陈亮过来说:"师傅,慈悲慈悲罢!把定神法撒了罢!要是有人看见,成什么样子?"和尚摇头。正在这番光景,只听楼下一声"哎呀"!"咕噜噜","哗啦啦","扑通扑咚",原来是跑堂的拿油盘托着菜,心中想,"楼上这三位大爷很富豪,要好好伺候,必多得酒钱。"拿着菜刚一上楼,猛抬头一看,见这位蓝脸红须,举着刀象欲杀人的样子,跑堂的一吓,手脚一软,油盘也打了,他也翻身栽倒,滚下楼梯。上面陈亮听见,又求师傅说:"师傅,你快把定神法撒了罢!叫人瞧见,实不是样子。"济公说:"便宜他。"用手一指,"你过来罢!"雷鸣这才能动弹,方才心中明白,心中说;"这个和尚可不好惹,我先把刀还入鞘内,我再算计他。我过去嘴里跟他说好话,跟他坐在一处,冷不防给他一刀，把他杀了，就算给我华二哥报了仇，叫他明枪容易躲，暗箭最难防。"想罢，过来跪倒，给济公磕头说："师傅，你老人家既是我拜弟陈亮的师傅，如同我师傅一样，方才我一时间蒙昧无知，求你老人家恕罪。"陈亮一看，心中甚为欢喜，想："我二哥倒是好人，知过必改。"陈亮这才说："师傅，我二哥知错认错，你老人家看在我的面上，饶恕他吧！"和尚说："你起来吧！"雷鸣站起来，就坐在和尚这条板凳上，和尚站起来，就躲到那边去了。陈亮说："师傅为什么躲开？"和尚说："明枪容易躲，暗箭最难防，冷不防一刀，不是玩的。"吓得雷鸣心中一惊。陈亮说："师傅只管放心，我二哥是个粗鲁的人，他也绝不敢跟师傅无礼。"和尚说："我也知道。"正说着话，跑堂的上来，向雷鸣说："大爷，我怎么得罪你了？你拿刀要砍我。吓得我摔下楼去，摔了四个盘子，糟蹋了四碟菜。"雷鸣说："不要紧，回头我照数赔你钱。我是听见楼下有我的仇人说话，我拉刀要下楼，并不是恨你。"把这件事也就遮过了。再一看和尚，只顾跟陈亮说话，也不往这边瞧。雷鸣冷不防拉出刀来要刺和尚，和尚用手一指，又把雷鸣定住。和尚拍桌子大嚷："好贼人，你要谋害和尚！二位班头快拿贼，贼在楼上呢！"下面雅座众人都听了，柴元禄、杜振英说："二位达官帮个忙，贼在楼上哩。"二位班头拿着铁尺，蹿出雅座，直奔楼梯。陈孝没兵刃，抄起一把铁铳，杨猛本是浑人，也没有兵刃，他出来一看，正见掌灶的掌通条通火，杨猛跑过去一个嘴巴，把掌灶地打了一个跟头，夺过铁通条就跑，也奔楼梯上来。楼下众酒店饭客，吓得一阵大乱。

二位班头同杨猛、陈孝上楼，见和尚那里坐着，旁边一位白脸俊品人物，一位蓝脸红须，瞪着眼拿着刀，跑堂的在旁边站着，别无他人。柴头说："圣僧，贼在哪里？"和尚说："我一嚷，贼即跑了，这是我两个徒弟。二位班头过来，我给你们引见。"用手一指陈亮，说："这是我徒弟亮儿。"柴头说："亮爷。"陈亮说："我姓陈。"柴头说："原来是陈亮爷。"和尚又一指雷鸣，和尚说："这也是我徒弟鸣儿。"雷鸣此时也能动转，说的心里直跳，二位班头过来说："鸣爷。"雷鸣说："我姓雷。"二位班头说："雷鸣爷。"和尚又给二位班头引见了。和尚说："你们四位下去，在雅座等我。"四个人无法，转身下楼。刚一下楼，掌灶的过来把杨猛拦住说："这位大爷，我又没有惹你，你把我的通条抢去，一个嘴巴，把我的牙给你打落了。"陈孝过去给人家赔罪，说了许多好话，这才四个人回雅座去。

雷鸣见四个人下了楼，把刀还入鞘内，心说："这个和尚可不好惹，我明着不行，暗着结果他的性命。"站起来搭讪着下了楼。来到下面，问："跑堂的，我们上面吃了多少钱？连雅座的饭账，及方才你摔的家伙，一共多少钱？"堂官到柜上算清了，雷鸣拿出银子来给了，又要了一个酒瓶子，叫伙计给包上两只熏鸡子，说："我们回头带着喝。"伙计到柜上要了一个瓶子，打了一瓶酒，将熏鸡子包好，交与雷鸣。雷鸣掏出一包蒙汗药来，放在酒内。书中交代，这蒙汗药可不是雷鸣自己配的。原本是雷鸣由镇江府来，走在道路上碰见一个人，姓刘名凤，外号叫单刀刘凤，原先在绿林中当小伙计，也伺候雷鸣、陈亮。因为他好赌，胡作非为，把他辞了，有二年多没见。这天碰见雷鸣，刘凤穿着一身华美的衣服，骑着一匹马。一见雷鸣，赶紧翻身下马，过来行礼。雷鸣说："刘凤你此时在哪里？作何生理？"刘凤说："我现在开了一座黑店，遇有孤客行囊多，住下我就把他害。我今是到慈云观去，买了十两蒙汗药。"雷鸣说："你这十两蒙汗药，能害多少人？"刘凤说："能害一百人。"雷鸣说："拿来我瞧瞧。"刘凤由兜囊掏出来递给雷鸣，雷鸣说："你瞧有人来了！"刘凤一回头，雷鸣一刀，将刘凤结果了，把尸骸捺到山涧之内，带药逃走。今天把药掏出来，放在酒瓶之内，立刻上楼见济公说："师傅，我有一事不明，要你老人家指教。我看这楼上人烟太多，说话多有不便，请师傅跟我到后面无人之处细谈。"陈亮叫人来算饭钱，济公说："不用算，早有人给了，咱们走吧。"三人下楼，和尚向雷鸣说："拿着咱们那些东西再走。"雷鸣答应，带着酒瓶熏鸡，出了会英楼，一直往北走，到了村口外一二里之遥，前面有一松树林，倒也清雅，当中一块坟地，内有白石桌一块，三人到石桌旁边，把酒放下，雷鸣说："师傅，我请教你老人家，不为别故，我要问你一件事，你老人家是出家人，不应管在家之事。华云龙虽说是贼人，偷的是秦相府，又

国学经典文库

中国二十大名著

济公全传

图文珍藏版

未上你老人家庙中偷了围桌偏衫五供,何必师傅多管?"济公说:"这话不对,我和尚要不然也不拿他。他不应往我们庙中去,闹到不堪。"陈亮说:"师傅,他并未往你们庙中去呀!"和尚说:"没往我们庙中,他可往尼姑庵中去了,毁坏佛门静地,我故此拿他。"雷鸣说:"师傅不要提那些闲话,我这里给你老人家预备有酒,你老人家喝酒罢!"和尚拿过来一瞧,又放下,雷鸣就把熏鸡打开说:"师傅吃菜罢。"济公说:"这酒我不能喝,主不吃,客不饮。陈亮你先喝。"陈亮拿起来就要喝,雷鸣一把手给夺过来,说:"这是给师傅预备的,你不要抢!"陈亮也不知其中缘故,就说:"师傅喝罢!"济公接过酒瓶子来说:"陈亮,你可是我徒弟,我是你师傅,师徒情如父子。我要叫人害了,你怎么样?"陈亮说:"我必要与你老人家报仇!"和尚说:"你所说这话当真?"陈亮说:"那是一定。"和尚又连说数遍,陈亮说:"师傅太烦絮了,你老人家只管放心,真有人害你,我必要给你报仇。"济公说:"就是。"拿起酒瓶子晃了晃,连喝了十数口,和尚翻身栽倒,雷鸣哈哈大笑。不知济公性命如何,且看下回分解。

第五十五回　天兴店施法见贼人
　　　　　　小镇店吃酒遇故旧

　　话说雷鸣见济公喝了酒,翻身栽倒,雷鸣哈哈大笑说:"和尚,我打算你是个活神仙,事事未到先知,敢情你也被我制住了!"陈亮说:"二哥,这是怎么一段情节?"雷鸣说:"三弟,是我酒内下了蒙汗药,将他麻倒。回头我把他捆在道路,等他还醒过来,我羞臊羞臊他,看他跟我说什么?"陈亮一听,说:"二哥,你这是不对,他是我师傅,你也不应当。"雷鸣也不回言,提起和尚往东就走。陈亮只打算雷鸣把和尚提在道旁,焉想到雷鸣来到东岸,一撒手将和尚抛下涧去,拨头往西就走。陈亮也追过来,见雷鸣把和尚抛下涧去,刚要着急,见和尚往上一冒,露出半截身,吱着牙,吓了陈亮一跳。陈亮说:"二哥你这不对,你这个乱子惹大了。济公他老人家神通广大,法术无边,你要报应呢!"雷鸣说:"三弟,你别胡说了,我已然用蒙汗药把他迷住,抛在水内,还有什么法术? 跟我走吧。"陈亮无奈,跟雷鸣往北走。

　　走了有二里之遥,眼前是一道土岗,二人刚上土岗,就听得有人说:"我死得好冤屈,不叫我见阎罗天子,叫我见四海龙王。龙王爷没在家,巡江夜叉嫌我脏,把我轰出来,大庙不收,小庙不留,我死得好苦! 我静等害我的人来,我们是冤家对头,我把他掐死!"雷鸣、陈亮抬头一看,正是济公,吓得二人魂不附体,拨头就往南跑,后面和尚彳亍彳亍就追,二人跑得紧,和尚追得紧,二人跑得慢,和尚追的慢。雷鸣、陈亮脚底下一按劲,跑出五六里远,好容易听不见草鞋响了,二人累得浑身是汗。雷鸣说:"老三,我们前面树林子下歇歇吧!"二人刚一到树林,和尚说:"二位才来呀!"二人一看是济公,吓得拔腿就跑,和尚就追。二人好容易跑脱了,刚来到土岗,和尚站在土岗之上说:"才来!"雷鸣、陈亮又往回跑,心中暗怪道:"怎么和尚又跑到头里去?"二人复又跑到树林,和尚又早到了,说"才来!"一连来回跑了六趟。雷鸣说:"别这样跑了,你我往西南去。"二人往西南岔路来,好容易听不见草鞋响了。二人实跑乏了,见前面有树林子,雷鸣说:"老三,你我爬上树去歇歇,躲避躲避。"说着话,雷鸣往树上就爬,刚爬到半截,和尚在树上说话了:"我看你往哪里跑去?"用手一指,用定神法把雷鸣定住。和尚下树说:"好东西! 我也不打你,也不骂你,我拘蝎子来咬你。"和尚一念咒,就见地下来了无数的青大蝎子,和尚摘下帽子来说:"我找蝎子去。亮儿,你给我看着。"说了,竟自往东去了。

　　书中交代,杨猛、陈孝、二位班头同着傅有德在雅座等候多时,不见济公下楼,众人到楼上一看。没了人。柴元禄说:"伙计,我们那位和尚呢?"跑堂的说:"早已走了,那位雷爷连你们雅座的饭账都给了。"柴元禄一听,说:"二位达官,帮我们到通顺店去办案去。"杨猛、陈孝点头答应,说:"可以。"同着傅有德五个人,出了酒馆，直奔通顺店。到了店门首，柴头到柜心说："辛苦，你们这个店里住着一个姓华的吗？"掌柜的说："不错，昨天走的。"柴元禄一听，说："了不得了，贼走了！"陈孝说："不要紧，济公他老人家神通广大，法术无边，要拿这样贼，亦不费吹灰之力，易如反掌。二位班头，跟我们到天兴店去瞧瞧，回头再说。"二位班头无法，连傅有德一同来到天兴店。见客人王忠卧在床上，哼声不止。陈孝说："客人大喜！"王忠说："唉，世界上最难受，莫过生死离别，我要做他乡的冤鬼，异地的孤魂，喜从何来？"陈孝说："我给你请了灵隐寺的济公和尚来给你治病，他老人家神通广大，手到病除，回头少时就来。"偏巧这话给店里伙计听见，这店里掌柜的生长一个腰痛，有碗口大，疼得要命。伙计就告诉掌柜的说："你在门口去等着，回头你见了和尚就磕头，求他给你治病，那是济公活佛，手到病除。"这掌柜的果然到门口，搬了凳等着。偏巧来了个和尚，掌柜的趴下地就磕头说："圣僧救命！"磕过头一看，是隔壁三官庙的二和尚，掌柜的说："为什么给你磕头？"二和尚说："我不知道你为什么给我磕头？"掌柜的说："我等济公和尚。"这位二和尚走了。

工夫不大，那边来了一个穷和尚，来到近前说："辛苦了！这店里有闲房吗？我住店。"掌柜的一看，和尚褴褛不堪，说："我们这里是大客店。"和尚说："我在街口绕了个弯看过了，就是你这个店小。"掌柜的一赌气，转过脸来不理穷和尚。焉想到和尚冷不防，照定掌柜的疮口就是一拳，打得脓血溅了一地，血流不止。店里伙计一看，各抄家伙，要打和尚，由里面杨猛、陈孝蹿出来，说："千万别打，为什么？"就见掌柜躺在地下，"哎呀！哎呀！"直嚷，说："和尚不好，和尚打死我了！二位达官别管，非打这和尚不可！"陈孝说："先别打，你把情由说说。"掌柜就把方才之事一说，陈孝说："这位和尚就是济公呀！"掌柜的一听，说："既是济公，求你老人家给治治罢，这算白打了。"和尚说："不白打，你好了。"说罢，由兜囊掏出一块药，放在嘴里嚼了嚼，给他敷在疮口之上，就见由疮口往外流出烂肉，和尚口念六字真言："唵嘛呢叭咪吽！"用手一摸，立刻腰痛好了，复旧如初。大众这才给济公磕头，把和尚让到店内。见上房东里间屋中，卧着客人王忠，哼声不止，一见济公进来说："圣僧，我这里病体沉重，不能给你老人家行礼，圣僧慈悲慈悲罢！"和尚说："好办！"叫伙计拿半碗凉水，半碗开水，和尚掏了一块药，扔在水内化开，给客人王忠喝下去。工夫不大，就觉着肚子"咕噜噜"一响，气引血走，血引气行，出了一身透汗，五脏六腑，觉着清爽，身上如失泰山一般，立刻病体痊愈。

和尚出来，到外面屋中坐下，傅有德坐在那里，净等和尚给找黄金下落。和尚一看说："柴头、杜头你们救了人，不教人家上吊，又没有六百两银子，这不是叫我和尚为难？"傅有德说："师傅，不必为难，你们三位办你们的公事，我自己就走了。"屋里王忠听见，叫陈孝出来问是怎么一段情节。柴头就把上回事，从头至尾说了一遍，客人王忠说："把傅有德叫进来，我今日给他六百两，教他也不必寻死，就算我替济公济了他。"陈孝一听，心中甚为欢悦，一想"这件事倒做得周全"。拿了六百两银子，递给傅有德。傅有德道了谢，拿着银子出来说："师傅，你老人家不必为难了，有王客人周济我六百两银子。"济公一看，照傅有德脸上"呸"啐了一口，说："你真好没根由！我给你找不着十二锭黄金，你再要人家的银子，你认识人家吗？"闹得傅有德脸上一红一白，又把银子给送到屋里，自己一想："倒莫如我一死。"和尚说："傅有德你的十二锭金子被谁偷了去，你可知道？"傅有德说："就是那少年拿绳子的偷去。"和尚一撩衣襟，说："你来看！"连柴元禄、杜振英都一愣，见和尚贴身系着一个银幅子，露着十二锭黄金，二位班头也不知和尚是哪里来的。和尚叫傅有德瞧瞧，"是你的银幅子不是？"傅有德一看，说："是。"和尚说："是不是我和尚偷你的？"傅有德说："我也没敢说你老人家偷我的。"和尚用手一指说："你来看，偷金子的人来了。"傅有德抬头一看，见外面一少年的男子，穿的衣服平常，后面跟定一个妇人，傅有德说："果然是树林子给我药吃的人。"那人两眼发直，直奔天兴店而来。不知是怎么一段隐情，且看下回分解。

第五十六回

郑雄途中见济公
王贵林内劫孤客

话说济公在天兴店，用手一指点，见外面有一人两眼发直，后跟一妇人。书中交代，来者这人，住在千家口东街，姓马名茂。他父亲马振刚，他有两位兄长都务本分，耕读传家，唯有马茂是个逆子，吃喝嫖赌，无所不为。那是他在大街之上，把银钱衣服全都输了，无脸回家，买了一根绳子，意欲上千家口外，无人之处去缢死。偏偏巧遇见傅有德肚肠疼痛，他带有痧药，说：“我给你些药吃吃。”傅有德吃了，靠着树就睡着了。马茂见他一个孤单行客，想：“他身上必有金银，我摸一摸他肚腹，他要醒来，我就说，我摸你肚腹，还有疼痛否？他若不醒之时，有什么，我拿了就走。”便伸手一摸，把银幅子就摸出来，一看，里面有十二锭黄金，他把绳子扔下，拿着黄金幅子就走。自己一想：“我把我妻子接出来，找两间房子，把黄金换了一锭过日子，倒是乐事。”想罢往前便走。见北边有一个大苇塘，他四下一瞧，杳无一人，把银幅子连黄金埋在那里，留了一个暗记，自己回归千家口。

刚到了家门口，他父亲马振刚立在门口，一见马茂气往上冲，说：“畜生，你在外面无所不为，怎么又回家来了？”马茂说：“我接儿媳来的。我也不在你家吃饭了，家里算没我这个人便了，以后你也不用再管我了。”马振刚听了，心说：“好好！你趁早把你老婆接出去吧，不要在家里再生我的气。”马茂即到里房唤出妻子，要她跟了就走。妻子不敢跟他出去，因知他在外面无所不为，怕他生出异心把她卖了。他妻子孙氏，本是贤德之妇，跟婆婆说：“我不愿去。”老太太说：“不要紧，你只管跟他出去，有什么事，自有我给你做主。”孙氏无法，跟马茂出来，走到半路，马茂说：“我告诉你，我若不发财，我也不能接你。”孙氏也不理睬他，跟他出了千家口的村口。到了苇塘，寻着埋黄金所在的暗记，马茂刨开一看，十二锭黄金踪迹不见，里面有一堆大粪。书中交代，十二锭黄金是被济公拿去了。当柴元禄、杜振英救了傅有德的时候，说：“你等着，由南边来一个穷和尚。”为何济公由北边来呢？那就是济公把柴头、杜头支开去救傅有德的，和尚走到北边，把黄金刨出，带在贴身，出了一回恭，照旧埋上。这时候马茂一瞧就愣了，方才由家中接妻子出来，说的大话不小，把妻子接了出来，此时黄金没了，再把妻子送回去，那如何能行？真是话出如箭，岂可乱发？一入人耳，有力难拔，自己无法可想，连话也没了。

带着妻子往前正走，刚来到大兴店门口，济公由里面看见，用手往外一指，说：“傅有德你看，偷你黄金的人来了！”傅有德往外一看，果然不错，见马茂两眼发直，自己打了自己一个嘴巴，说：“众位，我今天是报应临头。”一边说，一边跑，刚到面前一个水坑，“扑呼”落下水去，冒了两冒，即时身死。他妻子孙氏一见，就放声大哭。正在痛哭之间，家中有人跟了来，怕马茂卖了女人。跟来之人，见马茂落水溺死，把他妻子孙氏劝回，告诉他父亲并两位哥哥。马茂已死，把尸身捞起来掩埋，把孙氏送回娘家另聘，这话不表。

单说这和尚把十二锭黄金给了傅有德，叫柴元禄、杜振英把二百两银子盘费拿出来也给傅有德，说：“我和尚念你是个义仆，我赏你二百两银子。”傅有德是千恩万谢，拿着金银告辞走了。柴元禄可就说：“师傅，我们已到通顺店去了，华云龙是昨天走了，你老人家把盘费都给了傅有德，这比不得在临安时节，眼前出门，在外吃饭要饭钱，住店要店钱，该当如何是好？”和尚说：“不要紧，勿论大小饭铺店家，吃饭住店，只要我和尚一指鼻子就走不了。”杜振英说：“对，不指鼻子也走不了。”

三个人这里说话，客人王忠听了，自己一想：“济公给我治好了病，我应当酬谢酬谢，人心都该如此。”随手拿出一百两银子来说：“给师傅做盘费。”和尚一瞧恼了，说：“你拿这一百两银子，算谢我吗？我家值万贯，谁来要你酬谢？快请拿回，我决不收领。”王忠听如此说，亦不敢再给了。济公说：“二位头儿，跟我拿华云龙去。"柴、杜二人无奈,跟和尚出了天兴店,陈孝等送出来。

济公带着二人,走了已有数十里之遥,到了一座小镇,进店坐定,三人也觉得腹中饥饿了。柴元禄一想:"和尚大慈悲了,把银子都施舍了,现在囊中一文钱也没有,如何是好?吃饭得给饭钱,住店得给店钱,只得把富余的夹衣裳当了得一吊或八百,方可食宿。"想定主意,说:"师傅,你老人家只顾行好事,把银子一两不留,这吃饭没钱,如何办法?"和尚说:"不要紧,我自有道理。你们二位不用着急,跟我来!"二位班头无奈,只得跟着和尚走路。来至西面,有一座大酒饭店,厨下刀勺乱响,座客满堂,和尚就往里面跑,柴、杜二人跟进,一直来到后堂坐定。跑堂的一瞧,见一个穷和尚同着两个人,穿着月白裆裤,白骨纽扣,左大襟,两只岔配鞋。伙计心里暗忖道:"这个样子,还不愿在前头这桌子上坐,还到后堂来吃?"后堂一概是金漆八仙桌椅凳,和尚在当中坐下,柴、杜二人在左右坐下,伙计过来说:"三位来了!"和尚说:"算我没来。"伙计说:"来了,三位要什么酒菜?"和尚说:"你们这里卖些什么?"伙计说:"我们这里烧烤红白,煮煎炒炖烹炸,大碟中碟小碗,应时小吃,随意便酌,果品珍馐,两京碗菜,粗细便饭,上等高摆海味全席,一应俱全。"和尚说:"上等海味,每席价需多少?"伙计说:"八两银子一席。"和尚说:"给我来一桌,要好绍酒一坛。"伙计答应,心里暗想,"这穷和尚吃这顿饭花这些饭资,何不换些齐整的衣服?岂不是好?看他们吃完了,拿什么钱来给我?"当时只得揩桌抹凳,杯盘狼藉,小菜碟杯筷摆好,随即将干鲜果品、冷荤熟炒、糖拌蜜钱、鸡鱼鸭肉各菜齐上。和尚说:"二位吃罢。"柴元禄、杜振英二人知道是腰内无钱,说:"师傅,你吃罢!吃完了没钱给人家,我们不敢吃了。"和尚大声说:"没钱不要紧。"柴头说:"没钱你怎么讲?"和尚说:"不必担惊,吃完了没钱,他也无法。他要打,打轻了也不算什么,打重了他得给养伤之费,倒有了饭吃了。"柴杜二人也不敢吃,伏在桌边,和尚又吃又喝,说:"这鸭子欠烂,海参欠发,炖肉太咸,做得不入味。伙计过来!"伙计说:"大师傅要什么?"和尚说:"这些菜都不合口,你给我一条活鲫鱼,头尾烧汤,中段糟溜鱼片,放醋。"伙计答应。和尚拣什么好吃就要什么,也不嫌贵贱,并且越贵越高兴,大吃一顿,几乎吓坏了伙计。

吃罢,叫伙计过来算账,堂官一算说:"合共计纹银二十四两四钱。"和尚说:"不多,值得值得!外给小账银二两。"伙计说:"谢谢师傅。"和尚说:"不用谢得,惟小僧匆匆,未及带得分文。"伙计说:"没钱怎样?"和尚说:"你告诉掌柜的,给我写上账罢。"伙计说:"小馆没有账的。"和尚说:"没账写在水牌上就是了。"伙计说:"写水牌,也是账呀!我们一概不赊,你给钱吧。"和尚说:"没钱,你瞧着办吧。"伙计一听,来告诉掌柜的说:"和尚吃了二十四两四钱,他说没有钱。"掌柜的一听,怒气上冲,说:"红口白牙,吃了东西,要甜的不敢给咸的,要辣的不敢给酸的,吃完了不给钱?打你也不值,就是不要打你也要打你。众友给我打他!"和尚说:"老柴、老杜你瞧怎么办?"柴头、杜头说:"我们没主意。"和尚说:"掌柜的不要着急,我给你变钱。"掌柜的说:"你变罢,不给钱你今天走不了。"和尚呆立半天说:"掌柜的,我们商量商量,我吃了你的东西,我给你吐出来对不对?"掌柜的一听,说:"你胡说!吐出来我卖谁去?"和尚拍着桌子喊嚷:"哎呀,二十四两四钱呀!"伙计一瞧说:"哭也要给钱。"

掌柜的正要打和尚,只听外面一声喊嚷:"贤弟,你我到里面吃杯酒。"扳帘一起,进来二人,带着十数个从人。一见济公,二人赶奔上前,要给和尚的饭账。不知来者是谁,且看下回分解。

第五十七回　避难巧救遇难人　雷陈误入黑贼店

话说济公在酒馆吃完了酒饭,没钱会钞,掌柜的正不答应,帘栊一起,进来两个人。前头这位身高九尺，膀阔三停，头戴青缎壮士帽，身穿皂缎箭袖袍，腰系丝鸾带，足登单青薄底靴，面似乌金，重眉阔目，高鼻梁，四字方口，这位乃是临安城凤山街的天王郑雄，带的有几个从人。后面跟着一位武生公子打扮，俊雅人品，此人姓马名俊，绰号叫作白脸专诸，原籍是常山县人氏，为人最孝老母。他跟郑雄是因同年至好，马俊由常山县来到临安探望郑雄，见郑雄的母亲双目复明，因问郑雄说："老太太的眼睛怎么好的？"郑雄把做寿，济公怎样治好的话，一一述说一番。马俊一听，说："灵隐寺济公既能治眼，现在我娘亲也是眼睛看不见，何妨劳兄长同我去代求求济公？"郑雄答应可以。二人同到灵隐寺一问，说不在寺内，听说济公被临安太守赵凤山请到昆山县治病去了。二人无奈，回来后又连找数次，并未遇着济公。马俊要告辞回家。郑雄说："我同贤弟去逛一逛。"收拾行囊，买了许多的东西，带着几个家人，二人一同起身。

这天走在道路上，阴天飞细雨。面前是镇店，到了街上，见有酒馆，郑雄说："贤弟你我吃杯酒罢。"二人便进了酒馆。往里走，听后面一嚷，郑雄抬头一看，正遇了济公，赶奔上前，忙行了礼说："师傅一向可好？"柴、杜二人一看，是认得的，说："郑大官人，你二人从哪里来的？"郑雄一看说："二位头目为何这样打扮？"柴头说："我们办紧要机密事。"郑雄说："师傅嚷什么？"和尚说："哎呀！欺侮死了我也。"郑雄说："哪个敢来欺负你老人家？"和尚用手一指伙计说："就是他。"吓得伙计就跑。柴头说："郑大官人你莫着急，且问为什么欺侮他老人家？"郑雄说："师傅，为什么欺侮你老人家？"和尚说："吃完饭不放我们走，只管要钱。"郑雄一听，倒也好笑，说："吃了人家东西，哪有不要钱的人？这也不算欺侮你。吃多少钱，我给还便了。师傅，你出门为何不带钱？"和尚说："什么不带钱，带着二百两银子。"柴头说："带的二百两银子，他都施舍了，一文钱没有留下。"郑雄说："师傅，既没钱不要坐下就吃，这幸亏我来，我若不来呢？"和尚说："你若不来，我就不吃了呢？"郑雄一想："这倒好，算计好了，吃我的。"连忙叫过马俊来引见，另整杯盘，连柴杜二人一同坐下吃酒。

方才坐定，就见帘栊动处，进来两个人。前头这位文生公子打扮，人品俊雅，头戴蓝绸头巾，身穿翠蓝袍，白袜云鞋，儒儒雅雅。后面跟定一人，头戴青缎软帕包巾，身穿青小夹袄，腰束钞包，青夹裤，白袜子，打绷腿趿鞋，外罩一件青绸子铜氅，面色青白，两道斗鸡眉，一双鸥口眼，鹰嘴鼻，两腮无肉，长得兔头蛇尾，龟背蛇腰。济公一看，就知道这个不是好人。书中交代，前头这位公子，原来是龙游县人，姓高名广瑞，在龙游县北门外开高家钱铺，家中很称财主。原来三房合一单丁，伯、叔、父亲就是高广瑞一人，三房给他娶了三房媳妇，谁生养儿子，算谁院君之后。这高广瑞的舅舅，在临安城开绸铺，高文瑞在他舅舅铺子学习买卖。这天他要告辞回家，他舅舅说："你要离不开家，你就不用来了。"高文瑞说："不是我恋家，我昨天做了一梦。梦见我祖母死了，我不放心，到家瞧瞧就来。"他舅舅给了他十两银子盘费，他自己还有二十多两银子，由临安起身。到了那千家口，在饭铺之中吃饭，过来一位老者说："大爷，赏我几个铜钱，让我吃点东西。"高广瑞一看，老者须发皆白，甚为可怜，说："老者，你那边吃顿饱饭，我给钱便了。"老者吃饱了要走，高广瑞打开银包，拿了一块银子，给了那老人，然后给了饭钱。刚要走出饭铺。过来一个人，穿一身青，说："客人贵姓？"高文瑞说："我是龙游县的，我姓高。"那人说："我姓王，名贵，也是龙游的人氏，咱们是乡亲呢。方才那老者我看他不是好人，他是山贼的踩盘子，瞧你有银子回头他在半路上等你，不但你把银子丢了，还要没了命，你我一同走吧。"高广瑞本来没出过门，听这话害怕，跟着王贵一同走了。到前方这座镇店，天飞起雨花来，王贵说："贤弟，你我喝点酒再走。"二人进了酒馆。和尚一瞧，就知王贵不是好人。济公目不转睛瞧他，未免郑雄众人也都回头瞧他，王贵说："贤弟，你我别处喝去吧。"二人出了酒馆往前走。

出了镇，来到树林子中，四面无人，王贵说："你站住！"高广瑞说："做什么？"王贵说："这就到了你姥姥家了，你打听打听大太爷我是做什么的？我姓王名贵，绰号叫青苗神，青苗不长，我没有路，青苗一长，我就有了饭吃了。我久在大道边做买卖,你趁早把银子衣裳都给了我,我把你一杀。"高广瑞一听,吓得颜色更变,说:"王二哥,你我都是乡亲,我把银子给你,你饶我这条命罢!"青苗神王贵哈哈一笑,说:"你那妄想了,大太爷做了这些年的买卖,没留过活口。这时候我饶你了,明日你一个手指头就要我的命了。你用手一指说:'你这人是路劫贼。'就办起我来了,你趁此把衣裳给我一件一件脱下来。要不然,我拿刀都剁坏了,衣裳少卖钱,我是要骂你的。你快把脑袋伸过来,给我杀了,不然烦躁了,我就拿刀乱砍。"高广瑞一听,吓得战战兢兢,口中说不出话,哀求道:"好爷爷,我把银子给你!"一边说一边把银递过,"我把衣服也都给你,只要留一条裤子,但求你饶我这条性命,我感觉你老人家的好处。"王贵听罢,一阵冷笑说:"小辈你不必多说,我是向例不留活口的。"高广瑞见哀求不转,自己气往上冲,伸手抓起一块石头,照定贼人打来。王贵哈哈大笑说:"你真胆大包天,敢在太岁跟前动土,老虎嘴边拔毛!"抢刀就剁,只听树林西边有人喊:"合字让我!"王贵回头一看,只见从那边来了二人。前头那人,有诗为证:

> 头大项短胆气豪,蓝脸红须耳生毛。专管人间不平事,剪恶安良乐陶陶。

后跟一位穿翠蓝褂,俊品人物,来者非是别人,乃是雷鸣、陈亮。只因济公禅师把二人用定神法制住,说拘蝎子蜇他二人,把两个人吓得战战兢兢。济公走远了,雷鸣、陈亮方能动转,两个人撒腿就跑,跑到这个树林子,天下起雨来,两个人在一棵枯柳里躲雨,两人心神不定,商量着回头上那边去好。正在这般景况,只见来了两个人,陈亮一看说:"二哥,你看这两个人来的不对,一个是儒儒雅雅老实人,一个是贼头贼脑滑溜的样式,怕其中有缘故。"正在猜疑,见二人进了树林,王贵叫住,高广瑞哓哓不休。两个人所说的话,雷鸣、陈亮都听得明明白白。二人正要赶过来,青苗神王贵瞧见两个人的样儿,先吓了一跳,说:"二位贵姓?"雷鸣说:"我姓雷名鸣。"陈亮说:"我姓陈名亮。"王贵一听,说:"二位一说高姓,我就知道了。你就是风里云烟雷鸣雷大叔吗?这是圣手白猿陈亮陈三爷吗?"两人一听,把眼一瞪说:"我打你个球囊的!""你是雷大叔,他是爷爷。"王贵:"你是祖宗。"陈亮一拉刀,王贵说:"你是祖宗尖。"雷鸣说:"方才你说的话,我都听见了,你把银子给我拿过来!"王贵就把银子递给雷鸣,雷鸣又说:"你腰里的银子也给我。"王贵也摸了出来。雷鸣说:"你把衣裳脱下来。"王贵说:"大爷莫这么办,咱们都是合字。"雷鸣说:"放你娘的狗屁!"过去一刀,把贼人耳朵砍下一个来。王贵说:"大爷,我们瓢把子来了!"雷鸣、陈亮一回头,激灵灵打一寒战,有一宗岔事惊人。要知后事如何,且看下回分解。

第五十八回　董家店双杰被害　济禅师报应贼人

话说雷鸣、陈亮正要杀王贵,王贵用手一指说:"我们瓢把子来了!"雷鸣、陈亮二人一回头,王贵撒腿就跑。陈亮随后就追,说:"奸贼,我要叫你跑了,算我不是英雄。"王贵连头也不回,急急如丧家之犬,忙忙如漏网之鱼,恨不能膀生双翅,跳出树林子。偏巧眼前遇一道水沟河,有三丈宽,王贵跳下水去,浮水过去逃命。陈亮见王贵跳下水去,有心绕过去再追,也走远了。陈亮一想:"便宜了他罢!"高广瑞来说:"不是二位大太爷搭救,我这条性命死在贼人之手。"陈亮说:"你姓甚名谁?哪里人氏?怎么跟贼人一同搭伴走路?"高文瑞说:"我姓高名广瑞。"就把在千家口吃饭之故,细说一遍。雷鸣说:"我们也不是绿林人,把这三十两还给你罢!"摸出来递给广瑞,广瑞感恩不尽,说:"二位救了命,积了德了。我家三门共我一条根,我在龙游县北门外开高家钱铺,二位倘到敝地,千万到敝舍屈驾枉临一叙。"陈亮说:"好,你赶路罢!"高文瑞方告辞别,陈亮他本是热心肠的人,说:"二哥,你看高广瑞他一个人走路,又没出过门,倘若在道路上,仍遇着歹人,就了不得了。咱们二人也没事,何妨在暗中跟着他,送一程。"雷鸣说:"也好。"二人说着话,就远远地跟着高广瑞,往那条路去。雷鸣、陈亮止住脚步,也觉着饿了,天仍然下小雨,陈亮说:"二哥,你我到哪里去住店吃饭? 天也不早了。"雷鸣说:"前面有座董家店,离此不远,那买卖做的和气,从前我在那店里住过,这话是上二年的事,而且我在那店里养过病。有一位董老掌柜很是慷慨,可不定那老掌柜在不在了,或已换了人。"陈亮说:"好,你我就上董家店去。"

说着话来到一座村庄,南北的街道,朝东的店,二人上前叫门,里面有人把门开了。陈亮一看,这人三十以外的年岁,淡黄的脸膛,穿着蓝布褂,系着青围裙,白袜青鞋,像个伙计的打扮。看了看雷鸣、陈亮说:"二位住店吗?"陈亮说:"住店。"说着话二人就缓步进内。一进大门,迎面是影壁,转过影壁一看,是转正的北上房,东西两溜单间上房,廊下有一长桌,上面有一个纱灯,有一人在那里吃酒。那人见雷鸣、陈亮进来,一扬手把纱灯打灭了。雷鸣、陈亮也不措意,也没瞧准是谁,伙计让着,来到东配房坐下。

书中交代,这座董家店,此时不是董家店了。皆因老掌柜一死,两位少掌柜的不务正业,跟青苗神王贵吃喝嫖赌。这天王贵说:"二位少掌柜,把买卖让给我做吧,每年我给你们几百吊钱。"二位少掌柜就把店让给王贵。王贵本是打闷棍出身,找了绿林中几个小伙计,帮他做买卖,遇有孤单行客,行李稍丰的,他们就谋害了,大家分派资财。王贵素常跟他众伙计说大话,自称绿林中大有名的人都是他的晚辈,都叫他是大叔,众伙友也不知王贵有多大能为。今天王贵由外面回来,身上衣裳也都湿了,耳朵少了一个,流血不止。有一个伙计姓吴名纪方,爱说笑话,说:"寨主怎么耳朵丢了一只,衣裳湿透了呢?"王贵说:"莫提了,真是丧气。我在小镇店吃饭,遇见人家打架,动起刀来,无人敢劝,我过去一劝,误把我耳朵削了。我焉能容他? 那人拿着刀一跑,我就追,他跳下水去要跑,我追下水去把衣裳湿了。好些人给我跪着央求,我也不能不卖人情,大众劝我回来,明天必得给我来磕头,你把干衣裳给我拿出来换换。"伙计只当是真事,也不问了,拿出衣裳来。王贵换上说:"给我打点酒,做点心。"伙计打了两壶酒,做了两盘菜,王贵在廊檐下坐着喝酒,自己越想越后悔,幸亏我两条飞毛腿,不然死于雷鸣、陈亮之手。

正在思想之际,听外面叫门,王贵想要说不叫伙计开门,然而伙计已出去开了门,把雷鸣、陈亮往里一让,王贵一见,吓得魂飞魄散,急把灯打在地上,一溜进了上房,心中乱跳,见伙计把雷鸣、陈亮让到东屋去。伙计出来,王贵把纪方叫进来,王贵说:"方才来的这两个人,你认识不认识?"伙计说:"我不认识他。"王贵说:"一个叫风里云烟雷鸣,那白脸的叫圣手白猿陈亮。"伙计一听,说:"这二位名头高大,咱们得跟他交接,回头不叫他们给饭钱。"王贵说:"我告诉你,这两个人是我的仇人。"伙计说:"怎么与你有仇?"王贵说:"今天我由千家口跟了一号买卖,来到大树林子下,刚要动手,雷鸣、陈亮过来说:'王大叔你好,'过来给我请安。我说:'你们二小子做什么?'雷鸣、陈亮说:'见面分一半。'我不答应,他们倚仗人多,与我交手,他们也赢不了,偏巧我把银子丢了,我一捡银子,他们把我耳朵给削了去。今天活该回头把他们两个人害了,我正好报仇,有银子多少,你们大家分,我不要。"伙计说:"就是罢。"王贵附耳说:"你如此如此。"伙计点头。来到东配房说:"二人吃什么?"陈亮说:"你们这里有些什么?"伙计说:"有炒豆腐,烩豆腐,豆腐干,豆腐丝。"陈亮说:"不吃,有别的没有?"伙计说:"没有,我们掌灶的,人家请了去办喜事,连我们家伙全借了去。你要吃酒,小鸡子宰两只,白煮煮,无酱油,唯有酒没酒壶,要喝拿瓶打二斤。"陈亮说:"就是罢,要二斤瓶打二斤酒,烧鸡二只。"停了一息时光,伙计都拿了进来。

雷鸣、陈亮喝了几口酒,陈亮说:"不好,二哥怎么我心里闷得慌。"雷鸣说:"我的心里也是如此。"陈亮说:"哎呀! 合字朵尺窑吗?"说着话,雷鸣翻身跌倒。伙计一瞧,说:"寨主,这两个人老了。"王贵说:"好。"陈亮此时心尚明白,一听是青苗神王贵说话,情知没了命了。伙计见陈亮少时也躺了,就告诉王贵,王贵说:"他们两个人身上有一包三十两银子,那是我劫的人家的,还有一包五两,那是我的。他们身上倘有余多的银子，我不要了，均是你们伙计的。"伙计一听，不大愿意，分赃没份，犯法有名，先说为报仇，这时又要银子了，伙计无法可强，又不敢说。王贵拿着刀，由上房出来，要杀雷鸣、陈亮。刚到东房台阶，就听外面叩打店门，说："开门开门！睡觉来了！"王贵一听，说："纪方，你先把外面的人支发走了，莫叫他来搅我。"伙计来到门洞说："谁呀？"外面说："我睡觉来的。"伙计说："住店没有空房间了。"外面说："上房没有，就住配房。"伙计说："配房也没有了。"外面说："配房住满了，厨房。"伙计隔门缝一看，是个和尚。

书中交代，来者正是济公。原来日中在小镇店，同郑雄、马俊、柴、杜二位班头在酒馆吃酒。吃完了酒，天尚未晴，郑雄说："师傅，你我今天就住在这后面店内，倒也方便。"济公说："好。"来到店中，说了回话，各自安歇。睡到有二更天，和尚说："柴、杜二头，跟我起来拿华云龙去，他在树林上吊呢。"柴、杜二班头说："真的吗？"和尚说："真的。"二人起来，同和尚出了店。天还下雨未晴，柴头说："师傅，华云龙在哪里上吊？"和尚说："我不知道？"柴头说："不知你说什么？"和尚说："我叫你两人起来逛逛雨景，上头下雨，底下踏泥，这比睡觉还好。"柴头、杜头两个气就大了，也不好言语。

和尚来到董家店首，讨过包袱，重新包大了些，包裹好，和尚才去叫门。伙计说："没房。"和尚说："别的不妨，唯我是保镖的，怕物丢了道上，赔不起人家，我故恳求一宿。"伙计隔门缝一窥说："你是个和尚，怎么说是保镖？"和尚说："我保的暗镖。"伙计说："你保的是什么物件？"和尚说："水晶猫儿眼，整枝珊瑚树，古玩等货。"伙计一听，进去告诉王贵，"外面来了一个和尚，暗保镖的，净值钱重货宝贝等物，咱们先发大财好不好？这番做成了，倒有几万每人可分七八千。"王贵说："也好，先把东屋锁上，让他上房去。"伙计来到外面开门。济公要施佛法，大显神通，报应贼人，搭救雷鸣、陈亮，且看下回分解。

第五十九回　济公火烧董家店　　　　　陈雷送信找云龙

话说王贵想要发财，先把东屋门锁上，叫伙计去开门。伙计开门一看，和尚同着两个人，搭着一个大包裹。和尚说："你帮着搬包裹。"伙计过来搬不动，和尚说："两位帮着。"柴、杜二人也帮着，四个人抬着往里走。来到上房，伙计心里想道："这必是好东西，四个人搭着且费尽心力，不想他三个人怎么搭来的。"和尚来到上房说："纪伙计，贵姓呀？"伙计说："你知道我姓纪，还问我贵姓？"和尚说："我瞧你像姓纪，我真猜着了。"伙计说："大师傅要用什么菜吃呢？"和尚说："你们有什么？"伙计说："你要都有。"和尚说："炒豆腐、烩豆腐、豆腐干、豆腐丝，没得别的。我们掌灶的，人家办喜事请了去，连家伙都借了，有小鸡子两只，没作料，对不对。"伙计一愣，心里说："怪呀，这话是我刚才跟他们那两位说的，怎么和尚说这话？"济公答了话说："我省得你说呀！"伙计说："不是，你要什么菜全都有。"和尚说："要三壶酒，来两样现成的菜。"伙计答应，嚷喊："白干三壶。海海的迷字。"和尚说："对，白干三壶，海海的迷字。"伙计一听，吓了一跳，心想："了不得了，和尚也许懂的。"伙计想罢，说："和尚，什么叫海海的迷字？"和尚说："你讲理不讲理？你说倒来问我，我还要问你呢，什么叫海海的迷字？"伙计想了一想："不是，我说的是要好干酒。"和尚说："我也是要好酒。"伙计然后把外边酒菜拿来，和尚拿了酒壶，瞧了半天说："伙计你喝呀！"伙计说："我不喝酒。"和尚说："老杜、老柴喝。"柴、杜二人每人各拿一壶来，三人喝了三壶，俱皆翻身跌倒。

伙计告诉王贵："已把上房的三个人制住了。"王贵说："好，先报仇，杀他们两个人，然后再发财。"带领手下人，各执钢刀直奔东配房，要杀雷鸣、陈亮。急来到东房窗外，找不着东房的门了，王贵说："伙计，东房的门，我怎么找不着了？"伙计说：

"我也找不着门路了,怪不怪?"王贵一着急说:"咱们先到上房杀和尚,然后再报仇。"众人这才直奔上房。纪方说:"我动手。"他进了西里间,刚一举刀,和尚就吱着牙,吓了纪方一跳,站在那里不能动转。王贵在外面一瞧,见纪方举刀不杀,心中气往上冲,说:"我叫你杀他,你举着刀吓吓人家吗?"王贵自己拿刀进去,要杀和尚,他刚一举刀,和尚用手一指,把王贵用定神法制住了。和尚说:"好东西,你要谋害我和尚,回头我叫你知道我的厉害!"和尚又用手一指,把外面几个伙计全都定住。

和尚狂奔东配房,推门进去,掏了一块药,把雷鸣、陈亮扶起来,把药用开水化开给两人灌下去。少时二人还醒过来,睁眼一看,见济公眼前站着,雷鸣忙跪下磕头说:"弟子愚昧无知,我害你老人家,你老人家不记仇,反来救我,真是宽宏大量,弟子给圣僧赔罪!"和尚说:"你也不用赔罪,我两位班头叫人家拿蒙汗药治住在上房躺着,我给你两块药,你们去把他两个人救过来。他们要问你,如此这般。"雷鸣、陈亮点头,和尚仍回上房躺下装睡觉。

陈亮、雷鸣来到上房,把柴头、杜头救过来,二位班头一睁眼,说:"原来是雷爷、陈爷,二位从哪里来?"雷鸣说:"我们由千家口来,到这里住店,叫不开门,我二人蹿房进来,见他们店内要害你们,我们把他等拿住,把你们二位救过来。"柴头、杜头一看和尚还睡呢,二位班头这个气就大了,柴头说:"好呀! 和尚还是会掐算,叫我们住贼店,要不是你们二位,我们没了命。你们二位拿药把和尚救过来,问问他。"陈亮说:"药可没有了。"和尚说:"浑蛋,打我有头发里掏出块药来,放在我嘴里,还不行吗?"雷鸣等都笑了。济公说:"你们四个人先出去,我报应青苗神。"四个人出去,到了外面,只见和尚先取过干柴一把,连油亦覆添于上边,用火点着,霎时间只看见烈焰腾空,怎见得? 有赞为证:

南方本是离火,今朝降在人间。无情猛火性炎炎,大厦宫室难占。滚滚红光照地,忽忽地动天翻;犹如平地火焰山,立刻人人忙乱。

众人看着四面火起,就听济公在里面嚷:"了不得了! 快救人哪! 我出不去了,要烧死我了!"外面众人一听,说:"了不得了,济公出不来了。"雷鸣本是热心肠人,一听济公喊嚷,自己一想,"我用药酒害和尚,和尚反不记仇,到店内拿住贼人救了我,总算宽宏大量。现在我瞧济公烧死在里头,我居心对不起和尚,我应该舍生忘死,闯进火场,把济公救出才是,人得知恩报德。"想罢,往火里就闯,连蹿带跳,蹿到里面,见和尚在里面站着。济公本是故意试试这几个人的心田。雷鸣蹿进里面说:"师傅,不要着急,你老人家伏在弟子身上,我把你老人家背着蹿出去。"和尚说:"好,你过来背着我。"雷鸣往地下一蹲,和尚往雷鸣身上一扒,雷鸣背起来往墙上一蹿,和尚一打千金坠,连雷鸣带和尚都摔在火中,吓得雷鸣连蹿带跳躲开火。和尚说:"你背不动我?"雷鸣说:"师傅,你老人家别往下附就好了。"和尚说:"别往下附,那行。"雷鸣又把和尚背起来,刚往上一蹿,和尚一念,"唵敕令赫!"忽忽悠悠,连雷鸣起在半空中。陈亮、柴头、杜头一瞧,见雷鸣背着和尚直往上起。雷鸣吓得魂不附体,说:"师傅,这要往下一掉,要摔死呢,要摔做肉泥烂酱的。"和尚说:"不要紧,摔不着。"口念:"唵敕令赫!"忽忽悠悠往下沉,一会儿,脚踏实地,也没摔着。雷鸣把和尚放下,吓了一身汗,心中乱跳,说:"师傅,把我吓坏了。"和尚说:"我要带你上天,拜望拜望玉皇爷,你没那么大造化,咱们快走吧! 回头叫人家瞧见,说咱们是放火抢夺,再把咱们办了。"陈亮说:"对,你我快走吧。"

四个人同着和尚往前走,出了村口,陈亮说:"二哥,我跟你说句话,你们三位头里走。"和尚说:"二位班头,咱们头里走,他们两人要出恭。"陈亮同雷鸣止住脚步,雷鸣说:"三弟叫我做什么?"陈亮说:"咱们是同师傅一同走好,还是单走好?"雷鸣本是直肠汉,说:"单走亦可,同师傅走也好,那有什么?"陈亮说:"二哥,你真没心眼,要说飞檐走壁之能,窃取灵妙之巧,刀枪棍棒,长拳短打,能为武艺,二哥比我强,我不如你。要论机巧伶便,见识精明强干,足智多谋,见景生情,你可不如我。你想师傅带着二位班头去拿华云龙,咱们跟着师傅走,到见了华云龙是帮着师傅拿华二哥,是帮着二哥跟师傅动手呢?"雷鸣说:"对,怎么办呢?"陈亮说:"我有主意,一举两得，三全其美，都不致得罪。跟师傅说：'咱们帮着找华云龙去'，见了华二哥，再告诉他，'济公带人到来拿他'，叫他快躲。咱们两头都不伤，你瞧好不好？"雷鸣说："好，还是贤弟你的主意比我高。"商量好了，二人追上济公，和尚说："你们二人商量好了。"陈亮说："我们两个人打算替师傅找华云龙去。"和尚说："对，见了华云龙就告诉他，说我要拿他，叫他快走。你们两头全不得罪，对不对？"陈亮说："不是，我们访着他，必来给师傅送信。"说着话，雷鸣、陈亮就走。和尚说："咱们哪见哪？"陈亮说："师傅说罢。"和尚说："咱们在龙游县小月屯见罢。"说着话，和尚同二位班头径自去了。

陈亮一听和尚说小月屯相见，陈亮一想："不好，小月屯有绿林的朋友在住着，也许华云龙上小月屯去。"跟雷鸣一商量，二人直奔小月屯去。头一天，离小月屯还有三十余里，天黑了，住在半路镇店。第二天，给了店饭账，二人直奔小月屯来。刚一到村内，见对面来了一人，头戴粉绫缎六瓣壮士帽，上按六颗明珠，绣云罗伞盖，花贯鱼长迎门一朵素绒球，秃秃乱晃，身穿粉绫缎窄袖瘦领箭袖袍，上绣三蓝花朵，腰系丝鸾带，单衬衫，薄靴子，白脸，手中拿着菜筐，里面有几样果子，右手提着一条活鲤鱼。雷鸣、陈亮一看，正是华云龙。不晓得华云龙由何处而来？且看下回分解。

<h2>第六十回　众匪棍练艺请英雄
　　　　　登山豹赌气邀拜兄</h2>

话说雷鸣、陈亮来到小月屯，正往前走，眼前来了一人，正是华云龙。书中交代，华云龙怎么会来到这里？原本这小月屯住着一位老侠义士，姓马双名元章，绰号人称千里独行。此人武艺出众，本领高强，平生不收徒弟，就传授了两个侄儿。一个叫马静，外号人称铁面夜叉，又叫黑虎怪海，皆因马静是黑脸膛所起；一个叫马成，外号人称探海龙，弟兄两个，是家传武艺。老英雄马元章在外面闯荡江湖数十年，永远不跟绿林人搭过伴。他手下有两个人，一个叫探花郎高庆，一个叫小自虎周兰，他俩成家立业，就是本地人不知他俩是绿林中人，则知道他是财主有产业。老英雄看破红尘，自己有一座家庙毗卢寺，就在庙中出家。虽然出了家，没受过戒，不知道僧门中有什么奥妙。自己虽好道，常习经卷，总不得准根，就把庙中事交给高庆、周兰看守，自己出外方游去。老英雄走后，家中一切事务都归马静料理。每年马静出去一趟，或是一千八百里。找一处地方住下，做买卖，偷的都是官长富户、大买卖人家，得些银钱，打着骡子驮了回来，街坊邻居要问，马静就说取了租子回来。马静也是一身好武艺，平生就交了一个朋友，也是本地人，姓李名平，跟马静学了有五成能为，人送外号叫登山豹子李平。有一个兄弟叫李安哥，住在小月屯村外，开酒铺为生。常有本地的匪棍在他铺子喝酒，三五成群，凑了十数位，竟要跟李平学艺。这些人本来都是无赖匪棍，游手好闲，无所不为，狐假虎威。这些人都有外号，叫作平天转、满天飞、转心狼、黑心狼、满街狼、花尾狼等，凑了十几个人。在小月屯村外有座破三皇庙，在庙内立把式场，认李平为师。人家练功夫，为的是身子健壮，这些人练能为，所为充光棍，李平交接这些人，可以多卖点酒，各有所贪。这些人吃别人的东西不给钱，吃李平的酒饭不敢不给钱。时常跟李平练功夫，这个练一趟刀，那个练一趟枪，后来这些人里一个外号叫军师的，说："你们不用练了。"大众说："怎么不用练？"军师说："师傅无能弟子浊，李平本来就是有名无实，跟他练不行了。"大众说："不跟他练，跟谁练去？"军师说："咱们这地方算谁有名？"大众说："要讲真有名，就是铁面夜叉马静。"军师说："咱们何不把马大爷请出来，咱们跟他练。"大众一想："这话对呀！"

众人商量好了，次日早晨，大众来到马静门首叫门，拿着红白帖，有家人进去一回禀，马静由里面出来。大家一瞧，说："马大爷早起来了。"马静说："众位找我什么事？"众人说："我等久知马大爷威名远振，特意来请你老人家。我等在三皇庙立把场子，要跟你老人家学武艺，马大爷只要肯教我等，必有一分人情。"马静一瞧，心里说："交接你们这些匪徒，把我都沾染坏了。"嘴里不肯得罪，都是老街旧邻，马静说："众位既来约我，按说我不当辞却，无奈现在我母亲病着，我所以不能从命，众位请罢。等我母好了，我必去。"大众碰了个大钉子回来，都埋怨军师胡出主意，叫我们碰钉子。军师说："你们众位不用埋怨我，我要不叫李平把马静请出来，我不叫军师，叫我小卒，好不好？"大众说："就是。"

正说着话，李平来了，军师说："李大爷，有人给你带了个好来。"李平说："谁给我带好？"军师说："就是马静。"李平说："你胡说！我跟马静是知己的朋友，情如手足，又常见，不是带好的交情。"军师一听，说："李大爷，你别说了，终日间你老说马大爷跟你至好，今天我见了马大爷，我说：'马爷我提一位朋友，跟你至好，你必认得。'他问我'是谁？'我说'登山豹子李平。'他想了半天，他说：'土居三十载，无有不亲人，就算认识罢，跟我没多大交情的。'"李平一听，气往上冲，说："我告诉你说，我并未借马静的字号闯我的人物，我们交情是有不假。"军师说："李大爷你要真跟马爷有交情，你能把马爷请到这里来，踢一趟腿，打一趟拳，我算信服你。"李平说："那算什么？我要请他，他不来也得来。"军师说："就是罢。"

李平赌气，一直狂奔马静家来，不用叫门，来到里面，马静一见，说："贤弟，从哪里来呀？"李平说："兄长，小弟我和你怎么没交情？今日你叫那军师何苦来给我带一个好去呢？"马静说："何出此言？"李平把在三皇庙合军师说的话，从头至尾述说一番，马静说："贤弟，他这些话是激你，你别听他那话。"李平说："无论是他激不激，请兄长明天跟我去一趟，给我转转脸。"马静说："好，明日我就去。"李平说："我走了，明日见。"

次日李平找马静同到三皇庙内，众人一瞧马静来了，大家欢喜非常，全都给马静行礼，说："马大爷来了，我等正在盼望你老人家。"这个倒茶，那个买点心，大家众星捧月。马静一瞧，大殿前摆着十八般兵器，一应俱全，马静在大殿前有桌椅处坐下，内中有一人姓胡名叫胡得宜，名号叫黑心狼，说："马大爷，我练一趟拳你看看。"说着话，胡得宜打了一趟拳，平天转贾有元练了一路单刀，满天飞任顺拿过大刀劈了一套，练完了，问："马大爷，你看这趟刀好不好？"马静说："好，大刀乃百般兵刃的元帅，自古来廉颇、黄忠的大刀，恐不如你的刀法纯熟。"任顺一听，把脑袋一晃，心思道："我这能为行了。"又过来一个白花蛇贾有礼说："马大爷，你瞧我一路花枪。"拿起花枪来练了一趟说："马大爷，你瞧怎么样？"马静说："好，花枪为百兵之首，古来子龙、子胥真不如你这枪的着数。"贾有礼一听，心中甚为喜悦，自己觉着能为大了。他练完了，又过来一位叫邹士元，外号叫狼狈，说："马大爷，请你看我练一趟宝剑。"说着拿过剑来，练了半天，练完了，问马静，马静说："真好，这路剑赴鸿门。"邹士元一听，也乐了。大众都练了，马静看了心里想道："刀不像刀，枪不像枪。"马静说："李平，我教你一场，你也练一趟，叫他们瞧瞧。"李平说："可以。"当时把拳脚一拉，真似：

太祖神拳丢四平，斜身绕步逞英雄。使到迎门刀入鞘，倒退一步不留情。低水势，扫地龙，十二连拳往上攻。拳打南山斑斓虎，脚踢北海滚江龙。上使马蹄高，下使低个平。

练完了，真是气不涌出，面不改色，心满意足。大众齐声说："好，果然强将手下无弱兵。"众人说："马大爷辛苦辛苦，给我等开开眼睛，见见世面。听说马大你老人家双铜出名，求你老人家练一趟。"马静一想："叫他们开开眼。"自己把双铜拿起来，说："众位多包涵。"把门路一分，施展开了。怎见得，有赞为证：

出手式双龙摆尾，梢带着柘树盘根。托鞭挂印惊鬼神，暗藏毒蛇吐信。白猿翻身献果，操式巧任双针。阴阳铜上下分，藏龙伏虎紧护身。夜叉探海无敌将，摘星换斗，取命追魂。

马静一练，大众都瞧愣了，焉想刚练完了，就听庙的土墙外有人说："练得好！"马静不瞧则可，抬头一看，吓得亡魂皆冒。不知叫好之人是谁，且看下回分解。

第六十一回

托义弟英雄离故土
见嫂嫂李平生疑心

话说马静练了一趟双铜，外面有人叫好。马静一看，是一位年高的和尚，面如满月，身穿古铜色的僧衣，拿着一百零八颗念珠。马静一看，吓得惊慌失色，赶紧把双铜扔下，往外就跑，说："众位我要失陪！"大众说："马静爷哪去？"李平一看，说："了不得了，马静的叔父来了。"书中交代，这位和尚乃是千里独行马元章，由外面游方回到家中，问嫂嫂侄儿马静上哪里去，马静之妻何氏说："被人约出去练把式去了。"马元章一听，勃然大怒，说："好孩子！我马氏门中在这方住居多年，没人知道我家是做贼的，他恐怕人家不知道，在外面招摇是非，我去找他！"故此来到三皇庙外，有心进去叫他，当着众人多有不便，故此失声一阵冷笑。马静一看，连忙出去，到他叔父跟前叩头行礼。马元章立刻转身回家，到了家中说："马静，你自己好不知自爱！咱们马氏在这小月屯居住多年，并无人知道是绿林，你还要在众目所观之处去练把式？"马静一听，说："叔父你老人家有不知，皆因是有我拜弟李平所约，是给他圆脸。"把上项之事，从头至尾述说一番。那马元章听罢，如梦方醒，说："我知道了，从今以后不准再和他们去练把式。"马静答应。叔侄二人吃酒，马元章说："明日我要访道游方，毗卢寺庙内你两个师弟高庆、周兰，如要是没有日用之费，你给他们些银钱使用。"马静答应。

次日他叔父马元章游方去了，马静在家中侍奉老娘，见太太病体越发沉重，自己一想，今年手下并没有什么余钱，倘若老太太有一个山长水远，怎得办事？又要给毗卢寺庙里送钱，有心出去做一趟买卖，家中又没人照应，左思右想，还是得出去弄点钱要紧，家中可以托付李平给他照应。想罢，这天自己直奔李平酒馆。来到门首，李平一见，赶紧把马静让到后面柜房。马静一看，见李安躺在炕上，咳声不止，马静说："二弟还没好哪？"李平说："只见他的病势沉重，请了许多先生也治不好。"马静说："须得请高明医家，赶紧给他调治。我今天来找你，非为别故，我来求贤弟一件事，我打算要出外，家中老太太也病着，你嫂嫂也无人照应，我出外走后，早晚你没事去照看照看家里。要是没零用钱的时节，你可以给垫办垫办，我回来必如数奉还。"李平说："你我知己弟兄，何必说还不还。兄长不必嘱咐，小弟必当从命，兄长打算哪天走？"马静说："我明天就起身。"李平说："兄长如若是明天走，我后天必到你家去。每天我给你家中老太太送两吊钱零用，要有别的用项，只管叫嫂嫂跟我提，我多了不敢说，三五个月，我可以垫办。"马静说："甚好，我这就告辞。"马静回到家中，收拾行李，告诉何氏："我走后李平兄弟来给送钱，你就留下，我已然托付好了，如有什么用项，只管跟李平借，我回来再还，大概多者两个月，少者四十天，我就回来。邻居要打听我，就说我取租子去。"何氏娘子点头。次日马静起身走了不表。

单说李平过了一天，自己一想："马大哥托付了我，我得去瞧瞧。"把铺子的事交代伙友照管，自己带上两吊钱，出了酒馆，一直的向东往前走着。离马静的门首不远，看见马静家里出来一个妇人，李平远远一看，乃是何氏娘子，穿着一身华美的衣裳，浓妆艳抹，心说："我马大哥在家，家规甚严，平素他家的妇女大门不出。今日我大哥刚走，她这样打扮出去，恐其中有什么缘故，我何不去问问马老太太，是什么一段缘故。"想罢，李平刚要往前走，只听后面有人叫："李大爷！"李平回头一瞧，是店中的小伙计。李平说："什么事？"小伙计说："铺子有人找你。"李平复又回来，一看是东街冥衣铺掌柜的杨万年。一见李平，杨万年说："李大爷，我在这里等你半天了，所为当初我赁房时节，是你老人家的中保人，立字为许推不许夺，现在他把房租给别人，硬要拿钱赎房，他赎他也可以得，我开铺子，他应得赔偿我损失。不然，我们是一场官司。"李平说："杨大哥你不用着急，你做你的买卖，我去找房东，跟他说说，凡事都有个情理。"李平立刻去给找房主说合。这件事办完了，天也晚了，李平一想:"明天再到马家去吧。"一夜无话。

次日带上几吊钱,吩咐伙计:"好好照应酒座,我到马爷家里去一趟。"自己来到十字街,抬头一看,见马静家双扉一开,何氏娘子浓妆艳抹又往村东去了。李平紧走几步,要打算赶上何氏问问,见何氏走得甚快,已去远了,李平一想:"我问问老太太,她到底是上哪去?"到马静门首,正要打门,小伙计追来喊嚷:"李大爷,李大爷,可了不得了!你快回去吧!有一个醉鬼,在酒店中和邻酒座打起来,这个拿酒壶把那个脑袋打破了,还不知是死活。地方官人都去了,你快回去瞧瞧罢!"李平无奈,回到酒铺中一看,果然是两个醉鬼因说闲话打起来,有本地街坊众人帮着解劝。忙乱了半天,劝完了,算没成官司,天也晚了,李平一想:"今天又不能去了,明天再说罢。"

到了次日起来,把铺子事忙乱完了,天已日中,自己带上几吊钱,出了酒铺。刚一到十字街,见何氏已出了东村头,李平一想:"怪呀,我马大哥不在家,他妻子接连三天打扮着出去,怕其中定有情节。"自己一想了不得,大丈夫难免妻不贤,子不孝,我别到他家去了。倘若这妇人见了我,说出不三不四无廉耻的话,我如何能做无礼之事。倘若他恼羞变成怒,我马大哥回来,她说我调戏她,我马大哥准信,红粉之言,能入英雄之耳。"自己愣了半天,叹了一口气:"可惜我马大哥是一位朋友,叫妻子给染了。"自己一想:"我何不到东村头去等她,看她到什么时候回来?"想罢,自己直奔东村头,一直等到二更以后,并未见何氏回家,李平这才回归酒馆,从此永不到马静家去,自避嫌疑。

光阴荏苒,日月如梭,不知不觉就是两个月的光景。马静此次出去,很为得意,正遇见罗相的侄儿,在外面一任太守,剥尽地皮饱载而归,道路上马静得便,偷了些金珠细软,买了许多的土产物件,打着骡驼子回家。来到小月屯,把东西卸了,先瞧瞧老太太,见老太太仍是病体沉重。何氏见丈夫回来,赶紧预备茶水点心酒饭,马静问:"娘子,自我走后,李平贤弟给送了多少钱来使用?他共来家几次?"何氏一听,说:"你交的这个朋友甚好,你走后一次未来,也未送钱,我当了几两银子使用。他在咱家酒饭也吃过无数,实是一个忘恩负义之人。"马静一听,心中甚是有气。吃完了饭,拣了几样礼物,说:"我给李平送礼去,看他见了我,应该如何说话。"自己出了大门,到西头李平酒馆。一进去,马静问:"伙计,你们掌柜的可在家吗?"伙计说:"现在后面。"马静直奔后面,李平一瞧,赶忙地迎出来。马静本是大丈夫,面不改色,带笑开言说:"贤弟我给你带了些吃的来,都是你爱吃的。"李平说:"兄长一向可好?请里面坐!"把礼物接过去,二人来到屋中落座,坐了半天,李平也没话说,马静说:"贤弟买卖好?"李平说:"快关门了。"马静又问:"二弟可好了?"李平说:"快死了。"说完了话,李平愣了半天说:"马大哥,我有句话,有心不告诉你,耽误你我弟兄的交情,有心告诉你罢,实在难以出口。"马静说:"贤弟有什么话难出口,你告诉我听听?"就见李平不慌不忙,说出一席话来。马静一听,气得三尸神暴跳,五灵豪气腾空。当时回家,又生出一场是非。要知后事如何,且看下回分解。

第六十二回　暗访察路遇乾坤鼠
　　　　　得私信雷陈遇盟兄

话说李平见了马静无话可说,愣够多时,自己一想:"要不说罢,又耽误了弟兄的交情,要是说罢,我又难以开口。"马静说:"你有什么话只管说,不要隐瞒。"李平就把头一天拿了两吊钱送去,碰见嫂嫂浓妆艳抹,穿着华美的衣服,由家中出来,往东而去,正要追过去问,有人找我有紧要事,我就回来。第二天,第三天,怎么在村头等着,从头至尾,述说一遍。马静听了,"哈哈"一声,说:"贤弟,我告诉你,今天我来,原打算跟你画地绝交,我不知有这缘故。既然如是,我也不必多说,路遥知马力,日久见人心。你这一分心,我今日方知非真知己,也不能说这些话。我走了!"

站起身来，回到家中，也并不提这段事。

过了一两天，告诉何氏："你好生看家，龙游县有一家财主请我去看家，大约得两月回来。"带上单刀，辞别了老娘，由家中出来，直奔正南。离小月屯二里有庆丰屯，原是小镇，也有买卖铺户，路南有座万盛客舍，马静进去，店里伙友都认识，大众说："马爷怎么闲着？"马静说："给我找一间房，我家中来了几个亲友住不开。"伙计说："是。"给马静找了一间上房。马静来到屋中，要了酒菜，心中闷闷不乐，正是：

人得喜事精神爽，闷来愁肠困睡多。

喝了几壶酒，叫伙计把残桌撤去，自己躺下就睡了。睡醒了，又吃了些东西，自己一想："奸乱情热，互相难拴，奸夫必找淫妇，淫妇必找奸夫，知道我不在家，必要往一处凑合。我今晚带上钢刀，到村头去等候，要遇见贱婢，我一刀将她杀死。"自己想罢，直奔小月屯村头。一直等到三更以后，并未见一人，自己到家门口一瞧，双门紧闭，蹿身上房，各处偷听，并没有动作，自己复返回店。到店门口，叫开了门，到了屋中倒头便睡。白天除了喝酒，就是睡觉，晚上带刀出来，就在小月屯东村头等候。天有二鼓之时，听东边有男女欢笑之声，及至临近一看，听有人说："你快走吧，明天就要请你去，请了好几位吉祥婆都不好。"马静一听，是请接生婆的，急忙退身，隐在树后。刚隐在树后，只见由正东来了一人，脚底下甚快，电转星飞，大约有三十多岁，白脸膛，看不甚真。马静见这人一直的奔他的住宅去，来到他的门首，愣了半天，那人意思是要叫门，又害怕不敢叫的意思。马静在暗中瞧着，见这人围着门首来回绕了几个弯，就听这人说："哎呀！有心叫门，又怕大哥不在家，有心不叫门，黑夜的光景无地可投。"马静一听是熟人，即至临近一看，原来是乾坤盗鼠华云龙。说："二弟，你从哪里来呀？"华云龙连忙过来行礼，叙离别之情，说：兄长，黑夜因何在此？"马静说："二弟，我在这里等人，你我家中坐吧！"

二人越墙而过，到里边开了东配房门。何氏娘子起来，立刻烹茶伺候。马静同华云龙在屋中落座，问华云龙是从哪里来，华云龙把在临安所做之事，述了一遍，就是没提尼姑庵采花。马静说："华二弟，你只管放心，在我这里住，没有人会到我这里办案。就有人来，我这里有现成的夹壁墙、地窖子。还告诉你，我这里属龙游县管，本地面官人决不能来，没人知道我是绿林人。"华云龙一听，说："甚好！"谢过马静，两个人说着话，天光已然大亮。

二人正在净面吃茶，忽听门外人声嘈杂，一阵大乱，吓得华云龙颜色改变。马静说："你不要害怕，我出去瞧来。"到外面开门一看，门口站定有五六十位都是小月屯本地绅士富户、举监生员，大众一看说："马大哥在家甚好，我们约你有一件事，此事非马大爷出去不能完全。皆因前街庆丰屯骒马市争税帖，帖主大成跟姓柳的争税帖，打了官司，现在又要打架了，两头都约了有一二百人，这场架要打成，就得出几十条人命。听说这两家都跟马大爷至厚，我们说合了两天，没说合好，约你老人家出去就可完了。"马静说："就是罢，我该让众位家里坐，地方可是狭小，多有不便。众位在此少待，我到家里告诉一声。"众人说："是。"马静到里面，拿了两吊钱，一个菜筐，说："贤弟，人家约我说合事，家中没人买菜，回头贤弟你辛苦辛苦，到前街庆丰屯去买两条活鱼，买两只小鸡，买些干鲜水菜，买回来交给你嫂嫂做去。我少时就回来，你我弟兄好吃酒。"华云龙说："就是罢。"

马静走后，华云龙拿了菜筐出去，买了些菜，正往回走，只见雷鸣、陈亮二人慌忙跑来。一见华云龙，雷鸣、陈亮说："华二哥，你原来在此！你还不快跑？后面有灵隐寺济公长老前来拿你。"华云龙向二位说："贤弟，你我由千家口分手，你二人上哪里去了，你们怎么知道济公来拿我？"雷鸣、陈亮把上项之事，如此如此，述了一番。"现在济公领着二班头随后就到，他说小月屯见，大概必是算出你在这里。"华云龙一听这话，心中犹疑，正打算扔下菜筐要跑，只见由那里马静来了。三个过去，给马静行礼，马静说："雷、陈二位贤弟，既来到这里，为何不到我家，你们三个站在这里说话？"雷鸣、陈亮又把上项之事也说了一遍，马静说："不要紧，雷、陈二位贤弟，华二弟，都跟我来。"四个人一同直来到马静家中。马静把菜拿到里面去，四个人来到东配房，华云龙说："马大哥，我来到这里尚未给老伯母请安，你带我去见见伯母。"雷鸣、陈亮一听说："原该如是。"马静说："老太太有点身体不安,倒不必惊动她老人家,三位贤弟请坐罢。"少时间酒菜得了,四个人吃酒,谈心叙话。马静又细问雷鸣、陈亮济公的根本源流,陈亮从头至尾,又细说一遍。马静一听,哈哈大笑说："二位贤弟,就凭一个和尚带同两个班头,就要拿你华二哥? 就有二百官兵将他围上,也未必拿得了他! 再说他在我这里,更没人敢来拿他。他不来便罢,他要来时,我先拿他,将他结果了性命!"雷鸣、陈亮说："马大哥你趁早别说这话,你可不知济公长老的能为,你要一念道,他可就来了。他能掐会算,算你要从前门跑,他在前门堵着,你要打后门走,他在后门等着,你往东,他在东面迎你,你往西,他又在西面候你,叫你够四面八方无处可跑,就得为他束手被擒。"这几句话,马静一听,气得拍案大嚷,说："你两人休要长他人威风,灭自己的锐气! 如来时,你看!"用手一指,"在东墙有一轴富贵牡丹图,把画卷起来,里面是转板门夹壁墙,进去就是地窖子,你们可以在这里面藏躲。"这句话尚未说完,就听外面打门说："华云龙在这里没有? 在这里叫他出来,见见我和尚。"雷鸣、陈亮一听,吓得颜色改变,说："马大哥,你瞧,和尚来了。"马静就把这轴画卷起来,说："你们三个人都进去,自有我一面承管。"三个人无法,进到夹墙之内,马静把画放下来,往外狂奔。

　　书中交代,济公从哪里来? 和尚自从雷鸣、陈亮走后,和尚领着两位班头往前走,走来走去,天也不早了,肚也饿了,见前有酒馆,济公进去,柴头心说："要是和尚吃我们就吃,反正有给钱的。"三个人坐下,和尚要了几壶酒,吃了个酒足饭饱,和尚说："堂官,给我拿个溺壶来,我要溺尿。"堂官说："我们管拿酒壶,不管拿夜壶,你外头去溺去吧。"和尚站起来说："给我拿两壶酒搁着,我回头来喝。"说着话,和尚出去。柴头、杜头等着和尚,老是不来了。柴头说："老杜,了不得了,吃酒饭没有钱,和尚走了拿我两个人押了桌。"柴头说："咱们两个也溜罢。"瞧伙计要端菜没留神,柴、杜二人一溜出来,到外面正碰见和尚。柴头说："好呀,你出来拿我两个人押了桌。"和尚说："你们两人跟我走,晚上我有钱。"柴头、杜头嘴里答应,心里说："晚上我们两人吃完了先走,拿和尚押桌。"果然晚上三人到酒馆吃饭,柴杜二人急忙吃完了,站起来就走,和尚说："你们两个人走呀?"柴头、杜头说："早起你拿我们两人押账,我们不走怎么样?"说着话,两个人走了,跑堂过来把济公看上。不知济公如何走法,且看下回分解。

第六十三回　**四英雄马宅谈心**
　　　　　　　　济禅师酒馆治病

　　话说济公同柴杜二位班头在酒馆吃饭,柴头杜头先吃饱了,杜头站起来说："出恭去了。"柴头站起来说："我要小便去。"和尚说："对,你们两个人都走,拿我和尚押桌。"柴头说："你上次怎么先走了,把我两人留下? 横竖没钱,我们先走。"说着话,二人都出去。伙计一听,"这两个人是蒙吃蒙喝的。"伙计留神看着和尚,和尚坐在那里,也不言语。偏巧外面有一个人,端了一碗木樨汤,端着正往外走,外面进来一人,慌慌张张,把碗碰掉了,汤也洒了,洒了那人一身,这个叫赔碗,那个叫赔衣裳,两个人口角相争打起来了。众位酒客也一阵大乱,伙计只顾劝架,没留神,和尚趁乱出酒馆。来到村头,见柴、杜二头那里坐站着,和尚说："好的,你二人吃饱了也不管了。"柴头说："你早起为何吃完了走了?"和尚说："对,算你有理。"柴头说："师傅你怎么出来的?"和尚说："我叫掌柜的写上账。"柴头说："人家认识你吗? 给你写账。"和尚说："你们就不用管了。我出个主意,我们三个捉迷蒙,我藏起来,你们要找着,明天早起我给饭吃,你们要找不着,明天我吃你们。"柴头一听,说："这倒不错。"和尚就藏起来,这两个人找遍了也找不着,焉想到和尚连夜狂奔小月屯而来。

　　天亮,和尚来到李平的酒店门首,伙计将挂幌子,和尚迈步进了酒馆,一瞧有六张桌,桌上都摆着四碟,一碟煮鸡子,一碟豆腐干,一碟盐水豆,一碟糖麻花。和尚找了一张桌子坐下,拿过一个鸡子,往桌上磕,和尚说:"掌柜的。"磕一下鸡子,叫一声"掌柜的"。伙计一瞧说:"大清早起,和尚你够多讨人嫌,磕着鸡子叫掌柜的。"和尚说:"你卖几个大钱?"伙计说:"这么大个的,卖几个大钱?"和尚说:"我问你是鸡子。"伙计说:"鸡子卖六个钱。"和尚说:"豆腐干卖几个大钱?"伙计说:"三个钱一块。"和尚说:"这碟豆儿卖几吊钱?"伙计说:"这一碟豆子,怎么可卖几吊钱?"和尚说:"倒不是别的,我瞧这豆子皮上,难为你做的折子,工夫大了。"伙计说:"和尚你真是有心,这豆子是水泡的自来折。"和尚说:"敢情你是自来的折子。"伙计一听,说:"和尚,别玩笑,我有自来折?"和尚说:"不是,我也说是豆子,你给我拿两壶酒来。"伙计就拿了两壶。和尚喝完了,又添了几壶,一共吃了六壶酒。和尚叫伙计算账,伙计一算,一共二百五十六文。和尚说:"你给我写上罢。"伙计说:"大清早起,你搅了半天,吃完了酒不给钱,那不行。"和尚说:"你便写上,怎么不行?"

二人正在争论,李平由里面出来,问:"伙计,怎么事?"伙计说:"喝完了酒不给钱。"李平说:"和尚你没带钱,坐下就喝酒?"和尚说:"我是在你这酒店等人,是你们这方熟人,他约会我叫我来喝酒等他,不然,我也不喝酒。我等他半天也没来,故此我和尚没给酒钱。"李平说:"你几时定的约会?"和尚说:"去年定的。"李平说:"在什么地方约定的?"和尚说:"路遇约的。"李平说:"跟你约会这个人姓什么?"和尚说:"我忘了。"李平是打算问问和尚,只要和尚提出个熟人,就不跟和尚要酒钱,叫他走。一听这话,李平说:"和尚,你这可是胡说!"和尚说:"我不胡说,因我和尚会瞧内外两科,勿论男女老幼的病症,我都能瞧。这个人约我来,叫我瞧病,我把这个人的名姓忘了。"李平一听和尚会瞧病,想起兄弟李安病的已在垂危之际,倘若和尚能治,岂不甚好。想罢说:"和尚,你既能治病,我兄弟是痨病,你能瞧不能?"和尚说:"能瞧,可以手到病除。"李平说:"你要真能给治好了,不但不跟你要酒钱,还要谢谢你,给你和尚换换衣裳。"和尚说:"感谢!"李平领着和尚来到后面,一瞧,只见李安在炕上躺着,哼声不止,面如白纸,一点血色也没有了,眼睛角也开了。鼻子翘发衄,耳朵边也干了。他本是童子痨,李平为叫他兄弟保养身体,叫他在铺子住着,焉想到病体越发沉重,今天和尚一瞧,李平说:"和尚你能治不能?"和尚说:"能治,我这里有药。"和尚掏出一块药来,李平说:"什么药?"和尚说:"伸腿瞪眼丸。"李平说:"这个名可不好。"和尚说:"我这药吃了,一伸腿一瞪眼就好了。告诉你,我这药是:此药随身用不穷,并非丸散与膏丹;专治人间百般症,八宝伸腿瞪眼丸。"

和尚把药搁在嘴里就嚼,李安一瞧,嫌和尚脏,直说:"哎呀,我不吃。"和尚把药嚼烂了,用手一指,李安的口不由得张开,和尚"呸"的一口,连药带吐沫粘痰啐在李安嘴里,"咕噜"把药咽下去。工夫不大,就觉着肚子"咕噜噜"一响,气引血走,血引气行,五脏六腑透爽畅快,四肢觉得有力,身上如失泰山一般,清气上升,浊气下降,立刻说:"好药,好药!如同仙丹。"坐起身来就要喝水,喝下水去就觉着饿,要吃东西。李平一瞧,心中甚为喜悦,说:"师傅这药,果然真好,就是名儿不好听。"和尚说:"我这药还有一个名儿。"李平说:"叫什么?"和尚说:"叫'要命丹',你兄弟是已然要死没了命,吃了我这药,把命要回来,故此叫'要命丹'。"李平说:"这就是了,还有一位老太太是痰中带血,师傅能瞧否?"和尚说:"能瞧,不算什么。"李平说:"师傅既能瞧,我拜兄马静的母亲,是多年的老病,痰中带血,病得甚厉害,我同你老人家去给瞧瞧。"和尚说:"瞧病倒行,就怕人家又没请先生,你同了去,到门口不叫进去,那是多么难为情。"李平说:"他家如同我家一样,要不是我也不能管。师傅只管放心,跟我同走吧。"

和尚同着李平由酒店出来,李平问:"师傅在哪里出家?"和尚说:"我是西湖灵隐寺出家,上一字道,下一字济,讹言传说济颠就是我。"说着话,二人来到马静的门首。李平刚要叫门,和尚说:"我叫。"这才一声喊嚷:"华云龙在这里没有?"李平说:"师傅方才你说什么?"济公说:"你不用管。"少时马静出来一开门,说:"贤弟你叫门来着。"李平说:"不是我叫门,是这位大师傅,是我同来的。这位和尚是灵隐寺济禅师，把我兄弟病给治好，我同他老人家来给老太太治病。"马静一愣，说："贤弟，你来的不凑巧，我这里坐着朋友，你先把和尚邀回去，候我去请罢。"和尚说："对不对？我猜着了。是不是不叫进去？"李平说："大哥，你胡闹！有什么朋友在这里坐着，我见不得？给老太太瞧病，何必瞒人呢？老太太的病不可耽误，要不是济公给我兄弟治好，我也不同来了。"马静还说："过天再瞧。"李平真急了，带着和尚往里就走。这两个人本是知己的患难朋友，马静也不好说什么，也就随着进来。

和尚自向东配房走，马静赶忙一把手把和尚揪住，说："大师傅，请上房坐吧。"和尚说："怎么不叫上这东屋里去？"马静说："有客。"和尚说："有三位堂客，反正一个跑不了。"李平也不知内中底细，心说："这是书房，应该让客，怎么马大哥不叫和尚进去？"扒窗户瞧瞧没有人，李平纳闷。三个人来到上房，李平说："师傅你给瞧病，我回去预备酒菜，回头师傅到我铺子去吃酒，咱们茶水不扰。"和尚说："你去吧。"李平走后，和尚掏出一块药来，要阴阳水化开，给老太太灌下去。少时，老太太觉着神清气爽，就坐起来说："儿呀，我为娘病了这好几个月不能翻身，怎么今天忽然好了？"马静说："娘亲不知，现有灵隐寺济公给你老人家吃了灵丹妙药。"老太太一听是灵隐寺济公给他治的，知道济公爱吃酒，说："儿呀，你给济公磕头，同济公喝酒去吧。"马静过来说："我娘亲教我给师傅磕头，请师傅到外面喝酒去。"济公说："好。"站起身来，直奔东配房。不知济公怎样捉拿华云龙，且看下回分解。

第六十四回　李平为友请济公
　　　　　　马静捉奸毗卢寺

话说马静见济公给老太太把病治好，心中甚为喜悦，遵母命给济公磕了头，无奈请和尚到东配房来喝酒。和尚跟着来到东配房，一看摆着一桌残菜，四份杯筷，和尚说："谁在这里喝酒。"马静说："我喝酒。"和尚说："你喝酒，为甚四份杯筷？"马静说："我四面转着喝。"立刻把残菜撤去，别整杯盘，同济公落座吃酒。和尚说："你贵姓？"马静说："我叫马静。"和尚说："我跟你打听一个人，你可认识？"马静说："谁？"和尚说："我有个徒孙马元章，你认得不认得？"马静心说："这个和尚真可恨，说我叔父是他徒孙！"瞪了和尚一眼，说："不认得这马元章。"和尚说："我给你母亲把病治好了，你怎么谢谢我？"马静说："师傅，任你要多少药钱，多少金银，你说，我必从命。"和尚说："我倒不要钱了，我最喜爱字画。"马静说："你喜爱字画，只要我有的，你只管拿了去。"和尚说："别的我俱不要，我就要这张富贵牡丹图。"马静说："可以，回头你走的时节给你带了去。"和尚说："我说要就要。"站起来就要去摘，马静连忙挡住，说："师傅别动，一摘就有许多尘土，这饭菜怎么吃？你且吃完饭再摘。"和尚说："这也行得，反正我今天不出房子，看他一个也跑不了。"此时雷鸣、陈亮同华云龙在夹壁里，听得明白，吓得三个人战战兢兢。马静心说："这个和尚可留不得，莫若我一刀把他杀了，省得他找我二弟。他死后，我给他修一座塔，报答他给我母亲治病之恩，逢年按节，给他烧点纸钱。"想罢，自己到屋中，暗把单刀带好，陪着和尚喝酒。拿酒灌和尚，想要把和尚灌醉了。给和尚斟一盅，和尚喝一盅，直喝到天有掌灯以后。和尚自言自语，说："喝了这些酒老不醉，醉了也好，就省得喝了。"

和尚坐在那里直哼哼，马静说："师傅为什么哼哼，喝醉了吗？"和尚说："我要出恭。"马静说："要出恭外头去。"和尚站起来，马静跟着出来，一边走着，和尚道："马静你瞧我这药好不好？"马静说："好。"和尚说："马静你猜那药值多少钱？"马静说："多少钱？"和尚说："我那药合一文钱一丸。"马静说："那药真便宜。"和尚说："便宜可便宜，我今后打算不再配了。如今的人没好良心，我和尚给治好了病，反倒安心要杀我，我死后还给我修一座塔，逢年按节还给我烧化纸钱，就算报答我。"马静一听这话，暗想："这个和尚真怪！"说着话，来到东村口，和尚蹲下，马静绕来绕去，绕到和尚身后，举着刀照和尚就砍，和尚用手一指，用定身法把马静定住。马静举着刀不能转动，和尚就嚷："了不得了！杀了和尚了！"小月屯村庄居户甚多，听见喊嚷，大家拿着灯光出来看。马静可吓着了，心说："我这里拿着刀不能动，人家问我，我说什么？"想到和尚一使佛法，大众都没看见，过去了。

马静说："师傅，我错了，你老人家不要跟我一般见识。"和尚说："你跟我动刀，你何不把刀拿你妇人的情人，杀他好不好？"马静说："我不知在哪里。"和尚说："你跟我去捉奸。"马静跟着和尚来到毗卢寺，和尚说："就在这庙里。"马静："待我敲门。"和尚说："捉奸那有敲门的？你真是呆笨。"马静说："捉奸还有行家？我没捉过，不叫门怎么样呢？"和尚说："你蹿进墙去。"马静说："我蹿墙，你怎么进去？"和尚说："我也会蹿。"马静这才一拧身蹿上墙去，一瞧和尚已在墙内蹲着。马静说："你怎么进来？"和尚说："我挤进来的。"马静说："由哪里挤进来的？"和尚说："由墙里挤进来的。"马静说："师傅挤我瞧瞧。"济公往墙上一挤口念："唵敕令赫！"马静一瞧，和尚没了。和尚又念："唵敕令赫！"马静一瞧，和尚又有了。马静说："这个挤法倒不错，明天我学学。"和尚说："你跟我走。"和尚带领马静往后奔。

这座庙原本是三层殿，越过头层大殿，来到二层大殿，由东角门穿过去。是东跨院。这院子里栽松种竹，清气飘然，北上房灯光郎朗，人影摇摇。马静来到窗棂外，把窗纸湿了个小窟窿，往里一看，这上房本是前廊后厦，屋内靠北墙是一张大床，地上有桌椅条凳，床上搁着一张小床桌，点着蜡灯，正当中坐着一个妇人，穿着一身华美衣服，打扮的浓妆艳抹，甚是鲜明。马静一看，不是别人，正是自己的妻子何氏，两边坐着两个和尚。上首坐的这个和尚，身体庞大，赤着背，穿着阳绉中衣，白袜青鞋，面皮微黑，粗眉大眼，马静一看，认得是探花郎高庆。下面这个和尚，黄脸膛，瘦小枯干，穿着灰色僧袍，白袜青鞋，乃是小白虎周兰。就听高庆、周兰说："嫂嫂今天怎么这样闲着？我二人听说马静回来，嫂嫂不能出来，我二人真是茶思饭想。没想到，今天嫂嫂来了。"何氏说："不然我也不能来。今天是家里来了一个济颠和尚，给老太太治病，马静陪着和尚吃酒，我告诉家里，说上娘家去，我才到这里来，省得你们两个人想我。我今天也不回去了。明天再回去，我就说住在娘家。你二人快给我预备点吃的，我还没吃饭呢。"

马静一看，气得三尸神暴跳，自己一想："真是'大丈夫难免妻不贤，子不孝'。辱贱婢，做出这样无廉无耻之事！"立刻伸手拉出刀来，闯到屋中，手起刀落，先把探花郎高庆杀死。小白虎周兰端后窗户出去逃命，何氏站起来往外就跑，马静随后就追，刚赶到院中，见何氏用手一摸脸，两个眼珠子掉出来，有一尺多长，吓得马静大吃一惊。这妇人说："好好，焉敢管我的事！"说着话，一张嘴，一口黑气喷来，马静翻身栽倒。

书中交代，马静的妻子何氏可并不会喷黑气，这其中有一段隐情。原本何氏娘子乃是知三从，晓四德，明七贞，懂九烈，根本人家之女。他娘家兄弟叫律令鬼何清，乃是玉山县三十六友之内的侠义英雄，当初马静与何清乃是结义的弟兄，先交朋友，从后结的亲。这天何清来探望马静，两个人坐在书房谈话，何清说："姐丈，咱们三十六友之内有一个人出了家，当了老道，你知道不知道？"马静说："谁出了家？"何清说："黑沙岭的郭爷，夜行鬼小昆仑郭顺，他出了家。那天我碰见他，瞧他带着道冠，穿着道袍，我说：'你疯了？'他说：'怎么疯了。'我说：'你为何穿老道的衣服。'他说：'我看破了红尘。人在世上，如同大梦一场。'他出了家，他师傅是一位高道，乃是天台山上清宫的，复姓东方双名太悦，人称老仙翁，外号昆仑子。有一宗宝贝，名曰'五行奥妙大葫芦'，这葫芦能装三山五岳，勿论什么精灵，在里面一时三刻，化为脓血，将来老道一死，葫芦就是他的。他师傅给他三道符，一道能捉妖净宅，一道避魑魅魍魉，一道能保身，避狼虎豺豹。我把他那道捉妖的符偷来，你瞧瞧。"马静一看，何清说："我不知道他灵不灵？"马静说："咱们试试。"何清："怎么试？"马静说："现在庆丰村王员外家，他儿子被妖精迷住，贴出告白条来，谁能捉妖把他儿子病治好了，谢银二百两，我去举荐你，你就充何法官。"何清说："就是，倘要能了，就得了二百两银子。"马静就到庆丰村王员外家一说，王员外求之不得，就把何清请了。王员外问："何法捉妖，用什么东西？"何清说："一概不用。"王员外说："人家捉妖，都用黄纸砂等类，何法官怎么全不用呢？"何清说："你就把你儿搭出来，我到你儿的卧室去等捉妖。"王员外立刻吩咐，把公子挪出来。何清吃过了饭，有人带领来到后院公子的卧室，何清就把这道符贴在里间屋门上。他在床上一躺，瞪着眼，等到天有二鼓，只听外面狂风大作。何清睁眼一看，吓得毛骨悚然。不知何清怎样捉妖，且看下回分解。

第六十五回　律令鬼王宅捉妖　醉禅师古寺治狐

话说何清躺在公子卧室，时有二鼓，听外面一阵狂风。何清本不会捉妖，心中暗自担惊，心里说："真要是妖精一来，若这道符不管事，我趁早踹窗户逃走。"正在思想之际，听外面有"咯哒咯哒"木头底的声音，由外面进来一个妇人，长得千娇百媚，万种风流。怎见得，有赞为证：

一阵阵重风扑面，一声声燕语莺啼。娇滴滴柳眉杏眼，嫩生生粉脸桃腮。樱桃口内把玉排，粉面香腮可爱。身穿蓝衫可体，全莲香裙可盖。恰似嫦娥降玉台，犹如神仙下界来。

何清一看，心说："敢情这就是妖精。"就听这妇人说："什么人胆大，敢来到仙姑的卧室？"说着话就往里走。刚一直进里间屋门，只看见那道符显出一道金光缭绕，直射那妇人。那妇人"哎呀"一声，掉头便走。何清赶过去一刀，剁下一只红绣鞋，鲜血淋淋，何清就说："拿住妖精了。"王员外有许多的家人俱在别的屋里伺候，点着灯，听何清一嚷："拿住了"，大家掌灯光过来，说："何法官可将妖精捉住？"何清说："你们看红绣鞋成精，被我杀了。"大众一看，果然是只红绣鞋，鲜血淋淋。王员外谢了何清二百丽银子，把那道符留下贴着。何清走后，妖精果不闹了。焉想到王宅不闹了，马静家里闹起来，平白无事，眼见着桌上的茶壶茶碗没人动，自己会滚在地下。马静胆子也大，把刀拉出来往桌上一拍，破口大骂说："什么东西敢在我家闹？"可是骂也不行，马静一想，何清那道符避邪，就使人到王员外家把那道符要来。贴在马静家中，果然马静家中就不闹了，王宅又闹起妖精来，王员外又遣人把符要回来贴上，就不闹了，马静刚把符给了王员外，马静家又闹了。这样往返两家，闹了有半年。

马静正走鸿运，也不理论，焉想妖精跟马静结了仇。妖精就在毗卢寺庙里住着，凡事是以邪招邪，祸无根不生。探花郎高庆、小白虎周兰他两个人本是淫贼，跟马元章出了家，有马元章看管，他两个人不敢胡作非为。先前两个人常到马静家中去，或要钱、或送东西，高庆见马静之妻何氏美貌，高庆在庙里常跟周兰说："你瞧马静的媳妇，长得有多好。"后来何氏向马静说："不必叫高庆、周兰到家里来，三姑六婆实淫盗之媒，和尚到家里来总不便，庙里没钱，你可以送去。"马静一想也是。这天到庙里告诉高庆、周兰："不便到庙去，如没钱我给你们送。"这两个人遂不能到马家去，也见不到何氏了。高庆跟周兰在庙里，天天念道："恨不能再见何氏一面方快。"这天忽然外面打门，嵩、周二人开门一看，乃是马静之妻何氏。书中交代，可不是真何氏，乃是妖精变的。这两个人一看，说："嫂嫂由哪来？怎么这样瞧着？"妖精说："二位贤弟到家里去，我早看出你两人的心思，今天你马大哥出了外，我来瞧瞧两个人。"高庆、周兰一听，喜出望外，说："嫂嫂请里面坐！"把假何氏让到里面，高庆、周兰二人争先求欢，假何氏任其云雨巫山之事，高、周二人如获至宝。妖精一来为盗取真阳；二则跟马静有仇，变作何氏的模样，直由马静家里出来到庙内，免得高、周二人疑心，叫李平瞧见，好教李平告诉马静，马静必把妻子何氏杀了，闹得他家务自乱。

妖精天天到庙里来，与高、周二人作乐。这天忽然不来了，高庆一打听，知道了马静在外没回来，两个人茶思饭想。今天忽又来了，妖精说，马静陪着和尚给老太太治病，她偷空来的，高、'周二人欢喜非常。今天马静也认作真何氏，把高庆杀死，再追出何氏来。妖精把马静喷倒，说："好马静，仙姑老不吃人，今天活该把你吃了。"妖精正要上前吃马静，济公赶过来说："你先别吃人来，我给你看看我这相貌好不好？咱们二人商议商议，你跟我去吧。"妖精一看，说："哟好和尚，你真不要脸，敢合我说这样无脸的言语？我来拿你！"照定和尚吐了一口黑气，立刻和尚哈哈大笑说："妖精，你爱和尚，可知道有一个故事吗？在大晋朝，有个柳太师知道有一个高僧在深山修道，名为红莲和尚，派人去请三资，并不下山。柳太师甚恼，叫人把勾栏妓女荷花找来，告诉她：'你能到深山把红莲和尚和你办那件云雨之事，叫他失了真道，我给你二百两银子。'荷花说：'大人给我一乘小轿，两个婆子，我扮做官宦人家小姐，叫他不敢小看我。'柳太师照样全给了，荷花乃乘轿到山内古庙进得拜见老和尚。到了方丈之内，只见老和尚端然正坐，闭目养神，荷花故作娇声说：'老和尚慈悲慈悲，我肚腹疼痛，我病非男子肚脐对我肚脐才能好，此时我肚腹疼痛难过了。'和尚一听口念：'阿弥陀佛。'说：'小姐，不要胡说，男女因片刻之欢，误了一生之名节。我和尚乃出家人，坐守深山，应该戒杀盗淫妄酒，小姐乃闺门秀女，我焉敢做这伤天害理之事？再说小姐必系官宦之女，尚未出阁，恐将来闹出是非，岂不玷污了上人的脸面？小姐请要三思。'荷花本是妓女，被柳太师所托，今天见和尚所说之话，荷花'扑哧'一笑，往和尚怀中一扑，说：'老和尚慈悲慈悲罢，奴家腹中难过。'老和尚一闻脂粉头油，异香扑鼻，见荷花百般献媚，俗言说得不错，'眼不见，嘴不馋，耳不听，心不烦，人非草木，谁能无情？'老和尚一阵心神飘荡，被荷花缠绕的欲火难挨，当时从荷花那件云雨之事。荷花回到柳太师府，把引诱和尚、和尚依从的话，说了一遍。太师给了荷花二百两银子，随后作了一首诗，派家人给和尚送到庙里去。和尚打开一看，上写的是：

红莲和尚修行好，数载苦守在庙中；可惜十年甘露水，流入荷花两瓣中。

和尚一瞧，明白其中隐情，自己羞愧难当，悬梁自缢。死后阴魂不散，转世投胎，柳太师家的夫人所生一女，系和尚所托生。姑娘大了，名叫柳翠云，专好勾引和尚，那就是红莲和尚的报应柳太师。常有人说：'大头和尚戏柳翠'，就是爱和尚的这段故事。"

且说济公过来戏耍妖精，妖精哪里看得起济公？施展妖术，要和尚斗法。和尚微微一笑，说："你来，我看有何能为？"妖精祭起混元石子，照定和尚打去，济公说："你这孽畜，胆大无知！"伸手把石子接住，又把草鞋脱下来，照定妖精打去，妖精往旁边一闪。济公用手一指，说："拐弯，拐弯。"那草鞋一拐，正打在妖精脸上。妖精大怒，说："好一颠僧，仙姑我和你远日无冤，近日无仇，你何必跟我作对？"济公说："你今无故搅乱他安善之家，害王员外之子，又在马静家中闹的人不安生。你又假托人之面貌，败坏佛门。"说罢，将僧帽摘下来："看我法宝来取你。"照定妖精一扔，立刻一片红光把妖精罩住。

和尚先过去，到房中取了一碗水，把妙药一块放在碗内，一化成药水，给马静灌下。水到肚内，只听"咕噜噜"一响，"哇"地吐出几口黑水来，翻身起来说："好贱婢，你害得我死得好苦！"济公说："你不要生气，你看看你妻子在哪里？已现原形。"马静回头一看，"呀"了一声。不知看见是怎么一段缘故，且看下回分解。

第六十六回　卧虎桥淫贼杀和尚　庆丰屯济公救文生

话说马静定睛一看，见济公僧帽罩着一个狐狸，有狗大小。济公说："你瞧，这就是你媳妇。"马静说："师傅，我妻子乃是狐狸？"济公说："你妻子不是狐狸。这个狐狸跟你有仇，它变的你妻子模样，扰乱家务要害你。你媳妇现在家里，她原本是好人，你不要听了李平的话，先前李平瞧见的，就是妖精变的。你把李平找来，叫他瞧瞧，也可以洗出你的朋友。"马静听罢，赶紧去到酒铺把李平找来。李平来到庙中一看，是一个大狐狸，李平说："这是什么缘故？"马静就把从头至尾的话，对李平一说，李平这才明白何氏嫂嫂是好人。和尚说："马静，你把狐狸杀了。"马静拉出刀来，照狐狸一刀，和尚用手一指，狐狸脑袋掉下来。和尚说："你找柴草点着，把狐狸同高庆的死尸一并烧了。"马静就找了柴草，连高庆的死尸并狐狸一并烧了。和尚说："马静，你可把华云龙放出来呀，还是我到你家里去拿他？"马静说："慈悲慈悲罢！可以看在我的面上，饶恕了他罢。"和尚说："那可不行！华云龙罪大恶极，你要不放出来，我到你家拿他，你得跟着打官司。"马静说："我还是把他放出了，师傅再拿他。"和尚说："也好，你去吧。"

马静谢过了济公，自己这才回到家中一看，果然他妻子回娘家去刚才回来。马静甚为感激济公的好处，自己来到东配房把夹壁墙开了，说："三位贤弟出来。"华云龙、雷鸣、陈亮三个人说："马大哥，和尚哪里去了？"马静说："华二弟，你快逃命罢！济公他算出你在我这夹壁墙内，我实不能隐藏你了。我托我的朋友把和尚绊住，少时和尚就来拿你，你快走吧！出了门，你可快走，我也不管你在东西南北，任凭你自己。和尚也不定在那边等你，你自己酌量。"

华云龙一听，吓得颜色更变，不能不走，这才谢过了马静，马静送出大门，华云龙慌不择路，一直狂奔正南。往南走了有三里路，眼前有一道桥，名叫卧虎桥，华云龙一看，桥下有一个和尚，正探头往外瞧。华云龙吓得就要跑，自己又一想："尽跑当了什么，莫如我掏出镖来打和尚一镖，叫他明枪容易躲，暗箭最难防。打不了他，我姓华的这条命也不要了，跟他一死相拼。"想罢，掏出镖来，和尚又一探头，华云龙抖手一镖，正打在和尚的咽喉。华云龙赶过去一刀，把和尚脑袋砍下来，"咕噜"滚在河内。华云龙把刀擦了擦入鞘内，自己一阵狂笑说："我打算这么个济颠和尚，项长三头，肩生六臂，敢情就是这样无能之辈，也是个肉体凡胎！听雷鸣、陈亮一说，济颠不亚如神仙，我华云龙还要到临安，再闹个二次，叫他等看看。"自己正在扬扬得意，就听后面有人说："好个华云龙，我看你往哪里走？"华云龙回头一看，是济颠和尚，贼人吓得魂飞魄散，撒腿就跑。

书中交代，这是怎么一段事呢？方才华云龙杀的和尚，不是济颠，乃是由毗卢寺跑出来的小白虎周兰在桥底下藏着。他只当是马静追下来，细一瞧不是马静，他也没想到华云龙拿镖打他。这小子也没做好事，他叫小白虎，犯了地名，这道桥叫卧虎桥。华云龙认着是把济公打死，故此济公一说话，华云龙吓得没了魂，尽命逃走，和尚随后紧紧赶来。

华云龙围着庆丰屯绕，和尚直追了一夜，天光亮了，把华云龙也追丢了。和尚慢慢往前寻找，见眼前围了一圈人，和尚说："我进去瞧瞧。"内中有一个人，最讨人嫌。和尚说："借光。"那人说："借光给多少利钱？"和尚说："要多少钱给多少钱。"那人说："我还挤不进去呢，你还挤什么？"和尚照定头里的人脖子上一吹，那人觉着脖子一股凉气，一回头，和尚挤进去。那人说："和尚，你为什么吹我脖子？"和尚说："你脖子上停着一个蚊子，我怕叮了你，我是好心吹蚊子呢。"和尚又照头里那人一吹，那人一回头，和尚挤到里面去。那人说："你做什么又吹我？"和尚说："那蚊子由他的脖子上，飞到你脖子上来。"和尚走到里面一瞧，是一个二十多岁的男子，赤身露体，身上一根线都没有，头挽牛心发髻，品貌端方，长得不俗。众人问："你这是怎么一段事？"这人说："渴。"众人问："你是哪里人？"这人说："渴。"众人说："你姓什么呀？"这人说："渴。"众人说："你叫什么呀？为何不穿衣裳？"这人说："渴。"和尚说："他是河沽县的，叫河沽。"大众说："和尚别胡说了。"

和尚来到旁边一铺户说："掌柜的，借我一个碗，给点水给那赤身露体的喝，他直嚷渴。"掌柜的说："我们不给，倘喝了水竟自死了，我们反担不起。"和尚一瞧，那边菜园子有人在那里打辘轳汲水，和尚过去说："辛苦，有水没有？"那打水的说："做什么？"和尚说："跳井。"那人说："跳井别处跳去，我们不准在这里跳。"和尚说："你们有桶，借我一个桶打点水。"那人说："没有，你要好好来说，倒许借给你，你说跳井，有也不借给你。"和尚说："你要不借给我，我就跳下井去，叫你打一场人命官司。"那人说："你只要不要命，跳了井，我就打一场人命官司，就怕你不敢死。"和尚说："你瞧我敢死不敢死。"说着话，和尚跳下井去。那人大吃一惊，到井口前一看，和尚没跳井下去，两只脚挂住井口，倒挂蜡烛，脑袋冲下，和尚拿僧帽舀水呢。本来井也浅，那人一瞧说："和尚你吓杀了我，我看你怎么上来。"和尚使了一个鲤鱼单鹇子翻身上来，说："我不用跟你借桶，你瞧我帽子舀水行不行？"本来帽子的油垢多了，盛水都不漏，和尚拿着来到这赤身男子的跟前，把水给他喝了，和尚把僧衣脱下来，给这人盖上。

工夫不大，这人出了一身冷汗，大众一瞧说："好了。"就见这人"哎呀"了一声，说："好和尚，你害得我好苦！"破口大骂。众人瞧着，就有气不平地说："你这人可真太不懂情理，和尚给你找了水，把僧衣给你盖上，你出了汗好了，你不说谢谢和尚，反倒骂和尚，真是以怨报德，太实无礼！"这人"唉"了一声说："众位有所不知，我骂的不是这位和尚。我姓张叫张文魁，乃是文生秀才，在龙游县北门外张家庄住家。因家中这几年种落不收，度日艰难，我到临安找我娘舅借了二百两银子回家，好垫办过日子。没想到走在半路上，我觉着肚腹疼痛，坐在树林子歇息，来了一个秃头和尚，面如喷血紫脸膛，一脸的斑点，他问我怎样，我说肚腹痛。他给我一丸黑药，我吃了就觉着不能转动，他把我的包裹连银子都拿了去。我一发迷蒙，也不知道怎么会来到这里，落到这般光景，我骂的是那个和尚。"大众说："这就是了。"

济公说："我把僧衣给你穿，你跟我走吧。"张文魁站起来，跟着济公走。跟前有一座酒馆，和尚就往里走，伙计一瞧，一个和尚穿着破衣草鞋，光着背，一个穿着破僧袍。伙计只当是要饭的乞丐，伙计说："喂，和尚，没有剩的。"和尚说："新鲜的都不爱吃，吃剩的？胡说！"和尚带领张文魁，直奔后堂落座。和尚说："掌柜的，你别瞧我们穿的破，包子有肉不在褶上，招好顾主，财神爷来了。"伙计说："是。"和尚说："给我煎炒烹炸，配十六个菜来，两壶人参露酒。"伙计说："人参露卖一吊二百钱一壶。"和尚说："不多，我们那地方人参露都卖两吊四百文一壶，这里便宜一半呢。"伙计也不敢说不卖给他，饭馆子又没有先要钱的规矩，只得揩抹桌案，把菜给要了，把酒拿过来。菜都给上好，和尚让文魁吃，张文魁说："我不吃。"和尚说："你怎么不吃？"张文魁说："吃完了，没钱给人家。"和尚说："没钱你嚷什么，反正吃完了再说。他要打，就卖给他两下，他打轻了不怕，打重了得给养伤，倒有了下落。"伙计在旁一听，"这倒不错，和尚卖打来了。"和尚正同张文魁说着话，忽然由外面闯进两个人来，一声叫嚷："好和尚，你在这里！"说着话，直奔济公而来。不知来者是谁，且看下回分解。

第六十七回　二班头饥饿寻和尚　两豪杰酒馆求济公

话说济公正在酒馆跟文魁说话，由外面进来了两个人。伙计一看，这两个人穿着月白裤褂，左大襟，白骨头钮子，原来是柴元禄、杜振英二位班头。他两人自从跟和尚捉迷藏，这两个人找不着和尚，柴、杜二人腰中一文钱没有，连夜追到小月屯。次日直饿了一天一夜，围着小月屯找遍了，也没找着和尚。两个人又饿又气，正在街上闲游，远远望见济公赤着背，同着一个人，穿着和尚的僧衣，进了酒馆。柴、杜二人来到酒馆一看，柴头说："好，你在这里吃上了，我们两个人直饿了一天一夜！"和尚说："你们两个人嘴懒，为什么不吃呢。"柴、杜二人说："没钱，吃什么？"伙计说："这倒不错，又来了两个白吃的。"柴、杜二人饿急了，坐下就吃。伙计暗中告诉掌柜的说："一个穷和尚同着一个光眼子的，又来了两个怯货，大概都是没钱。"掌柜的说："等他们吃完再说。"

正在这般光景，只听外面一声喊嚷："老三，你我到里面吃杯酒，好一座庆丰楼!"说着话,进来两个人。头前一位赤发红须蓝靛脸,紫缎色壮士帽,紫箭袖袍,腰系皮挺带,披蓝缎色英雄大氅,后跟这位身穿白褂,翠白脸膛,俊品人物,正是风里云烟雷鸣,圣手白猿陈亮。这两个人在马静家,自华云龙走后,马静说:"雷、陈二位贤弟,在我这里多住几天罢。"雷鸣、陈亮说:"兄台不必相留,我二人还有事呢,天亮我二人就要告辞。"等到天亮,雷鸣、陈亮告辞,马静说:"二位贤弟,吃了饭再走。"陈亮说:"我二人实有要紧事呢,你我知己之交,何在一顿饭。"当时二人由马静家出来,一直往南,来到庆丰楼。二人想要吃杯酒再走,迈步进了酒馆,二人直奔后堂,抬头一看,见济公同柴、杜二位班头在那里吃酒,雷鸣、陈亮赶紧上前给济公行礼。掌柜的见这二人穿的衣裳整齐,过去给穷和尚行礼,心中甚为诧异。雷鸣说:"师傅,你老人家从哪里来?怎么赤着背,把僧衣给他穿上?这位是谁?"济公就把救张文魁事说了一遍,雷、陈二位这才明白。和尚说:"陈亮你先同着张文魁出去,到沽衣铺中给他买一身衣服鞋袜。"陈亮点头答应,领着张文魁出去,到了衣铺,买的文生巾,文生氅,白袜云鞋,裤褂襟衫,俱都穿好,回到酒馆,把僧衣给了和尚。

大家归座,要酒添菜,和尚说:"雷鸣、陈亮你们两个人谁带着钱?周济周济张文魁。"陈亮说:"我有四锭黄金,自留两锭,把他两锭,每锭可以换五十两银子。"雷鸣说:"我有五十两银子,给他吧。"说着,两个人便摘出来,递给张文魁。文魁说:"我与二位萍水之交,如此厚赠,我实惭愧之甚。"雷鸣说:"四海之内,皆兄弟也。区区银两,何足挂齿。"

众人吃酒,陈亮、雷鸣二人把济公拉到别的桌上无人之处,济公说:"你们两个人鬼鬼祟祟什么事?"陈亮说:"师傅,你老人家慈悲慈悲罢,看在我二人面上,你老人家别拿华云龙。你回临安去,我二人给你老人家叩头。"济公说:"你二人不叫我拿华云龙,好办。陈亮,你去买一张信纸,一个信封,到柜上借一支笔来。"陈亮不知和尚要写什么东西,即到外面买了信纸信封,到柜上借了支笔,拿过来交给和尚。和尚背着雷鸣、陈亮写了半天,把信封封好,信面上画了一个酒坛子,这是和尚的画押。陈亮说:"师傅,这是什么用?"和尚说:"我把信交给你二人带回,回头你两人把张文魁送到龙游县北门外张家庄,你二人进北门,路西有一座酒楼,字号是'会仙楼',你两个人进去,上楼在楼门口头一张桌上坐下,打开我这封信来看,要是华云龙今天晚上没有做这件事,我和尚就不拿他。"雷鸣、陈亮也不知和尚写的是什么东西,二人只得点头答应。和尚说:"我叫你两个人把张文魁送到家里去,你两个人若不送到了,叫我和尚算出来,和尚要你两个人的命。"雷、陈二人说:"是。"和尚说:"你两个人送到了张文魁,若不入北门,不上会仙楼去,我和尚算出来,要你两个人的命。你两个人到会仙楼去,若不上楼,不在靠楼门头一张桌上坐下,我和尚算出来,要你两个人的命。你两个人在头一张桌上坐下,不打开我这一封信瞧,我算出来,要你两个人的命。"雷鸣、陈亮一听,"这倒不错,错一点就要命。"二人点头,把信收好。吃喝完了,把酒饭账给了,和尚说:"张文魁,我派他二人把你送到家去,你跟他二人走吧。"

张文魁给和尚磕了头,跟着雷鸣、陈亮,三个人在和尚跟前告辞。出了酒馆,顺大路直奔龙游县,三十余里也不甚远,三人不知不觉到了龙游县北门,张文魁说:"既然离我家不远,二位恩公到我家里坐坐吧。"雷鸣、陈亮说:"既是离你家不远,你回去吧,我二人还有事呢。"张文魁再三谦让,这两个人不去,张文魁无法,又谢了雷鸣、陈亮,自己告辞去了。雷鸣说:"三弟,你我进北门瞧瞧去。"两个人进了北门,往南行走,抬头一看,果然路西里有一座会仙楼,门口挂着酒牌子,上有"李白斗酒诗百篇,长安市上酒家眠。天子呼来不上船,自称臣是酒中仙"。应时小卖,午用果酌,闻香下马,知味停车,里门刀叉乱响。二人迈步往里面奔,一进门南边是灶,北边是灶。二人直奔后面,地方甚为宽阔,楼下酒饭座甚多。靠北墙是楼梯,二人登楼梯上楼,靠楼门有一张桌。

雷鸣、陈亮刚才落下座,就听楼下有人让账说:"华二哥你不用让,这笔账我们早给了。"陈亮一听一愣,往楼下一瞧,原来是华云龙同着两个人在楼下让账,一个人是壮士打扮,头戴翠蓝色六瓣壮士帽,上安六颗明镜,身穿翠蓝箭袖袍,腰系丝鸾带，薄底靴子，肩披一件蓝缎色英雄大氅，三十以外的年岁，黄脸膛，细眉圆眼。一个人是武生打扮，二十以外的年岁，青白的脸膛。陈亮一看，说："雷二哥，你看两个人同着华二哥，绝不是好人。"雷鸣说："你不必管他，你瞧瞧师傅这封字柬写的是什么。"陈亮把字柬拿出来一看，就是一愣，说："二哥，你看，了不得了。"雷鸣说："我看什么？我又不识字，你念与我听就得了。"陈亮说："师傅只是八句解话，我念你听了，上写是：

侠心义胆壮千秋，为救云龙苦谋求。今到龙游三更后，北门密访赵家楼。有染美女伊须护，剪恶先当断贼头。云龙今夜无此事，贫僧明日返杭州。

陈亮念罢这张字柬说："二哥，师傅这八句话，是说华云龙今夜要在赵家楼采花。师傅又说，华二哥今天要没这事，他老人家就不拿他。这件事可真假难辨，叫你我二人暗中瞧着，保护贞节烈女。咱们打听打听赵家楼在哪里。"雷鸣说："就是。"二人这才要了几壶酒，要了四碟菜，吃喝完了，给了酒饭账，二人一同下楼。出了酒馆往北走，见对面来了一位老者，苍头皓首，须发皆白，陈亮过去施礼说："借问老丈，有一个赵家楼在哪里？叩求老丈指示明白。"那老者一听，说："尊驾打听赵家楼？小老儿今年七十余岁，在这里根生土长，大小的胡同没有我不知道的，只是没有赵家楼这个地名。哎呀！我们这本地倒有一家财主姓赵，人称他赵善人，他家里可有楼房。"陈亮一听，真是随机应变，赶紧说："不错，是人家托我带一封信，说龙游县北门里有一家财主姓赵，有楼，是我方才说的不明白。"老丈说："你要找赵善人家，你往北瞧，路东有一座德泰裕粮店，北边那条胡同叫兴隆街，你进胡同一直往东，到东头路北的大门口有'乐善好施'的匾额，有棵大槐树，那就是赵宅。"陈亮、雷鸣打听明白，二位英雄这才要夜探赵家楼，保护贞节烈女，捉拿淫贼华云龙。不知后事如何，且看下回分解。

第六十八回　看字柬寻访赵家楼
见孝妇英雄施恻隐

话说雷鸣、陈亮听老丈说明了道路，二人一直往北，走了不远，果见路东有一座德泰裕粮店。北隔壁是一条大街，二人进了旧兴隆街，一直往东头一看，见路北里是广亮大门，门口有两个龙爪槐，门上有"乐善好施"的匾额。陈亮一看，知道里面栽着内挂。书中交代，什么叫内挂呢？此乃是江湖绿林中的黑话。保镖的调坎，说叫内挂，街上卖艺的叫星挂。陈亮看罢，同着雷鸣二人又往东走。东边有一个向北小胡同，雷鸣、陈亮二人进了小胡同，一直往北，这个胡同甚窄，大约也只有二尺宽。陈亮说："二哥，你瞧这个小胡同，要是对面来了胖子就挤不过去。"二人来到北头一看，西墙里是赵宅的花园子。雷鸣、陈亮站在高坡之处一望，见一座花园，里面极其讲究，有假山子石，有月牙河，牡丹亭、蔷薇架、小舟船、留芳阁、避暑楼、赏雪亭，真有四时不谢之花，八节长春之草。花园子当中有三间楼房，支着楼窗，挂着帘子，有几个仆妇丫鬟拿了小筐下楼摘花，摘后又复上楼。陈亮说："二哥，你看这楼上必住着姑娘妇女。一隔着帘子，也瞧不出是姑娘还是少妇，二人也不肯紧望里瞧，又怕人家里面瞧见。陈亮说："二哥，你我今天晚上就由这条路来探访。"说着话，二人复又往南。刚才出了小胡同，只见赵善人门口围着一圈子人。陈亮一愣，"方才进小胡同的时候，这里并没人，这是什么事？"陈亮分开众人，挤进去一看，是一个年轻的少妇，头上抹着白布，身上穿着孝衣，系着麻瓣子，白布蒙鞋，旁边站着一个老者，在地下铺着一张纸，上写着一张告白：

四方爷台得知：小妇人刘王氏，在旧兴隆街西头路北住家。只因家中寒难，婆婆忧虑日深，旧疾复发，服药无效，于昨日申时病故。小妇人丈夫素作小本营生，现在身患恶疮，不能动转，小妇人婆婆一故，衣衾棺木皆无，家中素无隔宿之粮，当卖俱空，遭此大难，惟唤奈何。万出无奈，叩乞四方仁人君子，施恻隐之心。自古有麦舟之助，脱骖之谊，今古皆然。倘蒙垂怜，量力资助，共成善举，以免小妇人婆婆尸骸暴露，则殁存均感矣！

刘王氏拜叩。

陈亮一看，甚为可惨，就听旁边站着那老者说："众位大爷，这妇人是老汉的邻人，只因她婆婆死了，她丈夫生了疮，不能殡葬，她家里又没人，我同着她出来，求四方仁人君子老爷们，行好积德，有一个赈济她一个。"大家辐辏，旁边就有好行善的，瞧着可怜，刚要掏钱，旁又有一人说："老兄，你不必信，这个不知是真是假？怕是借此做生意的。"这一句话，那人要掏钱就不掏了。这就是"一言兴邦，一言丧邦。"说坏话这人，姓陈，名叫事不足，外号叫坏事有余。陈亮一瞧，说："二哥，这是好事，我们两个人周济周济她。"雷鸣说："好。"掏出一包银子，有十余两，递给那妇人，陈亮说："这银子一共有四十两，你拿去回家买棺木罢，省得你一个妇人家在这里抛头露面的。"这妇人一见陈亮给这些银子，赶紧问："二位恩公贵姓大名？"陈亮说："你也不用问我，我们也不是这里人，你也不必打算报答，你回去吧。"书中交代，这个妇人倒没想到过路的人有如此行好事的，她本意化赵善人家。当初赵善人常施舍棺材，皆因无耻之徒闹坏了事，没有死人，也穿了孝袍到赵家磕头化材，诓屯棺材，他把木头劈开卖了，因此赵宅现在不施材了，非得瞧见是真死人才舍。这妇人原打算到赵宅门口来化赵善人，没有想到雷鸣、陈亮二人周济她这些银两，那妇人谢了陈亮二位径自去了。

雷、陈二人做了这件好事，见妇人去后，才出了兴隆街西口，找了一座酒楼，二人吃酒，直吃到天有初鼓以后。会了酒饭账，二人出了酒馆，找在无人之处，把夜行衣包打开，换上皂缎色软扎巾，迎门拉慈菇叶，穿上三岔通口寸帕衣，周身扣好了骨钮，寸半罗汉股丝绦，在胸前双拉蝴蝶扣，把走穗拨在两肋，头前带好了百宝囊的兜子，里面有千里火、自明灯、拨门撬户的小家伙，一切应用的物件，皂缎兜当棍裤、蓝缎子袜子、打花绷腿、倒纳千层底的跐鞋，把刀插在软皮鞘内，拧好了思把簧，把白昼的衣服包在包裹之内，斜插式系在腰间，抬了抬背膀，收拾停当，二人拧身蹿上房去，越脊穿房，往前狂奔。

二人走到一所院落，是北房三间，东里间屋中有灯光闪闪，人影摇摇，猛然听屋中说："娘子，你把二位恩公供上了吗？烧了香吗？"就听有妇人说："供上了。"又听说："娘子，你歇歇吧，明天再去买棺材。真难为你，这几天受这样累，你歇息睡觉罢。总算老天爷没绝人之路，真有这样挥金如土的人。"陈亮在房上一听，说话甚耳熟。一拉雷鸣，二人由房上蹿下来，到窗棂外，把窗纸湿了个大窟窿，往屋中一看，见地下停着一个死人，是老太太；顺前檐的炕上一个三十多岁的男子，腿上长着有碗大疮；靠东墙有一张桌，桌上供着牌位，上写"二位恩公之神位"。烧着三炷香，地下站立一个妇人，正是那白天的化棺材的妇人。陈亮见这妇人往炕上一躺，和衣而卧，把灯吹了。陈亮一拉雷鸣，二人来到东墙根，陈亮低声说："了不得了，那妇人把咱们两个供上烧香牌位，上写着'二位恩公之神位'。"雷鸣说："供上怕什么？"陈亮说："二弟你可不知道，你没看过闲书，古来隋唐上有一位叔宝秦琼，他在临潼山救了唐王李渊，唐王李渊问他姓叫什么，秦琼走远了说：'我叫秦琼。'唐王李渊没听明白，回去供琼五大将军，折受的秦琼在潞州城当锏卖马。你我凡夫俗子，她若供着烧香，岂不把你我折受坏了？"雷鸣说："我去把牌位偷出来。"陈亮说："你偷出来，明天她再写了。"雷鸣说："怎么样办？"

二人正说着话，只见墙上往下一掉土，陈亮、雷鸣只当是华云龙到赵家楼采花去，走在这里。二人赶紧往墙根下一贴，翻着脸往上瞧着，只见由墙外立起一根杉杆，上面绑着横棍，这叫蜈蚣梯子，由外面上来一个小毛贼，眼望四下里瞧。书中交代，来的这个贼人姓钱，叫钱心胜。这小子原来在兴隆街住，素日无所不为，吃喝嫖赌，把老人家的产业都花完了，媳妇出去给人家当仆妇，他在家里也无甚事。今日白昼，他瞧见雷、陈二人周济刘王氏一包银子，有四十余两，钱心胜恨不能把银子给他。晚间他这才想出主意，做好了蜈蚣梯子，来到刘家，上了墙瞧了一瞧，顺梯子下去，掏出一把小刀，来到上房拨门，拨一下，听一下，拨了三下，将门拨开。贼人进去一瞧，屋内也没有箱子柜。刘王氏夫妇睡着了。本来也没地方搁银子，就在席底下搁着，贼人一摸就摸到手中了，心中颇为欢喜。由屋中出来，顺着蜈蚣子爬上墙去，骑在墙上把杉杆提出去，立在墙外，顺着梯子下去。雷、陈二人看得明明白白，心上说："好贼人，真是狼心狗肺！人家死了人没棺材，叩头化来的银子他给偷了去！"陈亮气往上撞，说："二哥，你在这里等我，别走，我去追他！"雷鸣说："就是。"陈亮这才伸手拉刀，蹿出墙外。不知后事如何，且看下回分解。

第六十九回　钱心胜黑夜偷银两　圣手猿暗探赵家楼

话说陈亮拉刀蹿出来一看，见贼人一晃，进了路北一个门楼。陈亮赶过去，由门缝一看，见贼人在院中把蜈蚣梯子解了，拿着进了北上房。陈亮拧身蹿到院内，这院内是北房三间，见贼人到北房东里间，点上了灯。陈亮来到窗外，把窗纸湿了个小窟窿，往屋中一看，这屋里是顺后檐的炕，炕上搁着一张床桌，搁着一堆棉被，地下有八仙桌，钱柜杌凳，桌上搁着一盏灯。贼人坐在炕上，把银子掏出来，乐得心花俱开，把钱包找开，瞧着自言自语，拿出一块银子来说："这块银子置房，这块银子买地，这块银子做买卖。"说了半天，把银子包起来，搁在钱柜之内，由钱柜里拿出一吊钱来，拿了一百文，拿酒壶出去打酒。陈亮早藏在房上。

钱心胜出来把门带上，唱着哈哈腔，又唱二簧，又唱时调小曲，自己欢喜的不知如何是好。来到酒铺说："王掌柜给我打酒。"这个酒铺掌柜的是山西人，叫老西。钱心胜先前常诓老西的酒喝，到晚上去打酒，老西上了门，隔着小洞儿卖酒，钱心胜带两把一样的酒壶，灌上一壶凉水，拿空壶给老西打酒，老西打好了递给钱心胜，钱心胜说："掌柜的给我记上账罢。"老西说："不赊。"钱心胜说："不赊，你把酒倒下罢。"他把那壶凉水递给老西，老西倒在酒坛子里，钱心胜白换一壶酒。日子长了，老西起了疑心，因近来吃酒的都说酒不好。这天钱心胜又打酒，把酒打上，他要赊，老西说："不赊。"钱心胜说："不赊，你倒下罢。"又把凉水递进去。老西一尝是凉水，出来把钱心胜揪住，一瞧他是两把壶，老西跟钱心胜打起来，有人给劝了。今天钱心胜一说打酒，老西道："钱先生你又来骗酒来。"钱心胜说："我先给你钱，打一百钱的酒。"把酒打上，钱心胜拿着酒壶，心满意足回来。刚一到门口，陈亮由后面一把手，把钱心胜的脖子一捏。

书中交代，钱心胜走后，陈亮到他屋中，开了钱柜，把银子拿出来，连他剩的九百钱也拿着，把他炕上的棉被，用火点着，拿桌一押，来到外面等着。见钱心胜打酒回来，陈亮过去将贼人揪住，拉出刀来说："你要嚷，我要你的命！"贼人也不敢嚷。

陈亮把他捆上，把嘴塞上，往大门口外头一搁，陈亮说："我乃夜游神是也，考察人间善恶，你偷人家的银子，应当叫你报应。"说完了话，陈亮走了。

钱心胜往院里一瞧，屋中烟直往外窜，钱心胜着急，又不能动，塞着嘴又不能嚷，直哼的嚷不出来。由东面过来两个打更的，一个拿梆子，一个拿锣，这个说："这条胡同甚不清净。"那人："你别吓我，我胆子小呀！"说着话，就听"哼"的一声，吓得两个打更的背脊发麻，这个说："是鬼呀！"那个说："多怕呀！"正说着，又听"哼"了一下，这个打更的壮着胆子过来一瞧，认得原来是钱心胜，鼻子内嚷嚷不出来，想叫人听得，好过来把他放了。于是两个打更的这才把他解开，嘴里的东西掏出来，打更的说："钱先生，你怎么被人捆上？把我两个人吓着了。"钱心胜说："我遇见夜游神了，你们二位请罢。"贼人赶紧到屋中，一瞧被褥全烧着了，急忙把火救灭，再开钱柜一瞧，银子没有了，连钱也没有了，这是贼人报应。

不讲钱心胜，再说陈亮拿着银钱回到刘王氏院中，偷进屋中，把老太太的死尸手扳开，把银子搁到死尸左手里，把钱搁到右手里，把桌上供的牌位撕了，来到院中，拿了个破盆"扒叹"往地上一掷。刘王氏夫妇也惊醒了，赶紧点上灯一瞧，见老太太死尸左手拿着银子，右手拿着钱，夫妻二人正纳闷。陈亮外面喊嚷说："本家主人听真，明天不准再供恩公的牌位，再供必有大祸，我要去也！"说完了话，雷鸣、陈亮拧身上房，直奔赵家楼来。

来到赵家花园，暗中瞧探，院中一无人声，二无犬吠。二人蹿到里面，直奔楼下，拧身蹿到楼上，见阁上东间点着灯，二人来到窗外，把窗纸湿破，往里一看，这屋里真是幽雅佳境，靠北墙是一张湘妃竹的床，床上挂着洋绉的帐幔，当中挂着花篮，里面有茉莉夜来香，床上有藤席凉枕，香牛皮的夹被，两旁是赤金的帐钩，红缎的床围；靠东墙有一张俏头案，当中摆着水晶金鱼缸，里面养着龙睛凤尾淡黄鱼，桌上摆着金钟玉磬，两头摆着一支珊瑚树，一棵翡翠的白菜，还有各瓷器；靠西墙外边，有一张月牙桌，桌上有镜子，上面有粉缸、梳头油瓶，一切妇人应用的物件；靠窗户一张八仙桌，镶着墨玉的棋盘心，两边有把太师椅子，桌上有图书，盘里面搁着文房四宝，有斑竹饢成一支笔筒，里面有几支笔；东墙上挂着一轴条山，画的是富贵牡丹图，两旁有两条对联，上写：

女虹各月四十有五日，饮酒百年三万六千觞。

陈亮看够多时，见屋中只有一个仆妇，并无别人，复返同雷鸣二人下楼，陈亮说："这楼上没有人，二哥，你我同到前面瞧瞧去。"二人施展飞檐走壁蹿房越脊本领，如履平地相仿，往前狂奔。这院中是三层房，头一层是待客厅、外书房，陈亮、雷鸣二人来到二层子东配房，趴在后房坡，往下一看，见房檐下挂着八角灯，北上房屋中灯光闪烁，见有两个男人紧紧抱着弦子胡琴，两个女暹暹弹琵琶打洋琴，正在弹唱。原来今天是赵员外的寿诞之期，大家忙乱了一天，亲友来祝寿，天色已晚，大家陆续告辞。雷鸣、陈亮看够多时，陈亮说："二哥，你我到后面去等着罢，本家大概有喜事，总得亲友散净了，本家才能安歇呢。"二人复返蹿房越脊，来到后面，在暗中等着。

直等到天交二鼓，忽见由前面灯光一闪，有两个丫鬟打着灯笼，两个仆妇搀着一位女子，雷鸣、陈亮暗中借灯光一看，这位女子真是千娇百媚，万种风流。怎见得？有词为证：

只闻香风阵阵，行动百媚千娇。巧笔丹青难画描，周身上下堆俏。身穿蓝衫可体，金钗轻笼鬓梢。坠金小扇手中摇，粉面双腮带笑。

陈亮暗中一看，果然绝世无双，头上脚下，无一不好。陈亮再一看，这女子后面，又有两个丫鬟搀着一位女子，也不过十八九岁，尤加美貌。见这位女子怎样打扮？有赞为证：

头上乌云，巧挽盘龙髻。髻心横插白玉簪，簪插云鬓飞彩凤。凤袄衬花百子衫，衫袖半吞描蓊腕。腕带钏镯是法蓝，蓝缎绉裙捏百褶。褶下微露小金莲，莲花裤腿鸳鸯带。带佩香珠颜色鲜，鲜妍长就芙蓉面。面似桃花眉柳弯，弯弯柳眉衬杏眼。眼含秋水鼻悬丹，丹朱一点樱桃口。口内银牙糯米含，含情不露多娇女。女中魁元,好似仙女临凡。

陈亮看罢,心中暗为赞美,再一看后面,还有一位十六七的女子,也有两个丫鬟搀着。陈亮细看。

这佳人,天然秀,不比寻常妇女流。乌云巧挽青丝髻,黑黢黢长就了未擦油。眉儿弯,如春柳,秋波儿眼清儿漏。鼻梁端正樱桃口,耳坠金环挂玉钩。穿一件、藕色氅;翠挽袖,内衬罗衫楼外楼。百褶宫裙把金莲透,端又正,尖又瘦。瞧着好像不会走,行动犹如凤点头。心儿灵,性儿秀,美貌天仙比她丑,真正是貌美丰姿,体态温柔。

雷鸣、陈亮看了这三位女子,真是一个比一个强,梨花面,杏蕊腮,瑶池仙子月殿嫦娥恐不如也。这三位小姐,这个说:"你碰了我了。"那个说:"你踩了我的脚了。"说说笑笑,都顺着楼梯上楼进去。陈亮同雷鸣来到窗外一瞧,见三位姑娘都把衣裳脱了,这个说:"姊姊,你可累着了,老员外的生日,有多少亲友来,哪里得走?你我此刻且歇息罢。"只见三位姑娘喝了一碗茶,把床帐一撩,和衣而卧。丫鬟把灯吹了,众人狂奔西里间安歇。陈亮、雷鸣在暗中等着,天交三鼓,忽然来了三个江洋大盗要来采花。不知二侠义如何捉拿淫贼,且看下回分解。

第七十回　见美丽淫贼邀知己　遇故旧三人同采花

话说雷鸣、陈亮见三位姑娘安歇,两个人奉济公之命,在暗中保护,等候捉拿淫贼。陈亮说:"二哥,你看这三位女子,果然是十分人才,世上第一的美人,不怪华云龙要来采花。"两个人说着话,在暗中藏着,忽然扔一块石子来,见墙上一连三条黑影,行走如飞,都是穿着夜行衣。陈亮说:"二哥你看果然师傅未卜先知,有先见之明。你看这三个人,当中走的是华云龙,头里走的那个,我认识他,也是西川人,跟华云龙是拜兄弟,也是个采花淫贼,叫桃花浪子韩秀,后面走的那个人,我可不认识。"雷鸣说:"后面那个我认识,叫白莲秀士恽飞。"说着话,见三个贼人直奔楼房东里间去了。

书中交代,华云龙自从马静家出来,被济公追了一夜,好容易逃脱了,自己直奔龙游县而来。刚来到北门,抬头一看,见眼前来了两个人,一个是穿翠蓝褂,壮士打扮,乃是桃花浪子韩秀,一位是武士公子打扮,正是白莲秀士恽飞。这两个人也是西川路上有名的江洋大盗,跟华云龙是知己相交同类之友。今天一见华云龙,两个人赶奔上前行礼说:"华二哥,你一向可好,怎么今日会来到这里?"华云龙一看,说:"原是二位贤弟,哎呀!呼吸之间,你我弟兄恐今世不能见面了。"韩秀、恽飞说:"兄长何出此言?"华云龙说:"你我弟兄自四川分手,我在外面事多了。"就把三访凤凰岭,巧遇威震八方,后来在临安乌竹庵采花伤人,泰山楼杀死秦禄,秦相府盗玉下镯凤冠的事,从头至尾对二人述说了一番。韩秀、恽飞说:"好!兄长在京都做这样惊天动地的事,真算出类拔萃!兄长这打算上哪去?"华云龙说:"我也无地可投。"韩秀说:"兄长可曾带熏香盒子?"华云龙说:"做什么?"韩秀说:"我告诉二哥,我们两个人来到这龙游县,住在十字街富盛店,有十数天。我二人没事闲游,在兴隆街有一家赵姓,是大财主家,里有花园楼房,我们那日瞧见楼窗口有三个妇子,长得绝类无双,真可算天下第一佳人,世间罕有。我二人没熏香盒子,不敢去采花,恐怕人家里头人多,倒反为不美。我二人自那天瞧见,时刻惦念在心,没有主意,要不碰见兄长,我二人打算要走。你要带着熏香,该当你我作乐,要得这样美人,你我生平之愿足矣!"华云龙一听,淫心一动,说:"好办,你我弟兄先喝酒去。"三个人这才一同复返进城,来到会仙楼要酒要菜,开怀畅饮,快乐非常。三个人都吃的酒足饭饱,伙计一算账,三个人一让账,楼上陈亮、雷鸣刚来到,瞧见华云龙同着两个人,这三个人可不知雷鸣、陈亮在楼上。

韩秀会了账，三个人出了酒饭店，韩秀说："华二哥，你我仍回富盛店罢，不必在街市闲游。"华云龙说："好。"三个人同来到十字街富盛店。伙计一瞧，说："二位大爷又回来了？"韩秀说："我们碰见朋友，暂且不走了，还要盘桓几天，你把上房开了。"伙计答应，拿钥匙把门开了，三个人来到上房，伙计端上一壶茶来，三个人也俱有点醉了，华云龙："你我没事，可以睡一觉。"三个人就躺下睡了。睡到天黑起来，要酒要菜吃喝完了，天有初鼓，韩秀、恽飞说："二哥，咱们走吧。"华云龙说："你们两个人真是笨头，哪有这么早去的？人家没有睡呢。倘被人瞧见一嚷，看家的、护院的出来，把你我拿住了，如何是好？偷盗采花总在三更以后，路静人稀，都睡着了才能使熏香。"这两个贼人无奈，急得了不得。

好容易盼到三更，三个贼人换好夜行衣，由屋中出来，店里早都睡了，将门反带，留了个记号，拧身上房。蹿房越脊，行走如飞，心急似箭，来到花园，见静寂寂，空落落，一无人声，二无犬吠，先用问路石一打探，听没有动静，三个贼人直奔楼房。来到窗儿外，华云龙先掏出六个布卷，三个人把鼻孔塞好，华云龙把熏香盒子点着，一拉仙鹤嘴，把窗纸通了个小窟窿，把仙鹤嘴搁了进去，一拉尾巴，两个翅膀一扇，这股烟由嘴里冒进屋子里去。此时陈亮、雷鸣来到楼房上前坡趴着。三个人觉着工夫不小了，把熏香盒子撤出来收了，把上下的窗户摘下来，三个人蹿到屋里，华云龙一晃火折把灯点上，此时那三位姑娘都被香熏过，人事不知，这乃赵员外一个侄女两个女儿。华云龙撩起帐子，借灯光一看，这三女子真正貌比西施。贼人心中甚为喜悦，韩秀说："华二哥你瞧，好不好？"华云龙说："果然是好，你我弟兄每人一个，也不必挑选。我出个主意，写三张字，一、二、三，咱们三个人拈阄，省得争夺。"韩秀说："也好，这三个女子，我都爱。要依我说，咱们三个人乐完了，每人背一个走，每人有这么一个媳妇，总算这世没白来。"

雷鸣二人在房上一听贼人所说的话，二位英雄把肺都气炸了，陈亮赶紧狂奔前面，自己要去给本家送信，雷鸣揭起瓦来，照定华云龙就是一瓦。华云龙正要写字拈阄，脸向里说话，由后面来了一瓦，正打在后脑海上，把脑袋也打破了。雷鸣打了贼人一瓦，赶紧跳下来要跑，三个贼人由里面蹿出来就追。雷鸣赶紧把香牛皮的隔面具戴上，遮住本来面目，见三个贼人追出来，雷鸣准知道这三个贼人的能为，都是艺业出众，自知敌不过了，不敢动手，蹿房越脊就跑。贼人要想把雷鸣追上瞧瞧是谁，焉想到前面人声喊嚷起来。原本是陈亮先来到前面，站在房上喊嚷："本家主人听真，后面楼上有贼，快去拿贼去，晚了可就了不得了！"陈亮说完了话，隐在一旁。本家的看家的、护院的、打更的、打杂的，众人听见，各执灯球火把，齐声喊嚷"拿贼"。三个贼人本打算要追杀雷鸣，听得人声嘈杂，三个贼人不敢再追。华云龙说："合字风紧，扯活罢！"三个人蹿房越脊，竟自逃走。雷鸣找着陈亮，二人也蹿出来，到无人之地，把包裹打开，将夜行衣脱了，把白昼衣换好。陈亮说："二哥，你我不必管了，叫济公拿华云龙罢。"雷鸣说："对，咱们不管。这三个人真可恨，乱臣贼子，人人得而诛之。"说着话，等到天光大亮，红日东升。陈亮说："二哥，咱们找师傅去。"

二人慢慢往前正走，只见对面来了两个行路的，这个说："二哥，你去瞧热闹去吧，在东门外头，有一个人买棺材搁着正往前走，来了一个穷和尚把棺材截住不叫走，他问：'买棺材是装衣裳，是装钱？'人家说'是装死人'，和尚就要躺在棺材里试试。人家不叫试，和尚把棺材踢坏了，打起架来。你去瞧去吧。"陈亮一听，说："二哥，这必是济公，咱们去瞧瞧。"二人来到东门外一瞧，果然是济公。

书中交代，济公在酒馆打发雷鸣、陈亮送张文魁走后，同柴、杜二班头由酒馆出来，柴头说："师傅，你老人家说到千家口就把华云龙拿住，直到如今倒是怎么样？"和尚说："你们跟我到龙游县去，准把华云龙拿住。"柴、杜二人跟着济公来到龙游县北门。天已黑了，三个人找了宿店，要酒要菜，吃喝完毕，要了三份铺盖，躺下睡了。柴头道："师傅，明天店钱饭钱怎么办呢？"和尚说："不要紧，都有我呢。"睡到四更天，和尚起来，悄悄到了院中，一拍窗户说："柴、杜头，明天龙游县见。没有店钱饭钱，我可不管，我要走了。"说完了话，和尚跳墙出店一直来到东门外。和尚一蹲，等到太阳出来，只见由那边来了四个人抬着棺材，后跟着一个老丈。和尚过去把抬棺材的拦住，和尚说："抬上哪里去？"抬棺材地说："进城。"和尚说："这棺材是盛衣裳的，是盛钱的？"有掌柜地跟着出来说："和尚你疯了，哪有买棺材盛衣裳的？这是装死人的。"和尚说："装死人先得活人试长短，你搁下，我躺下里头试试。"掌柜的说："不能叫你试。"和尚过去一脚，把棺材踢破了。掌柜的一瞧，气往上冲，吩咐伙计要打和尚。不知后事如何，且看下回分解。

第七十一回　奉师命趋吉避凶
　　　　　华云龙镖伤三友

话说济公过去一脚把棺材踢破了。掌柜的一瞧真急了，要打和尚。书中交代，济公为什么拦住棺材不叫走呢？皆因棺材铺掌柜的心地不公。这个买棺材的老丈姓李，就是跟着刘王氏化棺材的。那老者原是因刘王氏家中没人，她丈夫刘福生了疮，不能动转，所以帮他们的忙。有雷鸣、陈亮周济四十多两银子，刘王氏就烦李老丈去买棺材。李老丈也不会买，来到东门外同峰桅厂，一瞧这口棺材，足够四五六的尺寸，漆着黑油。一问掌柜的卖多少钱？这位掌柜的说："十五两银子。"这口棺材，是削檐钩头，原是两层板包的，里面是刨花锯末，外头一上油，瞧着好像杉木，实是碎木头做的，尽值五两银子。掌柜的是成心冤人，向李老丈要十五两，连抬代埋二十两银子。李老丈也不懂还价，就答应了。掌柜的一想："这号买卖做着了，可以剩十几两银子，又够定一个月的伙食。"赶紧叫四个伙计抬着跟去入殓。那想刚走到东门，和尚拦住，要躺在里头试一试。掌柜的不肯，和尚用脚一踢，把一层薄板踢碎了，由里面直掉下锯末。李老丈一瞧说："我不要了。我只说是厚木头，哪知里面净是锯末，我不能要。"掌柜的一想，已然银子到手，和尚给他踢破了，气往上冲，吩咐伙计："你们拉住尽打！"四个伙计就奔上来，要揪济公。济公用手一指，口念六字真言："唵嘛呢叭咪吽，唵敕令赫。"这四个伙计跟定了，瞧着他们掌柜的当是和尚。四个伙计揪住掌柜的就打。掌柜的说："别打，是我！"伙计说："打的是你。你为什么搅我的买卖？"掌柜的说："我是王掌柜。"四个伙计方才明白过来，一瞧把掌柜地打了。复反四个人又要揪和尚打。

这个时光，雷鸣、陈亮赶到。陈亮说："别打，怎么回事情？"掌柜的一瞧，这两个人都是壮士打扮，相貌不俗。说："二位大爷别管，我跟和尚是一场官司。"李老丈一瞧，认识是二位恩公。陈亮说："因为什么？"李老丈说："二位恩公要问，皆因刘王氏家中没人，托我买棺材，我上了年岁瞧不真，我只当这棺材真有四五寸厚。哪知是两层薄板夹着锯末。"陈亮一看说："掌柜的，你这就不对了，做买卖不准欺人，你趁早给人家换一口好棺材。不准争斗，要不然，我拿片子送你。"掌柜的也不知雷鸣、陈亮有多大势力，敢怒而不敢言。济公掏出一块药来，说："李老丈，你把这块药拿回去，给刘福敷在疮上，包管药到病除。"李老丈说："大师傅什么称呼？"陈亮说："这是灵隐寺济公长老。"李老丈谢了济公，拿着药，同棺材铺掌柜的回店，另换了一口棺材，抬到刘福家。把药给刘福上了，疮也好了，把他母亲葬埋了，一家人感念济公的好处，这话不表。

单说济公见了雷鸣、陈亮，和尚说："你们两个人由哪里来？"陈亮说："别提了，我二人再也不管华云龙的事了。"济公说："好，咱们喝酒去吧。"三个人进了城，来到一座酒店。到了后堂，要酒要菜。济公喝着酒，叹了一声。陈亮说："师傅为何叹气唉声？"和尚说："我看你两个人怪惨的。"陈亮说："惨什么？"和尚说："天有什么时候？"陈亮说："天有巳初，早的很。"和尚说："天交正午，你两个人就准要死。"陈亮一听，大吃一惊，知济公是未卜先知。陈亮说："师傅既知道我二人有大难，可以躲得了躲不了？"济公说："你二人要打算趋吉避凶，天到正午，你两个人须出了龙游县的交界，方可躲得了。"陈亮也不知龙游县有多大地方。忙问走堂的："这龙游县的交界有多远?"伙计说:"往西有三十余里,向东有五六十里,往南北有七八十里。"陈亮一听,就是往西近。这才说:"师傅,我两个人这就逃命了。"济公说:"你走吧。天交正午千万可要离开。"陈、雷二人说:"是。"二人给了酒钱,出了酒店,一直往西。

刚一出西门。雷鸣道:"老三,我实困了,走不了。一夜没睡,我眼睛睁不开,腿也走不动。"陈亮说:"二哥,你快走吧。师傅的话,不可不信。"说着话又往前走。眼前是大柳林。雷鸣说:"我可实走不动了。"陈亮说:"你不走,可许有性命之忧。"雷鸣说:"这里又没有人,我歇息罢。"说着话,他就在地下一坐。往树上一靠就睡着了。陈亮心神不安,也不敢睡,坐在旁边。工夫不大,只见由南来了一个人,正是华云龙。

书中交代,华云龙自从赵家楼逃走,三个贼人回了店。华云龙是埋怨韩秀、恽飞:"要不是你两个人,我何至涉这危险!"恽飞说:"你别埋怨我们,倒是你愿意去。我们两个人要上临安逛去。你走你的罢。"这两个人今天一早走了。华云龙心中很烦,自己出来闲游,正走在柳林。一瞧是雷鸣、陈亮。华云龙心中一动:"昨天在赵家楼跟我动手,好像雷鸣? 也许是他。"陈亮这个人机灵,赶紧站起来说:"华二哥一向可好? 从哪里来,怎么还不远走?"华云龙说:"你们两个人从哪里来?"陈亮说:"我们由小月屯来。"正说着话,雷鸣醒了。一睁眼说:"华二哥,恭喜,贺喜,大喜呀!"华云龙说:"喜从何来?"雷鸣这个人心直口快,不懂撒谎,说:"你在赵家楼采花作案,还不是大喜?"华云龙说:"你怎么知道?"雷鸣说:"要得人不知,除非己莫为!"华云龙说:"好,昨天是你这小辈跟我动手!"雷鸣一听说:"好,狗娘养的,你骂我小辈! 我拿刀剁了你!"说着话,拉出刀来,照华云龙就剁。贼人摆刀相迎。二人杀在一处。陈亮说:"华二哥,雷二哥,不可动手。三两句话翻了脸,你我自己弟兄,岂不被人耻笑?"雷鸣哪里肯听,一刀跟着一刀,恨不能把华云龙杀了,方出胸中恶气。贼人的武艺,比雷鸣强得多。故意游斗,把雷鸣累得浑身是汗。陈亮一瞧,把刀拉出来说:"雷二哥闪开!"雷鸣闪身躲开。陈亮说:"华二哥,你也站住。咱们弟兄是金兰之好,你们两个人一动手,叫兄弟帮谁? 华二哥你走你的。"雷鸣把口气缓过来,又摆刀过来动手。工夫大了,还是不行。陈亮一瞧,又过来拦住说:"华二哥,你是个做哥哥的,总得有容让。异姓有情非异姓,同胞无义枉同胞。"说着话,雷鸣把气歇过来,仍然摆刀照华云龙要砍。陈亮又过来相劝。如是者三次。华云龙说:"好呀! 你两个人使这车轮战法。他乏了,你过来说,他歇了又动手。就叫你两个小辈摆刀来过,华二太爷也不放在心上。"

正动着手,猛然华云龙掉头就跑。雷鸣刚往前一追,贼人回头喊说:"镖来!"抖手就是一毒药镖。雷鸣见镖打来,一闪身没躲,正打在华盖穴上,翻身栽倒。雷鸣觉着镖打上,半身一发麻,就知道没了命了。陈亮赶过来说:"二哥怎么样?"雷鸣说:"我完了。我受了毒药镖,十二个时辰准死。贤弟,你走吧。你要念兄弟之情,你到玉山县凤凰岭,找威震八方杨明。告诉杨大哥,说华云龙拿毒镖打我。杨大哥若念兄弟交情,叫他撒绿林帖,请绿林人布四网阵,拿华云龙。你只要把他的心搁到我灵前一祭,就是你尽了弟兄的义气!"陈亮一听这些话,好似万把钢刀穿心。不亚如刀挖肺腑,箭刺心窝一般。谁知道华云龙的毒镖,跟杨明学的,打上没有解药,情知雷鸣准死。华云龙在那里站着,听雷鸣叫陈亮送信。华云龙一想:"真要那么办,我这条命活不了。莫若我斩草除根。"想罢照陈亮一镖,正打在陈亮背脊之上。陈亮哈哈大笑,说:"姓华的,你成全了我! 绿林中知道,有雷鸣就有陈亮。雷鸣一死,我焉得独生? 我两个一处为人,死了一处做鬼。"说着话,药性一发,雷鸣、陈亮疼得就地乱滚。华云龙一看,心上说:"我跟他二人是拜兄弟,何必瞧着他乱滚受罪? 莫若把他二人杀了。"贼人还算是好心,伸手拉刀要结果他二个性命。不知二位英雄性命如何,且看下回分解。

第七十二回　镇八方赌气找张荣
乾坤鼠毒镖打杨明

话说淫贼华云龙在大柳林用毒镖打了雷鸣、陈亮,正要过去杀二人。只听后面有人说:"华二贤弟,你要杀什么人?"华云龙回头一看,只见后面来了一人。身高八尺,头戴翠蓝色扎巾,撺金抹额,二龙斗宝,迎门一朵绒球,秃秃乱晃。身穿蓝箭袖袍,丝鸾带系腰。足下薄底快靴。身披宝蓝英雄大氅,周身绣牡丹花。面如满月,眉分作彩,目如朗星,准头端正,下三绺须髯,飘洒胸前。肋下佩刀。手中提小包袱。来者非别,正是大义威震八方杨明!华云龙一看,吃了一惊。暗说:"他来了可不好办!"贼人眼珠一转,计上心头。赶紧说:"杨大哥,一向可好?"杨明说:"你要杀什么人?"华云龙说:"我要杀雷鸣、陈亮。"杨明一听一愣,说:"华二弟,为什么要杀他两个人?"华云龙说:"兄长要问,只因雷鸣、陈亮两个人无所不为。在临安府乌竹庵采花,因奸不允,杀死带发修行的少妇,刀伤老尼姑。又在泰山楼杀死净街太岁秦禄。在秦相府盗了秦相的玉镯凤冠。昨天在这龙游县北门里赵家楼采花。是我今天碰见他两个人。我用好言相劝,他两个人拉刀跟我动手,反杀我。我才用毒药镖将他二人打倒。我一想不必叫他两个人受罪,我要杀他。"杨明一听说:"二弟,你不该用毒药镖打他。自己弟兄,下这样的毒手。"华云龙说:"兄长,你看有人来了。"用手一指。杨明一回头,华云龙也就抖手一毒镖,正打在杨明的琵琶骨上。眼瞧杨明翻身栽倒。

书中交代,杨明本不是出门的人。家中开着镖局子,又有银钱,又有势利。皆因华云龙有一个拜弟,叫黑风鬼张荣,也是西川人。张荣这天到杨明家找华云龙。家人进去一回禀,杨明出来一看,见张荣有二十来往的年岁,武生公子打扮。杨明说:"尊驾贵姓,来此何干?"张荣说:"我乃是西川人,姓张名荣,跟华云龙是拜兄弟。我听说他在这如意村杨大爷家中住着,我特来找他。"杨明一听,说:"你既是华云龙的拜弟,你我弟兄,都不是外人。现在华云龙到临安城逛去了,又约三两个月就回来。你也不必去找他,就在我这里住罢。"杨明这个人最好交友,就把张荣让到家中。说:"你要闷时,可到镖局子去坐坐。"张荣就在杨明家住着。不想张荣忽然病了。杨明给请先生调治,精心用意,好容易把张荣调养好了。张荣说:"兄长待我这番光景,我实感激。我给兄长叩头,认为义兄。"杨明说:"张贤弟是华二弟的拜弟,就如同我拜弟一样,何必再要磕头呢?"张荣说:"那不算。"一定要给杨明磕头。当时给杨明磕了头,到里面见太太行了礼,见过了满氏嫂嫂。从此就拿他更不当外人,内外不避。

杨明的妻子,本来长的容颜美貌,人才出众,很贤惠无比。张荣这小子,素常说话一点规矩没有。杨老太太是一位正直人,常常当面说张荣。满氏娘子怕给她丈夫得罪朋友,常给张荣掩盖。焉想到张荣这小子误想了。他疑满氏心中有了他。那天杨明不在家,张荣也就到里面去。老太太正睡午觉,满氏娘子在屋中做活。张荣说:"嫂嫂,做什么活?"满氏说:"做袜子。"张荣说:"我瞧瞧。"满氏一递。张荣并不是要瞧。他没怀好心,要调戏满氏。他一接,伸手一拉满氏的手腕子。满氏立刻把脸一沉。说:"你这厮可真不要脸!"满氏照定张荣脸上就是一个嘴巴。这小子可不知道满氏是一身的好能为。她父亲名叫满得公,绰号人称铁棍无敌。膝下无儿,把一身的武艺,都传授了女儿。满氏今天一变脸,把张荣打了一个嘴巴。吓得那小子跑到前面,拿上自己的小包袱,不辞而别,竟自逃走。后来杨明回来,问张荣哪去了。满氏还不肯说,怕丈夫知道生气。有这两句话:"母不忧心因子孝,家无烦恼为妻贤。"这话一点不错。满氏不肯说,杨明再三追问。满氏无法,才把张荣如何调戏的话说了。杨明气得三尸神暴跳,五灵豪气腾空。杨明说:"非得找他不可。哪里见着,哪里结果他小辈的性命。他竟敢在我家这样无礼!我拿他当自己兄弟,这厮真是人面兽心!"越想越气。次日告诉老太太,说要出去保镖。带上盘费兵刃,由家中出来,寻找张荣。

这天走在龙游县的西南,见眼前有一片苇塘。有一位老者欲要跳河。杨明过去一把揪住,说:"老丈为何跳河? 这么大的年岁,寻此短见。你跟我说。"老丈抬头一看,"唉"了一声,说:"这位大爷,要问小老儿,我姓康双名得元。我膝下无儿,过继了一个侄儿,叫康成。自己有一个女儿,许配临安开杂货铺的张家,尚未过门。前者来了信,要娶我的女儿。我把家里房产卖了几百银子,叫我女儿骑着一头驴,连我继儿,打算一同到临安去就亲。今天早起出了店,连我儿带我女儿都走丢了。我也找不着了,我故此要跳河一死就完了。"杨明说:"你儿多大年岁? 你女儿多大年岁?"康得元说:"我继子今年二十八岁,我女儿十八岁。"杨明说:"素常他们和睦不和睦?"康得元说:"他兄妹素常不和。"杨明说:"你别寻死。我代你找去。找着更好,找不着你也别死。你跟我走。"康老丈说:"大爷贵姓。"杨明通了名姓。老丈一听,说:"原来是保镖达官、威震八方杨爷。我久仰久仰!"杨明说:"你跟我走。"领了老丈正向前走,见大柳林华云龙拿刀要去杀人。杨明说:"华二弟要杀什么人?"华云龙回头一瞧,是保镖师傅来了。贼人心中暗说:"不好! 我要说拿毒镖打了雷鸣、陈亮,他准要我的命。莫如我一狠二毒三绝计。量小非君子,无毒不丈夫!"当初华云龙不会打毒镖。他知道杨明会打毒镖。他苦苦要跟杨明学。杨明就嘱咐过他,说:"这毒镖是三十六味毒药,十八味草药,非有蛇红蛋尾木变石不能配。你学会了,不可轻举妄动。打上了只要一见血就死,没有解药。"今天华云龙见杨明走来,贼人暗说不好,赶紧过来行礼。杨明问要杀什么人,华云龙说要杀雷鸣、陈亮。杨明说为什么事,华云龙把他做的事说了,我才拿毒镖打他。杨明一听,就一愣。说你不该拿毒镖打他。华云龙说,你瞧有人来了。杨明一回头,贼人抖手一镖,正打在琵琶骨。

杨明被打倒,哈哈一笑,说:"好,这是我交朋友的下场! 我教会了你,你能拿镖打我。天下人你都可以打了!"康得元一瞧,气往上冲。说:"好贼人,你嘴里说好话,你施展这样狠毒之心! 把杨大爷打了,我这条老命不要了,跟你拼了!"华云龙一瞧,说:"老头儿,你休要前来送死。"说着话,贼人把刀拉出来。杨明此时痛的乱滚。汗珠子真有黄豆大小,直往下流。说:"康老丈,你去你的罢。我本打算要救你,替你把女儿找回来。这我的命没了,我也顾不了你。你趁此去吧,不必生闲气。这是我杨明交朋友的好处! 来来,华云龙,你把我杀了罢!"康得元倒是个热心肠的人。见杨明这般光景,心中瞧着难过。老头说:"好淫贼,你这厮人面兽心。你先把我杀了罢,我正不愿意活着。"说着话,把脖子一伸。华云龙说:"你这老匹夫! 真是放着天堂大路你不走,地狱无门自寻来。"康得元说:"你把我杀了好。"华云龙一想:"我何必杀他? 跟他远日无冤,近日无仇,便宜他去吧。"想罢说:"老匹夫,你不必自己讨死。我杀你,我也不算英雄。你去吧。"贼人一想:"莫若我把他三人一杀,我远走高飞,也没人知道。"想罢,拉刀要结果杨明、雷鸣、陈亮三个人。正在这般光景,就听草中"呱哒"的一响。华云龙回头一看,来者正是济公禅师。大约贼人难逃活命。不知济公由何处而来,且看下回分解。

第七十三回

大柳林济公惊淫贼
小酒馆班头见圣僧

话说华云龙见济公,吓得魂飞胆裂。济公说:"好华云龙! 你往哪里走!"书中交代,济公从哪里来呢? 只因和尚半夜里由店里走了,柴头、杜头也不敢睡了,怕的第二天没钱给店饭账。两个人没等店里起来,二人也跳墙出来,一直狂奔龙游县衙门。来到衙门口一瞧,对过是茶铺子。两个人进了茶馆一瞧,有几位龙游的班头在那里喝茶。柴头说:"借问有一个和尚,你们众位瞧见没有?"众人说:"回头就过堂。"柴头说:"什么事?"那人说:"不是三官庙的二和尚拐带妇人那案么!"柴头说:"不是。我打听的是一个穷和尚。"旁边有一人说:"方才有一个穷和尚,在东门外拦住抬棺材的不叫走。你们二位上那里去找罢。"柴、杜二人复又来到东门外一找,还是没有。二人到各处酒饭馆,找来找去。找到一座小酒馆,把济公找着了。柴头说:"好的!你在这里!你半夜里又跑了,我们两人没受这个罪,你趁早说罢!"和尚说:"你们二个坐下。"柴头、杜头坐下。和尚叫添酒添菜。

二人喝着酒,和尚说:"小便。"由酒馆出来,一直出了西门。正往前走,两旁是河,当中一条小道。由对面来了一匹驴,骑着一女子,跟着一个男子。这男子长得兔头蛇眼。正是康成同康得元的女儿。原本康成这小子没好心,他打算把妹子卖几百两银子,娶个媳妇,岂不是乐事。早起由店里出来,他牵着驴子,趱了小胡同。姑娘问:"爹爹哪去了?"康成说:"你走吧,在头里等呢。"姑娘不愿意,在驴上又下不来。正走在这股小道,济公早已占算明白。在那里一站,挡着路过不去。康成就说:"和尚,你回去吧。"和尚说:"你回去吧。"康成说:"我们这是驴。"和尚说:"我是人。"康成说:"你没瞧见我们是堂客?"和尚说:"我是官客。"康成说:"我们回不过去。"和尚说:"我拐不过弯来。"康成说:"你这和尚真可恨!"和尚说:"好东西!"用手一指,口念"唵嘛呢叭咪吽",用定身法将康成定住。和尚一指驴,姑娘就迷住了。和尚牵驴就往前走。

来到大柳林,和尚一指,驴就站住。华云龙正要杀雷鸣、陈亮、杨明,和尚说:"好华云龙,你往哪走!"华云龙一瞧,拨头就跑。和尚随后就追。此时雷鸣、陈亮还醒过来,心里明白。陈亮一瞧说:"杨大哥怎么了?"杨明说:"华云龙拿毒镖打了我。你们两人为什么被他打了?"陈亮说:"我因为在临安要出家,济公收我做徒弟。要开水浇头,切菜刀落发,我跑出来。在店里住着,听着华云龙在临安城乌竹庵采花,因奸不允,杀死少妇。又在泰山楼杀死净街太岁。又在秦相府盗了奇巧玲珑透体白玉镯,十三排嵌宝垂珠凤冠。后来铁腿猿猴王通、野鸡溜子刘昌,破了案被拿,招出华云龙来。有灵隐寺济公,带着两位班头到千家口去拿他。我听见,到千家口给他送信,碰见雷二哥。我二人同华云龙在小月屯马静的夹壁墙藏着。后来济公要拿他。我二人苦求济公不要拿他。济公给我二人一封信,说华云龙在这龙游县北门内赵家楼采花,叫我二人保护闺门贞洁。果然昨天华云龙同韩秀、恽飞三个人去采花。已然用熏香把人家姑娘熏过去。三个人已进了屋子。被我二人给搅了。今天在这里碰见,说翻了,他用毒镖把我两个人打了。"陈亮说完了话,疼得又昏过去了。杨明一听,说:"好华云龙!做这场伤天害理的事,真算我交朋友交着了!"康得元说:"杨大爷,你觉怎么样?"杨明说:"我不行了。"雷鸣说:"你死不得的。我二人死了倒不要紧。上无父母的牵缠,下无妻子的挂碍。死了死了,一死就了,万事皆休。你老兄台有白发的娘亲,绿鬓的妻子,未成丁的幼儿。母老妻单子幼,你死了怎么办?"这一句话,说的杨明心中一惨。雷鸣此时也疼得昏过去。

杨明心中万把钢刀扎心。猛一抬头,见那边树上有一个穷和尚上了吊,手足乱蹬乱划。杨明一看,说:"康老丈,你过去把那上吊的救下。"康得元一看,果然树上吊着一个人。赶紧往前跑。刚来到和尚跟前,和尚跳下来了。倒把康老丈吓了一跳。康得元说:"和尚你没死呀?"和尚说:"我吊的是后脑勺子。我试试难受不难受。要难受,我才上吊呢。"康得元说:"你为什么上吊?"和尚说:"我师傅交我五两银子买僧袍僧鞋,我把银子丢了。我不敢回去,怕师傅打我,故此上吊。"康老丈说:"为几两银子,何必如此短见?你跟我来。"带着和尚来到杨明跟前。杨明问:"为甚寻死?"和尚一一告诉。杨明说:"你为五两银子,何必寻死?我这腰中银幅子有银,你拿几两去。"和尚伸手把银幅子打开,有散碎银子二十多两。和尚一瞧,说:"比我的银子还多呢,就是太碎些,有点成色。"杨明一听,说:"和尚,你将就用罢。"和尚说:"也只得将就些。"拿着银子就走了。康老丈在旁,瞧着气就大了,说:"这个和尚,真不知事!倒像该给他的,连一句情理话也不说,真是可气!白给他银子,他还挑成色。"

正说着话,和尚走了几步,又回来说:"当局者迷。我只顾了银子,也忘了问你。

你为什么在这里躺着睡了?"杨明说:"我是被贼人打了毒镖,活不了了,十二个时辰准死。"和尚说:"你要死你死吧,我走了。"说完了就走。走了几步又回来,和尚说:"你贵姓?"杨明说:"我姓杨。"和尚说:"你真要死,我同你商量一件事。"杨明一想:"必是和尚说要死,他不忍把银子都拿了走,他许给我买一口棺材。"想罢说:"和尚,你商量什么?"和尚说:"我瞧你这身衣服很好,可值几两银子。你死了也是给人剥去,白便宜了人家,莫如你脱下来送给我吧。"杨明一听,气往上撞,说:"你这和尚,好不通情理!气死我也!"心中一气,镖伤一疼,就昏过去了。康得元说:"你这和尚真太淘气!杨大爷周济你银子,你不说谢,反说这些话!你不是欺负人吗?"

正说话间,雷鸣、陈亮又醒过来。睁眼一瞧,见济公在里站着。两个人挣扎起来磕头。口嚷:"圣僧救命!"康得元也不知和尚是谁。和尚过去说:"你们两个人怎么了?"陈亮说:"华云龙拿毒镖打了我们。师傅救命罢!"和尚说:"我叫你二人出龙游交界,你们不听。受了毒镖,我也救不了你。你我师徒一场,你们死了,我给你念三卷往生咒罢。"陈亮说:"师傅救命罢!"和尚说:"可不定行不行。"掏出药来,给雷、陈亮每人吃一块。把镖拔下来,把药嚼了,上在伤口。二人展眼之际,复旧如初,好了,过来给济公行礼。陈亮说:"求师傅替杨大哥治治罢。"和尚又把杨明镖拔下来。杨明一疼,苏醒过来。和尚上了药,也把一块药与杨明吃了。杨明也好了。陈亮说:"杨大哥,这就是灵隐寺的济公长老。"杨明过来行了礼。济公在雷鸣耳边说:"你知道为什么华云龙拿镖打你?"雷鸣说:"不知。"和尚说:"有一个坏人,我已拿住,在南边小道站住。你杀他去。"雷鸣说:"我去。"雷鸣走后,杨明、陈亮还不知道做什么去。杨明说:"康老丈你过来,见见这位灵隐寺活佛济公。你求求他老人家,好给你找女儿。"康得元过来叩头,求圣僧慈悲慈悲。和尚说:"你不用着急,你女儿在树林外头。"和尚把验法一撤,康得元一瞧,果然女子骑着驴子站在那里发愣。康得元说:"和尚,给我找找我儿。"和尚说:"我派雷鸣杀他去了。"康得元说:"怎么?"和尚说:"你问你女儿就知道了。要留着他,他就要害你了。"康得元谢过济公,带着女儿走了。不久雷鸣也回来。和尚说:"你们跟我拿华云龙去。"众人跟济公往北走。走了不远,忽然和尚不见了。再一看,华云龙同着一个人,在那里站着。三位英雄一瞧,气往上冲,伸手拉刀要捉拿淫贼。不知后事如何,且看下回分解。

第七十四回　施佛法戏耍豪杰　杨雷陈又遇淫贼

话说济公叫杨明、雷鸣、陈亮跟着往北走了不远。三位英雄一瞧,济公没有了。再一看,眼前树林子,华云龙同一个人在那里站着。三英雄一瞧,这人身长一丈,头如麦斗。头戴皂缎色六瓣壮士巾,身穿皂缎色箭袖袍,腰系丝鸾带,单衬袄,薄底靴子,面似黑锅底,粗眉大眼,直鼻阔口。抗着一条四楞镔铁锏。杨明细细一看,不是别人,就是绛丰县的原籍,姓陆名通。这个人天生的一条大汉。父早丧,母王氏。家中也是寒苦,全仗王老太太做针黹度日。陆通长到一十六岁,人情世故一概不懂。这天王老太太说:"儿呀,你也这么大了,肩不能挑担,手不能提篮。为娘的也老了,你有什么能为找饭吃?"陆通说:"不要紧,我找去。"说着话就出去了。少时陆通拿回二斤饼来,说:"娘呀,吃罢。"老太太一瞧,说:"你哪里拿来的?"陆通说:"我方才出去,见有一小子拿着饼。我过去打他一个嘴巴,把饼就抢来了。"老太太一听,说:"你这孩子,怎么这样浑!国有王法,律有明条。你在街上打抢,叫人家拿着,就了不得了!明天不准抢了。"陆通本是个浑人,出去抢惯了,不管是谁,瞧见了便抢。人都不敢惹他,因他天生来的力气大,再也打他不过。

这天本地有一位吴孝廉,家里是财主,最好行善,开着许多的店铺。见陆通在他铺子门口抢东西,吴孝廉就问:"什么人?好大胆!竟敢白昼打抢!把他揪住,拿片子送在衙门里治罪!"旁有一位老者是好人,说:"吴大爷,你老人家不认得他。他叫陆通,是个浑人。他家中有孤儿老母,没有养活。这个人虽然太浑,最孝母,抢了东西给他母亲吃。你老人家可以周济他,也是德行。"吴孝廉本是个善人,一听陆通是个孝子,人人可敬,叫陆通过来,说:"你姓什么?"陆通说:"我姓陆叫通。"孝廉说:"你别抢了。每天到德裕粮店取一吊钱,给你母子度日,好不好?"陆通说:"你一天给一吊钱,好小子!"吴孝廉一听,这倒不错,施舍一吊钱,落一个"好小子",倒不错,知道陆通是个浑人,也不怪他。陆通就每天拿一吊钱,买了吃的,先给母亲吃,剩下的他全吃了。

这天他吃完了饭,把家里一条铁棍拿到山里去游玩。正赶上有二十一家猎户打围,赶下许多的獐猫野鹿。陆通瞧见,他过去拿棍全给打死,挑起来就走。众猎户赶到。大众说:"我们撒下围赶下来的野兽,黑汉你别给拿了走。"陆通说:"不许爷爷拿去,你们抢罢,谁抢了去是谁的。"猎户过来跟他动手,不是他的对手。大众无法,不要了。陆通把野兽挑着一卖,他不知值多少钱,给钱就卖。把钱拿回家去,就不上粮店要那一吊钱。天天到山里去打野兽,众猎人都不敢惹他。大众一商量说:"陆通天天搅咱们,咱们跟他商量,每天给他一吊钱,叫他帮咱们打猎,省得他抢我们。"这天又碰见陆通,跟他商量,一天给他一吊钱,叫他帮着打野兽,给众猎户分。陆通也愿意。一天拿一吊钱到家里,给老母买吃的。

这天他老娘死了,陆通回来,他也不懂。见老娘在炕上躺着,也不说话,陆通就叫:"娘呀,吃饭吧!"街坊上过来一瞧,说:"你老娘死了!"陆通说:"什么叫死了?"街坊说:"死了,就不说话了,不吃东西啦!你买一口棺材埋了,不然,搁两天就臭了。"陆通说:"这叫作死了?也不说话,也不吃东西!买一口棺材埋去。不然搁两天就臭了。"街坊说:"对了。"陆通过去,把老娘背起来,往外就走。街坊说:"你上哪去?"陆通说:"上棺材铺,瞧哪口棺材好,搁里头就得了。"街坊说:"你真是个浑小子!没有背着死尸满街跑的。你搁下,你去找猎户,叫他们买口棺材埋了。"陆通答应,到猎户家去。大众问:"你做什么来了?"陆通说:"老娘死了,也不说话,也不吃东西了。买一口棺材埋了,要不然,过两天就臭了。我找你们给买棺材。"大众一想:"这倒不错,他是个孝子。"内中就有好人说:"这是好事,咱们大家凑着买一口棺材,把他老娘给埋了。"

陆通剩自己一个人,仍然帮众人打猎。一天要一吊钱,这二十一家猎户,都不愿意,又不敢不给他。这天内中有一个姓殷的,外号叫殷到底,说:"咱们每天给陆通一吊钱,冤不冤?"大众说:"没法子。"殷到底说:"你们众位每人交给我一吊钱,我能把他发出去。"大众说:"你能办得了,我们二十家,交你二十吊钱。"殷到底允了。大众给了他的钱。这天请陆通吃饭。陆通本是浑人,请吃就吃。殷到底说:"陆通,你跟着我们这些猎户在一处,一天一吊钱,你也发不了财。你发财愿意不愿意?"陆通说:"怎么发财?"殷到底说:"你到常山县去,找南路镖头追云燕子黄云。你把他捉住,跟他要二百两银子。就凭你这个脑袋,这个身量,他就有得给你,你算是人物字号。"陆通说:"我就去。"殷到底说:"我给你两吊钱盘费,你拿了去。"陆通本是浑人,拿了棒槌认针,拿着两吊钱就起身。

来到常山县,他不知道打听人要说句谦恭话,过去把过路的人一把揪住,这个人吓得不知道为什么。陆通说:"小子,你告诉我,追云燕子黄云在哪里住?"这人说:"就在这路北店里。"陆通说:"你要冤我,我把你脑袋砍下来!"夹着这人到店门首,那人说:"把我放开罢,就是这店里。"陆通这才把人家放开。那人瞧陆通这个样,也不敢惹他,自己径自去了。陆通站在店门口,喊嚷:"姓黄的给银子!"追云燕子黄云正在店里,听外面叫姓黄的给银子,黄云一想:"我并不欠人的银子?"自己来到外面一瞧,站着一个大汉,并不认识。黄云说:"你找谁呀?"陆通说:"我找姓黄的。"黄云说:"做什么?"陆通说:"要二百两银子。"黄云说:"该你的?"陆通说:"不该。"黄云说:"你认识姓黄的吗?"陆通说:"不认识。"黄云:"你不认识,为什么找他要银子?"陆通说:"姓殷的叫我找姓黄的,要二百两银子。说我就长了人物,立了字号,就凭我这个脑袋,这个身量,不给不行。"黄云一听,心中明白,知他是个浑人,必是有人叫他来的。黄云一想:"这个人倒很雄壮。莫如我把他支到杨明兄处,叫杨明兄长调理来,入在镖行里,倒是个膀臂。"想罢说:"你进来。"陆通说跟着来到里面。黄云问:"你姓什么?"陆通说:"我姓陆,叫通。你姓什么?"黄云说:"我姓黄。"陆通说:"你是黄云?给我二百两银子。"黄云说:"你别忙,我告诉你一个人。你找他跟他要四百银子,你去不去?"陆通说:"去。"黄云写了一封信,拿出十两银子说:"你到玉山县,去找威震八方杨明。见了他,和他要四百两银子。"陆通答应,拿了书信银子出来。他不认得玉山县。要打探人,见了人问一声:"哎,站着!"吓得人家就跑。问了好多人,一"哎"就跑。陆通想出主意。见村头站着两个人说话,陆通绕在人家身后,伸手把那人脖子一捏。陆通说:"你小子别跑!"吓得旁边那人拔脚就跑。这个跑不了了,他问:"怎么了?"陆通说:"我问你上玉山县往哪里去?"这人说:"往北。"陆通一放手,把那人跌在地上,腿也折了,从此不敢再在外头踱着。陆通他也这样问人,遇见坏人,明是往北说往南。遇见好人,才告诉他正道。走了八天,才到玉山县。好容易遇见好人,告诉他杨明的门口。陆通两天没吃饭,有银子也不知换钱。来到门口,用铁棍一打门。管家出来开门。问:"找谁?"陆通说:"你姓杨?"管家说:"是。"陆通说:"给我四百银子。"管家到里面回禀。杨明出来一瞧不认识,问:"找谁?"陆通说:"找姓杨的要四百银子。"杨明一愣,说:"你找姓杨的要银子,可该你的?"陆通说:"不该。"杨明:"不该,要什么银子?"陆通说:"是保镖姓黄的叫我来的。"连十两银子一封书信同拿出来,交给杨明。杨明拆书一看,心中这才明白。不知信上写着何话,且看下回分解。

第七十五回　猛汉听言找黄云 义士见信收陆通

话说杨明拆开书信一看,原本是黄云叫杨明把陆通收下,教训教训他,将来可以当镖局子伙计。杨明这才问他贵姓。陆通说:"我姓陆,叫陆通。"杨明唤他进来。陆通来到里面,杨明说:"你家中有什么人?"陆通说:"家里有老娘。"杨明:"你有老娘,你出来谁替你照应?"陆通说:"我老娘死了。不吃东西,也不说话了。拿棺材装上埋了。不然,搁两天就臭了。"杨明说:"你没吃饭吗?"陆通说:"两天没吃了。"杨明说:"你为什么有银子不换吃?"陆通说:"什么叫银子,我不知道。"杨明吩咐给预备饭。当时叫厨子一备。陆通这顿饭吃了有三斤米饭,真吃饱了。杨明说:"陆通,你就在我这里住着罢。每天我给你饭吃,我收你做兄弟。"陆通说:"我也叫你兄弟。"杨明说:"不对,你叫我兄长。"陆说:"就是罢。"杨明把陆通留在家里,天天教给他人情世故。住了有两个多月,还是教不清楚,陆通是天生来的浑人。

这天老太太知道了。问杨明:"外面住着什么人?我听说你留野人在这住着。"杨明说:"倒是一个浑浊的人。"老太太说:"你带进来我瞧瞧。"杨明来到外面说:"贤弟。"陆通也懂了,说:"兄长。"杨明说:"我带你进去见见老娘。"陆通说:"死了,也不说话了。"杨明说:"谁死了?"陆通说:"我老娘死了。"杨明说:"你老娘死了,我老娘没死。"陆通说:"怎么还不死?"杨明说:"胡说!见了老太太,你可规矩些。"陆通点头。跟着杨明往里走。刚一进上房,杨明说:"你在外间屋子站着,等我到里面回禀老太太一声。"杨明进里间去。陆通抬头一看,正面上是穿衣镜。他没见过,瞧里面一条大汉。陆通一睁眼,镜子里自然也一睁眼。他用手一指,镜子里他的影也向他一指。陆通赶上前一脚,把镜子踢了。杨明出来说:"怎么了?"陆通说:"跑了。这小子直跟我睁眼!"杨明一瞧,见镜子也碎了,也无法。带陆通进到里面,说:"你见见。"陆通说:"老娘在上,兄弟有礼。"杨明说:"胡说!你见我称兄弟,怎么见老娘也称兄弟?"陆通说:"称什么?"杨明说:"你说,老娘在上,孩儿有礼。"陆又说:"老娘在上,孩儿有礼。"杨明说:"对了,你见嫂嫂。"陆通说:"嫂嫂在上,孩儿有礼。"杨明说:"又不对了。"陆通说:"怎么?"杨说:"你见嫂嫂,称呼兄弟。"陆通说:"嫂嫂在上,兄弟有礼。"杨明说:"这是你侄儿侄女。"陆通说:"侄儿侄女在上,兄弟有礼。"杨明一听也笑了,说:"你去吧吧吧吧。"陆通就在杨明家住着。杨明也不拿他当外人。素常没事,杨明就教他说话。后来杨明见他略明白些,杨明叫他狂奔陆阳山去找碗饭吃。陆阳山莲花岛有一位和尚,叫花面如来法洪,也是在长江五省保镖的镖头。杨明给他写了一封信,叫陆通去跟花面如来法洪当伙计。出去跟着保镖,每月挣十几两银子,也都交给杨明。没衣裳跟杨明要,杨明的家就算他的家。

陆通在外面保镖有四五年的景况,人送外号叫万里飞来,皆因他是天生两只飞毛腿。今天是保镖回来,要到杨明家去瞧瞧,正走在这里,见华云龙慌慌张张,由对面跑来。原本华云龙被济公追下来。陆通一瞧,认识华云龙,在杨明家里见过。陆通说:"你小子哪去?"华云龙一瞧,说:"陆贤弟,你怎么叫我小子?"陆通说:"我忘了。华二哥你哪去?"华云龙说:"我有事。"陆通说:"你同我瞧杨大哥去。"华云龙说:"我不去。"陆通说:"你不去,我把你捆上扛着去。"华云龙一想,知道陆通的脾气,说得出来行得出来。贼人一想,莫如我拿镖打他。又知道陆通跟法和尚炼的一身金钟罩。华云龙一想,非得拿镖打他的眼睛,或梗嗓,或肚脐。金钟罩这三处是命门。华云龙说:"你瞧,树上有两个脑袋的乌鸦!"陆通扬着眉一瞧,问:"在哪里?"华云龙正要掏镖打他,只见杨明、雷鸣、陈亮赶到。雷鸣一声喊:"好坏囊的!你往哪走?"华云龙一瞧,撒腿就跑。杨明这才说:"陆通,你干什么呢?"陆通说:"我瞧两个脑袋的乌鸦。"过来给杨大哥行礼,又见过雷二哥、陈三弟。陆通说:"你们为什么把华云龙追跑了?"雷鸣说:"方才华云龙拿毒药镖把我二人连杨大哥都打伤了。"陆通一听,把眼一睁说:"好狗娘养的!镖打雷鸣、陈亮我倒不恼,决不该打我杨大哥。我去找上他,要他的命!"说着话,撒腿就跑。杨明见陆通追华云龙去,知道他是飞毛腿,这三个人也赶不上,遂说:"雷、陈二位贤弟,你我找个地方罢,天也不早了。"陈亮说:"这北边就是蓬莱山,咱找孔二哥去吧。"杨明说:"也好。你我见了朋友,千万不必提着华云龙镖打咱们。"陈亮说:"怎么还给他瞒着?"杨明说:"倒不是帮他瞒着,恐其朋友错想。不知道的,倒许说你我交朋友不好。要好,怎么朋友会打咱们呢?咱们不必提他,叫他自己行去,大约必有恶贯满盈之时。"说着话,狂奔山坡而来。

这山上有一座蓬莱观。有一位老道,叫矮脚真人孔贵。当初这个人,也在玉山县三十六友之内。他自己看破了绿林没下场头,因此上山出了家。今天杨明、雷鸣、陈亮三个人忽然想起来,要到蓬莱观瞧瞧孔贵,这才一同顺着山坡上山。来到半山一看,这庙头里有一个牌楼,上有四个字,写的是:"蓬莱仙境。"这庙是两层殿,坐北向南,正中山门,两旁边角门。三个人来到东角门一拍,里面出来了一个道童,把门开来。一瞧认识。说:"杨大爷、雷叔父、陈叔父,由哪里来?"道童赶紧行礼。杨明说:"你师傅可在庙里?"道童说:"在里面。"杨明说:"你到里面,回禀一声,说我三个人来看望他的。"道童说:"是,三位伯父叔父先到里面坐。"杨明同雷鸣、陈亮进去。小道童把门关好。这殿中北房是大殿,东西各有配房三间。把三个人请到西配房。一打帘子,三个人进去,见这屋中甚是干净。靠西一张俏头几,摆着《老子道德五千言》,头前一张八仙桌,两边有太师椅子,迎面挂着一轴大挑条山,画的是四仙出洞。两旁有一副对联,写的是:

怕事忍事不生事,自然无事。
平心守心不欺心,何等放心。

三个人落了座。陈亮说:"杨大哥,你看这庙里,极其清雅。院中栽松种竹,清气飘然。这鹤轩里倒很洁净,真是别有一洞天。"说着话,小道童出去烹茶。只听外面有脚步声音,口念"无量寿佛"。口中又信口说道:"寻真误入蓬莱岛,青松不改人自老。采药童子未回来,落花满地无人扫。"只见帘板一起,孔贵由外面进来。这个人是五短的身材,头戴青缎道冠,身穿蓝布道袍,白袜云鞋。面皮微紫,燕尾髭须,浓眉大眼。一进来说:"原来大哥二弟三弟来了。由哪里来了?"雷鸣说:"差一点你我弟兄不能见了。"孔贵说:"雷二弟这话从哪里说起?"杨明瞧了雷鸣一眼,陈亮一睁雷鸣,孔贵说:"杨大哥、陈三弟,你我弟兄知己的朋友,有什么话瞒我呢?"雷鸣说:"杨大哥、老三,不必瞧我,反正我不说华云龙拿镖打咱们。"杨明一听,说:"你这是不说!要说该怎么说呢?"孔贵说:"华云龙怎么回事?"杨明叹了一声说:"孔二弟,你问陈老三,叫他说说。"陈亮这才把华云龙在临安怎么采花杀人、盗玉镯凤冠,怎么在赵家楼采花,怎么镖伤三友,多亏济公搭救,已往从前之事,细说一遍。孔贵一听,说:"好华云龙,真是忘恩负义!我要是前三年的脾气,当时下山,拿刀找他去。当初要不是杨大哥给撒绿林帖,三十六友结拜,谁认得华云龙是谁?"杨明说:"孔二弟,不便提了,你我谈别的。"孔贵吩咐童子,检素菜预备酒。当时童子把里间桌椅排好,四个人来到屋中吃酒谈心。正喝着酒,外面童子说:"了不得了!厨房有了火了!"四人一听,赶紧奔到后面。一瞧,厨房窗户纸着了,赶紧拿花盆里水扑灭。孔贵要打小道童不留神。杨明说:"孔二弟你倒别打童子。你闻,有硫磺味。你我是做什么的,这分明是调虎离山计!你我到外面去吧。"四个人来到外面西配房。刚才坐下,就听床下"咕咕噜噜"一响,仿佛肚子里肠响。杨明说:"孔二弟,你养狗哪?"孔贵说:"没有。"杨明说:"我听床底下有肠鸣之声。拿灯来照照。"正说着话,由床下往外一窜,正是华云龙。杨明伸手拉刀。不知贼人由何处而来,且看下回分解。

第七十六回　　**蓬莱观四英雄谈心**
密松林猛豪杰受骗

　　话说杨明、孔贵、雷鸣、陈亮四位英雄把火救灭,复又来到前面西配房。听床下有一阵肠鸣之声,刚要拿灯照,只见华云龙由床底下出来。书中交代,华云龙自从树林逃走,正往前跑,后面猛英雄万里飞来陆通追赶下来,口中叫喊:"好华云龙球囊的!你镖打杨大哥,我把你脑袋拿下来!"华云龙回头一看,吓得惊慌失色。知道陆通是两只飞毛腿,贼人料想走不脱,眼看就赶到了,华云龙赶紧上了一个大树。陆通他不会上树,来到这里说:"华云龙你下来!我打你一百棍,就饶了你!"华云龙一想,慢说打一百棍,恐怕打一棍就死了。陆通在下面直嚷:"你要不下来,我把树打倒了!"说着话拿棍就打。华云龙一瞧,他拿棍打的这个树直晃,工夫大了,真许打倒了。华云龙贼心生智,把英雄氅脱下来,说:"陆通,你瞧,我要驾云。"把英雄氅往西一捺。陆通本是浑人,拿棍就追过去。华云龙往东跳下来,陆通没瞧见,贼人这才逃脱了。

　　一看天色已晚,华云龙一想:"我奔蓬莱观,找矮脚真人孔贵。"想罢来到庙外。刚要叫门,自己心中一动:"且慢,倘若杨明、雷鸣、陈亮在这里,可了不得。莫若我暗中瞧探瞧探。"主意已定,拧身蹿上房去。一见西配房有灯光。华云龙来至切近,暗中一听,正是雷鸣、陈亮跟孔贵提起这件事。华云龙一想:"量小非君子,无毒不丈夫。我一不做,二不休。用调虎离山计,将他几个人调出去,我藏在屋中。等他睡了,我全要把他们结果了性命。"自己这才到后面放一把火,把四个人调出去。贼人来到屋内,藏在床底下,焉想到天不由人,华云龙肚子饿了。"咕噜咕噜"一响,被杨明等听见,要拿灯照。华云龙实在藏不住了,由床底下跳出来,给杨明跪下。雷鸣一瞧眼就红了。伸手拉刀要结果华云龙性命。杨明紧说:"雷二弟,不准!只可叫他不仁,你我兄弟不可不义。"华云龙向雷鸣跪着说:"小弟罪该万死!我也没脸活着,兄长你把我杀了罢。"杨明哈哈一笑,说:"我杀你做什么?我同你也无冤无仇,你趁此请罢。"雷鸣又要拉刀。杨明这个人是大德君子,宽宏大度,倒解劝雷鸣不可,叫华云龙起来去吧。华云龙立起身来也不走,无皮无脸说:"孔二哥,我饿了,你给我吃点。"孔贵心中有些不悦,也有些不肯,说:"酒也没了,菜也完了。你要吃,叫童子来给你华二叔熬点粥。"童子进来说:"华二叔好呀,我给你磕头。"华云龙赶紧上前拦住。童子说:"我再给你磕一个。你再来,可别放火来了。山上没有水,我师傅还打我们,说我们不留神。"说的华云龙脸上一红一白的。

小童出去,把粥熬好了,端起来刚要喝,就听外面打门甚急,叫:"开门来!开门来!"大众一听,声音像是陆通。华云龙一听,吓得惊魂千里。说:"杨大哥你救我救到底!陆通他一瞧见了我,就要把我脑袋揪了去。"杨明说:"他是个浑人,一见你也不容我说话,他就跟你动手。叫我怎么救你?你去躲罢。"华云龙说:"我在哪躲?"杨明说:"你方才在哪儿躲着,还在那儿躲去罢了,又来问我!"华云龙无法,又往床底下一躲。孔贵吩咐小童出去开门。道童来到外面,开门一看,正是陆通。

书中交代,陆通被华云龙所骗,说要驾云捺起英雄鳖来。陆通追过去一看,衣裳掉在地上,里面有一支镖。陆通一瞧华云龙没了,他说:"这小子会地遁。"自己站了半天,天色已晚,刚往北一走,只见眼前黑乎乎的三尺多高,也没脑袋也没腿,冲陆通"呜"的一声。陆通一瞧:"这是什么东西!"拿棍过去,照这个一打。这个东西蹿起来有一丈多高,落在陆通身上,把陆通砸了一个筋斗,吓得陆通心中乱跳,起来就往南跑。刚向南一走,眼前一晃。这个东西又叫了一声,又把陆通跌了一个筋斗。陆通也不知道是鬼是魔是妖怪,吓得又往西跑。西边也有一个三尺多高的,没脑袋没足。陆通掉头往东跑。幸喜东面没有,陆通往前飞跑。自己一想,没处可去。忽想起蓬莱观,这才顺着山坡,来到庙门叫开门。

道童一开,陆通往里就跑,跑进西配房中。杨明众人一瞧,见陆通颜色都改了。杨明说:"陆通,你打哪来?"陆通说:"也不知什么,三尺多高,也没脑袋也没足,把我吓了。"杨明说:"你坐下。我问你,你如见了华云龙怎么样?"陆通说:"我见了他,把球囊的脑袋揪下来!"杨明说:"不可。若以后见了华云龙,不准你无礼。"陆通最听杨明的话,自己"哼"了一声说:"要不是杨大哥说,我决不饶他!"雷鸣向床下一指,伸了两个手指。用手一叱,是告诉陆通说,华二在床底下,叫他揪出来,把华云龙摔死。雷鸣把手一比,陆通错想了。瞧桌上有两碗粥,只当是叫他喝粥,喝完了把碗摔了。陆通拿起粥来就吃。吃完了把碗摔在地下,摔碎了。孔贵一瞧说:"这做怎么了?"陆通说:"雷鸣叫我摔了。"雷鸣说:"你浑蛋!"杨明说:"陆通,不准你打华云龙,听见没有!"陆通说:"是了。"华云龙听了明白,这才由床底下钻出来,就给陆通作揖。陆通一瞧说:"这小子在这哪!要不是大哥说,我不揪你脑,我非得要你的命。"华云龙说:"你别跟我一般见识。你把我的粥也喝了。孔二哥,我还是饿,怎么办?"孔贵无奈,又吩咐道童,"再给你华二叔熬点粥来罢。"两个道童就有些不愿意,嘟嘟囔囔地两个人去熬粥,这个把米里搭一把沙土,那个就把咸菜拿尿泡了,说:"给他爱吃不吃!"工夫不大,把粥熬熟了,给华云龙端过去。华云龙一闻,打鼻子里就嗅见粥香。正是:饿咽糟糠甜似蜜,饱含烹宰也无香。

华云龙刚要喝,就听外面打门说:"借光您哪。华云龙在这里没有?"华云龙一听,是济公的声音。吓得惊伤六叶连肝肺,吓坏三毛七孔心。雷鸣一听,哈哈大笑说:"华云龙你这可跑不了了,你别听和尚在前面叫门,你往后跑,他能后面等着。你往东,他在东边截着。往西,他在西边堵着。你不用打算跑。"华云龙说:"众位给我讲讲情,我先躲着。众位给我求求和尚行不行?我给众位叩头。"雷鸣是好人,见云龙苦苦的哀求,说:"你出去且躲。我们见了济公,给你求情。"华云龙赶紧出去,躲在西配房的北墙极角。陆通说:"我没见过和尚,我也躲出去。"雷鸣这才叫小道童去迎接济公。

书中交代,济公打哪来呢?自从白天济公由大柳林拿着杨明的银子,回到酒馆。柴、杜二人等急了,见和尚回来,柴头说:"师傅出恭,怎么这半天?"和尚把银子掏出来,往桌上一搁。柴头说:"这是哪来的银子?"和尚说:"对你说,工夫大,得等着,有好处。"跑堂一看,心说:"这个和尚不老实,必是个贼,偷来的银子。"和尚给了酒饭账,刚要走,就听众饭座有人说:"二哥,你瞧咱们龙游县好几任知县,都是贪官。好容易升来了这位吴老爷,真是两袖清风,爱民如子。没想到南门外头秀才高折桂家花园子闹妖精,请了一位叶半仙捉妖,妖没捉成,却把脑袋没了。一无凶手,二无对证。北门外高家钱铺门口,无缘无故砍死一个叫刘二混的,也没凶手。

这两条命案,知县就担不了。恐怕要革职。"柴头一听,说:"师傅,你知南门外高家花园子死的这个老道,跟北门高家钱铺门口死的这个是谁杀的?"和尚说:"你两个人少说话,少管闲事。岂不知是非只为多开口,烦恼皆因强出头?不用管人家的事。"柴头碰了个钉子。三个人出了酒馆,柴头说:"咱们住店吧。"和尚走过好几座店,都不住。来到一座德兴老店,和尚进去。伙计说:"三位来了?"和尚说:"来了。有上房吗?"伙计说:"上房有一位大师傅住着,你住配房罢。"三个人来到东配房。和尚说:"柴头,你猜方才众人说本地那两条命案谁杀的?"柴头说:"方才问你,你又不说,我不问你,你又问我。"和尚说:"方才是茶馆,莫谈国事。这是店家,就同家里一样,可以讲得。"柴头说:"你说是谁杀的?"和尚说:"凶手杀的。"柴头说:"我也知道是凶手。凶手是谁?"和尚说:"凶手是杀人的那个。"柴头说:"你这是开玩笑吗?"和尚用手一指,说:"你瞧,凶手来了。"柴头只听外面一声叫喊。往外一看,不知凶手是谁,且看下回分解。

第七十七回　德兴店班头见凶僧　蓬莱观济公找淫贼

话说济公同柴头、杜头三个人在店中正提说龙游县这两条命案。柴头问:"和尚,知道不知道?"和尚用手望外一指说:"你瞧,凶手来了。"柴头往外一看,听外面一声叫喊"阿弥陀佛",由外面进来一个和尚,身高九尺,头大项短,披散着发,打着一道金箍。面如喷血,粗眉大眼,两只眼烁烁的放光。穿了青僧衣,肋下佩着戒刀。伙计就嚷:"大师傅回来了。酒菜都预备齐了。"那和尚说:"罢了。"说着话进了北上房。柴头说:"师傅你瞧这个和尚,长得甚凶恶。"济公说:"不用管他。咱们要酒要菜。"当时叫伙计要酒要菜。吃喝完了,济公说:"伙计,你给我说一声,告诉住店的,说我们这东配房住着一位大师傅,两位在家人,别的屋中不准哼哼咳嗽。要吵了和尚,和尚就到他们屋里去嗽一夜!"伙计说:"我不管这个事。"济公说:"我不叫你白说,我给你一块银子。"掏出一块银子,有二两多重。伙计一瞧,说:"和尚你真把银子给我,我就说。"和尚说:"给你,我和尚有钱,就爱这么花。"伙计接过银子去就嚷:"众位住店的听真,我们这东配房住着一位和尚,两位在家人。和尚说,不叫别的屋里哼哼咳嗽。谁要一咳嗽,和尚上谁屋里去咳嗽一夜。"济公说:"伙计,你回来。你说,住店客人睡觉老实点睡去!要在一个屋里凑合,我和尚知道,也上他们屋里凑着睡去。"伙计说:"这话我可不敢说,我怕人家打我。"济公说:"你要说,我再给你一块银子。"伙计说:"你给我银子我就说。"柴头说:"师傅,你这是有银子自受用。"和尚说:"我愿意这样花。"又给了伙计一块银子。伙计又给照样说了一遍。旁边屋里住的一听,赶紧叫伙计给"我搬屋子"。伙计说:"做什么?"住店的这个人说:"我是痨病,爱咳嗽,我趁早躲开些儿好。"伙计说:"不要紧,你睡你的,我为得几两银子。这个和尚是半疯,不用管他。"说着话,伙计到前面去。济公同柴头、杜头也睡觉。

柴头、杜头枕着包裹,和尚头枕着茶壶。睡到有二更天,和尚把茶壶也弄碎了,弄了一炕的茶。和尚就喊:"了不得了,杀了人了!快救人哪!"吓得掌柜的、伙计全行起来。伙计跑过来一瞧说:"怎么了?"和尚说:"我要出恭。"伙计说:"你要出恭,你怎么嚷杀人?吓我们!"和尚说:"我要不这么说,你们就不来了。我叫你起来,跟我出恭去。"伙计说:"你出恭有茅房,我不跟你去。"和尚说:"你给我打着灯笼,跟我去出恭。不叫你白跟着。我给你五两银子。"伙计说:"真的?"和尚说:"我不说瞎话。"伙计就把灯点着,跟了和尚奔茅房。和尚说:"你就在茅房外头立着,把灯笼举高的,不许探头探脑往里瞧。要瞧一瞧,五两银子我就不给。"伙计说:"就是罢。"

和尚进了茅房,一使验法,跳墙出去,直奔蓬莱观。走到树林里,见陆通正拿棍打华云龙的英雄氅。和尚用僧袍把脑袋一蒙，向陆通喊了一声，把陆通跌了一个筋斗。三面截着，叫陆通奔向蓬莱观。罗汉爷后面跟着，来到蓬莱观门首。等陆通进去，里面乱完了，和尚这才一拍门，说："借光，华云龙在这里没有？"吓得华云龙央求众人给讲情，他同陆通躲在院内。杨明叫道童掌灯，众人出来迎接。一开门，众人过来行礼。和尚哈哈一笑说："你们都在这那。"杨明说："是，师傅打哪来？"济公说："我由龙游县来。"杨明说："师傅请里面坐。"和尚点头，进了庙门。小道童把门关好，众人围着来到西配房。和尚一瞧，床桌上有酒有菜，就在靠北墙椅子上面向南坐下。杨明说："师傅喝酒罢。"斟了一盅酒递给济公。孔贵就在和尚对面椅子上坐下。他本是矮子，向椅子上就一蹿。和尚一抬头，说："这位道友贵姓呀？"孔贵赶紧跳下来说："弟子姓孔叫孔贵，人送小号矮脚真人。"和尚说："坐下坐下，不要拘束。"孔贵刚跳上椅子坐下，和尚说："道友，你出家有多少年了？"孔贵又跳下说："弟子是半路上出家的，有七八年了。"和尚说："坐下说话。"孔贵又跳上椅子坐下。和尚说："庙内有几位令徒？"孔贵又跳下来说："四个童子。"和尚说："别拘束，坐下坐下。"陈亮一瞧也乐了，说："孔二哥，你坐着说罢。你不知道师傅的脾气，最好耍笑。瞧你身材矮，跳上去跳下来，这是成心和你作玩。"济公哈哈一笑说："好陈亮，我正要往海里蹦，给你说破了。"孔贵说："师傅，你我一家人，别往海里蹦呀，师傅喝酒罢。"

这时，外面华云龙直央求陆通，给陆通叩头说："陆贤弟，你把英雄氅给我罢。"陆通本是肉眼佛心人，见华云龙一磕头，他就把英雄氅给了他。华云龙说："陆贤弟你蹲下来，我踏着你的肩头，扒窗户。我要瞧瞧这个颠和尚什么样？"陆通说："你瞧瞧就下来。不然，我摔你球囊的。"华云龙说："就是。"踏了陆通的肩膀。贼人一趴北墙的窗户，往里一瞧，见和尚面向南坐着。华云龙一想："我叫他明枪容易躲，暗箭最难防。我一镖把他打死，省得他拿我。"想罢掏出镖来，照定和尚后脑海就是一镖。和尚一闪身，这镖正打在孔贵的椅子上。吓得孔贵跳下椅子说："无量佛！无量佛！"和尚说："呦，好东西！你要谋害和尚。陆通，你把他腿攒住，别叫他跑了！"陆通在外面就答应喊嚷："攒住了！"和尚站起来，往外就要走。孔贵赶紧拦住说："师傅，你老人家要拿他，哪里都拿得了，何必在我这庙里拿他。这要送当官，在我庙里拿的，连我得跟着打官司，我就跟他是一党。师傅慈悲慈悲罢。"杨明也说："师傅，你老人家今天看在我等的面上饶了他。孔贵已然是出家有好几年了，别叫他受了连累。师傅慈悲慈悲罢。"和尚说："也罢。既是你等大众给华云龙讲情，我看在你等面上，今天我不拿他。陆通，你攒着华云龙的腿，把他隔墙摔出去。外面是山涧，把他摔到外面，滚下山涧喂了狼罢。"陆通本是个浑人，说什么听什么。他就攒着华云龙的腿，隔着庙墙往外一摔。也不知华云龙摔死没摔死，暂且不表。

陆通把贼人摔出去，他这才来到西配房屋中。睁眼一瞧，见和尚一脸的泥，头发有二寸多长。破僧衣，短袖缺领，腰系丝绦，疙里疙瘩。光着两只脚，穿着两只草鞋。猛英雄上下直打量和尚。杨明说："陆通你还不给师傅行礼。"陆通说："这不像师傅！"济公说："好东西，你说不像师傅，你瞧我样儿不好。"当时把僧袍往脑袋上一蒙，冲他喊了一声。吓得陆通往外就跑。杨明说："怎么了？"陆通说："好厉害！"杨明说："你进来，快给师傅叩头吧。"陆通这才跪向济公行礼。济公说："给你怕不怕？"陆通说："怕了，师傅别喊了。"杨明说："师傅喝酒罢。"济公喝了一杯酒，叹了一声。杨明就问："师傅怎么了？"和尚说："我瞧着你五个人脸上气色不好，必有大凶危险。不出一个月之内，你五个人有性命之忧。"杨明众人一听，大吃一惊。知道济公说话必应，赶紧说："师傅你老人家得救我们！"和尚说："你们要听我和尚的良言相劝，这一个月之内，你五个人别出蓬莱观，可以趋吉避凶。要不听我的话，一个月之内要出了蓬莱观，有性命之忧，我可不救了。你们可别说我和尚心狠。"杨明、孔贵说："就是。我们一个月不出去，谨遵师傅之命。师傅在这里可以住几天再走。"和尚说："我还有事情，少时就走。"大众说着话，天色大亮。和尚说："我要走了。我嘱咐你们的话，可要记住了。"大众点点头，送济公狂奔外面。和尚直到庙门，又谆谆嘱咐一遍。和尚这才顺山坡下山。

刚一进城，来到十字街，只见由对面来了许多的官兵。有几位班头锁着两个人，正是柴元禄、杜振英。和尚按灵光一算，早已明白。不知柴、杜二位班头因何被人锁住，且看下回分解。

第七十八回　丢公文柴杜被捉
说假话圣僧投案

话说济公刚走到十字街，见许多的官兵衙役锁着柴元禄、杜振英。书中交代，一支笔难写两件事，怎么柴、杜二位班头会被人锁上呢？这其中有一段隐情。和尚由店里起来说出恭，柴、杜二人在屋中等候。工夫大了，不见和尚出恭回来。柴头可就说："杜贤弟，你瞧和尚真是半疯。把茶壶也弄碎了，洒了一炕的茶，把包裹也沾湿了。"杜振英说："打开包袱瞧瞧罢，也许海捕公文也湿了。"二人把包袱打开一看，果然文书湿了一个尖角。虽有油纸包着，日子多了，油纸磨破了，故此印进水去。二人把文书拿出来了，放在炕上。又等了半天，和尚还不进来。柴头说："咱们瞧瞧去，和尚又许出了岔子。"二人出了东配房，来到茅房一瞧，见伙计拿着灯笼在茅房外头站着发愣。柴头说："我们那位和尚出恭，还没出完呢？"伙计也等急了，探头往里一瞧，和尚踪迹不见。伙计说："怪呀，怎么会没有了？"柴头说："怎么啦？"伙计说："我瞧着和尚进了茅房，怎么会没有了？"柴头说："是不是和尚走了？"杜振英说："真是被你猜着了。"

说着话二人转身往回走。只见由东配房他们住的屋里出来一个人，穿着一身夜行衣，拧身上房。柴头、杜头一愣，这个时节要追也追不上。柴头说："快到屋里瞧瞧丢了东西没有。"二人赶紧来到屋中一看，办华云龙的海捕文书没有了，柴头就嚷起来。伙计过来问："什么事？"柴头说："我们丢了东西了。"伙计说："这倒不错。你们来了三个人，剩了两个。反说丢了东西，打算讹我们可不成？你打听打听我们这店里，开了不是一年半年。都要这样讹起来，我们的买卖就不用做了。"柴头是真急了。伙计一吵闹，掌柜的也过来。这个店的东家，原本是龙游县的三班总头杨国栋。在本地很是人物，无人不知。今天掌柜的过来一问，伙计说："他们来了三个人。有一个和尚，也不知哪去了。他们两个人还说丢了东西。"掌柜的一听说："好，这必是和尚把东西拿了走，他们活局子讹咱们。伙计，你问问住居的众位客人去，丢东西没有？要丢了东西，跟他们两个人要！"伙计就嚷："众位住店的客人，瞧瞧屋里丢东西没有？要丢了，趁早说。"各屋里全点上灯。伙计按着屋子问，里面都答话说没丢什么。问来问去，问到上房屋里，没人答话。伙计说："上房的大师傅丢东西没有？"连问了数声，屋里并不答言。伙计一推门，门虚掩着。伙计进去一瞧，里间屋子有灯光。伙计刚一掀帘子，"呦"了一声，吓得掉头往外就跑。掌柜和众伙友一瞧，这个伙计颜色都变了。大众就问："怎么了？"这个伙计连话都说不出来，缓了半天，说："我的妈，吓死我了！"大众来到上房一看，见那个秃头和尚的大脑袋掉在地下，死尸坐在椅子上，半倚半靠。掌柜的一瞧说："别叫东配房那两个人走！这必是他们一同来的那个穷和尚，把这个秃头和尚杀了跑了。"大众一想，这话对，赶紧来到东配房，就把柴元禄、杜振英堵住。掌柜的说："穷和尚杀了人跑了，你两人必知道。人命关天，我担不了，咱们是一场官司。"柴元禄、杜振英实不知情，哪能应答。大众一吵，嚷了半夜。掌柜的说："众位别叫这两人走了。"当时叫地保给县里送信。少时，该班头役官兵都来了，刘头说："你们二位，打官司去吧。""哗啦"一抖铁链，把柴元禄、杜振英锁上。柴头说："众位班头锁我们，因为什么？"刘头说："你们二位不必分说，有什么话到堂上说去。"柴元禄、杜振英把公文丢了，本来着急。这又出了人命案，心中暗恨和尚。天光亮了，众官兵衙役拉着柴元禄、杜振英狂奔龙游县去过堂。

出了杨家店，刚走到十字街，济公由对面来了。和尚一瞧说："好的，你们这两行人,到底是晕天亮。还要把花把的瓢摘了。摘了,不急付流扯活,可叫翅子窑的鹦爪孙把你们两个俘住,这还得叫我跟着打官司!"柴头、杜头一听和尚这话,把眼都气走了。书中交代,和尚说的这是什么话?这原本是江湖黑话。"晕天",就是夜里;"把花把的瓢摘了",是拿刀把和尚杀了;"不急付流扯活""叫翅子窑的鹦爪孙浮住",说是不跑被官人拿住。柴头一听,说:"好和尚,谁教给你这些话?"和尚说:"不是你们两人教给我的吗?"官人一听说:"大师傅是朋友,全说了。官司你打了罢。"和尚说:"打了。好朋友做好朋友当。"小伙计散役过来,一抖铁链,把和尚锁上,拉着就走。这个散役说:"和尚真是好朋友。"和尚说:"那是。冲这一手,喝你的酒多不多?"这个散役本是新当差的,一听和尚要喝酒,他说:"你走吧。你喝我的酒,你真是得了屋子想炕。"和尚说:"你这东西,给脸不要脸。我和尚冲你官司不打了!"说着话,和尚一抖铁链上了房。刘头一瞧,过来打了伙计一个嘴巴说:"你这是把差事挤走了,你担得了?"小伙计也不敢言语。刘头说:"大师傅请下来,喝酒我请。"和尚说:"我冲你官司打了。"说着话,和尚蹿下来,说:"刘头贵姓呀?"刘头说:"大师傅这是存心。叫我刘头,又问我贵姓。"和尚说:"你请我哪喝?"刘头说:"龙游县衙门对过,有一座大酒饭馆,什么都有。你想吃什么要什么,我决不吝惜。我那里有账,现钱我可没有。"和尚说:"就是罢。"

说着话来到龙游县衙门对过。一瞧,路南的酒馆字号是"三义居"。和尚同众人进了酒店,来到后堂落座。刘头说:"和尚你是好朋友,不能叫我们费事。你回头把案全说了。"和尚说:"全说,一点不留。"刘头说:"南门外头那案是你罢?"和尚说:"是我。"刘头说:"北门外高家钱铺门口那案也是你罢?"和尚说:"是我。有什么话,吃完了再说。"刘头说:"也好。回头吃完了饭,到班房,你把案一说,一写单子递上去,就得了。"和尚说:"先吃。伙计过来!"柴头、杜头知道和尚这是没安好心,要吃人家。伙计过来问:"大师傅吃什么?"和尚说:"你们有什么?"伙计说:"应时小卖,上等海味席,一应俱全。"和尚:"你给我办一桌上等海味席,五斤陈绍。"伙计答应,当时擦抹桌案。菜碟摆好,酒烫热了,干鲜果品、冷荤热炒,摆了一桌子。和尚说:"柴头、杜头,你们两个人不吃,瞧我吃?"和尚又吃又喝。刘头一瞧,心说:"和尚这是想开了。这几条人命,反正一定案,就得当时立斩之罪。"见和尚吃了个酒足饭饱,叫伙计一算账,共合十两四钱。刘头说:"写我的账。"这才带领和尚、柴、杜二人,一同来到衙门班房。刘头说:"和尚你说吧,南门外秀才高折桂的花园里,请了老道叶秋霜提妖,在法台上,老道的脑袋没了,是怎么一段事?"和尚说:"我不知道。"刘头说:"你这就不对了。方才你说南门外的案是你做的。你怎么又不认了。"和尚说:"我说的是南门外我偷过一个小鸡子。人命案我可没做过,我没有那么大胆子。"刘头说:"北门外高家钱铺门口,无缘无故一刀之伤,脖颈连筋,那条命案是你呀?"和尚说:"不是。我在北门外,那一天在高家钱铺门口,捡了一个大狸花猫。我偷了走,别的我不知道。"刘头说:"你这可是不对,我没问你偷鸡偷猫的案。东门外杨家店杀死秃头和尚,这总是你了?"和尚说:"那我更不知道了。"刘头说:"你这时不说,回头等老爷一升堂,用刑一拷,三推六问,他也得招认!那就晚了。"和尚说:"我真不知道,那也无法。"众班头赌气,也不问了。有人进去回禀老爷,老爷当时传壮皂快三班,立刻升堂,吩咐带和尚。不知济公上堂该当如何,且看下回分解。

第七十九回　龙游县日办三案　二龙居耍笑凶徒

话说济公来到衙门,工夫不大,老爷升堂,吩咐带和尚。济公来到大堂一站。见这位老爷,五官端正,仪表非俗。老爷往下面一瞧,说:"你这僧人,见了本县为何不跪?"济公说:"老爷为官,官宦自有官宦贵,僧家也有僧家尊,我又不犯国法王章,这里又没有佛祖,我跪的是哪个?"老爷一听,说:"你这僧人叫什么?在哪里庙里出家?"和尚说:"老爷要问,我乃是灵隐寺济颠和尚。老爷可知道济公的名头高大?"老爷一想:"济公乃是秦相的替僧,焉能这个样子?"心中有些不信。老爷说:"你是济颠,东门外杨家店内秃头和尚被杀,你必知情?"和尚说:"我一概不知。"老爷说:"你既是灵隐寺的济颠,来此何干?"和尚说:"老爷要问,我是奉秦相谕,带着临安两个班头出来办案,捉拿临安盗玉镯凤冠的贼人华云龙。"老爷吩咐:"把两个班头带上来。"立刻把柴、杜二人带上公堂。柴元禄说:"老爷在上,下役柴元禄给老爷请安。"杜振英也给老爷行礼。老爷问说:"你两个人是临安的班头?"柴元禄说:"是,下役在临安太守衙门当捕快。"老爷说:"既是你们出来办案,可有海捕公文?拿来我看。"济公说:"老爷要问公文,是昨天晚上在店里丢的。"老爷一听这话,勃然大怒,说:"没这么巧事!大概我抄手问事,万不肯应。先把和尚给我拉下去重打四十大板,打完了再问。"旁边皂班一声答应,过来就把和尚拉下堂去。和尚就说:"我要挨打了!"连嚷了两声,皂班说:"和尚你嚷也不行,快趴下!别叫我们费事!"

正在这般光景,只听外面一声叫嚷:"千万别打!我来了!"说着话由外面跑进一个人来,直奔公堂之上,道:"老爷千万别打和尚!下役尹士雄,我认得这是灵隐寺济公。"知县说:"尹士雄你怎么认的?"尹士雄说:"当初救徐治平徐大老爷,我在秦相府阁天楼盗五雷八卦天师符,我见过济公一次。老爷打不得的!"书中交代,尹士雄怎么会在这衙门当官人呢?只因前者在临安秦相府盗五雷八卦天师符之后,搭救了徐治平。后来徐治平连登科甲,榜下即用知县。尹士雄去找徐治平,要跟徐治平去当差役。徐治平说:"你是我救命的恩人,你跟我当差,我坐着叫你站着,我居心不安。要叫你坐着,又不成规矩。我给你荐举一个地方去当差罢。"就把尹士雄荐在龙游县。吴大老爷跟徐治平乃是同窗知己的朋友,也不能错待了尹士雄,就留下他叫他当八班的班总。今天尹士雄正在外面班房坐着,听说要打济颠和尚,尹士雄一想:"要是济颠和尚,我认识,我去瞧瞧去。"故此这才来到公堂。一看,果然是济公。尹士雄赶紧一回禀老爷。

老爷听说,即忙下了座位,上前说:"圣僧千万不可见怪,弟子是一时的懵懂。今请圣僧上坐。"和尚说:"老爷说哪里话来,你不知不为罪。"知县忙忙赔礼,说:"弟子久闻圣僧大名,善晓过去未来之事,佛法无边。现在弟子这龙游县出了三条命案,都是一无凶手,二无对证。求圣僧你老人家给占算占算罢。"济公说:"不用占算。老爷把文房四宝拿来,我和尚给你写出来好不好?"老爷一听,赶紧取过纸墨笔砚,交与济公。济公背着人,在袖口里写好封好。和尚说:"老爷,你把我这张字柬带好。等着你到东门外杨家店验完了尸回来,那时轿子一落平,你打开我这张字柬瞧。这三条命案,我都给你写明白。可别早打开,如早打开,可不灵了。"知县吴老爷点头,接过字一看,上面画一个酒坛子,钉着七个铜子。这是和尚的花样。老爷把字收好,和尚说:"老爷,你派你的两位班头杨国栋、尹士雄跟我和尚办案去,叫我这两个班头暂在衙门歇歇。"知县答应,叫杨国栋、尹士雄跟圣僧去办案。两位班头答应,跟着和尚下堂,一同出了衙门。尹士雄说:"圣僧一向可好?"和尚说:"好。没有病。"尹士雄说:"杨大哥,我听说嫂嫂不是病着吗?"杨国栋说:"不错。"尹士雄说:"大哥你给济公叩头,求求他老人家。真称得上妙药仙丹,手到病除。无论什么病,都能治得好。"杨国栋一听,立刻给和尚行礼,说:"圣僧慈悲慈悲罢,给我点妙药灵丹。"济公说:"不要忙。丹药倒有,咱们先办案去要紧。"尹士雄说:"师傅上哪去办案?"和尚说:"上五里碑。"这两个人一瞧,和尚往前走三步,往后退两步。尹士雄说:"圣僧你怎么这样走?什么时候走得到呢?快的走呀。"和尚说:"我要快走,你两个人跟得上吗?"杨国栋说:"跟得上。"和尚迈步"踢他踢他"就走,电转星飞。这两人随后就追,展眼之际,和尚没影子了。这两个人一想,快追罢,反正同到五里碑相见。

两个人一追,焉想到和尚藏在小胡同里。等这两个人追过去,和尚由小胡同出来,慢慢往前走。走了不远,见路西里有一座酒馆。掌柜的姓孙,正拿笔写花账,到节下一算,说多少是多少。多写两笔,人家也不查细账。掌柜的翻着账,拿着笔正要往下写。和尚迈步进去说:"辛苦,掌柜的姓孙吗?"掌柜的说:"我姓孙。什么事?"和尚说:"你跟龙游县的三班班总杨国栋是拜把弟兄是不是?"掌柜说:"不错。"和尚说:"杨国栋的媳妇死了,你知道不知道?"掌柜的一听,吃了一惊,一着急,笔往下一落,把账上画了一道黑圈。自己一瞧,反把账都勾了。掌柜的说:"和尚你怎么知道?"和尚说:"今天早起,杨头到我的庙里去,讲接三焰口。他说五个和尚接三,七个和尚放焰口,搭鬼面坐。我说七个人接三,十一个人放焰口,搭天花座。临完了唱一出四郎探母,代们脸挂胡子。"掌柜的一听,说:"你们庙里焰口真热闹。"和尚说:"热闹。杨头告诉我说,叫我顺便来给个信,故此我才来送信。"掌柜说:"大师傅劳驾。里面坐,喝碗茶,吃盅酒罢。"和尚说:"好,我正想喝酒。"掌柜的立刻叫伙计拿了两壶酒给和尚喝。掌柜的说:"我跟杨头换帖,我不能不去。回头先到饽饽铺定一桌饽饽,记我的账。"那几个伙计说:"素日杨头跟咱们都不错。咱们大家送份公礼,到布铺撕八尺蓝呢,叫刻字铺做四个金字,要'驾返瑶池'。"大众说:"就是罢。"和尚喝完了酒,说:"我走了。"大众还说:"劳驾。"

和尚无故给人家报丧,诓了两壶酒吃。出了酒店慢慢往前走,来到十字街。和尚抬头一看,见路南有一座酒饭店,字号是"德隆居"。刀砧乱响,过卖传菜,里面酒饭座挤不动,偏挤满了。对过路北也有一座酒饭馆,字号"二龙居",里面一个饭座没有。掌柜地坐在店内冲盹,跑堂地坐着发愁,灶上空敲擀面杖。和尚迈步进了二龙居。和尚说:"伙计,你这屋里怎么这样清净?"伙计说:"大师傅别提了。先前老掌柜的在日,这屋里的买卖,龙游县是要算头一家,谁不知二龙居?现在我们老掌柜地去了世。我们少掌柜的,可就差的多。真是买卖在人做。他一接手,买卖就不好。又偏巧我们这屋里的伙计出去,在对过开了一座德隆居。虽然说船多不碍江,可是人家那屋里一天比一天好,我们一天不如一天。昨天卖了八百多钱,大家吃了,今天还没开张。我是这屋里的徒弟。我打算赌口气,多买点货,跟对过比着卖。他卖一百二的菜,我卖一百。无奈我有心没力。"和尚哈哈一笑,说:"你愿意多卖钱不愿意?"伙计说:"怎么不愿意?"和尚说:"你既愿意,我有主意。"罗汉这才施佛法,大展神,要在二龙居招酒座,捉拿凶手。不知后事如何,且看下回分解。

<h2 style="text-align:center">第八十回　听闲言一怒打和尚
验尸厂凶犯吐实情</h2>

话说济公来到二龙居,听伙计一说,和尚说:"你愿意多卖钱不愿意?"伙计说:"我愿意多卖钱。可是你瞧,没有多少货,就是几斤肉,还有十几斤面,有一只小鸡子,酒也不多。就是有座没东西,怎么多卖钱?"和尚说:"不要紧。有水没有?"伙计说:"后头有井。"和尚说:"有水就得有酒。你就打水当酒卖,我准保没人挑眼。我能叫你当时卖一百吊钱。你叫掌柜的摇摇算盘,叫灶上小勺敲大勺。我要两壶酒,你就唱白干两壶,叫他们嚷卖,回头就有座。做饭馆子的买卖,是要热闹才好。"伙计也是穷急了,就依着和尚主意,告诉掌柜的摇算盘,灶上高敲勺、摔擀面杖。和尚说:"来两壶酒。"伙计喊道:"白干两壶。"掌柜的、众人全都答应,喊嚷:"卖呀!"

伙计刚把酒给和尚拿了来,外面进来了酒客。伙计一瞧,认得是对过杂粮店的陈掌柜。素常这位陈掌柜最恼喝酒的人。他屋里的伙计,要一喝酒,被他知道就不要了。今天他自己刚吃完饭,在门口漱口,心里一迷,进了二龙居说:"来两壶酒。"伙计知道陈掌柜素不吃酒,就问他道:"陈掌柜,今天怎么也要喝酒?"陈掌柜把眼一瞪,说:"我要喝。你管我吗!"伙计碰了个钉子,给他拿了两壶酒过来。陈掌柜心里一明白,自己一想:"我刚吃完饭,我又不喝酒,怎么心里一糊涂就要喝酒呢?"自己再一想:"既然要了,我倒尝尝酒是什么味。"他不喝的人,今天也喝上了。

这个时节,又进来一个酒客。两眼发直,手里端着一个碗。买了三个钱的韭菜

国学经典文库

中国二十大名著

济公全传

图文珍藏版

花，一个钱香油。他出来买东西走，到二龙居门口，心里一迷，进来坐下说："来两壶酒。"伙计答应，把酒拿过来。这个人忽然明白了，自己一想："我家的饭没吃完，怎么我进来要酒呢？"自己正发愣，外面又是进来一个人，也端着一个碗，里面有两块豆腐。原本家里等着做菜。走在酒店门口，自己不由得进来了，坐下就要酒。伙计把酒拿过来，这才明白了，回思家里等着做菜，叫我买豆腐。自己说："干什么进来要两壶酒吃呢？"这个说："我有韭菜花，你把豆腐搁在内拌着，咱们两个喝罢。我也没打算成心来喝酒。"这两人也喝上了。三五成群，直往里走。忽见外面进来一人，手里拿着五包菜，进来坐下，自言自语说："老二，给你一包。老三，给你一包。老四，给你一包。老五，给你一包。伙计，来十壶酒，先来六个菜。你们哥四个，想什么要什么。"伙计一瞧，见他一人好像跟几个人说话，也不知怎么回事。书中交代，这个人原本是拜兄弟五个，他行大。请四位兄弟吃饭，它定的是德隆居。那四个人进了德隆居。他一迷糊，仿佛瞧见那四个人都在这里坐着，因此把酒菜要了。伙计给端了来，他这明白了，自己一想："这是二龙居。"已然把菜要了，也无法了。即到德隆居一瞧，那四个人等着他，还没要菜。他把四个人叫过来。少时，酒座就满了。伙计也忙不过来了。

人一多，酒都打完了。伙计一想，没酒打凉水。当时到后面打了一桶凉水，倒在酒坛子里。拿酒壶灌了，就给酒座拿过两壶去。刚给拿过去，那位酒座就叫："伙计过来。"伙计一想："了不得了，必是给凉水不答应了。"伙计赶紧过来说："大爷什么事？"这位酒客说："你们这酒怎么改了？"伙计说："许是打错了。"这位酒客说："这个酒比先前的好得多。要是老卖这个酒，我就每天来吃。"伙计一想："真怪！怎么给他凉水，他反说好呢？"

屋中酒客，随来随往，拥挤不堪。只见由外面又进来两个人。头里这人是青白脸膛，两道短眉毛，一双三角眼，鹰鼻子，俏下颏，两腮无肉，穿着一身青，歪戴着帽子，肩披着大氅。后面跟定一人，也是兔头蛇眼，龟背蛇腰。这两个人一进来，众酒客全嚷："三爷四爷，这边喝罢。"这两个人说："众位别嚷。"走进来就在和尚后面一张桌子坐下。伙计一瞧，是这两个人，就一皱眉，知道这个人素常净讲究嘴上抹石灰白吃。伙计无奈，过来擦抹桌案说："二位要什么酒菜？"这两个人要了两壶酒，两个菜，喝上了。和尚一回头说："二位才来呀？"这二人没听见，也没答话。和尚把桌子一拍说："我和尚让好朋友，不理我还罢了。就凭你们两个王八，也在这里充好朋友不理我！我和尚二十顷稻田地、两座庙，都花在你们媳妇身上，把你们养活了。这回不理我，充好朋友！"这两个人也不知道和尚是骂谁，也不能答话。众酒店饭客可都知道和尚是骂这两个人。众人心说："敢情这两个人是王八，不是好朋友。"都拿眼瞧着这两个人。和尚直骂，这两个人有一个说："我问问他骂谁呢。"说着话，就站起来。那个说："老四，你坐下。和尚二十顷稻田地、两座庙都花了，花在你家里。你去问他是吗？"这个说："别胡说，那是花在你家里！"这个说："你既不认得，你何必去问他？"说着话这个又坐下了。和尚说："我骂的是你！"两人一听这话，真急了，站起来说："和尚你骂谁呢？"和尚说："我二十顷稻田地、两座庙都花在你们家里，你二人媳妇身上。今天叫我做衣裳，明天叫我打镯子。你们两人见我穷了，不理我了。"这两个人一听这话，气得颜色更改，说："好和尚，你认得我们两个人是谁？只要你说出我二人的名姓来，就算你把二十顷稻田地花在我们女人身上了。"和尚一听，说："你叫抓天鹞鹰张福，行三，你家里就是两口人，你媳妇是白脸膛，今年二十五岁。你叫过街老鼠李禄，行四，你家里也是小两口，你媳妇是黑黄脸膛。我花了许多钱，你还不知道？连你们家里有几床被，我都知道。"这两个人一听，真急了，就要跟和尚动手。和尚说："要打，咱们外头街上打去，别连累人家的买卖。"

说着话，张福、李禄同和尚三人出了酒店。张福、李禄就要揪和尚。和尚围着这两个人绕弯，拧一把，掐一把。这两个人老揪不住和尚，张福实急了，抡拳照着和尚脑袋就是一拳，正打在后脑袋上。直仿佛打在豆腐上，"扑"的一下，拳头打在脑袋里去，立刻花红脑浆迸流。和尚说："你可打了我了！"翻身栽倒，蹬蹬腿、咧咧嘴,和尚气绝身亡。张福大吃一惊,心说:"好糟脑袋!我一拳就会打碎了。"本地面官人过来说:"好,你们打死人了!"张福说:"是李禄打死的。"李禄说:"是张福打死的!"官人说:"你们二人不用争论,到衙门再说去吧。""哗啦"一抖铁链,把两个人锁上。刚要带着走,就见由正东上鸣锣开道,说:"闲人躲开,县太爷轿子来了!"

书中交代,知县是坐着轿子,到东门外杨家店去验尸。带着刑房仵作,来到杨家店。仵作找本地面官人,给预备半斤酒,洗洗手。要一领新席,一个新锅。地方姓干,叫干出身,赶紧跑来说:"众位头儿闭闭眼罢。验完了,我必有个面子。"仵作说:"就是。你给预备半斤酒洗洗手。"当时一验,仵作一报说:"皮吞肉卷,生前致命。一刀之伤,并无二处。"先生写了尸格。老爷把店里掌柜的叫过来一问:"这个和尚被谁杀死?你可知道?"掌柜的回老爷:"昨日三更,不知被谁杀死。"老爷问:"他在这里住了多少日子?几个人住店?"掌柜的说:"就是他一个人,住了二十三天。"老爷说:"你店里几个伙计?谁跟和尚不对?"掌柜的说:"八个伙计,都在这里。没有跟和尚不对。"老爷吩咐:"你且把死尸成殓起来。"掌柜地答应。老爷吩咐打轿回衙。仵作找地方问:"怎么样?"地方说:"你们几位要面,到对过每位吃两碗,我来算。"仵作说:"我只当是验完给我们几吊钱哪,哪知叫我们吃面。我们也不吃,底下有事,咱们再说。"赌气跟着老爷的轿子,一同回衙。

刚走到十字街,官人过来说:"回禀老爷,打死和尚了!"老爷说:"哪里的和尚?"官人说:"一个穷和尚。已然拿住两个凶手。"老爷吩咐轿子落平,带凶手。当时把张福、李禄往轿前一带。老爷一审问口供,焉想到又招出一条人命案来。不知后事如何,且看下回分解。

第八十一回　看字柬心服圣僧　追尸身路遇班头

话说知县吩咐把凶手带过来。官人把张福、李禄带过来。知县一看说:"你们两个人姓什么?"这个说:"小人叫抓天鹞鹰张福。"那个说:"小人叫过街老鼠李禄。"老爷说:"你两个人谁把和尚打死的!"李禄说:"是张福把那和尚打死的,我是劝架来着。"张福说:"李禄打死的。"老爷说:"你这两个东西混账!倒是谁打死的?"李禄说:"老爷不信,瞧张福手上有血。他说我打死的,我手上没血。"老爷立刻派官人一验,果然张福手上有血。知县说:"张福,明明是你打死的,你还狡赖!"张福说:"回老爷,和尚是我打死的,北门外高家钱铺门口,一刀砍死刘二混,可是李禄杀的!"老爷一听一愣。

书中交代,怪不得和尚说他两个人是王八。原本张福、李禄这两个人是破落户的出身。在外面做光棍,欺财主,无所不为。家里每人娶了个好媳妇。这两个人在外面尽交的有钱的浮荡子弟,瞧见人家一有钱,这两个人就套着跟人家交朋友,没有交不上的。爱吃的人,他就先请他吃。爱嫖的人,他也陪着他嫖。日子长了,他就带往自己家里,叫他女人勾引人家。他作为不知道,充好朋友。不是向人家借钱,就是向人家借当。他女人叫他今天打镯子,明天又叫置衣裳,两口子吃人家。怎么刘二混会被李禄杀了呢?皆因刘二混有个本家,给了他几百两银子。李禄见刘二混有了钱,他就把刘二混招到家去住着,吃喝不分。李禄的妻子一勾引刘二混,刘二混也是年轻的人,焉有不贪色的?把自己银子拿出来,吃喝穿戴,全是他的。后来刘二混把银子都花完了,还在李禄家吃喝。李禄就往外撵。刘二混说:"我把钱都花在你们家里,我也没处去,你叫走不行。你们吃我就吃,你们喝我就喝。"李禄实没有法子,也撵不出去,心中暗恨刘二混。

这天张福跟李禄两个人在酒馆内喝酒谈心。这两个是拜兄弟,彼此一类,谁也不瞒谁。李禄说:"张三哥你瞧,现在我家里这个刘二混,他吃我喝我,讹住我了。我也撵不出去,实在可恨。我打算把他约出来,请他喝酒。拿酒把他灌醉了,我把他杀了。三哥,你给帮个忙儿行不行?以后你也有用我的地方,我也不能含糊。"张福说:"就是罢。"两个人商量好了。次日把刘二混约出来喝酒,李禄暗带钢刀一把。两个人拿酒一灌刘二混。刘二混本来心里又烦,酒吃多了,吃得酩酊大醉,不能转动,人事不知,李禄由酒店把他背出来。天有二更以后,张福跟着,走到高家钱铺门口。见众铺户都关门,四外无人。李禄素常跟高家钱铺有仇,皆因换银子,钱铺给他钱,他老说合的少,常常口角相争。李禄一想:"就把刘二混杀在他铺子门口,叫他打一场无头案的官司。"想罢,立刻将刘二混放在地下。刘二混醉得人事不知,李禄拿出刀来,一刀竟将刘二混结果了性命。杀完了,同张福各自回家。两个人从此更亲近了。自打算这件事人不知,鬼不觉,就算完了。焉想到天网恢恢,疏而不漏。今天张福一想:"打死和尚,李禄往我身上推干净!"心中一恨,这才回禀老爷:"和尚是我打死的。高家钱铺门口,一刀杀死刘二混,那可是李禄杀的。"张福就把从前已往之事,如此这般一回禀。老爷听明白了,这才问李禄怎么杀的。李禄张口结舌说:"是张福的主意,他帮我杀的!"老爷说:"你这两个东西混账之极!来人!先把他两个人押起来,本县先验尸。"

刚要吩咐仵作验尸,忽然想起济公那件字柬:"和尚就叫我由东门外回头,轿子一落平,就看字柬。我倒看看和尚的字柬写的是什么东西?"想罢掏出来字柬。拆开一看,上写是:"贫僧今日必死,老爷前来验尸。吩咐仵作莫相移,休叫贫僧露体。"知县一看,暗为点头。果然济公有先见之明。立刻吩咐仵作:"不准脱和尚的衣裳移动死尸,就验脑袋上的伤就是了。"仵作答应,过来看明白说:"回禀老爷,和尚后脑海有二寸多长、三寸多宽的伤。伤了致命处,花红脑浆迸流。"老爷点了点头。叫招房先生把尸格写了,吩咐先用席将和尚盖上,派地方官人看着,老爷这才叫官人押张福、李禄回龙游县衙门。

老爷走后,地方本面的官人,拿席把和尚的死尸盖上。众官人来到二龙居说:"掌柜的,这件事吏不举,官不究。我们要一回老爷,由你这铺子里打明架,你就得跟着打官司。"掌柜的说:"众位,没这个事来到我这里喝酒,我也没含糊,何况乎有事?将来这件事完了,我必有一分人心。"叫伙计来给众位打酒,炒几样菜。众人坐下,地方说:"刘头你瞧和尚脑袋,怎么只一拳就会打碎了?"刘头说:"我想着也怪。"掌柜的说:"可惜这位和尚死了,是我们的财神爷。平常我这屋里没上过座,今天都是他招接来的座。和尚要不死,我每天管他两顿饭吃。"地方说:"你别胡闹了,我瞧和尚伤是怎么样死的。"说着话,就跑出来一掀席,只见和尚朝他龇牙一动,吓了往里就跑。官人忙问:"怎么了?"地方说:"死尸朝我一笑!"官人说:"你别胡说了。已然死了,还能朝你笑?必是你眼迷离了。我瞧去。"这个官人过来,刚一掀席,和尚一翻身坐起来了,拿手一摸脑袋说"哎哟",站起来往南就跑。地方官人就追,叫喊:"截住走尸呀!"众人一听走了尸,谁不躲远远的?都怕死尸碰着就要死。

和尚一直出了南门往东。刚到东南城门边,往北一拐,见眼前一个人,身高不满五尺,五短的身材。头戴紫金帽,身穿紫箭袖袍,腰系丝绦,薄底靴子。面皮微紫,凶眉恶目,押耳两绺黑毫。手中拿着包袱。和尚一看,心里说:"要办龙游县这两条命案,就在此人身上。"和尚自言自语说:"这个龙游县的地方,可不比外乡村镇。要是外乡人来到这儿吃东西,恐怕都不懂的,准叫人家耻笑。"和尚说着话,赶在这个人头里走。这个矮子一听和尚的话,心中一想:"这龙游县的地方,与别处不同。真是一处不到一处迷,是处不到永不知。我何不跟着和尚?他要进酒馆要什么,我也要什么,准不露怯了。"想罢,跟着和尚走。

来到东门关乡,见和尚进了路北一座酒馆,这矮子也进了酒馆。见和尚脚一蹬板凳说:"来呀,小子拿壶酒来!"这个矮子一想:"这地方许是这个规矩。"他也脚一蹬板凳说:"来呀,小子拿壶酒来!"跑堂的一瞧:"这倒不错!"他不敢说这个矮子,跑堂的说:"大师傅,别这么叫小子。"和尚说:"算我错了。你给我来一壶酒,要有两层皮有馅的来一个。"伙计心说:"和尚连馅饼都不懂。"伙计刚要走,这个矮子也说:"小子,给我来一壶好酒,要两层皮有馅的来一个。"伙计一想:"这两个人倒是一样排场来的。"赶紧给和尚拿了一壶酒、一碟一个馅饼。也给矮子一壶酒、一个馅饼。和尚拿一根筷子当中一扎,说:"吃这个东西,不会吃,叫人家笑话:"和尚拿筷子一批,一口就咬了半个。这个矮子也拿一根筷子一批,刚一咬,连热气带油,把嘴烫了。和尚一连要了十壶酒、十碟馅饼。这个人也照样要了十壶酒、十碟馅饼。和尚吃完,把十个碟子拿手一举,这个矮子也一举。和尚望下一落。仿佛要摔,这个人也往下一撒手,把十个碟子也摔了。和尚没撒手,见那人摔了,和尚哈哈一笑说:"冤家小子!"这个一听,说:"好和尚! 你冤我那可不行!"和尚拿这十个碟子照那人脸上就砍,把脑袋也砍破了。这人当时气往上撞,要跟和尚一死相拼。不知后事如何,且看下回分解。

<h1>第八十二回　济公饭馆打贼人
徐沛旅店遇故友</h1>

话说济公拿碟子照这人一砍,这人真急了,要跟和尚动手。和尚往外就跑,这人随后就追。伙计一瞧,这是活局,这两个人吃完了,把碟子摔了,装打架,成心不给钱。伙计随后也追出来,后面就喊:"二位别走,给了酒钱。二十壶酒、二十碟馅饼,不给钱可不行!"和尚也不回头,一直进了东门。这矮子随后紧紧追赶说:"好和尚! 无缘无故你拿碟子砍我,我焉能跟你甘休! 你上天,我赶到你灵霄殿,你入地,我赶到你水晶宫,好死把你赶上!"和尚一边往前跑一边嚷:"了不得了! 咱们两人是一场官司!"

和尚说着话,跑到十字街,正碰见杨国栋、尹士雄由正南而来。这两个头儿也是追和尚,直追到五里碑,也没有追着。杨头说:"咱们你回去吧。"二人复返往回走。刚走到南门,地方官人一瞧说:"尹头、杨头瞧见死尸没有?"尹士雄说:"哪有死尸?"地方说:"在我段上死了个穷和尚。"尹士雄说:"在你的地面上,我们还没走到十字街,怎么会瞧见呢?"地方说:"不是。这个死尸走了尸,跑出了南门。"尹士雄就问:"死的是什么人?"地方就把抓天鹞鹰张福、过街老鼠李禄怎样打死穷和尚,老爷验了尸怎么派人看着,和尚走尸跑的话,从头至尾一说。杨国栋一听说:"了不得,济公被人打死了!"尹士雄说:"你们不知道,济公神通广大,死不了。咱们一同你回去吧。"地方官人这才同尹士雄、杨国栋一同回来。

刚走到十字街,见和尚由正东跑来。地方一瞧说:"死尸来了!"尹士雄、杨国栋赶紧就问:"师傅怎么回事?"和尚说:"了不得了! 我们两人是一场官司,别叫追我的那矮子跑了。"尹士雄、杨国栋过去,就把那矮子截住。尹士雄说:"朋友别走了,你跟和尚打一场官司罢。"那人说:"好,我们是得打官司!"尹士雄过去,"哗啦"一抖铁链,就把这矮子锁住。这矮子说道:"和尚打官司,也不能锁我。"尹士雄说:"我们老爷有吩咐,在家人要跟出家人打官司,先锁在家人,不锁和尚。你走吧。"拉着这人刚要走,后面酒店伙计赶到说:"别走!"杨国栋一瞧认识,说:"刘伙计什么事?"伙计说:"这位吃了十碟馅饼、十壶酒。和尚吃了十碟馅饼、十壶酒。两人一打架,把二十碟都给摔了,酒钱也没给,两个人就跑出来了。"杨国栋:"伙计你回去吧。写我的账,该多少钱我给。"伙计一听,说:"既是杨大爷这么说,我就回去了。"伙计转身走了。和尚说:"咱们上衙门去打官司去。"地方官人过来说:"杨头,你替我回回老爷吧,大师傅又活了,我就不上衙门去了。"杨头说:"就是罢。"尹士雄拉着这个矮子,大众往北走。

走了不远,路西酒铺内孙掌柜跑出来说:"杨大爷你烦恼了。"杨头一愣,说:"我什么事烦恼?"孙掌柜说:"不是杨大奶奶死了吗?"杨头说:"这话是谁说的?"孙掌柜用手一指,说:"就是这位大师傅给送的信。"杨头说:"师傅怎给我报丧来着?"和尚说:"我跟他闹着玩。因他给人家写花账。"孙掌柜一听说:"好和尚,你无故诓我,我把礼物都买了,还没送去。你就赔我!"杨头说:"得了,孙贤弟你今受点委屈罢。这位和尚也不是外人,瞧着我吧。"尹士雄说:"师傅你怎么说人家死了,本来已经病着。"和尚说："一咒十年旺，就死不了啦！"杨国栋说："师傅慈悲慈悲，给我一块药。"和尚点头，掏了一块药，给了杨国栋。这矮子就问："这个和尚，是哪庙里的？"尹士雄说："你要问和尚？我告诉你，跟和尚打官司，算你露了脸，增了光。这是灵隐寺济颠和尚。"这矮子一听，"呵"了一声说："他是济颠哪！官司我不打了。"说着话，冷不防一抖铁链，拧身蹿上房去。和尚说："别叫他走了，龙游县这两条命案，都在他一人身上。"

书中交代，这个人姓徐名沛，名号叫小神飞，也是西川路的江洋大盗。龙游县的两条命案，怎么会在他身上呢？这其中有一段隐情。南门外高宅捉妖的那个老道叶秋霜，当初也是绿林人，后来在南门外三清观出了家。他得了一部邪书，名叫《阴魔宝箓》，上面有炼邪术的法子，能炼呼风唤雨、撒豆成兵、移山倒海、五行变化、点石成金、捉妖的法子，拘五鬼的法子，擒妖捉鬼各种的法子。这天老道正在庙里炼功夫，来了一个僧人，乃是西川路五鬼之内的，姓李叫李兆明，外号人称开风鬼，跟老道系故旧之交，来望着老道。两个人一见面，各叙寒温。叶秋霜就问："李贤弟打哪来？"李兆明说："由西川来。西川的绿林窝子给人家挑了，我也无处投奔。"老道就留下李兆明在庙里住着。老道早晚炼功夫，李兆明就问："炼的是什么功夫？"老道就说："得了一部天书，能炼各种法术。"李兆明说："道兄，你教给我炼炼。"老道说："你炼不了。要练一天得磕一千个头。"李兆明一想："他这是不教给我。"心中暗恨着老道。这天高折桂请老道捉妖，李兆明知道这件事，他暗中跟着老道在法台捉妖。李兆明就后一刀，把老道杀了，把这本书得在手内。他也没回家，他就住在德兴杨家店，没事在店里瞧书，早晚炼功夫。

这天开风鬼李兆明在店门口站着，只见由东面来了一个人，乃是小神飞徐沛。一见和尚，赶紧过来行礼。李兆明就问："徐贤弟打哪来？"徐沛说："我要到临安逛去。西川绿林的朋友都散了，我也无地可投。"李兆明把徐沛让到店里。一谈话，徐沛就问李兆明在这住着做什么呢？李光明说："我得了一部天书，炼功夫呢。"徐沛说："你教给我炼炼。"李兆明说："你要炼也行。你得找一个幼女天灵盖来。"徐沛说："找天灵盖炼什么？"李兆明说："能炼千晨眼、顺风耳。"徐沛本是浑人，他就出来找幼女天灵盖。遇见看坟的，他就问："这坟里埋的什么人？"看坟的只当是他要偷坟掘墓，也不肯告诉，说："不知道。"徐沛连问了好几个，都不告诉他。他也问烦了，正在树林发愣歇着，由对面来了一个僧人，架着拐，是个瘸子。一见徐沛说："徐贤弟，你在这做什么呢？"徐沛一瞧，认识这个和尚，叫昼瘸僧冯元志，也是西川路的江洋大盗。怎么叫"昼瘸僧"呢？皆因白天架着拐装瘸子，晚上上房飞檐走壁更灵便。他为是遮盖，叫人家知道他是瘸子，不能做贼。今天一见徐沛，问徐沛做什么呢？徐沛把李兆明叫他找女儿天灵盖、功夫的话说了一遍。冯元志："徐贤弟，你真实心眼，李兆明他是冤你。今天晚上我同你到店里，把李兆明杀了，你就把天书得过来，好不好？"徐沛说："好。"冯元志他原本跟李兆明有仇，这叫借刀杀人。

两个人商量好了，一同到酒馆，吃完了饭。天有二鼓，来到德兴店。冯元志巡风，徐沛下去，进了上房一瞧，李兆明正趴在桌上睡了。徐沛手起刀落，把李兆明杀了，把书得在手内。刚要往外走，就听上房："杀了人了！"吓了徐沛一跳。济公嚷杀了人，那就上房杀了人。后来听和尚说出恭去，上了茅厕。冯元志他巡风，听屋里说公文湿了，他也不知什么公文。见柴头同杜头出去找和尚，冯元志由房上下来，进屋中一瞧，是宪批柴元禄、杜振英捉拿乾坤盗鼠华云龙的公文。冯元志就把公文揣在怀里，由屋中出来上房。柴头、杜头已瞧见，当时要迫也没把冯元志追上。贼人盗了公文，等徐沛出来，冯元志就问："怎么样了？"徐沛说："我已然把天书得来。咱们上哪去？"冯元志说："咱们上开化县去。现在铁佛寺金眼佛姜天瑞姜大哥，撒绿林帖、传绿林箭，有西川路绿林朋友好几十位，在他庙里。他要修夹壁墙地窖子，所为绿林人有了案，可以在他那里躲避，是个扎足之地，咱们上开化县去。"徐沛说："也好。"

二人顺大路往前走。走到一座树林，见对面来了一个人。二人抬头一看，真是久旱逢甘雨，他乡遇故知。不知来者是谁，且看下回分解。

第八十三回　小神飞夜刺开风鬼
济禅师耍笑捉飞贼

话说昼瘸僧冯元志、小神飞徐沛二人正往前走，只见对面来了一个人，正是乾坤盗华云龙。冯元志、徐沛二人赶紧上前行礼说："华二哥由哪里来？"华云龙说："我由蓬莱观来。好险！好险！几被陆通把我摔死！"冯元志就问：怎么回事，华云龙就把已往从前之事，细说了一遍。冯元志说："华二哥，我告诉你一件事，叫你放心。我把拿你的海捕公文盗了来。"华云龙说："真的吗？"冯元志就把杀李兆明、徐沛得天书、巧遇两个班头、在店里把文书怎么盗来的话，对华云龙一说。华云龙这才明白，说："你们二位上哪里去？"冯元志说："上开化县。你我一同走吧。现在铁佛寺金跟佛姜天瑞，撒绿林帖，请了多少朋友，要一同修夹壁墙地窖子呢！咱们三个人，一同去吧。"华云龙说："也好。"三个人这才一同走。

这天来到开化县铁佛寺。一瞧庙里庙外，人烟稠密。三个人一打听，问什么事，有人说："庙里铁佛显圣，口吐人言。"三个人一直进庙，直奔后面。一瞧，就是金眼佛姜天瑞一个在庙里。三个人给姜天瑞一行礼，冯元志说："姜大哥，众位朋友哪里去了？"姜天瑞说："众位朋友都出去，分路去做买卖。这里还有几位，叫他出来，给你三人引见引见。"大家彼此行礼。姜天瑞说："三位由哪里来？"华云龙就把自己的事一说，徐沛也把自己之事一说。姜天瑞说："徐贤弟，你得的什么书？给我瞧瞧。"徐沛就把书拿出来，交姜天瑞。姜天瑞一瞧说："徐贤弟，这书你也用不着，我留下了。"徐沛心中大大不悦，自己一想："我的东西，我还没爱够。我又没说给他，他竟留下，实实可气！"心里大不愿意，又不可说不给，惹不起姜天瑞，自己默默无言。华云龙这时说："我要走。"姜天瑞说："怎么？"华云龙说："我心里不安，怕济颠和尚一来，一个跑不了，那时连累了你们众位。"姜天瑞一听说："众位朋友，哪位到龙游县去，把这济颠和尚杀了，把人头带来？谁有这个胆量，替华二弟充光棍？"徐沛说："我去！"徐沛心里有自己的心思："我到龙游县不犯事便罢，犯了事，我先把他们拉出来，一个跑不了！"他是暗恨姜天瑞，故此他说"我去"。姜天瑞说："好，徐贤弟你辛苦一趟罢。"徐沛这才由开化起身。

这天到龙游县东南城极角，碰见济公。和尚一念道说："龙游县这地方，不比别处，吃饭馆不知这里规矩的，花多了钱，还要被人耻笑。"徐沛一听，他原是个浑人，他这才跟和尚到酒铺去喝酒。和尚故意要跟他打起来，跑到十字街，叫尹士雄把徐沛锁上。徐沛先还要跟和尚打官司，只一听是济公，徐沛一拧身蹿上房去说："官司我不打了。"和尚说："别叫他走，龙游县两条命案，都在他身上。"杨国栋、尹士雄一听和尚这话，赶紧拧身上房。徐沛打算要跑，焉想到和尚一指手说："唵敕令赫！"贼人要跑跑不了。被尹士雄、杨国栋把贼人揪住，揪下房来。众人一齐同奔龙游县衙门。

来到衙门，杨国栋进去一回话，说："济公没死，现在拿了一个贼人，听候老爷审讯。"老爷正审问张福、李禄的口供，一听济公没死，老爷赶紧吩咐有请。立刻，济公叫尹士雄带领贼人上堂。老爷一瞧："圣僧请坐。下面贼人姓甚名谁？"徐沛也不隐瞒说："回禀老爷，我叫小神飞徐沛。东门外杨家店秃头和尚，叫开风鬼李兆明，是我杀的。南门外老道叶秋霜，是李兆明杀的。我把他杀了，算他给叶秋霜抵命，没我的事。"老爷说："你满嘴胡说！店里和尚是你杀的？公文可是你盗了去？"徐沛说："公文不是我盗的，是昼瘸僧冯元志盗的。他同华云龙都在开化县铁佛寺住着。铁佛寺还有许多绿林人在那里。"老爷一听，也不再往下问，就吩咐将徐沛钉镣入狱。老爷说："圣僧，还求你老人家辛苦一趟，带着我的班头去办案，将贼人拿来。"和尚说："可以。老爷办一套文书，我和尚带杨国栋、尹士雄、柴元禄、杜振英四个人去。"知县立刻把文书办好，交与杨国栋。

和尚带领四位班头，出了衙门，一直顺大路往前行走。和尚一面往前走，口唱狂歌，说道是：

南来北往走西东，看得浮生总是空。天也空，地也空，人生杳杳在其中。日也空，月也空，来来往往有何功？田也空，土也空，换了多少主人翁。金也空，银也空，死后何曾在手中。妻也空，子也空，黄泉路上不相逢。官也空，职也空，数尽孽障恨无穷。朝走西来暮走东，人生、恰是采花蜂。采得百花成蜜后，到头辛苦一场空。夜深听尽三更鼓，翻身不觉五更钟。从头仔细思量看，便是南柯一梦中。

和尚说："哎呀，阿弥陀佛！"和尚刚才将歌唱完，只听后面一声"无量佛"。大众回头一看，来了一位老道。头戴九梁道巾，身穿着一件古铜色的道袍，腰系丝绦，白袜云鞋。面如三秋古月，年过古稀。发似三冬雪，鬓似九秋霜。海下一部银髯，洒满胸前，真是仙风道骨。跟着两个童子，都在十五六岁上下，都是眉清目秀。发挽双丫髻，身穿蓝布道袍，青色护领相衬。腰系丝绦，白袜云鞋。一个童子扛着宝剑，挂着一个轧轧葫芦。一个童子扛着雨盖，挂着一个包裹。老道一面往前走，口中念道：

玉殿琼楼，金锁银钩，总不如山谷清幽。蒲团纸帐，瓦钵磁瓯，却不知春、不知夏、不知秋。万事俱休，名利都勾。高官骏马，永绝追求。溪山做伴，云月为俦。但乐清闲、乐自在、乐优游。

老道口念："无量寿佛！"和尚回头瞧了一瞧，老道走了不远。和尚说："哎呀，了不得了，我腰疼、腿疼、肚子疼、脑袋疼，走不了啦！"杨头说："师傅怎么了？"和尚说："我要死，不能走了。"尹士雄也不知道和尚的脾气，也过来问说："师傅怎么了？"和尚说："我心里发堵，嘴里发苦，眼睛发怒。"柴头说："对，说话都乱了。"这两个人也不理和尚，在一边蹲着生气。和尚躺在地下，"哎哟哎哟"直嚷。那老道来到近前，说："无量佛！这位和尚是一个走路，还是有同伴的？"尹士雄说："我们是一处的。"老道说："和尚的病体沉重，我山人这里有药。"柴头说："道爷，你趁早别管，你走吧。你要一给药吃，准一吃就死。"老道一听，说："我这药好，人吃一粒，能延寿一年。吃两粒，能多活二年。吃三粒，能活六年。要死的人，吃我九粒药，名为九转还魂丹，能多活十二年。和尚要吃死了，我给抵偿。"柴头说："我拦你不听，你就给他吃。"老道吩咐把葫芦拿来，倒出一粒药来。其形似樱桃，色红似火，清香扑鼻。老道给和尚吃了一粒。和尚吃下去，嚷："肠子烧断了！"柴头说："是不是？"老道又给和尚吃了两粒，和尚嚷："肚子破了！"老道又给和尚吃了三粒，和尚说："了不得了！心里着火，肺肝全烂了！"老道把九转还魂丹都给和尚吃下去，和尚说："不好，要死！"这句话说完了，和尚一张嘴，话说不出来了。只见和尚蹬蹬腿，咧咧嘴，"咕噜"一声，气绝身亡。不知济公性命如何，且看下回分解。

第八十四回　陈玄亮捉妖铁佛寺　马玄通路遇济禅师

话说济公吃下九粒药，气绝身亡。柴头说："道爷，你瞧死了没有？我说不叫你给他吃，你说吃死你给抵偿。"老道吓得惊慌失色，说："无量佛，无量佛！怪哉，怪哉！"柴头说："你也不用念无量佛。你给治死，我能给治活了。"尹士雄说："柴头你怎么给治活呢？"柴头说："杜头，你把酒都喝了罢，不用给和尚留着。"杜头说："快喝。"这句话没说完，和尚一翻身爬起来说："哪有酒？拿来我喝点。"柴头说："你们瞧好了没有？"和尚翻身站起来说："好老道！你给我要命丹吃，你别跑！"过去一把竟把老道脖领揪住。

书中交代，这个老道乃是天台山上清宫东方太悦老仙翁的徒弟。在开化县北门外，有一座北兴观，庙里有一个老道叫陈玄亮，也是老仙翁的门徒。陈玄亮也是修道的。这天陈玄亮在庙中一看，正北上有一股妖气冲天。陈玄亮一想："我在这一方,岂能容妖魔作怪?我去找找妖精在哪里,我把他除了,省得扰乱世界。"想罢带了宝剑,往正北一找,找到铁佛寺。一瞧,正是铁佛在那里口吐人言,说:"善男信女前来求药,吾佛在此搭救众生。每人给留下一吊钱,共成善举,可以修盖大殿。拿包药去,可保汝一家平安。"陈玄亮一瞧,这股妖气由铁佛像里出来。众烧香人传言说:本地臌症流行,一求佛爷就好。

陈玄亮一想:"这是妖精洒的灾,我何不把他斩了?"想罢,拉出宝剑,照定铁佛这股妖气一砍。焉想到由铁佛嘴里出来一股黑气,竟将陈玄亮喷倒在地,当时浑身紫肿,不能转动。早有人报与金眼佛姜天瑞。姜天瑞一想:"陈玄亮无缘无故来坏我的事,莫若我把他搭到后面来,将他结果了性命,剪草除根,省得萌芽复起。"想罢,刚要派人去搭,有人来回禀说:"本处知县郑元龙来烧香,瞧见陈玄亮。老爷吩咐把老道带到衙门发落。"姜天瑞说:"也好,让知县带了去发落他罢。"

郑老爷把陈玄亮带回衙门。知县平素知道老道是好人,一问陈玄亮怎么回事。老道也还醒过来,说:"铁佛寺乃是妖精作怪。我打算把妖精除了,没想到妖精道行大,把我喷了。我不定活得了活不了。"知县说:"你准知道是妖精?怎么办呢?"陈玄亮说:"只要把我师傅请来,就可以把妖精捉住。"知县说:"也好。"立刻派人把老道抬回庙去。老道一想:"浑身疼痛难挨,请师傅东方太悦老仙翁,恐其道路太远来不及。"这才派童子去到龙游县三清观去请大师兄马玄通。告诉两个童子:"叫你师大爷带着师傅的九转还魂丹,急速快来。"两个童子到龙游县,请了马玄通,狂奔北兴观。走在半路上,遇见济公作歌,马玄通没瞧得起济公,道心心想:"这个穷和尚,他也会说这修道的话。"见和尚一病不能走,老道是一番好心,把九转还魂丹都给和尚吃了。和尚倒死了,柴头把济公诓起来。和尚一揪老道,尹士雄说:"师傅,方才多亏这位道爷给你药吃,你才好了。"和尚这才撒手说:"这位道爷给我药吃?"老道说:"不错。和尚贵宝刹在哪里?"和尚:"西湖灵隐寺。上一字道,下一字济,讹言传说济颠就是我。马道爷贵姓呀?"老道说:"你知道我姓马,还问我贵姓?和尚说:"你名字不叫玄通吗?"老道说:"是叫玄通。"和尚说:"你上哪去?"老道说:"开化县北兴观。"和尚说:"我也上北兴观。一同走吧。"老道说:"好。"和尚说:"我听说你们老道会驾趁脚风,你带着我走两步行不行?"老道说:"行。你闭上眼,可别睁开。"和尚就把眼一闭。老道一架和尚的胳膊,只听耳轮中呼呼风响。走在半路上,和尚一睁眼说:"了不得了,漏了风了,道爷你站站罢。"老道惦念着师弟,赶路要紧,也不管和尚落下,架着趁脚风,直奔开化县。

刚来到北兴观庙门口,老道一瞧,门口有一人躺着睡觉。老道近前一看,是济公和尚。一翻身起来,说:"才来呀。"老道说:"我驾趁脚风没歇着呀。"老道心中暗想:"怪道这个和尚有些来历,怎么他倒先来了?"和尚说:"道爷,你走后,我出恭来着,把你的九粒丸药都拉出来,你瞧瞧,还给你罢。"老道一瞧,药还是原来一样,并没改了颜色。自己暗想"好怪!",把药接过来,放在腰中,这才叩打庙门。时候不多,出来一个小道童,把门一开说:"师大爷来了。我两个师兄呢?"马玄通说:"他两个在后面走着就来。和尚请里面坐。"

济公跟着进去一瞧,这庙中正北是大殿,东西各有配房三间。小道童一打东配房鹤轩的帘子,老道同和尚进来。屋中是两暗一明,正当中有张八仙桌。两旁有椅子。靠东墙有一张床,床上躺着陈玄亮,正是陈玄亮在那里哼声不止。一见马玄通,说:"师兄来了,这位和尚是谁?"马玄通说:"这是灵隐寺济公。"陈玄亮说:"师兄可把九转还魂丹带来了?我被妖精喷了。"马玄通说:"我带了九粒丸药,都给这位和尚吃了,他可又拉出来。"陈玄亮说:"好脏。"马玄通说:"你瞧颜色可没变。"陈玄亮说:"我不吃。"和尚说:"我这里有药,叫伸腿瞪眼丸。你吃点,一伸腿一瞪眼就好。"和尚掏出一块来,给了陈玄亮吃下去。工夫不大,就听肚子里"咕噜咕噜"一响,要走动。陈玄亮叫道童搀着出去,走动了两次,立刻浑身肿消疼止,复旧如初。陈玄亮说:"好药!好药!真是好药!多蒙圣僧搭救弟子,实深感激。"立刻向济公行礼,连马玄通都给和尚道谢。和尚说:"这倒不要紧。你这屋里有味,熏鼻子。"陈玄亮说:"什么味呀?"和尚说:"有贼味。"两个老道一听这话,都觉诧异。

书中交代，这屋里床底下真有两个贼人，在这里藏着，两个老道可不知道。皆因开化县知县郑元龙由铁佛寺庙里把陈玄亮带到衙门去，金眼佛姜天瑞只打算是知县把老道带到衙门去，说他搅闹庙场，把老道治罪，焉想老爷派人把老道抬回庙去。早有人得了信，告诉姜天瑞。姜天瑞一想，知道陈玄亮的师傅是天台山上清宫东方太悦老仙翁。姜天瑞怕陈玄亮捉妖没捉成，必然要请他师傅前来捉妖，坏了我庙中的大事。莫若我先下手的为强，后下手的遭殃。想罢，姜天瑞叫两个朋友来，一个叫铜头罗汉项永，一个叫乌云豹陈清。这两个人都是绿林中的江洋大盗，在姜天瑞庙里住着。姜天瑞今天把这两个人叫来说："二位贤弟，我有一件事，求你二位辛苦一趟。"项永、陈清说："兄长何出此言？有用我等之处，万死不辞。"姜天瑞说："你二人带上钢刀，晚间够奔北兴观去，把老道陈玄亮杀了，人头给我带来。"项永、陈清点头答应，说："这有何难！"候至天有掌灯之时，二人收拾好了，带上钢刀，出了铁佛寺，施展陆地飞腾，来到北兴观。跳墙进去，暗中探访。见陈玄亮出来，二人进了屋子，在床下一藏，打算等老道睡了，晚上行刺。焉想到马玄通同济公来了。济公一说有贼味，项永低声就问陈清说："你身上有味么？"陈清说："没有。"济公在外面答了话说："你两个人没人味了，滚出来罢！"项永、陈清实藏不住了，由床下往外一窜，伸手拉刀，把两个老道吓了一惊。不知罗汉爷怎样施佛法捉拿贼人，且看下回分解。

第八十五回　显神通捉拿盗贼　施妙术法斗铁佛

话说项永、陈清两个贼人，由床下往外一窜，伸手拉刀，意欲跟和尚动手。和尚用手一指，把贼人用定身法定住。这时帘板一起，由外蹿进四个人来，正是柴元禄、杜振英、杨国栋、尹士雄。书中交代，四位班头，两个小道童，走在道路上。马玄通带着和尚，一施展趁脚风，把四个班头两个道童落下。柴头就问："道童是哪里庙的？"小道童说："我们是开化县北兴观的。"柴头说："方才那位道爷，是你们师傅吗？"道童说："不是，是我们师大爷。"柴头说："我们那位和尚，跟你们师大爷上你们庙里去，咱们一同走吧。"道童说："要一同走，怕你们四位跟不上我们，我们会趁脚风。"柴头说："我们四个人会陆地飞腾法。你们二人慢着点，我们四人快着点，咱们一同走吧。"道童说："就是。"六个人这才一同顺着大路来到北兴观。到了庙门口，道童说："到了，等我叫门。"柴头说："不用叫门，我进去给你开。"说着话，柴元禄、杜振英一拧身蹿上墙去。这两个人心里有心思，为是叫杨国栋、尹士雄瞧瞧，我两个人是办华云龙的原差，不是无能之辈。焉想到杨国栋、尹士雄这两个人也跟着蹿上墙去。这两个人也有心思，是要叫柴元禄、杜振英瞧瞧，我们虽是外县的官人，也不是无能之辈。这四个人彼此意见相同，这叫斗心不斗口。

四个人蹿到里面，把门开了。两个小道童进去，把门关上。众人狂奔东配房。四位班头一进来，正赶上和尚把两个贼人定住。柴头、杜头就问说："师傅，哪个是华云龙？"和尚说："没有华云龙。"杨头、尹头说："师傅，哪个是盗公文的贼？"和尚说："也没有盗公文的贼。先把这两个贼捆上。虽然都不是，也别放走了。"柴头众人就把两个贼人捆上。陈玄亮吩咐道童摆酒。四位班头见过老道，彼此行礼，大众落座吃酒。和尚说："二位道友，天亮把这两个贼人解到知县衙门。告诉知县，就提我和尚来了，要在铁佛寺捉妖，替这一方除害。二位道友，可别明着把贼人送衙门。要明着解了走，这开化县遍地是贼，不但把贼抢了走，还跟你们二位道友结了仇，就与你们二位有性命之忧。"陈玄亮说："师傅你给出个主意怎么办？"和尚说："你把两个贼人拿被包上，雇抗肩的搭着。以送供尖为名，就说庙里给老爷送供文。"老道答应。

喝着酒，天已大亮。四个卖力气的人进来，一瞧两个绵被包，直动不止。贼人闷得很,焉有不动之理?扛肩的人就问:"什么东西?"老道还答话不出。和尚说:"变蛋。"扛肩地说:"我们真没听见过这个名目。"和尚说:"你们就不用管了。"当时两个老道跟着叫人抬着,奔知县衙门。和尚说:"柴头,你们四个人先到铁佛镇巡检司,先去投文,就说我和尚随后就到。"四位班头狂奔巡检司来。到挂号房一投文,巡检司的老爷刘国绅,立时请四位班头进去。四个人给刘老爷行礼。刘老爷一问,柴头说:"同济公来到铁佛寺办案。"把底里根由一说。刘老爷:"原来是圣僧前来办案。怎么还没来呢?"柴头说:"就来。"少时济公来到巡检司挂号房。和尚说:"辛苦,掌柜的。"官人一听,说:"大师傅,这里没有掌柜的,这是衙门。"和尚说:"衙门没掌柜的,有什么?"官人说:"有老爷。"和尚说:"有舅舅没有?"官人说:"你这是找打!"和尚说:"你告诉你们老爷,说我老人家来了。"官人一听,说:"和尚你是谁呀?"和尚说:"我是灵隐寺济颠,找你们老爷。"立刻叫人进去回禀。少时刘国绅迎接出来,赶奔上前说:"圣僧来了,请里面坐。"和尚说:"刘老爷请。"一同到了书房。四位班头也在这里。

和尚来到屋中落座,有人进上茶来。和尚说:"刘老爷,你拿你的名片到铁佛寺去,请那庙的和尚,就说有本处的绅董富户要给他修庙,把和尚请来问问,得多少银子。你先把盗公文贼人诓来,我和尚在里间屋藏着。等他来了,我先把他拿住,然后再到铁佛寺捉妖。"刘国绅点头答应,立刻派手下人拿名片到铁佛寺去,交给家人一番话,家人到铁佛寺去请和尚。

且说金眼佛姜天瑞,自从徐沛上龙游县走后,未见回来。他手下众绿林的朋友,都出去做买卖,就留下乾坤盗鼠华云龙、昼瘸僧冯元志、皂托头彭振、万花僧徐恒这四个人跟他看庙。今天华云龙、姜天瑞没在庙里。只因小西村众绅士富户,内中有明白人说:"这开化县八百多村,家家闹臌胀病,勿论什么名医,都瞧不好,非得到铁佛寺去求铁佛才能好,这其中定有缘故。求铁佛,贫家讨药,要一吊钱,富家讨药,要银一两。莫如把庙里和尚找来,跟他商量,大家凑钱给他修庙,叫他给求求铁佛,就许能除了灾。"大家商量好了,派人去请和尚。姜天瑞同着华云龙,狂奔小西村去。

他二人刚走,巡检司的家人来请,说:"现在众绅士富户,向我们老爷商量,要给修庙。请和尚商量用多少银子。"昼瘸僧说:"我去。"立时他架着拐,同着家人来到巡检司,让到书房。刘老爷说:"和尚来了。"冯元志向刘老爷打一问讯。济公此时在东里间屋中躲着,四位班头在西间屋子躲着。刘老爷让冯元志坐下,说:"和尚贵姓?"昼瘸僧说:"我在家姓冯,僧名叫元志。"刘老爷说:"你出家几年了?"冯元志说:"我是半路出家的。皆因腿子受了残疾,就算是残人。"刘国绅说:"现在有人要修庙。你那庙里要重修,得用多少银子呢?"昼瘸僧他本是个贼,哪里懂得修庙用多大工程?当时也说不出多少来。刘国绅说:"你说不出来,我倒约了一位行家和尚,给你见见。圣僧请出来。"济公一掀帘子出来,道:"好东西!冯元志,你敢把我们公文盗去!我看你哪里走!"冯元志一听这句话,大吃一惊。打算站起身来,往外要走。济公用手一指,用定身法把贼人定住。济公伸手,由贼人兜囊之内,把拿华云龙的海捕文书掏出来,交柴头说:"柴头,把公文拿去吧。"柴头接过来一瞧,果然不错。和尚说:"刘老爷你先叫官人把这个贼人锁起来,暂把他押在你衙门里。我和尚要上铁佛寺前去捉妖,四位班头跟我走。"刘国绅立刻叫人把冯元志锁上,押到班房去。

且说柴元禄、杜振英、杨国栋、尹士雄四个人跟着和尚出了巡检司衙门,来到铁佛寺。见庙门口真是拥挤不动,也有卖吃的,来赶庙会的,也有卖耍货的。庙里庙外,人烟稠密,来来往往。这些善男信女,来烧香求药治病的人无数。这一座庙是三座山门,全都大开。庙门口有两根旗杆,庙里面也有两根旗杆。正山门上有一块匾,上写"敕建护国铁佛寺"。和尚带领四位班头进了东角门一看,正北是大殿五间,东西各有配房五间。大殿的东边是四扇绿屏风,开着两扇,关着两扇。套着是第二层院子。这庙里是五层殿,连东西跨院共有一百余间房子。头一大殿中间,就是供的那尊铁佛。济公抬头一看,由正殿里一股气直冲斗牛之间。和尚说:"阿弥陀佛！善哉，善哉！"罗汉爷这才要施佛法，大展神通，要在大殿捉妖。不知后事如何，且看下回分解。

话说济公带领四位班头，来到铁佛寺，见大殿里一股妖气冲天。和尚一瞧，大殿头里东边一张桌，有人管账，专收银子。西边一张账桌，专管收钱。只见有一个妇人在那里烧香，约有二十以外的年纪，光梳油头，发亮如镜，一脸的脂粉，打扮得不像好人，在那祷告说："佛爷在上，小妇人姚氏，只因我一个小亲家得了臌症，求佛爷慈悲慈悲，赏点药罢。只要我亲家好了，我给佛爷烧香上供。"铁佛口吐人言说："姚氏你可曾给佛爷带了一吊钱来？"姚氏说："带来了。"铁佛说："既带了钱文，交在账桌上。佛爷给你一包好药，拿回去保你一家都好了。"姚氏说："谢谢佛爷。"拿着药，径自去了。

这姚氏刚走，只见外面又来了一个少妇人。由外面一步一个头，磕着进来。书中交代，这个妇人姓刘，娘家姓李，在开化县正南刘家庄住家，丈夫在外贸易，有数年不通音信。刘李氏有个婆母，家中寒苦，就靠着做针黹糊口。刘李氏贤孝无比。只因她婆母身得臌症，有二年之久。刘李氏听说铁佛寺佛爷显圣，专治臌症。刘李氏一片虔心，由家中一步一个头，走了一天一夜，才来到这里。刘李氏一烧香说："佛爷慈悲！小妇人刘门李氏，家有婆母，臌症二年之久。求佛爷赏点药，只要我婆母好了，等我丈夫贸易回来，必给佛烧香上供。"妖精一瞧，这臌症不是他洒的，他也治不了，说："刘李氏你可曾给佛爷带了钱来？"刘李氏说："我家中太寒，没有钱，求佛爷慈悲慈悲罢。"铁佛说："不行。佛爷这里是一概不赊，没钱不给药，你去吧。"刘李氏叹了一声，心说："不怪人间势利，连佛爷都爱财，可惜我这一片虔心。"自己无法，转身往外走。济公一瞧，知道这是一位贤良孝妇。和尚说："这位小娘子不用着急，我这里拈了一块药，你拿回去，给婆母吃了就好。"刘李氏把药接过去，说："谢谢大师傅！"径自去了。

济公迈步来到大殿。一瞧这铁佛，是坐像，一丈二尺的金身，五尺高的莲花座。头前摆着得炉蜡扦，许多的仙果供素菜。和尚这去，伸手拿了一个苹果，一个桃，拿过来就吃。旁边打磬的一瞧说："和尚你是哪里来的，抢果子吃？"和尚说："庙里有东西就应当吃。你们这些东西，指佛吃饭，赖佛穿衣，算是和尚的儿子，算是和尚的孙子？"这个打磬的一听这话，气往上冲，过来就要打和尚。和尚用手一指，用定身法把这人定住。和尚跳上莲花座说："好东西！你敢在这里兴妖作怪，要害众民。我和尚正要找你，结果你的性命！"说着话，和尚照定铁佛就两个嘴巴。众烧香的大家一乱，说："来了个疯和尚，打佛爷的嘴巴呢。"四个班头也站在外头瞧着。就听铁佛肚子里"咕噜咕噜"的一阵响，其声似雷鸣。忽然山崩地裂一声响。四位班头瞧着铁佛，一丈二的金身连莲花座往前一倒，竟把和尚压在底下。柴元禄、杜振英一跺脚，放声痛哭，说："师傅你老人家没想到死在这里，死得好苦！"杨国栋、尹士雄也深为叹息，说："可惜济公是个好人，这一砸准砸在地里去，肉泥烂酱。"杨国栋说："柴头，你也不用哭了，人是生有处，死有地，这也无法。咱们走吧。"

四个人正要走，只见和尚彳亍彳亍由庙外头进来了。和尚说："柴头，你们报丧呢？"柴元禄也不哭了，说："师傅你没死呢！"和尚说："没有。好妖精，他打算要暗害我和尚。我非得要找他去，跟他誓不两立！"柴元禄说："我们跟瞧着把师傅压在地上，怎么你又打外来了？"和尚说："没砸着我。我一害怕，一端腿蹿出去了。"正说话，和尚就嚷："了不得了！快救人哪，妖精来了！"这句话没说完，只见一阵狂风大作。真是：

　　嗖嗖云雾卷，唿唿过树林。海翻波浪起，山滚石头沉。尘沙迷宇宙，昏暗惊鬼神。这风真浩大，刮遍锦乾坤。

一阵狂风大作，由半空落下一个妖精，竟把和尚围住。书中交代，是什么妖精呢？这内中有一段缘故。凡事无根不生，金眼佛姜天瑞的师傅，姓华双名清风，人称九宫真人。专习左道旁门，乃是华云龙的叔父，他在古天山凌霄观参修。当初凌霄观有一位老道姓黄，乃是正务参修之人，被华清风杀了，他就占了灵霄观。这庙里甚是殷富。庙后有座塔，名叫烟云塔。每逢下雨过去，由塔底砖缝冒出烟来，起在半空不散，犹如浮云一般，乃是庙中的古迹。常有贵宦长者，富豪人家，去到庙里住着，所为瞧这个烟云塔的古迹。焉想到自华清风接过庙来，这座塔也永不冒烟了。华清风心中暗想怪道。时常瞧这座塔，就见鸟儿在半空一飞，就飞到塔里，只见进去，不飞出来。围着塔四面地下，净是鸟毛。华清风心中纳闷，也不知塔里有什么东西。这天华清风无事，又去瞧塔。正在发愣，忽听后面一声"无量佛"，说："华道友，你做什么呢？"华清风回头一看，见一人身穿亚青色道袍，腰系丝绦，白袜云鞋。面似青泥，两道朱砂眉，一双金睛，满脸的红胡须。华清风一瞧不认识，赶紧说："道友从哪里来的？"老道说："华道友，你不认识我呀，你是我的房东。我在你庙里住了半年了。"华清风说："是是，道友请前面坐。"二人来到前面鹤轩落座。这老道说："华道友，你真不认识我？"华清风说："我实在不认得，未领教道友贵姓？"那道人说："我姓常，我跟你有一段仙缘。"华清风说："道友在哪座名山洞府参修？"常老道说："我在盘古山。"华清风道："常道友参修多少年了？"常老道说："我告诉你说罢，文王出虎关，收雷震子，我亲眼得见。姜太公斩将封神之时，我去晚了没赶上。你不用问多少年了。"华清风心中有点明白，猜着大概必是妖精。两人一盘道，果然常老道道德深远，呼风唤雨，拘神遣鬼，样样皆通。华清风让他吃就吃，让他喝就喝，两个人很是亲近。日子长了，两个人真是知己。

这天华清风说："常道友，你我彼此至近，我瞧瞧你的法身行不行？"常老道说："什么？"华清风说："我要瞧瞧你的本像。"常老道说："可以。你要瞧，须得星斗落尽，太阳未出之时，我可以叫你瞧。咱们修道的人，最避三光。要被日月星三光一照，就怕要遭雷劫。你明天星斗一落，天似亮不亮，你开开后庙门往正北看，我在北山头等你。"华清风说："就是罢。"当时吩咐童子摆酒。童子点头答应，立刻擦抹桌案，杯盘连落，把酒摆上。两个人吃酒谈心，开怀畅饮，直吃到日落黄昏。常老道说："我要告辞。明天天亮见。"华清风送到外面，拱手作别。华清风自己回来，心中暗想："可知道这个常老道是个妖精，可不知是什么妖精，打算倒要瞧瞧，可以明白。"常老道走后，华清风告诉童子："到三更天就叫我，早点来，恐怕误了。"童子答应。华清风躺在床上，和衣而卧。童子等到三更以后，就把华清风唤起。他来到外面瞧瞧，满天的星斗。华清风复返到屋中喝茶，等候到东方发白，出来一看，斗转星移，那才来到后面。开开庙后门，往正北一瞧。华清风不瞧则可，一瞧吓得机灵灵打一寒战。有一宗岔事惊人。不知后事如何，且看下回分解。

第八十七回　济公斗法金眼佛
云龙二次伤三友

话说九宫真人华清风抬头往北山坡一瞧，原来是一条大蟒，头在东山头，尾在西山头，真有几百丈长，有大缸粗细。华清风瞧着，倒抽一口凉气。只见那蟒在山岫里抽来抽去，抽到一尺来长，一溜烟起在半悬空。华清风看得目瞪口呆，正在发愣，后面一声："无量佛"，说："华道友，你可曾看见了？"华清风回头一看，乃是常老道。华清风说："看见了，道友请庙里坐吧。真是法力无边。"常老道说："华老道友，你我道义相投，要有用我之处，我万死不辞。"华清风说："甚好。"两个老道，朝夕在一处讲道。

这天姜天瑞来到凌霄观。一见华清风，华清风说："你做什么来了？"姜天瑞说："我住的铁佛寺，日久失修。我打算重修，奈工程浩大，独力难成，我求师傅给我想个主意。"华清风尚未答言，常老道答了话，说："不要紧，你得用多少银子？"姜天瑞说："总得一万两银。"常老道说："你回去罢。我明天在开化县洒三天灾。你贴上报单，就说铁佛显圣治病，不出十天，我能给你个十万八万的。"华清风说："好，你谢过你师伯。"姜天瑞就给常老道磕了头，自己先回庙贴报单。常老道就在河里井里一喷毒气，谁一吃水，立刻就得臌症。蟒精就来到铁佛寺，充铁佛说话治病。有钱人家求药，要一两银子，寒苦人家要一吊钱。这开化县所属八百多村庄，无数人都得一样的病。

妖精正然给聚钱，哪想今天济公来了。一打铁佛的嘴巴，妖精已害怕，惊走了。自己一想："这穷和尚把我赶走，我有何面目去见华道友？莫若我把和尚吃了！"想罢一阵风回来，显出原形，由半空中往下一落，是一条大蟒，有三四丈长。把和尚盘住，抬头要咬。和尚拿手一捏蟒的脖子，蟒妖不能动，睁着眼瞧着和尚，和尚瞧着蟒。吓得庙里作买作卖的、烧香的善男信女，连四位班头，全都跑出庙去。

正在这般光景，外面一声"无量佛"，金眼佛姜天瑞来了。书中交代，姜天瑞带领华云龙狂奔小西村，一见众绅士大众，彼此行礼，问："道爷贵姓？"姜天瑞通了名姓，说："找我什么事？"众绅士大家说道："现在我们这村里，家家人人得了臌症。大概是这佛爷显圣，所为修庙。只要道爷给求求佛爷，大发慈悲，我们村里人都好了，我等情愿凑钱修庙。省得我们自己求佛爷去，道爷给代代劳，不知道爷意下如何？"姜天瑞说："好办。只要众位肯施舍银钱修庙，我可以求求佛爷。"正说着话，外面有人进来回禀说："外面有铁佛庙两位和尚，一个叫皂托头彭振，一个叫万花僧徐恒，来找道爷，有要紧事。"姜天瑞一听一愣，赶紧告辞。带华云龙出来一瞧，见皂托头彭振、万花僧徐恒二人，惊惶失色。姜天瑞就问："什么事？"彭振说："了不得了！现在济颠和尚来到庙里搅闹，你快去瞧瞧罢。"华云龙一听就要跑，姜天瑞说："二弟不要担惊，待我去结果济颠的性命。我将济颠拿住，给你杀他报仇。"华云龙知道姜天瑞有能为，自己跟着一同来到铁佛寺。

姜天瑞一瞧济颠和尚被大蟒缠住，姜天瑞伸手拉了宝剑说："好和尚！你无缘无故来搅我！"恶狠狠照定和尚脖颈就是一剑；和尚口中念："唵敕令赫！"这一剑正落在蟒的脖颈上。"扑哧"一响，鲜血直流，蟒头流落在地。一溜黑烟，妖蟒竟自逃走。这一剑打去了百年的道行。济公见蟒妖走了，说："道友我谢谢你，劳你的驾。"姜天瑞说："好济颠！你无缘无故坏我的大事，我焉能容你！"和尚说："咱们二人到山后去，有话再说好不好？"姜天瑞说："好，三位贤弟跟我来。"华云龙、彭振、徐恒也跟着，一同出了庙后门。

来到无人之处，和尚说："姜天瑞，你说怎么样？"姜天瑞说："济颠，你要知时达务，跪倒给祖师磕三个头，叫我三声祖师爷。山人有一分好生之德，饶你不死。如若不然，山人当时要结果你的性命！"和尚说："好东西！姜天瑞你这厮，出家人不知奉公守法,窝藏江洋大盗。你还敢妖言惑众,叫妖精扰害黎民。你所为贪财,贻害众人。所作所为,伤天害理,上干天怒,下招人怨。见了我和尚,还敢这样无礼!就是你给我磕头,叫我三声祖宗,我和尚也不能饶你!"姜天瑞一听,气往上冲,举宝剑照定和尚劈头就剁。和尚滴溜一闪身躲开,转在姜天瑞身后,和尚拧了姜天瑞一把。姜天瑞回头用宝剑照和尚分心就扎,和尚一闪身躲开,滴溜溜围姜天瑞转弯,拧一把,掐一把,摸一把,拉一把。

姜天瑞真急了,拧身跳出圈外说:"好和尚,我跟你誓不两立!你这是自来找死,休怨山人!待山人拿法宝取你!"说着话,由兜囊掏出一宗法宝,口中念念有词,祭在空中。和尚一看,原来是一块混元如意石,随风而长,能大能小。随风而落,就如泰山一般,照和尚头顶压下来。和尚哈哈大笑,用手一指,口念六字真言:"唵嘛呢叭咪吽,唵敕令赫!"这石子一溜,现了原形。有鸡子大一块石子,坠落在地。姜天瑞一看,气往上冲说:"好和尚,你敢破山人的法宝!待山人再拿法宝取你!"老道又由兜中掏出一宗物件,往空中一抛,口中念念有词。和尚一看,原来是一只斑斓猛虎,摇头摆尾,直奔和尚而来。和尚用手一指说:"唵嘛呢叭咪吽,唵敕令赫!"这老虎一道黄光,掉在地下,是一个纸老虎。姜天瑞见和尚连破了他两宗法宝,当时姜天瑞站在那里,口中一念咒,用宝剑一指,把脚一跺,只见半空中无数的石子,打将下来。和尚用手一指,把僧帽拿下来一接,这石子全都掉在僧帽里。和尚说:"我今天不叫你知道知道也不行!"一招手,那帽子内石子,全倒出来,堆了一座山。和尚又用手照姜天瑞一指,说:"唵敕令赫!"姜天瑞一打寒战,自己用手就打自己的嘴巴。和尚说:"对,真的打,使劲打,再打几下。"姜天瑞自己打的满嘴流血。和尚说:"该打,把胡子揪下来。"姜天瑞真听话,自己就把胡子揪下来。和尚说:"姜天瑞,你自己所作所为,从今以后改不改? 如不悔过自新,我和尚此时就要结果你的性命!"姜天瑞自己也明白过来,疼痛难挨。知道和尚厉害,这才说:"师傅,慈悲罢,我从此改过,绝不敢了!"和尚说:"恐你口不应心,你得起个誓,我才放你。"姜天瑞说:"我再不改,叫我遭雷劫,打破天灵,头破身死!"和尚说:"你去罢。华云龙你往哪里走?"华云龙站着瞧愣了。一听和尚这句话,吓得皂托头彭振、万花僧徐恒二人就往南跑,华云龙就往西跑,和尚就往西追。

华云龙真是急如丧家之犬,慌似漏网之鱼,尽命逃跑,连头也不敢回。好容易听不见草鞋呱嗒响了,自己这才站住。累得浑身是汗,遍体生津。一瞧眼前有一座庙,华云龙打算到庙里去躲避,刚来到庙的界墙,就听庙里有妇人喊嚷:"救人哪!好贼和尚!你抢夺良家妇女,你快把我放了!"华云龙一听,心说:"这庙里和尚必不是好人,我进去瞧瞧。"想罢,拧身蹿进院中,一看,是北房三间,南房三间,西房三间,北房屋中有妇女喊嚷。华云龙在窗缝中往里一看,是一个和尚。脸向里,披下发鬓,打着一道金箍。有一个妇人,二十多岁,长的几分姿色。和尚意欲霸占妇人,妇人直嚷。华云龙一想:"我冷不防由后面把和尚杀了,我把这妇人留下,就在庙里一住,也倒不错。"想罢拉出刀来,慢慢进去,冷不防蹿进去一刀,竟将和尚杀死,人头滚落在地。华云龙一细瞧,和尚不是外人,贼人"呀"了一声。不知和尚是谁,且看下回分解。

第八十八回 施佛法暗渡华云龙 见美色淫贼生邪念

话说华云龙由后面一刀,把和尚杀了。一瞧和尚不是外人,乃是自己的拜兄,西川路五鬼之内的云中鬼郑天福。华云龙自己一瞧,愣了半天。已然杀了,也无法了,人死不能复生。书中交代,这个贼人,一世也是没做好事。这套《济公传》,济公为渡世而来。忠臣孝子,义夫节妇,必然遇难成祥。赃官佞党,淫贼恶霸,终久必有报应。做书人笔法,使看书人改恶行善,劝醒世人。比如忠臣义士遇着难,听书看书的人，恨不能一时有救。为何乱臣贼子，人人得而诛之？此乃人心公平之处，自古至今一理。郑天福也是报应临头，临死糊糊涂涂地就死了。华云龙也没瞧明白是谁，一刀将贼人杀死。那妇人只当华云龙是好人，赶紧说："多亏了好汉爷搭救小妇人。我姓李，娘家姓刘。只因我住娘家，我兄弟刘四送我回婆家。骑着一条驴，走在这庙门口，不想遇见这贼和尚。他把我兄弟捆上，搁到西厢房。他把小妇人抢进来，意欲强奸小妇人。多亏你老人家，把这贼人杀了。小妇人回到家去，一家感念恩公的好处。"华云龙微微一笑说："小娘子，你听我告诉你，我杀的这个和尚，也不是外人，他叫云中鬼郑天福，是我的拜兄弟。我没见明白，错把他杀了。他也已经死了，你也不用走，咱们两个人就成其夫妇。把你兄弟一杀，咱们两个人就在这庙里住着就得了。"这妇人听了这话，也知不是好人，妇人就嚷："快救人哪！要霸占人哪！"华云龙说："你要嚷，我就把你杀了！"这妇人说："你把我杀了罢，杀了倒好。"华云龙看这妇人有几分姿色，贼人淫心大动，舍不得说杀就杀。

正在这般光景，只听窗外哈哈一笑，说："好华云龙，你这厮做出这样的事来！可惜杨大哥撒绿林帖，传绿林箭，给你庆贺守正戒淫花。你这厮人面兽心，我先结果你的性命！"华云龙一听，拉刀窜出来一瞧，外面站定三个人。头前这人身高八尺，膀阔三停。头戴宝蓝缎扎巾，身穿蓝色缎箭袖袍，腰系丝带，薄底靴子，外罩一件宝蓝缎大氅。面如赤炭，两道重眉，一双环眼，押耳两绺黑毫，三绺黑胡须，飘洒在胸前。这个叫飞天火祖秦元亮。第二个也是身高八尺，紫扎巾，紫箭袖袍，闪披豆青色英雄大氅。面似青呢，青中透亮，两道朱砂眉，一双圆眼，押耳红毫，满部红胡子。这位叫立地瘟神马兆熊。第三位穿白带素，白脸膛，俊品人物。此人姓杨名顺，绰号人称千里腿，乃是威震八方杨明的伯叔兄弟。这三个人由曲州府回来，在道路本听说华云龙在临安采花作案。三个人想着："这事也许以讹传讹。想着杨大哥给华云龙庆贺守正戒淫花，他焉能做不遵王法之事呢？"今天这三人正走在这古佛院墙外，听庙里有妇人喊嚷："救人，要强奸人哪！"三个人止住脚步，都是侠义英雄，专好管路见不平之事。杨顺说："二位兄长，听里面有妇人喊嚷：'救人哪，要奸占人，'这必是庙里僧人不法，咱们到里面瞧瞧。"三个人拧身窜入里面，暗中一探，原来是华云龙要做伤天害理之事。秦元亮这才哈哈一笑说："好华云龙，你做出这门事来！"华云龙拉刀出来一看，羞恼变成怒，说："你三个小辈，敢管我二太爷的事！今天二太爷全把你们杀了！"这三个人拉刀蹿过去，就奔华云龙。华云龙心一想："他们倚仗人多，我非下毒手不可！"想罢将刀一摆，拧身蹿出庙来。这三个人哪里肯舍，随着往外就追。焉想到华云龙就掏出两支镖来，见秦元亮往外一蹿，脚没落地，贼人抖手一镖，正打在膀背之上。马兆熊也往外一蹿，贼人又一抖手打在左肩头。两个人俱皆翻身栽倒。杨顺一瞧，眼就红了，说："好华云龙！你拿镖打了我两个兄长，我这条命不要了，跟你一死相拼！"一摆刀照定华云龙搂头就剁。华云龙用手中刀海底捞月往上一迎。杨顺把刀往回一撤，照定华云龙分心就扎。华云龙一闪身躲开，用刀照定杨顺的脉门就点。杨顺把刀往回一撤，一偏腕子，照定华云龙脖颈就砍。杨顺是真急了，一刀紧似一刀，一刀快似一刀。华云龙拨头就跑。杨顺哪里肯舍，说："好华云龙！哪里走！"刚往前一走，华云龙一抖手，说："照镖！"杨顺赶紧一闪身。见华云龙一扬手并未打出镖来。杨顺刚一愣，华云龙又一抖手说："照镖！"这支镖来，杨顺未躲开，正中在华盖穴上。杨顺"哎哟"一声，翻身栽倒。华云龙哈哈一阵狂笑说："你这三个小辈，还敢跟二太爷动手？你们就这样能为，也敢称英雄！今天这是你三个人，放着天堂有路不走，地狱无门自找寻！休怨二太爷意狠心毒，结果你等的性命。"

说着话，华云龙刚要拔刀过去，只听对面一声喊嚷："好东西，华云龙你在这哪！我和尚找你半天没找到，你这可跑不了啦！"华云龙一看，来者正是济公。贼人吓得魂不附体，拨头就跑，急如闪电，慌如流星一般。和尚随后就追，彳亍彳亍，草鞋呱嗒直响。华云龙拼命逃走。到天黑，好容易听不见后面草鞋响了，这才止住脚步。回头看了看，和尚不见了。自己攃得力尽筋乏，浑身热汗直流。见眼前一座树林，华云龙进了树林子。靠着树往地下一坐，叹了一声，心中辗转："要不是自己胡作非为,何必闹得如此!遍地官人捉拿,坐不安,睡不宁,没有站足立步之所。"自己心中一烦,靠着树一阵心血来潮。双眼一闭,渺渺茫茫、迷迷离离,似睡非睡。忽然往对面一看,见路北一座大门,挂着门灯,是一家财主的样子。自己一想:"我已越过了镇店,又饥又渴,何妨到这家借宿一宵,求一顿饭吃?"自己想罢,来到大门前。方要叫门,只见由里面出来一位老丈,头戴四楞逍遥员外巾,身穿宝蓝缎员外氅,腰系丝绦,白袜云鞋。面如三秋古月,慈眉善目。年过花甲,花白胡须,洒满胸前,仪表非俗。华云龙赶紧深施一礼说:"老丈请了。我乃行路之人,错过店道,求老庄主方便,借宿一宵,赏我一顿饭吃,明日早行。"那老丈抬头一看说:"客人贵姓?同路有几位?"华云龙说:"我姓华,就是我自己。"老丈说:"客人请里面坐。"华云龙跟着进去,到了客厅。这客厅朝南三间,屋中倒很幽雅。老丈说:"客人请坐。"华云龙说:"未领教庄主贵姓?"老丈说:"我姓胡。"说着话,有人进上茶来。老丈款待甚恭。忽由外面进来一个家人,说:"老员外,二员外生日,有许多亲友都等员外去喝酒呢。"老员外说道:"客人,我可不能奉陪,少时再谈。"吩咐家人:"给客人预备酒饭,务要小心伺候。"家人说:"是。"华云龙说:"老丈有事请罢。"老丈去后,立刻家人给华云龙把酒菜摆上。华云龙一瞧,各式蔬菜,都是他素常爱吃的。自己甚是喜悦,吃了个酒足饭饱。自己一想:"这位庄主,与我素未会面,这样厚待。"心中甚感激。正在思想之际,听外面有脚步声音。外面说:"呦,老员外在屋里没有?"华云龙一听,声音婉转,分明女子声音,也不好答话。忽见帘子一起,华云龙睁眼一看,是一位千娇百媚的女子。头梳盘云髻,耳坠竹叶环子,银红色女衫,银红色的汗巾,葱心绿绉绸中衣,窄小的宫鞋。真是蛾眉皓齿,杏脸桃腮,真比十成人才强出百倍。华云龙一瞧,眼就直了,心说:"我出生以来,也没见过这样美貌的女子。"只见这女子一掀帘子,"呦"了一声说:"是谁让进来的野男子,也不先说一声。"把帘子一摔,拨头就走。华云龙本是采花的淫贼,曾经沧海难为水,除却巫山不是云的人。淫心一动,站起来说跟着。这女子直到后院,进了北上房,华云龙也跟着来到上房。一掀帘子,那女子一瞧,把面目一沉说:"华云龙你真是胆大包天!你想想你做的事,有脑袋的没有?你来瞧!"用手一指墙上,华云龙一瞧,墙上写的是他在秦相府题的那首诗。华云龙心上暗想:"怪呀,这女子怎么知道我是华云龙?"方要打算问,女子用手一指说:"你瞧济颠来了。"华云龙一回头,只见和尚脚步跟跄来到。贼人吓和魂不附体。不知后事如何,且看下回分解。

第八十九回　遇张荣二人谈心事　买铁镖淫贼见公差

话说华云龙追到姑娘屋中,姑娘用手一指说:"济公来了。"华云龙一回头,果见和尚来到。贼人吓得打一寒战,心中一明白,定睛一看,还在树林子坐着。原来是南柯一梦。书中交代,这乃是济公的点化狐仙,要暗渡华云龙。试探试探贼人的心地,到这般狼狈,能改不能。济公原本是一位修道的人,出家人以慈悲为门,善念为本,有一番好生之德,不肯当时把贼人拿住,呈送当官。但能渡贼人改过自新,济公就不拿他。焉想到贼人在梦中,仍然恶习不改。华云龙一惊醒,吓了一身大汗,方知是梦。只见满天星斗,大约有二鼓以后。自己站起身来,往前行走。正往前走去,只见前面一晃身,有一个人。贼人心虚,赶紧把刀拉出来。二人来至切近,那人说:"华二哥吗?"华云龙一细看,不是外人,乃是黑风鬼张荣。华云龙说:"张贤弟,你上哪去?"张荣过来行礼说:"二哥久违。"

书中交代,张荣自从前者由杨明家里逃出来,自己也是无地可投,他就到古天山凌霄观去找华清风。华清风知道张荣跟华云龙是拜把弟兄,也不拿张荣当外人,就留他在庙里住着。这天金眼佛姜天瑞由铁佛寺逃走,就逃到凌霄观去。一见他师傅华清风,华清风就问姜天瑞:"为何这样狼狈,怎么胡子没有了?"姜天瑞就把济公在铁佛寺捉妖之故，从头至尾述说一遍。华清风一听，气往上冲，说："好济颠！这样无礼，我非得找他去报仇不可！"从此记恨在心。姜天瑞把得着的这部《阴魔宝篆》孝敬给华清风。华清风细细把《阴魔宝篆》一瞧，他就决意去炼五鬼阴风剑，炼好了可以找济颠给姜天瑞、常道友报仇。要炼五鬼阴风剑，须得把五个人开膛摘心，用五个阴魂，才能炼得了。华清风就派黑风鬼张荣下山，诓五个人上山，可以炼五鬼阴风剑。张荣这才下了古天山，出来诓人。今天碰见华云龙，二人彼此行礼。华云龙说："张贤弟，你在哪住着？"张荣说："前者我找你，到凤凰岭如意村去住了几天。不想到这个杨明实不是朋友，我在他家住着，他慢不为礼，还说了许多不在礼的话。二哥，你知道我的脾气，我如何受得了？我由他家出来，就在古天山凌霄观住着。现在你叔父派我下山办事。二哥你上哪去？"华云龙说："现在我是无地可容。灵隐寺济颠和尚拿我甚紧。"张荣说："二哥，你我一同上古天山去。有你叔父九宫真人，也可以庇护你，也可以劝劝济公和尚。'僧赞僧，佛法兴，道中道，玄中妙。红花白藕青莲叶，三教归到一家人。'他也是出家人，一不在官，二不应役，你犯了国家的王法，与他僧人何干？你同我去见真人，倒可以有个安身之处。"华云龙说："去是可去，我先得买镖去，我囊中一支镖都没有了，我全凭毒药镖护身。"张荣说："你要买镖，到前面兴隆镇买去。"

二人慢慢往前走，天光也亮了。来到兴隆镇，太阳高高的。张荣说："我就在村口等你，你去就来。"华云龙说："也好。"进了村口，来到十字街，往东一拐，只见路南里一座大大铁铺子，字号"舞岳斋"。三间门面。西边是拦柜，东边是八卦炉。华云龙抬头一看，见铺子门口，站着一位老者。头戴蓝缎四棱巾，身穿蓝缎袍，面如重枣，粗眉大眼，花白胡子，精神百倍。华云龙一想，这必是掌柜的。赶紧上前说："掌柜的，你们这铺子卖镖吗？"这老者上下瞧了瞧华云龙，是穿自带素，壮士打扮。老者说："不错，卖镖。尊驾买什么镖？"华云龙说："我要出风轧亮的镖，有没有？"老者说："有倒有，没有出风轧亮的。壮士你里面坐，你瞧瞧使的使不得，可以叫伙计现收拾。"华云龙点头，跟着来到柜房落座。老者说："华壮士你买几枝镖，要多大分量？"华云龙说："八枝为一槽，六枝为半槽，十二枝为全槽。我买全槽十二枝，还要一枝为镇囊。要三两三一枝。"老者说："是。我这里还有现成的，或许分量大点。你要一槽镖是六两银子。要出风轧亮，伙计现做，得加二两银子酒钱。"华云龙一想："几两银子不算什么。"说："价钱依你，我等着使。"老者说："可以。"拿了一支镖来。华云龙一瞧说："分量大。"老者说："华壮士你等等，少时就有。"一面叫小伙计："去外面打壶茶去。咱们铺子火没着，你外头打水去。"附在小伙计耳边说如此如此。小伙计点头走了。

老头陪着华云龙说话。老者说："华壮士素常作何生理？"华云龙说："保镖。"老者说："尊驾既是保镖，我跟你打听几个人，你可认识？"华云龙说："有名便知，无名不晓。"老者说："有一位南路镖头追云燕子黄云，你可认得？"华云龙说："认得。"老者说："北路镖头美髯公陈孝、病服神杨猛，你可认得？"华云龙说："那是我自己弟兄。"老者说："东路镖头铁棍无敌陈声远、西路镖头铁头太岁周坤、神刀将李恒，尊驾可知道？"华云龙说："知道。"老者说："中路镖头威震八方大义士杨明，你可认得？"华云龙说："那更不是外人。"老者说："这就是了。"

说着话，小伙计拿了茶来，给华云龙斟了一杯。少时镖打好了，老者拿进来，给华云龙一瞧，华云龙说："镖尖微沉一点，恐其打出去摆头。"老者说："华壮士你试一试，我这后院里有地方。要不合手，再叫伙计锉锉。"华云龙说："好。"

老者手里拿了这支镖，带领华云龙把后门一开。华云龙一瞧，这个后院地方甚宽阔。西南有五六丈一段长墙，靠南边一个后门。周围是院墙，也没房子。地下都是三合土筑的土基，是个练把式场子的样式。华云龙一瞧说："掌柜的也能练罢？这个地方很好。"老者说："我也爱练。"这句话尚未说完，就听四外"哗啷哗啷"有兵刃响。华云龙一看，只见后门"磕叹"一响，把门踹了。进来两个人，手中拿着铁尺。头前个人，身高八尺，头戴缨翎帽，青布鹦脑窄腰快靴。面似乌金纸，黑中透亮。两道英雄眉，斜飞入鬓。一双虎目，皂白得分。准头端正，四字口，海下无须，正在少年。后面跟定一人，也是官人打扮。面如赤炭吹灰，红中透紫，粗眉大眼。后面带领无数官人，将门堵住。这两个班头一声喊嚷："好华云龙！你往哪里走？你敢明火打劫，劫牢反狱，今天你休想逃走！"

书中交代，华云龙可并未在此地作案，这内中有一段缘故。兴隆镇归常山县管。只因常山知县到任未久，出了几件逆案。南门当铺明火执仗刀伤事主。东门外路劫，杀死事主少妇车夫，抢去银两首饰衣服，一无凶手，二无对证。老爷立刻把马快班头叫上来。两位都头，一位姓周名瑞，绰号人称小玄坛。一位叫赤面虎罗镖。这两个人都是飞檐走壁之能。老爷堂谕："派两位班头，急速办案，给十天限。如将贼人拿获，赏一百两。如逾限不获，定要重责。"周瑞、罗镖二人，领堂谕下来，每人带了十数个伙计出来访缉。这天正走在恶虎山，就听山下一片声喧。原来是常山县马家湖白脸专诸马俊同铁面天王郑雄，由临安回来，打着驴驼子，正走在这里。只见对面跑来一人说："二位救命，那边有劫路的了！"马俊说："你且跟我来。"催马向前。忽见对面蹿出一人，身高九尺，膀阔三停。头上青扎巾，身穿青绑身小袄，腰系钞包，薄底靴子。手擎鬼头刀，面如刃铁，一脸的白斑。押耳黑毛，短茸茸一部刚鬣。这人把手中刀一顺说："此地我为尊，专劫过路人。若要从此走，须留买路钱。若无钱买路，叫你命归阴。对面的绵羊孤雁，趁此留下买路金银，饶尔不死。如要不然，要想逃命，势比登天还难！"不知郑雄、马俊如何，且看下回分解。

第九十回　蓬头鬼劫径遇英雄　华云龙逃走逢故旧

话说铁面天王郑雄见贼人一顺刀，要买路金银。郑雄一看，这个人身躯高大，是个英雄的样子。郑雄很欢喜，心说："这个人必是被穷所迫，我可以周济周济他，叫他改邪归正。"想罢，郑雄赶奔上前说："朋友，我看你是个堂堂正正的英雄，烈烈轰轰豪杰，必是被穷所迫，在此劫路。我周济你二十两银子，你可以做个小本经营，千万不可做贼为寇。你或是投亲访友，盘费不敷，你只管说，我还可以多给你。"贼人哈哈一笑说："你休要跟我动舌剑唇枪，给我二十两银子！今天大老爷既遇见你，你非把驴驼子东西都给我留下不可！"郑雄一听，气往上冲，说："你这厮太不知事务，你打算我怕你不成？今天我管教管教你！"说罢，郑雄伸手拉出竹节鞭，照定贼人搂头就打。贼人一闪身，摆刀照郑雄就剁。郑雄往回一撤鞭，手急眼快，使了百草寻蛇，往上一迎。"呛啷"一响，把贼人的刀磕飞了。趁势打一鞭，竟将贼人打倒，郑雄吩咐家人将贼人捆上。郑雄打算打贼几下，把他放了，叫他知道知道，不肯送他当官治罪。焉想到贼人破口大骂说："你们既把大太爷拿住，你两个人敢把自己名姓告诉我不敢？"马俊："好贼人，你家大太爷怎么不敢把名姓告诉你！我是马家湖的，姓马名俊，绰号叫白脸专诸。告诉你，你便怎么样？你不服，你叫人找我去吧！"贼人说："好，姓马的，你看着罢！"书中交代，有一群贼，夜入马家湖，马俊几乎一家被害，那就是报今日之仇。这是后话。

今天把贼人拿住，正说着话，小玄坛周瑞、赤面虎罗镖，带领官人赶到。二位都头一瞧，认得是马俊，说："原来是马大官人，拿住贼人甚好。现在南门外当铺明火执仗，抢去衣服首饰无数，已呈报到官。东门外劫路杀人案，老爷要这两案，要的甚紧，派我等出来。你把贼人交给我们罢。"马俊说："也好，交给你们吧。"又把那逃难之人叫过来，问丢了什么。那人说："我叫胡德元，并未丢什么。若非老爷，我命休矣。"谢了马俊等，自己去了。马俊等也各自去。

周瑞、罗镖叫伙计带着贼回到衙门。往里面一回话，老爷立刻升堂，吩咐："把贼人带上来。"两旁答应，立刻将贼人带上堂来。贼人怒目横眉，立而不跪。老爷在上面问道："下面贼人姓什么？"贼人说："我姓恽名芳，外号人称蓬头鬼。"老爷说："好恽芳，南门外当铺劫案，你们共有多少人？趁此实说，免得皮肉受苦！"贼人说：

"我不知道。"老爷说："东门外劫路杀人，你等几个人办的？"恽芳说："我也不知道，不是我。"老爷说："你在绿林几年，做了多少案？"恽芳说："我没做过案，这是头一回。"老爷一听，勃然大怒，把惊堂木一拍说："你这厮必是贼呀！见本县竟敢言语支吾。大概抄手不肯应，来人给我拉下去，重打八十大板！"皂班答应，将贼人打了八十大板。打完了，贼人并不哼哈，复又带上堂去。老爷说："恽芳你趁此说了实话，本县可从轻办理。你如不说，本县三推六问，那时你也得招认！"恽芳说："我实是不知，你便把我怎样？"老爷一听，气往上冲，吩咐："看夹棍伺候！"三根棒为五刑之祖，往大堂上一捺，老爷吩咐："把他夹起来再问！"官人立刻把贼人夹起来。老爷一伸手，用了五成刑，贼人并不言语。老爷一伸手，用八成刑，贼人睡着了。用十成刑，滑了杠。贼人终是不言。老爷无法，吩咐把贼人钉镣入狱。连过了两堂，贼人没口供。焉想到第三夜内三更时，来了一二百飞檐走壁的江洋大强盗，来到常山县劫牢反狱，把恽芳救走，拐走了七股差事。来到东门，杀死门军，持刀押颈，要钥匙开城逃走。知县衙门就乱了。

次日，知县把周瑞、罗镰叫上去，标下堂谕："限三天要这案。如拿获着，赏银二百两。三天如拿不着，必要重办。"马快小玄坛周瑞跟罗镰一商量，这件案真不好办。周瑞、罗镰这两个人原本是师兄弟，罗镰是周瑞的父亲的徒弟。这两个人一商量，周瑞说："咱们两个人到家去问问老爷，这个恽芳是哪一路的贼。他老人家也许知道，叫他老人家给咱们出个主意。"罗镰说："好。"两个人领着二十多个伙计，各带兵刃，出了衙门，狂奔兴隆镇。

周瑞他住家在兴隆镇的东村头路北。他父亲名叫周熊，绰号人称燕南飞。当年老英雄在镇江住家，同一轮明月赵九州、铁棍无敌满得公在外面保镖，因闲事打了一场官司，打输了，老英雄赌气，离开镇江府，就在这兴隆镇落户，在十字街开了一座舞岳斋铁铺。跟前就是一子。周熊教了一个徒弟罗镰。这两个人在常山县当红差事。周瑞是三班都头，罗镰是班总。今天这两个人带着伙计，回到家中，一见老英雄周熊，周熊诘问："儿呀，你二人带着伙计，来到家中什么事？"周瑞说："爹爹有所不知，常山县出了逆案了。"周熊说："什么逆案？"周瑞说："这位老爷新官到任，交代尚未办理清楚，南门外面兴当内，夜闹明火执仗，刀伤事主，抢去银两首饰，贼人逃窜，当铺呈报到县。东门外路动杀人，一无凶手，二无对证，人头不见。老爷派我二人出来办案。我带着伙计下道，走到恶虎山，正遇贼人路劫，给常山县马家湖的白脸专诸马俊把贼人拿住。我二人把贼带到衙门。老爷一问，这个贼没有口供，老爷把贼人入了狱。焉想到昨天夜内来了几百江洋大盗，大反常山县，劫牢反狱，把贼人救走，还拐走了七股差事，到东门砍死门军，持刀押颈，要钥匙开城逃走。老爷为这事，纱帽都保不住了。堂谕给我二人三天限，拿不着贼人，必要重办我等。要拿了这案，不但有赏，还成名。此不知是哪路的贼，你老人家可有什么耳信没有？"周熊说："救走的这个贼叫什么？"罗镰说："叫蓬头鬼恽芳。"周熊一听，说："这个贼我知道，这是西川路的贼。西川有五鬼一条龙：蓬头鬼恽芳、云中鬼郑天福、开风鬼李兆明、鸡鸣鬼全得亮、黑风鬼张荣，一条龙是乾坤盗鼠华云龙。你两个人不用着急，在家等着。我出去采访采访。"周瑞、罗镰点头答应。

老英雄燕南飞周熊这才由家中出来，刚来到铺子门口，正赶上华云龙买镖，周熊就心中一动。华云龙要出风轧亮的镖，周熊心中暗想："使出风轧亮的镖，是装毒药用的。天下没几个人，就是千里独行马元章，他传授了徒弟威震八方杨明，杨明传了个拜弟西川路的华云龙。除此这几个人之外，没有要出风轧亮镖的。"老丈这才一问："壮士贵姓？"华云龙说："姓华。"周熊就知道是乾坤盗鼠华云龙。周熊一想："大概劫牢反狱，必有他在内。就把他拿住，这案就破了。"故此把华云龙稳住了，叫小伙计去倒茶，向小伙计耳边说："你赶到家里送信，就提乾坤盗鼠华云龙在铺子里买镖。叫周瑞、罗镰带众伙计来，把铺子围上，赶紧快来。"小伙计听得明白，点头答应，把茶壶搁在水铺里，赶紧到家中去送信。周瑞、罗镰正为这案着急，一听这个信，立刻带人来，就把铺子围了。华云龙也没想到有人拿他。周熊把华云龙诓在后院，因地方平坦，就好拿他。小玄坛周瑞、赤面虎罗镰，每人手擎一把铁尺，重有二十四斤,把门端了,蹿到院中。周瑞一声:"好华云龙!明火路劫,杀伤人命,劫牢反狱,杀死门军,持刀押颈,要钥匙开城,你真是胆大包天!我看你今天哪里去!"华云龙吓得魂惊千里,也不知是哪的事。二位班头各摆铁尺,往前狂奔。华云龙看人多势众,自己不敢动手,急忙拧身往墙上就蹿。老英雄周熊抖手就是一镖,华云龙没躲开,正中在贼人的幽门。终日贼人采花,今天叫他尝尝铁家伙,这也是报应。小玄坛周瑞见贼人要逃走,赶紧喊嚷:"外面伙计们,别叫贼跑了!"众官人各摆兵刃,阻住大路。大约华云龙难逃活命。不知后事如何,且看下回分解。

第九十一回　　五英雄送友古天山
恶妖道自炼阴风剑

话说众官人各摆兵刃一截华云龙,这些人如何截的住?华云龙说:"挡我者死,闪我者生,尔等让路!"摆刀往下一蹿,手中刀乱砍官人。杀开一条大路,贼人闯出来往正北就跑。后面周瑞叫喊:"千万莫放走了他!众人追拿!"众人随后紧紧追赶。华云龙跑的紧,后面追得紧。周瑞、罗镰带领众人飞追,去华云龙不多远。华云龙跑的热汗直流,腿也发了酸,实在跑不动了。后面仍自是追,华云龙又不敢站住,追上就没了命,自己拼命往前跑。眼前一道沙土岗,约有一丈多高。华云龙心里说道:"这土冈我要两腿一发软上不去,一跌下可就没了命了。"自己来到土岗,用力往上跑。焉想到土岗北边有五个人在那里站着,乃是威震八方杨明,同风里云烟雷鸣、圣手白猿陈亮、矮脚真人孔贵、万里飞来陆通。

书中交代,这五个人怎么会来到这里呢?原本这五个人在蓬莱观庙里住着,济公叫他五个人,一个月之内不准出庙,要一出庙,就有性命之忧。别人都能行,唯有陆通,他在庙里不出来,急得了不得。没事他就拿着棍在院里练棍,以为解闷。分为三十六手左门棍,四十八手右门棍,庄家六棍,他自己就要开了。这天他正在要着,一失手把花盆砸了。道童说:"陆爷你别练了,要练到庙门口练去。"陆通说:"对,我上庙门口练去。"雷鸣说:"我陪你去,咱们两个人练去。"杨明说:"陆通别出去!济公说,一个月不叫出去,出去有性命之忧,不可不信。"孔贵说:"庙门口又没人在山上头,有什么要紧?叫他出去瞧瞧,免得他发躁。"陆通就同雷鸣来到庙门口。一个练棍,一个耍刀。正练得高兴之际,就见山上跑过一只野猫来。陆通一瞧,拿棍就打。野猫往山下一跑,陆通同雷鸣两个人随后就追。道童瞧见,去告诉杨明说:"陆通同雷鸣追野猫下山去了。"杨明、孔贵、陈亮不放心,赶紧带上兵刃,追下山来。焉想到陆通、雷鸣追这只野猫,一直追下去有五十里之遥。只见野猫钻进一座坟窟窿里。陆通追到这里一看说:"好球囊的,你快出来,你不出来,我把你的窝拆了!"拿着棍就要拆坟。这个时节,杨明、陈亮、孔贵赶到。杨明说:"陆通你还不躲开,要叫人看见,说你偷坟掘墓,就把你拿住。快跟我走吧。"

正说着话,只听正南上人声喊嚷说:"别叫贼人走了!"雷鸣往土岗一瞧,是华云龙被官人追下来。雷鸣说:"杨大哥,你瞧华云龙被官人追下来。咱们帮着官人将他拿住,好不好?"陈亮说:"不用,咱们趁早躲开,依我说,不用多管闲事。"杨明说:"不要紧,我有主意,咱们不用明着过去拿他,跟他为仇。咱们暗中拿石子打他,把他打躺下,官人就将他拿了。咱们也不必见面。"雷鸣说:"对,杨大哥会打暗器,你打的准,你打罢。"杨明就拿一块石子,在沙岗后,见华云龙刚要上岗,杨明一抖手说:"云龙照打!"这石子照云龙打去。焉想到华云龙身往旁边一闪,这石子正打在小玄坛周瑞的华盖穴。周瑞"呀哟"一声,翻身栽倒,立刻哇了一口血吐出来。华云龙趁着周瑞一躺下,贼人连蹿带跳,越过土岗。抬头一看,是陈亮、雷鸣、杨明这五个人。华云龙只当是杨明暗中救他,拿石子打官人。华云龙赶紧过来,给杨明磕头,说:"多蒙兄长搭救,要不然,小弟今遭不测。"杨明也不好说我不是救你的,要帮官人拿你。只好随口应承说:"我救你倒是小事,你快逃命罢。"华云龙说:"兄长，你救人救到底，我要上古天山凌霄观，找我叔父九宫真人华清风去。求兄长把我送了去吧。"杨明说："你上你叔叔庙里去，何必我送？"华云龙说："兄长有所不知。我叔叔脾气太厉害，要见了我，知道我外面做的这些事，必要杀我。求兄长送了我去，给我讲讲情。我给兄长磕头。"杨明本是个热心肠的人，见华云龙苦苦哀求，杨明说："就是罢，我送了你去。"雷鸣、陈亮众人都不愿意，又不好不跟着。无奈，大众一直狂奔古天山而来。

相隔此地不过数十里之遥，众人来到古天山下。陆通就说："杨大哥，你们去，我在这里等着。我不去见华清风。见了他，还得给牛鼻子老道行礼，我不愿意。我在这里等着，你一天不来，我等一天。两天不来，我等两天。总等杨大哥来了，咱们一同回去。"杨明说："也好，你等着罢。"四个人这才同华云龙上山。来到庙门口，一叫门，道童出来。一开门说："华二哥来了，你好呀。"华云龙说："好，承问承问。师弟，祖师爷在家没有？"道童说："在家。"众人这才一同进去。见庙中栽松种竹，清幽之极。正北是大殿五间，东西各有配房。道童带领众人，越过头层殿，由第二层院子出东角门，来到东跨院。这院中是北房三间，南房三间，东房三间。道童用手一指北上房说："祖师爷在上房鹤轩里。"众人隔着帘子，往里一瞧，见里面有一张云床。上面有黄云缎子坐褥，在当中坐定一个老道，盘膝打坐，闭目垂睛。头戴青缎九梁道冠。身穿紫缎色道袍，上绣金八卦，按着乾三边，坤六段，离中虚，坎中满，当中太极图。腰系杏黄丝绦，白袜云鞋。背后背着宝剑，绿鲨鱼皮鞘，捡铜什件，黄绒穗头。面如生羊肝，押耳黑毫，海下一部黑胡子，微有几根白的。杨明、陈亮、雷鸣、孔贵四个人在外站着，华云龙先进去，跪倒行礼说："叔父在上，小侄男给叔父叩头。"华清风一翻二目说："你这逆子，在外面胡作非为！华氏门中，乃根本人家，出了你这现眼的逆子，你还有何面目前来见我！"说着话，伸手把宝剑拉出来。杨明一瞧，生怕老道杀他，杨明赶紧迈步进去说："祖师爷暂且息怒，饶恕他吧。"华清风抬头一看说："你是什么人？"杨明说："我姓杨，叫杨明。"华云龙说："叔父，这是小侄男的恩兄，威镇八杨明。"雷鸣、陈亮、孔贵也都进来。华云龙说："叔父，这都是我的恩兄义弟。"华清风一听，说"你这孽障，这就该打！既是你的恩兄义弟，为何不早禀我？众位请坐。这位道友贵姓？"孔贵说："无量佛，弟子叫孔贵。"华清风说："这二位贵姓？"陈亮说："我姓陈。"雷鸣说："我姓雷。"华清风说："众位来此何干？"杨明说："祖师爷要问，只因我义弟华云龙，他在临安闯下大祸，现在灵隐寺济颠和尚到处拿他，他无地可躲，我等把他送到祖师爷这里。求祖师爷大发慈悲，将他收下。济颠和尚也许不能来拿他。就使来了，祖师爷可以劝劝济公。'僧赞僧，佛法兴，道中道，玄中妙，红花白藕青莲叶，三教原归一家人。'祖师爷可以庇护他。"华清风一听，说："你等来把他送到我庙里来，是怕济颠和尚拿他是不是？"杨明说："是。"华清风说："你等敢是真心要救他，还是假心呢？"杨明听这话一愣，说："祖师爷这话从何说起？我等要不是真心，为何我等跟着送上山来？"华清风说："好，你们既是真心救他，我跟你们几位借点东西，肯借不肯借呢？"杨明说："看是什么东西，除非是脑袋，在脖子上长着不能借，别的东西都可以借。"华清风说："我倒不借脑袋。我要炼五鬼阴风剑，炼好了，能斩济颠罗汉的金光。要不炼好法宝，济公来拿他，我也不是他的对手。你们打算救他，把你们几位的人心，借给我炼五鬼阴风剑，可以斩济颠和尚。"雷鸣一听，他先恼了，张嘴就骂："好杂毛老道！满口胡说！给脸不要脸，爷爷走了！杨大哥跟我走！"杨明也是气得颜色更变，说："你们是叔侄，爱管不管。"站起来就要走。华清风哈哈一笑，说："你几个小辈要走，焉能由得了你？放着天堂有路你不走，地狱无门找进来。姜天瑞出来，把他等给我拿住！"一句话说出，金眼佛姜天瑞，由屋中出来。用袍袖一点指，口念："敕令！"竟把这四位英雄，用定身法定住，要想逃走，比登天也难。不知性命如何，且看下回分解。

第九十二回　黑风鬼害人终害己
金眼佛杀人被人杀

　　话说姜天瑞用定身法把四位英雄定住。华清风吩咐："去到西跨院，栽上五根柏木桩。把香烛桌案应用东西预备好了，山人要炼五鬼阴风剑。"华云龙立在一旁，竟自不言。杨明说："好姓华的！我们可是为你来的。你瞧我等死，这倒不错！"华云龙听杨明这话，他这才说："祖师爷，你老人家慈悲慈悲罢。这都是我的朋友，你看在我的面上，别杀他们。"华清风说："华云龙，你还给他等求？你打算他等是你的朋友？你可知在沙土岗，姓雷的他要帮着官人拿你。姓杨的说，他会找暗器，拿石头原是打你，错打了官人。你还在睡里梦里。"杨明一听，心说："奇怪，我们说的话，老道怎么会知道？真是神仙，未卜先知！"雷鸣只破口大骂。华清风立刻吩咐，把众人捆着搭着，来到西跨院。见那里栽着五根柏树桩，放着八仙桌。有得炉蜡扦、香烛纸马、五谷粮食、菜根、无根水、黄毛边纸、朱砂、白芨、笔砚等。一应的东西都预备好了，就把四个人往木桩上一捆。陈亮说："罢了，没想到今天死要这里。哎呀，应了济公的话了，他老人家说一个月不可出蓬莱观，要不听话，有性命之忧，他救不了咱们。这都是陆通不听话，连累了咱们几个人。"杨明说："事已至此，也就不必说了。"雷鸣、陈亮说："我们两个人死了倒不要紧，上无父母的牵缠，下无妻子的挂碍。孔二哥已然是出了家，死了万事皆休。就是杨大哥死不得，家有白发老娘，绿鬓妻子，未成丁幼儿。你要一死，是母老妻单子幼，无人照顾。"这一句话，勾起杨明心中一阵难过，叹了一声说："二位贤弟，倒不便提这个了。一则生有处，死有地，阎王造就三更死，谁敢留人到五更？二则你我弟兄，倒是一件乐事。"陈亮说："怎么要死倒是乐事呢？"杨明说："你没瞧见闲书，想当初《三国志》'宴桃园豪杰三结义，斩黄巾英雄首立功'，刘关张结义之时说，不愿同年同月同日同时生，但愿同年同月同日同时死，尚且不能。现今你我弟兄岂不是同年同月同日同时死吗？"

　　正说着话，华清风吩咐："给我拿过一个瓶来，我可以把他等的阴魂拘来，收在瓶内。"姜天瑞说："师傅，你炼五鬼阴风剑，这是四个人，尚少一个人呢。"华清风一听，豁然大悟，说："有理有理。山人一时懵懂住了。还少一个人，这不能炼。"姜天瑞说："今可下山，再找一个人去。"华清风说："何必找去，你把厨房吃饭那人添上就得了。"书中交代，谁在厨房吃饭呢？乃是黑风鬼张荣。原是张荣在树林子等着华云龙去买镖，等到工夫大了，不见华云龙回来，正在心中焦躁，只见杨明、雷鸣、陈亮、孔贵、陆通这五个人，由正北往南跑。张荣大吃一惊，赶紧隐藏起来，生怕杨明瞧见他，必要他的命。自己正在暗中观看，见正南上官人追下华云龙来。雷鸣说要帮着官人把华云龙拿住，杨明要拿石子打华云龙，张荣在暗中听的明明白白。这小子怕被杨明众人瞧见，他先回到古天山来。一见华清风，提说华云龙之事。要不然，华清风怎么会知道杨明拿石子打华云龙？他又不是神仙，焉能未卜先知？都是张荣说的。此刻张荣正在厨房吃饭，姜天瑞来到厨房说："张荣，现在祖师爷要炼五鬼阴风剑，少一个人。"张荣说："我给下山诳去。"姜天瑞说："你也不用诳去。祖师爷说了，把你添上就够了。你少活几年罢。"张荣一听，吓得颜色更变，说："别把我添上呀！"姜天瑞说："由不了你！"用袍袖一指，张荣不能动转，当时也把张荣搭到西跨院来。张荣口中直央求说："祖师爷饶命！"杨明一瞧，见是张荣，心中咬牙愤恨。自己一想："要不是出来找张荣，焉能离家在外，遇见这样的事？"杨明破口大骂说："张荣！你这厮人面兽心，我姓杨的出来，原为找你这小辈报仇，没想到今天在这里会见你！"张荣只顾央求老道饶命，也不顾杨明骂不骂。张荣直说："祖师爷饶命！"华清风本是个恶人，并不理他。吩咐姜天瑞："你看我用宝剑挑起来符一烧，抖起来符落到谁头上，你先取谁的人心。"姜天瑞点头答应。

　　华清风把符画好了，往宝剑尖上一粘。口中念念有词，把符点着，用宝剑一挥。

这道符正落在黑风鬼张荣的头上。杨明一看，说："罢了。我只要见着张荣一死，先死在我眼前，我就死在九泉之下也甘心瞑目。"只听华清风那里吩咐行刑，姜天瑞拿宝剑，照定张荣胸前就是一剑。只听"噗叹"一响，张荣胸中冒出五股气来，是阴毒损坏狠。冒完了这五股气，血才往外流。姜天瑞用凉水一浇，伸手把人心取出来，一瞧，心中净是小窟窿，都烂了，没有一个好心眼。把人心递给华清风。老道用宝剑将人心一穿，口中念念有词。宝剑一晃，就把张荣的阴魂招了，去装在瓷瓶之内。老道说："急急如律令敕。"用手一指，张荣的阴魂不能出来。华清风就把第二道符点着，口中一念咒，用宝剑一抖，这道符落在杨明的头上。杨明说："三位贤弟，愚兄头里走了。你我弟兄在枉死城见罢。"雷鸣、陈亮瞧着难过，如乱箭穿心一般。华清风吩咐姜天瑞行刑。杨明把眼睛一闭，牙关一咬。姜天瑞伸手一解杨明的衣服，用宝剑照定杨明胸前就刺，只听"噗叹"一响，红光迸溅，鲜血直流，姜天瑞的死尸，栽倒在地。

书中交代，姜天瑞拿宝剑杀杨明，怎么他倒被杀死了？书有明笔、暗笔、伏笔、记笔、倒岔笔、惊人笔。这乃是惊人笔。姜天瑞拿宝剑正要刺杨明，焉想到由墙外蹿进一人，正是万里飞来陆通。人到棍到，竟把姜天瑞脑袋打碎了。陆通原本是在山下等候杨明。工夫大了，不见杨明回来。傻人也有傻心眼，陆通一想说："我等杨大哥，回头饿了怎么办？没地方吃饭。"正在思想之际，由那里来了个卖馒头的。一瞧陆通身高九尺以外，犹如半截黑塔一般，旁边搁着一条铁棍。卖馒头的只打算陆通是打杠子的，吓得颜色更变，说："大太爷要什么？"陆通把英雄氅往地下一铺说："爷爷要馒头！"卖馒头的赶紧就数，一五一十全数完了，一百零五个。把馒头搁下，挑起担子就走。陆通说："回来！"卖馒头人说："大爷，你还要剥我的衣裳吗？"陆通说："爷爷给你银子。"掏出一锭有五两，递给卖馒头的。他这才知道陆通是好人。卖馒头的说："这些馒头用不着这许多银子。"陆通说："你滚吧。"他才挑起担子走了。陆通瞧着馒头，给风一吹，皮一干裂了口。陆通说："你乐了，先吃你！"拿起来就吃。再一瞧又裂一个，他说："你也乐了，该吃你。"自己自言自语说："他们来了，就够吃的了。"陆通正在说这话，一瞧和尚来了，还同着一个人。济公说："陆通，你还不瞧瞧去，你杨大哥给人害了，要开膛摘心哪。"陆通说："真的吗？"和尚说："真的。"陆通拿起铁棍大氅就往山上跑，馒头抖了一地，也不要了。来到庙界墙，往里一看，墙有八尺高，他身材九尺，探头往里一瞧，果然把杨明捆上。陆通真急了，蹿进去，手起棍落，竟把姜天瑞打得脑袋崩裂。华清风一看，眼就红了。说："好一个胆大的囚徒！竟敢把我徒儿打死！"陆通摆棍就跟华清风动手。华清风用手一指，把陆通定住。老道拉出宝剑，照陆通脖颈就是一剑。砍了白印一条。陆通哈哈一笑说："爷爷身上有金钟罩，就是不告诉你！就把火烧、活埋、开水煮这三样不告诉你。你不知道！"他本是浑人，说不告诉，全说出来。老道一听，吩咐童子："把两捆干柴，将他烧死，给我徒儿报仇。"童子立刻搬了干柴，陆通一瞧，说："这着真不好了，谁告诉你的？"杨明瞧着，深为太息，说："陆通是个浑人，肉眼佛心。一世不懂奸滑，怎么会遭这样惨报，可见上天不睁眼。"陆通也是真急了，口中直嚷："师傅快来救命！"只听外面答话："来了！好东西！要烧我徒弟，徒弟不必害怕！"大众睁眼一看，乃是济公，说来搭救众人。不知罗汉爷从何处而来，且看下回分解。

第九十三回　古天山华清风炼剑　铁佛寺济禅师救人

话说华清风正要火烧陆通，济公赶到。书中交代，济公由古佛寺追走了华云龙，和尚复返回去。掏了三块药，把飞天火祖秦元亮、立地瘟神马兆熊、千里腿杨顺三个人的镖伤治好。这三个人给济公行礼说："多蒙师傅救命之恩，未领教圣僧尊姓大名。"济公通了名姓。这三个人说："师傅搭救我等再生，我等铭感五中。青山不改，绿水长流，他年相见，后会有期，我等必要报答。"济公说："你三个人去吧，我和尚还有事呢。"三个人千恩万谢，告辞去了。和尚复又到庙内，把刘四放开，叫李刘氏跟他兄弟回家。姊弟二人谢了济公去了。和尚叫本地官人报官，将古佛寺入官，另招住持僧人。济公这才回铁佛寺。来到寺里一看，众人正在埋怨和尚："要不是和尚把大蟒赶走，大众虽花些钱，可以把臌症治好。这一来，病人多的很，没人治了。"济公在铁佛寺一听这话，说："众位不必埋怨，我可以在这庙内舍圣水，有病的只管来吃，吃了包好。"立刻派人挑了几十担水，倒了十大缸。和尚掏了十块药，放在水缸里。大众闻这水，有一阵清香。大众传出去，和尚舍圣水。果然有臌症的，来此喝口水就好。不但治臌症，百病都得好。开化县的黎民没有不感激济公的。

次日和尚说："我可不能看着舍水，我还有事呢。"这才回到巡检司，叫四位班头把冯元志送到开化县。和尚来到开化县，知县郑元龙立刻迎接济公。进到书房，知县说："多蒙圣僧给我地面除害，搭救黎民，本县实深感激。"和尚说："那倒是小事。"知县说："圣僧这是由哪里来，这个贼人是怎么一段事？"和尚说："这个贼人是盗公文的，现在龙游县还有一个贼，叫小神飞徐沛，跟那个贼是一案。我带着这两个班头杨国栋、尹士雄，就是龙游县的原办。求老爷办一角文书，派几个官人，把这个贼人解到龙游县去完案。"知县郑元龙点头应允。旁边贼人冯元志一听这话，心中一动。心说："只要把我解了走，遍地是绿林的朋友，只要碰见，定可以把我救了。"他是心中的话，和尚答应了，说："好东西，你心里倒想得不错，只要把你解了走，路上就有人夺了你去。我和尚更有主意。老爷，你叫人把黄土泥用水合了，把贼人的脑袋脸上都抹了，就给他留着眼睛、鼻子、嘴出气，省得有人认得他。"知县立刻办了一角文书，派了四个解差，同尹士雄、杨国栋把贼人解走。尹士雄、杨国栋谢了知县，又谢了济公，这才押解起来。和尚领柴、杜二位班头也告辞。知县送出衙门，和尚拱手作别。柴头说："师傅，你老人家由临安带我二人出来拿华云龙。今天也拿他，明天也拿他，到如今也没拿住。我们家中上有老，下有小，指着这份差事度日子。这些日子，披霜带露出来，倒是拿他拿不了！"和尚说："你两个人不用着急，跟我走，准把华云龙拿住。"二位班头无奈，跟了和尚往前走。和尚说："了不得了！我这身上的虱子太多了，咬得我实在难受！"说着话，和尚用手一掏，掏出一把虱子来。由前头掏出一把来，放在后身。由后掏出一把来，搁在前面。柴头说："师傅，还不把虱子捺了！还往身上放着，这有多脏！"和尚说："你不知道，我给虱子搬搬家，它一不服水土就死了。"柴头就："师傅，别胡闹了，一个人身上的虱子，还不服水土？依我说，快捺了罢。"和尚："这虱子还得拿水饮饮它。"说着话，眼前有一道河，和尚"噗咚"跳下河去。柴头就知道和尚又要走，说："师傅又要走啦？咱们哪里见？"和尚说："咱们常山县见。"说完了，和尚一使验法，柴、杜二人瞧不见和尚了。两个人抱着怨恨，往前走了。

和尚见他二人走了，由水内上来，一直狂奔古天山来。正往前走，见眼前一个乞丐，扛着一个钱叉子。上写："日吃千家饭，夜住古庙堂。不做犯法事，哪怕见君王。"和尚说："你上哪里去要饭吃？"乞丐说："我去给人家念喜。"和尚说："咱两个人一同走吧。"乞丐说："和尚，你去做什么？"和尚说："我也给人家念喜歌去。"这乞丐一听，说："人家办喜事，你是个和尚，一去人家准不愿意。"和尚说："不要紧。和尚安口锅，也比在家差不多。"说着话，二人一同往前走。刚到古天山下，一瞧陆通正然瞧着馒头自言自语。和尚说："陆通，你还不瞧瞧去，你杨大哥在庙里被人害了。"陆通说："真的吗？"和尚说："真的。"陆通拿起英雄氅就跑，馒头滚了一场。和尚说："朋友，你把馒头捡了去吧。"乞丐一看说："和尚你不要吗？"和尚说："我不要，你拿了吃去吧。"和尚叫这个要吃的来，所为怕是这些馒头糟蹋了。在山下捺着，没人捡，所以叫要饭地把馒头捡了走。

和尚上山，刚到凌霄观，就听陆通那里嚷："师傅快来救我！"和尚说："来了。"立刻用手一摸天灵盖，把佛光、灵光、金光三光闭住。和尚跳进去一看，华清风正要点火烧陆通。和尚说："好杂毛老道，你无缘无故害人，待我来拿你！"华清风气得"哇呀呀"直嚷，说："你是何人？"和尚说："我乃西湖灵隐寺济颠是也。你既是出家人，三清教的门徒，就该戒杀、盗、淫、妄、酒。你无故要杀害性命，我和尚焉能容你！"华清风一听是济颠，老道眼睛一看，见和尚身量不高，体瘦不大，一脸的油泥，短头发有一寸多长。破僧衣短袖缺领，腰系绒绦，疙里疙瘩。褴褛不堪，原是一丐僧。华清风心里说："闻名不如见面，见面胜似闻名。听说济颠乃是罗汉。要是罗汉，头上必有金光。要是带路金仙，头上必有白光。要是妖精，必有黑气。看他头上一无金光，二无白气，乃是凡夫俗子。"他焉知道和尚把三光按住。老道说："济颠气死我也！"和尚说："我气死你，你死吧。"老道说："济颠！你这厮好大胆量，屡次欺我太甚。我徒弟张妙兴，在五仙山祥云观被你给烧死。你又无故搅闹铁佛寺，常道友给我托梦，说你打去他五百年道行。你又把我徒弟姜天瑞的胡子给揪了去，羞臊他的脸面。你还要捉拿我侄儿华云龙。今天你还敢来管我的事。你岂不是飞蛾投火，自来送死！你要知事务，你跪下给山人磕头，叫我三声祖师爷，山人有好生之德，饶你不死！"和尚哈哈一笑说："好老道！满口胡道！你跪下给我和尚磕头，叫我三声祖宗爷，我也不能饶你！"华清风一听，不由怒从心上起，气向胆边生，举宝剑照定和尚劈头就剁。和尚一闪身，滴溜绕在老道身后，拧了老道一把。老道回头，用宝剑照和尚分心就扎。和尚闪身躲开，左手一晃，右手照定老道就是一个嘴巴。老道气得"哇呀呀"直嚷。和尚身体灵便，拧一把，摸一把，拉一把，老道的宝剑终到不了和尚的身上。老道真急了，身子往圈外一跳，说："好济颠，你真是找死！休怨山人，待山人拿法宝取你，叫你知道祖师爷的厉害！"说着话，由兜囊掏出法宝，就往地下一洒，老道口中念念有词，用手一指："太上老君，急急如律敕！"展眼之际，只见平地忽起一阵怪风。怎见的？有赞为证：

无影又无踪，卷扬花，西复东。江湖常把扁舟送，飘黄叶舞空，推白云，过山峰。园林乱摆花枝动，吼青松，穷帘入户，银烛影摇红。

一阵狂风大作。和尚一看，有许多獐猫野鹿兔鹤狐群，直奔和尚而来。和尚用手一指，口念六字真言："唵嘛呢叭咪吽。"这群野兽一道黄光，显出原形，都是纸的。老道一看，说："好和尚，胆敢破我法宝！"老道口中一念咒，用手捏剑诀一指，只见来了许多毒蛇怪蟒，要咬和尚。和尚哈哈一笑，用手一指，口念六字真言。这毒蛇怪蟒，一道黄光全化没了。老道见和尚连破了两种法宝，老道真急了，要下毒手。当时把柴火点着，老道用咒语一催，展眼烈焰飞腾，三昧真火把和尚围上。不知济公如何破法，且看下回分解。

第九十四回　僧道斗法凌霄观　弟兄送信马家湖

话说九宫真人华清风点着火，用咒语一催，要烧济公。焉想到和尚口念六字真言："唵嘛呢叭咪吽，唵敕令赫！"用手一指，这团火就奔老道去，立刻老道衣裳着了。华清风一瞧，势头不好，赶紧拧身蹿进烟云塔去。和尚一念咒，这火越烧越旺，就把烟云塔围了。华清风胡子也烧了，头发也烧了，衣裳也着了，火往塔里直扑。老道直嚷："圣僧慈悲饶命！弟子再不敢了！"济公本是佛心人，一听华清风央求，和尚赶紧用手一指，火就灭了。华清风由塔里出来，架起趁脚风，竟自逃走。和尚并不追他，这才把杨明众人放开。再一找，华云龙早已逃走。庙里就剩下四个小道童，吓得战战兢兢。和尚不忍伤害，说："你等不必害怕，我且问你，庙里还有什么人？"道童说："还有我二师兄刘妙通，他病着呢。"和尚说："好。少时我给他治病。"杨明众人过来行礼，齐说："多谢济公救命之恩。你老人家要不来，我等性命休矣。"和尚说："杨明、雷鸣、陈亮，你三个人给我办事去。我这里有一信，你三个人送到常山县马家湖，找白脸专诸马俊，交给马大官人。明天可务必掌灯以前送到，别等落太阳送到才好。此关重大之事。你三个人勿论有什么要紧的事，可别办，先给我送信要紧。"杨明说："是了。这点小事，我三人决不会办错了。"济公把书信交给杨明带好。和尚说:"你们这就起身罢。在道路上千万别管闲事。"杨明说:"师傅不必嘱咐,我们必给送到。"

立刻三位英雄告辞,由凌霄观出来,顺着山坡下了古天山,往前紧走。大约走了有数十里之遥,正是天有不测风云,人有旦夕祸福。

郎朗红日在天,顷刻雾锁云漫,霹雷交加。震动蛟龙,沧海何安。白云童子拥出,霎时雨落人间。闪电雷鸣缠绵,天地连连染黑。

展眼之际,狂风暴雨。这三人紧跑,见眼前有一座小村庄,人家不多。三个人来至切近一瞧,路北一座大门。三位英雄无法,来到大门洞避雨,打算等雨住了再走。哪想到越下越大,沟满河平,平地水深数尺,山水响的可怕。展眼之际,天又黑了。三个人正在着急,由里面出来一个庄客,说:"三位快走吧吧,我们要关门了。"杨明见外面雨尚未住,说:"借光,请问这方有店吗?"这个人说:"没有。过了这个小村庄,金家庄那里有店。"杨明说:"有庙没有?"这人说:"也没有。"杨明说:"我等是远方行路之人。此刻下雨,又无客店,望求庄主,这里可以方便方便,我等借宿一宵罢。"这人说:"那可不行。倒不是别的,前人洒土迷了后人眼。前者有一位,走在这里央求要投宿,我们庄主还给他一份铺盖,次日天没亮,他连铺盖都拐了走,还偷了好些东西。这不是烧纸倒引鬼了? 看你们三位,也不是歹人,可就怕我们庄主不敢留了。"杨明看了实不能走,无奈:"尊驾说的这话,可也是难怪,不得不留神。我三个原是江西保镖的,谁想到今天赶上雨了,求庄主方便方便,我等必有一份人心。天下人交遍天下友,人也不能一概而论。"这人说:"你几位且候一候,我去回禀庄主。我也不能做主。"说着话回身进去。

少时出来说:"三位,我家庄主有请。"三个人立刻跟着进去。一瞧,是北房五间,东西配房各三间。一打北上房的帘子,三人进来一看,有一位老庄主,年过古稀。一部银髯,头戴宝蓝缎员外巾,身穿宝蓝缎团花大氅。见三人进来,老员外举手抱拳说:"三位壮士请坐。方才我听我的庄客说,三位是保镖的,未领教三位贵姓?"杨明三个人各通了名姓,说:"未领教老庄主尊姓,我等今天来此吵扰。"老丈说:"三位说哪里话来,四海之内,皆兄弟也,小老儿姓金,名叫金荣。三位请坐。"杨明瞧了一瞧,这屋里很讲究,都是花梨、紫檀、楠木雕刻的椅桌。墙上名人字画,条山对联,山水人物,花卉翎毛。摆着都是商彝周鼎,秦环汉玉,上谱古玩。家里是个财主的样子。有人送上茶来,金老丈立刻吩咐摆酒。当时家人擦抹桌案,杯盘连落,摆上酒菜。金员外说:"三位吃酒罢,老汉这里可没有什么好的,三位今天多受委屈罢。"杨明说:"老员外说哪里话来,我三个人就感恩不尽了。"说着话,大众落座吃酒,菜蔬也俱可口。众人吃着酒,只见老员外面带忧像,愁眉不展。雷鸣是个口快心直的,说:"老丈,你这就不对了。你既让我们吃,你就别心疼。你要舍不得,就别叫我们吃。"老员外一听,说:"雷壮士,你这话从何而来? 我要舍不得,早就不让你们三位进来了。"雷鸣说:"我见你脸上带着不愿意,为什么呢?"金员外说:"三位有所不知。我面带愁,并非心疼这饭,我实有忧心之事。老汉今年六十八岁,膝下无儿,只生一女,名叫巧娘,今年一十九岁,尚未许配人家,老汉爱如掌上明珠。现在我女被妖精迷住了,病得不成样子。听我女儿说,这个妖精是女妖。我贴告白,打算请能人把妖捉了,情愿谢银五百两。但是总请不到人,故我时刻为此事发愁。"雷鸣一听,说:"这件事不要紧,我师傅会捉妖的。"金老丈说:"尊驾的师傅是哪一位?"雷鸣说:"我师傅是灵隐寺济公。我也会捉妖。"老丈说:"尊驾捉妖,是跟谁学的?"雷鸣说:"我跟江西信州龙虎山铁冠老道张天师学的。"老员外一听,心中甚为喜悦,说:"雷法官既会捉妖,回头求你老人家辛苦辛苦罢。只要把我女儿救了,我老汉必有一份人心。"雷鸣说:"不要紧,回头我们上后面给你捉妖怪去。"老丈立刻吩咐家人送信,叫姑娘搬出去,让三位到姑娘屋中去捉妖。

家人答应,少时来回说,姑娘搬出去了。老丈这才让着三个人来至后面,是北房三间。三人来到屋中一瞧,东里间屋中,是姑娘的卧室,屋中有一阵香粉扑鼻。老丈退回前面去。杨明说:"雷二弟,你疯了?"雷鸣说:"没疯了。"杨明说:"你没疯,你怎说会捉妖?"雷鸣说:"不要紧,我见这个老丈太悭吝,我一说会捉妖,你瞧他又添出许多鸡鸭鱼肉。先且饱餐一顿再说。妖精来了，你我上房再走。"杨明说："那如何使得！"雷鸣说："不要紧，我在屋里等着。妖精不来便罢，他要来了，就拿刀砍他，管他什么妖精！"杨明说："也好，只要胆子正正的。凡事人心一正，百邪远离，邪不能侵正。圣人云：'致中和，天地位焉，万物育焉。'也许你我的正气，把邪赶走。"雷鸣说："对，'人有十年旺，神鬼不敢傍'。"陈亮说："对，我在门后头拿刀等着。"雷鸣说："我在帐子里一躺，装作姑娘。"杨明说："我总担心，我就在外首屋里坐着罢。"雷鸣说："杨大哥，你上西里间睡去吧，你不用管。"杨明就在西里间坐着，也不敢睡。三个人等来等去，天有二鼓以后，就听一阵风响。再一听，外面有脚步声音，似乎木头地响，说："贤妹，你睡了？我特意来找你谈话。"妖精进了屋说："呦，生人味。什么人敢在这屋里？"雷鸣一听，要伸手拉刀捉妖。不知后事如何，且看下回分解。

第九十五回　三英雄避雨金家庄
猛豪杰正气惊妖女

　　话说雷鸣、陈亮听外面说生人味，雷鸣也不答话，拉出刀来。只见帘子一起，是一个女子，刚要往里进去，雷鸣说："什么东西！"抢刀就是一刀。只见一道火光，妖精竟自逃走。这一刀当真砍着了。只见地下有血，有黄毛，也瞧不出是狼毛是狐狸毛。雷鸣这里一嚷，老员外早有预备。同家人点了灯，过来一瞧，见地下有血有黄毛，也不知是什么妖精。书中交代，这个妖精，乃是黄鼠狼，有一千二百年的道行。《前济公传》有济公九渡黄鼠女，就是这个黄鼠。它仍然不改，今天被雷鸣砍了一刀。这一逃走，逃到立空山，去拜立空和尚为师。到下文书里，有五云老祖摆群妖五云阵，它也在其内，以报今天一刀之仇，跟济公作对。这三个人总算是济公的徒弟。此是后话，暂且不表。

　　金老员外见雷鸣把妖精赶走，果然地下有血迹，当时谢过雷鸣。大众说着话，天光大亮。金员外拿出二百两银子送给雷鸣，雷鸣不肯要。老丈执意相送，不收不行。这三个人无法，把银子收了。三个人分着，各带六十余两，这才告辞，出了金家庄。雷鸣说："大哥，三弟，你瞧这倒不错，白吃白喝，一个人白得六十多两银子。"杨明说："往后你再别办这宗险事。倘若妖精青脸红发，就许把你吃了。你有什么能为，这也是济公他老人家暗中保护的。"说着话往前走。

　　相离常山县不远，眼前道旁有一道土岗，有几棵树，陈亮说："大哥、二哥，头里慢走，我要出恭。"杨明、雷鸣点头答应。陈亮来到土岗下，蹲下出恭。焉想到后面来了一人，身高八尺，黑脸膛，头挽牛心发髻，穿着青布单坎肩，青中衣，靸鞋。手提钢刀，由陈亮身背后照定陈亮就是一刀。陈亮正在出恭，瞧见了，又不能站起来。身子往前一趴，抬腿照贼人就是一腿，把贼人踢了一溜滚。陈亮这才赶过去，把贼人按住，陈亮说："你这厮好生大胆！这幸亏是我，你真不睁眼！"这贼人口中直央求说："大太爷饶命！"陈亮说："你大概久惯为贼，必有案，你姓什么？哪里人？老实话，我便饶你不死！"贼人说："我是镇江府丹阳县人，"陈亮一听，他说是丹阳县人。这音也像。陈亮一想是乡亲，可就有意不杀他。陈亮说："你是丹阳县人，姓什么？在什么村住？"贼人说："我在陈家堡住。"陈亮一听，心："他在陈家堡住，我怎么不认识？"又问贼人姓什么，在陈家堡哪边住，贼人说："我在陈家堡十字街路北，我姓陈，叫陈亮，外号叫圣手白猿。"陈亮一听，气往上冲，照定贼人就是一个嘴巴。杨明、雷鸣尚未走远，也跑回来。杨明说："老三，怎么回事？"陈亮说："我蹲着出恭，他由背后把刀砍我，被我拿住。这还不算，大哥问问他姓什么？"杨明说："你姓什么？"贼人说："我姓陈，叫陈亮，外号叫圣手白猿。"雷鸣"噗哧"一笑说："你小子冒充名姓，当着陈亮，你还叫陈亮！"贼人"呀"了一声说："我可是瞎了眼了！我可是丹阳人，我不姓陈，我姓宋，叫宋八仙。只因我知道有一位陈三爷是英雄，我故此充他老人家的名姓。你们二位贵姓?"杨明说:"我叫杨明,他叫雷鸣。"贼人一听,说:"你就是威震八方杨大爷,你就是风里云烟雷二爷么,我可是瞎了眼了!三位饶了我吧!"杨明说:"我给你几两银子,你做个小本经营,别做贼了。"陈亮说:"大哥,别胡闹了,亮清字把瓢给摘了就得了!"贼人说:"求求三位爷饶命罢。三位上哪去?"杨明说:"上马家湖。"贼人说:"是了,本会风字万水多鱼旺,荤天汪钻越马肘局密,急付流扯活,对不对?"他说的这是江湖黑话。"本会"是本村,"风字万"是姓马,"水多鱼旺"是银子多。"荤天汪钻越马肘局密",是晚上跳墙偷银子。他只当这三个人上马家湖做买卖去。雷鸣一听,说:"这是谁教给你的这些话?"踢了贼人一脚说:"你滚吧!"贼人立起来,竟自逃走。只今天雷鸣、陈亮跟那贼人一为仇,下文书大闹丹阳县,陈家堡双雄搭救陈玉梅,几乎雷鸣、陈亮死在宋八仙之手,那就是贼人报今日之仇。这话休提。

且说三位英雄放走了贼人,这才狂奔马家湖来。到马家湖天光尚早。一打听马大官人,是人人皆知,说在十字街路北大门,门口有"孝廉正义重乡里"的匾。三个人问明白,来到十字街一瞧,果然不错。上前叩门,由里面出来一位管家,有三十多岁,很透和气,说:"三位找谁?"杨明说:"我等奉济公之命,前来送信,找马大官人马俊面交。"管家说:"是,三位在此少候,我到里面通禀一声。"转身往里就奔。马俊正同铁面天王郑雄在书房里谈话,听家人到常山县买东西回来说,常山县狱里收着一个贼,叫蓬头鬼恽芳。夜晚去了有几百个江洋大盗,劫牢反狱,把贼人救走,砍死门军,持刀押颈,要钥匙出东门逃走。马俊:"郑大哥,你我晚上把兵刃须备好,恐其贼人记恨前仇,来找你我报仇。"郑雄说:"不要紧,你我夜里留神就是了。"正说着话,家人进来回话,说:"回大官人,现在外面来了三个人,说是灵隐寺济公派来投书信于大官人,要面交的。"马俊:"你到外面问问,是济公特派哪三位来送信,还是顺便带来的,还是济公花钱雇他们来呢?问明白进来禀我知道。"管家点头答应。马俊为什么这样问呢?原来马俊乃是世路通达的人。要是济公花钱雇的人,必须多给赏钱。要是托人顺便带来的,也另有一番的恭敬。要是济公特地派来的,必须亲自迎接。故此叫家人问明白了。管家到外面说:"我家大官人叫我问问三位,是顺便带来的信,还是济公特叫三位为此事而来,还是济公花钱雇三位的?"杨明说:"是济公特派我三人前来下书,有紧要事情。"管家立刻回到里面说:"回禀大官人,这三位是济公特派来的。"马俊同郑雄赶紧往外相迎。

来到外面一看,见杨明头戴宝蓝缎壮士巾,宝蓝缎大氅,眉分八彩,目如朗星,鼻如梁柱,四字方海口,一部黑胡须,飘洒胸前,仪表非俗。见雷鸣是红胡,蓝靛脸,壮士打扮,精神百倍。陈亮是穿白爱素,也是壮士打扮,俊品人物。管家用手一指,说:"我家大官人迎出来了。"杨明一看,见马俊头戴粉绫缎武生巾,双垂灯笼走穗,垂头珠在两肩头飘摆,双飘绣带上绣三蓝花朵。身穿翠蓝色窄领瘦袖箭袖袍,周身走金线,掏金边,腰系丝鸾带,套玉环,佩玉珮,单衬衫,薄底靴子,闪披一件西湖色英雄大氅,上绣大团花朵。三十以外的年岁,淡黄的脸膛,两道粗眉,一双虎目,准头丰满,未长髭须。后面跟着一人,身高八尺,穿黑褂,皂黑脸膛,粗眉大眼,虎背熊腰。马俊先举手抱拳说:"三位虎驾光临,有失远迎,望乞恕罪。"杨明三个人也答礼相还。马俊指手往里让,三个人往里狂奔。进了二道门内一瞧,是北房明三暗五,东西各有配房。家人一打北上房帘子,众人来到里面。马俊让杨明上座,雷鸣、陈亮也落座,马俊主位相陪。家人进上茶来,马俊说:"未领教三位尊姓。"杨明说:"我姓杨,名明。"雷鸣、陈亮也各通名姓。马俊说:"久仰,久仰!三位由哪里来?"杨明说:"我等在古天山凌霄观遇见济公禅师,特派我三个人来给马兄台送信。"说着话,把书信掏出来。一看,上面画着一个酒坛子,钉着七个锔子,这是济公的花样。马俊打开书信一看,立时吓得颜色改变。不知上写何话,且看下回分解。

中国二十大名著

济公全传

图文珍藏版

第九十六回　奉师命投书马家湖　赛专诸见字防贼盗

话说白脸专诸马俊打开书信一看,立刻颜色改变。铁面大王郑雄就问:"贤弟什么事? 缘何这般景况?"马俊说:"了不得了。兄长你看看,这是八句偈语。"郑雄接过一看,上写的是:

为救行人秉义侠,惹起是非乱如麻。群贼大众齐聚会,各逞强霸入官衙。前来劫牢反过狱,今夜难免到汝家。马俊若不速防备,全家老幼被贼杀。

郑雄看罢说:"济公他老人家未卜先知,贤弟你打算怎么样呢?"马俊说:"这件事可不大好办。"郑雄说:"杨兄长,素常你们三位做何生理?"杨明说:"我们在外面保镖为业。未领教专驾贵姓?"马俊说:"真是,我也忘了,这是我拜兄,他姓郑名雄,外号人称铁面天王。"杨明:"久仰久仰!"马俊说:"杨兄长,你们三位既是保镖,我今天有一事奉求。"杨明说:"什么事?"马俊说:"你看济公这封信,我前者得罪绿林的贼人,今天贼人要来杀我满门家眷。我这里人单势孤,求三位可以拔刀相助,不知意下如何?"杨明接信一看,心中明白。自己忖度了半天,说:"马大官人,这件事我可不敢从命,又不知是哪路的贼人。要是玉山县的一路人,我要出头,许我一拦就完了。倘若西川路的贼人,不但我管不了,他等认准了我,且要跟我为仇。"马俊一听,说:"我久闻杨兄长是慷慨人,挥金如土,仗义疏财,在外面行侠仗义,剪恶安良,故此今天才敢直言奉恳。不然,你我今天才算初会,也不敢求兄长分神。"杨明说:"在下也不敢侠义自居,无非是常常爱管闲事。你我彼此一见如故,既是马大官人不嫌,我可从命。但有一节,晚上你叫人预备锅烟子,我等把本来面目遮住,倘有认得的人,丢不下脸来动手。"马俊说:"是,那倒好办。你我商量商量,怎么预备。"杨明说:"你家里可有多少家人?"马俊说:"我家里连长工佃户打杂到更夫都算在内,共有百余人。"杨明说:"好。你都把他们叫来,我有话说。"

当时马俊叫家人去把家众齐集。杨明一见,汰去幼弱,除去老者,选得六十人,都是年少力壮的。杨明向众人说:"你们大官人得罪了绿林人,今天晚上有群贼来明火执仗,你等可愿意齐心努力,护庇你家主人?"众家人同声一口说:"我等情愿跟贼人一死相拼!"杨明一听,知道马俊平日待人宽厚,才能大众同心。杨明说:"你等把内宅收拾出来,叫夫人、老太太、小姐俱搬出空房去,不要点灯。后院有多少房?"马俊说:"后院也是四合房。"杨明说:"既然如此,你等各执兵刃,在南屋里藏着,点上灯,把门扣上,听外面我一喊嚷,你等各执兵刃齐出。不用你等拿贼,只仗你等助威。"家人各自点头答应。杨明说:"马大官人,你同郑爷在北上房收拾好了,把兵刃预备在手底下等候。我三个人在东配房屋里,西配房锁上。"马俊一听杨明调度有方,心中甚是佩服,立刻叫家人安置。当时吩咐摆酒,大众吃喝完毕,天已掌灯。马俊这才带领杨明众人,来到内宅。众家人皆在南屋里,马俊同郑雄在北屋里,收拾坐落,把兵刃放在手底下。杨明、雷鸣、陈亮都用锅烟子把脸抹了,在东配房屋中一坐,开着门,往外瞧着。

等有二更以后,忽见由房上蹿下一个人来。头上是透风马尾,身上穿三叉通口寸帕夜行衣,周身骨钮扣绊,胸前罗汉股丝绦,双拉蝴蝶扣。皂缎子兜裆裨裤,蓝缎袜子,打花绷腿。倒衲千层底,鱼鳞靸鞋,手中拿着一口刀,跳下来东张西望。见东配房开着门,贼人迈步就要上台阶。杨明抖手一镖,正打在贼人嘴里。雷鸣赶出来一刀,就把贼人杀了,也不知贼人是谁。刚把这个贼一杀,就听见北房上有人说话:"了不得,咱们合字给人把瓢摘了!"贼人说:"好马俊!你敢跟我们绿林中作对,今天将你家中刀刀斩尽,剑剑诛绝! 合字上!"只一句话,北房上也是人,南房上也是人,东西房上也是人。众贼人往下就跳。有一个贼人,叫双刀无敌李泰,过来就奔东房。东房杨明看见,这才一声喊嚷:"好贼! 竟敢明火执仗!"跳出房外。到院内一看,四角房上贼人不少。雷鸣、陈亮二人也出来站在院中。只见过来一个人,名叫李泰,一摆双刀,照杨明一剁。杨明、雷鸣、陈亮三个人香炉脚脊背。杨明见李泰把刀一剁,杨明一闪身,使了个拨草寻蛇,竟把贼人杀死。旁边又过来一个贼人,叫铜臂猿李祥。这个贼很有名的,看见李泰一死,摆刀照杨明劈头就砍。杨明真是手疾眼快,海底捞月,用刀往上一迎。贼人把刀刚往回一撤,杨明一偏腕子,照贼人脖颈就砍。贼人缩颈藏头,大闪身刚一躲开,杨明跟进身一腿,踢在贼人腰上,贼人翻身栽倒。杨明赶过来一刀,将贼人结果了性命。

杨明一连杀了三个。忽从对面又来了一个,也是一身夜行衣。杨明一看,黑脸膛,是夜行鬼郭顺。杨明一想:"是郭贤弟,不可跟他动手。既有他在内,我赶紧把他调出去,问他为什么跟群贼来打群架,我可以给说合说合。"想罢,杨明一捏嘴,一声呼哨,这是凤凰岭如意村的暗号。果然贼人也一捏嘴,一声呼哨。杨明头里走,贼人跟着也出来,来到村外。杨明说:"对面是夜行鬼郭贤弟吗?现在愚兄杨明在此。"书中交代,杨明错认了人,这个贼不是郭顺,乃是白莲秀士恽飞。他拿锅烟子抹的脸,故此是黑脸膛。恽飞一听是杨明叫郭贤弟,贼人一想:"了不得,这是杨明,我要动手,不是他的对手。我要一跑,他必拿刀砍我。莫若我先下手的为强。"想罢,掏出囊沙迷魂袋,照定杨明一捺。杨明闻见一股异香,说:"恽飞……"这句话也没说完,翻身栽倒。贼人哈哈一笑:"杨明,你就是这等的英雄!待我结果你性命!"忽听后面有人嚷:"合字,这个交给我杀。"恽飞说:"何必你。"赶上去提刀就剁,只听"噗哧"一响,红光崩现,鲜血直流。这个时节,就听树林内有人说话:"哎呀,好快呀,给杀了!阿弥陀佛。"来者乃是济公禅师。

书中交代,济公从何处而来?只因和尚跳下河去洗虱子,说常山县见。柴、杜二位班头又恨又气,连夜狂奔常山县而来。天有巳正,二班头到了十字街,只见路西酒铺门口,站了一个人,身高八尺,黑脸膛,头戴鹦翎帽,青布靠衫,皮挺带,青布快靴,有两个扶着。柴头说:"杜贤弟,你看这个班头好样子。"这位班头是小玄坛周瑞。前者追拿华云龙,被杨明打了一石子,当时就吐了口血。罗镰忙把周瑞扶到家去。燕南飞周熊一瞧就急了,说:"我这么大的年纪,只有一子。罗镰你到衙门去给他告假。"罗镰去后,焉想到老爷不信,说:"我这地方,丢了这样大案,他要告假,我要瞧瞧他是真是假。"罗镰无法,到家里叫家人扶着周瑞,来到衙门。周瑞一见老爷,叩头说:"下役追贼,被贼党拿石子打了,现在大口吐血。"老爷一验,果真被了伤。周瑞一连又吐了几口血,老爷这才赏了二十两银子,赏了十天假,叫他调理。有人扶周瑞出了衙门。走在十字街酒店门口,周瑞要歇歇。有许多朋友同他说话。忽见酒店内出来一人,头上粉绫缎六瓣壮士帽,粉绫缎箭袖袍,手中拿着包裹。三十多岁,白脸膛。周瑞一看是华云龙,赶忙说:"伙计们快拿,他是华云龙!"这人微然一笑说:"你拿谁呀?你养病罢!"贼人往北就走,柴元禄、杜振英听得明白,一看果然是华云龙。当时二位班头拉出铁尺,要捉拿华云龙。不知后事如何,且看下回分解。

第九十七回　二班头当街擒贼
济师傅酒馆缉凶

话说小玄坛周瑞正在小酒店门口站着歇歇,有许多的朋友都问他怎么病了。周瑞说:"我只因捉拿乾坤盗鼠华云龙,被贼人的余党用石子暗中伤了我,打得吐了血。"众朋友一个个都说:"慢慢养着,别受累了。"周瑞这人最好交友,平素的朋友最多,常山县认得周瑞的不少。正在说话,忽见酒店内出来一人,正是华云龙。周瑞赶忙说:"伙计快拿,别叫华云龙跑了!"柴元禄、杜振英一看,果然是华云龙。二位班头过去截住说:"朋友,你别走了,这场官司你打了罢!我叫柴元禄,他叫杜振英,我二人由临安出来,披霜带露,所为拿你。你在临安,做了多少案!"杜振英说:

"华云龙，你还叫我们费事吗？你跟我们走吧。"贼人一瞧二班头，微然一笑说："你二位是奉命拿华云龙的原办？"柴头说："不错。"贼人说："我可是华云龙。你们二位，就这么一说要拿我，我倒愿意跟你走，我有一个朋友，他不答应。"柴元禄说："你的朋友在哪里？"贼人说："远在千里，近在目前。"说着话，把刀拉出来。柴元禄说："好贼人！你敢拒捕吗？"贼人说："我看看你两个人有什么能为。你要赢得我手中这口刀，我就跟你去打官司。"柴、杜二人说："好，你我比拼比拼！"伸手拉出铁尺，照贼人搂头就打。贼人摆刀相迎。柴、杜见贼人这口刀上下翻飞，门路精通，只二人拿不了。柴头心说："这贼人果然武艺高强，怪不得在临安作案杀人，盗了玉镯凤冠。今天要不是我两个人，就死在贼人之手。"柴元禄心中暗恨和尚，早也不分手，偏巧这个时候分了手，就遇见华云龙动了手。柴元禄说："杜头，你瞧和尚可恨不可恨，这时节他也不来了！"杜振英说："济公此时来了可不好。"

这两人话未说完，只听半空中说："我来了。我下不去，要摔死！"柴头一瞧，见济公在药铺的冲天招牌上站着，也不知道怎么上去的。大众都抬头说："了不得，和尚要摔死！"书中交代，济公打哪里来？原来济公在五仙山凌霄观，给陆通、孔贵医了病，叫这两人走了，然后来找华云龙。到了东跨院，见屋中病了一个老道刘妙通。济公给他把病治好，叫刘妙通看庙，和尚这才来到常山县。一到十字街，见柴、杜二班头正跟贼人动手。和尚一使验法，上了冲天招牌。柴头说："师傅快下来拿贼。"和尚在上面说："我也不要命了，我就往下跳。"大众都说："和尚定要摔死了！"焉想到和尚往下一落，脚离地还有二尺。大众说："这个和尚真怪！"柴头一瞧说："师傅快念咒拿贼！"和尚说："我把咒脑袋忘了。"贼人此时一摆兵刃，打算要逃命，正往房上一蹿。和尚说："我的咒又想起来了，唵敕令赫。"贼人脚刚落到房檐上，仿佛有人揪住贼人脊背，把贼人按住，扔下房来，正掉在小玄坛周瑞的面前。周瑞过去，将贼按住。

柴、杜一瞧，暗恨和尚："这样的好差事，单叫病人拿住。"有心过去就锁，又怕人家不答应。二位班头这才上前说："朋友辛苦，我叫柴元禄，他叫杜振英，我二人是临安太守衙门的马快，奉堂谕捉拿华云龙，你把贼人赏我锁了罢。"小玄坛周瑞真是宽宏大量，并不争竞，说："二位，你们锁罢。"柴元禄这才抖铁链，把贼人锁上。和尚说："你们两个人大喜呀！拿了华云龙，回去一销差，得一千二百银赏格。"柴头说："师傅不喜吗？"和尚说："你们二位大喜！这一拿着华云龙，回去得一千二百两银子赏。"柴头说："师傅你不喜吗？"和尚说："你们二位大喜呀！"和尚一连说了五遍。柴头说："师傅走吧，别说了。"和尚说："你们先到衙门去，我还要出恭。"二班头押解贼人，来到常山县衙门。往里一回禀，知县立刻坐堂。柴、杜二人带贼人来到公堂，柴头给知县请安说："下役柴元禄给老爷行礼。"杜头也报名请安。柴元禄说："回禀老爷，下役在临安太守衙门充马快，现奉太守谕，出来捉拿临安盗玉镯、凤冠之贼乾坤盗鼠华云龙。今在本地面已把贼人拿住，前来回禀老爷。"知县冯老爷说："你可有海捕公文？"柴头说："有。"立刻把公文递上去。知县一看不错，这才问道："下面贼人可是华云龙？"贼人说："我姓华，叫华云龙。"老爷问："你叫什么外号？"贼人说："我叫乾坤盗鼠。"知县说："你在临安作的什么案？"贼人说："我在尼姑庵因奸不允，杀死少妇，砍伤老尼。在泰山楼因口角，伤人命。在秦相府盗玉镯、凤冠，粉壁墙题诗。都是我做。"知县说："你题的什么诗？"贼人说："题的是藏头诗，头一个字是'乾坤盗华云龙偷'。"知县说："你在我地面南门外抢当铺，明火执仗。东门外路劫，杀伤人命。在我衙门劫牢反狱，抢去蓬头鬼恽芳，拐去七股差事，这大概有你呀？"贼人说："我并没有在这本地作案，这些事我一概不知。"老爷一听，勃然大怒，说："大概抄手问事，你不肯应！拉下去，给我打！"贼人说："老爷，我一个人有几条命案，已然把临安城所做的事情，都招出来，我也是死罪。这本地我并没做案，你要叫我承认，那不行。老爷，你打算叫我一个人承认起来，省得你地面上背案，你打算保住你的纱帽，对不对？你要叫我给你打一妥案，你说明白，那也可行。"老爷一听，气得须眉皆竖，说："你这厮，必是个惯贼！我不打你，你是不肯直招的！"

老爷正要打贼人。这时节，只见由外面脚步踉跄，济公禅师赶到。柴元禄一瞧说："回禀老爷，济公来了。"知县站起身来迎接。一瞧，和尚后面带了一个人，两眼发直，直奔公堂而来。书中交代，济公由十字街跟二位班头分手之后，和尚随后也狂奔常山县而来。正走到门口，和尚抬头一看，有一股怨气，直冲霄汉。和尚一掀帘子进去，见柜里坐着一人，有四十多岁，一脸的横肉，长得凶眉恶眼。和尚说："掌柜的，借枝笔墨使使。"掌柜的说："做什么？"和尚说："我喝酒，借笔写字。"掌柜的把笔递给和尚。和尚在手心写了几个字。写完旁边坐下，要好酒两壶，一碟菜。旁边有人说："今天济公长老在十字街拿贼，你没瞧见吗？"那人说："没瞧见。"这个说："我瞧见了。和尚身高一丈，头如麦斗，赤红脸，穿着黄袍，手拿一百零八颗念珠，真是罗汉的样子。"他人又说："你别胡说了，济颠僧是酒醉疯癫，一脸油泥。破僧衣，短袖缺领，头发很长才是呢。"用手一指，说："就跟这位和尚仿佛。"那人说："你怎么知道？"这个说："我跟济颠有交情。"和尚答了话说："你认识他？何时认识的？"那人说："去年春天，我在临安见过，一同吃过饭。"和尚说："去年春天，你不是在镇江府做买卖吗？"这人一想："怪呀，他怎么知道我在镇江府做买卖？"问他说："和尚，你怎么知道我在镇江府呢？"和尚说："我在镇江见过你。"

正说着话，外面有人吆喝："好肥狗，谁要买？"和尚一看说："卖狗的，你这条狗要多少钱？"那人叹了一声说："大师傅要留下甚好。我们家里三个人，我母亲病得甚是厉害。家内实在当也当尽了，卖也卖完了，就剩这一条狗了。你要留下甚好，实给一吊钱吧，你只当行好。"和尚说："不要。"这人说："九百罢。"和尚说："不要。"这人说："八百你留下罢。"和尚说："不要。"卖狗地想："好容易有个主顾了，也罢，算七百罢。"和尚说："不要。"这个人没法，说："六百罢。"和尚说："不要。"旁边有人瞧不过，说："大师傅，你到底多少钱才要？"和尚说："我还一个价，你可别恼。"那人说："不恼。"和尚说："给你五吊钱。"旁有人说："和尚是个疯子。"那卖狗的说："卖了。"和尚说："你既卖了，掌柜的给五吊钱吧。"掌柜的说："我凭什么给五吊钱？"和尚一扬手说："你瞧，就凭这个。"掌柜的一瞧，吓得连忙说："我给五吊。"不知所因何故，且看下回分解。

第九十八回　董士元欺心求圣僧　孔烈女被逼投古井

话说济公一扬手说："就凭这个要五吊钱。"掌柜的一瞧和尚的手心，吓得颜色改变，忙说："我给五吊钱。"立即拿出五吊钱来，交给和尚。大众也不知是怎么样事。和尚说："卖狗的，你把狗放开，我听它叫唤一声，就把五吊钱给你。"卖狗的说："一放开就跑了，它还是跑回我家去。"和尚说："不要紧，跑了算我的。"那人就把狗放开，狗径自跑去了。和尚就把银子给了卖狗的，卖狗的拿了走了。

掌柜的说："大师傅，我这件事，你可别说。咱们两个人尽在不言中，我给你买菜去。"和尚说："你买去吧。"掌柜的立刻买了许多菜来，给和尚喝酒。和尚说："这场官司我要不跟你打，屈死的冤魂，也不答应。"和尚手一指往外走。掌柜的两眼发直，就跟着和尚出了"一条龙"酒馆，一直来到常山县大堂。知县站起来说："圣僧佛驾光临，弟子失迎，望乞恕罪。圣僧请坐。圣僧带来这个人，是做什么的？"和尚说："老爷派人先把这个人看起来，少时再问。"老爷立刻吩咐："把这人看起来。"手下官人答应。和尚说："老柴、老杜，二位大喜呀！拿住华云龙，一到临安，得一千二百银子赏。大喜！大喜！"柴元禄、杜振英："师傅不喜吗？"和尚说："贼人你姓什么？"贼人说："我叫华云龙。"和尚大笑："你姓华，有什么便宜？"说着话，和尚过去把贼人的衣裳一剥，和尚说："你们来看，这就是他的外号。"柴、杜二人一瞧，贼人背脊上，有洋钱大小九个疤癞。和尚这一做，贼人说："罢了，和尚你既认得我，我不姓华了。"老爷说："你到底姓什么？"贼人说："我姓孙，叫孙伯虎，外号叫九朵梅花。我在恶虎山玉皇庙里住着。我是西川人。玉皇庙里有西川绿林人在那里啸聚。南门外抢万兴当，明火执仗，是蓬头鬼恽芳率领，有桃花浪子韩秀，有白莲秀士恽飞、双手分云吴多少、低头看物有得横、恨地无环李猛、低头看塔陈清、造月蓬程智远、西路虎贺东风、跳涧虎陈达、白花蛇杨春，连我一共三十一个人。那天抢的东门外路劫，是我同无形太岁马金川我二人做的。前者只因蓬头鬼恽芳被官人拿来，他兄弟白莲秀士恽飞撒绿林帖，传绿林箭，请了绿林的朋友，来劫牢反狱，共七十三个人，来把恽芳救走。拐走了七股差事，砍死门军。大众一同出的东门，把恽芳救回去。他的腿被夹棍夹坏了，他说：常山县的老爷是他的仇人，马家湖的白脸专诸是他的仇人。今天众绿林的朋友到马俊家去，杀他的满门家眷。我跟恽芳是拜兄弟，他派我来杀官盗印。没想到被官人拿住。华云龙他也没在玉皇庙跟这些人在一处，我可认识他。我打算替华云龙打一妥案，没想到和尚认识他。这是以往真情实话。"老爷吩咐把贼人钉镣入狱，官人答应，将贼人带下去。

柴头、杜头此时气大了。和尚说："你两个不必着急，早晚我必给你二人把贼捉住。"知县这才问道："圣僧，方才带来的那个人，是怎么一段事故？"和尚一扬手说："老爷你看。"知县一看，方才明白，立刻吩咐把那人带过来。书中交代，这个酒铺掌柜的，姓董名叫士元。当初这座"一条龙"酒店的东家，姓孔，行四，跟董士元乃是拜兄弟，患难相交的朋友。董士元就是孤身一人。孔氏家中，有妻子周氏，跟前有一儿一女。董士元帮着孔四照料买卖。后来孔四身染重病，病至垂危之际，就把董士元叫了家去。孔四说："董贤弟，你我弟兄如手如足。现在我不久于人世了。我一死，你嫂嫂带着侄男侄女度日，无依无靠。我这酒店，就交给你照管。我死了之后，要别叫你嫂子冻饿着。能把孩子养大成人，接了我孔氏门中的香火，我就死在九泉之下，也甘心瞑目。"董士元说："兄长，你养病罢，不必担忧。倘兄长要有不测，嫂子侄男侄女我必然照应。"说话之后，果然孔四呜呼哀哉了。董士元帮着办理丧事，将孔四埋葬。"一条龙"酒铺，就归董士元承管。他时常给周氏家中去送钱。周氏的女儿名叫小鸾，年长十七岁，尚未许配人家，长得十分美貌。董士元本是酒色之徒，自孔四死后，他就打算要占姑娘，时刻惦念在心。这天周氏带着孩儿上姥姥家去，家内留下姑娘看家。董士元知道，买了许多的东西，到周氏家去。见家中就是姑娘一个人。董士元说出无理之话，伸手拉姑娘，意欲求奸。焉想到姑娘乃是贞烈女，见董士元一拉，姑娘急了，往后院就跑。后院有一口井，是浇花井，姑娘就跳下井去。董士元跑回铺子，故作不知。周氏晚上回到家中，不见了女儿。各处找寻，并无踪迹。直到三天，见井里姑娘死尸漂上。周氏想着，必是姑娘浇花打水，失脚坠落井内，并不知是董士元因奸不允，逼死姑娘。立刻把尸捞起，给董士元送信。董士元帮着买棺材，把姑娘埋了。他以为这件事人不知、鬼不觉，焉想到今天跟他要五吊钱的和尚，手中写的是"强奸逼死孔小鸾"。故此董士元忙给五吊钱。他打算给和尚几个钱，就把这件事瞒过，焉想到和尚用验法把他带到衙门。

老爷一瞧和尚的手心，方才明白！立刻把惊堂一拍。老爷说："你这厮好大胆量！因何强奸逼死孔小鸾？快实说来！不然，本县要重办你！"董士元这时明白过来，一瞧到了公堂，自己一想："我这件事没人知道，这可怪了。"想罢，说："老爷在上，小人叫董士元。我是买卖人，并不认识谁叫孔小鸾。"和尚说："这厮好大胆量，你还不肯承认！屈死的冤魂，已然在我眼前告了你。老爷用大刑拷打，他就认了。"老爷立刻吩咐："用夹棍夹起来问！"官人就把董士元夹起来。董士元实在疼痛难禁，这才说："老爷不必动刑，小人愿招。"老爷说："你招。"董士元就把他同孔四交友，孔四托妻寄子，因姑娘美貌，他谋奸不从，跳井自尽，从头至尾一说。老爷说："你这东西，真是无伦无礼，做出这等伤天害理之事！"立刻吩咐："先将他钉镣入狱，候把尸亲传来对质，再照例定罪。"

老爷退堂说："请圣僧书房里坐，本县还有事相商。来人，摆酒伺候。"手下人答应，知县说："圣僧，今天晚上有群贼夜入马家湖。倘若杀伤人命在我地上，本县也要担忧。圣僧可有什么高见？"和尚说："这倒小事，喝酒是大事。"柴头、杜头此时气得傻了。和尚说："二位大喜。"柴头说："不是华云龙，喜什么？"和尚说："你二人不必着急，回头我带别人去拿华云龙，把贼拿来交给你两个人，论功受赏，好不好？你二人在这衙门等着，我和尚绝不说瞎话。老爷，你派小玄坛周瑞、赤面虎罗镶选二十名快手伺候，少时叫他等跟我和尚到马家湖拿贼。"知县点头，立刻传谕。小玄坛周瑞一听派差上来，回禀说："下役已然蒙老爷赏假，现在大口吐血，不能跟济公出去办案，求老爷派罗镶一人去吧。"和尚说："周瑞，你吐血愿意好还是愿意死？"周瑞说："愿意好。谁肯愿意死？"和尚说："我给你一块药吃，试试看。"周瑞说："好。"和尚立时给了一块药。周瑞吃下去，少时间气血化开，当时觉着好了，连说："好药，好药！"和尚说："你好了，同罗镶带二十名快手，在书房外伺候。每人要一根白鹅翎，听我说走就走。"周瑞答应。家人说："酒菜齐了。"知县请和尚来到书房，和尚说："老爷，这个酒我不喝。"知县说："圣僧要喝什么酒？可以吩咐。"和尚说："先把菜都拿下去。上一样菜，叫手下人叫嚷：'老爷同圣僧在书房喝酒，大众答话，伺候端菜。'我和尚要听热热闹闹的。"老爷说："是。"来人先把菜撤下去。上一个菜，大众说一遍，家人又把菜撤下去。往里端一样，说："老爷同圣僧在书房喝酒，你等端菜上来。"大众答应说："是。"和尚这才落座喝酒。

酒过三巡，和尚说："老爷，我变个戏法你瞧瞧。我要做玉女临凡。"用手一指，下来几个美女，弹唱歌舞。和尚又说："我要变平地抓鬼。"说着话，和尚伸手往桌底下一抓，抓出一个贼人来，倒把老爷吓得目瞪口呆。不知后事如何，且看下回分解。

<h1 style="text-align:center">第九十九回　马家湖济公救杨明
八里铺和尚挑和尚</h1>

话说济公变戏法，平地抓鬼，一伸手，抓出一个贼人来。和尚说："老爷你瞧，抓出鬼来了。"老爷立刻吩咐手下人，将贼人捆上。老爷一问，贼人说："我叫无形太岁马金川，前来杀官盗印。"原是蓬头鬼恽芳派九朵梅花孙伯虎、无形太岁马金川两个人，一个杀官，一个盗印。马金川受过异人的传授，他有十二道隐身符。按着子、丑、寅、卯、辰、巳、午、未、申、酉、戌、亥十二个时辰贴在脑袋上，谁也看不见他。今天贼人来，听家人说，老爷同济公在书房喝酒，贼人就奔书房来了。又听见济公说要变玉女临凡，贼人要瞧着学学戏法，他迈步进了书房。别人都瞧不见有人进来，和尚可瞧见了。贼人刚往桌底下要钻，和尚一伸手，把他那道符揭下来。大众这才瞧见，把贼人捆上。老爷问明白，把贼人钉镣入狱。

和尚吃了酒足且饭饱，站起身来说："周瑞、罗镶你等跟我走。"众班头跟着出了衙门，一直奔马家湖。和尚叫周瑞附耳说如此如此。周瑞点头。来到马家湖村口，正听见说现在杨明在此，白莲秀士恽飞用囊沙迷魂袋把杨明打倒。后面有人说："合字，这个交给我！"恽飞说："何必你，我杀罢！"赶上前扑哧一声，红光崩见，鲜血直流，人头落地。和尚说："好快！杀了吗？"可是杨明并没有杀死，乃是白莲秀士恽飞被小玄坛周瑞杀了。恽飞听后面说："合字，这个交给我！"恽飞回头瞧了一瞧，见周瑞鬓边有白鹅翎，故此贼人没留神。今天来的这一群贼，都是白鹅翎为记。焉想到济公也叫周瑞等插上白鹅翎，这叫鱼目混珠。有这么两句话：混浊不分鲢共鲤，水清才见两股鱼。"小玄坛周瑞把恽飞杀了。

和尚过来一瞧，杨明躺着，人事不知。和尚叫周瑞找了一碗水来，捏了一块药，给杨明灌下去。当时杨明醒过来，爬起来一瞧，说："原来师傅来了。可了不得了！群贼来到马家湖，明火执仗，这个乱大了！"和尚说："你到马俊家去瞧瞧，乱子还大。"杨明赶紧复返回来，蹿房越脊，来到里面一瞧，只见群贼升殿，雷鸣、陈亮、郑雄、马俊俱被贼人捆上。

书中交代，杨明走后，马俊等四个人跟贼人动手。群贼之中也有能人。内中有皂托头彭振、万花僧徐恒，这两个人在暗中瞧着，先没下来。要瞧着马俊家内有能人，这两个就不下来了。要没有能人，再下来动手。暗中一瞧，就是这四个人来往动手。众贼人拿刀把南屋里堵住，众家人都没敢出来。皂托头彭振、万花僧徐恒瞧明白，二人下来一施展邪术，把四个人拿住。群贼把北上房屋中点上灯，群贼大家落座。桃花浪子韩秀一瞧，说："这两个人，拿烟锅子抹着脸，必是熟人，拿水来给洗洗。"

正说着话，外面杨明一声叫喊："好贼人，真乃大胆！今有威震八方杨明在此！"众贼人一听大乱。本来杨明的名头高大，故此群贼一乱，皂托头彭振说："众位别乱，都有我呢！看我略施小术，保管来一个，拿一个，来两个，拿两个！"这句话尚未说完，群贼出来一瞧，见济公一溜歪斜，脚步仓皇，口念"阿弥陀佛，善哉，善哉"！皂托头彭振、万花僧徐恒也不吹牛了。他两个人先自逃生。群贼都知道济公在铁佛寺法斗铁佛，神通广大，大众焉敢动手，群贼全往房上蹿。济公用手一指，口念"唵敕令赫"！用定神法定住了十六个贼人，杨明这才同济公到屋中把马俊、郑雄、雷鸣、陈亮放开。马俊立刻给济公行礼。和尚说："不用行礼，你们先把这些贼人杀了，不杀也是后患。留几个别杀，我是带着常山县的班头，留几个活口，交到常山县去完案。"杨明众人这才拿刀把贼人杀了十三名，留下三个贼人没有杀。一问这三个人，叫桃花浪子韩秀、粉蝴蝶杨志、燕尾子张七。问明白了，把三个贼人捆上。和尚说："马俊，你给我找一条好扁担，拿两根绳子。"马俊说："做什么呀？"和尚说："我去办案去。把这三个贼人交给常山县两位班头小玄坛周瑞、赤面虎罗镶，天亮解到常山县去。"马俊立时叫家人找了一条山榆木的扁担，两条绳子，交给济公。

和尚拿着，出了马家湖村口一直往北。离马家湖八里地，有个镇店，叫八里铺。和尚扛着扁担，来到八里铺，天刚太阳出来。八里铺这里有个闹市口。怎么叫闹市口呢？皆因早晨有几个卖力气的，都在这里会齐。可不许外人来卖力气，都是本地的自己人，在这里担着肩着。和尚来到闹市口，把扁担一放，往地就一蹲，也不言语。旁边这些卖力气的就问："大师傅，你是做什么？"和尚说："我是卖力气担肩的。"这人说："你要挑担上别处去，我们这里不许外人在这里卖力气。"和尚说："你们在这里卖气，司里有帖？府里有牌？县里有告示？"这人说："没有。"和尚说："既没有，许你们卖力气，不许我卖力气？我偏在这里定了！"那人就说："你们不用理他，大概这和尚是半疯。"这个说："和尚，你在这里罢，我不管好不好？"和尚说："你叫我在这里，我偏不在这里，我走了。"那人说："你瞧，是半疯不是？"

和尚往前走了不远，一瞧路西有一座大酒饭馆，和尚迈步进去，就跑到后堂。走堂的心里说："这个穷和尚，他也到这个大饭馆里来。一个菜三百二、二百四，一顿饭总共好几吊钱，自己换换衣服岂不好？"见和尚坐下，把扁担一放。跑堂的一瞧，这条扁担倒不错，山榆木的，值二两银子。心里说："和尚吃完了饭要没钱，留他这条扁担也好。"想罢，跑堂的说："大师傅来了，要什么酒菜？"和尚说："你瞧着办吧。"跑堂的说："你吃东西，怎么我瞧着办？"和尚说："你不是要留我这条扁担吗？你瞧值多少钱，给我多少钱的酒菜，好不好？"伙计说："没有，我不要扁担。"和尚说："你别瞧我穿的破，包子有肉，不在褶上。好主顾不赊不欠，给现钱，是你们的财神爷。"跑堂的说："是是。大师傅要菜罢。"和尚说："你煎炒烹炸，给我配四个菜来。两壶人参露。"跑堂的说："人参露可卖一吊二百钱一壶！"和尚说："不多。我们那地方，都卖两吊四一壶，这还便宜一半呢，我今天得多喝两壶。"跑堂的说："是是。"立刻给和尚把酒菜拿来。

和尚正在自斟自饮，忽听外面一声"阿弥陀佛！"声音洪亮，帘板一起，进来两个秃头和尚，乃是皂托头彭振、万花僧徐恒。这两个贼人由马家湖逃走，先往北跑，一走山弯走迷了，又往南跑。跑走半夜，天亮来到八里铺，两个人要喝酒息歇。刚一进来，瞧见济公，吓得惊魂失措，就要跑。济公用手一指，把两个贼人定住。济公过去，就打彭振嘴巴，说："好东西！我两座庙，二十顷地的银子，叫你二人拐走了。今天咱们是一场官司！"济公给每人打了十个嘴巴，众人瞧着说："这两个和尚，怎么这个穷和尚打他，也不言语？"那人说："想必他们是没理。"和尚由彭振兜囊里，掏出有十几两银子，由徐恒兜中，掏出有四十余两。和尚说："这是偷的我的银子，还没花完呢。"

和尚拿银子给了酒饭账。把这两个人一捆，用扁担一挑，大家也没人敢问。和尚挑着出了酒店,街市上瞧着都觉新闻。说:"一个穷和尚,挑着两个和尚,这是怎么回事?"济公说:"你们不开眼,这是我庙里搬家。"和尚挑着到了闹市口。众卖力气地说:"你们瞧,和尚揽了买卖。"正说着,和尚来至切近。众人瞧着,挑了两个和尚,大众纳闷。济公伸手把银子掏出来说:"你们瞧,他雇我挑到马家湖,给了五十两。你们谁去,一个人我给一两银子,挑到马家湖。"大众一听说:"去,我们八个人,四个人倒换,两人抬一个。"和尚说:"就是。"大众抬起来往前走。刚到马家湖村口,就听那边有人喊:"好老道! 你敢把我们差事杀了,济公快来!"和尚抬头一看,是一个老道,手执宝剑。罗汉爷这才赶奔上前,要跟老道斗法,且看下回分解。

<h2>第一百回　济公火烧孟清元
　　　　　贼道智激灵猿化</h2>

话说济公雇人搭着皂托头彭振、万花僧徐恒,刚来到马家湖村口,只听对面有人嚷:"好老道! 你敢劫杀差事。济公快来!"和尚一看,乃是一个老道,截住小玄坛周瑞一干众人。书中交代,济公夜内由马家湖走后,小玄坛周瑞、赤面虎罗镶带领二十个伙计,一见马俊,马俊:"二位班头,现有济公的吩咐,这里有三个贼,叫你们二位等候天亮,把贼人押回衙门,请老爷前来验尸。还叫你们等他老人家回来你们再走。"周瑞、罗镶点头答应。等到天亮,有常山县衙门的二爷,骑着马,来到马俊家来打听。原来知县不放心,一夜未见周瑞等回衙门,又不知出了多少人命,总算是常山县的地面,故此老爷派管家到马俊家来打听。管家一见周瑞,周瑞就把夜内杀贼的话一说。管家说:"周头,你们快回去吧。老爷甚不放心,叫我来访问。你等回去,老爷就放了心了。"周瑞说:"也好,我先押解贼人回去。"马俊:"周头,你赶紧请老爷来验尸。"周瑞说:"是。"立刻雇了一辆车,把三个贼人搁在车上。大众班头衙役,押解着出了马俊家中。

正走到马家湖村口,只见对面来了一个老道,披散着发,身穿蓝缎道袍,白袜云鞋,手中提着宝剑,长得凶眉恶目,一部刚髯。老道口念"无量佛",把车辆截住,说:"你们是做什么的?"周瑞说:"我们是常山县的官人,在马家湖拿着的明火贼犯,往衙门解。"老道说:"我瞧瞧拿住的贼。"周瑞说:"老道,你瞧什么? 你是哪的?"老道说:"山人姓孟,叫清元。"这个老道,原是华清风的二师弟,他在二狼山三清观修行。只因前者有古天山凌霄观内的两个小道童逃到二狼山去,提说他师傅被济颠和尚烧跑,不知生死存亡。孟清元一听,说:"好,哪时我见着济颠和尚,我有周天烈火剑,活活要把济颠烧死,必要给我兄报仇!"今天他上山砍木头,有几个做活的,是马家湖的居民,到二狼山去做活,丢开闲话,说道:"老道,昨天晚上我们马家湖热闹了,白脸专诸马俊马大官人家中,闹明火执仗,闹得甚凶,听说都是济公和尚杀了。"这个说是无心,老道却是有心。孟清元一听济颠和尚到马家湖来了,"我去找他,给我师兄报仇。"老道把发髻披散,带了宝剑下山。

老道走到马家湖村口,碰见周瑞众人,押解差事。老道说:"我要瞧瞧。"这三个贼人,都认得老道。桃花浪子韩秀说:"孟道爷救我吧!"杨志说:"孟道爷救我吧!"张七说:"孟道爷救我吧!"孟清元一听,说:"你三个人待我有什么好处,我救你们?"老道跟杨志素常不对,孟清元说:"杨志,你也有今日!"杨志一听说:"老道,你少称雄! 我大老爷不怕死。打受了国法王章,再有二十年,我又二十多岁。你少说便宜话,趁此滚开,不然,我可骂你!"老道一听,气往上冲,拉出宝剑竟将杨志杀了。周瑞一瞧:"老道你好大胆量! 这是明火执仗的要犯,你敢给杀了。伙计们,把他锁上!"众人正奔老道,老道手一指说:"前来送死!"用定身法把众人全都定住。

周瑞正在着急叫喊,只见济公来了,周瑞喊道:"济公来了!"和尚说:"来了。"和尚用手一指,把众人的定身法撤了。叫周瑞把彭振、徐恒搁在车上,一并解到衙门去。给了挑担的八两银子。和尚过来说:"孟老道,你认得我不认得?"老道说:

"你是谁?"济公说:"我是灵隐寺济颠。"孟清元一听说:"我想是怎么个济颠!项长三头,肩生六臂,原来是一个丐僧。今天你休想逃命!"和尚说:"孟老道,你不服,咱们两个人到无人之处去说。"老道说:"好。"立刻同着和尚,来到山口以外。和尚说:"杂毛老道,你打算怎么样?"孟清元说:"好济颠!你把我师侄张妙兴烧死,你又把我师侄姜天瑞置死,你把我师兄华清风烧走,不知生死。我特要找你报仇。今天你要认罪服输,跪倒给我磕头,叫我三声祖师爷,我饶你不死。如要不然,当时叫你死无葬身之地!"和尚哈哈大笑说:"杂毛老道!你这厮不知奉公守法,无故前来找我,你跪倒给我磕头,叫我祖宗爷,我也不能饶你!"老道一听,气往上撞,摆宝剑照定和尚劈头就剁。和尚滴溜走到老道身后,拧了老道一把。老道一转身,和尚又捏了老道一把。和尚围着老道直转,掏一把,拧一把,掏一把,抓一把。老道真急了。往旁一跳,口中念念有词。当时三昧真火,平地一起,连山坡柴草都着了,一片火扑奔和尚而来。和尚口念六字真言:"唵嘛呢叭咪吽,唵敕令赫!"用手一指,这片火光直奔老道,立刻胡子也着了,头发也烧了,衣裳也着了。老道急忙驾趁脚风逃走。眨眼衣衫都烧没了,赤身露体。

老道见前面一个石洞,打算要躲避躲避:刚来到石洞口,只见里面有一个赤身露体的老道,正是华清风。孟清元一瞧说:"师兄,你怎么这个样子?"华清风说:"我被济颠和尚烧的。师弟你打哪来,为何这个样子?"孟清元说:"也是被那济颠烧的。"华清风说:"好济颠和尚,我跟他誓不两立!"孟清元说:"你我不是他的对手,咱们老道,还有比你我强的,咱们三清教要算谁?"华清风说:"头一位就是万松山云霞观紫霞真人李涵陵,第二就是天台山上清宫东方太悦老仙翁昆仑子,第三就是八卦山坎离真人鲁修真,第四就是梅花山梅花岭梅花真人灵猿化。"孟清元说:"咱们找梅花真人去,求他老人家给我们报仇。"华清风说:"赤身露体,怎么去得?"

正说着话,只见由对面来了一个老道,挑着扁担,上面有两个包裹,青布道冠,蓝布道袍,白袜云鞋,面如古月,三绺黑胡须。华清风一看,不是外人,正是他三师弟尚清云。这个老道可不像他们,乃是正务参修,到处访道学仙。华清风连忙说:"师弟快来!"尚清云一看,说:"二位师兄,因何这般光景?"华清风说:"我二人被济颠和尚烧了,跟我二人为仇做对。"尚清云一听说:"济颠和尚他乃是好人,普救众生,大概必是二位师兄的不是。"华清见一听,勃然大怒说:"你是我师弟,你不说给我报仇,反倒说我不好。我非得跟济公一死相拼,找他报仇不可!"尚清云说:"二位师兄找济颠,我也不管,不找我也不管。我给二位师兄留两身衣裳就是了。"说着话,打开包裹,留了两身衣服,立刻告辞。尚清云挑起扁担往前就走。信口说道:

红尘白浪两茫茫,忍辱柔和是妙方。到处随缘延岁月,终身安分度时光。休将自己心田昧,莫把他人过失扬。谨慎应酬无懊悔,耐烦做事好商量。从来硬弩弦先断,未见钢刀身已伤。惹事尽从闲口舌,招殃多为热心肠。是非不必争你我,彼此何须论短长。吃些亏处原无害,让几分时也不妨。春日才逢杨柳绿,秋风又见菊花黄。荣华总是三更梦,富贵还同九月霜。人为贪财身先死,蚕因夺食命早亡。一副养生平胃散,三分顺气太和汤。休斗胜来莫逞强,百年澜事戏文场。离合悲欢朝朝乐,好丑媸妍日日忙。行客戏房花鼓懒,不知何处是家乡。

尚清云唱着山歌,径自去了。他唱这段歌,所为劝解华清风二人。焉知道他二人恶习不改,痴迷不悟,当时穿上衣衫,驾起趁脚风,要到梅花山梅花岭找梅花真人灵猿化,跟济公为仇。不知后事如何,且看下回分解。

第一百零一回　　施佛法智捉蓬头鬼
　　　　　　　　仗妖术炼剑害妇人

话说华清风、孟清元见尚清云走后,两个人把衣裳穿好,立刻驾起趁脚风,狂奔梅花山而来。来到洞外一看,有两个童子在那里把守洞门。华清风说:"童子,祖师爷可在洞内?"童子说:"现在洞内。"华清风二人立刻往里走。一瞧里面有一云床,梅花真人灵猿化在上面打坐。头戴鹅黄道冠，赤红脸，一部白髯。华清风、孟清元跪倒行礼说："祖师爷在上，弟子华清风、孟清元给祖师爷叩头。"梅花真人一翻二目，口念："无量佛，你两个人来此何干？"华清风说："我二人来求祖师大发慈悲，替三清教报仇。世上出了一个济颠和尚，兴三宝，灭三清。他跟我二人为仇，无故把我徒弟张妙兴烧死，又把我徒弟姜天瑞逼死，把我二人用火烧的这个样子。他说咱们三清教里没人，都是披毛带角，脊背朝天，横骨叉心，不是四造所生，要灭三清教。实在可恶已极！求祖师爷大发慈悲，一来替我二人报仇，二则把济颠除了，也给三清教转转脸。"灵猿化一听说："你两个孽障，必是前来搬弄是非！无故济颠焉能跟你等做对？必是你二人招惹了济颠。"华清风说："祖师爷，你老人家倒不信，实是济颠和尚无故欺辱三清教的人。"灵猿化说："既然如此，你两个人下山，见了济颠，你们跟他说，不用跟我们作对。叫他来见我，我将他结果了性命。我不能下山去找他去。"华清风说："就是。师弟你我去找济颠去。"说着话，二人出来。

　　刚一出洞门，只见济公彳亍彳亍，脚步仓皇，直奔梅花洞而来。和尚说："我来找你们的老道来了，叫他出来我瞧瞧。"华清风一见，赶紧就喊："祖师爷快出来，济颠来了！"灵猿化立刻由洞里出来。抬头一看，见和尚头上并无金光白气，褴褛不堪，原来是一乞丐。老道说："济颠僧，我且问你，你为何烧死张妙兴，逼死姜天瑞，跟华清风二人为仇？"和尚："你也不必说，皆因他等行凶作恶，早就该剐之有余。你怎么样的老道，要跟我老人家怎么样？"灵猿化说："看你有多大能为！"立时老道一撒肚子，一张嘴，喷出一道黄光。和尚"哎呀"一声，翻身栽倒，当时气绝身亡。灵猿化一瞧，叹了一声说："华清风，你二人无故搬弄是非，他乃是凡夫俗子，叫我作这个孽。这一来不要紧，万松山紫霞真人李涵陵、九松山灵空长老长眉罗汉来查山，必不答应我。"老道颇为后悔。

　　原来这个老道不是人，乃是猿猴。在山中修炼多年，化去横骨，口吐人言。李涵陵同灵空长老是十年一查山，他必要预备鲜桃美酒，给李涵陵、灵空长老喝。他是一片恭敬之心。后来他要认李涵陵为师，李涵陵说："不行，我们老道修行都是人，焉能收你猿猴？"他苦苦哀求。李涵陵无法，说："我赐你一姓，姓灵罢。"灵空长老说："我赐你一个名字，叫猿化。"故此他才叫灵猿化。平时他永不下山，在山中采草配成丹药，出去普救四方。倒是正务参修，打算要成其正果。也跟李涵陵炼了些能为。今天把济公喷倒，自己倒也懊悔起来，怕将来李涵陵不答应。

　　华清风见和尚躺下，他乐了，说："祖师爷把宝剑给我，我杀他！"孟清元说："我杀他！"灵猿化说："不能叫你等杀他，我这就作了孽了。我将他置倒，非我给他丹药吃，不能起来。一天不给他药吃躺一天，两天不给他药吃躺两天，永不给药他吃，他就得在这里躺死。"这句话还未说完，和尚一翻身爬起来了。灵猿化大吃一惊，说："和尚，我没给你药吃，你怎么起来了？"和尚说："我再躺下，等你给我药吃。我倒有心给你做个脸，等你给我药吃再起来。无奈地下太凉。你也不认得我和尚是谁，我给你瞧瞧。"说着话，和尚用手一摸天灵盖，口念："唵敕令赫！"灵猿化再一瞧，和尚身高丈六，头如巴斗，面如蟹壳，身穿直裰，赤着两条腿，光着两只脚，穿的草鞋，是一位活知觉罗汉。吓得猿化跑进洞去，将洞门一闭，不敢出来。和尚也不去赶他。那华清风、孟清元吓得掉头就跑。和尚也不追他，一直往东狂奔恶虎山。

　　和尚来到玉皇庙内，蓬头鬼恽芳正在盼想无形太岁马金川、九朵梅花孙伯虎杀官盗印，还不回来。众人到马家湖去，杀马俊的满门家眷，也不见回来。天光不早了，自己正在着急之际，和尚由外进来说："合字。"恽芳一瞧，是个穷和尚，不认识。恽芳说："什么叫合字？"和尚说："我也是线上的人。"恽芳说："我不懂。"和尚说："你这可不对。你不认得我了？你兄弟白莲秀士恽飞，撒绿林帖，传绿林箭，请我们来的。那一天劫牢反狱，有我由常山县把你救出来，我还背了你二里多路，你怎么忘了？"恽芳一听，说："我可实在眼钝。那天黑夜景况，人也太多，我实没瞧出来。你叫什么呀？"和尚说："我叫要命鬼呀。"恽芳说："你是要命鬼？你是哪路的？"和尚说："我是东路的。"恽芳说："我怎么没听见说过，你们头儿是谁？"和尚说："我头儿们是阎王爷。"恽芳说："我也不认得。"和尚说："你不认得，我领你去见见。昨日晚上，无形太岁马金川把印也盗了，九朵梅花孙伯虎把知县也杀了。我们大众到马家湖把马俊全家老幼都杀了。大众都得了金银细软，大众商量着要回西川。你兄弟白莲秀士恽飞想起来说，庙里还有我们大爷等着我们，谁去背他来？大家都不愿意来。你兄弟就叫我说：'要命鬼，你去到恶虎山玉皇庙内，把我哥哥背来，咱们一同回西川'，故此我这才来。他们大众都在半路等着呢，你快跟我走吧。"恽芳信以为真，就说："要命鬼，你背得动我吗？"和尚说："背得动。你别瞧我身材矮小，我有气力。"立刻和尚背起恽芳，下了恶虎山，一直狂奔常山县。恽芳说："要命鬼，你往哪里走？那是常山县。要碰见官兵，你我二人就没命。"和尚说："不是，你错认了。"

说着话，来到常山县衙门口。恽芳说："要命鬼，你怎么背我上常山县衙门哪？"和尚说："不背你上衙门上哪去？你舍了命罢。"恽芳一听说："好，你是我的要命鬼呀！"和尚说："对了。"说着话，来到公堂。老爷正审问桃花浪子韩秀、燕尾子张七、皂托头彭振、万花僧徐恒。老爷见济公来了，赶紧说："圣僧请坐。"和尚把恽芳放下落座。周瑞说："圣僧方才同那老道上哪里去了？"和尚就把方才之事述说一遍。老爷这才说："恽芳你也有今日。你们劫牢反狱，共多少人？"恽芳："老爷要问，我也不知道。劫牢反狱，也不是我要他们劫的。"老爷又问韩秀众人，到马家湖去明火执仗共多少人？韩秀众人俱皆招认。老爷吩咐将他等全行钉镣收牢。一面给济公道谢行礼。这时，只见由外面进来一个老道，两眼发直，直奔公堂。周瑞一瞧说："回老爷，这个老道，方才劫差杀杨志就是他。"老爷吩咐："把他锁上带过来。"老爷一拍惊堂木说："你这道人叫什么？"孟清元此时明白过来，既然到了公堂。方才由梅花山逃走，心中一迷，也不知怎么来到衙门。老道一齐俱皆招认。老爷也吩咐一并入狱。柴头过来说："圣僧，临安太守行礼求你，秦相作揖打躬求你，你老人家带我们出来拿华云龙。今天也拿，明天也拿。龙游县那个样的为难案，你伸手就办。这常山县这么大事也办了，倒是华云龙还拿不着。"和尚说："你二人不必着急，跟我走，去拿去。要拿不着，你二人就拿我，好不好？"柴头说："拿你做什么？"和尚立刻告辞。知县说："圣僧，住几天再走。"和尚说："不用。省得他二人着急。我带他们拿华云龙去。"这才带领二位班头，出了常山县。往前正走，刚走到山里，只见眼前树林子中，杨明、雷鸣、陈亮在地上躺着。华清风正要拿宝剑杀这三个人，和尚赶到。不知何故，且看下回分解。

第一百零二回　杨雷陈仗义杀妖道　十里庄雷击华清风

话说济公带领二位班头，正走到山内，只见华清风手举宝剑，要杀杨明、雷鸣、陈亮。书中交代，华清风由梅花山逃走，自己一想，非要把济公杀了不可。他打算要炼子母阴魂剑，能斩罗汉的金光。要炼子母阴魂剑，须得把怀男胎的妇人开膛取子母血，抹在宝剑上，用符咒一催，就可以炼成了。华清风自己想罢，一施展妖术，弄了点银子，买了个药箱，买了些丸散膏丹，打算到各乡村庄里以治病为名，好找怀男胎的妇人。华清风拿着药箱，走入一座村庄，只见有两个老太太在那里说话。这位说："刘大娘，吃了饭？"这位说："吃了。陈大姑，你吃了？"这位说："吃了。"两位老太太，一位姓刘，一位姓陈。这位刘太太说："大姑你瞧，方才过去的，那不是王二的媳妇吗？"陈老太太说："是呀。"刘老太太说："不是王二他们两口子不和美呀，怎么他媳妇又给他送饭去？"陈老太太说："刘大娘你不知道，现在王二的媳妇有了身孕，快生养了，王二也喜欢了。他自己种两项稻田，他媳妇给送饭去。现在和美了。"华清风一听那妇人怀着孕，赶紧往前走。追到村头一瞧，那妇人果然怀的是男胎。

书中交代，怎么瞧得出来是男是女呢？俗语世上无难事，只怕有心人。要是怀胎的妇人印堂发亮，走路先迈左脚，必是男胎。要是印堂发暗，走路先迈右脚，必是女胎。华清风看明白了，赶过去一打稽首，口念："无量佛。这位大娘子，我看你脸上气色发暗,主于家宅夫妇不和。"娘子们最信服这个,立刻站住说:"道爷你会相面吗?真瞧地对,可不是我们夫妇不和么。道爷你瞧,有什么破解没有?你要能给破解好了,我必谢你。"华清风说:"你把你的生日八字告诉我,我给你破解。"这妇人说:"我是某年某月某日某时生人。"华清风听得明白,照定妇人头顶就是一掌,妇人就迷糊了。老道一架妇人的胳膊,带着就走。村庄里有人瞧见说:"可了不得!老道不是好人,要把王二的妻子拐去了!咱们赶紧聚人把老道拿住,活埋了!"一聚人,老道驾着趁脚风,早不见了。

华清风来到山内找了一棵树,把这妇人缚上,由兜囊把应用的东西拿出来。刚要炼剑,把妇人开膛,只见由那边来了三个,正是威震八方杨明同雷鸣、陈亮。这三个人在马俊家见事情已完,杨明说:"我该回家去,恐老娘不放心。我出来为找张荣,张荣已死在古天山,我该回去了。"雷鸣、陈亮说:"大哥咱们一同走。"马俊给三个人道谢,拿出几十两银子,给三个人做盘川。三个人也不好收,回送了银子,告辞出了马家湖。马俊送到外面说:"你我青山不改,绿水长流,他年相见,后会有期!"彼此拱手而别。这三个人正往前走,只见老道要谋害妇人。雷鸣是侠肝义胆,口快心直的人,立刻一声喊嚷:"好杂毛老道!你在这里要害人,待我拿你!"华清风一看说:"好雷鸣,前者饶你不死,今又来多管闲事!这可是放着天堂有路你不走,地狱无门要找寻!待山人来结果你的性命。"雷鸣刚一摆刀剁,老道用手一指,竟把雷鸣定住。陈亮见老道要杀雷鸣,自己急了,说:"好华清风,我这条命不要了,跟你一死相拼!"摆刀就砍。老道一闪身,用手一指点,也把陈亮定住。杨明一想:"罢了,今天当我三人死在老道之手。"立刻过去一动手,老道又把杨明定住。老道哈哈一笑,刚要动手杀人,就听济公一声叫嚷:"好东西,杂毛老道,你敢要杀我徒弟!"华清风一瞧,吓得魂也没有了,立刻驾起趁脚风,竟自逃走。和尚不再追他,过来救了杨明三人,叫柴头把那妇人放下来。和尚用手一指点,那妇人也明白过来。大众复出了山口。只见来了许多的乡人,来追老道。和尚说:"老道已被我们打跑了,你们把这妇人送回去罢。"众乡人把妇人带走了。和尚说:"杨明你回家罢。"杨明立刻告辞,径自去了。

和尚说:"雷鸣、陈亮跟我来。"二人点头,跟着和尚,来到十里庄。这里有一座茶馆,搭着天棚茶座。和尚说:"咱们进去歇息歇息。"众人点头。和尚进了茶馆,不在天棚底下坐,一直来到屋内落座。陈亮说:"师傅,你看天气甚热,怎么不在外头凉快?在屋里有多热。"和尚说:"你瞧外头人多,少时都得进来,屋里就坐不下。"陈亮说:"怎么?"和尚说:"你瞧着。"说完了话,和尚来到后院,恭恭敬敬朝西北磕了三个头。陈亮心里说:"我自从认济公为师,也未见他磕过头,他在庙里也永没烧过香,拜过佛。这是怎么了?"只见和尚磕完了头进来,伙计拿了一壶茶过来。刚吃了两三碗,见云生西北,展眼之际,暴雨下起来了。外面吃茶的人,全跑进屋子里来避雨。只见狂风暴雨,霹雳雷电,闪一个电,跟着一个雷,电光围着屋子不住。内中就有人说:"咱们这里头人谁有亏心事,可趁早说。莫连累了别人!"和尚也自言自语说:"这个年头,真是现世现报,还不劈他,等什么!"旁有一个人吓得颜色更改,赶紧过来给和尚磕头说:"圣僧,你老人家给求求罢,原来我父亲有个疯癫,我那天吃醉了,是打了我父亲两个嘴巴。圣僧给我求求,我从此改过自新。"和尚说:"你准改了,我给你求,不定行不行。"说着话,和尚一抬头,仿佛望空说话:"我给你求,要不改还要劈你。"这人说:"改。"和尚说:"不但要劈一个人,还有一个人,谋夺家产的,他把他兄弟撵出去,祖上的遗产,他一个人占住。心地不公,也要劈他。"旁有一人听了这句话,也过来给和尚磕头说:"圣僧你老人家给求求罢。我倒不是霸占家产,只因有一个兄弟是傻子,我把他撵出去。只要圣僧给我求求,我把兄弟找回来。"和尚说:"我给你求着,可说不定雷公你答应不答应。"说着话,和尚望空祷告了半天。和尚说:"我给你求明白了,给你三天限,你要不把你兄弟找回去,还是要劈你。"这人说:"我准把我兄弟找回来。"和尚说:"随你罢。"大众一听,真是报应循环,了不得,纷纷议论。陈亮就:"师傅,像华清风这样为非作恶,怎么这上天就不报应他吗?"和尚说:"少时他就现事现报,叫你瞧瞧。"正说着话,只见由远远来一老道,大约要到茶馆来避雨的样子。正走到茶馆门口,瞧见一道电光,照在老道脸上，跟着一道火光，山崩地裂一声响，老道面朝北跪，竟被雷击了。大众一乱说："劈了老道了！"一个霹雳，雨过天晴，露出一轮红日，将要西沉。陈亮出来一瞧，认识是华清风，被雷打了，雨也住了。

和尚说："雷鸣、陈亮，我这里有一封信，一块药。你两个人顺着常山县大道，狂奔曲州府。离曲州府五里地，在五里碑东村口外有座庙，庙门口躺着一条大汉。你把我这药给他吃了，把这信给他，叫他照我书信行事。你两个人在道路上可别多管闲事。要一管闲事，可就有大祸。"陈亮说："咱们在哪见呀？"和尚说："大概曲州府见。你们到了曲州府，瞧见什么事，瞧在眼里，记在心里，可别伸手管是管非。要伸手管，可就找不自在。"雷鸣、陈亮听和尚说话半吞半吐，也测不透。两个人拿着书信，别了济公，顺大路行走。

来到常山县北门外，天色已晚。陈亮说："咱们住店吧。"雷鸣说："好。"立刻见眼前有一座德源店。二人进去，住的是北上房三间。喝吃完毕，陈亮睡了。觉天气太热，雷鸣出来到院中乘凉。店中都睡了，院里还没凉风。雷鸣一想，高处必有风，立刻蹿上房去，果然凉快。雷鸣正打算要在房上躺躺，忽听有人叫喊："杀人了！杀人了！"雷鸣一想，必是路劫。立刻带了刀，蹿房越脊，顺着声音找去。找到一所院落，是四合房。见北上房东里间有灯光，在屋中喊叫："杀人了！"雷鸣蹿下去，撕破纸窗一瞧，气得须发皆竖，伸手拉刀，要多管闲事，焉想到惹出一场横祸非灾。不知后事如何，且看下回分解。

第一百零三回　雷鸣夜探孙家堡
陈亮细问妇人供

话说雷鸣扒窗户一看，只见屋里是顺北墙的一张床，靠东墙是衣箱立柜，地下有八仙桌、椅子、梳头桌，屋中很是齐整。床上躺着一个妇人，有二十多岁，脸上未擦脂粉，穿着蓝布褂裤，窄小宫鞋，长得倒是蛾眉杏眼，俊俏无比。地下站定一个二十多岁男子，头挽牛心发髻，赤着背，穿着单坎肩月白中衣，长得一脸横肉，凶眉恶眼。左手按着妇人的华盖穴，右手拿着一把钢刀，口中说："你就是给我说实话！不说实话，我把你杀了，那便宜你，我一刀一刀把你剐了！"就听那妇人直嚷说："好二虎，你要欺负我！我这是烧纸引了鬼。我跟你有何冤何仇，你敢来持刀威吓。"雷鸣一听，气往上冲，有心要进去，自己一想："我别粗鲁。老三常说我要眼尖，我去跟他商量商量，可管则管，不可管别管。"想罢，拧身上房，仍蹿到店内，来到屋中，一推陈亮。雷鸣："老三醒来。"陈亮说："二哥叫我什么事？"雷鸣说："我瞧见一件新鲜事。因为天热，我在院中乘凉。院中甚热，我就上房去，可以得风。我刚要躺躺，就听有人叫喊：杀了人，杀人哪！我只打算是路劫，顺着声音找去，找到一所院落。见一个男子拿着刀，按着一个妇人，直叫妇人说。我也不知什么事。我有心进去，怕你说我粗莽。我跟你商量商量，是管好，不管好？"陈亮一听，说："二哥，你这就不对。无故上房，叫店里人看见，这算什么事？再说这件事，要不知道，眼不见，心不烦。既知道要不管，心里便不痛快。你我去瞧瞧罢。"

说着话，两个人穿好衣服，一同出来。仍不去惊动店家，拧身上房，蹿房越脊，来到这院中。一听，屋里还喊救人，二人下去。陈亮扒窗户一看，就听有人说："好二虎，你要欺负死我！我这是烧纸引鬼，你还不撒开，快救人哪！"那男子说："你嚷，我就杀了你！"拿刀背照定妇人脸上就砍，一连几下，砍的妇人脸上都血晕了。妇人放声大哭，还嚷救人。陈亮一瞧，不由怒从心上起，气向胆边生，当时说："二哥跟我来！"二人来到外间屋门一瞧，门开着。二人迈步进去，一掀里间帘子，陈亮说："朋友请了。为什么半夜三更拿刀动枪？"这男子一回头，吓了一跳。见陈亮是俊品人物，见雷鸣是红胡子蓝靛脸，相貌凶恶。男子立刻把刀放下说："二位贵姓？"陈亮说："姓陈。"雷鸣说："姓雷。"这男子一听说话，俱都是声音洪亮。陈亮说："我二人原是镇江府人，以保镖为业。由此路去，今天住在德源店。在院中纳凉，听见叫喊杀人救人，我二人只打算是路劫，出来一听，在院中喊叫。我二人自幼练过武艺，故此跳墙进来。朋友为什么这里拿刀行凶？"这男子说："原来是二位保镖的达官。要问，我姓孙，叫孙二虎。我们这村庄叫孙家堡。小村庄倒有八十多家姓孙的，外姓人少。她是我嫂嫂。我兄长在日开药店。我兄长死了三年，她守寡。你们瞧她这大肚子，我就要问问她，这大肚子是哪里来的。因为这个，她嚷喊起来，惊动了二位达官。"陈亮一听，人家是家务事，这怎么管。陈亮说："我有两句话奉劝。天子至大，犹不能保其宗族，何况你我平民百姓？尊驾不必这样。依我劝，算了罢。"孙二虎一听说："好。既是你不叫管，我走了。你二位在这里罢。"雷鸣一听，这小子说得不像人话。雷鸣说："你别走，为什么你走，我们在这里？这不像话！"孙二虎看这两人的样子，他也不敢惹。赶紧："你我一同走。"

雷鸣、陈亮正要往外走，那妇人说："二位恩公别走，方才他说的话一字也不对。"陈亮一听诧异，说："怎么不对？"这妇人说："小妇人的丈夫可是姓孙，在世开药铺生理，今年已故世三载。我娘家姓康，我过门时就不认得他。后来才听见说，就是这么一个当家的兄弟，已然出了五服。平素我丈夫在日，他也不常来，只因我烧纸引鬼。我那一日在门前买线，瞧见他十月的天气尚未穿棉衣。我就说：'孙二虎，你怎么连衣裳都没了？'他说：'嫂嫂，我肩不能挑担，手不能提篮，分文的进项没有，哪里能置衣裳？我见他说的好苦，我是一分恻隐之心，把他叫进来。有我丈夫留下的旧衣裳？'我见他的好苦，我是一分恻隐之心，把他叫进来，有我丈夫留下的旧衣裳，给了他一包袱，还给他两吊钱，我说叫他做个小本营生。焉想到他后来没钱，就来找我借钱，我也时常周济他。焉想到慈心惹祸，善门难开。一次是人情，两次是例，后来习以为常，他就来劝我改嫁，我把他骂出。今天我的仆妇告了假，他无故拿刀来欺负我，问我肚子大是哪里来的。我对二位大恩公说，我的肚子大，实在是病，他竟敢胡说。他又不是我亲族兄弟，今天我家里没人，只有一个傻子丫头。我这里嚷，她都不来管。"外面听得有人答话说："大奶奶，你叫我怎么管？"说着话进来。陈亮一看，是个丑丫头，一脑袋黄头发，一脸的麻子。两道短眉毛，一双三角眼，蒜头鼻子，雷公嘴，一嘴黄板牙，其脏无比。陈亮说："孙二兄，你自己各扫门前雪，休管他人瓦上霜。你我一同走吧。"孙二虎说："走。"立刻三个人出来，丫头关门。

三个人走到德源店门首，陈亮说："孙二兄，你进来坐坐。"孙二虎说："你们二位在这店住，我走了。劳驾，改日道谢。"陈亮说："不必道谢，你回家罢。"孙二虎说："我还要进城。"陈亮说："半夜怎么进城？"孙二虎说："城墙有塌了的地方，可以能走。"说着话径自去了。雷鸣、陈亮二人仍不叫门，蹿到里面，到了屋中。陈亮说："这件事总算救了一个人。明天你我可得早走，恐怕有后患。"雷鸣说："没事，睡罢。"二人安歇。

次日起来，陈亮说："伙计，我们上曲州府，这是大道不是？"伙计说："是。"陈亮说："你赶紧快给我们要酒菜，吃完了，我们还要赶路。"伙计答应，立刻要了酒菜。雷鸣、陈亮吃喝完毕，算还店账；刚要走，外面来了两个头儿，带着八个伙计，是常山县的官人。来到柜房说："辛苦。你们这店里，住着姓雷的姓陈的，在哪屋里？"掌柜的说："在北上房。"官人说："你们言语一声。"掌柜的说："雷爷、陈爷，有人找。"雷鸣、陈亮出来，说"谁找？"官人说："你们二位姓雷姓陈呀？"陈亮说："是。"官人说："你们二位，这场官司打了罢。"陈亮说："谁把我们告下来？"官人说："你也不用问，现在老爷有签票，叫我们来传你，有什么话，衙门说去吧。"掌柜的过来说："众位头爷什么事，跟我说说，都有我呢。这二位现住在我店里，他们有什么事，如同我的事，众位头儿先别带走。"官人说："那可不行。现在老爷有签票，我们不能做主意。先叫他们二位去过一堂，该了的事，必归你了，你候信罢。雷爷、陈爷跟我们走吧。"雷鸣、陈亮也不知什么事。这两个人本是英雄，岂肯畏刀避刑，怕死贪生。勿论什么事，也不能难买难卖。陈亮说："掌柜的，你倒不必担心。我二人又不是杀人的凶犯，滚了马的强盗，各处有案。这个连我二人也不知那儿的事，必是旁人邪火。你只管放心，无论天大的事也不能连累你店家。"掌柜的说："我倒不是怕连累。能管得了，焉能袖手旁观？既是二位要去，众位头儿多照应罢。"官人说："是了。"雷鸣、陈亮立刻跟着来到衙门。偏巧小玄坛周瑞、赤面虎罗镖告了假设在衙门里。官人将雷鸣、陈亮带到，往里一回禀，老爷立刻升堂。这两个上去给老爷行礼，老爷勃然大怒，说出一席话，把雷鸣、陈亮气得颜色改变。不知这场官司所因何故，且看下回分解。

第一百零四回　孙二虎喊冤告雷陈　常山县义士闹公堂

话说雷鸣、陈亮来到公堂，二人给老爷行礼，老爷说："你两个人姓什么？哪个姓陈？"二个各自通名。知县说："雷鸣、陈亮，你两个人跟孙康氏通奸有染，来往有多少日子？现在有孙二虎把你二人告下来。"雷鸣、陈亮一听，气得面色更改。书中交代，孙二虎由夜间分手，这小子连夜进城。有人串唆他，用茶碗自己把脑袋拍了，天亮到常山县喊冤，说雷鸣、陈亮跟他嫂子通奸被他撞见。雷鸣、陈亮持刀行凶，拿茶碗把他脑袋砍了，现有伤痕。他在衙门一喊冤，故此老爷出签票，把雷鸣、陈亮传来。老爷一问跟孙康氏通奸有多少日子，陈亮说："回老爷，小人我是镇江府人，雷鸣是我拜兄。我二人初次来到常山县，昨天才到德源店。只因晚上天热，在院中纳凉，听见有人喊嚷'杀了人！救人哪！'我二人原在镖行生理，自幼练过飞檐走壁，只当是有路劫，顺着声音找去。声由一所院落出来，我二人蹿进院中一看，是一个男子拿着刀要砍妇人。我二人进去一劝解，方知是孙二虎要谋害他嫂嫂。我等平日并不认识他，把孙二虎劝了出来。不想他记恨在心。他说我二人同孙康氏有奸，老爷想情，我二人昨天才住到德源店。老爷不信，传店家再说。我等与孙康氏一不沾亲，二不带故，并不认识。老爷可把孙康氏传来讯问。再说我们是外乡人，离此地千八百里，昨天才来，怎么能跟孙康氏通奸？要在这里住过十天半月，就算有了别情。"

正说着话，老爷早派人把孙康氏传到。原来今天早晨，孙康氏正在啼哭，仆妇回来一问缘由，仆妇说："大奶奶哭了，何必跟孙二虎一般见识，他乃无知的人。"正在劝解，外面打门，仆妇出来一看，是两个官媒、两个官人。仆妇问："找谁？"官媒说："孙二虎把孙康氏告下了。老爷叫传孙康氏去过堂。"孙康氏一听说："好孙二虎，他把我告下来了，我正要想告他去！"当时雇了一乘小轿，带了一个仆妇，来到衙门下了轿，仆妇搀着上堂。知县一看，见孙康氏脸上青黄，就知道她必是男人久不在家，或者寡妇。做官的讲究聆音察理，鉴貌辨色。孙康氏在堂上一跪，老爷问道："你姓什么？"孙康氏说："小妇人姓孙，娘家姓康，我丈夫故世三年，小妇人居寡。"老爷说："现在孙二虎把你告下来，说你私通雷鸣、陈亮，你被他撞见。要说实话。"孙康氏说："我并不认得姓雷姓陈的。孙二虎他是一个出五服的本家，也是我烧纸引鬼。"就把已往从前之事，如此如此一说。老爷吩咐，暂把孙二虎、雷鸣、陈亮带下去。老爷说："现在没有外人，这都是我的公差，你这肚子是怎么一段情节，你要说实话。本县我要存一分功德，我必定要救你，你到底是胎还是病？"孙康氏说："回禀老爷，小妇人实在是病。"老爷吩咐立刻把官医找来。

当时手下的官人立把官医找来。老爷吩咐当堂给孙康氏看脉，看看是胎是病。这个官医本是个二五眼的先生。当时一瞧脉，他回禀老爷："吾看她是个喜脉。"孙康氏一听，照定官医"呸"啐了一口，说："你满口胡说！我丈夫已然死了三年，我遗孀守寡，哪里来的胎？你满嘴放屁！"官医一听，说："混账！我说你是胎，必定是胎！"老爷说："孙康氏，我且问你，你跟孙二虎在家辩嘴，为何雷鸣、陈亮来给你们劝架呢？"孙康氏说："小妇人我也并不认识姓雷姓陈的，皆因孙二虎要杀我，我叫喊救人，姓雷的姓陈的来了，我并不认识。"老爷吩咐把雷鸣、陈亮带上来。这两个人上来，老爷说："雷鸣、陈亮，你二人为何无故半夜三更跳在人家院中去多管闲事？"雷鸣说："我二人是为好，见死焉有不救之理？"孙康氏说："可恨！"老爷："你恨什么？"孙康氏说："可恨这里没有刀。要有刀，我开开膛，叫老爷瞧瞧是胎是病！"

雷鸣一听说："那一妇人，你真有这个胆量开膛，我这里有刀给你开开膛。要是病，必有人给你来报仇。要是胎，那可是你自己明白跟谁通奸有的。"说着话，伸手把刀拉出来，往地下一捺。孙康氏就要拾刀。幸旁边官人手急眼快，把刀抢过去。老爷一见，勃然大怒，立刻把惊堂木一拍说："好雷鸣，你真是胆大妄为，竟敢目无官长，咆哮公堂。在本县公案之前，竟敢亮刀行凶！来人，给我打！"说着话，老爷一抽签。方把签抽出来，只见签上拴着一个纸包。老爷打开一看，勃然变色，"呵"了一声，立刻点头发笑说："雷鸣，老爷看你倒是一个直人，极其爽快。来人，快摆一桌酒，本县赏给你二人去吃，少时本县定要替你二人做主。"雷鸣、陈亮谢过老爷，立时下堂，来到配房。有人伺候，把酒席摆上。陈亮："二哥你瞧，了不得，老爷赏你我这席酒，必定有缘故，大概必是稳计。要拿你我，怕当时拿不了。"雷鸣说："我全不懂，吃饱了再说。"

书中交代，陈亮真猜到了。老爷抽出签来看上面字柬，写的是：

雷鸣陈亮恶贼人，广结天下众绿林。前者劫牢反越狱，原与恽芳系至亲。

老爷看了这个字柬，心中暗想："好怪，这字柬是哪里来的？"当时要拿雷鸣、陈亮，看看手下官兵，没有一个有能力的。故此以怒变喜，赏二人一桌酒席，用稳军计稳住，暗派官人看着两个人。一面赶紧遣人去把小玄坛周瑞、赤面虎罗镔找来，可以拿雷鸣、陈亮。老爷越想这四句话来的怪异，又一看雷鸣这口刀，跟马家湖明火执仗贼人使的刀是一样，更觉生疑。知县一想："把蓬头鬼恽芳提出，叫他认识。他要不认得雷鸣、陈亮，这其中必有缘故。他要认得，必是雷鸣、陈亮跟他等是一党。前者劫牢反狱必有他二人。"其实这件事要真把恽芳提出来，恽芳跟玉山县的有仇，他必说认识。贼咬一口，入骨三分，雷鸣、陈亮跳在黄河也洗不清。

凡事该因，老爷正要标监牌，就听外面叫喊："阴天大老爷！晴天大老爷！我冤枉，冤苦了我了！"老爷正要问外面什么事喧哗，只见济公由外面走进来，拉着一位文生，直奔公堂。书中交代，济公由哪里来呢？和尚由十里庄打发雷鸣、陈亮走后，带领柴、杜二位班头正往前走，只见眼前来了一乘小轿，走的至急。和尚一瞧，说："哎呀，阿弥陀佛！你说这个事，焉能不管？"说着话，和尚带着二位班头，跟着小轿，进了一座村庄。只见路北大门，小轿抬进去。和尚说："老柴、老杜，你们两个人在外面等等。"和尚来到大门里说："辛苦，辛苦。"由房门出来一位管家，说："大师傅，你要化缘别处去吧，你来得不巧。你要头三天来，我们员外还施舍呢。此时我们员外心里烦着呢，僧道无缘，一概不施舍了。"和尚说："你们员外为什么事情，烦你跟我说说。"管家说："你是出家人，跟你说也无用。你既要问，我告诉你。我们三少奶要临盆，现在三天没生养下来，请了多少收生婆都不行。有说保孩子不保大人的，有说保大人不保孩子的。方才刚用轿子把刘妈妈接来，我员外烦的了不得。"和尚说："不要紧，你回禀你们员外，就说我和尚专会催生。"管家说："和尚你找打了！谁家叫和尚进产房催生？"和尚说："你不明白，我有催生的灵药，吃下去立刻生下。"管家说："这就是了。我给你回禀一声。"立刻管家进去，一回禀，老员外正在病急乱投医，赶紧吩咐把和尚请进来。管家出来说："我们员外有请。"和尚跟着来到书房。老员外一瞧，是个穷和尚，立时让座，说："圣僧，可能给催生的药？"和尚点了点头，罗汉爷施佛法要搭救第一善人。不知后事如何，且看下回分解。

第一百零五回　论是非砸毁空心秤　讲因果善度赵德芳

话说济公来到书房，老员外说："大师傅宝刹在哪里？"和尚说："西湖灵隐寺。上一字道，下一字济，讹言传说济颠僧就是我。老员外怎么称呼？"老员外说："我姓赵，名叫德芳。方才听家人说，圣僧有妙药，能治催生即下。圣僧要能给催生下来，我必当重谢。"和尚说："我这里有一块药，你拿进去，用阴阳水化开，给产妇喝下去，包管立见功效。"赵德芳把药交给家人拿进去，告诉明白，这里陪着和尚说话。

少时，仆妇出来说："老员外大喜，药吃下去，立刻生产，你得了孙子。"赵德芳一听甚为喜悦，说："圣僧真是神仙也！"立刻吩咐摆酒。和尚说："我外面还带有两个跟班的，在门口站着。"老员外一听，赶紧叫家人把柴、杜二位班头让到里面。家人把酒摆上，众人入座吃酒。赵德芳说："我有一事不明，要在圣僧跟前请教。"和尚说："什么事？"赵德芳说："我实不瞒圣僧，当初我是指身为业，要人出身。瞒心昧己，白手成家，我挣了个家业。去年我六十寿做生日，我有三个儿子、三房儿媳妇，我就把我儿叫到跟前。我说：'儿呀，老夫成立家业，就是一根空心秤，买人家的，能买二十两算一斤，卖给人家十四两算一斤，秤杆里面有水银。前者我买了几千斤棉花，每一斤多得四两，那卖棉花的客人赔了本钱，加气伤寒死了，我就心中抱愧。现在我儿女满堂，从此不做亏心事了。'当时把这秤杆砸了，我打算改恶向善。焉想到上天无眼，把秤砸了，没有一个月，我大儿子死了，大儿媳妇改嫁他人。事情刚办完，我二儿子也死了，二儿媳也往前走了。过了没两个月，我三儿子也死了。我三媳妇怀胎有孕，尚未改嫁。圣僧你看，这不是'修桥补路双瞎眼，杀人放火子孙多'，怎么行善倒遭恶报呢？"和尚哈哈一笑："你不必乱想。我告诉你说，你大儿子原是当初一个卖药材的客人，你算计他死了，他投生你大儿子，来找你算账。你二儿子是给你败家的。你三儿子要给你闯下榻天大祸，你到年老该得饿死。皆因你改恶向善，上天有眼，把你三个败家子收了去。你这是算第一善人。比如寡妇失节，不如老妓从良。"赵德芳一听，如梦方醒，说："多蒙圣僧指教。现在我得了一个孙男，可能成立否？"和尚说："你这个孙子，将来能给你光宗耀祖，改换门庭。"赵德芳："这就是了，圣僧喝酒罢。"喝完了酒，天色已晚，和尚同柴、杜就住在这里。

次日天光一亮，和尚起来说："出恭。"由赵宅来到了常山县城内十字街。见路北里有一座门楼，门口站着二十多人，吵吵嚷嚷。和尚说："众位都在这里做什么呢？"大众说："我们等着瞧病的。这里许先生是名医，一天就瞧二十个门诊，多了不瞧。来早了才赶得上呢，我们都早来等着上号。先生还没起来。"和尚说："是了，我去叫他去。"说着话，迈步来到门洞里，和尚就嚷："瞧病的掌柜没起来！"管家由门房出来说："和尚你别胡说，瞧病的哪有掌柜的？"和尚说："有伙计？"管家说："也没伙计，这里有先生。"和尚说："把先生叫出来，我要瞧病。"正说着话，先生由里面出来。和尚一瞧，这位先生头戴蓝色文生巾，身穿翠蓝色文生氅，腰系丝绦，厚底竹履鞋。这位先生乃是本地的医生，名叫许景魁。今天才起来，听外面喊叫瞧病的掌柜的，故此赶出来。一瞧是个穷和尚，许景魁说："和尚什么事？"和尚说："要瞧病。"许先生一想："给他瞧瞧就完了。"这才走到门房来瞧。来到门房，和尚说："我浑身酸懒，大腿膀硬。"许先生说："给你诊诊脉。"和尚一伸大腿。许先生说："伸过手来。"和尚说："我只打算着脉在腿上呢。"这才一伸手。先生说："诊手腕。"和尚说："不诊脑袋？你诊罢。"许先生诊了半天，说："和尚你没有病呀。"和尚说："有病。"许先生说："我看你六脉平和，没有病。"和尚说："我有病。不但我有病，你

也有病。你这病，非我治不行。"许先生说："我有什么病？"和尚说："你一肚子阴胎鬼胎。"许先生说："和尚你满口胡说！"和尚说："胡说？咱们两个人是一场官司。"说着话，和尚一把把许先生丝绦揪住，就往外拉。大众拦着说："什么事打官司？"和尚说："你们别管。"拉了就走，谁也拉不住。

和尚力气大，一直拉到常山县。和尚就喊："阴天大老爷！晴天大老爷！冤苦了我！"官人正要拦阻，老爷一看是济公，赶紧吩咐把孙康氏等带下去。说："圣僧请坐。"知县也认识许景魁，他到衙门看过病。知县说："圣僧跟许先生什么事？"和尚说："老爷要问，昨天我住在赵德芳家，我病了。赵员外见我病了，提说请名医许景魁给我瞧。就是他的马钱太贵，一出门要六吊，一到关乡就是十二吊，一过五里地就要二十四吊。我说我瞧不起，我自己去吧。今天早晨，赵员外给了我五十两银子。我由赵家庄自己走了二十里路，才进城到许先生家里去瞧门诊。他就问我有钱没有？我说有银子，我把五十两银子掏出来放在桌上。他把银子揣在怀里，他说我是有银子折受的，把银子给他就没病了。他叫我走。我要银子，他不给我。因此我揪他来打官司。"知县一听，这也太奇了，说："许景魁你为何瞒昧圣僧的银子。"许景魁说："回禀老爷，医生也不致这样无礼。我原本因家务缠绵，起得晚些。刚起来，听外面有人喊。我出来一瞧，是这个和尚。他叫我瞧病，我瞧他没有病。他说我有病，有一肚子阴胎鬼胎。他就说我来跟他打官司。我并没见他的银子。"和尚说："你可别亏心。你在怀里揣着呢。老爷不信，叫他解下丝绦抖抖。"老爷说："许景魁你怀里有银子？"许景魁说："没有。"老爷说："既没有，你抖抖。"许景魁果然把丝绦解下，一抖，掉在地下一个纸团。许景魁正要抢，和尚一伸手抢起来说："老爷看。"老爷把这纸才打开一看，是个草底子，勾点涂抹，上写是：

雷鸣陈亮恶贼人，广结天下众绿林。前者劫牢反过狱，原与恽芳系至亲。

老爷一看说："许景魁，你这东西哪里来的？"许景魁说："我抢的。"老爷说："你早晨才起来，哪里抢的？"许景魁说："院里抢的。"老爷说："怎么这样巧？"和尚说："老爷把孙康氏带上来。"立刻知县叫人带孙康氏。孙康氏一瞧说："许贤弟，你来了。"许景魁说："嫂嫂你因何在此？"老爷说："孙康氏，你怎么认得许先生？"孙康氏说："回老爷，我丈夫在日开药铺，跟他是拜兄弟。我丈夫病着，也是他瞧的。我丈夫死，有他帮着办理丧事。出殡之后，小妇人向他说，寡妇门前是非多，我有事去请你，你不必到我家来。他从此就没来。故此认识。"和尚又说："把孙二虎带上来。"孙二虎一上堂说："许大叔，你来了。"老爷说："孙二虎，他跟你哥哥是拜兄弟，你何以叫他大叔？"孙二虎说："不错，先前我同许先生论弟兄。只因我常找许先生借钱，借十吊给十吊，借八千给八千，我不敢同他论兄弟，我叫大叔。"和尚说："把他们都带下去。"立刻都把众人带下去。和尚说："单把孙二虎带上来。"孙二虎又上来。和尚说："孙二虎，方才许景魁可都说了，你还不说？老爷把他夹起来！"知县一想："这倒好，和尚替坐堂。"立刻吩咐把孙二虎一夹。孙二虎说："老爷不必动刑，许景魁既说了，我也说。"老爷说："你从实说来！"孙二虎这才从头至尾述了一遍。老爷一听，这才明白，不知说出何等话来，且看下回分解。

第一百零六回　找医生鸣冤常山县　断奇案烈妇遇救星

话说孙二虎听说许景魁已然招了，他这才说："老爷不必动刑，我招了。原本我时常去找许先生借钱。他那一天就说，'孙二虎，你是财主。'我说，我怎么是财主？他说，'你叔伯哥哥死了，你劝你嫂子改嫁，他家里有三万银子家当。他带一万走，分给各族一万，你还得一万呢！你岂不是财主？'凡事谋事在人，成事在天。我就向我嫂子一说，我嫂子骂了我一顿，从此不准我再说这话。后来许先生常问我说了未说。我一想，他媳妇死了，他必是要我嫂子，我就冤他。我说，'我给你说说？'他说是为我发财，他倒不打算要我嫂子。我又一说，他怕我嫂子不愿意。我说，我给你说着瞧,他就答应了。我仗着这件事,常去向他借钱。这天他说:'二虎你常跟我借钱,你倒是跟你嫂子说了没有?'我说:'你死了心吧,我嫂子不嫁人。'他说他瞧见我嫂子门前买线肚子大,其中必有缘故。他又说:'二虎,我给你一口刀,你去问你嫂子,他这肚子大是怎么一段情节?你嫂子要说私通了人,你把他撺出去,家私岂不是你的?'我一想也对。我这才拿刀到我嫂子家去,偏巧仆妇都没在家。我正在问我嫂子,雷鸣、陈亮把我劝出来。我跟许先生一提,他说不要紧。他跟刑房杜先生相好,他叫我把脑袋拍了来喊告。他暗中给托,准管保我官司打赢了,把雷鸣、陈亮治了罪。这是已往从前真情实话。"老爷叫招房先生把供写了,立刻连孙康氏、许景魁一并带上堂来。叫招房先生当了大众一念供,许景魁吓得颜色改变。老爷把惊堂木一拍说:"许景魁!你是念书的人,竟敢谋夺媚妇,调唆人家的家务,你知法犯法,你是认打认罚?"许景魁:"认打怎么样?认罚怎么样?"老爷说:"认打我要重重地办你。认罚我打你一百戒尺,给你留脸,罚你三千银子,给孙康氏修贞节牌坊。"许景魁说:"医生情愿认罚。"老爷吩咐,立刻打了许景魁一百戒尺,当堂具结,派官人押着去取银子。老爷说:"孙二虎!你这厮无故妄告,持刀行凶,欺辱寡妇,图谋家产。来人!拉下去打四十大板!"照宋朝例,枷号一百日释放。

知县这才说:"圣僧,你看孙康氏这肚子怎么办?"和尚说:"他这肚子是胎。"知县说:"圣僧不要取笑,他是三年的寡妇,哪里有胎?"和尚说:"老爷不信,叫他当堂分娩。此胎有些不同。"老爷说:"别在大堂分娩。"和尚给了一块药,派官媒带到空房去生产。官媒带下去,来到空房,把药吃下去,立刻生下了一个血胎,有西瓜大小,血蛋一个。官媒拿到大堂,给老爷瞧。和尚一掩面说:"拿下去。"知县说:"这是什么?"和尚说:"此是血胎,乃是气裹血而成。妇人以经血为主,一个月不来为疾经,二个月不来为病经,三个月不来为经闭,七个月不来为干血痨。这宗血胎,也是一个月一长。"老爷这才明白。吩咐把孙康氏送回家去。知县又问:"圣僧,现在雷鸣、陈亮这二人又怎么办?方才在大堂之前,雷鸣咆哮公堂,亮刀行凶,我正要提悻芳,正值圣僧来了。"和尚说:"那一天我走时,在签筒底下留了一张字柬,老爷一看就明白了。"知县挪开签筒一瞧,果然有一张字柬。老爷打开一看,上面写的是四句话:

字启太爷细思寻,莫把良民当贼人。马家湖内诛群寇,多亏徒儿杨雷陈。

老爷一看,心中明白,说:"原来是圣僧的门徒,本县不知。"立刻先出革条,把刑房杜芳假公济私、贪残受贿、捏写假字、以害公事,把他革了。这才派人叫雷鸣、陈亮上来。老爷把刀还给雷鸣,赏给二人十两银子。雷鸣、陈亮给师傅行礼。和尚说:"我叫你们两个人去办事,你二人要多管闲事。"陈亮说:"要不是师傅前来搭救,我二人冤枉何以得伸。"和尚说:"你两个人快走吧。"雷、陈谢过了老爷,辞别和尚,出了衙门。

二人顺着大路往前直走。走到日落西沉,见自前有一座村庄。东西的街道,南北有店有铺户。二人进了一座庙,字号"三益"。伙计把两个人让到北上房,打过洗脸水,倒过茶来。二人要酒要菜,吃喝完毕。因日间走路劳乏,宽衣解带安歇了。次日早晨起来,雷鸣一看,别的东西不短,就是裤子没了。雷鸣说:"老三,你把我的裤子藏起来?"陈亮说:"没有。"陈亮一瞧,裤子也没有了。陈亮说:"怪呀!我的裤子也没了。"二人起来,围着英雄氅坐着。心中一想,有心叫伙计,又不好说把裤子丢了。陈亮说:"二哥,不用找了。叫伙计给买两条裤子,不拘多少钱。"伙计说:"好,要买裤子倒巧了。早起东跨院有一个客人,拿出两条裤子叫我给当也可,卖也可,要二十两银子。我没地方卖去,我瞧他有点疯。"陈亮说:"你拿来我们瞧瞧。"伙计出去,少时拿两条裤子来。陈亮一瞧,原是他二人的裤子。两个人拿起来就穿上。伙计一瞧,心说:"这两位怎么没裤子?"雷鸣说:"伙计,这个卖裤子的在哪屋里?你带我们瞧瞧去。"伙计点头,带着雷鸣、陈亮来到东跨院。正到院中,就听屋里有人说话,是南边人的口音,说:"唔呀,混账东西!拿裤子给哪里卖去,还不回来!"伙计说:"就是这屋里。"二人迈步进去一看,见外间屋靠北墙,一张条桌,头前一张八仙桌,旁边有椅子,上手椅子上坐着一个人。头戴翠蓝色武生公子巾,双垂烛笼走穗。身穿翠蓝色铜氅,腰系浅绿丝鸾带,薄底靴子。白脸膛,俊品人物,粗眉大眼。雷鸣一看说："你这东西,跟我们两个人玩笑!"

书中交代,这个人姓柳名瑞,字春华,绰号人称踏雪无痕,也在玉山县三十六友之内,跟雷鸣、陈亮是拜兄弟。这个人虽系儒雅的相貌,最好诙谐。柳瑞是由如意村出来,奉杨明的母亲之命找杨明。他来到这北新庄,住了有几天了。皆因风闻此地有一个恶棍,叫追魂太岁吴坤。柳瑞要访查访查这个恶棍的行为,要果是恶棍,他要给这一方除害。在这店住了好几天,也没访出有什么事。昨天雷鸣、陈亮来,他瞧见,故意果跟雷、陈耍笑。今天雷、陈二人过来,柳瑞这才说："雷二哥,陈三哥,一向可好?"上前行礼。陈亮说:"柳贤弟,为何在这里住着?"柳瑞说:"我奉杨伯母之命,出来找杨大哥。"陈亮说:"现在杨大哥回去了。我们前天由常山县分手,大概一两天就许到家了。"柳瑞说:"你们三位怎么会遇见?"陈亮叹了一声说:"一言难尽!"就把华云龙为非作恶,镖伤三友的事,如此如此一说。说毕,柳瑞一听,咬牙愤恨,说:"好华云龙,真是忘恩负义!杨大哥撒绿林帖,成全他,待他甚厚,他施展这样狠毒之心!我那时见了他,我必要结果他的性命。"陈亮说:"不必提他了,你这上哪去?"柳瑞说:"我听见说此地有个恶霸,我要访访。"陈亮说:"我二人一同出去访去。"

三个人一同来到上房,吃了早饭,一同出去。出了村口,往前走不远,只见眼前有一人要上吊。口中说:"苍天,苍天,不睁眼的神佛!无耳目的天地!罢了!罢了!"陈亮三个人一瞧,见一人头戴蓝绸四棱巾,蓝绸子铜錾,不到四十岁。三个人赶过去,陈亮说:"朋友,为何上吊?看尊驾并非浊人,所因何故?你说说。"那人叹了一声,说:"我生不如死!"三位要问,从头至尾一说。三位英雄一听,气往上冲,要多管闲事。焉想到又勾出一场是非。不知后事如何,且看下回分解。

<h1>第一百零七回　雷鸣陈亮双失盗　踏雪无痕访贼人</h1>

话说雷鸣、陈亮、柳瑞三个人一问这人为何上吊,这人说:"我姓阎,名叫文华。我乃是丹徒县人。我自幼学而未成,学会了丹青画。只因年岁荒乱,我领妻子曹氏、女儿瑞姐,来到这北新庄店中居住,我出去到人家画画度日。那一日走到吴家堡,有一位庄主,叫追魂太岁吴坤,他把我叫进去,问我能画什么。我说会画山水人物,花木翎毛。他问我会画避火图不会,我说也行。他叫我给他画了几张。他一瞧愿意,问我要多少钱一工,我要一吊钱。他说我明天到店里找你去,次日他就骑着马来了。我店中就是一间房,也无处躲避。他进来就瞧见我妻子女儿。我女儿今年一十七岁,长得有几分姿色。焉想到他这一见,暗怀不良之心。他向我说,叫我开一座画儿铺,他借我二百两银子。我一想很好,就在这村里蹦匕,开了一间门面的画铺,字号古芳阁,后面带住家。我就给他画了许多画儿。开张有两个多月,昨天他骑马出来,到我铺子,拿着一匣金首饰,一对金镯子,说寄存在我铺子,回头拿。我想这有何妨?他昨天晚上也没有拿,我把东西锁在柜内。今天早晨,他来取东西,我开柜一瞧,东西没了,钥匙并未动。他立刻反了面,说我昧起来,叫手下人打了我几下,把我妻子女儿抢了去,他说做押账。拿东西去赎回,不然不给我。我实不是瞒心昧己,我又惹不起他,故此我一回想,死了就罢了。"陈亮说:"你别死。你同我们到你家去。我们自有道理。"

阎文华点头,同了三个人来到古芳阁。陈亮说:"你把应带的东西,收拾好了。今天夜里,我去把你妻子女儿抢回来,给你点金银,你逃走行不行?"阎文华说:"三位要能把我家人找回来,我情愿离开此地。"柳瑞说:"你等着三更天见。"三个人复又出来,到吴家堡一看,这所庄院甚大,四面占四里地,墙上有鸡爪钉,周围有护庄濠岸,上栽着垂杨柳。南庄门大开,里面有几个恶奴。头前有吊桥,后面有角门。三个人探明白了道路,这才回店。

到店里要酒菜,吃完了夜饭,候到天有二鼓,店中都睡了,三个人换好了夜行衣,把白昼的衣服,用包裹包好,斜插式系在腰间,由屋中出来,将门倒带,画了记号,拧身蹿房越脊,出了北新庄三里路,来到吴家堡。到了庄墙下,由兜囊掏出百链套锁扔上去,抓住墙头,揪绳上去。摘了百链套锁,带在兜囊。三个人抬头一看,见这所庄院,真是楼台亭阁,甚是齐整。三个人蹿房越脊,各处哨探。到一所院落,是四合房,北房三间,南房三间,东西各有配房。北上房西里间灯影闪闪,人影摇摇。三个人来到北房,珍珠倒卷帘,夜叉探海式,往屋中一看,顺前檐的炕,炕有小桌,点着蜡灯。炕上搁着两包袱衣裳,桌上有金首饰、银首饰、珍珠翡翠首饰。炕上坐着一位妇人,有四十来往的年岁。旁有一个女子,不过十七八岁,长得十分美色。地下有四个仆妇,正然说:"你不要想不开,在你们家里,吃些个粗茶淡饭,穿些个粗布破衣。只要跟我们庄主,岂不享荣华富贵?我们劝你为好,你叫你女儿别哭了,抹点粉,我们庄主为你们不是一天的心机,你要把我们太岁爷招恼了,一阵乱棍,把你母女打死,谁来给你们报仇?莫说你们,就是这本地人,谁家姑娘媳妇长得好,太岁爷说抢就抢。本家找来,好情好理,还许给几十两银子。要不答应,就是一顿乱棍打死,往后花园子一埋。"这女子说:"我情愿死!活着跟我娘为人,死了一处做鬼!"雷鸣、陈亮听得明白,一拉柳瑞说:"跟我来。"三个人跳下去,亮出刀冲进屋中。吓得四个仆妇战战兢兢。柳瑞说:"你们谁要嚷,先杀谁!"仆妇:"大太爷饶命,不嚷!"柳瑞把这些细软金银打了一个包袱,把两个仆妇的嘴堵上,叫这两个健壮的仆妇背起他母女来跟了走,"你们要一嚷就杀!"仆妇只得点头答应。柳瑞说:"二位兄长,在此暗中少候。我先把他母女送回去,少时就来。"雷、陈点头。叫仆妇背了这母女,柳瑞拿着包裹后面跟着,开了后花园子角门,一直来到古芳阁。柳瑞上前叫门,阎文华正在心中盼想,听外面打门,出来一瞧,是柳瑞。柳瑞叫仆妇背进去放下。柳瑞说:"本来要把你们杀了。你两个人已背了一趟,就不杀你们了。先把你两个捆上,口堵上,等我回头再放你们。"这才说:"阎文华,你赶紧带你妻子女儿逃命罢。这一包袱是细软金银,我再给你三十两银子,你们快走。我还要回去杀恶霸。"阎文华千恩万谢。柳瑞说:"你也不用谢。青山不改,绿水长流,他年相见,后会有期。"阎文华立刻带领家眷逃走。

柳瑞复返回到吴家堡,找着雷鸣、陈亮。三个人复又哨探,来到一所院落,见北大厅五间,屋中灯光明亮,有八仙椅子,上手坐定一人,头戴青绸四棱巾,身穿大红缎箭袖袍,周身乡三蓝牡丹花,面如油粉,两道黑剑眉,一双环眼,押耳黑毫,一部钢髯,长得凶恶无比,手里拿着一把折扇。这个正是恶棍追魂太岁吴坤。他原先也是西川绿林人,因为发了一件邪财,自己来到这里隐避,仍然恶习不改。在外面交结官长,走动衙门,杀男掠女,无所不为。雷鸣、陈亮、柳瑞今天在暗中一看,就知是恶棍。就听恶棍那里说:"孩子们,天有什么时光?"家人说:"不到三鼓。"正说着话,只见由外面进来一个恶奴说:"回禀太岁,外面来了你的一位故友,西川路的乾坤盗鼠华云龙来拜你老人家。"吴坤一听说:"哎呀,华二弟来了!我正在想念他。孩子们,开庄门,待我前去迎接。"雷鸣等在房上听得明白。少时就见把华云龙让进来了。

书中交代,华云龙自从古天山逃走,自己一想无地可投,有心回西川,西川没有窝子了。有心回玉山县,又怕杨明不能留他。自己悔恨当初做事不该狠毒,到如今只落得遍地仇人。华云龙此时坐如痴,立如呆,如同雷轰顶上时。饥不知,饱不知,如热锅上蚂蚁。自己信步往前走,忽然想起吴坤,听说在吴家堡很有生气。他打算来躲避,可以安身。白天不敢来,怕有人瞧见,故此晚上来找吴坤。叫家人往里一回禀,吴坤把他迎接进去。雷鸣、陈亮在房上一瞧,华云龙又黄又瘦,不似从前。吴坤把华云龙迎到屋中落座。吴坤说:"华二弟,从哪里来?"华云龙说:"一言难尽!你我兄弟自西川分手,倏经几载。我在玉山县,有威震八方杨明的引荐,交了几个朋友。现在皆因我逛临安,惹了祸,闹得无地可投。"吴坤说:"什么祸事?"华云龙就把秦相府偷盗玉镯凤冠,泰山楼杀人,乌竹庵强奸,如此如此一说。吴坤说:"你在我这里住着罢。就即使有人来拿你,都有我呢。现在你有一个知己的朋友发了财,你知道不知道?"华云龙说:"哪位?"吴坤说:"在西川坐地分赃的镇山豹田国本,现在曲州府大发财源。结交官长,走动衙门,手下人也多,财也厚,听说跟秦相府还结了亲。我知道跟你知己。"华云龙一听说:"我要找田大哥去。兄长可别多心,我到他那里住烦了,再到兄长这里来。现在我盘费缺乏。"吴坤说:"不要紧,孩儿们开库拿银子。"这个时节,雷鸣在房上一想:"趁此机会,可以拿华云龙。一则给众朋友报仇,二则交给济公,以完公事。"想罢才要伸手拿刀,捉拿淫贼。不知后事如何,且看下回分解。

第一百零八回　三豪杰偷探吴家堡 恶太岁贪色设奸谋

话说雷鸣、陈亮一见华云龙,气往上冲,伸手拉刀,要下去捉拿淫贼。柳瑞一手把雷鸣揪住说:"二哥、三哥打算怎么样?"雷鸣说:"你我下去,将华云龙拿住。"柳瑞说:"二位兄长且慢。依我相劝,不必这样。一则你我人力不多,他这里余党甚众。二则你我又不在官应役,就即便把华云龙拿住,往哪里送?再说咱们总跟他当初神前一股香。既有今日,何必当初!只可叫他不仁,你我不可不义。他为非作恶,自有济公拿他。你我何必他为仇?况且也未必拿得了他。"陈亮一听也有理,说:"二哥,不用管他,由他去吧。"雷鸣也只可点头。

三位英雄在暗中观看,就听华云龙说:"吴大哥,你给我点盘费,我先到田大哥那里住些日子,我再来到兄长家里住着。只要有你们二位,我就不怕了。"吴坤说:"也好,孩儿们开库拿银子去。"管家吴豹,点上了灯笼,寻着钥匙,出了大厅。三位英雄在暗中一听,恶棍家里还有库,三个人一商量,在暗中跟随。只见吴豹打着灯笼,由大厅的东箭道往后狂奔。来到第二层院子,往东有一个角门,一进角门,这时有间更房,里面有几个打更的。吴豹说:"辛苦众位。"打更的一瞧说:"管家什么事?"吴豹说:"我奉庄主之命,来开库拿银子。庄主爷来了朋友了。"打更的王二说:"什么人来了?"吴豹说:"西川路的乾坤盗鼠华云龙二太爷来了。"王二说:"管家去吧。"吴豹来到北房台阶,把灯笼搁在地上,拿钥匙开门,把门开开了,回头一瞧,灯笼没了。吴豹一想:"这必是打更的王二跟我耍笑。"自己复返回到更房门口,一瞧灯笼在更房门口地上搁着,也灭了。吴豹说:"王二你们谁把灯笼给我偷来?"众打更的说:"没有。我们大众都没出屋子,谁拿你的灯笼。"吴豹说:"你们不要不认,没拿,灯笼怎么会跑到这来?"说着话,又把灯笼点上,复反狂奔北房。焉想到这个时节,雷鸣、陈亮、柳瑞早进了屋子。

三个人来到屋中一瞧,都是大柜躺箱。三个人正要开箱子拿银子,见吴豹来了。三个人赶紧藏到东里间屋中柜底下。吴豹进来开柜,拿了两封银子,转身出去,把门带上锁了。三位英雄也在柜里,每人拿了两封银子,想要出去,一瞧门已锁住。用手一摸,窗都是铁条,墙前都是用铁叶子包的闸板。雷鸣、陈亮一摸,说:"这可糟了,出不去了!"柳瑞急中生巧说:"不要紧。"立刻柳瑞一装猫叫。打更的听见,说:"管家回来,你把猫关在屋里了。"吴豹一听,复反回来,说:"这个狸花猫真可恨,它是老跟脚。"说着话,用钥匙又把门开开。在外间屋用灯笼一照,没有,吴豹进了西里间。三位英雄由东里间早溜出去,上了房。柳瑞又一学猫叫。打更的说:"猫出来上了房了。"吴豹这才出来,把门锁上,狂奔前面。

三位英雄在暗中观看,家人把银子拿到大厅,交给华云龙,贼人立刻告辞。吴坤一直送到大门以外说:"华二弟,你过几天来。愚兄这里恭候。"华云龙告辞去了。吴坤迈步回家,刚一进大门,焉想到柳瑞早在门后藏着,冷不防照贼人一刀,竟把吴坤结果了性命。家人一阵大乱。柳瑞早拧身蹿出来。家人次日报官相验,再拿凶手,哪里拿去?柳瑞把恶棍除了,三位英雄就回了店中安息。次日早晨起来,柳瑞说:"二位兄长上哪去?"雷鸣、陈亮说:"我们上曲州府给济公办事。"柳瑞说:"我还要访几位朋友,你我兄弟分手,改日再见。"三个人算还店账,由店中出来。

不表柳瑞,单说雷鸣、陈亮,顺大路狂奔曲州府。刚来到五里碑东村口外,只见路北有一座庙,庙门口站着一条大汉。穿青皂裤,形色枯槁,站立不稳。口中喊叫:

"苍天！苍天！不睁眼的神佛！无耳目的天地！没想到我落在这般景况！"雷鸣一瞧认识，说："原来是他。"二位英雄赶奔上前，说："二哥，为何这般景况？"这大汉一瞧说："你两个是牛头马面，前来拿我？"雷鸣说："你是疯了？我二人是雷鸣、陈亮。"这大汉说："你二人不是牛头马面，是黄幡童子，接我上西天。"陈亮说："二哥，你不认识人了？我二人是雷鸣、陈亮。"这大汉心中一明白，说："原来是雷鸣、陈亮二位贤弟，痛死我也！"说完了话，翻身栽倒，不能动转。陈亮赶紧到村口里有一家门首叫门。由里面出来一位老者说："尊驾找谁？"陈亮说："老丈，借我一个碗，给我一口开水，那庙门口有我一个朋友，病得甚重，我给他化点药吃。"老丈说："原来如是，那大汉是尊驾的朋友。他在我们这村口外病了好几天了。头两天我还给他送点粥吃，这两天见他病体甚重，我们也不敢给了。尊驾在此少候，我去拿水去。"说着话，回身进去，端出一碗水来，递给陈亮。陈亮拿了来，把济公那块药化开，给那人灌下去，少时就听他肚腹一响，气引血走，血引气行，当时五脏六腑觉得清爽，去了火病。当时翻起身来，说："陈、雷二位贤弟，由哪来？"陈亮说："郭二哥好了。"

书中交代，这个人不是别人，他姓郭名顺，外号人称小昆仑，又叫夜行鬼。当年也在玉山县三十六友之内。自己看破了绿林，拜东方太悦老仙翁为师，出家当了老道。在外面云游四方，要赎一身之冤孽。焉想到来到这五里碑病了。自己在外面化缘，手中又无钱住店，就在这庙门口躺着。头两天，村口还有人给点吃的，这两天病的沉重，都不敢给了，怕他死了担不是。今天雷鸣、陈亮来给他把病治好，郭顺这才问二位贤弟从哪来。陈亮说："由常山县，济公特派我二人来救你。现在济公一封信交给你，叫你照信行事。"郭顺接过书信一看，这才明白。当时向北叩头，谢济公救命之恩。说："二位贤弟，盘费富余不富余？"陈亮说："有。"郭顺说："我到临安去给济公办事。"陈亮、雷鸣给郭顺一封银子。郭顺说："二位贤弟受累，改日再谢。"告辞径自去了。

且说雷鸣、陈亮狂奔曲州府来，到城内十字街，往北一拐，见路西有一座酒店。二人掀帘子进去，一瞧有楼，二人这才上楼。见楼上很清洁，二个人找了一张桌坐下。跑堂的过来说："二位大爷喝酒吗？"陈亮说："喝酒。"跑堂的说："二位要喝酒，楼下去喝罢。"陈亮说："怎么今天楼上不卖座呢？"跑堂的说："今天这楼上，有我们本地三太爷包下了。二位请下面去喝吧。"雷鸣一听这话，把眼一瞪："任凭那个三太爷，今天二大爷要在这楼上喝定了！"跑堂的说："大爷别生气，凡事有个先来后到。比如你老人家要先来订下座，我们就不能再卖给别人。"陈亮说："二哥不要粗鲁，你我楼下喝也是一样。"雷鸣这才同陈亮复反下了楼。来到后堂，找了一张桌子坐下。伙计赶紧过来揩抹桌案，说："二位大爷要什么酒菜？"陈亮说："你们这里卖什么？"跑堂的说："我们这里应时小卖，煎烹烧烤，大碟小碟中碟，南北碗菜，午用果酌，上等高摆海味席，一应俱全，要什么都有。二位大爷，随便要吧。"陈亮说："你给煎炒烹炸配四个菜来，两壶女贞陈绍。菜只要好吃，不怕多花钱。"伙计说："是。"立刻给要了。少时把酒菜端上来，陈亮就问："伙计贵姓？"跑堂的说："我姓刘。二位大爷多照应点。"陈亮说："我跟你打听一件事。这楼上三太爷请客，是你们安西县知县的兄弟，称呼三太爷，是吗？"伙计说："不是。"陈亮说："要不然，必是一位年高有德，是一位好人，大家以三太爷呼之。"伙计说："不是。"陈亮说："怎么叫三太爷呢？"伙计说："二位大爷不是我们本地人，不知道详细。我看看要没来，我告诉二位大爷。"说罢，他往外一看没来，刘二过来说："我跟你说。"陈亮说："你说罢。"伙计低言对陈亮如此如此一说。二位英雄一听，气得三尸神暴跳，五灵豪气腾空。不知所因何故，且看下回分解。

第一百零九回　五里碑医治小昆仑
曲州府巧遇金翅雕

话说雷鸣、陈亮一问跑堂的这个三太爷是何许人，跑堂的说："二位大爷要问，这三太爷是我们本地的恶霸。在本地结交官长,走动衙门,本地没人敢惹。家里打手有一百八十个。"陈亮说:"这个三太爷姓什么?"伙计说:"姓杨名庆,外号人称金翅雕。"陈亮说:"他们必是亲哥三个。还有大太爷、二太爷吗?"伙计说:"不是亲哥们,听说是异姓兄弟。大爷叫镇山豹田国本,二爷叫鹞子眼邱成。"雷鸣、陈亮听明白。

正喝着酒,只见由外面进来一个管家。歪戴着帽子,闪披着大氅。进来说:"掌柜的,菜齐了没有?三太爷少时就来。"掌柜的说:"齐了。请三太爷来罢。"雷鸣、陈亮往外一看,就知道这个人是个恶奴的样子。少时,外面又进来一个恶奴,说:"三太爷来了!"跑堂的赶紧按着告诉桌上:"众酒座站起来,三太爷来了!"伙计一说,众酒座全都站起来。伙计一告诉雷鸣、陈亮,也叫这二位英雄站起来,三太爷来了。陈亮说:"三太爷来,我们怎么站起来,三太爷替我给饭账吗?"伙计说:"不给。"陈亮说:"既不给,我们不能站起来。"伙计说:"我可是为你们好,你们二位要不站起来,可了不得。"雷鸣说:"我自有生人以来,老没找着了不得,今天我倒要瞧瞧了不得怎么样。"伙计怕惹事,叫众客人在头里站着,挡着他们。雷鸣、陈亮又要瞧瞧恶霸什么样,不站起来,头里挡着瞧不见,二位也只好站起来。见外面进来三个人。头二位都是蓝绸四棱巾,蓝绸子铜氅,篆底官靴。都是拱肩梭背。这两个本是本县的刀笔先生,一位姓曹,一位姓卢。后头跟着这位三太爷,是身高七尺,头戴宝蓝逍遥员外巾,身穿宝蓝缎宽领阔袖袍,周身绣团花,足下薄底靴子。打扮得文不文,武不武。三十多岁,黄尖尖的脸腔,两道细眉,一双三角眼,明露着精明强壮,暗隐着诡计多端,不是好人的样子。雷鸣一看说:"老三,原来是这小子。当初他也是西川路的贼,怎么此时会这么太势利。"陈亮见恶霸众人上了楼,把伙计叫过来。陈亮说:"这个三太爷来,为什么都站起来,莫非全都怕他?"伙计说:"告诉你罢,他跟秦丞相是亲戚。慢说乡民,就是本地知府,也不敢得罪他。他要稍不愿意,给秦丞相一封信,就能把知府撤调了。"陈亮一听,这还了得。又问伙计:"你这三太爷在哪里住?"伙计说:"由我们这铺子往北走,到北头往东,一进东胡同路北大门,门口八字影壁,就是他住处,房子很高大。"陈亮打听明白。吃喝完毕,给了酒饭账。出了酒铺往北,到北头往东一拐,果见路北大门。二位英雄探明白了道路,就在城内大街找了一座店,字号是"亿魁老店",坐西朝东。二人来到店中,找了北院西房。伙计打洗脸水倒茶。陈亮说:"二哥,你看这恶霸,大概必是无所不为。今天晚上,咱们去哨探哨探。"雷鸣点头答应。

二人直候到天交二鼓,店中俱各安息,二位英雄这才把夜行衣换好,收拾停当,由屋中出来,将门倒带,画了记号,当时拧身蹿房越脊,展眼之际,二人来到恶霸的宅院。蹿房越脊,在暗中暗探。来到一所院落,是北房五间,南房五间,东西各有配房五间。北上房廊檐下,挂着四个纱灯,屋中灯光闪烁。雷鸣、陈亮在东房后房坡往下瞧,见屋中有两个家人,正然擦抹桌案。这个家人说道:"咱们庄主爷来了朋友了。"那个家人说:"谁来了?"这个家人说:"乾坤盗鼠华云龙华二太爷来了。少时咱们庄主陪着华二太爷,在这屋里吃饭。"雷鸣、陈亮在暗中听的明白。

工夫不大,只见上房西边角门灯光一闪,有两个家人头前打着灯笼,后面跟着四个人。头一个就是华云龙。第二个这人,身高九尺,膀阔三停,头戴鹅黄色六瓣壮士巾,上按六颗明镜,绣云罗伞盖花贯鱼长,身穿翠缎窄领瘦袖箭袖袍。腰系五彩丝鸾带。蛋青衬衫,薄底靴子,披一件鹅黄色英雄大氅,上绣三蓝富贵花。再往脸上看,面如白粉,两道剑眉,一双环眼,裂腮,押耳黑毫,颏下一部钢髯。这个就是镇山豹田国本。第三个穿自爱素,黑脸腔,乃是鹞子眼邱成。第四个穿蓝挂翠,就是金翅雕杨庆。四个人一同来到北上房屋中落座。就听田国本说:"华二弟,自从你我分手,倏经四载。愚兄念你非是一天。你在临安做的那点小事,你要早到我这里来,给临安秦相写一封信,把海捕公文追回去,把和尚追回去,早就完了案。你不来,我哪里知道你的事?"华云龙说:"兄长在这里,我哪里知道。我新近听见追魂太岁吴坤吴大哥说,我才知道兄长在这里住着。我这有两件东西,送给兄长留着吧。"田国本说:"什么呀?"华云龙说:"我在秦相府得的奇幻玲珑透体白玉镯,十三挂嵌宝垂珠凤冠。这两件东西,是价值连城,无价之宝。可就是没处卖去。"田国本说:"贤弟,你先带着,等我生日那时,还有旧日绿林的几位朋友来,你当了众人,你再给我,也叫他等开开眼。你我弟兄认识多年,也不枉我常夸奖你。我常跟朋友提你武艺超群,做这样惊天动地之事。你在我这里住着,我给秦相一封信,管保叫官司完了。"华云龙说:"兄长怎么跟秦相有往来?"田国本说:"贤弟,你不知道,我跟秦相是亲戚。慢说你这点小事,告诉你说,前任知府不合我的意,我给秦相写了一封信,就把知府调了任。现在这个知府姓张,自他到任,我去拜他,他不但不见我,反说了些不情愿的话,我又给秦相写了一封信。我们是亲戚,给我写了回信来,叫我查他的劣迹,再给秦相写信,好参他。我前者报了一回盗案。实对贤弟说罢,我这家里谁敢来?盗案原本我自己做的。那几个绿林的朋友,晚上来虚张声势。我写了一张大失单,交到知府衙门。叫他地面出这个案,他一个拿不着。我就可以叫他挪窝。我还想起一件事来:后面看花园的那老头,也是无用的人,邱二弟,你摘他的瓢,给知府送礼去。"鹞子眼邱成点头出去。

这个时节,有家人来回禀:"现有造月篷程智远、西路虎贺东风回来了。"田国本吩咐有请。家人出去,工夫不大,带进两个人来。一个穿自爱素,一个穿蓝挂翠。来到大厅,彼此见礼。田国本说:"程贤弟、贺贤弟,二人回来了。劣兄烦你二人到临安西湖灵隐寺去,把庙里方丈、知客、临寺等全都杀了回来,行不行?"程志远、贺东风说:"这乃小事,我二人立刻起身。"田国本说:"好,带上盘费,你二人去吧。"

这两个刚走,鹞子眼邱成手提着一个血淋淋的一人头,到大厅说:"兄长,你看杀了。"田国本说:"你拿包裹包上,给知府送礼去吧。"雷鸣、陈亮在暗中瞧着,不知他怎么给知府送礼去。陈亮说:"二哥,咱们跟着。"雷鸣点头。只见邱成用包将人头包裹好,施展飞檐走壁,来到知府衙门的三堂。把人头包袱挂在房檐上,径自去了。雷鸣、陈亮看得明白。一数由西往东,第十七根房椽子。雷鸣说:"老三,咱们把人头拿回去,挂在田国本家去。"陈亮说:"不用。师爷说过,叫咱们记在心里,看在眼里,不可多管闲事。你我回去吧。"二人这才回店。

次日知府一起来,看见房檐上挂着包袱。叫人一数,由西往东数第十七根房椽子上拿下来。打开一看,是一个男子的人头。知府吓得惊慌失色。不知太守该当如何,且看下回分解。

第一百一十回　　鹞子眼杀人头送礼
张太守派班头拿人

话说知府张有德叫人打开包裹,一看是人头,知府勃然大怒,立刻派人把安西知县曾大老爷请来。知县一见太守,行礼说:"大人呼唤卑职,有何吩咐?"太守说:"昨天衙内,竟有贼人在我这三堂房檐下,由西往东数第十七根椽子上挂了一个包裹,里面是一颗血淋淋的人头。竟有贼人这样大胆!贵县赶紧派人,给我捉拿凶手,访查系何人被杀,尸身究落在何处。"知县一听,连说:"是。大人不便动怒,候卑职赶紧派人缉拿。"太守说:"贵县要急速办去,本府也派人缉捕。"知县点头回衙,立刻把手下快班刘春泰、李从福叫上来。老爷吩咐:"尔可即速给我拿贼。拿着,我赏银五十两;拿不着,我要重重责罚你们。"刘春泰、李从福点头答应。立刻下来,聚集手下眼明手快的伙计,同府衙的班头,在十字街路西酒店会齐,大众商量办案。众官人都来到酒店后堂,众伙计就问:"什么案?"刘春泰说:"在知府衙门三堂,由西往东数,第十七根房椽子上挂着一个人头。老爷说了,办着赏五十两银子,办不着要重重责罚。"众伙计官人一听,一个个紧皱眉头,都说:这案子不大好办。

众人正在议论之际,就听酒铺门口有人说话,说:"都是你把包裹挂在由西往东数第十七根房椽子上。"又有人说:"不是你叫我挂的吗?"众官人一听,刚才一愣。只见由外面进来一个穷和尚,同着两个人,都是月白的裤褂,骨头钮子,左大襟,四只鞋四样:一只开口僧,一只山东皂,一只踢死牛,一只搬尖犀。众班头瞧着这一僧两俗,语音不对,面生可疑,说话有因。书中交代,来者非是别人,正是济公带领柴杜二位班头。和尚由常山县叫雷鸣、陈亮走后,和尚告辞,回到赵员外家中,柴、杜二位班头正等急了。见和尚回来,赵员外就问:"圣僧哪去了?"和尚说:"我在外面蹲着出恭,瞧见一个人,拿着钱褡裢直往外漏钱,我就后面跟着捡,直跟了有八里地。"赵员外说:"大概圣僧捡了钱不少罢?"和尚说:"我随着捡,随往怀里揣,捡完了,我一摸,怀腰里没系着带子,随着又都掉了,一个钱也没落着。"赵员外一听也乐了,立刻吩咐摆酒,又留和尚住了一天。次日和尚要告辞,赵员外还要留,说:"圣僧何妨多住几天。"和尚道:"我实在有事。"员外拿出五十两银子来说:"圣僧带着路上喝酒。"和尚说:"不要不要,拿着银子怪重的。"柴头说:"师傅不拿着,回头咱们吃饭住店,又没钱。依我说,拿着吧。"和尚说:"拿着你拿着,用包袱包起。"柴头就用包裹包好。和尚说:"你们要拿华云龙,你们两个有什么能为?"柴头说:"我有飞檐走壁之能。"和尚:"你们把这个银子包袱,由西往东数,第十七根房椽子,你要能给挂上了,我就带你们拿华云龙去。"柴头说:"那算什么。"当时拿着包袱,一纵身,一只手扒住房檐,一只手把包袱挂上。柴头说:"师傅,你瞧是第十七根不是?"和尚说:"走吧。"柴头说:"把包裹拿下来呀。"和尚说:"别不害臊了。真拿人家的银子,跟人家有什么交情? 走罢。"柴头一想:"你不怕饿着,我们岂怕饿?"赌气也不言语。和尚告辞,赵员外送到外面。

和尚带领二位班头,出了赵员外的庄,一直来到曲州府。走到酒店门口,和尚说:"咱们进去喝酒。"柴头说:"进店喝酒,有钱吗?"和尚说:"把包袱挂在由西往东数,第十七根房椽子上,你又问我。"柴头说:"不是你叫我挂的吗?"和尚说:"我叫你挂的? 这是冤魂不散,神差鬼使,叫你挂的。"柴头说:"什么神差鬼使?"和尚说:"走罢。"说着话,进了酒铺,坐下要菜。这时,安西县与府里的众官人都看上了和尚。和尚吃的有八成饱了。和尚又说:"你把包袱给挂在第十七根房椽子上,这回头走不了。"柴头说:"不是你叫我挂的吗!"刘春泰越听越是。这才过来说:"朋友,由西往东数,第十七根房椽子的包袱,是你挂的?"柴头说:"是我挂的。"刘春泰说:"好。这场官司你打了罢。"柴头刚要分辩,和尚说:"不用说了,官司打了,我们可没有饭钱。"刘头说:"饭钱我给。"柴头也不言语,就知道和尚不安好心,要吃人家一顿饭。直至吃喝完毕,一算账,和尚吃了十两零三钱。刘头说:"我给了,三位跟我们走吧。"和尚说:"好。"

大众一同出了酒馆,来到知府衙门。刘头说:"朋友,你说说罢,在三堂第十七根房椽子上挂的人头,是杀的什么人? 尸身现在哪里? 你可说罢。"柴头一听说:"什么人头不人头? 我不知道。"刘春泰说:"方才在酒馆,不是你说的,由西往东数,第十七根房椽子上挂的包裹,是你挂的吗?"柴头说:"不错。我告诉你说,我姓柴,叫柴元禄,他叫杜振英,我二人是临安的马快。这个和尚是济公,奉秦丞相赵太守谕,出来办案,拿乾坤盗鼠华云龙。昨天我们住在赵家庄,今天早晨,济公问我们有什么能为,要办华云龙,我说会飞檐走壁,济公叫我把五十两银子的包袱,挂在由西往东数第十七根房椽子上,看看我的能为,我挂的上挂不上。包袱是我挂的,可是银子包袱。你要不信,我这里有海捕公文。"刘春泰一听,心说:"这顿酒钱白花了。"往里一回禀,知府在京中见过济公,知道济公是得道高僧。赶紧吩咐,把圣僧请到书房。

和尚一见太守,彼此各叙寒温。太守说:"圣僧从哪里来?"和尚说:"我奉秦相所托,带着两个班头,出来办案,捉拿乾坤盗鼠华云龙。这个贼人,盗了秦相府的玉镯凤冠,在泰山楼杀死人命,乌竹庵因奸不允杀死少妇。这个贼人,现在老爷的地面窝藏。"知府说:"在哪里?"和尚说:"在镇山豹田国本家。"知府一听说:"原来如是。我自到任,上任官就跟我说,本地有一个势棍田国本,他跟秦相是亲戚,上任知府就是他蛊惑秦相给他调任。我自到任,他来拜过我一次。我一问是什么人,说是本地的民人。我说,他是黎民百姓,无官职,不应无故拜官,我也没见他。后来他家里报明火执仗,我也不知是真是假。昨天晚上,无故在我这三堂房椽子上挂了一个人头,我想其中必有缘故。"和尚说:"不要紧,老爷只要把田国本拿住,这案就都破了。可有一节,老爷要派官人去拿,可拿不了。田国本房子也多,外面一有信,打草惊蛇,贼就跑走了。老爷你坐轿子去拜他,我和尚扮做老爷的跟班,把贼人稳住,我可以拿他。"老爷说："圣僧扮跟班行得吗？"和尚说道："行得。老爷把跟班的衣服，给我拿一身来。"立时给和尚打了洗脸水。和尚一洗脸，本来济公五官清秀，无非是脸上太黑。把僧帽掖在怀内，戴上皂缎色软帕包巾，穿上一件皂缎色大氅，把草鞋脱了，换上薄底靴子，打扮好了，知府一看很像。老爷自己换好了官服，吩咐外面打轿。柴元禄、杜振英、刘春泰、李从福，还有许多官人，一并跟随。

老爷上了轿，鞭牌锁棍，及旗锣伞扇，铜锣开道，一直来到田国本家门口拜会。家人进去一回。田国本正在大厅同邱成、杨庆、华云龙说话。家人回禀说："现有知府来拜。"田国本一听一愣，说："众位贤弟，前者我拜知府，他不见我。今无故他来拜我，恐是其中有诈。"邱成说："兄长不必多疑，大概知府他知道兄长跟秦相是亲戚。他前者不见兄长，他这是来赔不是。"田国本一听也有理，说："二位贤弟，在东西配房去躲着。要有动作，你二人再出来动手。华二弟你到花园子，摆桌酒，你喝酒去。待我见他。"众人点头。田国本这才出来迎接知府。不知济公如何捉贼，且看下回分解。

<h2>第一百十一回　知府定计拜贼人　济公巧捉华云龙</h2>

话说镇山豹田国本听说知府来拜，立刻由里面出来迎接。到了大门外一瞧，见许多的官人跟随，知府坐着大轿。田国本来到轿前说："公祖大人驾到，草民田国本接待来迟，望乞大人恕罪。"知府张有德立刻吩咐轿子撤抬杆，去扶手，当时下轿。知府说："久仰田员外大名，今幸得会，员外何必太谦。"田国本说："大人请。"知府往里走，济公贴身随后跟。从众班头，都在二门外站住。济公与知府来到大厅。田国本说："大人请坐。"知府坐下。田国本并不谦让，也坐下相陪，吩咐手下人献茶。田国本说："今天大人驾临，有何贵干？"知府说："本府久闻员外大名，特来拜访，藉此畅谈。"说着话，济公站在知府身后，身上往槁扇上一靠，二目一闭，好似要睡。田国本一瞧说："大人尊管家必是熬了夜，身体困倦，何妨到外面歇歇去。"济公借他这句话，一睁眼往外就走，知府也并不拦。

和尚出了大厅，直奔花园。来到花园角门，探头往里一看，见花园齐整，暖阁凉亭，楼台小榭。正北是三间花厅。乾坤盗鼠华云龙站在花厅门首，正往角门这边看。贼人原本在花厅里摆了一桌酒，自己也喝不下去。终然贼人胆虚，心中盘算："知府无故来拜，其中必有隐情。"自己一想："莫非前来拿我？"心中实属不安。站起身出了花厅，往外探头，瞧见济公是跟班的打扮，又洗了脸，华云龙认不出来，点首叫济公，华云龙要问问知府带多少人，做什么来了。华云龙直叫："二爷，这里来！"济公也不言语。华云龙一想，这个跟班的，不是聋子，定是哑子，赌气也不叫了，进了花厅。济公随着来到花厅门首，用两手把门一撘，说："华云龙，你这可跑不了了！"华云龙一听，是济公的口音，贼人吓得亡魂皆冒。华云龙说："师傅，你老人家为什么拿我？"和尚说："我倒不打算拿你。我要拿你，在小月屯马静的夹壁墙也把你拿了。再不然，蓬莱观陆通攒住你腿的，我也就拿住你了。"华云龙一想："是呀，这为什么拿我呢？"和尚说："田国本到知府衙门去送信，叫我拿你来。"华云龙一听说："好，田国本狗娘养的，真是人面兽心！"和尚说："你就认了命罢。"即用手一指，已把华云龙用定身法定住。

和尚转身出来，来到二门，把柴元禄、杜振英叫进去，来到花园，和尚说："这是华云龙，就拿住了。你们去锁罢。"柴、杜二人喜出望外，来到花厅一瞧，果然不错。这才抖铁链把淫贼锁上。和尚一伸手，由华云龙兜囊把奇巧玲珑透体白玉镯、十三挂嵌宝垂珠凤冠掏出来交给柴元禄。和尚说："带着走，拿田国本去。"

书中交代，田国本原本是西川坐地分赃的大贼头。他自己因为金银也存足了，手下绿林人在外面作的案也多了，田国本恐怕一人犯案，牵连大众，自己携眷逃至在曲州府。手里有银钱，就在这里买房落户，同邱成、杨庆三个人在这里隐遁。先前倒是循规蹈矩。后来皆因秦丞相的兄弟花花太岁王胜仙来到曲州府取租钱，在曲州府打了公馆。田国本去拜王胜仙，打算要走王胜仙的门子，看王胜仙喜爱什么送点什么。见王胜仙古玩字画金珠一概不爱，就是喜爱美女，除爱美女，别无所好。田国本一想，定了一个美女脂粉计。他花了三千银子，买了一个歌妓，长得十分美貌，名叫玉兰。田国本就把玉兰叫到跟前。说："玉兰，我打算拿你走个门子，把你给秦丞相的兄弟。不知你意下如何？"玉兰说："员外有什么话只管吩咐。"田国本说："我明天请王胜仙来吃饭，你打扮淡妆素服，故意到厅房去，作为找我，叫王胜仙看见你，他要问我，我就说你是我妹子，在家守寡。他要愿意，我把你聘给他。你也可以享荣华，受富贵，比跟我胜强百倍，我得一门好亲戚。"玉兰点头。

次日田国本就把王胜仙请来吃饭。正厅房喝酒谈话，玉兰打扮好了，来到厅房门首说："员外在屋里没有？"说着话，一掀帘子，故意说："呦，这婆子丫鬟真可恨，这屋里有生客坐着，也不告诉我。"说罢，斜瞟杏眼，瞧了王胜仙两眼，放下帘子回归后面。王胜仙瞧得眼都直了。这才问："田员外，这是你什么人？"田国本故意叹了一声说："这是我的小妹。她出阁不到一个月，丈夫死了，现在就在我家住着，倒是我一块病。"王胜仙说："员外何不再给找个人家另聘呢？"田国本说："没有合适的主，我也不肯给。"王胜仙也没肯再往下说。吃完了饭告辞，自己回了公馆。王胜仙就对众家人说："我自生人以来，没见过这样的美女，就是田国本他的个妹子，实在貌比西施。"旁边有家人王怀忠说："太岁爷，我去跟田员外说去，就提你老人家续弦，大概他也愿意给。"王胜仙说："好，你若能给我说妥了，我给你二百两银子。"王怀忠说："就是罢。"立刻到田国本家，一见田国本，提说王胜仙求亲之事。田国本正愿意，就把玉兰给了王胜仙。过门之后，田国本从此倚仗跟秦相的兄弟结了亲，在本地无所不为，结交官长，走动衙门，包揽词讼。前任知府是清官，不合他的式，他给王胜仙一封信，王胜仙一见秦相，秦相奏折子，把知府调开。这个知府张有德，又不合他的心，又给王胜仙一封信，王胜仙又一见秦丞相，秦丞相就问："你怎么个亲戚，皇上家的命官，都不合他的式？焉能由他调遣！"王胜仙碰了秦丞相的钉子，就给田国本写回信，命他查知府的劣迹，再参他。

田国本前次捏报盗劫，这又派邱成送人头，打算要把知府毁了。焉想到天网恢恢，疏而不漏。贼人也是恶贯满盈，今天正在厅房陪知府谈话，见柴、杜二位班头，锁着华云龙，同济公来到厅房。田国本一见，勃然大怒说："什么人胆大，敢在我这里办案！"贼人站起身，意欲动手。济公手一指，把田国本定住，刘春泰赶进来一抖铁链，把贼人锁上。鹞子眼邱成、金翅雕杨庆听见一乱，蹿出来拉刀要拒捕，也被济公用定身法定住，一并锁上。知府吩咐打道回衙，立刻押解贼人，一同回到衙门。老爷升堂，吩咐将放告牌搭出去，少时就有二十多人皆来告田国本。也有告他霸占房产的，也有告他抢夺妇女的，也有告他因账目折算田地的，种种不一。这个时节，安西县曾大老爷派人来请济公，到衙门去喝酒。和尚去后，知府讯问了众贼的口供，暂为看押起来，候济公回来再解了走。这曲州府街市上吵嚷动了，都知道灵隐寺济公拿了华云龙、田国本、二太爷、三太爷。

这一吵嚷不要紧，惊动了江洋大盗，一个叫追云燕子姚殿光，一个叫过度流星雷天化。这两个贼人，乃是玉山县三十六友之内的，正在曲州府这里住着，听说华云龙被济颠和尚拿到知府衙门去，姚殿光说："雷贤弟，咱们跟华云龙金兰之好，不知道便罢，既知道，你我不能不管。咱们或是劫牢反狱，或是把济颠和尚杀了，给华二弟报仇，总得设法把华云龙救出来。"雷天化说："兄长言之有理，你我到外面探访探访去。"两个人由店里出来，在街市闲游，天光已然点灯，只见由对面两个从人，搀着一个穷和尚。从人说："师傅，你是喝醉了吧？"和尚说："没醉。我就是拿华云龙的济公和尚，有不服的，只管来对我！"姚殿光一听是济颠和尚，贼人要伸手拉刀，替华云龙报仇。不知后事如何，且看下回分解。

第一百十二回 众百姓公告田国本
二绿林行刺济禅师

话说济公由知县衙门吃完了酒饭出来,两个人搀着,正遇见两个贼人。和尚自言自语说:"我就是拿华云龙的济颠。"姚殿光一听,意欲拉刀过去动手,自己又一回思:"先别莽撞,华云龙既被和尚拿住,和尚必然能为不小,我二人明过去,未必是和尚的对手。莫如暗中瞧和尚住在哪里,晚上去行刺,叫他明枪容易躲,暗箭最难防!"贼人这是心里的话。和尚嘴里就说:"对,瞧准了我和尚,我今天住府衙门西跨院内,要不服就去找我去。"两个贼人一想:"真怪,我们心里的事,和尚给说出来,这个和尚许有点来历。"暗中跟着,见和尚进了府署。

姚殿光、雷天化探明道路,二人回店。到店中吃喝完毕,候有二鼓以后,把夜行衣换好,由店中蹿房越脊,来到衙门。找到西院一瞧,屋中有灯光,两个人一看,和尚躺在床上睡了。姚殿光说:"你巡风,我进去杀他。"雷天化点头,姚殿光刚要掀帘子进去,和尚一翻身爬起来说:"好东西,你往哪里走!"贼人吓得拔腿就跑,和尚随后就追。这两个人跑出府衙门,和尚追出府衙门。这两个人直跑了半夜,和尚追了半夜。天光亮了,两个人跑出了城,好容易瞧后面没人追了。眼前一个树林子,靠左山坡,两个人要歇息歇息。刚一到树林子,和尚说:"才来?"吓得两个贼人就要跑。和尚用手一指,把两个人定住。和尚说:"我也不打你们,我也不骂你们,我拘蝎子把你们咬死。"

正说着话,只听山坡一声"无量佛"。和尚一看,来了一个老道。头戴如意道冠,身穿蓝缎道袍,腰系丝绦,白袜云鞋。胁下佩着宝剑,面如童子一般。书中交代,这个老道乃是铁牛岭避修观的,姓褚名道缘,外号人称神童子。他师傅叫广法真人沈妙亮,乃是万松山云霞观紫霞真人李涵陵的徒弟,褚道缘是李涵陵的徒孙。他在避修观出家,每逢早晨起来,他要在外面闲游,借天地之正气,能精神倍长。今日闲游来至此地,姚殿光、雷天化一瞧,赶紧就嚷:"道爷救人!"褚道缘抬头一看说:"我为什么救你们,你们是哪的?"姚殿光说:"我二人玉山县的人。因为我们有个拜弟兄被这个和尚拿了,我二人要替朋友报仇,没想到被和尚把我们制住,要拘蝎子咬我们。道爷救命罢!"褚道缘一听说:"你二人即是玉山县的人,有一个夜行鬼小昆仑郭顺,你们可认识?"姚殿光说:"那不是外人,郭顺我们是拜兄弟。"褚道缘一听:"既然如是,这和尚是谁?"姚殿光说:"是济颠。"褚道缘一听,"呵"了一声,说:"原来是济颠僧!我山人找他,如同钻木取火,正要拿他,这倒巧了!我风闻济颠和尚在常山县捉拿孟清元,雷击华清风,火烧张妙兴,害死姜天瑞,屡次跟三清教为仇。我正要拿济颠给三清教报仇,今天颠僧你可来了!"和尚说:"杂毛老道,你打算怎么样?"褚道缘说:"好济颠!你若知道祖师爷的利害,跪倒叫我三声祖师爷,我饶恕你不死!"和尚说:"好老道,你跪倒给我磕头,叫我三声祖宗爷,我也不能饶你!"老道一听,气往上撞,拉宝剑照和尚劈头就砍。和尚一闪身,滴溜转在老道身后,拧了老道一把。老道回头摆宝剑,照和尚就扎,和尚围着老道直转,拧一把、捏一把、掏一把、捅一把,老道真急了,说:"好颠僧,真乃大胆,待山人用法宝取你!"伸手由兜囊掏出一个扣仙钟。这宗法宝,是他师傅给他的,勿论什么妖精扣上,就得显原形。老道往空中一祭,口中念念有词,钟能大能小,往下一落,眼瞧把和尚扣在底下。

褚道缘一看,说:"我打算济颠有多大能为,原来是一个凡夫俗子!"过去要救姚殿光、雷天化,就听身后有人说:"老道,你敢多管闲事!"老道回头一看是和尚。老道暗说:"好颠僧,我把他扣在钟下,怎么会出来了!"老道立刻由兜囊掏出一根捆仙绳来,说:"和尚,我叫你知道我的好厉害!"和尚一瞧说:"可了不得了,褚道爷,你饶了我吧。"褚道缘说:"和尚你无故欺负三清教,我焉能饶你!"说着话把捆仙绳一抖,和尚没躲开,竟把和尚捆上了。这个捆仙绳,也是勿论什么妖精捆上,就现了原形。褚道缘见把和尚捆上，老道哈哈一笑说："和尚，你叫我三声祖师爷，我放你逃走。如其不然，我当时把你撅到山涧里。"和尚说："我叫你三声孙子。"老道一听，气往上撞，当时夹起和尚，往山涧一撺。和尚一把揪住老道的大领，"喇叭"一下，竟把蓝缎道袍撕下一半去，和尚落在万丈深山涧之内。

老道见和尚掉下去，自己叹了一声说："我师傅叫我不要无故害人，今天我作了孽了！"自己愣了半天，大概和尚掉下去已死，不能复生，老道这才过来，把姚殿光、雷天化救了。老道说："我已把和尚撺在山涧摔死，你两个人去吧。"姚殿光二人谢过老道，径自去了。老道一想："不必回庙去吃饭，我就在眼前镇店上找个酒铺，要一壶酒，要一个熘丸子，要半斤饼，一碗木樨汤，就得了。"想罢进了村口，只见路西是酒铺，酒铺门口，站着伙计，冲老道一指说："来了。"老道回头，瞧后面并没人。老道也不知伙计说谁呢。自己来到酒铺，找一张桌子坐下。伙计说："道爷来了？"褚道缘说："来了。"伙计也并不问老道要什么菜，擦抹桌案，拿过一壶酒来，一碟熘丸子，~碗木樨汤，半斤饼。老道一想："怪呀！真是思衣得衣，思食得食。"老道说："伙计，你怎么知道我要吃这个？"伙计说："那是知道。"老道说："罢了，你们这买卖要发财。"少时吃喝完了，伙计一算账，三吊二百八。老道说："熘丸子卖多少钱？"伙计说："二百四。"老道说："怎么算三吊二百八呢？"伙计说："吃了四百八，你师老爷吃两吊八，叫你给算一处。"老道说："谁是我师老爷？在哪里？"伙计说："是个穷和尚，走了，吃两吊八。不然，我们也不能叫他走，他给留下半件蓝缎道袍，还有一根丝绦。他说教你给钱，把缎子丝绦给你。"老道气得瞪着眼说："你满口胡说！他是和尚，我是老道，他怎么是我师老爷！"伙计说："方才和尚说，你当老道当烦了，要当和尚，认他做师爷爷。他教你赶紧追，晚了他就不要了。你要不认两吊八百钱，我们留这丝绦合缎子，也可以卖出钱来。"老道有心不要，又怕配去颜色不对，还得多花钱。老道无奈，把三吊二百八饭钱给了，出来要追上和尚一死相拼。

老道正往前追，对面来了一个走路的，说："道爷姓褚不是？"老道说："是呀。"这人说："方才我碰见一个和尚，他说是你师爷爷，叫我给你带信，叫你快去追。晚了他就不要你了。"老道说："你满嘴放屁！是你师爷爷！"这人说："老道你真不讲理，和尚叫我给你带信，我好意告诉你，你又怎么骂我呢？"老道也不还言，气得两眼发赤，就追和尚。追来追去，见眼前有井，有几个人在井台上打水。老道也渴了，要喝点水。刚来到近前，老道说："辛苦，赏我点水喝。"打水的人说："道爷叫褚道缘吗？"老道说："不错。"这人说："方才你师爷爷说了，留下话叫你少喝罢，怕你闹肚子。"老道说："谁是我师爷爷？"这人说："穷和尚。"老道说："那是你师爷爷！"这人说："老道你怎么出口伤人？你别喝了！"老道说："不喝就不喝！"气得老道要疯，出门就跑。刚来到一个村头，老道正往前走，只见由村口里出来二十多人，一个个拧着眉毛，瞪着眼睛。老道也不留神，焉想到这些人过来，把老道围住，揪住就打，不容分说。不知所因何故，且看下回分解。

第一百十三回　济公法斗神童子
罗汉制服沈妙亮

话说神童子褚道缘正往前追赶和尚，由村里出来二十多人，揪住老道就打，老道也不知所因何故。书中交代，济公跑到这个村里，有一个茶馆子，喝茶的人不少。和尚来到这里说："众位快救我！"大众说："怎么了？"和尚说："村外有一个老道，他在村外拿宝剑，要给村里下阵雾，他说，叫这村里都生病，非他治不好，他好恶化三千银子。我一劝他，他恼了。他道我坏他的事，拿宝剑要杀我。"大众一听，说："这还了得！咱们把老道拿住活埋了！"众人这才跑出村来，一瞧果有一个老道，手拿宝剑，两眼发直。大众过来，揪住就打。褚道缘直嚷："众位为什么打我？"众人说："你来下阵雾，要害我们村里人，不打你等什么！"老道说："谁说的？"众人说："和尚说的。"老道说："好，我跟和尚有仇，众位别听他的话！我是铁牛岭避修观的，我叫神童子褚道缘,我正要找和尚。他在那里?咱们对对。"大众一同来到茶铺,一瞧和尚没了。众人说:"和尚哪去了?"内中有人说:"和尚到隔壁给田二爷瞧疯病去了。"老道一听,恨不得把和尚拿住千刀万剐,方出胸中之气。赶紧来到田宅门首喊叫:"济颠僧快出来,山人跟你一死相拼!"

话说和尚原本在茶铺子坐着,众人去打老道,和尚说:"我和尚指着瞧病为生,勿论什么疯症,我专能治。"旁边就过来一个人,说:"大师傅,我们田二爷疯了不是一天,见人就打,现在在后面空房锁着,你能治吗?"和尚说:"我一治就好。"这人说:"既然如是,你跟我来。"带着和尚来到院内。和尚说:"疯子在哪里?"这人说:"在后院锁着。"和尚叫把钥匙拿来。和尚来到后面,把锁一开,疯子由里面跑出来,来到门首。老道正叫和尚,疯子出来揪住老道要打,把老道按捺下,又踢又打,打完了,撒了老道脖子上一泡尿,好容易大众把疯子拉回去。和尚说:"我这里有一块药,回头给他吃了就好。"和尚拿了点东西,由院中出来,只见大众正劝老道:"回去罢,他是个疯子,这有什么法。"老道猛一抬头,见和尚在那边站着直乐。老道一瞧,气冲肺腑,说:"好和尚!你往哪走!"和尚拨头就跑,老道随后就追。追出村口,一瞧和尚没了。见眼前有三间土地庙,老道听后有脚步的声音,褚道缘绕到庙后一看,是一位老道。头戴鹅黄道冠,身穿鹅黄道袍,水袜云鞋,面如三秋古月,一部银髯,背后背着分光剑。褚道缘一看,不是别人,正是他师傅广法真人沈妙亮。褚道缘赶紧跪倒磕头说:"师傅在上,弟子有礼!"他师傅不言语。褚道缘又磕头说:"师傅在上,弟子有礼。"越磕头越不言语。褚道缘也不知他师傅因何瞪着眼不理他。磕了无数的头,正在纳闷,和尚由那边过来说:"褚道缘,你就是这样道行,一个鸡蛋窝,你就磕一百多头,明天给你个鸭蛋窝,叫你磕二百头。"褚道缘听和尚一说,再一瞧,是一根苇子挑着一个鸡蛋窝。褚道缘气得颜色更变。伸手拉宝剑,和尚没有了。褚道缘愣了半天,见天色已晚,自己狂奔三清观他师叔李妙清的庙。

褚道缘来到庙内,李妙清说:"道缘从哪来?"褚道缘一一备诉前情。李妙清一听,说:"不要紧,明天我同你找济颠去。"褚道缘坐着生气,也不言语。李妙清叫他吃饭,他也不吃,自己赌气睡了。次日李妙清尚未起来,褚道缘由庙中救出来,要找和尚一死相拼。

出庙走来不远,只见对面来了一个老道,头戴鹅黄道冠,身穿鹅黄道袍,背着分光剑。褚道缘一看,只当是和尚又是用鸭蛋窝耍笑他。焉想到这真是沈妙亮。原本沈妙亮自己化缘,化了一千银子修庙。自己立过誓:化缘的银子,自己要妄用,必遭天雷之报。现在他使了二百多银子,他恐怕应了誓,故要来找李妙清借银子,补这项亏空。今天驾着趁脚风来见李妙清来了。

沈妙亮正要问徒弟上哪去,见褚道缘把眼一瞪,说:"好鸭蛋窝,你打算我不认得你!"沈妙亮一瞧说:"褚道缘不是疯了吗!"褚道缘拉出宝剑就砍。沈妙亮用手一指,把褚道缘定住说:"你这孽障,真是无故找死!"伸手拉出分光剑,要杀褚道缘。褚道缘这才明白,知道不是鸭蛋窝,真是师傅到了,赶紧:"师傅先别杀我!我有下情。"沈妙亮说:"好孽障,你为什么叫我鸭蛋窝?趁此快说!"褚道缘当时把根本缘由,一诉前情。沈妙亮这才明白说:"这就是了。你先跟我到你师叔庙里,少时有什么事再办。"褚道缘这才跟随沈妙亮,一同来到三清观。一见李妙清,沈妙亮说:"贤弟,你师侄跟济颠和尚为仇做对,受这样的欺辱,你既知道,你为何不解劝道缘,知之不闻?"李妙清说:"昨天他住在我这里,我今天早晨没起来,他就走了,没等我劝他,这也怨不上我来。"

正说话间,就听外面喊嚷,说:"沈妙亮、李妙清,快出来!"沈妙亮一听,只当是济颠和尚来了,一同来到外面。一看,见庙门首站定一人,头挽牛心发髻,身穿蓝布裤袄。沈妙亮刚要问找谁,这人把眼一瞪,用手一指,说:"好胆大沈妙亮!你化缘修庙,你对天发誓,不使这里的银子,今胆敢用二百余两,吾神特意请雷来击你!"沈妙亮一想:"我的事,别无二人知晓。"一听这话,吓得连忙跪倒说:"祖师爷大发慈悲,弟子赶紧赔补。"李妙清也当是神灵显圣,赶紧跪倒说:"你老人家是哪位祖师爷?"这人"噗哧"一笑说:"李道爷,你不认识我了,我就是本村卖豆腐的老吴。"李妙清方才明白说:"老吴,你为何来装神仙?"老吴说:"我不是自己要来的,是有一个穷和尚,他花五百钱雇我来的。他教给我的话,叫我这样说。"

正说着话,猛抬头一看,见和尚来了。老吴说:"这不是和尚来了?"沈妙亮一看,原来是一个丐僧,褴褛不堪。说:"这就是济颠和尚吗?"褚道缘说:"不错。"沈妙亮说:"待我问他。"和尚来到近前,沈妙亮说:"颠僧! 你为何这样欺我徒弟? 着实可恼! 你要说出情由来,我山人饶你不死。你要说不出理来,今天定然结果你的性命!"和尚哈哈一笑:"沈妙亮,你这厮好说大话。你也不知和尚老爷好厉害!"沈妙亮一听说:"颠僧,好生无礼,我先拿住你!"当时拉出分光剑,照定和尚就砍。和尚滴溜就躲开,真是身体灵便,围着老道乱转,拧一把、捏一把、掏一把、捅一把。老道真急了,口中念念有词,就见平地起了一阵旋风,变出两个沈妙亮来了,都是一样打扮。这个照和尚就砍,那个照和尚就扎。和尚说:"好东西,没搭窝就下了一个!"老道还是宝剑砍不着和尚。老道又一念咒,当时化出四个沈妙亮来,把和尚一围。和尚乱跑,围不住。老道四个变八个,八个变十六个,十六个化三十二个,俱是手拿宝剑。和尚一瞧:"我可真急了。"当时就地抓了一把土,和尚就跑。沈妙亮收住验法,随后就追。

和尚转眼跑远了,进了一座村镇。路西有酒楼,和尚进了酒馆,上了楼。一看,楼上坐着一个老道。头戴九梁道冠,身穿蓝缎子道袍,青护领相衬,白袜云靴,面如紫玉,粗眉大眼,花白胡须,洒满胸前。桌上搁着一个包裹,很规矩的样子,也是刚才来。这个老道,乃是戴家堡玄真观的,姓郑名叫玄修,今天由此路过,要在这里吃饭。和尚一上楼,瞧见老道,和尚说:"道爷才来?"老道说:"是,大师傅才来。"和尚说:"道爷,这边一处吃罢。"老道说:"请请。"和尚找了一张桌坐下,伙计过来擦抹桌案。罗汉爷眼珠一转,计上心头,要在酒馆戏耍郑玄修。不知后事如何,且看下回分解。

第一百十四回　郑玄修酒馆逢和尚　沈妙亮听歌识圣僧

话说济公来到酒楼,找了一张桌坐下,伙计给摆上杯筷。老道就问:"伙计,你们这里有素菜吗? 我是吃素。"伙计说:"有。"和尚说:"我是吃荤。"伙计说:"荤素都有。"和尚说:"你先给道爷要一个炸面片,我敬的。"老道一想:"我又不认的和尚,人家敬我菜,我也得回敬。"赶紧叫伙计:"给大师傅要一个炸丸子,我敬的。"伙计答应,少时把菜给端来。和尚要了酒,又叫:"伙计,给老道要一个醋炒豆芽菜,我敬的。"老道又给和尚要一碗余丸子。和尚又给老道要一个炒豆腐,老道又给和尚要一个炮羊肉,和尚给老道要了素白菜的,老道又给和尚要了一个炒肉丝。两个人换着吃。和尚就叫伙计过来。和尚说:"回头道爷吃了多少钱,我给就是。"伙计说:"是了。"老道听见,老道吃完了,就叫伙计算账:"和尚吃多少钱我给。"和尚赶紧说:"道爷别让了,我给。"老道说着话,就要解包袱,包袱里有二两百银子。和尚说:"我给。"一把手把老道的包袱抢过来,和尚拿着下了楼。老道只当是和尚热心肠,下楼到柜上去把钱给了,再把包袱拿回来。老道左等不来,右等和尚也不来,叫伙计下楼瞧瞧,伙计回来说:"和尚早走了。"老道一想:"和尚是骗子! 把我二百两银子也拐了去,也没给饭钱!"还幸亏老道兜囊有散碎银子,赶紧把饭钱给了,下了楼就追和尚。

刚追到村口,一瞧,和尚正在村口地下,把包袱打开,瞧银子的成色。和尚自言自语说:"这是高白,这块是有成色,这块太潮,不定好不好。"老道郑玄修一瞧,说:"好和尚,你拐了我的银子,你还瞧成色!"过来按住和尚就打。和尚就数着:"一下了,两下了。"老道打了和尚五拳,和尚说:"该我打你了!"一拧老道的拐子,把老道翻在底下,和尚打了老道五拳。和尚就往下一躺说:"该你打我了。"老道又打了和尚五拳。和尚一拧老道的拐子,又把老道翻下去。瞧热闹的人也都不劝说。这两人打架打得不错,一个人打五拳。那个说:"和尚公道,打老道五拳,和尚自己就躺下，叫老道打。老道不公道，非等和尚把他翻下去。"老道一听说："我还不公道，他吃了我一顿饭，把我二百两银子拐出来，我还不公道！"

众人正要劝解，沈妙亮、李妙清、褚道缘赶到。沈妙亮说："和尚，我正要找你，你在这哪！我倒问问你，为什么欺负我徒弟？"和尚说："他自己找的，无故多管闲事。我告诉你，沈妙亮连你也不行，我和尚是谦让着你。"沈妙亮说："和尚你有多大来历！"和尚说："我有几句话你听听：

昔日英名四海闻，杀妻访道入玄门。涵陵赐汝分光剑，方入三清古道门。"

沈妙亮一听和尚这几句话，自己一阵发愣。书中交代，沈妙亮当初原本是江西人，以保镖为生，名叫沈国栋，在外面威名远震。长期出外保镖，家中妻子曹氏，两口人过日子。这天沈国栋歇工在家，出去正在茶铺子喝茶，旁边有一个人谈闲话，这个人说："世界上的事难说。大丈夫难免妻不贤、子不肖。如沈国栋在外面保镖，是个英雄，家中妻做出那些鲜廉寡耻之事。可惜沈国栋那样的英雄，叫妻子给毁了。"这个说："你怎的知道？"那个说："我有个亲戚，跟沈国栋是近邻，我常到我的亲戚家里去。听见说沈国栋的妻子太无廉耻，这件事要叫沈国栋知道了，准得出人命。"那人说："也许不能知道，谁敢说这个话。"沈国栋旁边听见，故作未闻，也不认识两个人。这两个人也并不认识沈国栋，闻其名未见其面。沈国栋听到心里，回了家，也并不提。这天沈国栋就要出外，曹氏就问，得多少日子回来。沈国栋说得两个多月，有要紧的事。沈国栋由家中出来，就在附近有个小镇店，离他家三里地，找了一座店住下。晚上有起更以后，自己带上刀，由店中出来，暗中到家里一探，并没有动作，自己仍回店睡了。次日晚上有二更天，他又到家里一探，就听他妻子屋中，有男女欢笑之声。沈国栋把窗户捅了一个窟窿，往屋中一瞧，见他妻子浓妆艳抹，打扮得鲜明。床上摆着床桌，桌上有酒菜，在旁坐着一个文生公子，长得俊品人物。沈国栋一瞧，认识是隔壁的孙公子，名叫祖义，号叫秀峰。还是一个宦家，上辈做过教官，也是祖上无德，出这样浮浪子弟，跟曹氏通奸。就听他妻子说："这两天他在家里，我恐怕你来，叫他撞上，多有不便。好容易他可走了，这趟得去两个多月呢。"这公子说："娘子，这两天我诗书懒念，茶思饭想，恨不能你我朝夕在一处欢乐，才合我的心。"曹氏说："你愿意做长久夫妻不愿意？孙公子说："怎么做长久夫妻？"曹氏说："你给我买一包毒药来，等他回来，我给他接风洗尘，把毒药下在酒里，把他毒死，你我岂不是长久夫妻吗？"沈国栋听到这里，心中一阵难过。自己一想，至亲者莫若父子，至近者莫过夫妻。真是夫妻同床，心隔千里！自己无明火往上一撞，闯进屋中，竟将两个人结果了性命。自己打算投案官司，三五天官司完了。自己一想，人生在世上，犹如大梦一场，功名富贵妻财子禄，一概是假，尽皆是空，莫若出家倒好。这才拜紫霞真人李涵陵为师，赐名妙亮。给他一口分光剑护身。现在沈妙亮已九十多岁，他自己的事，并无人知晓，今天和尚一说这四句话，乃是他的根本。沈妙亮见和尚也无非二十多岁，怎么会知道这数十年的事？自己愣了半天说："和尚，你怎么知道我的事？"和尚把二百两银子给了郑玄修。和尚说："我叫你瞧瞧我的来历。"用手一摸天灵盖，露出佛光灵光三光。沈妙亮一看，原本是位知觉罗汉。老道连连打稽首，口念"无量佛"。和尚哈哈一笑，回头便走，信口做歌说道：

人生七十古来少，先除幼年后除老。中间光景不多时，又有闲愁与烦恼。过了中秋月不明，过了清明花不好。花前月下且高歌，急需满把金樽倒。世上钱多用不尽，朝里官多做不了。官大钱多心转忧，落得自家白头早。春夏秋冬弹指间，钟送黄昏鸡报晓。诸君细看眼前人，一年一度埋荒草。草里高低多少坟，一年一半无人扫。

和尚唱着山歌，来到曲州府。知府张有德一瞧说："圣僧哪里去了？我正派人各处去寻找圣僧。"和尚说："我碰了朋友喝酒来着。老爷找我和尚什么事？"知府说："我已然把华云龙、田国本等二人的口供问了，贼人俱皆招认。等圣僧来，我派人一同将贼人解到临安去。"和尚说："好。"知府派两个头目，带十个兵，用差船走水路，把贼人木笼囚车搭上船上。"和尚带柴、杜二班头告辞。知府送到河坝。和尚上了船，立刻开船。和尚说："二位班头，这可大喜。把贼人解到临安，上衙门领一千二百银子赏，每人六百两。"柴头、杜头也喜欢了说："我二人多蒙师傅成全。"大家谈着阔话，船往下走着。一天走到小龙口地面，焉想到由水内来了四个江洋大盗，要抢劫木笼囚车。不知济公如何挡贼，且看下回分解。

<h2>第一百十五回　金毛海马闹差船
济公善救冯元庆</h2>

话说济公同柴、杜二位班头，押解四个贼人船只，正往前走。这天走到小龙口，济公忽然灵机一动，就知道水里来了贼人。和尚说："我在船上闷得很。我出个主意，钓公道鱼罢。"大众说："怎么叫公道鱼？"和尚说："我钓鱼，也不用网，也不用钩子。你们给我找一根大绳子，我拴一个活套。往水里一掠，我一念咒，叫鱼自己上套里去。我要钓一个百十多斤的鱼，咱们大家吃好不好？"大众说："好。"就给和尚找了一根大绳。和尚拴了一个来回套，坠上石块，捺在水内。和尚就说："进去进去。"大众都不信服。和尚说："拿住了，你们帮着往上揪。"众人往上一揪，果然很沉重。揪出水来，一瞧不是鱼，原来是一个人。头戴分水鱼皮帽，水衣水靠，鱼皮岔油绸子连脚裤，黄脸膛，三十多岁。和尚叫人把他捆上。和尚说："还有。"又把绳子捺下去。果然功夫不大，又揪上一个来，是白脸膛，也是水衣水靠。

书中交代，这是怎么回事呢？只因前者把姚殿光、雷天化放走，这两个人到陆阳山去约人，约了四个人。一个叫金毛海马孙得亮，一个叫火腿江猪孙得明，一个叫水夜叉韩龙，一个浪里钻韩庆。知道押解华云龙，众官人必由水路走，叫这几个贼人在小龙口等候抢劫。探听明白，船来到了，孙得亮、孙得明先来奔船底，自己身不由己，就钻在套里，被和尚拉上去捆上。

和尚说："你们这些东西，胆子真不小。姓什么？叫什么？做什么来了？"孙得亮、孙得明各通了姓名，说："我二人一时懵懂，被朋友唆使来的，师傅慈悲慈悲罢，我二人情愿认你老人家为师。"和尚说："我要把你两个人放了，还来不来？"孙得亮说："再不敢来了。"和尚说："我要有事，用你二人行不行？"孙得亮说："师傅要有用我二人之处，万死不辞！"和尚说："既然如是，我把你两人放了。你叫你们那两个伙计也别来了，我也不拿他了。"这两人放开，起来，给和尚磕头。和尚附耳说："如此如此。"二人点头跳下水去，径自去了。柴元禄、杜振英一看说："要不是师傅，我二人哪里知道水里有人。"和尚说："你二人放心吧，这就没了事了。"

这天往前走，相隔临安不远，和尚说："我要头里走了。"柴、杜说："师傅别走。倘师傅走后，出了差错，那还了得。"和尚说："不要紧，没有差错。我说没有，你二人只管放心。有了差错，那算我和尚的差错。"和尚说着话，下了船，施展验法，来到钱塘门。

和尚刚一进门，只见钱塘县知县坐着轿子，鸣锣开道，后面众多官人，锁着一个罪人，戴着手铐脚镣。和尚抬头一看。口念："阿弥陀佛！这样的事，我和尚焉能不管！要不管，这个样的好人，屈打成招，就得死在云阳市口，残害生命，我和尚焉能瞧着。"说着话，和尚过去说："众位都头，带着什么案呀？"官人一瞧，有认识和尚的官人说："济师傅，告诉你，他是图财害命的路劫。"和尚说："有点屈枉，把他放了罢。"众人说："谁的主意？"和尚说："我的主意。"官人说："你的主意不行。"说着话，就见这个罪人的爹娘妻子孩儿，一个个哭哭啼啼，甚为可惨。

书中交代，这个罪人原本姓冯，双名元庆，住家在临安城东二条胡同，家有父母妻子孩儿。他本是锤金匠的手艺人，极其精明诚实。他有个师弟姓刘，叫文玉，在镇江府开锤金作。只因买卖赔偿，用人不当，写信把冯元庆请去，给他照料买卖。冯元庆实心任事，不辞劳苦，帮着他师弟经理买卖，四五年的景况，把所赔的钱找回来，反倒赚了钱。刘文玉就拿冯元庆当作亲弟兄，深为感激冯元庆的这份劳苦，要把买卖给冯元庆一半股分。每年冯元庆回家一次。不想冯元庆日久积劳，常常染病，实不能支持，跟刘文玉说："我要回家歇工，把病养好了再来。"刘文玉见师兄病体甚重，也不能阻，给了五十两银子，叫他回家养病。冯元庆自己还有二十两银子，

国学经典文库

中国二十大名著

济公全传

图文珍藏版

208

也带着,雇了一只船回临安。这天到了临安,天已掌灯。管船不叫冯元庆下船,说:"天晚了,明天再下船。"冯元庆是恨不能一时到家,自己拿了铺盖褥套,下了船,走到东城城下。自己本来带着病,走不动了,离家尚有二里地,自己打算歇歇走。焉想到往地下一坐,就睡着了。天有二鼓,打更的过来瞧见,把冯元庆叫醒了。打更的说:"你怎么在这里睡着?这里常闹路劫!"冯元庆说:"我是二条胡同住家,我由镇江府病了回来,刚下船,我走到这里走不动歇歇,没想到睡着了。"打更的说:"你快回去吧。"冯元庆刚要走,打更的拿灯笼来照,眼前一个男子死尸,脖颈有一刀伤,是刚杀的。打更的把冯元庆揪住说:"你胆敢杀了人装睡呢,你别走了!"冯元庆说:"我不知道。"打更的说:"那可不行,你走不了!"当时揪着冯元庆,找本地面官人,立刻把冯元庆送到县衙门。

新升这位钱塘县姓段,叫段不清。一听官人回禀,即刻升堂,把冯元庆带上。老爷一问,冯元庆说:"回老爷,小人姓冯,叫冯元庆,我在东城根二条胡同住家,我是锤金的手艺,由镇江府做买卖,因病坐船回家,下船晚了,走到树林子走不动,歇息睡着了。打更的把我叫醒,眼前就有一个死尸,我并不知谁人杀的。"知县说:"你这话全不对。拉下去打!"打完了又问,冯元庆仍说不知,立刻把冯元庆押起来。

次日知县一到尸厂验尸,有人认尸说:"被杀人是钱塘县大街天和钱掌柜的,姓韩。昨天到济通门外粮店取了七十两银子,一夜设回铺子,不知被谁杀了,银子也没了。"知县验尸回来,一搜冯元庆的被套内,有七十两银子。知县一想,更不是别人了,必是他谋财害命,用严刑苦拷。冯元庆受刑不过,一想:"情屈命不屈,必是前世的冤家对头。"自己说:"老爷不必用刑,是我杀的。"知县问:"哪里的刀?"冯元庆说:"随身带的刀。"知县教他画了供,就把案定了。往府里一详文书,知府赵凤山是个精明官长,一瞧口供恍惚,言语支离,这个案办不下去,把知县的详文驳了。赵凤山府批提案,要府讯,亲自审问。知县今天提出这案,坐轿叫官人押解上知府衙门。冯元庆的父母妻子都赶了来,他娘说:"儿呀,你怎么做出这样的事来?"冯元庆叹了一声说:"爹娘,二老双亲呀,白生养孩儿一场,孩儿不能够在爹娘跟前养老送终了!孩儿哪里做这样的事,这也是我事屈命不屈,有口难分诉,严刑难受。我那时出来到云阳市口,家里给我买一口棺材,把尸首领回去就是了。"他爹娘妻子一听这话,心如刀绞,就一个个泪如雨下。众瞧热闹人瞧着都可怜。

这个时节,和尚过来,说:"他冤屈,你们把他放了罢。"官人说:"谁敢把他放了?你见知府去,叫知府放了,我们没有那么大胆子。"旁边有认识和尚的说:"济公你要打算救他,你见知府去。"和尚说:"我就见知府去。"立刻和尚头前来到知府衙门。一道"辛苦",官人问:"找谁?"和尚说:"你回禀你们老爷,就提灵隐寺济颠前来。"官人一听,哪敢怠慢,赶紧进去回禀。知府赵凤山,由前者秦相府济公带两个班头出去拿华云龙,直到如今两个月有余,杳无音信,心中甚为悬念。今天听说济公回来,赶紧吩咐:"有请。"官人出来让着,和尚往里狂奔。知府降阶相迎,举手抱拳说:"圣僧一路风霜,多有辛苦。"和尚说:"好说好说。"一同来到书房落座。才献上茶,手下官人进去一回禀:"现有钱塘县大老爷,把凶犯冯元庆带到了。"知府说:"叫他少待,我这里会客。"和尚说:"老爷升堂罢,我和尚特为此事而来。"赵凤山说:"我的两个班头呢?师傅可将华云龙拿住?"和尚说:"随后就来,少时再说。这件事老爷先升堂问案,我和尚要瞧瞧问供。"知府立刻传伺候,升坐大堂。

知县上来行礼,说:"卑职将冯元庆带到,候大人讯供。"知府叫人给知县搬了旁座坐下。知县瞧一个穷和尚,也在旁乱坐着,心说:"我是皇上家的命官,民之父母,他一个穷和尚,也配大堂坐着。"知县有些不悦,他也不知济公是秦相爷替僧。这时知府把冯元庆带上来。知府说:"冯元庆,东树林图财害命,可是你杀的?"冯元庆说:"老爷不必问了,我领罪就是了。"知府说:"你说实话,是怎么杀的。"冯元庆说:"小人实在冤屈。县太爷严刑审讯,小人受刑不过。"自己又把前番被屈之事一说。知府一想:"现有活佛在此,我何不求他老人家给分辨?"想罢说:"圣僧,你老人家瞧,这件事如何办法?"和尚哈哈一笑,这才搭救良民正曲直,捉拿凶手问根由。不知后事如何,且看下回分解。

第一百十六回

赵太守明断奇巧案
济禅师开棺验双尸

　　话说赵太守审问冯元庆，问济公怎么办。和尚说："老爷要问，冯元庆是被屈含冤。"知府说："圣僧既说冯元庆是屈枉，杀人凶手倒是谁呢？"和尚说："凶手好办。我和尚出去就把凶手拿来。"知府说："圣僧慈悲慈悲罢。"和尚说："老爷可派两个人，好跟我去。"知府派雷思远、马安杰跟圣僧前去办案。雷头、马头同和尚出了衙门，和尚说："我叫你们锁谁就锁谁，叫你们拿谁就拿谁。"雷头、马头说："那是自然。"说着话往前走，对面来了一个人，穿着一身重孝，手里提着菜筐。和尚过去说："你干什么去？"这人说："我去买菜去。"和尚说："你穿谁的孝？"这人说："我穿我母亲的孝。"和尚说："雷头过来，把他锁上。"雷头过来，就把这穿孝人锁上。这人说："你们为什么锁我？"和尚说："你母亲死了，你为什么不给他放焰口念经呀？"这人说："我没有钱。"和尚说："不行，咱们就打场官司罢。雷头，把他带了衙门去。"雷头一听和尚说的这不像话，也不知和尚是什么心思，也不敢违背，当时带领这人就走。马安杰就问："朋友你贵姓？"这人说："我姓徐，叫徐忠，在东城根四条胡同住家，我是厨行的手艺。"雷思远又问："你母亲怎么死的？"徐忠说："紧痰绝老病复发死的。"和尚说："你也不说实话。把他的孝衣白鞋脱下来，带到衙门去，叫老爷问他去吧。"

　　来到衙门，先把他的孝衣脱下来，带着来到里面，一回禀老爷，老爷立刻升堂，把徐忠带上来。和尚在旁边一坐，老爷说："你姓什么？"徐忠说："我姓徐，名忠。"和尚说："你母亲倒是怎么死的？"徐忠说："紧痰绝死的。"知府说："圣僧，他倒是怎么一段情节？"和尚说："他把他母亲害死的。"知府一听一愣，说："徐忠你要说实话！"徐忠说："回老爷，我母亲实在病死的。"和尚说："老爷去验尸去，就知道了。"知府立刻传刑房仵作，带领衙役人等一同去验尸。知府坐着轿，押着徐忠，和尚跟随一同来到徐忠家中。本地面官人众街邻都说："老爷胡闹，明明徐忠他母亲是病死的，众人帮着人殓的。"知府吩咐将棺材抬出来。徐忠说："老爷要开棺验不出伤来，该当如何？"知府说："你这东西混账！济公活佛既说你母亲有缘故死的，必有缘故。来，开棺给我验！"立刻官人把棺材打开。刑房仵作过来一瞧，见老太太死尸并无缘故，是好死的。连刑房仵作也都愣了。心说："我们老爷无故要开棺，这一来纱帽要保不住。"

　　知府问仵作："死尸有伤没有？"仵作痴呆呆发愣，知府也大吃一惊。和尚微然一笑说："徐忠你还不说实话？"徐忠说："我母亲是好死的。老爷无故要开棺相验，我有什么法子。"和尚赶过来，照着棺材堵头一脚，把棺材堵头踹掉了，由棺材里滚出一颗男子的人头来。知府一看，勃然大怒。说："这人头是哪来的？"和尚说："请老爷问他。"徐忠吓得颜色更变，说："老爷要问这个人头，不是外人，是我兄弟，他叫徐二混。我兄弟他在钱塘街钱铺打杂，那一天他晚上回来，拿着七十两银子。我两个人一喝酒，他喝多了，我问他银子哪来的，他说非是亲弟兄，他也不说。他说他们钱铺掌柜的，那天晚上到通济门外粮店取银子，他知道，他拿了一把刀，在东树林等着，他把韩掌柜杀死，他把银子得回来。我一听怕他犯了事，把我连累上，我把他用酒灌醉了，我把他杀了，我们老太太一着急死了。我就把我兄弟的脑袋搁在我母亲棺材底下，我把他的死尸藏在炕洞里。我以为神不知鬼不觉，没想到今天老爷查出来。这是已往从前真情实话。"知府说："圣僧，这件事怎么办？"和尚说："把天和钱铺少东人传来圆案。告诉他父亲是他们铺子打杂的徐二混杀的。"立刻就把钱铺少东人传到，说明白徐二混已死，叫他当堂具结。知府派官人押着徐忠起赃，又将他母亲埋葬，把徐忠边远充军，老爷同和尚回衙门，将冯元庆提出来。他本是被屈含冤，老爷当堂释放。这件事临安城吵嚷动了。若非济公长老，谁能辨的了这件奇巧案？知府把冯元庆放了，行文上宪，参了钱塘县知县段不清，轻视人命，办事糊涂,不堪委用,奉旨把知县革了职。留下济公喝酒。这才问:"圣僧,怎么拿的华云龙?"和尚把已往从前之事一说。

少时有人回禀,柴元禄、杜振英将差事解到。知府立刻升堂,给曲州府一套回文,赏了曲州府押解官人二十两银子,打发众官人回去。柴元禄、杜振英上来交差,将华云龙拿住。窝主田国本、邱成、杨庆一并解到听审。奇巧玲珑透体白玉镯、十三挂嵌宝垂珠凤冠得回呈交。知府一看,并未伤损,就是凤冠短了一颗珠子。立刻吩咐将贼人带上来。手下人把华云龙、田国本、邱成、杨庆带上堂来,知府说:"谁叫华云龙?"四个贼人,各自报名。知府说:"华云龙在临安乌竹庵,因奸不允,杀死少妇,泰山楼白昼杀死秦禄,秦相府盗玉镯凤冠,粉壁墙题诗,俱都是你做的吧?"华云龙说:"是我。"知府说:"田国本、邱成、杨庆,你等窝藏华云龙可是不假?"田国本一想:"我满招认,也不要紧,只要我们亲戚知道,必不杀我。"贼人也都招认。知府吩咐:"暂把贼人钉镣入狱。"和尚说:"我要告辞回庙瞧瞧,等明天秦相亲审贼人之时我再去。"知府说:"也好,圣僧请罢。"

和尚告辞,出了知府衙门。刚来到冷泉亭,正碰见夜行鬼小昆仑郭顺。郭顺赶紧给济公磕头。和尚说:"郭顺不用行礼。前者我叫雷鸣、陈亮给你一封信,你可看见?"郭顺说:"前者多蒙师傅救命之恩。我见着信,即来到临安。白天住居,晚上天天在灵隐寺大殿房上隐趴。那天来了两个贼,是造月蓬程智远、西路虎贺东风,到庙中行刺,被我将贼人赶走。"济公说:"好。你这上哪去?"郭顺说:"瞧我师傅去。"和尚说:"你见你师傅,给我代问好。"郭顺说:"是。"竟自告辞去了。和尚来到灵隐寺庙门首。门头僧一瞧说:"济师傅回来了。"济公说:"辛苦众位。我到后面瞧瞧老和尚。"说着话来到庙内。见了见老和尚,自己回到自己住的屋内安歇。

次日,有秦相派人到庙中请济公。和尚立刻来到秦府。秦相一见说:"圣僧,这一路风霜,多受辛苦。我特意置酒给圣僧接风。"和尚说:"相爷一向可好?"秦相说:"承问,承问。"立刻来到书房,摆上酒筵,落座吃酒。方吃喝完毕,有家人进来回禀:"相爷,知府押解盗玉镯凤冠贼人,来到相府外听审。"秦相立刻吩咐:"请太守进来。"知府来到书房,给相爷行礼,把玉镯凤冠呈上。秦相一瞧,甚为喜悦。宝贝失而复得,此乃大幸也。当时将贼人带上来。秦相一问华云龙,尽皆招认。秦相说:"粉壁墙题诗是你亲笔?"华云龙说:"是。"秦相还怕错拿了,当面叫华云龙拿笔把诗写出来。秦相看他笔迹相符,秦相这才吩咐知府把众贼人仍带回衙门入狱。秦相拟定,众贼不分首从,一并斩首。连野鸡溜子刘昌、铁腿猿猴王通一并出斩,在钱塘门外高搭监斩棚。这件事嚷动了全城,这天瞧热闹人拥挤不堪。

焉想到有两个江洋大盗,听说要斩华云龙,这两个人,也是玉山县三十六友之内的,一个叫金面鬼焦亮,一个叫律令鬼何清。这两个人由北省回来,从临安路过,听说华云龙要出斩,焦亮、何清也不知道华云龙犯的何罪,要知道也就不管了。两个人一想:"我们跟华云龙八拜之交。他在临安打了官司,我二人既知道,焉能袖手旁观?"焦亮跟何清一商量,二人各带钢刀一把,当时狂奔钱塘门外,要抢劫法场。不知后事如何,且看下回分解。

第一百十七回　奉堂谕监斩华云龙　听凶信二鬼闹法场

话说金面鬼焦亮、律令鬼何清二人商量好了,来到法场。一看,天光早些,差事还没出来。二人一瞧,对面有一个酒铺。二人掀帘子进去,一看酒饭座不少。跑堂的一看,这两个人都长得不俗。金面鬼焦亮是紫壮帽,紫箭袖袍,系丝鸾带,薄底靴子,闪披宝蓝缎英雄大氅,上绣金牡丹花,面似淡金,粗眉大眼。律令鬼何清是黄白脸膛,穿翠蓝褂,都是仪表非俗。跑堂的赶紧腾了一张桌,让两个人坐下,要酒要菜。就听众酒饭座大家纷纷议论说:"这个华云龙,在临安闹得地动天翻。在尼姑庵杀人,泰山楼杀人,秦相府盗玉镯凤冠。要不是济公和尚给带人出去拿,这个样的江洋大盗,马快焉能办得了?"焦亮、何清一听,是和尚拿的,二人低声一商量:"今天先劫法场,把华二哥救了。然后咱们再找这个和尚,把和尚杀了,给华二哥报仇。"正说着话,由外面进来一个穷和尚。大众有认得的就嚷,这个说:"济师傅来了!"那个说:"圣僧来了!"和尚说:"众位别嚷,我就是拿华云龙的和尚,拿华云龙的就是我。有不服的,只管找我!"焦亮、何清一瞧,心里说:"原来就是这么个穷和尚拿的我们华二哥。今天我们先到法场,然后跟这个和尚,看他往哪庙里去,晚上去杀他。"和尚瞧了一瞧,在这两个人的旁边坐下,也要了酒菜。

工夫不大,就听外面瞧热闹人一阵大乱,说:"差事来了!"由北面一下车,两个官人搦着一个。头一个就是镇山豹田国本。都是绳缚二臂,背着招子。田国本很不含糊说:"我在下叫田国本。阎王造就三更死,谁敢留人到五更。生有处,死有地,我乃堂堂正正,英雄烈烈,轰轰豪杰,死而无惧!虽然身受国法,很不算什么!"第二个就是铁腿猿猴王通,口中直骂:"我姓王名通。我也不是杀人凶犯,又非响马的强盗,但我只因替兄报仇,要杀知府杨再田。没杀成他,今天身受国法王章。我虽死也是好朋友,死后我有阴魂,也把杨再田活捉活拿!"第三个是野鸡溜子刘昌。这小子垂头丧气,低着头心想:"无缘无故被华云龙牵连,不分首从,全都斩决,连自己此时魂灵都没有了。"第四个是邱成,第五个是杨庆,都比刘昌还强的。第六个是华云龙,自己谈笑自若说:"众位瞧热闹人听真,在下我就是乾坤盗鼠华云龙!我自生以来,杀人也过了百了。我吃也吃过,我穿也穿过,大丈夫生而何欢,死而何惧?我今天身受国法,不过二十余年,又长成这样。头里众朋友都是我的挚友,应该活着一处为人,死了一处做鬼。众位比我年长,应当叫他们众位头里走!"众瞧热闹人,一阵大乱。

这时酒铺里有爱贪热闹的,也往外跑。金面鬼焦亮、律令鬼何清听差事到了,二人伸手拉刀。吓得伙计往桌底下躲,就喊:"掌柜的救命!"焦亮刚把刀拉出一举,何清尚未拉出刀来,和尚用手一指,一个"唵敕令赫!",把这两人定住。和尚头里站着,这两人在后面比着不能动转。就听外面喊嚷:"好刀!"华云龙人头落地,瞧热闹人四散。和尚就往外走,说:"掌柜的,给我写上。"掌柜的说:"是了,济师傅请罢。有你徒弟杨猛、陈孝留下话,你勿论钱多少,不跟你要。到三节跟杨太爷去要钱。"和尚说:"掌柜的,我跟你要点东西,给不给?"掌柜的说:"要什么?"和尚说:"我要你们一个老倭瓜。"掌柜的说:"你拿罢。"和尚扛起一个倭瓜,出了酒铺,信口唱着山歌道:

堪叹人生不误空,迷花乱酒逞英雄。徒劳到底还吾祖,漏尽之时死现功。弄巧长如猫扑鼠,光阴恰似箭流行。倘然使得精神尽,愿把尸身葬土中。仔细思想从头看,便是南柯一梦中。急忙忙,西复东,乱丛丛,辱与荣。虚飘飘,一气化作五更风,百年浑破梦牢笼。梦醒人何在?梦觉化无踪。说什么鸣仪凤,说什么入云龙,说什么三王业,说什么五霸功。说什么苏秦口辩,说什么项羽英雄。我这里站立不宁,坐卧魔生。睁开醉眼运穷通,看破了本来面,看破了自在容。看破了红尘滚滚,看破了天地始终。只等到五运皆空,那时间一性纵横。

和尚唱着山歌往前走。焦亮、何清此时也能动了,自己尚不醒悟,要杀和尚。两个人给了酒饭账,从后面跟出来。和尚一直来到灵隐寺门首。门头僧说:"老济回来了。"和尚说:"辛苦众位。"和尚来到门首不往里走,和尚说:"我在大雄宝殿西跨院西房由北头数头一间,我在那屋里住,准要打算和尚,勒死和尚,就到那屋里去。"门头僧说:"你这是个半疯,谁跟你有那么大仇。"和尚说:"反正你们两人心里明白。"焦亮、何清一听,暗想这可活该,晚上省的我们找寻。

二人见和尚进了庙,二人找了一座酒馆,吃完了酒,找了一座店。等到天交二鼓,两人把夜行衣换上,皂缎色软帕包巾,身穿三叉通口夜行衣,周身扣好了骨钮寸绊,头前带好了百宝囊,里面有千里、火自明、灯钥匙,一切应用的东西。皂缎子兜裆磨裤,蓝缎子袜子,打花绷腿,倒纳千层底鞍鞋,把刀插在软皮鞘内。二人出来,施展飞檐走壁,直奔灵隐寺。来到庙中,找到西跨院一看,各屋里全都睡了,唯有北头那一间西房有灯光。二人来到窗外,把窗纸舔破一看,只见屋中一张床,一张桌子,屋里什么也没有。墙上有一个黄瓷碗,半碗油,棉花沾点着。庙里有规矩,每人晚上管油的只给两羹匙油,今天济公要加多,管油的不给,和尚说:"我没在庙里有好几个月,你按天包给我。"管油的没法,多添了两羹匙油。见和尚手拿酒瓶,自言自语说:"生有处,死有地。我昨天晚上就没做好梦,梦见脑袋掉下来,今天就许有贼崽子来杀我。"焦亮、何清还不解意。

少时见和尚枕着倭瓜睡了,焦亮说:"我杀他,你给巡风。"何清点头。焦亮刚要开门,就听和尚说:"好东西,好大胆量!"焦亮吓了一跳,又听和尚说:"你要咬我呀,好大老鼠!"焦亮一听,和尚说老鼠呢。等了半天,听和尚睡着了。焦亮又刚要开门,就听和尚说:"好东西!你可真找死,打算要害我呀?"焦亮吓得心里乱跳。又听和尚说:"好大个蝎子,亏得我没睡着。要睡着了,可了不得!"焦亮一听,心说:"真是这么巧。"无奈又等到天交三鼓,听和尚呼声震耳,焦亮进了屋中。见灯昏昏J隆惨,先把灯吹了,把包袱油纸往地下一铺,伸手摸着短头发,手起刀落,竟把脑袋砍下来,搁在包袱包好,同何清这才上房回店。焦亮说:"咱们去找杨明去,跟他讲讲理。华云龙跟三十六友结拜,是杨明撒绿林帖,传绿林箭,他的引见。现在华云龙在临安犯罪,他为何不管?"何清说:"也好。"二人这才起身。

两人在道路之上,饥餐渴饮,晓行夜宿,这天来到江西玉山县凤凰岭如意村。到了威震八方杨明的门首,金面鬼焦亮、律令鬼何清抬头一看,二人"呀"了一声,忽然想起事来。不知后事如何,且看下回分解。

第一百十八回　提首级寻找杨明　见魔怪二人遇害

话说焦亮、何清二人来到杨明门首,见门前悬挂灯彩。焦亮忽然想起来说:"何贤弟,今天你我来巧了,今天是杨老伯母的生日,我还忘了呢,今天正应当来拜寿。"何清说:"对。"二人来到门首,家人一瞧说:"原来是焦大爷,何大爷,你快进去吧。厅房人不少呢,只等你们二位了。"焦亮、何清来里面一看,人真正不少,有追云燕子姚殿光、过度流星雷天化、千里腿杨顺、千里独行杨得瑞、飞天鬼石成瑞、飞天火祖秦元亮、立地瘟神马兆熊、金毛海马孙得亮、火眼江猪孙得明、水夜叉韩龙、浪里钻韩庆、铁面夜叉马静、摘星步斗戴瑞、顺水推舟陶仁、登萍渡水陶芳、踏雪无痕柳瑞、一干众人,都在这里,见金面鬼焦亮、律令鬼何清二人进来,大众齐站起来谦让,彼此行礼。杨明说:"二位贤弟来了,我想着怕你两个人来不了,还真没忘了。"焦亮说:"我二人先给老太太拜寿去。"杨明说:"二位贤弟来到就是了,先喝酒,少时我替你二人说到就是了。"焦亮、何清二人坐下。杨明说:"今天我们三十六友,不能齐了。有死的,有出外的,有不知去向的,总得短几位。"众人说:"那是自然。"飞天鬼石成瑞就问焦亮二人从哪来。焦亮说:"由京都。"石成瑞说:"京都可有什么新闻?"焦亮说:"有新闻,杀华云龙。"杨明一听说:"谢天谢地!"焦亮说:"杨大哥,华云龙是你的引见,跟三十六友结拜,他不好,你应当管他,现在他死在临安,身受国法,你怎么倒说谢天谢地?"杨明说:"焦贤弟,你知道华云龙所作所为不知道?"焦亮说:"不知。"杨明就把华云龙大闹临安,乌竹庵因奸不允杀死贞节烈妇,泰山楼杀人,秦相府盗玉镯凤冠,赵家楼怎么采花,大柳林怎么镖伤三友,怎么夜入蓬莱观,后又镖伤三友的话,从头至尾一说。秦元亮、马兆熊听见提华云龙,恨不能生食华云龙之肉。焦亮、何清一听,说:"了不得,我二人做错了事了!"杨明说:"你二人做错了什么事?"焦亮说:"大哥可知道济颠僧?"杨明说:"知道。"焦亮说:"我二人不知细情,替华云龙报仇,把和尚杀了。"杨明一听说:"济公那是活佛,你怎么配杀得了?"焦亮说:"你不信,人头在包袱包着带来了。"杨明说:"你打开我瞧瞧。"焦亮立刻打开一看,就愣了,原来是半个老倭瓜,上面有四句字,写的是:

可笑焦亮与何清,误把倭瓜当我僧。二人勉强行此事,难免当有灾星。

众人一看,哄堂大笑。马静说:"济公乃是活佛,在我家毗卢寺捉过妖,你们如何杀得了!济公说的话,准得应验,说你二人有灾,你二人还得赶紧躲避。"焦亮说:

"我二人回家躲几天,然后到灵隐寺找圣僧,给他老人家赔不是。"大众说:"言之有理。"众人在杨明家热闹了两天,过了寿日,众人告辞,各分南北东西。

且说马静同焦亮、何清一同奔小月屯。这天来到小月屯,有日色西斜之时,见小月屯里家家关门闭户,街上问一个人都没有。素常不是这个样子,马静说:"这是怎么了?莫非有什么缘故?"三个人来到马静家门前一叫,门里面何氏娘子出来问:"谁呀?"马静说:"我。"何氏一听,把门开开道:"你可回来了,小月屯住不得了!可了不得了!"说着话,来到里面。马静就问:"怎么了?"何氏说:"由你走后,天天到初鼓以后,由西来一阵风,也不知是妖、是怪是鬼,嚷'喊喊响响',冲谁家门口一笑,第二天准死人。今天第七天,闹了六天,死了六个人了,西边本家马大爷死了,第二天隔壁李大爷死了,故家家吓得到晚半天就不敢出来,连铺户都上店门不敢卖了。"何清一听说:"哪有的事,我就不信。在外面行侠仗义,老没遇见过鬼,晚上我等他。"焦亮说:"对。晚上也不管他是什么,咱们拿刀斩他。"马静:"你二人别要胡闹。"何清说:"不要紧。"三个人说着话,吃完了晚饭。

天有初鼓后,就听由正西来了一阵风,刮的毛骨悚然。何清、焦亮二人拿刀往外就跑。只见由正西来了一团白气,其形有一丈多,也瞧不出是什么来。焦亮、何清一声喊嚷:"好大胆妖怪!待我二人结果你的性命!"说罢摆刀就剁。这股白气照两个人一扑,两人跑回院中,躺在地下,人事不知,昏迷不醒。这个东西冲马静对门一笑走了。马静见这两个人躺在院中,叫了不应,唤之不语,如死人一般。天光亮了,听对门街坊哭起来,当家人刘二爷死了,门口烧引魂车。马静正在着急,听外面叫门,马静出来一看,是雷鸣、陈亮。马静说:"二位贤弟从哪来?"雷鸣、陈亮说:"我二人由曲州府上杨大哥家去,济公拿华云龙之时,我二人正在曲州府,我二人到杨大哥家去,听说焦亮、何清得罪了济公。杨大哥叫我二人来陪焦亮、何清,到临安给济公赔不是去。"马静说:"二位贤弟来此甚巧。焦亮、何清被妖怪给扑了。二位贤弟辛苦一趟把济公请来,一则搭救这方人,二则求他老人家慈悲慈悲,救焦亮、何清。"雷鸣说:"怎么回事?"马静把二人让到里面,就把闹'喊喊嗨嗨'之故,从头至尾一说。雷鸣、陈亮听明白。见焦亮、何清果然死人一般,这才告辞。从马静家出来,顺大路狂奔临安城。

书中交代,和尚自拿了华云龙众贼出斩之后,和尚就在庙里住着,没事出去找本处几个徒弟来吃酒盘桓。这天来了一个老道,到庙里找济公。门头僧一瞧,这个老道,身高八尺,头戴青缎九梁道冠,身穿蓝缎子道袍,腰系杏黄丝绦,白袜云鞋。背后背着一口宝剑,绿鲨鱼皮鞘,钢什件黄绒鼻子,手拿蝇拂。面似淡金,长眉朗目,高鼻穗梁,四字口,三绺黑胡须,飘洒胸前。真正是太白李金星降世,仪表非俗。这个老道原是四明山玄妙观出家,姓孙叫道全,乃是褚道缘的大师兄。因褚道缘前者回庙病了,加气伤寒,孙道全去瞧他。问:"师弟什么病?"褚道缘说:"是济颠和尚气的。"就把前番事一说。孙道全说:"不要紧,我去找济颠,把他杀了给你报仇。"褚道缘说:"师兄当真敢去,我病就好了。"孙道全说:"这就是。"当时孙道全起身,这天正来到临安,住在钱塘门店里。次日来到灵隐寺,一问门头僧,济颠可在庙内,门头僧说:"你找济颠,不知他出去了没有。他要出去,可不定三天五日,一月半月才回来。要在庙内,少时他必出来。等有人出来问问。"

老道等着,少时只见由里面出来一个穷和尚,破僧衣,短袖缺领,僧帽在左边腰里掖着。老道说:"你可是济颠?"和尚说:"不是。我们师兄弟四个,胡颠、乱颠、混颠、济颠,我叫胡颠。"老道说:"你把济颠叫出来。"和尚说:"我喝酒你给钱,我就给你叫去。"老道抓给和尚两把钱。和尚进去,等候工夫大了,好容易只见穷和尚由里面出来。老道说:"你给叫济颠,怎么不出来?"和尚说:"我不知道。你认错了人罢,我叫混颠,你瞧我帽子在那掖着。"老道一瞧,帽子在头前掖着。老道说:"你不是胡颠?"和尚说:"我不是的,胡颠是我大师兄,他喝了酒就睡。"老道说:"混颠,你把济颠叫来。"和尚:"我不能白给你跑,你得请我喝酒。"老道又给了两把钱。和尚进去,直等到日色西斜,只见里面出来一个穷和尚。老道也认不准了。说:"你是胡颠是混颠?"和尚说:"我叫乱颠。你找谁?"老道说:"我找济颠。"和尚说:"我给你叫去,你请我喝酒。"老道说:"你不是混颠吗?"和尚说:"你不瞧我帽子?"老道一瞧，帽子在后头掖着。又给了两把钱。直等到天黑，也没人出来，老道赌气回了店。今天又来，堵着庙门骂济颠。

正骂着，雷鸣、陈亮来了。雷鸣说："杂毛你怎么骂我师傅？"老道一听说："你是济颠的徒弟？"雷鸣说："是呀。"老道说："好，我找不着济颠，就是你吧！"用手一指，用定身法把雷鸣、陈亮定住。老道伸手拉宝剑，要结果二位英雄性命。不知后事如何，且看下回分解。

第一百十九回　报弟仇灵隐访济公　搬运法移钱济孝妇

话说孙道全拉宝剑，正要杀雷鸣、陈亮，就听庙里一声喊嚷："哈哈！好杂毛，休要欺负我徒弟，待我来跟你分个高低上下！"老道一瞧，由庙中出来一个穷和尚：破僧衣，短袖缺领，腰系绒绦，疙里疙瘩，头发有二寸多长，一脸油泥，光着两只脚，穿着两只草鞋，三分不像人，七分倒像鬼。老道说："你是济颠？"和尚说："正是，然也！你别欺辱我徒弟。冤各有头，债各有主。"和尚把雷鸣、陈亮定身法撤了。雷鸣、陈亮说："师傅，我二人由小月屯来找你来了。"和尚说："你二人不用说，我都知道，你两个人头里走，我跟老道说句话，我随后就到。"和尚说："老道，咱们两个人，找没人地方说去。"老道说："甚好。"

和尚头里走，老道随后跟着。展眼之际，和尚没了。老道遍找，找不着了，自己无奈，只好回店罢。老道又一想，盘费用尽了，想法子弄点钱，好吃饭住店，再访查和尚。老道就在街上买了二斤切糕，回到店中，把枣儿豆子都挖了去，把切糕团成丸子，用飞金贴成衣子，用药一熏，把丸子带在兜囊。老道来到钱塘关找地方，赁了一张桌子，他说舍药，桌子用一天一百钱，讲明白了。老道拿着一个木头盒，就在这里一站，口中念道："贫道乃梅花山梅花岭梅花道人是也。正在洞中打坐，心血来潮，我掐指一算，知道这方有难，贫道脚踏祥云，来至此处，舍药济人。众位要求方，勿论多少钱，搁在我这盒里，我会给把药取来。"老道一念，就有许多人围上。内中有好事人拿二百钱，往老道这盒子一搁，老道把盒盖一盖，老道用手指一指，口念："无量佛。"把盒子打开一瞧，钱没有了，一粒药在盒里。老道说："众位看见了，这药是太上老君赐的，能治诸虚百损，五劳七伤，妇人胎前产后，男人五积六聚，勿论男女大小，诸般杂症百病，一吃就好了。把药拿回去，用阴阳瓦焙了，用红糖冲服。"大众一瞧，钱搁在盒里就没了，药就来了，真是神仙稀奇之事。凡世上人，都是少所见多所怪。老道这是换数，他是搬运法，能把钱换在腰里去，把药换在盒里来。大众瞧着一新鲜，这个也要讨，那个也要讨。老道说："众位别瞧我这盒子小，能装得三山五岳，大众等不信，拿钱试试。搁一吊也没了，搁八百也没了。"

老道正在诓钱舍药、高兴之际，那边和尚来了。和尚远远一瞧，心里说："好杂毛老道，又在这里诓人家的资财呢，拿切糕丸换钱。"和尚远远瞧明白，见眼前地下铺着一张毛头纸。上写告白：

四方仁人君子得知：小妇人张门吴氏，丈夫贸易在外，我家中婆母病故，衣衾棺椁抬葬，手无分文，万出无奈，只得叩求四方仁人君子，施恻隐之心，量力帮助。众人扶凑，聚少成多，俾得将婆母可埋葬，以免尸骸暴露。殁存均感大德也。

和尚来到近前一瞧，许多人围着看，并无一人给钱的。和尚："你们有钱给几百，也是好事。"旁边有一个人，扛着五百吊，说："和尚，你别说便宜话，你给他几百，我就给他几百。"和尚说："我给他，你敢跟我比着给吗？"这个人说："就凭你这么样穷和尚，我不敢跟你比？我给他一吊。"和尚说："我也给一吊。"和尚由兜囊一掏，口念："唵敕令赫！"掏出五把钱，约一吊多，给了那妇人。那人说："我再给五百。"和尚又一掏兜囊，口念："唵敕令赫！"掏出三百来，和尚又一掏，掏出二百来。这串钱是大黄铜钱，拿红丝穿着，和尚也掏出来。旁边有一个人瞧见，"呦"了一声。旁边这个人，书中交代，姓张，叫张大。他因为手麻木，拿着二百文黄铜钱，今天同着他一个拜弟李二，两个人出来闲游。张大要出恭，把这二百钱交给李二拿着。李二见老道舍药真奇怪，他要讨药，又没有钱，就把这二百钱搁在老道盒里，讨了一粒药。张大出完了恭，一问钱，李二说我给老道了，讨了一粒药，回家我再还你。张大说："花了花了罢。"二人又来到了这里瞧热闹。见和尚舍钱，一掏把这串钱掏出来。张大他认识这串钱是他的，就问："李二，怎么这串钱，跑到和尚腰里去？"李二说："真怪。"这两个人又跑来到老道这里，瞧见有一个人，拿着五百钱讨药，把钱放在盒里，老道一念"无量佛"，钱没了。这两个人赶到这边来，来瞧神仙传道。见和尚一伸手："唵敕令赫！"掏出五百来，果是老道方才讨药那五百。这两个人正事不办了，又跑回老道这边来。又见有一个人讨药，八百钱；老道搁在盒里，老道一掀盒没了。这两个人赶紧跑回和尚这边来，又一瞧，和尚一伸手："唵敕令赫！"果然在腰内又掏出八百来。唯有这些众人，也不知道这两个人来回跑什么。直到天晚，老道一想："钱也诓的不少了，该回去了＝"老道说："众位明天见罢。我山人今天不施舍了。"大众全散了。老道伸手一摸，钱兜内一个铜钱都没有了。老道一愣，说："怪呀！"张大、李二两个人一笑说："没了。"老道说："好呀，必是你两个人拿了去。"张大说："我们又没到你跟前去，怎么我们拿了去？"老道说："你怎么知道没了？"张大、李二说："我们两个人瞧了半天了。你的钱都给一个穷和尚舍了棺材钱。你这里进五百，那边和尚掏出五百来。"老道说："和尚在哪里？"张大说："就在那边。"老道一想："这必是济颠，我找他跟他拼命！"老道刚要走，旁边过来一个人说："道爷别走，给赁桌子钱。"老道说："我一个钱都没有了。"那人说："那可不行。你把萤刷留下做押账罢，我给你押在对门纸铺里，明天拿一百钱来取萤刷。"老道无法，把萤刷留下，气得须眉皆竖，要找和尚一死相拼，急得再找和尚，踪迹已不见。

书中交代，和尚用搬运法，把老道的钱都搬运完了，都施舍给了这妇人，连别人给的，凑了有二十多吊钱。和尚说："大娘子，你把钱拿回去买口棺木，先把你婆母成殓起来。你丈夫不过半个月，也就回来了。"张吴氏给和尚磕了一个头，径自去了。和尚这才往前走，抬头一看，一股怨气直冲霄汉。和尚口念："阿弥陀佛！这件事，焉有不管之理？我和尚一事不了，又接上一事。"说着话，和尚抬头一看，见路西里酒铺新开张，字号"双义楼"。门口满挂花红，高搭席棚，都是红呢红绸子，钉着金字，有"财源茂盛，利达三江"，"如日之升，如月之恒"。都是吉庆话，众亲友送的。和尚掀帘子进去一看，酒饭坐满了，拥挤不动，一点地方没有。为什么酒饭座会这样多呢？只因贪贱吃穷人。今天新开张，减价一半：一百二的菜，卖六十，二百四的菜，卖一百二。故此都来吃饭。和尚一瞧没地方，有一个胖子刚来，他一个人坐着，把腿搁在板凳上，一人坐两人的地方。和尚过去也不言语，就坐在胖子腿上。这胖子说："和尚你不硌的慌？"和尚说："我觉着很柔软，不硌的慌。"跑堂的赶紧过来说："二位对着坐。"胖子无奈，把腿拿下去，和尚坐下了。伙计说："大师傅要菜，可得候候，这位胖爷也是刚来，要了一个南煎丸子，还得等着呢。"和尚说："不忙，我也要一个南煎丸子，你先给我壶酒，我喝着，菜哪时来那时吃。"伙计说："就是罢。"要了一壶酒，和尚喝着。少时端了丸子来，乃是胖子先要的。伙计刚往桌上一搁，和尚就是一把抓了一个丸子，往嘴里就塞。伙计说："这是胖爷先说的，不是你的。"和尚说："他要地给他。"由嘴里吐出来，连痰带吐沫搁在盘子里。胖子一瞧，说："我不要了。"伙计说："胖爷不用着急，我再给你要。"少时又给端来，伙计说："这个丸子才应当是和尚要的哪。"和尚说："这是我的我吃。"又抓了一把。胖子赌气，躲开和尚，在别的桌上另要去。和尚吃完了两盘丸子，叫伙计算账。罗汉爷施展佛法，大显神通，要戏耍掌柜的。焉想到又勾出一场人命是非。不知后事如何，且看下回分解。

国学经典文库

中国二十大名著

济公全传

图文珍藏版

第一百二十回

双义楼匪棍讹人
借还魂戏耍老道

话说济公在双义楼吃完了酒饭,叫跑堂的算账。跑堂的一算,说:"一共七百二十文。"和尚说:"不多。外加八十给八百罢。"伙计说:"大师傅,谢谢。"和尚说:"给我写上账。"伙计说:"那可不行。今天新开张,一概不赊,减价一半,俱要现钱。"和尚说:"你敢不写账,咱们是一场官司。"伙计一听这话,自己一想:"我何必跟他废话,我告诉掌柜的,随他意赊不赊。"想罢,伙计来到柜上说:"掌柜的,那位大师傅吃了八百钱,要写账,他说不给他写账,要打官司。"掌柜的抬头一看,见和尚穷苦不堪。掌柜的说:"伙计,你不用跟和尚争竞,他是个穷人。我由困苦间过来,我知道穷人的难处,你告诉他,给他写上。"伙计过去说:"大师傅,我们掌柜说,给你写上了。"和尚说:"要写写两吊,找给我一吊二百钱,我带着零花。我出来没带零钱。"伙计一听,说:"掌柜的,听见没有?"掌柜地叹了一声:"昨天我还没饭吃,今天我开了这座铺子,做了好几万银子的买卖,这总算上天有眼。今天我总算大喜庆的日子了。也罢,和尚是个出家人,我给他一吊二百钱。你告诉大师傅说,只当我舍在庙里了。"伙计立刻把一吊二百钱,给和尚拿过来。和尚说:"再给我要一壶酒,要一个菜。"伙计说:"你不是吃完了再找呀!"伙计又给要了酒菜。和尚又喝了。

旁边酒饭座,就有无知的人,见和尚完了找钱,不找要打官司,掌柜地找给他,必是怕打官司。这两个人吃完了,叫伙计一算,吃了两吊,要找三吊,一共写五吊,掌柜的也给找了。俗语说得不错,"善门难开,善门难闭"。旁边又有三个人,吃了三吊五,给四吊,要写十吊,找六吊。掌柜的一听可恼了,当时说:"众位,我开这个铺子,我说昨天没饭吃,今天做了几万银子的买卖,我可不是明火路劫,偷来抢来的银子,也不是挖着银矿。方才和尚找钱,我知道穷人的难处,再说他是出家人,我只当施舍了。众位倒跟和尚学,吃两吊找三吊。我想都是老街旧邻,很不好意思,到咱们这个小铺子来,说吃四吊,要找六吊,恐怕别处也不能这么找法吗!我可不是怕打官司,我是穷人出身,在这方也不是一年半年,众位别欺负我,我可不叫人欺负!哪位要找,可趁早说话。"这众人一听,全都愣了。正在这番光景,一掀帘子,进来一个人,说:"掌柜的,该我二百两银子,还不给我吗?"掌柜的一瞧,这个人歪着帽子,闪披着大氅,五十多岁,黄脸膛,两道短眉毛,一双小圆眼,鹰鼻子,裂腮额,微有几根黄胡子,上头七根下八根。这人姓姚名变,字荒山,素常就在外面讹人,无事生非,今天听说双义楼掌柜的怕打官司,吃饭倒找钱,这姚荒山想要来讹掌柜的。一进门就说:"掌柜的,该我二百两银子,还不该给我吗?"掌柜的一听,气往上撞,过来照定姚荒山,就是一个嘴巴。焉想到这一嘴巴,姚荒山翻身栽倒,绝命身亡。众酒饭座一阵大乱。

书中交代,这位掌柜的,本姓李,名叫李兴,当年在酒饭馆跑堂。人也勤俭,又正在年轻力壮,很安本分,做了几年买卖,手中存有几百吊钱。就有人见他有钱,说:"李兴,你为何不说个亲事,也可以生儿养女。"李兴说:"我倒打算安家,没人给说。"立刻就有人给提亲,是寡妇老太太有个姑娘,一说就说妥了,择日迎娶过门。娶过来,岳母无人照管,也就跟着他。又过了两年,生养了两个孩子,未免他一个人一份手艺,家内四口人吃饭,所进不敷所出。偏巧有一位饭座姓赵,是财主。见李兴很和气,被家所累,赵老头就问:"李兴,你一个人手艺,家里够过的吗?"李兴说:"不够,有什么法子?"赵老头说:"我成全成全你。你找一地方,我给你五百两银子,你自己开一个小饭馆,好不好?"李兴深为愿意,一想做买卖,比做手艺强的多了。自己就在钱塘门外,开了一座小酒铺,五百两银子成本。偏巧时运不济,买卖作赔本了。赵老头一看,买卖不是行了,这天说:"李兴,你倒不必为难。买卖做赔了,我也不要了,我送给你自己支持去吧。再弄好了,我也不要,你关门我也不管。"李兴也无法,自己把伙友都散了,就剩了一个小伙计,李兴自己掌灶,后院带住家，一天一天对付着。这天忽然来了几个人，骑着马来到门首下马，就问："掌柜的，有清净地方没有？"李兴说："有。"这几个人下马。少时来了几顶轿子，众人下轿进来，都是衣帽鲜明、很阔，当时要酒要菜。带着天平，秤的都是十两一个的马蹄金，这个分三百两，那个分二百两，分完了，也没吃多少东西，说："借掌柜的光，掌柜的忙了半天，给你五两银子吧。"李兴说："谢谢众位大爷。"众人走了。李兴一想，正没有钱，有这五两银子，可以多买点货，支持几天。自己一擦抹桌案，一瞧桌上有个银幅子。李兴一瞧，里面有十两一锭，二十锭马蹄金，是方才人家忘下的。李兴拿到里面去。他妻子王氏问："什么？"李兴说："饭座落下的二十锭黄金。"王氏一看说："这可是财神爷叫咱们发财！你快买香祭祭财神爷。"李兴说："做什么呀？这算咱们的了？我要留下，准得把我折磨死。谁找来，趁早给谁。"王氏一听说："你穷的这个样，偷还偷不到手，捡着还给人家，那可不行！"李兴说："由不了你。叫起来，谁找来给谁。"夫妻为这件事，拌起嘴来。

头一天也没人来找，次日天有正午，由外面进来一个骑马的，是长随的打扮，下马进来问："掌柜的，昨天我们管家大人在这吃饭，有个银幅子落在这里没有？我们大人叫我来问问。"李兴说："谁丢的什么东西，你说我听。"这位二爷说："昨天在这里吃饭，那是秦相府四位管家大人。因为给相爷置坟地，剩了一千二百两黄金。大都管秦安、二都管秦顺、三都管秦志、四都管秦明，每人分二百两。给里头丫头婆子分二百两。大众三爷们分二百两。昨天回去，短了一份，是个蓝绸子银幅子，十两一锭，里面有二十锭黄金。管家大人叫我问问，落在这里没有。"李兴忙到里面，拿出来说："你瞧对不对？"这二爷一看说："罢了，你真不爱财。我告诉你，我们管家大人，不准知道丢在你铺子，丢也丢得起。你我每人十锭分了，好不好？你也发了财，我也发了财。"李兴说："那可不行，我要打算分，我就说没有，我一个人就留下了。"这二爷说："我是闹着玩。"李兴说："我跟你给管家大人送了去吧。"当时一同来到秦安家。一见四位大管家，李兴一瞧，是昨天吃饭那几位，把银幅子拿出来，原物交回。秦安说："你真不瞒昧，给你一锭金子喝酒罢。"李兴说："贵管家大人，要没这件事，我倒要。有这件事，我不能要。"秦安说："就是罢，你不要，请回去。"李兴自己两手空空，回来到家中一瞧，王氏正哭着。李兴说："你哭什么？"王氏说："我跟你这活王八受罪！得了金子，你没命要给人送回去。"李兴说："我实告诉你，野草难肥胎瘦马，横财不富命穷人。我要这金子，倒许我没了命。"两口子为这件事，打了好几天架。

过了有一个多月，就见西边绸缎铺关了，满拆满盖，平地起五五二十五间，一所三层楼，说是开饭馆子。磨砖对缝，油漆彩画，无一不鲜明，都是大木厂的楠木。李兴一想："更糟了，这大饭馆子一开张，我这小饭馆更不用卖了。"见饭馆子修齐了，高搭席棚，次日就开张。这天晚上，忽然来了小轿一乘。有一位二爷，拿着包裹，来到李兴的铺子说："哪位姓李？"李兴说："我姓李。"这位二爷说："你换上衣裳上轿罢，我们四位管家大人叫我来接你。"李兴说："我不去。"这位二爷说："不去也得去。"李兴说："我去，走罢。"这二爷说："你坐轿吧。"李兴说："我没坐过轿子。"叫他换衣裳，他也不换，跟着来到双义楼。来到大厅房一瞧，秦安、秦顺、秦志、秦明都在这里。李兴说："四位管家找我什么事？"秦安说："我们现在有一位引见官，托我们求相爷的事，给了五万两银子，我们四个人这五万两没分，想你是个朋友，给你开这座双义楼。基地是八千两，修盖使了一万二千两，连这所房子置家伙，连铺子家伙瓷器都是江西定烧的，共用一万两。下余二万银，在钱铺存着。我们四个人送给你的，房子、买卖都算你的。我四人喜爱你心好，咱们今天磕头换帖，如久后我们要穷了，你还不管吗？"李兴不答应也不行，立时预备三牲祭礼磕了头，一序年齿，就是李兴小，把王氏也接来了。今天新开，所有送礼的，都是四位管家知会的，连本地绅商，大小官员，都来送礼贺喜，都冲着四位管家大人，有求相爷的事，先见管家。楼上满是亲友应酬贺喜来的人，楼下卖座，故此和尚要找钱，李兴说："昨天没饭吃，今天自本自立，开这么大的买卖。"焉想到冤家路窄，姚荒山来讹诈，被李兴一个嘴巴，他就死了。大众一乱，李兴想："这是我命小福薄，没有这个造化。"自己一想："打官司罢。"

这时楼上四位管家，早得了信，把李兴叫上楼一问，李兴说："皆因他来讹我，要二百两银子，我打了他一个嘴巴，他就死了。"秦安说："不要紧。贤弟，你只管放心。决叫你抵不了偿。"当时叫人把雷头请过来。李兴一看，这位雷头好像五十多岁，四方脸，仪表非俗。这位雷头，是钱塘县八班班总，今天也来给贺喜。秦安给李兴一引见，二人彼此行礼。秦安说："雷二哥，这件事你给想法子了罢，勿论多大人情，都有我们哥四个。"雷头说："是了。"当时下楼，一找本地面官人，本地面官人过来，雷头说："是刘三兄弟么。"刘三说："雷头少见那。"雷头把刘三叫到无人之处，说："刘三，这件事给他了了罢。你过去就说，你别讹人了。前者你讹钱铺，我给了的，你别装着玩了。你把死尸给架在大道边，一报无名男子，吏不举，官不究，叫掌柜的给你弄三百吊二百吊的，你冲着我给办吧。"刘三一听说："雷头，你说这话可不对。三百吊钱我移尸，这件事我担不了。要说交朋友都好说，要讲三二百吊钱，我可买不着。"雷头说："得了，只当你交朋友了，久后你有用我的时候，我决不能含糊。你冲着我给办吧。"刘三这才来到死尸跟前说："你别要装死人了，前者你讹钱铺，我给了你的，今天人家新开张，你别搅了，跟我走。"说着话，就往外架。

众酒饭座都知道是死了，正要架，就听见外面有人哭："舅舅呀！舅舅呀！你死得好苦！我外甥必给你报仇！"众人睁眼一看，来的那人，怎生打扮？有赞为证：

头戴四棱巾，却像从前眼中攒出。身穿青布氅，又好似煤窑内滚来。两道粗眉，明露奸诈；一双刁眼，暗隐祸胎。耳小唇薄非人类，鼻歪项短是奸雄。逢钱急写借帖，天下无不可用之钱，遇饭便充陪客，世上哪有难吃之饭。挑词架讼为生理，坑蒙拐骗是经营。

此人姓史名丹，字不得，外号人称铁公鸡，素日专讹人为生。今日来到双义楼，听说打死人了，他一看认识，是他同伴之人姚荒山。他想要讹人，故说是他舅舅，刘三也不敢换了。雷头过来一拉史丹说："你跟我来，我有话和你说。"二人进了雅座。外边有人看着死尸，只见从外面进来一个道人，正是黄面真人孙道全，要找济公斗法。不知后事如何，且看下回分解。

第一百二十一回　善心人终得善报　奸险辈欺人被欺

话说史丹正哭之际，从里面出来一个老头，姓雷名玉，乃是钱塘县八班的总头，今天也来送礼。一见史不得直哭，雷头知道这个史不得，素常净指着插圈告状，讹人吃饭，赶紧把史不得叫到屋中。雷头说："史爷别哭了，死的是你什么人？"史不得说："死的是我舅舅，雷头你不用管，我得给我舅舅报仇！"雷头说："史爷你不用着急，凡事皆是该因。这铺子掌柜的也并没打他，他自己大概必是病虚了的人，一口气闭了。怎样叫掌柜地给他买一口好棺材，给你弄个三百两二百两的，你逢年按节，给你舅舅上上坟，烧点纸钱，也就得了。"焉想到史不得这小子更是打官司的油子。他一想："我当时先别答应，要一答应，把姚荒山一成殓，一埋葬，不给我银子，我也没法子，我也不能再告他，连我私和人命，我也担不了。莫如我咬定牙关，跟他打官司，过一堂下来，他给我银子到手，我再顺他的供。那时钱也到了手，我还算好朋友。"想罢说："雷头，你管不了。勿论多少钱，我也不能卖我舅舅的尸骨，我非得叫他给我舅舅抵偿不可！"雷头什么劝也不行。

焉想到这时节，外面来了一个老道，正是黄面真人孙道全。老道只因被和尚把他卖切糕丸的钱都给搬运尽了，老道要找和尚。来到这里一看，大众正在谈论掌柜的一个嘴巴会把人打死。孙道全听明白，说："掌柜的是哪位？"李兴说："是我。做什么？"老道说："我能够叫这死尸活了，站起来走在别处再死，省得你打官司。你管我一顿饭，我就能给你办这件事。"李兴一听，说："好道爷，你真能叫死尸站起来挪开，慢说一顿饭，我还要重谢呢！"老道说："是罢。"立刻拉出宝剑，口中念念有词，立刻把魂拘来滴溜溜直转，老道眼瞧刚要入窍，滴溜又跑了。老道一想怪呀，莫非有毛女或四眼人给冲了？要不然不能呀。老道又念咒，又把魂拘来，眼瞧刚要入窍，滴溜又跑了。如是者三次，老道可就留了神了。老道回头一看，见身后面有一个穷和尚，用法术给破了。老道一瞧，正是济颠。老道照和尚脸上"呸"，啐了一口。和尚说："好的。你可啐了我。"说着话，和尚一仰身躺下，蹬蹬腿，咧咧嘴，"呕"的一声死了。大众一乱说："了不得，老道又啐死一个人了！"本地面官人过来，抖铁链就把老道锁上。道道直念："无量佛！无量佛！怪哉怪哉！"官人说："嚷怪哉也不行，你跟着打官司去吧！"拉着老道就走。

这个时节，姚荒山的死尸会活动了。大众说："先死的这个要活！"史不得在里面听见，大吃一惊，心说："姚荒山本不是我舅舅，他要一活，他一说我不是他外甥，我准得挨打嘴！"同雷头紧急跑到死尸跟前来。雷头一瞧说："史不得，你快叫你舅舅。腿活动了。"史不得心说："你可别活，你要一活，不但我生不了财，这顿打还不得轻了！"史不得过去照定姚荒山的心口，用力按了一把。雷头一瞧说："史不得，你这是怎么了！他刚要还醒过来，你过去给他心口一把。他要死了，可是你谋害的。你快把他扶起来！"史不得无奈，把姚荒山扶起来，口中叫舅舅，叫了几声，姚荒山答应出来，说："好东西，你是我外甥，你坏舅舅的事！前者我讹当铺，你也去搅我，这你又来了！"大众一听姚荒山说话，嗓音变了，像穷和尚的声音。这时雷头说："史不得，你们到处讹人，你还不把你舅舅背了走！不背走，把他锁起来！"史不得心说："亏得荒山没说他不是我舅舅，这还算好。"无奈把姚荒山背起来，雷头叫两个官人跟着他，看他背哪去，叫他非得背往他家去才没事。史不得背着走，他本来没家，他媳妇在河沿开娼窑，他背着姚荒山，来到他媳妇院中，就往屋里走，他媳妇说："屋里有客，哪里背来的死尸！"史不得说："别嚷，别嚷，不是外人，是舅舅。"说着话来到屋中，把姚荒山往炕上一放。史不得再叫舅舅，叫之不应，唤之不语，又死了。他媳妇一瞧说："好王八，你真气死我！一天给你五百钱吃着，你背着死尸来搅我。我告你去！"史不得赶紧把隔壁狗阴阳二大爷请来，史不得说："二大爷，你救我吧，你给出个主意吧。"这位阴阳一瞧说："怎么回事？"史不得就把讹人之故一说。狗阴阳说："你这孩子尽讹人，说你不听，这个你得买棺材，穿孝办事，就说是你舅舅罢。要不然，这人命官司你打不了。"史不得说："我买棺材哪有钱？"狗阴阳说："我给你出个主意，你把你媳妇卖了就够了。"史不得无法，把媳妇卖了葬埋假舅舅，这也是报应循环，这话不表。

且说双义楼史不得把姚荒山背走之后，大众说："李掌柜运气好，不该遭事。这个和尚真怪，怎么老道一啐会死了？"那个说："我瞧瞧啐了哪里？"这人过来一瞧和尚，和尚龇牙冲他一乐。这人吓得一哆嗦，说："吓死我了！"旁边就有人说："怎么了？"这人说："和尚跟我一乐！"大众说："你别瞎说。和尚死了还能乐？"这人说："是真的。"正说着话，和尚一翻身站起来就跑。官人正锁着老道上衙门去，和尚赶到说："众位别锁老道了，我和尚没死。"官人一瞧说："既然和尚活了，立刻给老道撤去铁链。"老道一瞧说："好和尚，我山人焉能跟你善罢甘休！"和尚说："你因为什么要跟我和尚为敌作对？"黄面真人说："我因为我师弟褚道缘被你给气病了，我要替他报仇。"和尚说："褚道缘他是自找，我和尚跟他远日无冤，近日无仇，他无故帮着两个不认识的贼人要逞能，跟我和尚作对，我和尚焉能容他。大概你也不知道我和尚的来历，我和尚叫你瞧瞧。"用手一摸天灵盖，现出佛光、灵光、金光。老道吓得跪倒磕头说："原来是得道的圣僧！弟子愚昧无知，求圣僧格外慈悲！弟子要认你老人家为师。"和尚说："你要认我为师，你知道规矩，我要喝酒吃肉，你得给买去。"老道说："那行。"和尚说："既如是，跟我走。"一同来到山门。门头僧一看，这个老道找了他好几天，也不知怎么又跟他好了。和尚说："孙道全，你见见，这是你师叔。"孙道全立刻给门头僧行礼，叫师叔。济公说："师弟你答应。"门头僧一答应。济公说："你们每人给一吊钱见面礼罢。"门头僧说："没钱。"和尚说："没钱混充大辈，徒弟跟我进庙罢。"刚一进庙，遇见监寺的广亮。和尚说："徒弟你见见，这是你师大爷。"广亮说："我可没钱，你趁早别叫。"和尚带领老道来到大殿。鸣钟击鼓，把庙中众僧聚齐，和尚说："众位师兄师弟，我可收了徒弟，起名叫悟真。"众僧说："大喜。"和尚说："你们大众不送礼吗？"众人说："你办善会，我们就送礼。"和尚说：

"徒儿我教你,你要没钱,在庙里,谁屋里没有人,有东西就拿,就是你师叔师大爷瞧见,也有我不好意思的。众位,我是这么教训徒弟不是?"大众说:"好。"心里说:"他一个人偷就够了,这又带一个贼来!"和尚话完了,叫徒弟打酒买肉去。老道要自己尽心,好跟师傅学法术。头一天先打里头脱,当趁褂子,打酒买肉。第二天当趁袍。花完了,又当道袍顶趁褂末。末了,把趁褂也当了。老道光着膀子,和尚说:"没钱你去吧,我收徒弟都得有钱,不要你了。"老道说:"我不走,我等着呢。"和尚说:"你等什么?"老道说:"等西北风下来冻死。"和尚说:"我教你念咒,念'唵嘛呢叭咪吽。唵敕令赫。'你跪着学。"老道说:"这会念的。"当时老道跪下,口念:"唵嘛呢叭咪吽。唵敕令赫!刚念完,由地下飞起一块小砖头,打在老道脑袋上。老道说:"师傅,这是怎么了?"和尚说:"这是咒催的。我教给你,你瞧见砖堆就磕头,你说,砖头在上,老道有礼。我不念咒,你也别起。"老道说:"我那不成了疯子?我不练了。"和尚说:"你要打算发财,你瞧由庙外进来的人,大喊一声,那就是你的落儿来了。"老道就在那大雄宝殿里往外瞧。工夫不大,果然就听外面大喊一声,进来两个人。不知来者是谁,且看下回分解。

第一百二十二回　请济公捉妖白水湖
小月屯罗汉施妙法

　　话说孙道全正在大殿往外看,只见外面进来两个人,都是家人的打扮,头上青扎巾,身穿青铜氅,口中喊嚷:"济公长老在哪里?"和尚由里面出来说:"哪位?"这两个人一见,连忙赶过来行礼说:"圣僧,你老人家一向可好?"和尚说:"二位贵姓呀?"这两个人说:"圣僧,你老人家贵人多忘事。我家员外在太平街住家,姓周名景,字望廉,人称周半城,你老人家不是在我们那里扛韦驮,捉过妖怪吗?我二人叫周福、周禄。"和尚说:"这就是了。你二人来此找我和尚有什么事情?"周福说:"我家员外有一个朋友,姓胡叫胡秀章。他是绍兴府白水湖的人。在京都赁我们员外的房子,开绸缎店,把买卖做赔了,要关门。我们员外跟他相好,借给他三千两银子,叫他重新另找伙友。这二年又把买卖做好了,把先前赔的银子都找回来,反个赚了钱。现在胡秀章来了家信:他们住的白水湖地面闹妖精,每天妖精要吃一个童男、一个童女。胡秀章家里有孩子被妖精吃了,今天来找我们员外,提说要回家,托我们员外照应绸缎店,急得直哭。我们员外想起你老人家,知圣僧的道深佛法无边,叫我们请你老人家到我们员外家去,要求圣僧大发慈悲,到白水湖去降妖捉怪,普救众生。"和尚一听说:"降妖捉怪,倒可以行得来,就是我不能去。"周福、周禄说:"圣僧为何不能去?"和尚说:"我现在收了一个徒弟,太淘气。我要一出去,他不是撕窗户,就往人家身上抹香灰,再不然,就在人家锅里去撒尿。"周福说:"这个徒弟多大年岁?"和尚说:"九岁。"周福说:"本来太小,在哪里?我瞧瞧。"和尚说:"在大雄宝殿里哪。"周福、周禄二人来到大殿一瞧,有一个老道光着背,三绺胡子漆黑。周福说:"道爷,你是济公徒弟吗?"老道说:"不错。"问:"你几岁?"老道说:"我五十九岁。你们二位不必听我师傅的话,他老人家净说瞎话,我也不撕窗户,不撒尿,叫我师傅去吧。"周福二人出来说:"师傅你老人家尽说谎话,快走吧。"和尚说:"不行,我不放心。你们叫我徒弟跟我去,我才去呢。"周福说:"恐怕道爷不肯去。"和尚说:"他不去,你们两个人跟着他走。"周福点头答应。两位管家进了大殿,说:"道爷一同走吧。"老道说:"我光着背,我可不去。"周福二人就拉。和尚一指,口念:"唵敕令赫!"老道身不由己,周福、周禄拉着出了庙门,和尚后头跟着往前走。街市上的人瞧着都新奇,两个人拉着一个老道,赤着背,后面跟着一个穷和尚。

　　周福、周禄拉着老道,一直来到太平街周宅,到了书房,周员外正同胡秀章在书房等候。一见周福、周禄拉进一个老道来,赤着背,周员外就问:"周福,这是谁?"周福说:"这是济公的长老的徒弟。"正说着话,济公进来。周员外连忙举手抱拳说:“圣僧久违。”和尚说:“彼此彼此。”周半城叫过胡秀章来说:“我给你引见引见,这就是济公活佛。这是我的挚友胡秀章。”和尚瞧了一瞧,见这位胡秀章是文生打扮,穿蓝翠褂,三十以外的年岁,倒是儒儒雅雅。胡秀章过来给和尚行礼说:“久仰圣僧大名,今幸得会,真乃三生有幸。我听我周大哥说,你老人家佛法无边。现在白水胡闹妖精,每天妖精要吃一个童男,一个童女。我原本家眷在白水湖住,家中有一儿一女,现在家中来信,叫我急速回去。求圣僧大发慈悲,到绍兴去一趟,降妖捉怪,给百姓除害。”和尚说:“降妖捉怪倒可以行,但我和尚要去,一则没有盘费,二来我这个徒弟太淘气,我留下他甚不放心。”胡秀章说:“圣僧只管放心,盘费我有。令徒叫他可以跟了去。”和尚说:“那行了。悟真跟我走。”老道说:“我跟了去倒行。我光着膀子,可不能去。”胡秀章说:“那倒是小事,我赶紧派人给你买衣裳去。”老道说:“倒不用买,我有衣裳都当在钱塘关,给我师傅打酒喝了,拿钱赎来就得了。”胡秀章说:“你有当票?”老道把当票拿出来。老道说:“员外再破费一百钱,我有一个蝇刷在钱塘关纸铺押着,拿一百钱就取来了。”周员外立刻派家丁去赎当,少时连衣服蝇刷一并拿来。老道打扮好了,仍然又是仙风道骨的样子。“人是衣,马是鞍”,这话不错。和尚说:“咱们上白水湖去。可得走小月屯,我还有个约会,有我徒弟请我捉妖,然后再上白水湖。”胡秀章说:“就是罢。”和尚立刻带领孙道全,同胡秀章三个人告辞,周员外送到外面作别。

和尚带领两个人,顺大路往前行走,这天来到小月屯马近门首。和尚一叫门,里面马静正同雷鸣、陈亮谈话,提说济公随后就到。正说着听外面打门,马静出来开门,一看是济公,马静赶紧行礼说:“师傅可来了!现在焦亮、何清这二十多天,昏迷不醒,茶水未进,如同死人一般,就是胸前有点热。你老人家快救命罢。”和尚说:“有话里头去说。”大众一同来到里面。和尚说:“雷鸣、陈亮过来见见,这是我收的徒弟叫悟真,你们给师兄行礼。”又给胡秀章都引见了。和尚说:“马静,闹什么妖精?”马静说:“可了不得了!请你老人家去的时节,小月屯死了有六七个人。现在一天死一个,由西头,一家挨一家,死了有二十多个人了。昨天西隔壁张家死了人,今天就该我这个门里了。天天初鼓以后,由西来一阵风,这宗东西有一丈高,是白的,也瞧不出有什么来。此怪一来就嚷:‘嘁嘁啕啕’。冲谁门口一笑,必定死人。”和尚说:“原来如是,不要紧。今天我和尚倒要瞧瞧这个‘嘁嘁啕啕’是怎么样!”马静说:“师傅,慈悲慈悲,先把焦亮、何清救活了。”和尚说:“容易。”一伸手掏出两块药来,给马静拿阴阳水化开,把他两个人的牙关撬开灌下去。少时,就听焦亮、何清两个人肚腹“咕噜噜”一响,心里一明白,翻身爬起来,复旧如初,就仿佛做了一场大梦一样。马静说:“二位贤弟被妖精喷了,躺在地下,人事不知二十余日。今天多亏济公活佛前来,给你二人仙丹妙药吃了才好,你二人还不知给圣僧磕头。”焦亮、何清这才明白,赶紧给济公行礼,说:“我二人前者得罪圣僧,圣僧并不记恨,反来救我二人。活命之恩,我二人实深感激,给你老人家磕头。”和尚说:“不用磕头,起来吧,这乃小事。"这两个人站起来。和尚说:"别的都不要紧,喝酒倒是大事。天也不早了,该喝酒了。有什么事吃饱了再办。"马静立刻答应。赶紧抹擦桌案,把酒菜摆上。和尚坐上座,大众两旁陪着。

和尚又吃又喝,直吃到初更以后,就听由正西风响。马静说:"师傅,妖精来了!"这句话尚未说完,就听外面这阵风刮得毛骨悚然,就听喊嚷,"喊喊嗨嗨!"和尚这才站起身来,往外狂奔,一溜歪斜,脚步踉跄。和尚说:"我倒要瞧瞧究竟是什么东西!"说着话,狂奔门首。刚一出大门,只见由正西来了一股白气,身高有一丈,直奔马静门首而来。今天和尚要不来,就该当马静这个门口死人了。凡事也是遭劫的在数,在数的难逃。和尚一看说:"好东西,你敢兴妖作怪!"和尚把僧帽拿下来,照这宗东西一砍,竟把这宗东西搽在地下。和尚说:"拿住了。"马静、焦亮、何清,连孙道全大众都出来观看。不知拿住是什么妖精,且看下回分解。

第一百二十三回　奉父谕主仆离故土　　表兄弟对面不相识

话说众人出来一看,这宗东西,其形象人,一概尽是人骨头,大约有一百八十块凑成,左手拿着勾魂取命牌,右手拿着人的窟窿骨。书中交代,这宗东西,名叫百骨人魔,原本是有一个妖道炼成的,能使他招魂。凡事无根不生。皆因慈云观有一个老道,叫赤发灵官邵华风,他要拘五百阴魂,练一座阴魂阵。他打发五个老道出来,招五百魂。这五个老道,一个叫前殿真人长乐天,一个叫后殿真人李乐山,还有左殿真人郑华川,右殿真人李华山,还有一个七星道人刘元素。每人出来招一百阴魂。刘元素就在这小月屯正西,有一座三皇庙,他占了这座庙,在乱葬岗子,找到了一百块死人骨头,炼在一处,用符咒一催,把这百骨人魔练成了。每天初鼓以后,老道在庙中院内,设摆香案,预备一个葫芦,给百骨人魔一面招魂取命牌,叫他出来,到小月屯招一个魂回去。老道把魂拘来,收在葫芦之内。打算是一百天,就把魂招够了,小月电就得死一百个人。没想到今天被济公把魔拿住。和尚随后就狂奔三皇庙,打算要捉拿老道。焉想到老道真有点能为,今天正在院中做法,见灯光一绿,就知有人破了他的法术。又见正东上金光缭绕,瑞气千条,老道揣起葫芦,架趁脚风竟自逃回慈云观去了。从此跟济颠和尚已结了仇。和尚来到三皇庙,老道早已逃走。和尚这才复返回到小月屯,叫马静等把这个百骨人魔架火烧了。和尚说:"这又得了,从此小月屯安然无事。"马静谢过济公,次日和尚告辞。雷鸣、陈亮说:"师傅,你老人家到白水湖去捉妖,我二人随后找师傅去。"和尚说:"去罢。"当时带领孙道全、胡秀章告辞。出了小月屯,顺大路往前狂奔。

道路上有话即长,无话即短。这天走到萧山县地面。正往前走,见大道旁边树林子有两个人在那里歇息。一位是文生公子打扮,头带翠蓝色文生巾,双飘秀带,身穿翠蓝色文生氅,腰系丝绦,白绫高腰袜子,厚底竹履鞋,三十来往的年岁,白脸膛,俊品人物。跟着一个老者,是家人的打扮,青毡帽,青铜氅,有五十多岁,花白胡须。和尚一看,不是外人,立刻叫孙道全、胡秀章头前走,先往白水湖约会,不见不散。孙道全说:"师傅上哪儿去?"和尚说:"我办点事,随后就到。"这两个人头前走了。和尚梯他梯他,来到树林,冲这位文生公子打了一个问讯,道:"施主请了。"书中交代,这位文生公子不是别人,乃是罗汉爷的亲表兄,奉父命寻找表弟李修缘。此人姓王名全,乃是台州府天台县永宁村人,是济公的娘舅王安士之子。原本济公自年幼的时节,父亲就给把亲事定下了,定的是刘家庄刘百万的女儿刘素素。这位姑娘自落胎,就是胎里素,一点荤东西都不吃。自济公离家之后,偏巧姑娘父母双亡,就剩下姑娘孤身一人,跟着舅舅董员外家住着。董员外的女儿,又是王安士的儿媳,乃是亲上做亲。姑娘刘素素也长大了,董员外催王安士找他外甥李修缘,找回来好把姑娘婚嫁。王安士也不知外甥李修缘是上哪儿去了。人嘴两张皮,就有说李修缘自己走的,就有说是王安士把外甥逼走了的。王安士这天把自己孩儿叫过来，叫王全同家人李福，出去找你表弟李修缘，多带黄金，少带白银，暗藏珠宝，一天找着，一天回来，两天找着，两天回来，一年找着，一年回来，十年找着，十年回来，找不着不许回来。王员外所为，省得人家说把外甥逼走了。王全谨遵父命，带着老管家李福，出离了家乡，往各处寻找。所过州府县城，必要贴告白，雇人打听访问着。有说李修缘出了家了，也不知道实在下落。

今天王全同李福走在这萧山县地面，也觉得累了。王全说："哎呀，老管家，你我主仆这一出来，在外面披星戴月，找不着我表弟。我与你何时才能回去？我也实在累了。"李福说："公子爷不必着急，凡事必有定数。你我歇息歇息再走。"说着话来到大柳林子，就地而坐。李福把褥套放在地下，两个人正在歇息，和尚来到近前说："施主请了。贵姓呀？"王全说："我姓王。"和尚可认识他表兄王全，王全可不认识表弟了。不但王全不敢认，连老管家李福，初时把罗汉爷抱大的，他原本是济公当初的老仆，他都认不出来了。原来济公当初在家的时节，白面书生的模样，是文生公子的打扮。现在到外面风吹雨打，一脸的油泥，短头发有二寸多长，又是出家人，把本来面目全遮盖住了，故此王全、李福都不认识。和尚又问："施主贵处？"和尚是明知故问。王全说："我是台州府天台县永宁村人氏。"和尚说："我也是台州府天台县人，咱们还是乡亲。施主有钱施舍，给我和尚几个钱喝壶酒。"王全一想："一个出家人，这又何妨？"伸手抓了两把钱，递给和尚。和尚把钱接过来，道："施主给两把钱与我，我倒难为了。喝酒使不了，吃一顿饭又不够，施主要给，给我一顿饭钱。"王全说："就是罢。"又给和尚掏了两把钱。和尚接过钱来说："施主给这钱，倒叫我为难。"王全说："怎么给你钱倒叫你为了难？"和尚说："不是别的，喝酒吃饭使不了，赎件衣裳又不够。施主行好行到了底，再给我点钱，我凑着弄一件衣裳。"王全一想："一两吊钱不算什么，只当施舍在庙里头。"当时又给和尚掏出两大把钱，给了和尚。和尚说："施主给我这些钱，更叫我为难了。吃饭赎衣裳倒够了，回家盘缠又没有。"王全尚未回答，家人李福大不愿意，说："和尚你别不知自爱，给你钱倒叫你为难了，你还有够没有？你真是瞧见好说话的人了！"和尚微然一笑说："我和尚不要白钱，我和尚专会相面，我送你一相。我看施主印堂发暗，此地不可久待。听我和尚良言相劝，赶紧起身，这叫趋吉避凶之法。听与不听，任凭施主，我和尚要走了。"说完了话，和尚"梯他梯他"脚步跟跄，一溜歪斜，径自去了。

和尚走后，老管家李福就说："你老人家不用信服，这个大道边，什么事都有。你说是念书的，他就跟你讲：'论子曰学而时习之，不亦乐乎'；你说是练武的，他就能讲弓刀石马步箭；你说是山南的；他也说是山南的，你说是海北的，他就是海北，反正他说是乡亲，无非是诓钱套事。公子爷你老人家没出过外，外头什么事都许遇见。"王全说："他一个出家人，给他一两吊钱，不算什么。你我不拘干什么，省点就有了。"主仆二人说了半天话，李福觉得肚腹疼，说："公子爷，你老人家看着东西，我要走动走动。"王全说："你去吧。"李福一瞧，南边有一片苇子，他就进了苇塘去出恭。王全等了半天，见李福出完了恭，由苇塘出来，拿着一个蓝包袱。王全说："哪里的包裹？"李福说："公子爷你看，我方才出恭捡来。"王全说："你趁早照旧给人家搁回去。要是有钱人，本人丢的，丢得起，尚不要紧；要是替人办事，或者是还人家的，咱们拿了走，人家就有性命之忧。"李福说："我打开瞧瞧是什么，再搁回去。"说着话，把包袱打开一看，原来是血淋淋一个少妇的人头。李福大吃一惊，王全说："你快送回去！"这句话尚未说完，由正北来了十几位公差，一瞧说："这可活该。你们杀了人，还在这里看人头呢，找没找着碰上了。"赶过来"哗啦"一抖铁链，就把王全、李福锁上。李福说："这人头是我捡的。"官人说："那可不行。到衙门去说吧。"当时拉着王全、李福，狂奔萧山县。不知二人被屈含冤，这场官司该当如何，且看下回分解。

第一百二十四回　捡人头主仆遭官司
救表兄梦中见县主

　　话说李福捡了一个妇人的人头，正被官人看见，将王全、李福锁上。书中交代，原本萧山县出了一件无头案。西门外梁官屯，有一个卖肉的名叫刘喜，家中夫妇两口度日，刘喜在东关乡卖肉。这天七月十五，天已日色西斜，刘喜到东关村去要账，走在萧山县衙门门口，碰见衙门的官人刘三。这个人最爱玩笑，外号叫笑话刘三。刘三就问刘喜上哪去。刘喜说："我上东关外乡村要账去。"刘三说："天不早了，你今天还回来的吗？"刘喜说："我就住在东关外乡村之中，明天回来。"刘三是爱说玩话："刘喜，你今天不回来，我晚上到你家里，跟你媳妇睡去。"刘喜说："你敢去，我媳妇把你骂出来！"刘三说："她敢骂我，我把她宰了。"说完了话，刘喜就走了。次日刘喜一回家，他妻子被人杀了，人头踪迹不见。刘喜到萧山县一喊冤，就把刘三告下来，说刘三因奸不允，把他妻子杀了。老爷是清官，姓张名甲三，是两榜出身。立刻一升堂，把刘三带上来。一问刘喜，刘喜就把昨天刘三所说的话一回，"今天我妻子果被他杀了。"老爷一问："刘三，为什么杀刘喜之妻？"刘三吓了一惊，就回禀老爷："昨天我是跟刘喜说玩笑，他妻子被谁所杀，下役实不知道。昨天我在衙门上班，看守差事，一夜并没出衙门。"老爷不信，一问众官人，大家递保状，保刘三实系一夜没出去。老爷这才派两个班头王雄、李豹三天限，出去拿凶手，拿着有重赏，拿不着重责不贷。王雄、李豹领谕，带领手下伙计出来办案。三天踪影皆无，限满一见老爷，老爷把官人每人打了四十板，又给三天限。又过了三天，没拿着，老爷打，一连打了三回。今天是十二天，要拿不着又得挨打。王雄、李豹带领众伙计出门，刚走到大柳林，见李福正打开包裹看，众官人一瞧是少妇的人头，鲜血淋漓。大众说："这可活该，今天不能挨打了！"过来就把王全、李福锁上，一直狂奔衙门。来到班房，王雄进去一回老爷，立刻升堂，把王全、李福带上去。老爷一看，就知道其中有缘故。做官的人，讲究聆音察理，鉴貌辨色。看王全是懦弱书生，李福是个老人家，老爷就问："下面两个人姓什么？"王全说："老父台在上，生员王全有礼。"李福说："大老爷在上，小人李福磕头。"老爷问道："王全，你是哪里人氏？"王全说："生员是台州府天台县永宁村人氏，奉父命带着家人李福，出来寻找我表弟。"老爷说："王全你既是天台县人，为何来到我这地面，在梁官屯杀死卖肉刘喜之妻？"王全说："回老父台，生员并未杀人，一概不知。"老爷说："你没杀人，怎么人头在你手里？"王全说："实是我这家人李福，在苇塘里出恭捡的，求老爷台格外施恩。"老爷把惊堂木一拍，说："满嘴胡说！大概抄手问事，万不肯应。来，看夹棍伺候！"老爷这也是一半威吓，手下官人答应，刚要取夹棍，忽然大堂面前一阵旋风，刮得对面不见人。这阵风过去，老爷看公案桌上有一张字，上写的是：

　　堂神显圣法无边，你幸今朝遇巧缘。二人并非真凶犯，速拿凶手把案完。

　　老爷一看，"呵"了一声，半晌无语，这才吩咐把王全、李福带下去，看押起来，不准难为了他二人，该吃给吃，该喝给他们喝。手下官人答应。老爷立刻退了堂，来到书房，手下人预备晚饭。

　　老爷吃完了晚饭，书房喝茶，坐在灯下，心中辗转这案。见王全是一个念书的人，李福是个诚实的样子，断不能做这样恶事，忽然大堂起一阵怪风，也不知那里来的字柬。越想越怪，自己踌躇着，不觉两手伏几而卧。刚一闭眼，见外面进来一个穷和尚，短头发有二寸余长，一脸油泥，破僧衣短袖缺领，腰系绒绦，疙里疙瘩，光着两只脚，穿两只草鞋。老爷问道："什么人？"和尚说："我。"老爷说："你是谁？"和尚说：

　　我本灵隐醉济颠，应为白水过萧山。老爷要断无头案，须谢贫僧酒一坛。

　　老爷一听，说："酒倒有，你可知道凶手是谁？"和尚拨头就走，老爷说："回来！"和尚并不回头。老爷一急，又嚷："回来！"睡梦之际，嚷出口来，正赶上两个家人张福、张禄在旁边站着伺候，见老爷睡着了，张福低声跟张禄说："昨天我跟他们掷骰子，输了好几吊，老爷睡了，哥哥你在这里伺候，我再去跟他要要。"张禄说："你快去快来。"张福点头，刚要往外走，老爷做梦说："回来！"老爷说的是叫和尚回来，张禄吓着了，只当是他要掷骰子去被老爷听见了，叫他回来呢，说："小人没赶紧走。"老爷醒了，梦中的事记得清清楚楚，立刻吩咐张禄把笔砚拿来。张禄答应，拿过纸笔墨砚。老爷就把梦中和尚说的这四句话写出来。老爷拿着瞧这四句，心中纳闷，瞧来瞧去，往桌上一靠，又睡着了。只见和尚由外面"梯他梯他"又来了。老爷就问："和尚，方才你说的话我不明白。我且问你，你可知道杀人的凶手是谁？你告诉我，我必谢你一坛酒。"和尚说："老爷要问，我是西湖灵隐寺济颠。因到白水，路过萧山。王全、李福，不白之冤。杀人凶手，现在西关，与原告同类，非同等闲。追究刘喜，此案可完。"和尚说完了话，回头说走。老爷说："你说的我还不明白，你回来。"和尚又走了。老爷一惊醒了，当时拿笔把这十三句话又写出来。老爷听外面天交二鼓，自己一想："这梦实实怪得很！"未免一阵发愣。坐够多时，不知不觉又把眼睛闭上了。渺渺茫茫，迷迷离离，刚才一沉，瞧见那穷和尚又来了。老爷一看，问："和尚，到底杀凶手是谁？你要说明白。"和尚微然一笑，说："老爷当真要问凶手？是绒绦两截，大石难携。未雨先行，持刀见血。"和尚说完了话，径自去了。老爷一睁二目，原来还是一梦。只听外面天交三鼓，知县又把这四句话写出来。知县张甲三本是两榜出身，满腹经纶，怀揣锦绣，一想这四句话是偈语：绒绦两截必是断，大石难携即是山，未雨先行，风乃雨之头定是风，持刀见血乃是杀，凑成四字，即"断山风杀"。知县一想："必是音同字不同，凶手必是段山峰。"自己思索了半天，已然夜深人静，这才安歇睡觉。

次日早晨起来，净面吃茶，立刻传壮皂快三班升堂。老爷向众人问道："本地人可有叫段山峰的？你等谁知道？"旁边过来一位书办先生说："回禀老爷，本县有一个宰猪的屠户，叫段山峰。"知县一听，"立刻派王雄、李豹给我急拘锁拿段山峰！"王雄、李豹一听，吓得颜色更变，立刻给老爷磕头说："回禀老爷恩典，段山峰下役实在拿不了。"老爷说："怎么？"王雄、李豹说："回老爷，段山峰有断凳截石之能，大块石头一掌能击石如粉，勿论什么结实板凳，坐着一使劲，板凳就两截。段山峰能为出众，本领高强，下役实在拿不了，求老爷恩典。"知县一听，气往上冲，一拍惊堂木说："做官者究情问理，办案者设法拿贼，我派你们办，就得给我办！"王雄、李豹还只是磕头，再一看，老爷退了堂，转过屏风，往后宅去了。王雄、李豹这才来到班房。王雄说："这怎么好？慢说你我两人，就是二十人也拿不了段山峰。"李豹忽想起一个人来，要捉拿段山峰，不费吹灰之力。不知后事如何，且看下回分解。

第一百二十五回

奉堂谕捉段山峰
邀朋友定计庆丰楼

话说知县派王雄、李豹捉拿段山峰，王雄、李豹知道段山峰能为武艺出众，不但拿不了，还恐怕有性命之忧。李豹说："我不是段山峰的对手，王头你也如是，自有人是段山峰的对手。"王雄说："谁呀？"李豹说："你忘了？当年不是单鞭赛尉迟刘文通，在艺场中卖弄，赢过段山峰一掌？咱们跟刘大哥知己相交，何不找他，叫他帮着？大概不致推辞。"王雄说："有理。"二人赶紧狂奔后街。往东一拐，路北的门楼，就是刘文通的住家。二人上前一叫门，刘文通刚起来，漱过口，出来开门。一看是王雄、李豹，刘文通说："二位贤弟打哪来？"王雄说："由衙门来。"刘文通指手往里让，来到厅房落座。王雄说："兄长没出去走镖？"刘文通说："刚从外面回来不多日子，二位贤弟因何这样闲在？"王雄说："我们哥俩来找你来了。只因梁关屯卖肉的刘喜之妻被杀，老爷派我们捉拿段山峰。我二人实拿不了，求兄长助一臂之力，捉拿段山峰。"刘文通一听，说："段山峰能为武艺超群，我也是拿不了。"王雄说："兄长不必推辞，当年兄长在卖艺场中赢过段山峰一掌。除非兄长，萧山县没有是段山峰的对手。"刘文通说:"二位贤弟休要提起当年那一掌,提起那件事来,我更觉心中难过。当年是西门外来了一个卖艺的,我看那卖艺人并非久惯做江湖买卖的,倒是受过名人的指教,大概是被穷所挤。我想下去帮个场,多给他凑些钱,没想到段山峰也下来了,跟我比试。我二人一搭拳,我就知道段山峰的能力比我强,我想要一输给他,我这镖行饭就不用吃了。我就说:'姓段的朋友,我俩远日无冤,近日无仇,我就指着保镖吃饭。'我把话递过去。段山峰倒是个朋友,一点就透,他故意让了我一掌,他说:'不枉你叫单鞭赛尉迟!'他走了,我自己明知他是让着我。我次日去找他,给他赔不是。我二人因此倒交了朋友,常来常往。他跟我也是朋友,你两个人也跟我是朋友。要是别人拿段山峰,我知道得给他送信才对,这是你俩人要拿他,我也不能给他送信,我也不能帮你们拿他。"王雄、李豹再三说,刘文通也不答应。

王雄、李豹实在没了法,两个人到里面去见刘文通的母亲。二人见老太太一行礼,老太太就问:"你们两个人这般早从哪来?"王雄说:"伯母有所不知,现在衙门里出了逆案。"老太太说:"什么逆案?"王雄说:"段山峰能为出众,我二人拿不了。"老太太说:"莫非萧山县就没有比段山峰能为大的吗?你二人不会请人帮着拿吗?"王雄说:"别人不行,就是我大哥可以拿能。"老太太说:"你没跟你大哥提吗?"王雄说:"提了。我大哥他说跟段山峰相好,他不肯帮我们拿。"老太太说:"你把你大哥给我叫来。"王雄立刻到外面,把刘文通叫进来。刘文通说:"娘亲呼唤孩儿,有何吩咐?"老太太说:"你两个兄弟来找你帮着拿段山峰,你为何不管?"刘文通说:"娘亲有所不知,我跟段山峰也是朋友相交,且他能为出众,孩儿也恐其被他所算。倘若孩儿受了伤,我又无三兄四弟,谁人服侍老娘?"老太太说:"你这话不对,你就不应当跟匪类人来往,本地面既有这样匪恶之徒,你就应该早把他除了。老身我派你帮着去拿段山峰,你去不去?"刘文通本是个孝子,说:"娘亲既吩咐叫孩儿去,孩儿焉敢违背。"老太太说:"既然如是,你跟王雄、李豹三个人商量着办去吧。"三个人这才来到外面,刘文通说:"二位贤弟要怎么去拿?假使拿不了,一则打草惊蛇,二来你我还得受他的伤。"王雄说:"依兄长怎么办?"刘文通说:"要依我,你两个人回衙门见大老爷,请老爷给调城守营二百官兵,本衙门一百快手,你二人先给庆丰楼酒馆送信,叫掌柜的明天楼上别卖座,我把段山峰诓在酒楼上吃酒,把他灌醉了,你们叫这三百人在庆丰楼四面埋伏,听我击杯为号,大家再动手拿他。我不摔酒杯,你等做事可别莽撞,要一个拿不着跑了,再想拿可就费了事。可千万叫官兵要严密,莫说出办谁来。"王雄说:"就是罢。"

二人告辞,回到衙门,一见老爷,老爷说:"你二人把段山峰拿来了?"王雄说:"没有。有求老爷给城守营一个信,调城守营二百官兵,并传本衙门一百快手,别提办谁,明天在庆丰楼四面埋伏。下役还请了一个朋友是保镖的,帮着捉拿段山峰。"老爷一听,说:"这一个段山峰怎么这么费事?"王雄说:"实在段山峰本领高强,若非定计,恐拿不了。"老爷说:"是罢。"王雄、李豹才一同来到庆丰楼,一见掌柜的。王雄说:"掌柜的,你这铺子一天卖多少钱?"掌柜的说:"卖一百多吊钱。"王雄说:"明天你们楼上面别卖座,一天该赚多少钱,我们照数给。明天借你们楼上办案,同单鞭赛尉迟来的人,那可就是差事。你可嘱咐你们众伙友,千万别走漏消息,要漏风声,这案情重大,你可得跟着打官司。"掌柜的说:"二位头目,只管放心,没人走漏消息。"王雄、李豹都安置妥了,这才来到刘文通家,告诉刘文通都照办妥。刘文通说:"你二人回去吧。"次日早晨,刘文通起来,换上衣服,暗带单鞭,由家中出来,一直狂奔西关。刚来到段山峰肉铺门口,一瞧围着好些人,有一个穷和尚在那里打架。

书中交代,这个穷和尚非是别人,正是济公和尚。他在大柳林见众官人把王全、李福拿走了,和尚也进了南门。刚一进城,只见路东里一座绒线铺子,掌柜的姓余名叫余得水,在铺子门口,有一个人腿上长着人面疮,正在那里借着太阳亮疮。和尚一看,口念"南无阿弥陀佛"!原本这个长疮之人,姓李叫李三德,乃是跑堂的手艺人,极其和蔼。家中有父母,有妻有子,就指着他一个人靠着手艺度日。只因南门外有一座段家茶楼带卖酒饭,买卖做亏空了,段掌柜的要收市关门,就有人说:

"你们关门？你把李三德找来，叫他给你跑堂。那个人和气能事，人缘也厚，就许他买卖做好了。"掌柜的果然把李三德找来，酒饭座越来越多，都冲着李三德和气，爱招顾，二年多的景况，买卖反倒赚了钱。掌柜的自然另眼看待李三德，年节多给李三德馈送，时常也垫补他，三德家里也够过日子的。偏巧李三德腿上长了人面疮口，自己又不敢歇工，家中指他一人吃饭。掌柜的见他一瘸一颠，实支持不了。这天掌柜的就说："李三德你歇工罢。"李三德一听，大吃一惊，说："掌柜的，你要辞我，我倒愿意歇工，无奈我家中四五口人，要吃闲不起。"掌柜的说："我倒不是辞你，我看你实在挣扎不住，我这买卖是你给我做好了的，你只管歇工养病，我照旧按月给你工钱。我这里有四十吊钱，给你养疾，只要有人给你包治，花几十吊钱我给。"李三德一想，掌柜的既是体恤，这才回家养病。病越来越重，没钱叫孩子到铺子取去。日子长了，内中伙友就有人说闲话，说："咱们起早睡晚，也挣一分工钱，人家家里吃太平宴。"孩子回来一传舌，李三德一气，架着拐子到铺子去。一见众人，李三德说："素常我没得罪众位，现在我得这宗冤孽病，掌柜的体恤我，怎么我孩子来取钱，众位说起闲话来？"大众说："没人说闲话，你别听孩子传言，你回去养病罢。"众人劝着，李三德往回走，走在绒线铺门首。绒线铺掌柜的余得水素常认识，就说："李老三，你还没好吗？"李三德说："别提了，我这病难好，这叫阴疮。我也不知做了什么损德的事。我一死，我家里全得现眼。"余得水说："你找人治治，没钱花几吊我给，只要能治得好。"他准知道不容易治，他要说这样便宜的话。焉想到济公活佛赶到，罗汉爷施佛法，要搭救李三德，戏耍余得水。不知后事如何，且看下回分解。

第一百二十六回　余得水逞口失钱财　济长老戏耍掌刀人

话说余得水正说便宜话，和尚赶到说："朋友，你这腿怎么了呢？"李三德说："人面疮。"和尚说："你愿意好，不愿意好？"李三德说："为什么不愿意好？"和尚说："就怕好不了。"余得水说："和尚你这不是废话？你要能给治好了，花三吊四吊药钱我给。"和尚说："你准给吗？"余得水说："只要治好了，我就给。"和尚说："你也不用给三吊四吊，你给两吊钱，我就给他治好了。你可得拿一张纸，把你铺子的字号水印按上，你拿笔我开几样药，有的，你盖水印，到铺子取药去。"余得水一想。"这样的恶症，焉能说好就好。"立刻就拿了一张纸，打了水印，交给和尚。和尚要过笔来，写了半天，谁也没瞧见和尚写的什么。和尚写完说："我要给他治好了，你可给两吊钱。"余得水说："我给。"和尚嚼了一块药，给李三德糊在疮口之上。当时就见烂肉脓血直往外流。流净了，和尚用手一摸疮口，和尚口念："唵嘛呢叭咪吽，唵敕令赫！好了罢。"立刻疮口平了，复旧如初。李三德站起来了，众瞧热闹人齐说道："真是活神仙也！灵丹妙药！"和尚说："余掌柜你给两吊钱吧。"余得水也愣了，他本是说便宜话，不打算真给钱，见和尚要钱，余得水说："得了，大师傅你真跟我要钱？"和尚说："你说便宜话，不给钱，那可不行。我这里有张字，有你的水印。"和尚拿出来一念，上面写的是："长疮之人李三德，约我和尚来治腿，言明药价两吊钱，中保之人余得水。"下面写着保人，盖有水印。和尚说："你不给，咱们是打官司。"余得水无法，给了两吊钱。

李三德说："大师傅，你老人家是我救命的恩人，救了我，就救了我一家了。你跟着到南门外段家酒饭铺去，我还要重谢你老人家。"和尚说："好，我正要喝酒。"同李三德来到段家酒铺。李三德说："掌柜的，你瞧我的疮好了。"掌柜的说："怎样好的？"李三德说："这位大师傅给我治好的。掌柜的，先给要酒要菜，大师傅吃多少钱都是我给。我先到家叫去，叫我父母瞧瞧好放心，可别叫大师傅走了。"众人说："就是罢。"李三德回家去。和尚在这里喝着酒，出去出恭，到萧山县大堂，施展佛法，留的字柬，和尚复返回到酒铺，住在酒铺，晚上施展佛法，前去给知县惊梦。

次日李三德不叫和尚走,又留和尚住了一天。第三天还不叫和尚走,吃饭也不叫和尚给钱。和尚早晨起来,把两吊钱给饭铺留下一吊五,和尚拿着五百钱往外就走。饭铺众伙友说:"大师傅别走,李三德留下话,不叫你走。"和尚说:"不走,我出恭就来。"

说着话,和尚出了酒铺,直奔西关。来到段山峰的肉铺,和尚进去说:"辛苦辛苦!"掌刀的一瞧,见和尚褴褛不堪,心说:"这和尚必是买十个钱的肉,挑肥拣瘦。"就说:"和尚买什么?"和尚说:"买五百钱的肉。"掌刀地说:"你要肥的要瘦的?"和尚说:"大掌柜地瞧着办吧,我又不常吃肉,什么好歹都行。"掌刀的一想,早晨起来头一号买卖,倒很痛快,未免多给点,这一刀有三斤四两,多给二两,和尚拿起来就走。刚出门走了五步,和尚返身又回来说:"掌柜的,你瞧这块肉净是筋跟骨头,我忘了,不常吃肉吃点肥的才好,你给换肥的吧,越肥越好。"掌刀的一听说:"你瞧,早问你,你可不说。"和尚说:"你给换换罢。"掌刀的一想,"给换罢。"当时又给割了一块肥的,也够三斤四两。和尚拿出来,走了四步又回来了,和尚说:"掌柜的,你瞧这肉,一煮一锅油全化了,吃一口就得呕心。常言说:吃肉得润口肉。你给换瘦的罢。"掌刀的一听,这个气就大了,说:"你这是存心搅我们!大清早起的!"和尚说:"劳你驾给我换换罢。"这个无法,又把瘦的给拿了三斤一两,少给一两。和尚拿起来出门,迈了三步又回来了。和尚说:"掌刀的你瞧,这肉太瘦了,煮到锅里一点油都没有,吃着又腥又嵌牙,你给换五花三层肥中有瘦的。不然我不要。"掌刀的这个气压了又压,忍了又忍,一想:"何必跟他拌嘴。"无奈又给换了五花三层的。和尚拿出门,走了一走又回来说:"掌刀的你瞧我,我忘了我们庙里是大常吃素的,没有做荤菜的家伙。我忘了,你给换熟肉菜罢。"掌刀地说:"你在存心搅我,不能给你换!"和尚说:"敢不换?"拿肉冲掌刀的脸上抛了去。掌刀地说:"好和尚,没招你,没惹你,你敢来找寻我?伙计们出来打他!"

一句话,由里面出来七个伙计,就奔和尚。和尚用手一指点,这七个眼一花,揪倒了掌刀的拳打脚踢。掌刀的直嚷:"是我!"众人说:"打的是你!你敢来搅我们!"掌刀地说:"我是王二!"众伙计一瞧,可不是把掌刀的王二打了吗?和尚在旁边乐呢。众人说:"怪呀!瞧着是和尚,怎么打错了?"大众说:"别叫和尚走了!"众人又一奔和尚。和尚用手一指,口中念:"唵,敕令赫!"这七个伙计,这个瞧那个有气,过去就打,那个说:"我早就要打你,不是一天了!"六个人揪上三对,剩下一个过来把掌刀的王二揪住打上了。众街坊邻户都不知因为什么,本铺子的伙计打起架来,和尚在旁边说:"咬他耳朵!"那个就真咬。和尚说:"你拧他!"那个就拧。众人正过来劝,刘文通来了,说:"别打了,为什么?"和尚说:"对,别打了。"众人这才明白过来,这个说:"你为什么打我?"那个说:"你为什么打我?"一个个互相埋怨。刘文通说:"众位因为什么?"掌刀的就把和尚买肉之故一说,刘文通说:"众位瞧我了,他一个穷和尚,何必跟他一般见识。把五百钱给他,叫他去吧。"和尚说:"我要不冲着你,不能完。"刘文通说:"大师傅也瞧我吧。"和尚说:"冲你完了,回头咱们再见。"刘文通说:"哪个再见呀?"和尚说:"楼上见吗。"刘文通暗想这和尚怪呀。见和尚已跑远了,刘文通一问:"你们掌柜的哪?"众人说:"还没起来。"正说着,段山峰由里面跑出来。原本是还没起来,就听说跟和尚打起来,段山峰赶紧起来,往外跑说:"别叫和尚走了!"刘文通一瞧,说:"大哥不必跟他一个出家人一般见识,叫他去吧。"段山峰一看是刘文通,赶紧说:"兄弟里面坐。"刘文通来到里面。段山峰说:"贤弟,今天为何来此甚早?"刘文通说:"兄长,小弟给兄长磕头来了。"段山峰说:"什么事?"刘文通说:"今天是我的贱造。"段山峰说:"原来是贤弟今天的千秋,我倒忘了呢。"刘文通说:"我今天特意来找兄长谈心,泄泄我这一肚子牢骚。我自生人以来,没有交着几个知己的朋友,都是泛常,唯有兄长你我知己。我常说:'酒肉兄弟千个有,急难之时一个无'。除非你我弟兄可称知己。俗言说得不错,'万两黄金容易得,一个知心也难求'。"段山峰说:"好,你我兄弟吃酒去。贤弟,你说咱们萧山县那个酒馆好?"刘文通本是精明人,不肯说出就上庆丰楼,怕段山峰起疑心,便说:"兄长,随便上哪去都好。"段山峰说:"庆丰楼是萧山县第一家大酒馆,好不好?"刘文通说:"好。"心里正合心思。当时段山峰换好了衣裳,洗了脸,带上银两,同刘文通出来,这才狂奔庆丰楼。不知单鞭赛尉迟如何设法捉拿段山峰,且看下回分解。

第一百二十七回　施妙法游戏助义士
谈心事冷语惊贼人

话说段山峰同刘文通由铺子出来,狂奔庆丰楼。刚一进城,就见街市上三三两两的官兵,都带着军装械器,穿着号衣。官兵都认识段山峰、刘文通,众人就嚷:"刘爷、段爷二位上哪里?"段山峰说:"闲逛。众位有什么差事?"众官兵说:"我们奉上宪谕伺候,也不知什么事,听说办紧要的事,关乎密案。"众官兵也并不知是拿段山峰。知县给城守营老爷文书,就提派二百官兵扎在庆丰楼左右,听王雄、李豹的招呼,故此大众官兵不知。刘文通心里明白,同着段山峰来到庆丰楼。上了楼,楼上一个座位没有。掌柜地告诉伙计不叫卖座,有衙门借楼办案,故此不敢设座。刘文通、段山峰落了座,伙计明白,当时擦抹桌案,先把干鲜果品、各样酒菜摆上。

二人刚要叫菜,就听楼梯一响,有人喊嚷:"我吃饭给钱,那个红了毛的不叫我上楼!"伙计一瞧,来了一个穷和尚。原本和尚由肉铺打完架走了,见刘文,通同段山峰进了庆丰楼,和尚也跟了来。刚一进饭馆,伙计就说:"大师傅,楼上不卖座,有人包了。"和尚说:"我就吃顿饭,今天我得了点外财,也无非在楼下吃点。要不然,我也不敢进饭馆子。楼上都是阔大爷,明是一百六的菜,楼上要卖二百四,我和尚也吃不起。"伙计一想楼下不要紧,让和尚进去。跑堂的一转脸,和尚上了楼梯,说:"那个红了毛的不叫我上楼来?"到楼上找了一张桌坐下。楼上伙计一努嘴,说:"大师傅。"和尚说:"干什么呀?"伙计当着刘文通、段山峰又不敢明说,掌柜叫的也怕段山峰瞧出来,赶紧叫伙计说:"大师傅要什么菜,给人家要。"伙计这才说:"大师傅要什么酒菜?"和尚说:"你们有什么酒?"伙计说:"有白干、陈绍、玫瑰露、五加皮、状元红、茵陈、连花白、荷叶青、人参露。"和尚说:"给我来两壶梅花鹿罢!"伙计说:"没有梅花鹿,是玫瑰露!"和尚说:"对了。你们有什么菜?"伙计说:"煎炒烹炸,烧烩白煮,应时小卖,午用果酌,上等高摆海味席都有。"和尚说:"就是肉拿刀一切,搁锅里一炒,就是那个。"伙计说:"炒肉片呀?"和尚说:"对。"伙计少时给要来。和尚一瞧,说:"不是这个,这么一切,还要那么一切。"伙计说:"那是炒肉丝,你将就吃点罢。"和尚说:"你这菜卖多少钱一个?"伙计说:"一百六。"和尚说:"给八十钱吧。"伙计说:"饭馆子哪有还价的?"和尚说:"你也将就点,你叫我吃东西将就点么。"刘文通那边一瞧,说:"把炒肉片给我们吃,伙计你再给大师傅要。"伙计把菜给刘文通端过来,又给和尚要了一个炒肉丝。和尚一瞧,说:"不是,那么一切,还得这么一切。"伙计说:"那是肉丁炒辣酱。"和尚说:"我不要这个。"伙计无法,又把肉丝卖给别人,又给和尚要了肉丁炒辣酱来。和尚一瞧,说:"你成心搅我,我不要这辣酱。"伙计说:"你到底要什么?"和尚说:"你没等我说完,把肉那么一切,这么一切,团成蛋。"伙计说:"那是丸子!你要炸丸子,是熘丸子、氽丸子、四喜丸子、海参丸子、三鲜丸子?说明白了。"和尚说:"炸丸子卖多少钱?熘丸子卖多少钱?"伙计说:"炸丸子卖二百,熘丸子卖二百四。"和尚说:"怎么熘丸子比炸丸子多卖钱呢?"伙计说:"熘丸子多点卤汁。"和尚说:"你给我要一个炸丸子,白要点卤行不行?"伙计说:"不行,你就要炸丸子罢!"

少时把丸子端来,和尚一瞧,说:"我要一个炸丸子,你怎么给我来十一个?"伙计说:"这就是一个菜,大师傅你再挑剔,我就要下工了。"和尚说:"我愿意要吃一个大的,捧着吃的香,这可以将就点罢。可有一节,我要喝醉了,我可就摔酒盅子。"这一句话把刘文通吓了一跳,心说:"我定的是击杯为号,如未把段山峰灌醉了,他要一摔,回头官人都上来,段山峰准拿不住。"就听那伙计说:"大师傅,别摔呀!"和尚说:"我一摔有不愿意的,请请我和尚,别惹着我,我就不摔。"伙计说:"没人惹你。"刘文通暗想:"这个和尚真怪!"立刻说:"大师傅,你别闹了,别叫伙计耽不是。

回头吃多少钱我给。"段山峰说:"贤弟哪有这么工夫理他。"刘文通说:"我看这个和尚太讨人嫌。"两个人说着话,越喝越高兴,杯杯净,盏盏干。段山峰老不醉,刘文通心里说:"每常段山峰没有这么大酒量,今天怎么老不醉,醉了拿他。"他听和尚那里自言自语说:"人要喝酒不醉,有主意,一提烦事,叫他心里一烦,准得醉。"刘文通一听:"对呀,这话一听有理。"这才说:"段大哥,兄弟我拿你当亲哥哥一般,我什么事没瞒过你,你就没拿我兄弟待承,有事就瞒着我,你这就不对。"段山峰说:"贤弟,此话差矣,哥哥我有什么瞒着你了?"刘文通说:"大哥做的事,打算我不知道? 其实纸里包不住火。"段山峰说:"我做什么事了?"刘文通说:"就是梁官屯那件事。"段山峰一听这句话,立刻脸变红,酒往上一撞。

书中交代,梁官屯这案,本是他做的。段山峰他原籍是湖南衡州府人,当初是绿林中的江洋大盗,擅会飞檐走壁之能。逃至萧山县来,开了一爿肉铺子。自己手里也有钱,也没有家眷,就是孤身一人,很务本分,并没人知道他是绿林出身。这天段山峰到西关乡去要账,走在梁官屯,见有一个妇人在门前买绒线。段山峰一看,这个妇人长得十分美貌,头上脚下无一不好。对门就是杂货烟铺,段山峰就来到烟铺里。掌柜的都认识,说:"段掌柜上哪去了?"段山峰说:"我去要账来。我跟你们打听打听,这个买线的妇人是谁家的媳妇?"烟铺掌柜的说:"你不知道? 这就是你们同行的卖肉刘喜的家里么。"段山峰一听一愣,说:"凭刘喜长得人不压众,貌不惊人,他会有这么好的媳妇?"烟铺说:"那可不是别的,人各有命定。"段山峰问明白,自己回铺子就问伙计:"刘喜买咱们的肉,欠咱们多少钱?"伙计说:"刘喜不欠钱,现钱取现货,也不赊给他。"段山峰说:"刘喜来取肉,别叫他走,我有话跟他说。"众伙计答应。次日早晨刘喜来了,伙计一告诉段山峰,段山峰出来就问:"刘喜,你一天能卖多少钱? 刘喜说:"卖二十多斤肉。"段山峰说:"你家里几口人,够吃了吗?"刘喜道:"家里人口倒不多,就是我们两口子,一天就卖这两吊多钱的本钱,我也不敢赊账。"段山峰说:"你要有货,一天能卖多少呢?"刘喜说:"有货呢,能卖五六十斤,那也就有了利了,我没有那些本钱。"段山峰说:"不要紧,我赊给你一千斤肉,你只管卖,到年节你再给我归账。我看你也很诚实,你瞧好不好?"刘喜说:"那更好。"段山峰是所为套着跟刘喜交朋友,焉想到刘喜是个老实人,也不往家里让。段山峰这天到了七月十五,段山峰就问:"刘喜,你外头撒的账怎么样了?"刘喜说:"我今天晚上上东乡里要账去,不能回来。"

段山峰听说刘喜不回来,他晚上带了钢刀,带着五十两银子,就到刘喜家走走。越门进去,见杨氏正在灯下做活,院中独门独院,三间北房,门没关着。段山峰推门进去,杨氏就问:"谁?"段山峰说:"我姓段,名叫段山峰,久仰小娘子这一副芳容,今天我特意来求小娘子,赐片刻之欢。我这里有白银五十两,赠予小娘子,这是我一分薄意。"杨氏本是贤惠人,说:"呦,你休要满口胡说! 这幸亏我丈夫不在家,你趁此快去,我绝口不提。如若不然,我要喊嚷,你可就没了命!"段山峰说:"你敢喊嚷? 你来看!"用手一指刀,把杨氏吓得就嚷:"救人!"段山峰恐怕有街坊听见过来,街访都认识,忙急拉刀,竟将妇人结果了性命,将人头包上,捺在间壁院里。院中有一位老头正出恭,见捺进包裹来,还说:"这可是财神爷给的。"叫老婆点灯,一看吓呆了,急忙包上,扔在大洼苇塘里,却撞会李福捡着。段山峰以为这件事没人知道,今天刘文通一提梁官屯这件事,段山峰吓得颜色改变。不知后事如何,且看下回分解。

第一百二十八回　众官人奋勇捉贼　李文龙无故中计

话说刘文通一说梁官屯这件事,段山峰立刻酒往上一撞。自己一想:"这件事没人知道,听说刘喜把笑话刘三告下来,也没有把刘三怎么样办,我这事承认不得!"想罢说:"刘贤弟,我梁官屯做什么事?"刘文通说:"要得人不知,除非己莫为。"

你在梁官屯杀死刘喜之妻,你打算我不知道?"段山峰说:"你满嘴胡说!知道你便怎么样?"刘文通说:"现在有人要拿你,我给你送信,尽朋友之道。"段山峰说:"除非你勾人拿我!"和尚那边说:"对,要打起来!"和尚"叭嚓"把酒盅摔了,立时楼下王雄、李豹众官兵喊嚷:"拿!"王雄、李豹刚一上楼,和尚用定神法给定住。段山峰一瞧不好,一脚把桌子踢翻了,扳下桌腿照刘文通就打,刘文通甩了大氅,拉出单鞭就交了手。伙计吓得一跑,忘了楼梯,滚下去了。和尚直嚷:"了不得了。"顶起八仙桌乱跑,段山峰拿桌腿一打刘文通,和尚顶着八仙桌一截,就打在八仙桌上,刘文通拿鞭打段山峰,和尚不管。段山峰一听四面声音,喊嚷:"拿段山峰,别叫他跑了!"段山峰一想:"三十六着,走为上策。"拧身由楼窗往外一蹿,刘文通不会飞檐走壁,说:"要跑了!"和尚说:"跑不了!"段山峰刚蹿下楼去,和尚也往下一蹿,正砸在段山峰身上,把段山峰砸倒,官兵围上就把段山峰锁上。和尚说:"你摔了我的腰,碰了我的腿。"说着话,和尚竟去了。段山峰心中暗恨和尚,要不是和尚就走脱了,这也无法。王雄、李豹也能动了,同刘文通下了楼,带着段山峰狂奔衙门。

　　来到萧山县,老爷立刻升堂,王雄、李豹一回话:"把段山峰拿到。"老爷问:"怎么拿的?"王雄也不隐瞒,回说如何请刘文通帮拿,如何遇有一个穷和尚帮着,照实说一回,老爷又问:"穷和尚怎么样?"王雄一说,老爷心中明白,立刻把段山峰带上来。老爷说:"段山峰,梁官屯刘喜之妻杨氏,你为什么杀的?"段山峰说:"小人不知道。"老爷勃然大怒,说:"大概抄手问事,万不肯应,看夹棍伺候!"立时把夹棍拿过来,三根棒为五刑之祖,往大堂一扔,段山峰一看,说:"老爷不必动刑,我招就是了。刘喜之妻,因奸不允,故被我杀的,求老爷恩典。"老爷点了点头,叫人先把段山峰钉镣入狱。又把刘文通叫上,看了一看,吩咐李豹、王雄拿一百两银子,赏给刘文通。刘文通不要,王雄说:"兄长别不要,老爷赏的。"刘文通:"这么办吧,给官兵众人分二十两银子,他们辛苦一趟,给衙门伙计大众分二十,你们哥俩个每人分二十,剩下二十两给段山峰狱里置托,别叫他受罪,尽我交友之道。"王雄说:"就是罢。"正说着话,老爷传王雄、李豹二人上去。老爷说:"你二人赶紧把那帮忙的穷和尚给我找来,我赏你们每人十两银子,找不来我重责你二人每人四十大板。"王雄、李豹下来,一想:"哪找去?"赶紧派伙计出去找穷和尚。少时伙计给锁了三四个穷和尚来,都是化小缘的,也有拿着木鱼的,也有拿着鼓的。王雄一瞧说:"不对,都放了罢。"这才同李豹出来,两个人出来寻找和尚。

　　书中交代,和尚哪去了?原来和尚帮着拿了段山峰,正往前走,只见眼前一乘花轿抬着往西走。和尚一见,按灵光连击三掌,和尚口念"阿弥陀佛",说:"这个事,我和尚焉有不管之理?"书中节目,叫"巧断垂金扇"。和尚正走,见眼前有一位文生公子,怀抱着一个婴儿,看这位公子脸上带着忧愁之相,头上的文生巾烧下窟窿一个,绣带剩下半根,身上文生氅斜钉着补丁七条,看那个样子,步步必摇,似乎胸藏二酉,学富五车。书中交代,此人姓李名叫李文龙,原本是萧山县的神童,十四岁进的学,家中很是豪富,父母早丧,娶妻郑氏,也是宦门之女,也因父母双亡,舅母家给聘的,自幼在家中读过书,颇识文字,贤惠无比。自过门之后,李文龙只知道念书,不懂得营运,坐吃山空,家业萧条,一年不如一年,直过的上无片瓦遮身,下无立足之地,日无隔宿之粮,郑氏并无半点的埋怨。实在无法,李文龙出去卖字,多少进两个钱,夫妻买点米,日食稀粥,就黄薤为食,苦难尽述。生了一个孩子,今年三岁,方会叨叨学话,也不能吃饭。这天李文龙出去了半天,也没卖出一文钱来,家中米无一粒,柴无一束,等钱吃饭。李文龙一想:"大街上粮食店新开张,我可以送副对联,要两个钱可以充饥。"自己这才来到粮食店,李文龙说:"辛苦!掌柜的,今天新张之喜,我来送一副对联。"掌柜的赶紧说:"先生别写,给你一文钱带着喝茶吧。"李文龙说:"掌柜的,给我一文钱,我怎么拿?"掌柜的说:"先生你别看不起一文钱,卖一斤粮食也未必找出一文钱来。"李文龙听了,臊红了脸,钱也没要。回到家中,李文龙说:"今天没有钱,娘子,你可到隔壁王大娘家借二三百钱,你我好吃饭,明天我进了钱再还她。"郑氏娘子到隔壁说:"大娘,有钱暂借给我二三百文,今天你侄儿没赚钱来,等明天进了钱,再还你老人家。"王大娘一听,说:"孩子,你从没有跟我张过嘴,今天可巧家里一个钱主没有,回头等我儿要给我送钱来,我给你拿过去。"郑氏回来说:"官人,王大娘没钱。"李文龙叹了一声,说:"英雄志捧日,擎天难解饿。大将军手中枪翻江搅海,不能抵挡饥、寒、穷,人生在世上,皆害这三宗病,英雄到此,也未必英雄。"

自己正叹息,忽听外面打门,李文龙出来一看,是个买卖人的打扮。这人说:"我是大街德茂绸缎店的,我们东家要给一个朋友写信,是做官人的书信,要有文理。我们铺子人都写不了,知道先生高才,特来请先生大笔一挥。大概我们东家必要送给先生三两二两笔资,不知道先生有工夫没有?"李文龙连连说:"有工夫!尊驾在此少候,我带上笔袋。"立刻来到里面说:"娘子你在家中等候,绸缎店找我写信,我去去就来,给了我笔资,你我再吃饭。"郑氏跟着关门。李文龙同这人来到德茂绸缎店,刚一进铺子,众人都嚷:"先生来了,请坐!我们东家人少时就来。"李文龙坐下,人家给倒过茶来,李文龙瞧瞧茶太浓艳,自己肚内无食,不敢喝,怕把虚火打下去,更饿得难受。等来等去,等到日色西斜,东家还没来,李文龙等得心中焦急,问人道:"怎么贵东家还不来?"众人说:"少时就来。"又等了半天,天黑了,铺子大家吃晚饭,让先生一同吃饭。李文龙说:"请罢。"眼看着人家吃上了。好容易等着东家来了,同着朋友,先应酬朋友,好容易朋友走了,东家出来,说:"枉先生驾。本要给人家写信,方才这位朋友给带了信来,可不写信了。给先生点个灯笼,请先生回去罢,改日再谢。"

李文龙饿了一天,信又不写,自己也不能讹住人家,无法,打着一个灯笼,垂头丧气回家来了。一叫门,郑氏一开门说:"官人回来了,我等你吃饭。"李文龙一愣,说:"方才米无半粒,那里来的饭?"郑氏说:"你走后,王大娘送给我三百块钱来,我熬了一锅粥。"文龙说:"好!好!好!"这才来到屋中吃饭。郑氏说:"官人去写信怎么样了?"李文龙说:"我的运气倒了家了,我等到掌灯,人家信不写了。"说着话,吃完了饭,自己到后院去出恭。刚蹲下,就听后门有人拍门说:"娘子,我来了。你不是说你丈夫给人家写信?我学生特意来探望娘子,快开门来!"李文龙一听这话,气得站起来就开门说:"好贼。"那人拨头就跑,一把没揪着。那人由袖口掉下一宗物体。李文龙捡到屋中一看,气得颜色更变。不知所因何故,且看下回分解。

第一百二十九回　见字柬立志休妻　济禅师善救烈妇

话说李文龙捡起这宗东西,拿到屋中一看,原来是一个手卷包。打开一看,里面有一对赤金耳坠,里面还有三张字柬。李文龙一看,头一张是七言绝句,上写:

难割难舍甚牵连,云雨归来梦里欢。学生至此无别事,特意前来送坠环。

李文龙一看,气得颜色更变。再一看第二张,也是七言绝句一首,上写:

学生前者约佳期,娘子恩情我尽知。回家焚香求月老,但长久做夫妻。

李文龙越看越有气,再一瞧第三张,是《西江月》,上写:

前赠镯串小扇,略表学生心田。寄予娘子要收严,莫与尊夫看见。预定佳期有日,后门暗画白圈。云雨归来会巫山,定做夫妻永远。

李文龙看罢,气得三尸神暴跳,五灵豪气腾空。自己一想:"好贱婢!做出这样的事来!原来与人私通!"李文龙一想:"字柬上有前赠过镯串小扇,我何不找找这个东西!"本来屋中就是一个破箱子,也没有别的东西可以掩藏东西。李文龙过去就开箱子,郑氏说:"官人开箱子找什么?"李文龙说:"我找东西。"说着话,一翻箱子,果然箱子里有一只真赤金镯子,一把垂金小扇。李文龙把镯、扇拿来,往桌上一摔,问郑氏这东西哪里来的。郑氏一瞧也愣了,说:"我不知道。"李文龙说:"好,我家里日无隔宿之粮,哪里来的这东西?你不知道,这东西怎么会到箱子里去?好,好,好,我李氏门中,清净门户,书香门第,焉能要你这无廉无耻之辈跟我一处!"

说着话由家中出来,一直来到西门。城门已关,门军一看,认得是李文龙,说:"李先生黑夜光景上哪去?我正要求先生给写两把扇子。"李文龙说:"写扇子倒容易,劳驾你把城门开,我出城找人去。"门军立刻开了城。李文龙来到二条胡同一叫门,原来郑氏娘家的舅妈马氏在这住家。当初郑氏出聘事,是舅母家出聘的,现在马氏也居了孀,跟前有一个孩子叫赖子。李文龙来此一叫门,赖子出来把门开开,一瞧说:"大姐夫来了。"李文龙气哼哼走到里面。马氏说:"大姑爷,这时候来此何干?"李文龙说:"我请你到我家去,有要紧的事。"马氏说:"不用说,你们夫妻又吵嘴了,依我说别吵闹,过这份苦日子,莫叫别人家笑话,说穷极了。"李文龙说:"不是,你到我家就知道了。"马氏无法,跟着来到李文龙家中,见郑氏正哭得死去活来。李文龙说:"趁此把你外甥女带走了,我这家中不要她。"马氏说:"为什么呀?辨两句嘴,也不要紧,何必这样大气呢?"李文龙说:"她不犯七出之条,我也不能休她。你来看这镯子,他与人私通来的,你趁此带走了!"马氏说:"甥女你到我家来住两天吧,等大姑爷把气消了,我再将你送回来。"马氏劝着,郑氏刚抱起孩子要走,李文龙一把把孩子夺过来,说:"郑氏你这一走,不定嫁与张、王、李、赵什么人,这孩子是我李文龙的,我留下。"郑氏见把孩子夺过去,心中好似箭刺刀割一般。李文龙直催着快走,马氏把郑氏带着走了。孩儿还吃着乳食,不禁哇哇直哭。

马氏把郑氏带到家中,次日郑氏娘子直哭,叫他舅母来劝解李文龙,本来郑氏实不知这东西是哪里来的。马氏来到李文龙门首一叫门,李文龙没开门问:"谁?"马氏说:"大姑爷有气吗?我来劝劝你。孩子也得吃乳,我还把姑娘送回来罢。"李文龙说:"你趁此快走,谁是你的大姑爷?哪个认得你?"马氏一听,说:"好李文龙,你真不知自爱,你自赌气,仿佛还求着你哩!"自己回家告诉郑氏说:"李文龙不开门,出口不逊,我不能再给他跪门去。姑娘你就在我这里住着罢。我这里做针指,有你一碗粥吃。你自己拿主意,我也不能管。先嫁由爹娘,后嫁由自身。你不愿意跟我住着,任凭你自便。"郑氏一听,放声痛哭,又想思孩子,孩子也是想娘。李文龙见孩子要吃乳想娘,手里又无钱,听外面卖烧饼的来了,出去说:"卖烧饼的,我这孩子直哭,你赊给我一个烧饼,过天我再还你钱。"卖烧饼地叹了一声,说:"先生有所不知,我没有本钱,赊不起。先生从没跟我张过口,也罢,我给一个孩子吃罢,给钱不给钱倒不要紧。"李文龙把烧饼嚼烂了喂孩子,那能焉行?一连三天,李文龙又气又惨,三天水米未进,孩子也饿坏了。

东壁厢有一家邻居姓王,也是夫妇两个人过日子,男人王瑞,在外保镖。今天王瑞回家来,问妻子陈氏,西隔壁李先生因为什么把媳妇休了。陈氏说:"你怎么知道?"王瑞说:"不但我知道,我还听说李先生的媳妇在她舅母家,已然说妥了人家,给做过兵部尚书卞大人的儿子卞虎卞员外续弦,今天晚上就要娶了。你过去问问李先生,倒是因为什么休的?"陈氏即来到李文龙门首一打门,李文龙开门一看,说:"嫂嫂来此何干?"陈氏说:"你大哥叫我过来打听打听,你为什么把弟妹休了。"李文龙叹了一声,说:"一言难尽,她犯了七出之条。"陈氏一看孩子不成样子,陈氏说:"可了不得,这孩子要糟蹋,我这里给你二百钱,你给孩子买点药吃罢,给他买糕干泡泡吃,我给你看门,你买去吧。"李文龙无奈,抱孩子出来买糕。

刚一出门,济公来到近前,和尚说:"好孙女婿,你真胆子不小。你欺负我们娘家真没人,把我孙女无故给休了。什么叫七出之条?是亲眼见的吗?我非得跟你打一场官司,你家里等我,我非得告你去!"李文龙一想,凭空又惹出一个爷爷来,过门也没听见提过。看和尚疯疯癫癫,李文龙心中纳闷。和尚说:"好东西!我刚打外面游方回来,出了这个事。你瞧,我这重孙子也不成样了,我给你点药吧。"和尚给小孩嚼了一点药,搁在孩子嘴里。和尚说:"李文龙,你家里等着过堂罢。"说完了话,和尚就走。李文龙懵懂住了,也没问问和尚倒是怎么一段事。和尚往前走着,正碰着王雄、李豹两个人奉老爷谕出来找和尚。王雄、李豹一瞧见和尚,王雄、李豹一商量说:"咱们过去要提说老爷叫他,和尚准不敢去,莫若咱们蒙他,把他锁上,到衙门再放他。"李豹说:"对。"王雄见和尚来到近前,"哗啦"一抖铁链,把和尚锁上。和尚说:"呦!为什么锁我?"王雄说:"好和尚,你惹的乱子多大?衙门说去吧。"拉着来到衙内。王、李不敢把和尚锁着见老爷。王雄说:"和尚你央求央求我们,把铁链给你撤了。"和尚说:"你敢撤?你们指官诈骗。老爷一无签,二无票,我和尚没做犯法事,怎敢锁我?你们央求我,我也不撤,见老爷去。"王雄一想:"这便怎处?"赶紧说:"圣僧,你老人家别和我们一般见识,我们错了。"和尚说:"便宜你们吧。"这才把铁锁撤了。王雄、李豹一回话,老爷正在大堂开放王全、李福。老爷说:"你二人幸亏见本县,要不然,你两个人有冤难伸,趁此你二人回去,不准在外面游荡了。吩咐人把他二人的东西都给他。正说着话,王雄回禀将和尚带到,老爷吩咐有请。罗汉爷这一到大堂,刚巧断垂金扇,搭救义夫节妇。不知后事如何,且看下回分解。

<h1>第一百三十回　知县公堂问口供
济公巧断垂金扇</h1>

　　话说老爷开放了王全、李福,听王雄一回禀,和尚来了,知县吩咐有请。和尚刚一上堂,老爷一看,跟梦中见的穷和尚一般无二,知县赶紧站起身来,抱拳拱手说:"圣僧可是灵隐济颠?"和尚说:"老爷忘了,咱们见过,就是王全、李福不白之冤吗?"知县说:"是,是。"赶紧吩咐人看座。和尚在旁边落座,知县说:"圣僧从哪里来?"和尚说:"我是上白水湖去捉妖,由此路过。"知县说:"原来如此。圣僧到白水湖去,绍兴府知府顾国章倒跟我相好,我二人虽是属员上司,倒是不分彼此。圣僧要去,我给知府写一封信。"和尚说:"好,请问你老爷一句话。"知县说:"圣僧有话请讲。"和尚说:"老爷在这地面,为官声名如何?"知县说:"本县自己也不知道,圣僧可有耳闻怎么样?"和尚说:"老爷声气可倒不错,倒是两袖清风,爱民如子。就有一件事,老爷不应当不办。"知县说:"什么事?望圣僧说明。"和尚说:"本县内有一位生员李文龙无故休妻,老爷就不应当不办。"知县张甲三一愣,说:"并没见有这案。"和尚说:"有。"老爷立刻传值帖二爷上堂,知县问:"可有人在你手里状告李文龙吗?"值帖地说:"没有。"知县又叫官代书来问:"可有人在你手里写呈状,告李文龙吗?"代书说:"没有。"老爷又传值日班问:"有人喊冤告李文龙吗?"值日说:"并没有。"知县说:"圣僧可曾听见?这件事叫我难办了。吏不举,官不究,没人来告状,我怎么办呢?"和尚说:"有人告他。"知县说:"谁告他?"和尚说:"我告李文龙。"知县说:"圣僧为何告他?"和尚说:"老爷把李文龙传来,他要不是无故休妻,老爷拿我和尚治罪。李文龙不是外人,跟我是亲戚。"知县说:"是是。"立刻派王雄、李豹去传李文龙。

　　且说李文龙回到家中,正自纳闷,哪来的这么一个疯和尚爷爷呢?自己正在思想,听外面打门,李文龙出来一看,王雄、李豹说:"李先生,有人把你告下来了。"李文龙说:"谁把我告下来了?"王雄、李豹:"是一个穷和尚。"李文龙一听,立刻到里面把镯子、小扇坠环、字柬一并带着,抱着孩子一同王雄、李豹来到衙门。李文龙一上堂,见穷和尚旁边跟知县平起平坐,心里说:"我这官司要输。"立刻口称:"老父台在上,生员李文龙有礼。"知县一看,说:"李文龙,你无故休妻,既是念书的人知法犯法,该当何罪?"李文龙说:"回禀老父台,我休妻有因,何言无故?他犯了七出之条。"老爷说:"有何为凭据?"李文龙说:"回禀老爷,自那一日我出去给人家写信回来,在后院内出恭,听后门有人叫娘子开门,我开门一把没揪住,那人跑了,由袖口掉下手卷包,我捡起一看,是一对金坠环,情诗三首。我一找找出金镯、小扇,因此我将妻子郑氏休回。老父台请看这东西、诗句。"立刻把坠镯、小扇、诗句呈上去。老爷一看,勃然大怒,说:"你这东西就该打,先给我打他二百戒尺!"李文龙说:"请示老父台明言,生员身犯何律,老父台要打我?"知县说:"打完了我再告诉你。"和尚说:"老爷瞧着我,饶恕他,暂让他二百戒尺,老爷告他。"知县说:"李文龙,素常你夫妻和美不和?"李文龙说:"和美。"老爷说:"素常你妻子贤惠人不是?"李文龙说:"素常倒贤惠。"知县说:"却原来你妻子素常安分,夫妻和美,你岂不知这件事有阴人陷害,捏造离间你夫妇吗?凡事要三思。你妻子与人私通,可是亲眼得见吗?"和尚说:"老爷派差人把郑氏、马氏并赖子一并传来。"老爷立刻叫王雄、李豹下去传人。

　　书中交代，郑氏自从那日跟他舅母回来，第二日求他舅母去给劝说，马氏到李文龙家去，李文龙不但不开门，把马氏辱骂回去。马氏到了家一说，郑氏哭得死去活来。马氏说："我也不能再去了。"吃早饭后，就来了一个老太太，有六十多岁，到马氏屋中来一见郑氏，这老太太就问马氏："这位姑娘是谁呀？"马氏说："这是我外甥女，给的李文龙为妻。"这老太太说："呦，这位姑娘头上脚下够多好，给的就是那穷酸李文龙吗？是怪可惜的。"马氏说："现在李文龙不要了，休回来了。"这老太太说："那也好，早就该跟他散了，省得跟他受罪。这可逃出来了。我给你说个主罢，做过兵部尚书的公子卞虎卞员外，新近失的家，要续弦，这一进门就当家，成箱子穿衣裳，论匣子戴首饰，有多好！"郑氏一听说："这位妈妈今年多大年纪？"这位太太说："我六十八岁。"郑氏说："好，再活六十八岁，一百三十六，你这大年岁说点德行话才是，不该拆散我夫妇，你快去吧。"这个老太太被郑氏抢白走了。工夫不大，又来了一个四十多岁的妇人，一见郑氏也提说不必跟李文龙受苦，你不必想不开。嫁汉嫁汉，穿衣吃饭，我给你提提卞虎员外好不好？进门就当家，一呼百诺，出门坐轿子，郑氏又给驳走了。一连来了四个，都是给卞虎提亲。郑氏也是聪明人，自己一想："来了四个媒人，都给卞虎一个人提，要是提两家还可，都提一家，这其中定有缘故。"郑氏一想："这必是卞虎使出人来离间我夫妇，我莫若应允他，跟他要五百两银子给我丈夫李文龙，叫他奋志读书，扶养孩儿。等过了门，我暗带钢刀一把，我话里引话，套出卞虎的真情，我用钢刀把卞虎扎死，我自己开一腔，方显我贞节之名，叫丈夫李文龙明明白白。"想罢，就跟这个媒婆说："我愿意了，你可去吧。可有一节，我先要五百两银子，没有银子我不上轿。可得把我丈夫李文龙找来，我得见一面，不依着我，还是不行。"媒婆一听，说："那都好办，打发人把你丈夫李文龙找来你见见，你要银子也现成，只要你愿意，我去说去。"郑氏说："就是罢。"媒婆去了。次日回来，就说："停当了，今天晚上就娶，先有人送银子来，随后轿子就到。"

　　正说着话，外面打门，马氏叫赖子开门一看，乃是二位公差。马氏问："找谁？"王雄、李豹说："有人把你们告下来了。"马氏说："谁告下我们来？"王雄说："李文龙。"马氏说："好呀！李文龙把媳妇休了，反倒把我们告下来。"王雄说："老爷有谕，传郑氏、马氏、赖子去过堂。"马氏说："呦，我们赖子一个傻孩子，招着谁了！"王雄说："老爷有分派。"马氏无法，找人看家，同着郑氏带着赖子一同来到公堂。王雄上去一回话，老爷吩咐："先把郑氏带上来。"郑氏一上堂，李文龙的孩子已有三岁，一瞧见娘，"哇"的一声就哭了。老爷就说："你是郑氏？"郑氏说："小妇人伺候。"老爷一看郑氏，衣服平常，说："你丈夫李文龙为什么休你？"郑氏说："小妇人不知道。"老爷说："你愿意跟李文龙不愿意呢？"郑氏说："小妇人虽不敢说知书达礼，我也知道忠臣不事二主，烈女不嫁二夫，求老爷恩典，我愿意跟我丈夫。"老爷说："你这两天在你舅母家里，你舅母说什么呢？"郑氏说："我求我舅母去跟我丈夫说合，我舅母被我丈夫辱骂回来，我舅母也不管了。昨天一连来了四个媒人都给我提亲，都提卞虎卞员外一家，小妇人可就生了疑心，这必是卞虎主使出来，离间我夫妇。"老爷说："你应允没有？"郑氏说："我应允了。"老爷说："你既愿意跟你前夫，怎么又应允呢？"郑氏说："我打算跟他要五百两银子，给我丈夫李文龙，使他用功读书，扶养我那孩子。我虽应允，等他把我娶过去，我暗带钢刀，话里引话，套出他的真情实话，我把他扎死，我一开腔，那时呈报当官，可洗出小妇人清白之名。"知县点点头，叫把郑氏带下去，带马氏上来。老爷一看马氏，三十多岁，也很美貌，透着风流。老爷问道："马氏，你外甥女被休回去，你为何不给说合？"马氏："回禀老爷，小妇人到李文龙家去，李文龙不开门把我骂回去。我就跟我外甥女说，你愿意在我家住着，我做针指，有你两碗饭吃，先嫁由爹娘，后嫁由自身，我也不能管。媒人给她说亲，是她自己答应的，小妇人也并没叫她另嫁。"知县一听这案没处找头绪，这才问："圣僧，怎么办？"和尚说："把马氏带到外面去，立刻把赖子带上来。"知县问道："赖子你说实话，我给你换新衣裳，买肉吃。"赖子本是傻子，说："不知道。"知县说："你妈跟谁商量什么计害你姐姐？"赖子说："不知道。"老爷又问："你妈叫谁给你姐姐说亲？"赖子仍回不知道。问什么，他总回说不知道。知县为了难，又问和尚，和尚把王雄、李豹叫过来，附耳如此如此，王雄李豹点头答应。不知和尚有何等

第一百三十一回　吐真情马氏拉卞虎
定妙计佛法捉贼人

话说和尚在王雄、李豹耳边说了几句,王雄转身狂奔外面。李豹拿了一方肉,在大堂用板子一打,仿佛似打人一般,众官人吓喊堂威,说:"打,打,打!"外面马氏就问:"打谁呢?"王雄说:"打你儿子赖子呢!"马氏一听,心痛得了不得。少时,和尚叫把赖子藏起来,把马氏带上来。马氏一瞧她儿子没有了,也不知搁在哪里,往大堂前一跪。老爷把惊堂木一拍,说:"马氏你好大胆量,你做出这样的事来!方才赖子都招了,你所做的事还不实说吗?"马氏刚才一愣,老爷说:"大概不用刑,你还不说,已然你儿子都说了,你还敢隐瞒?来人!给我掌嘴。"马氏一听,吓得颜色更变,说:"老爷不必动刑,既是赖子说了,我也说!"知县说:"你快实说,本县不打你。"马氏说:"回禀老爷,小妇人居孀守寡,只因没养廉,我跟卞虎住街坊,常给卞员外做活。卞员外常给我家里送钱,给我打首饰,做衣裳,来往频盈,跟小妇人通奸有染。那一天卞员外到我家去,提说在城里二条胡同,瞧见一个西头路北墙门出来一个妇人,二十多岁,生得标致可爱,出来倒脏水,他骑着马由那里瞧见,提说怎么长得美貌。我说:'你别胡说,那是我外甥女。'他说叫我给接回来拉皮条。我说不行,我外甥女是贞节烈妇。后来他交给我一对金镯子,一套垂金扇,叫我给搁到我外甥女家去。他说苟能够拆散他夫妇,许给我五十两银子。我把镯子留下一只。那一天我瞧我外甥女去,他去外厢方便,我就把镯子、扇子放在箱子里,这是我办的。后来有什么事,我就不知道,那都是卞虎做的。那一天李文龙找我,就叫我把我外甥女带回来,我也不知是怎么事故,这是以往从前真情实话。"老爷一听,吩咐王雄、李豹:"给我传卞虎。"和尚说:"老爷你传得了来吗?"知县说:"怎么传不了来?"和尚说:"你想,卞虎乃是兵部尚书之子,家里手下人极多,又是深宅大院,官人一去,他一得着信,由后门就走了。"知县说:"依圣僧之见,该当如何呢?"和尚说:"我带着王雄、李豹、赖子去拿他,我自有道理。"知县说:"好,圣僧辛苦一回罢。"和尚这才带领王雄、李豹、赖子出了衙门。和尚说:"二位头儿跟赖子上他们家去等我。"王、李二人点头答应,同赖子到马氏家去。

和尚一直来到卞虎的门首,一瞧悬灯结彩,热闹非常。和尚来到大门前说:"辛苦辛苦!"门上管家一看,说:"大师傅快去吧,我们员外大喜的日子,你赶什么来了?"和尚说:"我念喜歌来了。"管家说:"没有出家人念喜歌的,你快去吧。"和尚说:"咱们是乡亲,你叫我得几吊好不好?"管家一听和尚的口音,说:"大师傅你是台州府的吗?"和尚说:"是呀!"管家说:"我念与你是乡亲,你念罢,念完了,我到账房给你要两吊。"和尚说:"劳你驾罢,我念:悬灯结彩满堂红,锦绣门挂锦绣灯。和尚至此无别事,特意前来念藏经。"管家说:"和尚你别念藏经呀,这要叫我们员外听见,立刻就把你送衙门。你念吉祥的。"和尚说:"悬灯结彩满门昌,千万别添女字旁。福神喜神全来到,阎王有信请新郎。"管家一听,说:"和尚你是找打,你念好的吧!"和尚说:"我不会了,你给我要钱去吧。"管家说:"我念你跟我是乡亲,要不然,我真给你回禀员外。"和尚说:"你给拿钱去吧。"

管家到里面要了两吊钱拿出来,和尚扛着来到西城根二条胡同。到了马氏家中,王雄:"圣僧,咱们怎么拿卞虎?"和尚说:"赖子。"赖子就答应,和尚说:"赖子你到卞员外那去,你就说:'我娘说了,叫卞员外不必等晚上娶了,睡多了梦长,这就发轿去娶,带五百两银子。'你说:'我娘说新人下轿,叫卞员外亲自递给新人一个苹果,为是平平安安的。'你别提打官司,照我这话说。"赖子说:"嗳。"他本是痴子,立刻就到卞员外家去。刚来到卞虎门首,家人都认识,说:"赖子,你做什么来了?"赖子说:"我娘说了,叫卞员外不用等晚上娶,睡多了梦长,这就发轿娶罢。"家人说:"是。"带着赖子一见员外,卞虎说:"赖子,你怎么来了呢?"赖子说:"我娘说了,叫卞员外这就娶，带了银子，新人下轿，叫卞员外亲自递给新人一个苹果，平平安安的。"卞虎说："是了，你回去吧。"赖子立刻回来。卞虎叫陪亲太太，立刻鼓乐喧天，坐着花轿来了。这里王雄、李豹就问："和尚怎么办？轿子来了娶谁呀？"和尚说："我上轿，你们两人扶轿杆，你两个人先要五百两银子，每人带二百五。我和尚上轿，到哪下轿拿他，要不然拿不了他。"正说着话，轿子到了。

和尚先把门关上，叫王雄、李豹说："新人上轿，忌十二属相，不用陪亲太太，叫陪亲太太请回去罢。"王雄、李豹隔着门一说，外面陪亲太太自己回去了。外头鼓手叫："开门，别误了吉时。"和尚说："吹个大开门。"外头就吹打。和尚说："吹个小开门，吹个半开门。"外头说："不会。"和尚说："打个花得胜。"外头就打。和尚又说："打个孙大圣。"外头鼓手说："不会。"和尚说："拿红包来。"外面隔门缝往里捺红包，包着钱。和尚说："捺一个一门五福，捺两个二字平安，捺三个三阳开泰。"和尚说："还是撒满天星。"都说完了，和尚滋溜进了屋子。王雄一开门，花轿抬进来，有管家跟着，认识王雄、李豹。管家说："二位头翁跟着帮忙吗？"王雄说："可不是，带了五百两银子来没有？没带来可不上轿。"管家："带来了。"王雄说："带来交给我们罢。"管家把银子交给二位班头。花轿堵着门口，和尚上了轿子，王雄、李豹扶着轿杆，吹吹打打，来到卞员外家。轿子搭到内宅落平，卞虎拿着一个苹果往轿子里一递；和尚接过来就吃，随即手揪住卞虎的手腕子。卞虎心里还说："怎么美人手这样粗？必是洗衣裳洗的。"众多的姨奶奶、婆子、丫鬟都要瞧这个美人，必是天上少有，地下绝无，急至一打轿帘，是一个穷和尚，大众哄堂而笑。和尚说："好卞虎，你往哪走！"王雄过去一抖铁链，把卞虎锁上。众多家人要拦，被和尚用定神法定住，拉着卞虎来到公堂。

知县说："下面是卞员外？"卞虎说："老父台。"知县说："卞虎。"卞虎说："张甲三知县官。"知县说："好恶霸！"卞虎说："好赃官！"老爷勃然大怒说："卞虎，你好大胆量！竟敢目无官长，咆哮公堂！你为何诡计定计，图谋良家妇女，与马氏通奸？趁此实说！"卞虎说："我不知道。"知县说："大概抄手问事，万不肯应，拉下去给我重责四十大板！"皂班立刻将卞虎按倒，打了四十大板，打得皮开肉绽，鲜血直流。老爷又问，卞虎本是公子哥出身，从来没受过这样苦，焉能支架得住？这才说："老爷不必用刑，我实说。我原与马氏通奸，那一天我见了郑氏貌美，我一问马氏，方知道是她外甥女，他说是贞节之妇。我家有一个教读的先生，姓童双名介眉，他给我出的主意，叫我买一对镯子，一把小扇，先叫马氏给郑氏栽上赃。我家开着一座绸缎店，那天故意说请李文龙写信，童先生给我做了两首诗，一首词，拿一对耳环。我派人给李文龙送去，故意叫李文龙知道，休他妻子，我可以托媒人说到我手，这都是童先生出的主意。"知县立刻叫书班写了口供，问："卞虎认打认罚？"卞虎说："认打怎么样？认罚怎么说？"知县说："认打呢，我革去你的员外，照例重办，认罚呢，罚你五千银子。"卞虎情愿认罚。老爷把马氏叫上来，打了四十嘴巴，知县说："我念你妇人无知，便宜你下去具结，从此安分。"又把李文龙叫上来，叫书班一念供，知县说："李文龙你听见吧，你妻子本是贞节烈妇，无故被屈含冤。你趁此接回去，本县赏你五千银子，愤志读书，下去具结。"李文龙给知县磕头，千恩万谢，卞虎给银子，李文龙领下去，众人具结完案。知县这才说："圣僧在我这里住几天罢。"和尚说："还有那五百两银子赏王雄、李豹二人，我明天就走，要上白水湖去捉妖。"知县摆酒款待和尚，天晚安歇。次日知县说："我给绍兴府知府顾国章写一封信，派王雄、李豹送圣僧去好否？"和尚点头，知县立刻写信，派王雄、李豹二人拿了书信同和尚同去。这才站起身，要狂奔白水湖，真假济颠捉妖。且看下回分解。

第一百三十二回　送圣僧捉妖白水湖
　　　　　　　　　假济公投刺绍兴府

话说济公禅师由萧山县告辞，同王雄、李豹顺大路狂奔白水湖。道路上饥餐渴饮，晓行夜宿。这一日刚来到绍兴府东门，只见街市上男男女女，拥挤不动。王雄、李豹就打听过路人："什么事情这样热闹？"有人说："白水湖济公长老捉妖。"王雄说："怎么我们还没来，就知道济公来捉妖呢？"就听大家纷纷议论，这个说："我因为瞧捉妖，行人情都没去。"那个说："我因为瞧捉妖，买卖都没做。"正说着，就听那边哄赶闲人，说："大人来了，同着济公长老在马王庙打公馆喝茶吃饭，少时就上台捉妖。"王雄一看，头里是鞭牌锁棍，旗锣伞扇，后面跟着两匹马，左边是一匹红马，右边是一匹白马。只见红马上骑着一个大和尚，看那样子，跳下马来，身高有一丈，大脑袋，膀阔三停，项短脖粗，赤红脸，穿着黄袍，脖子上挂着一百单八颗念珠，背后带着戒刀，白袜黄僧鞋，真像个罗汉样子。右边骑白马的，是知府顾国章，头戴展翅乌纱，身穿大红蟒袍，玉带官靴。旁边就有人说："瞧这位济公长老，真是汉晋间罗汉样子！"那个就说："这许不是济颠僧，济颠僧是颠僧，短头发有二寸多长，一脸泥，破僧衣缺袖短领，腰系绒绦，疙里疙瘩，光着两只脚，拖着两只草鞋，褴褛不堪，酒醉疯癫，那才是济颠僧呢！"用手一指济公，那人说："就跟这位大师傅不差，往来比他还脏。"和尚说："比我还脏，你认识济公吗？"那人信口开河说："我认识，我跟济颠有交情，去年夏天我在临安盘桓了好几个月呢。"和尚说："你去年夏天不是在扬州做买卖着，怎么你又上临安去？"那人一听一愣，说："我在扬州做买卖，你怎么知道？"和尚说："那是，我知道。"这时王雄、李豹可就说："圣僧，你看这里可有一个济颠，你要是真济颠，咱们再投信。你要是假济颠，可趁早别碰钉子。"和尚说："我也不知道我是真的是假的，你们两个人瞧着办吧。"正说着话，马到了跟前，济公一声喊嚷："好王八猴儿狗，待我来！"过去一把，竟把假济颠的马嚼环揪住。

书中交代，这个假济颠是怎么一段缘故呢？原本绍兴府知府顾国章到任不多的日子，东门外有一道河名叫没涝河，这道河又叫白了沟，说济公的全传上都叫白水湖，愚下做书的也不能独出己见，再为改正，也就是白水湖就是了。这个湖的水，忽然放香，沿湖一带的小孩子，走在哪里，闻着湖水一香，就跳下去。后来众村庄摆设香案，冲着湖水一祭奠，只见由湖水里出来两股阴阳气，听得见说话，瞧不见人影，一天要吃一个童男，一个童女。要不给送，要把绍兴府一带地面的小孩全吃了，一个不留。六百多村庄一会议，谁家有孩子都写上名儿，团了纸团，搁在斗里，天天抓，抓出谁家的，把谁家的孩子送给妖精吃。大众一禀官，知府各处张贴告示，谁能给把妖精除了，谢白银一千两。这天，忽然知府的衙门口一声"阿弥陀佛"，来了一个大和尚，赤红脸，身高一丈，穿着黄袍，口称："我乃灵隐寺济颠和尚是也，正在庙中打坐，心血来潮，知道白水湖有妖精害人，贫僧特意脚驾祥云来到此处，所为降妖捉怪，搭救众民。尔等进去回禀你们太守，就说贫僧来了。"官人进去一回禀，知府迎接出来，说："圣僧佛驾光临，弟子有失远迎。"跪倒行礼。这大和尚一摆手，大模大样说："不必行礼，头前带路。"来到书房坐下。知府说："圣僧由灵隐寺来，何时起身？走了多少日子？"假济颠和尚说："贫僧今日早晨脚驾祥云而来，特为降妖。"知府说："圣僧捉妖，用什么东西？"和尚说："一概不用，就在湖岸高搭法台。"知府一面派人搭法台，一面问和尚吃荤吃素，和尚说："荤素皆可。"知府吩咐在东门外马王庙打公馆，陪和尚到公馆用饭。用完了饭，法台搭好，那时知府同和尚来到白水湖岸头。和尚一跺脚，上了法台，一烧香，心中祷告过往仙灵："弟子本是飞龙山炼气士，皆因自水湖妖精害人，我也不是兴妖作怪，所为把妖精除了，搭救这方黎民，望神灵保佑！"祷告已毕，画了三道符，用戒刀粘上，一点一晃，这团火光有海碗大小，口中说："这道符出去，一到湖里，就叫妖精出来。"说罢往湖里一甩，只听湖水"哗啦啦"一响，声如牛吼雷鸣一般，就见水往两旁一分，由湖里出来两股阴阳气，直奔这和尚照下来。这和尚一张嘴，出来一股黑气，把那阴阳气顶住。他这股黑气有核桃粗，那股阴阳气有茶杯口粗细，眼瞧这湖里出来的阴阳气，把他这股黑气直往下压。书中交代，这白水湖里这妖精，有八九千年的道行，这个假济颠，只有五千年的道行，故此敌不住。众人瞧着也不懂，就见这和尚热汗直流，法台"咯吱咯吱"直响。天到日色西斜，偶然云生西北，沉雷"咕噜噜"一响，这股阴阳气收回去，这和尚累了一身汗，说："老爷，今天贫僧未带法宝，我回庙去取法宝，明天再来捉妖。"知府说："圣僧回灵隐寺有几百里，那能就来了？"和尚说："贫僧会驾云。"说完了话,滋溜一股黑烟没了,众人都说这可是神仙。知府回衙,次日果然这和尚又来了。他原本不是这白水湖妖精的对手,他回山要请一位有本领的老道帮忙,那老道也有八九千年的道行,偏巧不肯出来管。他一怒,今天要跟白水湖的妖精来拼命。一见知府,知府知道这取了宝贝来,仍吩咐在马王庙打公馆,预备吃饭。今天就吵嚷动了,瞧热闹的人拥挤不动。

知府同着假济颠狂奔马王庙,正往前走,真颠济一声喊嚷,过去一把将假颠济的马嚼环揪住。真济颠说:"好东西,你敢前来捉妖!"假济颠一看,是一个疯疯癫癫的穷和尚,焉想到罗汉爷早把佛光、金光、灵光三光闭住,假济颠看着是个凡夫俗子,连忙就问:"这位法兄请了。"真颠济说:"你跟我论兄弟吗?"假济颠说:"论哥们你不愿意吗?"真济颠说:"我倒怕你不愿意,你上哪去?"假济颠说:"我去捉妖去。"真济颠说:"你去吧。"又把马嚼环松开了。假济颠同知府狂奔马王庙去了。王雄、李豹一瞧和尚,虎头蛇尾,过去的时节仿佛真哼,有前颈没后颈,王雄、李豹就说:"圣僧,咱们这信是投好,是不投好?"和尚说:"你们两位瞧着办吧。"王雄、李豹自己一想,有心不投信罢,又怕老爷想:"你管他是真济颠假济颠,我叫你投信你不投?"有心投罢,又怕老爷说:"瞧又一个济颠僧,你二人为什么还投信,碰钉子呢?"左思右想,无奈还是投罢,这才同着和尚来到马王庙。王雄、李豹来到里面门房。一道辛苦,绍兴府的稿案本姓张名叫张文元,原先也在萧山县当过稿案,认识王雄、李豹,连忙问:"二位头儿从哪来?一向可好?"王雄说:"我二人奉了县太爷之命,来给太守下书,荐来一位济公长老,给白水湖捉妖。"张文元一愣,说:"我们这里有一位济公长老,怎么会又来了一位济公?在哪里?"王雄说:"在门口呢。"张文元同着来到门口一瞧,和尚靠着影壁在地下坐着睡着了。王雄用手一指,说:"就是这位和尚。"张文元一看,叹了一声,说:"依我说你们二位不必投信了,瞧我们这里这位济公,真是罗汉的样子。这个和尚简直是乞丐。"王雄:"我二人奉老爷之命来投书,不能不投呀!你给回回吧。"张文元无法,到里面一回,知府顾国章正同假济颠谈话。张文元把信拿进来,知府一看,微微一笑说:"圣僧,你看世界上真有这等无知之辈,冒充你老人家的名姓。"假济颠一听,说:"怎么回事?"知府说:"现有我的朋友萧山县知县,又给荐了一个济颠和尚,真乃可笑。"假济颠一听,一哆嗦,心说:"许是真的来了。"知府说:"请进来瞧瞧罢。"立刻张文元出来一找,和尚没了,正在各处寻找,忽听厨房里厨子嚷:"哪来的个穷和尚偷菜吃来了?这是给济公长老预备的!"张文元来到厨房一看,见穷和尚偷酒喝呢,大把抓菜。张文元说:"和尚,我们太守请你哪!"济颠一声答应,这才往里狂奔。不知真假济颠见面该当如何,且看下回分解。

第一百三十三回　真假僧会面马神庙
邀道友携宝报前仇

话说知府吩咐有请,张文元同着真济公来到里面。假济颠一看,是方才揪马嚼环的那个穷和尚,假济公就问:"来者法兄,怎么称呼?"真济颠说:"我乃灵隐寺济颠僧是也,你是谁呀?"假济颠说:"我也是济颠。"真济颠说:"你也是济颠,我在庙里怎么没瞧见过你?"假济颠说:"你也不用瞧见过没瞧见过,回头上台做法,谁有能为谁为真。"济公说:"也好,咱们先吃饭要紧,千里为官,还为的是吃穿呢。来,摆酒摆酒!"知府立刻吩咐把酒摆上,和尚大把抓菜,抓起来还让:"知府你吃这把。"知府一瞧,和尚伸出手来似五根炭条一般,连忙说:"请罢!"和尚大吃大喝。吃喝完毕,知府同着真济颠、假济颠来到法台,但则见这瞧热闹的人多了,假济颠说:"法兄上台呀。"真济颠说:"怎么上去?"假济颠说:"施展法术上去呀。"真济颠说:"我不会,我拿梯子上去。"假济颠一跺脚上了法台,真济颠故意爬梯子上去。假济颠说:"你先烧香罢。"济公拿过香来就点,假济颠说:"你祝告吗?"真济颠说:"祝告什么?"假济公说:"你心里有什么,就祷告什么。"济公就说:"我穷。"假济颠说："穷没人管。"济公就说："我饿。"假济颠说："你倒是捉妖念咒，施展法术，别耍笑作玩。"济公说："我不会。"把香火冲下，往香炉一插，真济公一滚身跳下法台，正碰见胡秀章、孙道全二人，说："师傅怎么不管捉妖？"和尚说："你们两个人早来了，咱们不管，回头有比咱们爷们能为大的来捉妖，咱们瞧热闹罢。"济公又说："我先前教给你的咒，忘了没有？"孙道全说："什么咒呀？"和尚说："唵嘛呢叭咪吽，唵敕令赫！"孙道全说："那我记得。"和尚说："你记得，好，你拿宝剑，站在湖沿上，冲着湖念我这个咒，湖水就上不来。要不然，湖水一上来，就把众黎民全都淹了。"孙道全点头答应，就到湖沿上去念咒。这个时节，假济颠在法台上见真济公一下去，连众瞧热闹人都瞧着可笑。假济颠在台上画了三道符，点着往湖里一甩，就听湖里水一响，声如牛吼，往两旁一分，波浪滔天，由当中出来一股阴阳气直奔法台。假济颠一张嘴，出来一股黑气就把阴阳气顶住。本来他不是湖里妖精的对手，仍然这阴阳气直往前赶，他这股黑气直往回抽，眼看就要抽完了。

假济颠正在危急之际，就听见念一声"无量寿佛"，来了两个老道。头里走的这老道，发挽双鬟髻，穿着青布道袍，青缎护领相衬，腰系黄绒绦，白袜青云鞋，面如刀铁，粗眉大眼，押耳黑毫，海下一部钢髯，犹如钢针，轧似铁线，在肋下佩着宝剑，背后背着一手乾坤颠倒迷路旗。后面跟定一个老道，头戴青缎九梁道冠，身穿蓝缎道袍，青护领相衬，腰系丝绦，白袜云鞋，白脸膛，俊品人物，身背后背着周天烈火剑。书中交代，这位白脸膛老道，乃是神童子褚道缘。前者跟济公为仇，分手之后，他回到铁牛岭避修观，得了加气伤寒病了。他师兄孙道全到临安去找济颠，替他报仇，一去不回来。褚道缘病好了，一打听不但孙道全没替他报仇，反认他济颠和尚为师。褚道缘这个气就大了，他自己带上周天烈火剑，狂奔双松岭三清观。这庙中有一个老道，叫鸳鸯道张道陵，跟褚道缘至好。褚道缘知道张道陵庙中有一种镇观之宝，叫乾坤颠倒迷路旗，勿论什么精灵，一晃这旗子就得显原形，就是带路金神，一晃这旗子就得翻身栽倒，若是凡夫俗子，能把三魂七魄晃散。褚道缘这天来到三清观，一见张道陵，就把受济颠和尚欺辱的话一说，现在孙道全怎么玷辱三清教，认了和尚为师，褚道缘说："我来求兄长替我报仇雪恨，我知道你有颠乾坤颠倒迷路旗，你可以带着跟我到临安去找济颠报仇。"张道陵说："这件事我可不敢应允，乾坤颠倒迷路旗乃是镇观之宝，上辈遗留。前番有蟒精来偷盗，没盗了去，后来又来了一个壁虎精，也没盗了去。有我师傅在日就说过，无故不准妄动，你另请高明吧。"褚道缘说："兄长你我知己，勿论怎么样，兄长得替我出力，不管也要管。"张道陵见褚道缘苦苦哀求，自己无法，说："也罢，我跟你去一回就是了。"这才请出乾坤颠倒迷路旗，带着同褚道缘下山。这天来到临安，同到灵隐寺一找济颠，门头僧说："济颠有人请去，上白水湖捉妖去了。"二人这才往白水湖追赶，要找济颠，连孙道全找着全杀，谁也不留。

这天两个老道刚来到绍兴府东门，就见街市上瞧热闹的人拥挤不动，纷纷传言说："济公长老在白水湖捉妖。"二人来到法台临近一看，不是真济颠。张道陵说："贤弟你来看，我打算是真济颠捉妖赶精，法台也是妖精，妖精捉妖，这倒新鲜。"褚道缘说："兄长你我今天上法台，帮着这个妖精把湖里的妖精提了，你我二人显显能为。兄长你留着宝贝迷路旗捉拿济颠，我这周天烈火剑能请天火、地火、人火三昧真火，是我师傅的宝贝，可以捉妖。"二人商量好了，来到法台上，说："上面僧人不必害怕，待山人前来跟你捉妖！"说罢，二人趁脚风上了法台。

假济颠正在不得了，恨不能有人帮着才好，连忙说："二真人快快大发慈悲，把妖精捉了，给民间除害！"褚道缘说："兄长瞧我的。"立刻画了三道符，用周天烈火剑一粘，说："我这一道符甩在湖里，就能叫妖精上来现原形。"自己以为能为大了，其实更不行，就见他把符点着，口中念念有词，说声"敕令"！往外一甩符，焉想到真仿佛有人从手里把宝剑夺出去似的，连宝剑出手，落到湖内。褚道缘一跺脚说："了不得了，把我的宝贝失了！"张道陵说："谁叫你多管闲事，又要捉妖，这自然是失了。你我走了罢，找济颠去吧。"褚道缘无法，立刻跳下法台。这两个人来得很勇，回去得更快，褚道缘垂头丧气同张道陵往回走。

正往前走，只见前面来了两个人，都是壮士打扮。一位是紫壮帽，紫箭袖，身披大氅，面似蓝靛，发似朱砂，红胡子；一位身穿蓝翠褂，俊品人物。来者非是别人。正是雷鸣、陈亮。这两个人是小月屯来找济公，要瞧热闹，正碰见两个老道。雷鸣、陈亮不打听也没事。偏巧雷鸣就问："借光，道爷是从白水湖来吗？"老道说："是呀。"雷鸣说："你瞧白水湖是济公捉妖吗？"褚道缘一愣，说："你们二位打听济颠，跟济颠认识吗？"雷鸣说："那是认识，济颠是我们师傅。"褚道缘一听，"呵"了一声，说："你二人既是济颠的徒弟，甚好。我正找济颠，找不着，就是你二人吧，张道兄把宝剑给我，我杀他二人。"张道陵说："何必你动手，叫你瞧瞧我这乾坤颠倒迷路旗的利害。"说着把旗子拿出来，打开一晃，口中念念有词，雷鸣、陈亮这二人一瞧天旋地转，雷鸣、陈亮破口大骂："好个杂毛老道！二位大太爷跟你远日无冤，近日无仇，冤各有头，债各有主，无故跟二位大太爷做对？我杀你两个杂毛老道！"雷鸣、陈亮打算要拉刀动手，无奈身不由己，头晕眼眩，翻身栽倒在地，不能转动。张道陵把旗子卷上，哈哈一笑，说："贤弟，你可看见了？"褚道缘说："看见了，真是宝贝！"张道陵说："这找不到济颠，杀他两个徒弟，也算报了一半仇。"把宝剑递与褚道缘，褚道缘刚要杀雷鸣、陈亮，就见那边一声喊嚷："好杂毛！无故要杀我徒弟，冤有头，债有主，待我和尚老爷与你们分个高低上下。"济公禅师赶到，初会乾坤颠倒迷路旗。不知僧道斗法，胜负如何，且看下回分解。

第一百三十四回　　白水湖丢失烈火剑
密松林初试迷路旗

　　话说老道褚道缘正要杀雷鸣、陈亮，济公禅师赶到。褚道缘一看，说："道兄，你看济颠来了。"张道陵说："好，待我来。"伸手拉出乾坤颠倒迷路旗，说："济颠你可认得山人？"和尚说："褚道缘，你先等等，冤各有头，债各有主，我跟你有仇，徒弟没招惹你，你叫我徒弟走他们的，有什么话，咱们再说。"褚道缘说："可以。"和尚过去把雷鸣、陈亮救起来，给了两个人一块药吃。这两个人好了。雷鸣、陈亮说："师傅，你老人家上哪去？"和尚说："你们两人不用管，去到白水湖等我去，我少时就去。"这两个走了。和尚这才说："你们两个老道，打算怎么样？"张道陵说："和尚，你无故欺负三清教的人，今天山人特来找你，你可认识山人这宝贝？"和尚说："我认识怎么样？"张道陵说："你要知道我的利害，跪倒给我磕头，叫我三声祖师爷，饶你不死。如若不然，当时我拿这乾坤颠倒迷路旗，结果你的性命！"和尚哈哈一笑说："我叫你三声孩子！"张道陵一听，气往上撞，当时一晃迷路旗，口中念念有词，眼瞧和尚滴溜溜转，东倒西歪。老道说声"敕令"！和尚翻身栽倒。张道陵一看，说："贤弟你看见了，我已将和尚治住，是你杀我杀？"褚道缘说："我立刻杀他。"随即赶过去，恶狠狠照定和尚脖颈就是一剑。只听宝剑当啷啷一响，和尚脖子冒火星。褚道缘说："和尚好结实脖子！"张道陵说："这不是和尚罢？"一句话说破，再一瞧，是半截石头桩，和尚踪迹不见。张道陵说："了不得！这叫五行挪移大搬运。这和尚能为不小，既是我这宝贝拿不了他，比你我的道行大，你我不是他的对手，咱们得请能人拿他。"褚道缘说："请谁去？"张道陵说："请你师爷爷紫霞真人李涵龄去。"褚道缘说："不行，我师爷爷决不管。"张道陵说："是你爷爷，或者能与帮助更妙。不然，到八卦山去请坎离真人鲁修真来。他有一宗镇观之宝，名曰乾坤子午混元袋。勿论什么妖精装在里面，一时三刻化为浓血，岛洞金仙，装在里面，能把道行没了，连西方的罗汉装上，都能把金光散了。"褚道缘一想说："也好。"二人这才狂奔八卦山去了。

　　和尚借遁法走了，回归白水湖。刚来到湖岸，雷鸣、陈亮赶过来行礼说："承蒙师傅救命，要不然，已死在老道之手。"和尚说："不必行礼。"雷鸣、陈亮："师傅，那台上捉妖的和尚是谁？"济公说："那是假济颠。"雷鸣说："怎么济颠还有假的？"和尚说："那是自然。你瞧，了不得了，这个假济颠要了不得。"雷鸣、陈亮瞧着也不懂，就见湖里出来这股阴阳气，把他这股黑烟压的剩了有几尺，再要少待片刻，把黑气欺没了，阴阳气一卷，就把他卷到湖里去，他这五千年的道行就完了。眼瞧这假济颠热汗直流，法台"咯啷咯啷"直响，济公禅师心中有些不忍，这才口念"阿弥陀佛"，由腰里把僧帽拿出来戴上。和尚说："亮儿给我拿个折。"陈亮一想："这倒不错，把陈字去了，净叫亮儿。"立刻给和尚把僧袍拿了个折。和尚把绒绦紧一紧，说："雷鸣、陈亮你两个人上西边铺子门口，雨搭底下去，我和尚有事。"雷鸣、陈亮就到铺户廊檐下去一站。和尚恭恭敬敬，冲西北磕了三个头，起来也到廊檐下一站。少时云生西北，雾长东南，沉雷一响，大雨点真有钱大，赶精雷一响避邪，湖里这股阴阳气收回去了。台上假济颠也怕雷，他也是妖精，自己一想："得找个有造化的人，可以躲避雷，大概知府顾国章皇上家的四品官，必有造化。"假济颠正要找知府去，忽然往西一看，见穷的尚一摸脑袋，透出三光。他一看是身高十丈，头如麦斗，身穿织锦，赤着两只腿，光着两只脚，是一位活报报知觉罗汉。假济颠连忙来到真济颠跟前，说："圣僧你老人家救命！"和尚一掀僧袍，说："这里头蹲着来，老实点，别碰了零碎。"这个时节，狂风暴雨就下来了。瞧热闹人，跑的跑，躲的躲，知府在看台上也下来了。眼瞧着这法台上的大和尚，跑到那穷和尚的僧袍底下蹲着去，知府心中纳闷。

这个时节一个电闪，跟着一个雷，这霹雷老打不着。济公一按灵光，说："好东西，真是作怪！假济颠你出来，我用用你。"假济颠说："圣僧，我不敢出去，怕雷劈。"和尚说："不要紧，把我的帽子给你戴上。此时湖里的妖精，给雷震迷了。他头上顶着一块脏布，乃妇人所用污秽之物，雷不能震他。你到湖里去把脏布抢过来，雷就把他击了。"假济颠这才戴上济公的僧帽，狂奔湖岸，滋溜跳下湖去。知府看得明明白白，少时"呱啦"一个霹雷，雨随着就小了，就听湖水"哗啦啦"一响，妖精翻上来了。大众一看，这个妖精，其形是龙脑袋，两只眼没了。有两条腿，长有三十余丈，一身净鳞。这宗东西名叫鳄鱼，乃是龙种。这鳄鱼天底下地上头，只有一个，够五百里地长，这是个小的。这种东西最厉害无比，龙之性最淫，比如龙要污了牛，下出子来，名曰特龙；污了马，下出驹来名曰龙驹；污了驴，下出子来名曰骞龙；污了羊，生子名曰猖龙；污了猪，生子名曰獖龙；要污了野鸡，下了蛋，入地一年走一尺，四十年起蛟，它一出，能使山崩地裂，四周带起四十丈水来，乃是龙王爷的反叛。这个鳄鱼，天下大患，今天被雷击了，雨也住了。知府知道是穷和尚的法术，请的雷，这才下了看台，过来给济公行礼说："圣僧佛法无边，弟子深为感念，请圣僧到衙门一叙。"和尚说："太守大人，你把这鳄鱼叫人抬回去。他那两只眼，是两颗避水珠，在内肾囊里，取出来，乃是无价之宝。他周身骨头节里都是珠子，他那两只爪，是真锹块。大人你得这个鱼，取出珠子来，胜似敌国之富。"知府一听，喜乐非常，吩咐把方才那假济颠骑的马，给圣僧备过来。手下人答应，旁边胡秀章赶过来说："圣僧你老人家上衙门去，我要回家了，在家中候着你老人家。"和尚点头，雷鸣、陈亮、孙道全过来，随着济公左右。

和尚上了马，同知府并马而行，刚走到绍兴府东门，忽然济公骑的这匹马一叫，连蹿带跳，往北就跑。知府赶紧吩咐人快截马。大众官人都嚷截，但是谁也没截住。和尚的马，一直往北跑下去了。雷鸣、陈亮、孙道全随后追赶，和尚这匹马奔走如飞，跑下有二十多里来。和尚说："好东西，真跟我玩笑。"正往前走着，眼前树林子一声："阿弥陀佛！师傅别走，弟子给你老人家送帽子来了。"济公一看，正是假济颠。书中交代：这个假济颠怎么一段缘故呢？只因绍兴府正南有一座会稽山，山下住着一个打柴的，姓李名云。这个人乃是饱学，时运不佳，家中贫寒，不能念书。家有老母，李云事母至孝，就指着打柴度日。一天打两担柴，一担柴籴米，一担柴自己烧。这天拿着扁担板斧，到山上去打柴，刚走到山口，就见那里有一条大蟒，有好几十丈长，两只眼似两盏灯，张着血盆似的大嘴。李云吓得魂不附体，把扁担板斧都丢了，跑回家去，吓得战战兢兢。他母亲就问："儿呀，怎么了？"李云说："吓死我了！我拿着扁担板斧刚要上山去打柴，刚走到山口，看见一条大蟒，真有水缸粗细，有好几十丈长，两只眼睛像两盏灯，张着大嘴要吃我！吓得我把扁担板斧都撂了，赶紧跑回来。"老太太一听，说："扁担板斧倒是小事，只是我儿有命，可以养赡为娘。"次日李云还得去打柴，家中又并无余粮，无奈跟街坊又借了一根扁担，一把斧

图文珍藏版

子,狂奔会稽山。刚来到山口一看,大蟒尚未走,吓得李云又把扁担斧子捺了,又跑回去。老太太一看,见李云吓得颜色更变,又问:"李云为何惊慌?"李云说:"大蟒还在那里!"老太太说:"可别去了。"又过了一天。次日家中颗粒俱无,不去就得饿着,李云想:"我把人家担绳等件也捺在那里,怎么赔人家?"这样一想,不顾命了,当时由家中出来,狂奔山口,捡扁担打柴。不知李云性命如何,且看下回分解。

第一百三十五回　济公请雷诛妖怪
飞龙诚心拜圣僧

话说李云因家中无柴米,老母不能充饥,自己无法,来到山口,一捡两条扁担,两把板斧。大蟒也并不吃他。李云由蟒边走过去,上山打柴,挑柴回来,仍由蟒旁边过,大蟒也不动弹。后来一传,嚷动了会稽县知县来祭奠大蟒。知县烧香说:"大蟒你真有道德,你快走,找深山洞府参修去,可以成正果,省得民间作乱。"果然一阵风,大蟒起在半悬空,往四外一看,见有一座山洞,洞里有一股妖气。大蟒摇身一变,变了一个老道,头戴九梁巾,身穿蓝道袍,白袜云鞋,来到洞门。往里一看,里面有一个和尚,端然正坐,闭目参修。老道说:"这位道兄请了。"和尚一看说:"道兄从哪里来的?"蟒老道说:"我原本在虎邱山禅家院参修,那里有大造化人占了,我此时无地安身。师兄你怎么称呼?在此何干?"和尚说:"我乃飞龙僧是也,在洞中修真养性。未领教道兄怎么称呼?修炼有多少年代?"蟒老道说:"我有八千多年的道行,我乃无名氏。你有多少年的功德?"和尚说:"我有五千年的道行。我虽有五千年,我可做了些功德事,常在外面施符水治病,了然功德,常常下山,不在洞内。道兄既是没处去,何妨你就在我洞中一同参修,你我彼此也有个伴当。"老道说:"也好。"就同飞龙僧二人在一处,时常盘道说法。这天和尚说:"道兄,你在洞里养静罢,我要下山去做功德事。"老道说:"好,你去吧,我也不懂的做功德,我就懂的参星拜斗,务正参修,不求有功,但求无过。"

和尚下了山,在外面治病。听说白水湖妖精闹的利害,飞龙僧想:"知府贴榜文,请人捉妖,我要把妖精除了,也是一件功德事。"自己一想:"我见知府,我说我是飞龙僧,他准不恭敬我。听说尘世有个济颠僧,名头高大,莫如我变做个济颠僧,知府准恭敬我。"他又没见过济颠僧是什么样儿,他自己想,济颠必是个大罗汉样子。他这才变了一个大和尚,赤红脸,穿黄袍,一见知府很恭敬,焉想到一捉妖,他不是那湖里妖精的敌手。他说回庙里去取法宝,他是回了山了,一见蟒老道,提说在白水湖捉妖之故。飞龙僧说:"道兄,你帮我把妖精捉了,你我也是一件功德。"老道说:"我不行,我也不会法术。再说咱们两个人也是妖精,又非正果,哪有妖去拿妖的道理,你自己去吧,我也不想有功,但求无过就是了。"飞龙僧一想:"蟒道真不懂交情,也罢,我也不用你,明天我自己去,跟白水湖妖精一死相拼,拼着我这五千年道行不要了,我捉不了他,我也就不回山了。倘如上天有眼,可怜我,也许我成了事。"到次日,这才来跟妖精拼命,偏巧遇见真济公。他想:"济公他老人家乃是罗汉,我趁此机何不认圣僧为师,也可以学点法术。"济公叫他戴着帽子,到湖里把鳄鱼头上的妇人脏布抢了去,雷把鳄鱼击了。飞龙僧在暗中看着,知府给济公备马,请济公上衙门。他暗中一打济公这匹马,马往北跑走来,他这才由树林绕出来,口称:"圣僧别走,弟子给你老人家送帽子来了,求圣僧大发慈悲,收弟子做个徒弟吧。"济公禅师一看,原来是假济颠,哈哈大笑说:"你要拜我和尚为师,我瞧你是什么变的。"假济颠说:"师傅要瞧我的本像,那倒现成。"立刻把帽子递给济公,他把身形一晃,露出本像。济公一看,这宗东西,有二十余丈长,有十二条腿,也是龙脑袋,他本是龙种,龙要污了蜈蚣,就生这兽,名叫飞龙,故此他叫飞龙僧。济公看罢,说:"你要认我和尚为师,我不能收你,我们和尚都是人,没有畜类当和尚的。"飞龙僧"嘟嘟"直叫,人有人言,兽有兽语,说:"圣僧慈悲慈悲罢!"和尚说:"你要认我也行,我把你用火烧了,你再投胎,托生人世,长大了,我收你做徒弟。"飞龙说:"火烧不好受。"和尚说:"要不然,我拿石头把你打死。"飞龙说:"我舍不得我这五千年的道行。"和尚说:"要不然,我不收你。"飞龙一听,身形一晃,一溜烟没了。忽然济公的这匹马又惊了,和尚说:"好东西,你这可是存心跟我要笑。"说着话,正往前走,只见眼前一晃,来了一个和尚,也是短头发有二寸多长,一脸的油腻,破僧衣,短袖缺领,腰系绒绦,疙里疙瘩,光着两只脚,穿着两只草鞋,跟济公一个样子的打扮。来到近前说:"师傅你收我不收我?"济公一瞧也乐了,说:"也罢,我和尚收你就是了,你过来。"济公用手拍着他的天灵盖,说道:"你得道绍兴南,出家会稽山,神通多广大,舍药济贫寒,修行飞龙洞,道德五千年,拜在贫僧面,赐名叫悟禅。"小和尚立刻给济公磕了头。济公说:"徒弟跟我走吧。"

师徒二人刚要往回走,雷鸣、陈亮、孙道全三个人追赶下来,远远一看,雷鸣说:"老三你看,咱们师傅分身法。"孙道全说:"不是,东边站着穷和尚,是方才那个假济颠变的,西边站着那才是咱们师傅呢。"雷鸣说:"你怎么瞧得出来?"孙道全说:"我拿符水洗过眼,我看得出来。他头上有黑气,是妖精。"陈亮说:"什么妖精?"孙道全说:"看不出,只知道是妖精。"说着话走到切近。济公说:"雷鸣、陈亮、悟真过来见见你师兄,我收他做徒弟,起名叫悟禅。"雷鸣、陈亮说:"师傅,你收徒弟,有个先来后到,我们先进门,他后进门,怎么他倒是师兄呢?"济公说:"不论先收后收,他的道行比你们大,过来见见。"雷鸣说:"比比身量,他也矮得多。"雷鸣、陈亮过来,要跟悟禅比,悟禅赶紧跑在旁边躲闪。济公说:"你跑什么?"悟禅说:"师傅不是别的,我身子零碎东西多,怕他们两人挨着我,得便偷的什么。"雷鸣说:"好,你这个嘴真尖。"济公说:"别空闹,咱们走吧。"师徒五人,这才回到知府衙门。济公下了马,大家往里狂奔。来到书房,知府顾国章一瞧一愣,说:"哪位是济公?"和尚说:"这是我的徒弟悟禅,改头换面,你们就不认识了。"知府说:"原来是少师傅,请坐请坐。"立刻大众落座,有家人献茶,知府吩咐摆两桌酒,悟禅、悟真、雷鸣、陈亮四个人一桌,知府陪着济公喝酒谈说。

正喝着酒,进来家人回禀,拿着一封信,说:"大人家里来了信了,有紧要的事,请大人过目。"知府接过信来一看,叹了一声:"圣僧请你看罢,我的官运实在不好。"和尚说:"怎么?"知府说:"现在我家有老母,今年已七十余岁,病得甚沉重,倘然我娘亲一故,我岂不是要丁忧守制?"和尚一按灵光,说:"不要紧,我和尚有药,管叫老太太吃了多活几年。"知府说:"虽有药那也不行,我家离有一千八百里,遥遥往返,得走一个月,有药也赶不上。"和尚说:"不要紧,叫我的徒弟给你家送去,悟禅过来。"悟禅说:"伺候师傅。"和尚说:"我派你给太守家里去送药,得几天回来?"悟禅说:"大人家里不是山东吗?"知府说:"是。"悟禅说:"要没什么耽误,有两个时辰,我就回来。"知府一听,心中有些不信:"少师傅你要真能两个时辰打回来,我写一封信,求少师傅把药送到我家里,有一挂多宝串,给我要来。"悟禅说:"那行。"济公给了一块药,交给悟禅。悟禅说:"师傅我走了。"济公说:"你去吧。"悟禅刚一出门,转身又回来,说:"师傅我不去了。"济公说:"怎么?"悟禅说:"师傅你瞧,知府有多大样子,这么远我去给送药,他连送都不送,仿佛应当则分,我不去了。"知府一听说:"少师傅,不要见怪,我疏忽了,少师傅请,我送你。"悟禅这才往外走,知府刚送出衙门,说:"少师傅多辛苦。"悟禅一晃脑袋,"滋溜"一股烟没了。就听二门里"哎呦""噗冬""哗啦",怎么一回事呢?原来家人刚打厨房拿油盘,托着四样菜来上菜,一进二门,只见一个小和尚一晃脑袋,一溜烟没了,吓得他油盘也摔了,跌了一个跟头。知府故作没瞧见,这就是大人不见小人过。知府进来陪着济公喝酒,偶然和尚一哆嗦,赶紧把雷鸣、陈亮叫到无人之处。济公禅师说了一席话,把雷鸣、陈亮吓得赶紧就走。不知所因何故,且看下回分解。

第一百三十六回　知府衙悟禅施妙法　曹娥江雷陈赶贼船

话说济公禅师正喝着酒，打了一个冷战，一按灵光，早已占算明白，连忙站起身，把雷鸣、陈亮叫到无人之处说："雷鸣、陈亮，你们两个是我徒弟不是？"雷鸣、陈亮说："师傅这话从哪里说起呀？"和尚说："我待你两个人好不好？"雷、陈说："怎么不好？"和尚说："我救你两个人性命有几回？"雷鸣、陈亮说："有数次了。师傅待我二人恩同再造，有什么话，只管吩咐。"和尚说："既是我待你二人不错，现在我和尚有事，你二人可肯尽其心？"雷鸣、陈亮说："师傅有什么事，二人万死不辞。"和尚说："好，我这一回到白水湖，一来是捉妖，二来所为狂奔天台县去，探望我娘舅。现在我舅舅派我表兄王全，同我家的老管家出来找我，今天我表兄同老家人可上了贼船了。天到正午，他二人就有性命之忧，准活不了。你二人要是我徒弟，赶紧出绍兴府，顺江岸一直往西，狂奔曹娥江，看江里有一只船，那就是贼船。你们看有一个年轻的文生公子，那就是你师伯王全，有一个老头，那就是老管家李福。船上没有别的客，余者船上的人都是贼。你二人赶紧去，天一到正午，他二人可就没了命了。你二人要救不了你师伯王全，从此也就不必见我了，也不算是我徒弟。"雷鸣、陈亮一听这句话，也顾不得跟知府告辞，撒腿就跑，跑出衙门，奔出了南门。二人顺江岸施展陆地飞腾法，一直往西，一口气跑有二十多里。看看有巳正，微缓一缓，又跑二十多里。刚来到曹娥江地面，远远有一只小船，就见由船的后舱出来一个人，手拿一把钢刀，狂奔前舱。二人来到临近，见有一人从前舱里提出一颗血淋淋的人头，是个少年的人头。雷鸣一瞧就急了，船离着岸有三丈多远。雷鸣一声喊嚷："好囚囊的！"一个急劲，拧身就往船上蹿。没蹿到船上，"噗冬"掉在江内。陈亮一看，眼就红了，自己想："我二哥一死，我焉能独生？"来到江岸，施展鹞子穿云三踪法，拧身往船上一蹿，前脚刚落到船沿上，船上那人举刀照定陈亮劈头就剁。

书中交代，这只船正是贼船。坐船的非是别人，正是王全、李福。凡事也是该因，王全、李福由萧山县完了官司，依着王全还要寻找表弟李修缘。李福说："公子爷依我说。你老人家回去罢。头一件，老员外虽说一天找着一天回去，一年找着一年回去，找不着我家公子，不准回去。据我想老员外也是不放心公子爷，你是读书的人，圣人有云：'父母在，不远游，游必有方'。再说我家公子也未必准找得着，这几年的工夫，还不定生死存亡。再往后天气一天冷似一天，一到三冬，天寒地冷，你我在外面，早起晚睡，我老奴倒不要紧，公子爷懦弱身体，焉能受得了这样辛苦？再说无故遭这件官司，呼吸间有性命之忧，要不是上天有眼，神佛保佑，你我主仆有冤难伸，岂不置之于死地？倒不如你我回家去，也省得老员外提心吊胆，以待来春天暖开花，老奴再同公子爷出来寻找。你道是与不是？"公子王全想也是。回想这场官司，也令人胆战心惊。这才说："既然如是，你我回去走吧。"主仆二人顺大路，饥餐渴饮，晓行夜宿往回走。这天来至小江口镇店，李福说："公子爷，天也不早了，你我找店吧，明天由此地码头可以雇船了，也省得走旱路。早晚起歇，跋涉艰难，甚为劳乏，错过占道，就得耽惊骇怕。"王全点头答应，就在小江口找了一座万盛客店，主仆进了店，伙计让到北上房，是一明两暗三间。李福把褡套放下，擦脸喝茶，歇息了片刻，要酒要菜，主仆二人同桌而食。正在吃酒之际，听外面有人说话："掌柜的，客人都坐满了罢？"掌柜的说："有几十位住客。"这个在院中喊嚷："哪位雇船？我们船是天台县的，有搭船走的没有？我们是捎带脚，明天开船。"

王全、李福听见，正要出来商量雇船，只见有一人来到上房，一开门说："你们这屋里客人，是上哪去的？雇船罢？"王全看这个人有三十多岁，白脸膛，俊品人物，头上挽着牛心发髻，身穿蓝布小褂，月白中衣，蓝袜子打绑腿，两只旧青布鞋。王全看这位很眼熟，这个人一看王全也一愣，迈步进来说："这位客人贵姓呀？"王全说："我姓王。"这个人"啊"了一声说："你老人家是台州府天台县永宁村的人吗？"王全说："是呀。"这人赶紧上前行礼，说："原来是公子爷，你不认识小人了？"李福说："你是谁呀？"这人说："李伯父，你真是贵人多忘事，小侄给我公子爷当过伴童，名叫进福呀。"王全也想起来了，说："进福，你怎么会在这里？做什么呢？"进福叹了一声，说："公子爷别提了，一言难尽！"

书中交代，这个进福原本年幼的时节，他父母是乡下人，皆因旱落不收，家里过不了，把他卖给王安士家中，永远为奴。王安士就叫进福侍候王全念书，当伴童，后来进福长到十八九岁，手里也有两个钱，在外面无所不为，吃喝嫖赌全有。本来王安士家里乃是富豪人家，待人极厚，奴婢个个都有钱。进福不但吃喝嫖赌，后来宅内有一个做针线的仆人，也有二十多岁，跟进福通奸有染，被进福拐出去，在外赁房过日子，就算是他的外家，进福可还在王员外家里伺候。凡事纸裹包不住火，要得人不知，除非己莫为。进福把老婆拐出去，被老员外叫手下人把进福捆了起来一打。老员外说："我这家里，乃是书香门第，礼乐人家。你这奴才，敢做出这样伤天害理之事！"要把进福活活打死。那时众人给他讲情，王员外本是个善人，把进福赶出去，从此不准他进门。众仆人把他放开，老员外立刻叫："走！是他的东西全给他。"进福哭哭啼啼，一见全少爷，提说老员外要赶出去。王全说："我给你三十两银子，你先出去，过几个月等老员外把气消了，再给央求，与你求情，你再回来。"

因为这个事，进福由王员外家出来，有几年光景。今天在这小江口店中遇见，王全就问："进福，此时做何生意呢？"进福说："公子爷有所不知，自从老员外把我撵出来，我受了罪了。现在如今我就在这码头上，当一名拢班，给人家船上揽买卖。一吊钱的买卖我有一百钱，一天挣一百吃一百，挣二百吃二百。"王全说："谁叫你自己不安分呢？你要在我家，到如今也不至这样。跟你一同当书童的，现在老员外都给配了婚，娶了媳妇，住在老员外房子内，还管吃穿。你今天既见着我，我还带你回去就是了。明天我这里有衣裳，先给你一两件，等到家再给你换。"进福说："公子爷带我回去，恐怕老员外不答应罢？"王全说："不要紧，我给你求救，大概老员外也不至跟你一般见识。"进福说："那敢情好。公子爷你这是上哪去了？素常你不是出门的人哪。"王全叹了一声说："我奉员外之命，叫我出来找寻我表弟李修缘，叫我多带黄金，少带白银，暗藏珠宝，一天找着一天回去，一年找着一年回去，找不着不准回去。在萧山县打了一场无头案的官司，呼吸间把命没了。现在天也冷了，我打算回家过年。"进福一听这话，心中一动，一瞧王全的褡套不小，大概金银珠宝值钱的东西不少了："我何必跟他回家，当一辈子奴才，永远伺候人？我何不勾串贼船，把他主仆一害，大概他必有一万两万的，我跟船上二一添作五，分一半还有一万，有一万还分有五千呢。我找个地方，娶一房媳妇，岂不是逍遥自在，无拘无束？"想罢说："公子爷我去找船去，我雇船准得便宜。"王全说："好，你去吧。"

进福出了店一想："听说姜家爷们使船是黑船，一年做两场买卖，很富足，我找他们商量去。"当时来到码头一瞧，偏巧姜家的船在这里靠着。进福上了船一瞧，管船的姜成老头，正在船上。进福说："姜管船的，我跟你商量事，你可别多心。我听说你们爷们做黑的买卖？"姜成说："你满嘴胡说！"进福说："你听我说，现在我有一个旧主人，主仆两个，带着有金珠细软的东西，少说也有一万银，只有多的。咱们走在半路，把他一害，咱们二一添作五，你一半我一半，你也发了财，我也发财了，从此洗手，你瞧好不好？"不知姜成如何答应，且看下回分解。

**第一百三十七回　　小江口主仆遇故旧
　　　　　　　　　　恶奴才勾贼害主人**

话说进福跟管船的姜成一商量，姜成听他这些话，说问："你这主人在哪里呢？"进福说："在万盛店住着，你愿意我就带你去见见。"姜成本是久惯害人的人，他外号叫混海龙，有三个儿子，叫姜龙、姜虎、姜豹，有一个侄子叫姜彪。船上没外人，亲爷们五个人，称姜家五虎。素常他不揽铺户生意的买卖，专揽孤行客，或两三个人,行囊多,褥套大,走在半路,把人杀了往江里一推,东西就是他的了。今天进福一说,他焉有不愿意之理? 姜成说:"办就照这样罢,我同你到店里见见去。"进福同姜成来到万盛店,一见王全、李福,进福说:"公子爷,我把船雇妥了。偏巧人家这只船,是上台州府去的,顺便稍带脚,不等人,明天开船。我把管船的带来了。"王全一看,是个老者。王全就问:"上台州府搭船要多少钱?"姜成说:"大爷不用说价,我们这船是去装货,没人雇,也是明天开船,带坐是白得钱了,到了,大爷愿意多给就多给,少给也不争竞,你瞧着办吧。"王全想这倒痛快,说:"既然如是,明天上船罢,进福你就不用走吧。"姜成说:"大爷今天上船罢,明天天一亮就开船走了。"王全本是赶路的心急,恨不能一时到家,一想很好,立刻算还店账,叫进福去买点路菜,打点酒,叫李福扛着褥套,随同姜成,来到码头上了船。少时进福把酒菜都买来。

次日,天光一亮,提篙撒揽,拽风篷开了船。王全、李福起来,喝了一碗茶,往前行着,见水势甚狂,波浪滔天。王全叫李福把菜打开,喝点酒可以解闷。船往前走,刚来到曹娥江地面,天有正午。此地遍野荒郊,无人行路,江里又没有同伴的船只。进福由后梢里拿出一把刀,来到前舱,一把就把王全的胸前文生氅揪住,说:"王全,你打算大太爷真跟你回去,还当奴才去? 你那算在睡里梦里,我把你一杀,把金珠跟管船的一分,就算完了。你也该死了,好吃也吃过,好穿也穿过,死了也不冤!"李福此时"哎呀"一声,翻身栽倒,吓死过去。王全吓得战战兢兢,说:"你你你这奴才真要造反吗?"进福哈哈一笑说:"是要反。"立刻一举钢刀,只听"噗冬"一声响,红光皆冒,鲜血崩流,人头滚滚在船板之上。王全可没死,进福的脑袋可掉下来了。怎么进福拿刀杀人,他脑袋会掉下来呢? 这内中有一段缘故。凡事好人必有好报,常言说,害人先害己,这话诚然不错,小子也是该死的。王全以恩礼相待,不但不记恨他的前情,反要把他带回家去,给他饭吃。他不讲以恩报德,反生祸心,这也是报应循环是不爽了。原来他一举刀没往下落,姜龙一刀,把他杀了。这事怎么一段故事呢? 原本是混海龙姜成自己一想:"为甚做了买卖害人,分给他一半呢? 莫若把他也杀了,一则可以把银子独吞,二来也省得犯案。"故此叫姜龙把进福杀了。他只顾跟王全说话,没留神身后,姜龙把进福一杀,王全一吓也躺了下来了。

姜龙提着人头出来,这个时节,雷鸣、陈亮赶到。雷鸣远远瞧见,有人由后梢拿刀奔前舱,原是进福。见有人头拿出来,可是进福的人头。雷鸣往船上蹿没蹿到,掉下江去。陈亮刚蹿到船上,尚未站稳,姜龙照陈亮拦头就是一刀。陈亮一闪身,也就掉下江去。陈亮一低头,本来前脚刚一沾船,借劲使劲,蹿到船头。姜龙跟着又是一刀,也是陈亮真是身体伶便,急又一闪身,这才拉出刀来回手。姜龙一声喊嚷:"合字风紧,抄家伙!"一句话,混海龙姜成、姜虎、姜豹、姜彪,一齐抄起刀出来,把陈亮围住。陈亮想:"不妙! 一人难敌四汉,好汉难打双拳。"船上地方又窄狭,陈亮又不会水,又怕掉下河去。正在危急之间,只见正东水面上来了一个穷和尚,破僧衣,短袖缺领,腰系绒绦,疙里疙瘩,光着两只脚,穿着两只草鞋,"梯他梯他"在水上走,如履平地一般。姜龙、姜虎一瞧就愣了。陈亮瞧见,只当是济公来了。

书中交代,来者非是济公,乃是悟禅。悟禅打哪来呢? 书一落笔,难写两件事。济公打发雷鸣、陈亮走后,仍到书房吃酒。知府说:"圣僧二位令徒哪去了?"和尚说:"我叫他二人办事去了。"说着话,喝酒谈心,工夫不大,风门一开,悟禅由外面进来,说:"师傅,你瞧我回来得快不快?"济公说:"快,你把药送到了?"悟禅说:"送到了。我把多宝串带来了,大人你瞧瞧。"知府顾国章接来一看,果然不错,说:"真乃神也仙也! 少师傅多有辛苦也!"济公说:"徒弟你别歇着,给我办点事,我派你师弟雷鸣、陈亮去到曹娥江救你师伯王全。他二人也要受害,你赶紧去把他们都救了,把贼船给他毁了,叫雷鸣、陈亮暗中跟着,保护我表兄王全、李福,就提我说的。"悟禅说:"是了。"转身就往外走,刚一到院子,管家二爷过来拦住说:"少师傅,方才你一晃脑袋,一溜烟就没了,吓得我把油盘菜都摔了。我也没瞧明白,你再晃一回我看看,行不行?"悟禅说:"那行,你跟我出衙门去。"管家跟着出了衙门,悟禅说:"那里人多,你跟我找没人的地方,我叫你瞧。"管家跟着出了西门,说:"少师傅你晃罢。"悟禅说:"你瞧,后头有人追下你来。"管家一回头,没人,再一瞧和尚,没有了。管家想："这个和尚真坏冤我，叫我跟出西门来了。"没瞧见，无奈自回去。悟禅来到曹娥江，打水波上走。他本是龙，在水上如走平地。到了这里一瞧，陈亮正不得了局。悟禅一张嘴，把五个贼人俱皆喷倒，立刻到水里，把雷鸣捞上来，搁在河坡，头冲下，往下控水。这才到船上，把王全、李福都抱下船来，连褡套东西都给拿下来，搁在这两个人眼前。此时王全、李福尚未还醒过来，陈亮只当是济公来了，赶前来连忙行礼说："多蒙师傅前来搭救，要不然，我等性命休矣。"悟禅说："我不是师傅，我是你小师兄悟禅，奉师傅之命，特叫我前来搭救你等。师傅说了，叫你两个人暗保师伯安全。我要把贼船给烧了，报应贼人。今天办一回盂兰会，烧真船真人。"说着话，悟禅就把船上的柴草引着，当下烈焰飞腾，把五个贼人烧得焦头烂额。这几个贼人也是一辈子没做好事，恶贯满盈，先见了火德星君，船板烧到底上一散，往江里一沉，又见水底龙王，然后才见阎罗天子。悟禅把船烧了，竟自回去。

陈亮见雷鸣慢慢把水吐出，还醒过来。一睁眼见陈亮在旁边站着。陈亮说："二哥你好了？"雷鸣说："老三，我曾记得栽下江去，你怎么救我的？那只船哪去了？"陈亮说："不是我救的，是师傅派小师兄悟禅救的。"就把方才之事，对雷鸣细说一遍。雷鸣这才明白，翻身起来，把湿衣裳搁在那边树上晒着。陈亮说："二哥，咱们师傅说了，叫咱们暗保师伯安全。"雷鸣点头答应，远远暗藏在树后头瞧着，见王全、李福苏醒过来。王全一睁眼，看天已黑了，满天星斗，说："哎呀，李福，你我主仆是生是死了？"李福看所有的东西褡套概不短少，都在旁边，这才说："公子爷，这必是神灵显应，救了你我主仆二人性命。"王全说："真吓死我也！怎么船也没了？真乃奇怪！"李福说："公子爷，你我趁此走吧，这黑夜的光景，荒郊野外，路静人稀，倘如再有歹人，也是了不得。"说着话，立刻扛起褡套，主仆往前行走。雷鸣早把衣服穿好，同陈亮在后面远远跟随，王全、李福并不知道后面有人跟着。雷鸣、陈亮跟来跟去，走在山内，遇见三岔路口，一个也没瞧见王全主仆往哪条路去，把跟的人丢了。雷鸣、陈亮就进了当中这条路的山口，都是高峰峻岭，越走道路越崎岖，月被云蒙，也分不出东西南北，大峰俯视小峰，前岭高接后岭，越走越迷。陈亮说："二哥别走了，你我站住，辨辨方向罢。"二人正在大岭站住，也听不见鸡鸣犬吠之声，忽听有钟声响亮，二人顺钟音找至切近一看，原来是一座古庙。焉想到二位英雄，今天误入八卦山，又遇见一场杀身之祸。不知后事如何，且看下回分解。

<h2>第一百三十八回　救众人悟禅烧贼寇　二义士误入八卦山</h2>

话说雷鸣、陈亮二人迷失路径，忽听有钟响之声。二人顺着响亮的声音，找到切近一看，乃山中一座古庙，露出月光。一看山门上有字，写的是"松阴观"。两个人来到角门叫门，只听里面一声无量佛，出来两个道童。这个说："师弟你猜谁来？"那个说："许是云霞观的紫霞真人李涵陵，再不然就是东方太悦老仙翁，也许是白云仙长。不是白云仙长，就是野鹤真人。除非是这几个人，别无他人上咱们庙里来。"说着话开了门，道童儿一瞧，说："哪里来的凡夫俗子？"雷鸣、陈亮赶紧说："仙童请了。我们二人原是迷失真路，误踏宝山，求仙童回禀观主一声，望求观主方便方便，我二人借宿一宵。"小道童拿眼瞧了一瞧，说："两个人姓甚名谁呀？"陈亮说："我姓陈名叫陈亮，他姓雷叫雷鸣。我二人原是镇江府保镖的，由绍兴府来，走迷了。"童子说："你二人在此等候，我到里面回禀一声，不定我家祖师爷肯见你们不肯。"陈亮说："好，仙童多费心罢。"小道童进去，工夫不大，出来说："我家祖师爷叫你两个人进去呢。"雷鸣、陈亮这才往里走，小道童把门关上。

二人跟着来到院内一看，院中栽松种竹，清风飘然。正当中大殿带月台，月台上有一个老道，正在那里打坐观月。东西各有配殿。果然是院中别有一洞天。陈亮心中思想："人生在世上，如同大梦一场，争名夺利，好胜逞强，人皆被利锁名缰所缠，难怪人说道：'铁甲将军夜渡关，朝臣待漏五更寒。山寺日高僧未起，算来名利不如闲。'倒不如跳出三界外，不在五行中，出了家在山中参修，另有一番清雅。"陈亮看罢，小道用手一指说："这就是我家祖师爷。"雷鸣、陈亮来至切近一看，见这老道发如三冬雪，须赛九秋霜，穿着古铜色道袍，白袜云履鞋，真是仙风道骨。雷鸣、陈亮就知道这位老道道高德重之人，赶紧行礼，说："仙长在上，弟子雷鸣、陈亮参见祖师爷。"老道口念"无量佛"说："二位远方来临，请至鹤轩一叙。"说着话，站起身来，带领雷鸣、陈亮往奔东配房。道童一打帘子，屋中掌着灯，雷鸣、陈亮一看屋中，心中大吃一惊。陈亮一想："这个老道非妖而即怪，非鬼而即狐，定不是人。"何以见得呢？看他这屋中的摆设，全都是世上罕有之物，各样的盆景古玩，俱都是珊瑚玛瑙，碧犀翡翠，价值连城，雷鸣、陈亮平生目所未睹。陈亮就问："长老，这是天堂还是人间呢？"老道哈哈一笑说："这是人间，哪里来的天堂。"书中交代，这个老道原本姓鲁，当初他乃是宋朝一家国公，自己看破了红尘，出家当了老道，道号修真，人送外号叫坎离真人。自己采这座山的地理，由府里发来的帑银修盖这座庙。这座山名叫八卦山，乃是半天产半人工修的，俗常人休打算进来，一绕就迷了。今天雷鸣、陈亮是误入八卦山，要是诚心来，凡夫俗子来不了。鲁修真在这庙中多年，把府里心爱的陈设，都搬到庙里来，自己也好做道学，颇有点道德，素常也不与世俗人来往，所有跟他常在一处的，也都清高之人。今天雷鸣、陈亮看他这屋子，故此诧异。老道让二人坐了，问："二位尊姓？"雷鸣、陈亮各通了名姓，说："我二人原是保镖为生，未领教仙长贵上下，怎样称呼？"老道说："山人姓鲁，双名修真。二位今天与山人遇缘，大概二位没吃饭吧？我这庙中有现成的素菜，二位倒不必做假。"陈亮见老道很恭敬，实在也不推辞，说："祖师爷你既是慈悲，我二人实没用过饭。"老道说："好。"立刻吩咐童子备酒，童子答应，当即擦抹桌案，杯盘联络一摆。雷鸣、陈亮一看，庙中真讲究，一概的瓷器都是九江器皿，上面都有"松阴观"三个字。素鲜的果品，都是上等的素菜。二人落座，老道一旁主座相陪，开怀畅饮。雷鸣、陈亮心中甚为感激，跟老道生而未会，素不相识，亲非骨肉亦非朋友人家，这一分优待，雷鸣、陈亮本是热心的人，心中辗转："也不能白吃老道，到临走可以多送香资。"

　　正在喝酒谈心，忽听外面打门，老道吩咐童子出去看看去。道童立刻狂奔门外，再开门一看，非是别人，乃是神童子褚道缘同鸳鸯道张道陵。这两个人由前者在白水湖跟济公作对，济公施展五行挪移大搬运走后，鸳鸯道张道陵跟褚道缘一商量，要找坎离真人下山捉拿济颠和尚，报仇雪恨，今天这才来到松阴观。小道童一看，说："你两个人来此有何干？"褚道缘说："小师兄请了。我二人来给祖师爷送信，有紧要的事，求二位小道兄到里面回禀一声，我二人要求见祖师爷。"小道童说："祖师爷会着客呢。"褚道缘说："谁在这里？"小道童说："一个姓雷，一个姓陈，他们说是镇江府的保镖的。"褚道缘一听，说："了不得了！我告诉你说，我们两人来非为别故，只因尘世上出了一个济颠僧，兴三宝，灭三清，无故跟三清教做对。现在这个姓雷姓陈的，就是济颠和尚的徒弟。这两个人是江洋大盗，必没安着好心。这就是济颠打发来的，知道祖师爷庙中值钱的东西多，必是要来偷东西。你快到里面禀一声。"道童转身进来，鲁修真就问："什么人叫门？"小道童说："张道陵、褚道缘来了。"雷鸣、陈亮一听，大吃一惊，就知道这两个老道不是好人。鲁修真就说："二位慢慢喝着，来的这两个，论起来还比我小两辈呢。我跟紫霞真人李涵龄相好，这是李涵龄徒弟。"雷鸣、陈亮说："我二人见他们多有不便，莫若躲开。"鲁修真人说："也好，你二位要不愿见，就到里间屋去坐着。"雷鸣、陈亮赶紧进到南里间去。

　　鲁修真吩咐道童："把两个人给我叫进来。"道童转身出去，少时同褚道缘二人进来。到了里面，两个老道跪倒行礼，说："祖师爷在上，弟子褚道缘、张道陵参见祖师爷。"鲁修真说："你两个人来此何干？"褚道缘说："我二人来给祖师爷送信，尘世上出了一个济颠僧，兴三宝，灭三清，他说，咱们三清教没人，都是披毛带角，横骨插心，脊背朝天，不是日造所生，无故跟三清教做对。求祖师爷下山捉拿济颠僧，给咱们三清教转转脸。"鲁修真一听说："我听说济颠僧乃是个得道的高僧，焉能无故说出这样话来？这必是你这两个孽障，来搬弄是非，胡言乱语，满嘴胡说。"褚道缘说："弟子不敢在祖师爷跟前撒谎，实有其事，求祖师爷大发慈悲множ！"鲁修真说："既然如是，你两个人去把济颠给我找来问他。"褚道缘说："我两个找不了来，我二人

国学经典文库
中国二十大名著
济公全传
图文珍藏版

见了济颠僧也不是他对手。方才我二人听小师兄说，"祖师爷这里来了一个姓雷的，一个姓陈的，是镇江府的人。"鲁修真说："不错。"张道陵、褚道缘说："祖师爷，你老人家可千万别拿这两个人当好人，这两个人原本是济颠的徒弟，必是济颠僧主使来的，知道祖师爷庙里有陈设古玩，前来做贼。这两个人原本是绿林中江洋大盗，祖师爷可千万别放他们走了！"坎离真人鲁修真一听，说："你两人满口胡言乱语道！我看这两个人，并非奸猾之辈，尚且未走，还在这里。"褚道缘说："祖师爷说我们撒谎，如果不信，现有凭据。这两个人身上准有刀，并有夜行衣包。要没有夜行衣包，没有刀，那就算我们两个人妄言，祖师爷你拿我二人治罪。"鲁修真一听也有理，真假难辨，这才说："既是你二人这样说，这倒要看看，他二人如果真有夜行衣，休想出我这松阴观。要没有夜行衣，只有刀，那不算，他二人是保镖的，应该带兵刃防身，我必要处治你二人。"褚道缘说："就是。"鲁修真这才站起身来，一同狂奔南里间，要搜雷鸣、陈亮。不知二位英雄这当该如何，且看下回分解。

第一百三十九回　八卦山雷陈逢妖道　三清观张董设奸谋

话说鲁修真一进里间屋子，再找雷鸣、陈亮，踪迹不见。一揪床帏，见床底下东墙挖了一个大窟窿，拿灯一照，窟窿旁边地下搁着一锭黄金，重够五两。宋朝年间黄金白璧最贵，每一两能换五十两白银。书中交代，雷鸣、陈亮在里间屋中坐着，就知道这两个老道要搬弄是非，动手又不是老道的对手，前者在白水湖就差点被老道杀了，今天要见着还能善罢甘休。陈亮一想："三十六着，走着为上策。"跟雷鸣一商量，挖了一个窟窿攒出去。陈亮说："二哥，咱们这样走了，这庙里老道待你我甚厚，咱们能白吃人家的？咱们给他留下黄金一锭，以表寸心。"故此搁在地上一锭金子。鲁修真一瞧人没了，留下一锭黄金，老道就明白了，立刻勃然大怒，说："你这两个孽障，分明是搬弄是非！我并非见财眼开，想必人家是好人，临走不但我屋中的东西分毫不短，反给留下这一锭黄金，不白吃我家顿饭。你这两个孽障，实在可恼，我要不看在李涵龄的面上，你们两个无故来搅我。焉能容你？便宜你两个东西，来！道童，把他两个人给我赶出庙去！"这两个人又不敢走，无奈转身往外狂奔，道童跟着关门。来到外面，褚道缘说："小师兄，我二人今天求你方便方便，天也太晚了，我二人在你们屋里藏藏。别叫祖师爷知道，天亮就走行不行？"小道童说："也罢，你二人就在我们屋里蹲半夜罢，可别说话，叫祖师爷知道，我们可担不起。"张道陵、褚道缘点头，两个人就在道童屋里坐了半夜。

天色大亮，这两个告辞出了松阴观。正往前走，猛一抬头，见雷鸣、陈亮在那南坡坐着。怎么这两个人还没走呢？并非是不走，由半夜出了庙，打算要走，走来走去，绕回来了，直走了半夜，也没离开松阴观。本来这八卦山曲曲弯弯是难走，雷、陈二人进去的时节，也是误冲误撞。见天亮了，陈亮道："二哥咱们歇歇吧，怎么出不去呢？"二人正歇着，见角门一开，褚道缘、张道陵出来了，雷鸣说："了不得了，这两个杂毛来了！"褚道缘一瞧哈哈一笑："道兄，你瞧这两个小辈还没走，这可活不了！"张道陵说："交给我拿他们！"伸手把乾坤颠倒迷路旗拿出了，赶奔向前说："两个小辈，这往哪里走？"雷鸣气往上撞说："老三，咱们跟他拼了，把两个杂毛宰了！"陈亮说："好老道，我二人跟你远日无冤，近日无仇，无故跟我二人苦苦作对，我这命不要了！"老道哈哈一笑，把旗子一晃，口中念念有词，雷鸣、陈亮打算拔刀过去动手，焉想到身不由己，只见天旋地转，二人头昏眼眩翻身栽倒。

张道陵把旗子卷上，仍插在背后，伸手拉出宝剑，褚道缘刚要过去，只见由西边石头后有一长身，正是济公。和尚哈哈一笑说："好杂毛！无故要杀我徒弟，咱们老爷们较量较量。"老道一瞧，就一愣。书中交代，济公打哪来呢？不但济公一个人来了，连悟禅、悟真都来了。和尚在绍兴府衙门同知府吃酒，悟禅救了雷鸣、陈亮、王全、李福，把贼船烧了，仍回到知府衙门。来到书房，一见济公，济公说："徒弟回来了。"悟禅说:"回来了。"把救人的事一说,济公说:"好,喝酒罢!"悟禅同孙道全一桌去喝酒。吃喝完毕,知府顾国章说:"圣僧不用走了,你老人家在这里住几天罢。"和尚说:"不走就不走。"家人把残桌撤去,伺候茶,知府陪和尚谈心叙话。晚上仍是预备两桌席。吃完了晚饭,天到二鼓,知府告辞归后面去。济公说:"悟禅、悟真,明天天一微亮,你我就起来走,狂奔八卦山。你们师弟雷鸣、陈亮有难,咱们得去救他。"悟禅、悟真说:"是了。"当时安歇。天刚微亮,济公说:"咱们该走了,谁有能为,谁先到八卦山。"孙道全说:"我走得慢,笨鸟先飞,我头里走。"和尚给知府留了四个字,写的是"暂且告别"。和尚说:"悟禅看谁走得快,咱们爷俩赛赛!"小悟禅一想:"我准比我师傅快!"立刻一晃脑袋,"滋溜"没了。及至赶到八卦山一瞧,济公在那坐着呢。悟禅说:"师傅怎么先来了?"和尚说:"你的道行还差得多,孙道全还没到呢,他先走的。"孙道全拧着袍袖,驾着趁脚风直跑,累了一身大汗,末后才赶到。师徒三个先后刚来到,只见张道陵已把雷鸣、陈亮置躺下,褚道缘刚要杀这两个人,和尚哈哈一笑,张道陵一瞧,说:"好颠僧,前者你施展五行挪移大搬运逃走,今天还敢前来送死?"悟禅一晃脑袋,"滋溜"没了,把两个老道吓了一哆嗦。济公说:"好杂毛,今天咱们到此,分个强存弱死,真在假亡。"这句话没说完,一瞧悟禅又回来了,手里拿着一根旗子,说:"师傅你瞧,我把杂毛的旗子偷来了。"张道陵回手一摸,身背后插着一根檀木棍,老道气得"哇呀呀"直嚷。济公说:"把旗子给我,拿他的旗子拿他。"老道心说:"我的旗子,他也不会使,没咒语不行。"焉想到和尚拿着旗子一晃,口念:"唵嘛呢叭咪吽,唵敕令赫!"立刻两个老道就天旋地转,身不由己,翻身栽倒,不能转动。和尚过去,把雷鸣、陈亮救起,这两个人给师傅行礼。和尚说:"雷鸣、陈亮,这两个老道无故欺负你们,你两个人报应他们,不准你们要他的命,爱怎么报应怎么办!"陈亮说:"二哥,咱们把两个老道衣裳剥下来,拿了当了吃,好吗?"雷鸣点头,立刻把老道连裤子都给脱下来。陈亮说:"这个褚道缘顶可恨,应把张道陵搁在褚道缘身上。"两个老道都赤身露体,褚道缘在底下趴着,张道陵在上头压着。雷鸣、陈亮把两个老道的衣裳用包袱包好,这才问:"师傅,咱们上哪去?"和尚说:"悟真,你等知道师傅的出身来历不知?"孙道全说:"不知。"和尚说:"我本是台州府天台县永宁村的人氏,我这一来,一则为白水湖捉妖,二则为探望娘舅。此番我表兄王全出来找我,可往回走着,我舅舅王安士家中,现在被阴人陷害,差不多就要没命。我要带你小师兄去找坎离真人,有要紧事,不能不去见他,将来我有一步大难临身,非用他不可。悟真你过来,附耳如此这般,你带着雷鸣、陈亮急速去,你给我去办这件事,也不枉你我师徒一场。"孙道全说:"记住了,谨遵师傅之命。"立刻带领雷鸣、陈亮起身,狂奔永宁村。

书中交代,王安士被何人所害呢? 一落笔难写两件事。只因王安士叫公子王全寻找李修缘,家中虽有百万之富,家里没有亲丁,只剩下夫妇两个。安人娘家有一个内侄,叫张士芳。当初张士芳家里,也是财主,只因张士芳父母一死,他吃喝嫖赌,无所不为,把一分家业全花完了,自己弄得连住处也没有。就在永宁村外,有一座三清观庙,老道姓董名太清,原先跟张士芳家中有来往,他没地方住,就在庙里浮居。张士芳也无所是事,坑蒙拐骗,在外面还是眠花卧柳,常找王员外家要钱。先前给他每次三二百两,后来不时要,也还给他十两八两,老安人偏疼内侄,偷着还常给他银子。张士芳这天跟董老道说:"我听见你们做老道的,能够害人。我跟你商量,你愿意发财不愿意?"董老道说:"害人可能行,害谁呀?"张士芳说:"我姑父王安士,家有百万之富。现在我表弟王全出去找亲家表弟李修缘去,不定几年回来。但李修缘家当初也有百万家资,也归了王安士。你要能把我姑父给害了,家里没人,我姑母准叫我总办丧仪,准得剩几万,我准得发财。"老道说:"你发财,我白害人吗? 多了我也不要你,给我五百两银子,我能叫他七天准死。"张士芳说:"只要我姑父能死,我准给你五百两银子。"老道说:"口说无凭,你得写给我一张借字据。"张士芳说:"写。"立刻拿笔就写:

立借字人张士芳,今因手乏,借到三清观老道董太清纹银五百两,每月按三分行息。恐后无凭,立字存照。并无中保来人,张士芳亲笔画押。

写完了字,一问老道怎么害法,老道这才要施展妖术毒计,陷害王员外。不知

第一百四十回　张士芳奸心诓八字
董太清妖术设魂瓶

话说张士芳把借字写完了，一问老道，老道说："你只要把你姑父的生辰八字问来，我就能把他的魂拘来，叫他七天准死。"张士芳说："那容易。"立刻他就狂奔王员外家里来。众人看见他，就不耐烦，王福说："王孝，你瞧这小子又来了，不要脸！不是来借钱，就是来偷点什么。"大众当着面，可又不敢得罪他，他是老安人的内侄。见张士芳来到切近，大众都嚷："张公子来了？"张士芳说："来了。"迈步就往里走。他一过去，众家人又骂他："这小子家里没做好事，早晚喂了狗。"张士芳来到里面，王安士正在吃饭，一瞧见他，就一皱眉。张士芳说："姑父才吃饭呀？"王安士说："你这孩子又做什么来了？我瞧见你，又气又疼。瞧着你父母都死了，又怪苦的，可气你这孩子不务正，在外面无所不为。你自己要务本分，我的那铺子都交给你管，给你成家立业。无奈你是癫狗，扶不上墙去。"张士芳也不爱听。来到里间屋中，一见安人，安人一见说："这孩子又来了。不用说，必是又没钱花了，来要钱对不对？我这有二两碎银子给你罢，你自己留着吃饭，我也不敢多给你，多给你，你也是胡花去。"张士芳把银子取过来，说："姑母，我并不是要钱来了，我是来打听打听，我姑父多怎的生日。"老安人一听说："罢了，你还惦念着你姑父的生日呢，总算没白疼了。你姑父的生日，你也应该来给磕头。你姑父的生日快到了，他是八月二十七日生的。"张士芳说："什么时辰？"安人说："午时。"老太太哪想到他生出这样狠毒之计？拿他不当外人，全都信口说了。

张士芳赶紧听明白，回到三清观，一见董太清，老道就问："你打听来没有？"张士芳说："我问明白了，我姑父是八月二十七午时生的。"老道说："好。我给你开了个单子，你去买点东西，你有钱没有？"张士芳说："有，我有二两银子。"老道说："你去买东西，顺便找一枝桃木来。"张士芳照单把东西全买齐了，并找了一枝桃木枝，回来交给老道。老道把桃木做成一个人样，也有耳、目、口、鼻，四肢手足，把王安士的生辰八字写好，搁在桃木人里。等到天有三更，星斗出全了，老道在院中摆设香案，把道冠摘了，扎头绳解开，披散发髻。手中拿着宝剑，预备一个摄魂瓶。老道把香烛照着，用黄毛边纸画了三道符，用宝剑尖把符贴上，香菜根溅无根水，一洒五谷粮食，口中念念有词，一声"太上老君，急急如律令敕！"立刻把王安士的三魂拘来一魂，七魄拘来一魄，放在摄魂瓶之内，用红绸子一蒙，五色线一系，画了一道符，贴上瓶口之上。老道把瓶揣在怀内，这才说："张士芳，明天你一早到王员外家去，别等王安士起来，你把这个桃木人拿着，他要是在炕上睡，你给搁在褥子底下，要在床上睡，你偷着拿黄蜡给粘在床底下，准保七天，叫他准死。"张士芳说："那行。"立刻把桃木人带好。次日一清早，他到王安士家来，两眼发直，一直就往里走，奔至王安士的卧室，掀帘子就进来，他又是个晚辈，也没人拦他。老安人起来了，王安士尚未睡醒，张士芳到了屋中说："姑父还没起来呀？"安人说："你别惊动他，你姑父晚上睡得晚，家务劳心，安歇很迟。你这孩子这么早又做什么来了？"张士芳说："没事，我到这来瞧瞧。"说着话，一瞧是床，得使他就把桃木人给粘在床底下了。自己回到三清观，就是三天没出门。

第四天，张士芳一早就到王安士家里来，一瞧老安人正在哭哭啼啼。张士芳明知故问："姑母为什么哭呀？"老安人说："孩子你来了，你瞧你姑父，由打你来那一天，就没起来，人事不知，昏迷不醒，也不吃，也不喝。请了多少先生，都没给开药方，一瞧就推，都就瞧不出什么病来。你兄弟王全也没在家，这可怎么好？"张士芳一听，这小子精神来了，说："老太太，你这还不张罗，给我姑父准备后事？咱们这人家，还等着人死了才定规？这个我兄弟不在家，我就如同跟我兄弟一样，我就得张罗，给我姑父预备预备。姑母你别糊涂了，我姑父这么大的年纪，到了岁数了，快张罗后事罢！我兄弟在家，我不管，他既不在家，就是我是近人。我姑父有棺材没有？”安人说：“棺材早有了，你姑父那年自己买了两口阴沉木的寿材，三千银子，在庙里寄存着呢。”张士芳说：“既是棺材有了，也得讲棚讲杠，别等人倒了头再办。一来到也忙不过来，二来也叫别人笑话，这样大财主没人办事。老太太你只管放心，我是你内侄，总比底下人给你办事强，他们底下人办什么事，都要赚钱，我办事，将来我兄弟回来，我自对得起我兄弟。姑母你给拿银子来，我先去讲棚讲杠要紧。”安人本没有主意，架不住三句好话，立刻开箱，就拿银子。这个时节家人王得禄进来说：“太太，老员外这病，总得请人瞧。东村有一位张先生，听说是名医，可以把他请来瞧瞧，好不好？”安人尚未答言，张士芳答了话说：“你们这些东西，混账！老员外已是要死的人了，你还要拿苦水灌我姑父，你们安着什么心？所为请医生抓药好赚钱。由不了你们，快出去！”王得禄一听，心里说：“这小子真可恨！他愿意老员外死，他好谋总办丧仪。”心里骂他，当面又不敢惹他，他是老安人的内亲，无奈王得禄只好转身出去。他刚出去，管家王孝由外面进来说：“安人，老员外许是受了邪了，要不然，请个捉妖的来瞧瞧。”张士芳一听说：“你满嘴胡说，我们最不信服妖言惑众，你快滚出去！姑母你别听他们胡出主意了，你给我拿银子，我办事去吧。”老太太拿出四百银子来交给他，张士芳转身往外就走。

王孝一想：“这小子没安好心，我要叫你赚了一个钱，算我白混了！”王孝就在后面，远远跟着，见张士芳进了后街天和棚铺。张士芳一道辛苦，李掌柜说：“张公子，什么事？”张士芳说：“我姑父王安士势必死，我来讲棚。前后搭过脊棚，要暖棚客座，两面包新细席，满带花活，四面玻璃窗户，要五色天井子。门口搭过街楼，起脊带花活，扎彩子，要鼓手。楼子里面搭天花座，满要五色彩绸。扎月亮门带栏杆，月台要铺地锦。灵前要玻璃圈门，扎彩绸带牌楼，周围月台，要玻璃栏杆，全要新材料，搭七七四十九天。连伙计酒钱都包在内，要多少银子？”掌柜的拿算一合，说：“别人来讲，得六百银子，你来给五百两，至矣尽矣的价钱。”张士芳磨让到四百两，讲停当了，叫掌柜的开单子，开八百两银子。掌柜的给开了单子，张士芳说：“明天送定银。”拿了单子出来。王孝见他走了，王孝到棚铺去说：“掌柜的，方才张士芳来讲的什么棚？”掌柜的照样一说，王孝说：“多少银子？”掌柜的说：“八百两。”王孝说：“你别胡说，我们太太叫我出来讲，谁家便宜用谁的。你说实话，不然，你的买卖也不能停当。”掌柜的无法，说：“原是四百两，他叫我开八百两。”王孝说：“你照样给我开四百两的单子，准管保用你的。”掌柜的开了单子，王孝拿着出来。一瞧张士芳进了德义杠房，也是一见掌柜的，提说王安士要死，要用六十四人换杠班，要新绣白罩片，绣五福捧寿，抬杠的满穿甲衣靴子，用八对白牌，六十对红牌。现销官衔全分幡伞，要新绣的全分执事，要鞭牌锁棍，刽子手执刀。旨意亭子，全分銮驾，龙旗龙棍，令旗令箭，对子马影。亭子要香亭，彩亭，鹤鹿回春，用二十四对小伞，满堂孝，清音鼓手三堂，什幡丧车鼓子，要满新软片，要旗锣伞扇，魂轿、魂椅、魂车，用七曲红罗伞，棺材头里要福禄好，搁童子，前呼后拥，由倒头满亮杠。四十九天，加钱在内，一共多少银子？掌柜的一合算，要一千两，说来说去，要八百两。说妥，张士芳叫开一千六百两的单子。他走了，王孝又到杠房盘问明白，也是照样开八百两的单子。王孝出来，见张士芳回来。王孝也跟回来，不知二人见了安人，该当如何，且看下回分解。

第一百四十一回　众家人忠心护主　孙道全奉命救人

话说张士芳把棚杠讲妥，开了两个单子，都没留定钱，四百银子在他怀里揣着。回来见安人，老太太就问：“孩子，你把棚杠都定妥了？”张士芳说：“姑母不用你老人家分心，我办事准得鲜明。咱们家里搭棚，不能叫人家耻笑。我定的是搭过脊棚，都要起脊带瓦拢，最后搭棚暖客座，两面包细席，不漏木头，满带花活，四面玻璃窗户,要五色天井子。门口搭过街牌楼,起脊带花活,扎彩子,有鼓手,楼子里面焰口座,搭大花座,要五色绸子,扎月亮门带栏杆,月台有铺地锦。灵前圈门满月玻璃的,扎彩绸带牌楼。周围月台,玻璃栏杆。这个棚,要叫别人讲去,准得一千银,我只八百两。讲得先省二百两银子,我办事不能叫我兄弟回来抱怨。"老安人一个女流之辈,哪里懂得,只说:"不多,不多。"旁边王孝站着,等他说完了,说:"张公子,你在谁家定的棚?"张士芳:"天和棚铺。"王孝说:"我也在天和棚铺讲的。照你所说东西的一样不短,短一样你别答应,可是四百两讲的。还告诉你说,你讲杠多少钱?"张士芳说:"一千六百两。"王孝说:"我讲的八百两,也跟你所用的东西一个样。"张士芳一听一愣,这小子真是口巧舌能,当时说:"姑母你别听他们的,他们打算把我闹开,他们好赚钱,没有这么便宜么!"老太太一听,叹了一声说:"王孝,你们这是何必!我内侄他还能赚我的钱吗?你们去吧。"王孝一听,老安人说他不能赚钱,自己一想:"我一片好心白费了!"赌气转身出来,众家人在大门堂里坐着,一个个生气,这个说:"张士芳这小子!狼心狗肺!"那个说:"就盼着咱们公子爷一回来,这小子就得滚开,省得他这里充二号主人!"

大家正在纷纷议论,只听外面一声:"无量佛!贫道闲游三山,闷踏五岳,访道学仙。贫道我乃是梅花山梅花岭梅花道人。"众家人一看,来了一位羽士黄冠,玄门道教。头戴青缎九梁道巾,身穿宝蓝缎道袍,青护领相衬,腰系杏黄丝绦,白袜云鞋,背一口宝剑,绿鲨鱼皮套,黄绒穗头,黄绒挽手,手执一把萤刷,面似淡金,细眉朗目,鼻直口方,三绺黑胡须飘在胸前,根根见肉,真是仙风道骨,仪表非俗。众家人就问:"道爷来何干?"老道乃答曰:"贫道乃梅花山梅花岭梅花道人,正在洞中打坐,心血来潮,掐指一算,知道王善人有难。贫道脚驾祥云,前来搭救。尔等到里面通禀,贫道并不要分文资财,所为了然功德。"家人一听,说:"道爷来救我们员外爷呀?"老道说:"正是。"王孝一听,甚为喜悦,赶紧往里飞跑。来到里面,说:"安人大喜!"老太太一听,说:"这东西混账!员外爷堪可要死,你还说大喜?喜从何来?"王孝说:"现在外面来了一位老道,说是梅花山的神仙,他说能救员外,岂不是大喜?"张士芳一听,赶紧就拦说:"你们哪弄来的老道?妖言惑众,却不是来蒙两个钱?有银子也不给他,趁早叫他快去!"王孝说:"人家老道说了,他是行好不要钱。"张士芳说:"你满嘴胡说!他不要钱,莫非自己带着锅走?"王孝说:"人家自己说不要钱。"旁边王全之妻董氏可就说:"王孝你把老道请进来,给员外瞧瞧也好,倘若瞧好了,真花一千两两千两还值呢。瞧不好,可不能给他。"王孝说:"是。"立刻转身,来到外面,说:"道爷,我家夫人有请。"老道点头,大摇大摆,往里就走。

书中交代,来者老道,非为别人,正是黄面真人孙道全。奉济公之命,前来搭救王安士。同雷鸣、陈亮来到海棠桥,叫雷鸣、陈亮在酒馆等着,孙道全这才来到王员外门首,假充神仙。同家人来到里面,张士芳一瞧,就说:"你这牛鼻子老道哪来的?跑到这里来冤人!"孙道全口念"无量佛"说:"贫道我不能跟你一般见识,我要来搭救王善人。"张士芳说:"你不用妖言惑众,你知道老员外是什么病?"老道说:"山人自然知道,但是恐其说出来,有人难以在这里站着,怕他脸上挂不住。"张士芳说:"你倒说说老员外是什么病?"老道说:"王老员外乃是被阴人陷害。"张士芳说:"你满嘴胡说,老员外素常待人甚厚,是一位善人,哪个家人能害老员外?"老道说:"倒不是家人陷害,我出家人以慈悲为门,善念为本,说话要留口德,不能明说。常言道'话到舌尖留半句,事从礼上让三分。'"张士芳说:"老道你真是造谣言!倒是谁陷害老员外?"老道微然一笑说:"你真要问害老员外之人?乃是男子之身,阴毒妇人之心,内宅之亲,外姓之人。"张士芳一听这几句话,脸上变颜变色。众家人大众一听,都猜疑是他,内宅之亲,外姓之人,不是他是谁?大众明白,又不敢说,都拿眼瞧他。张士芳恼羞变成怒:"老道你不用信口胡说!你说有阴人陷害,有什么凭据?"老道说:"那是有凭据,你把家人叫过一个来。"张士芳说:"叫家人干什么?"王得禄过来。老道说:"家人,你到老员外床底下床板上,摸有个桃木人拿下来。"王得禄果然到床底下伸手一摸,说:"不错,有东西。"立刻把桃木人拿下来,一看,其形跟人一样,里面有老员外的生辰八字。

张士芳这小子心中有鬼,他溜出来了,直奔三清观。一见董太清,张士芳说:"董道爷,你这个方儿真灵,我姑父自打那一天就没起来,昏迷不醒。我姑父一死,我就能张罗办白事。"董太清说:"总得七天,人才能够死,不到七天是不行的。"张士芳说:"灵可是灵,白费了。"董太清说:"什么?"张士芳说:"今天来了一个老道,是梅花山的梅花真人,他说能给王安士治病,他叫家人把桃木人给拿出来。他还说出害王员外的人,是男子之身,阴毒妇人之心,内宅之亲,外姓之人。不是我是谁?他算没明说我的名姓,我跑出来了。"董太清说:"我告诉你,勿论他是谁,他也救不了。我由那一天晚上,我作法把王安士的三魂拘来一魂,七魄拘来两魄,我在这摄魂瓶装着,他焉能好的了。"张士芳一听,说:"虽然你把王安士的魂拘来,在摄魂瓶装着,要据我想,这个梅花真人必来找你要摄魂瓶。"董太清说:"他不来便罢,他如果真来,我先将他结果了性命。"张士芳说:"怕你不行。我瞧人家那个老道,真是仙风道骨,穿着蓝缎子道袍,黄脸膛,三绺黑胡子比你阔的多,大概能为比你大。找你来要,你不给也许要了你的命。"董太清说:"你真是气死我也!"

正说着话,就听外面一声"无量佛"。张士芳说:"是不是来了?"董太清一听,气往上撞,自己一想:"好老道,竟敢坏我的事,还敢找到我门口来?我给他个先下手的为强,后下手的遭殃!"想罢由墙上把宝剑摘下来,手中擎着剑,气哼哼往外狂奔。一开门,举剑刚要剁,一瞧不是梅花真人,见门外站定这个老道,身高八尺,膀阔三停,头上挽着牛心发髻,身穿青布道袍,腰系丝绦,白袜云鞋,肋下佩着一口宝剑,绿鲨鱼皮鞘,黄绒穗头。黄绒挽手,肩担一根扁担,扁担上有两个包裹,面如刀铁,两道重眉,一双眼赛如环,鼻直口方,押耳两绺黑毫,短拥拥一部钢髯,犹如钢针,轧似铁线,根根见肉。董太清刚要用宝剑剁,一瞧不是外人,赶紧把宝剑擎住,吓得亡魂皆冒,急忙上前行礼。不知来者老道是谁,且看下回分解。

第一百四十二回

二妖道贪财施邪术
两豪杰设计盗魂瓶

话说董太清拿宝剑出来一瞧,不是别人,正是他师兄张太素,由外面回来。董太清赶紧一行礼。张太素一瞧,气往上冲,说:"好师弟,我教会了你能为,你会拿宝剑要杀我?这倒不错。"董太清:"师兄莫生气,这内中有一段隐情。"张太素说:"什么隐情?"董太清:"师兄进来说。"张太素来到里面,说:"怎么一段事?"董太清说:"师兄,你教给我害人那个方法,却是真灵,现在我害了一个人。"张太素说:"害谁?"董太清说:"害永宁村的王安士。"张太素一听,勃然大怒,说:"好!你害别人我不恼,你害王安士,我且问你,咱们庙里两顷香火地谁施舍的?"董太清说:"王安士。"张太素说:"修盖大殿谁的银子?"董太清说:"王安士。"张太素:"化缘簿谁给写的？一年四季供灯油谁供给？庙中吃的粮米谁施舍的？"董太清说："也是王安士。"张太素说："你既知道都是王安士，他是咱们庙里头一家施主，你害他，你还有良心吗？"董太清说："我倒不是要害他，是张士芳叫我害他的，许给我五百两银子。"张太素一听，"呵"了一声说："既是五百两银子还罢了，杀人倒落两把血呀！我只打算白害了人呢，这还可以。"张士芳一听要不好，这一提五百两银子，见张太素也是见财起意的强徒。张太素说："你害人为什么拿宝剑把我砍呢？"董太清说："现在有一个梅花真人把桃木人要去了，我只打算他来找我要摄魂瓶，我故此拿宝剑出去，这个老道要坏我们的事。"张太素说："不要紧，我教给你害人七天准死，我还会叫他当天就死的法子。张士芳，你去买点应用的东西，今天晚上我管保叫王安士咽气，明天张士芳你就办白事。"张士芳甚为喜悦，立刻把应用的东西买了。等到天有二鼓以后，星斗出全了，张太素在院中摆设香案，把包头上扎头绳解开，披散开头发，手中仗剑，烧上香，一祷告："三清教主在上，保佑弟子张太素把王安士害了，得张士芳五百两银子，我再给三清教主挂袍，还愿上供。"其实三清教主也不能为挂袍上供，就保佑他害人，也没有这不开眼的神仙。张太素祷告完了，画了三道符，用宝剑尖一挑，点着，口中念念有词。三道符烧完，老道一用宝剑，说声："太上老君，急急如律令，敕！"把摄魂瓶打开。立时就见一阵阵冷气袭人，一声声山林失色，"咕噜噜"声如牛吼，"哗啦啦"进来一个，滴溜溜就地乱转，原来正是王安士魂魄。一阵阴风惨惨，眼瞧老道就把魂收在摄魂瓶之内，用红绸子一封，五色线一系，两个老道同张士芳来到西配房屋中。这屋里靠西墙有条桌，头前八仙桌，两边有椅子。两个老道在椅子上一坐，把摄魂瓶放在条桌当中。张太素说："张士芳，你不信你去瞧去，你姑父此时咽了气了。明天你办白事，你可得给五百两银子，不给我照样收拾你。"张士芳说："我焉有不给之理？"

正说着话，就听东配房后有人喊嚷："我要上吊了。"张太素一听，说："贤弟你听，东边有人喊嚷要上吊，你我去瞧瞧，焉有不管之理？"董太清说："瞧瞧去，我听声音像东后院。"说着话，两个老道同张士芳出来，将门倒带上，绕到东配房后。一看，本来院里有一棵树，在树上搭着一件大氅，见这人头戴翠蓝色六瓣壮士帽，蓝翠箭馆薄底靴子，白脸膛俊品人物，正解下丝绦，搭在树上拴套，口中自言自语："罢了，人是生有处，死有地，阎王造就三更死，谁敢留人到五更？死了死了，万事皆休！"老道一看说："朋友，你怎么跑到我们院里上吊来了？我们跟你无冤无仇，素不相识，你这可不必。"这个抬头一看，说："道爷不可见怪，我实不知这庙里有人，我只打算是空庙呢。我要知道有观主，我天大胆也不敢来搅扰。"老道一听，这人话说很通情理，这才说："朋友，你为什么要寻死呢？我看尊驾堂堂仪表非俗，大概不致不明白，为何寻此短见？"这人叹了一声说："道爷要问，一言难尽。我本是镇江人，保镖为业。我保着二十万银子镖，走在这东边漫洼里，不想出来一伙强盗，约四五十人，把我截住，要当镖车。我一提我们镖局子的字号，这些贼人也不懂场面，他们说：'就是皇上从此路过，也要留买路金钱。'我一动手，他们人多势众，我一人焉能敌得了？二十万银子，被他们劫了去，我自己越想越没路。有心回去，这场官司打不了，客人焉能答应？叫我赔，我哪有银子赔？我一想，莫如一死方休。"董太清说："你家里有什么人呢？"这人说："家中有白发的娘亲，绿鬓的妻子，未成丁的幼儿，母老妻单子幼。"老道说："既是你家中有老母妻子，你要一死，家中一家子全蝎了。便我劝你，你别想不开。你到本地衙门去报去，留下案底，你还是回去，你总是实有其事。客人不信，叫他到本地衙门来细查此案，客人不能够要你的命。你想对不对？你快去吧，我也不让你庙里坐着了，今天我们庙里有善事。"这人点点头，说："多亏道爷开导我，我谢谢道爷。"立刻深施一礼，由树上把铜氅拿下来，立刻跳墙出去。

老道转身往回走，刚来到院中，只见西配房屋中有一个人，红胡子，蓝靛脸，正要盗摄魂瓶。老道一看，气往上撞说："孽障大胆！"立刻把门堵住。书中交代，来者非是别人，正是雷鸣、陈亮。这两个人打哪来呢？原来孙道全在王安士家中，把桃木人拿下来，王员外还是不能起来。众家人就问说："仙长，你老人家看我家员外是什么病？"孙道全说："你家员外被人陷害，失了魂了，我得去给找魂去。"众家人说："好，道爷哪里找去？"老道说："你们不用管我，今天晚上把你员外的魂给找来就好了。"众家人说："员外的病，只要你老人家救得了痊愈，准得好好谢谢你。"老道说："我倒不要谢礼，所为了然功德。我要去找魂，晚上再见。"说罢出了王宅，一直来到海棠桥酒馆之内。雷鸣、陈亮两人在喝酒等着呢，见孙道全来了，陈亮说："师兄喝酒罢。"三个人吃喝完了，孙道全把雷鸣、陈亮叫到酒馆以外无人之处，说："二位师弟，师傅有吩咐，叫你二人今天晚上狂奔西边那座三清观。师傅提说，那庙里西配房屋中，条案桌上有一个瓶，叫摄魂瓶，咱们施主王安士的魂，被那庙里老道拘了去，搁在瓶里，你二人去把瓶盗来，就把王员外救了。可千万要小心，那两个老道可不好惹，都会妖术邪法，你二人可要留神。"

雷鸣、陈亮点头，立刻往前走。雷鸣说："三弟，咱们二个人你盗我盗？"陈亮说："二哥，你飞檐走壁之能，窃取灵妙之巧，比我强。讲说口巧舌能，见什么也说什么话，机灵便，眼力健，我比你强。二哥，你盗瓶，我使调虎离山计，把老道调出来。"雷鸣说："你怎样使调虎离山的妙计呢？"陈亮说："我没准，瞧事做事，也许放火，也许装神弄鬼。"两个人说着话，来到庙门以外。陈亮："二哥你在西边，瞧着我打东边使调虎离山计。"陈亮上墙一看，两个老道在西配房里，一间后院东首有一棵树，陈亮这才嚷上吊。雷鸣瞧两个老道出去，他由房上下来，刚要进西配房，雷鸣又怕屋里还有人，方才也没问孙道全他这庙里有几个老道。雷鸣心中一犹疑，又怕两个老道回来，他又到东边探探，听两个老道正与陈亮说话，雷鸣复反回来，刚要推门，又怕屋中有人，听了一听，才推门进去。两个老道回来了，见雷鸣正要伸手拿摄魂瓶。董太清一声喊嚷："好孽障大胆！"雷鸣一回头，见老道已到门口，顾不得拿摄魂瓶，拉刀想要往外闯，焉想这张太素用手一指，竟把雷鸣用定身法定住。不知雷鸣性命如何，且看下回分解。

第一百四十三回　雷鸣智杀张太素
悟禅气吹董太清

话说张太素用定身法把雷鸣制住，老道心中就明白了，说："贤弟，方才白脸上吊的，是跟他一处的，一个是调虎离山计，一个来盗瓶，对不对？"董太清说："有理。"立刻吩咐张士芳把雷鸣捆上。两个老道坐下说："你这厮好大胆量，竟敢前来盗摄魂瓶！你姓什么？谁叫你来的？那个白脸使调虎离山计是谁？趁此说实话。"雷鸣说："我一个人来的，那个白脸不认识。"张太素说："谁叫你来偷盗摄魂瓶的？"雷鸣说："我自己要来偷的。"张太素说："你怎么不偷别的，单偷我这瓶子呢？"雷鸣说："做贼的瞧见什么就偷什么，我爱这瓶子，我就要偷。"张太素说："你这厮大概不说实话，张士芳给我把绳棍拿来，我非打你，你也不说。"张士芳立刻把绳子拿来，张太素就把雷鸣的衣服解开。用绳子沾水一抽，雷鸣破口大骂。"叭叭叭"一连就是数十鞭，打的雷鸣身上尽是伤。陈亮在外面等候多时，不见雷鸣出来，陈亮暗中一探，老道正打雷鸣。陈亮一看二哥挨打，心中难受，有心下去，又知道老道术邪法，不是老道的对手，不下去，瞧着二哥受这样委屈，心中又不忍。陈亮真急了，一瞧大殿后面堆着许多干柴，陈亮立刻掏出自来火，给把柴草点着，少时连大殿都着了。张士芳偶然看外面一亮，往外一瞧，大殿火起来了，张士芳说："可了不得了，大殿着了火。"董太清一听，先把桌上摄魂瓶揣起来，同张太素、张士芳出来，到后面打算救火。

陈亮此时进去，把雷鸣背出来，一直狂奔海棠桥。再回头一看，三清观烈焰飞腾，火光大作。陈亮来到海棠桥，孙道全说："二位师弟把摄魂瓶盗来没有？"陈亮说："师兄你看，不但摄魂瓶没盗来，我二哥被老道打了一身伤，我使调虎离山计，才救出来。咱们得找个地方，叫二哥歇歇，上点止痛的药方好。"孙道全说："只可到王宅去吧。"这才带领陈亮，背着雷鸣，来到王宅。先叫陈亮在旁边等着，老道一叫门，管家王孝开门一看，说："仙长来了甚好。"孙道全说："我有两个采魂童受累了，要借你们书房歇歇，你等可别偷着瞧。"王孝说："是了，我们躲开，你同着进去吧。"老道这才同着陈亮，把雷鸣背到书房，搁到里间屋中，叫雷鸣定定神，敷上金疮止痛散，把帘子落下。老道在外间屋中一坐，少时有家人进来献茶，说："祖师爷，你给我们员外把魂找来没有？我们员外可咽了气了。"老道说："你告诉里面安人，不要紧，可千万别哭，我准管他死不了。"正说着话，就听外面一乱，说："三清观着了火，把庙满烧了。"孙道全见家人出去，说："二位师弟，你们两个人这个乱惹大了，三清观庙都烧了，那两个老道准要来找我拼命。"陈亮说："那也无法，我焉能瞧我二哥活活打死呢？他不来便罢，他要来咱们三个人跟他拼命。"孙道全说："事已至此，二位师弟也不必管。那两个妖道都会邪术，你两个动手也是白送死，莫若你二人逃命去吧，我自有道理。他要找我，我跟他去就是了。"说着话已然东方发白，只听外面叫门，家人出去一看，是董太清、张太素。

两个老道见大殿东西配殿一点没剩，只烧的片瓦无存，两个老道一跺脚，说："张士芳！因为你，把我的庙都烧了，我两人非得找这个梅花真人去拼命。这两个人必是梅花真人主使来的！"张太素说："我知道这个真人，是灵猿化身，咱们去找他去。"立刻来到王安士门首，一叫门，家人开门一看认识，说："董道爷、张道爷，二位这么早来此何干？"张太素说："你们这里住着一个梅花真人吗？"管家说："不错呀。"张太素说："你叫他出来，就提我二人找他有事。"家人立刻到里面说："仙长爷，现在外面有三清观的董道爷，张道爷找你。"孙道全一听说："二位师弟，走你们的罢。"雷鸣、陈亮说："师兄，我二人惹的祸，要一走，岂不叫兄长受累？"老道说："你二人去吧，我去见他。"孙道全当时来到外面一见，董太清一瞧认识，说："原来是你呀。"孙道全说："二位道友有什么话？咱们找清静地方说去。两个人事情，彼此说出来，叫人家耻笑。你我都是三清教的门人，咱们的事，找地方说去。"张太素说："跟我走。"三个老道一直狂奔海棠桥而来。焉想到雷鸣，陈亮早越房出来，后面远远暗中跟随。三个老道来到海棠桥，天光大亮，张太素说："孙道全你说罢。"孙道全说："咱们往北走，到天台山下，那里没人说去。"张太素说："走。"

三个人一直到天台山下。孙道全说："二位道友找我为什么？"董太清说："你无故坏我的事，你主使一个蓝脸，一个白脸，把我的庙烧了，我焉能容你！"孙道全说："二位道友不便动怒，咱们彼此都是三清教的人，你把摄魂瓶给我，好叫王员外给你修庙，照样赔你，也别管蓝白脸那两个人。咱们一概不提，你瞧好不好？"董太清说："你那算白说，今天我非得把你宰了，方出我胸中之气。我拿摄魂瓶，我自己会叫王员外修庙，何必你叫王员外给我修庙？"孙道全说："二位别生气，慢慢说。"董太清哪里肯听，伸手拉出宝剑，照定孙道全就是一剑。孙道全并不还手，往旁边一闪，口中直央求说："二位道友饶了我吧，我给赔罪磕头，还不行吗？"董太清一剑跟着一剑，张太素脸朝南站着瞧着，说："非杀了你，不出我二人之气。"口中直骂。这个时节，雷鸣、陈亮两个由东边绕到北边去，蹲在石头背后。雷鸣一瞧说："三弟，你瞧咱们师兄不动手，尽躲。这两个老道真可恨，我先把这两个老道冷不防宰了，以报打我之仇。"说着话，雷鸣拉出刀来，慢慢往前就走，张太素脸朝南站着，雷鸣由北边打他身后头往前来，心里说："你要不回头，我就把你宰了。"焉想到老道也是恶贯满盈，该当死，并没回头，只顾瞧董太清动手。雷鸣凑到近前，冷不防手起刀落。"卟哧"一下，红光崩现，鲜血直流，张太素的人头滚落在地，死尸栽倒。董太清一瞧，师兄被那蓝脸杀了，说："好孙道全，我说你们是一党不是？把我师兄杀了，我今天非要你们的命不可。"雷鸣、陈亮说："咱们三个人，要他的命！"

正说着话，只见张太素的人头忽然由地下飞起来，有两丈多高，照定董太清的脑袋砸下去。董太清说："师兄你死得屈，你别闹鬼呀！你找你的仇人，我准给你报仇。"正说着话，人头又飞起来，又照他打去，一连数次。大众留神一看，在西边石头后头，有个小和尚在那里吹呢。孙道全一看认识，是悟禅。书中交代，悟禅打哪来呢？原来济公带悟禅到松阴观，一拜鲁修真。本来鲁修真是个修道的人，跟济公一谈，知道济公是得道的高僧，二人倒是道义相交。和尚把乾坤颠倒迷路旗送给鲁修真，和尚说："我将来到常山院慈云观，有一步大难，非道友救我不可。"鲁修真说："圣僧有用我之处，给我信，我必到。"越谈越对，就留和尚师徒住下。次日天刚亮，和尚说："悟禅你到天台山下去，救你三个师弟去。"悟禅点头，来到天台山下，在暗中藏着，见孙道全直央求，后来见雷鸣把张太素杀了，悟禅这才吹人头打董太清。孙道全一瞧见，说："小师兄快来。"董太清也瞧见，说："好妖精，竟敢这样无礼！"悟禅一撇肚子，一口气把董太清给吹起来，离地有一丈，"噗咚"把老道摔下来。悟禅又吹，吹起来摔下去。正摔董太清，忽听山坡一声"无量佛"，说：

　　山中清，山中清，万缘不到好修行。眼前浮云倾富贵，崖下流水无困模。是是非非不管我，长长短短没人争。唯有一时动情处，岭头一曲古英风。

　　一位老道口作歌而来，大众睁眼一看，吓得亡魂皆冒。不知来者是谁，且看下回分解。

第一百四十四回

老仙翁一怒捉悟禅
二义士夜探天台山

　　话说悟禅正在气吹董太清，忽听山坡一声"无量佛"，信口作歌，来了一位老道：头戴旧布道巾，身穿破衲头，白绫高腰袜子，直搭护膝，厚底云履。面如古月，鹤发童颜，一部银髯，真是发如三冬雪，须赛九秋霜。在手中提着花篮，背后背着乾坤奥妙大葫芦。来者老道非别，乃是天台山上清宫东方太悦老仙翁昆仑子。董太清一看，赶紧跪倒，口称："祖师傅在上，弟子给祖师傅叩头！"孙道全也跪下了，悟禅也吓得不敢吹了，雷鸣、陈亮不知这个老道的来历。这位老道在天台山上，道德深远。这座天台山。有四十五里地高，他的庙站在上面，叫接云岭。这座山上，豺狼虎豹、毒蛇怪蟒极多，凡夫俗子也到不了。孙道全、董太清都认识，故此赶紧行礼。老仙翁一看说："你两个人为何如此争斗？从实说来！这个妖精是谁？"孙道全说："回禀祖师爷，这个小和尚是我师兄，我拜济颠和尚为师，我要跟济颠学习点能为法术。"老仙翁一听说："好，我山人正要找济颠呢。"老仙翁为人什么要找济公作对呢？这内中有一段缘故。

　　书中交代，老仙翁为什么要找济公作对呢？只因前者褚道缘，张道陵两个老道被雷鸣、陈亮给把衣裳都剥了去，两个老道及至还醒过来，一瞧赤身露体，褚道缘说："这怎么好？要在街上一走，谁瞧见，谁不打耳光子的？"老道张道陵说："咱们到天台山上清宫去找祖师爷去吧。"两个人白天不敢走，等天黑，还是走山里，不敢走村庄。到上清宫，一打门，小道童由里面出来，一开门说："二位怎么连裤子都没有了？必是赌输了。"褚道缘说："不是，我二人被济颠和尚欺负苦了。我二人要见见祖师爷，求祖师爷替我们报仇。"说着话，来到里面。一见老仙翁，老仙翁这个气就大了，说："两个东西，怎么这样不要脸？连裤子都没了？"张道陵说："祖师爷有所不知，尘世上出了一个济颠和尚，兴三宝，灭三清，他说三清教没有人，都是畜类，全都是披毛戴角，不是四造所生，脊背朝天，横骨插心。他把我二人的衣服全都剥去了。求祖师爷大发慈悲，给我们报仇，也给我们三清教转转脸！"老仙翁一听，说："我听说济颠和尚是个罗汉，怎么会说出这些话来？童儿去拿出两身衣服来，叫两个人穿上。哪时我见着济颠，我倒要问问他。"褚道缘，张道陵两个人穿上衣服，在庙里住了一天走了。今天老仙翁早晨起来，在山上采药，看见山下一股妖气，直冲斗牛之间，故此这才下山来看看。一问孙道全，他提说拜济公为师，故此老仙翁说："我正要找济颠僧。"又问："你两个人为何争斗？"孙道全说："奉济公之命，搭救王安士。"怎么董太清、张太素害人拘魂，从头至尾，细述一遍。董太清说："祖师爷，你看孙道全无故他使人把我的庙烧了，方才那个蓝脸把我师兄杀了。"老仙翁说："董太清，你这孽障，无故不守本分，贪财害人，张太素死有余辜。你把摄魂瓶拿出来，不准你再动手，山人今天便宜你！"董太清不敢不拿出来，立刻把摄魂瓶拿出来。老仙翁说："孙道全，你拿摄魂瓶去救王安士。这个小妖精是你的小师兄呀，我把他带上山去吊起来。你给你师傅济颠送信，叫他前来见我，他一天不来，我把他吊一天，他两天不来，我把他徒弟吊两天。那时他来，我把这妖精放下。"孙道全也不敢多说,悟禅就吓得不敢跑。怎么不敢跑呢？知道老仙翁身后背着那乾坤奥妙大葫芦,勿论什么妖精装到里面,一时三刻化为脓血。老仙翁立刻把悟禅搁到花篮之内,老道竟自上山去了。

雷鸣、陈亮这两个人就急了,雷鸣说:"师兄,你瞧这个杂毛老道,把咱们小师兄捉了去,你为何不管呀？"孙道全说:"你二位师弟有所不知,这个老道可惹不起,神通广大,法术无边。连咱们小师兄他那么大道行都不敢跑,我更不敢惹了。"雷鸣、陈亮一听,气往上冲说:"你惹不起,我两个人可惹得起! 咱们小师兄被他弄了走,我二人焉能袖手旁观？"孙道全说:"二位师弟打算怎么样呢？"雷鸣说:"这个老道不是就在山上庙里住吗？"孙道全说:"是呀。"雷鸣、陈亮说:"我二人非得把老道宰了,给小师兄报仇不可。"孙道全说:"二位师弟可千万不可任性,这个老道可非同别人可比,你二人岂不是白送死？ 依我说,趁早别碰钉子。"雷鸣、陈亮说:"你说不算,我二人拼着我们两条命不要了!"说着话,往山上就跑,孙道全再三拦也拦不住。这两个人随后就追老道,展眼再瞧,老道不见了。这两个人焉能追得上？ 老道驾着趁脚风走了。这两个人追去,山路甚是崎岖,坎坷不平。正往前走,见眼前一道涧沟,南北有五丈余宽,深有万丈,当中只有一道独木桥,东西没有路,非得走这根独木过不去。陈亮一看,这根木头年深日久,都朽了,用手一挖,木屑就往下面掉。陈亮说:"二哥,你看非得走这独木桥过不去。要走在当中这一断,摔下去落在山涧里,就得摔个肉泥烂酱。"雷鸣说:"咱们拼个死去,非得把老道杀了,把小师兄救回来。"陈亮说:"是。"两个人把心一横,立刻施展陆地飞腾法,就打这根木头上走过来,也没怎么样。二人这才又往前走,约走了数里之遥,忽见眼前有一只猛虎,两只眼灯笼相似,张着血盆大嘴,尾巴来回直摆,把地下的石子卤地往上直飞。雷鸣、陈亮两个人一看,吓得亡魂皆冒。雷鸣说:"老三,你看这可要没命!"有心回去罢,走在独木桥也许掉下去,虎若要追,也跑不了。两个人一想:"该死也活不了。"拉出刀来,直往前走,走到猛虎跟前,老虎拿鼻子闻闻,一摇尾竟自走了。雷鸣、陈亮吓得一身冷汗。陈亮说:"二哥,咱两个人许没有人味了,老虎瞧见闻闻,都摇尾不吃。"雷鸣说:"咱们两个人走吧,不该是他嘴里食。"说着话,二人又往前走,眼见日已西沉。正往前走,只见大岭上有一条大蟒,足有三十余丈长,有缸粗细,两只眼似两盏灯。雷鸣、陈亮被老虎吓得一身冷汗,觉着毛骨悚然,刚把汗干了些,身上仿佛长点力气,这又瞧见大蟒,把两个人又吓得惊魂千里。不往前走使不得,山上又没有两条路,陈亮说:"二哥,生有处,死有地,方才老虎没吃咱们,这条大蟒也许不害人。咱们愣往前闯。"正说着,只见这条大蟒一阵怪风,径自去了。雷鸣、陈亮说:"好险,好险! 你我两世为人!"二人微缓了缓,又往上走来。

到了上清宫,约有二更天,一看满天星斗,朦朦月色,山影静悄悄,空落落。见这座庙前至后三层大殿,周围地势占的不少。正山门坐落北向,上面有字。是泥金匾刻的字,上写"护国敕建上清宫"。东西有角门,都关着,庙门口有两根旗杆,庙里有两根旗杆。雷鸣、陈亮二人看罢,拧身蹿上墙去。往里一望,正当中大殿五间,带月台,东西各有配殿,中院栽松种竹,清风飘然。大殿东边,有四扇屏风门套着,是第二层院子。两个人蹿房越脊,施展飞檐走壁,如履平地相仿,往后狂奔。站在房上一看,东跨院里有灯光,这院中也是四合房。北上房五间,南倒座五间,东西配房各三间,北上房屋中射出灯光。雷鸣、陈亮来到北上房前坡,施展珍珠倒卷帘,夜叉探海式,往屋中一看,见屋中靠北墙条案上面有些经卷,头前八仙桌上面有一盏灯,两边有椅子,老道正在上首椅子上坐着,在灯下看书。这屋中是阴三暗五,再一看房柁上吊着悟禅,绳子拴着脚,头冲下吊着倒势。雷鸣、陈亮一看,气往上撞,立刻拉刀将手伸出,由上面一翻身跳下来,往屋中就闯,一掀帘子,打算摆刀杀老道。焉想到老道一抬头,说:"好孽障! 大胆的狂徒!"用手一指,用定身法就把雷鸣、陈亮定住。雷鸣、陈亮气往上撞,破口大骂。老道立时吩咐:"来人,这两个小辈,将他缚到后面去,结果性命。"不知二位英雄性命如何,且看下回分解。

第一百四十五回

永宁村法救王安士
韩家院捉拿章香娘

话说老仙翁把雷鸣、陈亮置往，吩咐把二人抬到后面去结果性命。这个时节，旁边过来一人说："师傅，你老人家大发慈悲罢！这两个人是弟子的结拜兄弟，又是我的救命恩人。求祖师傅看在弟子面上，饶恕他二人吧！二位贤弟跟我到后面去。"雷鸣、陈亮一看，说话这人乃是夜行鬼小昆仑郭顺。雷鸣、陈亮正破口大骂，郭顺说："二位贤弟别骂了。"立刻把雷鸣、陈亮带到后面去，老仙翁还怒气未息。天光刚亮，只听外面一声"无量佛"。小道童出来一看，来者乃是孙道全。书中交代，孙道全自从山下见雷鸣，陈亮赶老仙翁去，他也无法，拿着摄魂瓶，狂奔永宁村。来到王安士家一打门！家人一看，说："道爷来了，可曾把我们员外爷的魂给找来？"孙道全说："找来了。"家人立刻同孙道全来到里面，一看王员外已然如同死人一般。孙道全把摄魂瓶拿出来，打开一念咒，王安士的魂归了窍。当时王安士"啊呀"了一声，一睁眼说："我好闷得很！"众人一瞧老员外说出话来，都喜欢了。安人说："员外你好了？"员外说："我没有病，仿佛做了一场大梦。"众家人说："员外爷，你躺了好几天了，昏迷不醒。要不是这位仙长把你老人家救了，就了不得了！"老员外说："原来如此。"立刻翻身起来，如同好人一般，要给老道磕头。孙道全说："老员外千万别给我磕头，我要损阳寿。"家人先给拿过桂圆茶来，王安士喝了，就觉着心里发空，家里有现成的燕窝粥，先给员外喝了一碗。老员外请真人外面书房坐，老员外也就不敢给老道行礼了，穿好了衣服，陪着来到书房，叫家人预备上等果酒。众人无不感念老道的好处，家人把酒摆上，老员外陪着孙道全喝酒谈心。

老道喝着酒，忽然往东一看，一股妖气直冲霄汉。书房是西房，正往东看，老道就问："老员外，这东院里是什么人住着？"王安士说："那院里是我一个拜弟，姓韩名成，跟我也是世交。"老道说："老道说："他家里有什么人？"王安士说："他家里夫妇两个，有一个儿子，叫韩文美，有媳妇，道爷说这个做什么？"孙道全说："我看那院里有一股妖气冲天，那院中准有妖精。"王安士一听，说道："没听说他家里闹妖精，真人看着准有妖精？"老道说："那不假，准有。"王安士一想，我跟韩员外至有交情，既知道焉有不管之理？说："道爷，既瞧出来，何妨慈悲，跟我过去给把妖精除了。那院里韩员外跟我至好，也不是外人。"孙道全说："可以，我山人去瞧瞧。"老员外立刻同老道来到隔壁一叫门，韩员外家的管家出来开门，一看说："王员外，你老人家好了？"王安士说："好了，你家员外可在家里？"家人说："在家里。"王安士说："你到里面通禀一声，我来见你家员外有事。"家人立刻进去一回禀，韩成赶紧迎接出来。孙道全一看，这位韩员外好样子，身高八尺，膀阔三停，头戴宝蓝员外巾，迎面嵌美玉，他本是武举出身，身服蓝缎员外氅，腰系丝绦，白袜云履，面如紫玉，浓眉大眼，三绺黑胡须。一见王安士，连忙施礼说："兄长欠安，可曾好了？小弟少来问候。"王安士说："你我兄弟知己，勿叙套言。"韩成说："这位道爷是谁？"王安士说："这位乃是梅花真人，我的病就是这位道爷救的。"韩成拱手往里让。来到书房落座，家人献上茶来。王安士说："今天我同道爷来，非为别故，我方才正在书房吃酒，真人看你这院中有妖精。我想你我知己，我不能不管。我求真人过来，给你降妖捉怪。"韩成说："我这院中没闹过妖精，道爷怎么瞧有妖精呢？"孙道全说："我看这股妖气，还是阴气，必是女妖。员外你把女眷连婆子丫鬟都叫出来，真人一瞧，就瞧出来。"韩成说："可以。"立刻叫家人给内室送信，叫安人、少奶奶、众婆子、丫鬟都出来。少时内宅女眷都出来，老道来到院中一看，有一位妇人二十多岁，长得姿容美绝，秀丽无双，有两个丫鬟搀着。孙道全一看这个妇人是妖精，老道拉出宝剑一指说："好妖精！见了山人还敢大模大样？"这妇人并不言语。孙道全说："你还不现原形？"这妇人也不言语，孙道全举宝剑赶过来就要砍。

这个少妇非是别人，乃是韩成的儿媳妇。怎么会是妖精呢？这其中有一段情节。韩成之子韩文美,本是个念书的人,当初跟王全、李修缘都是同窗的书友,就是韩文美年岁居长,王全次之,李修缘顶小。皆因李修缘一走,王全也不念书了,韩文美就剩下一个人自己在家中用功。偏巧他妻子故世,韩文美就无心念书,时常带着书童出去游山玩景,以解心中之闷。韩成打算给他续室,老不合式,高不成,低不就,故此耽误下了。这天韩文美带着书童又出去游玩,走到永宁村西,觉着口干舌燥,韩文美就说:"童子,你我到哪里去歇息歇息,找杯茶吃。"童子说:"眼前这不是清静庵吗?庙里老尼姑,不是公子爷的师傅?咱们到庙里去喝茶好不好?"韩文美一想:"也好。"立刻同书童来到庙门口叫门。工夫不大,就见由里面出来一个小尼姑,把门开开,说:"公子爷来了。"韩文美说:"老师傅可在庙里?"小尼姑说:"在庙中,公子爷请里面坐吧!"韩文美带领书童,这才往里狂奔,一直来到西跨院。这院中西房三间,北房三间,南房三间。小尼姑来到北房禅堂,一打帘子,说:"师傅,韩公子来了。"这房里老尼僧法名妙慧,一听说韩公子爷来了,赶紧由里出来,说:"公子爷来了,怎么这么闲在?"韩文美赶紧行礼说:"师傅一向可好?弟子有礼。"老尼说:"好,公子爷请坐。"韩文美坐下,老尼姑叫来人倒茶来,只听里面屋中一声答应,真是娇滴滴声音,一掀帘子,由里面出来一个带发修行的少妇。韩文美一看,真似貌比天仙,给韩文美过来一倒茶,韩文美就闻着妇人身上带着有了一阵兰麝之香。这妇人把茶倒上,慢闪秋波,斜乜杏眼,瞧了韩文美一眼,转身进屋中去。韩文美一瞧这妇人,当时心神飘荡,这才问老尼僧:"这位妇人是谁呀?"妙慧说:"这是我新收的徒弟,她姓章,名叫香娘,她原是这村北的人。她丈夫故世,家有婆母,要逼她改嫁。她不愿改嫁,情愿出家,拜我为师,就在我这庙里,侍奉佛祖。"韩文美点了点头,坐了片刻,立刻告辞。一出庙,真仿佛把魂留在庙里。到了家中,茶思饭想,躺在炕上茶饭懒用,一闭眼就见章氏香娘在眼前,自己得了单思病。

韩员外夫妇跟前就是这一子,一见儿子病了,赶紧请名医医治,医家先生也瞧不出甚病症来,一天不如一天。那韩成一想:"这病来得怪!"就把书童叫过来一盘问:"我家公子上哪去了?不说实话,把你打死!"书童不敢隐瞒,就把上清静庵里去,遇见章香娘之故一说。韩成夫妇疼儿子,赶紧叫人把清静庵老尼姑接来。安人说:"亲家,你瞧你徒弟病得厉害,你得救你徒弟,我夫妇就是这一个儿。"老尼姑说:"我怎么救他?"安人说:"你庙里听说有一个章氏香娘,你只要给我儿把亲提妥了,他的病就好了。"老尼姑说:"呦,人家跟我出家,我劝人家改嫁,那如何使得?"安人说:"你费费心罢,只要你给提妥了,我必当重谢你。"老尼姑说:"我提着瞧罢。"当时老尼姑回去,到庙中跟章氏香娘一提,先前章氏不愿意,后来香娘愿意了。老尼姑给韩宅送信,韩成还是定轿子娶,照娶姑娘一样。韩文美一听说定了,病就一天比一天见好。等娶过来,夫妻恩爱的如胶似漆,公婆也欢喜儿媳妇,婆子、丫鬟都没有不跟少奶奶合适的。半年多的光景,也没人知道他是妖精。今天无故被逊道全看出来,孙道全摆宝剑刚要剁,焉想到韩成恼了,由后面冷不防打孙道全一个嘴巴,挟起来,来到大门外,把老道扔下,说:"你哪来的老道?跑到我家里来撒野!说我好好的媳妇是妖精,你快滚吧!"说完了话,关上大门回头进去。孙道全一想:"正是'是非只为多开口,烦恼皆因强出头。'自己也觉得脸上无光,莫若找我师傅,我把妖精捉了,可以转转脸。"想罢立刻往前就走。刚一出了巷口,就听后面忽然起了一阵怪风,谅情必是妖精追赶下来。不知孙道全性命如何,且看下回分解。

第一百四十六回　孙道全捉妖遇害　济禅师拉船报恩

话说孙道全出了永宁村,正往前走,忽听由后面起了一阵怪风,刮得走石飞沙四起。孙道全一闻这阵风,异香扑鼻,心里说:"了不得了!这个妖精追下我来,要跟我作对!"正在心中思想,何尝不是?只听后面有人说话:"好孙道全,你往哪走?仙姑娘跟你远日无冤,近日无仇,你败我的事,拆散我的金玉良缘,我仙姑这几年没吃人了,今天我开开杀戒,把你吃了,我好饱餐一顿!"孙道全一回头,果然是那个妇人追下来了,孙道全赶紧拉出宝剑一指,说:"好妖怪!你好大胆量,竟敢前来跟山人做对?我今天结果你的性命!"妖精说:"并非我仙姑娘找你,你无故怀着鬼胎,坏我的事,我焉能饶你?"孙道全摆剑就剁,妖精一闪身,抖手祭起一块混元如意石。这石头能大能小,起在空中好似一座泰山,照孙道全头顶打来。孙道全也有点能为,受过广法真人沈妙亮的传授,一瞧石头打下来,赶紧口念护身咒,掐剑诀一指,说声"敕令"!立刻石子现了一道黄光,坠落于地。妖精一瞧,说:"好孙道全!你敢破仙姑的法宝!"立刻又一抖手,孙道全一看,无数的长虫奔孙道全要咬。孙道全知道这是障眼法,立刻把舌尖嚼破,往上一喷。这些长虫全现出原形,都是纸的。妖精勃然大怒说:"孙道全,你敢破仙姑的法术!"说着,一撒肚子一张嘴,喷出一道黄光,这是她三千多年的内丹。孙道全立刻觉着身子一麻,翻身栽倒。妖精哈哈一笑说:"我打算你有多大能为,原来就是这样,今天合该我吃你!"立刻把孙道全一提,来到山神庙,把孙道全搁在里面。妖精把门一关,打算要现原形吃孙道全。

正在这般情况,就听门外哈哈一笑说:"好孽障!真乃大胆!竟敢要吃我徒弟?来,来,来,咱们爷们较量较量!"妖精一听,往外一看,来了一个穷和尚。书中交代,来者乃是济公,济公由八卦山叫悟禅走后,跟坎离真人鲁修真告辞。鲁修真说:"圣僧何妨在我这庙里多住几天?你我可以盘桓盘桓。"和尚说:"我还有要紧事故,你我后会有期。"和尚出离了八卦山,往前行走,来到一个小码头。见王全、李福正进酒馆,和尚也揪帘子进去。王全、李福刚坐下,要了一桌酒席,和尚也进来,向王全说:"乡亲才走到这里?"王全一看,是萧山县树林子里遇见那穷和尚,王全说:"大师傅,你也来了?"和尚说:"你们二位,这些日子才到这里?"王全说:"别提了,我二人在萧山县遭了一场官司,耽误了几天。"和尚说:"乡亲你回家去吧,你不必找你表弟,找也找不着。你一天到家,你表弟也是一天到家,你两天到家,他也两天到家,你哪里到家,他也就到家了。"王全说:"是、是,大师傅没吃饭吧?"和尚说:"可不是。"王全说:"你在这里一同吃罢。"和尚说:"敢情好。"王全立刻叫伙计拿过一份杯筷碗碟来,和尚就坐下。伙计把干鲜果品菜蔬上齐,和尚大把抓菜,李福就瞧着不愿意。和尚抓起来还让呢:"你们二位吃这把。"王全一瞧,和尚真脏,满脸抹油,王全嫌脏说:"和尚你吃罢,那盘子都是你吃。"和尚说:"我就得其所哉!"王全吃点不吃了,李福也饱了,和尚大吃大喝大抓,连跑堂的都拿眼瞪和尚。跑堂的心好:"好容易来了一位阔大爷,要成桌的酒席吃不了,好吃的剩点,这叫和尚拿手一抓怎么吃?"王全见和尚吃完了,叫伙计算账。

这个时节,由外面进来一个人,说:"哪位搭船走,我们船上海棠桥。"李福说:"公子爷,咱们搭船走吧。"王全一听说:"你还提坐船?提起来吓得我魂飞胆裂。你曾记得曹娥江坐船吗?"李福说:"曹娥江那是包船,这是搭船,这船上别的客座多着呢。"这才问管船的:"你船上有多少人了?"管船的说:"有二十多位了。"李福说:"上海棠桥我们去,船上有舒展地方没有?"管船的说:"前后舱人都满了,就是上铺闲着。你们二位上海棠桥,坐在上铺,给五百块钱吧。"李福说:"钱倒好说,今天这就开船吗?"管船的说:"这就开船。"李福这才把酒饭账给了,说:"公子爷上船罢。"王全站起身往外走,和尚说:"咱们那里见罢。"王全也不知和尚说哪里见,主仆同管船给出了酒铺,来到码头河岸上船。众坐船人都说:"还不开船吗?"管船的说:"开船?我们船上就是两个人,还得雇一个拉短纤的就开。"

正说着话,那穷和尚"梯他梯他"由东来了,管船的正嚷:"谁来拉纤?"和尚答了话说:"我去。"管船的说:"大师傅,你一个出家人,拉纤行吗?"和尚说:"行。出家人按一口锅,也跟俗家差不多,都得挣钱吃饭。"管船的说:"就是,大师傅你拉吧。"立刻把纤板给了和尚。管船的撤跳板开船,济公禅师把纤板一拿,拉着就走。书中交代,济公要拉船纤,所为报答表兄王全出来找他被霜戴雪、早起迟眠这点辛苦,和尚故此拉纤。人家拉纤喊船号,和尚一边拉着纤,信口说道:

这只船,两头高,坐船的主人心内焦。踏破了铁鞋无处找,弟兄相见不分晓。到天台,才知道,骨肉至亲两相照。

和尚念完了,往前走着,信口又说道:

想当年,我剃度。舍身体,洗发肤。归于三宝做佛徒,松林结茅庐。妄想除,余思无,真被累,假糊涂。脸不洗,手不沐,无事笑泥沽。走陆路,游江湖。好吃酒。爱用肉。不管晨昏香焚炉,混寄在世俗。风霜冷到穿葛布,天气热到披裘服。为善要救恶诛,济困要扶危。

和尚一边念着,往前走,又念:

这一只船,两头摇,管船的女人好细腰。由打去年抱了一抱,直到如今没着摸。

管船的一听,说:"和尚别玩笑,你满嘴说的是什么话呢?"和尚说:"我不管了。"说着话,和尚把纤板一扔,撒腿就跑。管船的说:"你们瞧这个和尚?真是半疯。拉了这半天纤,快到了,他跑了,他也不要拉纤的钱。"众坐船的人,一个个全都乐了,说:"这个和尚真有点疯病。"大众纷纷议论,这且不表。

单说和尚撒腿就跑,直奔山神庙而来。罗汉爷先把灵光、佛光、金光闭住,来到山神庙门口,和尚一推门说:"好孽障!你这胆子真不小,竟敢吃我徒弟?待我来结果你的性命。"妖精正要吃孙道全,忽听门外有人说话,妖精回头一看,是一个穷和尚。短头发有二寸多长,一脸的油腻,破僧衣短袖缺领,腰系绒绦,疙里疙瘩,光着两只脚,穿着两只草鞋,长得人不压众,貌不惊人,三分不像人,七分倒像鬼。济公禅师把三光闭着,妖精一看,是一个凡夫俗子,当时气往上冲,说:"好个穷和尚,你敢前来多管我仙姑的事?你岂不是前来送死?"和尚说:"你这东西,无故不守本分,缠绕韩文美,还敢欺负我徒弟?今天我非得要你的命!"妖精一张嘴,照定和尚喷出一股黄气,打算要把和尚喷倒。焉想到和尚哈哈一笑道:"好孽障,你会喷毒呀!大概你也不认识我老人家是谁?我叫你瞧瞧!"和尚一摸脑袋。露出佛光、灵光、金光,妖精一看,见和尚身高丈六,头如麦斗,身穿直裰,赤着两只腿,光着两只脚,原来是一位知觉罗汉。妖精吓得连忙跑倒,"噢呜"叫不住声。人有人言,兽有兽语,说:"圣僧你老人家饶命,并不是我要兴妖害人。因那韩文美他瞧见我,他要托人说我,我才跟他成亲。求圣僧大发慈悲,饶了我吧!"和尚说:"你现原形我看看。"妖精立刻身形一晃,现了原形。和尚一看,这才明白,不知道是什么妖精,且看下回分解。

<h2 style="text-align:center">第一百四十七回　济公施法治妖妇
罗汉回家探姻亲</h2>

话说济公露出佛光、灵光、金光,妖精这才跪倒央求。和尚叫妖精现了原形,一看原来是一个香獐子。书中交代,这个香獐子,乃是天台山后天母宫,有一个玉面老妖狐的第三个徒弟,他有三千五百年的道行。这个老妖狐,乃是五云山五云洞五云老祖的女儿,自称玉面长寿仙姑。这个香獐子,他常到清静庵去听经,后来他一想:"莫若我拜老尼姑为师,跟他学学经卷。"自己摇身一变,变了一个美貌的妇人,到庵里去投奔老尼姑。她说她是村北住家,丈夫故世,婆母要叫他改嫁,他不愿意改嫁,要拜老尼姑为师,情愿晨昏三叩首,早晚一炉香,侍奉佛祖,他说姓章名叫香娘。老尼姑妙慧信以为真,不知道他是妖精,把他收下。焉想到韩文美瞧见她,惦念在心,托老尼姑说媒,老尼姑倒是怕韩文美死了,韩成夫妇绝了后,倒是一番好意,把香娘子给韩文美说了去。今天香獐子遇见济公,当时求济公饶命,和尚说:"你要叫我饶你也行得,你依我一件事。"章香娘说:"只要圣僧饶命,有什么事,圣僧只管吩咐。"和尚说:"你附耳如此如此,然后这等这样,依我的话照样办,我就饶你。"香獐子说:"圣僧怎么说我怎么办。"和尚说:"既然如此,你去你的,咱们后日见。"香獐子立刻一晃身,径自去了。和尚这才把孙道全救过来,孙道全一明白过来,定睛一看,济公在旁边站着,孙道全赶紧给师傅行礼。和尚说:"你无故要多管闲事,'是非只为多开口,烦恼皆因强出头。'没有那么大能为,还要提妖?没捉成妖,差点叫妖精把你吃了。"孙道全说:"多亏师傅前来搭救,不然,我命休矣!"和尚说:"你提妖叫人家把你打出来,你还有什么脸见人?我还捧你一场,叫你把神仙充

整了?"孙道全说:"师傅,我怎么把神仙充整了。"和尚说:"你附耳如此这般,这等这样,就把仙家充整了。"孙道全点头答应,和尚说:"你去吧,我还有事。"

和尚出了山神庙,一直来到海棠桥,路西里有一座酒馆,字号"凤鸣居"。初时这座酒馆,原来是韩文美、王全、李修缘三个人,每人拿三百银子成本开的。倒不为赚钱,所为三个人随便消遣。后来李修缘一走,王全也不到铺子去照料,韩文美一病,把这个铺子就交给家人王禄照管。本来王禄就不务正,最好押宝赌钱。现在王全又出外去找李修缘,王禄更没人管他了。自己胡作非为,把买卖全叫他输了。铺子后头搁上宝局了,前头把掌柜的跑堂的全散了,就剩下一个小伙计。王禄今天正在拦柜里,只见由外面进来一个穷和尚。和尚说:"辛苦辛苦。"王禄也不认识是李修缘,一来济公离家数载;二则又是僧人打扮,一脸的泥,也认不出是谁了。王禄说:"大师傅,喝酒呀?"和尚说:"喝酒,拿两壶来。"王禄给拿两壶酒过来。和尚喝了,又要两壶。喝完了四壶酒,和尚站起来就走。王禄说:"大师傅,怎么走吗?"和尚说:"喝够了,不走怎么着?要没喝够还喝呢!"王禄说:"你走,给酒钱。"和尚说:"给钱上你这喝来?"王禄说:"上我这喝来,怎么就不给钱呢?"和尚说:"我没钱,我本不打算喝酒,皆因你这写着穷和尚喝酒不要钱,我才来喝酒。"王禄说:"哪写着?"和尚用手一指说:"你瞧。"王禄一瞧,果然墙上贴着一张红纸,上面写着:"本铺穷和尚喝酒不要钱。"王禄说:"这是谁跟我闹着玩的?"

和尚说:"掌柜的,你这铺子怎么这么热闹?"王禄叹了一声说:"大师傅,别提了,先前我这买卖,一开张很好,都叫我押宝输了,现在把买卖做的这个样。"和尚说:"咱们两个人,倒同病相怜。我和尚有二十顷稻田地,两座庙,都叫我输了,我也是押宝押输的。现在我可学出高眼来,都说'高眼没裤子穿',这话一点不错,是局上瞧见我都不敢叫我要,给我拿过三百块钱,叫我喝茶,我就指着吃局上。"王禄一听,说:"大师傅,你会押宝吗?"和尚说:"会。勿论什么宝,瞒不了我。铜盆子、木盒子、打宝、飞宝、传宝、递宝,全瞒不了我。我一要就得赢,如同捡钱一般。就是众局上都不叫我押,我没了法子。"王禄一听说:"咱们这后院有宝局,和尚你要给我猜几个红,不但我请你喝酒,我还给你换换衣裳。"和尚说:"你有钱吗?"王禄说:"有。我告诉你说罢,我刚借了二十吊印子钱。坐地八扣,给九六钱,十吊给八吊,二十吊实给十六吊,一天打二吊四百钱,打一百天合满钱二十四吊,连底子找得出十吊钱的利钱。没法子,不能不借,这还是指着铺子借。大师傅,你跟我到后面去,你给猜几个红。我赢了,苦不了你。"和尚说:"就是罢。"

立刻同王禄来到后面。一看后面这里有好几十个人,围着宝案子,刚把宝盒子开出来。和尚说:"掌柜的,你押罢。这宝进门闯三,你押大拐三孤钉,准是正红。"王禄一想:"哪有这么巧?倘若押上,把十六吊钱一输,那还了得?"自己不敢押,和尚说:"你不押,这宝可是三。"王禄说:"瞧瞧再押罢。"正说着话,做活的叫宝一揭盖,果然是三。王禄一瞧一跺脚,自己后悔不该不押,这要听和尚的话,把十六吊钱都押上孤钉,赢四十三吊二百,少时就见又把宝盒开出来,王禄说:"大师傅,这宝你猜什么?"和尚说:"方才我叫你押三,你不押,这宝还是三。"王禄心中犹疑,说:"方才开三,这宝哪能还是三呢?"和尚说:"你爱听不爱听。"王禄一想:"先瞧瞧再说罢。"焉想到一开宝又是三。王禄自己又一跺脚,说:"这是怎么说话?两宝来钱屏住一百多吊!"和尚说:"你是不听话。"王禄说:"我哪知道?"说着话,第三宝又摔上盒子。王禄又问:"大师傅,这宝押什么?"和尚说:"这宝押二,这叫黑虎下山。"王禄一想:"和尚连猜了两宝红了,这宝许没准,我莫若瞧一宝罢。"和尚说:"你又不押?"王禄说:"等等别忙。"眼看着又一揭盖是二,王禄自己一想:"我是什么东西?和尚果然是高眼,我不听?"和尚说:"你老不押我走了。"王禄说:"别走。"自己一想:"这宝拼出十六吊钱不要了,和尚叫我押我就押。"想罢一瞧,宝又开出来,王禄说:"大师傅,这宝我押什么?"和尚说:"我猜三,你爱押不押。"王禄一想恨了,当时把十六吊钱满搁在三上押孤钉,心里担着心,见宝盖一揭,是吗,红的冲,白地冲三。王禄一瞪眼,说:"和尚你瞧这宝么了,押输了。"和尚说:"谁叫你先不押!我连猜三宝红你不押,我哪能够宝宝猜着?"王禄一想:"这有什么法子?不答应和尚也是白饶。和尚连一条整裤子都没有。"自己噘着嘴,赌气出来。和尚也跟着出来。

　　刚来到外面，就见王全、李福一掀帘子进来。和尚说："乡亲才来呀。"王全一瞧说："和尚你也来了。"和尚说："可不是，乡亲你快回去吧，不必在外面耽延了，在外面耽延，你也找不着你表弟。你回去，你一天到家，你表弟也到家，你两天到家，你表弟也两天到家，你那时回去，你表弟也就到了。"王全说："是。和尚你做什么在这里呢？"和尚说："我喝了四壶酒没钱，他不叫我走，乡亲你替我给了钱吧。"王全说："是了，我给罢。"李福可就有点不愿意。王禄一瞧主人回来，赶紧回来行礼。王全说："王禄我且问你，这两天老员外喜欢不喜欢？要喜欢我好回去。"王全本是个孝子，来打听打听，倘如老员外要不喜欢，自己暂且不敢回去，怕爹爹说，故此先来问。王禄说："公子爷你回去吧，老员外几乎死了，听说今天才好。公子要昨天回来，还赶上着急。老员外已然都上床咽了气，多亏有一位老道给救了。"王全一听一愣，说："老员外什么病呀？"王禄说："不是病，听说是被阴人陷害。听说大概是张士芳，勾串三清观董老道张老道，可不知是怎么陷害的，公子爷快回去吧。"王全一听，说："别人都可说，惟张士芳他可不该。素常我给他银钱，他倒生出这样心来，真乃可恨！"和尚说："乡亲，你们说着话，我要走了。"立刻济公出了酒馆，这才要狂奔永宁村，甥舅相认。不知后事如何，且看下回分解。

第一百四十八回　探娘舅济公归故里
　　　　　　　　　　点奇梦圣僧善度人

　　话说济公出离了酒馆，一直狂奔永宁村，来到故土原籍。济公一看，叹了一声，离家这几年的光景，村庄都改了样子。正是兔走荒苔，狐眠败叶，俱是当年歌舞之地。露冷黄花，烟迷剩草，亦系旧日征战之场。济公一看旧日儿童皆长大，昔时亲友半凋零。罗汉爷一进西村口，见路北一座大门封锁，正是当年济公自己的住宅。紧挨着三座大门，正当中就是王安士的住家，东隔壁是韩员外的宅子，西隔壁是李修缘的宅子。自修缘走后，王员外派人就把这所房子腾空了，用封条封上。济公今日一看，睹物伤情，回忆当年有父母在堂，家中一呼百诺，如今只落得空房一所，自己孤身一人，未免心中可惨。济公再抬头一看，见娘舅王安士正在门口站定，两眼发直，似乎心有所思的样子。书中交代，王员外为什么今天在门口站着呢？皆因韩成韩员外把老道打了一个嘴巴，挟着捺出去，王员外觉着脸上下不去，见韩成进来，王安士就说："韩贤弟，你这件事做得太莽撞了。老道同我过来，乃是一番好意，贤弟你就粗鲁太过。"韩成说："兄长有所不知，这是我儿媳妇。无缘无故，哪来的这么个老道，拿宝剑威吓我儿媳妇。倘若要吓着怎么办呢？本来你侄儿韩文美就有病。"王员外自己颇觉无味，甚为后悔，不该多管闲事，立刻告辞。回到自己家中，一问家人，老道并没回来。王员外一想："老道是我的救命恩人，这一来，老道大概是没脸见人，不肯回来。"王员外打算要谢老道几千两银子，也不知道老道哪去了，自己觉得颇为烦闷，又想对不起老道，故此来到门口瞭望。

　　正在发愣，济公赶奔上前，跪倒在地，口称："舅舅在上，甥儿李修缘给舅舅行礼！"王安士一瞧，是一个穷和尚，褴褛不堪。老员外一愣，并不认识，连忙说："来人哪！给拿出两吊钱来，给这位大师傅，你趁此去吧。"王员外终朝每日找李修缘，恨不能李修缘一时回来，怎么见了李修缘倒叫给两吊钱叫去呢？皆因王员外看着不是李修缘，想当年李修缘在家之时，是白脸膛，富豪公子的打扮。现在一脸的泥，又是穷和尚，老员外哪里认得出来？王员外只打算是和尚必是知道我的心思，他故意要这么说，故此要给两吊钱，叫和尚去吧。济公跪着不起来，说："舅舅不必拿钱，实是甥儿李修缘回来了。"王员外一听，"啊"了一声，正在发愣，王全、李福来到。

　　王全一瞧这个穷和尚在这跪着，也不知所因何故，赶紧上行前行礼说："爹爹在上，孩儿有礼！"王全是在凤鸣居听王禄说老员外差点死了，王全甚不放心，因此赶紧回来，见老员外正在门首，王全上前一磕头。王安士说："儿呀，你回来了！你可曾找着你表弟李修缘？"王全说："孩儿并没找着李修缘，在萧山县孩儿遭了一场不白之冤的官司，差点丧了性命，因此孩儿回来了。"王安士点了点头。王全就问："你这和尚，跟我们走了一遭，为何在此跪着？"济公说："表兄，你不认识我了，我就是你表弟李修缘回来了。"李福一看说："你这和尚真是啰事，吃了我们一顿饭，你还来假充我小主人？我家公子，我是认得的。"和尚说："李福哥，你是不认识我了，我一洗脸，你就认识了。"王安士一听，说："好，你进来洗洗脸，我看看。"立刻济公同着众人来到书房。

老员外吩咐家人打洗脸水来，家人答应，立刻把脸水打来，济公一洗脸，把脸上的泥都洗去了。王安士再一看，何尝不是李修缘？王全一看就哭了，说："表弟，你在萧山县见着我，你为何不说？你要说了，我早就把衣裳给你换了，何必叫你受这一路苦楚！"李福一看说："哎呀！公子爷，你老人家千万不可见怪，老奴实在太莽撞了。言语冒犯，望公子爷多多恕罪。"济公说："你不必行礼，不知不怪。"王安士看出是自己的外甥，落到这般光景，老员外倒觉伤心，又是心疼，不觉掉下泪来。说："修缘你这孩子，怎么做了和尚了？"济公并不说实话，说："我皆因由家中出去，遇见一个化小缘的穷和尚，他劝我出家。他说'当了和尚，吃遍天下。'说在哪里都不用盘费。我一想也好，我就跟他出了家了。后来他把我的衣裳全诓了跑了，我一着急，我就疯了，因此我也不思回来。现在我在外面化小缘，遨游四方，无拘无束，到处为家。常言说'一日但有三抄米，不做人间酬应僧。'我一想出家倒比在家好，跳出红尘，静观云水，笑傲江湖，醉里乾坤，壶中日月，荣辱不惊，祸福不计。虽处寂寥之滨，而心中快乐；虽仅藜藿之食，而物外逍遥。我是'到处有缘到处乐，随时随分随时安。'"王员外一听，说："你这孩子真是胡闹！家中万贯家财，享不尽的荣华，受不尽的富贵，你自己要不出去，何必落到这般景况？从生人以来，你哪里穿过这样破烂的衣裳？再说你父母在日，由你从小就给你定下亲事，现在刘素素姑娘，父母早已故世，跟着他舅舅董员外住家，时常催我把你找回去，好迎娶过门。你这一出去，知道的，是你自己要出去的；不知道的，还说我贪图你家富贵，把你逼走。你快把你这脏衣裳脱下来罢！王孝，你到里面把公子爷的衣服拿出来，给他换上。"立刻家人答应，由里面抱出一包袱衣裳来。济公换上文生公子的衣裳，把自己的旧帽那、僧袍哪卷好，说："舅舅千万别把我这破衣裳捻了，捻了可有罪。等我还俗的时候，还得用这身衣裳。"王员外说："既然如是，把你衣服拿到里面去，交给安人收起来。等我择一个好日子，到国清寺去给你还俗。"济公点头答应。老员外吩咐摆酒，家人答应。正要擦抹桌案，里面婆子出来说："老员外，老安人说了，叫李公子爷，同咱们公子爷到里头去呢，老安人要瞧瞧哪！"王安士说："好，儿呀，你同修缘到里面见见安人。"王全这才同李修缘来到里面。老安人一来多日没见自己的儿子，二则也要瞧瞧外甥，王全先给娘亲行了礼，李修缘这才给舅母行礼。老安人说："修缘你在旁边坐下，我且问你，这几年在外面做什么呢？"李修缘还是不说实话，就照着跟员外说的话，又对安人一说。在里面说了几句话，家人进来说："书房摆上酒了，老员外等着跟二位公子爷吃饭呢。"王全、李修缘这才站起来，狂奔外面。

来到书房，老员外正在这里等候，家人已然把干鲜果品，冷荤热炒摆上。今天王安士心中甚是畅快，儿子也回来了，外甥也回来了，可以同在一桌吃酒，一面谈心。老员外在上面坐，叫李修缘在旁边上手里坐下，王全在下手里，爷三个同桌而食，开怀畅饮。甥舅父子一面吃酒，一面欢谈，老员外要问问甥儿，这几年在外面的根本源流细情。焉想到李修缘并不说实话，不肯说出自己的道德来历，言语总带着一半劝解老员外。济公要打算度脱娘舅，出家修行，无奈王安士贪恋红尘，执迷不悟。三个人吃完了晚饭，把残桌撤去，倒上茶来。老员外吩咐把卧具搬出来，今天同在书房安歇。家人把铺盖铺设停当，老员外在一张床上，王全同修缘在一张床上躺下，谈心叙话。王安士恐怕儿子外甥在外行路乏神，说多了话伤神，催促早睡。老员外说："不便说话了，今天早点歇着，明天起来再说摆。"老员外说完了话，二目一闭，心神一定，正在迷迷离离昏昏沉沉之际。老员外再一抬头，吓得亡魂皆冒，济公禅师要施佛法，大展神通，暗度娘舅。不知后事如何，且看下回分解。

第一百四十九回　妖妇现形唤醒文美　真人赠药救好修缘

　　话说王安士刚才睡着，忽见四外火起来了。王安士吓得魂不附体，又怕把儿子外甥烧在里面，赶紧说："王全、修缘，快跟我走！"王全、修缘跟着王安士就跑出来。正往前走着，只见后面来了一只猛虎，摇头摆尾，张着血盆大嘴，就赶过来。王安士带着王全、李修缘撒腿就跑，猛虎后面急追。正往前跑着，见眼前一道大河，截住去路，并没有船只，王安士一想："这可了不得了！要叫猛虎追上就没了命了！"正在心中着急，忽见河里的水"哗啦"一响，当中露出一座莲台，在莲台上坐着一位老僧，头戴五佛冠，身穿古铜色僧衣，脖领上挂着一百单八颗念珠，盘膝打坐，双手打着闷心。王安士一瞧，赶紧就说："圣僧救命！"那老和尚口念："南无阿弥陀佛，善哉，善哉！苦海无边，回头是岸！"说着话，老和尚掐了一朵莲花，捺在河内，立刻这朵莲花变了一只船。那老和尚："王善人，你等上船吧。"王安士自己要上船，又怕猛虎赶到把儿子外甥吃了，赶紧叫修缘快上船，"儿呀，快上船！"王全、李修缘点头，刚才上船，王安士还没上船。猛虎赶到，张牙舞爪，张嘴就咬。王员外吓得"呀"的一声，惊醒了。睁眼一看，自己吓得的一身冷汗，原来是南柯一梦。王安士觉着心中乱跳，方一明白，就听李修缘那里嚷："舅舅，可了不得了。"王安士说："修缘你嚷什么？"李修缘说："我做了一个怕梦，我看见咱们房子着了火，舅舅带我们两个人跑出去，又遇见一只老虎追咱们。咱们正跑着，见眼前一道大河过不去，忽然有一位老和尚坐着莲台，掐了一朵莲花，扔在河里，变了一只船，他说：'苦海无边，回头是岸。'我同我表兄刚上船，瞧老虎来咬你，把我吓醒了。"王员外一听，说："真乃怪事！我方才也是做这个梦！"李修缘说："舅舅要依我说，还是出家好，我看出家倒比在家好。人生百岁终是死，莫若修福种德，不修今世修来世。出家了一身之冤孽，像你老人家这个岁数，更应当出家才是。"王安士说："你这孩子，疯疯癫癫，还说出家？我那里家中一呼百诺，出家有甚好处？你这孩子不想想，你在外面这几年出家，落的何等困苦艰难，风吹雨洒？再说你李氏门中就是你一条根，并无三兄四弟，总想着光宗耀祖，显达门庭，封妻荫子，可以接续香烟。孟子曰：'不孝有三，无后为大。'你既读孔孟之书，必达周公之礼。莫不是你就忘怀了？"李修缘说："舅舅此言差矣！你岂不知一子得道，九祖升天？"老员外叹了一声，赌气不说了。又觉一沉睡，照样又一梦，如是者三次。书中交代：这是济公禅师要度脱王安士出离苦海，不想王安士连是三警，并不醒悟。听外面天交三鼓，自己思想了半天，又复睡去。天光一亮，老员外、王全、李修缘俱起来了，家人伺候洗脸，吃茶吃点心。

　　济公就问："舅舅，那韩文美韩大哥他怎么没过来？"王员外说："你韩大哥现在病着呢。"济公说："咱们得去瞧瞧他去，这几年老没见了。"王员外说："好，你我一同过去吧。"王全也跟着，三个人来到韩员外门首。一叫门，家人由里面出来一瞧，说："老员外过来了。"王安士说："你到里面回禀一声，就提我外甥李修缘回来了，特意来望你家公子。"家人随即转身进去，少时出来说："员外，我家公子有请。"王安士这才带领李修缘，往里狂奔。来到韩文美的卧室一瞧，韩成也在屋中，大众彼此行礼。济公一看韩文美瘦得不像样子，脸上一点血色都没有。韩文美一瞧是李修缘，不是外人，有数年不见，赶紧："李贤弟，你这几年上哪去的？"济公说："我在外面化小缘来着。"韩文美说："你化小缘一向可好？"济公说："化小缘也没什么好与不好，无非是到处有吃有喝就是了。韩大哥你这病，怎么不吃药呢？"韩文美说："吃了许多的药了，也不见好。"济公说："我这里有一块药，给你吃罢。"韩文美说："什么药？"济公说："伸腿瞪眼丸。"文美说："兄弟你别跟我玩笑呀，怎么给我伸腿瞪眼丸吃？"济公说："你不知道，这药一伸腿，一瞪眼，就好了，能治百病。这块药不是我的，是我偷的济颠和尚的。"王员外拿眼瞪了他一眼。济公说："真是我偷的这个药，勿论男女老幼，诸般杂症，一吃就好。"韩文美立刻把药吃了，真立刻觉着神清气爽。济公说:"你这病是什么病,你知道不知道?"韩文美说:"不知道。"济公说:"我知道你这病是虚痨。"韩文美说:"兄弟,你这可胡说!"济公说:"不但我说你是虚痨,你还带着妖气,你的眼睛都发浑了。"韩文美说:"兄弟你是疯了吗?"济公说:"我一点不疯,我瞧瞧我韩大嫂子在哪里呢?"韩文美说:"在西厢房呢。"济公说:"我去瞧瞧去。"说着话,往外就走,众人也都跟出来。

济公来到西厢房一看,说:"可是她,便是妖精。"韩文美说:"兄弟真疯了,这是你嫂子么,怎么你说是妖精呢? 这也就是兄弟你说,要是别人满嘴胡说,我立刻就把他轰出去!"济公也不答话,过去照定韩文美之妻,就是一个嘴巴。韩文美一看,就要翻脸,就见他妻子一张嘴,一口黑气照济公一喷,济公当时翻身栽倒在地,人事不知,如同死了一样。妖精现露原形,一阵风径自去了。韩文美看得明白,妖精现了原形,是有小驴子大的一个香獐子,驾风逃走。韩文美自己也愣了,心中这才明白,敢情是这么一个香獐子,天天跟我同床共枕,事到如今,我这才知道。从前恩爱,至此成空,昔日风流,而今安在? 不怪人说'芙蓉白面,尽是带玉的骷髅;美艳红装,亦系杀人的利刃。'"韩文美从此醒悟。

这个时节,王员外见外甥被妖精喷倒,真急了,连忙叫:"修缘醒来!"连叫数声,叫之不应,唤之不醒。王员外一跺脚,说:"这可怎么好? 盼来盼去,好容易把他盼回来。这要一死,真是活该!..王全也着了急。老员外心中一想:"真是要李修缘由这一死,我把他的一份家业,全给他办了丧事。"自己痴呆呆正在发愣,由外面进来一个家人,说:"王员外。现在外面来了一个老道,是梅花真人。他说知道李公子被妖精喷了,他特意前来搭救,他有仙丹妙药,能够起死回生。"王员外一听,赶紧吩咐有请,只见老道由外面进来。王员外说:"仙长你老人家慈悲慈悲罢!"老道掏出一块药来,叫人用阴阳水化开,给济公灌下去。果然少时就听济公肚子里"咕噜噜"一响,睁开二目,翻身爬起来,立刻好了。济公装不认识孙道全。王员外一见孙道全将李修缘搭救好了,这才说:"仙长,你老人家别走了,前者救了我的性命,今天又救了我外甥,我实在感恩不尽。先请到我家去吃酒,我有一点薄意,要奉送仙长。"韩成此时也知道儿媳妇果是妖精,前者把老道打出去,大为抱愧,赶紧上前赔礼说:"前者我实在粗鲁,冒犯真人,我今天给真人赔罪。"老道哈哈一笑说:"二位员外,你我后会有期,我还有公事在身,暂且告辞。"说罢孙道全驾趁脚风径自去了。老道是奉济公之命,狂奔上清宫去,给东方太悦老仙翁送信,这话不提。

单说王员外见老道走了,这才带领王全、李修缘告辞,回到家中。刚要摆酒,只见张士芳由外面进来。这小子自从烧了三清观,他就把讲棚杠那四百银子,连嫖带赌把银子都输没了。自己一想,还是没落剩,又听说王全、李修缘都回来了,张士芳一想:"这两人一回来,我姑母就不能任我所为了。这两个小子可是我的噎膈!"他岂不想人家是自己的产业,为什么是他的噎膈! 这小人天生来的狼心狗肺,他一想这两人一回来,我姑母就不能给我钱,我莫如想法把他两个人一害,将来王安士一死,百万家业全是我的了。想罢到药铺买了一百钱砒霜,一百钱红矾。药铺问他:"买这毒药做什么?"张士芳说:"配耗子药。"将砒霜红矾带好,一直来到王安士家,要施展毒计,暗害王全、李修缘。不知后事如何,且看下回分解。

第一百五十回　买毒药暗害表弟
点噩梦难度迷人

话说张士芳暗带砒霜红矾,来到王安士家。一见老员外,张士芳说:"姑父你好了? 我听说我两个兄弟回来了,我特意来瞧瞧。"王安士并不知张士芳勾串老道陷害他,还以为张士芳是好人。怎么一段缘故呢? 皆因老安人偏疼内侄,王安士病好了,老安人给士芳倒说了许多的好话,说:"你病着,还是张士芳这孩子眼不错,见他兄弟不在家,瞧你要死,什么事都张罗在头里。又给讲棚,又去讲杠,在这里帮忙,乱了好几天,见你好了才走的。"王安士听夫人所说,信以为真,说:"这孩子就是不务正,其实倒没别的不好。"今天张士芳一来,王安士倒很欢喜。说:"张士芳,你瞧你两个表弟都回来了,你从此改邪归正。我给修缘把喜事办了,我也给你说个媳妇。"张士芳一瞧说:"表弟,你这几年哪去了? 我还真想你。"这小子嘴里说好话,心里盘算:"回头我抽冷子,就把毒药给搁在茶里,再不然搁在酒里,饭碗里,把他们两个人一害死,我就发了财。"心里思想害人,嘴里很是仁义道德。李修缘说:"张大哥来了! 咱们回头一处吃饭吧。"王安士说:"好,你三个人在一桌吃,我瞧着倒喜欢。"说着话,家人把酒茶摆上,张士芳在当中上坐,王全、李修缘,这两个人皆在两旁边。

刚要喝酒,济公说:"张大哥,你瞧我这时候要一跟人家在一个桌上吃饭,我就害怕,心里总留神。如今好人少,坏人多,我总怕嘴里说好话,心里打算要害我:买一百钱砒霜,一百钱红矾,抽冷子给搁到饭碗里,再不然给搁到酒里。"张士芳一听,说:"表弟,你这是疯了? 谁能够害你呀?"济公说:"去年有我们一个同伴的,也是穷和尚,他跟我一处吃饭,带着毒药,差点把我害了。由那一回,我跟人家一处吃饭,我常留着神。其实,咱们自己哥们,你还能害我吗? 张大哥,你别多心,你身上带着砒霜没有?"张士芳:"没有。"济公说:"你带着红矾哪?"张士芳说:"更没有。"济公说:"我也知道,你不能,总是留点神好。"说的张士芳心里乱跳。本来他心里有病,他还纳闷,怎么世界上怎有这一件事,吓得他也不敢往外掏。一天两顿饭,他也没敢搁。天色已晚,老员外说:"张士芳你要没走,你们三个人在这书房睡,我到后面去。"张士芳说:"就是罢。"老员外归后面去,这三个人在书房安歇,王全同济公在一张床上,张士芳在一张床上。

王全躺下就睡着了,济公也打鼾呼,唯有张士芳翻来覆去睡不着。心中盘算:我总得把他们两个人设法害了,我才能发财。想来想去,沉沉睡去。刚才一沉,只见由外面进来一个人,有五十多岁,白脸膛,黑胡子,头戴青布缨翎帽,穿着青布靠衫,腰扎皮挺带,薄底鹦脑窄腰快靴,手拿追魂取命牌。后面跟定一个小鬼,面似青泥,两道红眉,红头发滋着,赤着背,围着虎皮战裙,手里锯翎钉钉狼牙棒。张士芳一瞧,吓了一哆嗦。这公差说:"张士芳,你所作所为的事你可知道,现在有人把你告下来了,你跟着走吧!""哗"地一抖铁链,把张士芳锁上,拉着就走。张士芳说:"什么事?"这位公差说:"你到了就知道了。"拉他赶快走着。张士芳就瞧走的这道路黄沙暗暗,仿佛平生没走过的道路。正往前走,见眼前一座牌楼,上写"阴阳界"。张士芳一想:"了不得了,必是到了阴曹地府!"过了牌楼,往前走了不远,只见眼前一座城池,好生险恶。但见:

阴风惨惨,黑雾漫漫,阴风中仿佛闻号哭之声,黑雾内依稀见魑魅之像。披枷戴锁,未知何日离阴山。锯解白春,不识甚时离狱地。目莲母斜歌栏杆望孩儿,贾充妻呆坐奈河盼汉子。马面牛头,瞒拥着曹操才过去。丧门吊容,勾率的王莽又重来。正是人间不见奸淫辈,地府堆积受罪人。

张士芳一看,正在吃惊。只见有一个大鬼,身高一丈,膀阔三停,面似瓦灰,红眉毛,红眼睛,披散着头发,一身的毛,手拿三股托天叉,长得凶恶无比,高声叫道:"汝是何方的游魂,来俺酆都地狱? 快些说来,免受捉拿!"这公差说:"鬼王兄请了,我奉阎罗天子之命,将张士芳的鬼魂勾到。"大鬼说:"既然如是,放尔过去。"这公差拉着往前走,只见眼前一座大门,西边站立无数狰狞恶鬼,门口有一副对联,上联是:"阳世奸雄,伤天害理皆由你。"下联是:"阴曹地府,古往今来放过谁。"横匾是:"你可来了。"张士芳一看,吓得胆战心惊。进了大门一瞧,里面仿佛像一座银安殿,殿柱上有一副对联,上联是:"莫胡为,幻梦生花,算算眼前实不实,徒劳机巧。"下联是:"休大胆,热铁洋铜,摸摸心头怕不怕,仔细思量。"横匾是:"善恶分明。"张士芳抬头一看,上面是阎罗天子,端然正坐,头戴五龙盘珠冠,龙头朝前,龙尾朝后,身穿淡黄色滚龙袍,腰横玉带,篆底官靴。再往脸上一看,面如刀铁,三绺黑胡须,飘洒在胸前,真是铁面无私,令人可怕。左右两旁站着文武判官,一位拿着善恶簿,一位拿着生死簿。那判官都是头戴软翅乌纱,身穿大红袍,圆领阔袖,束着一条犀角宝带,足下方头皂靴。两旁还有牛头马面,许多狰狞恶鬼,排班站立。这位公差口称:"阎罗天子在上,鬼卒奉敕旨将张士芳鬼魂带到。"张士芳自己不由就跪下了。阎罗天子在上面，往下一看，说："张士芳，你前世倒是积福做德，应在今世托生富贵人家，享安闲自在之福。不想已胡作非为，俱都是伤天害理，在外面寻花问柳，败坏良家妇女，损阴丧德。你又谋害你姑父王安士，今又想谋害表弟王全、李修缘，实属罪大恶极！来呀！鬼卒你带张士芳先过秦广王、楚江王、宋帝王、五官王、卞城王、泰山王、都市王、平等王、转轮王、左三曹、右四曹、七十四司，然后带他游遍地狱！"

鬼卒一声答应，拉着张士芳见过十殿阎罗，然后来到一个所在。一瞧，有两个狰狞恶鬼，缚着一个人，拿刀割舌头。张士芳一看，说："鬼王兄，这是怎么回事？"公差说："这个人在阳世之间，好谈人闺阃，搬弄是非，胡言乱语，死后应入割舌地狱。"张士芳瞧着可怕。又往前走，有一个开膛摘心的，张士芳又问，鬼卒说："这个人在阳世瞒心昧己，奸淫邪盗，死后应人剜心地狱。"说罢又往前走，见一有座刀山，有几个大鬼，举起人来，就往上扳，都是刀尖冲上，轧的人身上鲜血直流。张士芳说："这是因为什么？"鬼卒说："这是不孝父母，打爹骂娘，恨天怨地，喝雨呵风，死后应上刀山地狱。"再往前走，一看，有一根铁柱，烧得通红，叫一个人去抱，不抱有大鬼就打，张士芳说："这个怎么回事？"鬼卒说："这人在阳世奸淫妇女，败人名节，死后应抱火柱。"说罢又往前走，见有一座冰池，把人剥的赤身露体，卧在冰地冻着。张士芳一看就问，鬼卒说："这人在生前唱大鼓书，专唱淫词，引诱良家妇女失身丧节，死后应入寒冰地狱。"再往前看，有一个血池，有许多妇人在里面喝脏血，张士芳又问，鬼卒说："这些妇人，有不敬翁姑的，有不惜五谷的，有不信神佛的，有不敬丈夫的，死后应该入污池喝血，此即血污池也。"看罢，又往前走了不远，再一看有一杆秤，吊着一个人的脊背，说这个人在生前专用大斗小秤，损人利己，就该这样报应。再一看，有倒磨磨的，有下油锅的，有千刀万剐的，有剥皮抽筋的，种种不一，都是在身前杀人放火，奸盗邪淫，是些犯罪的人。张士芳游够多时，再一看有两座金桥银桥，有一个老者，长得慈眉善目，有两个金童银童，把着两把扇，每人手里托着一个盘子，盘子里有一把折扇，一块醒木。张士芳就问："这个人为何这样清闲？"鬼卒说："这个人在阳世说评书，谈今论古，讲道德，讲仁义，普度群迷，劝人行善。死后金童银童相送过金桥银桥，超生在富贵人家。凡在阳世修桥补路，放生，斋僧布道，冬施姜汤，夏舍凉茶，济困扶危，敬天地，礼神明，奉祖先，孝双亲，这些人死后必过金桥银桥。"张士芳自己点点头，不怪人说，"善恶到头终有报，只争来早与来迟。"张士芳游遍地狱，复又带他一见阎王爷，阎王爷吩咐："把张士芳扔在油锅炸了吧！"鬼卒一声答应，眼瞧一个大油锅，烧的油滚滚的，沸腾腾的，把张士芳拿起来，往里就扔，吓得张士芳"哎呀"一声，睁眼一看，有一宗岔事惊人。不知后事如何，且看下回分解。

<h2>第一百五十一回　到地府见罪人恶心不改
遇妖怪起淫心丧命倾生</h2>

话说鬼卒把张士芳往油锅里一捺，张士芳吓得"哎哟"了一声，一睁眼原来是南柯一梦。自己还在屋里床上躺着，吓得一身汗，被褥都湿了。刚一睁眼，就听和尚那里嚷："可了不得了！心疼死我了！我的张大哥！"张士芳道："李贤弟，你嚷什么？"和尚说："我做了一个梦，梦见来了两个官人，把你锁了去见阎王爷。阎王爷叫鬼卒带你游地狱，我在后面跟着。你游完了地狱，阎王爷说你害王员外，又不知还想害什么人，我瞧把你捺在油锅里，炸了个嘣脆透酥，把我吓醒了。"张士芳一听："怪呀，怎么我做的梦他知道呢？"自己心里又一想："做梦是心头想，哪有这些事呢？还是得想法子把他们两个人害了，我才能发财。不然是不行。"心里想着，又睡着了，照样又是一梦。这回没往油锅里捺，往刀山上一捺，又吓醒了，又是一身冷汗。如是三次，张士芳吓得心中乱跳。听外面天交三鼓，张士芳一想："我别在这睡了，这屋子有毛病，再睡得把我吓死。"想罢，翻身爬起来说："二位贤弟你们睡吧，

我要走了。"王全也醒了，说："张大哥，半夜三更你上哪去？"张士芳说："你别管，我是不在了。"王全说："既然如此，你叫家人开门。"张士芳穿好了衣裳，跑出来叫家人开门。众人都刚睡着了，起来给他开门关好，没有一个不骂他，本来这小子素常就不得人心。

张士芳出了永宁村，一直来到海棠桥。抬头一看，秋月当空，水光似镜，正在残秋景况，金风飘洒，树尖枝叶都发黄了。再一看桥下，一汪秋水，冷飕飕直往东流。夜深人静，鸡犬无声，张士芳站在桥上，自己一想："半夜三更上哪儿呢？莫若到勾栏院去，可以住一夜。"自己正在心中思想，忽听北边树木之内，有妇人啼哭的声音。张士芳顺着声音找去，到切近一看，果然是一个少妇，也不过至大有二十龄，娇滴滴的声音，哭里透着悲惨得了不得。张士芳借着月光一细看，这位妇人真是花容月貌，窄小金莲不到三寸，称得起蛾眉杏眼，芙蓉白面，头上脚下真个十成人才。张士芳一见，淫心已动，他本是个色中的饿鬼，花里的魔王，忙叫道："这位小娘子，为何黑夜光景在此啼哭？"这妇人抬头看了一看说："这位公子大爷要问，小妇人章氏，只为我丈夫不成人，好赌钱，把一分家业都押宝输了，直落到家中日无隔宿之粮。这还不算，他今天因为要钱，把我卖了，要指着还给输账，我故此晚上偷着出来。我打算在这里痛哭一场，我一上吊，就算完了，一死方休。大爷你想，我是一点活路没有。"张士芳一听，心中一动，这可是便宜事，赶紧说："小娘子，你别想不开，人死不能复生，你正在青春少年，死了太可惜的，你跟了我去好不好？"这妇人说："呦，我跟你去上哪去？"张士芳说："我告诉你，你在这方打听打听，我姓张，叫张士芳，是这本地的财主，家里有房屋地产，买卖银楼缎号，我也是新近失的家，皆因没有相对的，我也没续弦。不是人家不给添房，再不然就是我不愿意，我总要亲眼得见人才长得好，我才要呢。你要跟了我去，咱们两个人倒是郎才女貌。你一进门就当家，成箱子衣服穿，论匣子戴首饰，一呼百诺，你瞧好不好？"这妇人说："你瞧谁来了？"张士芳一回头并没人，再回头一瞧，那妇人没了。张士芳正在一愣，过来一个香獐子，就在张士芳梗嗓咽喉一口，把张士芳按倒就吃，就剩下一个脑袋，一条大腿没吃。书中交代，这个妇人就是香獐子变的，奉济公禅师之命，在这里等着吃张士芳。这小子也是心太坏了，才能落到这样收成，妖精从此走了。第二天王安士听说张士芳走了，就派家人出来寻找，看见张士芳的人头及大腿一条，回去一回禀王安士，王安士叫家人给买了一口棺材，把张士芳的脑袋腿装上，埋在乱葬岗上。这话休提。

单说王安士要给李修缘还俗，然后好娶亲。择了一个好日子，先叫人给国清寺的方丈送信。李修缘本是当初国清寺许的跳墙的和尚。这天老员外同王全送李修缘上国清寺去跳墙，老员外叫家人备上三匹马，把李修缘原就那身破僧衣带上，众家人也都骑马跟随。刚一走出永宁村门口，和尚一施展验法，他这匹马就先跑了。和尚来到一座树林子，翻身下马，把文生公子的衣裳都脱了去，仍旧把自己僧衣穿好，用手一指，把马拴在树上，用隐身法，把马隐起来。和尚刚要往前走，只见那边来了五六个穷和尚，说："咱们快些走，晚上可就赶不上了。今天董员外的外甥女，刘百万的女儿刘素素，斋僧布道，每人给二百钱，每人给一个馒头。这位姑娘原本许配李节度之子李修缘，哪知李修缘由十八岁走了，不知去向，姑娘就住在舅舅家。董员外要给姑娘另找婆家，姑娘说：'忠臣不侍二主，烈女不嫁二夫，至死不二。'这位姑娘大才，咱们天台县的绅衿富户，都惦记说这位姑娘，董员外也逼着，叫姑娘不必等李修缘，另给找婆家。姑娘没法子，出了一个对子，说谁要对上，就把姑娘给谁。姑娘这是难人，所以咱们台州府的举监生员都对不上，碰钉子碰多了。姑娘最好行善，咱们去领馒头钱去。"济公听见这片言语，知道这是未过门的妻子，济公便赶过去说："辛苦辛苦，咱们一同走。"众和尚一看，说："你也是去领馒头上董家庄吗？"济公说："可不是吗。"

说着话，眼前不远，出了这树林子，就是董家庄。一进村口，路北大门，门口高搭席棚，众僧人来到门首一看，有管家放钱放馒首。济公说："我们一共七个和尚，给七个馒头，一吊四百钱，都交给我罢，我再分给他们。"管家就拿了七个馒头，一吊四百钱，都有一斤重一个，交给济公。济公拿着说："馒头你们自己拿着，钱到那边慢慢分去。"

说着话，一瞧门内摆着一张桌子，上面有笔墨砚，押着一条对字，是十一个字，都有宝盖。写的是："寄寓客家，牢守寒窗空寂寞。"和尚就问："这条对字是干什么的？"管家说："这是我们姑娘出的，我们员外说了，要有老头给对上下联，认一门子亲，要有僧道给对上，我们员外给修庙，要是文生公子给对上，只要年岁相当，情愿把姑娘许配他。这个对子把我们本地念书人难住多了。"济公说："我给你对个下联行不行？"管家说："你能有这个才学，能配上下联，我们员外给你准修一座庙。"和尚拿起笔来就写，写完了，管家拿进去，叫婆子交给姑娘。姑娘一看，连声赞美，真乃奇文妙文绝文。本来这条对字是不好对，他这上联十一字都用宝盖，再说姑娘这条对字就说有终身之事，父母双亡，在舅舅家住着，就算寄寓客家一般，"牢守寒窗空寂寞"，说的是自己孤身一人，独坐香闺心中寂寞，何时是出头之日。要得下联，还得意思对。十一字，字也得一个样。或是全与乱绞丝，或是三点水，或是口字傍，或是单力人，双力人，或用言字傍，全得言字。济公对的下联，全是走之，写的是："远避迷途，退还莲迳返逍遥。"这十一个字的意思是说：这位刘素素姑娘自落身以来，就是胎里素，一点荤腥都不吃。他本是一位莲花罗汉一转，错投了女胎。今天济公来对这对子，是暗度他未过门的妻子。"远避迷途"，是言人生在世上，如同大梦一场，仿佛在迷途之内，远避迷途，即是要躲开迷途之意。"退还莲迳返逍遥"，是说不如出家倒逍遥自在。姑娘一看，连声称赞说："快把这个人叫进来，我要见见！"家人说："是一个穷和尚。"姑娘说："勿论是僧是道，我要见。"家人到外面找和尚，踪迹不见。和尚拿着一吊四百钱，施展验法走了。这六个和尚一展眼，没留神，见和尚没了，这六个和尚紧就追。刚追出村口，一瞧，济公正坐在地下挑钱呢，自言自语说："这个是小钱，这二百不够数。"这六个和尚一瞧，气往上撞，大家过来围上济公就打。不知后事如何，且看下回分解。

第一百五十二回　修缘公子朝宝悦
知觉罗汉会昆仑

话说济公在地下数钱，六个化小缘的和尚赶到。大众说："好和尚！你把我们六个人的钱都拐了来，你还在这里数钱？"说着话，这六个和尚过来就一拳。济公说："咱们一个对一个的打。"六个和尚围着济公动手，谁要打济公一拳，济公必还一拳，六个人都不能多占便宜。正在动手之际，只见正北来了两匹坐骑，骑马的正是王孝、王福。老员外见李修缘的马惊下来，赶紧派家人追赶。两位管家正在寻找，见李公子又穿上了破僧衣，跟众和尚打起来了，王孝赶紧下马说："别打别打！"众穷和尚说："你别管，他把我们的钱诓了去！"王孝说："你们别胡说了，还不滚开！这是我家公子爷！"众和尚一听，就不敢动手了。王孝说："你们真要造反了？还不拿了钱走吗？"众和尚一听，每人拿了二百钱，诺诺而退。王孝说："公子爷你上哪去了？"济公说："我跟他们上董家庄化缘去了，领了一个馒头二百钱。"王孝说："唉！公子爷，你也不怕人家耻笑，那不是外人家，董员外跟咱们还是亲戚呢！你的马呢？"和尚说："那边树上拴着呢。"王孝说："我们方才怎么没瞧见？"和尚用手一指说："那不是？"王孝王福一回头，果然马在树上拴着，这才一同来到树林，把马解下来。济公翻身上马，同家人回来。王员外说："你上哪去了？"济公说："没上哪去，我化缘去了。"王安士说："你这孩子是胡闹！已然要还俗，你还忘不了化缘。从此可不许你再化缘了。"济公点头答应。众人催马，这才狂奔山坡国清寺来。

原本这寺在半山坡里，众人催马，刚来到山坡以下，只见国清寺庙门以外，两旁边一对一对和尚，站着班迎接，大约有数十对僧人。王安士一看，只打算庙内方丈知道王员外有钱，要这样的恭敬。其实不然。当初国清寺的老方丈叫性空长老，现在老方丈圆寂了，是性空长老的徒弟宝悦和尚当家。性空长老乃是一位得道的高僧，临圆寂之时，把徒弟宝悦叫到跟前说："某年某月某日，有知觉罗汉前来降香，必须如此这般，这等这样。"故此宝悦和尚谨记在心。今天由大殿前往外排班，是五十四对，一百零八位和尚各穿扁衫，手拿手炉手磬，口念真佛，迎接知觉罗汉。王安士哪里知道其中的细情？众人来到庙前下马，济公说："这些个秃葫芦头！"大众和尚心里说："这个和尚真讨人嫌！他说我们是秃葫芦头。他也是和尚。"众僧都是凡夫俗子，也不知道济公的来历。王员外众人一进庙，宝悦和尚迎接出来，见了济公打问讯，济公也答礼相还，老员外并不解其意。宝悦说："老员外来了。"王安士说："方丈怎么称呼？"和尚说："我叫宝悦。"书的节目，是"修缘公子朝宝悦，知觉罗汉会昆仑。"

王安士今天来到国清寺，先施舍众僧人每人一件僧袍，每人一双僧鞋，每人给钱两吊，方丈请老员外在禅堂待茶，王安士说："我今天特意给我外甥李修缘跳墙还俗，求老方丈慈悲慈悲罢。"宝悦和尚点头，吩咐外面预备，众人来到大殿以前烧上香，在大殿前搁着一条板凳，就算是墙。宝悦和尚："老员外，你外甥跳墙，我得打他一百禅杖，赶出庙去。"王安士一听，说："我外甥懦弱的身体，要打一百禅杖，他如何受得了？"宝悦和尚说："不用真拿大禅杖，就拿一百根筷子以代禅杖，打一下算十下。"老员外说："这就是了。"宝悦和尚说："修缘，我打过了你，你跳过板凳，跑出庙门就算完了。"济公点头，宝悦拿起筷子一比，打一下，说："啊，初一不烧香，十五不礼拜。前殿不打扫，后殿堆土块。终朝饮美酒，狗肉随身带。出家亦无缘，送你还俗寨。脱下织裰来，赶出山门外。"说完了，叫李修缘跳墙，济公跳过板凳，撒腿就往山门跑。王安士说："别跑！"这句话未说完，就听李修缘嚷："我收不住脚了！"王安士众人赶紧往外道，眼见李修缘掉在万丈深的山涧之内。老员外一瞧一跺脚，说："修缘儿呀！不想你死在这里！"立刻放声痛哭。宝悦和尚说："老员外不便伤感，李修缘大有来历。"老员外说："罢了，他既是死了，我回家把他那分家业，全都给他念经设坛化了。"王全说："爹爹不便这般，我看我表弟有些个道德，也许回家来点化你老人家，还不定死活呢。"宝悦和尚说："公子之言有理，老员外请回罢。"王安士一概不听，回家要超度李修缘。

书中交代，济公哪里去了呢？罗汉借着遁法，狂奔上清宫而来。来到上清宫一打门，由里面出来了一个道童，一见是个穷和尚，破僧衣短袖短领，腰系绒绦，疙里疙瘩，光着两只脚，穿着两只草鞋，褴褛不堪，济公早把三光闭住。道童就问："和尚，你找谁呀？"和尚说："烦劳仙童到里面回禀一声，就说我是西湖灵隐寺济颠僧，前来拜访你家观主。"道童一听，"呵"了一声，说："你就是济颠僧吗？你等着罢！"，和尚说："可以"。道童这才往里回禀，此时老仙翁正会着客呢。书中交代，什么人在这坐着呢？原来是上清宫后天母宫的玉面长寿仙姑。她是五云洞五云老祖的女儿，她正在洞中打坐，忽见上清宫里有一股妖气冲天，玉面长老妖狐一想："怎么上清宫里会有妖精呢？我何不到那瞧瞧，是怎么一段事。"自己这才来到上清宫。老仙翁见了他，以仙姑呼之，他见老仙翁，就称呼老仙翁，这两个人是对兵不斗。老仙翁知道他父亲是五云老祖，管押天下群妖，勿论大小精灵，只要是披毛带角，横骨穿心，不是四造所生，脊背朝天，就属五云老祖所管。他有一宗聚妖幡，要一晃，天下的妖精，全都得来到，仙翁故此也不惹他。玉面老妖狐也知道老仙翁道德深远，庙里有镇观之宝，有乾坤奥妙大葫芦，勿论什么妖精装在里面，一时三刻化为脓血，他也不敢惹老仙翁。今天老仙翁听说玉面长寿仙姑来了，赶紧降价相迎，说："仙姑来了，因何这样闲在？"老妖狐说："仙翁，我看你这庙内有一股妖气冲天，不知是什么一段缘故？"老仙翁用掌一指，说："你来看。"老妖一看屋里房桩上，倒吊着一个小和尚，头上有黑气。老妖狐说："这个和尚是谁呀？"老仙翁说："尘世上出了个济颠和尚，兴三宝，灭三清，欺负我三清教门下，火烧了祥云观，烧死张妙兴，火烧云烟塔，雷击华清风，捉拿张妙元，戏耍褚道缘、张道陵。这个妖精是济颠的徒弟，我把他吊起来，等济颠。济颠一天不来，我吊他一天，哪时济颠来了，我把他放开，我要看他是何等人物。"玉面老妖狐说："老仙翁，哪时济颠来了，你千万替我送信。我大徒弟在临安城周宅，跟周公子有一段金玉良缘，无故被他赶回来。我三徒弟章氏香娘，在永宁村韩员外家，也被他赶回来。我还有一个小徒弟，在小月屯被他杀了。我说我徒弟不会跟他们斗法吗？他们说惹不起他。哪时济颠要来了，你给我一个信，我来略施小术，就把他拿了，替我徒儿们报报仇。"老仙翁说："好，既是仙姑肯费其心，那时济颠僧来，我必给你送信。"正说着话，童子进来说："师傅，济颠找你来了。"其实济颠没这么说，是说来拜访观主，他要给这么传话。老仙翁也是个高人，赶紧说："有请！"道童出来并不说"有请"，说："我师傅叫你走进去呢。"和尚并不嗔怪，说："可以，进去就进去。"当时济公禅师脚步踉跄，一溜歪斜，"梯拖梯拖"狂奔里面。一见老仙翁，要僧道斗法，且看下回分解。

第一百五十三回　　玉面狐上清宫访道
济禅师天台山会仙

　　话说老仙翁吩咐"有请济公！"老仙翁心中思想："我见济颠看看是何许人也？要是大路金仙，头上有白气，要是西方的罗汉，头上有金光、佛光、灵光，他要是妖精，必有黑气。要是凡夫俗子，我也看得出来。"正在思想之际，见和尚自外面进来，老仙翁一看，乃是凡夫俗子。心里说："闻名不如见面，见面胜似闻名。褚道缘、张道陵也太无能，受他的挫辱，真正可笑。"老妖狐一看，也是这样想，凭他一个凡夫俗子，我徒弟会不敢惹他？和尚来到鹤轩一看，这院子是东跨院，北房五间，明三暗五。北上房鹤轩帘栊高卷，靠北墙一张条桌，上面摆着许多的经卷，老子《道德》五千言。正当中挂着乾坤奥妙大葫芦。头前一张八仙桌，两边有椅子，上首椅子上坐着一个道姑，约有四十来往的年岁，白净面皮，很透着年少的样子，长得甚为美貌，头戴青布道冠，身穿蓝布道袍，青护领相衬，白袜云鞋。下首椅子上坐着老仙翁。

　　和尚一看，说："你们公母两好呀？"玉面老妖狐一听臊得面一红，老仙翁一听，"呵"了一声，说："来者是灵隐寺济公？"和尚说："岂敢！仙翁，我叫道济。"仙翁说："道济。"和尚说："呦，好说，太悦。"老仙翁说："颠僧。"和尚说："毛道。"老仙翁说："颠僧真乃大胆。"和尚说："胆子小，还不敢来呢！"老妖狐说："我打算怎样个济颠和尚呢，原来是一个丐僧。你瞧你这件破僧衣，实在难堪！"和尚微然一笑，说：

　　"是人莫笑我这件破僧衣，我这件僧衣甚出奇。三万六千窟窿眼，六十四块补丁嵌。打开遮天能盖地，认上袖袂一僧衣。冬暖夏凉春温热，秋令时节虫远离。有人要问价多少，万两黄金不与衣。"

　　老仙翁一听，哈哈大笑说："你知道你的僧衣有好处，你可知道我这身上穿的衲头？我常说：

　　"这衲头，不中看，不是纱来不是缎。冬天穿上暖如棉，夏天穿上如凉扇。不拆洗，不替换，也不染，也不练，不用红花不用靛。线脚八万四千行，补丁六百七十片。乾三连，坤六断，离中虚，坎中满，中间星斗朗朗明，外边世界无边岸。也曾穿至广寒宫，也曾穿赴蟠桃宴。休笑这件衲头衣，飞腾直上灵霄殿。"

　　和尚一听说："好好好！你把我徒弟拿来，叫我来怎么样呢？"老仙翁说："和尚，你可知世事如棋局，不着者便是高手。一身似瓦瓮，打破了才见真空？"和尚说："你'可知道'一枝杖担风月，担起亦要歇肩。两个空拳握古今，握住也须放手。"老仙翁说："好，既然如是，咱们两个人，今天就分个强存弱死，真在假亡！"和尚说："你先把我徒弟放开，有什么话我们再讲。"老仙翁说："可以。"立刻先把小悟禅放下来。悟禅一晃脑袋，说："师傅，你瞧咱们爷们，准没含糊，吊了我这几天，我准哼哈没有？"济公说："好，这才是我徒弟。"老仙翁说："颠僧，咱们到院中来较量较量。"和尚说："毛道，你出来。"

　　老仙翁刚要动手，玉面长寿仙姑说："仙翁暂且息怒，谅此无名小辈，何必仙翁跟他动手？割鸡焉用牛刀，待我拿他吧。"说着话，那老妖狐拉出宝剑，照定和尚劈头剁来。和尚一闪身，"滋溜"躲开，伸手就一把，没摸住，老妖狐臊的面红耳赤，说："好颠僧！胆子真不小，仙姑今天非得将你拿住不可！"和尚说："那是胆子不小。旗杆上缚鸡翎。"老妖狐一剑跟着一剑，和尚真快，"滋溜滋溜"直跑，左一把，右一把，老妖狐真急了，说："颠僧真正找死，我叫你知道我的利害！待仙姑用宝取你！"说话中间，掏出一根捆仙绳，长够九寸九，按三寸三分为三才，又名叫子母阴魂绳。这绳子炼的时候，先得害一个怀男胎的妇人，把妇人开膛，用子母血把这根绳子染了，有符咒推着，借天地正气，日月精华，炼七七四十九日。这绳子扔起来，能长能短，勿论什么妖精，捆上就现原形，连大路金仙捆上都得去五百年道行。今天老妖狐把这根绳子祭起来，口中念念有词，说声"敕令"！眼瞧这根绳金光缭绕，直奔和尚。和尚说嚷："了不得了，快救人呀！"话音未了，这根绳早已把和尚捆上，和尚翻身栽倒。仙姑微然一笑，说："我打算济颠有多大法力，原来是个无能之辈。我也不杀你。尔等去把他搭着，扔到后面山涧里去吧。老仙翁，你看我略施小术，就把他拿住。"老仙翁一看，哈哈大笑，说："这点小法术，他就不行了！尔等把他捺到后山去吧。"

此时雷鸣、陈亮、孙道全都在后面，小悟禅在旁，瞧着师傅被人家捆上，有心过去罢，又不是这两个人的对手，虽然不敢过去，口中不干不净的还是直骂。玉面长寿仙姑一听，气往上撞，说："要不然，我倒不杀济颠和尚，冲着你，我把他杀了！"说罢，就要举宝剑杀。老仙翁赶紧就拦，说："仙姑且慢动手，我这庙中是清静之地，要把他杀了，岂不把我这院子脏了？"正说着话，只见由外面"梯拖梯拖"和尚来了，老仙翁、老妖狐一瞧愣了，再一看捆的不是和尚，是老仙翁的二徒弟小道童。老仙翁把徒弟放开一瞧，捆得都没气了。老仙翁气得须眉皆张，先把徒弟救了，给了一块药吃。老妖狐说："好颠僧！你真气死我也。"和尚说："我气死你，你就死吧。"老妖狐立刻伸手，又掏出一种宝贝来，口中念念有词。和尚一看，由半悬空来了许多毒蛇怪蟒，兔鹿狐獾，这个就要咬和尚，那个就要盘和尚。和尚哈哈一笑，用手一指，口念"唵嘛呢叭咪吽！唵敕令赫！"立刻一道黄光，这些东西全都化为纸的，这本是障眼法。老妖狐一见，说："好颠僧，胆敢破我的法宝？真是人无害虎心，虎有伤人意。今天你休怨仙姑狠毒，这是你自找其祸！"说罢，口中念念有词，一抖手，只听"呱啦"一声，一道火光，原来是一块石头，泰山压顶，照和尚砸下来。他这块石头名叫雷火石，最厉害无比，勿论什么精灵，打上就死。岛洞金仙，要被石子打上，得打去白光。今天济公一看，说："呦，好东西！"用手一指，口念六字真言："唵嘛呢叭咪吽！唵，敕令赫！"，这块石头一道黄光，复就归原，被和尚一扬手接了去。

老妖狐见和尚连破他三宗法宝，不能取胜，自己臊得满面通红。老仙翁说："仙姑，你不便跟他为仇作对，待我来拿他。"摆宝剑朝和尚就剁，和尚"滋溜"一闪身，一把没摸着，老仙翁就把八仙剑的门路施展开了，真是：

拐李先生剑法高，洞宾架势甚英豪。钟离背剑清风客，果老湛卢削凤毛。国舅走动神鬼惧，彩和四面放光毫。仙姑摆下八仙阵，湘子追魂命难逃。

老仙翁这个八仙剑施展开了，和尚围着乱绕。老仙翁的剑又砍不到和尚的身上，老道真急了。此时陈亮、雷鸣、孙道全、夜行鬼小昆仑郭顺，都得了信，来到前面一看，郭顺说："这怎么办？僧道都是我师傅，打起来了。"依着孙道全打算，众人过去给老道跪着，给讲合。见老仙翁那个气大了，动着手，老道说："颠僧，就凭你这么个凡夫俗子，也敢这样个猖狂？你叫我三声祖师爷，我饶你不死！"和尚说："毛道，你叫我三声祖宗大和尚老爷，我也叫你不活！"老道一听，气往上撞，立刻口中一念咒，就地起了一阵狂风，真是：

好大风，好大风，声如牛吼令人惊。损林木如同劈砍，遮日光杀气腾空。天昏离，宇宙封，滚滚尘沙来得凶。从古也闻风古怪，不似今朝古怪风。

一阵狂风大作，和尚众人一看，又一宗岔事惊人。不知后事如何，且看下回分解。

第一百五十四回　老仙翁法斗济公　请葫芦惊走妖狐

话说老仙翁一念咒，一阵狂风大作。和尚一看，老道会分身法，又变出一个老仙翁来，也是跟他一样，手里拿着宝剑，这个拿宝剑就砍，那个就扎。和尚说："好的,老道会分窠,又下了一个!"说着话,两个老道各掐诀念咒,两个老道化出四个来。四个老道还是不行,把和尚围上,和尚"滋溜滋溜"跑得真快,四个老道还是砍不着和尚。四个老道一念咒,变成八个,八个化十六个,十六个变三十二个,三十二个化六十四个,老道一院子都满了。和尚"滋溜滋溜"乱跑,和尚说:"我可真急了。"立刻和尚抓了一把土,口念"唵嘛呢叭咪吽! 唵敕令赫!"一阵狂风,变出无数的老仙姑,这个老仙姑抱着这个老道不肯放,那个老仙姑抱了那个老仙翁叫乖乖。老道一瞧,事情不好,当时把舌尖咬破,一口血喷出来,把无数的老道收回去,仙姑也化了。玉面老妖狐气得要与和尚拼命,臊得满面红赤。老仙翁说:"仙姑不用着急,待我今天要颠僧的命!"立刻由那屋里,把乾坤奥妙大葫芦拿出来。老妖狐知道这葫芦的利害,勿论什么妖精收到里面,一时三刻化为脓血。老妖狐他虽有八千年道行,他也当不了,急忙一跺脚,驾起妖风,竟自逃走。

老仙翁把葫芦在手中一擎,说:"颠僧,你可认识我这葫芦?"和尚说:"我怎么不认识? 这必是酒铺里的幌子,给你偷来的。我常在酒铺喝酒,听说你要赊酒,酒铺不赊给你,你一恨,把人家幌子偷来。"老仙翁说:"你胡说! 你可知道我这葫芦的来历?"和尚说:"我不是说酒铺的幌子吗?"老仙翁说:"告诉你:

蔓是甲年栽,花是甲年开。甲日结葫芦,还得甲时摘。里面按五行,外面按三才。吸得精灵物,霎时化灰尘。

我这葫芦经过四个甲子,勿论什么精灵装在里面,一时三刻化为脓血。你别看我葫芦小,能装三山五岳,万国九州。"和尚说:"还有些什么个奥妙呢?"老仙翁说:"我要把你装在里头,六个时辰,就把你化为脓血。"和尚说:"咱们两个人,也没有这么大冤仇呀,你何必要我的命呢? 你把我要装在里面,我要难受,我说'道爷你饶了我吧!'我一嚷,你可把我放出来。"老仙翁说:"可以,只要你知我的利害,服了我,我就饶你。"和尚说:"随你装罢。"老仙翁立刻把葫芦盖一拔,口中念念有词,只见出来一道霞光,金光缭绕,瑞气千条,霞光一片,看着把和尚一裹,展眼之际,就见和尚给霞光绕的瞧不了了。老仙翁把霞光一收,葫芦盖一盖,老仙翁叫道:"颠僧!"就听和尚在葫芦里答应"哎"! 老仙翁说:"颠僧,你觉得怎么样?"就听葫芦里说:"这倒很好,我有个地方住着倒不错!"老仙翁说:"颠僧,你不央求我,少时就把你化了!"

这个时候,夜行鬼小昆仑郭顺、孙道全、雷鸣、陈亮连小悟禅,都给老仙翁跪下了。众人说:"祖师爷饶命,我师傅有点疯疯癫癫,你不要跟他一般见识。"郭顺说:"济公也是我的师傅,前是我师傅在曲州府五里碑也救过我的性命,求师傅看在弟子面上,把济公放出来罢。"老仙翁说:"我山人原本和他往日无冤,近日无仇,皆因他兴三宝灭三清,欺负我们三清教的门人太过,我也要给三清教转转脸面。既是救过我徒弟,你等起来,我山人不要他的命就是了。"众人这才起来。

老仙翁刚要往外放济颠,只见和尚又打外面"梯拖梯拖"进来了。众人一瞧,也都愣了。老仙翁"呵"了一声,说:"颠僧,我将你装在葫芦之内,你怎么会跑出来了?"和尚说:"我在里面闷得很,故此挤了出来。"老仙翁一瞧,葫芦盖盖着,怎么会挤出来呢? 葫芦还觉着很沉重,老仙翁掀开盖往外一倒,"叭哒"倒出来,原来是和尚那一顶破僧帽。老仙翁说:"原来是这一顶破僧帽。"和尚说:"你别瞧不起这顶破僧帽,你还经不住我这顶帽子一打呢。"老仙翁一想:"我仰观知天文,俯察知地理,我怕他这僧帽?"想罢,说:"和尚,你这帽子有多大来历?"和尚说:"倒没有什么来历,有点利害。"老仙翁说:"我却不信,你把帽子的利害,拿出来我瞧瞧。"和尚说:"可以。"立刻把帽子往上一撺,口念六字真言,老道一瞧,这帽子起在半悬空,霞光万道,瑞气千条,金光缭绕,犹如一座泰山,照老道押下来。老仙翁一看,暗说:"不好!"心中一动,"这个和尚必有点来历,也许是故意戏耍我。"

老道见帽子要落下来,老道知道是利害,真急了,口中一念真言,立刻天门开了,由天灵盖出来有一尺多长的一个小老道,伸上两只手要接帽子。这就是老道的那点真道行,将来他家功成了,把皮肉囊一脱,就由天灵门走了。要不然,一落生的孩子,天灵盖会动,那就是天门。等到一懂人事,会说话了,天门就闭上了。老道自己这点真灵,今天显露出来,和尚这帽子要真打下来,得把老道打去五百年的道行。

济公想和老道无冤无仇,又知道老道素常是好人,罗汉爷不忍伤他,用手一指,把帽子收回去。说:"仙翁,你别听褚道缘、张道陵一面之词,火烧祥云观,只因张妙兴无故施展五鬼钉头法,七箭锁阳喉,恶化梁万苍。雷击华清风,因为他练五鬼阴风剑,子母阴魂剑害人。孟清元身受国法,因他在马家湖杀人。皆因他等为非作恶,实不可解。我和尚有好生之德,并非无故杀害生灵。褚道缘年幼无知,他要跟我和尚作对,我和尚才报应他。大概仙翁你也不知我和尚是谁。"

说着话,和尚摸着天灵盖,露出佛光、金光、灵光,老仙翁一看,和尚身高丈六,头如麦斗,面如獭盖,身穿织裰,赤着两只脚,光着两只腿,是一位活包包的知觉罗汉。老仙翁一看,连忙稽首,口念"无量佛",说:"原来是圣僧,弟子不知,多有冒犯!望圣僧大发慈悲,不要跟弟子一般见识。圣僧请屋里坐。"和尚说:"仙翁不便赔罪,你我倒要多亲近呢。"老仙翁立刻把和尚让到屋中,吩咐童子摆酒。和尚说:"且慢吃酒,我奉烦仙翁一件事。"仙翁说:"圣僧有什么事,只管吩咐。"和尚说:"现在我娘舅王安士家中要念经设坛,我这里有一封信束,求老仙翁架趁脚风送到永宁村,交到就回来,你我再吃酒。"老仙翁说:"是。"立刻接过字束,径自去了。

书中交代,王安士从国清寺回来,要搭棚办事,叫国清寺给念经,用九十九个和尚,要三放焰口,一百零八个和尚,念《梁王经》,谁劝也不听。老员外正要派家人去张罗,办事搭棚,知会亲友,大办白事,超度李修缘。王员外要打算把李修缘的那一份家业,全都给化了。正在忙乱之际,外面一声"无量佛"。家人一看,是一位老道。面如古月,发如三冬雪,须赛九秋霜,一部银髯,身穿破纳直,身背后背定乾坤奥妙大葫芦。家人有认识的,说:"这不是天台山的那位神仙吗?"这方都知道天台山上有神仙,在山下也瞧得见山上隐隐有树有庙,就是人上不去。山前没有山道,且山上毒蛇怪蟒极多,也没人敢去。老仙翁常下山采药,人人都知道他是神仙。其实后山有道上去,并不费事,有树遮盖,没有人知道。老仙翁也不告诉人,不愿跟仕宦人来往,山上所为清净。今天老仙翁来到门首,说:"我乃天台山上清宫昆仑子是也,贫道特意前来给你王善人送信。"家人把信接过,拿到这里面说:"回禀员外爷,现有天台山那里神仙前来送信。"王安士接过信来,打开一看,"呵"了一声,目瞪口呆。不知济公上面写的何等说话,且看下回分解。

第一百五十五回　送书信良言劝娘舅
回灵隐广亮请圣僧

话说王安士打开书信一看,认得是李修缘的笔迹。上面写着四句话,写的是:不必念经与设坛,实是未死李修缘。大略不过三二载,修缘必定转回还。

王安士一看,"呵"了一声,甚为诧异,立刻叫家人把老道请进来。家人出来再找老道,踪迹不见。老仙翁早驾趁脚风回到庙中,说:"圣僧吩咐,弟子已将信送去。"和尚说:"劳驾,劳驾!"仙翁说:"不便太谦。"和尚说:"我和尚将来还有奉求之事,非仙翁助我一臂之力不可。"老仙翁说:"只要圣僧给我一个信,我必到。"立刻吩咐摆酒,老仙翁陪着和尚喝酒。二人一盘桓,倒是道义相投。老仙翁说:"圣僧这打算上哪去?"和尚说:"我得回庙,现在我庙中有要紧事,有人找我,不回去是不行的。但只一件,别的徒弟都可以带回庙去,唯有这个徒弟,他是个妖精。若到临安城,天子脚下,多有不便。"老仙翁说:"那倒好办,我给他写封信,叫他奔九松山松泉寺去,给长眉罗汉去看庙。长眉罗汉叫罗空长老,僧门中是他掌教。他本是韦驮转世,手使降魔宝杵,所有天下的精妖,皆属灵空长老所管。道门中就是万松山紫霞真人李涵龄掌教。他两个人十年一查山,大概三两天必到我那里来。圣僧何妨在我这多住几天,等他二人来了,我给你引见引见。"和尚说:"我实在有事,你我后会有期,就烦仙翁给写一封信,叫我徒弟悟禅去。"老仙翁当时写了一封信,由济公交给悟禅,悟禅立刻告辞,径自去了。和尚说:"雷鸣、陈亮,你二人拿我这束帖,附耳如此这般,别叫我耽误事。"雷鸣、陈亮点头,和尚说:"悟真,你也回你的庙,安置安置,到灵隐寺找我去。"孙道全点头,同雷鸣、陈亮各自告辞,一同下山去了。和尚同老仙翁喝完了酒,和尚也告辞,老仙翁送到外面。

和尚告了别,一施展验法,眨眼到了灵隐寺。刚到庙门首,说:"辛苦,辛苦。"门头僧一瞧,说:"济师傅你可回来了,监寺的广亮找了你几天了,打发人在临安各酒馆连你所认识的各施主家都找过了,你快上监寺的屋里去吧。"和尚说:"可以。""梯他梯他"进了庙。刚来到里面,广亮瞧见说:"师弟,你可回来了! 到我这屋里来罢。"济公说:"师兄,你好呢?"广亮说:"好,承问承问。"立刻把济公让到屋中。广亮说:"师弟,你多日没回来了。我今日给你接风。我知道你吃荤,我给你摆一桌上等海味。师弟,你可一个人吃。我们吃素,都不能陪你呢。去多要几斤绍兴酒来。"手下伺候人答应而去。工夫不大,把酒摆上。济公也不谦让,坐下就吃。喝了三杯酒之后,济公道:"吃人酒饭,得与人做事。使人钱财,得与人消灾。师兄,今天请我喝酒,必然有事罢? 素常我在庙里一喝酒,你就说我犯了清规,应当打四十军棍,赶出庙去,这都是你的主意。今天你做主叫我喝酒,你是知法犯法,罪加一等。"广亮说:"你别说了,我今天是给你赔不是的。素常我们哥俩有些言差语错,别管怎么样,我们总不是外人,你还能记恨吗?"济公说:"你别绕弯子,不用这些零碎,有什么话直说罢。"广亮说:"既如是……"便向外道:"你们两个人进来,给你师叔磕头。"说着话,只见由外面进来两个小和尚。给济公跪下磕头,跪着不起来。济公一看这两个小和尚,都是面黄肌瘦,罗汉爷一按灵光,早已察觉明白。

这两个小和尚是怎么一段事呢? 皆因石杭县南门外头,有一座万缘桥,这座桥年深日久失修,全都坍了,不能走人。万缘桥本是一条大路,行路人极多,桥坍了,隔着一条河,过不去来往人了。后来就有人在这河里摆渡,过一个空行人要十个钱,过一个挑子要五十钱,过一辆车要一百钱,过一顶轿要二百钱,一天这摆渡能落几十吊钱。过路人非得打这边过了,没处可绕。日子长了,他就靠摆渡讹人,就有人瞧了便宜来。人为财死,鸟为食亡。人家也在那边摆摆渡,比他那边减价一半,自然他这边就没有买卖。他就不叫人家摆,人家说:"你也不奉官,许你摆,就得许我摆!"两造里一争竞,就打起来了。彼此一邀人,一打群架,两下里都受了伤,就在石杭县打了官司。知县一坐堂,把原被告带上去一讯问,两个人一个姓赵行大,一个姓杨行三。知县道:"你们因为什么打架?"赵大说:"回禀老爷,只因万缘桥坍了,不能过人,我在那里摆摆渡,他也摆摆渡,抢我的买卖。"杨三说:"回禀老爷,他摆渡,过一个人要十个钱,挑子要五十,一辆车要一百,一顶轿要二百。我摆渡比他减价一半,所为渡人。他不叫我摆,所以打起来,他邀人把我的伙计都打伤了。"知县一听说:"你这两个东西都混账! 万缘桥系官道,谁许你们在这里讹人生事? 每人罚你们五百吊钱,交出来,好公修万缘桥。下去具结完案,不然我要重办你们!"这两个人无法,每人交五百吊钱,具结完了案。知县把地方传来一问:"这座万缘桥,可以修补修补行不行?"地方说:"回老爷,这座万缘桥自宋室鼎立以来,这桥工程浩大,独力难成,甚不易修。"知县一听,立刻坐轿,带人来到万缘桥一验,瞧那桥边两岸泊的砖石都没了,还有新起的印。知县一问地方说:"这桥上的砖石,都哪去了?"地方说:"下役不知被谁偷去。"知县回衙,立刻派人各处去访查,"看万缘桥的石头大砖在谁家,前来禀我知道,我必要重办他。"官人领堂谕出来一访,见海潮寺的后墙,有桥上砖石修的。官人看明白,立刻回禀知县,知县立刻出签票,锁带海潮寺的和尚。

海潮寺的方丈名叫广慧,他有两个徒弟,叫智清、智静。官人来到广慧庙中,就把师徒三个锁到衙门。老爷一升堂,吩咐把僧人带上来,广慧同智清、智静上堂,各报名磕头。知县说:"你既是出家人,就应该奉公守法,无故把万缘桥的砖石偷去,卖钱修墙,你是认打认罚? 要认打,我把你的庙入官,还要重重办你。认罚,你给我化缘,花一万两银子修万缘桥。"广慧说:"僧人愿意认罚化缘。"知县说:"你们愿意认罚好。"立刻派了四个官人,押着广慧、智清、智静,每人背五块砖头游街,还叫他手打铜锣,嘴里说:"声尊列位请听言,手打铜锣来化缘,施主要问因何故? 只因偷了万缘桥的砖。"四个官人押着,不说就打。天天出去,这五块砖背着,谁瞧见谁也不施舍,都说:"有钱也不给贼和尚。"师徒三个,这点罪实受不了啦。广慧说:"智清、智静,你两个人到灵隐寺去找你师叔去吧,他在那庙里做监寺。他那庙有一位活佛济颠,叫你师叔求求活佛济颠慈悲慈悲,求给咱们化缘。他老人家名头高大,花两万都花得了。"这才在官人手里化了两个钱,在老爷跟前给递了病呈,提说和尚都病了,老爷准了病假,智清、智静狂奔灵隐寺而来。一见广亮,智清说:"师叔,了不得了!出了塌天大祸!"广亮一问,智清就把偷砖现在怎么化缘受罪的话一说,又说:"我师傅叫我来找师叔,你给转求活佛济颠,帮我们化化缘。他老人家名头高大,准化得出来。"广亮说:"他可有点奇巧古怪的能为,这临安城绅董富户,上至宰相下至庶人,没有不敬服他的,他给人家治的病就多了。无奈他多日没回庙了,他不定在那家酒饭馆里,再不然,就是临安城这些富户家里住着。"就赶紧派人去找,所有各酒饭馆,是济公有往来的地方,全找到了,都没找着。今天找了第五天,忽然济公回来,广亮这才置酒款待,要求罗汉爷化缘。后事如何,且看下回分解。

第一百五十六回　验桥口拿捉贼和尚　见县主重修万缘桥

　　话说济公回到庙中,广亮甚为喜悦,先给济公要了一桌酒,这才叫智清、智静进来给济公磕头。济公说:"师兄,你瞧,我昨天做了一个梦。"广亮说:"做甚梦?"济公说:"我梦见一个贼和尚,又带着两个生贼,每个背着五块砖,手打铜锣,口中直嚷:'尊声列位请听言,手打铜锣来化缘。施主要问因何故?只因偷了万缘桥的砖。'有四个官人押着,不嚷就打,你说这个梦新鲜不新鲜?"广亮一想:"怪呀,他怎么会知道?"这才说:"师弟,你做这梦,倒是真事。这两个小和尚是我的师侄,他师傅叫广慧,在万缘桥海潮寺当家。只因他们把万缘桥的砖头搬了几块,现在石杭县把他们师徒三个锁了去,叫他们背着砖,花一万两银子修万缘桥。你想谁能施舍?他们实在受不了这个罪,知道师弟的能为,故此求求你慈悲慈悲。师弟,你冲着我,功德吧。"智清、智静说:"师叔,你老人家要不答应,我两个人跪着不起来。"济公说:"你们两个人起来,我就知道这顿饭不能白吃,这桌菜席是一万两银子。"广亮说:"多慈悲罢。"济公说:"就是,回头咱们一同走。"智清、智静这才起来,说:"师叔何时走呀?"济公说:"今天就走,回头就化缘,明天就动工修万缘桥。"智清、智静心说:"这可是吹着玩。"嘴里说:"那是很好。"济公吃喝完毕,说:"咱们走吧呀。"广亮说:"师弟,等你回来,我再来谢你。"和尚说:"不用谢,小事一段。"说着同智清、智静出了灵隐寺,顺大路往前走。和尚一边往前走,信口唱着山歌说:

　　劝世人,要修福,茅屋不漏心便足。布衣不破胜罗衣,茅屋不漏如瓦屋。不求荣,不受辱,平生安分随世俗。远去人间是与非,逢场作戏相桓舞。也不华,也不朴,一心正直无私处。终朝睡到日三竿,起来一碗黄斋素。粥一碗,菜一箸,自歌自舞无拘束。客来相顾奉清茶,客去还将辕马扶。或谈诗,或品竹,空笑他人终碌碌。南北奔驰为利名,为谁辛苦为谁辱。七情深,几爱度,雨里鲜花风里烛。多少乌头送白老,多少老人为少哭。满库金,满堂玉,何曾免得无常路。临危只落一场空,只有孤身无伴仆。大坟高,厚棺木,此身亦向黄泉赴。世上总无再活人,何须苦苦多忙碌。张门田,李门屋,今日钱家明日陆。桑田变海海为田,从来如此多反复。时未来,眉莫蹙,八字穷通有迟速。甘罗十二受秦恩,太公八十食周禄。笑阿房,谈古今,古来兴废如棋局。奉劝世人即回头,我今打破迷魂路。

　　和尚念着往前走,智清、智静二人跟随。和尚说:"你们二人快点走行不行?"智清说:"行。"和尚说:"腿是你们两人的不是?"智清、智静说:"师叔,你说这话真新鲜,腿在我们两个身上长的,又怎么不是我们的?"和尚说道:"我给你们轰着走。"智清说:"怎么轰?"和尚说:"我一念咒,你们就走快了。"智清、智静说:"念罢。"和尚口念六字真言"唵嘛咪呢叭礴!唵,敕令赫!"这两个人身不由己,仿佛有人在后面推着一般,行走如飞,收不住了。智清就嚷:"师叔呀,你快把法术收了罢!眼前是树呀,碰上就得脑浆迸裂呀!"和尚后面就嚷:"不要紧,唵敕令赫! 拐弯就过去了。"智清、智静果然到树林子,一拐弯就过去。又往前跑,智清说:"了不得了! 眼前是河,掉下去就淹死!"和尚说:"不要紧,加点劲就蹿过去了。"说着话,眼瞧到了有三四丈宽的河,真仿佛有人托着脚飞过去了。展眼之际,来到石杭县,这两个人也跑不动了,躺在地下起不来了。和尚来给每人一块药吃,和尚说:"你们两人先到庙里给你师傅送信,你别往那去。我上知县衙门去找知县讲理去,问问他为什么锁我们和尚? 智清、智静,你两个人随后到衙门找我。今天少时我就要化缘,明天动工修万缘桥。"智清、智静点头,径自去了。

和尚一直来到石杭县,迈步竟往衙门里走。值日班头一瞧,是个穷和尚,官人立刻拦住,说:"和尚上哪去?"和尚说:"我到里面倒口茶喝。"官人说:"你睁眼瞧瞧,这是卖茶的铺子吗?"和尚说:"不卖茶。我到里头吃顿饭,买一壶酒喝。"这个官人说:"你这和尚,真是胡闹,这也不卖酒饭。"和尚说:"那幺卖什么?"官人说:"什么也不卖,这是衙门。"和尚说:"衙门是做什么的?"官人说:"衙门是打官司的。"和尚道:"我就打官司吧!"官人说:"你打官司告谁呀?"和尚说:"我告你罢!"官人说:"你这和尚是疯子,你凭什么告我? 我招你惹你了?"和尚说:"我不告你,没人可告,咱们两个人打一场官司罢。"官人说:"这都是没有的事。"和尚说:"怎么没有? 这就是真的吗!"

正在吵嚷之际,只见里面一声咳嗽,说:"外面什么人在此喧哗?"众人一看,说:"老管家出来了。"只见由里面出来一位老者,年过花甲,头戴四棱巾,身穿皂缎色铜氅,白袜云鞋。官人一看,说:"老管家,你看这穷和尚,无故前来搅闹。"老管家抬头一看,说:"原来是圣僧。"赶紧跪倒给和尚磕头。官人一瞧愣了,心里说:"这个和尚必有点来历,我们老管家都给他磕头,也不知和尚是谁?"书中交代,这位老管家名叫徐忠,这石杭县的大老爷,原本姓徐,双名致平,前者探囊取物赵斌,夜探秦相府阁天楼,盗五雷八卦天师符,巧遇尹雄,就搭救徐致平主仆的性命,见过济公。徐致平连登科甲,榜下即用知县,就升在这石杭县做知县。故此今天老管家认识济公,赶紧行礼说:"圣僧,你老人家从哪里来? 我家老爷时常想念圣僧,为何不叫他等通禀?"和尚说:"叫他等通禀? 这位头儿跟我要门包,我就剩下三两银子,都给他了,他不答应,跟我要十两银子,不然他不肯回,叫我走。故此我跟他吵嚷起来,你出来了。"徐忠一听,说:"你们真乃胆大,竟敢跟圣僧要银子? 还不把银子拿出来! 你们素日间,想必做了多弊了!"官人说:"老管家,你别听大师傅的话,我实不要门包。"和尚说:"你分明在怀里揣着呢,我的三两银子是四件,你说没有,你把带子解下抖抖。"徐忠说:"对,你身上有银子没有?"这个官人方才给人家托了一件人情,刚分了三两银子,在怀里揣着。这一来,闹得张口结舌,说:"老管家,我腰里有三两银子,可是我自己的。"徐忠说:"你满嘴胡说! 还不给圣僧? 要不给,我给你回禀老爷,革去你的差事。"官人吓得无法,委委屈屈把银子拿出来,说:"大师傅,给你罢。"和尚哈哈一笑,说:"我不要,我这是管教管教你。谁叫你多管闲事? 你要拦阻我,叫你认识认识,我和尚乃是灵隐寺济颠僧是也。我再来,你就别拦我了。"官人说:"是。"大众一听,是济颠活佛来了,众人就吵嚷动了。

和尚同徐忠来到里面,徐致平一见,赶紧行礼,说:"圣僧久违,今天是从哪里来?"和尚说:"我今天来见你有一件事。"徐致平说:"圣僧什么事?"和尚说:"海潮寺的和尚跟我有点瓜葛,求老爷把他放了,我给你化缘修万缘桥。"徐致平说:"是。弟子实不知海潮寺的和尚跟圣僧有瓜葛,我要知道,天胆也不敢锁拿他们。既是圣僧要给化缘修万缘桥,弟子倒有个主意。"和尚说:"你有甚主意?"徐致平这才如此如此说毕,和尚一听,哈哈大笑。不知徐致平说出何等语词,且看下回分解。

第一百五十七回　施佛法善度王太和
因家贫经营离故土

话说济公来到石杭县,提说要化缘修万缘桥。徐致平说:"圣僧既是说给化缘,何必圣僧亲自去化？我这地方上有十家绅士财主，每家捐他们一千两银子修桥就行了。"和尚哈哈一笑说："老爷不必分心，我自有道理。"正说着话，两个小和尚来了，在外面伺候济公。知县立刻吩咐把广慧传来，当堂释放，徐致平说："现在济公来给你等讲情，本县看在济公的面上，把你等放回，从此各守清规。万缘桥有济公替你等化缘，不用你们了，下去罢。"济公说："智清、智静别走，我还有事。"两个小和尚答应，广慧谢过老爷，自己回庙。这个信外面就嚷动了，都知道现有济公活佛来化缘，要修万缘桥。知县这里摆酒款圣僧，正喝着酒，外面当差人进来回禀说："现有十家绅士递了一张公禀，请老爷过目。"书中交代，外面听说济公来了，人的名，树的影，大众一传嚷，传到十家财主耳朵里。众人一商量，说："咱们大众得见见这位济公活佛。他老人家既是来化缘修万缘桥，每人拿一千银子来修这座桥。"众人议定，就写了一张公禀，来见知县。当差人接进来，给徐致平一瞧，徐致平说："圣僧你看，十家绅士听说你老人家来了，他等一厢情愿，每家出一千银子，冲着圣僧修万缘桥。"和尚说："我和尚化缘，花一万两银子，就化一家，不化十家。你问他谁一个人给一万两银子，我和尚才要呢。"徐致平说："圣僧，你别得罪他们，这地方可就是他们十家有钱，除此之外，别人拿不起。要得罪他们，可没人施舍了。"和尚说："不要紧，我回头上兴隆庄王百万化去。"徐致平说："圣僧你千万别去，那王百万可是人称王善人。每逢冬天施粥，夏天施凉茶暑汤，他报效过皇上银子，捐了个五品员外。可就是一样，他最恨和尚老道，不斋僧，不布道。前者在我这里打过几回官司，都是因为僧道化缘，不但不施舍，反把僧道打了，拿片子送到我衙门来。念他是个善人，也不肯得罪他。圣僧，万万去不得。"和尚哈哈一笑，说："老爷不必管我，和尚今天非得去不可。他既不施舍，我和尚才化他，要花他一万两银子，他不能给九千九百九十九两。我今天就要化出来，明天就要动工。我和尚要没有这点手段，我也不来。倒要叫老爷你瞧瞧，智清、智静跟我走。老爷，咱们回头再谈。"徐致平也拦不了。

和尚带领两个小和尚，去了石杭县衙门，一直来兴隆庄。刚一进东村口，济公就说："智清、智静，你两个人带着法器没有？"智清说："我带着手罄呢。"智清说："我带着木鱼子。"济公说："好，打着念着走，"智清说："念什么呢？"济公说："咱们念子弟焰口游街。"智清说："就是。"立刻念着往前走，过路的人一瞧，都说这是半疯。往前走了不远，只见路北一座广亮大门，门口上马石，下马石，有八株龙爪槐树，上有幌绳，拴着有百八十匹骡马，对面八字影壁。这所房屋高大无比，一概是磨砖对缝，雕刻活花。和尚来到门首一看，迎门抹的棋盘心，白灰涂的影壁，真白花瓦砌的咕噜钱。和尚道"辛苦"，由门房出来一位管家，有二十多岁，道："和尚你快去吧！你看我们门上贴着，僧道概不书缘。我们员外可是个善人，就是不斋僧布道。前者来了一个老道，不叫他化，他偏要化，我们员外出来，拿马棒打了一顿，还给送衙门去。这幸亏我们员外没在外头，你要化一古香钱我给你，你快走，我可说的是好话。"和尚说："你给我，你可知道我要花多少钱？"管家说："你要花多少钱？"和尚说："我花一万两银子，修万缘桥，还得今天施舍给我，明天就不要了。"管家说："我不叫你化，可是为你好。"心里说："这个和尚必是穷疯了。"和尚说："如要不叫我化，你得借支笔给我使使，我在影壁上写几个字，我在门口喊三声，我就走。"管家说："那行。"立刻把笔拿出来，和尚接过笔来，在影壁上写了几句。管家说："和尚，可惜你这点笔法，真可以的。"和尚说："那是自然。"和尚就嚷："化缘来了！喂！"拿手比画着往里捺。管家说："你这是干什么？"和尚说："往里捺呀！"管家说："你嚷罢，我们员外要出来就得了。"和尚就大嚷了三声，说："回头你们员外要出来，劳你驾，就提灵隐寺济颠僧要花一万两银子，修万缘桥，明天给就不要了。他要不施舍，就提我说的，他不久必有一场横祸飞灾，我和尚走了。"说罢，和尚就走，管家也不解其意。

焉想到和尚走了，王员外带着四个家人，由里面出来。原本员外在后面书房里坐着看书，耳轮中就听外面嚷："化缘来了！喂！"连嚷了三声，王员外心中纳闷，暗说："怪道，这院子是五层房，素常外面有叫卖东西里面听不见。"王员外一想："外面喊嚷化缘来了呀，我怎会听得真真切切？"立刻带着四个家人出来，王员外就问：

"什么人在此喧哗?"管家正要叫瓦匠拿灰水把影壁上的字涂去了,省得员外瞧见,还没涂呢,员外出来了。管家说:"员外要问,方才来了一个穷和尚来化缘。"员外说:"你没告诉他吗? 我这里僧道一概无缘。"管家说:"我告诉他了,他跟我要笔在影壁上写了几个字,他说员外出来,叫我告诉你,他是灵隐寺济颠僧,他要花一万两银子来修万缘桥,他说员外爷要施舍,今天施舍,明天给他他就不要了。员外要不施舍,必有一场横祸飞灾。"王员外一听,抬头一看,影壁上和尚写的墨迹淋漓,王员外"呀"了一声,说:"赶紧把和尚追回来,我施舍一万两银子。"管家也不知何因所故,赶紧追赶和尚。书中交代,王员外为什么一瞧影壁上的字,就要施舍一万两银子呢? 这其中有一段缘故。

这位王员外名叫太和,原是这兴隆庄生长。幼年的时节,家中很有钱。父母给定下前庄韩员外之女为婚,与王太和同岁。不料王太和少运乖舛,七岁丧父,九岁丧母,把一份家业全被一家坑骗了,自己过去的一年不如一年。长到十六岁,家中这落得柴无一把,米无半升,自己住的这所房子,都被人家拆着零碎卖了,就剩下了两间破屋。王太和已到十六岁,自己一想:"莫非束手待毙不成? 总得想个主意,护住身衣口食才好。"左思右想,实在无法,把家中的破烂书收拾收拾,买点笔墨纸张,挑着书箱出去游学,到各学馆去做买卖。游来游去,游到松江府地面,学馆也多。太和做买卖,人也和蔼,凡事死店活人开,做买卖是运筹有道定生财,王太和做出条路来,各学馆的学生都不买别人的东西,专等他去,买他的笔墨纸张。越做越活动,也就有利息了。王太和就在这西门城外,有一座准提寺内住着,过了有二三年的光景,自己存下有五六十两的银子。王太和自己虽说年轻,在外面创业,并不贪浮华,很务本分。这天王太和走在松江府大街,见有许多人围着拥挤不动,王太和一瞧,是一个卦棚。蓝布棚上有白字,是一副对联,上联是:"一笔如刀,劈破昆山分玉石。"下联是:"双瞳似电,冲开沧海辨鱼龙。"王太和也挤到里面一看,是一位老道,面如古月,一部银髯,飘洒在胸前,头戴青布道冠,身穿蓝布道袍,青护领相衬,白袜云鞋。看这位老道精神百倍,发如三冬雪,鬓赛九秋霜,真是仙风道骨。摆着卦摊,上面摆着上六爻的卦盘,按单折重交,有十二元辰,按八八六十四卦,三百八十四爻,摆着各样的卦子,有父母兄弟妻子官鬼等类。就听老道说:"山人也能算卦,也能看相,可是诚则灵。可是有一节,要直话前来问我,爱奉承另找别人,卦礼倒不拘多少。"大众也有算卦的,有叫老道相面看,一个个没有说老道相的不对。王太和一想:"我也叫老道相相我的终身大运。"这才说:"道爷,给我看看相。"老道睁眼一看,就一愣,说:"贫道我可是直言无隐,尊家可别恼。"王太和说:"君子问祸不问福,道爷只管说。"老道这才从头至尾一说,王太和不听犹可,一听吓得颜色更变。不知老道说的何等言语,且看下回分解。

第一百五十八回　李涵龄神相度群迷　王太和财色不迷性

话说王太和给老道一相面,老道说:"可是直言无隐,尊家可别见怪。"王太和说:"道爷只管说。"老道说:"看阁下的相貌,可与众不同,额无主骨,眼无守睛,双眉寒散,主于兄弟无靠。山根塌陷,主于祖业不擎。准头为土星,主人之财库,左为井,右为灶,井灶太空,有财而无库,你是一世不能存财。腾蛇纹入口,将来必主于饿死。你七岁丧父,九岁丧母,十六岁犯驿马星。这几年在外面奔忙劳碌。幸喜你还勤俭,也没落下什么。从此以后,你是一天不如一天。尊家的相貌,贫道也就不能往下再说了。"王太和一听老道所说之话,已过之事,果然一点不错,大概未来之事也必有准。把卦金给了,就回到准提寺,自己一思想:"我终归饿死,我还往前奔什么? 莫如我赶紧回家,把亲事退了,叫我岳父给姑娘另找婆家。我是这个命,别连累人家。"心中越想越难过,真如万把钢刀扎心一般,买卖也不做了,告诉和尚把房交了,自己挑着书箱,由松江府往回狂奔。

这天走在半路上，本来是无精打彩，垂头丧气，也觉得累了，就在大道边树林子歇息歇息。刚来到树林子一瞧，见地下有一个黄缎子包袱，自己把书挑放下，把包袱捡起来，打开一看，里面有一个硬木小匣子，有锁锁着，有一个黄缎子小口袋，里面有钥匙。王太和拿钥匙把锁开开一看，匣子里是黄澄澄两对金镯子、两头赤金首饰。宋朝年间，黄金最贵，每一两可换白银五十两。大概这两对镯有八两一对，首饰约有五六两一头，大概可值一千两银子还多些。王太和一想："我自己终归得饿死，我别害人家。要是这个东西是这个本主丢的，丢得起不要紧。倘若要是家人给主人做事，或替人办事，把这东西丢了，就有性命之忧。我莫如在这里等等，有人来找，我给人家。"想罢，把这个包袱包好，放在书箱里，王太和就在地下一坐。

等了工夫不大，只见由北边飞也赶来了一个骑马的，是一匹黑马，走得甚快，亲至切近，马站住，这人翻身下马。王太和一看，这个人是长随的打扮，有二十多岁，白净面皮，看这人脸上颜色都变了，带上惊惶失色的样子，热汗直流。下了马赶奔上前，冲王太和一抱拳，说："这位先生请了！在下姓苏名苏兴，在临安苏北山苏员外家当从人。今奉我家员外之命，到松江府我们姑奶奶家，取来一个包袱，内中是两对金镯，两头首饰。走在这里，我这马一眼岔惊下了去，把包袱由马上掉下来，我也下不了了，好容易把马勒住，我这才回来找包袱，可没碰见有过路的人。先生你老人家要看见这包袱，你老人家得救我！我要把这包袱丢了，我就得一死。你老人家若见捡着，给了我，可救了我的命了，将来我必有一分人心。"王太和点了点头，打开书箱把包袱拿出来，说："你瞧瞧，这点东西对是不对？"苏兴一看说："先生，你真是我的重生父母，救了我的命了！要没这个东西，我真得死。也就是你老人家这样好人，千金不昧。未领教先生贵姓呀？"王太和说："我是石杭县兴隆庄的人，我叫王太和。"苏兴说："老人家何时到了临安城，可千万要到青竹巷四条胡同，苏北山苏员外家来找我，我叫苏兴。"王太和说："是了罢。"苏兴实在心里过不去，掏出五两银子说："先生，我也不敢说谢你，我尽我这点穷心，给你老人家买一杯茶吃。"王太和微然一笑，说："你胡闹。我打算要你的银子，我捡着你这东西，我就不给你了，你趁此拿着去吧。"苏兴见了王太和实意不肯要，自己也无法，便道："先生，既是不要，我也不敢相强。先生哪时到了临安，可千万赏脸来找我。"说罢，趴地下给王太和磕了一个头，竟自告辞走了。王太和自己还是心里烦想："老道所说的七岁丧父，九岁丧母，十六岁犯驿马星，真说的赛神仙，未到先知其实。"书中交代，这个老道本是大路的活神仙，乃是万松山云霞观的紫霞真人李涵龄。老道下山，并不是相面算卦为要钱，所为是普度群迷，教化众生，故此断事如见。

王太和哪里知道老道的来历？今天见苏兴走后，王太和烦了半天，才挑了书箱往前赶路。这天正往前走，上不靠村，下不着店，天有日落之时，偶然云生西北，雾长东南，狂风暴雨下起来了。王太和想要找个地方避避雨，见眼前一座破庙，又没有和尚老道，墙俱都坍了，中有大殿三间，尚可避雨。王太和赶到切近，刚要进大殿，一瞧大殿里有一位十七八岁的姑娘，长得十分美貌，正在大殿里避雨呢。王太和一瞧一愣，自己一想："男女授受不亲，虽然是四野无人，我焉能不避嫌疑，坏人名节？我莫若就在外面廊下避避雨罢。"想罢，王太和就在大殿以外廊下一蹲，并不与那女子说话。焉想到雨越下越大，直下到天有五更方住，平地数尺深的水。幸喜山道水下去得快，天亮水都流没了。王太和挑起书箱就要走，那女子可说了话，说："这位君子尊姓？"王太和说："我姓王。"那女子说："尊家乃是一位好人，奴家姓马，叫马玉容，就在这前面马家庄住着，望求尊驾携带我几步。"王太和说："那有何妨。"立刻送着姑娘来到马家庄。这位姑娘家有父母，有哥哥，姑娘原本在她舅舅家住着，跟舅母拌了几句嘴，姑娘赌气回家，走到半路，遇着雨了。王太和把姑娘送到门首，自己要走。姑娘到家跟父母哥哥一提，在庙里避雨，遇见王太和怎么是好人，连大殿都没进来，并未答话，今天送到家来，把这话一说，姑娘的父母追出来，把王太和让到屋中，置酒款待，一家老少甚是感激。姑娘的父亲说："尊家贵姓？是哪里人？昨天小女原本在她舅舅家住着，因为拌一两句嘴，姑娘也太任性，她舅母也不该让她一个人回来。偏巧赶上下雨，在庙里避雨。幸亏遇见尊驾，乃是正直君子。这要遇上歹人，那还了得？"王太和说："我姓王，叫王太和，原本是兴隆庄的人。往后姑娘别叫一个人走路，总要有人跟着才好。"马老丈说："是是，王先生可以在我家多住几天罢。"王太和说："我还有事。"立刻告辞，姑娘的父母千恩万谢送出来，王太和这才顺大路往回走。

这天到了自己家中，他这几间破房子，有本村一个苦人住着呢。王太和到家，自然还得让他住。王太和把书箱放下，自己甚为凄惨，吃了点东西，安歇睡觉。次日亲身到韩员外家去退婚。韩员外在他年幼的时节，把女儿给他，那时王家还有钱呢。自从他父母一死，一年不如一年，后来听说王太和出了外了，韩员外家里有几顷地，也算是乡下财主，也不能把女儿另聘了，就得等他。姑娘跟王太和同庚，偏巧姑娘心重，自己想着命不好，将来到婆家也得受苦，日积月累，一忧愁把两只眼睛急瞎了，双目失明。王太和还不知道呢。今天来一见韩员外，两个寒暄了几句，太和便说："我打算叫你老人家把姑娘另聘了，我的命苦，别连累姑娘跟我受罪。所有的定礼，我也不要了。"韩员外说："那可不行，现在我女儿把眼瞎了，你定的时节，可没有残疾。现在我也不能再给人家，你赶紧搬娶过去，你自己慢慢地混。若说你做个小买卖，二三百银子我给你拿，你只要勤俭，还不可以吃饭吗吗？"王太和一听姑娘已把眼瞎了，自己一想："不是一家人，不进一家门。该当要讨饭，我前头走，拉着一个瞎子，这倒也不错。"想罢说："岳父，既是你女儿把眼瞎了，我也不能说不要，你可得成全我，我也没有多钱办事。"韩员外说："倒好办，你有轿子就搭人。"王太和自己无法，还有几十两银子，回家张罗办事，定了吉日，把妻子娶过来。

他这个时节，也没有亲戚来往人情。韩员外打算女儿过门后，过一两个月，再给王太和拿钱做买卖。焉想到王太和娶过来，未到半月，王太和晚上睡不着，思想这日子怎么过，翻来覆去睁着眼。偶见地下有一个火球，滚到南墙根没了，一连三天。王太和就跟他妻子说："地下有个火球，你是瞧不见，滚来滚去，不知是什么道理？"韩氏说："许是闹财罢。"王太和说："也许有的事。"韩氏说："你眼准了，拿我的金簪插到那里，等明天刨开瞧瞧。"王太和果然把金簪记上，次日用铁锹一刨，刨到有二尺许，只听"咯当"一响，王太和仔细一看，目瞪口呆。不知后事如何，且看下回分解。

第一百五十九回　得金宝福随相转　访娘亲跋涉天涯

话说王太和拿铁锹一刨，刨了二尺多深，就听"咯当"一响。王太和一瞧是石板，揭开石板一看，是一窖金元宝银元宝。金元宝都是一百两一个的马蹄金，银元宝是二百两一个的大元宝。王太和一看，先拿出一个来，照样埋好，也不敢声张。次日到岳父家提说要盖房。韩员外说："你有钱吗？"王太和说："没有多钱，对付着办。"先买了两个银柜，找木厂子一看，他这片地基不小，先盖三层瓦房。随着动工，随着往外搬运金银，把房盖好了，把金元宝一数，是六百个，每个能换银五十两，银元宝是四百个，共一千个。从此陡然大富，有三百多万银子。在本地开的银楼缎号，置买田地房产。大众都知道王太和发了财回来了，都不知道怎么发了财。王太和自己想起，当初在松江府老道给我相面，说我该当饿死，现在我得了这大家私，还能饿得死吗？老道几乎耽误了我终身的大事。从此不信服和尚老道，说僧道都是谣言惑众。王太和每年冬施粥，夏施茶，舍棉袄棉裤，遇穷苦人等，贫老病瞎，必要周济，就是不斋僧布道。今天为什么要把和尚找回来，施舍一万两银子呢？只因他瞧见影壁上写的字了。济公写的是两首绝句。头一首是：

昔日松江问子平，涵龄道我一身穷。事至而今陡然富，皆因苏兴、马玉容。

第二首是：

梦醒更深三更天，见一红光奔正南。揭开石板仔细看，四六黄白整一千。

王太和一看，暗道："哎呀！我的事没人知道，这和尚可是神仙？"故此赶紧叫家人追回来。管家追出村口，一瞧和尚正往前走，管家说："大师傅请回来，我家员外施给一万两银子。"和尚这才转身回来。王太和一见，说："圣僧请里面坐。"和尚来到书房，有家人献茶。王太和说："圣僧，我的事情，圣僧何以知晓？"和尚说："你那事瞒不了我，你休要毁谤僧道。你可知道有两句话：'心不好，命穷苦，直到了心好命也好，富贵直到老。命好心不好，中途夭折了'。人要做些阴骘事，能逢凶化吉，遇难呈祥。当初老道给你相面之时，你是螣蛇纹入口，主于饿死。你做这两件阴骘事，你这螣蛇纹通下来，变为寿带纹。"王太和这才如梦方醒。和尚说："你要不信，我还有个主意，给你瞧瞧。你拿一万两银子，在海潮寺做功德修万缘桥，明天吉日兴工，你叫人抬四块石头来。我写上四句话，一块上写一句，搁在万缘桥旁边，派两个家人看着。头一块石头，叫大众白瞧白看，谁要看第二块石头，跟他要二百两银子，要瞧第三块是三百两，看第四块是五百两。这一千两银子，助你修万缘桥作为酒钱，可别说是我写的，就说是神仙写的。"王太和一想，说："谁花二百两银子瞧一块石头呀？我虽有钱，我也不能那么冤。"和尚说："你不信，你瞧着有人瞧没有？"王太和立时叫人到海潮寺，收拾预备做公馆，又叫家人搭了四块石头，给和尚把字写好，把四块石头放好，叫家人看着。王太和也在海潮寺同和尚住着，没事下棋。万缘桥就动工修起来了。两个家人看着四块石头说："众位瞧石头，头一块是白瞧白看，瞧第二块是二百两银。"街市上都吵嚷动了，大众围着，瞧石头上有字，写的是七个字："不姓高来本姓梁"。大众一瞧，都说这两个人是财迷，谁能花二百两银子瞧石头？众人纷纷议论。过了有十几天，也并没有一个问的，都是瞧瞧头一块，一笑就走。这天王太和就说："圣僧，你老人家说有瞧石头的，怎么不灵呢？"和尚说："你别忙，大约不过五天，就有人来瞧。"

果然到第四天，忽然来了一个文生公子，头戴蓝色文生巾，身穿翠蓝绸文生氅，腰系丝绦，白袜云鞋，白净面皮，俊品人物，带着两个书童，挑着琴剑书箱。来到近前一看，这位文生公子就问："这石头是谁写的？"家人说："神仙写的。"文生公子说："神仙在哪里？"家人说："你不管神仙在哪里，你要瞧第二块，是二百两银子，头一块是白瞧。"这位文生公子说："我给二百两银子，你搭开我瞧瞧。"家人就赶紧到海潮寺回员外道："有人来瞧石头了。"王太和心里说："真有这等样人，肯花二百两银子瞧石头？"自己不信，来到这里一瞧，是一位文生公子打扮。王太和说："尊驾要瞧石头吗？"这公子说："不错。"王太和说："瞧第二块石头二百两银子。"这公子说："我给二百两银子。"立刻打开书箱，拿出四两黄金，折银二百两，交与王太和。王太和叫家人把石头搭开，众家人都不愿意搭。王太和说："你们谁来搭？每人我给二两银子赏。"大众一听，这个也要搭，那个也要搭，都抢着要搭。不到一刻，搭开一块。这位公子一瞧第二块更愣了。

书中交代，这位公子为什么他要花二百两银子瞧第二块石头呢？这内中有一段隐情。头一块头上写的是"不姓高来本姓梁。"这位公子就是不姓高来本姓梁，他原来是这石杭县梁王庄的人，他五岁的时节，正赶上金宋交兵，斡离布大队反倒江南，他母亲带着他逃难，正赶上贼队把他母子冲散了。儿子找不着娘了，站在街上哭。由那边来了一个人，歪戴着帽子，闪披着大氅，说："小孩子，你哭什么呢？"小孩虽说五岁，倒很伶俐，说话很清楚，说："我是梁王庄的，我叫兴郎。我娘带我逃走，反遇见贼，把我娘冲散了，我找不着了。"这人说："这跟我找你娘去吧，我是你舅舅。"梁兴郎人小不肯吃亏，说："你不是我舅舅，你是我哥哥。你带我找我妈去吧。"这人说："跟我走。"立时带着梁兴郎一走，来到甘泉县地面，住在高家店，这地方太平，他打算把梁兴郎卖了。偏巧这开店的高掌柜就是夫妇两个，家有百万豪富，他也不指着开店吃饭，所为应酬苦亲友。这夫妇没儿没女，就问他带着小孩是你什么人呀？这拐子手说："我姓郎叫郎赞，这是我外甥。他父亲都叫贼兵掠了去，这孩子跟着我也赘手，我打算找个主把他卖了。"高掌柜说："我瞧瞧。"把兴郎叫到柜房去，一给吃的，说："你姓什么？"梁兴郎说："我姓梁，叫兴郎。"高掌柜说："他是你舅舅吗？"梁兴郎说："不是，我不认得他。我娘带着我逃难，遇见贼，我娘丢了。他说他是我舅舅，我就说你是我哥哥，他说带我找我娘去。"高掌柜问明白，一问拐子手要卖多少钱，郎赞说："五十两银子。"高掌柜说："五十两，我留下了。你给写一张字罢。"郎赞说："我不会写字，"高掌柜说："你不会写字，叫我先生代笔。我们这里可有规矩，说五十两可是减半，给二十五两，在店里卖有三成用钱，五十两是十五两，叫先生写字是十两，刨尽了，一两不找。你去吧，没你的钱了。你要不答应，我把你送到衙门去，照拐子手办你。"郎赞一听也愣了，大众作好作歹，算给了他几吊钱盘费，郎赞走了。高掌柜人称高百万，在家里以员外呼之，把梁兴郎留下，雇老妈哄着，要一奉十，起名高得计。后来请先生教他念书，到十六岁娶媳妇，也是本处杨百万的女儿。杨员外也是夫妇两个，就是一个女儿。过了有五六年，杨员外夫妇也死了，梁兴郎这就造化大了，两份百万家私都归他一人。这天梁兴郎跟他妻子说："我本是梁王庄的人，现在我养父母已死，我要出去访访我亲生母，去找个下落。如死了，我把尸骨请回来。如没死，我把娘亲找回来。我这一去，多带黄金，少带白银，暗藏珠宝，扮作游学的书生。说不定几年回来，家中全靠娘子料理。"杨氏说："官人这是一份孝道，我也不能拦，官人去吧。"梁兴郎这才带着两个书童出来，逢山朝山，逢庙拜庙，求神佛保佑母子相见。今天来到万缘桥一瞧石头，罗汉爷指引孝子迷途，母子团圆。且看下回分解。

第一百六十回 梁兴郎千金看隐诗 济禅师佛法指孝子

话说梁兴郎来到万缘桥一瞧，石头上写的是："不姓高来本姓梁。"自己一想："我出来这些日子，并没访着一点头绪，我也不知梁王庄在哪里，这也须是神人指示。只要把我娘亲找着，花几千两也不要紧。"故拿出四两黄金折二百两银子。王员外叫家人把头一块石头搭开。梁兴郎一看第二块上写的是："乔装改扮觅萱堂。"梁兴郎一看，这明明是我。这才问："第三块还有字吗？"家人说："要瞧第三块，是三百银子。"梁兴郎一看，说："我倒要瞧瞧。"立刻又拿六两黄金折三百两银，交给王太和。王太和一想："真怪，真有人拿银子瞧。"叫家人把第三块搭开，梁兴郎一看，第三块写的是："兴郎要见生身母。"梁兴郎一看，这更对了，说："你把这块拿开我看。"家人说："要看第四块，是五百两。"梁兴郎说："你怎么讹人哪？"家人说："不讹人，你爱瞧就瞧，不爱瞧不瞧。"梁兴郎一想："已然花了五百，再花五百，只要有了我娘亲的下落，慢说花一千，两千也花。"想罢又拿出十锭黄金。王太和叫人搭开第四块一瞧，第四块上写："去到临安问法王。"梁兴郎一瞧这句话，"呀"了一声，几乎翻身栽倒。自己一想："了不得了，这许是有人知道我由家中出来的心思，设出圈套，诓骗我一千银。"自己又一想，"我的乳名没人知道，此真令人难测。"自己这才问道："众人可知道这临安法王，是怎么一段事？可是地名？可是人名？"大众一个个俱皆摇头，说："不知道。"梁兴郎自己心中真如万把钢刀扎心，正在发愣，那边来了一位老丈。众人说："你要打听，问这位老头罢，他叫福地圣人，什么事他都知道。"梁兴郎赶紧施礼,说:"借问老丈,可知道这临安法王是在哪里?"这老者说:"你要问临安,由这往东南走二十余里,有一座兴隆镇,上那里打听去,这里没人知道。"

梁兴郎一听,无奈叫书童挑起琴剑书箱,一直狂奔东南。约走了有二十余里,见前面有一座镇店。村口外树林下有二位老者在树旁酌棋,一位是白脸长髯,一位长的清奇古怪。梁兴郎连忙上前说:"二位老人家请了!我打听打听,有个临安法王,二位老人家可知道?"这位老者一听说:"临安我可知道,当初金宋未交兵以前,这座兴隆镇就叫临安镇,后来宋室天下太平,改为兴隆镇。这个法王我可不知。"那位老者说:"贤弟,你是不知道,我比你大几岁,我十二三岁的时节,你还是小孩不记事。这村口如意庵尼姑庙,我记的就叫法王庵,后来改的如意庵。你去打听法王,尊驾到那里去打听罢。"

梁兴郎一听,谢过二位老丈,赶紧带了书童,进了村口一瞧,路北里有一座庙,山门上写着"如意庵"。上前一叩门,由里出来了一个小尼姑,把门开开,说:"施主找谁?"梁兴郎说:"我是前来烧香。"小尼姑说:"我们这是尼僧庙。"梁兴郎说:"不管是甚庙,我要烧股香。"小尼僧便领到大殿。梁兴郎烧上一炷。烧完了香说:"小师傅,你带领我在庙里游逛游逛。"小尼僧说:"可以。"立刻带着梁兴郎到各院中观看。这个庙是三层殿,有东西跨院,甚为宽敞。游来游去,来到一个东跨院。这院中是北房门三间,东西配房,北房外挂着一块匾。上写"冰心堂"三字。梁兴郎一看,就知道这院中有孀妇守节。正在一愣,只见由北上房出来一位老婆婆,有六十多岁。鬓白成霜,穿的衣服平常。梁兴郎一看这个老太太的模样,不由自己心中一惨,二目落泪。这位老太太一看,她也觉着眼圈一酸,眼泪落下来了。母子天性所感,老太太并不敢认,说:"这位先生尊姓?"梁兴郎说:"我姓梁,乳名叫兴郎。"老太太一听,心如刀剜,说:"儿呀!我只打算今生今世,你我母子不能相见,没想到为娘还见着你了!"梁兴郎叫了一声:"亲娘呀!"也哭起来了。

书中交代,他母亲怎么会落到这庙里呢?凡事自有个定数。自从母子一失散,老太太找不到孩儿,自己一想:"我还活什么?"想欲自尽。幸遇见一位好人劝解老太太,说:"你别死,倘若你儿在这,将来也可以母子见面。你暂为找个尼庙一住,慢慢再寻访你的孩儿。"老太太一想也是,就投奔这法王庵来了。这个庙离梁王庄三里地,这庙里老尼也是忠厚人,见梁老太太这分光景,老尼僧说:"你就在我这住着罢。哪时你儿有了下落,你再走,没有音,你就跟我在庙里修行罢。"梁老太太就在这庙中苦守,早晚伺候佛祖。后来附近村庄都知道庙里有个梁李氏守节,大众送了一块匾,写了"冰心堂"三字。梁老太太终日吃斋念佛,祷告神灵显应,叫母子可以见面。今天果然梁兴郎来了,母子见面,抱头痛哭。兴郎说:"娘亲,你老人家不必哭了,孩儿现在甘泉县娶了亲了。我养身父母把我抚养大了,现在二老已经故世,孩儿才得出来寻找我娘亲。多蒙神人指示,得见你老人家。娘亲生养孩儿一场,未能在你老人家前晨昏定省,叫你老人家受这样清苦。孩儿今天接娘亲家去,还可以享两天安闲自在之福。"老太太一听,说:"儿呀,今天你我母子一见面,也算是神灵默佑。为娘终日烧香祷告,但愿你我母子见一面,现在我瞧见你,就得了,你也不必接我回去。我已然是出了家,侍奉佛祖,我也就不想再还俗了。"梁兴郎一听,苦苦哀哀,总要请老娘回去。老太太执意不肯,梁兴郎无法,就把家眷接到兴隆镇来,给老太太单买一座庙,叫老太太在庙里修行静养,梁兴郎不时到庙里去问候。

这天梁兴郎回到万缘桥,瞧瞧这几块石头,是什么人写的呢?我倒要访问访问。自己带着两个书童来到万缘桥一看,万缘桥已快告竣。梁兴郎一打听,方知是济公禅师写的。梁兴郎要见见这活佛济颠,正赶上王太和同济公来到万缘桥监工。有人指引告诉他:"这位穷和尚就是灵隐寺济公长老。"梁兴郎赶奔上前,说:"圣僧在上,弟子有礼,前者多蒙圣僧指示,我找着我娘亲,弟子实在感恩不尽!"和尚说:"你起来,不必行礼。你母子既见了面,你要好好的尽孝,你回去吧。"梁兴郎还要承谢礼物给圣僧长老,和尚说:"不必,我和尚常说,一不积财,二不积怨,睡也安然,走也方便。"梁兴郎无法,竟自告辞去了。

王太和正同和尚在这里监工,偶然忽觉对面来了一阵旋风。和尚说:"来了,来了。"王太和一看，随着这阵风，来了一个老道，披发仗剑，身高八尺，黄脸膛，三绺黑胡须，穿着蓝缎色道袍。王太和一看一愣，见老道赶奔上前，给济公行礼。来者老道非是别人，正是黄脸真人孙道全。和尚说："悟真，你干什么来？"孙道全说："弟子自天台山分手，回到自己庙中，把庙中安置好了，到灵隐寺找你老人家，听说你老人家来修万缘桥，我就在庙里住着。焉想到临安城出了塌天大祸，钱塘知县派我来请你老人家。"和尚一按灵光，早已察觉明白。书中交代，怎么一段事呢？只因钱塘县新任赵文辉，他本是两榜出身，自到任以来，两袖清风，爱民如子，焉想到地面上出了一件逆案。秦丞相的兄弟花花太岁王胜仙，他本是个恶霸，在本地无所不为，依仗着他哥哥是当朝宰相，无人敢惹他。王胜仙家中有二三十个如夫人侍妾，就有一个得宠的爱妾，就是田国本那个妹子。本来她是歌妓出身，琵琶丝弦，自己能歌能唱。这天王胜仙要到西湖湖心亭去取乐吃酒，先叫田氏坐着轿，带着婆子丫鬟先去。三乘轿正走在西湖苏堤，忽然来了一阵旋风，围着轿子，绕了几个弯，抬轿的人都睁不开眼。及至旋风过去，再一看田氏踪迹不见，小轿内婆子、丫鬟，一刀之伤殒命，大众吓得目瞪痴呆。不知后事如何，且看下回分解。

第一百六十一回　逛西湖恶霸遇妖风　看偈语私访白鱼寺

话说王胜仙的爱妾被旋风刮去了，婆子丫鬟被杀，一无凶手，二无对证。有人报与王胜仙，王胜仙勃然大怒，给钱塘县三天限，要破案。钱塘县一听这个信息，赶紧带领行房仵作一验尸，婆子丫鬟都是哽嗓咽喉一刀之伤身亡，生前致命，并无二处。知县一想，这件事甚是奇异，回到衙门，派赵头、张头、王头、李头赶紧捉拿凶手。赵头、王头赶紧给老爷磕头，说："回禀老爷，这件案，求老爷开恩，下役办不了。老爷想情，要是人，可以锁来。这旋风怎么拿得了？"知县说："这旋风其中定有缘故，你们得想法子给我办。现在王大人给三天限，要不把凶手拿着，连本县也担不了！"赵头说："老爷要办这奇巧案，可有一个人办得了。"老爷说："谁？快说来！"赵头说："现在灵隐寺济公长老。他乃是当世的活佛，神通广大，法术无边，善晓过去未来之事。老爷去到灵隐寺拜访济公，求他老人家给占算占算，可以能把这案办出来。"知县一听，说："好。"立刻传轿，带领赵头、王头、张头、李头、孙头、刘头、耿头、马头，一齐来到灵隐寺。当差人过去一问，门头僧说："济公没在庙里。"正赶上孙道全在庙内住着，他由天台山回到自己庙内，安置好了，来到灵隐寺找济公。济公未在庙内，孙道全就在庙内等着。今天听说钱塘县来拜访济公，孙道全出来一见，说："我师傅上万缘桥去了，老爷有什么事？"知县说："尊驾原来是少师傅。"孙道全说："是。"知县说："少师傅，求你辛苦辛苦。把圣僧请回行不行？"孙道全说："那倒行。老爷有什么要紧事吗？"知县就把王胜仙的夫人被旋风刮去了，婆子丫鬟被杀之故一说，孙道全说："请老爷回衙门去听信吧，我去找我师傅去。"知县说："少师傅要去，得明天回来才好，往返有二三百里。"孙道全说："那行，一千里我也能一天回来了。"知县半信半疑回去。

孙道全架着趁脚风，两个时辰就来到万缘桥。见济公一行礼，说："奉钱塘县知县之命，来请师傅。"和尚说："钱塘县为什么请我？"孙道全把旋风杀人之故，从头至尾一说。和尚说："我现在不能回去呀，我得等万缘桥竣工，才能回去。我给你写一封信，你给钱塘县知县送去，叫他照我书信的话行事，就把凶手拿着了。"孙道全点头答应，和尚写了一封信，交与孙道全，信面上是一个绍兴酒坛子，上面有着七个镅子，这是和尚的画押。孙道全把书信收好，辞别了济公，仍驾着趁脚风回来。到了县衙门，往里一回禀，知县赶紧吩咐有请。孙道全来到书房，知县说："少师傅真快，往返才几个时辰。"孙道全说："我还耽误了半天，要不然早来了。"知县说："可曾见着圣僧？"孙道全说："我师傅暂时不能来，叫我带了一封信来。"立时把信掏出来，递与知县。知县一瞧，信面上画着一个酒坛子，钉着七个镅子，打开书信一看，上面写的是：

字启钱塘县老爷知悉：贫僧乃世外之人，不能与国家办理公事。老爷要捉拿凶手，照贫僧下面这八句话行事，可能拿获贼人。余容晤谈，书不尽言。

老爷一看，下面写的是：

此事搔头莫心焦，花花太岁岂肯饶？若问杀人名和姓？八月十五月半超。

下面还有四句，写的是：

此事搔头莫心急，花花太岁岂肯休？若问杀人何处住，乔装改扮访白鱼。

老爷一看，心中忖度了半天，说："圣僧这是叫我出去私访，可不晓得这白鱼是人名是地名？今天天色已晚，明天烦少师傅出去，帮本县访访这件事。"孙道全说："可以。"知县就把孙道全留下，款待酒饭，老爷就在书房安歇。次日老爷吃完了早饭，换上便衣，带家人赵升出去私访。一面派钱塘县八个班头，赵大、王二、张三、李四、孙五、刘六、耿七、马八，同孙道全也出去访查。

赵文辉带着老管家，出了艮山门，慢慢往前走，心中踌躇，也不知这白鱼是怎么一段事。往前走了有三四里之遥，觉得身倦体乏，打算要找个地方歇息，吃一杯茶才好。抬头往四外一望，但只见北边是山，半山坡松林密密，隐隐射出红光墙，乃是一座大庙。知县一想："庵观寺院，是过路的茶园，倒可以去歇息。"想罢说："赵升，你我到山上庙里去找杯茶吃。"赵升点头，主仆二人顺着山坡小路，一直往前狂奔，来至切近一看，这庙四外都是松柏，十分幽雅。再一瞧，庙前有一座石牌楼，上面有"同参造化"四个字，牌楼后面是正山门，东西有角门，都关着山门，上面有字，上写"敕建古迹白鱼寺"，赵文辉一看，心中一动："济公禅师那四句话，是'此事搔头莫心急，花花太岁岂肯休？若问杀人何处住，乔装改扮访白鱼。'莫非就是这白鱼寺，也未必可知。"再细看东角门外，有一股小道，不长草，想必是由东角门出入。这才来到东角叩打门环。

工夫不大，只听里面一声"阿弥陀佛"，把门开开，是一位小沙弥，有十八九岁，穿着半大的僧衣，白袜云鞋，白脸膛，长得眉清目秀。小沙弥抬头一看，说："二位施主来此有何干？"赵文辉说："我来这里烧香。"小和尚说："施主请。"赵文辉带领家人往里狂奔。小和尚把门关上，头前引路，来到了大殿引着火，赵文辉烧了一炷香，磕完了头。小沙弥说："施主请客堂坐。"这庙中前后五层殿，同着赵大老爷由大殿往西，有四扇屏门，开着两扇，关着两扇。一进这西跨院，是北房五间，东西配房各三间，院中极其幽雅。小和尚一打西配房帘子，知县主仆来到屋中一看，有八仙条桌，两边有椅子，条桌上摆着许多的经卷。知县在椅子上落座，小和尚说："施主贵姓？"知县说："我姓赵。小师傅，这庙里有几位当家的？"小和尚说："有我师傅，有一位师叔，我们师兄四个，余者就是使唤人。施主这是从哪里来的？"赵文辉说："我们是从远方来的，从此路过。"小和尚说："是是，施主在此少坐，我去烹茶去。"小和尚更透着伶牙俐齿，说着话径自去了。

赵升见小和尚去后，他来到院中一看，北房五间，当中是穿堂，通着后面有院子，东西里面屋中垂着帘子。赵升来到北上房，走过厅一掀东里间帘子，闻着屋中有一阵兰麝脂粉之香。一瞧，屋中靠北墙是一张床，挂着幔帐，屋中有梳头桌，有镜子，摆着有许多妇女应用的粉缸、梳头油瓶等类物件。赵升一想："怪呀，和尚庙里哪有这些用的东西？"正在瞧着纳闷，小和尚由后面倒着茶来，一见赵升在这里偷看，小和尚说："你做什么来这屋里？"赵升说："我瞧瞧。"小和尚说："你别到处混跑，我这庙里常常有官府太太来烧香，你要撞着，怎么得了？"赵升说："你们这和尚庙里，怎么有粉缸梳头油瓶等物，做怎的呢？"小和尚说："我师傅爱闻梳头油粉味，买了为的闻的。"赵升一听，说："这不像话了！"两个人正在狡展之际，只见后面出来一个大和尚，他的身高九尺，头大项短，披散着头发，打着一道金箍，紫色脸膛，一脸的怪肉横身，粗眉大眼，身穿蓝绸子僧衣，月白绸子中衣，白袜云鞋，手拿萤刷，说："什么人在此喧哗？"小和尚说："师傅，你瞧他们来烧香，就满屋里胡跑，我拦他他不听。"大和尚睁眼一看，说："又来了几个烧香的？"小和尚说："西配房还有一位。"和尚哈哈大笑说："我打算是谁？原来是县太爷！我计算你该来了，大概你所为王胜仙之事而来。告诉你说，那件事是我做的！"知县一听这句话，大吃一惊，大概今天来到庙中,凶多吉少。不知这凶僧究是何人,且看下回分解。

第一百六十二回　孙道全惊走妖和尚　周得山穷困被人欺

话说这个和尚一见知县,竟敢目无官长,不但不畏惧,反倒一阵狂笑说:"县太爷,你必是为王胜仙那案来的。那案正是洒家做的!你来了便该怎么样?"知县一瞧,这事情不好,吓得惊慌失色,连忙说:"和尚你错认了人了,我哪里是县太爷?原本是行路的客商。"凶僧哈哈一笑说:"你不用不认,钱塘县我是常去。"知县赵文辉说:"和尚你不要错认人,我要告辞赶路。"说着话,站起来就要往外走。和尚道:"哪里走!今天你自来到我这庙中,尔休想逃走!这叫'放着天堂有路你不走,地狱无门要找寻'!徒弟,来给我将赃官缚了!"立刻小和尚进来,就把赵大爷反剪二臂缚了。书中交代,这个和尚名叫月明,他有三个师弟,叫月朗、月空、月静,月空、月静没在庙里住着,就是月朗在这里。这两个和尚本是酒色之徒,庙里有夹壁墙、地窖子,藏着几个妇人,都是烟花柳巷买来的。这两个和尚都会妖术邪法。那天两个人到西湖去闲游,见王胜仙的爱妾坐着轿,长得十分美貌。两个和尚一看,淫心已动,月明说:"师弟,你看真是绝色的佳人,你我施展法术,把她抢了去。"当时就地祭起了一阵怪风,把田氏由轿子里拉出来,背着就走,婆子丫鬟瞧见要嚷,被和尚拉出戒刀给杀了。将田氏背回庙,和尚说:"你要不从我,当把你杀了!"田氏本是歌妓出身,还有什么不从?百般献媚,从两个和尚那件云雨之事。和尚只当打算这样的事没人知道,焉想到被济公给指出来。今天月明一瞧知县一来,月明常瞧知县过堂问案,不拦闲人看,故此认识他。月明一想:"他既来了,不能放他走。莫如剪草除根,省得萌芽复起!纵虎归山,长出牙爪,定要伤人。"立时叫小和尚把知县捆起来。赵升一看说:"好和尚,胆子真不小,敢情是贼和尚!"一边嚷着,就往外跑。和尚说:"别叫他走了,把他拿回来!"

这句话尚未说完,外面角门"喀嚓"一响,把门踢开,由外面赵大、王二等八个班头闯进来了。这八个班头也是出来私访,刚来到庙门首,就听里面赵升喊嚷,八个头儿把门踢开,各拉铁尺闯进来,就要动手,和尚用手一指,用定身法把八个人俱都定住。和尚伸手拉戒刀,刚要杀人,就听外面一声喊嚷:"好孽障大胆!光天化日,朗朗乾坤,竟敢在此要杀人?待山人来也!"和尚一看,来者正是孙道全。和尚一想:"事情不好,闹大了,莫如三十六计走为上着!"赶紧狂奔后面,告诉他师弟月朗,带着小和尚开后门,一并逃走。孙道全先救了八个班头,顾不得追赶和尚,又把县太爷找着救了。在庙中各处一搜,由夹壁墙搜出五个妇人来,一同带着回到衙门。一问,这五个妇人内中就有一个是王胜仙的爱妾田氏,那四个都是妓者,当堂开放。然后将白鱼寺庙入官,另招住持僧人。随即用轿子把田氏给王胜仙送回去。田氏见了王胜仙,还说没有失节,其实,跟和尚睡了两夜了。这也是王胜仙报应,他素来常常霸占良家妇女,叫他的爱妾被人家抢去。田氏本是他心上的人,见找了回来,很喜欢,叫知县案后访拿和尚。知县总算便宜,没被参了。把事情办完了,孙道全告辞回庙去。过了几天,济公也回来了,万缘桥已工程报竣。知县听说济公回来,济公在庙,派人把济公请到衙门,置酒款待,开怀畅饮。吃喝完毕,知县说:"圣僧没事,在我衙门多住几天,可以盘桓盘桓。"和尚说:"我得赶紧走,还有要事,你我暇时再谈。"

和尚告辞,出了钱塘县。刚来到钱塘关,一瞧关里乡,有一座豆腐店,门口围着许多人,里面磨盘也碎了,水桶也劈了,豆子撒了一地,豆腐包也撕了。里面有一个人,穿着青布小袄,腰系钞包,蓝中衣,蓝袜子,打绷腿,两只搬尖大尾巴靸鞋,长得兔头蛇眼,龟背蛇腰,在那里指手画脚,口中直嚷。和尚一按灵光,说:"哎呀!阿弥陀佛!你说这事,我和尚焉能不管?"真是一事不了,又接一事。书中交代,这个豆腐店的掌柜的,姓周叫周得山,夫妇两个,跟前有一个儿子,名叫周茂。他本是巡典州的人，只因家中年岁荒乱，度日艰难，来到这临安钱塘关，开了一座豆腐店，养着一头驴拉磨，供着各饭馆子，各大油盐店送豆腐。买卖做得很茂盛。做了几年，手下存下几十两银子。焉想到时运不济，一家三口都得了疾病。指身为业的人，一不能做活，就得往外赔垫。一病病了半年，连吃药带养病，不但把所存的银用尽，还拉下空子。好容易周茂能起来了，周得山叫周茂出去要要账，好垫办吃饭。周茂还走不动，就骑着驴出去。别处的账都好要，唯有万珍楼上酒馆欠二十多吊钱，去要老不给。这个饭馆子的东家姓孙，原本是本地的泥腿，外号叫麻面虎孙泰来。万珍楼的大管事的，姓廖双名廷贵，外号叫廖货，也不是好人。这天周茂去要账，廖廷贵一瞧，周茂骑的条驴很快，廖廷贵说："周茂，我骑你这条驴试试，可以吗？"周茂说："骑罢。"廖廷贵骑着走了一趟，果然这条驴足底下真快，廖廷贵说："周茂，你们家又不做买卖，把这条驴卖给我好不好？"周茂说："不卖。"廖廷贵说："我给你多些钱。"周茂说："多给钱也不卖，告诉你说罢，别的驴拉磨磨二斗豆子，这条驴就能磨四斗。我父亲病好，早晚就要开张做买卖。"廖廷贵说："你们做豆腐有本钱吗？"周茂说："没有，等开张再没法子。"廖廷贵说："不要紧，你们哪时开张，没本钱，我借给你。"周茂说："好。"跟万珍楼要了几吊钱回来了。后来就把万珍楼的欠账也要完了，都垫办着吃了饭。

好容易周得山病体好了，想要做买卖，没本钱，到处去借也借不来了。周茂忽然想起廖廷贵说过，要做买卖，他借给本钱。周茂跟他父亲一提，周得山说："你去借去吧。"周茂就来到万珍楼说："廖掌柜，现在我父亲好了，要做买卖没本钱，前者你提过，没本钱你借给我们。我父亲说叫我跟你提提，借二十吊钱。"廖廷贵说："现在我可没钱，我给你转借罢，你明天来拿。"周茂一听，好欢喜回去。次日又去，一见廖廷贵，廖廷贵说："你要借二十吊可不行，我只给你借十吊，一个月一吊钱利钱。"周茂一听，一皱眉说："利钱太大点。"廖廷贵说："利钱大还没处借去呢。你嫌大你就别借。"周茂一听无法，说："就是罢。"廖廷贵说："可是十吊先给九吊。"周茂也答应了。后接过来一瞧，不是现钱帖，是日子条，到下月取九吊。周茂说："怎么下月取钱呢？"廖廷贵说："你要欠账还人家，日子条，比空口应人准强。"周茂说："我们不是赊账，是用现钱买豆子，好做买卖呀！"廖廷贵说："你要现钱，一吊可是给八百。"周茂是等钱用，无法拿了七吊二百钱回家。周茂拿到家一数，每吊短二百，只剩五吊八百实钱，还有小钱。周得山瞧着钱，叹了一口气，无法穷吃亏，只好买了几斗豆子且做买卖。一天磨二斗豆子，刨去度日，只赚一百多钱。一个月要拿出一吊钱利息，到日子就来取，迟一天都不能，再不然，就叫归回本钱。小本经营，拉这十吊钱亏空，何时能补上？

这天廖廷贵又来取利，正赶上周得山没钱，廖廷贵不答应，周茂可就说："廖廷贵，你多等一两天，也不为过，这加一钱，已利过本好几折了！"廖廷贵一听恼了，说："你当初借钱的时节，怎么不这么说呀？我没找你来要借给你，叫你使的！"周茂又同他分说，廖廷贵张口就骂，三言两语，跟周茂打起来。周得山出来一拉，廖廷贵揪住周得山就打。周茂一瞧打他父亲，他真急了，拿起斧子照定廖廷贵就砍，把膀臂砍伤了。廖廷贵说："好周茂，你敢拿斧子砍我？我走了，回头再说！"说着话，廖廷贵走了。少时他带了有三十多人，各持刀枪木棍，来到豆腐店，把周得山父子拉躺下就打。不知父子性命如何，且看下回分解。

第一百六十三回　　廖廷贵倚势欺人
　　　　　　　　　　陈声远助拳惹气

话说廖廷贵带领着数十个匪徒，各持刀枪器械，来到豆腐店，把周家父子拉出来，按倒就打。幸亏街坊各铺户出来劝解，廖廷贵叫众人把豆腐店全都摔了，连磨盘也都摔碎了，水桶也劈了，一概的家伙全摔净了。廖廷贵带着人走了，周得山父子浑身是伤。周得山见把屋中东西都折了，自己买卖也不能做了，周得山一想说：

"儿呀，咱们活不成了！打架咱们不得人，打官司咱们也没人情势利。我这么大的年岁，从没受过人这样欺负。咱们活着惹不起他，我揣上一张阴状，我一死到阴间告他！周茂你到钱塘县去喊冤，给我报仇，叫你娘到宁安府去告他，我这条老命不要了！"周茂也是想着要报仇，也不能拦他的父亲。父子两个正说着话，外面进来一个人，周茂一看，这个人认识，也是这本地的泥脚，素常无所不为，敬光棍，怕财主，欺负老人，此人姓毛，外号叫毛嚷嚷。他就在这门口住，起先廖廷贵带着人来，他也不出来，这等人家都走了，他跑出来到豆腐店说："谁敢上这里来拆豆腐店？好呀！在我眼皮底下，真如抓了我的脸一样不知道我姓毛的在这住吗？方才我是没在家，要是我在家，得把他们砍了！"他正指手画脚，大嚷大叫，自称人物，和尚由外面进来，照定毛嚷嚷就是一个嘴巴。毛嚷嚷一瞧，说："好和尚！你敢打我？"和尚说："打还是好的，谁叫你在这里放肆？"毛嚷嚷说："好和尚，咱俩是一场官司！"和尚说："你出来。"毛嚷嚷出来就被和尚揪倒就打，打了三下。毛嚷嚷说："该我打你了！"抢起拳头就打和尚。和尚数着一来，二来，三来，和尚说："该我打你了。"一拧拐子，把毛嚷嚷翻下去。和尚打了他三下，和尚也不多打，说："你该打我了。"和尚自己就躺下。毛嚷嚷又打了三下，还想多打，和尚又把他翻下去。大众瞧着，也没人劝解，都说和尚公道，打毛嚷嚷三下，和尚就叫他打，毛嚷嚷打三下，非得和尚把他拧躺下。众人正瞧着和尚跟他一对打三下，就听旁边有人说："别打，我来也！"

众人一看，来者这人好样子，身高九尺以外，膀阔三停，头戴皂缎色六瓣壮士帽巾，上按六颗明珠，身穿皂缎色箭袖袍，腰系丝鸾带，薄底靴子，闪披一件皂绣色英雄大氅，上绣三蓝色富贵花，面似乌金纸，粗眉大眼，海下一部钢髯洒满前胸，来者乃是铁面天王郑雄。书中交代，郑雄前者由常山县马家湖跟济公分手，自己回到家中，没事也不上钱塘关来。只因郑雄有一个朋友，姓陈叫陈声远，乃是东路保镖的镖头，也在这临安城住家，人也极其厚道。这天陈声远没事，带着家人出来闲游，走到钱塘关外，见着有一个卖艺的在那里练把式，围着许多瞧热闹的人。陈声远一看，这个卖艺的，练的拳脚精通，受过名人指教，大概不是久惯走江湖的，人也不会说江湖话，也没人把钱。在外面做生意的，算命打卦，全凭说话，应该是未从要练先交代交代说："众位，在下是远方人，不是久惯卖艺的，因为贵方宝地，投亲不遇，访友不着，把盘资花完了。在下在家中练过几踢乡拳，我也不知子弟老师在哪里住家，未能登门递帖，前去拜望。众位有钱帮把钱，没钱帮站脚助威，帮个人缘。"应当得有一套江湖话，交代明白。陈声远一看，这个卖艺的也不会说话，练了好几趟也没有几个给扔钱的。陈声远一想："君子到处有成人之美，我下去帮他练一趟，给他几吊钱垫垫场子，周济周济他。"想罢叫家人陈顺："去到钱塘关里恒源馆钱铺，给我拿五吊钱来，回头我帮他练完了，你把钱串揪断了，给往场子里捻。把场有规矩，不准带串捻。"陈顺就答应，到钱铺取了五吊钱来。

陈声远进了场子说："朋友，我帮你练一回。"卖艺的赶紧作揖说："子弟太爷贵姓？"陈声远说："我姓陈。我看你不是久惯江湖卖艺的样子。"卖艺人说："可不是，我也无法，我的朋友没找着，困在这里。子弟爷，你帮我，我给你接接拳，还是站在旁边给你报报名？"陈声远说："你也不用接拳，你旁边看着罢。"说着刚要练，只见由外面跳进一个人来，说："朋友先等等练，我也帮个场子。咱们两个人搓搓拳。"陈声远说："可以。"一看这人身高八尺，头带粉绫缎软帕包巾，身穿粉绫缎箭袍，腰系丝鸾带，单衬袄，薄底靴子，闪披一件粉绫缎英雄大氅，上绣蓝牡丹花，面似油粉，一面的麻子斑点，长得透着奸诈的样子。陈声远刚跟这人一搓拳，偏巧陈声远胸前岔了气了，陈声远赶紧往外路圈子一跳，说："朋友慢动手，我岔了气了！"焉想到这小子不懂得场面，这小子哈哈一笑说："就凭你这样的能为，也要下来帮场子？"陈声远一听，气往上冲，说："你是什么东西，胆敢羞辱我？怎么我岔了气，你这样不懂事务？"这人说："本来你无能为，还要遮盖吗？"大众一看，二人要打起来，大众赶紧劝解，有人把那人拖走了。陈声远叫家人把五吊钱给了卖艺的，陈声远说："众位，哪位知道方才这人是哪的？姓什么？我必要去找他，这厮太不懂事务！"大众劝解说："大爷请回去罢，不必跟他一般见识，也不知道他是哪的。"大众都不敢告诉他。

陈声远无法，岔气岔得很厉害，自己只得回家。再找家人陈顺，找不着了，自己雇了一辆车回到家中。这口气实在出不出,少时家人陈顺也回来了。陈声远说:"陈顺你上哪去了?我跟人家打起来,你怕人家打了你,你躲了?"陈顺说:"老爷不要错怪。小人见那粉白脸的棍徒一走,我想老爷又不知他的名姓,我暗中跟他去了。"陈声远一听,说:"好,你可曾打听明白?"陈顺说:"小人打听明白,这厮是万珍楼的东家,叫孙泰来,外号叫麻面虎。乃是本地的匪棍,结交官长,走到衙门,欺压良善,无所不为,在本地很出名的,无人敢惹。"陈声远说:"好,等我把病养好了,我必要前去找他。"自己气得了不得,请人给瞧,吃了几剂药也不见好。这天铁面天王郑雄来瞧他,两个人是知己拜兄弟。陈声远说:"兄长来了,好,你给我捏捏罢,我岔了气了。"郑雄说:"怎么会岔了气?"陈声远说:"别提了。"就把帮场子之事,从头至尾一说。郑雄说:"贤弟,你只管养病,愚兄必要替你报仇去。孙泰来凭他一个泥腿,也敢欺负你我兄弟?"陈声远说:"兄长不便跟他为仇作对,兄长的身价重,跟他犯不着。等我好了,我自己去找他。"郑雄说:"兄弟你不用管,我是不知道你岔了气,我要知道,把灵隐寺济公活佛请来,给你一点灵丹妙药,准吃了就好。我娘亲多年二目失明,济公都给治好,何况这点小症?"家人陈顺说:"郑大官人,你提的不是灵隐寺那位疯癫和尚?"郑雄说:"是呀。"陈顺:"我方才在钱塘关去买东西,瞧见那位穷和尚跟毛嚷嚷打起来了,在周老儿豆腐店门首,打一对三下呢。"郑雄说:"我去看看,贤弟你在家里听信吧。我必要到万珍楼找出个样子来。"

郑雄说着话,就往外走,声远叫家人拉没拉住,郑雄就一直来到钱塘关。正瞧见济公跟毛嚷嚷厮打。郑雄说:"别打!师傅,你老人家为什么跟他来打?"毛嚷嚷一听郑雄向穷和尚叫师傅,他就吓得急流勇退。本来郑雄在临安城威名远震,今见郑雄给济公一行礼说:"师傅,为什么跟他一个无名小辈打起来?"和尚说:"我打算把这碎铁锅片,捡点卖了打酒吃。"郑雄说:"师傅要喝酒,弟子这里有钱。"和尚说:"我一个人不去喝酒。"郑雄说:"师傅上哪去?弟子陪你去。"和尚说:"我上万珍楼。"郑雄说:"我正要上万珍楼。"和尚说:"好"。这才要上万珍楼找孙泰来。大概一场恶战,不知吉凶如何,且看下回分解。

第一百六十四回　为朋友怒找麻面虎　邀师傅大闹万珍楼

话说郑雄见了济公,济公说要上万珍楼去喝酒。郑雄说:"我正要上万珍楼去。"和尚说:"好。"郑雄说:"我上万珍楼去不是喝酒,我要替朋友去报仇,找孙泰来。师傅要喝酒,上别处去喝去。"和尚说:"我也要去找孙泰来。"郑雄说:"既是师傅愿意去,我也不拦,你我一同去吧。"和尚说:"你先等等。"和尚来到豆腐店里说:"周得山你先别死,你也别写阴状,周茂你也先别上钱塘县告去,我和尚替你到万珍楼去找廖廷贵。少时必叫你过得去,准得叫廖廷贵给你赔不是,摔砸你的东西,我管保照样赔你。你等我两三个时辰,听我和尚的回信。要没有场面,你再死也不晚。"周得山听这语一愣,说:"大师傅怎么称呼?"和尚说:"我乃灵隐寺济颠僧是也。"周得山闻听见说过,本来济公在临安城名头高大,无人不知。周得山说:"圣僧既是慈悲,我听你老人家回信。"和尚说:"对。"这才同郑雄一直进了钱塘关。

往前走了不远,北里就是万珍楼酒饭馆。郑雄头里走,一掀帘子进去。一进门,东边是柜房,西边是灶,郑雄在拦柜上一拍,说:"呔!郑大太爷今天在这里照顾照顾你小子!"麻面虎孙泰来正在柜房里埋怨廖廷贵,不当依仗我这铺子,拆人家的豆腐店。倘要逼出人命来怎么办?再说临安城乃藏龙卧虎之地,就许有人出来,路见不平,连我此时都收了心,不敢无故惹祸。廖廷贵说:"不必怨我呀,皆因周茂他先拿斧子砍我。你瞧瞧我这膀子有多重伤?"正说着话,只听外面一声喊:"孙泰来,今天郑大太爷照顾照顾你小子!"孙泰来隔着帘缝往外一看,是铁面天王郑雄。孙泰来知道郑雄在临安城晃动乾坤人物字号,郑雄眼皮最杂,上至公候下至庶民,没有不认识郑雄的。本来郑雄也真爱交友,挥金似土,仗义疏财,慷慨大方,济困扶危，勿论是谁，求到郑雄跟前，十吊八吊，三十五十，真不含糊，故此临安城远近皆知，比孙泰来的字号大得多。郑雄是正直为人，孙泰来是个恶霸，当面都不敢惹他，背谈人人皆骂，郑雄为人的声气，是人人仰望。今天孙泰来一瞧是郑雄，就是一愕，说："廖廷贵你看，祸来了！郑雄可是本地的人物。今天这是傍风邪火。他来堵着门一骂我，我要不出去，我就不用混了。头十年他要来骂我，我不惹他不要紧，临安城提不到我孙泰来。现在我可就栽了。往后我就不用叫字号了，再一叫字号，人家就说：'孙泰来你不用欺负我们，郑雄你就不敢惹！'这一句话，我就得臊死。这可讲不了，我倒得斗斗郑雄。廖廷贵你出去，把他用好言稳住，别叫他走。我去找人去，我一个人不是他的对手，我约了人来把他打坏了，反正是一场官司。"廖廷贵点头，转身出来，见郑雄气哼哼，廖廷贵说："郑大爷，你来了，为何这么大气？谁得罪你老人家了？"郑雄说："我来找麻面虎孙泰来，叫他出来见我！"廖廷贵说："郑大爷你先消消气，我们掌柜的没在家。你先上楼去喝杯酒，有什么话好说。伙计来，把郑大爷背上楼去，给郑大爷要两壶酒几样菜，郑大爷请罢！"伙计过来说："郑大爷楼上坐吧。"郑雄一想："冤各有头，债各有主。我找孙泰来，他既没在家，我不便跟别人闹，我上楼去等他。"想罢说："既是孙泰来没在家，我楼上去等他，他回来叫他见我。"伙计说："是了。"郑雄就往里走。

和尚由外面进来，也是一拍拦柜说："孙泰来，今天和尚老爷照顾照顾你小子！"廖廷贵一想："真是壁倒众人推。"一瞧和尚，廖廷贵想起来了，他是蒙饭吃的和尚呀！只因前者济公知道万珍楼是恶霸开的，他就在这白吃过两顿饭。那一天和尚来到万珍楼，吃了十吊多钱，和尚说："跟我到钱铺拿钱去。"廖廷贵叫伙计跟去，出了酒铺，一展眼和尚没了。伙计回去说把人跟丢了，掌柜的打伙计一个嘴巴，骂了一顿。次日和尚又来了，一进门说："掌柜的，昨天我碰着朋友了，也没给你送钱来，今天我特为来给你送钱还账。"大众一想："和尚不是蒙饭吃的，要是蒙吃蒙喝，今天就不来了。"和尚又坐下要酒要菜，什么好吃要什么，要了一桌子。吃完了，叫伙计一算，二账还一，合银子十二两八钱，和尚说："不多。"和尚就到柜上说："掌柜，我吃了十二两八钱，跟我上钱铺取去吧。"廖廷贵一想："昨天叫伙计跟着去丢了，今天别叫伙计跟着了。"廖廷贵说："和尚，昨天你说到钱铺取钱，你就跑了，今天又到钱铺取钱？"和尚说："我昨天也不是跑了，是碰见朋友说话，跟伙计走岔了。"廖廷贵说："我同你取去吧。"跟着和尚出了酒铺。和尚说："你瞧过人飞没有？"廖廷贵说："没有瞧过。"和尚说："你瞧，这就是人飞。""梯他梯他"撒腿就跑，和尚一边跑，口中说：

酒似青浆肉又肥，酩酊醉后欲归回。任凭掌柜不赊欠，架不住贫僧腿似飞。

廖廷贵追着，展眼和尚没了。廖廷贵回到铺子，说："和尚又跑了，那时见着他，那时揪住打他。"今天和尚自己来了，一拍柜说："孙泰来，今天和尚老爷照顾照顾你。"廖廷贵一瞧恼了，说："好和尚，你蒙了两顿饭吃，还敢来搅我们？"和尚说："这是好的。"郑雄一回头，说："师傅上楼呀！"廖廷贵一瞧，吓得就不敢说了，说："大师傅同郑大爷来的，请罢。"郑雄说："是我师傅。"廖廷贵说："是、是。"往下不敢再说别的。

和尚同郑雄上了楼，找桌坐下。和尚说："郑雄，你不是找孙泰来斗气吗？"郑雄说："是呀！"和尚说："要闹就得像个闹的。"郑雄一想这话对，立时把眼一睁，说："把这楼上的酒饭座，都给我逐下去！"伙计吓得战战兢兢，说："是是。"当时楼上酒饭座共有几十位，胆小的赶紧走了，有不怕事的，听郑雄一说都逐下去，就大大不悦，说："怎么都逐下去？我花钱喝酒，就要在这喝完了。别管是谁，要把我撵下去，非得把我脑袋揪下来，没了我这口气。要不然，我就不能下去。"同座人就说："二哥，你别答言。你不认识这位是凤山街铁面天王郑雄吗？他素常是个仗义疏财，有求必应，没得罪过人的好人，这必是饭馆子里得罪了郑爷。本是孙泰来就是个恶霸，郑爷这是来跟饭馆斗气，与你我何干？咱们又跟郑爷往日无冤，近日无仇，他要一答言打起来，这不是瘀气吗？"说的那人也不敢答言了，就算还账，大众下楼走了。

少时，楼上人皆走净了，郑雄叫伙计把小菜摆上，伙计赶紧把小菜步碟摆好。郑雄拿起一个碟子摔了，和尚说："我没听见什么响声，你再摔一个。"郑雄又摔了一个。和尚说："伙计，你们都卖什么菜？"伙计说："应时小卖都有。"和尚说："你给煎炒烹炸，配几个菜，拿几壶酒，把夜壶给我拿来。"伙计说："不行，你要酒可以，夜壶就是不敢拿。"郑雄说："去拿去，不拿把你脑袋给拿下来。"伙计赌气下了楼，来到柜上说："掌柜的，你再找人罢，我不能做这买卖。跟郑雄来的这个穷和尚，叫我拿夜壶，我不能拿，我怕坏了行规。"廖廷贵一听，说："这可是太难了，姓郑的他也是一个人，掌柜的去找人还没来，不必等掌柜的。我的主意，你到咱们立的把式场把那些朋友找来，先把姓郑的拉下楼来，打他一顿再说。不论他是多大字号人物，拼出一身剐，敢把皇帝拖！"伙计答应，立时狂奔把式场来。一瞧，正有二十多人，在这里练拳脚。素常这些人都跟孙泰来同吃同喝。今天伙计来说："众位，我们铺子里现在有人来搅闹，掌柜的叫我约你们去助拳。拉下来打坏了，有我们掌柜的打官司，不与你们众位相干！"大众一听，说："就是，咱们替孙大爷去充光棍！"立刻各抄刀枪棍棒，直奔万珍楼而来。不知郑雄该当如何，且看下回分解。

第一百六十五回　孙泰来忍气邀知己　猛英雄错打法元僧

话说众人各持刀枪棍棒来到万珍楼。廖廷贵说："众位来了，姓郑地坐在楼上呢！"众人说："是。"立刻上楼。大众来到楼上一瞧是郑雄，大众都愣了。这些人都受过郑雄好处的，逢年按节，一没落子，就去找郑大爷，都知道郑雄慷慨，谁一找借钱，多少不拘，郑雄没驳回过，常周济他们。今天众人一瞧是郑雄，大众就不敢睁眼了。郑雄说："你们做什么来了？"大众说："郑爷，是你跟孙泰来怄气？"郑雄说："是呀。"众人说："我们要知道是你老人家，我们也不来。郑大爷因为什么找孙泰来？我们给说合说合。"郑雄说："不必，你们管不了。"大众说："我们要是管不了，帮你老人家拆他，反正不能帮他跟你翻脸。"郑雄说："我也不用帮着，你等去吧。"众人这才下楼说："这个架我们打不了，叫你们掌柜的另请高明吧。"说罢各自去了。廖廷贵一看，说："这一干人都是虎头蛇尾！"他焉知道郑雄比孙泰来眼皮杂得多。廖廷贵正生气，见麻面虎孙泰来来了，带着一个大秃头和尚。

这个和尚原本是陆安山莲花岛的，叫神拳罗汉法元。他到临安来逛，常在万珍楼吃饭。孙泰来一盘问和尚，知道和尚有一身好本领，他套着一交朋友，两个人倒很亲近，孙泰来把法元让到家里住着。今天孙泰来一想："要约别人，打不了郑雄，认得郑雄的人多。非得找生脸色，不可打郑雄。"孙泰来知道神拳罗汉法原本领高强而武艺出众。孙泰来回到家中，一见法元，造出一片捏词，说："法师兄，我这买卖开不来了。"法元说："怎么？没有本钱不要紧，我有银子，你只管使。"孙泰来说："不是，本钱倒有。现在这临安城有一个铁面天王郑雄，他是本地的恶霸，结交官长，走动衙门，欺压良善。常到我铺子吃饭，不给钱还不算，挑鼻子弄眼，吃完了就摔就砸。今天他又来了，一进门说：'孙泰来，郑大太爷来照顾照顾你小子！'伙计一劝他，他就张嘴骂。我在柜房，我没有答言。要一答言，当时就得打起来。有人把他劝到楼上喝酒去，我这才回来。你想我还怎么混？"法元一听说："不要紧，我去替你报仇去。你不便跟他翻面，把他叫出来指与我，我跟他分个高低上下。我若把他打死，不用你打官司，你说都是酒醉闹座，你都不认识。一问三不知，神仙也没法办。我一回陆安山莲花岛，他也没地方拿凶手去。"孙泰来说："好！"立时同法元僧狂奔万珍楼来。

法元在门口站着，说："你把他叫出来。"孙泰来这才登楼梯上楼。郑雄一瞧孙泰来上楼来，仇人见面，分外的眼红，说："孙泰来，我找你来了！"孙泰来说："好，你找我来了，外面有人找你呢，你出来罢！"郑雄说："好，你就是预备上刀山油锅，我姓郑的既要来找你，我就敢试试！"说着话，郑雄下了楼，立刻来到外面一看，站着一个大秃头和尚。身高九尺，膀宽三停，披散着发，给打着一道金箍，身穿蓝缎色的僧衣，青缎子护领相衬，白袜青僧鞋，面如蓝靛，两道朱砂眉，一双金睛眨出，押耳两绺黑毫,长得凶如瘟神,猛似太岁,手拿一把蝇刷。孙泰来用手一指,说:"就是这位和尚找你。"郑雄知道这是孙泰来的爪牙,这才说:"你一个出家人,我跟你素不相识,远日无冤,近日无仇,你找我做什么?"法元说:"你就是铁面天王郑雄吗?"郑雄说:"然也,正是某家。尔是何人?"和尚说:"洒家叫神拳罗汉法元,我找你,皆因你在本地欺压买卖客商,为非作恶。洒家特意前来,要结果你的性命!"郑雄说:"好僧人,尔有多大的能为。敢说此朗朗狂言大话?"抢拳照法元就打,法元急架相迎。二人各施所能,打在一处。真是棋逢对手,将遇良才。郑雄本来能为出众,受过名人指教,法元也是拳脚精通,本领高强。两个打在一处,不分高低上下。围着热闹的人就多了,都不敢上前解劝。众人纷纷议论,说:"这场架可大了!"都知道郑雄是本地的人物,麻面虎孙泰来也是本地的恶霸,两造都不是好惹的。郑雄正跟着法元打着,未分胜负,这时节济颠和尚在楼上把楼窗推开往下瞧着,直说:"可了不得了,打起来了! 快劝快劝!"酒铺众伙计大众就嚷:"你们瞧这个蒙吃蒙喝的和尚,真可恶!"

这一句话不要紧,可碰巧旁边瞧热闹之中站着一个浑大汉,他听错了,他只打算法元是蒙吃蒙喝的和尚呢。这位浑大汉有两天没吃饭了,他一想:"这个黑脸的,必是酒铺子掌柜的,因为这位和尚蒙吃蒙喝打起来。我要过去帮这位黑脸掌柜的把和尚打跑了,酒铺掌柜的准管我一顿饭吃。"想罢,一摆手中熟铜棍,照定法元和尚就打,连郑雄也愣了。书中交代,这位猛英雄原本乃是巡典州的人氏,姓牛名盖,外号叫赤发瘟神。按说书演义,他乃是前《宋精忠传》牛皋之孙,乃是金毛太岁牛通之子。天生来浑浊猛勇,自年幼家传了一身好本领,力大无穷,就是太浑。家中很是富豪,只因他父亲一死,牛盖是人事不懂,把一份家业全被家人给分散了,牛盖自己直落到没饭吃。他又不懂得营运,一饿了,瞧见那家街坊一做饭,他进去就吃人家,一家子的饭被他吃了还没饱。先前老冲旧邻,都不好意思,念其都是瞧着长大的,就给他吃。后来日子长了,谁能供给他吃? 每逢一要吃饭,将门关上,怕牛盖去。把门关上也不行,他把门端了进去就抢,谁也不敢惹他。大众实没了法子。内中有一位殷二太爷说:"牛盖呀,你净在家里,今天这家吃,明天那家吃,又该怎么样? 凭你这个身量,到军营去投效,出去一开兵一打仗,准得个头品官,岂不好吗?"牛盖本是个浑人,说:"头品官是什么?"这个说:"提督。"牛盖说:"对,做提督去。"殷二说:"我给你一吊钱盘费,你去吧。"

牛盖就拿着一吊钱,由家中起身,他也不知道上哪去,往前走着。牛盖一想:"我问问军营在哪里呀?"想罢,见有过路的人,牛盖在后面一嚷:"呔,站住小子。"这人回头一瞧,牛盖身高一丈开外,面似青泥,红眉毛,发似朱砂,手里拿一条茶杯口粗细的铜棍,这人吓得撒腿就跑。牛盖一看说:"好小子,不告诉我反跑了。"见人他又说:"呔,站住小子。"这个一瞧也是跑。连问了三四个,一问就跑。牛盖想出一个主意,瞧见有过路人,他过去一把,把那人脖子一掐,牛盖说:"别跑了,小子!"吓得这人说:"怎么了? 我招惹你了?"牛盖说:"我问问你,军营在哪里? 我们街坊说了,凭我这个身量这个样子,投效到军营去,一开兵打仗,我就做提督。"这人说:"你撒开我,我告。"牛盖说:"你可别跑。"这人说:"不跑。"牛盖这才撒开。这人知道他是浑人,说:"你如要投军,上京都去。那个地方,天子脚底下,求名在朝,求利于市,你要做官上那去吧。"牛盖说:"京都在哪里?"这人说:"在临安,你往北走吧。"牛盖也还是不明白,瞧见有店,就往店进去就吃,第二天吃完了就走。店里一要钱,牛盖说:"老爷没钱,等做了官给钱吧。"说完话撒腿就跑,人家又追不上。他糊里糊涂,他也不知道东西南北,这天真来到临安了。牛盖又一问人:"上哪投军营?"有人说:"你上衙门投军营去吧。"牛盖来到钱塘县衙门一瞧,门中有许多当差的那里坐着,牛盖说:"投军营来了。"内中有一位老者就问他找谁? 牛盖说:"我们街坊说的,就凭我这身量,投到军营,出兵打仗,准做得了官。"老者一瞧,就知道他是个浑人。老者说:"你来投军,现在没军务。你要找个保人保你,我给你在军营挑分差事,吃一分粮,成全成全你。"牛盖说:"我找保人去。"老者说:"对了。"牛盖转身就走,碰见过路人,他也不认识,他就说:"呔,你别走,你给我当保人。"这人说:"什么事? 我给你做保人。"牛盖说:"营里挑分差吃分粮,成全成全我,你给我当保人。"这人说:"我不认识你呀。"牛盖说:"就算你认识我吧!"那人说:"不行。"牛盖说:"不行,我再找去。"自己找来找去,来到钱塘关,瞧见郑雄跟法元打在一处。伙计一喊蒙吃蒙喝的和尚来了,牛盖错听了,他只当是法元蒙吃蒙喝,郑雄是酒铺掌柜的,牛盖一摆熟铜棍,奔赶上前,照定和尚就打。不知法元性命如何,且看下回分解。

<h1 style="text-align:center">第一百六十六回　愣牛盖穷途卖艺
病服神无故被摔</h1>

话说赤发瘟神牛盖,摆棍照法元就打。郑雄一看,见牛盖身高一丈有余,头上戴豆青色五瓣壮士巾,身穿豆青剑袖袍,腰系丝绦,单衬袄,薄底靴子,面似青泥,两道朱砂眉,长得凶恶无比。手中使的这条棍,真有茶杯口粗细,照法元一打,法元吓得忙往外圈一跳。自己一想:"这条棍子要打上,就得脑浆迸裂!"连忙撒腿就跑。猛英雄一声喊嚷:"好球囊的,哪里走!"随后就追。郑雄也并不认识他,自己倒直发愣。麻面虎孙泰来只打算是郑雄的帮手。

正在发愣之际,济公禅师由楼窗里跳下来,把麻面虎孙泰来吓了一跳。和尚刚跳下来,只见由北边来了四个人,是钱塘县的四位班头,柴元禄、杜振英、雷思远、马安杰,四个人是上别处办事去,由此路过。一瞧都认识,柴头说:"郑大官人,跟谁拌嘴?济公,你老人家在这做什么呢?"和尚说:"郑爷在这钱塘关开了一座豆腐店,被孙泰来给砸了。因为这个,我们来找他,他还要讲打。"杜振英赶紧把孙泰来叫到旁边说:"孙泰来你不认识这个和尚? 这是当朝秦丞相地替僧,你惹得起吗? 依我说,你趁早认罪服输,倒是便宜。"孙泰来说:"我也不认得这个和尚,再说豆腐店也不是我砸的,是廖廷贵砸的,我是不知道是郑爷的买卖。"杜振英说:"廖廷贵砸的如同你砸的一般,你认个赔就得了。"孙泰来说:"你们众位分分心,瞧着赔了罢。"杜振英说:"圣僧,你给说和说罢。豆腐店砸了什么东西,叫孙泰来赔。"和尚说:"我给说和,准得对得起人。豆腐店门窗砸了算白砸了,不叫你赔,水桶劈了不叫你赔,豆腐槽子拆了不叫你赔,锅碎了不叫你赔,一切碗盏家伙摔了白摔,豆腐包撕了也不叫你赔。"郑雄说:"怎么都不赔?"和尚说:"孙泰来你就赔那盘磨罢,那可是见过二百五十两银子没卖,也不跟你多要,你就给二百五十两银子得了。我和尚管闲事,你们驳谁也别驳我,郑雄也冲着我,孙泰来也冲着我。"柴头说:"对,你们二位谁也别驳回。"孙泰来一想:"这倒不错,和尚亮了一大片人情,这一样就得了。"当着大众又不好驳,只可忍着肚子疼,当时给拿出二百五十两银子交给和尚。和尚说:"郑爷,咱们走吧,劳众位头儿的驾。"柴头、杜头说:"圣僧请罢! 我们也要办事去。"和尚这才同郑雄来到豆腐店。和尚说:"周得山你也别死了,我给你讹了麻面虎孙泰来二百五十两银子,全都给你。你父子好整理买卖,张门度日。"周得山一看,给和尚磕头,千恩万谢,自己也就不死了。张罗置家伙,重整买卖,和尚总算救了他一家人的性命。

郑雄说:"圣僧,到弟子家去吧。"和尚这才同郑雄来到凤山街。到了郑雄家中,天已掌灯,郑雄赶紧叫家人摆酒,陪着和尚开怀畅饮。郑雄就问说:"圣僧,今天那个青脸使棍的大汉,是跟圣僧认识吗?"和尚说:"我不认识。"郑雄说:"我看他倒是个英雄,可惜不知他的姓名,也不知他哪里去了。"和尚说:"你要找他,我明天带你去,就把他找着。"郑雄说:"好,圣僧带我把那猛汉找着,我问问他。"说着话,和尚闭上了眼,直冲。郑雄说:"圣僧为何这样困倦? 莫不是熬了夜了?"和尚说:"我爱吃了睡,睡了喝,倒有趣。"郑雄也只得陪着。

喝到了天交三更,忽见由房上跳下一个人来。郑雄一看,来者正是神拳罗汉法元,手中拿着戒刀。原来法元被牛盖追的望影而逃,好容易走脱了。法元记恨前仇,今天晚上要前来刺杀郑雄。郑雄一看,大吃一惊,就要抄家伙动手。法元刚迈步来到上房门,济公禅师用手一指,口念:"唵嘛呢叭咪吽! 唵,敕令赫!"用定神法把法元住。济公说："好法元，你真胆子不小，竟敢前来行刺！你一个出家人，无故多管闲事。麻面虎孙泰来，原是本地的恶霸，欺压良善买卖人，倚势压弱，你还敢助桀为虐？今天我把你拿住，要一呈送当官，你黑夜持刀，跳墙入室，行凶作恶，你想想你这罪名，打得了打不了？我和尚是佛心人，出家人以慈悲为本，我念你是个出家人，我和尚不忍加害于你，我今天把你放了。你改也在你，不改也在你，随你的自便。"法元一听，说："罢了，和尚你在哪庙住？"和尚："我是灵隐寺济颠僧是也。"法元说："好，你我后会有期，你放了我吧。"和尚乃将定神法撤去了，法元径自去了。回到孙泰来家，次日自己回陆安山莲花岛去了。

书中交代，牛盖哪里去了呢？他拿着棍追和尚，把法元追丢了，他再打算回万珍楼，找不着旧路了。他不认识路，自己可真饿了，一瞧眼前有一座大店，牛盖拿着棍就进去。伙计一瞧说："大爷来了！"牛盖说："来了！"伙计把他让到东单间去，他也不懂挑屋子。伙计说："大爷吃了饭没有？"牛盖说："没有。"伙计说："你吃什么？"牛盖说："要五斤酒！"伙计一听这位是大酒量，说："还要什么？"牛盖说："要五斤牛肉，要五斤面！"伙计说："要五斤面怎么吃？"牛盖说："拿嘴吃。"伙计说："知道拿嘴吃，要五斤面的饼吧。"牛盖说："对，就是饼罢，要五斤醋，五斤蒜。"伙计说："哪有那么些醋蒜？"牛盖说："少点也行，你拿来爷爷吃罢！"伙计说："别玩笑呀！"牛盖说："不玩笑。"伙计即知道这是个浑人，也不理他，把酒肉给他拿来。牛盖饱餐一顿，吃完了睡了，次日早晨又吃了一顿，吃完了就走。伙计说："你给钱呀！"牛盖说："等老爷做了官给钱。"伙计说："做什么官呀？"牛盖说："做提督，凭我这样的身量，到军营当兵，一打仗就做了官，我们街坊说的。"伙计说："谁管你多怎做官，你给店饭钱。"牛盖说："没钱。"伙计说："没钱你怎么吃饭？"牛盖说："饿！"伙计一想："这是个大浑人，瞧他这样子，拿着棍必会把式，打也打不过他。"伙计说："你会练把式不会？"牛盖说："会呀！"伙计说："你会练，我带你到大街练把式，得了钱给我们饭钱行不行？"牛盖说："行呀，我哪练去？"伙计说："我带你去。"立时伙计买了一块白土块，带领牛盖来到了十字街，伙计画了一个白圈说："你练罢。"牛盖也不懂说江湖话，他就玩棍，耍完了棍，就练拳。有人就围上了，伙计就替他说："人贫当街卖艺，虎瘦拦路伤人。这位也不是久惯卖艺的，在我们店里住着，困住了。众位瞧着练完了，有钱帮个钱缘，没钱帮个人缘，站脚助威。"说完了话，牛盖又练一趟。伙计说："要钱了。"这一回见了五六百钱。要完了钱又练，练了有三四回，见了有一吊五百六钱。伙计一瞧，够了他的饭钱了，说："你再练见钱，是你自己的了，我不管了。这些钱算给我的饭钱了，我要走了。"说罢，拿着钱径自去了。牛盖一瞧，说："好球囊的，把钱给拿了走了，这倒不错！"自己愣了半天，说："我再练一顿饭钱，够了饭钱我就不练了。"大众瞧着可乐，他又练了两回，见有了五六百钱。

可巧旁边正赶上病服神杨猛、美髯公陈孝由此路过，这两个人是上青竹巷四条胡同瞧朋友去。有北路镖头铁头太岁周堃和姊丈、姓窦叫窦永衡，外号人称打虎英雄，他夫妇来到京都，窦永衡拿着周堃的信，来找杨猛、陈孝，求杨猛、陈孝给找事。陈孝在青竹巷四条胡同，给找周老头儿院中的三间房屋叫窦永衡夫妻先住着，慢慢地找事。这几天没见了，杨猛、陈孝要去瞧窦永衡，由此路过，见牛盖在这里练把式，很有点能为。杨猛说："兄长你看，这位朋友必是为穷所困，不是江湖卖艺的。咱们都是一家人，我下去帮个场子，周济周济他。"陈孝说："好，你下去罢。"杨猛分开众人，进去一抱拳说："朋友，你这个地方站得不错呀。"牛盖一听，心中一想："方才叫伙计把钱拿走了，他也必是来抢我的钱！"过来一把把杨猛脖领一揪，这只手一托腿，给举起来，牛盖说："球囊的，你滚吧！"隔着人扔出场子来。杨猛使了个鹞子抄水的架子，脚落实地没摔着。大众一乱，杨猛气往上撞，说："好小辈，你敢捺杨太爷？"就伸手拉刀，要跟牛盖一死相拼。不知后事如何，且看下回分解。

第一百六十七回

铁天王感义找牛盖
黑面熊含冤见刑廷

话说杨猛被牛盖捺出来，自己脸上觉着挂不住，伸手拉刀，要跟牛盖一死相拼。陈孝赶紧拦住说："贤弟不可！一则看他也是个浑人，再则你我弟兄不便跟.他一般见识。大人不见小人过，宰相肚里有海涵，何必如此？你我走吧。"陈孝把杨猛劝着走了。牛盖赌气也不练了，自己拿着五百多块钱往前走。肚子又饿了，见有一个火烧摊子，牛盖说："给我数罢！"卖火烧的就给一五一十数了五十个。牛盖用箭袖袍兜着，给卖火烧的捺下二百多块钱，转身就走。卖火烧地说："大爷这钱不够。"牛盖说："就是那些钱，你爱要不要！"说着话，就跑。卖火烧的有心去追吧，又没人看摊子，牛盖拿着火烧走远了。正往前走，见羊肉铺煮羊肉正出锅。牛盖过去说："这块给我，那块给我。"羊肉铺掌柜的就给他拿。牛盖拿了五块肉，把三百块钱捺下就走，羊肉铺地说不够，牛盖撒腿就跑，掌柜地追也追不上。牛盖拿着火烧、羊肉来在一条胡同，见一家门首上有上马石，牛盖就把火烧往石头上一放，打算要坐在这里吃。偏巧火烧掉在地下，有一只狗看见，咬起火烧就跑。牛盖说："好狗，我还没吃，你先抢我的吃，我打死你球囊的。"拿着棍就追，他也不管这些火烧、羊肉在石头搁着丢了。

他一追狗，狗跑来跑去，钻进一家狗洞里去。牛盖一瞧，说："好狗，我把狗主找出来，叫他赔我！"站在门口就嚷："狗主出来！"嚷了两声，里面没人答应，牛盖拿棍就打门，打的门"咔嚓咔嚓"声音大了。书中交代：这个门里正是打虎英雄窦永衡在这住着。杨猛、陈孝刚才来，正跟窦永衡提说方才帮场之故，遇见一个不通情理卖艺的真正可恼。正说着话，听外面街门"咔嚓咔嚓"直响，外面喊嚷："狗主快出来！"杨猛说："谁砸门？咱们瞧瞧去。"三人一同出来，开了门一看，是方才那卖艺的人。陈孝一想："这倒不错，倒追上门来了。"陈孝一使眼，窦永衡绕到牛盖身后，一揪牛盖发髻，杨猛就揪牛盖手腕子，陈孝底下一腿，就把牛盖踢倒，三个人拿一个，把牛盖给捆上。牛盖这嚷："好狗主不讲礼，我那边还有火烧、羊肉呢。"窦永衡说："什么狗主？乱七八糟的。且先把他捆在院里，少时咱们喝完酒再盘问他。"三个人把门关好了，把棍也倒立墙下，三人来到屋中摆上酒菜，喝酒谈心。

刚喝了两杯酒，就听外面打门说："开门来！"杨猛一听是济公的声音，说："师傅来了。"窦永衡就问："谁？"陈孝说："这可不是外人，是我二人的师傅。咱们出去瞧瞧去。"三个人一同来到外面，开门一看，果然是济公同着铁面天王郑雄。今日济公和郑雄早晨起来，吃完了早饭，和尚说："郑雄，我带你去找昨天帮忙的那位青脸大汉去。"郑雄说："好。"同着济公来到这条胡同。和尚一叫门，杨猛、陈孝同着窦永衡出来。杨猛、陈孝先给济公行了礼，跟郑雄也认识，彼此问好。陈孝说："窦贤弟过来，我给你见见，这是我师傅，灵隐寺济公长老。"窦永衡见和尚褴褛不堪，心中有些瞧不起，关着杨猛、陈孝的面子不能不行礼，给和尚作了一个半截揖。牛盖在里面瞧见郑雄，牛盖就嚷："黑掌柜的，你快救我吧！狗主不讲礼，把我捆上了。"郑雄说："谁是黑掌柜的？"接着就问："你们为什么把他捆上？"杨猛说："因为他无故特来砸门。"郑雄说："你们几位冲着我，把他放了行不行？"陈孝说："我们跟他也不认识，也无冤无仇，既是郑爷讲情，把他放了罢。"立刻把牛盖放开。和尚说："郑雄，你把他带走了吧。"郑雄说："师傅不到我家去了？"和尚说："不去了。"郑雄这才告辞，带着牛盖径自去了。

杨猛就问："师傅上哪去？"和尚说："我回庙。"陈孝说："师傅到里面坐坐，喝杯酒再走。"和尚说："又不是你家，我不便进去。"陈孝说："这也如同我家一样，师傅里面歇息也无妨。"和尚说："进去就进去。"说着话往里就走。窦永衡心里就有点不愿意，心里说："杨大哥，陈大哥，做什么往我家让和尚？我又有家眷。"当面又不能说，同着和尚来到里面。陈孝说："师傅喝杯酒罢，现成的。"和尚也并不谦让，坐下就喝。这三个人也坐下了。和尚喝了三杯酒,叹了一声。陈孝就问:"师傅怎么了?"和尚说:"我和尚跟着好朋友一同坐着喝酒也罢了,跟着王八羔子喝酒,一同坐着,我真不愿意。"陈孝说:"什么叫王八羔子?"和尚说:"要当王八还没当,就叫王八羔子。"陈孝说:"我是王八羔子?"和尚说:"不是。"杨猛说:"我是王八?"和尚说:"不是。"总共三个人,这两个人都不是,窦永衡一听就恼了,说:"你这和尚,真是满嘴胡说,我要不是看陈杨二位兄长的面上,我真把你打出去。"杨猛、陈孝赶紧就劝说:"窦贤弟,你不知道,济公是诙谐的。"和尚又说:"看颜色不正,有点印堂发青。横祸飞灾难辨明,大略难逃数定。妻被他人抢去,家财一旦成空。永衡须得早逃生,难免临期事应。"说得窦永衡气得直哆嗦,颜色更变。和尚说:"你要到了大急大难之时,连叫济颠和尚三声,必有救应。我和尚走了。"说着话济公站起来就走。杨猛、陈孝见济公走后,窦永衡气得不得,这二人也觉着无味,当时也告辞。

杨猛、陈孝走了,窦永衡心乱神烦,躺在炕上就睡了,一连三天没出门。周氏娘子是个贤德人,怕丈夫烦出病来,说:"官人别净发烦,净发烦,又该怎么样?再说找事也不是忙的,倘若忧虑出病来,更糟了。你带上几两银子,出去开心,散散闷好不好?"窦永衡听妻子一劝解,自己一想,也是烦不出事来。自己把衣服换上,带上几两散碎银子,由家中出来,打算去约杨猛、陈孝到酒铺喝酒去。刚一出家门口,往前走了不远,见由对面来了两位班头,带着有十几个班头伙计,都是头戴青布缨翎帽,青布靠衫,腰系皮挺带,足下薄底快靴,窄脑鹦腰的,各拿单刀铁尺,像办案的样子。一见窦永衡,官人说:"借光你哪!这是青竹巷四条胡同吗?"窦永衡说:"是呀。"官人说:"有一位打虎英雄黑面熊窦永衡,在哪个门住?"窦永衡说:"你们找窦永衡做什么?"官人说:"我们跟你打听打听。"窦永衡说:"在下就姓窦,叫窦永衡。"官人说:"呵,尊驾就是窦永衡,尊驾就在周老头院子住吗?"窦永衡说:"是呀,找我做什么?"官人说:"你有一个朋友在京营殿帅府衙门打了官司,叫我们来给你送信,你跟我们到衙门瞧瞧去吧。"窦永衡说:"什么人打了官司?"官人说:"你到那瞧瞧就知道了。"窦永衡一想:"自己朋友是多的,就瞧瞧去吧。"自己跟着就走。

本来窦永衡也没做犯法的事,心里并不多疑。俗言有这两句说得不错:"心里不做亏心事,不怕三更鬼叫门""心里没病,不怕冷言侵"。跟着刚来到京营殿帅府门里,官人一使眼色,大众过来就把窦永衡围上,抖铁链把窦永衡锁上。窦永衡一愣,说:"你们为什么锁我?"官人说:"你做的事,你还不知道吗?"窦永衡一想:"我并未做过犯法事,这真是:闭门家中坐,祸从天上来。"自己又不能拒捕,只得等着过堂再说罢。官人进去一回禀,少时就听里面响鼓响梆子打点。响了三遍梆点,立刻京营殿帅二品刑庭大人升堂,有四十名站堂军刽子手,抱刀刀斧手,也都在大堂伺候。壮皂快三班,威武二字喝喊堂威,吩咐带差事。有人拉着窦永衡上堂,官人喊嚷:"自沙岗断路劫银,杀死解粮官,抢去饷银,贼首黑面熊窦永衡是你吗?"窦永衡一听这案,吓得惊魂千里。不知这场横祸飞灾从何而来,且看下回分解。

第一百六十八回　见美丽恶人定奸计　陆炳文献媚害良民

话说窦永衡一上堂,吓得战战兢兢。抬头一看,见上面坐的这位大人,头戴二品乌纱帽,身穿大红蟒袍,玉带官靴,白生生脸面,三绺黑胡须。这刑廷大人姓陆,叫陆炳文。宋朝年间,京营殿帅刑廷大人,就类似清朝的九门提督一般,统辖文武,管辖陆步两营地面,查拿盗贼赌博流娼。刑廷大人见把窦永衡一带上来,窦永衡在下面一跪,口称:"大人在上,小人窦永衡给大人磕头!"陆大人在上面把惊堂木一拍,说:"窦永衡,你在白沙岗断路劫银,杀死解饷职官,抢去饷银,还不从实招来?免得本院三推六问,你的皮肉受苦!"窦永衡向上磕头说:"小人窦永衡,原本是常州府北门外窦家岗的人。先前以打猎为生,后来想要在镖行找碗饭吃。我夫妇二人来到这临安城谋事,寄居在青竹巷胡同,小人从来并未做过犯法之事。今天我出来要去看望朋友,不知所因何故,被官人把我拿来?求大人明镜高悬,格外开恩,小人实在冤枉冤屈。白沙岗什么劫饷杀人,我一概不得而知。"刑廷说:"你这厮,大概跟你好好说,你不肯认。抄手问事,你万不肯应,来,看夹棍伺候!"窦永衡说:"大人明鉴,大人要用严刑苦拷小的,说小人是明火执仗,何为凭据?小人实在冤枉,求大人明鉴!但愿大人恭候万代,禄位高升。"刑廷大人说:"你说本部院断你冤枉了是不是?本院自为官以来,上不亏君,下不亏民,岂肯亏负于你?要没有凭据,我也不能勒令于你。我怎么不拿别人呢?我把凭据给你找出来看,你认不认?"大人立刻标监牌,吩咐提差事。窦永衡一听有凭对证,自己大吃一惊,心里说:"了不得了,真有凭据。俗言说得不错:'贼咬一口,入骨三分。'"自己一想:"我没结交匪类呀,我又没有仇人,什么人攀我呢?"

　　正在心中思想,工夫不大,就听"哗啷哗啷"铁链响,窦永衡一看,带上两个罪人来,都是穿着罪衣罪裙,大项锁手铐脚镣。头里走的那个,身高九尺,大脑袋,项短脖粗,面如蓝靛,发如朱砂,凶眉恶眼,连鬓络腮胡须。后头跟着那个,也是身躯高大,黑脸膛两道剑眉,一双环眼,长得一脸的横肉。窦永衡一瞧这两个犯人,并不认识。见这两个人往堂下一跪,刑廷:"你两个人可认识他?"那个蓝脸地说:"窦大哥,这个官司你打了罢。想当初你我弟兄一处作的案,一处吃。一处穿,各分银钱。现在我两个人犯了案,你连瞧瞧我们都不瞧。我二人实受刑不过了,但能挺得过去,也不能把你拉出来,这也无法。当初你我怎么好来,你我活着在一处做人,死了在一处做鬼,吃过乐过,总不算冤。"刑廷大人说:"你这还不招吗?"窦永衡说:"回禀大人,小的并不认识他两个人。"大人说:"王龙,王虎,你二人说实话,到底认识不认识窦永衡?"王龙说:"回大人,我二人跟窦永衡是结拜的弟兄,在白沙岗断路劫银,杀死解饷职官,是窦永衡率领,我二人听从。"陆大人说:"窦永衡你可曾听见吗?"窦永衡说:"小人实不认识这两个人,他所说的话,俱是捏词,实没有这么回事!求大人开恩!"陆大人说:"本院自为官以来,上不亏君,下不亏民,岂肯亏负于你?我自有道理。他二人既说跟你是结拜的兄弟,大概你有多大年岁,多怎生日,家乡住处,家里有什么人,他必知道。窦永衡你拿笔先细细把年岁、家乡住处都写出来,本院再问他二个人。他要说不对,必定是攀拉你,我要重重办他二人,本部院把你当堂开放。他二人要说的跟你写的一样无二,那时本院可要照例办你。"

　　窦永衡一想:"这么办甚好。大概他二人仇攀我,必不知道我的年岁生日。我写出来,他一说不对,大人就把我当堂放了。"想罢说:"大人的恩典,小人我会写,求大爷赏给我的纸笔,我写就是了。"刑廷说:"好,你会写字,你先写字罢。"大人说:"王龙、王虎,你可曾知道窦永衡的年岁生日?"王龙说:"知道。"大人说:"先叫窦永衡写完了,你二人再说。"有当差人把笔墨纸砚拿过来,刑廷大人说:"窦永衡你背着他二人写,别叫他们瞧见。"窦永衡道:"是。"立刻拿笔一写:"窦永衡二十八岁,三月十五日子时生,原籍系常州府北门外窦家岗的人,先以打猎为生。娶妻周氏,今年二十四岁。现在来京谋事,住在青竹巷四条胡同周老头家。同院是北房三间,东房两间。"写完了,交与当差人递给刑廷大人。大人看罢,这才问王龙、王虎,王龙、王虎说:"大人要问窦永衡,他原本是常州府北门外窦家岗的人氏,先以打猎为生,现在不打猎了,来到临安城,住在青竹巷四条胡同的路北。他今年二十八岁,三月十五日子时生人。我们那位盟嫂,娘家周氏,今年二十四岁,二月初九日卯时生。他住的是周老头周老婆的房子,同院北房三间,东房二间。北房三间是一明两暗,东里间是他的卧房,西里间来人让客做客室堂屋。一进门有条案八仙桌,两边有椅子。里间屋里炕上有两只箱子,地下有一张连二抽屉桌,有一个钱柜,东房做厨房。"

　　窦永衡一听,一概说的全对,我妻子的生日时辰都对,屋里摆设也不差。窦永衡一想:"这可怪,这两个人并未到我家里去过,怎么他们会全知道呢?"自己一想:"这场官司了不得了!"刑廷陆大人一听,就问窦永衡:"王龙、王虎说的对不对?窦永衡说:"对可是对,小人实在冤枉,求大人公断!"刑廷大人立刻把惊堂木一拍,说:"窦永衡,你还敢狡赖?大概抄手问事,万不肯应,你这厮必是个惯贼呀!来,看夹棍!给我把他夹起来再问。"官人一声答应,三根棒为五刑之祖,往大堂上一捺,真是人心似铁非是铁，官法如炉果是炉，窦永衡吓得战战兢兢，说："大人，你要看那头上的青天！"陆炳文勃然大怒，说："窦永衡你还敢说叫我看头上的青天？本部院断你屈了？夹起来！"官人立刻把窦永衡套上了夹棍。

窦永衡此时，忽然想起济公的那几句话来，怪不得说我印堂发青，颜色不正，有横祸飞灾，敢情我有这样的大祸。果然济公长老他老人家是活佛，有先见之明。事到如今，我窦永衡才知道，我要听济公的话，早逃生离开了临安城，还许把这场凶祸躲开了。掌刑地把夹棍给窦永衡套上两只脚，回头一看陆大人，陆大人一伸手，官人一看用八成刑，两个人一背绳，一个人一拉，窦永衡就觉夹的痛入骨髓。自己想起了济公说的，有大急大难之时，连叫济颠和尚三声，必有救应。窦永衡此时疼的如刀剜肺腑，箭刺心肝一般，便口中祝告说："弟子窦永衡，前者不知济公是活佛，现在弟子大难临了身。济公长老，你老人家真有灵有圣，来搭救弟子，弟子此时实受不了了！"窦永衡嘴里咕咕哝哝，连祝告了三遍。众官人也不知他嘴里说些什么。话语未了，就在大堂里起了一阵怪风，真是：

扬把狂风，倒树绝林。海浪如初纵，江波万叠侵。江声昏惨惨，枯树暗岑岑；万壑怒嚎天咽气，走石飞沙乱伤人。

这一阵风刮的毛骨悚然，大堂也手不见掌，对面不见人。只听"喀嚓"一声响，这阵风过去，陆炳文再睁眼一看，大堂以下有一种岔事惊人。不知后事如何，且看下回分解。

第一百六十九回　王胜仙见色起淫心　陆虞候嘱盗施奸计

话说陆炳文把窦永衡用夹棍夹起来，忽然大堂上起了一阵怪风。本来是窦永衡这场官司是被屈冤枉。书中交代，窦永衡这场官司，皆因他妻子长得美貌，惹出来的。临安城有四个恶霸，头一个就是秦丞相的兄弟，花花太岁王胜仙，第二个就是风月公子马明，第三个是追命鬼二公子秦桓，第四个是罗公子，外号静街爷。这天周氏正在门口买绒线，可巧花花太岁王胜仙骑着马，带着许多恶奴，由青竹巷四条胡同路过。本来周氏长得美貌，天姿国色，虽不是浓妆艳抹，穿着淡妆素衣，更透着一番姣态，真称得起眉舒柳叶，唇绽樱桃，杏眼含情，香腮带俏，梨花面，杏蕊腮，赛似瑶池仙子，月殿嫦娥。

王胜仙一见，心神飘荡，问手下众家人："这个妇人是谁家的？"家人王怀忠说："大爷先回去，我打听打听。"王胜仙到了家，工夫不大，王怀忠回来了。王胜仙说："你打听明白没有？"王怀忠说："小人打听明白了，大爷你死了心吧。"王胜仙说："怎么？"王怀忠说："我打听这个妇人，是打虎英雄黑面熊窦永衡之妻。这个窦永衡两膀有千斤之力，那如何能抢得了？"王胜仙一听，说："哎呀！我瞧见这个妇人实在长得好，我这些如君侍妾，长得都是平平无奇，要比上这个妇人差多了。我真一瞧见她，把魂就没有了。你们谁想法子给我把美人弄到手，我给五百两银子。"众家人皆俱摇头说："我们实在没法。"王胜仙自己就如同入了迷，茶思饭想，真仿佛丢了魂一般。

过了有两三天，这天有家人进来禀报："有京营殿帅陆炳文前来拜见。"王胜仙一听门生来了，赶紧吩咐有请。书中交代，王胜仙他乃是大理寺正卿，为什么陆炳文拜他做老师呢？只因是秦丞相的兄弟，陆炳文所为有事求秦相，借他的鼎力，故此拜他为老师。今天王胜仙把陆炳文让到书房，陆炳文给老师行过礼。王胜仙说："贤契，今天怎么这样闲在？"陆炳文说："特意前来给老师来请安。"王胜仙说："这两天我中了病了。"陆炳文说："老师欠安了，什么病症？"王胜仙说："我难以对贤契说。"陆炳文说："老师有什么不可说的？何妨说说。"王胜仙说："实不瞒你，我那天骑马出去拜客，走在青竹巷四条胡同，看见一个美貌的妇人，乃是打虎英雄黑面熊窦永衡之妻。我回来茶思饭想，得了相思病了，没有主意。贤契你要能把这个人弄得来,我必要保举你越级高升。"陆炳文说:"既是老师抬爱,门生必是当设法给办,老师候信罢。"

陆炳文说完了话,自己回到家中,要打算给王胜仙办这件事,就是想不起主意来。他家人陆忠说:"老爷要办这件事,我小人有倒有个主意。"陆炳文说:"陆忠,你要把这件事办好了,我赏你二百两银子。"陆忠说:"既赏我二百银子,我就给办。这个窦永衡我知道,我可没见过,他妻子我倒见过一面,实是美貌。他住的是周老头周老婆院中,周老头是我的义父。那一天我去义父义母家去,窦永衡的妻子给窦永衡算了一命,她自己也算了一命,我还记着他们的生日。窦永衡是二十八岁,三月十五日子时生,他妻子是二十四岁,二月初九日卯时生。我义母太太也算了一命,我也算了一命,所以我知道窦永衡的根底。老爷要把查狱的差事派我,买通大盗,把窦永衡咬上。老爷把窦永衡拿来,一入狱就好办了。"陆炳文说:"好,我就派你管狱,你给办吧。"

陆忠得了这个管狱的差事,早晚一查狱,见有两个大盗,陆忠就问:"你两个人姓什么?"这两个人说:"我们亲哥俩,叫王龙、王虎。"陆忠说:"你们两个人什么案?"王龙王虎说:"在白沙岗抢劫饷银,杀死解饷职官。"陆忠说:"你们两个人这案活不了。"王龙说:"可不是。"陆忠说:"你们家里还有什么人?"王龙说:"有老娘,我两个人都有妻子。"陆忠说:"你两人年轻轻的,为什么做这个事?你两人要一死,家里你老娘妻子怎么好?谁能管吃管穿呀?"王龙说:"这也是无法,谁叫我当初做错了事呢?"陆忠说:"我倒瞧着你们怪可怜的,有心救你们救不了,皇上家的王法,不能改例。你两个人愿意活不愿意?"王龙说:"谁为什么不愿意活?谁能愿意死呢?你要能想法救了我们,我二人决不忘了你的好处。"陆忠说:"我要救你们也容易,你两个人得拉出一个为首的来,你两个人就能保住性命。"王龙说:"就是我两个做的,有谁可拉?"陆忠说:"我有个仇人在青竹巷四条胡同住,叫黑面熊窦永衡。你两个人过堂,把他拉出来,说他为首,我管保叫你两个人不死。"王龙说:"就是罢。"商量好,晚上一过堂,王龙就说:"回大人,在白沙岗路劫,杀死解粮饷官,抢饷银,是黑面熊窦永衡为首,他率领。"陆炳文心里明白,说:"你说的话当真?"王龙说:"小人不敢说谎,他现在青竹巷四条胡同住家,大人把他传来对证。"陆炳文这才派原办马雄,急拘锁拿窦永衡。今天堂上一讯问,王龙、王虎所说的话,都是陆忠早把供串好了,故此王龙、王虎的话,知道永衡的根根切切。

陆炳文用夹棍把窦永衡夹起来,忽然在大堂上刮了一阵怪风,风过去再看夹棍,折了三截了。陆炳文糊里糊涂,叫王龙替窦永衡画供,吩咐将窦永衡钉镣入狱,王龙、王虎来到狱里,托牢头要把窦永衡置死,我二人的官司就好打了,只要我二人活了,我二人将来必有重谢。牢头说:"是了,你不用管了。"官人把窦永衡送到狱里来。牢头一见窦永衡,就把窦永衡带到一间屋子里。窦永衡一看,这屋里有一张八仙桌,桌上摆着四盘菜,有酒壶酒杯。牢头说:"窦贤弟,你喝酒罢,你许不认识我了。"窦永衡说:"我可实在眼浊,尊驾贵姓?"牢头说:"我也是常州府人,咱们老街坊,我姓刘叫刘得林。我因为争行帖,用刀砍死人,我就奔逃在外。现在我在这狱里当了牢头,我知道你是被屈含冤,我可救不了你。你只管放心,绝不能叫你受了罪。"窦永衡这才想起来,说:"原来是刘兄长。"二人坐下吃酒谈心,窦永衡说:"幸亏遇见故旧,狱里还不算受罪。"

陆炳文把窦永衡入了狱,这才问:"陆忠,怎么想法子,把他妻子诓出来,给王大人送了去?"陆忠说:"我有主意。"立时叫过一个家人来,陆忠说:"你外头雇一乘小轿来,附耳如此这般这般。"这个家人姓白,叫白尽忠,点头答应。雇了一乘小轿,来到青竹巷四条胡同窦永衡家的门首,一打门,正赶上周老头也不在家,周老太太出来,把门开开问找谁,白尽忠说:"我是杨猛、陈孝二位大老那里打发我来的。现在窦大爷打了官司,杨爷、陈爷有心先去打听,给窦大爷去料理官司,又怕窦大爷家里窦大奶奶没人照管。有心来照看家里,又没人给窦大爷去衙门托人情。杨爷叫我带轿子来接窦大奶奶到陈爷杨爷家去商量。"周老婆一听,吓得往里就跑,就说:"窦大奶奶,可了不得了!窦大爷也不知为什么,他打了官司了。后街杨爷、陈爷,打发家人搭了轿子来接你,你是去不去?"

周氏娘子一听丈夫打了官司，恨不能打听打听是为什么，俗言说得不错："至亲者莫过父子，至近者莫过夫妻。"听说丈夫打了官司，焉有不做急之理？周氏一听，是杨猛陈孝打发人来接，焉能不去？赶紧穿上蓝布裀，青布裙，把门关锁上了，说："周大娘，给照应点罢。"周老婆说："窦大奶奶去吧，打听打听也好。回头等我老头子回家，我再叫他给打听明白，到杨爷家去给你送信。"周氏来到外面，还给白尽忠万福万福说："劳驾你了！"白尽忠说："大奶奶上轿罢。"周氏就上到轿子。焉想到自尽忠头前带路，轿子搭着，一直狂奔泰和坊，搭到花花太岁王胜仙家里来。

这个时节，陆炳文早坐着轿来见王胜仙，正在书房谈话，陆炳文说："老师大喜！现在门生买盗攀贼，已将窦永衡入了狱了，少时就给老师把美人送到。"王胜仙说："贤契多费神，我必有一番人情。"正说着话，有家人禀报美人抬到。王胜仙忙来到院中，见轿子落平，撤轿杆，去扶手，一掀轿帘，把周氏吓得七魂皆冒。不知后事如何，且看下回分解。

第一百七十回　中奸计误入合欢楼
闻凶信寻师灵隐寺

话说陆炳文遣人把周氏诓到王胜仙家中，一打轿帘，周氏就愣了，连忙问道："呦，这是哪里？"旁边过来两个仆妇说："大奶奶你要问，我告诉你，你丈夫已然打了官司，入了狱了。现在我家太岁爷姓王，是当朝秦丞相的兄弟，现任大理寺正堂。久慕大奶奶芳容美貌，特把大奶奶接来，跟我家太爷成其百年之好。你这一辈子，享不尽的荣华，受不尽的富贵，比你跟着窦永衡胜强百倍了！"周氏一听这句话，如站在万丈楼上失脚，扬子江断缆崩舟。周氏虽然不是书香门第，也是根本人家，自己颇知礼义，立刻气得浑身发抖，说："好恶霸，你既做皇上家的职官，理应该修福行善，无故谋算良家妇女，做出这样伤天害理事！我丈夫既被你陷了，我这条命不要了。"自己说着话，伸手就抓自己的脸，欲要撞死。

王胜仙一看，本来周氏长得芳容貌美，绝世无双，赶紧叫婆子把她拦住，揪到合欢楼劝解劝解她。婆子把周氏手拉住，就把二臂捆上。周氏本来懦弱的身体，焉能拉拉扯扯？婆子把周氏架到花园子合欢楼上去，有四五个伶口俐齿的婆子，劝解周氏娘子。周氏破口大骂，骂累了，就不言语了。众婆子一个个你一言我一语劝说。周氏娘子气得颜色更变，说："谁家没有少妇长女？你这婆子岁数不小了，总要说点德行话。你总盼着别当奴才，给人家支使着，你们要瞧着恶霸家里好，你们谁家里有少妇长女，就送给恶霸成亲好享福。"众婆子一听，说："大娘子，你别绕弯骂我们，太爷叫我们来劝你，我们也是为好。你要不依从，真把太岁招恼了，就是一顿马鞭子，那时你也应得。再不然把你打死了，就在花园子一埋，你也白死，谁来给你报这个仇？"周氏说："我情愿死，你们还有什么说了？"

书中交代，周老婆见窦永衡的妻子走后，把门关好，少时周老头由茶铺子喝茶回来了。周老婆说："你回来了，咱们街坊窦大爷打了官司了。方才东街的陈爷、杨爷打发人用轿子把窦大奶奶接了去，也不知窦大爷因为什么打官司？"周老头一听就一愣，说："陈爷、杨爷亲自来接的？"周老婆说："不是，打发一个家人来接的。"周老头一听，说："既不是陈爷、杨爷亲自来接，你就不应当叫她去。临安城有四恶霸，常常的设圈套，诓骗良家妇女。倘若窦大奶奶有点差错，又年轻轻的，咱们这场官司打得了吗？你这般大岁数，就不知道慎重慎重。"周老婆说："我哪想到这些事情？你到陈爷、杨爷家去打听打听罢。"

周老头连忙来到杨猛、陈孝门首一打门。这哥俩在一个门里住，杨猛在前头住，陈孝在后院住。杨猛、陈孝正在一处谈话，忽听外面打门，二人开门一看是周老丈，陈孝说："周老丈，为何这样闲在？"周老头说："我来打听打听，现在窦永衡为什么打官司？"杨猛、陈孝说："不知道。"周老头说："二位不知道？哎呀！可了不得了！"周老头"哎呀"了一声，翻身就地栽倒，倒把杨猛、陈孝吓了一跳，赶紧把周老丈扶起来。杨猛、陈孝说："老丈，有什么话慢慢说，为何这样的着急呢？"老丈醒来，缓了半天，周老头才把这口气缓了过来。陈孝说："老丈不必着急，慢慢说。"周老头说："方才我回家，听我老婆子说，我上茶铺子喝茶，我没在家里，有人去带着轿子，说你们二位说的打发去的，说窦大爷打了官司接窦大奶奶，把窦大奶奶接了走。我回去我就说我老婆子，不是你们二位亲自去接，就该拦住窦大奶奶别去。我就想到怕的有差错，果然你们二位不知道，这事怎么办？也不知道把窦大奶奶搭到哪去了？"杨猛、陈孝一听也愣了，说："周老丈不必着急，先请回去。我二人打听打听罢。"周老头无奈，告辞走了。

陈孝说："杨贤弟，你我去打听打听，窦永衡在哪衙门打官司，因为什么？这件事你我焉能袖手旁观呢？窦永衡来投奔咱们弟兄，他要有了差错，你我也对不起铁头太岁周堃。要不然，你我先去找济公，求他老人家给占算占算。"杨猛说："也好。"二人这才赶紧换上衣服，由家中出来，要打算到灵隐寺去找济公。

二人正往前走，见对面来了一个人，头戴缨翎帽，青布靠衫，腰系皮挺带，青皮快靴，面皮微黄，粗眉大眼，燕尾髭须。杨猛、陈孝一看，认识是京营殿帅府大班头，此人姓白名平。杨猛、陈孝一看，说："白头哪去？"白平抬头一看，说："原是杨爷、陈爷，我正想找你们呢。我今天心里是慝，咱们三人去喝酒去吧。"杨猛、陈孝一想也好，正要打算打听打听窦永衡在哪衙门打官司，可以打听打听白头。三个人一同来到酒楼之上。跑堂的一看，都是熟人，说："杨爷、陈爷、白头，今天怎么聚会一处了？三位要什么酒？"白平说："你给我们来一百壶酒，随便给我们配几个菜。"陈孝说："白头干什么，要这么些酒？随着喝，随着要好不好？"白头说："我告诉你们二位说罢，我简直不愿意混了。今天咱们痛饮一醉，我把我这一肚子的牢骚，跟你们哥俩说说。"陈孝说："什么可烦的事呢？"白头说："唉！别提了！咱们哥们在六扇门当份差事，大概有个名儿姓儿，你们二位有个耳闻，勿论什么样难办的案，我出去伸手就办着。"杨猛、陈孝说："那是不错，我们是知道的。"白平说："现在我眼皮底下的像样的案，我会没办着，反叫我手下的伙计马雄给办了。当初马雄在我手下当小伙计，现在会把我给压下去。"杨猛、陈孝说："什么案叫他办了？"白平说："就是白沙岗断路劫银，杀死解饷职官，抢劫饷杠那案。贼首窦永衡就在青竹巷四条胡同住，我会不知道？叫马雄把这案给办了。人家露了脸了，刑廷大人赏他一百两银子。我冲着他这六扇门，是不吃了。"杨猛、陈孝一听窦永衡打这样官司，心里一哆嗦，说："怎么知道是窦永衡做的呢？"白头说："有王龙、王虎把他供出来的。"杨猛、陈孝说："这就是了，白大哥这也不必想不开，后浪推前浪，一辈新人换旧人。兄长早年把脸也露够了，也该叫人家出头了。"白头说着话，一扬脖子一壶酒，少时喝的酩酊大醉。杨猛、陈孝叫伙计："把白头搀到雅座去躺躺，我们哥俩去去就来，伙计多照应罢！"伙计说："是了。"

杨猛、陈孝惦着去找济公，二人这才下楼。陈孝说："杨贤弟，你听见了，窦永衡打这样官司。要据我想，窦贤弟决不能做伤天害理之事，这必是买盗攀赃，将他拉上。还不知窦大奶奶被谁诓了去？"杨猛说："不要紧，我有主意。"陈孝说："你有什么主意？"杨猛说："你我回家，拿上刀，到京营殿帅府见一个杀一个，见两个杀一双，劫牢反狱，把窦贤弟救出来，再找窦弟妇。找着，你我一同找个老山岳，老岳上当了大王就得了。"陈孝说："你满嘴胡说，临安城净护城军就有几十个，凭你我两个人就要造反？三步一个官厅，五步一个栅栏，一传信，护城军一齐队，连你我二人都白白饶上。再说你我都有家眷，焉能跑得了？"杨猛说："连家眷一起跑呀！"陈孝说："你别嚷，嚷了这要让官人听见。当时先把你办了！"

二人说着话，幸亏街上没人听见，往前走了不远，见由对面来了一个人，走路一溜歪斜，说着话，舌头都短了，是喝醉的了样子。杨猛、陈孝抬头一看认识。这人说："杨爷陈爷二位贤弟别走，你我一同喝酒去。"陈孝点头答应。要打听窦大奶奶的下落，就在此人身上。不知来者是谁，且看下回分解。

第一百七十一回　遇故友巧得真消息
见义弟述说被害事

话说杨猛、陈孝刚出了酒楼，往前走了不远，又碰见一个醉汉。书中交代，来者这个人，此人姓黄名忠，是长随路跟官的。当年跟过两任外任知府，手里有两个钱，也没剩下。此人心地最直，最好交友，把银钱都交了朋友了。现在跟着旧主人来京引见，把他荐到花花太岁王胜仙手下当管家。他在这临安城又交了一般朋友，上至绅董富户，买卖商贾，下至街上乞丐，他都认识，跟杨猛、陈孝也有来往。今天碰到杨猛、陈孝，黄忠说："二位跟我喝酒去吧，我方才一个人喝了半天无味，我心里不用提有多烦了。咱们哥们素常最对劲，今天总得喝喝。"杨猛、陈孝虽然心中有事，又不好驳复，反同了黄忠仍回到这座酒楼。伙计一瞧，刚把白平搀到雅座去睡了，这二位又同了一位醉鬼来。

三个人坐下，伙计过来擦抹桌案。黄忠说："给我来三百壶酒。"伙计一听："这倒不错，方才白头要一百壶，这位要三百壶。"伙计连忙说："有有，你先慢慢喝着，酒倒现成，没有那么多酒壶，你随喝随灌。"杨猛、陈孝："黄大哥干什么要三百壶酒？我二人方才喝了半天了。"黄忠说："今天咱们一处喝一回，明天你们二位就见不着我了。"杨猛、陈孝说："兄长此话从何而来？"黄忠说："阳世人间是没了我了，我决不能活了。"陈孝说："兄长受了谁的欺负？是什么过不去的事？只管说，我二人可以管替兄长管管，素常咱们弟兄总算知己。"黄忠说："你们哥俩不用管，也管不了，我心里噁。先前我在外任跟官，挣多挣少，倒是小事。现在我们旧主人，把我荐到大理寺正卿花花太岁王胜仙家里当差，我把肚子都气破了。我这脾气爱生闷气。这个王胜仙这小子，身为大员又是丞相的兄弟，不知自重，尽做些个伤天害理之事。今天无故他把人家安善良民窦永衡给买盗攀赃入了狱，把窦永衡妻子给诓到他家里来。人家这位妇人，还是贞节烈妇，一下轿子，破口大骂。王胜仙叫老婆子把人家捆上，搁到合欢楼，派婆子劝解，硬要叫人家依从，跟他成亲。我看见这事情，我真瞧不下去。我也想开了，我又没儿没女，人生一世，百岁也要有个死。我今天晚上买一把刀，到合欢楼把王胜仙这小子杀了，给大众除害，我自己一抹脖子就算完了。我上无父母，下无妻子的挂碍，我落个名在人不在倒好！"

杨猛、陈孝的心中，得着周氏的下落，一看黄忠说话舌头都短了，喝的酩酊大醉，往地下一栽，人事不知。杨猛、陈孝叫伙计："把这位暂为叫他在雅座躺躺睡一觉，醒醒酒，我二人去办点事，少时就来。"伙计说："杨爷、陈爷可别再同醉鬼来了，我们一共四个雅座，这二位已占了两间，再来两位，买卖就不用做了。"杨猛、陈孝说："伙计多辛苦点罢，少时我们必多给酒钱。"说着话，杨猛、陈孝二人下了楼。陈孝说："杨贤弟，敢情窦弟妇被花花太岁王胜仙诓去了。倘若窦弟妇周氏要被恶霸奸了，你我怎么对得起铁头太岁周堃？"杨猛说："要依我，还是拿刀劫狱反牢，把窦永衡抢出来，咱们三个人一齐到花花太岁王胜仙家去，把狗娘养的一杀，把周氏抢出来，咱们三个人一同跑了，就完了。"陈孝说："你别满街上胡说了，惹出祸来，你就不说了。"

说着话，二人来到钱塘关。刚一出钱塘关，见对面来了一个人，身高九尺，膀阔三停，头上青壮士帽，身穿白缎色箭袖袍，腰系丝鸾带，单衬袄薄底靴子，闪披一件皂缎色英雄大氅，左手拿着一蒲包大八件，右手拿着一蒲包土物，再往脸一看，面如锅铁，粗眉环眼，正在英雄少年。杨猛一看，非是别人，正是北路镖头周堃。凡事不巧不成书。周堃原本是北路保着镖，由此路过，离临安城有二十多里路。周堃叫伙计押着镖先走。他就拿了一蒲包土产东西，又买了一蒲包点心，要到临安城瞧瞧姊姊姊丈，顺便探望杨猛、陈孝，焉想到走到钱塘关碰见了。周堃连忙上前行礼说："陈大哥，杨大哥，一向可好？前者我姐丈同我姐姐来京，拿着我的书信投奔二位兄长，多蒙二位兄长照应，我承情之至。现在我姐丈他们在哪里住着呢？请二位兄长先指示我，我去看看，少时我必要亲到二位兄长家去请安。"陈孝刚一愣，尚未答言，杨猛本是个浑人，说："周贤弟，你来了好，我二人正在想劫牢反狱人少，你来，这倒有了帮手了。"陈孝赶紧过去推杨猛一掌，说："你是疯了？"周堃一听这话一愣，连忙说："二位兄长，倒是怎么一段事？"杨猛说："我们两个正为你姐姐姐丈为着难呢！你姊丈窦永衡被人家买盗攀赃入了狱，你姐姐被大理寺正卿秦丞相的兄弟花花太岁王胜仙诓了去，搁在合欢楼，要逼着成亲呢，还不定怎么样了！"

周堃一听，"哇呀"一声喊嚷，一甩手把两个蒲包抛起去。这蒲包点心正掉在一家院里，这家里老夫妇两个过日子，老婆说要吃大八件，老头说："你瞧家里连柴米都没有，你还想吃大八件细饽饽？那有钱给你买去？"正说着话，只听"叭哒"一声，由半空掉下一个蒲包来，捡进来打开一看，是大八件。老婆说："这是上天可怜我，天赐的点心。我这造化不小，大概还有几年福享。"老头说："这可真怪！"夫妻两个悦喜非常。那一蒲包土物，掉在另外一家院里：这家小两口过日子，男人没在家，这位大奶奶素常就不安分，常在门口倚门卖俏，勾引少年的男子。今天见捺进一个蒲包来，大奶奶一想："这必是隔壁二兄弟给我捺进来的，我说昨天他跟我眉来眼去呢，这准是他。"这位大奶奶胡思乱想起来。这是闲话休题。

单说铁头太岁周堃听说姐夫遭了官司，姐姐被人家诓了去，焉有不动怒之理？当时无名火往上一撞，如站在万丈高楼失脚，扬子江断缆崩舟一般，把蒲包一捺，撒腿就跑。进了钱塘关，要找花花太岁王胜仙的住家，见一个杀一个，见两个杀一双，刀刀斩尽，剑剑诛绝，把姐姐救回家来，方出胸中的恶恨。自己往前走着，两眼发赤，周堃忽然一想，自己叫着自己的名字："周堃周堃，你这不是糊涂了吗？天上无云，不能下雨，手中无刀，焉能杀人？自己并未带着兵刃，先得买口刀再去。"想罢往前走，见眼前一座刀铺，周堃迈步前去，说："掌柜的，有好刀没有？"掌柜的一瞧周堃两眼发赤，说："你买刀做什么？"周堃说："你卖刀做什么？"掌柜的说："我卖的是兵刃。"周堃说："我买的是兵刃。你给我拿纯钢打造的，刀越快越好，能一刀一个，杀人不费事的。"掌柜的说："没有。"周堃把眼一瞪，说："你敢说没有？我自己找着出来，先拿你开刀。"掌柜的吓得连忙说："有有有！大爷别着急，我给你找。"周堃说："快给我拿来，只要刀好，不怕花钱。"掌柜的赶紧到里面拿出一口纯钢刀来。周堃一看说："还有好的没有？"掌柜地说："这就是顶好的了，这个刀能斩钉削铁，再没有比这个好的了。"周堃一看，果然不错，问："掌柜的，要多少钱？"掌柜的说："要四两银子。"周堃并不驳价，由兜囊掏出几块散碎银子，交与掌柜的自己平，爱平多少平多少，掌柜的把银子收下。

周堃拿刀出来，自己一想："我也不知道花花太岁王胜仙恶霸在哪里住，我脸上带着气，打听人家，就许人家不告诉我。再说我拿着刀满街走，也不是样子。我自己先把刀暗带起来，定定神再问人。"自己找了个地方，微然定定神，天色已然黑了。周堃见有过路人，这才说："借光，大理寺正卿花花太岁王胜仙在哪里住？"这人说："由此一直往北，见路北有一座庙叫狼虎庙，由庙前一直往西，就是秦和坊，头一座大门是秦相府，往西走隔十几个门，由西数头一个大门，那处大的房子，那就是花花太岁王胜仙的住宅。"周堃打听明白，当时这才狂奔秦和坊，要杀王胜仙的满门家眷。不知后事如何，且看下回分解。

第一百七十二回　合欢楼姐弟同受困　凤山街师徒定奇谋

话说铁头太岁周堃问明白道路，顺着大街往北，果然见有一座狼虎庙。这才往西，到了西头一瞧，果然路北的大门门口有一乘大轿，多少马匹从人，门堂里点着大门灯，外面站着许多的官差，抬轿的轿夫。原本是京营殿帅陆炳文今天没走，给王胜仙贺喜。师生在客厅摆酒，开怀畅饮，王胜仙打算今天痛饮一醉，晚间好洞房花烛，跟美人成亲。周堃由外面来到大门洞里，家人问："找谁？"周堃说："可是花花太岁王胜仙在这里住？"家人说："你要反哪？这是王大人住宅。"周堃一听是王胜仙的家，拉出刀来，照家人就是一刀，人头滚落在地。家人一乱，周堃摆刀乱砍，往里就走，逢人就砍，遇人便杀，杀了有十数个人。周堃一想："这宅院子大了，不知道姐姐在哪里？救姐姐要紧。"想罢揪住一个家人，周堃一举刀说："我且问你，王胜仙骗来那个妇人周氏在哪里？你告诉我实话，我不杀你。"这家人吓得直哆嗦说："大太爷饶命！我告诉你，出西边角门。穿过一层院子，往北是花园子，有五间合欢楼，在那楼上呢。"

周堃听明白，把这个家人也杀了，一直狂奔西角门，穿过一层院子，果然来到了花园子。见正北有五间楼房，楼窗灯影郎朗，人影摇摇，周堃登楼梯上去一看，见姐姐周氏捆着二臂，有四个婆子还解劝呢。周堃一摆刀，"扑哧扑哧"把四个婆子杀了，说："姐姐跟我走。"过去把周氏绳扣解开。这时就听楼下一阵大乱，齐喊嚷："拿！别叫他跑了。"周氏一看说："兄弟你快把刀给我，我一抹脖子，你快逃命罢。"周堃说："姐姐不要寻死，我背着你走。"周氏说："你看外面人都围上了，你快设法走吧！我反正不能落到恶霸手里，你要不逃命，连你也饶上了。"周堃说："姐姐别死。"再一看楼下，人都满了，灯球火把，亮子油松，照耀如同白昼一般，各持刀枪棍棒。

原来周堃一进来，在门口一杀人，就有人报与王胜仙。王胜仙赶紧传话，叫家丁人等，看家的护院的拿人，尽他家里就有百余个家丁，大众各抄家伙，追到合欢楼，把楼就围了。周堃见楼上有一根顶门的杠子，他抄起来站在楼门一堵，说："哪个不怕死的上来！"众家人喊嚷，都不敢上楼。王胜仙同陆炳文也来到花园子，有众多人尾随保护着，王胜仙传话："谁要是把杀人凶手拿下来，赏银二百两。"人为财死，鸟为食亡，听这句话，有胆子大的就往头上冲，刚一上楼梯，上到三四层，就被周堃用棍点下来。再有人上去，被周堃一棍，把脑袋打碎了。内中有两个护院的，是亲兄弟，二人商量说："兄弟你上楼梯，我爬到栏杆，叫他首尾不能相顾。"周堃有主意，见一个爬栏杆奔楼窗，一个奔楼梯，周堃先把上楼梯的用棍打下去，这个刚爬到栏杆，周堃赶过去一棍，正打在天灵盖，给打下来了。一个个又都不敢上前了，周堃口中喊嚷："哪个敢来太岁头上动土？"大众家丁一听，齐声喊嚷："那个太岁爷厉害呀！"正在这般景况，外面喊声大振，来了无数的官兵。原来陆炳文早传下令去，调本衙门两员官，五百兵，知会城守营各官厅，陆步两营齐来拿贼。大众一聚会来了，真有几千官兵衙役，各掌灯球火把，长枪大刀，短剑阔斧，就把合欢楼四面围了个滴水不通。众人乱嚷拿，可都不敢前进，这个说："二哥你头里上呀！"那个说："我当这份差，每月挣豆子大的一点银子，卖命不干。你要贪功，你上楼呀！你瞧这位太岁爷，拿着明晃晃的刀，又是木杠子，谁不怕死，谁就往前进。"大众虽围着不往前上，周堃也是着急，下不来，不能把姐姐救走了。

正在危急之际，只听外面一声喊嚷："尔等让路，天王来也！"有一人身高九尺，蓝脸红胡子，手中一条铁棍，由官兵后面乱打，这些官人真是挨着的就死，碰着就亡，着了一下筋断骨头伤。官兵大众一乱，说："天王厉害呀！"众人往两旁一闪，这位天王打了一条血路，直奔合欢的楼梯而来，周堃一看这人脸上抹着蓝靛，挂着红胡子，周堃赶紧就问："什么人？"这人说："周贤弟，是我。"周堃听说话口音甚熟，又问："哪位？"天王说："且到里面再说。"

书中交代，来者这位天王，是怎么一段事情？原来周堃跟杨猛、陈孝分手之后，杨猛、陈孝无法，也不能拦周堃，二人一直狂奔灵隐寺而来。来到庙门首，陈孝一道"辛苦"，门头僧问："找谁？"杨猛陈孝说："济公可在庙里？"门头僧说："你二位找济颠呀？"陈孝说："是"。门头僧说："别提了，这个济颠可真恨！一早起来，他就走出去一天，晚上非关山门他才回来。我们打算把他关到外头，老不行。往山下瞧二里多地远，瞧不见他，我想这关山门他可赶不上了。刚一关门，焉想到他伸进一条腿来，说：'别关，还有我哩。'天天如此。也不知道怎么那么巧，哪时关门，那时他回来。今天你们二位来得巧了，由早晨他就没出去，在大雄宝殿拿狮子呢。你们二位瞧瞧去吧！"杨猛、陈孝二人立刻进了庙，来到大雄宝殿一瞧，果然济公在大雄宝殿拿狮子呢。杨猛、陈孝二人赶紧行礼，和尚说："你两人做什么来了？"杨猛陈孝二人说："师傅，应了你老人家的话了。"和尚说："应了我什么话了？"陈孝说："现在窦永衡打了官司了，他媳妇被花花太岁王胜仙诓了去，求师傅你老人家慈悲慈悲罢，设法救他才好！"和尚点了点头说："我救他，你二人附耳如此如此。你二人先走，咱们不见不散，准约会。"杨猛、陈孝点头答应，径自去了。

和尚穿上了僧袍，出了灵隐寺，一直往前走，进了钱塘关，走了不远，见对面来了一个人，身高九尺，面似乌金纸，环阔眉目，正是探囊取物赵斌。一见济公连忙上前行礼，说："师傅，一向可好？"和尚说："赵斌呀，今天你不用卖果子了，我烦你点事。"赵斌说："师傅有什么事，只管说。今天我正心里发烦，不爱做买卖呢。"和尚说："我这里有一封字柬，你拿着到凤山街，就是你头一天卖果子那家，他叫铁面天王郑雄。送去交到门房，他必有应酬你，你就在那里等我。"赵斌点头。济公写了一张柬字，交给赵斌，赵斌把果筐提起来，一直狂奔凤山街。来到郑雄门首，一道"辛苦"，家人一看，说："这不是那位卖果子的吗？你找谁呀？"赵斌道："我奉灵隐寺济公之命，来给郑爷送信。"家人说："你认识济公吗？"赵斌说："济公是我师傅。"家人一听说："呵！你贵姓呀？"赵斌说："我姓赵。"家人说："你是济公的徒弟，我们大爷也是济公的徒弟，你跟我们大爷还是师兄弟呢！你在这门房坐坐，我给你进去回禀。"

赵斌来到门房，家人把书信拿进去，郑雄正在书房跟牛盖说闲话呢。日前把牛盖带到家来，一问牛盖哪里人，他说是巡典州的人，问他姓什么，他说姓牛，叫什么，叫盖，郑雄问他别的话，他也说不清楚，郑雄倒很喜爱他，把牛盖留在家里坐着。早晚没事，教给牛盖人情世态，说话礼路，他就是太浑，也有明白的，也有不明白的。今天二人正在书房坐着，家人把书信拿进来，说："外面来了一个姓赵的，说是灵隐寺济公叫他来给送信。"把信呈上去，郑雄打开一看，心中明白，叫家人把赵斌让到厅房去，给他预备几样菜，灌一壶酒，就提济公说了，叫他在这里等着，至迟二更天，济公必来。便叫家人买一百钱蓝靛，再买一挂唱戏用的红胡子，交给赵斌，等济公来了，自有吩咐，又叫把铁棍拿出来给他。家人点头答应，出来说："赵爷，我们大爷说了，请你到厅房去坐着喝酒。济公有话，叫你在这里等候，至迟二更天，济公必来。"赵斌点头，这才到书房，家人擦抹桌案，把酒菜摆上，赵斌自斟自饮喝起来了。家人把蓝靛红胡子都买了，将郑雄的铁棍拿出来，交与赵斌。赵斌问："做什么？"家人说："等济公来了，他老人家自有吩咐。"赵斌就在郑雄家喝着酒。

少时天色掌灯，吃喝完了，天有初鼓以后，外面济公来了。只见他背着一个大包袱，赵斌说："师傅，背的什么？"和尚把包袱打开，众人一看，全都目瞪痴呆。不知包袱包的何等物件，且看下回分解。

第一百七十三回　改形象暗救贞节妇　施佛法火烧合欢楼

话说济公禅师来到郑雄家中，背着一个包袱，打开一看是五身衣裳。有青布缨翎帽，青布靠衫，皮挺带，薄底鹦脑窄腰快靴，连裤子腿带袜子全有，整整五份。赵斌一看，说："师傅，这衣裳帽子是哪来的？"和尚说："我偷来的。"书中交代，还是真偷来的，这话不假。原来仁和县有一位班头，姓焦，在钱塘关外住，家里就是一个妻子孙氏住着，独院独门，三间北房，一间茅楼。素常孙氏就不正经，常与人私通。焦头出去办案去了，仁和县衙门中散役，都常到焦头家里去，跟孙氏不清楚。今天焦头出去办案不在家，他们凑了五个人到焦头家里去，孙氏一见，说："众位兄弟哥哥来了。"大众说："来了。"这个打酒，那个买菜，众人喝起来了，乱说乱闹乱玩笑。喝完了酒，五个人说："焦大嫂子，我们都不走了。今天焦大哥不回来，咱们凑合一夜。"孙氏说："不走就不走，你们都住下吧。"这五个人都欢天喜地，也有点醉了，全把衣裳脱了，五个人赤身露体往炕上一躺。众人刚躺下来，就听外面叫门说："开门来。"孙氏一听，说："可了不得了，我男人回来了。"这五个人吓得三魂皆冒，说：

“这可怎么办？”孙氏说："你们快藏到茅房去吧。"这五个人顾不得穿衣裳，都藏到茅房去。孙氏赶紧把五人的衣服帽子靴子裤子带子捡到一处，用包袱包起来，那才出来开门。把门开开一瞧，并没有人，孙氏心中纳闷，找了半天真没有，复返回来。到屋里一瞧，五个人的衣服完全丢了，就忙把五个人由茅房叫出来说："我男人并没回家，你们的衣裳可都丢了。"这五人一听愣了，说："怎么办呀？"孙氏说："你们快走吧，要等天亮还怎么走？"五个人无法，跑了出来，溜着墙根走，怕碰见熟人。偏巧有过路人，打着灯笼，这五个人越溜墙根，人家越要照照，一瞧还是熟人呢，说："你们几位头儿，怎么光着身子？敢是输了？"五个人说："不是，我们洗澡去，刚脱了衣裳，澡堂子着了火，我们吓得跑出来了。"这人说："哪个澡堂子着了火，怎么没听见打锣呀？"这五个人说："许是把火救灭了。"用话遮盖过去，这五个人各归各家。这五个人好找便宜，这也是报应，衣裳原是被济公偷了去。和尚拿着五身衣服，来到郑雄家见了赵斌，叫赵斌拿着三身衣服，附耳如此这般这样这等。

赵斌把话记住了，用蓝靛抹了脸，挂上红胡子，拿着铁棍，一直狂奔泰和坊。来到王胜仙的门首，往里就闯，摆棍见人就打，口称天王来了，打了一条大路，来到合欢楼。上了楼，周堃问："谁？"赵斌说："我是探囊取物赵斌。"周堃原与赵斌也认识，说："赵大哥打哪来？"赵斌说："我奉灵隐寺济公之命，前来搭救你姐弟二人。我带来三身官人的衣裳靴帽，你同你姐姐都换上，我也换上。济公说了，见楼下旋风一起，你我就下楼逃走，这叫鱼目混珠。"周堃赶紧说："姐姐换上吧。"周氏这才把靴子穿上，用绳子扎好，套上青布靠衫，腰系皮挺带，戴上缨翎帽。周堃也换好了，赵斌也把胡子摘了，把壮士帽揣在怀内，换上官人这身衣服。刚才换好，就见楼下起了一阵旋风，刮的出手不见掌，对面不见人。周堃同周氏、赵斌趁此下楼，赵斌在头里，周氏在当中，周堃在后面，分着众人就往前走。大众官兵被风刮得睁不开眼，这三个人都是官人打扮，众人瞧见，也不介意。本来官人太多了，各衙门的全有，谁能准认得谁？再说刮风刮的也顾不得睁眼。三个人闯出重关，不敢奔前面走，奔后面花园子角门，把门开开，出了角门。周堃说："哎呀，两世为人了！"

这句话尚未说完，只见对面来了两个人，都是缨翎帽，青布靠衫，腰系皮挺带，薄底窄腰鹦脑快靴。这两个人用手一指，说："惊弓之鸟，漏网之鱼，往哪里逃走？"周堃赵斌一看，说话这两位非是别人，正是杨猛、陈孝。书中交代，和尚在郑雄家打发赵斌走后，和尚出去找着杨猛、陈孝，把两身官人的衣裳给了杨猛、陈孝，叫他们换好了，一同来到王胜仙的后花园子角门，等候周堃周氏、赵斌。嘱咐杨猛、陈孝几句话，和尚先进了后花园子，施展佛法，起了一阵怪风，周堃同周氏、赵斌才混出来。杨猛、陈孝一瞧是周堃，赶紧过来说："周贤弟，多有受惊了！济公叫我二人在此等候，叫赵贤弟回家，不必管了。周贤弟先同你姐姐到我家去，济公说了，明天必搭救你姐丈窦永衡。"周堃点头，同周氏跟杨猛、陈孝走了，赵斌自己回了家，这话不表。

单说和尚来到里面花园子一施展佛法，这些官兵这个说那个："你为什么打我？"那个说："我这只手拿着火把，这只手拿着灯笼，我怎打你了？"那边就说："你为什么拧我？"那个说："你为什么掐我？"大众一乱，这个跟那个揪起来了，那个跟这个打起来了，这个把火把捺了，那个把灯笼捺了。灯笼捺在楼上，一着凡火，勾引神火，展眼之际，把合欢楼着了烈焰腾空。真是：

南方本是离火，今朝降在人间。无情猛烈性炎炎，大厦宫室难占。滚滚红光照地，呼呼地动天翻。犹如平地焰山，立刻人人忙乱。

王胜仙一瞧火起来了，急得直跺脚，疑惑把太岁、天王、美人都烧死楼内。太岁、天王烧死倒不要紧，心疼把美人也烧死了，连忙吩咐人救火。大众怎么用水浇也不灭，展眼之际，把一座合欢楼烧了个冰消瓦解。天光也亮了，火也烧完了，王胜仙心中自是丧气，许多家人被太岁杀了，也有被天王打死。这件事，又不敢告诉秦丞相，怕秦丞相究起底里根由，反倒抱怨他。王胜仙无奈，死一个给五十两银子办白事，叫各家的尸亲把尸领回去，这叫乐没乐成，反闹了个天翻地覆，他也该当遭这样的恶报。

和尚早就走了，天刚一出太阳，济公来到京营殿帅衙门门口。衙门对过有一座小酒铺，刚挑开火，有几位喝酒的都是做小买卖的，一早出来赶市，也有卖菜的，也有这卖要货的,都到酒铺来喝酒。和尚掀帘子进去,内中有认识的,说:"济公这么早,打哪来呀?"那个说:"圣僧,这边喝酒。"和尚说:"众位别让,我和尚今天心里腻,我等着见刑廷大人,非得打官司不可。"众人说:"济公你老人家一个出家人,跟谁打官司呀?"和尚说:"别提了,昨天我们庙里应了一家佛事,应得是七个人接三。偏巧我们庙里和尚好忙,不够七位,去五位还短一个。这四位和尚好容易找了一个秃子,凑着去了。接完了三,本家说:'我们有一锅煮饭,给和尚吃饭,可得饶一台焰口。'本来我们这几个和尚都是饿疯了,一想既给烫饭吃,就饶一台焰口,也不算什么。焉想到把焰口放完了,本家就挑了眼了,他说:'正座嗓子不好。'不肯给钱。三说两说说翻了,打起来。人家本家人多,把我们那四个和尚都给打了,就是没打了我。"众人说:"济师傅,你打了人家了?"和尚说:"没有,我跑出来了。要不跑出来,也就叫人家打了。我非得告他,念完了经,打和尚,那可不行。"众人说:"济公,把气消消,这也不要紧事,不必见刑廷大人,官司不是好打的。"说着话,过来一个人说:"圣僧,慈悲慈悲,我有个舅舅,寒腿痛的下不了炕,求你老人家给点药。"又一个说:"我拜兄弟的母亲,痰喘咳嗽,老病复发,求师傅慈悲慈悲,赏些药吧!"和尚说:"今天我一概不应酬,过了今天,哪天都行,今天我心里烦得了不得了,非得等着见刑廷。"

正说着话,就听外面轰赶闲人,说:"闲人散开,刑廷大人回来了!"本来刑廷大人出来威严大了,头里鞭牌锁棍刽子手,前呼后拥一大片。众人看热闹,只是刑廷大人坐着轿子刚到,和尚一声喊嚷:"冤哪!"过去一把揪住轿子,和尚一使劲,就听"咯嚓"一声,轿杆断了。不知该当如何,且看下回分解。

第一百七十四回　见刑廷法术惊奸党　请济公神方买良心

话说济公禅师一声喊嚷"冤枉",过去一伸手,把轿杆揪住。"咯嚓"一响,轿杆就断了。轿子往前一栽,刑廷陆大人几乎摔出来。他在轿内往前一冲,把二品纱帽掉下来。偏巧一滚,滚到撒尿子窝里,轿子也不能坐了,纱帽也不能戴了。陆炳文勃然大怒,吩咐把和尚锁上,自己赌气,走进衙门去。官人把和尚锁上,带着来到班房。官人说:"和尚你好大胆子,竟敢把刑廷大人的轿子按断了?回头你有过乐了。"和尚说:"我也不知道,怎么股子劲,就把大人弄出来了。"官人对和尚说:"你回头见了大人,也这样说,可别改。"和尚说:"那是自然。"

正说着话,就听梆点齐发,大人升堂。陆炳文这个气大了,到衙门换上帽子,立刻传伺候升堂,吩咐带和尚。官人立刻把和尚带上来,陆炳文原打算和尚一上来,不容分说,拉下去重重责打,方出胸中的恶气。哪知和尚一上来,陆炳文尚未说话,旁边过来一个家人,在陆炳文耳边说:"大人,这个和尚可打不得的,乃是灵隐寺的济公。他是秦丞相的替身,大人要打他,岂不是羞辱秦丞相吗?"陆炳文一听,心说:"怪不得他这样放荡不羁,敢情是我师伯的替身,怎可打下的?"自己无奈,把气压下去:"和尚,你是个出家人,做事不可这样粗鲁呀!就是有什么冤枉之事,也可以慢慢说呀!"和尚回说:"我也不是故意的,请大人不必动怒。"陆炳文刚要下台,就说道:"既是你不是存心,我念你是出家人,不怪罪你,你下去罢。往后须要安分。"也就算完了。焉想到和尚偏不这么说,和尚说:"我和尚实在冤枉!昨天晚上,我们庙里应了一件佛事,是七个人接三,庙里忙,和尚不够了,剩下四个和尚,添上一个秃子,共去了五个人。接完了三,本家给烫饭吃,叫饶一台焰口,我们和尚本都饿疯了,就吃了烫饭,给饶了一台焰口。焉想到念完了经,本家说'正座嗓子不好。'不给钱,还把我们和尚打了。我来一喊冤,也不知怎么一股子劲使猛了,把大人给弄出来。"

陆炳文一听和尚说的太不像话了,当着这许多的官人,若再不打和尚,太下不去了。陆炳文一想:"我先打了他再说,若秦相问我,我再到秦相跟前去请罪,就说我不知道是秦相地替僧，大概也不致为和尚把我丢官罢职。"想罢，一拍惊堂木说："僧人，你好大胆量，满口胡说，搅扰官署重地，拉下去给我重打四十板！"掌刑地答应："是。"翻过来一拉和尚道："走。"和尚大声说："我要挨打了。"官人说："你嚷什么！"和尚说："我要嚷。"官人把和尚拉下堂去，按倒就地，一个骑着和尚的脖子，一个按着腿，掌刑的刚把板子拿过来要打，忽然大堂以前起了一阵怪风，刮的人人都不能睁眼，按人的也不能睁眼，掌刑的也睁不开眼。

正刮着风，陆炳文在堂上坐着，好好的忽然肚中鼓起来，鼓的有犬皮鼓相似，自己两只手够不着肚脐。陆炳文心里一迷，连说："别打。"官人自然就不能打了。陆炳文自己用手就掀胡子，展眼三绺胡子揪下两绺来，从人说："大人这是怎么的了？"赶紧把陆炳文搭在内宅去，有官人暂把和尚看押起来。陆炳文来到内宅，夫人少爷小姐一瞧，都急了，说："大人这是怎么的了？方才好好的，片刻的工夫，肚子会胀这么大？你们快给请医生去吧。"家人慌慌张张出来，就把隔壁卖药的先生姓王请来了，这位王先生叫作三元会。怎么叫三元会？只因他给治好了三个人，一个牙疼，一个长大疮，一个长痔疮，三个人都是他治好了后，三个人给他挂了一块匾，写的是"三元会"，故此众人都叫他三元会。这位王先生，本来少读王叔和，未念《药性赋》，不懂得切脉，什么叫浮沉迟数，用药哪叫热寒温凉，何为五脏六腑，哪论阴阳五行，一概素常就是糊饭吃。

今天把他请到内宅，陆炳文在帐子里伸出手来诊脉，夫人小姐婆子丫鬟都在屋中围侍，得病不避医家。王先生听说肚子大，他错疑是姨奶奶分娩急。本来陆炳文的手十指尖尖，王先生把医家的规矩都忘了，一进门应该望闻问切，他也不问是谁，伸手一诊脉，装模作样半天，王先生说："不要紧，这是要生产，你们快去请接生婆吧。"夫人一听，说："快把他赶出去。"王先生还说："我说是喜，夫人不信？"夫人说："这是我们大人。"王先生一听，没的说了，被家人把他赶出去了。夫人说："你们这些奴才，没有能办事的，请这样的狗先生。快出去请名医去！"家人说："临安城就有两家名医，一位赛叔和李怀春，一位指下活人汤万方。"夫人、少爷说："不拘把哪位请来都行。"家人复又去了。

少时把赛叔和李怀春请到。他给刑廷诊脉，说："大人这个肚子可奇了，我看六脉平和，内里十二经并没有病，这个肚子我瞧不了。"夫人说："先生瞧不了，谁还能瞧的了呢？望先生指示。"李怀春说："我看不了，汤万方也看不了，就有一个人可能治，手到病除。"夫人说："谁呀？"李怀春说："灵隐寺济公长老。前者我在秦相府看病，二公子秦桓得着大头瘟，我也瞧着脉理没病，就是济公治好了。非请他老人家来，别人治不了。"家人在旁边言道："灵隐寺济颠僧，在我们衙门班房锁着呢。"李怀春说："原来如是，快去请他。"夫人问："为什么锁着？"家人就把方才之故一说，夫人说："你们快把和尚请来，只要把大人的病治好，我的主意把他放了。"家人跑出来，到了班房，本来这个家人也不会说话，说："和尚，我们夫人叫你进去呢。"和尚说："你们夫人叫我，我怕落口舌，言言语语不好听。"家人说："和尚别胡说！我们夫人叫你进去，是给大人治病！"和尚说："治病呀，你告诉你们夫人，说我和尚刷了。"家人一听，说："好和尚，你真找着要打？我就照你这话回去。"家人来到里面说："回禀夫人，和尚不来，他说刷了。"夫人一听不懂这句话，说："什么叫刷了？"李怀春说："夫人可以派少爷亲身去请，见了和尚说几句谦辞话，和尚就来了。"夫人说："好，少爷你同家人请去。"少爷答应，连忙同家人来到外面，说："圣僧，你老人家慈悲慈悲吧，我父亲得了大肚子，求圣僧给治吧！"和尚说："既是少爷你来请我，和尚就去给瞧瞧，可不定治得好治不好。"和尚这才往里走，少爷先叫人把和尚的铁链撤去。

话说这位少爷倒很恭敬，本不是陆炳文的亲儿子，是抱来的。他家里是大杂伴，他这位夫人当初本是勾栏院的妓女，陆炳文原系四川人，带着三万银子来京乡试，他就在勾栏院一嫖，认识这个妓女，名叫翠红。陆炳文也没乡试，把三万银子都花到翠红的身上，后来只落得分文皆无，连盘费都没有，也不能回家了。倒亏着翠红一番恻隐之心，看陆炳文实不得了局，翠红就把陆炳文留在勾栏院，在门房管管帐，买买东西。后来翠红手里，存了到有两万多银子，自己一想："将来青春一过，又该如何?"看陆炳文倒是饱学,她跟老鸨儿一商量,要跟陆炳文从良。出来就花钱给陆炳文捐了一个小武职官,得了实缺,居然翠红是个官太太,老鸨儿就是岳母老太太。买了一个姑娘,就是小姐,抱了一个孩儿,就是公子少爷。后来陆炳文拜了王胜仙做老师,官运也好,又有人情,未到十年,就做了刑廷,翠红就是夫人了。今天少爷把济公请进来,李怀春赶紧站起来说:"圣僧,你老人家来了!"和尚说:"李怀春,你尽给我和尚找事。"李怀春说:"这病非师傅治,别人治不了。"和尚哈哈大笑,立刻要施佛法度脱陆炳文,施展神通搭救窦永衡。且看下回分解。

第一百七十五回　秉良心公堂释好汉
访故友夫妻得团圆

　　话说济公禅师来到里面给陆炳文一看,夫人少爷小姐都说:"圣僧,你慈悲慈悲吧!"和尚说:"我看大人这病,我说出来,你们准都不信。"夫人说:"圣僧说罢,焉有不信之理?"和尚说:"大人这肚子是胎。"夫人一听一愣,心说:"怪不得方才那个先生说是胎,这和尚也说是胎。"连忙问道:"圣僧,你看是胎怎么办呢?"和尚说:"这可跟旁胎不同,大人这是一肚子阴阳鬼胎,非得把胎打下来才能好。我和尚开个药方,到李怀春的药铺去取药去。"李怀春说:"好,师傅开吧。"立刻家人拿过笔来,和尚背着人写好封上,交与家人,大人也不知和尚开的什么药。家人拿着去了。
　　到了李怀春药铺,把字柬交到柜上,家人说:"你们先生在我们大人衙门坐着,这是灵隐寺济公开的方子,叫我来取药。"药铺伙计打开一看,上面写的是"天理良心一个,要整的,公道全分"。药铺一看,说:"管家,你把药方拿回去吧,我们药铺没良心。"管家说:"你们药铺没有良心?"伙计说:"不但我们没良心,是药铺都没良心。"管家无法,回来到里面说:"回禀夫人,药没配来。"李怀春说:"怎么?我那药铺是药皆有,怎么会没配来呢?"家人说:"你们药铺没良心。"李怀春说:"为什么我们药铺没良心?"管家说:"他说是药铺都没有良心,没有这味药。"陆炳文说:"这药方拿来我看看。"家人把方子递给陆炳文,一看是:"天理良心一个,要整的,公道全分。"陆炳文一想,说:"这药不用费钱,自己就有良心。"和尚说:"你只要有良心,就好的了。"陆炳文说:"传,伺候升堂。"家人说:"大人这个样子,升得了堂吗?"陆炳文说:"升堂,升堂!我做得亏心事,我知道非升堂好不了。"他刚一说升堂,肚子就往回抽。李怀春说:"大人升堂办公,医生要告辞了,我还要到别处去看病。"说罢径自去了。
　　且说陆炳文立刻命家人搀着,升坐大堂,给和尚搬了一个座,就在旁边坐下。陆炳文吩咐拿着监牌,提王龙、王虎、窦永衡,手下原办马雄答应,立刻到监里把王龙、王虎、窦永衡提上堂来。三个人在堂下一跪,陆炳文说:"王龙、王虎在白沙岗抢劫饷银,杀死解饷职官,有窦永衡没有?你两个人可要说公道良心话。"王龙、王虎一想:"前者已然都画了供,大人这又问,久状不离原词,我二人改不得口。"想罢,说:"大人,有窦永衡。"陆炳文勃然大怒,一拍惊堂木说:"你这两个人混账!拉下去给我重打每人四十大板!"掌刑地答应,立刻把王龙、王虎拉下去。打完了,陆炳文又问:"王龙、王虎,你两个人说实话,到底有窦永衡没有?"王龙、王虎一想:"这必是窦永衡的人情到了,大人要拷打我二人,倒别改嘴,一口咬定。大概要把窦永衡办了,我二人许把性命保住。"想罢说:"实有窦永衡。"陆炳文说:"你这两个东西实找打,再给我每人重打四十!"立刻又打,打完了又问。王龙、王虎一想:"这可真怪,前者我二人拉窦永衡之时,倒没打,这是怎么缘故呢?"二人还不改口。陆炳文又吩咐打。把两人连打了三次,打得皮开肉绽,鲜血直流。陆炳文说:"你两个要不说良心话,我生生把你两个打死。到底有窦永衡没有?"王龙、王虎一想:"这个刑受不了啦!再说有,还是打。"二人无法,说:"回禀大人,没有窦永衡。"陆炳文说:"这不错了。人说话要良心,本部院有良心。我知道窦永衡是好人,你两个人仇攀,是没有窦永衡。"吩咐:"来呀!把窦永衡的锁镣砸了,我将他当堂开放。"

旁边众官人一瞧，大人这是无故疯了，书办赶紧过来说："回禀大人，窦永衡在白沙岗打劫饷银，杀死解饷职官，情同叛逆。再说大人已然都定了案，奏明皇上，大概这个案必是立决，不久就有旨意下来。大人这里把窦永衡放了，那如何使得？"陆炳文说："你休要多说，我有良心。皇上他没我大。大凡'现官不如现管'，我要放窦永衡，皇上他管不了我！"书办一听，这更不像话了，说："大人要放窦永衡，书办了不了，大人先把书办革了倒好。"陆炳文说："革你不费事，来！贴革条，先把他革了。"立刻写了革条贴上。原办马雄也过来给刑廷磕头说："回禀大人，窦永衡放不得的。"陆炳文说："怎么？"马雄说："大人请想，窦永衡谋反大逆，已画了供，大人给秦丞相行了文书，秦丞相已然知道。大人再把他放了，秦丞相再要问这案，大人怎么办？"陆炳文说："你放屁！秦丞相他管不了我的事。他做他的丞相，我做刑廷，他管不着我，我有良心，窦永衡是好人。"马雄说："大人要放窦永衡，先把下役革罢。"陆炳文说："革你不费事，来！贴革条，把马雄给我革了。"手下众官人，一个个吓得往后倒退，谁一拦就革谁，众人都不敢言语了。陆炳文吩咐："来人，把窦永衡手铐脚镣砸开了！"手下官人立时把窦永衡的大三件摘了。陆炳文说："窦永衡，本部院知道你是被屈含冤，你是个好人，我将你当堂开放。"

窦永衡心中纳闷，心说："这是怎么一段情节？"抬头一看，济公在旁边坐着呢。窦永衡倒瞧着发愣，和尚说："混蛋，你还不快走！等他明白过来，再叫人把你锁上呢！"窦永衡这才明白，赶紧往外走。来到衙门门首，就听门口众官人大家纷纷议论，这个说："咱们大人无故放窦永衡，这事可新鲜！"那个说："你听信吧，早晚他这个刑廷决做不长了。"窦永衡一出衙门，只见对面两个骑马的，都是长随路打扮，来到刑廷衙门门口，翻身下马。来者这两位骑马的，非是别人，乃是秦丞相两位管家大人秦安、秦顺。皆因陆炳文把济公锁了，街上全都吵嚷动了，传到秦相府。秦相府的家人，都感念济公的好处，前者济公初入秦相府之时，是家人每月多增三钱银工钱，是济公出的主意。今天听说刑廷把灵隐寺济公锁了去，有人回禀了四位管家大人，大管家秦安一听，说："好一个胆大陆炳文，竟敢把相爷的替僧锁了去，这分明是羞辱丞相爷的脸面！"立刻进去一回禀丞相，相爷一听，大大不悦，叫家人："拿我的片子，赶紧到刑廷的衙门，就说我请济公即刻就来。"管家秦安、秦顺拿着相爷片子，故此忙奔刑廷衙门来。

不言讲二位管家请济公，单说窦永衡出了龙潭虎穴，自己有心回家吧，又不敢回去，遭这样官司，不晓得家里抄了没抄。自己一想："先到杨猛、陈孝家去打听打听，再作道理。"想罢，这才来到杨猛、陈孝门首。一打门，杨猛、陈孝正同周堃在里面一处谈话，听外面打门，陈孝出来开门，一看是窦永衡，陈孝倒一愣，说："窦永衡你怎么会回来了？"窦永衡说："陆炳文当堂把我放了，到里面我细对兄长说。"陈孝说："你来好了，你妻子也在这里，你内弟周堃也在这里，你进来吧！"窦永衡同着陈孝来到里面，周堃一见说："姐丈，你怎么会回来了？官司怎么样了？"杨猛一瞧也乐了，大众彼此行礼。窦永衡就把方才陆炳文当堂开放，怎么革书办官人，济公在堂上坐着，这话从头至尾细述一遍，杨猛、陈孝、周堃三个人方才明白。窦永衡就问周堃："你打哪里来？"杨猛、陈孝说："窦贤弟，你还不知道，你的官司被人家买盗攀赃入了狱，你妻子被花花太岁王胜仙诓了去，搁在合欢楼。"杨猛、陈孝就把以往从前怎么找济公，怎么周堃到王胜仙家里杀人，济公怎么施佛法把众人救出来，火烧合欢楼之事，如此如此一说。窦永衡一听，吓得毛骨悚然，说："原来有这些事，令人可怕！"陈孝说："这件事要没有济公，可就了不得了。窦贤弟你今天既来了，咱们是合家欢乐，我预备点酒菜，痛饮一番。今天听听信，明天你们哥俩带领弟妹好逃走，临安是住不得了。杨贤弟，你陪着窦贤弟、周堃弟说话，我去买菜去。"说着话，陈孝出去买菜。工夫不大，见陈孝回来了，什么菜也没买来，脸上颜色更变。众人问："怎样陈兄长没买菜来？"陈孝说："了不得了，京营殿帅传下令事，水旱十三门紧闭，各街巷口扎住官兵，按户搜拿窦永衡。"众人一听，唬的神魂皆冒。不知后事如何，且看下回分解。

第一百七十六回
陆刑廷下令捉强盗
美髯公闻信挡官兵

话说美髯公陈孝出去买菜，见街市上都乱了。听说京营殿帅下了令，水旱十三门紧闭，按户搜拿越狱脱逃江洋大盗黑面熊窦永衡。书中交代，怎么一段事呢？原本刑廷陆炳文把窦永衡放走之后，秦相府派管家把济公也请了走了，陆炳文就问手下人："王龙、王虎在这跪着做什么？谁叫他们出来的？"手下人说："大人不是把书吏革了？把马雄也革了？把窦永衡放了吗？"陆炳文说："谁把窦永衡放的？"手下人说："大人叫放的，莫不是大人方才的事忘了吗？"陆炳文一想，真仿佛心里一糊涂，如做梦一般，渺渺茫茫，有点记得，自己唬的惊惶无措。窦永衡已然定了案，奏明圣上，这如何放的？立时吩咐赶紧传我的令，水旱十三门紧闭，知照各地面官厅把守，左右两家搜一家，官至三品以下，勿论什么人家按户搜查。叫他们不能说他放走窦永衡，只说拿越狱脱逃的大盗窦永衡。如有人隐匿不报，知情不举，罪加一等；如有人将窦永衡献出来，赏白银一千两。这一道令下来，水旱十三门就闭了，街市上全乱了，各该管地面的老爷，带官兵各查各段。

陈孝听见这个信，菜也顾不得买了，跑回家来。一见杨猛、周堃、窦永衡，就把这件事一说，窦永衡一听，叹了一声，说："二位兄长不必吃惊，我窦永衡情屈命不屈，别连累你们二位。我由后面跳墙出去，到刑廷衙门报案打官司。二位兄长设法，把我内弟同敝贱内将他们送了走，叫他们逃命就是了，二位兄长就不必管我了。"陈孝说："那如何使得？"杨猛说："我倒有主意。"陈孝说："你有什么主意？"杨猛说："我同周堃每人拿一把刀，到花花太岁王胜仙家里见一个杀一个，见两个杀一双。你同窦贤弟二人，狂奔刑廷衙门，刀刀斩尽，剑剑诛绝，把狗娘养的杀一个鸡犬不留，咱们大反临安城。杀完了，闯出临安城，远远地找一座山，去当山大王，扯起旗来，招军买马，聚草囤粮，官兵要来了，咱们也不怕，省得受这些狗官的气。"陈孝说："你别胡嘴乱说，就凭我们四人就要造反，那如何能行？你先别乱出主意，咱们看事做事。"

正说着话，只听外面一乱，有人打门。杨猛说："你瞧，搜来了，我先把他开刀。"陈孝说："你别莽撞，待我出去跟他说。能用话把他们支走了更好，实在不行，那可讲不了。"说着话，陈孝赶紧来到外面。一开门，见门外站定了无数的官兵。有两位本地面的老爷，一位姓黄，一位姓陈，都是将巾折袖，鸾带扎腰，箭袖袍，薄底官靴，肋下佩刀。陈孝一看，两位都是熟人。陈孝故作不知说："二位大老爷来此何干？"黄老爷说："陈孝，咱们彼此都是老街旧邻，其实素常我们也知道你是安分度日的人。今天我们奉京营殿帅的令，按户搜查越狱脱逃的大盗窦永衡，这公事，没

偏没向，不得不如此。你闪开，我们到里头瞧瞧罢。"这是跟陈孝有个认识，透着还有面子，要是到别人家，没有这些话，带人就往里闯，叫搜也得搜，不叫搜也得搜。陈孝一听这话，说："二位老爷且等等进去，我有句话说。其实我在这地方住了，也不是住了一天半天了，素常我也没结交过匪类，也没有乱招的朋友到我家来，大概你们老爷们也有个耳闻。今天我倒不是不叫你们众位进去搜，我这家里住着亲戚呢，我有两侄女，一个外甥女，在这住着，都是十八九岁，未出闺门的大姑娘。二位老爷带着官兵进去，叫我这几个亲戚姑娘抛头露面的，多有些不便。二位老爷既是跟我陈孝有个面子，二位先带人到别处查去，少时我把几个姑娘送走了，你们再来查。"二位老爷一听，说："那可不行，这是官事，莫非你敢抗令不遵吗？"陈孝说："我也不敢抗令不遵，二位老爷多照顾吧，谁叫我家里赶上不便当呢。"二位老爷说："陈孝，你家里隐藏着窦永衡呢？"陈孝说："没有。"黄老爷说："既是你家没有窦永衡，就有几位姑娘也不要紧，我们到里头瞧瞧，这有何妨呢？"说着话，就要推开陈孝往里走。此时杨猛早拿着刀，在二门里听着，心说："那个球囊的一进来，我先拿他开刀。"

正在这番景况，陈孝正跟二位老爷狡辩之际，见由对面来了三乘小轿，有一个人骑着一匹马，来到陈孝门首，翻身下马。这人说："陈爷，我们来接你侄女外甥女来。"陈孝一听一愣，心里说："我说住着侄女外甥女，是信口开河撒谎，怎么真有人来接人？"看这人是长随路的打扮，并不认识。他也真是随机应变，当时说："二位老爷，你瞧我不是说瞎话，是我家里有亲戚住着不是？人家来接了。二位老爷先候一候，等我侄女他们上了轿子走了，你们再搜，这可以行了。"黄老爷、陈老爷说："就是罢。"陈孝同着这人，带着三乘小轿子来到里面。陈孝说："尊驾是哪来的？"这人说："我是凤山街铁面天王郑雄郑爷教来接窦永衡。我这带来一封信，你看。"掏出来陈孝一看信，是济公的信，陈孝这才明白，赶紧叫窦永衡、周堃、周氏三个人上轿，把轿帘扣好，这人带着就走。轿子走后，陈孝说："黄老爷、陈老爷，你们二位带人进来搜吧。"二位老爷才带些人进去搜查。那还搜谁，自然是没有了。

黄老爷一想这个事，自己忖度了半天。这二位老爷也都是精明干练，在外面久惯办案，一见这三乘轿子来得诧异，先见陈孝不叫搜，说话言语支吾，脸上变颜变色的。这三乘轿子抬走了，见陈孝颜色也转过来了，说话也透着理直气壮了。二位老爷一想，这三乘轿子之内定有缘故，即派官人赶紧跟在后面跟着，看这三乘轿子抬到谁家去，给本地面官送信，勿论查过去没查过去，赶紧着人搜拿。官人答应遵令，在后面跟着。这三乘轿子抬到凤山街，进了一座路北的大门。官人一看，是铁面天王郑大官人家。官人立刻到凤山街地面官厅一报，这本地面两位老爷，一位姓白，一位姓杨，官人一回禀，道："我们黄老爷、陈老爷，派我跟下来，有三乘轿子由东街杨猛、陈孝家抬来，抬到这凤山街郑大官人家去。我们老爷说，轿子里有情弊，叫我给老爷送信，赶紧去查去。"

白老爷、杨老爷一听，立刻带本汛官兵，来到郑雄门首，一道辛苦说："我们奉京营殿帅之令，按户搜查越狱脱逃大盗窦永衡，烦劳众位管家到里面回禀一声，我们要进行搜查。"家人郑福进去回禀。郑雄原本前者有济公给他的信，叫他今天遣三乘轿子，到杨猛、陈孝家去接窦永衡夫妇和周堃，刚把三个人抬了来，家人进来回禀，说："本地面官带兵搜来了。"郑雄一听愣了，说："可怎么好？"心里说："济公既叫我把窦永衡接来，这要由我家搜了去，我落个窝主，这场官司我可打不了。"自己吓得半响无语。窦永衡说："郑大官人不必着急，我是命该如此，别连累你老人家。我跳后墙出去，投案打官司就是了。"郑雄说："如何使得？济公叫我把你们救来，我又焉能把你送进牢笼？"家人郑福说："奴才倒有主意，官人仍叫他们三位上轿子，官人骑上马带着走，作为携眷出城去，就好办了。"郑雄一想，言之有理，立刻叫人备马，把轿子抬进来，复又叫周堃、周氏、窦永衡上轿子。郑雄带着轿子，出来就上马。白老爷、杨老爷问："郑大官人上哪去？"郑雄说："带家眷上坟。"说着话，郑雄催马同轿子就走。家人再叫白老爷到里面搜，那不是白搜吗？白、杨二位老爷更有主意，一看这三乘轿子刚到郑雄家去，刚要来搜，复又把轿子抬出来说上坟，显得更有情弊。立刻派官人跟着，看出哪门，给门汛老爷送信，务要搜轿子，别放他出城。见郑雄带着轿子狂奔艮山门而来,焉想到来到艮山门,门汛四位老爷带官兵拦住要搜。大概轿子想要出城,势比登天还难。不知后事如何,且看下回分解。

第一百七十七回　佛法点化救英雄　途中难逃逢山寇

话说铁面天王郑雄,带着三乘轿子,狂奔艮山门而来,心中甚是提心吊胆。刚来到艮山门,一看城门关着,门汛官厅四位老爷由里面出来。这四位老爷,一位姓王,一位姓马,一位姓魏,一位姓赵,这四位老爷原本都跟郑雄认识。本来郑雄这个人,素常最好交友,眼皮是宽的,上至公候,下至庶民,跟他认识的人甚多。今日四位该班老爷一看说:"原来是郑爷,轿子里是什么人,上哪去?"郑雄说:"轿子里是我的内眷,今天是祭祀日子,我要出城去上坟。烦劳众位老爷开开城,我要出城。"四位老爷一听,说:"郑爷,今日可不比往日,平常也不关城,任凭来往人出入。今天有京营殿帅府的令,水旱十三门紧闭,查拿越狱脱逃的大盗窦永衡。此事关系重大,你轿子要出城,我们得掀轿帘门瞧瞧。其实咱们素常有交情,这个事公事公办。"郑雄一听,说:"众位老爷这话不对,我姓郑的,大概你们众位也知道。我平素也不与匪类人来往,我这轿子还能隐藏奸细吗?这轿子里都是小男妇女,众位要瞧,在大街上多有不便。"众老爷说:"郑爷你是明白人,我们是办的公事,这个郑重,我们担不了。你要出城,不叫瞧,我们把你放出去,回头再有人,我们怎么办?叫你出去,不叫别人出去,岂不是有了偏向吗?"郑雄说:"既是你们众位不瞧不叫出去,我回家不去了。"

四位老爷正与郑雄这里狡辩,焉想到有凤山街的官人赶到说:"我们白老爷叫给众位老爷送信,这三乘轿子可别放出城去。缘由东街杨猛、陈孝家搭出来,搭到郑雄家,我们老爷要查,郑雄又带着搭出来,其中定有缘故。"四位老爷一听这话,说:"郑雄你叫瞧,我们也得瞧,不叫瞧,我们也得瞧。"郑雄说:"我不能叫年轻的妇女在街上抛头露面的,我不去了,我回去就是了。"众位老爷说:"你回去,我们也得瞧。"郑雄说:"你们众位,这就不对了。我出城,你们要瞧瞧,怕带出奸细。我回去,怎么你们还要瞧呢?"众位老爷说:"郑雄,你这三乘轿子里是谁?"原本头一乘轿子是周堃,第二是窦永衡,第三是周氏。郑雄说:"头一顶轿子是我敝贱内,第二顶轿子是我侄女,第三是我外甥女,都是年轻的少妇姑娘。"众老爷说:"有窦永衡没有?"郑雄说:"我也不认识窦永衡,哪里来的窦永衡呢?"众老爷说:"既是没有窦永衡,我们瞧瞧也无妨。"郑雄说:"你们也太不讲理,真是倚官仗势。"

正说着话,只见由那边"梯他梯他",济公来了。原本和尚由京营殿帅府大堂上,被秦相府的管家请到秦相府去。秦相一见,连忙让座说:"圣僧因为什么,刑廷陆炳文敢把你老人家锁去?"和尚说:"相爷问我和尚,原本有点不白之冤。昨天我们庙里应了一个接三,本家一锅冷饭,叫饶一台焰口。五个和尚念完了经,本家不给钱,说正座嗓子不好,还要打和尚,把我们那四个和尚都打了,就是没打我。我要见刑廷告他,焉想到刑廷不讲理,把我锁去了。及到了大堂上,陆大人他疯了,他把大盗黑面熊窦永衡给放了。"秦相一听,说:"窦永衡白沙岗断劫饷银,杀死解饷职官,情同叛逆,我已然奏明圣上,呈请勾到,怎么他又给放了?"和尚说:"他现在已给放了,大人不信,你派人打听去。"秦相说:"好。即是他给放了,我看圣上旨议下来,他怎么办?他真要把这案放了,那可是找着被参。暂且不便管他,圣僧,在我这里吃酒罢。"和尚说:"也好。"秦相立刻派人擦抹桌案,把酒摆上。和尚喝了两三杯酒,站起来要告辞。秦相说:"圣僧忙什么,喝完了再走。"和尚说:"我去瞧热闹去。现在刑廷他把窦永衡放了,他又派人传令,水旱十三门紧闭,按户搜查大盗窦永衡。"秦相说:"这事可新鲜。"和尚说:"他要自己倒乱说着话。"

和尚告辞,出了秦相府,一直来到艮山门。郑雄正跟门汛老爷在这里狡辩,怕人家搜轿子,见济公来了,郑雄连忙说:"济公来了,你是出家人,你给评评这个理。"和尚说:"什么事呀?"郑雄说:"我带着家眷,要出城上坟,他们众位老爷要搜轿子。我想在大街上,年轻妇女抛头露面的,多有不便,我说不去了。他们说不去了,也要瞧瞧轿子里什么人。你想这事,他们众位太不讲交情了,有些不对吧?"和尚说:"不对罢? 可是郑雄你不对,人家这是公事,你要不叫瞧,别位走到这里也都不叫瞧了。你想人家公事,还怎么办呢?"众老爷一听说:"大师傅这是明白人。"郑雄一想,心里说:"济公这可是跟我开玩笑。他叫我拿书信轿子接的窦永衡,现在人家要搜,他倒说这些话,这可是存心叫我打这场官司。"自己无法,说:"你们瞧罢。"

众老爷说:"头一乘轿子是谁呀?"郑雄说:"是敝贱内。"众人掀轿一看,是一位白胡子老头,连郑雄一瞧也愣了。众人说:"郑雄,你不说这是你贱内吗?"郑雄说:"你们没听明白,是我贱内的父亲。"众人说:"第二乘轿子是谁?"郑雄说:"是我侄女。"众人打帘子一看,是一位老太太。众人说:"这是你侄女?"郑雄说:"是我侄女的姥姥。"又问第三乘轿子,郑雄说:"是我外甥女。"打开二看,是一老尼姑。郑雄说:"是我外甥女的师傅。"众老爷说:"郑雄,你这是存心打哈哈,轿子又没有年轻的妇女,又没有窦永衡,你故意戏耍我们。开城放郑爷他们出去吧!"立时刻把城开了。三乘轿子和尚一并出了城,来到郑雄的阴宅。周堃、窦永衡、周氏下了轿子,过来给济公行礼。窦永衡说:"圣僧,你老人家真是佛法无边,搭救弟子再生。我窦永衡但得一地步,必报答你老人家的厚恩。"和尚说:"郑雄,你送给他三匹马,一把佩刀,叫他三人逃命去吧,将来你还有一面之缘。"窦永衡又谢过郑雄,这才同周堃、周氏三人告辞。郑雄说:"你们三位打算奔哪去呢?"窦永衡:"我也无地可投。"周堃说:"我打算同我们舍亲,暂为投奔一个朋友处安身。"说罢,拱手作别。

三个人上了坐骑,顺大路往前走,也没有准去处。道路之上饥餐渴饮,晓行夜宿。这天,往前走,天色已晚,有掌灯的景况。三匹马正往前面走着,眼前是山口,"呛啷啷"一棒锣声,出来了数十个人,都是花布手巾缠头,短衣裳小打扮,各拿长枪大刀,短剑阔斧,把去路阻住。有人一声喊嚷:"此山是我开,此树是我栽,有人从此过,须留买路财。牙缝说半个不字,一刀一个土内埋。"又说:"对面的绵羊孤雁,趁此留下买路金银,饶你不死。如要不然,要想逃生,势比登天还难。"周堃一看,对面有了截路的,赶紧往前一催马:"对面的朋友请了! 在下姓周名堃,原本是北路镖头。今天我同舍亲由此路过,烦劳众位回禀你家寨主,就提我周堃今天不能上山去拜望,暂为借山一行,改日再来给你家寨主请安。"众喽兵一听,说:"原来尊驾是北路的镖头周堃,尊驾在此少候,我等回禀寨主一声。"说着话,有人往山上飞跑。工夫不大,就听山上"呛啷啷"一棒锣声,来了两百余人,各掌灯球火把,亮子油松,照耀如同白日一般。周堃抬头一看,为首有三骑马,当中一匹红马,骑着这人,头上戴宝蓝缎扎巾,蓝箭袖,黄脸膛,押耳黑毫,胁下佩刀,得胜钩挂着一条枪。上首一匹黑马,这人穿黑褂,皂黑脸膛,也是挂着一条枪。下首里一匹白马,这人穿白爱素,白脸膛,得胜钩上也挂着枪。三位寨主来到近前,把马一拍,问:"对面来者何人?"周堃说:"我乃北路镖头铁头太岁周堃,今日同舍亲由此路过,要借山一行,改日再谢。"这位黄脸的大寨主说:"令亲是哪一位?"周堃说:"我姐丈打虎英雄黑面熊窦永衡。"三位寨主一听,"呀"一声,说:"原来是窦大哥。"赶紧三人翻身下马,上前行礼。不知三位寨主是谁,且看下回分解。

第一百七十八回　翠云峰英雄落草
陆刑廷献媚欺人

话说周堃一提说打虎英雄黑面熊窦永衡,三位寨主赶紧翻身下马,上前行礼,说:"原来是窦兄长,久违少见。"窦永衡一看,这三位寨主并不认识,连忙答礼相还说:"三位寨主贵姓? 我可实在眼生。"三位寨主说:"窦大哥是贵人多忘事,请至山寨一叙。"窦永衡说:"三位倒是谁呀?"这位黄脸地说:"提将起来,你我不是外人,此地亦非讲话之所,请上山寨去再谈。"窦永衡也不好不去,随同大众上山。来到大寨门一看，这座大寨房子不少，进了头道寨门，马匹交与从人，一直来到分赃聚义大厅落座，有手下人献上茶来，周坦说："未领教三位寨主尊姓？"这个黄脸膛地说："你我是五百年前一家人，我也姓周，名叫虎，有个小小的外号，人称笑面貔貅。这是我两个拜弟。"用手一指那位黑脸的说："他叫铁背子高珍。那位白脸的叫黑毛蛋高顺，这座山名叫翠云峰。窦兄长，你们这是从哪里来？"周坦说："别提了，我姐夫在临安城寄居，无故遭了一场不白之冤的官司，幸亏遇见一位高僧，将我等救出龙潭虎穴。我打算同我姐丈投奔一个朋友去，由此路过，遇见三位寨主，不知三位寨主怎么认识我姐丈？"周虎说："我弟兄三人，在此久候多日，奉上命委派我等在此。久闻窦兄长威名远震。今幸得会，真乃三生有幸。前者我们派人请过窦大哥两次，没找着住处。今天在此巧遇窦大哥，周贤弟，你们二位别走了。"窦永衡说："你们几位在此占山，怎么还有上司吗？"周虎说："我们在此占山，原本是为招聚天下的英雄，将来我们都是开国大将军之职。"窦永衡说："三位原是大宋国的将军吗？"周虎说："倒不是大宋国的官，我们有一位祖师爷叫赤发灵官邵华风，他有一件宝贝，名曰乾坤子午混元钵，他老人家能掐会算，善晓过去未来之事。在常州平沙江当中有一座山，叫卧牛矶。山上有一座庙，叫慈云观。现在那庙里有前殿真人，后殿真人，左殿真人，右殿真人，有绿林人五百多位，要设立薰香会，大众都在这庙里作落脚，窦大哥你们别走了，就在我这山住着。我们给慈云观祖师爷去一封信，听候祖师爷的回音，你们帮助我等共成大业，将来亦可以得到一官半职的，好不好？"窦永衡一想："暂时也无处可去，只可先在这里住着罢。"当时也就应允了。周虎派人单给窦永衡夫妇打扫出一所房子来，叫他住，有婆子等伺候。周坦也在这山上住着。笑面貔貅派人给慈云观送了一封信。终日五位寨主在一起盘桓。光阴荏苒，日月如梭，过了些日子。

这天众人正在大厅谈话，窦永衡提起在临安城受了王胜仙的挫辱，深为可恨。周虎说："不要紧，将来你我成了事，就可以报仇。"正说着话，由外面跑进一个喽兵报说："回禀众位寨主。山下现有临安城京营殿帅陆炳文卸任回家，由山下经过。我等出去把驮轿车辆截住，他拿了一个名片子，他说拜望寨主，要借山一行。"笑面貔貅周虎一听，说："高贤弟，你们谁认识京营殿帅陆炳文？"高珍、高顺俱都摇头说不认识。周虎又问："窦兄长可认识？"窦永衡一听是陆炳文，立刻气得颜色更变说："三位寨主有所不知，这位陆炳文跟我仇深似海。我在临安就是他买盗攀赃把我入了狱，把我妻子诓了去，给花花太岁王胜仙送了去，害得我一家被害。要不是济公救我，我等全皆死在他的手内。济公早就告诉我，他是我的仇人。今日他既是来了，我焉能跟他干休？既是你们三位不认识这个陆炳文，今天活该我报仇雪恨。"当时拿起一口刀来，往外就奔。

书中交代，陆炳文怎么会来到这里呢？这内中有一段缘故。只因前者陆炳文把窦永衡放了，自己明白过来，再派人搜拿，也没拿着。自己一想："这事已然奏明了皇上，这如何耽得了？"赶紧坐轿来到秦和坊王胜仙的住宅。一求见，王胜仙把他让到书房，陆炳文给王胜仙一行礼说："老师得救我，门生遭了事了。"王胜仙说："贤契有什么事？慢慢说。"陆炳文说："现在白沙岗抢劫饷银之窦永衡越狱脱逃，这件事已然奏明了圣上，求老师爷庇护门生。"王胜仙一听，勃然大怒说："窦永衡是我的仇人，你不知道吗？火烧了合欢楼，把我的美人也给烧死在内，我落了个人财两空。你单把他放了，等着他拿刀来跟我拼命，这个事你还叫我庇护你？他要来找我报仇，谁庇护我呀？你自己办的好事，你自作自受，我也没法，你请回去罢。"

陆炳文碰了一个大钉子，自己无法，只得告辞。坐着轿子正往回走，打算回衙门再设法托人情。坐着轿正往回走，偶然间大路旁站着一个美人，真是千娇百媚，如花似玉，陆炳文偶然心中一动，自己一想，王胜仙最爱美人，要求他的事，非得送给他美人，可以买动他的心。想罢，赶紧吩咐住轿，问："旁边站着什么人？"当差人说："没有人，就有一个卖画的。"陆炳文定睛一看，原来是挂着一轴画，上面画的一个美人图，猛一看真是活人一般。旁边站着一个卖画的人，一位儒流秀才打扮，俊品人物。陆炳文连忙叫把卖画的人叫到近前，陆炳文说："你这轴美人画卖多少钱？"这人说："大人要买，不敢多要钱，大人给一百两银子吧，少了也不卖。"陆炳文说:"一轴画怎么值这些银子呢?"这人说:"我这画卖的是工夫钱,货卖识家。明公,我这画阴天不画,下雨不画,刮风大寒大暑不画。每逢天气晴朗,还得人高兴,神清气爽之时,拿起来画两笔,微有一点不高兴就不画。这轴画画了一年多的工夫,才能够有神,故此少了不卖。"陆炳文说:"先生贵姓?"这人说:"我姓梅,双名成玉。"陆炳文说:"你是哪里人氏?"梅成玉说:"我原是镇江府人氏。"陆炳文说:"你来京何干呢?"梅成玉说:"只因我家中父母双亡,带着小妹来京,有两家亲戚,所为多有个照应。现在青竹巷二条胡同寄居,我兄妹就倚着画画度日。"陆炳文心中一想:"每逢画画必随人五官。看梅成玉他的相貌清秀,大概他妹也许长得好。"想罢,说:"先生你把画卷起来,跟我到衙门去。"梅成玉就拿着画,随同来到京营殿帅衙门。把梅成玉让到书房,陆炳文又问:"先生,你家中共有几口人?"梅成玉说:"就是我兄妹二人。"陆炳文说:"先生,令妹也会画吗?"梅成玉说:"也会画。"陆炳文立刻叫人平了一百两银子,交与梅成玉。陆炳文说:"先生,你把你的住脚留下,或许我还要找你画几幅条屏。"梅成玉心中很欢喜,留下住脚,告辞走了。

陆炳文次日一早,派了一个婆子,拿着两包点心,交给婆子几句话,叫婆子坐小轿,狂奔青竹巷二条胡同来。一打听画画的梅先生住家,打听明白,来到门首下轿。一打门,梅成玉同他妹妹碧环在家中说话,听外面打门,梅成玉一看是一位仆妇。梅成玉说:"找谁?"仆妇说:"我是京营殿帅陆大人衙门的,只因我们大人昨天买先生一轴画,我们夫人瞧见很爱,叫我来找先生,还要画几样画。我到你家里扰个坐。"梅成玉一想:"是个仆妇,让进去又何妨呢?"立刻把仆妇让到里面,碧环姑娘自然也见着了仆妇。一看这位姑娘,果然是貌似天仙。陆炳文所为派仆妇来看看姑娘,如果美貌就便把梅成玉请了去,如果姑娘长得平常,就作为罢论。婆子一看姑娘,真是千娇百媚,这才说:"我们大人,叫我来请先生到衙门去面谈,还要画多少样呢。我也记不清楚。先生亲身去见了我们大人说好了,就把定银带来了。"梅成玉一想甚好,立刻随同仆妇,来到刑廷衙门。不知后事如何,且看下回分解。

<h1>第一百七十九回　梅成玉急中见表兄
点白犬耍笑惊奸党</h1>

话说梅成玉同着仆妇来到刑廷衙门,仆妇先进去一回禀,陆炳文赶紧把梅成玉让到书房。今天分外透着恭敬,说:"先生请坐!"梅成玉一想,我一个穷儒,刑廷大人这样谦恭?自己倒觉着诧异。坐下一谈话,陆炳文说:"先生今年贵甲子?"梅成玉说:"小生今年二十七岁。"陆炳文说:"听说先生家中有一位令妹,没有婆家,这倒是天缘凑合,我给你说一门亲罢。现在大理寺正卿花花太岁王大人,新失的家,尚未续室,我给你说一门亲,倒是甚好。"梅成玉也来到临安住了好几个月,向有耳闻,知道王胜仙乃是本地的恶霸,赶紧说:"小生乃一介穷儒,不敢仰视高攀,大人不必分心了。"陆炳文说:"先生,你倒别推辞,这门亲这你我都找不到。王大人乃是当朝秦相爷的兄弟,他是我的老师,将来过了门,论起亲戚来,你还是我舅舅呢!"梅成玉心里说:"我不给你当舅舅,恐怕多挨骂。"连忙说:"大人放心,我领情。这件事我也不能自主,还得回去和妹子商量商量。"陆炳文说:"不用商量,你不愿意也得愿意。来,拿二百两银子来,你带了去作为定礼,也不必打首饰,择吉日就娶。你请回去听信吧,这件事我给你做主。"梅成玉不拿银子不行,勒令叫他拿着。梅成玉无奈,拿着二百两银子回了家。一见姑娘,梅成玉说:"妹妹,你快把细软东西收拾收拾,你我快逃走吧。我去雇船去。"姑娘说:"呦,哥哥什么事这样慌张?"梅成玉说:"我也不便告诉你,没有工夫,你快收拾,我去雇船去。"

说着话,由家中出来,焉想到刚走到东胡同口,有两位班头带着十个伙计,在这里扎住。众人一见梅成玉,大众说:"梅先生你哪去?我等奉京营殿帅之令,在这里把守,你要打算逃跑,那是不行。你要走可以,可得把家眷留下。"梅成玉一听就愣了,自己想着要跑,焉想到陆炳文早派人看上了。自己拨头又往西走来,到西胡同口一看，也是两位班头十个伙计把上。梅成玉一看，心中真急了，这便如何是好。自己正在发愣，只见对面来了一个人，说："贤弟，为何在此发愣？"梅成玉一看，说："表兄，你来了好，我这里出了塌天大祸。"

书中交代：来者这人非是别人，正是探囊取物赵斌。原来赵斌的母亲是梅成玉的姑母，这两个是表兄弟。赵斌一看梅成玉这样惊恐，问："贤弟什么懊恼？"梅成玉说："到我家再说。"二人一同来到梅成玉家中。赵斌说："贤弟因为什么？"梅成玉说："我卖画卖出祸来了。"赵斌说："怎么？"梅成玉就把陆炳文勒令说亲之故，如此这般一说，"现在要跑也跑不了啦，东西胡同都有官人扎上，兄长你给我出个主意吧。"赵斌一听，把眼一睁，说："好狗娘养的，终日抢人害人，欺负到你我兄弟的头上！我拿刀到京营殿帅府，见一个杀一个，然后连王胜仙全都把他们杀了，方出我胸中之气。"梅成玉说："兄长这话不行，你一个人焉能反得了？京营殿帅有多少兵，你就满打杀一个杀两个，叫人家拿住，你便糟了。再说你又无兄弟几个，不但你救不了我，你再有个差错，那时姑母她老人家怎么办？兄长总得想个万全之策才好。"赵斌愣了半天，自己一想，说："我有主意了。"梅成玉说："兄长有什么高明主意呢？"赵斌说："我有个师傅，乃是灵隐寺济公活佛。他老人家能掐会算，善晓过去未来之事。你我兄弟去请他老人家来，给出个主意吧。"梅成玉说："也好。"二人这才赶紧站起身往外走。

由他家中出来，往前走了不远，偏巧见济公由他对面一溜歪斜，脚步不稳，"梯他梯他"来也。赵斌一看说："这可是活该，济公他老人家来了！"连忙赶奔上前行礼说："师傅在上，弟子有礼，我正要去找你老人家去。"和尚说："赵斌你起来，不必行礼。"赵斌说："贤弟，你过来见见，这就是我师傅济公。"梅成玉一看和尚褴褛不堪，心中有些瞧不起，过来给济公作了个揖。赵斌说："师傅，这是我表弟梅成玉。"和尚说："你要找我有什么事？"赵斌说："师傅，跟我到表弟家去说。"和尚说："也好。"这才同着梅成玉、赵斌，来到梅成玉家中。让和尚在堂屋里落座，赵斌说："师傅，你大发慈悲罢，我表弟出了塌天大祸。"和尚说："你不用说，我都知道，你们两个人快到屋里瞧瞧罢，屋里这个乱还大。"

赵斌、梅成玉一听这话诧异，连忙赶到里间屋中一瞧，见梅碧环姑娘上了吊了，只吓得梅成玉与众人浑身是汗。碧环命不该绝，这时候，幸亏工夫还不大，梅成玉赶紧把姑娘救下来，慢慢呼唤，姑娘悠悠气转。梅成玉说："贤妹，你不可这样想不开，你我兄妹亲丁两个，你要一死，剩我孤身一人，我也无依无靠。现在有表兄请了灵隐寺济公活佛前来，他老人家必能救你我兄妹，贤妹你不可再胡思乱想！"说罢，一想自己这话，心中一惨，二目落泪。和尚说："梅成玉、赵斌，你二人出来。"赵斌说："师傅怎么样？"和尚说："梅成玉你赶紧到京营殿帅府见了陆炳文，你就说跟我妹妹商量好了，跟他要白银子千两，一头真金首饰，裙衫衬袄，要上等高摆海味席。给这个东西，当时送来，今天晚上就叫他拿轿子抬人。不给这东西，可不能把姑娘给他。"梅成玉说："师傅这话倘若他都应允，把东西给了，拿轿子来抬人，那便如何是好？"和尚说："不要紧，你只管去。他给了东西轿子来，自然有人上轿子。"梅成玉说："谁上轿子呀？"和尚说："我看院中不是有一条白狗吗？就叫它上轿子。"梅成玉说："那如何能行？"和尚说："你就别管我，保能行。"赵斌说："贤弟，师傅叫你去你就去，师傅他老人家神通广大，法术无边，他自有道理。"

梅成玉半信半疑，自己这才起身出去。走到胡同，众官人说："梅先生哪去？"梅成玉说："我到京营殿帅衙门见陆大人去。"众官人说："是，先生请罢！"梅成玉一直来到刑廷衙门，往里一回话，陆炳文赶紧吩咐有请。把梅成玉让到书房，问："先生来此何干？"梅成玉说："我因回家跟我妹妹一商量，她倒愿了意，可得要一千两银子，一头真金首饰，要一套裙衫衬袄，一桌上等高摆海味席。把这东西送了去，今天晚上叫王大人拿轿子抬人。要不给我银子，那是不行。再说过门之后，他是豪富之家，我没有钱，这个亲戚也走动不了。不给我这些东西，这件事作为罢论。"陆炳文一听，心中甚为喜悦，说："只要你愿意，要银子东西现成。先生你回去，随后派人将银子衣服首饰酒席就送了去。"

梅成玉这才告辞。回到家中说："师傅，陆炳文都答应了。"和尚说："好。"话言未了,有人把银子东西俱皆送到。和尚说:"摆上酒,咱们喝酒。"梅成玉说:"师傅,少时轿子可就来。"和尚说:"你先去买四个叉子火烧,半斤咸牛肉来。我给白狗吃上轿子饭。"梅成玉立刻到外面,把火烧牛肉买来。和尚说:"家里有红头绳胭脂粉没有?"梅成玉说:"有"和尚说:"拿来。"立刻把四个火烧拿上,每个夹上牛肉二两。和尚说:"赵斌,你先去到钱塘关雇好一只船,预备好了。梅成玉你赶紧把家中细软的东西收拾收拾,回头我打发白狗上轿子一走,随后赵斌你送你表弟表妹逃走。要不然白狗一现了原形,他必定还要来拿你的。"赵斌点头答应,和尚这才把白狗一招手叫过来。罗汉爷这才要施佛法,大展神通,点化白狗变人,报应王胜仙。不知后事如何,且看下回分解。

<h1>第一百八十回　娶美人白狗闹洞房
丢官职狭路逢山寇</h1>

话说济公禅师把白狗叫过来,把四个火烧给白狗吃了,白狗摇头摆尾,前蹿后跳。和尚拿红头绳、白粉、两个耳兜拴上,又用红头绳把白狗的嘴一系,拿胭脂粉脸上一抹,把裙衫短袄给白狗一穿,把红绣鞋给白狗后爪一穿,和尚口念:"唵嘛呢叭咪吽!"用手一抹白狗的脸,和尚说:

遍体白毛乌嘴,摇头摆尾发威。昼防门户夜防偷,主人寒苦不悔。好犬不乱吠,今夜同入香闺。贫僧点化你变蛾眉,要你报应花花太岁。

和尚用法术点化了白狗。赵斌、梅成玉再一看,白狗坐在那里,真是变了一个千娇百媚的美人,赵斌、梅成玉二人喜出望外。赵斌先去到钱塘关把船雇好,回来同和尚开怀畅饮。直喝到天有掌灯以后,只听外面鼓乐喧天,花轿来了。书中交代,陆炳文给梅成玉派人送了银子去,随后他坐轿拿着美人图,到王胜仙家去。一见王胜仙,陆炳文说:"老师大喜!"王胜仙自从火烧了合欢楼,他只当把美人烧死,心中实深想念,并无一刻忘怀,烦的了不得。今天听陆炳文一来说大喜,王胜仙说:"我喜从何来?"陆炳文说:"门生已给老师访着一个美人,已然说妥。这位姑娘有自己画的行乐图喜容,老师看了这轴画,跟人一般不二。"王胜仙打开美人图一看,说:"世上哪有这样的美人?"陆炳文说:"现在就有,我都给老师办妥了,乃是青竹巷二条胡同梅成玉的妹妹,定规今天晚上,拿轿子就替老师娶过来,一见就知道了。"王胜仙他本是酒色之徒,一听这话,说:"贤契,你这样替我劳神,我实在抱愧。"陆炳文说:"只要老师能庇护我把窦永衡放了,别丢官职就得了。"王胜仙说:"那倒是小事一段,好办,好办! 来人摆酒!"同陆炳文开怀畅饮,一面遣家人即刻找花轿娶亲。只要有钱好办事,少时就皆备齐,悬灯结彩,鼓乐喧天,花轿奔青竹巷二条胡同来了。

和尚先安置好了,见花轿到门口,和尚把门关上,叫吹打吹打,外面就吹打。和尚说:"吹大开门,工尺上,《柳青娘》《扑粉蝶》。"和尚说:"完了要喜包。"要了无数的包,和尚这才跑进来,叫梅成玉说:"新人上轿,轿子堵门口上,忌生人。"轿夫答应,把轿子搭到门口。和尚搀白狗上了轿。有和尚的法术,治的白狗不能动,在轿子里坐着,吹吹打打,搭着轿子,来到王胜仙家。有婆子掀帘把白狗搀下轿,王胜仙一看,果然是美人,真白,脚底下真小。拜了天地,王胜仙喜悦非常,一坐帐,桌上摆着成席的酒,大家让新人吃,新人也不言语也不吃。大家瞧是美人,是有和尚那点法术,治的要动也不能动。瞧这一屋子的生人,它这气大了,摆着一桌子吃的,也张不开嘴,白狗净生气。

直到天有二鼓以后,陆炳文说:"老师请入洞房罢,少时门生也要回去,明天再来道喜。"王胜仙来到屋中一瞧,美人坐着也不言语。婆子要给新人脱衣裳,过来刚一解钮子,把白狗捆嘴的绳儿碰脱了。王胜仙这个时节说:"婆子你等去吧。"婆子都退出来。王胜仙赶过去,说:"美人你不必害臊,这乃是人间大道理,你我是夫妇。"说着话,这小子淫心一动,过去一搂白狗,他要和白狗亲嘴。本来白狗正有气呢，照定王胜仙脸上一嘴，把王胜仙的鼻子咬掉了，白狗也现了原形，把衣裳连咬带撕，往外就跑。王胜仙疼得乱滚，说："狗精！"家人吓得都跑了，也没人敢拦狗。狗跑之后，才有人把王胜仙的鼻子捡起来，趁着热血给他粘上，再找陆炳文。

陆炳文早已听见说，跑回衙门，派人再拿梅成玉，已剩下空房子。王胜仙这件事也瞒不住了，大家都说这是陆炳文的奸计，安心陷害。王胜仙这件事一回禀秦丞相，秦丞相勃然大怒，说："本来我兄弟就无知，陆炳文还引诱他？这厮深为可恨！"秦相递折本一参他，说他放走了大盗窦永衡，捕务废弛，形同市侩，有忝官箴，任意胡为。"圣上旨议下，将陆炳文即行革职，永不叙用。陆炳文虽然革了职，这一任刑廷，他总剩十万八万的银子。他自己带着夫人少爷小姐，打点行囊褥套，雇驼轿车辆，由临安起身，回归南京。

这天驼轿车辆正往前走，走到翠云峰山下，忽然出来数十个喽兵，把去路挡住，一声喊嚷："对面的绵羊孤雁，趁此留下买路金银，放你逃生。如要不然，叫你等人财两空。"陆炳文一想，赶紧催马往前走，拿了一个名片子，说："你们寨主贵姓？"喽兵说："我们大寨主叫笑面貔貅周虎。"陆炳文说："劳众位驾，拿我的名片子，就提我是京营殿帅陆炳文，卸任归家，特意绕道来给你寨主请安，就说我要借山一行。"喽兵拿着名片到山上一回禀，周虎、高顺、高珍三位寨主彼此盘问，都不认识。

窦永衡一听是陆炳文，不由得怒从心上起，恶向胆边生，说："三位寨主既不认识，这可活该，陆炳文是我的仇人，该当今天报仇雪恨。"说着话，窦永衡抄起一把刀来，就要往山下狂奔。笑面貔貅周虎说："窦兄台且慢，你跟他有什么仇，你细细说来。"窦永衡就把临安被他所害之故，从头至尾一说。周虎说："既是你跟他有这样仇，你倒不必下山杀他，他一死也就算完了，那也不算报仇。我倒有个主意，也不必要他的命，我下山把他让上山来，用好言把他安慰了，我这三个人就说送他一程，把他押到慈云观，送到祖师爷那里去。把他的妻子女儿，叫祖师爷爱给谁给谁，祖师爷那里有乾坤所妇女营。把陆炳文留在那里，叫他伺候众人，没事就打他一顿，零碎挫辱他，比杀他还好。山寨就烦你们二位给照料，我兄弟三人回头就把他送了走。"窦永衡一想也好，说："我见他不见？"周虎说："你就不便见他了，我下山去见他。"说罢，周虎同高珍、高顺三人一同下山。

陆炳文正在这里着急，周虎来到近前，说："原来是大人驾到，小可未曾远迎，当面谢罪。"陆炳文赶紧说："寨主在上，我陆炳文有礼！今日借山一行，改日必来答谢。"周虎说："大人今天既来到敝山，请至山寨少叙，大人必须要赏脸。"陆炳文心中是害怕，又不敢说不去，三位寨主立刻派喽兵牵马上山。同陆炳文来到山寨之内，分宾主落座。陆炳文说："未领教三位寨主尊姓？"周虎三人各通了姓名，赶紧吩咐摆酒，款待陆炳文。周虎说："大人这是从哪来？"陆炳文说："我是由临安城要回金陵上元县。"周虎说："今天你我一见有缘，回头我弟兄三人送大人一程。"陆炳文说："不敢烦劳各位寨主这样分心。"周虎说："大人不必太谦，我三人是要送的。"吃喝完毕，这三位寨主带着一百喽兵，送陆炳文走下了翠云峰，就奔常州府慈云观去了。

这山上就剩下窦永衡、周堃二人照料山寨的事情。周堃说："姐丈，这一来陆炳文可就遭报应了，总算他是害人反害己。现在你我弟兄还是怎样？"窦永衡说："虽然你我报了仇，但只一件，咱们本是安善良民，守分百姓，被事所挤，挤得无奈，现在已占山落草为寇。终归你我还得想主意，这恐不是常法。"弟兄二人就在山中过了五六天。这天忽然有喽兵上山来报："回禀寨主，现在山下有一人，堵住山口大骂，要走路的金银，如不给送下山去，杀上山来，杀个鸡犬不留。"窦永衡、周堃一听，说："这事可太难了，人家当山大王，讲究断路劫人。这倒有人找山大王要银子，真是欺我太甚！"二人立刻抄兵刃，翻身上马，领喽兵撞下山来。不知山下要走路金银之人是谁，且看下回分解。

第一百八十一回

醉禅师书写忠义祠
假道姑拍花盗婴胎

话说窦永衡、周堃二人气哼哼来到山下一看，二人赶紧翻身下马，上前行礼。山下非是别人，正是济公禅师。二人上前行礼说："原来是圣僧，你老人家从哪来？"和尚说："我由临安城要上江阴县去。"窦永衡说："师傅，你老人家上山罢！"和尚说："我不上山，你二人在这山当大王那？"窦永衡说："我二人无地可投，暂为借山栖身。"和尚说："窦永衡你附耳过来，如此这般，这等这样。"窦永衡点头答应说："师傅，给你带点盘费。"和尚说："我不要，有钱花，我要走了。"和尚告了辞往前走。

这天和尚来到江阴县地面，眼见一座村庄，村口外那里围着许多的人。和尚刚来到近前，内中有人说："和尚来了，我们领教领教和尚吧。大师傅请过来！"和尚说："众位什么事？"内中有人说："我们这座村庄。有七八十户人家，有三四辈人，没有一人认字的，都是目不识丁。"大众说："这个事真怪，许是我们这座村庄，犯什么毛病了。请了一位瞧风水的先生一看，他说我们不供文武圣人之过，供奉文武圣人，就有了文风了。我们村庄公议修了一座庙，是关夫子？孔圣人？我们大家为了难了。有心说是关公庙吧，又有孔圣人，尽说圣人庙，又有关夫子。这个匾没法起名，和尚你给起个名，大概你必能行。"和尚说："我给起名叫忠义祠吧。"大众一听说："好，还是和尚高明。你会写字，就求你给写块匾行不行？"和尚说："行。"立刻拿了笔来，和尚说写。写完了忠义祠的匾，大众说："师傅，你给写一副对子。"和尚说："可以。"提笔一挥而就，上联是"孔夫子，关夫子，二位夫子。"下联是"作春秋，看春秋，一部春秋。"大众一看，书法甚佳，文理兼优，无不齐声赞美。众人说："大师傅，再求你山门上写一副对联。"和尚提笔写起，山门上写的是"天雨虽宽，不润无根之草；佛门广大，难度不善之人。"和尚写完了，众人说："这位大师傅写得这么好，你怎么的这样寒苦？这样脏呢？"和尚说："众位别提了，我是叫媳妇气的。"大众说："怎么叫媳妇气的？"和尚说："我娶了个媳妇，过了没有十天，我媳妇跟人跑了。我找了半年，把她找回来了。"众人说："那就不要她了。"和尚说："我又要了，跟我在家住了一个多月，她尽招和尚老道往家里跑。我说她爱和尚，我一气做了和尚。我媳妇又跟老道跑了，气得我各处找她，找着我决不能饶她！"众人说："你媳妇既跑了，你也就不用找她了。你已然是出了家，就在我们这忠义祠住着罢，我们给你凑几十亩香火地，有你吃的。你在庙里教书，给你凑几个学生，你自己一修行，好不好？"和尚说："不行，我得找她去。"说着话，和尚一抬头说："这可活该。我媳妇来了！"

大众抬头一看，由对过来了一位道姑，长得芙蓉白脸，面似桃花，手中拿着一个小包裹。和尚过去，一把将道姑揪住，说："好东西！你跟老道跑了，你当了道姑了？我娶了你，不跟我过日子，我找你这些日子，今日可碰见你了。"道姑说："呦，你们众位快给劝劝，我本是自幼出家，我也并没有男人，和尚是疯子，他满嘴胡说！"众人就赶过来劝解，说："倒说说是怎么一段事？"和尚说："她是我媳妇，她跟老道跑了，她当了道姑了。"道姑说："你们众位听和尚他是哪处口音？我是哪处口音？和尚他是疯子。"众人过来："和尚你撒手，叫她去吧。"和尚说："不行！"大众好容易把和尚拉开，道姑径自去了。和尚说："你们大众把我媳妇放走了，你们就是赔我媳妇。"众人都以为和尚是疯子，众人说："咱们给和尚凑几串钱吧。"大众给和尚凑了两串钱，说："大师傅你去吃点什么罢。"和尚拿着两串钱，说："我再找去吧。"

说着话，和尚扛着两吊钱，往前走。来到江阴县城内十字街，见路北有一座卦棚，这位先生正打盹呢。本来这位先生也是不走运气，由今早晨出来就没开市，人家别的卦摊拥挤不动，抢着算卦，他这里盼的眼穿，连个人都没有。先生正打盹，就听有人说："来一卦。"先生一睁眼，只打算是算卦的，睁眼一瞧不是，人家买一挂红果。先生赌气，又把眼闭上。刚一闭眼，和尚来到近前说："辛苦，算卦，卖多少钱?"先生一抬头说:"我这卦理倒好说,每卦十二个钱,你要算少给两个吧,给十个钱。"和尚说:"钱倒不少,你给我算一卦,算着我请你吃一顿饭。算不着我把你告下来,我们两人打一场官司。"先生说:"我给你算着,你也不必请我吃饭,算不着我也不跟你打官司。"和尚说:"好,你给算吧。"先生说:"你抽一根签吧。"和尚说:"不用抽,就算一个子罢。"先生说:"那不行,这是十二根签,是子丑寅卯辰巳午未申酉戌亥,你说了不行,你抽出来才算呢。"和尚说:"我抽也是子。"先生说:"那不行。"和尚说:"你瞧。"用手一抽,先生一看,果然是子,说:"和尚嘴倒灵了。"先生拿起卦盒刚要摇,和尚说:"你不用摇,就算个单罢。"先生说:"不摇那不行,分为单折重交。"和尚说:"你摇也是单,不摇也是单。"先生不信,拿起卦盒一摇,倒出来果然是单。和尚说:"你就摆六个单罢。"先生说:"那能净是单。"和尚说:"你不信你就摇,找事费!"先生连摇了五回都是单,赌气不摇了,摆上六个单卦:"这是六冲卦,离而复合。和尚你问什么事?"和尚说:"我媳妇丢了,你算算找得着找不着?"先生说:"按卦上说,找得着。"和尚把两吊钱往摊上一扔,和尚说:"我要找着我媳妇,两吊钱给你,我不要了。找不着我媳妇,我跟你要四吊,我还把你告下来,我们打一场官司。"先生吓得说:"你也别告我,我也不要你这两吊钱。"

和尚说着话,一抬头见那道姑又来了,和尚说:"先生真灵,我媳妇来了,这两吊钱送给你罢。"和尚赶上前,一把将道姑揪住,说:"你这可别跑了,你是我媳妇,不跟着我,跟老道跑了,那可不行!"道姑说:"你这和尚,疯疯癫癫,满嘴胡说。我跟你素不相识,你为何跟我苦苦作对?"和尚说:"我们两人就是打官司去。"道姑说:"打官司就打官司。"正说着话,对面来了两个班头,说:"和尚,你们二位打官司吗?"和尚说:"打官司。"班头抖铁链就把道姑锁上。道姑说:"二位头儿,你们这就不对,我又没犯了国法王章,就满打我跟和尚打官司,怎么单锁我不锁和尚呢?"班头说:"我们老爷这里有规矩,要有道姑跟和尚打官司,只索道姑不锁和尚。"

道姑一听这话,透着新鲜,其实不是这样一段事,皆因江阴县本地面出了两条人命案,老爷正派人差拿道姑呢。江阴县有一位班头,姓黄名仁,他有个兄弟叫黄义,开首饰铺,弟兄分居另过。这天黄仁要下乡办案,家中就有妻子吴氏住着,独门独院三间北房,黄仁要出去办案,要四五天才能回家。临走之时,找他兄弟黄义去,黄仁说:"我要下乡去办案,这三两天不能回来,你明天给你嫂子送两吊钱日用,我回来再还你。"黄义说:"哥哥你去吧。"黄仁走后,次日黄义带了两吊钱,给嫂嫂送了去。来到黄仁家中一看,在他嫂子家中,坐着一个道姑,二十多岁,芙蓉白面。黄义就说:"嫂子,我哥哥不在家,你在家里招三姑六婆,有什么好处?"吴氏说:"你管我呢,她又不是男子,连你哥哥他在家也不能管我。"黄义也不好深说,给他嫂子把两吊钱留下,自己回了铺子,一夜就觉着心惊肉跳不安。次日黄义一想,莫非有什么事?我哥哥不在家,我再瞧瞧去,立时又来到他嫂子门首。一叫门,把嗓子就喊干了,里面也不答话。左右邻舍都出来了,同着黄义把门撬开,进来到屋中一看,吓得黄义"呀"了一声,有一宗岔事惊人。不知后事如何,且看下回分解。

第一百八十二回　吴氏遇害奉谕捉贼　济公耍笑审问崔玉

话说黄义同街坊邻人进到屋中一看,见吴氏在墙上钉子绷着,手心里钉着大钉子,腿上钉着大钉子,肚子开了膛,肠子肚子流了一地,吴氏怀胎六个月,把婴胎叫人取了去。黄义一看,赶紧到江阴县衙门喊了冤。老爷姓高,立刻升堂,把黄义带上堂来一问。黄义道:"回禀老爷,我哥哥黄仁,奉老爷差派出去办案,托我照料我嫂嫂吴氏。昨天我给送去两吊钱,今天我嫂嫂被人钉在墙上,开了膛,不知被何人害死,求老爷给捉拿凶手。"知县下去验了尸,稳婆说:"是被人盗去婴胎紫河车。"老爷这件事为了难,没有地方拿凶手去。

过了几天,黄仁回来,一听说妻子被人害了,黄仁补一呈子,说:"素日跟黄义不和,这必是黄义害的。"老爷把黄义传来,说:"你哥哥说是你害的,你哥哥不在家,你去了几次?是怎么一段细情?你要实说。"黄义说:"回禀老爷,我哥哥走后,次日我送了两吊钱去,见我嫂子家中有个二十多岁的道姑。我说我嫂子不应让三婆六姑进家中,我嫂子还不愿意,我就回铺了,觉得心神不定。次日我又去,就叫不开门,进去一看,就被人害了。"老爷一听有道姑在他家,豁然大悟。前两天西门外十里庄有一案,是夫妻两个过日子,男人外面做买卖,家里妇人头一天留下一个道姑,住了一夜,次日被人开了膛,也是怀胎有孕。左右邻居都瞧见他留下一个道姑,次日他也死了,道姑也不见了。此案告在当官,尚未拿着凶手,这又是道姑。老爷立刻派马快访拿道姑,两位班头奉堂谕出来,访拿道姑。故此见和尚这揪着道姑,过来把道姑锁上,就是和尚不揪着道姑说打官司,班头也是拿锁道姑。

二位班头,一位姓李,一位姓陈,把道姑锁上,拉着狂奔衙门,和尚随同来到江阴县衙门。班头进去一回禀老爷,说:"有个穷和尚揪着一道姑,下役把道姑锁来。"老爷一听,心中一动,立刻传伺候升堂,带和尚、道姑。和尚来到大堂之上,老爷一看,赶紧离了座位,说:"原来是圣僧佛驾光临。"上前行礼。众官人一看说:"怎么我们老爷会给穷和尚行礼?"书中交代:这位老爷非是别人,乃是高国泰。前集《济公传》,济公在余杭县救了高国泰、李四明。后来高国泰在梁万苍家攻书,连登科甲,榜下即用知县。故此今天见了济公,连忙给和尚行礼,吩咐来人看座,和尚在旁落了座。高国泰说:"圣僧因为什么揪着道姑?"和尚说:"我有五十两银子掉在地下,道姑捡起来,她不给我了。我揪着她跟她要,她不给,因为这个我要跟她打官司。"知县一听,吩咐把道姑带上来。

官人立刻把道姑带上堂,道姑一跪,知县说:"你是哪里人?姓什么?叫什么?"道姑说:"小道是扬州府的人,我姓知,叫知一堂。由自幼出家,在外面云游访道。"高国泰说:"你为何瞒昧圣僧的银子?"道姑说:"我并不认识他,和尚满口胡说。"和尚说:"老爷叫人搜他身上。"老爷立刻传官媒在当堂一翻,道姑上身并没有什么东西。和尚说:"你都翻到了。"官媒一搜道姑的下身,搜出一个包裹来。官媒说:"回禀老爷,她不是道姑,她是个男子。"老爷一听,勃然大怒,说:"你这混账东西!你既是男子,为何假扮道姑?大概你必有缘故,趁此说实话,免得皮肉受苦!"道姑说:"回禀老爷,我原本是扬州府的马快,只因我们本地有两个女贼越狱脱逃,我出来改扮道姑,所为访拿女贼。"知县说:"你是办案的马快,你可有海捕公文?"道姑说:"没有。"知县说:"大概抄手问事,你万不肯应,来人,看夹棍伺候!"旁边官媒打开包裹一看,里面有油纸包着那三个血饼子,有一个似乎成人形的,有好几把钢钩钢刀。官媒说:"回禀老爷,这是三个婴胎,这就是六条人命。"老爷说:"你这东西哪来的?"假道姑说:"我捡的,我还没打开瞧,我还不知是什么呢?"知县说:"你捡的,你为何带在贴身隐藏着?大概你也不说实话。"立刻派人手夹棍将他打起来,再一看他倒睡觉了。

高国泰说:"圣僧,你看这怎么办?"和尚说:"不要紧。"当时用手一指,口念六字真言:"唵嘛呢叭咪吽!唵,敕令赫!"贼人当时觉着夹棍来得凶,疼痛难挨,热汗直流,口中说:"老爷不必动刑,小人有招。我原本姓崔,叫崔玉,外号叫玉面狐狸。我奉常州府慈云观赤发灵官邵华风祖师爷差派出来,盗去妇人的婴胎紫河车,配薰香蒙汗药。我扮作道姑,所为跟妇人不避,得便行事。这是真情实话。"高国泰道:"慈云观有多少贼人?"崔玉说:"有前殿真人,后殿真人,左殿真人,右殿真人,有五百多位的绿林,都在那里啸聚。"高国泰立刻叫崔玉画了供,吩咐钉镣入狱。和尚说:"拿污秽之物把他嘴堵上,吃饭时再给他拿出来,不然他会邪术,他能跑了。"大人点头答应。

高国泰退堂,请和尚来到书房,高国泰说:"现在我这里还有一案,求圣僧指示我一条明路。"和尚说:"什么事?"高国泰说:"西门外八里铺,出了两条命案。我下去验,门窗户壁未动,两个被杀,别的东西不丢,失去黄金百两。我没验出道理来,这案怎么办?"和尚说:"不要紧,我请两个人替你办这案。"高国泰说:"请谁呀?"和尚说:"我把我们庙里韦驮请来,叫他给你办这案。"高国泰说:"那行吗?"和尚说:"行,前者我请韦驮在秦相府盗过五雷天师八卦符。今天晚上在院中摆设香案,我一请就请来。你们可别偷着瞧，要偷着一瞧就瞎眼。"高国泰说："是。"立刻吩咐家人，预备香烛纸马，摆酒席在书房，同和尚喝酒，直喝到天有初鼓。外面桌案预备停妥，高国泰说："圣僧该请了罢？"和尚说："该请了，你在屋里，可别出去。"高国泰说："是。"和尚来到院中，把香烛点着，和尚说："我乃非别，我乃灵隐寺济颠也。韦驮不到，等待何时？"和尚连说了三遍，只听高处一声喊嚷："吾神来也！""嗖嗖"来了两个人，说："罗汉圣僧，呼唤吾神，有何吩咐？"和尚说："八里铺门窗未动，杀死了两条人命，盗去黄金百两，尊神把凶手给我拿来。"上面一声答应："吾神遵法旨！"说罢，径自去了。

高国泰在屋中听着，心中说这韦驮爷来得真快。书中交代：来者这两位神仙，非是别人，乃是雷鸣、陈亮。这两个人原本由前者济公在天台山法斗老仙翁之后，叫孙道全回庙，叫悟禅投奔九松山灵空长老和尚，交给雷鸣、陈亮一封信，叫这两个人某月某日到江阴县，晚间在二堂后房上听济公招呼，叫这两个人装神仙，给和尚捧场。雷鸣、陈亮由头几天就来到江阴县，在店里住着，天天晚上到江阴县衙中来。今天听济公说叫他两个人去给办八里铺这案，雷鸣、陈亮一声答应说："遵法旨。"二人出了知县衙门，雷鸣说："老三，这案怎办法？"这两个人头两天就听见说八里铺这案，门窗未动，两条命案，雷鸣、陈亮也不知是谁做的。今天济公叫给办这案，雷鸣没有主意，陈亮说："要探贼事，先人贼伙。我们到八里铺左右去瞧探去。"雷鸣说："也好。"二人这才一直来到西门，顺马道上城，用白练套锁抓住城头，顺绳下去，抖下白练套锁带在兜囊。二人施展陆地飞腾，往前走，只见眼前一座树林。二人刚来到树林，只听树林一声喊嚷，怪叫如雷，说："吾神来也！"雷鸣、陈亮二人抬头一看，吓得亡魂皆冒。不知后事如何，且看下回分解。

第一百八十三回　因奇案济公请神　见大鬼雷陈问盗

话说雷鸣、陈亮正往前走，只听树林内一声喊嚷："吾神来也！"二人睁眼一看，只见由树林子出来一个显大神，身高丈六，头如麦斗，头上戴着凤翅盔，五色的脸膛，五色的衣裳，两只眼似两盏灯相仿，一张嘴由嘴内喷出一股黑烟起在半悬空，这股烟不散。雷鸣、陈亮大吃一惊，雷鸣说："这是什么东西？"二人打算要跑。陈亮说："二哥且慢，你我弟兄在绿林这些年，可没遇见过这事。大道边什么装神弄鬼的事可都有，真要是神他也不能害人，要是妖魔鬼怪，你我跑也跑不了。莫若你我壮起胆子，问他一问。"雷鸣说："对。"二人立刻拔出刀来，一声喊嚷："呔，对面你是神，趁此归庙，你是鬼，趁此归坟。我二人也是绿林人，也没做过伤天害理的事情，跟你远日无冤，近日无仇，你别吓唬我们。"这个鬼呀了一声，说："原来是雷鸣、陈亮。"说完了这句话，晃晃悠悠复又进了树林中。雷鸣、陈亮心里说："怪呀，他怎么知道我二人是雷鸣、陈亮呢？"两个人在这里站着发愣。

工夫不大，只见由树林子出来一人，头上青壮帽，青绸氅，说："原来是雷爷陈爷！"雷鸣、陈亮一看，这人原来是绿林中小伙计姓王，叫王三虎，外号叫云中火。雷鸣、陈亮说："原来是王三虎呀！你怎么干这个？"王三虎说："我也是不得已而为之。我就在这江阴县住，我家中七十多岁的老娘，病着家里没有吃的。我在这里虽然装神，我可不截孤行客，我怕把人家吓死。我瞧有两三个人，我方才出来，也不害人，只要得点财帛就罢了。没想今天遇见你们二位。"雷鸣、陈亮说："我跟你打听打听，你是这本地人，在这八里铺，门窗壁未动，杀死命案两条，盗去黄金百两，你知道这案是谁作的不知？"王三虎说："这件事我倒知道，你们二位怎不知道？做这案的人，跟你们二位联盟的拜兄弟呀。也是西川路的人。"雷鸣、陈亮说："我们拜兄弟里，没有甚能为的人。你说是哪位？"王三虎说："这个人就是乾坤盗鼠华云龙的拜兄，叫鬼头刀郑天寿。当初他把华云龙带出来的，不是跟你二位联盟的吗？"雷鸣说："你知道这个郑天寿，他在哪里住着？"王三虎说："他就在这西边，有个地名叫盆底坑,那里有座庙,叫大悲佛院。庙里有两个和尚,一个叫铁面佛月空,一个叫豆儿和尚拍花僧月静。他们虽是和尚庙,可跟常州府慈云观的老道是一党,这庙是慈云观的下院,郑天寿就在那庙里住着。听说他们都会邪术,墙上画个门就能走。"雷鸣、陈亮说:"你带我们到庙瞧瞧去,你只要指给我们就得了。"王三虎说:"可以。"立时到树林拿他自己的包裹,带领雷鸣、陈亮往前走。雷鸣说:"你方才拿什么弄得那么大个?"王三虎说:"我拿竹皮子支的架子,假人脑袋有一个铜筒子,一烧狼粪就由嘴里冒出烟来不散。"雷鸣说:"这就是了。"

三个人说着话,来到盆底坑。王三虎用手一指说:"就是这座庙。"雷鸣、陈亮说:"我二人到里面去探探,你在外面等着。"王三虎说:"就是罢。"雷鸣、陈亮二人这才来到庙界墙,拧身窜上房去,在东配房后房坡,卧着望下一瞧,借着月亮看得甚真。正大殿头里有月台,月台上有一张牙桌,牙桌上放着茶壶茶碗,旁边坐着一个大秃头和尚。黑脸膛,穿着青布僧衣,看那个样子,身躯庞大。就听和尚那里叫:"来人!"只见配房出来两个小和尚,都是长得凶眉恶目,来到月台前,说:"师傅呼唤我等有什么事?"就听那秃头和尚说:"今日白天这件事,你郑大叔回来别跟他提,叫他一知道有钱,他就爱花。勿论有多少钱,到他手一嫖一赌就完了,我是把他瞧透了。"两个小和尚说:"师傅心里既瞧他,不会把他撵走了,不叫他住?"大和尚说:"你两个小孩子懂得什么?满嘴胡说。去亮青字,把那个溜丁的瓢儿摘了,把他一埋,你郑大叔回家别提。"两个小和尚一声答应,到东屋拿了一把刀,往后狂奔。

雷鸣、陈亮在暗中一听:"这是杀人哪!"二人就在房上暗中跟随。只见这座庙是三层殿,两个小和尚往后走着,这个说:"我师兄,你瞧咱们才冤呢,分赃没分,犯法有名。杀人教咱们杀去,分银子一两也不给咱们。"那个小和尚说:"师弟你别瞎抱怨了,咱们庙里时常害人,那个月不害几个?一回也没有给我们钱呀!"雷鸣、陈亮在暗中听的明白。到了第三层院子,雷鸣、陈亮由后面跳下来,每人拿一个,由后面一只老鹰拿兔,把两个小和尚脖子掐住。雷鸣、陈亮拿刀往小和尚脑袋上一搁,说:"你们两个人要嚷,当时把你们两个杀了。"小和尚说:"不嚷,二位太太老爷饶命!"雷鸣、陈亮说:"我问你们拿刀要杀谁?"小和尚说:"有一位公子姓曾叫曾三品,离此地五十里地,有个曾家集,他是哪里人。今日来到我们庙里找茶喝,我师傅瞧他有一匹马,褡套里有银子,用蒙汗药把他麻过去,捆上搁在这东跨院北房屋里,叫我们二人去杀去。"雷鸣说:"这个公子的马匹褡套银子在哪里?"小和尚说:"在那边花园子马棚里拴着,褡套银子都没动,里面说有三百多两银子。我师傅怕叫别人知道,都藏在西跨院。"雷鸣、陈亮问明白,手起刀落,把两小和尚杀了。

二人来到东跨院北房屋中,用白蜡点照一看,在床上捆着一位文生公子,昏迷不醒。陈亮先把绳扣结解开,在院中找着荷花缸,拿碗取了一碗水到屋中给这公子灌下去,少时公子还醒过来。陈亮说:"你别嚷,我二人是来救你,你在这庙中被害了,你姓什么?"这公子道:"我姓曾,我叫曾三品,我原是曾家集人,今天来到这庙中找茶喝,我也不知怎么就糊涂了。"陈亮说:"你快跟我们走,给你找你的东西,送你逃命了。"曾三品活动了活动,同着雷鸣、陈亮来到西跨院花园子一找。果然马匹褡套都在这里。陈亮说:"你瞧这是你的东西不是?"曾三品一看,银两东西一样不短。雷鸣、陈亮带着他,开花园子角门,把马拉出来,又绕到前面找着王三虎。陈亮说:"你没走甚好。"王三虎说:"你们二位到庙里怎么样?可瞧见郑天寿没有?这么大的工夫,我甚不放心。"雷鸣、陈亮说:"倒不瞧见郑天寿,我二人杀了两个小和尚,把这位曾公子救出来。王三虎我二人给你十两银子,你拿到家去奉养你老娘。你可得把这位曾公子送到曾家集去。"王三虎说:"就是罢,我谢谢二位大爷。"雷鸣、陈亮说:"不用谢,你们去吧。"曾三品说:"二位恩公尊姓大名?救了我一条命,我一家感念二位恩公的好处。"陈亮说:"我姓陈名亮,这是我二哥雷鸣。我也不便说,你赶紧快走。"

曾三品同王三虎二人走后,雷鸣一想:"回去先把这个秃头拿了,回头再拿郑天寿。"本来雷鸣是个浑人,他想罢,也没跟陈亮说,二人复又拧身上房,往下一探。这个时节,月台上那黑脸和尚正在着急,心中暗恨这两个徒弟实在可恨,这半天还不来,杀一个人这么大工夫,也不知哪里去了。正在心中犹疑,忽然间瞧见地下有人影，原来雷鸣、陈亮在东房上，有月光照得如同白昼一般。和尚一抬头看，说："什么人？好大胆量，竟敢在我这屋上？"雷鸣更口快心直，伸手拉刀说："好囚囊的，雷二爷把你狗头砍下来！"说着，雷鸣跳下来，摆刀就要过去。焉想到这个和尚会邪术，用手一指，说声"敕令！"雷鸣翻身栽倒。陈亮一瞧雷鸣躺下，立刻一摆刀窜下来，说："好贼和尚，我焉能与你善罢甘休！你敢伤我兄长？"说着话，刚要过去，和尚用手一指，陈亮也躺下了。和尚说："好孽障，这是你自来送死，休怨洒家。"立刻伸手拉戒刀。不知雷鸣、陈亮性命如何，且看下回分解。

第一百八十四回　王三虎泄机大悲院
愣雷鸣智捉铁面佛

话说这凶僧刚要拉刀杀雷鸣、陈亮，偏赶巧这个时节，由房上跳下一人，穿着一身夜行衣靠，紫脸，说："什么事？且慢动手！"陈亮一看，是鬼头刀郑天寿。陈亮认识他，他可不认识陈亮。陈亮真是见景生情，真伶俐，赶紧说："郑大哥吗？"郑天寿说："哪位？"陈亮说："我陈亮同雷鸣。"郑天寿一听，说："哎呀！这可不是外人，你们二位做什么来了？"陈亮说："我二人做买卖来了。"郑天寿："唉，咱们自家，幸亏我来。"赶紧过来，把验法撤去，把雷鸣、陈亮扶起来，说："我给三位贤弟见见，这位和尚叫铁面佛月空。"雷鸣、陈亮彼此赶紧行礼。月空和尚："贤弟你打哪来？"郑天寿说："我今天白天瞧见一个美貌的妇人，我晚上去采花作乐，没想到我找不着门了。合该总是人家祖上有余德，不应当失节，我赌气跑回来。也亏得我回来，我要不来，你这个乱惹大了。这二位是玉山县三十六友的人，你要给杀了，你想想玉山县的人答应不答应？"月空说："这也难怪，我也不认识。事从两来，莫怪一人，这位雷爷他先要跟我动手的。"郑天寿说："得了，不必说了，你我彼此都是自家。雷陈二位贤弟既来了，我们一同吃酒罢。"月空立刻叫小徒弟收拾菜蔬预备酒。月空他庙里有四个徒弟，那两个到后面去杀人，这半天没回来，这两个小徒弟立刻在厨房，收拾酒菜。这个小和尚："咱们师兄他们两个人，怎么还不回来呢？"那个说："管他做什么？回头他们两人，找着要挨打。"

两个小和尚正说着话，把菜都打点好了。刚要做，雷鸣跑到厨房来说："你们做什么菜呢？"两个小和尚说："没做什么，连荤带素，打算要配十二样。"雷鸣眼珠一转，他腰里有包蒙汗药，是前者得着单刀刘凤的，要害济公使了几两，腰里还剩下几两，雷鸣自己手里拿着药，搭讪着说话，用手指点说："这盘是炒的，这盘是爆的，这盘是拌的。"两个小和尚也没留神，雷鸣把麻药下在菜里，六样有药的，六样没药的。雷鸣记住了，仍出来跟月空、郑天寿谈话。少时小和尚擦抹桌椅，就在月台上把酒菜摆下。雷鸣早记着呢，他就说："老三你吃这盘，我吃这盘，郑大哥吃那盘，和尚哥哥你吃这盘。咱们分着吃，别打架，我爱吃的我留下。"和尚和郑天寿也没想到菜里有毛病，以为雷鸣是个爽快人，倒不拘束。焉想到雷鸣把六盘有药的给郑天寿跟和尚吃，没药的雷鸣同陈亮吃。少时之际，和尚同郑天寿一吃菜，俱皆翻身栽倒。陈亮说："这是怎么回事？"雷鸣哈哈一笑，说："把囚囊的用麻药麻躺下了。"陈亮说："你怎么搁的？"雷鸣说："我到厨房去，冷不防给把药洒上，六样有药，六样没药，咱们吃的是没药的。"陈亮说："二哥，真罢了，我佩服你！"立刻先把月空和尚、鬼头刀郑天寿捆上，雷鸣说："等天亮开了城，咱们把这几个贼人解到江阴县去，交给师傅就得了。"陈亮说："也好。"二人自己弄酒弄菜，又吃又喝，直等到天亮太阳出来。

雷鸣、陈亮刚要打算把贼人解了走，忽然见外面进来两个班头，都是头戴缨翎帽，身穿青布靠衫，腰扎皮挺带，薄底窄窄腰莺胆快靴。带着有几十位伙计，来到这里，说："二位姓雷姓陈吗？"雷鸣、陈亮一听一愣，说："不错，二位头儿贵姓呵？"官人说："我姓李，他姓陈，我们是江阴县的。你们二位是济公的徒弟吗？我们是济公打发来的，说你们二位在这里拿住贼了。你把贼交给我们罢，少时济公就来。"雷鸣陈亮说："不错，我们这里拿住了一个铁面佛月空，一个鬼头刀郑天寿。"官人说：

"咱们押着贼人一同走吧吧。"手下伙计刚把两个贼人扛起来,大众一同出了庙,只见对面济公扛着一个和尚来了。书中交代:和尚昨天在知府衙门,今天清早,跟高国泰说明白,和尚带着众班头出了衙门。和尚说:"众位头儿,你们大众狂奔盆底坑大悲佛院那里。有一位姓雷的,一位姓陈的,是我两个徒弟,他们那里拿住贼了。你们到那去等我,随后我就到,我还得去办一般差事。"众官人头里走了。

和尚来到西门里,路北有一座酒馆,和尚进去,要了一碟莱,两壶酒喝着,就听众酒座大众纷纷议论。说:"我们这江阴县出这样新鲜事,无故净丢二十多岁的小伙计,若是小孩丢了,说是拍花拍了去。这净丢大人,莫非也叫拍花的拍了去?街市上都乱了,这几天,听说有好几十家丢人的。都告在当官,各处寻找,街上尽是找人的,你说怪不怪?"大众正在议论之际,只见外面一声:"阿弥陀佛!"只见由外面进来一个和尚。淡黄脸膛,有二十多岁,手里托着簸箩,里面有绿豆,往各桌上抓施舍,只给三四十颗。

书中交代,这个和尚就是月空的徒弟,叫豆儿和尚拍花僧月静。他这豆儿有麻药,叫吃三四十粒不怎么样,只要一过五十粒,药劲一发散开,这个人就得迷糊。他一天只拍一个,不定由哪拍,大众也不理会他。拍了人给慈云观送了去,都要年轻力壮的,到慈云观就不叫出来。今天和尚又来到酒铺,打算拍人。按各桌上给一绿豆,济公说:"才来吗?"月静一看是个穷和尚,豆儿和尚说:"早来了,大师傅。"济公说:"我来了半天了,你给我点豆儿吃,可得过五十粒,少了可不行。"豆儿和尚一听这话一愣,连忙抓给济公有三十多粒豆子,济公说:"不够!"自己伸手就抢了一把。豆儿和尚心里说:"你一吃就迷糊!"心说:"我拍他这疯疯癫癫的做什么?也罢,等他迷糊了,我把他带出城,到没人的地方,将他推在大江里就完了!"心中想着,见济公把豆儿都吃了嘴里,自言自语说:"这豆儿怎么不灵呢?不是五十多颗就行了吗?我吃了有一百颗还不怎么样,你再给我点吧。"豆儿和尚一听这话,吓得心里直跳,恐怕给明说出来。心中暗想道又给济公抓了一把,心说只要把他迷糊过去,省得他满嘴胡说,坏了我的大事。济公又吃了好几十粒,说:"我吃了有一百五六十粒,还是不行,你再给我吃点。"豆儿和尚赶紧又给抓了一把,见穷和尚吃下去,一打冷战,两眼发直,不言语了。豆儿和尚一想:"必是迷了。"赶紧把济公酒钱也给了,说:"掌柜的,这是我们庙里疯和尚,我把他的酒钱给了,我带他走。省得他发了疯病,打人骂人。"掌柜的说:"是。"大众也不理会。豆儿和尚往外走,济公站起来一声不言语,随后就跟了一直出了西门。

豆儿和尚心中想要把穷和尚推在江里就完了,正往前走着,济公在后面一声喊嚷:"站着!"把豆儿和尚吓了一哆嗦,立刻站住,说:"不是迷糊过去了吗?"济公说:"没有,我为是叫你给我的酒钱,你不是拍花了吗?"月静说:"你怎么知道?"济公说:"我们专门拍花的。"豆儿和尚说:"怎么你拍花的?"济公用手一指,口念:"唵敕令赫!"豆儿和尚迷糊了。济公头里走,他后头就跟着,济公一高兴,把他扛起来,走街市上过。路人一看,说:"和尚化缘有打锣的,有拉大锁的,没见过扛着和尚化缘的。"济公说:"不开眼,少说话,我们庙里搬家,大和尚搬运小和尚。"大众一听,这倒新鲜。

和尚扛着拍花僧,来到盆底坑,正碰见雷鸣、陈亮、众官人押解着郑天寿、月空。济公把月静也交与官人,雷鸣、陈亮给师傅行礼,大众一同来到江阴县。高国泰立时升堂,给济公在旁边搬了座位,将三个贼人带上堂来。月空、月静、郑天寿也明白醒过来,高国泰一拍惊堂木说:"你等姓甚名谁?快说实话!"郑天寿从头至尾一说,把高国泰惊得目瞪痴呆。不知后事如何,且看下回分解。

第一百八十五回　解强盗同至常州府　为故友涉险入贼巢

话说高国泰升堂一讯问,这三个贼人一看已然到了公堂之上,济公在旁边坐料想不招也不行。郑天寿说:"老爷不便动怒,我实话实说。小人姓郑,名叫郑天寿。我同这两个和尚,都是慈云观祖师爷差派出来,叫我给他们诓人。"高国泰说:"慈天观是怎么一段事?"郑天寿,说:"慈云观有一位老道,叫赤发灵官邵华风,他有一宗宝贝,叫乾坤子午混元钵。那里面有五殿真人,有三十二位采药仙长,三十二位巡山仙长,三十二位候补真人,有薰香会上三百六十位绿林人,在外面有七十二座黑店,五百只黑船。不久祖师爷要起首,夺取大宋江山社稷。"高国泰一听就愣了,问说:"我们西门外八里铺,窗门户壁未动,杀死两条人命,盗去黄金百两,可是你做的?"郑天寿说:"不错,是我小人做的。我夜晚去盗窃,他瞧见一嚷,被我将他杀死。"高国泰又问两个和尚,这两个人亦都实话实说了。高国泰当时吩咐把他三个人钉镣入狱,和尚在旁说:"老爷你别要把他们入狱,这几个贼都会邪术,要跑了你也耽不起。我和尚所为常州府慈云观这件事来的。你赶紧坐轿,我和尚帮你解到那常州府去,连假道姑崔玉一并。你把差事交到上宪,就没你的事了。"高国泰说:"甚好。"立刻传两顶轿,给雷鸣、陈亮备两匹马,手下官人俱各带兵刃,把四个贼人带上三件手铐脚镣,装在车上,前后有人把着。

高国泰先请和尚上轿。和尚一上轿,把轿底蹬掉了,高国泰也不知道,上了轿,抬轿的也没瞧见,搭起轿子走,和尚在轿子里跟着跑。街上人一瞧,道:"这可新鲜,四个人抬轿子,怎么十只脚呀?"大众直嚷。高国泰在轿子里坐着,听着草鞋底"梯他梯他"直响,赶紧吩咐住轿,高国泰下了轿一瞧,和尚在轿子里露着两只脚。高国泰说:"圣僧这是怎么一段事?"和尚说:"你真冤苦了我,难为老爷这两只厚靴子,要没把靴子头跑破了。我瞧还没有走着舒服,跑快了头里挡着,跑慢了后头兜着,累了我一身汗。我可不坐这轿了。"高国泰一看和尚坐的轿子没有底,说:"这是怎么的?你们这些轿夫混账!"众轿夫说:"我们也不知道,怪不得抬着真轻呢!"高国泰说:"快来给圣僧换马。"立刻有人给和尚拉过马来。和尚骑上马,大众押解差事,来到常州府。有人往里一回禀,提说:"江阴县知县同济公押解四个叛逆前来禀见。"知府一听是济公,赶紧吩咐有请。这位知府本是新由绍兴府调过来的,就是顾国章顾大老爷,前者济公在白水湖捉过妖见过,故此今天赶紧有请。

高国泰同济公带着雷鸣、陈亮来到里面,一见顾国章,彼此行礼。高国泰回禀上宪,把公事交代清楚。顾国章说:"贵县先请回衙办公。"高国泰告辞去了。顾国章说:"圣僧四位徒弟,哪两位呢?"济公说:"那两个人没跟我来。老爷升到这里,贫僧特来道喜。"顾国章说:"圣僧说哪里话来。弟子到时,常想念圣僧。"和尚说:"老爷升到常州府,声名如何?"顾国章说:"我自己也不知道。"和尚说:"在你该管地面,有无数的邪教叛逆啸聚,不久就要起事,你还不赶紧责拿?将来要一起首,你的地面耽了的了吗?"顾国章说:"弟子一概不知,哪里有反叛?圣僧指示我一条明路。"和尚说:"常州府正西,平水江卧牛矶,有一座慈云观。有一个老道,叫赤发灵官邵华风。他召集了无数的贼人,在外害人诓人,将来不久就要造反。"顾国章说:"这话当真?"和尚说:"你把这几个贼人带上来一问,你就知道了。"顾国章立刻传伺候升堂,吩咐把江阴县解来的贼人带上来,立刻将四个贼人带上公堂。顾国章说:"你等都是哪里人?"四个贼人各通名姓,鬼头刀郑天寿说:"回禀大人,我四个人都是一处的,都是慈云观祖师爷差派出来的。"顾国章说:"慈云观共有多少人呢?"郑天寿说:"要说人多难以尽述,尽说有能力的,就够好几百。有五殿真人,有三十二位采药仙长,三十二位巡山仙长,三十二位候补真人,三百多绿林人,在薰香会的,外有七十二座黑店,五百只黑船,人是多了没有数。"顾国章一听,说:"圣僧,这件事可怎么办?贼人势派大了。"和尚说:"太守,你不必着急,我和尚所为这件事来的。"

正说话,只听外面一声喊嚷:"无量寿佛。"手下官人上来回禀,说:"外面来了一个老道,来找济公长老。"顾国章说:"什么人?"和尚说:"要办慈云观这件事,就应在此人身上。"书中交代,来者是谁呢?这内中有一段隐情。只因前者济公捉拿华云龙之时,有玉山县的两个人追云燕子姚殿光、过度流星雷天化,这两个人在半路上要抢劫差事,打算要救华云龙,没救了。后来一访问,才知道华云龙在临安城为非作恶,镖伤三友,种种不法,罪大恶极。姚殿光说:"雷贤弟你我不必管了。"二人这天走在鲍家庄,雷天化说:"兄长你我瞧瞧鲍二哥去。"这鲍家庄住着一位绿林人,叫矮岳峰鲍雷,也在玉山县三十六友之内。姚殿光、雷天化二人,这天来到鲍雷的门首,一叫,老管家鲍福由里面出来了,认识这两个人。鲍福连忙行礼,说:"原来是姚爷雷爷,一向可好?"姚殿光说:"承问承问!你家大爷可在家里?"鲍福说:"二位休提,我家大爷提不得了。"姚殿光说:"怎么?"鲍福说:"你们二位不知道,我家大爷归了慈云观,竟真是疯了,永不回家来,把老太太也想病了。我去找他去,我家大爷说的真不像话,他道他已然出了家了,要成佛做祖,不管在家的事了。劝他不行,连家都不要了。现在老太太病得甚是厉害,想我家大爷想病的。"

姚殿光、雷天化二人一听,说:"这事可新鲜,我们到里面瞧瞧老太太。"管家说:"好。"立刻带着姚殿光、雷天化来到里面,一见鲍老太太在床上躺着,病体沉重,形容枯槁。姚殿光、雷天化说:"老伯母,你老人家这是怎么了?小侄男二人来瞧你来的。"老太太一翻眼,看了一看,原来是儿子两个拜兄弟。老太太二目垂泪,叹了一声,说:"老身是不行了,家里没有德行,你鲍二哥归了慈云观,疯了,家里老娘妻子他都不要了,你们看这可怎么好?我跟前又没有三个两个,就是他这一个忤逆子,他把家抛了,我鲍氏门中断绝了香烟,我这病是好不了。"姚殿光、雷天化一听这话可惨,说:"我鲍二哥他素常是个明白人,怎样会做出这样的事来呢?老伯母不要伤心,我二人去找我鲍二哥去。我们见了他,劝劝他,把他劝回来就得了。"老太太说:"你二人真能把他劝回来,我烧高香,我的病或许好得了。"姚殿光说:"伯母请放宽心,我二人自有道理。鲍福你来告诉我们,说你家大爷在什么地方住着?"管家说:"在常州府正西平水江当中,有一座山叫卧牛矶,那一座山上有庙叫慈云观,那庙里有一个老道叫赤发灵官邵华风。你们二位去,不定进得去进不去。再说就满打见着我家大爷,也未必你们二位能劝了他,他说他现在封为镇殿将军了,谁劝他,那算白说。"姚殿光说:"瞧罢,我二人尽力所为。实在不行,那也无法。"二人当时告辞。出了鲍家庄,二人尽其交友之道,顺大路狂奔常州府而来。

这天正向前走,只见对面来了一个人,骑着一匹白马,鞍镫新鲜,看这人头戴粉绫缎软帕包巾,身穿粉绫缎团花大氅,衣服鲜明。来到近前,滚鞍下马过来行礼,说:"原来是雷爷、姚爷。"姚殿光二人睁眼一看,"呀"了一声。不知来者是谁,且看下回分解。

第一百八十六回　　逢贼党述说慈云观
　　　　　　　　　入虎穴有意找盟兄

话说姚殿光、雷天化正要奔慈云观,在道路上碰见一个骑马的。这人下马,赶上前一行礼,姚殿光、雷天化二人一看,认识这个人。原来当初是绿林中踩盘子的小伙计,姓张叫张三郎,外号叫双钩护背。今天姚殿光一看,说:"张三郎,你发了财了?你在哪住着呢?"张三郎说:"我现在慈云观呢!当五路的督催牌。"姚殿光说:"你在慈云观,我跟你打听个人,你可知道?"张三郎说:"不用说,你们二位必是打听矮岳峰鲍雷,对不对?"姚殿光说:"不错,你怎么猜着了?"张三郎说:"我知道你们二位是跟鲍雷拜过兄弟,我常听鲍爷说起你们二位。"姚殿光说:"他此时在慈云观,是怎么一段事?"张三郎说:"人家这个时节位分大了,在慈云观封为镇殿将军。你们二位要去找他,我告诉你们,二位可别由前山进去。前山牛头峰山有镇南方五方太岁孙奎,带着四员大将镇守,你们也进不去,找人也不行。要去,奔卧牛矶的后山。这座山头里占六里,北面宽有十二里。你们二位顺着平水江一直往西,过了桃花渡口,有一座孤树林,那里靠着有一只小船,有四位该值的头目,专伺候我们合字绿林的人。你们二位在那一捏嘴,一打呼哨,他就过来。你们一上船,不用说话,他就把你们渡到卧牛矶后山码头去了。有二十多里的水面,你们下了船,爱给多少钱给多少,他也不竞争,不给钱都行。那山坡上有几间屋,你们要坐坐喝茶都行。要上山一直往南,瞧见东西的一道界墙,高有一丈六,没有门。你们二人蹿上墙去,可别往下跳,地下瞧着是平地,可尽是削器埋伏。你们站在墙上,看里面有五个亭子,离一百二十步远,一个当中亭子,有一块汉白玉,你们二位跳在汉白玉上,走当中那一条小路,可别走错了。一直往南,有三间穿堂的过厅,那屋里有桌椅条凳,也没人看着,只要你们往椅子凳子上一坐,那就有人来。凳子椅子都有走线,是绿林人买薰香蒙汗药,都在那里买。找人有人来给通知。外人也不知道,也不进去,到不了那里,生人进去,就叫埋伏拿住。你们二位记住了,去找鲍雷去吧,咱们回头见,我办公事去。"姚殿光、雷天化一听,心里说:"好险要的地方!幸亏有人告诉明白。要不知道,前去就得闹出乱来!"姚殿光说:"张三郎你上哪去?"张三郎说:"我当五路督催牌,是咱们合字各处的催饷传信都归我办。"姚殿光说:"你去吧。"张三郎上马去了。姚殿光:"雷贤弟,你听慈云观这里势派大了,大概必是要造反。"雷天化说:"咱们到那瞧瞧,见着鲍二哥,能劝得了更好,实在劝不了,那也无法,你我尽到心了。"

二人说着话,过了桃花渡口打听,来到孤树林看,果然有只小船靠着。二人一打呼哨,由船里出来四个水手,说:"合字吗?"姚殿光说:"合字。"水手说:"上船吧。"二人立刻上了船,当时撑船就走,一直往南,来到卧牛矶山坡头靠了船。姚殿光掏了一块银子给了水手,真是并不争竞。二人下了船,顺着山道上山,往前走了三里之遥,见东西的一道界墙,高有一丈五六。二人蹿上墙去一看,里面的甚是宽阔,果然有五个亭子。二人奔当中亭子蹿下去,走正当中小路。往前走了有半里之遥,抬头一看,是三间穿堂的过厅。屋里有三张八仙桌,有椅子机凳,并没有人,就在凳子上一坐。只见穿堂南院由东西配房西房屋中出来一人,头戴翠蓝六瓣壮士帽,身穿蓝箭袖袍,三十多岁,两道细眉,一双三角眼,一脸的白斑。来到过厅,说:"二位来了!"姚殿光说:"辛苦辛苦!"这人说:"二位贵姓?"姚殿光说:"我姓姚,他姓雷,未领教尊驾贵姓?"这人说:"我姓甘,名叫露渺。二位尊字大号,怎样称呼?"姚殿光、雷天化各通了姓名,甘露渺说:"久仰久仰!二位是来此买薰香蒙汗药,是有别的事?"姚殿光说:"我们到这里来找人,有一位矮岳峰鲍雷,他在这里?"甘露渺说:"不错。"姚殿光说:"烦劳尊驾,传禀一声,就说我二人前来找他。"甘露渺说:"是,二位在此少候,我去给通禀。"说罢,仍转身出去,奔西厢房。

工夫不大,只见由西厢房出来了四个道童,都在十四五岁,都是发挽牛心,别着金簪,蓝绸子道袍,手里打着金锁提炉。再一看,有四个人搭着一把椅子,上面坐着是矮岳峰鲍雷,头上紫缎色六瓣壮士帽,上按六颗明镜。鲍雷原是五短身材,身高五尺,田字体,紫脸膛,粗眉环眼,身上穿着蓝色绸箭袖袍,腰系鹅黄丝鸾带,薄底靴子,闪披一件紫缎色团花大氅,来到穿堂员过厅,姚殿光、雷天化一看鲍雷大模大样,二人忙上前行礼,说:"鲍二哥一向可好?"鲍雷大不似从前,见了故友,并没有一点亲热的样子,说:"原来是你二人,来此何干?"姚殿光说:"二哥,我二人是由鲍家庄来。我二人原本是瞧看兄长,听说兄长没在家,老太太想你想的病了,甚为沉重。我二人特意找你,你还不到家里去瞧瞧老太太去?"鲍雷说:"你二人真胡说,我已然出了家,不管在家的事了。"姚殿光说:"兄长你是个明白人,怎么这样糊涂了?老娘乃生身的母亲,你莫非不要了?"鲍雷说:"我已然出了家,不久要成佛做祖,不管他们在家的事了。"姚殿光说:"兄长你不回家,家中嫂嫂岂不守活寡?再说也没人照应。"鲍雷说:"那是阳世之间搭伙计,不算什么。"姚殿光说:"哥哥你这话是疯了吗?至亲者莫过父子,至近者莫过夫妇。嫂嫂你也不要了,孩子你莫非也不要了?"鲍雷说:"唉,那是讨债鬼。什么叫儿子?你两个人全不懂。"姚殿光、雷天化一听,这番不像话,说:"二哥你在这里有什么好处呢?兄弟自己不要胡闹。依我二人说,兄长别想不开,还是回家去吧。不然老太太想你,病越想越厉害。"鲍雷说:"你二个人满嘴胡说,我不久就要成仙得道,谁管他们这些事情!"姚殿光说:"世上神仙自有神仙做,哪有凡夫俗子做神仙的?"鲍雷说:"就做了神仙,不信你跟我去瞧瞧。"姚殿光、雷天化说:"可以,我二人开开眼,瞧瞧你在这里怎么成仙?"

鲍雷叫人带着姚殿光、雷天化二人,奔西配房,也是穿堂门。鲍雷仍坐着椅子,四个人搭着,曲曲弯弯走了许多的门,来到一所院落,是四合房。来到北中房屋中坐落,姚殿光说:"这地方就是住神仙的吗?"鲍雷拿出两粒药丸来,说:"给你两个人每人一粒仙丹吃了，能化去俗骨。"姚殿光说："我们不吃。"鲍雷说："你二人既来了，不用走了。祖师爷早就提说，叫我约玉山县众朋友，今天你们自己来了，这也倒好。"姚殿光说："你不必，你瞧着这里好，我不愿意。你不听劝，我们要走了。"鲍雷说："你两个人哪里走呀？这庙里只许往里进人，不许往外出人。前首有秦元亮来找我，我不叫他走，他一定要走，被我把他拿住。我念其朋友之道，没肯杀他，幽囚起来，那时他应了归降，我把他放开。你两个人不要不知自爱，少时我也把你两个人幽囚起来了。"

那姚殿光、雷天化一听这话，气往上撞，说："鲍雷，你太不懂交情，我二人来找你，是一番好意。你归了慈云观，连父母都不要了。为人子不孝，为臣不忠，为兄弟定然不义，交朋友定然不信，你还叫我们归降？凡事得两相情愿，我不愿意归你。"说着话两人站起来就走，鲍雷哈哈大笑，说："没人带着你两个人，焉能出得去？"话音未了，姚殿光、雷天化走到削器上，被绊腿绳绊倒。鲍雷吩咐手下人缚了，这两人气得破口大骂。大约二位英雄难得活命，且看下回分解。

第一百八十七回　刘妙通有心救好汉
　　　　　　　　　济长老写信邀英雄

话说姚殿光、雷天化二人被获遭擒，二人气得破口大骂。鲍雷吩咐叫人看守着他，立刻回禀了正殿真人赤发灵官邵华风。立刻前殿真人长乐天、后殿真人李乐山、左殿真人郑华川、右殿真人李华山五殿真人升了座位，手下一干众人都在两旁边排班站立，邵华风吩咐将姚殿光、雷天化搭上来。这两个人被捆着来到大殿前，一看，见上面坐定五位真人，头前有十六个道童，打着金锁提炉，真是香烟缭绕，两旁站着无数的老道，也有俗家，高高矮矮，胖胖瘦瘦，老老少少，面分青红赤白紫绿蓝，都是四野八方的山林海岛的盗寇。正殿真人邵华风口念"无量寿佛"，说："姚殿光、雷天化，你二人休要执迷不悟。山人奉佛祖谍文，玉帝敕旨，降世凡间，所为急救黎民于水火之中。大宋国气数已终，山人乃应天顺人。你两个人跟山人有一段俗缘，奉佛派天差，你二人临凡保护山人，共成大业。将来山人南面称孤，你二人都是开疆辟土的功臣，列土分茅的大将。"

姚殿光、雷天化二人一听，气得颜色更变，破口大骂，说："好妖道，你既是出家人，就应当奉公守法，跳出三界外，不在五行中，一尘不染，万虑皆空。扫地不伤蝼蚁命，爱惜飞蛾纱罩灯。出家人以慈悲为门，善念为本，无故妖言惑众，蛊惑愚民，在这里占山落草。乱臣贼子，人人得而诛之。你家大太爷乃是堂堂正正的英雄，烈烈轰轰豪杰，岂能归降你等这些叛逆？不久皇上家天兵一到，把你等全拿住，碎尸万段，刨坟灭祖，死后也落个骂名千载。你家大太爷既被拿住，杀剐存留，任凭于你。"这二个人破口一骂，邵华风气得哇呀呀怪叫，说："众位，此事该当如何？"旁边有一人叫单刀太岁周龙说："祖师爷，这两个人还留着他？他毁谤你老人家，还不速将他两个人结果了性命！"邵华风立刻吩咐："来人，将他拉到后面去，给我枭首号令！"

旁边过来一位老道，叫董太清。他原本是从前要陷害王安士，也没害成，自己庙也烧了，他投奔到慈云观来。邵华风封他为后门真人，把守慈云观的后门。今天董太清说："祖师爷要把他两个人杀了，岂不便宜他？往后谁只要拼出一死，就敢骂祖师爷了。要依我把这两个人交给我，到后面把他们剐了。再说这两人是玉山县三十六友之内的，跟雷鸣陈亮是拜兄弟，我大兄张太素死在雷鸣之手，我今天把他两个人凌迟了，也算给我师兄报了仇。"邵华风说："既然如此，就派你将他二人结果了性命，随你自便。"董太清吩咐手下人："搭着走！"旁边过来一个老道，说："董道兄，单丝不线，孤树不林，我也跟玉山县的人有仇，我帮你将他二人剐了。"董太清一看，这说话老道是刘妙通。董太清说："刘道兄，你怎么跟玉山县的人有仇？"刘妙通说："我师兄张妙兴五仙山祥云观被他们烧了，我们师傅华清风被济颠和尚所害,我正想报仇雪恨。"董太清说:"好,你我二人去结果他等的性命。"说着,有人搁着头里走,董太清、刘妙通跟随。

来到西跨院,将姚殿光、雷天化放在地下。董太清拉出宝剑说:"我来杀!"往前赶奔,刚一举宝剑要杀姚殿光,他的宝剑尚未落下去,刘妙通由后面手起剑落,把董太清的人头砍下来,随后用宝剑将这二人绳扣挑开。刘妙通说:"你二人快跟我走。"姚殿光、雷天化也并不认识刘妙通,二人跟着他来到后面,蹿出界墙,来到后山江岸。幸喜小船在这靠着,刘妙通同姚殿光二人上了船。船上的人以为是慈云观的人,也不盘问,刘妙通催船快走。姚殿光说:"祖师爷你老人家贵姓?"刘妙通说:"此时没有说话的工夫,下了船有什么话再说。"小船刚到岸北,下了船,只听慈云观乱起来了。原本是刘妙通把董太清一杀,早有人报与邵华风,邵华风派七星道人刘元素、八卦真人谢天机两个老道,急速连刘妙通一并拿回来。这两个道人都有妖艺邪法,就随后就追赶下来,相离也不甚远。两个老道手中仗剑喊嚷:"刘妙通慢走!"这个时节,姚殿光、雷天化说:"了不得了,要跑不了。"刘妙通说:"你二人把眼闭上,"这两个人就把眼闭上。

刘妙通带着两个人,驾起趁脚风,往下一逃。好容易听后面没了声音,大概是离远了,不追了。三个人这才止住脚步,姚殿光、雷天化这才跪倒给刘妙通行礼说:"多亏祖师爷你老人家救命,未领教仙长怎么称呼?"刘妙通说:"我姓刘叫刘妙通,我原是五仙山祥云观的。只因我师兄张妙兴不务正业道,无故兴妖害人,前者济公到余杭县搭救高国泰之时,把我师兄火烧死,连庙烧了。我师傅九宫真人华清风,也不是好人,要炼五鬼阴阳剑,被雷击了。我倒不敢作为非之事,在外面游方,来到这慈云观挂单,不想遇见这些反叛,把我留下,也不叫我走。今天我看你们二位倒是英雄,又是玉山县三十六友的人,故此我趁机会把二位救出来。我有个朋友,叫圣手白猿陈亮,你二人可认识?"姚殿光说:"陈亮是我们的拜兄弟,怎么不认识?"刘妙通说:"这提起来,你我不是外人了,你我一同奔常州府罢。"姚殿光、雷天化二人点头答应。

三人一同来到常州府,打算找一座店住下,盘桓几日,焉想到来到常州府城里就听得市上纷纷传说,言济公长老在知府衙门拿了慈云观几个贼人,要帮着知府老爷办这件事,大概这个乱不小。刘妙通一听说:"这可活该,原来济公长老来了。我算计这件事,济公就得来,非他老人家办不可。二位我们一同见见济公去好不好?"姚殿光、雷天化说:"好,我二人前者为华云龙,无意把济公得罪了。他老人家既在这里,我们一同去拜访圣僧去。"三人这才一同到知府衙门。刘妙通口念:"无量佛,"说:"烦劳众位到里面通禀一声,就提我叫刘妙通,同姚殿光、雷天化前来拜见济公!"

当差人往里一回禀,知府顾国章说:"圣僧,是谁来找你?"和尚说:"雷鸣、陈亮出去把他们让进来。"雷鸣、陈亮二人来到外面一看都认识,连忙行礼。姚殿光说:"陈雷二位贤弟在这里甚好。"陈亮说:"三位请里面去吧!济公在这里。"大众一同来到里面。刘妙通、姚殿光、雷天化给和尚行礼,见过知府。刘妙通说:"圣僧你来了好,现在这个乱大了。"和尚说:"你不用说,我都知道。你三人来了好,我烦你三个人办点事。"三人说:"师傅有什么事,只管吩咐。"和尚要过笔来,写了字柬,拿了一块药,说:"姚殿光、雷天化,你二人先去到陆阳山莲花坞,请金毛海马孙得亮、火眼江猪孙得明、水夜叉韩龙、浪里钻韩庆,叫他四人急速前来,帮着我办慈云观。然后你二人拿我这块药,照我这字柬行事。"姚殿光、雷天化二人点头,即刻告辞知府。顾国章说:"二位壮士,何妨吃杯酒再走了?"姚殿光说:"大人不便费心,回头再见。"这二人竟自告辞去了。

和尚说:"刘妙通,你赶紧狂奔八卦山松阴观,请坎离真人鲁修真前来,这件事非他来办不可。"原来邵华风当初他是鲁修真的徒弟,他盗出乾坤子午混元钵,来到这慈云观,又拜马道玄为师。刘妙通也遵命去了。顾国章说:"圣僧,这件事贼人势派太大了,甚不易办。"和尚说:"等孙得亮他们四个人来,先把贼人的五百只截江贼船破了要紧。水面的贼人甚为猛烈。官兵不习水战,先破了贼人的船,然后再调官兵。我帮你破慈云观。"和尚在衙门住着。守了几天,这天有人进来回禀:"外面来了四个人，求见圣僧。"和尚哈哈一笑："这几个人一来，要破慈云观易如反掌。"不知后事如何，且看下回分解。

第一百八十八回　四雄奉命探长江
妖道施法捉侠义

话说济公禅师在知府衙门等候，这天有人回禀，外面来了四个人求见。和尚吩咐让进来。工夫不大，只见由外面进来了四位英雄。顾国章抬头一看，头一位，这人身高七尺以外，细腰扎背，头上戴银红色六瓣壮士巾，上按六个明镜，迎门一朵素绒球秃秃乱晃，鬓边斜插一枝守正戒淫花，身穿一件银红色箭袖袍，腰系鹅黄丝鸾带，薄底靴子，闪披一件西湖色英雄大氅，面似淡金，粗眉大眼，准头端正，颏下无胡，正在英雄少年，这位正是金毛海马孙得亮。第二位头戴粉绫缎六瓣壮士冠，上按六颗明镜，也是插着戒淫花，身穿粉绫绸窄领瘦袖箭袖袍，周身走金线掏金边，上绣三蓝牡丹花，腰系丝鸾带，套玉环，佩玉佩，单衬袄，薄底靴子，外罩一件粉绫缎英雄大氅，周身绣花团朵朵，面似银盆，雅如美玉，双眉带煞，一双金眼叠暴，这位是火眼江猪孙得明。第三位翠蓝褂，也是壮士打扮，淡黄的脸面，细眉朗目，这个就是水夜叉韩龙。第四位穿青布褂，身高九尺，正如半截黑塔一般，粗细环眼，这位就是浪里钻韩庆。知府一看，这四个人都是仪仪表非俗。和尚说："四位来了！"这四个人连忙行礼，说："圣僧久违少见。"和尚说："四位坐下。"四个人见过知府，雷鸣、陈亮彼此叙礼已毕，众人告了坐。

和尚说："你们四个人来了甚好，我和尚特为请你们四个人有事奉烦。"孙得亮说："我四个人也听见姚殿光、雷天化提了，皆因慈云观的事情。圣僧有何吩咐，叫我四个人做什么，圣僧只管说，我等万死不辞。"和尚说："别的不用你们，就是卧牛矶前山牛头峰下，有贼人的船五百只，你们四个人能把拦江绝护网、滚龙挡刀轮船只给毁了，就算你等奇功一件。这件事别人办不了，就烦你四个人给办这件事。"金毛海马孙得亮等四人点头答应，说："圣僧吩咐，这乃小事。我四人这就告辞，圣僧听信吧！"

四个人立刻出了知府衙门，找了一个酒饭馆子，吃了点饭。候至天黑了，给酒饭账。四个人出来，一直顺江岸往西。离卧牛矶不远，四个人把水师衣靠打开，把白昼衣脱下来，用包裹包好，拿油绸子一裹系在腰间。四个人都换上分水鱼皮帽，日月连子古水衣水靠，油绸子连脚裤，香河鱼皮岔。收拾停妥，顺江岸落水，四个人浮水往前走，来到牛头峰以前抬头一看，这座山口坐北冲南，东西两座牛头峰，其形似牛角一般，东西两座水师营，正当中有浮桥，都是明分八卦，暗合五行。晚间有灯笼分为五色，按着东方甲乙木是蓝灯笼，西方庚辛金是白灯笼，南方丙丁火是红灯笼，北方壬癸水是黑灯笼，中央戊己土是黄灯笼。就听里面来往有人巡更走筹，梆锣齐发。金毛海马孙得亮、火眼江猪孙得明、水夜叉韩龙、浪里钻韩庆四人看够多时，见些船只紧抱山跟以下，要由山里出来人，也得坐船过浮桥大关，由外面进去，船也得由这里过。四个人沉身落水，睁眼一看，当中水寨门以下，当中有拦江绝护网，两旁边有半鱼头的刀轮。要有会水的人，由水面一钻，就被拦江绝护网拿住，要碰在刀轮上，轻则就得受伤，重则就得废命，非得从此走过不去。金毛海马孙得亮看明白，他手中使的是一口折铁钢刀，能够斩钉剁铁，孙得亮一看那网，是绒绳做的，慢说是人，连大鱼都拿得住。孙得亮慢慢用刀把绝护网割了一个大窟窿。四个人俱都钻进去，钻上水来露着半截身一看，贴着船往前狂奔。孙得亮说："三位贤弟，今天济公派我们这点小事，他老人家从没求过你我。前者抢劫差船，被他老人家拿住，圣僧有好生之德，复又把你我放了，总算待你我恩重如山。现在我们几个人，净把贼人的船坏了，这点小事不算露脸，一不做，二不休，今天我们倒得努努力，既来捣巢，把赤发灵官邵华风的人头带回，也叫济公长老看看，不枉你我几个人来一场。"孙得明三人点头，说："咱们瞧事做事吧！"

国学经典文库

中国二十大名著

济公全传

图文珍藏版

四个人在暗中瞧探、各船上窃听，抬头一看，见有一只大船在当中，上面有大黄灯笼，上面写着一个孙字。四个人料想这必是中军。来至切近，隔着窗户往里一看，里窗灯光明亮，正当中坐定一人，头戴紫色缎六瓣软帕巾，身上穿紫箭袖袍，腰系丝鸾带，外罩紫色缎一件团花大氅，紫红的脸膛，长得凶眉恶目，一脸的怪肉横生，押耳黑毛。旁边坐定一人，头上青壮帽，皂色缎箭袖，黑脸膛，浓眉大眼，花白的胡须。书中交代，这个紫脸的就是镇南方五方太岁孙奎，这个黑脸的叫净江太岁周殿明。两个人正在谈话，就听周殿明说："孙大哥，今天祖师爷传下谕来，你可知道？"孙奎说："甚谕？"周殿明说："常州府衙门对门有一座五福居，那是咱们慈云观开的，常州府衙门有什么事，酒铺就来给祖师爷送信。今天有人来送信，提说我们合字有几个人被江阴县拿住，有西湖灵隐寺济颠僧押解来到做常州府，叫祖师爷早做准备，恐其济颠要跟我们为仇做对。祖师爷叫我们昼夜多加小心留神，要有什么动作，赶紧报与祖师爷知道。"孙奎说："贤弟你多此一虑，咱们这座卧牛矶慈云观不亚是铁壁铜墙，天罗地网一般，一人把守，万夫难过。水旱两路能人辈出，祖师爷有乾坤子午混元钵，这宗法宝就能挡几万官兵。再说众位真人，都是神通广大，法术无边。就即便有官兵来，都是凡夫俗子，也不足为论。除非有天兵天将临凡，要打算破慈云观，势比登天还难。"周殿明一听，说："兄长言之有理，可有一节。凡事不可大意，总以小心为妙。岂不知'泰山高矣，泰山之上还有天；沧海深矣，沧海之下还有地'。人外有人，天外有天。做事胆要大而心要小，智要圆而行欲方，见狸猫而当虎看，方保无虞。"

金毛海马孙得亮四个人听得明明白白，孙得亮用手一拉这三个人，来到无人之处。孙得亮说："三位别拿他们，打草惊蛇。这些东西俱都是无名小辈，就把他们杀了也不算什么。今天来到这里，不入虎穴，焉得虎子。畏首畏尾，焉能成事？你我狂奔慈云观去找赤发灵官邵华风，把他杀了，你我也人前显耀，鳌里称尊。"四个人真是艺高胆大，浮水来到北山坡，上了岸，一直往北走了十数里地。只见眼前是慈云观的大门，墙高一丈七八，周围占三十六里。四个人一看，有两旁的脚门，不敢奔迎面去。由东南角蹿上界墙，往里一看，房子真有七八百间。四个人蹿房越脊，各处哨探，见有一个院子东西两溜房都是单间，北房南房也是一大溜，各屋中都有灯光。四个人跳在院中一窥探，各屋中俱都是妇人女子，都是二十多岁三十以内，没有上年岁的。有唉声叹气的，有悲悲惨惨的，有哭哭啼啼的。这个说："我是叫卖花婆把我拍来的，一家骨肉不能见面。"那个说："我是道姑把我拍来的，也不知怎么迷迷糊糊，来到这里。到了这里也出不去，如同坐监一样。"这五六百妇女都不明白，糊里糊涂在这里住着。

四位英雄一听，种种不一，说的可惨。四个人复又上房，探来探去，来到一所院落。见院中灯光明亮，北上房挂着四个纱灯，里面坐着一个紫脸的老道，花白胡须，气度不俗，有四个童子伺候。四位英雄料想必是邵华风。四个人并不认识邵华风是什么样，胆子也真不小，各拉兵刃蹿下来，打算闯进屋中，就凭一个老道，还怕什么？焉想到四个人刚一跳下来，老道呵了一声，说："好大胆！"站起身出来，用手一指，说声"敕令！"把四个人俱皆定住，老道吩咐缚了。四位英雄今日来到龙潭虎穴，被获遭擒，大概难逃活命，且看下回分解。

第一百八十九回　邵华风升殿问豪杰　小悟禅一怒找妖人

话说金毛海马孙得亮四位英雄来到慈云观，瞧见一个紫面的老道，只打算是邵华风呢。四个人拉刀下来，就被老道用法术制住。其实这个老道还是慈云观的无名小卒，他姓董叫董云清，外号叫妙道真人。当初他原本是坞镇龙王庙的，来在这慈云观，认邵华风为师，派他管妇女营的外围子，他也会点法术的工夫。这四个人都是艺高胆大，被老道妖术邪法制住，老道手下人把四个人绑住，说："好大胆量！

四个刺客是哪里来的?"孙得亮说:"妖道,你要问,大太爷是陆阳山莲花坞的。"董云清说:"你们四个人是陆阳山的不是罢? 陆阳山的当家的,跟我们祖师爷是拜兄弟,挚友交情。我且问你陆阳山的当家的叫什么?"孙得亮说:"叫花面如来法洪。"董云清说:"对呀! 你四个既是陆阳山的,来此何干? 是怎么一段情节?"孙得亮本是个直人,说:"妖道,我告诉你,你也不用说交情。我等虽在陆阳山,我们在莲花坞可是跟法洪不是一般,我们是奉济公长老之命,前来杀你这杂毛老道,你就是赤发灵官邵华风吗?"老道说:"我山人乃是妙道真人董云清,原来你这几个小辈是前来行刺! 好好好,来人把他四个人看起来,等候天亮,我回禀祖师爷,任凭祖师爷发落去!"立时有人看着四位英雄。等到天光已亮,董云清叫人搭着四个人去回禀了邵华风。

当时五殿真人升了座位,吩咐将刺客带上来。这四个人一看,见赤发灵官邵华风,头带鹅黄色莲花道冠,身穿鹅黄色道袍,上绣乾三连坤六断离中虚坎中满,当中太极图,老道是赤发红须,蓝靛脸,长得凶如瘟神,猛似太岁。这四个人破口大骂。赤发灵官邵华风说:"你这四个鼠辈,休要这等无礼! 你等姓什么? 叫什么? 是哪里人? 为何前来行刺? 趁此说实话! 你家祖师爷跟你往日无冤,近日无仇,生而未会,面不相识,究系被何人主使前来? 只要你等说出道理,祖师爷有好生之德,饶你等不死!"金毛海马孙得亮立刻把眼一瞪,说:"妖道,你要问你家大太爷,行不更名,坐不改姓,我乃陆阳山莲花坞的人,这是我一个拜兄,叫火眼江猪孙得明,那是我的两个拜弟,叫水夜叉韩龙,浪里钻韩庆。皆因你等为非作恶,使出贼人各处拍花,各处设立贼船黑店,陷害客旅行商,起意造反,败坏妇女的名节,拆散人家骨肉,杀害生灵,种种不法,济公长老派我等来结果你的性命,给四方除害。乱臣贼子,人人得而诛之。我等既被你拿住甚好,你家大太爷乃堂堂正正的英雄,烈烈轰轰豪杰,大丈夫生而何欢,死而何惧? 来来来,快把你家大太爷杀了,我等死而无怨! 你要把我等幽囚起来,可别说我辱骂你万代。"老道邵华风一听,气往上冲,立刻吩咐:"把他四个人给我推出去枭首号令。"手下人答应。旁边走过一人,说:"祖师爷把他们杀了,岂不便宜他们? 他等既来行刺,情同叛逆,应该把他们剐了。"邵华风说:"也好,既然如是,就派你结果他等的性命!"金毛海马孙得亮一看,说话之人,乃是铁贝子高珍。这四人从前跟这高珍认识,今天高珍一说这话,孙得亮一想:"这小子真是小人得志,癞狗生毛。我等跟他素有认识,他出这样主意,害我们这四个人。"立刻破口大骂高珍。

书中交代,铁贝子高珍,黑毛虿高顺,笑面貔貅周虎,三个人自打翠云峰送陆炳文回家,就把陆炳文押到慈云观来。陆炳文也是报应循环,他女儿叫赤发灵官邵华风收为侍妾,那妻子叫乾法真人赵永明霸占了,把陆炳文打到囚犯营,给众人支使。着他做了一任刑廷,刮尽地皮,得来十数万银子,也被慈云观留下了。陆炳文无故害人,倒都没害成,他自己落了个财两空,死不了活不了,在囚犯营受罪。笑面貔貅周虎同高珍二人来到慈云观就没走,今天铁贝子一出主意,邵华风就派他结果金毛海孙得亮四人。

高珍刚押着四个人走,忽然由外面跑进一个老道来,说:"回禀祖师爷,现在外面来了一个穷和尚,口称是济颠僧,堵着山门破口大骂,点名叫祖师爷出去。我等也没看见这个和尚从哪里来的。"赤发灵官邵华风一听,说:"好,这四个人就是济颠僧主使来的,我料想济颠僧必来,我正要瞧瞧济颠僧是何许人也。把他拿住,问问他因何跟我为仇作对? 来,先暂为把他四个人押起来,等候拿住济颠僧一并再杀。"高珍一声答应,立刻把四人交到囚犯营。管理囚犯营是一个在家,叫义侠太保刘勇。高珍把四个人交给刘勇,回来禀报邵华风。邵华风说:"待我出去捉拿济颠僧。"话言未了,旁边有人答话,说:"祖师爷暂息雷霆之怒。谅此无名小辈,何必你老人家亲身劳动? 待我等出去拿他,不费吹灰之力,易如反掌。"邵华风一看,说话非是别人,乃是乾法真人赵永明、妙道真人董云清。邵华风说:"二位真人要去也好,须要小心留神。"

赵永明、董云清二人立刻同左门真人来到外面。赵永明说:"哪里来的济颠僧,胆敢前来送死?"说着话,来到山门以外一看,并没有人。赵永明说:"济颠僧哪里去了?"左门真人说:"方才站在这里一骂,我就跑进去回禀,也不知道此时哪里去了。也许知道二位真人出来,他不敢见,逃走了。"赵永明说:"也罢,即是他逃走了,便宜他去吧。他如果再来,我必要结果他的性命。"两个老道说罢,转身刚要往里走,听后面一声喊嚷:"呔,好杂毛老道回来!和尚老爷没有走。"两个老道回头一看,见山门外站定一个穷和尚,短头发二寸多长,一脸的油泥,破僧衣短袖缺领,腰系绒绦,疙里疙瘩,穿着两只草鞋,头上有一股黑气。两个老道叹了一声,说:"我打算怎么个济颠僧呢,原来是一个妖精。"

书中交代,来者并非是济公禅师,乃是小悟禅。小悟禅自从前济公法斗昆仑子,老仙翁给悟禅一封信,叫他投奔九松山松泉寺,给长眉罗汉灵空长老去看庙。济公不肯带悟禅回临安去,恐他是一个妖精,在天子脚底下多有不便。济公也知道悟禅心地最正,后到下文书,小悟禅成其正果,他也在五百尊小罗汉之内。悟禅在松泉寺,跟着长眉罗汉,习学僧门里的规矩,嘴经念佛,修道学法。这天悟禅忽然跟长眉罗汉说:"我要到临安瞧我师傅去。"灵空长老叹了一声,说:"你不去为是。"悟禅说:"我要去。"灵空长老说:"你要去,现在济公在常州府衙门。你去吧,贫僧也不能拦你。"悟禅临出门之时,灵空长老说:"遭劫在数,贫僧也不能遮拦,逆天行事。"悟禅也并不介意,一晃脑袋,来到常州府衙门。

一见济公,济公叹了一声,眉头紧皱:"唉,你为着什么来?"悟禅说:"我想念师傅,我来瞧你。"知府顾国章嘴快,说:"小师傅来了甚妙,济公正在为难。"悟禅说:"什么事?"顾国章说:"现在拿住几个贼,是慈云观的余党。现在慈云观赤发灵官邵华风势派闹得甚大,方才圣僧请了四个会水的能人,到慈云观去了,先破贼人的船只,尚未见回来。我打算急速调官兵去破慈云观,又怕不行,圣僧也正在为难呢。"悟禅一听,说:"师傅不用为难,我去找他,把杂毛老道拿来。"济公说:"你别去。"一句话没说完,济公一把没揪住,小悟禅一晃脑袋走了。济公叹了一声,说:"他这一去,给我惹这个乱子了。"罗汉爷未到先知,说:"凡事天意,劫数当然。"小悟禅这一来到慈云观,焉想到惹出一场杀身之祸,给济公招出一件大难。不知后事如何,且看下回分解。

第一百九十回　悟禅僧施法救四雄　赤发道法宝捉和尚

话说小悟禅一晃脑袋,来到慈云观,堵着山门一骂,说:"趁早叫赤发灵官邵华风杂毛老道滚出来!就说有灵隐寺济颠僧和尚老爷来也!"把门老道这才进去回禀。赵永明、董云清二人出来和尚没有了。小悟禅并没走,先到慈云观暗中一看,见金毛海马孙得亮四个人正绑着,义侠太保刘勇看着。小悟禅知道这四个人是济公打发来的,小悟禅下去,一口气把义侠太保刘勇喷躺下,把四个人放开,叫四个人闭上眼,悟禅把四位英雄带在江岸。孙得亮说:"圣僧你老人家不来,我等性命休矣!"悟禅说:"我不是济颠,我是济颠徒弟,我叫悟禅。你们四个人赶紧回常州府罢,我师傅还在常州府呢。你们四个人焉能是这些妖人的对手,岂不是白送残生?这个事都有我呢!"说罢,复反一晃脑袋,复又回来。赵永明、董云清出来没找着和尚,刚要回去,悟禅在后面一声喊嚷:"和尚老爷没走,杂毛老道你回来!"赵永明、董云清一回头一瞧,原来是一个穷和尚,头上有黑气,必是妖人。两个老道俱不放在心上,说:"好妖僧,真乃大胆!竟敢这样猖狂,待我山人来拿你!"悟禅说:"你就是赤发灵官邵华风吗?"赵永明说:"你要问山人,我乃乾法真人赵永明是也。拿你这无名的小辈,何用我家祖师爷!"董云清也道了名姓,两个老道各摆宝剑,往前狂奔。悟禅一张嘴,一口黑气,把两个老道俱皆喷倒在地。早有人看见,把两个老道搭着往里去,回禀赤发灵官邵华风。五殿真人一看,说:"这是怎么了?"左门真人说:"被那个穷和尚给喷倒了。"邵华风一听,口念"无量佛",说:"好孽畜,真乃大胆!待我亲身去拿他。"

这句话尚未说完，只见甲马兵库火着起来了。原来邵华风这庙里有两座库，一名甲马兵库，乃是老道炼成的纸人、纸刀、纸刀枪，用符咒炼成的，静等造反的时节，老道用咒一催，能够天昏地暗，日色无光，十万纸人马能够杀人。还有一座阴兵库，是他派人收来的不该死的阴魂。前者七星道人刘元素在小月屯害了好几十个人，还有前殿真人长乐天、后殿真人李乐山同左殿真人郑华川、右殿真人李华山，这五个老道收来的五百阴魂，收在一个火葫芦之内，有符贴着。要用时节，就把葫芦口一拔，咒语一催，能够天昏地暗，阴风惨惨，鬼哭狼嚎，是一座阴魂阵。他这两个库，是对面有一个老道叫赤发真人陆猛看守。小悟禅今天他把董云清、赵永明喷倒，有人往里搭，小悟禅随着进来，见有一个紫脸红头发的老道，看着这两座库。小悟禅下来，赤发真人陆猛说："什么人？"刚要念咒，被小悟禅一口气喷倒，当时就把甲马兵库点着，少时烈焰飞腾。邵华风见火起来，烧了甲马兵库，赶紧叫童子拿了一碗茶来，邵华风果然是神通广大，术法无边，口中一念咒，把茶往空中一泼，当时一阵暴雨，把火浇灭了。邵华风气得"哇呀呀"怪叫如雷，再找小和尚踪迹不见，又有人报拿住的四个人丢了，义侠太保刘勇人事不知，昏迷不醒。邵华风有百草夺命金丹，立刻给刘勇一丸，连赵永明、董云清每人都灌下一丸药去，将众人救醒过来。邵华风说："好妖僧，我山人跟他誓不两立。"

正说着话，有人进来回禀："现在穷和尚又堵着山门骂呢！"赤发灵官邵华风气的颜色更变，立刻吩咐众位真人："尔等随我来！"大众一同尾随着，来到山门以外。睁眼一看，果然门外站定一个穷和尚，头上有一股黑气。邵华风说："好孽障，竟敢这样搅乱我的庙？尔真是前来送死！"小悟禅一看，出来了真有百余人，又见赤发灵官邵华风，头戴鹅黄巾莲花道巾，身穿淡黄色的道袍，上绣乾三连坤六断金八卦太极图，腰系杏黄丝绦，水袜云鞋，背插一口宝剑，绿鲨鱼皮鞘，黄绒穗头，黄绒腕手，真金的什件，手拿蝇刷。小悟禅说："你等这些叛逆之贼，真乃可恼！今天和尚爷爷把你等全拿住，送到当官治罪！"邵华风一听，就要在前狂奔。旁边有七星真人刘元素在旁说："祖师爷你老人家不必动怒，谅此无名的小妖魔，何必你老人家拿他？有事弟子服其劳，割鸡焉用牛刀，待我拿他易如反掌。"邵华风说："你须要小心留神。"刘元素微然一笑说："此乃小事一段！"说罢，拉宝剑赶奔上前，说："来者尔可是济颠僧？"小悟禅说："非也，拿你们这些狐群狗党，何必他老人家亲身前来？我乃济公的大徒弟悟禅是也！皆因你等无故兴妖害人，各处拍花，设立贼船黑店，获罪于天，无所祷也，和尚老爷特来拿你！杀恶人即是善念，你就是赤发灵官邵华风吗？"刘元素说："你家祖师爷乃七星道人刘元素是也！拿你何用我家祖师爷！"说着话，摆宝剑劈头就剁，悟禅就溜闪身躲开，左一剑，右一剑，和尚跑得甚快。刘元素说："好和尚，气死我也！"悟禅说："气死你，你死吧！"老道说："待山人用法宝取你！"悟禅说："好，你把宝贝拿出来我瞧瞧。"刘元素由兜囊掏出一宗物件，口中念念有词，说声"敕令！"就见平地陡起一阵怪风，来了一只斑斓猛虎，摇头摆尾，要咬和尚。悟禅悟禅喷了一口气，把老虎喷起来，现了原形，乃是一个纸老虎。悟禅照老道一喷，这口黑气喷的老道说声："好厉害！"拨头就跑，立刻浑身都肿了，跑到赤发灵官邵华风跟前，刘元素就要栽倒，邵华风当时给刘元素一粒金丹吃下，方能止疼痛，把毒气散了。

八卦真人谢天机说："好大胆妖僧！竟敢伤我的朋友，待山人用宝贝拿你。"说着话，祭起扣仙钟。这种东西，其利害勿论什么妖精，别管有多大的道行，扣上总是现原形。老道瞧出悟禅是个妖精，头上有黑气，故把扣仙钟祭起来。焉想到悟禅可与别的妖精不同，他受过济公的传授，再说他在九松山松泉寺跟灵空长老在一处，又习学各样妙法，此时悟禅能为大长。有这么两句话："鸟随鸾凤飞能远，人伴贤良品自高"，"近朱者赤，近墨者黑。"这话一点不错。八卦真人谢天机这一扣仙钟，往下一落，眼瞧着把小和尚扣在底下，八卦真人谢天机哈哈一笑，说："列位可曾看见了，我打算这妖精有多大能为，据我看来更是无名小辈，被我用扣仙钟扣住了。"赤发灵官邵华风说："谢道兄，你先等等说大话，据我看其中有缘故。方才扣仙钟落下，我只见起了一阵黑风，恐其未必将和尚扣住，你掀开钟看看罢。"八卦真人谢天机说："不能罢？我看见将他扣住。慢说他这小小的妖精，勿论多大的道行，也跑不了。"说着话,立刻把扣仙钟一掀,大众一看,都皆愣了,扣的并不是和尚,把邵华风的小道童扣上了。谢天机"呵"了一声,说:"真乃怪道,怎么就把小童子扣上了?"语音末了,只见小和尚在眼前一晃,说:"和尚老爷焉能让你杂毛老道拿住?"谢天机一看,气往上撞,说:"好妖僧,我看你今天哪里走?"拉宝剑就要砍,小悟禅张嘴一口黑气,照老道一喷,立刻谢天机浑身紫肿,口中喊嚷:"好厉害!"急忙跑到邵华风跟前,邵华风赶紧给谢天机一粒丸子吃了,方才止住疼痛。邵华风说:"你等拿不了这个妖僧,还是山人去拿罢!"

邵华风立刻拉宝剑往前狂奔,说:"好孽畜,真乃大胆!竟敢这样猖狂!待山人来拿你!"小悟禅说:"你就是赤发灵官邵华风吗?"邵华风说:"然也,正是你家祖师爷!"悟禅说:"我正要拿你,你乃是罪之魁,恶之首,拿了你给四方除害!"邵华风立刻用宝剑照悟禅就剁,悟禅一闪身,张嘴就喷。焉想到赤发灵官邵华风真有点能为,口中念定护身咒,并不怕喷。悟禅连喷了几口,老道并不躺下。老道也忙用宝剑,砍不着和尚,邵华风气往上撞,吩咐童子:"取我的乾坤子午混元钵来!"老道就倚仗他这种法宝为镇观之宝。这个乾坤子午混元钵,经过四个甲子,里面有五行真火,勿论什么妖精,装在里面六个时辰化了脓血,就是西方罗汉装上,都能把金光炼散,过不去伽蓝山。老道叫童子把乾坤子午混元钵取来。悟禅也是胆量不小,并不知他这乾坤子午混元钵的利害。焉想到邵华风口中念念有词,把混元钵的盖打开出来,五道光华分为青黄赤白黑,把悟禅一卷卷到混元钵里去。老道把盖一盖,说:"孽畜自来找死,休怨山人!六个时辰将你化了就完了!"众人说:"还是祖师爷佛法无边!"邵华风当时用符咒封上混元钵。大概悟禅要想逃命,势比登天还难。不知后事如何,且看下回分解。

第一百九十一回　鲁修真涉险入慈云　坎离道施智放悟禅

话说赤发灵官邵华风,将悟禅装在乾坤子午混元钵之内,大众立刻回归到里面。邵华风升了殿,把乾坤子午混元钵用符咒封好,说:"六个时辰,他准得化为脓血,这也是他自送残生。"大众说:"还是祖师爷法力无边!"正说着话,只见由外面跑进来左门真人陈本亮说:"回禀祖师爷,外面现有八卦山松阴观坎离真人鲁修真前来要见。"书中交代,鲁修真从哪里来呢?这内中有一段隐情。原本前者济公差刘妙通拿书信狂奔松阴观去请鲁修真,刘妙通拿着书信来到松阴观门首,一叫门,由里面小道童儿出来,刘妙通说:"道兄请了!"小道童说:"你来此何干?"刘妙通说:"我叫刘妙通,奉济公禅师之命,前来禀见真人,有要紧的大事。"小道童说:"你在此少候,我到里面去回禀。"当时来到里面,一见鲁修真,道童说:"回禀祖师爷,现有刘妙通奉济公之命前来禀见。"鲁修真说:"叫他进来。"小道童来到外面,说:"祖师爷叫你进去。"刘妙通一看屋中幽雅沉静,鲁修真在上首椅子上坐定,头戴青布道冠,身穿蓝布道袍,腰素杏黄丝绦,水袜云鞋,面如三秋古月,发如三冬雪,须赛九秋霜,一部银髯。刘妙通赶紧行礼说:"祖师爷在上,弟子刘妙通参见祖师爷!"鲁修真说:"你来此何干?"刘妙通说:"我奉济公禅师之命前来,有一封书信给祖师爷观看。只因赤发灵官邵华风,在慈云观妖言惑众,起意造反,招聚绿林中的江洋大盗,贩卖薰香蒙汗药,使人在外面拍花害人,有七十二座黑店,五百只黑船,济公由常州府叫我前来。"说罢,将书信拿出来,递与鲁修真。鲁修真打开书信一看,上面没字,就是画一个酒坛子,钉着七个锯子,里面书信写的是:

灵隐寺道济字启鲁真人台鉴:日前一别,天南地北,人各一方,实深想念。伏思真人坐守深山,清修古观,乃道高德重之人,近维仙驾起居安燕,阖庙清吉,定如意祝耳!敬启者,令徒赤发灵官邵华风,现在慈云观,招聚绿林贼寇,妖言惑众,起意造反。手下有贼船黑店,贩卖薰香蒙汗药,使人四处拍花,陷害良民,罪莫大焉。贫僧乃世外之人,你我俱不应管尘世之事。无奈令徒大肆招摇,杀害生灵,势派太大。

诛恶人即是善念。今小徒悟禅受邵华风所害,装在乾坤子午混元钵之内,祈鲁真人鹤驾光临搭救!见字切勿耽延,则功德无量矣!余无别述,面见再谢,即请法安!不一。

鲁修真看罢,点了点头说:"济公前者跟我提过此事。刘妙通你就给我看庙,我赶紧就走。我这庙中几个童子,不能掌事。"刘妙通说:"祖师爷请罢,我看庙就是了。"鲁修真当时下了八卦山,驾起趁脚风,展眼之际,先来到常州府衙门。叫官人往里一通禀,济公正同知府在书房谈话,济公赶紧吩咐有请,鲁修真有官人带领来到书房。和尚说:"真人来了?"鲁修真说:"久违少见!"和尚说:"顾大人,我给你引见引见,这是八卦山坎离真人鲁道爷。"知府顾国章跟老道彼此行礼。鲁修真说:"圣僧方才遣刘妙通去给我送信,所有的事我都知道了,圣僧还有什么吩咐吗?"和尚有未到先知之能,说:"现在小徒已被赤发灵官邵华风用乾坤子午混元钵装起来,真人急速去搭救才好。去晚了,小徒悟禅性命休矣!"

鲁修真立刻告辞,出了知府衙门,驾起趁脚风,来到慈云观门首。一声"无量佛",说:"烦劳你等,到里面通禀,就提八卦山鲁修真前来看望。"左门真人到里面回禀,邵华风说:"原来鲁修真来了,按说从先我在八卦山之时,他是我的师傅,现在我已然另投别门,再说不久我得了宋室江山社稷,乃九五之尊,就不能论师徒,先得论君臣礼。"大众说:"祖师爷言之有理。"邵华风说:"有请,我不便迎接他,叫他自己进来。"左门真人陈本亮立刻来到外面,说:"我家祖师爷有请!"鲁修真迈步往里狂奔,一直来到大殿。抬头一看,见赤发灵官邵华风在上面端然坐定,两旁边也有老道,也有僧家,高的高,矮的矮,胖的胖,瘦的瘦,老的老,少的少,真有百余人。鲁修真来到大殿上,邵华风并没离开座位,坐着一抱拳,说:"真人来了,旁边看座!你我也算师徒,现在我不久就要登基坐殿,有九五之尊,先论君臣礼为重,再说我又拜了马道玄为师。"鲁修真并不动怒,在旁边落座,说:"我是前来望看望看你,听说你这里声势甚大,我特来瞧瞧你,倒并无别事。"邵华风说:"我将来面南拜北,封你为护国仙师。"鲁修真说:"好,我听说你有一种宝贝,叫乾坤子午混元钵,你拿出来我瞧瞧。当初这宗宝贝,可是八卦山松阴观镇观之宝,我可没试验过。你且拿出来。我开开眼,见见世面,你可不必多心,并无别意。"邵华风料想给他瞧瞧也不要紧,说:"你要瞧可也行,我现在混元钵里可装着人呢。"鲁修真故作不知,说:"装什么人呢?"邵华风说:"装着济颠和尚的徒弟,是一个妖精,六个时辰就能化为脓血。他无故前来跟我作对,这也是自找其死。真人你要看可别起盖,一掀盖他可就跑了。"鲁修真说:"我瞧瞧什么样儿。"邵华风说:"童子把乾坤子午混元钵取来。"童子拿过混元钵,递给鲁修真。鲁修真一看,说:"原来是这种样子,还用咒封着呢。这有什么好处呢?"邵华风说:"里面有三昧真火,勿论什么妖精,装到里面,六个时辰都化为脓血,就是西方罗汉,都能把金光炼散。"鲁修真说着话时,一掀盖,由里面滋溜冒出一股黑烟,小悟禅跑了。邵华风说:"你怎么把妖精放走了?"鲁修真说:"我倒是无意之中。小小的妖怪跑了也罢,总是他不该死,便宜他去了。哪时他来我再拿他,也不算什么。"邵华风一见,心中一动,勃然大怒,说:"好鲁修真!这分明你受济颠和尚的主使,前来救他徒弟。你不说帮着我,你反向着外人。你今天既来到这慈云观,休想放你出去!鲁修真说:"你休要多疑,我跟济颠和尚并不认识。"说着话,站起来就往外走。

邵华风说:"你拿我的宝贝哪去?"鲁修真并不回头,往外就跑。邵华风下了座位,往外就追,追出山门再找鲁修真,踪迹不见。焉想到鲁修真借着遁先走了,把乾坤子午混元钵收了去。邵华风一瞧鲁修真把宝贝拐了去,他就愣了。众人追赶出来,说:"祖师爷怎么样了?"邵华风说:"好鲁修真,把我的宝贝诓了去!这必是济颠僧叫他来的!"大众说:"祖师爷这一丢宝贝,此乃大大不幸!再说倘若济颠和尚前来,如何敌他?"邵华风说:"那倒是小事,我有几个朋友,在万花山圣教堂,有八魔,都是术学旁门,要拿济公和尚,易如反掌,不费吹灰之力,再说还有陆阳山花面如来法洪。"大众说:"祖师爷进去吧。"邵华风回来,立刻升殿。忽然外面有双钩护背张三郎,探事回来禀报。如此这般一说,把邵华风气得须眉皆竖,当时要派人夜入常州府前去行刺。不知后事如何,且看下回分解。

话说双钩护背张三郎一见邵华风，说："常州府现在调官兵，要前来攻打慈云观，祖师爷早做准备。"邵华风一听，气往上撞，说："这是济颠和尚的蛊惑！哪位先去到常州府，把知府连济颠一并给我杀了，算奇功一件。哪位敢去？"大众听这话，目瞪痴呆，并没人答话。邵华风说："莫不成这些人，就没有一位敢去的吗？"话言未了，旁边有人答言，说："祖师爷不必着急，这件事我去！"邵华风一看，说话这人，乃是都天道长黄天化。邵华风说："黄道兄你有这样胆量？"黄天化说："这小事一段。无奈我一个人，单丝不成线，孤树不成林，一个人是死的，两个人是活的，哪位跟了我去？"大众一个个并没人答话，黄天化说："众位都畏刀避剑，怕死贪生吗？既是众位都不敢去，我只好一个人去吧！"邵华风说："黄道兄你去，待山人敬你三杯酒，以助英雄之胆！"黄天化说："祖师爷不必。预备酒等我回来，将知府济颠的人头带来再喝，方显我的英名！"邵华风说："好，道兄请罢！我等眼观旌旗捷，耳听好消息。但愿你到那里，旗开得胜，马到成功。"黄天化立刻告辞下去，直奔常州府而来。

书中交代，一落笔难写两件事。济公遣鲁修真去救悟禅去后，少时有人进来回禀："外面有金毛海马孙得亮，火眼江猪孙得明，水夜叉韩龙，浪里钻韩庆，四个人前来禀见。"济公吩咐叫他等进来。四个人来到书房，一见和尚，孙得亮说："我等奉圣僧之命，狂奔慈云观破贼船，我四个人心高性傲，要打算拿邵华风，不想被贼人妖术所擒。幸亏少师傅悟禅去，把我四个人救出龙潭虎穴，叫我四个人回来。圣僧还有什么用我等之处？"和尚说："还有一事奉烦。"孙得亮说："圣僧有话只管吩咐，我等只要能行，万死不辞！"和尚说："我这里有一封锦囊，附耳如此这般，照我字柬行事，你四个奔西湖灵隐寺去吧。"四个人点头答应。和尚叫知府四个人拿了五十两种盘费，四个人告辞了。少时悟禅也回来了，济公说："我不叫你去，你不听。"悟禅说："我没想到这个妖道真厉害，我要不是鲁修真前来救我，我命休矣。"和尚说："我这里不用你，你到西湖灵隐寺去，（附耳如此如此）谨记在心。我已然派孙得亮四个人去了，恐其他四个人办理不善，你去，过了下月十五再回来，不准违背我的话。"小悟禅点头。正说着话，有人进来回禀："鲁修真回来了！"和尚叫人把鲁修真让进来。鲁修真说："圣僧吩咐的事，我都办了，少师傅可曾回来了？"和尚说："回来了。"小悟禅过来答谢鲁道爷救命之恩。和尚说："悟禅你去吧。"悟禅告辞走了。和尚说："真人多有辛苦！"鲁修真说："圣僧还用我不用？"和尚说："真人先请回山！"鲁修真告辞了。知府说："圣僧，贼人势派太大了，圣僧你看怎么办才好？我已然会了马都监，叫他调官兵去办案，可不定怎么样。"和尚说："大人不用忙，慢慢地商量着办。"

知府见天光已不早了，吩咐在书房摆酒，陪着和尚吃饭，直吃到二更后。忽然间和尚打一冷战，和尚一按灵光，早已察觉明白，口念"阿弥陀佛，善哉善哉！"知府顾国章说："圣僧什么事？"和尚说："没什么事，我变个戏法给你瞧。"顾国章说："什么戏法？"和尚说："我变平地抓鬼给你瞧。"知府纳闷，不懂得什么叫平地抓鬼。书中交代，此时都天道长黄天化早来了，老道在房上趴着。黄天化暗中窥探，是一个穷和尚，褴褛不堪，短头发有二寸多长，一脸的油泥，长得人不压众，貌不惊人。黄天化心里说："这就是济颠僧，我打算是项长三头，肩生六臂，脚蹬肩膀，走道人上之人呢！真是闻名不如见面，见面胜似闻名，原来一个丐僧。据我看大概也没有什么能为。"心中正在思想，听和尚要变戏法，黄天化一想："我何必等他睡了行刺呢？简直下去亮刀把他杀了就完了。"心里正在打算，主意未定，和尚在屋中用手一指，口念"唵嘛呢叭咪吽！唵，敕令赫！"黄天化就仿佛有人推他一把，由屋上翻身掉下来，把知府吓了一跳。手下人说："有贼！"立刻把老道按住捆上，拿到房中。和尚说："好东西，你胆子真不小！你趁此说实话！"黄天化说："罢了，我既被你等拿住，我告诉你，我叫都天道长黄天化，我奉赤发灵官邵华风之命，前来行刺，杀知府，杀济颠，不想今天被获遭擒。这是一往真情实话，杀剁存留，任凭于你！"和尚说："大人，你派人先把他钉镣入狱。"知府立刻派手下人，将老道带下去收监。

这个时节，忽然有差官来回禀："今有兵马都监陆大人派来知会，今天陆大人派一位承信郎杨忠，带一百兵坐着两只小船，去到慈云观办案。不想船到牛头峰以下，贼人竟敢亮了队，贼净江太岁周殿明，带领无数水鬼喽兵，用锤钻下水，把小船钻了一只，承信郎杨老爷阵亡了，那一百官兵落水，淹死五十三个，逃回四十七名，糟蹋了一只船。兵马都监陆忠陆大人，派人来报。"知府顾国章一听，大吃一惊，说："这还了得！贼人竟敢拒捕官兵，情同反逆，慈云观简直是反了！圣僧，你老人家可有什么高妙主意？本府我打算调本地面的兵船，会合兵马都监，前去剿贼，求圣僧你老人家帮着破慈云观。"和尚说："我帮着破也行，可得依我出主意。头一则得调水兵战船，贼人牛头峰有水鬼喽兵，陆营官兵不习水战，去了也是白送命，往返徒劳。再说老道妖术邪法，须排演激筒兵，找妇人的污秽之物，要用黑狗血，白马尿，方能破的了贼人的妖术。"知府说："别的都好办。唯有妇人的秽水可难找。"和尚说："容易，只要有钱就买得出来。大人你拿二百两银子，十两银子一筒，叫手下人去买二十筒来。"顾国章点头答应，叫手下人拿二百两银子出去买去。果然有钱就能办事，就有人卖，两天的工夫，把二十筒秽水预备齐了。和尚叫顾国章知会了兵马都监陆忠陆大人，调一千能征惯战的水兵，战船二十只。和尚教给众兵练激筒，两个人抬筒，两个人手持兵刃护激筒，两个人打激筒，一个人掌令旗，七个人一分，和尚把激筒兵先排演好了。

这天兵船齐备，和尚同知府顾国章、兵马都监陆忠，带领雷鸣、陈亮，本衙门挑二百快手，共一千二百人，上了兵船，飘飘荡荡奔牛头峰。和尚吩咐："叫水性精通的兵先护住船底。"兵船行到牛头峰，相离不远，只见牛头峰三声炮响，金鼓大作，贼人把战船一字排开。原本早有人报进水师营去，镇南方五方太岁孙奎，正同净江太岁周殿明在中军帐谈话。周殿明说："孙大哥，这几天也没听见信，前者五路督催牌双钩护背张三郎回来禀报，说常州府要来攻打慈云观。那一天来了两只小船，也无非百八十个官兵，一个小武职官，被你我把他等船钻了一只，伤损数十个官兵。我只打算常州府决不能善罢甘休，必然还有官兵前来。祖师爷叫你我昼夜小心防范，不可大意。不想这几天倒安静了，真令人难测。"镇南方五方太岁孙奎说："贤弟你看将来怎么样？祖师爷可能成事否？"周殿明说："要据我想，祖师爷神通广大，法术无边，再说众位真人都是精通法术，官兵来了，也是白送残生。"孙奎说："我想官兵这两天没动作，必有缘故。要来就不善，善者不来。"正说着话，忽然外面有人进来禀道："现有常州府来了二十只兵船，官兵无数。刀枪如林，直奔牛头峰而来。相离不远，请都督早做准备。"孙奎说："你看如何？"赶紧吩咐齐队，"呛啷啷"一棒锣声，把队伍调齐，兵船撞出牛头峰，要与官兵决一死战。不知后事如何，且看下回分解。

第一百九十三回　雷陈奋勇杀水寇　妖道施法战官兵

话说镇南方五方太岁孙奎得报，现在官兵前来攻打卧牛矶。孙奎立刻吩咐手下水鬼喽兵调齐了队伍，麻洋战船五十只，一字排开，旗幡招展，号带飘扬。当中一杆大旗，三丈三高，葫芦金顶，火雁掏边，蜈蚣走穗，坠脚铜铃，被风一摆，"哗唥唥"乱响，白缎子旗上面有黑字，写着"三军司令命"，当中斗大的一个"孙"字，背面一个"帅"字。孙奎手擎三截勾连枪，头戴分水鱼皮帽，日月莲子箍，水衣水靠，油绸子连脚裤，香河鱼皮岔，面如紫玉，紫中透红，粗眉大眼，领下一部花白胡须扇满胸前，真是威风凛凛，相貌堂堂。对面官兵船只，队伍整齐，正当中一杆大旗，上面一个"陆"字,上首里是知府顾国章,下首里是一个穷和尚。五方太岁孙奎吩咐:"你等哪个前往,先把知府顾国章结果了性命?"话言未了,旁边有人一声答话说:"待我前去!"孙奎一看,乃是翻浪鬼王连,手中一摆三截勾连枪,船往前一撞,王连站在船头,说:"哪个小辈敢前来送死?"兵马都监陆忠一看,这个贼人,身高有八尺,膀阔三停,头上戴分水鱼皮帽,日月莲子箍,水衣水靠,油绸子连脚裤,香河鱼皮岔,面似油粉,两道剑眉,一双三角眼,鹦鼻子裂腮额,长得凶如瘟神,猛如太岁,手中执着三截勾连枪。陆忠吩咐:"尔等何人前往,把贼给我拿来,算奇功一件!"旁边有一位承信武功郎王文玉说:"大人不必着急,待卑职前往!"王文玉刚要摆刀出来,和尚说:"且慢!这些贼人都是高来高去,江洋大盗,能为武艺出众,本领高强。王老爷去未必拿得了他,恐其受他人所算。"陆忠说:"依圣僧该当如何?这些贼人竟敢堂堂掌鼓,正正执旗,拒捕官兵,这还了得?"和尚说:"陈亮你去把贼人结果了性命,以振军威。"圣手白猿陈亮遵命,立刻拉出单刀,往前赶奔。

翻浪鬼王连正在扬扬得意,一声喊由官队闪出一人,身高七尺以外,细腰扎背,头上戴翠蓝色六瓣壮士巾,迎门拉茨菇叶,鬓边斜插一朵守正戒淫花,身穿蓝箭袖袍,腰系丝鸾带,单衬袄,薄底靴子,前后衣襟掖着,面如美玉,粗眉大眼,手擎钢刀。来到船头,王连用三截勾连枪一点指,说:"来者小辈,尔是何人?竟敢前来送死!"陈亮说:"你要问,你家大太爷我姓陈名亮,绰号人称圣手白猿。尔是何人?"王连说:"我姓王名连,绰号人称翻浪鬼是也!你要知道我的利害,趁此回去,休要前来送死!"陈亮哈哈一笑,说:"你等这些无知的叛逆,真是执迷不悟!大宋国自定鼎以来,君王有道家家乐,天地无私处处同。你等都是大宋国的子民,不思务本分,听信妖道妖言惑众,聚党成群,叛反国家,皇上家省刑罚,薄税敛,五谷丰登,万民乐业,君正臣忠,哪一样亏负了你们?你等无故杀害生灵,荼毒百姓,上招天怨,下招人怨,乱臣贼子,人人得而诛之!你岂不知一日为贼,终身是寇?上为贼父贼母,下为贼子贼妻,被在官应役拿住,刨坟三代,祸灭九族,死后落个骂名千载。你等要知时达务,趁此率众跪倒,认罪服输。本处知府大人,有一分好生之德,还许饶尔不死。如要强暴蛮横,谅慈云观也无非弹丸之地,尔手下统带,不过蚁群蚁团,乌合之众,架不住婴儿投石。现在都监知府,带领天兵一到,尔趁此投降免死!"王连一听,气得"哇呀呀"怪叫如雷,说:"小辈休要说此朗朗狂言大话!你岂不知天下乃人人之天下,非一人之天下,有德者居之,无德者失之,胜者王侯,败者寇盗。犬吠尧王,各为其主,谅尔有多大能为?"陈亮一听,气往上撞,摆动了那手中刀,照定贼人劈头就剁。王连用手中枪往上一架,陈亮执刀分心就扎,贼人斜抱月往外一蹦,陈亮一顺刀,照贼人脖颈就砍,贼人立上铁门闪,往上相迎。两个人在船头一动手,各施所能。陈亮一想:"今天当着知府顾国章一干众人,总得努点力,人前显耀,鳌里称尊!"两个人杀了个难解难分,陈亮把刀的着数一变,一刀跟着一刀,一刀紧似一刀,贼人王连只有招架之功,并无还手之力。

这个时节贼队之内,有人一声喊嚷:"待我来!"一摆勾连拐直奔船头,要帮着王连动手。这边雷鸣一看,出来这个贼人,黄脸膛,短眉毛,母狗眼,也是头戴分水鱼皮帽,日月莲子箍,一身水师衣靠。雷鸣拉出手中刀,一声喊:"好囚囊!打算两个打一个?待我来拿你!",贼人一看雷鸣,长的红胡子,蓝靛脸,二眸子一瞪,令人可怕。贼人不顾去帮着王连,赶紧把手兵刃一顺,问:"来者尔是何人?"雷鸣说:"你雷大太爷姓雷叫雷鸣,人称风里云烟。你小子姓什么?叫什么?你家雷大太爷刀下不死无名之鬼!"贼人说:"你要问,大太爷名叫胡芳,人称破浪鬼!"雷鸣说:"你小子是鬼,今天就叫你做鬼!"一摆刀照定贼人劈头就剁,贼人用勾连拐急架相还。要讲论能为,雷鸣陈亮胜强百倍,胡芳焉能是雷鸣的对手?三五个照面,被雷鸣一刀,扎在哽嗓咽喉,贼人当时一翻身,掉在水内。翻浪鬼王连见胡芳一死,他心里一发慌,被陈亮手起刀落,将贼人结果了性命。

五方太岁孙奎一见手下两员偏将死在雷鸣陈亮之手,贼人气得"哇呀呀"怪叫,手中令旗一摆,有水鬼喽兵五十名,各拿锤钻下水,打算要钻官兵的船底。焉想到和尚早有防备,船底下有能征惯战水兵一百兵,各擎兵刃护船底。见对面来了数十个水贼,各拿锤钻奔船底来,这边官兵用枪就扎,来一个扎一个。五方太岁孙奎在上面看着水花一滚，死尸往上一翻，水一发红，大概是死了一个，孙奎就知道事情不好。当时一摆手中纯钢鹅眉刺，赶奔上前，照定雷鸣分心就刺，雷鸣摆刀急架还。陈亮刚要拔刀过去帮着雷鸣，净江太岁周殿明，一摆钢刀过来敌住陈亮，四个人如同走马灯相仿。真是棋逢敌手，将遇良才，四个人不分高低上下。

正在动手之际，和尚说："陆大人，你传令叫官兵前进，一拥齐上！"陆忠这才一挥令旗，这些官兵都是久操练之兵，真是队伍整齐，大众一声喊"杀"，各摆兵刃往上就拥。贼兵虽人多，队伍杂乱，本来这些贼人，都是些无业游民，素常又不操练，有事也无非狐假虎威，打胜不打败。官兵众人，抱成一个团，枪刀乱刺，贼人大众一乱，眨眼之间，杀伤数十人。后队见前队一伤人，后队便乱了，也有跳河的，也有会水的由水内逃命。镇南方五方太岁孙奎、净江太岁周殿明，见事不好，孙奎说："合字风紧急，浮流扯活罢！"周殿明一想："已然是抵挡不住了，莫趁此逃走！"想罢，摆刀照定陈亮虚点一刀，拨照拧身窜下水去，孙奎也跳下去逃命。雷鸣陈亮不会水，见贼人跳下水去，二人回归本队。展眼之际，贼人四散奔逃，官兵把贼人的船只，都抢过来。济公吩咐船进山口，来到山坡，把船只靠岸，陆忠带队下船，激筒兵也下了船。方要上山，只听山上锣声大振，众人抬头一看，见由慈云观出来无数老道，真有百余人。

原本赤发灵官邵华风早已得报。邵华风正在大殿升坐，有牛头峰的小头目跑进来说："回禀祖师爷，大事不好！现有常州府带领无数官兵，二十只战船，来到山口，跟水军都督孙奎开了仗，请祖师爷早做准备！"赤发灵官邵华风一听，勃然大怒，说："众位真人随山人出去，跟他等决一死战！"众老道一个个扬扬得意，各持宝剑，出了慈云观。只见官兵队已然进了山，邵华风说："好一干无知的孽障，胆敢前来送死！待山人全部把他们结果了性命！"话言未了，旁有七星真人刘元素说："祖师爷暂息雷霆之怒，谅他这等无名小辈，何必你老人家亲自临敌？待我拿他，不费吹灰之力。"刘元素口中念念有词，一声"敕令"，平地起了一阵狂风，走石飞沙，直奔官兵队。真是天昏地暗，日色无光，官兵俱不能睁眼。众官兵说："妖术邪法可了不得，济公快来！"和尚哈哈一笑。僧道斗法，不知若何，且看下回分解。

第一百九十四回　激筒兵扬威破邪术　济长老涉险捉贼人

话说七星道人刘元素一念咒，走石飞沙，直奔官兵队而来。官兵全都不能睁眼，大家齐声喊嚷："济公快来！"和尚用手一指，口念六字真言："唵嘛呢叭咪吽！唵敕令赫！"立刻就风定尘息。七星道人一见穷和尚，吓得拨头就往回跑。八卦真人谢天机一声"无量佛"，说："贤弟你闪在一旁，待我拿他！"伸手拉出宝剑，往前赶奔，说："来者你就是济颠吗？"和尚说："然也，正是。"谢天机说："你可知道你家祖师爷的厉害吗？你要知事达务，趁此过来跪倒，给我磕头，叫我三声祖师爷，山人有一份好生之德，饶你不死。如要不然，当时我要结果你的性命！"和尚说："好杂毛老道，你给我磕头，叫和尚老爷三声祖宗。我也不能饶你！"八卦真人谢天机看和尚是一个凡夫俗子，他哪里瞧得起他，焉知道和尚早把佛光、灵光、金光闭住。老道举宝剑过来，照和尚劈头就剁，和尚滴溜一闪身躲开，伸手掏老道一把，老道一剑跟着一剑，也砍不着和尚。和尚掏一把，拧一把，拧一把，掏一把。老道真急了，立刻口中念念有词，由平地起了一阵怪风，从空中来了许多毒蛇怪蟒，兔鹿狐獾。无数的野兽，直奔官兵队，张牙舞爪咬官兵，吓得官兵纷纷倒退。和尚用手一指，口念"唵嘛呢叭咪吽！唵，敕令赫！"立刻现了一道黄光，这些东西都现了原形，全是纸的，坠落于地。八卦真人一看事情不好，连忙跑回去说："祖师爷，我等法力太小，敌不了和尚。请祖师爷大施佛法，去把和尚拿住。"

邵华风一见了得，连声喊嚷，立刻一摆宝剑，赶奔上前说："好济颠！我山人跟你远日无冤，近日无仇，你无故跟我作对！今天祖师爷将你拿住，碎尸万段，方出胸中恶气!"和尚说:"好孽畜!你就是赤发灵官邵华风吗?"老道说:"正是你家祖师爷!"和尚说:"我正要拿你!你既是出家人,就应当奉公守法,跳出三界外,不在五行中,一尘不染,万虑皆空,扫地不伤蝼蚁命,爱惜飞蛾纱罩灯,老道应该戒去贪嗔痴爱恶。你无故妖言惑众,杀害生灵,招聚绿林江洋大盗,发卖熏香蒙汗药,贻害四方,使人各处拍花,败坏良家妇女,拆散一家骨肉分离,上招天怒,下招人怨。天作孽,犹可违,自作孽,不可活。我和尚并不愿多管闲事,无奈你实属罪大恶极,我和尚诛恶即是善念!今天该当你恶贯满盈,你还执迷不悟,还欲抗衡?"老道一听,气得三尸神暴跳,五灵豪气腾空,摆宝剑照定和尚劈头就剁。和尚闪身躲开,走了三五个照面,和尚身体伶便,老道砍不着,真急了,身子往旁边一闪,说:"好颠僧,气死我也!待山人用宝贝取你!"和尚说:"你把你的宝贝掏出来,我瞧瞧。"老道由身背后拿出一个葫芦,里面是五百阴魂,都是不该死的人,前者众老道炼百骨神魔,害的人收来的。今天老道真急了,口中念念有词,把葫芦盖一拔,放出五百阴兵,立刻天昏地暗,日色无光,鬼哭神嚎,直奔官兵队。和尚赶紧吩咐拿激筒打。众官兵立刻用激筒一打,这污秽之水,专破邪术。展眼之际,阴兵四散,化为灰飞。赤发灵官邵华风一见和尚破了他的阴兵阵,老道大吃一惊,立刻又要念咒。和尚又吩咐官兵用激筒打老道,官兵激筒照老道一打,众老道浑身上下都是脏水,念咒也不灵了。大众说:"祖师爷可了不得了!"邵华风说:"快跟我走!"众人拨头就往庙里跑。和尚说:"追!"官兵队直追到慈云观山门以外。和尚吩咐官兵把东西南三面围住,陆忠传令围庙。官兵虽有一千余人,慈云观地势太大,兵也不能满围过来,官兵就把前面扎住。和尚说:"陆大人顾大人随我进庙。"

大众带领亲随人等,进了庙门一看,正北是大殿五间,有月台,东西各有配殿。在大殿两旁边有两个八角的亭子,里面当中仿佛两眼井口。和尚来到东边井亭子,望下一探头看,大众说:"不用说,众妖道许由井亭子逃走,也许是地道。"话言未了,只见由井口里伸出一只大手,真有五六尺大,一手的黑毛,竟把济公的脑袋抓住。就听和尚一嚷:"可要了我的命了!"大手把和尚揪下井亭子去。知府顾国章众人吓得亡魂皆冒,说:"这可糟了!大概济公要没命了!"此时雷鸣、陈亮等一看,心中好似万把钢刀扎心,赛如叉挑五脏,油烹肝花,箭刺了雄心,刀挑了铁胆。雷鸣本是一个忠厚人,心中一想:"师傅待我等恩重如山,屡次救我等性命的。现在他老人家被大手抓下井去,不知生死,我这条命不要了,倒要跳下去看看这里面怎么一段情节,看个水落石出!"猛英雄想罢,撒腿就跑,来到井亭子,把心一横,跳下井去了。陈亮一看,急得一跺脚,自己心中一阵难过,想二哥已跳下去,世上知道有雷鸣就有陈亮,有陈亮就有雷鸣,我二人活着在一处为人,死了在一处做鬼。想罢就往前跑,知府顾国章刚要拦,这句话没说出来,见陈亮已跳下去了。急得顾国章一跺脚,自己一想:"济公、雷鸣、陈亮,大概是没命了!这老道再出来,谁能抵挡得了?"官兵众人一个个无不胆战心惊。顾国章一想:"为人子孝当竭力,为人臣忠则尽命,既受国家俸禄之德,理应当答报君恩,以身许国,为国捐躯,莫若我也跳下去,一死万事皆休!"

正在心中思想之际,只听大殿旁一声喊嚷:"无量佛,善哉,善哉!你等放着天堂有路你不走,地狱无门自找寻!"众官兵抬头一看,只见由后面出来一个老道,头戴青缎子九梁道巾,身穿蓝缎色道袍,周身绣八卦,按着乾三连坤六断离中虚坎中满,当中八卦太极图,紫脸肖,凶眉恶眼,众官兵吓得魂不附体。书中交代,怎么这段事呢?原来赤发灵官邵华风众妖道被激筒打了一身秽血水,众妖道跑到后面。邵华风说:"可了不得!好济颠僧,施展这样狠毒之计,他破了我的法术。众位快跟我把身上洗干净,再作道理,山人焉能跟济颠僧这善罢甘休?"众人赶紧打了净水,把浑身都洗干净。赤发灵官邵华风说:"众位哪位去探探去?"乾法真人赵永明说:"我去!"邵华风说:"你附耳过来,如此如此。"赵永明点头答应,说:"哪位去到前面探探去?"旁边有黑虎真人陆天霖说:"我去!"立刻往外狂奔。

方奔到二门,有两个从人说:"真人你上哪去?方才和尚被大手给抓下去了,连那两个姓雷姓陈的都跳到井亭子里去了。"陆天霖一听,说:"这可是活该,待我去看看。"老道这才来到外面,站在大殿一看,工夫不大,只见由井亭里摔出一只胳膊来,鲜血淋淋,是刚才砍下的样子。老道在大殿上看的真真切切,鼓掌大笑。兵马都监陆忠同知府顾国章也都看见,吓得颜色更变。顾国章说:"可了不得了!大概是济公被贼人害了,把胳膊砍下来!"兵马都监陆大人说:"顾大人你看,这不是济公的胳膊!"顾国章说:"都监何以见得呢?"陆忠说:"你看,要是济公的手有泥,肉皮不能这么白!"顾国章一想言之有理,说:"要不是济公,这必是雷鸣、陈亮!可惜这二位侠义英雄,一不为名,二不为利,一旦之间丧在妖人之手!"正在叹息之际,忽见井亭子又扔出一条大腿来,也是鲜血淋淋,瞧着甚为可惨。老道黑虎真人陆天霖看够多时,一阵狂笑,说:"好一个胆大的知府,竟敢前来送死!山人今天全把你等结果性命!"说着话,老道摆宝剑往前狂奔,口中咕哝咕哝,又念起咒来。顾国章一瞧,事情不好,赶紧吩咐:"尔等快拿激筒打!"这句话尚未说完,就听由西角门一声喊嚷:"哎呀,阿弥陀佛!好孽畜!你又来兴妖作怪?待我拿你。"众官兵抬头一看,见和尚"梯他梯他"脚步跄狂,来到大殿以前,众人目瞪痴呆。不知罗汉爷从何处而来,且看下回分解。

第一百九十五回　济公兵困慈云观　妖道率众渡长江

话说黑虎真人陆天霖方要念咒,跟官兵作对,只见济颠和尚来了,老道吓得拔腿就跑。跑到后面一看,赤发灵官邵华风众人全都踪迹不见。陆天霖一想:"这倒不错,大众拿我做了押账了,全都跑了,我也跑罢。剩下我一个人,单丝不线,孤树不林。"老道立刻奔后山牛背驼竟自逃走。书中交代,赤发灵官邵华风哪去了呢?原本众人一商议,见事不好,大概今天慈云观是保守不住了,邵华风咬牙愤恨济颠和尚无故跟我作对,把我这座铁桶相似一座庙给毁了,闹的我上天无路,入地无门!邵华风说:"众位,现在济颠和尚把我的庙挑了,我焉能跟他善罢甘休?我由这里狂奔临安城,到西湖灵隐寺,把他庙里的僧人见一个杀一个,刀刀斩尽,剑剑诛绝,然后放火一烧庙,我也算报了仇!众位,哪位愿意去跟我走一趟?如不愿意去,众位狂奔仙人峰弥勒院,到通天和尚法雷那里去等我,不见不散。"旁边有前殿真人常乐天、后殿真人李乐山、左殿真人郑华川、右殿真人李华山、七星道人刘元素、八卦真人谢天机、乾法真人赵永明、艮法真人刘永清、乾坎艮震坤离巽兑八位真人,连黑毛蚕高顺,铁贝子高珍,这些人都要跟着邵华风;迷魂太岁田章,带领单刀太岁周龙、笑面貔貅周虎,一干众薰香会的人单走;众采药真人、巡山真人在一处走。分为三起,逃出了慈云观。来到后山牛背驼,上了船,渡过江平水,来到孤树岗,天光已晚。头一起邵华风众人说:"暂且先找地方住下吧。"这孤树岗有慈云观的一座黑店,邵华风带领众人进了店。

这些贼人，个个分头四散逃走，也有单走的。内中矮岳峰鲍雷一个人单走，自己觉着垂头丧气，不知如何是好。顺着江岸往东，走了数里之遥。自己觉着口干舌燥，偶见对面有一座小村庄，有茶摊子，鲍雷正想喝茶。来到近前一看，这里坐着两个人，正是追云燕子姚殿光，过度流星雷天化。这两个人是前者奉济公之命，叫他二人今天在这里等候鲍雷，焖了一碗茶，有济公的一块药放在茶内。今天鲍雷方来到近前，姚殿光说："鲍二哥你来了！"鲍雷一见这两个人，立刻把眼一瞪，说："你两个小子，在此做什么呢？前者叫你归慈云观，你二人不但不归，反伤了我们的一个人，今天你们又在这里！"姚殿光一听："你先不用瞪眼，你喝碗茶，有什么话再说。"鲍雷是真渴了，当时把这碗茶喝下去，出了一身透汗，心中豁然大悟。鲍雷说："二位贤弟从哪里来？"姚殿光说："我二人特为来等你。"鲍雷说："我打哪来？"姚殿光、雷天化说："我们知道你打哪来，你自己不知道吗？"鲍雷心中迷迷糊糊，真仿佛做了一场大梦一般，说："哎呀！我家中还有人没有？"姚殿光说："怎么没有？前者我二人到慈云观，奉老太太之命去找你，你要杀我二人，莫非你忘了吗？"鲍雷自己一想说："我渺渺茫茫，可记得我自从到了慈云观，邵华风给我一粒药吃，我心中就迷了。瞧见你们就有气，你们谁要一归慈云观，我就喜欢了，真乃怪道！"姚殿光说："现有灵隐寺济公长老派我二人来接你，茶里有药，你喝下去才明白了。现在你家里老太太盼你，盼的病了。你先同我二人到家去看看，叫老太太好放心，然后你我再找济公，给圣僧道谢。"鲍雷这才点头，同姚殿光雷天化回归鲍家庄。这且不表。

单说赤发灵官邵华风同众人来到孤树岗店内，心中甚是不安。邵华风说："众位，哪位到慈云观去探探官兵走了没有？"艮法真人刘永清说："我去探探，祖师爷听候我的回信。"邵华风说："刘真人须要小心。"刘永清立刻出了店，驾着趁脚风，来到慈云观一探，原来官兵正在搜庙放人呢。和尚叫官兵把乾坤所妇女营的被困的放出来，问明白了众妇女的家乡住处，叫官兵给护送回去。书中交代，和尚由井亭子怎么出来呢？著书一支笔，难说两件事。原本八角亭子伸出那只大手，是削器。人在上面一踏削器，这大手就出来，正把人抓住，底下有八个人看守地道，专等拿人。和尚故意叫大手抓下去，底下八个人正打算捆和尚，被和尚用法术定住。雷鸣、陈亮跳下去，见济公在地道里站着。和尚说："这八个人害人多了，你两个人先把他等结果了性命。"雷鸣、陈亮杀这八个人，把胳臂大腿扔上去，顾国章只打算是雷鸣、陈亮被害了，其实不是。雷鸣、陈亮把这八个人杀了，和尚说："你们两个人到那边地道去找找，有一个人把他救出来。"雷鸣、陈亮二人顺着地道，找有半里之路，只见对面有一个人正在那里唉声叹气。雷鸣、陈亮在头里，济公随后跟着，来至切近一看，这人身高八尺，膀阔三停，头戴青缎色六瓣壮士帽，身穿青缎色箭袖袍，腰束丝鸾带，单衬袄，薄底靴子，面如紫玉，粗眉朗目，此人非别，乃是飞天火祖秦元亮。雷鸣、陈亮一看，说："秦大哥你在这里？快跟我们走！"元亮一看，说："雷陈二位贤弟，你们从哪来的？"雷鸣说："我等奉济公之命，帮着常州府知府带兵来剿灭慈云观，济公知道你在此遇难，我等特来救你。你怎么会到这里的？"秦元亮说："唉！二位贤弟别提了，我原本是一番好意。我到鲍家庄去瞧矮岳峰鲍雷，听说他归了慈云观，他母亲想他，想的病了，我来到这里找鲍雷，劝他回家。不但他不听，他反倒叫我归慈云观，我说不归，他把我捆了。一见赤发灵官邵华风，他们给我一粒药叫我吃，我不吃，他说要杀我。后来也不知因什么，又不杀了，把我弄到这地牢幽囚起来，更难受，生不如死。有四个人看守着我，天天也倒给我吃，给我喝，就是走不出。每天这些人劝我，叫我吃他这粒药，说能化去俗骨，成佛成祖。所有是上慈云观来的人，就不叫走，就得吃他们的药，不吃药就给幽囚起来，永不放，急得我心似油烹。我来了有半个多月了，今天看守我的这些人都走了，我自己打算出去，也找不着出去的路，你二人由哪里进来的？"雷鸣说："我二人是由亭子里跳下来，有济公带领着。"正说着话，见济公来到近前。雷鸣说："秦大哥，我给你见见，这就是济公长老。"秦元亮赶紧给济公行礼，说："圣僧你老人家来救我，再生我，心中实深感激！"和尚说："不必行礼，跟我走吧。"

三个人跟着和尚，走到地道内，各处搜寻，救出数十个被困的人来。和尚把众人带到慈云观前门，问明众人的来历，叫官兵用船只送过平水江，一面派官兵搜查慈云观庙内，抄出无数的金银物件。和尚问道："雷鸣、陈亮，你二人打算上哪里去？"雷鸣、陈亮说："师傅要不用我等，我二人打算要回家去。"和尚说："你二人要回家，可有一节，走在路上千万要少管闲事，戒之慎之。你二人要不听话，惹出祸来，我和尚可救不了你们。"雷鸣、陈亮说："是，我二人也不管闲事。"和尚说："我嘱咐你们的。"问："秦元亮，你上哪去？"飞天火祖秦元亮说："我也要回了，改日再答谢你老人家救命之恩！"和尚说："那倒是小事一段。你三个人要走，可有盘费吗？"雷鸣、陈亮说："盘费倒有，师傅不必惦念着。"知府顾国章说："三位壮士要走？"吩咐手下人，给三位壮士每人拿五十两银子。三个人还不肯要，和尚说："大人既赏你们，你们就拿着吧。"三个人这才把银两带好，立刻告辞，官兵有船送到南岸。秦元亮谢过雷陈，告辞单走。

雷鸣、陈亮二人，连夜往下一走，天光亮了，眼前一座酒店，叫五里碑，有一座万成店，专住来往保镖的达官。雷鸣说："老三，咱们到店里吃点什么，歇息歇息再走。"陈亮点头，二人这一到店中，焉想到狭路相逢，又生出一场大祸临身。不知后事如何，且看下回分解。

第一百九十六回　　五里碑雷陈逢妖道
　　　　　　　　　　　　慈云观济公救难民

话说雷鸣、陈亮由慈云观来到五里碑这座黑店。连夜赶路，觉着身体劳乏，也觉着腹中饥饿，见眼前有一座店。原本这座店常住保镖的，雷鸣、陈亮一进店，小伙计王三认识，知道雷鸣、陈亮是威震八方杨明的同伴。伙计说："雷爷、陈爷，二位少见哪！"雷鸣、陈亮说："少见。"王三说："二位打间上房好不好？"雷鸣、陈亮说："好。"伙计带领来到北上房，是一明两暗三间，东西都有单间屋子。二人来到北上房西里间一看，屋里有八仙桌椅子，靠后窗户是一张床，张着床帏，床上有小桌。伙计给打洗脸水，倒了茶来，说："二位吃什么？"雷鸣、陈亮说："你给来两壶酒，先给煎炒烹炸，配六个菜来。"伙计说："是。"转身出去，少时擦抹案桌，把小菜杯碟摆好，把酒菜端来。雷鸣说："王伙计，你喝一盅。"王三说："请罢。你们二位这是从哪里来？"雷鸣说："我们由平水江。"王三说："你们二位由平水江来，没听见慈云观怎么样了？"雷鸣说："你们也知道慈云观的事吗？"伙计说："我们也听见说慈云观有几个老道，妖言惑众，听说常州府调官兵去拿贼，可没得准信。"雷鸣说："现在有灵隐寺济公长老，带领官兵把慈云观抄了。"伙计说："这就是了。"说完了话，转身出去。雷鸣二人喝着酒，雷鸣说："老三，你我这回闲事总算管得不错，要不是济公他老人家，这些妖道可真办不了。"陈亮说："你我要不是济公，咱们也不管闲事。多一事不如少一事，是非皆因多开口，烦恼皆因强出头，这件事总算全始全终。"

二人正说着话，只听后面一声喊嚷："无量佛！店家，有地方没有？"伙计说："有。"雷鸣、陈亮听声音甚熟，偷着往外一瞧，来者非是别人，正是赤发灵官邵华风、前殿真人、后殿真人、左殿真人、右殿真人、七星真人、八卦真人这一千群贼，把雷鸣、陈亮吓得亡魂皆冒。书中交代，邵华风昨天夜里住孤树岗店内，派艮法真人刘永清一哨探，官兵围着慈云观，正在放人。刘永清回去说："回禀祖师爷，现在官兵并没走。"邵华风说："好，明天一早你我起身，先狂奔灵隐寺，见僧人就杀，放火烧庙。回来到弥勒院，找通天和尚法雷，大众聚会在一处，把外面五百只黑船调齐，七十二座黑店的人一并凑齐，先杀济颠和尚，然后跟常州府知府决一死战！把知府杀了，我自立为常州王。你等大家须要助我一臂之力。"众老道全都点头答应。在店内住了一夜，今天天一亮众人头一起起身，要狂奔临安城。走在这五里碑，众人要吃点饭,见万成店是一座大店,众人进了店。邵华风说:"伙计,这里有宽大的屋子没有?"伙计,说:"上房里方才来了两位,倒是大间,众位道爷等一等,我叫上房那两位挪出来,到别的屋去吃也行。"邵华风说:"甚好。甚好。"

伙计立刻来到上房一看,见雷鸣、陈亮踪迹不见。书中交代,雷鸣、陈亮哪去了呢?这两个人偷着看是邵华风众妖道来了,把雷鸣、陈亮吓得亡魂皆冒。心中一想:"是这对头冤家到了!这要一见着老道,准得要我的命!"吓得这两个人无处可躲,一撩床帏,藏在床底下去。心里说:"只要老道不找,等他们吃完了饭走了,再钻出来。倘若要搜寻着,也是无法。只可认命,万事皆由天定,生有处,死有地。"两个人藏起来,伙计一瞧没有了,说:"这件事可怪,怎么会没了人?莫非这两个人是骗子手,没给饭钱就跑了?怎么也没见出去呀?是不是鬼呀?"伙计愣了半天,说:"众位道爷进来吧,上房这两个人没有了。"赤发灵官邵华风众人来到屋中说:"怎么一段事?"伙计说:"这两个人连饭钱都没给,也不知什么时候走的。"邵华风说:"走了走了罢,你赶紧给我们要两桌菜。快来,我们吃完了还要赶路呢。"伙计点头,转身出去。邵华风众人也没想到是雷鸣、陈亮,幸喜没往床底下找。少时伙计把桌子摆上酒菜,端进来,众老道坐下喝酒。邵华风心里是烦,说:"众位真人,今天你我快吃,吃完了就走。我恨不能一时到了临安城,把灵隐寺庙里和尚刀刀斩尽,剑剑诛绝,放火一烧庙,我这个仇算报了。我然后再把常州府知府一杀,我自立常州王,众位助我一臂之力。我得了江山社稷,跟你等列土分茅,平分江山!,'

说的正在高兴之际,忽听外面有人说"阿弥陀佛!"问伙计说:"你们这里有十几位老道在这里吃饭,有没有?"伙计说:"有,不错。"众老道一听是济公和尚的口音,众老道吓得连魂都没有了。邵华风说:"众位可了不得了,济颠和尚来了!可恨就是鲁修真,他要不把我的乾坤子午混元钵诓了去,我焉能不是济颠和尚的对手!"此时雷鸣、陈亮在床底下一听,心中暗喜。书中交代,外面来者非是别人,正是济公禅师。和尚在慈云观把庙给抄了,所有庙中被困的人都放净了,抄出贼人的细软金银不少,知府顾国章把银子赏了被难这些人,分散了有一半,直闹了半夜天光,东方发晓。和尚说:"陆大人你带兵回去罢,暂且把庙封锁。顾大人你也回衙理事,我和尚带着你手下马快班头何兰庆、陶万春两个人,去到戴家堡拿众妖道完案。"知府说:"圣僧你老人家既是慈悲,甚好!"立刻叫何兰庆、陶万春跟着圣僧去办案,带一百两银子作盘费,二位班头点头答应。和尚说:"咱们回头见!'立刻告辞分手,坐船来到平水江南岸下了船。和尚带着何兰庆、陶万春往前走来。到五里碑,和尚说:"二位头儿,咱们吃点东西再走。"说着话,进了万成店,和尚说:"辛苦辛苦!你们这店里,有十几位老道在这里没有?"伙计只打算和尚跟老道是一同伴的,赶紧说:"不错,在上房里,我伴同师傅去。"和尚说:"好。"伙计头前走,说:"众位道爷,有一位和尚来找你们众位。"伙计说着话,没听见上房里有人答应,急至来到上房,掀帘子一看,众老道一个没有了,方才那两位,一位蓝脸的,一位白脸的,又在那里坐着喝上了。伙计一愣,说:"这是怎么一段事?众老道哪去了?"雷鸣、陈亮说:"由后窗户都跑了。"伙计说:"你们二位方才哪去了?"雷鸣说:"老道是我们仇人,我二人在床底下藏着。"

正说着话,和尚同陶头、何头进来,雷鸣、陈亮赶紧给师傅行礼。伙计说:"老道他们走了,你们二位给这两桌饭钱罢!"雷鸣说:"我们凭什么给呀?方才我们要的六样菜,都叫老道吃了,我们这是他们剩的,谁要的菜谁给钱。"伙计说:"那可不行!"正说着话,掌柜的过来问怎么一段事,伙计照样一学说。掌柜的一听,说:"老道为什么跑了?这位大师傅是谁?"雷鸣说:"这是灵隐寺济公,方才那些老道,都是漏网的贼人。"掌柜的一听说:"既是济公活佛,这不要紧,勿论吃多少钱,我候了。伙计再给济公添酒换菜,圣僧在我这里吃二年,我也不要钱。"本来济公名头高大,掌柜的一恭敬和尚,和尚倒说:"不要紧,我给钱。"立刻落座,连二位班头,五个人一处喝酒,开怀畅饮。

吃喝完,和尚照数连雷鸣、陈亮先要的菜,都给了银子。陈亮说:"师傅上哪去?"和尚说:"我上戴家堡,你二人要回家去吧,千万可要少管闲事。伸手是祸,缩手是福,诸事瞧在眼里,记在心里。要不听我和尚的话,闹出祸来,我和尚可不能管。"陈亮说:"师傅不用嘱咐。我二人也不管闲事。"当时二人先告辞出了万成店,顺大路行走。陈亮说:"二哥,你我也该回家了,头一则我妹妹也该聘了。"本来陈亮家里有叔婶,在镇江府丹阳县开白布铺,并不指着陈亮做绿林。他自幼跟叔叔婶母长大成人。陈亮是自己好在外面闯荡江湖,行侠仗义,跟雷鸣住家相离十里地的街坊。这两个人往前走,来到一座村庄,忽见有一老丈,揪着一个十二三岁的小孩直打,小孩破口大骂,看光景也不是父子,也不是爷孙。雷鸣一看,有些诧异,连忙上前询问。焉想到这一问,又生无限是非。不知后事如何,且看下回分解。

第一百九十七回　赵家庄英雄见怪事　七星观罗汉捉妖人

　　话说雷鸣、陈亮要回镇江府,走在道路之上,来到一座村庄,见有一个老者,拉着一个十二三岁的小孩直打,这孩子口中不住直骂。雷鸣一看,说:"老三,你看这个小孩,老头为什么这么大年岁跟小孩一般见识? 我过去问问。"雷鸣来到近前,说:"老头,这孩子是你什么人? 你打他?"老头说:"二位要问,这孩子并不是我什么人,实在可恨!"雷鸣说:"既不是你什么人,你这么大岁数打小孩子,因为什么?"老者说:"我告诉你们二位,你给评评理。老汉我姓赵,叫赵好善,我们这地方叫赵家庄。这个孩子叫二哥,他姓陈,他有一个母亲,娘家姓孙,跟我并不沾亲带故。只因他母子逃难,来到我这村庄,我是一片慈心,见他母子可怜,一个年轻的妇人,带着一个小孩子,流落在外乡,连住处都没有,我对门有三间场院房,叫他母子白住,我并不要房钱。他母亲倒很安分,天天到七星镇一家财主家去做针线活,早去晚归。人家财主家有小孩子怕打架,他母亲天天去也不带他。昨天他母亲回来,躺在炕上,一句话也没说就死了。今天我听见说,我一想已然死了,这也无法,谁叫他住我的房呢? 我只好给买一口棺材,把她埋了罢。谁想到这孩子他说不叫埋,他说他母亲没病,他还要留着他母亲做伴。二位想想莫非我这房子就搁着一个死尸占着? 世界上也没有死了人不埋的道理。我就要埋,这孩子张嘴就骂,不叫埋定了。因为这个,骂上我的气来,我这才打他。"雷鸣说:"你这孩子这可是太浑! 你娘业已死了,焉有不埋的道理?"小孩说:"我娘没病,我不叫埋,我还留着叫我娘跟我做伴呢!"雷鸣说:"你这孩子可是胡闹,你快叫人家把你娘埋了罢! 不要紧,你没人管,我们把你带了走,我瞧你也怪苦的。"赵老丈说:"二位把他带走了吧。"小孩直哭直闹,赵好善说:"二位贵姓?"雷鸣、陈亮各通了名姓,赵好善说:"二位跟我来瞧瞧,他说他娘没病死不了,你们二位来瞧瞧,是死了没有?"雷鸣、陈亮二人跟着,进了这西村口,赵好善说:"我就在这路北大门住家,路南里只是我的场院了。"雷鸣、陈亮一看,路南里是一片空地,周围篱笆圈,里面有三间南房。大众一同来到里面,到了屋中一看,东里间顺前檐的炕,炕上躺着一个少妇,已然是死了。虽然衣服平常,看年岁也不过有三十岁,长得倒有几分姿色。雷鸣、陈亮一看,果然是死了,说:"孩子,你娘分明是死了,好端端的又不是人害的,你不叫埋怎么样?"

　　正说着话,听外面一声:"哎呀! 阿弥陀佛,善哉,善哉! 你说不管,我和尚焉有不管之理?"雷鸣、陈亮一听是济公的声音,赶紧往外一看,果然不错,是和尚带着何兰庆、陶万春两位班头。雷鸣、陈亮说:"好,赵老丈你看看灵隐寺济公来了!"赵好善也有个耳闻,知道济公名头高大,赶紧把和尚让进来。雷鸣、陈亮说:"师傅从哪来?"和尚说:"我告诉你两个人,不叫你们两个人管闲事,你两个人还是不听。方才我一出店,要上戴家堡,偶然打了一个冷战,我就知道你两个人要惹祸。我和尚不能不追来,我要不来,这个乱大了。"雷鸣、陈亮说:"师傅,这有什么祸呢?"和尚说:"那是有祸。我且问你,这个妇人是怎么一段事?"雷鸣说:"赵老丈,你跟圣僧说说这件事。"赵老丈又照样把话学说一遍,提说:"人死小孩不叫埋。"和尚说:"这是死人吗?"赵好善说:"怎么不是?"和尚说:"你来看!"用手冲着死人一指,口念:"唵嘛呢叭咪吽!唵敕令赫!"雷鸣、陈亮、赵老丈再一看,和尚把障眼法给撤了,众人一看,炕上躺着并不是真人,原来是一个纸人,众人全愣了。

书中交代,这是怎么一段事呢? 原本这村北有一座庙,叫七星庙,庙里有一个老道,叫吴法通,绰号人称广法真人,乃是赤发灵官邵华风的记名徒弟。素常这个老道无所不为,庙里有夹墙壁,他在烟花巷里买了几个妇人,搁在夹壁墙之内,终日作乐。吴法通自己有一部邪书,老道会炼妖术邪法。老道常在庙门口站着,见孙氏早起上七星镇去做活,晚半天回来,天天由他庙门口经过。老道一看,本来孙氏长得美貌,虽衣服平常,人才出众,称得起眉舒柳叶,唇绽樱桃,杏眼含情,香腮带笑。老道本是花里的魔王,色中的饿鬼。这天孙氏又从他门口过,老道访问别人,问:"这个妇人是谁家的?"有人说:"道爷你不知道? 这个妇人原本是逃难来到赵家庄,在赵善人的场院房住着,天天到七星镇李宅去做针线养活。"老道听明白了,自己一想:"我要把这个妇人用法术引到庙里来。大概妇人一丢,必有人找,我总得把这件事办严密了,免生口舌是非。"老道用纸糊了一个妇人,跟活人一般,老道能用法术催着,叫这个假人能走。这天老道在门口等候,又见孙氏来了,老道一念咒说声"敕令!"孙氏一打冷战,两眼发直,自己就进了庙。老道把孙氏搁到夹壁墙,叫那四个妓女给顺说,老道一面给假人贴上一道符,用咒语一催,这假人来到场院房一躺,有伏验法,遮着凡人眼,跟真人一样。

老道在庙内点着一炷信香,要有人把假人埋了,他也能知道。要有人破了他的法术,这信香就灭了,他也能知道。今天被济公把法术一破,雷鸣、陈亮、赵好善一看是个假人,赵好善说:"这是怎么一段事?"和尚说:"你也不用问,少时你看,必有人来不答应。"雷鸣、陈亮说:"师傅这是怎么一段缘故? 师傅给管管罢!"和尚说:"我既来,焉有不管的道理? 我要不管,就得出人命。我和尚诛恶人即是善念,咱们等着罢。"赵好善说:"圣僧到我家去吧。"和尚说:"也好。"连雷鸣、陈亮一同来到赵好善家中,是南座五间为客厅,屋中倒很幽雅沉静。众人落了座,有手下人倒过茶来,赵好善说:"圣僧吃荤吃素? 既来到我家里,不要做客,我这里荤素都现成。"和尚说:"我荤素都可以用。"赵好善立刻叫家人预备酒饭。家中倒是方便,少时擦抹桌椅,把酒菜摆上,大众落座,开怀畅饮。谈心叙话,直吃到天有初鼓以后。

忽然间,走石飞沙,声如牛吼,令人胆战心寒,刮得毛骨悚然,立刻屋中的灯头火就灭了。和尚说:"来了!"众人吓得亡魂皆冒。书中交代,和尚把假人的障眼法一撤,老道在庙里就知道了。心中一动,说:"这是什么人? 好大胆量! 竟敢破我法术,坏我大事? 我焉能跟你甘休善罢!"吴法通他庙里早有炼成的百骨神魔,是他素日在乱葬岗子里捡的人骷髅骨,也并非容易,非是一日之功,凑来凑去凑齐了,也有脑袋,也有胳臂腿脚。凑成一处,用舌尖中指的鲜血滴上,借天地阴阳之气,雨润露滋,并受其日月之精华。老道再用符咒一催,把这百骨神魔炼好了。在大殿里有一口空棺材,将此骷髅骨藏在里面,要用他,能用符咒一催,给他宝剑,使他出去,非得杀了人不回来。这件东西,专能害人。前者小月屯闹"嘁嘁嗤嗤"就是这一类的东西。今天老道吴法通知道有人破他假人,心中暗恨。到晚上星斗出全了,老道在院中,预备香烛纸马,五谷粮食,黄毛边纸,朱砂笔砚,香菜根蘸无根水,老道披发仗剑,画了三道符,一念咒,把百骨神魔催起来,给他一口宝剑。这种东西,带着一阵阴风,直奔赵好善家中来了。雷鸣、陈亮众人一看,就是一个旋风裹着雪白,有一丈多高,也看不准是什么。和尚说:"来了,好孽畜!"立刻把僧帽摔出来,霞光万道,把百骨神魔压在就地。和尚说:"你们瞧。"众人一看,是个骷髅骨。和尚说:"赵好善,你叫人用火烧。"立刻用柴火一烧,烧的有血迹,有腥臭之气。赵好善说:"这是哪来?"和尚说:"你跟我来。"雷鸣、陈亮二人,俱跟随和尚要狂奔七星观,捉拿老道吴法通搭救难妇。不知后事如何,且看下回分解。

第一百九十八回　戴家堡妖魔作怪
八蜡庙道士捉妖

话说济公禅师把百骨神魔烧化，随即带领雷鸣、陈亮、赵好善出了赵家庄，来到七星观。老道吴法通正在院中作法，不见百骨神魔回来，桌上的七盏灯都灭了，老道就知有人破了他的法术。正在心中一愣，只听外面一声喊嚷："好孽畜！你敢兴妖，无故害人，我和尚焉能饶你？"老道抬头一看，见来了一个穷和尚。短头发有二寸多长，一脸的油泥，破僧衣短袖缺领，腰系绒绦疙里疙瘩，足穿两只草鞋，"梯他梯他"，一溜歪斜，长得三分不像人，七分倒像鬼，带着一个蓝脸，一个白脸，一位老丈。老道看和尚是个凡夫俗子，罗汉爷早把三光闭住。吴法通一见，口中说："什么人？好大胆量！"和尚说："就是我老人家。"老道打算要跑，和尚用手一指点，口上念六字真言："唵嘛呢叭咪吽！唵，敕令赫！"用定身法将老道定住。和尚说："雷鸣、陈亮，你两个人把那老道杀了罢。这东西害过无数的人了，留着他贻害于后人，我和尚诛恶人即是善念。"雷鸣、陈亮立刻拉出刀来，手起刀落，将老道结果性命。和尚说："在大殿里有一口空棺材，就把老道搁在里面，明天赵好善你叫人把他埋了，就完了，这座庙就给你作为家庙。"赵好善点头答应。和尚带领从人，把夹壁墙打开，里面有四个妓女，连孙氏也在里面。和尚说："你们这四个妇人，赶紧收拾自己的东西，天亮各奔他乡。赵好善你把孙氏领回去，叫他母子团圆。"等候天光亮了，四个妇人各自去了，众人把孙氏带回赵家庄。和尚说："雷鸣、陈亮，你二人要回家，去吧！还是少管闲事为要紧。我和尚也要上戴家堡，捉拿邵华风。"赵好善谢过济公，雷鸣、陈亮告辞分手。

和尚带领何兰庆、陶万春，由赵家庄出来，直奔戴家堡而来。大约有四五十里之遥，戴家堡也属常州府所管。和尚同二位班头方来到戴家堡，只见对面鼓乐喧天，八个人搭着一个彩亭子，里面坐着一个十二三岁的小孩，有好几十人护送。何兰庆、陶万春一看，这事透着新奇，心里说："这么一个小孩，可有什么好处呢？"何兰庆见旁边站定一位老者，在那里哀声叹声，何兰庆过去深施一礼，说："借问老丈，这小孩可有什么好处呢？大众尾随着，用亭子搭着上哪去？"这老者叹了一声，说："尊驾不是我们本处人罢？"何兰庆说"不是。"老者说："尊驾有所不知，在我们这村北，有一座庙。只因前者八蜡神在我们这村庄里闹得甚利害，不是伤人，就是着火。众村会首到八蜡庙一烧香上供，八蜡神吩咐人来说，叫我这村庄一天给他供一个小孩，他要吃一百天就走，若要不给供，把我们合村的人都要了命。我们这村庄方圆有两千多户人家，众会首一商议，谁家有小孩也舍不得去给八蜡神上供，花钱买谁也不卖。大众说：'这是咱们的村难。'众人出了个主意，谁家有孩子，写上名字，团上纸团，搁在斗里摇，摇了谁家的小孩，就把谁家的小孩去上供，没偏没向，碰命，每天送一个。今天二十九天了，八蜡神吃了二十八个小孩子。今天这个小孩姓刘，家开着杂货铺，人家三门守着这一个孩子。人家家里是善人，真称得起乐善好施，急公好义，都说不应该当遭这样报应，偏巧就把他家孩儿的名儿摇出来，不能不送去，大众瞧着可惨。老哥们三个要亭子搭着这小孩，给八蜡神送去。"何兰庆一听，说："这还了得！"回头说："济公，你老人家给管管这件事好不好？把妖精捉了，搭救这一方的黎民，也算你老人家一件大功德。"和尚："我不管。"何兰庆说："圣僧能行好，为何不管呢？"和尚说："倒不是我不管，回头有比咱们能为大的来管。等人家管，不用咱们再管，不信你瞧着。"

正说着话，只听对面一声"无量佛"，何兰庆抬头一看，只见对面来了一个老道，头戴青缎子九梁道巾，身穿蓝缎色道袍，青护领相衬，腰系杏黄丝绦，白袜云鞋，面似银盆，眉分八彩，目如朗星，鼻如梁柱，唇似涂丹，仪表非俗。手中拿着萤刷，肋下佩着一口宝剑，绿鲨鱼皮靴，黄绒穗头，黄绒挽手。来者老道非是别人，正是神童子褚道缘。书中交代，前者褚道缘同鸳鸯道长张道陵由上清宫给老仙翁送信之后，二人由上清宫回来，各归自己的庙。褚道缘回到铁牛岭避修观，自己一想："这口气不出，非得找济公报仇不可！"无奈不是济颠和尚的对手，褚道缘忽然心生一计："我何不到万松山云霞观去，找我师爷爷紫霞真人李涵龄？他那庙里，有一宗镇观之宝，名曰八宝云光装仙袋。这一宗宝贝，勿论什么妖精，装上立现原形，要装上人，即刻云光一照，照去三魂七魄，就是大路金仙，都能照去白光。"自己想罢，立刻狂奔万松山而来，来到门首一叫门，道童开门一看，说："师兄来了！"褚道缘说："祖师爷在庙里？"道童说："在庙里。"褚道缘来到里面，一见紫霞真人李涵龄，跪倒行礼。李涵龄说："你来做什么？"褚道缘说："没事，我来瞧瞧祖师爷。"李涵龄说："你没吃饭，去吃饭吧。"也没拿着他着意，当初褚道缘在这庙里当道童。他在这庙里住了两天，这天黑夜，他把八宝云光装仙袋盗出来，跑下山来，各处寻找济颠。今天走在这戴家堡，见许多人搭着彩亭，里面坐着一个小孩。褚道缘就问："什么事？这个小孩子什么好处呢？"众人就说："道爷你有所不知，我们这里闹八蜡神，一天要吃一个小孩，今天已然二十九天了，吃了二十八个小孩子。八蜡神说：'要吃一百天就走了。'这也是我们村中该遭劫。这个小孩原本是刘善人家的，三门守着这一个，人家家里是善德人家，遭这样恶报，真是上天无眼。"褚道缘一听，心中一想："这必是妖精，我有八宝云光装仙袋，我何不把妖精捉了，给这一方除害，也算我一件功德。"想罢，说："众位你们不要把小孩送去，我去把八蜡神捉了好不好？今天你们就拿我上供，我去等他。"刘善人一听，心中喜悦。本来要送孩子去上供，老哥三个哭的眼都红了，听老道说能捉八蜡神，刘善人连忙过来说："道爷，你老人家要能把八蜡神除了，要多少银子，我给多少银子。"老道说："我倒不要银子，所作为功德。"刘善人说："更好了。"立刻叫人把亭子抬回去。

大众一同老道来到八蜡庙，刘善人说："未领教仙长贵姓？在哪座洞府参修？"褚道缘说："我是铁牛岭避修观的山人，姓褚名道缘，绰号人称神童子。"刘善人说："仙长你老人家真要把八蜡神捉了，我必有重谢，这一方都感念你老人家的好处。仙长你用什么东西？我这里好预备。"褚道缘说："我什么都不用，就等拿妖。你等有胆量大的，在这配房等候，瞧我用法宝将妖精捉住，把他结果了性命，你等看着。"不关心的人，谁也不敢在这里舍命瞧捉妖，倘若老道捉不了妖精，就被妖精所害，众人都走了。就剩下刘家兄弟三个。先叫人给老道预备素斋，吃喝完毕，刘氏兄弟在配房藏着，把窗户弄了一个窟窿往外看。褚道缘就在大殿内供桌上一坐，由兜囊将八宝云光装仙袋掏出来。手中一擎。等来等去，听外面一阵狂风大作，走石飞沙，直奔八蜡庙而来，就听风中一声喊嚷："吾神来也！"褚道缘往外一看，风里裹着一个老道落下来，面似青泥，一双金睛，叠抱两道朱砂眉，押耳红毫，满腮的红胡子，头戴鹅黄道冠，身穿鹅黄色道袍，腰系丝绦，白袜云鞋。这老道刚往院中一落，"呵"了一声，说："哪里来的生人气？好大胆量！什么人敢来到吾神的大殿？"褚道缘一看，这才用宝贝捉妖。不知后事如何，且看下回分解。

第一百九十九回　试法宝误装道童　显金光道缘认师

话说褚道缘见妖精一来，立刻把八宝云光装仙袋往外一摔，口中念念有词，真是霞光万道，瑞气千条，妖精"滋溜"一溜烟，竟自逃走。褚道缘并未将妖精拿住，把八宝云光装仙袋捡起来，直等到天色大亮，妖精并未复来。刘氏弟兄在配房看得真切，出来给老道行礼。褚道缘说："你等可曾看见了？"刘善人说："仙长，你老人家果然神通广大，法力无边，把妖精赶走。可有一节，道爷可别走，你要走了，恐妖精再来,我等村庄可就要受他大害了。"褚道缘说:"我不走,我在这里住三天就是了,如妖精再来,我必将他拿住。如三天不来,大概也就不来了,那时我再走。"刘善人说:"好,仙长不必在这庙里住着,我们把你送到北边三清观去。那庙里有一位老道,叫铁笔真人郑玄修。你们二位道爷可以一处盘桓,那庙里也有人伺候。"褚道缘说:"郑玄修我认识他,跟我师傅沈妙亮相好,我去看看。"刘善人说:"道爷既认识更好了。"这天同着褚道缘,来到三清观。一叫门,由里面道童出来开门,一看认识,说:"道爷从哪来?"褚道缘说:"你家祖师爷可在庙里?"道童说:"我家祖师爷会着客呢。"褚道缘说:"谁在这里?"道童说:"灵隐寺济公带着两位班头。昨天住在这里。"褚道缘一听说:"这可活该!我正要找济颠僧报仇找不着,他在这里甚好!"

书中交代,昨天济公见褚道缘拦住彩亭和尚就带领何兰庆、陶万春进了酒馆,要了酒菜,吃喝完了,给了钱,同二位班头出来,狂奔三清观。刚来到庙门首,见郑玄修在门首站着,和尚说:"郑道爷,你好呀!"郑玄修一瞧是济公到,甚喜。想起前者济公戏耍神童子褚道缘之时,在酒楼和尚把郑玄修的银子诓了走,在村口瞧银子的成色,郑玄修跟和尚打起来,正碰见沈妙亮,和尚显露了三光,郑玄修知道和尚是得道的高僧。今天一见,连忙行礼说:"圣僧久违了!这是上哪去?"和尚说:"我特意来看望你。"郑玄修说:"无量佛!圣僧请庙里坐。"和尚说:"可以,扰你个座。"带着二位班头进了庙,来到鹤轩一看,倒很清雅。和尚落了座,有道童献上茶来,郑玄修跟和尚一谈话,本来和尚肚腹渊博,怀抱锦绣,腹隐珠玑,满腹大才,二人越谈越对劲。郑玄修很佩服和尚,留下和尚吃饭,住在这里。今天一早起来,喝着茶用过点心,刚要摆饭,听外面打门。道童开门,一看是褚道缘,道童一提说济公在这里,褚道缘说:"这可该当我报仇。"迈步往里就走。和尚一看说:"了不得了,我的仇人来了!"郑玄修赶紧站起来说:"褚道缘你来了,我们济公在我这里,冲着我算完了,我给你们二位讲合了。"褚道缘说:"那可不行!勿论谁说,也管不了。他欺负苦了我了,我特为找他报仇!"说着话,立刻伸手把八宝云光装仙袋掏出来,说:"我今天非得把济颠装起来,叫他知道我的利害!"郑玄修说:"不可,瞧我吧!"和尚说:"得了,褚道爷你饶了我吧。"连何兰庆、陶万春都来求老道。褚道缘说:"不行!"立刻把八宝云光装仙袋一抖,眼瞧给把和尚装在里面。褚道缘捡起装仙袋,就要往地下摔,打算要把济公摔死,被郑玄修一把抢过去,说:"褚道缘,你不准!出家人以慈悲为门,善念为本,不许无故害人的性命!你跟济公又没有多大的仇,装了就是了。"说着话,郑玄修把八宝云光装仙袋往下一倒,再一看,大众一瞧,里面装的并不是和尚,原本是郑玄修的大徒弟道童儿,已然身上都直了,昏迷过去。郑玄修说:"褚道缘你怎么把我的徒弟装起来?"褚道缘说:"我也不知道这是怎么一段事,我分明是装的济颠哪!"

正说着话,只见和尚由外面来了,一溜歪斜,脚步跟跄,说:"好东西!你真要跟我和尚作对?来,来,来!咱们爷们倒是分个高低上下!"褚道缘一看,气往上一撞,又要抓八宝云光装仙袋,见和尚早由地下把装仙袋捡起来,和尚说:"我把你装上吧!"郑玄修说:"圣僧瞧我吧!"和尚说:"褚道缘,你不用不服,大概你还不知道我是何人,我叫你看看!"和尚用手一摸脑袋,露出佛光、灵光、金光。褚道缘一看,见和尚身高丈六,头如麦斗,面如獬盖,身穿直缀。光着两只腿,赤着两只脚,乃是一位知觉罗汉。吓得褚道缘赶紧认罪服输,跪倒在地,说:"圣僧不要跟我一般见识,弟子有眼如盲,不认识你老人家,求圣僧慈悲罢!"和尚哈哈一笑,说:"你既知道我就得了,你起来,有话屋里说。"大众这才来到屋中落座。和尚说:"我也不要你的宝贝,我还给你,你也是个好人。今天咱们两个人到八蜡庙去提妖,今天妖精勾了兵来,咱们看看谁能捉住妖精。"褚道缘说:"甚好。"众人在三清观,郑玄修预备斋饭,大众吃饭到半天。刘善人请和尚老道狂奔八蜡庙去捉妖精,在八蜡庙预备下上等酒席。

和尚同褚道缘、刘善人来到八蜡庙,吃完了晚饭,叫刘善人仍在配殿屋中瞧热闹。和尚同褚道缘在大殿里一坐,等到二更多天,听忽外面一阵狂风大作,真是:

扬起狂风，倒绝树林。海浪如初纵，江波万叠侵。江声昏惨惨，孤树暗沉沉，万壑怒嚎天咽气，走石飞沙乱伤人。

和尚同褚道缘往外一看，风中裹着昨天来的那青脸红发的老道，还同着一个黑脸的老道，直奔大殿而来。和尚说："褚道缘，你拿我拿？"褚道说："昨天这青脸的妖精，我就没拿住。今天又来了两个，我更拿不住了，还是圣僧大施佛法拿罢。"和尚说："瞧我的。"立刻把僧帽往外一摔，就是霞光万道，瑞气千条。那黑脸的老道一溜烟竟自逃走，这青脸的老道打算要跑，被和尚的帽子金光罩住，压将下来，妖精立刻现了原形。和尚说："你们大众出来瞧妖精！"刘善人众人出来一看，见僧帽中压着一个大青狼。褚道缘立刻拉宝剑，把青狼脑袋砍下来。这个狼原本有一千五百年的道行，不习正道，常在外面害人。今天这也是遭了天劫。昨天褚道缘用八宝去光装仙袋，把他惊走，青狼精的道行小，怕装仙袋把他装上。他约来这个黑脸的老道，原本是一个黑狗熊精，有三千五百多年的道行，倒没有害过人，青狼打算把他约来，跟褚道缘做对，没想到今天遇见罗汉爷。和尚有未到先知，那黑狗熊没害过人。故此和尚有好生之德，不肯伤害他，单把青狼捉住，将他杀死。

刘善人在配房，见和尚把妖精捉住，老道将狼杀死，众人这才敢出来，给和尚道谢。天光亮了，和尚说："刘善人你回去吧。"褚道缘说："圣僧，你老人家慈悲慈悲罢！弟子情愿跟你出家，认你老人家为师。"和尚说："你既愿意，你先回庙，把庙中安置好了，然后到灵隐寺去找我。我见你师尊沈妙亮，我把你要过来就是了，我还要在三清观住两天，等候拿邵华风，大概他们必要从这里走。"褚道缘点头答应，竟自告辞。刘氏兄弟要送给和尚银子，和尚不要，济公仍回到三清观，同二位班头在这庙里又住了两天。这天忽然和尚打了一个冷战，和尚一按灵光，说："哎呀！可了不得！我得快走！"郑玄修说："什么事？"和尚连话都顾不得说，带何兰庆、陶万春慌慌忙忙出了三清观。不知所因何故，且看下回分解。

第二百回　众妖道灵隐放火　恶高珍信口谣言

话说济公禅师带领何兰庆、陶万春，慌慌张张出了三清观，二位班头也不知和尚是什么事。书中交代，赤发灵官邵华风，自前者由五里碑万成店逃走，带领五殿真人、七星真人、八卦真人、黑毛蛋高顺、铁贝子高珍，顺大路直奔临安城。只见众人到了临安，晚间直奔灵隐寺而来，暗中一探，见庙内静悄悄，空落落，一无人声，二无犬吠，众僧人俱都安歇。邵华风说："众位搬柴草给放火！今天把灵隐寺一烧，我总算报了仇了！然后再拿济颠僧，结果了他的性命，方出我胸中的恶气！"众老道点头，来到灵隐寺庙外九里云松观，搬了许多的柴草，堆在大雄宝殿左右。刚要点火，忽然就听大殿之内，一声喊嚷："好杂毛老道！胆子真不小，看你们往哪走？待我和尚拿你！"众老道一听说话是济公的声音，又听大殿房上四面喊嚷："好老道，我等在此久候多时！快拿妖道，别叫他们跑了！"众老道吓得得惊魂千里，拨头就跑，跑出庙来。邵华风说："可了不得，原来济颠在庙里，你我快走！他既回了庙，你我狂奔常州府去，劫牢反狱，搭救咱们的人。把知府一杀，然后到弥勒院，把咱们的手下人会齐了，自立常州王。"众人吓得只顾跑，怕济颠和尚追上。其实庙里不是济公，乃是少师傅悟禅，房上四面是金毛海马孙得亮、火眼江猪孙得明、水夜叉韩龙，浪里钻韩庆，前者由常州府奉济公之命，在灵隐寺看庙。这四个人在大殿的四极角，分为四面，虚张声势一嚷，老道不知有多少人，众人把妖道吓走。次日金毛海马孙得亮四个人，告辞回陆阳山莲花坞去了，小悟禅奉济公之命在庙里看庙，这话休提。

单说众老道夜由灵隐寺跑出来，不顾东西南北，四散奔逃。唯有铁贝子高珍吓迷了，要奔常州府应该往南，高珍他往北跑出有三十多里路来，累得浑身是汗，遍体生津。自己止住脚步，一辨别方向，明白过来，要奔常州府是往南，这越走越远了。自己复反又回头往南，打算还要追赶邵华风众人，那如何追得上？他一往一来，就是七十多里。自己料想是追不上了，心中一想："大概邵华风众人必上弥勒院去，我随后到弥勒院去，反正也就见着了。"天光亮了，自己找酒馆吃点东西，顺大路往前走，在大路上饥餐渴饮，晓行夜宿。这天来到常州府地面，相离弥勒院只有二三十里之遥。高珍低着头，正往前走，忽听对面有人说："上哪去？小子！"贼人胆吓虚了，高珍一哆嗦，抬头一看，见对面来了一人。身高八尺以外，膀阔三停，头上扎豆青色六瓣壮士巾，上按六颗明珠，身穿豆青色箭袖袍，腰系丝鸾带，翠蓝绸子衬衫，薄底靴子，面似青泥，又似冬瓜皮，两道朱砂眉，一双金睛，叠抱押耳红毫，满腮的红胡须，闪披一件豆青色英雄氅，肋下佩刀。高珍一看，认识此人乃是立地瘟神马兆熊。原本高珍他素常就怕马兆熊，知道马兆熊是个浑人，最不讲理，赶紧上前行礼，说："原来是马大哥！"马兆熊说："你小子哪去？"高珍一想："我要说上常州府，他必盘问我，就许不叫我走，我莫如拿话冤他。"这小子眼珠一转，随机应变，就犯上坏来了，随口说："我正找你哪！没想到找没找着碰上了。"马兆熊说："你找我做什么？"高珍说："我给你送信，你的朋友飞天火祖秦元亮，被人害了，死得好苦！"马兆熊一听，说："被谁害了？"高珍说："被雷鸣、陈亮两个人害的，死的可惨，把眼睛也剜了，开膛摘心。"高珍知道马兆熊是个浑人，必要找雷鸣、陈亮去拼命。前者破慈云观有雷鸣、陈亮，我给他们拢上对，谁爱杀谁谁杀谁，他一气必走，我好走我的。焉想到马兆熊一听，更刨根问底说："你小子说这话，是真的？你瞧见是雷鸣、陈亮的害的？"高珍说："我瞧见的。"马兆熊说："好，雷鸣、陈亮他把我秦大哥害了，我非得找他！你上哪去？"高珍说："我没事。"马兆熊说："跟我走！"高珍说："上哪去？"马兆熊说："你跟我找雷鸣、陈亮，对对这话。要是雷鸣、陈亮没害秦大哥，你小子给我们拢对，我要你的命！"高珍说："我不去，我还有事。"马兆熊把眼一瞪，说："你小子要不跟我走，我立刻把你脑袋掰下来！走不走？"高珍又不敢惹，连忙说："走。"马兆熊就要往北，高珍说："往北上哪去？"马兆熊说："找雷鸣、陈亮去。"高珍说："找雷鸣、陈亮往南去。这两个人在常州府呢，我带你找去。"马兆熊说："好。"地二人一同往南走。高珍一想："我把他诓到弥勒院去，就好把他拿了。"

往前走着，见眼前有一座镇店，高珍一想："我要带他上弥勒院，他倘若不去，我要说总得去，他要跟我动手，我是不行。我何不约他喝酒？把他灌醉了，再往弥勒院拿他。"想罢，说："马大哥，你我喝点酒，吃点东西再走吧。"马兆熊点头。二人见路北有一座酒馆，掀帘子进去，找了一张桌坐下。伙计过来擦抹桌椅，说："二位大爷要什么酒菜？"高珍说："先来四壶白干，煎炒烹炸配四个菜来。"伙计说："是。"少时酒菜摆上，高珍给马兆熊斟上酒。两个人喝着酒，马兆熊说："你小子说的话，我不凭信，是雷鸣、陈亮把秦元亮害了，你可是亲眼得见？因为什么呢？我们跟雷鸣、陈亮都是盟兄弟，我想着决不能！"高珍说："我不撒谎，雷鸣、陈亮因为说秦元亮分财不均。"马兆熊说："咱们找着雷鸣、陈亮，要没有这件事，我把你小子脑袋揪下来！要真有此事，我谢你一百两银子。"

正说着话，凡事有凑巧，只见由外面进来三人。头一个身高八尺，膀阔三停，头戴紫缎色六瓣壮士帽，身穿紫缎色箭袖袍，腰系丝鸾带，单衬袄，薄底靴子，闪披一件蓝缎色英雄大氅，面似生羊肝，粗眉朗目，三绺黑胡须飘洒胸前，来者非是别人，正是飞天火祖秦元亮。后面跟随着一人，红胡子，蓝靛脸，乃是雷鸣。随后又来了一位，穿翠蓝褂，俊品人物，乃是圣手白猿陈亮。铁贝子高珍一看，吓得亡魂皆冒。书中交代，这三个人从哪来呢？原本雷鸣、陈亮前者回到镇江府，到了陈亮家中，哪知道陈亮的叔父并不在家，出去催讨账目。老管家陈安见陈亮回来，同着雷鸣，陈安就问："少大爷这些日子上哪去了？"陈亮说："到临安逛了一趟，我拜了灵隐寺济公为师，我要出家。"陈安一听，说："少大爷你真是胡闹！你常不在家，咱们家里又不指着做绿林度日。再说你要一出家，陈氏门中断了香烟。孟子曰：'不孝有三，无后为大。'你又无三兄四弟，谁能接续香烟？人生在世上，总要想光宗耀祖，显达门庭,封妻荫子,那才是正理。无故你又想出家,这可是胡闹!"陈亮说:"你岂不知一子得道,九祖升天?"老管家说:"那说不对!"百般劝解,连陈亮的妹妹也抱怨陈亮。陈亮不爱听,跟雷鸣一商量:"咱们上临安找济公去,我在家中烦的了不得!"雷鸣说:"也好。"二人由家中出来,顺着大路,奔临安来。这天走在道路之上,正碰见秦元亮。秦元亮前者回了家,他也是镇江府丹阳县的人,感念济公救命之恩,要到临安去给济公道谢。在路上三个人碰见,彼此行礼,陈亮问:"秦大哥哪去?"秦元亮说:"我要到临安找济公道谢。"陈亮说:"好,你我一同走吧! 我二人也去找济公。"三个人一路同行,今天恰巧走在这镇店,三个人腹中都饿了,秦元亮说:"雷陈二位贤弟,你我吃点酒饭再走吧。"三个人迈步进了酒馆,焉想到碰见立地瘟神马兆熊,同高珍在这里。高珍一见雷鸣、陈亮同秦元亮三个人一齐来了,吓地站起身来,拧身蹿上楼窗逃走。马兆熊一看,气往上撞,说:"好小子! 给我拢对!"立刻就追。焉想到四个人一追高珍,又闯出一场杀身之祸。不知后事如何,且看下回分解。

第二百零一回　马兆熊怒杀高珍
邵华风常州劫牢

话说雷鸣、陈亮同秦元亮三个人,方一进酒馆,见铁贝子高珍站起来就跑,立地瘟神马兆熊一声喊嚷,怪叫如雷,站起来随后就追。雷鸣、陈亮、秦元亮这三个人,也不知道因为什么,随后也追赶出来。酒饭座哄的一阵大乱,饭馆那掌柜的也不敢拦,只打算雷鸣他们三个人是办案的番子,高珍这两个人必是贼人,大众胡思乱想,纷纷议论。雷鸣、陈亮、秦元亮三个人追来,就见高珍在头前奔命逃走,真是急急如丧家之犬,忙忙似漏网之鱼,连头也不回。就听马兆熊随后追赶,口中喊嚷:"好囚囊的! 你给我拢对,我焉能饶你? 今天你上天,赶到你凌霄殿,入地赶到你水晶宫,焉能放你逃走!"飞天火祖秦元亮后面喊嚷说:"马贤弟,你因为什么追赶高珍?"马兆熊说:"三位跟我来! 这小子他搬弄是非,他说雷鸣、陈亮把你杀了,我几乎受骗!"雷鸣、陈亮一听,气往上撞说:"追他! 别放他走了!"陈亮说:"高珍他是慈云观的余党!"众人紧紧一追,高珍头前逃走,这几个人也不知高珍要往哪跑,马兆熊是死心眼非要把高珍追上不可,直追出有五六里地。见高珍进了一座山口,众人也追进山口,高珍直奔北山坡,见山坡上有一座大庙,正当中的山门,两边的脚门,前有钟鼓二楼,后有藏经楼,大概有四五屋大殿,见高珍跑进东角门,马兆熊也追进东角门。高珍要往东配殿里跑,活该脚底下一忙,台阶绊了一个筋斗,马兆熊一个箭步,蹿到跟前,手起刀落,扎在高珍的后心。当时高珍气绝身亡,血流满地。此时雷鸣、陈亮、秦元亮也赶到了,秦元亮说:"马贤弟,怎么样了?"马兆熊说:"把囚囊的扎死了!"

话言未了,就见由东配房一声喊嚷:"阿弥陀佛!"大众睁眼一看,出来一个大秃头和尚。身高八尺,膀阔三停,头大项短,披散着头发,打着一道金箍,面如锅底,粗眉大眼,身穿青僧衣,白袜僧鞋。和尚出来一看,说:"施主这是怎么了? 我这庙里是佛门善地,为什么在我庙里来杀人?"秦元亮说:"你别管,他是个贼,我们把他摔到山涧去,没你的事!"和尚说:"在我庙内,焉有不管之理? 你们几位贵姓? 死的这个是谁呢?"雷鸣、陈亮各自通了名姓,秦元亮、马兆熊也说了名姓,说:"这个贼人叫铁贝子高珍,他是由慈云观漏网之贼。"和尚说:"呵,他是慈云观的贼,破慈云观有你们几位吗?"雷鸣、陈亮说:"有咱们。"秦元亮说:"我也在那里。"正说着话,就见由屋中出来一个人,正是黑毛虿高顺。说:"当家的,别叫他们走,破慈云观有他们,把我哥哥也杀了! 好好,我焉能跟他等善甘休!"和尚哈哈一笑,说:"不用你,他们几个是放着天堂有路他不走,地狱无门自找寻。这也是自来找死!"众人一听,说声"好秃驴! 你要多管闲事,先拿刀砍你!"和尚用手一指,说:"敕令!"竟把四位英雄定住。

书中交代，这座庙就是弥勒院。原本高珍打算跑到弥勒院来，就不怕了，没想到自己到了庙里，绊躺下来，这也是贼人恶贯满盈，该当遭报。这个和尚就是通天和尚法雷。原本此时赤发灵官邵华风、五殿真人、八卦真人众妖道，由灵隐寺逃走，就奔弥勒院来。这院里早有迷魂太岁田章，带领众薰香贼，早都来了。群贼在这庙里会了齐，都在后住着。今天通天和尚把四个人定住，高顺就说："待我来杀，我给我哥哥报仇！"说着话，刚要转身进屋中拿刀，忽听外面一声喊嚷："好孽畜！你们又要害人，待我和尚来拿你。"高顺一瞧，唬得亡魂皆冒，说："可了不得了，济颠和尚来了！"原本济公由三清观出来，带领何兰庆、陶万春，慌慌忙忙就是奔弥勒院。罗汉爷未到先知，刚来到弥勒院，正赶上高顺同法雷要杀这四个人。和尚一嚷，高顺同法雷唬的拨头就往后跑。济公哈哈一笑，说："好法雷，你跑罢！我和尚也不追你。十八天之后，咱们丹阳县见！"法雷只顾跑，也没听见。同高顺跑到后面，给众妖道送信，说："济颠和尚来了！"众群贼一听，胆裂魂飞，急忙逃走，济公并不追赶。罗汉爷本是佛心的人，有好生之德，打算要把众妖道度脱过来，改恶行善，就不拿他。焉想到群贼执迷不悟，恶习不改。

众人逃出弥勒院，赤发灵官邵华风说："众位，这济颠僧真是你我的冤家对头，你我走到哪里，他跟到哪里，山人我是一不做，二不休，他在这里，你我今天晚上奔常州府，劫牢反狱，把知府一杀，我自立常州王，众位助我一臂之力，你我今天分三面去。"大众说："任凭祖师爷分派。"邵华风说："我自带五殿真人由东面进城，叫七星真人刘元素，八卦真人谢天机，领乾、坎、艮、震、离、巽、兑八位真人，由西面进城；派迷魂太岁田章，同单刀太岁周龙、笑面貔貅周虎、黑毛蚤高顺一干众人，由南面进城；大众到常州府衙门会齐。"群贼各自点头，找了一座酒馆，大众吃了晚饭，候自天有初鼓以后，众人分三面狂奔常州府而来。来到城根，众妖道驾趁脚风，抖袍袖上城，众绿林人等各掏白链套锁，用抓头抓住城头，揪绳上去。城守营虽有官兵，如何抵挡的了这一干群贼？三面贼人由马道下了城，乱摆兵刃，直奔常州府衙门而来。

此时知府顾国章，也早已得了信。书中交代，知府顾国章由前者抄了慈云观，派官兵将庙上了封皮，兵马都监陆忠自己回了衙门，知府顾国章也回到常州府，立刻升堂。狱里的贼人玉面狐狸崔玉、拍花僧豆儿和尚月静、铁面佛月空、鬼头刀郑天寿，五个人俱皆招认。五个贼人提上堂来，知府一讯问口供，所有慈云观有多少人，有多少贼店黑船，邵华风起意造反，把从头至尾的事，俱皆招认。五个贼画了亲供，知府吩咐仍将五个贼人入狱，一面办文书行知上院衙。现在上院衙已来了回文，着知府所有拿获的贼人，不分首从，俱皆就地正法。拟斩立决，定于明日出斩。今天晚间，知府正在书房灯下看书。每日昼夜俱派官兵护狱，本来这个差事是紧要的事，知道漏网的贼人太多，就怕得是有人来劫牢反狱。知府衙门有两位看家护院的，是亲弟兄，一名叫王顺，一名叫王泰。这是两个能为枪刀剑戟，斧钺钩叉，十八般的兵刃，样样精通，由顾国章做知县的时节，这两个人就在这里。今天方交二鼓，忽听外面一阵喧哗，顾国章正在一愣，就要叫手下人去看什么事，忽然由外跑进一个差人，来到书房说："回禀老爷，了不得了！现在东城门、南城门、西城门来了无数的贼人，各持刀枪，砍伤了城守营无数的官兵。大概必是奔府衙门来了，大人早做准备！"知府顾国章一听，赶急吩咐把官兵调齐，预备激筒要紧，传王泰、王顺两位护院的保护。正说着话，又有人来报："回禀大人，现在有无数的老道来劫牢反狱的，四老爷身受重伤，贼人伤了无数的官兵！"知府一听就愣了，幸亏激筒兵来得快，方来到衙门，只见房上四面贼人老道都满了，赤发灵官邵华风站在房上，一声喊嚷："赃官听真！现有你家祖师爷在此，今天我把你等全结果了性命！"顾国章吩咐尔等快拿激筒打他，众官兵急用激筒照众老道就打，众妖道方要念咒，被脏水打在身上，念咒也不灵了。邵华风说："哪位先去杀狗官？"旁有黑虎真人陆天霖说："我去！"立刻摆宝剑跳下来，要奔知府，幸有王顺、王泰拔刀过去挡住。众老道今天扬扬得意,正在大肆横行,忽听由外面一声喊嚷:"好孽畜!往哪里走?"来者乃是济公禅师,要拿一干贼人。不知后事如何,且看下回分解。

第二百零二回　斩大盗济禅师护决　为找镖追云燕斗贼

话说赤发灵官邵华风一干众人,正要刺杀知府,劫牢反狱,济公禅师赶到。书中交代,和尚由弥勒院把群贼赶走,和尚并不追赶,把雷鸣、陈亮、秦元亮、马兆熊四个人的定身法给撤了,这四个人给和尚行礼。和尚说:"雷鸣、陈亮你二人回了家,不在家中,又来做什么?"雷鸣、陈亮说:"我二人要到临安城去找师傅,半路碰见秦元亮,他要到临安去给师傅道谢。"和尚说:"秦元亮,你也不用去了,也不必谢。雷鸣、陈亮你二人回家罢,可要少管闲事。此时你二人印堂发暗,颜色不好,你二人急回家趋吉避凶。要多管闲事,惹出大祸,我和尚此时可没工夫,不能管你们。千万戒之,慎之!"雷鸣、陈亮四个人点头,这才告辞。

和尚带领何兰庆、陶万春,出了弥勒院,直奔常州府而来。走在半路之上,见对面来了几个骆驼子,有两个骑马的,乃是铁面天王郑雄同赤发瘟神牛盖。一见和尚,二人翻身下马,赶奔上前行礼。郑雄说:"师傅一向可好?"和尚说:"你上哪去?"郑雄说:"我叔父在镇雄关做总镇,我买了些土产东西,瞧我叔叔去。师傅上哪去?"和尚说:"我有要紧的事,你去吧。"郑雄这才告辞。和尚带着二位班头,路过翠云峰。和尚来到山下,有探路喽兵盘问,和尚说:"你们到山上通禀,叫窦永衡、周堃出来,就提我是灵隐寺济颠僧,在这等他有话说。"喽兵进去一报,窦永衡、周堃急速来到山下,给和尚行礼。周堃说:"师傅到山上坐坐去。"和尚说:"我有事,我告诉你二人,要是赤发灵官邵华风众人要来,你二人可别留他们,可不定来不来。你只在山口,预备陷坑,附耳如此如此。我和尚要拿他们,将来救你们将功赎罪。"这两个人点头,和尚带着二位班头告别。

来到常州府,天有初鼓以后,早已关了城,和尚说:"陶头、何头,你二人等开城进城回衙门,不用管我。我自己去拿邵华风,不用你们。"二位班头答应。和尚单走,施展佛法进了城。来到常州府衙门,正赶上众妖道在这里要劫牢反狱。和尚一声喊嚷,众贼唬的连魂都没有了,四散奔逃。和尚并不追赶,就是黑虎真人陆天霖没跑脱,被获遭擒。知府一见济公,喜出望外,连忙说:"圣僧来了甚好!要不然,今众妖道要大肆横行。"把和尚让到屋中落座,将陆天霖带上来一问,陆天霖把邵华风众人商量行刺,劫牢反狱的话,都招了。知府吩咐将贼人钉镣入狱。一面给和尚摆酒,知府说:"圣僧先别走了。"和尚说:"何兰庆、陶万春今天住在城外,明天回来,不用他们,我和尚自己去拿邵华风。"知府说:"圣僧今天先别走,我要先把拿住的贼人正了法,要不然,睡多了梦长。明天处斩,恐贼人有余党劫法场,求师傅给护决。"和尚说:"可以。"知府传出谕去。次日何兰庆、陶万春也回来了。在西门外搭的监斩棚,知府同济公带领一百官兵,押解差使,来到法场。常州府瞧热闹的人,拥挤不动。将玉面狐狸崔玉、鬼头刀郑天寿、铁面佛月空、豆儿和尚拍花僧月静、都天道长黄天化,连黑虎真人陆天霖一并就地正法,首级号令了,众人这才回归知府衙门。

次日,和尚由知府衙门告辞,知府送到外面说:"圣僧回来见,多有辛苦!"和尚一溜歪斜往前行走,来到一个镇店,见路北里有一个茶饭馆,和尚进去,找了一张桌坐下,要了两壶酒,两碟菜。和尚刚喝了一盅酒,只见外面来了一匹马,马上骑定一个人,头戴粉绫缎扎巾,身穿粉绫缎色箭袖袍,外罩红青跨马,腹肋下佩刀,薄底靴子,三十多岁,淡黄的脸膛,粗眉大眼。来到饭馆子门首,翻身下马,把马拴在门首,来到里面找了一张桌坐下,要了酒菜。坐在那里面带忧愁之相,唉声叹气,仿佛心中有愁事的样子。和尚赶过去说："这位朋友贵姓？"这人说："在下姓黄名云。"和尚说："尊驾莫非是南路镖头追云燕子黄云吗？"黄云说："岂敢，岂敢，正是在下。"和尚说："我跟你打听几位朋友。"黄云说："哪位？"和尚说："威震八方杨明、风里云烟雷鸣、圣手白猿陈亮，这三个人尊驾可认识？"黄云说："那不是外人，杨明、雷鸣、陈亮跟我是盟兄弟。大师傅未领教怎么称呼？"和尚说："我乃灵隐寺济颠僧。"黄云一听说："原来是圣僧，弟子久仰久仰！今日得会仙颜，真乃三生有幸！"说着话，立刻给济公行礼。和尚说："别行礼，你上哪去？"黄云叹了一声，说："别提了，我上陆阳山莲花坞。只因我手下伙计杜彪给我惹了祸。前者我叫杜彪押着十万银子镖走，本来杜彪素常脾气就不好，爱说大话，目空自大，狂放无知，只知有己，不知有人，又没真能为。路过陆阳山，被陆阳山两个姓邓的给把镖留下，听说有一个叫邓元吉，一个叫邓万川，其实这两个人也不是贼，是莲花坞的。那庙里有四位和尚，保水路的镖头，叫花面如来法洪，神拳罗汉法缘，铁面太岁法静，赛达摩法空，这四个人很有名头。按说陆阳山还有我几个朋友，都是至交，有金毛海马孙得亮兄弟，水夜叉韩龙兄弟，还有万里飞来陆通，大概我这几个朋友许没在山里。倘在山里，只要提说是我的镖，决不能留下。总怨杜彪无知，现在他把镖丢了，回去跟我说，被我说他几句，杜彪一口气也死了。他家里还不答应我，还要跟我打官司，这事怎么办？十万银子丢了，客人也不答应我呀！我去要镖去。"和尚说："这就是了，我也跟你去。"黄云说："圣僧没事，愿意去也好，你我一同走。"和尚说："走。"黄云给了酒饭账，同和尚出了酒饭馆，一直狂奔陆阳山而来。

　　凡事该当出事。陆阳山劫镖那一天，原本是金毛海马孙得亮、火眼江猪孙得明同韩龙、韩庆四个人，并没在陆阳山，他们奉济公之命，正同悟禅在灵隐寺看庙。万里飞来陆通那一天他巡山，见山下来了几个骡驼子，有两位骑马的，正是铁面大王郑雄同赤发瘟神牛盖，上镇雄关从此路过。陆通瞧见牛盖长得雄壮，他欢喜牛盖，陆通赶过去说问："咳！小子，你姓什么呀？"牛盖说："我姓牛叫盖，你小子叫什么？"陆通说道："你小子哪去？"牛盖说："跟郑爷上镇雄关。"陆通说："我真喜爱你小子！"牛盖说："我瞧你小子也不错！"陆通说："对，咱们两人得交交！"牛盖说："交交。"郑雄一看，这两个人倒不错，对叫小子也都不挑眼。陆通说："你小子跟我上山住几天。"牛盖说："不行，有事。"陆通："要不然我送送你？"牛盖说："好小子！跟我走！"陆通就送牛盖去了。

　　偏赶巧杜彪由山下押着镖来了。本应当镖行里有规矩，每逢路过镖局子门口，应当递名帖拜望，走在镖局子门首不准喊镖趟子。杜彪是狂放无知，走到陆阳山他也没投贴，连马也没下，扬扬得意。邓元吉、邓万川是莲坞的小伙计，这两个人素常就爱多管闲事，也是艺高人胆大。这两个人正在山下闲步，见杜彪押着镖不下马递贴，邓万川二人上前，一声喊嚷："呔，站住！你是哪来的野保镖的？你不懂镖行的规矩吗？踩我们道，连马都不下。你姓什么？"杜彪说："我姓杜叫杜彪，你们姓什么？"邓元吉二人各道名姓，说："你是哪来的镖？"杜彪说："我是南路镖头追云燕子黄云的。"那邓元吉一听，说："好，你既是黄云的伙计，今天把镖留给我们了，你叫黄云托好朋友来见我们罢！"杜彪一听，气往上撞。说："你留镖，你凭什么？"邓元吉说："就凭我这口刀，你赢得了我，叫你镖车过去！"杜彪气更大，立刻拉刀过来动手，焉想到被这二人砍了一刀。杜彪跑回去，镖也丢了。到常山县见了黄云，述说此事，黄云不能不亲自前来。偏偏杜彪一口气死了，他家里反不答应，黄云故备了一匹马，奔陆阳山。在酒馆遇见济公，济公要同去，二人一同来到陆阳山。黄云本没打算来动手，焉想到今天一来，正遇邓元吉、邓万川，又勾出一场凶杀恶战。不知后事如何，且看下回分解。

国学经典文库

中国二十大名著

济公全传

图文珍藏版

第二百零三回　陆阳山济公斗法洪　施法宝罗汉诈装死

话说追云燕子黄云同济公长老来到陆阳山，抬头一看，这座山坐北向南。方一进山口，见路西里山坡下有五间房，作为回事处。黄去来到陆阳山，一道辛苦，偏赶巧邓元吉、邓万川二人正在山下。邓元吉一看黄云容貌不俗，问："尊驾找谁？"黄云很透着和气，说："在下我姓黄名云，乃是南路的镖头。前者我手下的伙计杜彪，他押着镖从贵宝处经过，本来他是新上跳板，不懂得镖行的规矩，听说言语不周，得罪了本山的二位邓爷，将我的镖车留下。我今天一来赔罪，二来我要拜望这山的当家的。"黄云本不打算来动手，想这莲花坞有知己的朋友，不要翻脸。焉想到邓元吉、邓万川这两个人更不通情理，听黄云这两句话，这两个人一想："我要叫黄云把镖要了去，我们算栽了。真要把姓黄的压下去，我二人从此练出来了。"想罢，邓元吉把眼一瞪，说："你就是追云燕子黄云？来了甚好！你手下的伙计，太不懂情理。我就叫邓元吉，镖是我留下的。你就这么要不行，你得托出好朋友来见我们，要不然你跪下给我们磕三个头，认罪服输，把镖给你。如若不然你休想要镖！"

黄云一听这话，太不像话了，泥人也有个土性，黄云一想："要不是陆阳山有朋友，我也不能来这样虚心下气，这就算我栽。"自己越想越气，这才把面目一沉，说："姓邓的！你别反想，并非是我姓黄的怕你们，南北东西我闯荡二十余载，大概也没人敢留我的镖！我想这陆阳山有金毛海马孙得亮弟兄，韩龙、韩庆、万里飞来陆通，都跟我知己，我不好意思翻脸。你两个人太不知事务，可别说我不懂交情！"邓元吉说："你还敢怎么样吗？"黄云说："怎么样？不留你两个人！"邓元吉、邓万川二人也是初生犊儿不怕虎，长出犄角反怕狼，自己以为自己的能为大了，二众哈哈一笑，说："姓黄的，你大胆敢说不留我们？来来来，你我今天倒是分个强存弱死，真在假亡！"说着话，蹿到外面，二人各把单刀拉出来，黄云也拉刀赶过去。邓元吉摆刀照定黄云劈头就剁，黄云用刀海底捞月，往上一迎，邓万川由后面摆刀照黄云后心就扎，黄云身形往旁边一闪。邓万川把刀扎空了，方要变着数，黄云手疾眼快，黄云用刀往外一晃，跟进身一腿，把邓万川踢了一溜滚。邓元吉一见，气往上撞，摆刀照黄云脖颈就砍。黄云用刀往外一迎，邓元吉方把刀抽回去。黄云跟进身去，手起刀落，砍在邓元吉膀臂之上，立刻红光皆冒，鲜血直流。两个人往圈外一跳，说："姓黄的，你是好朋友，你可别跑！"黄云说："大太爷今天把你等全结果了性命，你把你们那为首的叫出来，我倒要瞧瞧，大太爷焉能走！"邓元吉、邓万川说："你要跑了，算你是鼠辈！"说罢，往山上就跑，一直来到里面。

花面如来洪正同法缘、法空在大厅谈话，邓元吉、邓万川跑进来说："当家的，咱们这镖行吃不了啦！咱们同行人，就不叫咱们吃了！"法洪一听，说："什么事？"书中交代，邓元吉二人留下黄云的镖，法洪等并不知道，连忙问："为什么？"邓元吉说："皆因那一天有南路镖头黄云的伙计，押着镖从山下过，他并不下马，我二人口角相争。现在今天黄云来堵着山口骂，把我砍了一刀，他说叫我把为首的叫出去，他点名叫你老人家出去，骂得难以学说了。"法洪一听一愣，说："我保长江一带的水路的镖，黑白两道，马上马下，没有不认识我的。我跟黄云，闻其名未见其面，我与他远日无冤，近日无仇，他也是保镖的，无故为何他来骂我？这事断断不能呀！"邓万川说："现在他就来骂，不信你下山瞧去。"法洪立刻带领三个师弟神拳罗汉法静、铁头太岁法缘、赛达摩法空下山。他这山上净手下人，连镖局子的伙计，共有一百余人，庙里很富足。

众人一同下了山，果见黄云在哪里叫骂。法洪来到山下，说："好黄云，你敢前来送死？我这陆阳山，大概没人敢来骂我！"黄云并没见过法洪，抬头一看，见法洪身高八尺,膀阔三停,项短脖粗,脑袋大,披散着头发,打着一道金箍,面如鲜血,一脸的白斑,长得凶如瘟神,猛似太岁,粗眉大眼,蓝僧衣,肋佩戒刀。第二个脱头是法缘,蓝脸红胡子,更透着凶恶。法静黑脸,面似乌金纸,粗眉阔目。法空是面如紫玉。这四个和尚,都是威风凛凛。黄云说:"好凶僧,你等太无礼! 你的伙计劫我的镖,你还不讲理? 今天黄大太爷跟你一死相拼。"黄云一摆刀,向前狂奔。法洪说:"好小子,你敢来到我跟前这样猖狂? 大概你也不知道洒家的能为,我何必凭血气之勇拿你,待洒家用法宝取他!"伸手由兜囊掏出子午三才神火坎离照胆镜。这等法宝,原本是他师傅给他的,法洪的师傅,就在这陆阳山后,有一座镇坞龙王庙,他师傅叫金风和尚,自称金风罗汉,前知五百年,后知五百年,善晓未来过去之事。给法洪这宗法宝,所为叫他防身,倘遇见能为比他大的,凭血气之勇胜不了,用这个镜子一照,里面有天地人三才真火,能照去人的三魂七魄。今天法洪把子午三才神火坎离照胆镜掏出来,黄云也不知他的这宝贝利害。法洪口中念念有词,用镜光一照,黄云就仿佛瞧见镜子里有太阳光相似,立刻一打冷战,躺倒在地,人事不知。法洪一想:"我跟他没什么冤仇,我把他带到山上去,羞辱羞辱他,叫他知道我的利害就得了,以免他藐视我这陆阳山。"想罢吩咐:"尔等给我把他搭上山去!"

手下人答应,刚要上前搭,济公由石头后面站起来,一声喊嚷:"好孽畜! 你们真不讲理! 无故欺负人,留下人家的镖,还讲以强压弱,真乃可恼! 咱们老爷们来试试,谁行谁不行!"法洪一见气往上撞,说:"你是何人,胆敢替黄云前来跟我等做对?"济公说:"你也不认得我老人家是谁? 我告诉你说,我乃灵隐寺济颠是也!"法洪一听,"呵"了一声,说:"闻得济公长老乃当今的活佛,乃是一位罗汉,道高德重,焉能这个样子? 你硬说是济颠,大概不对罢?"济公说:"你要不信,咱们比拼比拼!"旁边神拳罗汉法缘说:"师兄别放走了他,这个穷和尚,是我的仇人!"花面如来法洪说:"怎么你会认得他?"法缘说:"前者我在临安城麻面虎孙泰来家里住着,有个郑雄大闹万珍楼,孙泰来请我助拳,当场被一个大汉把我追跑。后来晚上我到郑雄家去行刺,被他把我拿住,挫辱我一顿,今天我要给我报仇!"花面如来法洪说:"原来如此。"立刻用子午三才神火坎离照胆镜一照,济公故意"哎呀"一声,翻身栽倒。法洪哈哈一笑,说:"我闻知济颠和尚神通广大,闻名不如见面,见面胜似闻名。据我看来,也无非凡夫俗子,无能之辈! 来人,把他二人给我搭到庙内去!"立刻手下人扛着济公,连黄云大众一同回到山上宝光寺。

方到里面,两个和尚落了座,手下人把济公、黄云搁在大厅之前,法洪一看,济颠已然气绝。这个时节,万里飞来陆通回来了,方一进来瞧见济公,陆通一声喊嚷:"这是我师傅济颠和尚,谁给害死了?"花面如来法洪说:"陆贤弟,他怎么是你师傅?"陆通说:"他是我师傅,谁给害的?"法洪说:"他自来找死,我用我的宝贝将他制住。"陆通又惹不起法洪,自己满心不愿意,又不敢发作,说:"我师傅他死了,我给买棺材装起来,我把他送回灵隐寺。你们谁害的,谁得给抵偿,要不可不行!"法洪说:"陆贤弟你别胡闹,我要叫他活就活。"正说着话,外面有人进来禀报说:"当家的,现有慈云观赤发灵官邵华风,同着一位前殿真人长乐天前来禀见。"花面如来法洪一听,吩咐有请。不晓得赤发灵官邵华风从何处而来,且看下回分解。

第二百零四回　显神能惊走邵华风　斗金风金光服僧道

话说陆通见济公一死,正不答应法洪,忽有人禀报邵华风到了。法洪立刻吩咐有请,亲身率众往外迎接。书中交代,赤发灵官邵华风由常州府劫牢反狱未成,大众一跑,众人狂奔藏珍寺。这个庙是八魔的徒弟、追魂侍者邓连芳的。邵华风众人来到藏珍寺,邓连芳不在庙里,邵华风一查点人数,五殿真人、八卦真人、众绿林人都来了,就不见黑虎真人陆天霖。邵华风说:"众位弟兄,现在济颠和尚苦苦跟你我作对,咱们走到哪里,他追到哪里。他欺负你我太甚,我决不能跟他善罢甘休!我总得报仇!众位在这庙里等候,我到陆阳山莲花坞去,请我拜弟花面如来法洪,再请他师傅金风和尚。再说我师傅马道玄,也在陆阳山后吕公堂。我把他们请来,连你等一同助我一臂之力,大反常州府,杀官抢印,我自立常州王。然后再拿济颠和尚,报仇雪恨!哪位跟了我去?"旁边前殿真人长乐天说:"我跟祖师爷去一趟。"邵华风说:"好,众位在这里住着,听我的回信吧。"大众点头,邵华风同长乐天出了藏珍寺,驾起趁脚风,来到陆阳山。往里一通禀,法洪迎出山门。一见到邵华风,法洪连忙行礼,说:"邵大哥,你一向可好?"邵华风说:"贤弟了不得了!我乃两世为人,几乎你我见不着了!"法洪说:"怎么?"邵华风说:"此时我上天无路,入地无门,把慈云观也没了。只因我派人采取婴胎紫河车,在江阴县破的案,有一个济颠和尚把我手下人玉面狐狸崔玉拿去,后来又拿了鬼头刀郑天寿,解到常州府。济颠和尚先使八卦山坎离真人鲁修真诓去我的子午混元钵,然后济颠和尚勾串常州府官兵,把我的慈云观查抄入官。我要到灵隐寺去报仇,没想到济颠和尚早在灵隐寺,我回常州府要劫牢反狱,济颠他又追到常州府,此时闹得我无地可投!"法洪说:"济颠和尚方才被我拿住了!"邵华风说:"真的吗?"法洪说:"可不是!他来无故帮黄云跟我作对,被我用子午三才神火坎离照胆镜将他制住。不信,你来看。"邵华风说:"既是如是,这可活该,该当我报仇!"

说着话,众人往里走,陆通正扛着济公往外走。邵华风一看,伸手拉宝剑就要砍。法洪赶紧拦住说:"兄长不可,我师傅说过,不叫我害人。我的宝贝只许治人,不许伤人,你我是出家人,也不可杀害人命!"邵华风说:"你别拦我,我跟他仇深似海,非要他的命不可!"法洪说:"你要打算要他的命也可,我要叫他死,他就得死,非得我念咒他才能活。我冲着兄长你,不叫他活就是了,你叫他落个全尸首就完了。"邵华风说:"也罢,既是如是,便宜他!"法洪说:"兄长请屋里坐吧。"众人来到屋中落座,法洪说:"兄长是从哪里来?"邵华风说:"我从藏珍坞,这个济颠和尚实在把我追赶苦了。"法洪说:"我看济颠和尚也没什么能为,兄长何必怕他?"邵华风说:"不对,他的能为大了,你不知道。"法洪说:"你说他能为大,现在被我制住。兄长你也不好,我常听人说,你在慈云观贩卖薰香蒙汗药,招集绿林贼人,你已然出了家,何必如此?你还打算怎么样?我是没工夫,要有工夫,我早就要劝劝你,也不至落到这番光景。"邵华风说:"我告诉你,我要大反常州府,自立常州王。我来约兄弟你帮我共成大事。我还要约你师傅金风长老,连我师傅马道玄,一同助我一臂之力。"法洪一听,说:"兄长你别胡闹了,我师傅焉能帮你去造反?你岂不是白碰钉子?我也不能去。我师傅早说过,叫我不准害人。既出了家,跳出三戒外,不在五行中,不修今世修来世,了一身之孽冤。依我劝你也算了罢,找个深山幽僻之处,正务参修好不好?"邵华风说:"贤弟此言差矣!将来我有九五之分!"正说着话,就听东跨院一阵大乱。法洪一愣,问:"什么事?"有手下人回禀说:"厨房里有一个穷和尚,把预备的酒菜全给偷了吃了。"邵华风一听,就一哆嗦,就听外面有人一声喊嚷:"好邵华风!你来了?我和尚等待多时!"邵华风一听,吓得惊伤六叶连肝肺,吓坏了三毛七孔心,立刻同长乐天二人端后窗户逃走。

花面如来法洪一看,是济颠僧来了。法洪口中喊嚷:"怪道怪道!"济公说:"一点不错,我只打算你这子午三才神火坎离照胆镜有多大的奥妙,我到里头溜达溜达没什么,我这才出来了。"法洪一见,气往上撞说:"好颠僧你别走!"伸手又要掏照胆镜,济公用手一挥,口念"唵嘛呢叭咪吽!"法洪一摸兜囊,宝贝没了,焉想到早被和尚用搬运法搬了去。法洪暗想:"怪道!方才用宝贝将他治死,怎么会活了?"他并不知济公故意装死。陆通把济公扛到后院放下,陆通他去找棺材去,济公爬起来奔前面来,先到厨房偷菜偷酒。厨子瞧见一嚷,和尚这才跑到前面来。法洪还打算用照胆镜拿和尚,一摸兜囊没了。正在一愣,济公哈哈一笑,说:"在我这里了,我该照照你了!"法洪、法缘、法静、法空吓得拔腿就跑。跑出了后门,法洪说:"咱们找师傅去。"立刻四个人来到镇坞龙王庙。一拍门,童子把门开开,法洪说:"师弟,师傅可在庙内?"童子说:"没在,上吕宫堂找马老道下棋去了。"法洪四个人立刻又奔吕宫堂。来到吕宫堂一拍门,道童出来把门开开,法洪说:"金风罗汉在这没有?"道童说:"跟我家祖师爷下棋哪!"四个人同着道童,来到里面一看,金风和尚正同马道玄下棋,一僧一道,坐在那里很透着清高。法洪等上前行礼,金风和尚说:"徒弟你等做什么来了?"法洪说:"我等被济颠僧赶出来了,不是他的对手,栽一筋斗,师傅你老人家去吧!"金风和尚说:"因为什么?"法洪把刚才之事,如此如此学说一遍,金风和尚说:"好,我去看看济颠是何许人也!"马道玄说:"你我一同前往。"僧道立刻罢局,同法洪等出了吕宫堂,直奔宝光寺而来。

书中交代,济公见法洪等一跑,济公先把黄云救起来,叫黄云把镖起了走,不用管我。黄云谢过济公,径自去了。万里飞来陆通搭了棺材来,见济公活了,陆通赶紧行礼说:"师傅没死?"和尚说:"没死。"陆通说:"师傅咱们喝酒罢!"和尚说:"好!"立刻摆上酒菜,陆通陪着喝酒,问:"济公,法洪他们哪去了?"和尚说:"他们勾兵去了,少时就来。"陆通说:"勾谁去了?"济公说:"他找他师傅金风和尚去。"陆通说:"哎呀!那个和尚可利害,我练金钟罩就是跟他练的。"和尚说:"利害也不要紧。"正说着话,只听外面一阵喊嚷:"阿弥陀佛!"声音洪亮,又有人喊嚷:"无量佛!"陆通说:"了不得了!"济公来到外面一看,见来了一僧一道。头里站定一个僧人,身高九尺以外,猛威威足够一丈,身躯高大,形状魁伟,颈短脖粗,脑腕大胸,肩宽臂膀厚,肚大腰圆,披散着头发,打着一道金箍,面似乌金纸,黑中透亮,粗眉大眼,直鼻阔口,身穿一件黄僧袍,腰系丝绦,白袜僧鞋,背后背着一口戒刀,手拿萤刷。后面站定一个老道,也在身高八尺,头挽牛心发髻,身穿古铜色道袍,腰系丝绦,白袜云鞋,面如三秋古月,发如三冬雪,鬓似九秋霜,一部银髯,真是仙风道骨,用手拿绑尘,背一口宝剑。这两个人一见济公是个疯癫和尚,褴褛不堪,金风和尚说:"这就是济颠么?"法洪说:"就是他!"僧道哈哈一笑,看济公乃是凡夫俗子,心说:"闻名不如见面,见面胜似闻名!"济公说:"好法洪,你勾了兵来,这倒不错!我和尚倒要试试,谁行谁不行。"金风和尚说:"济颠僧!你可认得洒家?我乃西方十八尊大罗汉降世人间,所为普济群迷,教化众生而来。你也敢来到这里猖狂?"济公说:"你真把我们罗汉骂苦了,你打算我不知道你是怎么变的呢?我破个闷你猜罢,你本是:'有头又有尾,周围四条腿。见了拿叉人,扑通跳下水。'这四句你可知道?"金风和尚说:"不知道,待洒家来拿你!"马道玄说:"谅此无名小辈,待我来拿他,不费吹灰之力!"伸手掏宝贝要拿济公。不知后事如何,且看下回分解。

第二百零五回　收悟缘派捉邵华风　遇兰弟诉说被害事

话说马道玄由兜囊掏出一宗宝贝来,名叫"振魂牌",要"哨啷啷"一响,勿论有多少人,能把三魂七魄振去。老道今天一拿出来,法洪众人知道这宝贝厉害,赶紧都躲开。老道把牌一振,只听"哨啷啷"一声,焉想到济公把脑袋一晃,并未躺下。和尚说:"你这宝贝不行,再换别的,这宝贝我不怕。"马道玄一见,气往上撞,说:"好颠僧,气死我也!"立刻又掏出一宗宝贝,名曰"避光火神罩"。其形似罩蟋蟀的罩子,要罩上人,内有三才真火,能把人烧个皮焦肉烂。今天把罩子一抖,老道口中念念有词,"刷啦啦"一道金光,照和尚罩下。济公哈哈一笑,用手一指,这个罩子奔老道去了。马道玄口中一念咒,用手一指,又奔和尚去。和尚用手一指,口念六字真言:"唵嘛呢叭咪吽!唵,敕令赫!"这罩子回来,就把老道罩上。金风和尚一看,气往上撞,见老道拿宝贝罩人,没罩住,反把自己罩上。金风和尚立刻把避光神火罩拿起来,见老道衣裳都着了,要不是念护身咒,连人都烧了,老道臊的面红耳赤。金风和尚说:"待我来拿他!"济公说:"你也是白给。"金风和尚立刻一张嘴,喷出一口黑气,这是他九千多年的内丹,打算要把济公喷倒,焉想到还是不行。济公说:"好东西,你会吹气,你冒泡我也不怕!"金风和尚暗想怪道,虽然他是凡夫俗子,倒有点利害。立刻掏出一根捆仙绳,往空中一摔,一道金光奔济公去了,就听济公口中喊嚷:"了不得了,快救人哪!"眼瞧着把济公捆上。金风和尚哈哈大笑,说:"我只打算济公有多大能为,原本就是这样!"法洪等过来说:"师傅你把济颠拿住了?"金风和尚说:"被我拿捆仙绳将他捆上,我把他交给你们,不准要他的命,羞辱羞辱他,叫他知道我的利害就得了。"法洪说:"师傅先别忙,我想济颠神通广大,未必把他捆上的,别是假的吧?"这一句话说破了,再一看捆的并不是和尚,把马道玄捆上了。金风和尚一看,大吃一惊,说:"了不得! 这叫五行挪移大搬运,大概济颠的能为不小!"过来赶紧把马道玄放开。马道玄说:"你怎么把我捆上了?"金风和尚说:"我也不知道!"

正说着话,只见济公由外面来了。济公哈哈一笑,说:"你们还有什么好宝贝没有了? 你们要没有,我有宝贝。"和尚把草鞋脱下来,照金风和尚打来。金风和尚一闪身,济公用手一指,说:"拐弯!"草鞋正打在金风和尚脸上,济公一伸手,说:"回来!"草鞋立刻回去。济公说:"我还有法宝。"立刻把僧帽摘下来一摔,"刷啦啦"金光缭绕,瑞气千条,金风和尚一瞧不好,打算跑,不行了,如同泰山一般压下来。只听山崩地裂一声响,金风和尚现了原形,有桌子大的一个大驼龙,"居居"直叫,他本来有九千多年的道行。济公说:"法洪你瞧,这是你师傅。"法洪众人都愣了。济公说:"大概你们也不知道我的来历,我叫你们瞧瞧。"和尚用手一摸脑袋,露出金光、佛光、灵光三光。众人再一看,和尚身高丈六,头如麦斗,面如獬盖,身穿直裰,光着两只腿,乃是一位知觉罗汉。马道玄口念无量佛,众人跪倒磕头,求圣僧饶命。济公知道金风和尚有九千多年的道行,并没害过人,罗汉爷把僧帽收回去。众人见金风和尚就地一阵风,又变和尚,向济公磕头。金风和尚说:"圣僧,你老人家慈悲慈悲罢! 收我做个徒弟吧!"济公说:"不行,我们和尚里没有王八当和尚的。"金风和尚说:"成佛成祖的,自古以来什么出身的都有,求圣僧慈悲慈悲罢!"济公一听,口念:"阿弥陀佛,善哉,善哉! 你既愿意认我和尚,好好好!"用手一拍金风和尚天灵盖,济公禅师信口说道:

实心来拜我,贫僧结善缘。修行莲花坞,道德数千年。参练归正道,出家陆阳山。拜在贫僧面,赐名叫悟缘。

赐了名字,金风和尚悟缘给济公行礼。济公说:"悟缘,我派你点事,你同马道玄两个人去把邵华风给我拿来。你要不去,我和尚还是不收你做徒弟。马道玄你也得去帮着,邵华风是你的徒弟。现在他在藏珍坞聚众绿林人,要大反常州府,你两个人去把他拿来,杀恶人即是善念。"马道玄同金风和尚说:"谨遵师傅之命!"叫法洪等给济公预备酒,好生伺候,众人答应。一僧一道立刻起身,狂奔藏珍坞。

书中交代,邵华风同长乐天由宝光寺被济颠和尚惊走,两个人由后山逃出去,绕道狂奔前山。长乐天说:"祖师爷,咱们上哪去?"邵华风说:"你我到哪里,济颠追到哪里,山人我跟他是冤家对头。你我回藏珍坞,我约请万花山圣教堂八魔祖师爷,非是跟济颠和尚一死相拼,将他拿住,方出我胸中恶气! 将他碎尸万段,然后回灵隐寺,把庙放火一烧。非得先把济公杀了,然后你我再大反常州府,不把他除了是不行!"说着话往前走,又怕济颠追赶下来。方一下陆阳山,只见由对面来了主天主地两个大旋风,走石飞沙起来,有两三丈高。长乐天一看,说:"祖师爷,你看这两个旋风,是神是鬼,是妖是怪? 我的法力小,看不出来。"邵华风睁眼一看,说:"也不是妖,也不是怪,是我的朋友来了,这可活该!"长乐天说:"谁呀?"邵华风说:"你来看!"立刻口中念念有词,"噗"喷了一口法气,立刻旋风往两旁一闪,闪出两个人来。头前这人身高八尺,头戴紫缎色四棱逍遥巾,身穿紫缎色箭袖袍,周身走金线掐金边,上绣金牡丹花,腰系丝鸾带,单衬袄,薄底靴子,闪披一件紫缎绝团花大氅,面如紫玉,两道浓眉,一双金睛,叠抱押耳黑毫,海下一部钢髯,根根见肉,犹如钢针，轧似铁线，手中拿着一把萤刷。后面跟定一人，头戴蓝缎色四棱逍遥巾，身穿缎色箭袖袍，腰系丝鸾带，外罩翠蓝色逍遥氅，周身绣金莲花，面如白纸，脸上一点血气没有，两道细眉，一双三角眼，鹦鼻子，裂腮额。书中交代，头里这人叫追魂侍者邓连芳，后面这个人叫神术士韩祺。这两个人是万花山圣教堂八魔的徒弟，邓连芳是天河钓叟杨明远的徒弟，韩祺是桂林樵夫王九峰的徒弟。这两个人奉八魔之命，到东海瀛洲去取灵芝草。八魔每人有一根子母阴魂绦，最厉害无比，连西方大路金仙都能捆上，把金光捆散了。韩祺把他师傅的子母阴魂绦偷出来。今天碰见邵华风，邓连芳一见，连忙行礼。

原本邵华风同邓连芳、花面如来法洪是拜兄弟，邵华风是大爷，法洪行二，邓连芳行三。今天一见，连忙行礼，说："大哥一向可好？"邵华风说："贤弟别提了，我此时闹得走投无路！"邓连芳说："怎么？"邵华风说："只因我派人出去盗取婴胎紫河车，在江阴县犯了案，有一个济颠和尚跟我为仇作对，他使出鲁修真诓去我的乾坤子午混元钵，他率领常州府的官兵把我的慈云观抄了。我到灵隐寺去打算报仇，他在灵隐寺等着我，回到常州府劫牢反狱，他又追到常州府。我到藏珍坞去找你，你也没在庙里，我今天找你二哥来，请他帮我大反常州府，焉想到济颠又追来了。贤弟你上哪去？"邓连芳说："我奉我师傅之命，到东海瀛洲去取灵芝草。"邵华风说："你先别去了，要等你回来，我兴许没了命了。"邓连芳说："既然如是，你我一同回藏珍坞，我先把济颠和尚给你拿了，报仇雪恨。"邵华风说："甚好！"四个人驾起趁脚风，这才奔藏珍坞。来到庙内一看人多了，大众给邵华风、邓连芳行礼。众人才落座，只见由外面有人进来回禀："山门外来了一个和尚，堵着门口直骂！"众人一听，全都愣了，不知来者是谁，且看下回分解。

第二百零六回　众妖道聚会藏珍坞　神术士魔法胜金风

话说赤发灵官邵华风同追魂侍者邓连芳、神术士韩祺，来到藏珍坞。群贼一看，心中喜悦，说："这可活该！"众人行礼既毕，邵华风说："众位，这就是我拜弟邓连芳，他乃是万花山圣教堂八魔祖师爷天魔天河钓叟杨明远的徒弟。这位韩祺，他乃是人魔桂林樵夫王九峰的徒弟。要拿济颠僧，易如反掌，不费吹灰之力！"神术士韩祺说："邵大哥，我告诉你，我得了我师傅一根子母阴魂绦，就是大路金仙，西方罗汉，都能捆上。这个子母阴魂绦，可与众不同，经过几个甲子，别人有也不真。"正说着话，有人进来回禀："外面来了一个和尚，堵着山门大骂，点名叫邵祖师爷出去。"邵华风一听，说："定是济颠来了！"手下人说："不是，是一个大眉黑脸和尚。"邵华风说："待我出去看看。"话言未了，旁边有巡山仙长李文通说："道师爷且慢，谅来此无名小辈，何必你老人家前往？有事弟子服其劳，割鸡焉用牛刀，待我出去，把他拿来，不费吹灰之力。"邵华风说："你须要小心留神。"那李文通说："料也无妨！"说罢大摇大摆，来到山门以外。

藏珍坞这座山，是坐北冲南，山口里庙前头是一片空宽平坦之地，可以做战场，操兵演阵都行，甚为宽阔，李文通出来一看，对面站定一僧一道，正是金风和尚悟缘同马道玄。李文通一看，说："原来是金风和尚，你来此何干？"金风和尚说道："我奉我师傅之命，前来拿你们这伙妖人！"李文通说："你师傅是谁？"金风和尚说："你要问，是济公长老！"李文通叹了一声，说："你怎么也来胡闹，随了济颠和尚？依我说，你趁此回去。休要前来多管闲事。我山人认慈悲为门，善念为本，存一分好生之德，不忍伤害你的性命。你要不听我的良言相劝，可别说我将你拿住，悔之晚矣！"金风和尚哈哈大笑，说："好孽障！谅尔有多大能为，也敢说此朗朗狂言大话？我和尚将你结果了性命，杀恶人即是善念。"老道一听，气往上撞，伸手拉出宝剑，往东南上巽为风一站，用宝剑就地一画，口中念念有词，立刻狂风大作，走石飞沙，直奔金风和尚打去。金风和尚悟缘哈哈一笑，伸手由兜囊掏出一宗宝贝，名曰"避风珠"，往空中一摔，立刻风定尘息。李文通一看，大吃一惊，金风和尚把避风珠收回去，又由兜囊出一颗珠子，其红似火，口中念念有词，照定李文通打来。只听"呱啦"一声响，一道火光，竟将李文通烧了个皮焦肉烂。这一颗珠子，名曰"雷火珠"。金风和尚劈了老道，将宝贝收回去，早有人报进藏珍坞，说："回禀祖师爷，可了不得了！方才李道爷出去一问和尚，他说叫金风和尚。李道爷一施展法术，狂风大作，走石飞沙，那和尚掏出一宗宝贝摔去，就风定尘息。和尚又拿出一颗珠子，其红似火，一道光'呱啦'一响，竟把李道爷烧了个皮焦肉烂！"邵华风一听，气得"哇哇呀"怪叫如雷。旁边有人一声喊嚷，说："师傅不必动怒，待我去给李大哥报仇，把和尚拿来！"邵华风一看说话这人，是他二徒弟叫妙道真人吴法兴。这个老道跟前者七星观的吴法通是师兄弟，在邵华风手下任意胡为，也会怪术妖邪，立刻拉宝剑来到山门以外。见金风和尚正然破口大骂，吴法兴说："好和尚，真乃大胆！你可知道你家祖师爷的厉害？"金风和尚说："你是何人？"吴法兴说："你要问，我告诉你，你家祖师爷姓吴名法兴，人称妙道真人。今天你既是飞蛾投火，自送其死，放着天堂有路你不走，地狱无门自找寻，休怨我山人将你结果了性命！"说着话由兜囊掏出一根捆仙绳，祭在空中，口中念念有词，说声"敕令！""刷啦啦"一道金光，直奔金光和尚。和尚一张嘴，"噗"喷出一口黑气，这是九千多年的内丹，立刻捆仙绳坠落于地。和尚随着一抖手，将他雷火珠打出来，只听"呱啦"一声响，将吴法兴烧死。这小子一辈子没做好事，今天遭了恶报。

又有人报进庙去。邵华风一听徒弟死了，气得三尸神暴跳，五灵豪气腾空，说："好好好，我山人出去，跟他一死相拼。"旁边神术士韩祺说："邵大哥不用你去，你瞧瞧我的宝贝，你我一同前往。"大众随后来到外面一看，邵华风说："金风和尚！你敢伤我徒弟？我山人焉能跟你善罢甘休！"这边马道玄一看，说："邵华风，你是我的徒弟，你不可任意胡为。已然出了家，就应该晨昏三叩首，早晚一炉香，侍奉三清教主，绝不该结交绿林人，在尘世杀男掳女，聚众叛反国家。大宋国自定鼎以来，君王有道家家乐，天地无私处处同，皇上家洪福齐天，邪不能侵正，你休要执迷不悟。已然出了家，就应该修福做善，了一身之孽冤，不修今生修来世。你要听山人良言相劝，自己知非改过，从此跟我归山修心。你要不听，自己强暴抗衡，天作孽犹可违，自作孽不可活！获罪于天，无所祷也！"邵华风不但不听，反把眼一瞪，说："马道玄！你休要多管闲事，满口胡说，跟我嚼舌鼓唇！我要不念你我是师徒，今天连你一齐拿住，结果你性命，你趁此快走。"马道玄口念："无量佛！善哉，善哉！邵华风真乃无父无君，人生世上，须知道三纲四大五常，三纲者，君为臣纲，父为子纲，夫为妻纲；四大者，乃天地亲师，受天地覆载之恩，受国家水土之恩，受父母生育之恩，受师傅传授教训之恩；五常乃仁、义、礼、智、信。为人子不孝，为臣定然不忠，交友必然不信。师徒情如父子，你就敢叫我的名字，跟我反目？罢了，罢了！"邵华风说："你任凭有苏秦、张仪、陆贾、萧何之口，说得天花乱坠，地生金莲，海枯石烂，也难度山人铁石之心！我跟济颠和尚仇深似海，他无故欺负我，闹得我上天无路，入地无门，我焉能跟他甘休善罢？马道玄你要多说，我先拿你！"金风和尚一听，气往上撞，说："邵华风你过来，洒家跟你分个强存弱死，真在假亡！"

邵华风尚未答言，神术士韩祺早拿定了主意："我给他个先下手的为强，后下手的遭殃！"立刻把子母阴魂绦一抖，照定金风和尚抛来，口中念念有词，说声"敕令！"金风和尚一看，只见子母阴魂绦奔他来了，真是霞光万道，瑞气千条，如同泰山一般。金风和尚就知道不好，念护身也来不及了。慢说金风和尚这点来历，就是大路金仙也能捆的上，捆上能把白气化没了，西方的罗汉要被这子母阴魂绦捆上，能把金光捆去，勿论什么妖精捆上，就得现原形。这原本是八魔的宝贝，八魔每人有一根，神术士韩祺是偷他师傅的。今天悟缘一看，打算要跑，被金光罩住，焉能跑的了？就听山崩地裂一声响，金风和尚现了原形。众老道一看，原来是一个驼龙。神

图文珍藏版

术士韩祺说："你等可曾看见了，慢说是他，就是西方的罗汉也逃不了！"众老道一看，鼓掌大笑说："还是你老人家神通广大，法术无边！原来济颠和尚徒弟，就是这个！"神术士韩祺说："邵大哥，我已然拿住，任凭你发落罢。你愿意怎么办，或杀或剐或烧？"邵华风说："他把我徒弟用火烧了，我也把他烧死，方出我胸中之恶气。大概把他置死，济颠和尚也就快来了。"韩祺哈哈一笑，说："济颠不来便罢，他要来了，叫你等看着我略施小术，就把他拿住！"

正说着话，只听山坡一声喊嚷："好邓连芳，韩祺！胆敢害人！待我来！"大众睁眼一看，飞也似来了一人。头带粉绫缎武生公子巾，绣团花分五彩，身穿粉绫缎色箭袖袍，周身走金线，掐金边，腰系鹅黄丝带，黄衬衫，薄底靴子，闪披一件粉绫缎英雄大氅，上绣三蓝富贵花，背一口宝剑，手拿萤刷，面如白玉，眉似春山，目如秋水，准头端正，唇似涂朱。众人一看，大吃一惊。不知来者是谁，且看下回分解。

第二百零七回　飞天鬼误入万花山　石成瑞招赘人魔女

话说神术士韩祺用子母阴魂绕将金风和尚拿住，正要结果性命，只见由山坡来了一位武生公子。书中交代，来者这人，乃是人魔桂林樵夫王九峰的门婿。此人姓石名成瑞，外号人称飞天鬼。原籍镇江人，也在玉山县三十六友之内，学会一身功夫，长拳短打，刀枪棍棒，样样精通，飞檐走壁之能。天生来的秉性，好游山玩景，勿论哪里有名山胜境，非身临切近去看看不可。这天他带着干粮去游山，一看山连山，山套山，不知套出有多远去。石成瑞自己一想："倒要找找这座山哪里是到头。"脚程又快，直走了十几天，还是乱山环绕之中，大峰俯视小峰，前岭高接后岭。自己带着吃食也吃完了，还思到要找找这山有头没有，没吃的在山里吃果子草根，见有果子就吃果子。又走了数天，自身觉得身体不爽，要染病。石成瑞一想："可了不得了！只要一病，也回不去了。要死山里，就做他乡的冤鬼，异地的孤魂，死尸被虎狼所食。"自己也走不动了，心中难过。见眼前有一道涧沟，沟里的水澄清，石成瑞爬着喝了两口水，就觉着喝下去神清气爽。又往前走，见眼前有许多的果子树，树上长的果子，其形似苹果。石成瑞摘了一个吃，清香无比，就觉着身上的病减去了大半，心中暗喜，怪道也不知这是什么所在。又往前走，只见果子树多了，树上结的梨，真有海碗大，苹果也大。石成瑞心里说："这树是谁家的呢？"

正在观看之际，只见那边有一位女子，手拿小花篮采苹果，长得十分美貌，衣服鲜明。石成瑞隐在树后观看多时，见那女子把树上的果子摘了大半，摘了就往花篮里放，花篮老没装满。石成瑞暗想："怪道，怎么这花篮能装这许多的果子呢？"正在发愣之际，那女子一回头，瞧见石成瑞，女子"呦"了一声，说："哪里来的凡人，前来窥探？"石成瑞一愣，并未回言，那女子用手帕一抖，石成瑞就迷糊过去，跟着那女子来到一所院落。到了屋中，女子又用手帕一抖，石成瑞明白过来，睁眼一看，这座屋中金碧辉煌，屋中的摆设都是世间罕有之物，眼前坐定一位如花似玉的女子。石成瑞说："哎呀！这是哪里？"那女子说："这是玉府宫阙，凡夫俗子来不到这里。"书中交代，这就是万花山下，叫隐魔山。八魔之中就是人魔桂林樵夫王九峰有家眷，也有妻子，跟前一个女儿，叫银屏小姐，精通法术，这就是王九峰住家眷的。这女子乃是银屏小姐，问石成瑞尊姓，石成瑞说："我叫石成瑞，游山玩景，来至此地。这是天堂，还是人间？"银屏小姐说："这是玉府宫阙，我父亲乃是魔师爷。"正说着话，只听外面有脚步声音，说："女儿可在屋里？"银屏小姐说："爹爹来罢。"石成瑞一看，由外面进来一位老者，头戴鹅黄色四棱逍遥巾，身穿淡黄色逍遥氅，白袜云鞋，面如冠玉，发如三冬雪，须赛九秋霜，带着仙风道骨，来者正是桂林樵夫王九峰。来到屋中一看，见石成瑞，王九峰问道："女儿，这是何人？"银屏说："方才女儿到仙果山摘果子,看见他在哪里游山,我将他带进来的。"王九峰说:"这就是了,尊驾贵姓?"石成瑞说了名姓,王九峰说:"你跟我到前面谈话。"石成瑞就跟着来到前面书房落座。

王九峰说:"你是哪里人氏?因何来至此处?"石成瑞说:"我是镇江府人氏,皆因好游山,走迷了来至此地。这是什么地名?"王九峰说:"这是万花山,我住的这叫隐魔村,北边那座山叫隐魔山。每逢千年,这果子才摘一回,我在这里看守此山。原先是我徒弟看着,现在我徒弟没在这里,这果子人要吃了,凡夫俗子吃一个,能饱一个月,久吃能断去烟火食。有病的人吃了,能化去百病。"石成瑞说:"不错,我本来是游山,没得吃的,带的干粮都吃完了,净吃松子草根,吃了两天,吃出病来。方才吃了一个果子,觉着清香,清气上升,浊气下降。未领教老丈怎么称呼?"王九峰说:"我姓王双名九峰,人称桂林樵夫。我这地方,凡夫俗子也轻易到不了。你家中可有什么人呢?"石成瑞说:"家里还有老娘,有妻子。"王九峰一听,点了点头说:"这也是活该,你既来了,应当跟我女儿有一段俗缘。你也不必走了,我把我女儿给你就是了。"本来王九峰就这一个女儿,爱如掌上之珍珠,闹的高不成低不就,给凡夫俗子,他又不肯,给真是做大官的人家,又不能跟他家做妾,总是个外道天魔,许配神仙,神仙又不要媳妇,未免难找婆家,故此耽误住了。今天王九峰跟石成瑞一谈,见石成瑞一位武士,品貌端方,故此要把女儿给他。石成瑞一想:"莫非是做梦了?哪有这样的便宜事呢?"想走也不知道路了,只可随口应承。果然桂林樵夫王九峰就叫女儿银屏跟石成瑞拜了天地,洞房花烛,石成瑞就在这里住着。

日子长了,石成瑞自己忽然想起家来,家里尚有老娘、妻子,故土难忘。家里要没有亲丁,自然也就不惦了,这个终然是心中难过。想起来回也不能回去,未免就住在哪里发烦,愁眉不展。银屏小姐一看,说:"官人你为何发烦?在这里一呼百诺,想吃什么吃什么,诸事无不应心,还有什么可烦的呢?"石成瑞说:"唉!我在我们那地方闷了,我几个知心的好友,吃酒谈心,或弹或唱,或讲文,或论武,心中多许爽快!这个除了你就是我,也没什么可说的。"银屏小姐说:"你要同朋友作乐,那容易。来人,去把边先生郑先生请来!"手下伺候人答应。工夫不大,只见由外面来了两个人。头一位是四棱逍遥巾,蓝绸子大氅,白袜云鞋,有三十多岁,净白面皮,儒儒雅雅。后跟着一位,也是这样的打扮,淡黄的脸膛,有二十多岁。来到里面,一抱拳说:"郡马请了!我二人要早过来给郡马请安,不敢莽撞,怕郡马好清静,不敢前来渎烦清神。今知郡马好消遣,我二人特来奉陪。"石成瑞一见,说:"请坐!二位贵姓?"头前这位说:"我姓边,字学文。这位姓郑名珍,字隐言。我二人在魔师爷这里当清书,写写来往书札等类。"石成瑞跟这两人一谈,愿意下棋,这两个人就陪着下棋。说弹唱,这两个人就会弹唱。说练武,这两个人就陪着打拳。说什么,这两个人就会什么。又混了个月,石成瑞又烦了。这两个人也不来了。

银屏小姐说:"郡马你别烦,你喜爱什么只管说话。"石成瑞说:"我总想我们那街市上的热闹,来往车马成群,愿意听戏就听戏,这个地方,出去就是荒山野岭,多见树木少见人烟,回来就是你一个人。"银屏"噗吱"一笑,说:"那容易,你早不说?我带你逛逛大街。这里也有戏,你跟我听去。"立刻夫妻携手揽腕,来到花园子正北上,有三间楼房。银屏同石成瑞上了楼,把后窗户一开,石成瑞一看,这外头原是一道长街,热闹非常,买卖铺户都有,来往行人车马,男女老少,拥挤不动。正西上一座戏台,正然锣鼓喧天,新排新彩开了戏。石成瑞一看,心中快乐。自己一想说:"我不知道有这么热闹的街道,要知道我早就逛去了!"银屏说:"郡马你看戏罢。"石成瑞说:"这叫什么地方?"银屏说:"这叫海市蜃楼。"抬头一看,这出戏是四郎探母,上来杨四郎一道引子,被困幽州思老母,常挂心头。这出唱完了,又接着一出秋胡戏妻,唱的是秋胡打马奔家乡,行人路上马蹄忙,稳坐雕鞍朝前望。石成瑞一想:"自古来母子夫妻都有团圆,人家荣耀归家,我只要回家也不行。"心里一烦不听了,夫妻回家。次日石成瑞一想:"我何不到海市蜃楼街上打听打听,离我家多远?我又有银子,偷着回家瞧瞧。"想罢奔花园子,来到楼房旁边,窜上界墙一看,石成瑞"呀"了一声,有一宗岔事惊人。不知后事如何,且看下回分解。

第二百零八回　想故乡夫妻谈肺腑
点妙法戏耍同床人

话说石成瑞自己想要到海市蜃楼去逛逛,来到花园子,窜上界墙一看,外面并没有热闹大街,还是荒山野岭。自己一想:"这可怪了! 我再到楼上,开开楼窗瞧瞧。"想罢复反跳下来,来到楼上,开开楼窗一瞧,还是荒山野岭,并没一人。自己愣了半天,无奈又回来。到了自己屋中,银屏小姐说:"郡马哪去了?"石成瑞说:"我到楼上要去逛海市蜃楼,不想全都没了,我还想要听昨天那戏。"银屏小姐说:"那容易,咱们家里有戏,你跟我听去。"石成瑞说:"我不信。"立刻跟着来到花园一瞧,忽然那边锣鼓喧天,唱上戏了。石成瑞自己终然还惦念家乡故土,银屏小姐百般哄他,石成瑞想吃什么就有什么,想想怎么样就怎么样。石成瑞一想:"我要什么她就有什么,我倒要把她为难住。"这天石成瑞说:"我想一宗东西吃。"银屏说:"你想罢,想什么我给你预备。"石成瑞说:"这里没有,非得我们那本地才能有呢。浙江出一宗鲥鱼,其味最美,别的地方哪里也没有。"银屏小姐说:"那容易,我们花园子月牙河里就有。"石成瑞说:"你这可是胡说,这种东西别处决没有!"银屏说:"不信,你跟我来,我钓上鱼来你瞧是不是。"石成瑞说:"走。"二人来到花园子,银屏拿竹竿线绳拴上钓鱼钩,放下去工夫不大,把鱼钓上来,石成瑞一看,果然是鲥鱼。心中一想:"这可真怪! 虽有鱼,大概他们这里没有紫芽的姜,做鲥鱼非得要紫芽姜不可,别的姜做出来不鲜。"想罢,说:"娘子,我们那老家做鲥鱼,单出一种紫芽姜做作料,其味透鲜,这里哪找紫芽姜去?"银屏说:"有,这花盆里种着紫芽姜,专为做鲥鱼的。"伸手一刨,果然刨出紫芽姜来。石成瑞心中纳闷,叫厨子做得了,果然好吃。石成瑞说:"娘子,听说山海八珍,有龙肝凤髓豹胎熊掌最好吃。我要吃龙肝行不行?"银屏说:"行。"立刻拿笔在粉壁墙上画了一条龙。石成瑞说:"这是画的不能吃。"银屏小姐口中念念有词,用手一指,这条龙就活了,张牙舞爪就要走。银屏小姐过去一宝剑,将龙开了膛,取出龙肝来,给石成瑞煮好吃了。

百般哄着,石成瑞他老不喜欢,银屏小姐说:"郡马你为何总不喜欢吗?"石成瑞说:"我实对你说罢,我是想念家中尚有老娘,还有原配的妻子,此时是不知音信。听戏听《四郎探母》,《秋胡戏妻》,人家外出都有回家之日,我就不能回去? 心中总不得放心,也不知我老娘妻子是死是活?"银屏小姐说:"你要回去也行,我送你回去好不好?"石成瑞一听喜欢了,说:"你要能叫我回去,我到家里看看,我再来也就放心了。"银屏说:"既然如是,我送你走。你闭上眼,可别睁眼,听不见风响,你再睁眼,你就到了家了。"石成瑞说:"就是。"立刻把眼一闭,耳轮中就听呼呼风响,好容易听不见风响了,自己睁眼一看,已然到了自己的村庄,相离家门口不远。石成瑞心中大快,赶紧往前走,来到门首一叫门,只见他妻子出来,把门开了一看,说:"你回来了? 老娘都想坏了!"石成瑞看见自己结发之妻,心中不由得难过,说:"老娘可好?"他妻子刘氏说:"好。"石成瑞立刻来到里面,一瞧他老娘屋里坐着,倒也没见老迈。石成瑞赶紧上前行礼,说:"娘亲,你老人家好呀!"老太太一看,说:"儿呀! 你回来了。"刘氏说:"官人这二年上哪里去的,为何永不回来? 叫家人不放心。"石成瑞说:"唉! 别提了,一言难尽。我皆因好游山玩景,闹出事来。我在山里也走迷了,吃的也没有了,却有了病,四肢无力,步履艰难,我想着要死在山里,决回不来了。我瞧有许多的果子树,我摘了一个吃,就仿佛立刻神清气爽。忽遇见一个女子,我就迷糊了,把我带到隐魔山。有一位魔师爷,叫桂林樵夫王九峰,他说他女儿跟我有一段仙缘,叫银屏小姐,我就招了亲。吃穿倒是无不应心,要什么有什么,我夫妻倒也和美,她待我也不错。我日子长了,我总想家里有老娘,你我总是结发夫妻,焉能忘得了? 我就是自己回不来,这倒是我那妻子好处,她用法术把我送回来的。我一睁眼，已然是离家不远了，我故此回来了。"他妻子说："原来是你在外面招了亲了，你这还想回去不回去呢？"石成瑞说："我倒不想回去了，再说我要回去，也不认得道路。"他妻子说："人家待你这么好，一日夫妻百日恩，你为何不回去呢？"石成瑞说："我回不去了。"他妻子说："当真你不回去了？"石成瑞说："当真。"他妻子"噗哧"一笑，石成瑞再一看，也不是他的家里，还是在银屏小姐屋里，他老娘也不见了，他妻子刘氏也不见了，所说的话都是银屏小姐。石成瑞也愣了，还是没出屋子。银屏小姐说："我真要把你送回家去，你回家去你是不来了！"石成瑞说："你怎么冤我？"银屏小姐说："我只为试试你的心。"石成瑞说："娘子你也不便试探我，真要回去，到了家就是我想来也是来不了，我哪里走得回来呢？"银屏小姐说："你打算回去，我真送你走。我教给你点法术，我给你这块手帕，哪时你要回来，你有急难之时，掏出手绢帕，双眼一闭，双足一踩，就能回来。"银屏小姐教给石成瑞练驾趁脚风，五行挪移大搬运护身咒，这些法术教会了石成瑞。

这天石成瑞要走，银屏小姐眼泪汪汪说："郡马，我要送你走，可别把我忘了！"石成瑞说："娘子只管万安，我决不能丧尽天良，你我一日夫妻百日恩，我焉能绝情断意？只要我能回的来，我那时想你，我那时回来，这回你可别冤我。"银屏小姐说："我不冤你，你闭上眼睛罢。"石成瑞果然闭上眼睛，耳轮中只听风声响，身子直仿佛忽忽悠悠，驾云一般。听着风声住了，银屏小姐说："你睁眼罢！"石成瑞一睁眼，已然到了浙江地面。银屏小姐说："郡马，这此地离你家不远了，我可要回去了。我所说的话，你要谨记在心，绢帕千万不可遗失。你我夫妻一场，任凭郡马的心罢！"说着话，夫妻二人携手揽腕，银屏小姐二目垂泪。石成瑞说："娘子，你跟我家去好不好？"银屏小姐说："我不能，我要回去了。"石成瑞也不忍分别。人非草木，谁能无情？至亲者莫过父子，至近者莫过夫妻。石成瑞说："娘子你回去吧，我决不能负心就是了！"银屏小姐哭得说不出话来，夫妻含泪分别。石成瑞见银屏小姐去远了，自己叹了一口气，这才扑奔故土家乡。

来到村庄里一看，见家家关门闭户，冷冷清清。来到自己门首一看，也关着门，石成瑞一拍门，工夫不大，刘氏出来开门，石成瑞一看就愣了，见刘氏妻子身穿重孝，石成瑞就问："娘子给谁穿孝？"刘氏说："给老娘穿孝。"石成瑞一听娘亲已死，心中不由得一惨，落下泪来，母子连心。刘氏见丈夫回来，也是一惨，也哭了。夫妻来到里面，放声痛哭，哭了半天，刘氏这才问道："官人这一向上哪去了？"石成瑞就把游山招亲之故，从头至尾，细述一遍。问他妻子："老娘几时死的？什么病症？"刘氏说："老病复发，死了有一个多月。"石成瑞次日到老娘坟墓前，奠了一番，又痛哭了一场。在家中住了一个多月，凡事该着，刘氏也一病身亡。石成瑞无法，置买棺木，办理白事，将他妻子葬埋了。事完之后，自己心中甚烦，家中也没了人，自己打算要上玉山县，看望看望众朋友，开开心。这天来到沙市镇，自己觉着身体不爽，就找了一座客店住下，焉想到次日忽觉病体沉重了。过了四五天，这天自己正在发烦，店里伙计进来说："石爷，外面现有济颠和尚来找你。"石成瑞一想："我虽没见过这位济公，听我的朋友提说，乃是一位得道的高僧。"赶紧叫伙计出来有请。和尚由外面进来，石成瑞说："圣僧从哪里来？"和尚说："我由陆阳山来，找你给我办点事。现在藏珍坞金风和尚被神术士韩祺拿住，非你去救不行。"石成瑞说："我病着呢。"和尚说："我给你一块药吃。"石成瑞吃了药，立刻病体好了。和尚告诉明白道路，石成瑞这才狂奔藏珍坞，前来搭救金风和尚。不知后事如何，且看下回分解。

第二百零九回

说韩祺释放悟缘僧
斗济公暗施阴魂缘

话说飞天鬼石成瑞受济公之托，赶紧来到藏珍坞。刚到这里，正赶上神术士韩祺用子母阴魂绦方把金风和尚捆上,正要结果性命。石成瑞赶奔上前,说:"邓连芳、邓祺,你二人快把金风和尚放了,万事皆休!"韩祺一看,认识是他师傅的门婿,赶紧说:"郡马你从哪来?"石成瑞说:"你把金风和尚放开,他跟我有交情。"韩祺一想,冲着师傅的面子,不肯得罪石成瑞。韩祺说:"郡马是跟金风和尚认识?我冲着你把他放了,这倒是小事一段,便宜他。"说完,随即把子母阴魂绦收回去。只见驼龙爬了半天,由平地起了一阵怪风,金风和尚竟自逃走了。马道玄一看不好,也忙驾起趁脚风,径自去了。群贼一看,鼓掌大笑。邵华风就问:"韩祺,这个武生公子是谁?"韩祺说:"这是我师傅的门婿。"石成瑞说:"韩祺你在这里为非作歹,这是何必?要听我良言相劝,你趁此走吧。"韩祺说:"郡马你休要多管闲事,你趁此走。我受朋友之托,必当己身之事,我要替朋友捉拿济颠僧,报仇雪恨!"石成瑞说:"我劝你为好。你要不听,任意胡为,造下弥天大罪,善恶到头终有报,只争来早与来迟。获罪于天,无所祷也。天作孽,犹可违,自作孽,不可活!那济公禅师,乃是一位得道的高僧,你要跟济公作对,不但你自己找出祸来,你给魔师爷惹了祸了!"韩祺一听说:"我告诉你,你休要饶唇鼓舌,我看在师傅面上,把金风和尚放了。冲着你,我并不认识你,你别打算我怕你,我是有一分关照。你要自找无趣,可别说我拿子母阴魂绦把你捆上!"石成瑞一听,勃然大怒,说:"韩祺你真不要脸!我先将你拿住!"说着话伸手拉出宝剑。方要过去,韩祺立刻把子母阴魂绦祭起来,口中念念有词,说的是:

> 子母阴魂绦一根,阴阳二气紧绕身。练成左道先天数,罗汉金仙俱被擒。

石成瑞一看子母阴魂绦奔他来了,金光缭绕。石成瑞一想:"我真要被他捆上,岂不丢人?"心中一急,想起银屏小姐给他的那块绢帕,告诉我说:"遇有急难之事,二目一闭,一抖绢帕,双足一踩,就能回到隐魔山来。"石成瑞今天真急了,由怀中掏出绢帕一抖,韩祺眼瞧着一片白光大作,再找石成瑞踪迹不见,子母阴魂绦坠落于地。韩祺说:"真有的,罢了,罢了,他会走了,真有点能为。走便宜他,就是我拿住他,也不能要他的命。他是我师傅的门婿,我无非是羞辱羞辱他。"大众说:"咱们回去罢。"邵华风说:"我想金风和尚一走,必给颠僧去送信,大概济颠必来。"韩祺哈哈大笑,说:"邵大哥你把心放开了,你我等候济颠三天,他如来了,我必把他拿住,他如不来,我同你找他去。我说到那里,就到那里,倒叫你等瞧瞧我的法宝拿人!"

正说着话,就听山坡一声喊嚷:"无量佛",大众睁眼一看,来了一位羽士黄冠玄门道教。头戴青缎子九梁道巾,身穿蓝缎色道袍,青护领相衬,腰系杏黄丝绦,白袜云鞋,面如淡金,细眉圆眼,三绺黑胡须,飘洒胸前,手拿萤刷,肋佩宝剑。来者老道非别,乃是本观的观主浪游仙长李妙清,他到白云岭去找白云仙长野鹤真人去下棋,今天才回来。邵华风一见,说:"李道兄久违少见!我等在这庙里搅扰了多日,你也没在家。"李妙清说:"贤弟说哪里话来,我的庙如同你的庙一样,何必说搅扰二字?"大众赶上前彼此行礼。邵华风说:"我告诉你,我的慈云观入了官,此时我闹的有家难奔,有国难投。"李妙清说:"怎么?"邵华风说:"只因我派人盗取婴胎紫河车,在江阴县犯了案,有一个济颠和尚,无故跟我作对。我来约你助我一臂之力,大反常州府,自立常州王,捉拿济颠和尚,报仇雪恨。"李妙清说:"哎呀,不易罢?我听说济颠和尚神通广大,法术无边,咱们三清教的,有头有脸的老道,都被他给制服了。可有一节,他不找寻好人,为非作恶的人,他才找寻呢。"邵华风说:"什么叫好人坏人?我约请这二位是万花山圣教堂八魔祖师爷的门徒,非得把济颠拿了,也叫他知道知道咱们三清教有能人没有,也给三清教下转转脸。"李妙清说:"众位不在庙里,都在外头,这是为什么?"邵华风说:"方才有济颠主使金风和尚、马道玄前来找我作对,都说金风和尚是一位罗汉,谁知他是一个大驼龙。方才被我韩贤弟用子母阴魂绦将他捆上,现了原形,本来打算要杀他,有魔师爷的姑爷来讲情,把他放了。"浪游仙长李妙清说:"就是了,我可听说济颠和尚可不好惹,我倒没见过。"韩祺说:"我那时拿住他,叫你瞧瞧。"

正说着话,就听正南上一声喊嚷:"好一群杂毛老道!我和尚来了!瞧瞧你们有什么刀山油锅。"大众一看,是一个穷和尚。罗汉爷早把三光闭住,一溜歪斜,酒醉疯癫,脚步跄狂,由山口往前狂奔。邵华风说:"韩贤弟,你看济颠僧来了。要没有你们二位在这里,我等瞧瞧就得跑,其厉害无比。"韩祺哈哈一笑,说:"我去拿他!"浪游仙长李妙清一看和尚是肉体凡夫,说:"邵大哥,这就是济颠呀?"邵华风说:"就是他!"李妙清说:"谅其丐僧,何必你等众位拿他?我也不是说句大话,不用你们,我略施小术就可以把他拿住。不费吹灰之力,易如反掌,叫你们众位瞧瞧我的法力!"邵华风说:"李大哥既能拿他,那更好了!"浪游仙长李妙清自己也是艺高人胆大,本来老道也真有点法术。立刻往前狂奔,伸手拉出宝剑一点指,说:"来者你就是济颠僧吗?"和尚说:"然也,正是,你来打算怎么样?"李妙清说:"我听说你无故欺负三清教的人,跟我等作对,今天我看你有多大的能为?你可认识山人?"济公说:"我认识你是杂毛老道,你姓什么叫什么?"李妙清说:"山人我姓李,叫李妙清,道号人称浪游仙长,我乃是藏珍坞的观主山人。我前知五百年,后知五百年,善晓过去未来之事,善会呼风唤雨,撒豆成兵,搬山移海,五行变化,有摘星换斗之能,拘鬼遣神之法。仰面知天文,俯察知地理,伴风云,观气色,排兵布阵,斗引埋伏,样样精通!你要知道我的利害,趁此认罪服输,跪倒给山人磕头,叫我三声祖师爷。山人出家人以慈悲为门,善念为本,有一分好生之德,饶尔不死。如若不然,我当时将你拿住,你悔之晚矣!"和尚哈哈一笑,说:"好孽畜!你休要说此朗朗狂言大话。大概你也不知道我和尚老爷有多大的来历,今天你跪倒给我磕头,叫我三声祖师爷祖宗尖,我也不能饶你!"李妙清一听,气往上撞,伸手由兜囊掏了一宗法宝,名曰"打仙砖",祭起来口中念念有词,这砖能大能小,起在半悬空,照和尚头顶压下来,如同泰山一般。和尚哈哈一笑,口念六字真言:"唵嘛呢叭咪吽!唵,敕令赫!"立刻打仙砖现了一道黄光,坠落于地。和尚说:"这就是你的宝贝呀?这不行,我和尚老爷不怕。你还有好的没有了?"李妙清一听,气往上冲,说:"好颠僧!竟敢破我的法术?待我再来拿你!"一伸手由兜囊掏出捆仙索,祭在空中,口中念念有词,随风而长,照和尚锁来。和尚用手一指,口念六字真言,捆仙索也坠落于地。李妙清一看就愣了,旁边神术士韩祺微然一笑,说:"济颠僧虽是凡夫俗子,倒有点来历,你们拿不了他。"就伸手拿出子母阴魂绦,赶奔上前,说:"李道兄闪开了!"立刻李妙清一闪身躲开了,韩祺说:"济颠,这是你自来找死!休怨我来拿你!"说着话把子母阴魂绦一抖,口中念念有词。不知济公如何抵挡,且看下回分解。

第二百一十回　八卦炉佛法炼韩祺　庆生辰佳人逢匪棍

话说神术士韩祺把子母阴魂绦祭起,口中念念有词说:"子母阴魂绦一根,阴阳二气紧绕身。练成左道先天数,罗汉金仙俱被擒!"立刻金光一片,照和尚奔去,就听济公口中直嚷:"了不得!快救人哪!"展眼之际,把和尚捆倒在地。众妖道一见,鼓掌大笑。神术士韩祺说:"众位你等可曾看见了?我只打算济颠有多大的能为,原来就是这样,闻名不如见面。邵大哥,我已把他拿住,任凭你等自便罢!"邵华风说:"把他杀了就得了!"这个说:"杀了岂不便宜他?还是把他剐了。"那个说:"把他开膛摘心!"这个说:"把他剥皮!"大众乱嚷。韩祺说:"众位的主意不好,要依我把他搭到里面去,搁在香池子里一烧,火化金身倒不错!"众人说:"倒也好!"韩祺说:"济颠,这是你自来找死,休怨我意狠心毒!"和尚说:"你当真要烧我?"韩祺说:"这还是假的?"说着话,吩咐手下人将和尚搭着,来到里面,就捺在香池子里。立刻搬了许多的柴草,往香池子一堆,将和尚压在底下,点起火来。展眼之际,烈焰腾空。大众闻着腥臭之气,烧的难闻,众老道眼见济公和尚烧了,一个个欢喜非常。邵华风说："众位今天把济颠和尚一烧死，我从此没有人可怕了。众位助我一臂之力，狂奔常州府报仇雪恨。将和尚一害了，你我从此海阔天空，哪个敢惹？"话言未了，就听外面哈哈一笑，"好孽畜！要烧我和尚，哪里能够？"大众睁眼一看，见济公由外面一溜歪斜往里走，子母阴魂绕在和尚手中拿着。众人再一看，神术士韩祺没有了。众老道一千群贼吓得连魂都没有了，拨头就跑。出了藏珍坞庙后门，邓连芳说："众位咱们狂奔万花山圣教堂去，给八魔师爷送信，给韩祺贤弟报仇！"大众群贼直奔，并不答言，只顾逃跑，恐怕和尚追上。群贼四散奔逃，真是急急如丧家之犬，忙忙似漏网之鱼，恨不能肋生双翅，飞上天去。

和尚走出庙门，偶然打了一个冷战，罗汉爷一按灵光，早知觉明白，口念："阿弥陀佛！善哉，善哉！你说不管，我和尚焉有不管之理？真是一事不了，又接一事！"说着话，连忙往前行走。罗汉爷未到先知之能，算出来此时雷鸣、陈亮有难。书中交代，怎么一段事？原本陈亮家中有叔叔婶婶，有一个妹子名叫玉梅，他叔父名叫陈广泰，本是一位忠厚人。陈亮总不在家的时候多，他家里并不指陈亮做绿林的买卖度日。先前陈广泰只打算陈亮在绿林，非为好事，寻花问柳，后来才知道陈亮行侠仗义，偷富济贫。虽然这样，总是在绿林为贼，陈广泰也劝不了他。家里又有房屋，又有铺子，在陈家堡总算是财主。陈广泰整六十岁，家里做生日，在村口外高搭戏台唱戏。这天许多亲友都来给陈广泰祝寿，妇女都到了看台上看戏。自然玉梅姑娘也得陪着张罗，应酬亲友，也在看台上坐着看戏。本来，玉梅小姐今年二十二岁，长得花容月貌，称得起眉舒柳叶，唇绽樱桃，杏眼含情，香腮带笑，蓉花面，杏蕊腮，瑶池仙子、月殿嫦娥不过如也。这位姑娘素常养的最娇，自幼父母双亡，跟着叔婶长大成人，也就叫爹娘，陈广泰爱如掌上明珠一般。天生来的聪明伶俐，知三从，晓四德，明七贞，懂九烈，多读圣贤书，广览烈女文。直到现今，尚未说定婆家，皆因高不成，低不就。做官为宦的人家，又攀配不起，小户人家，陈广泰又不肯给。素常姑娘无事，并不大出大门，今天陪亲友听戏，在看台坐着。台下男男女女，本村的人来瞧看热闹，拥挤不动。偏巧内中有一个泥腿，也在这里看热闹，人家都往戏台上瞧，这小子目不转睛，只看台上瞧着姑娘。

在本地有一个皮员外，他当初本是破落户出身，姓皮名绪昌。他家中有一个妹子，长得有几分姿色，时常勾引本处的少年、浪荡公子常来住宿，实为暗娼。皮绪昌装作不知道，在外面还充好人，回家来有吃的就吃，有喝的就喝，有钱就使，他也不问哪里来的。偏巧合该他发财，在本处有一位金公子，上辈做过一任知府，家里有钱，就把他妹子半买半娶弄了家去，给了皮绪昌几千银子。皮绪昌居然就阔起来了，他也买了房子，也使奴唤婢，他妻子就是大奶奶了，他有一个儿子叫皮老虎，众人皆以大爷呼之。后来金公子他正夫人死了，就把他妹妹扶了正，居然当家过日子，俱归她经手料理。皮绪昌更得了倚靠，他妹子就把娘家供用足了。皮绪昌有了钱，一富遮三丑，众人就以员外称呼。他也好交友，眼皮也宽，勿论那等人，他都认识，三教九流俱跟他有来往。他也走动衙门，书班皂隶都跟他交朋友。在本地时常倚势力欺压人，他儿子皮老虎结交了些本地的泥腿，在外面寻花问柳，抢夺良家妇女，无所不为。有几个人捧着皮老虎，跟他有交情的，一个姓游名手，一个姓郝名闲，一个姓车名丹，一个姓管名世宽。这些人都是无业的游民，在外面净讲究帮嫖凑赌，替买着吃，狐假虎威。每逢皮老虎一出来，总有十个八个打手跟着他，在本地也没人敢惹他，真有势利的人家，他也不敢惹寻。今天皮老虎带着这些人，也来看戏，这小子就瞧见姑娘陈玉梅，二目不转睛往台上瞧。本来这小子长的就不够尺寸，拱肩梭背、兔头蛇眼，歪戴着帽子，闪披着大氅，看了半天，说："众位！"大众说："大爷做什么？"皮老虎说："我瞧着台上这个女子，长的怪好的，我真爱她，你们给我抢她，勿论她是谁家的。不答应，我跟他打官司。"旁边游手、郝闲、车丹、管世宽说："大爷你看这个姑娘，可惹不起。她是开白布铺陈广泰的女儿，听说她有一个哥哥在镖行里会把式。再说今天陈广泰做生日，亲友甚多，如何能抢得了？论势利也未必惹的了人家，大爷你死了心吧。"皮老虎说："我怪爱她的！"众人说："爱也不行,咱们走吧。"众人一同皮老虎回了家。

焉想到皮老虎自从瞧见陈玉梅姑娘,就仿佛失了魂一般,回到家中,茶思饭想,也不想吃东西,得了单思病。一连三四天,越病越没精神。皮绪昌一见儿子病了,心中着急,就问游手众人道:"你们跟我儿行坐不离,可知他无故为什么病的?"管世宽说:"老员外要问公子大爷,只因那天陈广泰唱戏,公子爷瞧见陈广泰的女儿在看台上,长的美貌,他夸了半天,回来就病了。"皮绪昌一听,说:"原来这么一段事,那好办。我叫人去见见陈广泰,跟他提提,大概凭我家的财力,也配得过他,他也没什么不愿意。只要他愿意把女儿给我儿,我择日子就娶,要什么东西我都给。"管世宽说:"既然如是,我到陈广泰家去提亲,你听候我的回信。"皮绪昌说:"也好,你去罢。"

管世宽立刻来到陈广泰的门首,一道辛苦,老管家陈福一瞧,认识他。管世宽说:"我要见你们员外有话说。"老管家进去一回禀,说:"管世宽要见员外。"陈广泰一听,说:"他来干什么? 叫他进来。"管世宽来到里面一行礼。陈广泰说:"你来此何干?"管世宽说:"我来给令爱千金提亲。"陈广泰说:"提谁家?"管世宽说:"皮员外的公子,称得起门当户对。皮公子又是文武双全,满腹经纶,论武弓刀石马步箭均好,将来必成大器。"陈广泰本是口快心直,说:"你满嘴里胡说! 我家里根本人家,焉能把女儿给他? 我嫌他腥臭之气,怕沾染了我!"焉想到这句话不要紧,惹出一场大祸。不知后事如何,且看下回分解。

第二百十一回　皮绪昌助逆子行凶　陈广泰丹阳县遇害

话说陈广泰这一句话,把管世宽拒绝了,说:"你去吧,休要叫皮绪昌妄想贪心!"管世宽碰了个钉子,自己回来,一见皮绪昌,皮绪昌说:"你去提亲怎么样了?"管世宽说:"别提了,我去提亲,陈广泰不但不给,反出口不逊,骂的员外那些话,我真不敢直说了,怕你老人家生气!"这小子添枝添叶,又蛊惑是非。皮绪昌一听,勃然大怒,说:"好陈广泰! 竟敢这样无礼,背地里骂我,我焉能跟他善罢甘休! 我非得把他侄女儿弄过来不可! 我还得叫他跟我来说,认罪服输,一厢情愿把侄女儿给我。你等大家可有什么高明主意?"管世宽说:"老员外要打算跟他赌气,我倒有主意。员外不是跟村外庙里的当家的相好吗? 那庙里和尚有能为,你把他请来,跟他商量,径直去把陈广泰的女儿抢来,跟大爷一入洞房,生米煮成熟饭,他也没了法子。要打官司就跟他打官司。"皮绪昌一想,说:"就是这个主意甚好,你就去把通天和尚法雷请来。"书中交代,通天和尚法雷,自从弥勒院逃走,这里一座小庙是他的下院,他就来到这庙里住着。皮绪昌正要打发人去请,偏巧有家人进来回禀,现有通天和尚前来禀见。皮绪昌赶紧吩咐有请。把法雷让到客厅,彼此行礼,皮绪昌说:"我正要去请你,你来得甚巧。现在我有一件为难事。"法雷说:"皮大哥,你有什么为难事,只管说,我能替你办得了,我万死不辞!"皮绪昌说:"你我兄弟知己,我也不能瞒你。皆因你侄男他那一天瞧见陈广泰的女儿,长得十分美貌,你侄男得了单思病。我打发人去提亲,陈广泰不但不给,把我骂的话难听,我这口气不出。我打算要把他女儿抢来,先跟我儿成亲,然后就跟他打官司。听说陈广泰有个侄儿叫陈亮,在镖行里可有能为,可不定在家没在家,我要求贤弟给抢亲,一来替我转转脸,二来搭救你侄儿。"

通天和尚法雷一听,说:"要抢人容易,这乃小事一段。我庙里住着两位四川路的朋友,一位叫赛云龙黄庆,一位叫小丧门谢广,这两个人都有能为武艺出众,本领高强,把他二人约来帮着。"皮绪昌说:"好,赶紧就派人到庙里,就提法师傅请谢爷黄爷,到我家里来。"手下人答应去了。来到村外庙门一叫门,小沙弥出来说:"找谁?"手下人说:"我是皮员外家的,法师傅叫来请谢爷黄爷,同我到我们员外家去,有要紧的事。"小沙弥进去回禀,赛云龙黄庆、小丧门谢广二人随同手下人来到皮绪昌家。往里一回禀,皮绪昌同法雷迎接出来,抬头一看,来者两个人,头里这人,身高七尺以外,细腰扎背,头上戴粉绫缎色软扎巾,勒着金抹额,身穿粉绫缎色箭袖袍,周身绣三蓝花朵,腰系丝鸾带,单衬袄,薄底靴子,面似油粉,白中透青,一脸的斑点,两道细眉,一双三角眼,鹦鼻子,裂腮额,闪披一件粉绫缎色英雄大氅,上绣三蓝牡丹花,这个就是赛云龙黄庆。后面跟定一人,穿青色褂,紫黑的脸膛,两道丧门楣,往下耷拉着,一双吊客眼,黑眼珠朔朔放光,白眼珠一睁,突出眶外,就像活吊死鬼一般,这个就是小丧门谢广。皮绪昌一见,赶紧上前行礼。法雷说:"二位贤弟,我给你们引见引见,这就是皮员外。"说时往里让,彼此行礼,来到屋中落座。黄庆、谢广说:"法兄呼唤我二人有什么事?"法雷说:"特约二位贤弟来帮忙。"黄庆说:"什么事?"通天和尚就把要抢亲之故,细述一遍。谢广、黄庆说:"这乃小事一段,我二人协力相帮。"法雷说:"皮大哥,你先叫人去给陈广泰家送一百两银子,两匹彩缎,硬给他留下,就说今天晚上拿花轿抬人。"皮绪昌就问:"你们谁去?"车丹、管世宽说:"我二人去。"皮绪昌立刻就给拿出一百两银子,两匹彩缎来。

管世宽、车丹二人来到陈广泰家,叫管家进去一回禀,陈广泰说:"这两个东西又做什么来了? 把他叫进来我问问。"管家出来把管世宽二人带进书房,陈广泰说:"管世宽,你来做什么?"管世宽说:"我来送定礼,一百银子,彩缎两匹,我们员外说的,今天晚上,花轿就来抬人。"陈广泰一听这话一愣,说:"谁答应你们的? 就来送定礼,满嘴胡说,还不快拿回去!"管世宽说:"不是老员外你亲口说的吗? 就要一百两银子,两匹彩缎,现在如数拿来,你怎么又不认了? 那可不行,今天晚上就娶人,你听信吧!"说着话往外就跑了,把两匹彩缎,一百银子,硬给放下了。陈广泰一听说晚上就要娶人这话,气得颜色更变,说:"皮绪昌真要造反! 光天化日,朗朗乾坤,竟敢这样无礼,见真是要抢夺民家妇女,我去告他去!"立刻到里面告诉安人,叫从人外面备马。老家人陈福跟着陈广泰备了两匹坐骑,陈广泰气哼哼上马,直奔丹阳县衙门。焉想到早有人给皮绪昌去送信,说:"陈广泰骑马走了,大概是去上丹阳县告你去。"皮绪昌一听说:"法师兄,你同他们二位在家里等着,我得到丹阳县先去托好了。"吩咐叫家人给法雷等预备酒。皮绪昌带了五百两银子,备了两匹快马,带着一个恶奴,抄小道先来到丹阳县。十二里地,马又快,此时陈广泰还没到。

皮绪昌来到衙门口翻身下马。一道辛苦,衙门的班头都认识,说:"皮员外来此何干?"皮绪昌说:"我来找狗先生,烦劳众位给通禀一声。"这衙门有一位刑民师爷姓狗,叫狗子贤,跟皮绪昌素有旧识。今天值日班进来一回禀,现有陈家堡皮绪昌皮员外前来求见。狗子贤一听,赶紧吩咐有请。皮绪昌来到里面,一见狗先生,二人彼此行礼。狗先生说:"皮员外,今天为何这样闲在?"皮绪昌说:"我今天来托老兄一件事,回头有一个姓陈的,他是开白布店的,叫陈广泰,他要来告我。我求你把他给押起来三天,过三天之后,我到案跟他打官司。我这里有五百两银子送给你买双鞋穿,这件事完了,我还有一份人情。"狗子贤说:"那容易,这是手里变的事。他来了我把他押三天,不叫他见官,你回去吧,这件事交给我办了。"皮绪昌立刻告辞。狗子贤出来,一见稿案门值日班说:"方才我有一个朋友来见我,说有一个姓陈的来喊冤,叫我给押三天,送我一百两银子。我也不能独吞,你我都在一个衙门当差找饭吃,我分给你们众位五十两。回头姓陈的来喊冤,可千万别叫他击鼓,就说他搅闹官署重地,妄告不实,就把他押起来。"稿案门说:"是了,既是先生被朋友所托,就是不给我们钱,说句话我们也得给办。"狗子贤说:"好好。"

正说着话,外面陈广泰才来投到。老头子翻身下马,口中喊嚷:"冤枉哪!青天大老爷给小人鸣冤!"方要打算击鼓,值日班头来把陈广泰揪住说:"你这老头子无故前来搅闹官署,来把他押起来!"立刻把陈广泰揪到班房。陈广泰说:"我来告皮绪昌,他强要抢夺我女儿,他托人说媒,我不给他,硬下彩缎银两,说今天晚上就要用轿子抢人,故此我来告他。怎么你们拦我喊冤?"众官人说:"由不了你,不能放你走,等我们老爷哪时过堂,才放你呢!"陈广泰急得暴跳如雷,什么也不行,直不放他出来。老家人吓得跑回家去,一回禀安人,说:"可恨不得了!老员外到衙门一喊冤,不想衙门官人把老员外扣住不放,吓得我也不敢进去。大概是皮绪昌有人情买通了,先把老员外押住,今天晚上来抢姑娘。老安人快想主意罢!"安人、姑娘一听就哭了。玉梅说:"娘亲不必为难,孩儿我也不能落到恶霸手里。莫若我一死,万事皆休。"正说着话,外面打门,老管家出来开门一看,"呀"了一声。不知来者是谁,且看下回分解。

第二百十二回　闻凶信雷陈找恶霸　买大盗陷害二英雄

话说老管家出来开门一看,外面来者非是别人,正是雷鸣、陈亮。书中交代,这两个人打哪来呢?原本前者济公在弥勒院,赶走了通天和尚法雷、赤发灵官邵华风一干群贼,和尚救了雷鸣、陈亮、飞天火祖秦元亮、立地瘟神马兆熊四个人,告诉秦元亮也不必上灵隐寺去道谢,叫雷鸣、陈亮二人急速回家。和尚带领何兰庆、陶万春走后,秦元亮同马兆熊二人单走,雷鸣、陈亮这才回家。今天老管家一瞧少主人回来,心中甚为喜悦,说:"大爷回来了,甚好!家里正盼想,恨不能你一时回来。现在家里出了塌天大祸!"雷鸣、陈亮听这话一愣,说:"什么事?"管家说:"二位大爷进来再说。"陈亮同雷鸣来到厅房,老管家先给倒过茶来。陈亮说:"有什么事,你说说。"老管家说:"只因那一天老员外生日做寿,在村外搭台唱戏,有本村的泥腿皮老虎,瞧见姑娘长得好,皮绪昌叫管世宽来提亲。老员外口快心直说不给,说皮绪昌根底不清。焉想到管世宽回去,今天管世宽拿着一百两银子、两匹彩缎,硬来下花红彩礼。不管答应不答应,说是今天晚上轿子就来抢亲。老员外同小人备了两匹马,去到丹阳县告他,不想皮绪昌有人情,衙门的官人不问青红皂白,把老员外押起来。大概是今天晚上要来抢人,我跑回来跟安人说,安人直哭,姑娘要寻死,大家正在束手无策,你回来了甚好。"陈亮听这话,气得三尸神暴跳,五灵豪气腾空,尚未答言,雷鸣把眼一瞪,说:"好囚囊的!"用手往桌上一拍,茶碗也碎了,吓得老管家一哆嗦。雷鸣说:"好小辈!竟敢太岁头上动土,老虎嘴边拔须,找在你我兄弟的头上。好好好,老三,你我去找他去,把这小子先杀了他的狗头,你我出出气!"陈亮说:"陈福,你到里面告诉安人、姑娘,不必害怕,就提我回来了,我同雷二哥去找他去!"

说着话,雷鸣、陈亮二人由家中出来,一直来到皮绪昌的门首。雷鸣一声喊嚷:"呔!皮绪昌,你趁此出来!无故我弟兄不在家,你竟敢欺负到我们头上,你真是吃了熊心，喝了豹胆，太岁头上动土，老虎嘴边拔须，你错翻了眼睛！你也不打听打听大太爷我等是何如人也！"陈亮也指着门口破口大骂。此时早有人报进来，皮绪昌刚由丹阳县回来，正在书房同通天和尚法雷、赛云龙黄庆、小丧门谢广在一处谈话。外面有手下人进来说："员外可了不得了，门口有陈广泰的侄儿陈亮，同着一个雷鸣，来堵着大门口大骂，点名叫你老人家出去！"旁边管世宽说："员外这可糟了！这两个人可惹不起，听说杀人不眨眼，这便如何是好？"皮绪昌一听，吓得颜色更变。法雷说："这两个人自不好惹，员外你别出去，我有主意。管世宽你附耳过来，如此如此，你快出去。"管世宽点头答应，赶紧来到外面一看，雷鸣、陈亮正在骂不绝声。管世宽笑嘻嘻得出来说："二位大太爷先别骂。"雷鸣、陈亮说："你快叫姓皮得出来见我们！"管世宽说："我家员外没在家，二位大叔先别生气，听我把话说明白了。"雷鸣、陈亮说："你姓什么？"管世宽说："我姓管，咱们都是老街坊，论起来都不远，陈大叔，你老人家别骂，这件事你别听一面之词，我们皮员外并没叫人去提亲。方才我们员外也听见说这件事了，这是有小人蛊惑是非，硬我们员外要抢亲。我们员外还要找个来人，是谁到你家里去下花红彩礼，找着这个人，不用你老人家不答应，我们员外也不能答应。这必是跟陈家皮家两家有仇，给咱们两家拢对，叫咱们两家打起来他瞧热闹。二位大叔先请回去，我们员外此时实没在家，听说陈老员外在丹阳县没回来，我们员外去托人，把陈老员外请回来，要见陈老员外细细盘问盘问，这是谁做的事。二位大太爷先请回去听信吧，我们员外回来必过去。"陈亮一听这片语，说："二哥，他这里既不敢承认，你我可先回去，看我叔叔回来不回来再说。"雷鸣、陈亮这才回到家中，陈亮到里面见了婶母，把这话一学说，老太太见陈亮回来，心中也畅快些。当日晚间也并没有轿子来抬人，陈广泰也没回来。陈亮同雷鸣在前面安歇，夜间小心防范，也并没有动作。

次日早晨起来净面吃茶，陈亮正要打发人去到丹阳县打听打听，忽听外面打门，陈亮同雷鸣出来开门一看，门口站着丹阳县的两位班头，一位姓刘，一位姓杜，带着八个伙计，一辆坐车。陈亮一看认识，说："二位头儿什么事？"刘头、杜头说："二位在家里甚好，你们二位的事犯了，跟我们去打官司罢！咱们彼此都有个认识，在家门口给你们二位带家伙，算我们不懂交情。给你们二位留面子，你们二位上车吧。"雷鸣、陈亮听这话一愣，说："什么事犯了？"刘头说："你们二位的事，还用问我们，纸里还包的火？你们二位有什么话，上车吧，到衙门说去吧。"雷鸣、陈亮也不知道什么事，不能不去。当时叫管家给里面安人送信，这两个人上车。一同来到丹阳县衙门下车，来到班房，刘头、杜头说："二位屈尊点罢。"说着话，"哗啦"一抖铁链，把雷鸣、陈亮锁上。有伙计看着两个人，官人进去一回话，把雷鸣、陈亮带到知县署内。传壮皂快三班伺候升堂，知县吩咐带差事，原办出来拉着铁链带雷鸣、陈亮上堂。威武二字吓喊堂威，说："七里铺打劫卸任官长，刀伤三条人命，劫衣物首饰银两，贼道雷鸣、陈亮告进！"这二人一听这话，吓得惊魂千里。来到公堂一跪，二人报名说："小的雷鸣，小的陈亮，给老爷磕头。"知县在上面一拍惊堂木说："雷鸣、陈亮，你两个在我地面上，西门外七里铺打劫去任官长，刀伤三条人命，劫衣物首饰银两，同手办事共有几个人？讲！"雷鸣、陈亮跪爬半步，向上叩礼。陈亮说："回老爷，我住家在陈家堡，世居有年，原系商贾传家。我二人是帮兄弟，在镖行生理，新近从外面回来，并没做过犯法之事。老爷地面有这样案，明火执仗，路劫伤人，我二人一概不知。求老爷格外施恩！"知县一听说："你两个人，已来到本县公堂之上，还敢狡辩不承认？等本县三推六问，用刑具拷，你们皮肉受苦，那时再承招，悔之晚矣！同手作案倒是几个人？趁此实说！"雷鸣、陈亮说："小人实在冤屈，求大老爷明镜高悬！"知县勃然大怒，说："你们这两个人分明是惯贼，竟敢在本县跟前这样狡辩！大概抄手问事，万不能应！来，拉下去给我每人重打四十大板再问！"陈亮说："老爷暂息雷霆之怒，且慢动刑，小人我有下情上禀。"

本县的官人马快，素常都认识陈亮，知道陈亮是绿林人，在本地住居好几辈了。知道陈亮在本地没案。现在奉老爷签票，急拘锁带雷鸣、陈亮，马快在旁边说："你们两个人实说罢,省得老爷动刑。"陈亮说:"老爷明鉴,小人等在这丹阳县陈家堡,住居好几辈了,家里我叔叔在本地开白布店,素常老爷台下的官人也有个耳闻。雷鸣他是龙泉雾的人,我二人自幼结拜,我两个人现在镖行保镖,昨天才回来。今天老爷派官人将我二人传来,老爷说我二人在七里铺明火执仗,我二人实在不知。老爷要用严刑苦拷,我二人受刑不过,老爷就叫我二人认谋反大逆,我二人也得认。何为凭据? 哪为考证? 老爷这辈为官,要辈辈为官。"知县一听说:"你两个人,还说本县断屈了你们? 不给你见证,你还要狡展!"立刻标监牌提差事。少时就听铁链声响,带上一个犯人来。陈亮睁眼一看,激灵灵打一寒战,就知道这场官司难逃活命。不知见证是谁,且看下回分解。

第二百十三回

记前仇贼人咬雷陈
审口供豪杰受宫刑

话说雷鸣、陈亮见把贼人带上堂来,陈亮一看,激灵灵打一寒战,就知道这场官司难逃性命。贼咬一口,入骨三分,陈亮认识这个贼人,叫宋八仙。当初雷鸣、陈亮、杨明奉济公禅师之命,给马家湖去送信,陈亮蹲着出恭,宋八仙冒充圣手白猿陈亮打劫人,被陈亮将他拿住。依着雷鸣、陈亮当时要杀他,镇威八方杨明乃是一位诚笃仁厚之人,大有君子之风,不但劝着陈亮没杀他,还周济宋八仙五两银子,叫他改行做小本经营。焉想到这小子恶习不改,在本地七里铺明火路劫,杀死家丁,抢劫衣服、首饰、银两。同手路劫有五六个人,别人分了赃都走了,这小子没走,犯了案被丹阳县马快将他拿获。到衙门一过堂,宋八仙全招了。知县问他同手办事共有几个人,宋八仙说:"有通天和尚法雷、小丧门谢广、赛云龙黄庆,还有几个人,都是西川路上的人。在七里铺抢劫卸任职官,杀死三个家丁,得赃均分,他等都远走了,我也不知去向。我分了几十两银子,连嫖带赌也都花了。"知县一听,先把他钉镣入狱。宋八仙倒没打算拉雷鸣、陈亮。皆因雷鸣、陈亮,堵着皮绪昌门首一骂,通天和尚法雷先叫管世宽出来,用好言安慰,用计把雷鸣、陈亮支走了。法雷说:"皮员外,这两个人可不好惹,素常无故,这两个人在外面尽讲究杀人。你跟他家结了仇,这两个人更不能善罢甘休了。"皮绪昌说:"贤弟,你有什么高明主意?"法雷说:"不要紧,我有一个绝妙的主意,非得把他两个人治死,给他个一狠二毒三绝计。量小非君子,无毒不丈夫。你要不治他,他绝不能饶你,这个后患可就大了。不用多,你花几百银子,就可以要他两个人的命。"皮绪昌说:"几百银子倒现成,怎么样呢?"法雷说:"现在丹阳县狱里收着一个宋八仙,乃是本地七里铺明火执仗,杀死三条人命。这案是我们一同做的,他可不知道我在这本地有庙的。到狱里花钱买通了,叫宋八仙当堂将雷鸣、陈亮一口咬定,就把他两个人拿了去。用刑具一拷,他两个受刑不过,就得招认。他二人身受国法,一来也除了后患,再说要抢陈广泰的女儿也行,非这样办不可。你见了宋八仙,可别提见着我们三个人。"皮绪昌说:"甚好,我这就到丹阳县去。"立刻到里面,带上五百两银子,叫家人备两匹马,带着一从人,从家中起身,来到丹阳县,翻身下马。众官人一瞧认识,说:"皮员外来此何干?"皮绪昌说:"我到狱里瞧个朋友。"叫家人拉着马,皮绪昌拿着十封银子,来到狱门,一招呼,管狱的出来问:"找谁?"皮绪昌说:"尊驾姓什么?"管狱的说:"我姓钱。"皮绪昌说:"我这里有二百两银子,送你买包茶叶喝。我要跟宋八仙说几句话,行不行?"管狱的听说有银子,财能通神,连说:"行,行。"立刻把狱门开开,放皮绪昌进去。皮绪昌把二百两银子送给管狱的,钱头把皮绪昌让到他住的屋子里坐着,这才叫宋八仙过来,管狱的躲出去了。宋八仙并不认识皮绪昌,来到屋中说:"尊驾找我吗?"皮绪昌说:"不错。你就叫宋八仙吗?"宋八仙说:"是。"皮绪昌说:"我姓皮,我来托你一件事。你现在官司画了供没有?"宋八仙说:"没有,刚过了一堂,还没定案。五六股差事,现在就是我一个人破了案。"皮绪昌说:"既然如是,我有两个仇人,你过堂给牵拉出来,一口咬定,说他为首。我先给你留下二百两银子,给你立折子,饭馆子爱吃什么要什么,然后我花一千银子,给你打点官司。"宋八仙本来是个苦小子,手里又没钱,又没朋友,来到狱里,也没人照应,吃一碗官饭,也吃不饱。一听这话,又有银子,又有吃的,反正官司大概是活不了,乐一时算一时,先不用受罪,心中很愿意,说:"皮大爷你说罢,叫我拉姓什么的?"皮绪昌说:"在本地陈家堡,有个雷鸣、陈亮,家里开白布店。雷鸣在陈亮家住着。"宋八仙一听,说:"雷鸣、陈亮这两个人我认得,而且前者我们还有点仇,我被陈亮拿住过,这件事交给我办了,只要你照应我点。"皮绪昌立刻给宋八仙留下二百两银子。由狱里出来,又一见值堂的,托值堂的今天晚上开堂单,先把宋八仙的案开在头里,给值堂的五十两银子。老爷问案,先问后问,全在值堂的身上。他要开堂单,把谁开在头里先问谁。皮绪昌在衙门都见好了,到饭馆子给宋八仙送信,立了折子,送到狱里去。告诉饭铺掌柜的,县衙门狱里宋八仙吃多少钱,到我家去取。掌柜地答应,素常交买卖,知道皮员外是财主错不了。皮绪昌把事情办完便回去了。知县晚上升堂,看堂单头一案就是七里铺路劫宋八仙,知县吩咐提宋八仙。原办把宋八仙带上堂一跪。知县说:"宋八仙,你在七里铺抢劫,杀死三条人命,同手办事倒是几个人?"宋八仙说:"小人不敢招老爷生气,一共六个人。有三个人都回了西川,有两人为首,倒在这本地陈家堡住家,一个姓陈叫圣手白猿陈亮,一个叫风里云烟雷鸣。当初是他两个人起的意,我等听从。抢劫了八百银子,给我八十两,他们使七百多两。这是真情实话,并无半句虚言。"知县一听,这才出票,急拘锁带雷鸣、陈亮。今天一过堂,雷鸣、陈亮问知县何为凭据,哪为见证,知县这才把宋八仙提上来当堂对质。

宋八仙上堂来在公堂一跪,向上磕头。知县说:"宋八仙,你可认识他二人?"宋八仙一看说:"雷大哥,陈大哥,你们两个人这场官司认了罢!当初你们两个人起的意,在七里铺打劫卸任官长,杀死三个家丁,得了八百银子。你们二位说我是小伙计,不能多给我。我使一成,你们使九成。现在我犯了案打了官司,你们两个人不管我了,作为不知道。现在我实在受刑不过,假使我要受得了,也不肯把你们二位拉出来,谁叫咱们有交情呢?总算一处吃过,一处花过、乐过。虽然犯了案,也不算短,咱们一同画供罢!"雷鸣、陈亮一听,气得颜色更变。知县在上面惊堂木一拍说:"雷鸣、陈亮,你两个人这还不招吗?再还狡辩,等本县三推六问,那时你等皮肉受苦也得招!"陈亮说:"宋八仙,你这小辈满嘴胡说!当堂可有神,我姓陈的哪时跟你一处路劫?谁认识你?你无故在外面作案,冒充我姓陈的名姓,前者我没肯杀你,我慈心倒生了祸害!"宋八仙说:"你们哥俩不必狡辩了,我已然是把真情实话都招了,你再不招也不行了!"雷鸣气得三尸神暴跳,五灵豪气腾空,把眼一瞪说:"好囚囊的!我二人跟你远日无冤,近日无仇,你这小子血口喷人!"知县见雷鸣、陈亮一发气,立刻把惊堂木一拍说:"呔!好大胆雷鸣、陈亮!这是本县的公堂,也是你等发威的地方吗?大概你等是目无王法,咆哮我的公堂。来,拉下去给我打!"陈亮说:"老爷暂且息怒,小人我有下情上禀。"知县说:"有什么下情?讲!"陈亮说:"我等跟宋八仙有仇。前者我二人同朋友上马家湖送信,我走在半路肚子痛,在树林子出恭。宋八仙持刀由我身后头过来要砍我,被我瞧见,将他拿住。一问他,他冒充我的名姓,我要将他送到当官治罪,他央求我把他放了。不想他记恨前仇,路劫犯案,牵拉我二人。"老爷一听,说:"你满嘴胡说,拉下去给我打!"立刻把雷鸣、陈亮拉下去,每人打了四十大板。打完了,知县又问,雷鸣、陈亮口中叫冤。知县吩咐用夹棍夹起来再问。三棍棒为五刑之祖,人心似铁非似铁,官法如炉果是炉,立刻将雷鸣、陈亮上了夹棍。刚要使刑,只听外面一声喊嚷:"大老爷冤枉!"来者乃是济公禅师,要搭救雷鸣、陈亮。且看下回分解。

第二百十四回　济禅师丹阳救雷陈
海潮县僧道见县主

话说丹阳县知县正要用夹棍夹雷鸣、陈亮,忽听外面一声喊嚷:"大老爷冤枉!',来者乃是济公禅师。书中交代,和尚从哪来呢?原本济公由藏珍坞八封炉火烧了神术士韩祺,赤发灵官邵华风,一干群贼四散奔逃,和尚并不追赶。罗汉爷打了一个冷战,按灵光一算,早已察觉明白,知道雷鸣、陈亮有难。和尚不能不管,由藏珍坞这才顺大路径奔丹阳县而来。这天走在海潮县地面,眼前流水,南北有一道桥,和尚正走到这座镇店,旁边过来一人说:"和尚你别走。我们这本地有一件新闻事。"和尚说:"什么新闻事?"这人说:"我们这地方叫石佛镇,南村口外路北有一座石佛院,多年坍塌失修,也没有和尚老道。头三天石佛显圣,石像由庙里自己出来,站在石桥上,过路人就得给钱,不论多少。要不给钱,石佛就不叫过去,吓的人多了。石像会化缘,你说这事新鲜不新鲜?有和尚老道化缘,或钉钉或拉锁,没听见说石佛会化缘的!"济公一听,用手一按灵光,早已明白。说:"要比如不给钱,由桥上走行不行呢?"这人说:"不行,多少总得给钱,要不然过不去。现在我们村庄内众会首大众给石佛烧香许愿,帮助化缘修庙,求石佛别吓唬人。给佛脖子上挂着一个黄口袋,上写募化十方,在桥上搁着一个大簸箩,过路人走在哪里,就得摔钱。这三天见了钱不少了,不信你瞧瞧去。"

和尚迈步往前走,来到南村口一看,果然南北一道桥,桥上站着一位大石佛。和尚眼见着村口路东有一座酒馆,和尚进去要酒要菜,自斟自饮,就听酒饭座大家谈论这件事。和尚吃完了一算账,伙计说:"二百六十钱。"和尚说:"给我写上罢。"伙计说:"不行,柜上没账。"和尚说:"不写账,跟我拿去。"伙计说:"上哪拿去?"和尚说:"到大桥上石佛跟前那大簸箩里拿去。"伙计说:"那可不敢。我们本地有不信服的人,过去抓钱,立时就有灵验,不是脑袋痛,站不起来,再不然就是一弯腰,腰直不起来。"和尚说:"我拿钱你瞧着。"伙计说:"就是,我就跟你去。"和尚出了酒馆。来到大桥上,伸手由簸箩抓了钱,数了二百六十钱,给了酒铺伙计。大众见和尚也没怎么样,众人说:"真怪!别人要一抓钱,立刻就报应。石佛化缘给和尚化,也不显应了,这倒不错。"

正说着话,只听北边一声"无量佛",说:"道济,这乃佛祖的善缘,也是你乱动的吗?"众人一看,由石佛院庙里出来一个老道,头戴青布道冠,身穿蓝布道袍,青护领相衬,腰系杏黄丝绦,白袜云鞋,面如三秋古月,发如三冬雪,鬓赛九秋霜,一部银须,洒满胸前。左手提着小花篮,右手拿着萤刷,身背后背定乾坤奥妙大葫芦。来者非别,乃是天台山上清宫东方太悦老仙翁昆仑子。原本老翁闲暇无事,下了天台山,闲游三山,闷踏五岳。前者到临安去访济公没见着,这天走在这石佛镇,瞧见这座石佛院,众墙坍塌,殿宇歪斜,多年失修,并无主持。老仙翁口念"无量佛!善哉,善哉!"自己一想,徒弟夜行鬼小昆仑郭顺没有庙。自己一想,有心把这座庙修盖起来给郭顺,又可以做上清宫的下院。无奈工程浩大,独力难成。有心在本处化缘,见本处居民人等,住户不多,恐没有善男信女出头。这道桥倒是一条大路,来往行人甚多。老仙翁一想,我莫若到庙里施展法术,叫石佛出去化缘,可以轰动了人。他这才来到庙后面,大殿甚宽阔,在里面一坐,掐诀念咒,把石佛用搬运法到桥上截人。老仙翁在大殿里盘膝打坐,闭目养神,外面如有人过桥,老仙翁在庙里能知道。打算用一百天工夫,把钱花够了,再动工。今天刚三天,焉想到济公禅师来了,在簸箩里一拿钱,老仙翁在那里面知道。这才出来一声"无量佛",来到近前说:"道济,这是佛门善缘,也是你妄动的吗?"

和尚哈哈一笑,说:"久违少见!"老仙翁赶上打稽首说:"圣僧从哪里来?"和尚说："我由常州府,只因赤发灵官邵华风聚众叛反,常州府知府求我帮助捉拿贼人。老仙翁你在哪里功德不小。"老仙翁说："圣僧来了,我求圣僧慈悲,帮着我化缘修道。圣僧功德吧。"和尚说："阿弥陀佛! 善哉,善哉! 这座庙工程浩大,独力难成。仙翁要叫我和尚化缘,帮你修庙容易,我和尚还要上丹阳县去,没有工夫。我同仙翁你到本县去,叫本地知县给你约请本处的绅衿富户,帮你修庙。"老仙翁说："那如何能行呢? 知县大老爷焉能管这件事?"和尚说："我说行就行。"旁边瞧热闹人见和尚同老道说话,大众看着发愣。和尚说："众位借光,本地属哪里所管?"众人说："海潮县所管。"和尚说："你们哪位劳驾,去把本村的会首找来,先把这簸箩交给会首,以备修庙工用。"有人去立刻把村中会首找了十几位来,大众来问和尚什么事? 在哪庙里? 和尚说："我乃灵隐寺济颠僧是也,这位道爷乃是天台山上清宫东方太悦老仙翁。我二人要修造这石佛院,先把簸箩这钱交给你们众位,以备动工时花用。"众人一听,知道济公名头高大,众人说："原来是圣僧长老。"赶紧给和尚行礼。

和尚把簸箩的钱交与众会首,这才同老仙翁狂奔海潮县衙门门首。和尚说："众位辛苦辛苦!"当差人等说："大师傅什么事?"和尚说："烦劳众位到里面通禀县太爷,就提我和尚乃西湖灵隐寺济颠,前来禀见。"差人到里面一通禀,知县正在书房闲坐,差人上前请安。说："回禀老爷,现有灵隐寺济颠僧在外面求见。"知县一听是济公来了,喜出望外。书是交代,这位老爷原本是龙游县的人,姓张名文魁,前者济公救过他的命。后来连登科甲,榜下即用知县,在这海潮县已到任一年多了。今天听说济公来了,赶紧亲身往外迎接。来到外面一见,说："圣僧,你老人家一向可好? 久违少见。弟子正在想念你老人家。这位道爷贵姓?"和尚说："这是东方太悦老仙翁。"张文魁赶紧行礼,举手往里让,一同来到书房落座,有家人献上茶来。张文魁说："圣僧,这是从哪来?"和尚说："我由常州府来。只因慈云观有贼人啸聚,常州府太守约我和尚帮着拿贼。"

正说着话,有本衙门的三班都头姓安,叫安天寿,由外面进来。此人最孝母,家中母亲病体沉重,请人调治无效。今天听说济公来了,知道罗汉爷素日名头高大,妙药灵丹,普救众人,安天寿来到书房给和尚磕头,说："求圣僧长老大发慈悲,我母亲今年六十五岁,素常就有痰喘咳嗽的病根,现在我母亲旧病复发,这次太厉害了,卧床不起,有五六天了。求圣僧长老赏给我一点药给我母亲吃,我给圣僧磕头。"和尚说："不要紧,我给你一块药,拿了给你母亲吃了就好了。"和尚掏了一块药,给了安天寿。安天寿谢过和尚,径自去了。和尚说："老爷,今天我来此非为别故,我来求你一件事。"张文魁说："只要我行的事,圣僧只管吩咐,我万死不辞。"和尚说："在你这地面石佛镇,有一座石佛院,多年失修,群墙坍塌。这位道爷他要重修这座庙,无奈工程浩大,独力难成。打算自己化缘,未必准能化得出来。求老爷功德,约请本地面的富户缙绅会首,你帮助这位道爷重修石佛院,也算你是一件善事。"张文魁说："圣僧既是吩咐,这件事我必尽力而为。弟子现在我这里正有一件为难事,求圣僧得给我办办。"和尚说："什么事?"张文魁这才从头至尾一说,和尚当时要大施法力,僧道捉妖。不知后事如何,且听下回分解。

第二百十五回　捉妖怪法宝成奇功　辨曲直济公救徒弟

话说济公禅师问张文魁有什么事,张文魁说："弟子这衙门里自到任以来,小妹就被妖精纠缠住,从前我并不信服这些攻乎异端、怪力乱神之事,我只说是我小妹疯闹。后来越闹越厉害,现在我小妹人也改了样子,也不正经吃东西。天天晚上一到二更天,妖精就来,居然就在我妹妹屋里说话,外面听的真正切切,吓得众人也都不敢到后面去。圣僧你老人家可以慈悲慈悲,给我捉妖净宅,退鬼治病,搭救我小妹再生!"和尚一按灵光,早已察觉明白。说:"好办,不要紧。今天晚上你把姑娘住的屋子腾出来,叫姑娘搬到别的屋里去,我同老仙翁到那屋里去等妖精。"张文魁说:"甚好。圣僧捉妖用什么不用?"和尚说:"一概不用。"张文魁当时叫家人给内宅送信,叫姑娘搬到老太太屋里去,家人答应。张文魁吩咐在书房摆酒,家人擦抹桌案,杯盘错落,把酒菜摆上,张文魁陪着僧道一处开怀畅饮。老仙翁说:"圣僧明天上哪去?"和尚说:"我明天得赶紧趋奔丹阳县。现在我的徒弟雷鸣、陈亮有难,我不去不行。仙翁你这座庙就求着县太爷办,叫老爷多给关照点,分分神。"张文魁说:"仙长只管放心,明天我就派人把绅士会首请来,大家商量,共成善举。"说着话,喝完毕,天已掌灯光。和尚说:"后面屋子腾出来,我二人就到后面去等。我们把妖精捉住,再叫你等瞧。"张文魁立刻叫家人掌灯,头前带路,共同来到后面小姐屋中。这院中是四合房,姑娘住北上房东里间,张文魁同僧道来到房中,和尚说:"老爷你出去吧,等我叫你,你们再来。"张文魁这才转身出去。

济公同老仙翁在屋中盘膝打坐,闭目养神,直候至天交二鼓,听外面风响。和尚说:"来了。"老仙翁说:"不用圣僧拿他,小小的妖魔,何用你老人家分神。待我将他捉住。"和尚说:"也好。"老仙翁立刻把乾坤奥妙大葫芦在手中一托,就听外面一声喊嚷:"吾神来也!""呵"了一声,说:"屋中哪里来的生人气,好大胆量,竟敢搅扰吾神的卧室!"老仙翁同和尚并不答言。只见由外面这妖精迈步进来,是一个文生公子打扮,头戴粉绫缎色文生公子巾,双飘绣带,上绣八宝云罗伞盖花缸金鱼。身穿粉绫缎色文生氅,绣三蓝花朵,腰系丝绦,白绫高腰袜子,厚底竹履鞋,面似银盆,雅如美玉,长得眉清目秀。老仙翁一看,说:"好一个大胆的妖魔,竟敢搅乱人间,待山人拿你!"立刻把乾坤奥妙大葫芦嘴一拔,放出五彩的光华。这妖精打算要逃命,就地一转,焉想到这乾坤奥妙大葫芦,勿论多大道行的妖精,休想逃走。当时光华一卷,竟将妖精卷在葫芦之内。老仙翁口中念念有词,把葫芦往外一倒,将妖精倒出来。妖精已现露了原形,被老仙翁用咒语治住,不能动转,原来是一条大黑鳅鱼。这条鱼有三千多年的道行,只因前者张文魁上任的时节,坐着船过西湖,本来姑娘长得貌美,在船舱里支着窗户坐着,黑鳅鱼精看见她,变了一位文生公子,来缠绕姑娘,自己不知正务参修。今天被老仙翁将他拿住,立刻叫人来看。外面早有家人回禀了张文魁,众人来到后面一看,原来是一条大鳅鱼。老仙翁说:"你这孽畜搅闹人间,实属可恨!"说着话手起剑落,竟将黑鱼斩为两段。和尚见老仙翁把鳅鱼杀了,和尚口念:"阿弥陀佛!善哉,善哉!"罗汉爷有未到先知,今天老仙翁把这鱼一杀,下文书这才有八怪闹临安要给黑鱼报仇。这是后话不提。老仙翁把这鱼杀了,张文魁给老仙翁行礼说:"多蒙仙长老大发慈悲,把妖精除了。这一来我小妹也就好了。"张文魁立刻吩咐叫摆酒,同和尚老道开怀畅饮。

少时天光亮了,和尚说:"我还有要紧事,我要告辞:老仙翁这件事,老爷你多分心罢,改天我和尚再给你道谢。"张文魁:"圣僧何必这样客套。你老人家有事,弟子也不强留,你老人家哪时有工夫,千万到我衙来住着。"和尚说:"就是罢。"老仙翁说:"圣僧有事请罢,我改天再给圣僧道谢。"和尚说:"岂敢。"这才告辞。张文魁同老仙翁送到衙门以外。和尚拱手作别,顺大路来到丹阳县。刚一到衙门门首,正赶上知县要用夹棍夹雷鸣、陈亮,和尚由外面一声喊嚷:"大老爷冤枉!"知县抬头一看,来者是济公禅师。老爷赶紧站起来,举手抱拳说:"圣僧来了!"这位知县姓郑名元龙,原来由开化县调升这丹阳县,济公在开化县铁佛寺拿过姜天理,故此郑太爷认识济公,知道和尚乃是道高德重之人,连忙站起身来,举手抱拳说:"圣僧久违少见,从哪里来?"和尚说:"老爷先把公事退下去,我和尚跟老爷有话说。"

知县吩咐先把宋八仙、雷鸣、陈亮带下去。立时退堂,把和尚让进了花厅落座。郑元龙说:"圣僧由哪来?"和尚说:"我来此非为别故,我所为救我两个徒弟。"知县说:"谁是圣僧的徒弟?"和尚说:"这就是雷鸣、陈亮两个人,原本是保镖的,这场官司遭屈含冤。七里铺路劫,明火执仗,杀死三条人命的贼人,我和尚知道,现在本地居住并没走，老爷要是不信，我带人去就把贼人拿来。"知县说："圣僧既能办这件事甚好，弟子是求之不得的。"和尚说："老爷在本地为官，声名如何？"郑元龙说："我自己也不知道。"和尚说："老爷倒是公正廉明，唯有你手下人专权私弊太大。现在有一个开白布店的陈广泰，前来喊冤告状，你为何不分皂白，给押起来，并不过堂？"知县说："没有这案，并没见有这么一个姓陈的来喊冤。"和尚说："不能，你传手下人问。"知县郑元龙立刻传外面值日班稿案门把众人全都叫到，一问，说："现在有一个陈广泰来喊冤告状，你们谁给押起来不回禀我，在谁手里，趁此实说，不然我要重办你们！"众人一听，老爷已知道有陈广泰这个人，众人也瞒不住了，稿案门郑玉说："老爷暂息雷霆之怒，倒是有一个陈广泰来喊冤。只因他在大堂上喧哗，小人才把他押起来。"郑元龙一听，气往上冲，说："你满嘴胡说，实在可恶！大概你等不定做了多少弊端！"立刻传伺候升堂。和尚说："老爷升堂把宋八仙带上来问问他，雷鸣、陈亮本是好人，宋八仙被人主托，攀拉好人，雷鸣、陈亮并未做过犯法之事，求老爷给分析才好。"

知县立刻升了堂，吩咐带陈广泰。手下人把陈广泰带上来，在堂下一跪，知县一看，就知道陈广泰是个老成人。做官的人讲究聆音察理，鉴貌辨色，见陈广泰五官端正，带着纯厚。圣人有云："君子诚于中。形于外。"这话定然不差。知县问道："你姓什么？叫什么？因何前来鸣冤？"陈广泰说："小人姓陈叫陈广泰，家中开白布店，我有一个侄女今年十九岁，尚未许配人家。那一天我家中做寿唱戏，有本地一个恶霸，姓皮叫皮绪昌，看见我侄女长得美貌，先托一个姓管的叫管世宽，来给皮绪昌之子提亲。我家中原系根本人家，我说不给他，他后来叫管世宽到我家，硬下花红彩礼，说当天晚上就要用轿子抬人。我一想这简直是要抢夺良家妇女，我赶紧来到老爷这里鸣冤。不想被老爷台下官人将我押下，求老爷给小人鸣冤！"知县吩咐把陈广泰带下去，提宋八仙。原办立刻把宋八仙提上来。老爷把惊堂木一拍，说："宋八仙，你在七里铺路劫，是有雷鸣、陈亮没有？"宋八仙说："有。"知县吩咐拉下去打，立刻打了四十大板，打得鲜血直流。打完带上来又问："宋八仙你要说实话，倒是有雷鸣、陈亮没有？"宋八仙说："有。"老爷又吩咐打，一连打了三次，宋八仙实在支架不住了，说："老爷不必动怒，我实说。"知县说："讲！"宋八仙这才从头至尾，如此如此一招。老爷一听，勃然大怒，这才立刻出签票急拘锁拿皮绪昌。不知后事如何，且看下回分解。

第二百十六回　捉法雷细讯从前事　斩贼人雷陈谢济公

话说知县用刑一拷宋八仙，贼人实在支架不住了，这才说："老爷不要动刑，并没有雷鸣、陈亮。"知县说："既没有雷鸣、陈亮，你为何要攀拉好人？"宋八仙说："倒不是我要拉雷鸣、陈亮，原本是皮绪昌他给我二百两银子，他叫我拉雷鸣、陈亮。"老爷一听，心中就明白了，这必是因为谋算陈广泰的侄女，先买盗攀赃害雷鸣、陈亮。老爷这才立刻出签票，急拘锁带皮绪昌。值日班领堂谕，带领手下伙计，去少时，把皮绪昌传到，带上堂来。皮绪昌给知县一叩头，郑元龙一见，勃然大怒说："皮绪昌你这厮好大胆量！在我地面上，硬下花红彩礼，谋算良家妇女，买盗攀赃，诬良为盗，你所作所为，还不从实招来！"皮绪昌吓得战战兢兢，此时悔之晚矣。人心似铁非似铁，官法如炉真是炉，皮绪昌还打算不招，说："老爷在上，小人务本度日，并不敢买盗攀赃，谋算良家妇女，求老爷恩典！"知县气往上冲，说："皮绪昌好大胆量！见了本县还敢狡辩，用夹棍把他夹起来！"皮绪昌一想："不招大概是不行。"这才说："老爷不必动怒，小人有招。"当时把已往真情实话全皆招认，当堂画了供。知县吩咐将皮绪昌钉镣入狱，当堂将雷鸣、陈亮、陈广泰开放回家，安分度日。书吏稿案贪赃受贿,同谋作弊,革去差事,永不准更名复充。

老爷暂且退堂,同济公来到书房,天色已晚,吩咐摆酒,同和尚开怀欢饮,直喝到天到有初鼓以后。和尚偶然打了一个冷战,罗汉爷一按灵光,心中明白,和尚说:"阿弥陀佛,善哉,善哉!好东西!"知县说:"圣僧什么事?"和尚说:"你不知道,咱们这么喝闷酒没趣味。"知县说:"圣僧想开心,叫几个唱曲的,可以解闷,或者猜拳行令也好。"和尚说:"我想变个戏法看看。"郑元龙说:"谁会变戏法,叫他们出去找去。"和尚说:"我会变戏法。"郑元龙说:"圣僧会变戏法?"和尚说:"你瞧我变。"用手往外一指,口念"唵嘛呢叭咪吽!唵,敕令赫!"就听外面"咯啰哗扑通",由房中掉下一个贼人,落下好几块瓦来。家人立刻喊嚷:"有贼!"赶过去将贼人按住捆上。郑元龙倒大吃一惊。手下人说:"回禀老爷,拿住贼人!"和尚说:"你瞧这戏法变得好不好?"郑元龙吩咐将贼人带进来。手下人把贼人带进来,郑元龙一看,原本是一个大托头和尚,黑脸膛,粗眉大眼,怪肉横生,披散着发髻,打着一道金箍,穿着一身夜行衣,身背后背着戒刀。

书中交代,拿住这个和尚非是别人,正是通天和尚法雷。只因丹阳县官人去把皮绪昌拿来,法雷正同赛云龙黄庆、小丧门谢广在皮绪昌家里。见皮绪昌打了官司,法雷一想:"既为朋友,就得为了,焉能袖手旁观呢?"法雷说:"谢贤弟、黄贤弟,现在皮员外被官人拿去,这件事你我不能不管,二位贤弟可有什么高明主意,搭救皮大哥?"赛云龙黄庆、小丧门谢广说:"我二人没有什么主意搭救皮大哥,依兄长怎么办呢?"法雷说:"我打算今天晚上奔知县衙门去,一不做二不休,把知县一杀,劫牢反狱,将皮绪昌救出来,你我一同远走高飞。我先去,二位贤弟在此等候,大概知县衙门也没有什么能人。倘若我去有了差错,二位贤弟再设法救我。"赛云龙黄庆、小丧门谢广二人说:"就是罢。"三个人商量好了,在皮绪昌家吃完了晚饭,天有初鼓,通天和尚法雷这才背上戒刀,由皮绪昌家中出来,一直狂奔知县衙门来,施展飞檐走壁,蹿房越脊,进了衙门。各处哨探,见书房内灯光闪闪,法雷来到前房边一个珍珠倒挂帘,夜叉探海式,往房中一看,见知县正同着济公,用手往外一指,就是一愣,就听济公说要变戏法。济公用手往外一指,就仿佛有人把法雷一把推下来,济公用定神法将他定住。法雷想跑不能动转,被手下人将法雷捆上,带进书房。

知县郑元龙一看,说:"好大胆贼人!竟敢来到本县的衙署,来此何干?"济公说:"老爷你问他。这个贼人跟宋八仙一案,在七里铺打劫卸任官长,杀死三条命案有他。"知县这才问道:"好贼人你姓什么?叫什么?来此何干?在七里铺打劫卸任官长,杀死三个家丁,共有几个人?趁此实说,免得本县动刑!"法雷一听,吓得颜色更变,料想不说也是不行,这才说:"老爷不必动怒,我叫通天和尚法雷,在这二郎庙住,来此所为搭救皮绪昌,劫牢反狱行刺。七里铺打劫卸任官长,我们共有六个人,有赛云龙黄庆、小丧门谢广这两个人现在皮绪昌家,有宋八仙。还有两个人,已经远遁不知去向。这是已往真情实话。"知县吩咐将法雷钉镣入狱,派手下马快班头,即速到皮绪昌家,捉拿赛云龙黄庆、小丧门谢广。快马班头领堂谕出来,挑了二十名快手,带上家伙,即到皮绪昌家一打门,有家人把门开开,众人往里走,闯进院中,正把谢广、黄庆堵在书房。众人喊嚷拿,焉想到赛云龙黄庆、小丧门谢广,二人各摆兵刃,蹿出来摆刀照官人就砍。众马快一闪身,两个贼人拧身上房,竟自逃走。众马快无法,回到衙门,一见知县,说:"我等奉老爷堂谕,到皮家捉拿黄庆、谢广,两个贼人竟敢拒捕,上房逃走。"知县点头,天色已晚,叫人伺候济公在书房安歇,郑元龙归内宅去。次日起来,行文上宪,将通天和尚法雷就地正法。皮绪昌窝藏江洋大盗,买盗攀赃,一同出斩。把事情办理完毕,济公要告辞。知县说:"圣僧何妨住几天。"和尚说:"我还要奔常州府各处访拿赤发灵官邵华风。我和尚受人之托,必当忠人之事,你我改日再会。"和尚这才告辞,出了丹阳县衙门,顺大路往前走。

这天和尚正往前走,见大道旁边摆着一个茶摊,上面有一个大茶壶,有几个茶碗,还搁着一个炉子,有烧饼、麻花。旁边坐着一位老道,头戴青布道冠,身穿旧蓝布道袍,白袜云鞋,有五十多岁,长得慈眉善目,花白胡须。这位老道原本姓王,叫王道元，就在北边有一座小庙。庙里有两个徒弟，师徒很寒苦，庙里又没香火地，就指着化小缘，在这里摆这个茶摊，所为赚个一百八十钱，添着吃饭。今天由早晨摆上，并没开张，老道正坐着发愁。和尚正走这里，济公说："辛苦辛苦！"老道一看，说："大师傅来了？"和尚说："你摆这茶摊，是做什么的？"老道说："卖的。"和尚说："怎么你一个出家人，还做买卖呢？"老道说："唉，没法子，庙里寒苦.做个小买卖，一天也许找几十钱。"和尚说："道爷贵姓？"老道说："我姓王叫王道元。未领教大师傅在哪庙里？贵上下怎样称呼？"和尚说："我在干水桶胡同，毛房大院，黏痰寺，我师傅叫不净，我叫好脏。我有点渴了，正想喝水，我又没有钱，我白喝你一碗行不行？"老道是一个好人，又一想和尚也是出家人，虽说没开张，一碗茶不算什么，说："大师傅，你喝罢。"和尚拿起碗来喝了一碗，说："这茶倒不错，我再喝一碗。"又喝了一碗，说："道爷，我有点饿了，你把你这烧饼、麻花赊给我一套吃。"老道一想："大概和尚是饿急了，要不然他也不能跟我张嘴。"说道："大师傅，你何必只说赊给你，我可是一天没卖钱。你我总算有缘，你吃一套罢，不用给我钱。"和尚说："敢情好。"拿起来就吃，吃完了一套，和尚说："道爷，我再吃一套罢。"老道也不好说不叫吃，只得说："吃罢。"和尚又吃了一套。吃完了，和尚说："这倒不错，饿了吃，渴了喝，我就不走了，我今天跟你到庙里住下行不行？"王道元说："那有什么不行呢，我也要收了。"和尚说："我帮你扛板凳拿茶碗。"当时一同老道拿着东西，来到北边有一座小庙，进到里面，和尚也不问，把东西放下，素日茶壶搁到那里，和尚就搁到那里。老道心里说："真怪！"两个道童儿说："师傅粥有了。"老道要吃，焉有不让的道理，说："和尚，你吃粥罢。"和尚说："敢情好。"自己拿碗就吃。小道童就有些不愿意，也不好说。吃完了，和尚就住在这里。次日一早起来，王道元说："和尚，你跟我去领馒头领钱去。"和尚这才要施佛法，治病化缘，周济老道。不知后事如何，且看下回分解。

第二百十七回　遇王道济公施恻隐 治哑巴圣僧结善缘

话说王道元早晨起来，说："和尚，你跟我去领馒头领钱去。"和尚说："上哪领去？"老道说："在这北边赵家庄，有一位赵好善，每逢初一十五，斋僧布道，一个人给一个大馒头，给一百钱，你也去领一份，好不好？"和尚说："好。这位赵善人因为什么斋僧布道呢？"王道元说："唉，别提了。赵好善有一个儿子，今年十二岁，先前念书说话，很聪明伶俐。忽然由上半年，也没疾也没病，就哑巴了。你说这事怪不怪？按说赵好善家最是善人，在这方是首户，真是济困扶危，有求必应，冬施棉衣，夏施药水，这样的善人不应该遭这样恶报。上天无眼，会叫他的孩子哑巴了。现在赵善人就为是积福作德，斋僧布道，只要他儿子好了。无奈本处名医都请遍了，就是治不好。"和尚说："既然如是，我跟你去。"老道是好人，见和尚这寒苦，为是叫和尚领一个馒头好吃，又得一百钱，他焉知道罗汉爷的来历？同和尚由庙中出来，扑奔赵家庄，来到赵宅门首，一看人家早放完了。王道元知道就是来晚了，赶不上，门房也给他师徒留出三份来，他在这本处庙里多年了，这都认识王道元。今天老道同和尚来到赵宅一打门，门房管家出来一看，说："道爷，你来晚了，我们给你留下来了。"王道元说："费心费心，这里还有一位和尚，求管家大爷多给拿一份罢。"管家说："可以。"立刻由里面拿出四个馒头，四百钱来，递给和尚一个馒头，一百钱，递给老道三份。和尚说："我也一个人，他也一个人，怎么给他三份，给我一份？"管家说："他庙里还有两个徒弟，故此给三份。"和尚说："我们庙里连我十个和尚，庙里还有两个徒弟，要给我十份罢。"管家说："那不行，你说庙里有十个和尚，谁人知道呢？王道爷他的庙离我们这里近，我们这里素日都知道他庙里有两个徒弟。你的庙在哪里?"和尚说:"我的庙远点。"管家说:"你一个人净为来化缘吗?"和尚说:"我倒不是净为化缘,你们村里有人请我来治病,我来了也没找着这个人。"管家说:"你还会瞧病吗?"和尚说:"会。内外两科,大小方脉,都能瞧,专治哑巴。"管家一听说:"这话当真吗?"和尚说:"当真。"管家说:"你要真能治哑巴,我到里面回禀我们庄主去,我们公子爷是哑巴,你要能给治好了,我们庄主准得重谢你。"和尚说:"你回禀去吧。"管家立刻转身进去。王道元说:"和尚,你当真会治哑巴吗?"和尚说:"没准,先蒙一顿饭吃再说。"王道元一想:"这倒不错,昨天在我庙里蒙我一顿粥吃,今天又来蒙人家。"

正在思想之际,管家出来说:"我家庄主有请。"和尚说:"道爷跟我进去。"老道又不好不跟着,一同和尚往里走。进了大门,迎面是影壁,往西拐是四扇屏门,开着两扇,关着两扇,贴着四个斗方,上写"斋庄中正"四字。一进屏门是南倒坐房五间,有二道垂户门,东西各有配房两间。管家一倒南打坐厅房的帘子,僧道二人来到屋中,是两明两暗,迎面一张俏头案,头前一张八仙桌,两边有太师椅子。屋中摆设,一概都是花梨紫檀楠木雕刻桌椅。墙上挂着名人字画,条幅对联,工笔写意,花卉翎毛,桌上摆着都是商彝周鼎、秦砖汉玉,上谱的古玩。家中颇有些大势派。和尚同老道落了坐,管家倒过茶来。工夫不大,只听外面有脚步声音,管家说:"我家庄主出来了。"说着话,只见帘板一起,由外面进来一位老者,有五十多岁,身穿蓝绸子长衫,白袜云鞋,长得慈眉善目,海下花白胡须,精神百倍。由外面进来一抱拳说:"大师傅、道爷请坐。"和尚说:"请坐请坐。尊驾就是赵善人吗?"赵老头说:"岂敢,岂敢,小老儿姓赵。我方才听见家人说,大师傅会治哑巴。我跟前有一个小犬,今年十二岁,自幼儿很聪明,忽然由二月间无缘无故,就哑巴了,也不知是怎么一段缘故。大师傅可能给治好了,老汉必当重报。"和尚说:"那容易,你把小孩叫来我瞧瞧。"赵员外叫家人去把公子叫来。

管家立刻进去,工夫不大,将小孩带进来。和尚一看这个小孩,长得眉清目秀。赵员外说:"你过去叫大师傅瞧瞧。"和尚把小孩拉过来说:"我瞧你长的倒很好,无缘无故你会哑巴了,我和尚越看越有气!"说着话,照小孩就是一个嘴巴,打得小孩拨头就往外跑。赵员外一看急了,本来就是这一个儿子,和尚倘若吓着,更不得了啦!正要不答应和尚,焉想到这小孩跑在院中,一张嘴就哭了,说:"好和尚!我没招你,没惹你,你打我!"赵员外一听,这可真怪,半年多说不出话来了,倒被和尚打好了。老员外赶紧上前给和尚行礼,说:"圣僧真乃佛法无边,未领教宝刹在哪里?上下怎么称呼?"和尚说:"员外要问,我乃灵隐寺济颠是也。"赵员外一听说:"就是了,原来是济公长老,小老儿我实在不知。"王道元在旁边一听,心中这才明白,说:"原来是圣僧,小道失敬了。"赵员外这才把公子叫进来,叫他快给圣僧磕头。小孩立刻进来给和尚行礼。

赵员外说:"儿呀,我且问你,因为什么你忽然会哑巴了?"小孩说:"我由那一天到花园玩去,瞧见楼上有一个老头,两个姑娘,我都不认识。我说:'你们哪来的?'他们也不知怎么一指我,我就说不出话来了。"赵员外说:"这是怎么一段情节?"和尚说:"原本你这花园子楼上住着狐仙,他冲撞狐仙了。现在他虽然好了,还恐有反复。我和尚今天晚上把狐仙请出来,劝他叫他走,省得他在你家里住着,婆子丫鬟不定哪时冲撞了,也是不好。"赵员外说:"圣僧这样慈悲更好了!"赶紧先吩咐家人,立刻擦抹桌案,少时摆杯盘,把酒菜摆上。老员外喜不自胜,立刻拿酒壶给和尚、老道斟酒,一同开怀畅饮。吃完了早饭,赵员外陪着和尚、王道元谈话。晚半天又预备上等高摆海味席,和尚说:"老员外,叫你家人预备一份香烛纸马,回头在后面花园子摆上桌案,我去请狐仙。"老员外吩咐叫家人照样预备,仍然陪着同桌而食。和尚大把抓菜,满脸抹油,吃完了晚饭。

天有初鼓以后,和尚说:"东西预备齐了没有?"家人说:"早预备齐了。"和尚说:"道爷你也跟来。"王道元点头答应。赵员外叫家人掌上灯光,一同和尚来到后面花园子。众人在旁边一站,和尚一瞧桌案香烛五供,都预备齐了。和尚过去把烛点着，香烧上，和尚口中念道："我乃非别，灵隐寺济颠僧是也。"和尚连说了三遍，说："狐仙不到，等待何时？"大众眼瞧着楼门一开，出来一位年迈的老者，须发皆白。赵员外一看一愣，准知道这楼上并没有人住着，果然见楼上出来人了，真是奇怪。就见这老丈冲着和尚一抱拳，说："圣僧呼唤我有什么事？"和尚说："你既是修道的人，就应该找深山僻静之处，参修暗炼，何必在这尘世上居住？再说本家赵员外，他原本是个善人，你何必跟他等凡夫俗子作对，一般见识？"老头说："圣僧有所不知，只因他等这些婆子丫鬟，常常糟蹋我这地方，弟子并不是在他家搅闹，无非是借居。"和尚说："我知道，要依我，你还是归深山去修隐倒好。"老头说："既是圣僧吩咐，弟子必当遵命。"和尚说："就是罢。"狐仙这才转身进去，和尚也同众人回归前面。赵员外说："圣僧这样慈悲，小老儿我实在感恩不尽！明天我送给圣僧几千银子，替我烧烧香罢。"和尚说："我不要银子，你把你的地给王道元两顷做香火地，他庙里太寒苦，你给他就算给我了。"赵员外说："圣僧既然吩咐，弟子遵命。"王道元一听乐了，赶紧谢过和尚，没想到两碗粥换出两顷地来，老道千恩万谢。次日和尚告辞，赵员外送出大门，王道元告辞回庙。

和尚拱手作别，出了赵家庄正往前走，忽见对面来了一阵旋风，和尚激灵灵打一寒战，来者乃是追魂侍者邓连芳，正要找济公报仇。狭路相逢，不知后事如何，且看下回分解。

第二百十八回　邵华风逃归万花山　邓连芳为友找济公

话说济公禅师由赵家庄出来，正往前走，只见由对面来了一阵旋风。和尚激灵灵打一寒战，往对面一看，来者乃是追魂侍者邓连芳，还同着一个人。邓连芳一见济公，邓连芳说："好济颠！我找你如同钻冰取火，轧沙求油。这可活该，找没找着碰上了，我看你今天往哪里走！"和尚说："呦，你不叫我走怎么样呢？"邓连芳说："我将你拿住，给我师弟报仇！"书中交代，邓连芳打哪里来呢？只因前者在藏珍坞，和尚施佛法火炼了韩祺，赤发灵官邵华风群贼逃出了藏珍坞，一个个四散奔逃。赤发灵官邵华风无地可投，追魂侍者邓连芳说："邵大哥，你上哪去？"邵华风说："贤弟你要问我，我在方才就仿佛坐如痴立如痴，如同雷轰顶上时，饥不知，饱不知，热锅蝼蚁似。真是上天无路，入地无门！"邓连芳说："邵大哥，你既没有地方去，跟我回万花山圣教堂，见见魔师爷，下山捉拿济颠和尚，给韩祺贤弟报仇！"赤发灵官邵华风叹了一口气说："贤弟你我弟兄知己，你要助我一臂之力，庇护我才好。你看此时我的事情一落败，众宾朋一个个各奔他乡，真是时来谁不来，时不来谁来。正是'万两黄金容易得，一个知心最难求'！不但此时我报不了仇，再要遇见济颠和尚，我就得被获遭擒，九死一生！"邓连芳说："兄长不必说了，跟小弟到万花山圣教堂去吧。要一提韩祺死在济颠和尚之手，大概魔师爷必给韩祺报仇，何用你拿济颠？"邵华风无法，这才跟着邓连芳驾起趁脚风，来到万花山。

到了山上，止住脚步，睁眼一看，这座圣教堂真似一座仙府，金碧辉煌，凤阁龙楼，这山上凡夫俗子也到不了。在极高山顶上，野兽成群，凡俗人也不能来。邓连芳同邵华风来到大门，一拍门，工夫不大，由里面出来一个童子，开开门一看，这童子年有十六岁，头挽双髻，长得眉清目秀，面如白玉。身穿蓝绸宽领阔袍子，足下白袜无忧履，手拿萤刷，真是仙风道骨。一见邓连芳，童子说："师兄你上东海瀛洲采灵芝草回来了，真快呀！"邓连芳说："我且问你，魔师爷都在圣教堂吗？"小童儿说："没有，就是掌教祖师爷卧云居士灵霄祖师爷一个人在教堂里。"邓连芳说："好，我要去见祖师爷，有要紧事。邵大哥同进去。"二人说着话，往里走。邵华风一看，院中栽松种竹，清气飘然，别有一番雅致。北上房大厅是九间九龙厅，正当中上面有一块匾,上写"圣教堂"三个大字。两旁有对联,上写:"遵先天之造优,渡后世之愚顽。"大厅里面一排是四张八仙桌,有八把椅子。由东数第二张八仙桌子,上手里椅子上坐定一人,大概站起来身有八尺以外的身躯,膀阔三停,头上是鹅黄缎四棱逍遥巾,绣团花双飘秀带,身穿一件鹅黄绣团花的逍遥氅,足下无忧履,身背后背定一把混元魔火幡,肋下佩着一口丧门剑。再往脸上看,面似淡金,粗眉环耳,押耳黑毫,满部的黑胡子,长得凶恶之极。

邵华风看罢,不敢进来,在门外站着。邓连芳先进来双膝跪倒,口称:"掌教魔师爷在上,弟子邓连芳给祖师爷磕头!"卧云居士灵霄一翻二目,说:"邓连芳,你同韩祺去到东海瀛洲去采灵芝草,可曾采来了?"邓连芳说:"祖师爷有所不知,弟子同我师弟韩祺奉祖师爷之命下山,走在半路之上,碰见我一个故友,叫赤发灵官邵华风。乃是三清教的门人,在常州府平水江卧牛矶慈云观出家。尘世上出了一个济颠和尚,兴三宝灭三清,无故蛊惑常州府,调官兵把慈云观抄了。济颠僧追的邵华风无投无奔,上天无路,入地无门。邵华风见了弟子苦苦哀求我,说的可惨,叫弟子助他一臂之力,给他报仇。我同韩祺二人当时答应了,同邵华风一同狂奔藏珍坞。刚到藏珍坞,焉想到济颠和尚就找了去,我师弟拿子母阴魂绦,要捆济颠和尚没捆成,被济颠和尚把我师弟韩祺捆在八卦炉里给烧死了,把子母阴魂绦也拿了去,现在我同我这朋友邵华风一同跑回来,也没得上东海瀛洲去采灵芝草,求魔师爷你老人家下山,捉拿济颠和尚,给我师弟报仇。"卧云居士一听这话,勃然大怒说:"好邓连芳!无故多管闲事,给我这万花山现眼,受济颠和尚的欺辱,谁敢惹我这圣教堂的人!你给伤损我的威名,真乃可恼!金棍侍者何在?"外面一声答应,进来八位掌刑的术士说:"伺候魔师爷!"灵霄说:"把邓连芳给我拉下去重打四十金棍,罚在后山去采药一百天!"金棍术士沈瑞,立刻把邓连芳拉下去,打了四十棍,打完了,邓连芳竟自奔后山去了。

赤发灵官邵华风在外面站着,吓得战战兢兢,正在无可如何,灵霄吩咐将邵华风带进来,手下人立刻将邵华风带进来。邵华风跪倒磕头,口称:"掌教祖师爷在上,弟子邵华风给你老人家磕头,'灵霄说:"好孽障!你在慈云观行凶作恶,无所不为,你打算我不知道呢!现在你还蛊惑别人,帮你造反,我师侄韩祺因为你把命丧了。我也不打你,来人,给我把邵华风吊起来,吊到后山吊四十九天,然后我把你火化了,就算完了!"邵华风一听这个罪更难受,倒不如被官兵拿了去,虽说剐了,倒死得快点。自己吓得连动也不敢动,就被人把他捆起来,搭在后山,吊在树上。邓连芳瞧着,也不敢救。

过了两天,这天金棍术士沈瑞到后山巡山,他本是灵霄的徒弟,素日跟邓连芳两个人最好。沈瑞见了邓连芳,沈瑞就问:"邓大哥,你的棍伤好了吗?"邓连芳说:"好点了。"沈瑞说:"邓大哥,你本来也是爱管闲事之过。"邓连芳说:"贤弟你这话不对,谁没有三个好的两个厚的?你我素日如同亲手足弟兄一般,譬如我要有人欺负,你管不管?"沈瑞说:"那是自然,我也不能袖手旁观。"邓连芳说:"我还要跟你商量一件事。"沈瑞说:"什么事,你说罢,只要我能行的,我万死不辞。"邓连芳说:"我总得找济颠和尚报仇雪恨,我这口气不出,贤弟你得助我一臂之力。"沈瑞说:"那我同你偷着下山找济颠和尚去。"邓连芳说:"你就这么去不行,连韩祺被他烧死,还有子母阴魂绦,还不是济颠的对手,你我赤手空拳,那如何能行?你得偷魔师爷的法宝,在随身带着。"沈瑞说:"怎么偷呢?"邓连芳说:"贤弟,你总得设法帮我办这件事,把济颠和尚只要除了,我决忘不了贤弟你的好处!"沈瑞说:"我想起来,六合童子悚海祖师爷有一颗六合珠,在花厅搁着,我当面瞧见,没在六合童子悚海祖师爷身上带着。那六合珠要用也不用念咒,打出去山崩地裂,如雷一般有一道白光,勿论什么妖精,打上就得现原形,最厉害无比。我去把它偷来,你我下山要拿济颠和尚,易如反掌,不费吹灰之力。"邓连芳说:"甚好,贤弟你去吧。"沈瑞立刻到花厅去,工夫不大,就把六合珠拿来。

邓连芳一看,甚为喜悦,二人当时驾起趁脚风,偷着下了山。先到常州府一打听,有人说济公上丹阳县去了,二人要奔丹县去寻找济公,偏巧走在半路正碰到了。一见,真是仇人见面,分外眼红,说:"好颠僧!你往哪里走?"和尚说:"我上常州府。"邓连芳说:"你先等等走吧,我正要找你,这可活该碰上了!"和尚说:"碰上又该怎么样?"邓连芳说:"怎么样,我把你拿住照样把你烧死,给我师弟韩祺报仇!"和尚说:"好,你当真要跟我和尚分个高低上下,咱们前面蟠桃岭上去,那里清静。"邓连芳说:"好,你还跑得了!"当时一同往前走,方来到蟠桃岭,只听对面一声喊嚷,怪叫如雷说:"阿弥陀佛!好颠僧!你往哪里走!"济公大吃一惊,不知来者是谁,且看下回分解。

第二百十九回　蟠桃岭绿袍僧斗法
脱身计邓连芳吃惊

话说济公禅师同追魂侍者邓连芳、金棍术士沈瑞方来到蟠桃岭,只听对面一声喊嚷:"好颠僧,往哪里走!洒家我正要找你,如同钻冰取水,轧沙求油!"邓连芳抬头一看,见来者这个和尚形同鬼怪,身高一丈,膀阔三停,头上披散着发髻,打着一道金箍,面如铜绿,两道金眉毛,一双金眼叠暴,突出眶外,押耳红毫,满部的红胡子。身穿绿袍,手拿莹刷,背背戒刀。长得凶如瘟神,形同鬼怪。邓连芳一瞧就一愣。说:"和尚,你来此何干?"这和尚说:"我要捉拿济颠和尚,报仇雪耻!"邓连芳说:"和尚不用你拿他,我二人会替你拿他。"和尚说:"你二人未必拿得了他罢!"邓连芳说:"你不认识我,大概你也不知道我的来历。"和尚哈哈一笑,说:"洒家前知五百年,后知五百年,善晓过去未来,我怎么就不认识?你虽未见过,你的来历瞒不了我。你原本是万花山圣教堂八魔的门人,你叫邓连芳。你不认识洒家,你回去见了你师傅,就提蟠桃岭有一个绿袍和尚,大概他等就告诉你了。你两个人既要拿济颠,有怎么能为?"绿袍和尚说:"好,你既有法宝,先让你拿他。你拿不了,洒家我再拿他!"邓连芳一听这和尚口气不小,不知道那和尚是谁。沈瑞说:"济颠,你可认得我?"济公说:"我怎么不认得你,你是魔崽子。"沈瑞一听勃然大怒,说:"好颠僧,你敢出口不逊,待我来结果你的性命!"济公说:"你要结果我和尚,你怎么配。"

沈瑞立刻将六合珠掏出来,照定济公打去,只见一道白光扑奔和尚,就听和尚喊嚷:"可了不得了!救人哪!"话言未了,就听这六合珠山崩地裂一声响,见济公翻身栽倒在地,人事不知。沈瑞哈哈一笑说:"邓大哥,你可瞧见了,我打算怎么个济颠和尚,原来平平无奇,被六合珠将他镇住。你我将他扛回山上,将用火烧死,给韩贤弟报仇!"邓连芳说:"绿袍和尚你也回去罢,我二人将济颠拿回山去,也算给你报了仇了!"邓连芳说:"我这里有法宝。"邓连芳说:"绿袍和尚你也回去罢,我二人将济颠拿回山去,也算给你报了仇了!"绿袍和尚说:"也罢,便宜他,你二人把他扛了走吧。"邓连芳这才扛起济颠和尚,同沈瑞二人,驾起趁脚风,来到万花山圣教堂。来到大厅,正赶上卧云居士灵霄同天河钓叟杨明远、桂林樵夫王九峰、六合童子悚海在一处谈话。邓连芳同沈瑞二人来到客厅,六合童子悚海说:"你二人哪里去来?"邓连芳说:"实不瞒众位祖师爷,我二人下山去把济颠和尚拿来了,给我韩贤弟报仇。"六合童子悚海说:"你这两个孽畜,真实在现眼!叫济颠和尚这样要笑,你们真给万花山丢人!"邓连芳说:"怎么现眼?"六合童子说:"你看看扛的是济颠和尚吗?"一句话说破了,邓连芳、沈瑞一看,扛的原本是一块石头,这两个人气得两眼都直了。六合童子悚海说:"你两个人要当真找济颠和尚报仇,暂且别忙。你等也拿不了他,我等商量着设法。把我的六合珠拿来罢,不准你们胡闹!"沈瑞无法,把六合珠交还六合童子悚海。

众人正在说话之际,忽然外面有人进来回禀,说:"魔师爷,现在大门外来了一个穷和尚,堵着门口大骂,说叫魔师爷趁早把邵华风送出去,万事皆休。如要不然,杀进圣教堂杀个鸡犬不留!"众魔师一听,气得"哇呀呀"怪叫如雷,说:"好济颠!真乃大胆,竟敢找到我这圣教堂来,这样无礼,待我等亲身前去拿他!"说着话,众魔师立刻往外狂奔。书中交代,怎么一段事呢? 只因追魂侍者邓连芳扛起石头一走,罗汉爷施展幻术,早隐在树后。绿袍和尚见邓连芳把济颠扛了走,绿袍和尚哈哈大笑,自言自语说:"我打算济颠和尚项长三头,肩生六臂,怎么样的利害,原来闻名不如见面,见面胜似闻名,不是出奇之人! 今天便宜他,我要拿这济颠也不费吹灰之力!"说着话,自己转身刚要走,济公由树后头转过来哈哈一笑,说:"孽畜,你也要拿我,你怎么配!"绿袍和尚一看,"呵"了一声,说:"好颠僧!"济公说:"好孽畜!"绿袍和尚一张嘴,照定济公就是一口绿气,济公用手一指,口念"唵嘛呢叭咪吽",这口绿气四散了。绿袍和尚一看,气往上冲说:"颠僧,你敢破我的法气,待洒家用法宝取你!"说着话伸手由兜囊掏出一颗珠子,其形有鸭蛋大小,名叫如意珠。这颗珠子最厉害无比,打出来勿论什么妖精,就得现原形,要是凡夫俗子能把三魂七魄打去。立刻照定济公打来,济公一伸手,口念六字真言,把这颗如意珠接到手内。绿袍和尚一看,大吃一惊。济公把僧帽摘下来,说:"好孽畜! 你也不知道我和尚是谁,我叫你瞧瞧!"立刻用手一摸脑袋,显露出金光佛光灵光三光。绿袍和尚一看,吓得亡魂皆冒。济公说:"好孽畜,你没有宝贝了,待我和尚来拿你!"绿袍和尚吓得一阵怪风,竟自逃走。书中交代,他这一走,就逃到五云山五云洞,邀请五云老祖,晃动聚妖幡,怒摆群妖五云阵,跟济公作对。这是后话,暂且不必细表。

济公也并不追赶绿袍和尚,罗汉爷这才狂奔常州府来。到常州府衙门,差人进去回禀知府顾国章,顾国章赶紧吩咐有请。和尚进来,知府降阶相迎,举手抱拳说:"圣僧久违,弟子正在渴想,要派人去寻访请圣僧,不想圣僧今天来了。"和尚说:"老爷一向可好?"知府说:"托福。"和尚同知府进了书房落座,有家人献上茶来。知府说:"我这里也不知华风现在哪里窝藏,正在盼想圣僧。只因上宪前者来文书催捉邵华风,我就急了,哪知道贼人的下落? 手下的快班都是凡夫俗子,也拿不了他。我现在要出告示张贴四门,只要有人能拿邵华风,必有重赏。"和尚说:"什么告示? 你拿来我瞧瞧。"知府立刻把告示底子拿出来,给济公一看,上面写的是:

四品顶戴前任绍兴府正堂调补常州府正堂顾国章,为除奸逐祟,以救民生事。照得光天化日,难容魑魅公行。化日之中,岂容魍魉弄事? 是以律有明条,师巫犹将禁止,矧显为民害者耶? 近者本府不得不能正己化民,竟有慈云观妖道邵华风,兴妖作祟,以害民生。具虎狼之姿,恃妖人之术。心如毒蝎,遇之者家败身亡,胆若豺狼,逢之者难逃生命。若不早为驱除,势必尽遭毒害。为此示仰阖郡军民人等一体知悉:或有斩邪之术,或有除妖之法,或自己不能转引他人,或此地无有求之别郡,果然除去民害,本府不惜重赏,务期合力奉行,慎勿瞻前顾后。特示。

右仰知悉。

下面写着年月日。实贴某处。

和尚看罢哈哈大笑说:"老爷这张告示,就是贴上,也未必准有人出首。"知府说:"我想也是,不如还是求圣僧给占算占算,邵华风在哪里。求圣僧慈悲,将妖道拿获才好。"和尚说:"我倒知道邵华风现在万花山圣教堂。我和尚不去,是我虎头蛇尾。我和尚要去,必要惹出一场磨难。这也是天数当然。"

正说着话,只见手下差人带着小悟禅进来了。悟禅原本奉济公之命,同金毛海马孙得亮弟兄、韩龙、韩庆在灵隐寺看庙,防妖道上灵隐寺暗害众僧。果然妖道等去了,悟禅等把妖道群贼赶走,金毛海马孙得亮众人告辞,回归陆阳山。悟禅在庙里多日,不见济公回去,也不知常州府慈云观的事完了没有,悟禅把庙中托付师弟悟真,他要来瞧济公。一晃脑袋来到常州府门首,一问当差人等,差人这才带悟禅进来。知府说:"少师傅来了?"悟禅进来先给济公行礼,见过知府,济公说:"悟禅,你来做什么?"悟禅说:"我不放心,来瞧师傅,不知慈云观的事完了没有?"知府说:"别提了,现在邵华风还没拿着,圣僧说在万花山圣教堂,不好去拿,正在为难。"悟禅说:"那算什么,不用师傅,我去万花山拿他!"济公说:"你别去,你要一去,就惹出大祸!"悟禅不听,站起来就走。济公一把手没揪住。悟禅一晃脑袋,竟自狂奔圣教堂,焉想到惹出一场大祸。不知后事如何,且看下回分解。

第二百二十回 悟禅大闹万花山
八魔捉拿飞龙僧

话说小悟禅要上万花山去拿邵华风,济公知道他一去,必惹出一场大祸,一把手没揪住。小悟禅一晃脑袋,出了常州府,来到万花山下。脚着实地,堵着山前,破口大骂,说:"趁早把邵华风送出来,万事皆休。如不送出来,和尚老爷杀上山去,把你们这些个外道天魔全结果了性命!大概你们这些魔崽子,也不是四造所生!"正说着话,巡山侍者过来说:"穷和尚,你无故在这里骂谁呢?"悟禅说:"你趁早去告诉八魔,把邵华风送出来,万事皆休。如若不然,我和尚杀上山去,全皆刀刀斩尽,剑剑诛绝!"巡山侍者说:"和尚,你是哪里的,这样大胆,敢来到万花山这样无礼?"悟禅说:"好小子,你大概也不知道和尚老爷的来历。玉皇大帝是我拜兄,二郎杨戬是跟我住在一处,金吒、木吒、哪吒见我都要行礼。你告诉八魔叫他们出来,我和尚也不跟你们这些无名小辈较量!"巡山侍者一听和尚这话大了,这才跑上山去,来到圣教堂。八魔卧云居士灵霄,正同天河钓叟杨明远、桂林樵夫王九峰、六合童子悚海,在一处讲论,要找济公报仇。巡山侍者进来说:"回禀众位魔师爷,山下来了一个穷和尚,堵着山下破口大骂,叫众位魔师爷快将邵华风送出来,万事皆休。如若不然,杀上山来杀个鸡犬不留。"四位魔师一听,气得哇呀呀怪叫如雷,说:"好济颠僧!这样大胆,竟敢这样无礼,找到我的门上来,真欺我太甚!"正说着话,仙云居士朱长元、白云居士聘啸、扳倒乾坤党燕、登翻宇宙洪韬四尼魔师也来了,问:"什么事?"巡山侍者、沈瑞等又一述说,八位立刻各拉丧门剑,各背混元魔火幡,一跳出圣教堂,驾起风,下了万花山。到山下一看,并没有穷和尚。众魔师口中喊嚷:"好颠僧,哪里去了!"找了半天,踪迹皆无。

书中交代,小悟禅并不是不知道八魔的利害,虽知道八魔的名气,闻其人未见其面,可不准知道怎么个利害法。悟禅也是初生的犊儿不怕虎,长出犄角反怕狼。慢说是他,连济公长老都惹不起八魔。小悟禅骂了半天,见巡山侍者进去回禀,悟禅一想:"我何不暗中偷看看八魔是何许人也,别等他们下来见了我,倘若我要不行,不是他等的对手就晚了。"想罢摇身一变,变了一个鸟儿飞上树去,在暗中偷看,他见八魔一个个长的神头鬼脸,凶恶无比。唯有六合童子头绾双髻,是一个小孩的打扮。众魔师都是四棱逍遥巾,身穿逍遥氅,各亮丧门剑。悟禅一想:"万万敌不过他们,不如且到庙中看看。"既到庙中,见邵华风在东廊下吊着。悟禅由上面下来说:"好妖道邵华风!前者和尚老爷几乎死在你的乾坤子午混元钵之内。我只打算今生不能报仇,敢情你也有今日之事!"说着话过去一张嘴,把邵华风的鼻子咬下来。邵华风吊着又不能动,鲜血直流,老道痛的怪叫。悟禅把绳子解开,攒着邵华风两条腿腕一抢,抢来抢去,邵华风昏迷过去,甩的四外地下净是血。小悟禅正在耍的高兴之际,八魔回来了。原本八魔下了山找穷和尚没有,卧云居士:"怪呀,哪里去了?"巡山侍者说:"方才就在这里骂来着。"卧云居士灵霄立刻袖占一卦,说:"好孽畜!真乃大胆,他上了山了,你我兄弟赶紧快上山!"众人立刻驾起风上了山。八魔分为四面,天河钓叟杨明远、桂林樵夫王九峰二人由东面进去,仙云居士朱长元、白云居士聘啸由南面进去,扳倒乾坤党燕、登翻宇宙洪韬由北面进去,卧云居士灵霄、六合童子二人由西面进去,见悟禅正要处置邵华风,八魔说:"好孽畜,真乃大胆!"小悟禅一瞧一愣,说:"好一群魔崽子,今天和尚老爷跟你们分个弱死强存,真在假亡!"这句话尚未说完,六合童子悚海由囊兜掏出六合珠,一抖手照定悟禅打去,一道白光,只听天崩地裂一声响,当时悟禅把邵华风也摔了,六合珠一震,

中国二十大名著

济公全传

图文珍藏版

395

悟禅现了原形,十二条腿,两个翅膀,一条大飞龙,不能动转。六合童子悚海说:"众位兄弟,此事该当如何?"掌教魔师灵霄说:"这孽畜实在可恼!他乃是济颠的恶徒,济颠把你我的徒侄韩祺用卦炉烧死,你我也不用留他,也把他照样的烧死,就算给韩祺报了仇了。"众人说也好。

八魔各拉混元魔火幡方要晃幡,只听外面一声"无量佛",说:"众位魔师且慢,山人来了。"众魔师一看由外面来了一位羽士黄冠,玄门道教,头戴鹅黄色莲花道冠,身穿淡黄色道袍,腰系丝绦,白袜云鞋,面如三秋古月,发如三冬雪,须赛九秋霜,海下一部银须,布满前胸,身背后背着分光剑,来者老道,正是广法真人沈妙亮。众魔师一看认识,说:"沈道友,你来此何干?"沈妙亮说:"我先来给众位送信,我师傅紫霞真人同灵空长老,前来查山。"八魔就怕万松山云霞观紫霞真人李涵龄、九松山松泉寺灵空长老长眉罗汉这两个人。八魔一听这句话,说:"我等赶紧去迎接。"立刻把混元魔火幡卷起来,也顾不得烧悟禅了,先把"圣教堂"这块匾翻过来,每逢这僧道要来查山,他们不敢挂"圣教堂"的三个字,翻过后面是"野人窝"三字。八魔立刻出去迎接紫霞真人、灵空长老。

书中交代,并不是紫霞真人、灵空长老真来查山,还没到查山的年头。原本沈妙亮受济公长老之托,前来搭救悟禅。原本小悟禅由常州府跑出来,济公一把没揪住,罗汉爷追出衙门,早不见了悟禅。罗汉爷一算,有未到先知。说:"可了不得了,这孩子不听话,这一去要把五千年的道行糟蹋了!"济公正在着急,只听背后一声"无量佛",和尚回头上看是沈妙亮。济公说:"沈道爷,你来了好,活该悟禅还许有命。"沈妙亮说:"圣僧久违少见,在此做甚?"和尚说:"我正在为难之际,只因常州府慈云观有一个赤发灵官邵华风,他为非作恶,陷害黎民,招聚贼党,兴妖害人,拒捕官兵,现在知府派人各处拿他。邵华风现在万花山,方才我徒弟悟禅不听话,他上万花山去,他这一去就要惹出一场杀身之祸。我和尚也救不了他,非你救不了,求你辛苦一场,慈悲慈悲罢。"沈妙亮说:"我也惹不起八魔,我焉能救得了令徒呢?"济颠说:"你快去,我和尚改日再谢。"沈妙亮这才驾起风,狂奔万花山。他走得慢,方才来到圣教堂,正赶上要烧悟禅。沈妙亮一使诈语,是济公教给他的主意,就说紫霞、灵空查山,果把八魔蒙住,往外就跑。

沈妙亮急忙过去拍了悟禅天灵盖一掌,口中念归魂咒,悟禅站起来。沈妙亮说:"你这孩子好大胆量!你师傅叫我来救,连我都得快,你快逃命罢!"悟禅说:"我感谢!"沈妙亮立刻驾起趁脚风先逃走。悟禅扛起邵华风方要走,一想不甘心,我把圣教堂给烧了再走。悟禅立刻放起火来,烈焰腾空。悟禅扛起邵华风,这才一晃脑袋逃走。来到常州府有差人看见,先把邵华风接过去。悟禅来到里面一见济公,悟禅说:"师傅,我把邵华风拿来。"济公说:"你怎么回来的?"悟禅说:"好险,好险!沈妙亮念归魂咒把我救了,要不然,我就被他们烧死,这些外道天魔真可恨,我决不能跟他善罢甘休!"济公叹了一声说:"好孩子,你这个乱惹大了。我不叫你去,你偏要去,你这不是自找其祸?这一来八魔就跟我为了仇,你快走吧,你不用管了!"悟禅说:"我不走,我上哪去?"济公说:"你回九松山松泉寺罢。"悟禅说:"我虽被他们拿住,我倒没死。我也没饶他,我把圣教堂放火烧毁了!"济公一听说:"好孩子,你这胆子真不小!这一烧圣教堂,更给我惹出一场大祸!"悟禅说:"什么大祸?"济公这才如此如此一说,把悟禅吓得目瞪痴呆。不知济公说出何等言辞,且看下回分解。

第二百二十一回　　沈妙亮智救悟禅
　　　　　　　　　常州府出斩妖道

话说济公禅师听悟禅烧了圣教堂,这罗汉爷有未到先知,就说:"悟禅,你给我惹出一场魔火之灾,这也是天数当然。悟禅,你快走吧,你要再不听我的话,你不算是我徒弟!"悟禅听这语无法,不敢违背师傅,这才告辞,回九松山松泉寺,径自去了。知府顾国章这才传伺候升堂,壮快皂三班吓喊堂威,顾国章升了官座坐堂,吩咐将邵华风带上堂来,即刻将邵华风带上公堂。此时邵华风自己心中难受,后悔晚矣。知府把惊堂木一拍,说:"邵华风!你在我本地面招聚贼众,使人采花,陷害黎民,拒捕官兵,率众劫牢反狱,所作所为,还不从实招来,免得皮肉受苦!"邵华风事到如今,自己一想,不招也是不行,莫若从实招认,省受严刑。这才说:"大人不必动怒,我有招,只求大人开恩,我只求速死。"知府叫招房先生给邵华风写了亲供,当堂画押。顾国章吩咐将邵华风钉镣入狱,这才退堂,在书房陪着济公吃酒。次日一早给上司行文,晚间上宪札饬下来,将邵华风就地凌迟处死。知府说:"圣僧暂且别走,明天在西门外斩邵华风,求圣僧给护决,恐贼人有余党抢劫法场。"和尚说:"就是罢。"次日知府调本地面城守营官兵二百名,护押差事,请济公一同押解邵华风,赶奔西门外法场。来到西门以外,在北面搭着监斩棚,摆着公案桌,知府同济公在棚里一坐,瞧热闹人拥挤不动。

刚要剐邵华风,只见正南上来了两个人,和尚一看说:"了不得了,我的仇人来了!"知府大吃一惊,只说有人来劫法场呢。抬头一看,见来者两个人,头里走的这人,头戴绿绫缎四棱巾,身穿绿绫缎逍遥氅,周身秀团花朵朵,足下白袜云履鞋,面如三秋古月,发如三冬雪,须赛九秋霜,海下一部银髯。后面跟定一人,穿蓝长褂,也是这样的服色。来者非是别人,头里是天河钓叟杨明远,后面是桂林樵夫王九峰。书中交代,那天小悟禅把圣教堂放着火,他也跑了,沈妙亮也跑了。八魔下山并没见着紫霞真人、灵空长老,卧云居士灵霄袖占一卦,说:"了不得了,众位弟兄赶紧回山!"众人到了山上一看,烈焰腾空。灵霄赶紧用宝剑望空一指,立刻一阵暴雨,把火浇灭了。灵霄说:"好一个济颠僧!竟敢使恶徒烧毁我这圣教堂,我必要报仇雪恨。"当时拘六丁六甲,照就把圣教堂照样修好。今天灵霄下山找济颠和尚,天河钓叟杨明远、桂林樵夫王九峰说:"掌教大哥,不用你亲身前去。有事弟子服其劳,割鸡焉用牛刀!待我二人前去。"灵霄说:"你二人要去也好。"天河钓叟、桂林樵夫这才由万花山驾云下了山,方来到常州府,正赶上济公在法场护决。济公一见,连忙上前说:"二位来了?"杨明远一看,说:"好颠僧,我来找你!"和尚说:"二位有什么事,把邵华风杀了,你我到知府衙门去说。"杨明远说:"也可。"这才立时先把邵华风剐完了。

济公同杨明远二人连知府等,一同回归常州府衙门,把杨远明二人让进花厅。济公叫知府派手下人先给摆上一桌酒席,济公同杨明远、王九峰落座吃酒。酒过三巡,和尚说:"二位来找我,打算怎么样呢?"王九峰说:"只因我徒弟被你烧死,你又使你徒弟烧我们的圣教堂,我来找你报仇。咱们也不用这里说,你跟我们二人上万花山去,有什么话再说。你要不跟我们去,可别等我把你拿了走!"和尚说:"你二位先不用忙,我和尚今天也不用跟你们上万花山。我现在还有点事,等我把手里的事办完了,咱们本月十五在金山寺见罢。"杨明远一听说:"就是,谅你也跑不了!既然如是,十五在金山寺见,我二人这就告辞。"济公把二人送出衙门,二人驾起祥云,径自去了。和尚回到衙门,知府顾国章说:"圣僧定规十五金山寺见,怎么样?"和尚叹了一声,说:"你也不用问,非你可知。是福不是祸,是祸躲不过。我和尚还要回灵隐寺见见老方丈,请请安,你我再会罢。"知府说:"圣僧要走,我这里谢谢,给圣僧带点盘费。"和尚说:"我不要盘费。"说着话,和尚立刻告辞,知府送出衙门,拱手作别。

和尚刚走后,外面有夜行鬼小昆仑郭顺,来到常州府找济颠。书中交代,郭顺由天台山上清宫下山,朝金山钟山焦山,路过常州府,找铺户化斋,听本地有人纷纷传言,在西门外处斩邵华风,济公监斩。要不是灵隐寺济公禅师,谁能拿的了邵华风。小昆仑一听,济公现在常州府,我何不去望看望看济公。想罢,郭顺这才来到常州府门首,一声"无量佛",说:"烦劳众位班头,到里面回禀一声,山人我姓郭名顺,我乃天台山上清宫的,前来拜访济公。"当差人等一听,说:"道爷,你来晚了,济公今天刚走,已回了灵隐寺。"郭顺说:"这就是了,我就告辞。"这才自己狂狂奔镇江府金山寺。这天来到金山寺,山下一看,见庙前山下一道买卖街,热闹非常。江内来往渔船不少,烧香朝山人等男男女女,拥挤不动。小昆仑郭顺方来到庙门以外,只听庙内人声鼎沸,一阵喧哗。郭顺一听一愣。

　　书中交代,怎么一段事呢?金山寺这座庙,原本是一座大丛林,庙内有三百站堂僧,老方丈叫元彻长老,跟灵隐寺远害堂元空长老是师兄弟。庙里香火甚旺,常有贵官长者夫人小姐来烧香。进山那一天,忽然来了一位和尚,身高一丈,膀阔三停,面如刀铁,粗眉环眼,长得凶恶无比,也不知从哪里来的,迈步往庙里就走。门头僧赶紧拦阻,说:"和尚,你是哪里的?"这黑脸和尚说:"好孽障,你敢拦我!只因你们这庙中僧人不守清规,无故生货利之心,洒家特意前来管教你等!我乃万年永寿是也,你们这些东西该打!"用手一指说:"给我打!"门头僧吓得拨头就往里跑,立刻身不由己,两个人自己每人打了自己十个嘴巴,跑进去了。这和尚一直赶奔大殿,用手一指,大殿门就开了,这僧人进去就在佛爷头里供桌上一坐。门头僧先回禀监寺道:"现在外面来了一个和尚,黑脸膛,往庙里走,我们一拦,他说他是万年永寿是也,说咱们庙里众僧不法该打,用手一指,我们不由得自己就打了自己十个嘴巴,他到大殿供桌上坐着了。"监寺僧人一听,来到外面一看,果然在大殿供桌上,坐着一个和尚,黑脸膛,一双金睛突暴。监寺的说:"好大胆的僧人!竟敢无故来搅闹门佛善地,你是何人?"那黑脸和尚说:"我乃万年永寿是也。皆因你等无故生货利之心,陷害我的子子孙孙,我等来报仇!你这恶僧该打!"立刻用手一指,说:"给我打!"监寺的不由得自己伸手打自己的嘴巴。吓得监寺的拨头往后就跑,回禀老方丈元彻长老。元彻长老一听,说:"阿弥陀佛,善哉,善哉!好孽障大胆!待我去看看。"老方丈来到前面一看,说:"你这僧人为何无故前来搅闹佛门善地?"这黑脸和尚说:"你这和尚生货利之心,不守清规,不安本分,糟蹋生灵,我特意前来将你逐出庙去!"用手一指说:"打!"老方丈不由己,自己打了自己二十个嘴巴。老方丈臊得面红耳赤,归到后面,也不知这黑脸膛和尚,是怎么一段情节。天天要打老方丈三遍。今天已然第七天,正然又打老方丈,小昆仑郭顺一看,说:"无量佛!上面僧人你为何施展术打他?你也是和尚,彼此僧赞僧,佛法兴,道中道,玄中玄,红花白藕青莲叶,三教归真是一家,你打他你也不好看。依我说,看在山人的面上,饶了他吧,不必跟他做对。"黑脸和尚说:"你是哪来的老道?胆敢多管闲事!你要多嘴,我照样打你!"郭顺一听,气往上撞,当时要跟和尚翻脸。不知后事如何,且看下回分解。

第二百二十二回　金山寺永寿施妙法
小昆仑赌气找济公

　　话说小昆仑郭顺听和尚说话不通情理,自己有心要翻脸。后又一想:"是非只因多开口,烦恼皆因强出头,我何必跟他为仇做对?"想罢,这才说:"和尚,你不必跟我动怒,山人我解劝你为好。再说这庙中方丈乃是凡夫俗子,你何必欺负他?你要找和尚,总找那找得的,和尚又怕你不敢找。"黑脸和尚说:"哪个我不敢找,你只管说!"郭顺一想,现在济公大概回了庙,我叫他去找济公,济公必把他治了,叫他碰个钉子,省得他大肆横行。想罢说:"和尚,你敢到西湖灵隐寺去找济颠吗?"黑脸和尚哈哈一笑,说:"你既说叫我找济颠和尚,那容易!"说着立刻一点首说:"来!"只见由外面又进来一个黑脸和尚,也不知道是哪来的这样快。这和尚进来一声喊嚷,说:"我乃千载长修是也!"说着话,来到大殿以前,说:"师傅,差我哪旁使用?"万年永寿说:"徒弟,我派你到西湖灵隐寺把济颠给我拿来!"这千载长修和尚一声答应，说："遵法旨！"立刻"滋溜"一晃脑袋没了。少时来到灵隐寺门首，迈步就往里走。两个门头僧说："找谁？"黑脸和尚说："我乃千载长修是也。"门头僧还要拦阻，黑脸和尚用手一指说："打！"门头僧身不由己，自己就打嘴巴，往里就跑。千载长修也是来到大雄宝殿，往供桌上一坐，门头僧吓得到里面去回禀广亮。广亮一听胆子小，不敢出来，赶紧回禀老和尚元空长老。广亮先跪倒行礼说："回禀老方丈，外面来了一个黑脸和尚，口称叫千载长修，把门头僧打了，他上了大殿的供桌。"老方丈乃是九世比邱，说："好孽畜大胆，无故前来搅闹佛门善地！你去叫道济的徒弟悟真去拿他。"广亮立刻找孙道全，把这件事一说，孙道全说："我去。"这才立刻来到前面大雄宝殿一看，果然是一个黑脸和尚在供桌上坐着，头上有一股黑气。孙道全一看赶奔上前，举剑照定和尚脖颈就是一剑。和尚就闭着眼，没留神这剑真砍上了，砍的这黑和尚一伸脖子，一道白印。孙道全说："好孽畜，无故前来搅闹佛门净地，还不退去！"黑脸和尚张嘴照定孙道全喷出一口黑气，孙道全赶紧念护身咒，拨头往外就跑，说："好厉害！"话言未了，只听山门里一声喊嚷："无量佛！"

孙道全一看，来者乃是神童子褚道缘，说："好孽畜大胆，待山人来拿你！"伸手由兜囊掏出八宝装仙云光袋，照定妖僧一打，手中掐诀，口中念念有词，立刻把这黑脸和尚装到里面。褚道缘说："倒出他来瞧瞧，是什么东西。"往外一倒，众人一看，现了原形，是一个大驼龙。褚道缘一看，说："你真把和尚糟蹋苦了！"书中交代，他师傅原本也是一个大师，却为什么到金山寺去闹呢？这内中有一段缘故。原本这寺山下，当初没有这道买卖街。金山寺老方丈想庙里有三百站堂僧，无所事业，素日净吃闲饭，日用太大，老方丈拿出银钱来修盖房子，赁给人开买卖。所为有烧香进庙人等，也可以作乐，又造了四十只渔船，赁给打鱼的，一天要一两银子。在他这山卖鱼，得给他庙里拿鱼税，每月多进钱若干。这个万年永寿奉龙王之令，在这里把守江口，有这些打鱼的，终日伤了他的子子孙孙不少，故此他一恼，才来到金山寺跟和尚做对。焉想到郭顺用话一激他，他这才派他徒弟来到灵隐寺搅闹，不想被褚道缘用装仙袋将他拿住，倒出来已然现了原形。褚道缘不忍伤害他，这才说："孽畜！你无故前来搅闹，理应将你结果了性命。山人有一份好生之德，饶你这条性命。还不快去！"这驼龙慢慢爬出了山门，好容易驾起风来，径自去了。

他刚走，济公由外面脚步踉跄回来了。书中交代，济公怎么倒后来呢？这内中有一段隐情。原本济公由常州府出来，和尚顺大路饥餐渴饮，晓行夜宿。这天走到金家庄，猛然抬头一看，有一股妖气直冲霄汉。和尚一按灵光，口念："南无阿弥陀佛，善哉，善哉！你说不管，我和尚焉有不管之理！"罗汉爷本是佛心的人，既知道，就要管。和尚有未到先知之能，这里住着金好善，家中大财主，最好做善事，无故把儿丢了。老员外各处贴告白条，如有人给送信必有重谢。今天罗汉爷正走在这里，总算行善的人家，该当逢凶化吉，遇难呈祥。和尚来到金好善门首一打门，管家出来，和尚说："辛苦辛苦！"管家说："和尚，你来此何干？"和尚说："烦劳管家，你到里面就提我和尚乃西湖灵隐寺济颠僧，前来拜访。"管家叹了一声，说："和尚，你趁早去吧。你要头半个月来，我家员外，必有一番的应酬。我家员外最好斋僧布道，人称叫金好善，你必是慕着名来的。这几天你来得不凑巧，我们员外愁的连饭都不吃了，你想你这不是白碰钉子？"和尚说："有什么愁事呢？"管家说："和尚你要问，我告诉你，这件事真新鲜。我们员外跟前就是一位公子，今年十八岁，原本是个文秀才，在我们这北边庄子有花园子，在那里念书。无缘无故，把我家公子丢了不知去向。我们员外各处贴告白条，直到如今音信皆无，各处都找遍了。我们员外愁得了不得，这样的善家按说不应当出这样逆事，你想我们员外哪里还有别的心思。"和尚说："这个事不要紧，我就为这样的事来的，你回禀你家员外，就提我和尚知道你家公子的下落，保准把你家公子给找回来。"管家一听说："这话当真吗？"和尚说："真的。"管家半信半疑，这才赶奔里面。

老员外正在书房坐着发愁，管家进来说："回禀老员外，外面来了一个穷和尚，他说他是西湖灵隐寺济颠，特意前来拜访老员外，他说他知道公子爷的下落。"老员外正在无计可施，一听这话，求之不得，赶紧往外就跑。来到外面一看，见和尚褴褛不堪，穷脏之极，这才说："和尚请里面坐。"济公一看这位老员外长得善眉善目，头戴逍遥员外巾，身穿宝蓝缎员外氅，白袜云鞋，面如三秋古月，花白胡须，精神百倍。和尚这才往里走，来到南倒坐厅房一看，屋中很款式，所有摆设不俗，一概都是花梨紫檀楠木雕刻桌椅，名人字画，条山对联，工笔写意，花卉翎毛。金好善说："和尚请坐。未领教和尚贵宝刹在哪里？上下怎么称呼？"和尚说："我乃西湖灵隐寺，上一字道，下一字济，讹言传说济颠僧就是我。"金好善一听，知道济公名头高大，连忙施礼，说："原来是济公活佛长老来了！这可是合该，求圣僧大发慈悲救我吧！我跟前就是一个小犬，今年十八岁，尚未成家，考取了一个童生，素日就知道念书，并无别的外务。在我这北边我有一座庄子，那里有花园子最清净，他在那里攻书，有几个书童伺候。忽然那一日把我儿丢了。我派人到处找遍了，并无下落，素日他并没有歪斜之道，现在会没了，我各处贴告白条，直到如今音信皆无，求圣僧慈悲慈悲，给占算占算，倒是怎么一段情节？"和尚说："你不用着急，我知道，今天三更至五更，我准把你儿找回来，叫你父子团圆。你先摆酒咱们吃饭。"金好善一听，心中甚为喜悦，赶紧吩咐摆酒。家中擦抹桌案，把酒摆上，老员外陪着和尚吃饭。和尚吃着饭，偶然一打冷战，和尚："好东西，少时我就找你去！"金好善："圣僧上哪找去？"和尚说："你不用管，我必给你把儿子找回来。"吃饭完毕，和尚这才告辞，要去搭救金公子。不知后事如何，且看下回分解。

第二百二十三回　金公子心迷美妖妇　济长老慈心救好人

话说济公禅师由金好善家中出来，一直往北，走了有五六里之遥，来到一座石洞门首。和尚说："开门来！"叫了两声，里面并无人说话。书中交代，这石洞内原本住着一个精灵。原本金公子在庄上念书用功，他本是一个书呆子，就知道念书，别无所好，每天念完了书，就在花园子看看花散散闷，活动活动。这天金公子在花园子游玩，见天上星斗满天，皓月当空，自己出了庄子，就在庄子左右闲步，也不敢往远处去。这天忽然心里一迷，往北走出来有一里多地，自己止住脚步。正在发愣，忽然由对面来了一个四十多岁的仆妇，来至切近说："金公子，我家主人叫我来请你来了。"金公子一看并不认识这仆妇，连忙问道："你家主人是谁呀？"仆妇说："你跟我去，一见就知道了，不是外人是故友，都到齐了，净等候金公子你了。"金公子一想，也不知道是谁，跟着这仆妇就走。往前走了不远，只见一座广亮大门，门内有几个家人，就问仆妇说："金公子来了吗？"仆妇说："来了。"立刻带领金公子往里就走。金公子一看这所房子甚为齐整，颇有大户人家的样子，金公子心中甚为纳闷。仆妇带着来到上面一打帘子，金公子一看，这屋中靠北墙有一张俏头案，摆设着各样玩物，头前一张八仙桌，两边有椅子，上手椅子上坐着一位千娇百媚的女子，长得够十成人才。头上乌云巧挽盘龙髻，耳坠竹叶梅的钳子，戴着赤金的首饰，鬓边斜戴一朵桃红海棠花。真称得起眉舒柳叶，唇绽樱桃，杏眼含情，香腮带笑，梨花面，杏蕊腮，瑶池仙子、月殿嫦娥不如也。身上穿着银红色的女汗衫，周身走金线掐金边，上绣三蓝的花朵，品蓝丝绸的中衣，青缎子镶裤脚，织金的花朵，淡青丝绸的汗巾，上绣三蓝的五福捧寿。足下真是窄小金莲，二寸有余，不到三寸。大红缎子花鞋，上绣金线斗翅蜂，月白裹脚，绿紫腿带，真是头上脚下无一不好。两旁一边站着四个丫鬟。金公子一看一愣。仆妇说："这就是我家主人。"这女子说："金公子请坐，奴家乃玉皇大帝的女儿，我乃九天仙女。奉玉皇大帝之命，跟你有一段姻缘之分，我故此把你请来。"金公子一听这话，他本是个书呆子，心中渺渺茫茫，如醉如痴一般，说："姑娘，你跟我有金玉良缘，我得回去禀知父母。"姑娘说："公子不必禀

国学经典文库

中国二十大名著

济公全传

图文珍藏版

400

知父母亲,你就在我这里住着罢。"立刻吩咐仆妇摆酒,陪着金公子二人开怀畅饮。

酒到十分,二人彼此俱有爱慕之心。金公子本是一个书生,家中未娶过亲事,见姑娘十分美貌,人非草木,谁能无情?不由春心已动。女子斜睐杏眼,慢闪秋波,见金公子果然长得面如傅粉,脸似桃花,目如朗星,眉似漆刷,鼻梁高耸,唇若丹霞,双眉抱拢,玉面银牙,正是俏丽的英雄,令人喜爱。姑娘一伸手拉住公子,二人眉目传情,彼此携手揽腕,进到里面屋中。仆妇丫鬟早把卧具放开,二人上床宽衣解带,共入罗帏。金公子如获至宝一般,软玉温香抱怀中,正是:

携手揽腕入罗帏,含羞带笑把灯吹。金针刺破桃花蕊,不敢高声暗皱眉。

二人成其百年之好,夫妻二人千恩万爱,金公子如醉如痴。云雨已毕,夫妻安寝。金公子乐而忘返,终日夫妻二人食则同桌,寝则同榻,时刻行坐不离。过了几天,金公子忽然想起家来了,自己一想:"大约相离我家不远,我何不到家瞧瞧我父母,再回来呢?"想罢,自己由屋中出来,打算要回家。看看各门户全都关着出不来,金公子就问手下从人说:"我怎么出不去呀?我打算回家瞧瞧再来。"手下人说:"你要回家,得告诉我家主人,把你送回去,你自己不能回去。"金公子这天就说:"娘子,你叫我回家去瞧瞧行不行?"女子说:"行,过两天,我送你回去,你先别忙。"金公子被这女子迷住,也不能回家。

今天外面和尚来了,济公叫石洞门叫了两声,里面没人答话。和尚用手一指,石门就开了。和尚一直来到里面,说:"借光借光,金公子在这里没有?他父亲叫我找他来了。"金公子正同这女子一处吃酒,忽听外面有人说话,声音不熟。当时夫妻二人出来一看,原来是一个穷和尚。女子一瞧说:"好僧人,你来此何干?"和尚说:"好孽畜!你无故兴妖作怪,迷住人家的公子,盗取真阳,不知正务参修,拆散人家的父子。你快把金公子交给我带回去,我和尚有一份好生之德,饶你不死。如若不然,我和尚定要结果你的性命!"这女子一听,气往上冲,说:"好一个穷和尚,你敢前来拆散我的金玉良缘!"说着话,一张嘴就是一口黑气,照定和尚喷来,打算要用三千多年的内丹,将和尚喷倒。焉想到和尚用手一指,这股气就散了。女子一看,勃然大怒说:"好和尚!焉敢破仙姑的法气,待我用法宝取你!"立刻由兜囊掏出一把小宝剑,也不过一寸多长,能大能小,祭起来要斩和尚。和尚用手一指,这玉剑一道黄光坠落于地。女子一看真急了,当时由屋中拉出一口宝剑,奔过来照定和尚劈头就砍,要跟和尚一死相拼。和尚说:"好孽畜,大概你也不知道我和尚是谁!"伸手摘下僧帽,照她打去。金光缭绕,瑞气万条,当时将她罩住。现了原形,乃是一个大黄鼠狼。她原本有三千五百年道行,就在金公子那花园子里住着,常见金公子在花前月下闲步,她早有爱慕之心。这天把金公子引到这洞里来把公子迷住,今天被济公将她拿住,现了原形。

和尚说:"金公子你看看,这就是你的令正夫人!"金公子豁然大悟,叹了一声,从前恩爱,至此成空,昔日风流,而今安在?凡人生在世,至亲者莫如父子,至近者莫过夫妻。细思想芙蓉白面,尽是带肉骷髅,美艳红装,即是杀人利刃。瓦砚玉笔,难写空梦苦海。苦口良言,难解深思遐想。云雨时,不顾身躯。醒悟时,才知父母。金公子此时才恍然明白过来。那黄鼠狼嗷嗷直叫,人有人言,兽有兽语,求圣僧长老饶命。和尚说:"我和尚有一分好生之德,饶了你,你改不改?"黄鼠狼说:"这样一来,打去了我五百年的道行,我从此再不敢了!"和尚说:"你既是改了,自己找深山去修炼,我和尚饶了你。"这才把僧帽拿起来,黄鼠狼驾起风逃命去了。她这一走,要赶奔五云山找五云老祖,下文书晃动聚妖幡,摆群妖五云阵,要报今日之仇。这是后话不表。济公把她放了,这些丫鬟也都是小妖变的,和尚说:"我也不肯伤害你等,既能变化人身,都有几百年的道行,不容易。你等从此务正参修,后来方可以成正果,不可跟她学这样胡闹。"

和尚把群妖赶散,这才带领金公子出了山洞,回归金家庄。来到家中,金好善一见,说:"圣僧真救了我一家人的命了!"父子见了面,金好善说:"儿呀,你上哪去了?"金公子就把从头至尾的话一学说,金员外一听说:"圣僧真乃活佛,要不是你老人家来救他，我儿必被妖精害了。我夫妇一心疼儿子，大略也活不成。总算你老人家救了我一家人的性命！"和尚说："不要紧，小事一段。总算你家里有德行，你叫你儿好好地用功读书，将来必可以上进，显名扬姓。"金好善说："儿呀，你快到后面见见你娘去吧。"金公子这才赶奔后面去，母子相见。金好善这里吩咐摆酒。家人点头，立刻摆上酒菜。金员外陪着和尚吃酒。吃完了，和尚就在厅房安歇。次日和尚起来，老员外又给和尚摆酒，正吃着饭，偶然和尚打了一个冷战。和尚一按灵光，早已知晓，和尚说："我要告辞，我有要紧的事。"老员外要送和尚银子，和尚不要。立刻出了金家庄，和尚施展验法，赶奔灵隐寺而来。不知后事如何，且看下回分解。

第二百二十四回　归灵隐师徒会面　四英雄无故遭屈

话说济公禅师方来到灵隐寺，这里方把千载长修放走，褚道缘正同孙道全师兄弟见面谈话，各叙离别。只见济公由外面进来，二人一见，说："师傅来了？"赶紧上前行礼。和尚说："你两个人起来。"褚道缘说："师傅要早来一步，正赶上一个驼龙，在这里搅闹，已被我用云光袋将他拿住，我不忍伤害他，又将他放了。"和尚说："我知道。"孙道全说："师傅从哪里回来？"和尚："我由常州府回来，我还有要紧的事，你两个人在庙里住着罢。我来所为见见老和尚，我还得走。"褚道缘说："师傅有什么要紧的事，这样忙？"和尚叹了一声，说："别提了，只因你小师兄悟禅到万花山去拿邵华风，把圣教堂放火给烧了，惹下八魔跟我作对。我跟八魔定下约会，本月十五日，在金山寺见。八魔必摆魔火金光阵，我和尚这一场魔火之灾，不能不去。我要见老和尚还有要紧事，你两个人给我在庙里看庙，千万不可远离。"孙道全、褚道缘二人点头答应。和尚这才来到后面，一见老方丈，口称："师傅在上，弟子道济参见师傅。"老方丈元空长老一看，口念："南无阿弥陀佛！善哉，善哉！道济你回来了，甚好。你我师徒一场，我有一件事要托付你。"和尚点头说："我知道，我就为这件事来的，你老人家只管放心。我现在可还得走，我跟八魔定下约会，十五在金山寺见，我这场磨难，是脱不过的。完了事，是日我必到，决误不了事。"老方丈说："甚好，现在这里还有一件因果，你也得办。"济公点头说："我知道。我走了。我要到临安城去，顺便访几个朋友。"说着话，济公转身往外赶奔，又嘱咐孙道全二人好生看庙，不可远去。褚道缘说："师傅不须再三嘱咐。"济公这才出了灵隐寺下山，进了钱塘关。

正往前走，只见许多官人，押解着四辆囚车往前走。里面四个犯人，正是风里云烟雷鸣、圣手白猿陈亮、飞天火祖秦元亮、立地瘟神马兆熊，都带着三大件手铐脚镣。和尚一看见，激灵灵打一寒战，伸手一按灵光，早已察觉明白，口念："南无阿弥陀佛！善哉，善哉！"和尚看见，赶紧隐在一旁，这四个人并没看见济公。书中交代，这四个人因为什么遭这样官司呢？这内中有一段缘故，正是天有不测风云之象，人有旦夕祸福之事。只因当朝右丞相罗本，有一个儿子名叫罗声远，在云南昭通府做知府。他有两个爱妾，一个叫无双女杜彩秋，一个叫赛杨妃李丽娘，两个人都是生得千娇百媚，万种风流，罗声远爱如掌上明珠一般。他本是酒色之徒，在昭通府自到任以来，刮尽地皮，做了六年知府，期满手中钱也够足了，告了终养。他父亲在当朝做丞相，一人之下，万万人之上，也是个贪官。家里也不指他在外面做官。罗声远打算要回家纳福，带领手下从人仆妇丫鬟侍妾等，吩咐收拾驼轮骡驼子车辆，带着保镖人满载而归，携眷起程。道路上饥餐渴饮，晓行夜宿，这天来到镇江府金沙岭打了公馆，住在店内。晚上天有三更时候，罗声远正同两个爱妾刚吃完了酒要安歇，忽由房上跳下几个贼人。各持钢刀，一声喊嚷说："我乃飞天火祖秦元亮、立地瘟神马兆熊、风里云烟雷鸣、圣手白猿陈亮是也！我等在外面行仁做义，杀贪官，斩恶霸，剪暴安良，偷不义之财，济贫寒之家。只因你在昭通府刮尽地皮银钱，也不是好来的，我等特来抢你！"说着话把赛杨妃李丽娘、无双女杜彩秋两个爱妾抢出来，背着就走。家丁一拦，把家丁保镖人砍伤，抢去金银衣服首饰珍珠细软不少。罗声远把两个心上的家妾一丢，如同摘去了心肝，急得如疯如痴，遣家人就在镇江府，呈报了劫财抢人，叫知府赶紧给办这案。罗声远叫家人在这里守候。他骑上快马就奔了京都，来到相府，一见他父亲罗本，罗声远放声痛哭。罗本就问："儿呀，有什么事，就这样悲痛？"罗声远就把两个侍妾被贼人夜内抢去，贼人自道名姓的话，说了一遍。"爹爹要不叫镇江府把两个爱妾找回来，我也活不成了！"罗丞相一听，气得颜色更变，说："这还了得！好贼人，真乃大胆，竟敢欺负到我的头上！"连忙办文书，札饬镇江府赶紧给拿贼人、找侍妾。镇江府接着这套文书，自己一想这案要办不着，大概纱帽保不住，焉能惹得起罗丞相？知府真急了，张贴告示，如有人知道秦元亮这等四个贼人的下落，送信者赏银二百两，如有人拿住送到当官，赏银五百两。

飞天火祖秦元亮、立地瘟神马兆熊二人自从前者由弥勒院回了家，永没出来，自己看破了绿林道，打算在家里安闲度岁月。秦元亮有一个内弟姓苗名配，原先家里很有钱，由他父母一死，他在外面吃喝嫖赌，无所为，把一分家业财产全花完了。后来找秦元亮借三十两二十两，秦元亮念其至亲，一借就给，给一回，劝一回，说他一回。后来他自己就不肯张口多要了。十两八两，秦元亮还给。后来再要就是三两二两，直抽到二两吊钱，拿了去就输了，自己实没脸常来了。雷鸣、陈亮自从完了官司，这天就去找秦元亮、马兆熊，弟兄四个人在一处盘桓，也无以为事。偏巧苗配又来找他姐丈要借银钱，马兆熊前者就替秦元亮也给过好几十两银子，他说拿银去做买卖，永不再来。今天见苗配又来了，马兆熊本是个直心人。说："苗配，你真不要脸！我头一次给你十五两，第二次又是十两，第三次又是十五两，第四次又是五两。你说，自今以后改邪归正，现在你又来借钱了。就是你姐丈也不能尽着你输去，今天我非得管教管教你！"秦元亮也要打他，只雷鸣、陈亮在旁边劝着。说好说歹的，又给他两吊钱叫他走了。

焉想到这小子生起坏心，恩将仇报，自己一想："现在镇江府贴赏格告示，拿秦元亮、马兆熊、雷鸣、陈亮四人，如有送信，赏银二百两，我何不去送信得二百两银子呢？"这小子哪管什么伤天害理，只要钱到手就得，立刻来到镇江府门首说："辛苦。哪位该班？"值日班刘来说："什么事？"苗配说："我来送信。秦元亮、马兆熊、雷鸣、陈亮，我知道这四个人的下落。"值日班说："这话当真？"苗配说："这还能假？"值日班叫人先看着苗配，刘来进去回话。当真知府这件事愁的了不得，刘来说："禀大人，外面来了一个送信人，知道秦元亮等四个人下落。"老爷一听说："好。"立刻升堂，吩咐将送信人带上来。苗配来到公堂一跪，老爷说："你姓什么？"苗配说："小人姓苗叫苗配，我知道秦元亮、马兆熊、雷鸣、陈亮这四个人，在金沙岭作的案。我跟秦元亮是亲戚，我可跟他们素日无冤仇，皆因老爷贴告示，小人我恐怕他们犯了案，说我知情不举，纵贼逃脱之罪，小人故此前来送信。"知府说："好，只要这话是真，现在哪里？我派人将他四人拿来，我必赏你二百两银子。"苗配说："老爷要派人拿去，须多调官兵。这四个人现在秦家庄路北大门，恐怕人少拿不了。"这小子把四个人发告了，秦元亮众人要知道他卖的，岂能饶他！苗配一想，莫如一狠二毒三绝计，叫他们打了官司，我得二百两银子包个美人，吃喝玩乐，故此说叫老爷多派人。知府说："怎么还得多派人呢？"苗配说："这四个人能为很大，人少绝拿不了，拿漏了再拿可就难了。"知府一听说："好。"吩咐暂把苗配押起来，立刻调城守营二百官兵，本衙门一百快手，大班头陈永、李泰带领三百人，当时来到秦元亮门首，把宅子就围了。上前一打门，家人出来一看说："找谁？"陈头说："找秦爷、马爷、雷爷、陈亮四位，面见有话说。"家人进去回禀，这四个人尚在睡里梦里，居心无愧，立刻一齐出来。秦元亮说："众班头什么事？"陈永说："你们四位的事犯了！"四个人一愣，说："什么事犯了？"陈永说："你们自己做的事还用问！""哗啷"一抖铁链，就把四个人锁上。不知四个人这场官司性命如何，且看下回分解。

第二百二十五回　辨曲直忠良施恻隐
派镖丁私访被害情

话说镇江府的班头将秦元亮、马兆熊、雷鸣、陈亮四个人锁上，这四个人也不敢拒捕，只可跟着，一同来到镇江府衙门。先把四个人押在班房。原办进去一回话，知府立刻升堂，壮皂快三班喝喊堂威，知府吩咐："将贼人带上来！"官人押着四个人往里走，说："金沙岭店中明火执仗，抢夺财物，杀死家丁，抢去卸任官长的侍妾，秦元亮、马兆熊、雷鸣、陈亮四个人告进。"这四个人一听这话，吓得颜色更变。四个人在堂下一跪，知府一拍惊堂木说："你们四个人姓什么？叫什么？"秦元亮等各自回话报名。知府说："秦元亮，你等在金沙岭店中抢去罗大老爷的侍妾，杀死家丁，抢去金银财物，同伙办事共有几个人？快说实话！免得本府三推六问，那时你等皮肉受苦，也得招认。"秦元亮四人跪上半步，向上叩头说："老爷在上，小人等原系安善良民，守分度日，素日以保镖为业。老爷说金沙岭明火执仗杀人，这些事小人等一概不知。我等从来并未做过犯法之事，求老爷笔下超生，小人等实在冤屈！"知府一听说："你们这些人，必是久惯做贼，在本府公堂之上，尚敢狡展。大概抄手问事，万不肯应，来，给我拉下去打！"秦元亮说："老爷暂息雷霆之怒，小人等有下情告禀。说小人等明火执仗，何为凭据？老爷要用严刑苦拷，叫我等认谋反大逆，我等受刑不过，也得招认。求老爷明镜高悬！"知府说："你等在店中抢劫，罗老爷报告，说你等自道的姓名，此时你等还敢狡辩？"陈亮说："老爷的明见，小人等要真在金沙岭作案，我等焉能还自道名姓？老爷想情，这必是贼人跟我等有仇，冒充我等的姓名。小人在镇江府住居多年，老爷不信，问台下官人，我等要在本地有案，老爷台下官人早就把我们办了。"知府一想这件事，莫若先行文书报与罗相，听罗相的回文，再作道理。想罢，这才吩咐："把四个人先钉镣入狱。"一面赏了苗配二百两银子发放，即派师爷办了一套文书，咨送到京，说明现在办着了四个人，尚未取供，请示相爷的回谕。罗相一想："管他是与不是，叫知府派人押进京来，就地正法，可以振作振作，以后省得再有贼人欺负我儿子。"想罢，立刻给知府一套文书，叫镇江府将四个贼人押到京来，交刑部按律治罪。知府接着文书，立刻派人传两个解差，十个快手，打造四辆木笼囚车，将秦元亮、马兆熊、雷鸣、陈亮解到京来，有一套咨文，一并交到刑部。方才来到临安城，正遇见济公，济公旁边一闪，看了半天，和尚这才过去。雷鸣、陈亮一看见济公，陈亮说："师傅，你老人家得想法子救我们！"和尚说："你等遭这样大祸，我和尚暂时也没工夫。你等几个人不用害怕，到了刑部再说，吉人自有天相。"和尚说罢，径自去了。

众解差押解四人来到刑部，把文书差事交到。值日把差事留下，将文书递上去，刑部正堂陆大人一看，立刻升堂，官人把雷鸣、陈亮等带上去，陆大人一问，这四个人仍然实话实说。陆大人一看，这文书与四个人的口供不符。这位陆大人本是一位清官，自为官以来，两袖清风，爱民如子。一问雷鸣、陈亮四个人，在金沙岭抢罗老爷的侍妾财物，杀死家丁，同伙办事共有几个人，陈亮说："回禀大人，小人等在镇江府住居有年，原系安分守己，并未做犯法之事。金沙岭的事，小人等一概不知，求大人这辈为官，辈辈为官。大人详情，我等要去抢劫，焉能自道名姓，留下祸根？这必是贼人跟我等有仇，他等作案陷害我等。求大人笔下超生！"陆大人一想，这其中定有缘故。立刻吩咐先把四个人入了狱，随后坐轿去拜罗丞相请见。罗声远把陆大人请进来，坐下一谈话。陆大人说："现在镇江府解了四个贼来，我一讯供，看这几个人大概不实。少大人当初在金沙岭被抢的那一天，可曾记得贼人的模样？"罗声远说："我记不甚清，有一个穿青皂褂黑脸的，有一个穿白带素白脸的，有一个黄脸的,余者我就渺茫了。"陆大人一听说:"这就不对了,这四个人没有黑脸的。秦元亮是红脸,马兆熊是青脸,雷鸣是蓝脸红胡子,陈亮是白脸,大概这四个人必屈枉。"罗声远说:"谁管他屈枉不屈枉,他等情屈命不屈。大人把他们正了法,振作振作,以惊贼人之胆。要不然大员子弟在外省做官,有钱就不用回来了。"陆大人一听,话有点不通情理,也不肯深往下说,自己告辞,回来坐在书房,思想此事,真要用严刑苦拷,叫这四个人招了,就是四条人命,做官者关乎德行阴骘,放是不能无故地放了,官事办不下去。越思越想,沉吟了半响,忽然想起了主意,立刻吩咐家人去把二位看家护院的请来。家人点头,去不多时,把二位护院的师傅带到书房。

这二位护院的,原本是江北贺兰山的人,在九杰八雄之内很有能为,在陆大人家多年,一位姓华名元志,绰号燕子风飞腿华元志,一位叫乐九州神行武定芳。两个人来到书房行礼,说:"大人呼唤我二人有什么事?"陆大人说:"二位教师,素日本部院待你等如何?"华元志说:"大人待我等甚厚,大人有什么事,只管吩咐,我二人万死不辞。"陆大人说:"既然如是,我这里现在收了四般差事,在金沙岭抢去罗公子的侍妾金银,贼人秦元亮、马兆熊、雷鸣、陈亮,现在这四个人据我看冤屈,罗相要把这几个人糊里糊涂地杀了,本部院我不能做这亏心事。放又不能,此时也不能再给镇江府行文书,叫他办这案,已然他算把这案的人交来。我这衙门专管刑事,手下人也没有久惯办案之人,我派你二人到镇江府去觅访此案。如能把真盗犯访着,我给你二人办一套公文,不拘那州府县,可以会合本地面文武官员,帮你等捉拿贼人。如能把贼人办来,头一则救这四个人的命,再说本部堂也有名,也是一件德行事。给你二人一百两银子盘费,就烦你二人辛苦一场。"华元志、武定芳说:"大人既是吩咐,我二人遵命,明天就起身。"陆大人立刻给办了一角文书,用了关防。

次日二位英雄领了一百两银子,换上衣服,各带兵器。华元志是穿蓝翠褂壮士打扮,武定芳穿白素缎,二人衣服鲜明,各带夜行衣包。在陆大人跟前告辞,出了京都,顺大路赶奔镇江府。道路上寻踪探迹,饥餐渴饮,晓行夜宿,这天已到镇江府地面。偏巧错过了镇店,天已黑了,上不靠村,下不靠店,二人往前走进了一座山口,见远远的一片松林,似有住户人家,来至切近一看,原来是一座古庙。这座庙还不小,二人一想庵观寺院过路的茶园,找不着镇店,可以庙中借宿一宵,讨点斋饭,临走多给香资,亦未为不可。武定芳说:"大哥,你我就在这庙里借宿吧。"华元志说:"也好。"二人这才上前叩门。工夫不大,只见由里面出来一个人,有三十多岁,两道粗眉毛,一双圆眼睛,鹦鼻子,尖下巴,两腮无肉,身穿白布褂裤,白袜青鞋,仿佛像火工道人的样子。华元志赶紧举手抱拳,说:"辛苦辛苦!"这人说:"二人找谁?"华元志说:"我二人原本是远方来的,今天越过了镇店,行到此处,也不知这座庙内是和尚是老道,望乞尊驾给回禀一声,我二人要在此借宿一宵,庙中有斋饭,我二人叨扰一顿,明天香资多付。"这人说:"原来二位是远方来的要借宿,这件事我可不敢做主,我得到里面回禀我家方丈去。"华元志说:"好。"这人转身进去,工夫不大,由里面出来说:"二位请罢。"华元龙、武定芳二人,这才往里赶奔。焉想到今天一进这座庙,身入龙潭虎穴中。不知后事如何,且看下回分解。

第二百二十六回　因访案误入藏珍寺　识奸计冒险捉群贼

话说华元志、武定芳二人跟着进了庙,这人带着由大殿往西一拐,来到西跨院。这院中是四合房,北上房三间,南房三间,东西配房各三间。把二位英雄让到北上房,这屋中是一明两暗,屋中倒很干净。二人来到屋中,这人给点上灯,倒过茶来。华元志说:"尊驾贵姓?"这人说:"我姓孙叫孙九如,未领教二位贵姓?"华元志说:"我姓华。这庙中几位当家的?"孙九如说:"就是一位老方丈,有点老病根,可不能出来见你二位。"华元志说:"不敢劳动老方丈。你这庙中要有吃的,给我俩拿一点来,明天多给香资。"孙九如说:"施主说哪里话来,此乃是十方门地,十方来,十方去,十方钱粮应酬十方事,我给二位收拾去。"说着遂转身出去。工夫大了,好容易才拿油盘来了,端进四样素菜来,一壶酒,一盘炸面筋,一盘炒豆腐,一盘炒白菜,一盘拌豆腐丝。杯筷碟都给拿来,说:"二位施主被屈点罢,这庙中可没有什么好吃的,有馒首有粥,二位随便用吧。"说完了话,转身出去。武定芳拿起筷子方要吃,华元志说:"贤弟,你先等等吃。"武定芳说:"怎么?"华元志说:"我看这个孙九如,方才说话,眼珠儿滴溜溜乱转,恐其中定有诈。再说这座庙,又不靠村庄,又不靠大道,每逢庵观寺院,乃是藏贼的窝巢。出门在外,不得不留神。我看他说话伶牙俐齿,二眸子乱转,圣人有云:'胸中正,则眸子瞭焉,胸中不正,则眸子眊焉。'我看其中有缘故,先等等吃罢。"说完了话,工夫不大,孙九如由外面进来,说:"二位酒够不够?"华元志把酒斟出来一看,酒发浑,在酒杯子里直转,华元志更生了疑心,说:"孙九如,你喝一盅。"孙九如一听,连连摇头说:"我不会喝。"华元志见孙九如转身就要往外走,华元志过去一伸手,将孙九如揪住,一个黄鹂拿嗉,一捏嘴把这盅酒灌下去。立刻就见孙九如蹬蹬腿咧咧嘴,翻身栽倒,人事不知。华元志说:"贤弟,你看如何?"武定芳说:"总还是兄长细心,今天要是我就上了当了。兄长既把这厮拿住,打算怎么样?"华元志说:"你我先里面听听风再说。"武定芳说:"既然这厮施展毒计,陷害你我,大概这庙中必有贼人窝藏。你我还等什么,简直咱们到各处探探去。"华元志一听,说:"也好。"二人这才把孙九如捆好,口堵上,往底下一搁。

二人把灯吹灭出来,将门倒带,立刻蹿房越脊,探来探去。探到东跨院一看,北上房屋中灯光闪朔。二人一看有后窗户,来到后窗户,将窗纸湿了一个小窟窿,往屋中一看,靠北面冲南坐着两个大秃头和尚,可看不见脸膛。在东边坐定一人,头上戴紫色壮士帽,身穿青布衫,黑脸膛,凶眉恶眼。靠西边坐定一人,穿蓝翠褂,白脸膛,细眉圆眼。在南面坐定一人,面冲北,头上紫色壮士帽,紫箭袖,面如紫玉,两道丧门楣,一双吊客眼,双睛暴露于外。华元志二人在暗中瞧看,见这五个贼人在一处吃酒,就听东边坐着这个黑脸的说:"今天来者这两个人,大概是翅子窝的鹦爪孙。"就听西边那白脸的说:"别管他是不是,把他等拿住,亮字字把瓢给摘了,总算他情屈命不屈。"就听和尚说:"怎么孙九如去这半天还不来呢,莫非有什么变故不成? 高二弟你去瞧瞧去。"这黑脸地站起来,一声答应,往外就走。华元志一拉武定芳,二人在后面蹿房越脊跟随。华元志说:"先把这个贼人拿住,问问底里根由。"二人见贼人来到东跨院,华元志由上面蹿下来,过去一腿,就把贼人踢倒,贼人方要嚷,华元志一掐贼人的脖子,拉出刀来一擎,说:"你要嚷,我当时结果你的性命! 你说了真情实话,饶你不死! 这庙中是怎么一段情节?"贼人吓得魂不附体,说:"大太爷你别杀我,我实说!"华元志说:"你说罢。"贼人这才从头至尾一述说。

书中交代,这座庙叫藏珍寺,老和尚名叫法长。这两个和尚,一个叫月明,一个叫月朗,是老和尚的门徒。前者由打白鱼寺漏网,只因为抢花花太岁王胜仙的侍妾,把庙也入了官了。这两个人就逃到他师傅这里来,提说把一座白鱼寺抛了,老和尚劝了这两个人半天,后来老和尚上三更岗去,把这座庙就给徒弟。临走还谆谆嘱咐,叫两个人务本分。这两个人本是酒色之徒,焉能改的了。在庙中又修出夹壁墙、地窨子,打算弄将两个妇女来终日作乐。这天外面来了几个绿林的朋友,正是黑毛蚤高顺、红毛吼魏英、白脸狼贾虎、恨地无环李猛、低头看塔陈清、赛云龙黄庆、小丧门谢广。这些人由打藏珍坞逃走,跟邵华风分了手,各奔他乡,谁也顾不了谁。这几个人投在藏珍寺来,一见月明、月朗,本系旧日的朋友,月明说:"众位从哪来?"众人说:"别提了,我等在慈云观住着,打算帮赤发灵官邵华风共成大事,不想被官兵把庙也抄了,被济颠和尚追的我等上天无路,入地无门。知道二位当家的在这里,我等来到这里,暂为借住几天。再想主意。"月明说:"那有何妨。众位只管住着,有吃有喝的。"众人在庙里住了几天。这天大众谈起话来,黑毛蚤高顺说:"常州府官兵抄慈云观,济颠和尚帮着都不恼,唯有雷鸣、陈亮、秦元亮、马兆熊这四个人可恨，他们也是绿林人，反帮助官兵跟绿林中做对，我哥哥高珍死在他四人之手，我早晚总得报仇！"那边白脸狼贾虎说："高二哥，你要打算报仇，害雷鸣、陈亮这四个人容易，我倒有个主意。咱们也别在庙里，白吃当家的，我出去采踩盘子。要有了好买卖，我给你们众位送信。咱们做下案，留下雷鸣、陈亮他们四个人的姓名，叫官人把他们办了，你我又得了财，又报了仇，好不好？"众人说："好，还是贾贤弟这个主意高明！"

白脸狼贾虎立刻由庙中出来，到四外访查。这天听说云南昭通府罗声远卸任，带着两个美妾，一个叫无双女杜彩秋，一个赛杨妃李丽娘。驼轿车辆，金银细软不少，有四镖丁护送回家，住在金沙岭万成店打了公馆。贾虎打听明白，回到藏珍寺一学说，两个和尚本是酒色之徒，一听说有两个美人，不但有银钱，还有这样的美妾，和尚说："众位一同去！"群贼晚间各带兵刃，换上夜行衣，扑奔金沙岭万成店而来。各施展飞檐走壁之能，进去一探，探到东跨院，见罗声远正同两个美人在北上房喝酒，果然长得千娇百媚，万种风流。李猛、陈清先下去，进上房就把美人抢出来。高顺砍了罗声远一刀，说："我乃风里云烟雷鸣！"李猛说："我乃圣手白猿陈亮！"黄庆说："我乃飞天火祖秦元亮！"谢广说："我乃立地瘟神马兆熊！只因你是赃官，剥尽地皮，我等行侠仗义，特来抢你！"镖丁出来一拦，砍死两个镖丁，抢了金银珠宝不少，群贼背着两个美人满载而归。回到庙里，见两个妇人十分美貌，群贼都是酒色之徒，大家争论，这个也要要，那个也要要。月明、月朗说："你们众位都不能要，在我庙里犯事，我耽沉重，我二人每人一个。"硬强霸下，众贼人又不敢翻脸，和尚都会法术。银钱细软，和尚拣好的留多一半，众人分少一半。众人心中俱皆不悦。因此分赃不匀，李猛、陈清、贾虎、魏英四个人皆气走了。高顺、黄庆、谢广三个人无地可投，在这庙里住着，也没听说雷鸣、陈亮等四个人死了没有，就听说打了官司。今天华元志、武定芳一来，群贼疑惑不是官人，就是玉山县雷鸣、陈亮的朋友，故此叫孙九如拿蒙汗药酒，打算要害这两个人。不想被华元志看出来，先把孙九如拿住。这又把高顺拿住，高顺说了真情实话。二位英雄要想拿贼，不想惹出一场大祸，且看下回分解。

<h2>第二百二十七回　月明月朗施妖法　济公班头捉凶贼</h2>

话说黑毛蚤高顺被二位英雄拿住，不能不说实话了，这才说："二位大太爷饶命，要问这座庙，叫藏珍寺。两个和尚，叫月明、月朗，我叫黑毛蚤高顺。这里还有一个赛云龙黄庆，一个小丧门谢广，我等是由慈云观逃在这庙里来的。"华元志说："大概金沙岭杀死镖丁，抢劫财物和罗声远两个侍妾杜彩秋、李丽娘，必是你们做的，冒充雷鸣、陈亮。你说实话，饶你不死！"高顺说："不错，是我们连和尚一共九个人去的，现在走了四个，因为和尚把两个侍妾霸下，现在夹壁墙搁着。金银他要多一半，故此分赃不匀，气走了四个人。一个叫恨地无环李猛，一个叫低头看塔陈清，还有红毛吼魏英、白脸狼贾虎。这是已往真情实话，二位大太爷要是绿林人，饶我这条命，我日后必有一分心！"华元志听明白，这才把高顺捆上，嘴堵上，搁在北上房屋里，将门带上，说："武贤弟，随我到东院去捉拿那四个人。"武定芳点头答应。这二位也是艺高人胆大，立刻各拉兵刃来到东跨院，堵着北上房一声喊嚷，说："好贼人，你等趁此出来，你家大太爷乃是堂堂英雄，你等施展这样诡计，焉能瞒得了你家二位大太爷？今天你等休想逃走！"屋中两个和尚月明、月朗同黄庆、谢广正在吃酒，四个贼人一听，当时往外赶奔。抬头一看，见院中站定两个人，一位穿蓝翠褂，一位穿白爱素，俊品人物，各擎着钢刀，威风凛凛。月明、月朗一看，说："好小辈，大胆！也敢来到洒家这庙中这样发威。你也不打听打听，洒家有多大能为！你

国学经典文库　中国二十大名著　济公全传　图文珍藏版

两个人姓什么？叫什么？"华元志说："贼人，你要问，大太爷姓华名叫华元志，人称叫燕子风飞腿华元志！"武定芳也道了名姓。二人方要往前赶奔，月明、月朗立刻一念咒，用手一指，说声"敕令！"当时用定身法将华元志、武定芳二人定住，不能动转。月明说："这两个人，岂不是飞蛾扑火，自来送死！来人，把他两个人捆上！"赛云龙黄庆说："当家的，何必捆他们，我过去手起刀落，把他二人杀了就完了。"月明、月朗说："也好。"赛云龙黄庆，立刻伸手拉刀，方要往前赶奔，忽听四外人声呐喊说拿，四个贼人大吃一惊。

书中交代，怎么一段事呢？凡事要得人不知，除非己莫为。只因济公看见雷鸣、陈亮、秦元亮、马兆熊四个人囚车押解赶奔刑部，和尚一想："这件事焉能袖手旁观呢？"自己一想要办这件事，非得如此这般，这等这样。想罢，和尚往前走，忽见一人要跳河寻死。见此人有三十多岁，淡黄的脸膛，穿着月白裤褂，白袜青鞋，像买卖人的打扮。刚要跳河，和尚过去一伸手，将这人揪住。和尚说："朋友，你为什么要跳河？你跟我说说。"这人叹了一声，说："大师傅，你管不了，我告诉你罢，我原本姓杨，名文彬，在钱塘关外开小器作，字号巧艺斋。在莫丞相府应了点活，我在府里做活。莫丞相有一位公子名叫莫文魁，最好养蟋蟀。他有一条蟋蟀原本是虫王，当初花五百两银子买来的，偏巧我一多手，把蟋蟀罐子碰倒了，把他蟋蟀也跑了。莫公子打了我四十军棍，叫我赔一千银子，不赔不行。大师傅你想，我卖尽家产，也没有一千银子。我莫若一死，也就算完了。"和尚说："这个事不要紧，你别死，你回小器作铺子等我，听我的话，我管保你没事，你想好不好？"杨文彬说："和尚，这话当真？"和尚说："不假。"杨文彬说："大师傅，贵上下在哪庙里？"和尚说："我乃西湖灵隐寺济颠僧是也。"杨文彬一听说："原来是圣僧！"赶紧跪倒叩头，知道济公名头高大，乃当世活佛，说："圣僧长老，你救我吧！我家有老母妻子，但有一线之路，我也不能寻死。"和尚说："你回头回铺子听信吧。"杨文彬这才自己告辞。

和尚往前走，来到大街，花一百钱买了三个蟋蟀，装在僧帽里，往头上一戴，狂奔路北一座酒馆。迈步进去，找了一张桌，要了酒菜，自斟自饮。这雅座里正是莫公子在这里吃饭，外面有十几位蟋蟀把式，挑着蟋蟀罐子，打算吃完了饭，要上莫相府跟二公子秦桓去斗蟋蟀。和尚喝着酒，蟋蟀在帽子里面一叫，旁边众把式说："和尚，你还带着蟋蟀吗？"和尚说："是呀，你们上哪去？"众人说："我们吃完了饭，上莫相府跟莫公子去斗蟋蟀去。"和尚说："你们有多少蟋蟀？"众人说："有四十八条。"和尚说："你们那蟋蟀是斗蟋蟀，我说那不算为奇，我这蟋蟀能斗鸡。"大众说："真的吗？"和尚说："我有三个虫王，一个叫金头大王，一个叫银头大王，一个叫镇山五彩大将军。"众人一吵嚷，莫公子由里面出来，众把式说："公子，你看这位和尚有三个蟋蟀虫王，说能斗鸡。"莫公子说："大师傅这话当真？你斗斗我们瞧瞧，行不行？"和尚说："行。"立刻把饭铺鸡笼里小花鸡拿出一只来，和尚用手一指，把帽子摘下来。莫公子一看，果然这三条蟋蟀，都有一分重一个，真是出号的大虫。和尚把蟋蟀搁在地下，一个小鸡子本都是饿急了的，瞧见蟋蟀过去就要吃。那蟋蟀一蹦，跳在鸡脑袋上，咬的小鸡子直叫直跑。和尚把蟋蟀拿起来说："别把我的宝贝伤了。"莫公子一看，说："和尚，你卖给我吧！要多少银子我给多少银子！"和尚说："不卖，我这好容易由南省找来的，本地没有。我不能卖这三个蟋蟀，还不定赢多少银子呢！"莫公子说："你卖给我两个，再不然卖给我一个。"和尚说："一个也不卖。"莫公子说："大师傅你在哪庙里？"和尚说："我乃西湖灵隐寺济公。"莫公子一听说："这更不是外人了！你是秦相的替僧，圣僧总得卖给我！"和尚还不卖。莫公子又托出人来见和尚，一定要买。和尚说："莫公子要买，我跟你商量。钱塘关外巧艺斋小器作，有个杨文彬，他给你丢了一只蟋蟀，我作为赔你一个，他跟我有点牵连。这三个都给你，你再给我一千银子，少了可不卖。"莫公子说："那行。杨文彬我也不找他了，我就给圣僧一千银子。"当时给了和尚一千银子的银票。和尚拿着出了酒馆，来到钱塘关巧艺斋，见了杨文彬。和尚说："你的事已经完了，莫公子也不能再找你，我给你五百两银子，你好好的度日。"杨文彬千恩万谢，给和尚叩头。

和尚告辞,出了巧艺斋,正碰见柴元禄、杜振英、雷思远、马安杰四位班头。一见和尚,四个人上前行礼。和尚说:"四位头儿哪去?"柴头说:"别提了,现在这位老爷到任未久,地面上连出了好几件盗案,昨天偷到京营殿帅府去,把夫人的凤冠霞佩偷去,还有一匣子家藏的珍珠细软。今天京营殿帅下来令,给六天限要破案,要办不着这案,连我们老爷的纱帽都戴不住。我们心里别提多急了!"和尚说:"不要紧,我这里有五百两银子,烦你到刑部去托托人情,现在那位雷鸣、陈亮爷,还有一位马兆熊,一位秦元亮,四个人打了官司,你给托托里外多照应,别叫他们受屈。我在这醉露居等着你们回来。我带你们去办案,管保伸手可得。"柴元禄说:"行。"叫雷头、马头陪着和尚喝酒,他同杜头赶奔刑部。一见门班皂班牢头禁卒花钱一托,有人带着二位班头,去见雷鸣、陈亮、秦元亮、马兆熊。柴头说:"我奉济公之命,拿五百两银子来上下里外都托了,你们四位只管放心,也不能受私刑上鞭床,要吃有吃的,都有人照应,官司必有出头之日。"雷鸣、陈亮说:"劳二位驾,改日再谢,先给济公代问好。"柴杜二人说:"是。"这才告辞出了刑部,来到醉露居。一见济公,柴头说:"都托好了,也见了他们四位,师傅你替我们辛苦辛苦罢。"和尚这才要带领四位班头,前去拿贼。不知后事如何,且看下回分解。

第二百二十八回　勾栏院耍笑捉贼寇　太守衙二贼供实情

话说柴元禄、杜振英来到醉露居一见济公,和尚说:"二位辛苦。"柴元禄说:"圣僧放心吧,刑部里全都托置好了。"和尚说:"甚好,二位坐下喝酒罢。"柴元禄、杜振英坐下,喝了几盅酒,说:"圣僧,咱们哪去办案去?"和尚说:"先喝酒,别忙,少时我自有道理。"柴杜雷马四位班头,是心急似箭,恨不能一时把贼人拿住好交差。和尚也不着急,左一壶,右一壶,杯杯净,盏盏干。四位班头又问说:"圣僧,你老人家慈悲慈悲罢!"和尚说:"有什么事,先喝完了酒再办。"四个人干着急无法,喝来喝去直喝到掌灯以后,和尚这才说:"咱们走吧。"四位班头给了酒饭账,柴头说:"圣僧,方才到刑部去托人情,里外共用了二百两,给雷老爷陈爷他们四位留下一百两,还剩下二百两,交给你老人家罢。"和尚说:"我不要,给你们四分罢,可以随便置点衣裳。"四位班头不肯要,和尚一定要给,四个人这才谢过了济公。大众一同出了酒馆,和尚说:"四位班头跟我走。"柴头说:"上哪去?"和尚说:"你们别管,我和尚自有地方去,管保到哪里伸手可得。"

四位班头知道济公有未到先知之能,随后跟着和尚,来到一条胡同,乃是勾栏院门首,见里面挂着大门灯。和尚说:"四位,这是哪里?"柴头说:"师傅这不是明知故问吗?这是御勾栏院。"怎么叫御勾栏院呢?原本宋朝年间,勾栏院的妓女,都是大官宦人家犯了罪抄了家,把姑娘小姐打在勾栏院,奉旨为娼,故此叫御勾栏院,如同御前当差一般。和尚来到勾栏院门首,故意问柴元禄等四位班头这是哪里,柴头说这是勾栏院。和尚说:"四位头里走,我和尚今天开眼。"柴头说:"上这里做什么?"和尚说:"你不用问。"四位班头一听有些明白,这才往里走。和尚看大门上有一副对联,上写道:"初鼓更消,推杯换盏多欢乐。鸡鸣三唱,人离财散落场空。"这副对联原本是一位阔大爷花钱花落了品写的。横批是"金情银意"四字。和尚随着四位班头进了大门,见迎面是影壁,白石灰画的棋盘心,上面有人题着四句诗,写的是:

下界神仙上界无,贼人须用贵人扶。兰房夜夜迎新客,斗转星移换丈夫。

影壁头里有一架荷花鱼缸,栽着荷叶莲花。四位班头同和尚一进来,门房众伙计一看认识,说:"众位头儿,今天怎么这样闲在,有什么事吗?"柴头说:"没事,到里头坐坐。"说着话,往里走。这院中是四合房,北上房五间,南倒坐五间,东西配房

国学经典文库　中国二十大名著　济公全传　图文珍藏版

各三间。刚到院中，见老板由上屋里出来，和尚一看这位老板有三十多岁，打扮得俊俏，正是：

云鬓半偏飞凤翅，耳环双坠宝珠排。脂粉半施自由美，风流仍带少年才。

老板一看说："呦，众位头儿从哪来？请上房坐吧。"当时打起帘子，一同来到屋中。和尚睁眼一看，正当中挂着半截身的一幅美人图，上面有人题着四句诗，写的是：

百般体态百般娇，不画全身画半腰。可恨丹青无妙笔，动人情处未曾描。

下面写着惜花主人题。屋中极其干净，都是花梨、紫檀、楠木雕刻桌椅。众人落了座，有老婆子倒过茶来。老板说："众位头儿，今天怎么这样闲在？"柴头说："没事。到这里找个座。"老板说："众位头儿说哪里话来，请都请不到的。这位大师傅你是一位出家人，怎么也到我们这地方来？"和尚说："出家人按一口锅，也跟在家差不多。"老板说："大师傅在哪庙里？"和尚说："我在取马菜胡同黄连寺，我叫苦核。"柴头等众人嘻嘻地笑。

正说着话，外面门房喊嚷："二位大爷来了！"老板一声答应，往外赶奔，说："二位大爷来了，到西院里坐吧。"众班往外一看，只见头前进来这人，头带粉绫缎六瓣壮士巾，上按六颗明镜，迎门一朵素绒球，秃秃乱晃。身穿粉绫缎色箭袖袍，周身绣三蓝牡丹花，走金线掐金边。腰系五彩丝鸾带，单衬袄，薄底靴子，外罩一件粉绫缎英雄大氅，周身绣团花。面如白纸，两道剑眉，一双三角眼，裂腮额吊脚口。后面跟定一个人，穿蓝翠褂，壮士打扮，面如淡金，粗眉圆眼。二人衣服鲜明。就听这二人说："方才我在酒馆叫人来接，怎么会竟敢不去？"老板说："二位大爷别生气，方才轿子来接，正赶上没在家，船上有一位金公子叫了去。要在家焉有不去之理？二位大爷也不是外人，多包涵罢。"这两个人刚要往后院走，和尚说："四位班头，别叫这两个贼人走！"四位班头赶紧往往赶奔。书中交代，这两个贼人非是别人，头前这个穿白的，乃是白脸狼贾虎。后面跟定乃是红毛吼魏英。这两个贼人自打藏珍寺因分赃不匀，二人赌气狂奔京都来了，住在钱塘关天竺街万隆店内。晚上由店中出来窃盗，在这临安城做了有十几案，昨日到京营殿帅府去偷

了一分凤冠霞佩，一匣子珍珠细软。终日在外面寻花问柳，在这家勾栏院认识一个妓女，名叫翠香，天天在这里取乐。今天方来到这里，不想济公在这里等候。四位班头听和尚说别放这两个人走，四位班头立刻由上房出来，各拉铁尺。柴元禄一声喊嚷："朋友，你的事犯了！"贾虎、魏英两个贼人一听，大吃一惊，打算要走。和尚在上房门首用手一指，把两个贼人定住。四位班头抖铁链，把两个贼人锁上。吓得勾栏院老板战战兢兢，说："众位头儿什么事？"柴元禄："你们少管闲事，我们也不能连累你们。"老板说："四位头儿多经心罢，我们可并不知道这位贾爷、魏爷是做什么的。"柴头说："你们不用害怕，我们带着走了。"和尚说："走罢。"这才拉着两

个贼人一同赶奔钱塘关衙门。

柴头先到里面去回禀老爷,这位知县姓杨名文禄。柴头说:"回禀老爷,现在有灵隐寺济公帮着拿住了两个贼人,请老爷升堂讯供。"知县一听,赶紧吩咐有请济公,传伺候升堂。当时传皂快三班吓喊堂威,知县杨大老爷升了堂。和尚上了公堂,知县举手抱拳,说:"久仰圣僧大名,今幸得会,真乃三生有幸!"和尚说:"老爷办公,少时再谈。"知县叫人给和尚搬了一个座,在旁边落座,这才吩咐将贼人带上来。柴元禄、杜振英将贼人带到公堂一跪,知县说:"你两个人姓什么?叫什么?"贾虎、魏英各说了姓名。知县说:"你两个人趁此实说,在我这地面做了多少案?昨天在京营殿帅府窃盗,共的几个人?从实招来,以免皮肉受苦!"贾虎说:"回禀老爷,我二人原是西川人,来到京都闲游,并未做过犯法之事,也不知今天老爷的公差因为什么将我二人锁来,求老爷格外开恩。"知县一听,勃然大怒说:"大概抄手问事,万不肯应!来到本县公堂还敢不招,来,拉下去给我打!"立刻把两个贼人拉下去,每人打了四十大板,打得鲜血直流。打完了,知县一拍惊堂木,说:"你两个人招不招?如不招,本县我活活把你打死!"两个贼人还打算忍刑不招,每人又打了四十。贼人料想不招不行,这才从头至尾,说了真情实话。不知说出何等言词,且看下回分解。

第二百二十九回　请圣僧捕贼藏珍寺
完巨案暗救四门生

话说白脸狼贾虎、红毛吼魏英二人受刑不过,这才说:"老爷不须用刑,小人招。我二人原本是西川路的人,来在这临安,住在天竺街万隆店,在本地做了十三案。偷了些银钱首饰衣服,已然都花完了。昨天在京营殿帅府得了一分凤冠霞佩,一匣子金珠细软,现在勾栏院。我二人认识两个妓女,一个叫碧桃,这东西在碧桃手里存着,她等不知我的东西是偷来的。这是已往真情实话。"知府一听,立刻吩咐柴元禄等,带领贼人去起赃。和尚在旁边说:"老爷先别忙,这两个贼人在本地窃盗倒事小。在镇江府金沙岭抢罗丞相的公子罗声远的侍妾杜彩秋、李丽娘,砍死镖丁,抢去金银,明火执仗,有他两个人。冒充雷鸣、陈亮、秦元亮、马兆熊,这四个人被屈含冤,现在刑部。这件事我和尚被人所托,老爷问他二人,好圆这案。"知县一听说:"贾虎、魏英,在金沙岭明火执仗抢罗声远的侍妾,杀伤人命,你等共有多少人?"贾虎、魏英一听,吓得颜色更变,说:"这件事小人实在不知。"老爷吩咐:"给我打!"立刻又打了每人四十大板。两个贼人这叫恶贯满盈,还不肯招。知县吩咐看夹棍伺候。三根棒为五刑之祖,人心似铁非似铁,官法如炉果是炉,当时把两个贼人夹起来,用了八成刑,贾虎、魏英受不了,这才说:"老爷松刑,我二人有招!"知县说:"趁此实说!"贾虎说:"原本我等先在镇江府藏珍寺庙里,两个和尚叫月明、月朗,也是绿林人。那一天只因为有一个黑毛蛋高顺,他跟雷鸣、陈亮、秦元亮、马兆熊有仇,我们到金沙岭去抢罗声远的两个侍妾,我们一共九个人,还有西川路的赛云龙黄庆、小丧门谢广、恨地无环李猛、低头看塔陈清、连和尚一共九个人,砍死镖丁,留下雷鸣他们四个人的名姓。这两个侍妾,和尚每人留下一个,我们分赃不均,我二人出来的,李猛、陈清单走了,黄庆、谢广、高顺还在庙里。"知县听罢,说:"圣僧,这件事怎么办?"和尚说:"老爷给一套文书,我和尚带柴、杜、雷、马四位班头,会同镇江府本地方官兵,前去到藏珍寺捉拿这伙恶贼。老爷这里起了赃,暂把这两个贼人入狱,等候把众贼拿来一同定案。"知县说:"圣僧肯其这样分心甚好。"吩咐柴元禄等,带贼人去起了赃来,将贾虎、魏英钉镣入狱,四位班头答应。知县退堂,请和尚书房摆酒,谈心叙话。少时柴元禄等进来回话,将赃起来,交与知县。和尚喝完了酒,就书房安歇。次日一早,知县早把文书办好。

和尚带着四位班头告辞，出了钱塘关，顺大路赶奔镇江府。这天来到镇江府一挂号，调本地面城守营二百兵，各执兵刃来到藏珍寺，把庙就围了。柴元禄、杜振英、雷思远、马安杰各擎铁尺，先进去。方找到东跨院，见赛云龙黄庆正要拉刀杀华元志、武定芳。四位班头一声喊嚷："好贼人，哪里走！"官兵在外面呐喊，赛云龙黄庆、小丧门谢广就要拉刀拒捕，月明、月朗哈哈一笑，说："二位贤弟闪开，不用你们，勿论他等来多少人，洒家略施小术，就把他等拿住。你等这些小辈，岂不是飞蛾投火，自来送死！放着天堂有路你不走，地狱无门自找寻！待酒家今天全把你等结果了性命！"柴元禄众人各摆铁尺，方要往前赶奔，月明口中念念有词，用手一指，说声："敕令！"竟把四位班头用定身法定住。月明伸手拉戒刀，就要动手，只听角门一声喊嚷："好孽畜，真乃大胆！光天化日，朗朗乾坤，竟敢在这里害人！待我和尚来拿你！"月明、月朗等众人一看，由角门进来一个穷僧，短头发有二寸多长，一脸的油泥，破僧衣，短袖缺领，腰系绒绦，疙里疙瘩，褴褛不堪，肮脏之甚。月明、月朗哪里瞧得起，自以为艺高人胆大，当时一声喊嚷："哪里来的穷僧，胆敢前来多管闲事！"济公哈哈一笑说："大概你也不知道我老人家是谁！"月明立刻口中念念有词，用手一指，说声："敕令！"打算要把济公用定身法定住。焉想到济公用手一指，反把两个定住。赛云龙黄庆、小丧门谢广一看，打算要跑，济公用手一指，也把两个贼人定住。和尚先过去把四位班头，连华元志、武定芳的定身法撤了，四位班头这才过去抖铁链，把四个贼人锁套脖颈。华元志、武定芳说："多亏大师傅前来搭救，不然我二人丧在贼人之手！未领教大师傅贵宝刹在哪里？上下怎么称呼？"和尚说："我乃西湖灵隐寺济颠僧是也。"华元志、武定芳一听，说："原来是圣僧长老，我二人久仰久仰！"和尚说："二位来此何干？"华元志说："我二人奉刑部正堂陆大人之谕，前来探访金沙岭这案，不想在此遇害。方才我二人已拿住一个孙九如，一个黑毛蛋高顺，现在西跨院捆着。"和尚说："好，众位头儿去把那两个贼人扛过来，一并解了走。把这庙中搜搜，罗声远的那两个侍妾杜彩秋、李丽娘，现在庙中夹壁墙藏着，一并找出来带回临安。"众官兵也都进来，大众一搜，把两位妇人搜出来，抄出贼人的金珠细软不少，一概都抄写清单。藏珍寺交本地面官人看守，入官另招住持。

等候天光亮了，和尚带领众班头押解六个贼人，来到镇江府打造木笼囚车，两位侍妾雇了驼轿，押着狂奔京都。道路上饥餐渴饮，晓行夜宿。这天方来到临安城，见对面来了十几匹坐骑，骑马的正是莫公子带领手下从人。一见济公，莫公子赶紧翻身下马，赶过来说："圣僧哪去？"和尚说："上钱塘县。"莫公子说："圣僧还有好蟋蟀没有？再卖给我几个。前者那三个，一个金头大王，一个银头大王，一个镇山五彩大将军，果然是真好。我到秦相府去，那镇山五彩大将军赢了二公子秦桓三千银子。焉想到我回家一掀罐子跑出来，我一找，听着在前厅叫，我叫人把前厅拆了，也没找着。又听在书房里叫，我又拆书房，一连拆了二十多间房，也没找着。圣僧再有好的，卖给我几个。"和尚说："等我再得着好的，我给你送了来。"莫公子说："就是。"这才告辞上马。

和尚押解差事来到钱塘县，往里一回禀，知县吩咐有请济公。和尚来到书房，知县说："圣僧多有辛苦了。"和尚说："现在拿了六个贼来，老爷吩咐先派人把罗公子的两位侍妾送了去。"知县点头，先派人把两位妇人送去。随后升堂，壮皂快三班吓喊堂威，将月明、月朗、黄庆、谢广、高顺、孙九如六个贼人，一并带上堂来。知县把惊堂木一拍说："你等姓什么？叫什么？"六个贼人各自报名。知县说："你等在金沙岭冒充雷鸣、陈亮、秦元亮、马兆熊，抢罗老爷的侍妾，明火执仗，杀死镖丁，共有多少人？"六个贼人料想不招是不行，已然赃证均实，月明这才说："老爷要问，我等原本是一共九个人，不算孙九如。有我们五个人，还有四个人叫李猛、陈清、贾虎、魏英。贾、魏在狱里收着，就短李猛、陈清不知去向。"知县一听，心中明白，当时叫众人画了供，随即办了文书，派手下人连原办同华元志、武定芳，将这六个贼人连贾虎、魏英一并解送刑部。知县退堂，请济公来到书房摆上酒款待。圣僧自斟自饮，大把抓菜，满脸抹油。知县说："这件事若非是圣僧，这案实不好办。"和尚说：

"这也是贼人恶贯满盈。"知县说:"圣僧没事,可以多在我衙门住几天。"和尚说:"我还有事,等了闲暇无事我必来。"说着话,和尚打了一个冷战,当时一按灵光,和尚说:"我赶紧得走。"慌慌张张立刻告辞。不知和尚所因何故,且看下回分解。

第二百三十回

元空僧功满归莲径
印铁牛行贿入灵隐

话说济公禅师在钱塘县衙门喝着酒,忽然想起事来,立刻告辞。知县说:"圣僧忙什么?"和尚说:"我还有事,你我改日再谈。"说着话,和尚站起来往外走,知县亲自送出来。和尚拱手作别,一直出了钱塘关,来到灵隐寺。方到庙中,由外面雷鸣、陈亮、秦元亮、马兆熊四个人进来。书中交代,钱塘县派官人将白脸狼贾虎、红毛吼魏英、赛云龙黄庆、小丧门谢广、黑毛蚤高顺、孙九如、月明、月朗这八个贼人,解到刑部,把文书投上去。华元志、武定芳二人一见刑部正堂陆大人,把藏珍寺的事,从头至尾一述说,陆大人方才明白,立刻会同左堂右堂升堂,吩咐将贼人带上来。手下将众贼带上大堂,群贼跪倒,各自报名叩头。陆大人一拍惊堂木,说:"你等在镇江府金沙岭抢劫罗声远的家眷,杀死镖丁,抢去财物,共有多少人?因何冒充雷鸣、陈亮他等四人?从实说来,免得皮肉受苦!"众贼已然在钱塘县画了供,料想不招也是不行,这才从头至尾一说。陆大人看来有钱塘县送来的供底,与众贼的口供相符,这才吩咐将众贼钉镣入狱,不分首从,均拟斩立决。案后访拿李猛、陈清。随后标监牌提雷鸣、陈亮、秦元亮、马兆熊上堂,四个人给大人叩头。陆大人说:"雷鸣、陈亮你等四个人,这场官司被屈含冤,要不是遇见本部堂,你等性命休矣。现在我已把原案真赃实犯的贼人拿住,将你们四个人当堂释放。你等赶紧回家,安分度日,不准在途中逗留。如再闯出祸来,本部堂必定重重地办你!"雷鸣、陈亮等立刻给陆大人叩头说:"谢谢大人恩典,我等铭感于五中。但愿大人恭候万代,禄位高升!"大人吩咐将雷鸣、陈亮、秦元亮、马兆熊四人铁链撒去。四个人具了安分结,立刻下堂。华元志、武定芳赶来,跟四个人一谈话,把藏珍寺拿贼的情由,对四个人一说。雷鸣、陈亮等说:"多谢二位兄台辛苦,你我兄弟后会有期。我等还要到灵隐寺谢谢济公,我等就要回家了。"华元志说:"四位请罢。"四个人这才告辞出了衙门,直奔灵隐寺而来。到了庙门首,一问门头僧,济公可在庙里?门头僧说:"刚巧回来了。四位进去吧。"雷鸣、陈亮、秦元亮、马兆熊四个人来到里面,一见济公,和尚说:"你四个人事情完了?"雷鸣等立刻给和尚行礼说:"要不是圣僧帮着拿贼,我等性命休矣!我等特意前来给师傅道谢。"和尚说:"你们四个人不用谢,赶紧回家罢,在家中安分度日,总是少管闲事为妙。"雷鸣、陈亮等这才告辞,径自去了。

济公来到后面远害堂,一见元空长老。老方丈一看,说:"南无阿弥陀佛!善哉,善哉!道济你回来,我这里正在盼想你,恨不能你一时快来,你要送我走一遍。"济公说:"师傅不用嘱咐,弟子理应该送你老人家。"老方丈当时叫手下人把新僧衣僧帽僧袜僧鞋拿出来,自己沐浴净身,把衣服换好,少时双睛一闭着,老方丈圆寂了。手下人给外面众僧送信,立刻众僧俱来到后面,见老和尚已死,众人放声痛哭。济公跳着脚哭,口中喊嚷说:"老和尚你可死了!"旁边知客德辉说:"道济,你怎么说老方丈你可死了呢?你莫非说你愿意老和尚死?"说着话,用手一推济公,当时济公翻身栽倒,气绝身亡。众人说:"可了不得了,又死了一个!犯重丧。"德辉说:"我就一推他,也没用力,他就躺下了。"见德辉也吓痴了,赶紧叫众人呼唤道济,好容易有一个多时辰,见济公才还醒过来。德辉说:"道济,你好了?"济公说:"不要紧,我好了。"这才叫人拿大皮缸来,把老和尚抬到里面,搭到后面花园去。众僧人大家披袈裟打法器,给老和尚念大慈咒往生咒。众人超度完了,这才把老和尚遗留下的东西都给济公,应该济公承受。

　　过了两天,众人一商量,庙里得请老方丈。监寺的广亮他拿主意,有海棠寺的当家老方丈名叫宗印,在家姓郑,乳名铁牛,他暗中给了广亮五千银子,所为得这个方丈。广亮跟庙中众僧一商量,要请海棠寺的宗印,大主意总算他拿,众人也不能驳。派人去请,择了日期,宗印进庙,众僧全都被袈裟打法器,迎接老和尚。唯有济公也不披袈裟,也不迎接。旁边就有人说:"道济,你为何不接老和尚?"济公说:"帽儿戴正不可歪,捡起麻绳捆破鞋。大鬼二鬼门前站,招惹铁牛进庙来。"众人说:"你别胡说,叫老和尚听见,怪下罪来!"说着话,把老和尚接到大雄宝殿。郑铁牛带着两个徒弟,一个侄儿叫郑虎。众僧参拜老方丈。济公在旁边说:"众位,今天现有老和尚给我遗留下的东西,我不要。老和尚有一百单八个珍珠的念珠。"济公又说:"我破个闷,谁猜着给谁,念书的叫作灯谜。"大众知道济公疯疯癫癫,有东西说给谁就给谁,众人都说:"你说罢。"郑铁牛自己不好意思亲身过来,叫两个徒弟来听着,听明白我给你们猜,小和尚来听着,济公说:"一物生来太不堪,四蹄八瓣犄角圆,尾巴好似一条线,走动须用麻绳拴。"众人听罢都要猜,小和尚去告诉郑铁牛,郑铁牛问小和尚,小和尚照样一学说,郑铁牛一想:"四蹄八瓣犄角圆,必是个牛。"小和尚过来方要说,济公说:"你们猜不着,这是个牛。"他自己喧了。济公说:"我再说一个:一个瓣儿,里外都是毛儿。"众僧人一听,都说这是什么物件呢?两个小和尚去到方丈哪里去问方丈宗印,宗印说:"这可不好猜,你要说是活物件,他说是死物件,无凭无据不猜好。你二人去听听还说些什么东西。"两个小僧又到西院之中,听济公说:"这是个牛耳朵。我说一个新鲜的,你大众猜罢。"众喧说:"济颠,你要说个新鲜的,先别猜了,候我们猜不着你再说是什么。方才这个我方要说牛耳朵,你先说出来了。"济公说:"这一回我先不告诉你等,先容你等慢慢猜。"众僧说:"你说罢。"济公说:"子女相逢可并肩,立心旁边艮无山。凤到禾下飞去鸟,干字出头一撇在旁边。我这是四个字,你们想罢。"宗印两个小徒弟法聪法明,二人记住了到了他师傅近前一学说,宗印他也读过书,自己由先那两个,他就知道是济公要笑他,知道我叫铁牛宗印,他才说:牛和牛耳朵。今一听这四句,他想:"子女相逢可并肩,必是一个好字。"第二句"立心旁边艮无山",他自己用笔写了半天,"哦"了一声,说:"是了,立心一旁艮字,是个恨。"那三句"凤到禾下飞去鸟",凑成是一个秃字,末句"干字出头一撇在旁边。"明是一个"牛"字。凑成四字是:"好恨秃牛"。宗印心中有气,无法可治,叫两个小和尚去见济公,说是:"好恨秃牛"。合他要谢礼。两个小和尚到了西院一说,大众僧人都笑了。济公说:"也罢,我把珍珠手串给你二人拿去,我还说一个好的,你等再猜。"两个小和尚过去接过珍珠手串,果然光彩可爱。大众都说:"济公是个疯子,可惜这样宝物说送人就送人。"济公哈哈直笑说:"出家人讲究一尘不染,四大皆空。你等说那是宝物,要我看那是无用之物。只可惹祸招灾,不能长生不老。古人常说有几句:'一不积财,二不结怨,睡也安然,走也方便。'"众僧一听都笑了,说:"你也该说了,我等也猜赢一个好的。"济公说:"好好。"不知圣僧又说出何等话语,且看下回分解。

第二百三十一回　说灯谜戏耍宗印
圣罗汉驾离灵隐

　　话说济公禅师把手串给了郑铁牛的徒弟,济公说:"我再说一个好猜的你们猜罢。"大众说:"你说罢。"济公说:"虫入凤窝飞去鸟,七人头上长青草,大雨下在横山上,半个朋友不见了。这也是四个字,你们谁猜着,我把老和尚这件僧袍给谁。"众人一想:"虫入凤窝飞去鸟,这是个风字。七人头上长青草,乃是个'花'字。大雨下在横山上,是个'雪'字。半个朋友不见了,是个'月'字。"有好几个人都猜着,唯有广亮嘴快说出来,这是"风花雪月"四个字,济公说:"对了。"果然就把僧袍给了广亮。济公又说:"东门以外失火,内里烧死二人,留下一儿一女,烧到西时三更。这四句话也猜四个字。"旁边有人猜着,这是"烂肉好酒"四字,济公又给了一床被褥。济公又说:"三人同日去观花,百友原来是一家。禾火二人同相坐,夕阳西下两枝瓜。"旁边又有人猜着。这是"春夏秋冬"四个字,济公把老和尚所有留下的这些东西,俱皆分散了。他自己一件也没留。

过了两天,郑铁牛听说济公在临安城认识绅士富户、贵官长者不少,宗印他本是个势利和尚,跟广亮商量,要叫济公给请请人,庙里办善会。广亮说:"行。"准知道济公在临安城认识大财主不少,这一办善会,就许剩几两银子,连忙找济公。广亮说:"师弟,我跟你商量商量,老和尚进庙来,理应该惊动惊动人。我打算庙里得办一回善会,你所有认识的人,可都是大财主,要办善会,你给把贴撒到了,都请请行不行?"济公说:"行倒行,可有一节,我认识的人,可都是绅士富户,既办善会,得须备上等高摆海味席,得八两银子一桌的燕翅席,来一个人摆一桌。善会香资可不定多少,也许一个主就舍几万两。你知道当初化大悲楼的时节,一个人就施舍一万两。这要办善会,所有来的人,不论出香资多少,带来跟人每人开一吊钱赏钱,坐轿来每人带轿夫,也是一个人一吊。要依我这样办我就给请,不然我不管,别叫人家瞧不起。"广亮一想,反正赔不了,说:"就是全依着你办,你要多少帖子呢?"济公说:"我要一百帖子罢。"广亮一听甚为喜悦。择于本月初十日子,他先拿出宗印给他那五千银子来做本钱,拿二千银子置办酒席,二千银子预备赏钱零用,一千银子搭棚办事、买东西零用,一概都安排停妥。焉想到济公要了一百分帖子封的时节,也没叫人瞧。里面写的是:"本月初十日,因老和尚宗印进庙开贺设坛,是日恭请台驾光临,早降拈香。住持僧宗印、广亮、道济同拜。席设灵隐寺庙内,每位善会,不准多带,只封二十四文钱,如多带有重罚。"济公把帖子撒出去。到了这天,灵隐寺车马轿拥门,临安城大财主周半城、苏北山、赵文会等全来了。也有带两班轿夫的,都是六个跟人,八个跟人,至少的四个。每人全都开了赏钱。把善会封套交在账房,打开一看,全都是二十四文钱,来一位摆一桌席,坐了二百余桌。晚上施主都走净了,账房一算账,共收了二十余吊钱,连广亮认识的人均在其内。这一来把五千银子也赔出去,宗印、广亮把济公恨疯了。次日广亮叫济公说:"你这简直是存心害我们!这庙里不能要你,你趁早走,从此再不准你进灵隐寺!"济公说:"走就走,那很不算什么。"

正说着话,由外面杨猛、陈孝来了,那一天善会没赶上,这两个人在外面保镖没在家,今天才回来。听家里说,灵隐寺办善会,来了帖子,这两个人赶来了,要来写点香资。一见济公,杨猛说:"师傅那天办善会,我二人没在家,今天我二人特意前来,师傅要用银子,我二人有。"和尚说:"他们已然要往外赶我,不叫我在庙里,你二人不必施舍了。"正说着话,铁面天王郑雄也来了。郑雄只因昨天来出善会,也是封了二十四文钱。带了八个轿夫,八个跟人,回去一问,十六个人,每人得一吊赏钱。郑雄一个人吃了一桌上等高摆海味席,自己觉着心里过意不去,不知庙中这是怎么一段缘故,带着五百两银子,来见济公,要打听打听。来到庙中,见济公正同杨猛、陈孝说话。郑雄先把五百两银子叫家人拿过来说:"师傅,我昨天来出善会封了二十四文钱,庙里倒给了底下人十几吊,我想没有这道理,今天我带来五百两银子,作为香资,师傅要用,我再叫人去取。"济公说:"你不用施舍了,他们不叫我在庙里,我这就要走了,这庙我算除名不算?"广亮瞧见有银子,又不好答话。郑雄一听济公这话说:"既然他们不叫圣僧在这庙里,师傅上我的家庙去。那座三教寺也没人看着,我送给师傅。"和尚说:"甚好。"立领褚道缘、孙道全,同郑雄一同狂奔三教寺。杨猛、陈孝告辞回家。

济公走后,这天灵隐寺门口来了两个人,都是壮士打扮,一位穿白爱素,一位穿蓝挂翠,衣服鲜明。来到庙门口说:"济颠僧可在庙里?"门头僧说:"二位找济公有什么事?贵姓尊名?哪里人氏?"二人说:"我等乃是夔州府人,以保镖为业。久仰圣僧之名,特意来拜访。我姓王,他姓李。"门头僧说:"二位在此少待,我到里边看看,济公不定在不在。"说完立刻到里边一回监寺广亮。广亮自打算是来的施主,告诉看门的和尚:"别说济颠已然赶出去,就说济公出门办事去了,三五日必回来。"他自己迎出来,见那山门外站立二人,衣帽鲜明,都有三十以外年纪,壮士装束,五官不俗。他一见连忙打问讯说:"二位施主请庙里吃茶。济公今日有事,未在庙中,大概早晚必回来。二位贵姓?"那穿蓝壮士说:"我姓王,他是我义弟姓李。"广亮说:"二位施主请。"二人跟着进庙。到了客厅,知客僧接见献茶。二人要拜老方丈,知客带二人到后院禅堂之内。一见方丈,铁牛宗印让座。二人问:"方丈,济公是老和尚徒弟?"宗印心想:"这二人衣帽不俗,必是给济颠送礼来的,莫若我说合济颠是师徒,这二人该孝敬我些银钱。"想罢说:"不错,那是我的徒弟。"二人点了点头,问:"济公哪里去了?"宗印说:"他哪里有准,不定在哪里住着,也许今日回来。二位有话留下,再不然今日在我这里屈住一夜。"那姓王的说:"也好。"见方丈手中拿着那挂念珠,是一百单八颗珍珠。二人正看,只见从外面进来一个人,年约二十以外,头戴蓝绸子四棱巾,身穿蓝绸大氅,面皮微黑,短眉毛,三角眼,这人乃是宗印俗家侄儿郑虎。为人奸诈,贪淫好色,倚仗他叔父当和尚赚的钱,他任性胡为。他一进来,看这二人,问是哪里来的。那二人提说:"找济公。"郑虎不悦,方要发话,广亮拉他到外面把话都和他说了,他复又进来和那二人要交谈,让至外面客房摆饭。郑虎陪着说话,有些狂傲无知,也喝醉了酒,小人胆壮,满嘴胡言乱语,留二人安歇。次日监寺的方起来,听里边一片声喧。到里面一看,吓得亡魂皆冒,出了塌天大祸一宗。要知后事如何,且看下回分解。

第二百三十二回　二贼人错杀郑虎　济长老治井化缘

话说广亮来到后面一看,见郑虎被人杀死,那两个施主踪迹不见。再一看在桌上有一张字束,上面写着八句,上写道:

因为闲气到灵隐,要找济颠把命拼。济颠今朝若在庙,我等将他刀碎身。杀死郑虎仇未报,盗去手串志未伸。若问英雄名和姓,逍遥自在我二人。

书中交代,来者这两个贼人,原是西川路的贼人,一个叫逍遥居士王栋,一个叫自在散仙李梁。这两个人跟小丧门谢广、赛云龙黄庆,都是拜兄弟,来此所为给朋友报仇。郑虎这小子也是一辈子没做好事,报应循环,情屈命不屈。宗印要不说跟济颠是师徒,王栋、李梁还许不杀他,这也是该着。广亮等一看,赶紧回禀了宗印。宗印一听,放声大哭:"这必是济颠主使出来杀我侄儿,非告他不可!"立刻叫广亮奔钱塘县报官。广亮来到钱塘县一喊冤,值日班问:"什么事?"广亮说:"我是西湖灵隐寺监寺的,名叫广亮。昨天庙内老方丈的俗家侄儿郑虎被杀,贼人逃跑,盗走珍珠手串,留下八句诗。这乃是济颠和尚主使出来,求老爷给明冤!"值日班到里面一回禀,老爷立刻升堂,吩咐将告状和尚带上来。广亮来到堂上一跪,老爷说:"你叫什么名字?在哪庙里?"广亮说:"我在灵隐寺,名叫广亮。昨天来了两个施主,口称找济颠。今把济颠赶出庙门,除名不算,他现在三教寺住着。这两个人,一个姓王,一个姓李,在我们庙里往下,夜间把老方丈的侄儿郑虎杀死,盗去珍珠手串,留下字束。这必是济颠因为赶出他去,他记恨在心,他使人前来杀人。"知县把字束要过来一看,说:"这明明写的是跟济颠有仇来报仇,谁叫你们把他让在庙里住下?济颠乃得道高僧,你反要诬赖好人!你趁此回去把郑虎成殓起来,候本县给你捉拿凶手。"广亮说:"求老爷恩典,这是济颠使出来的人,求老爷拿他治罪。"知县一拍惊堂木,说:"你满嘴胡言!趁此下去,我不瞧你是一个出家人,我要重办你!"官人立刻把广亮赶下公堂。广亮无法,自己回去。知县派人去请济公。手下人到三教寺一见济公说:"我们老爷请圣僧到衙门去有话说。"济公跟着来到县衙门,知县降阶相迎，说："圣僧久违！"和尚说："彼此。"让着来到书房落座，家人献上茶来。和尚说："老爷约我和尚什么事？"知县说："只因灵隐寺宗印和尚侄儿郑虎被两个贼人所杀，广亮来到衙门喊告，他诬赖圣僧主使，本县我将他轰下堂去。这个贼人必是飞贼，求圣僧慈悲慈悲，帮我手下差役给办办这案。"和尚说："这件事他既赖我，我不能管，再说我自己还有要紧事。"知县说："圣僧冲着我慈悲慈悲。"和尚一定不管，知县也无法，留和尚吃了晚饭，济公告辞，回了三教寺。

次日，有静慈寺的众僧前来邀请济公。这座静慈寺在灵隐寺的西南，在天竺山上。这座庙在山头上，到山下有二十里，也是大丛林。山上有一眼井，井泉不进水，山上浇花吃水，都得小和尚下山挑水，费事的了不得。庙里也有一百多名站堂僧。听说济公出了灵隐寺，知道济公名头高大，乃得道高僧，静慈寺老方丈青山，跟监寺的德辉一商量，要请济公当长头。僧里当长头，是有挂单的和尚都归长头管。派了庙中数人，到三教寺请济公，济公推辞不去。后来监寺的德辉亲身来到三教寺见了济公，德辉说："我奉老方丈之命，前来请济师兄跟我上山当长头，千万不可推辞。"再三说，济公这才答应了，把三教寺庙中之事，派悟真、悟元二人照应。济公到了静慈寺见过方丈，就在庙中管理长头。所有挂单，住在这里，都先见过长头。这座庙势派很大，本庙站堂僧有四十六位，就是吃水不便，这座庙就是吃水太难。众小和尚天天下山挑水，累的苦不可言。济公见大雄宝殿后有枯井一圆，讯问本庙僧人，都说先年有水，干了有二十余年。济公说："今日晚子时，我自己祝泉求水。咱们这庙中要该转运，自有清泉。"众僧都说："济公要祝泉，真要出水，咱们免受无限跋涉之苦。"济公派人预备香案，候至三更之时，济公亲手拈香，心中祷告，叩下头去，自己请九江八河主，五湖四海神。就听井内水声响，少时水长至井口。济公自回禅堂之内。

次日早晨，老方丈知道济公治井出水，心中甚为感念，阖庙众僧都知道长头僧道济有道德来历。老方丈这日请济公吃斋，提说这座庙年久失修，工程浩大，要化缘甚不容易。济公说："好，老和尚请放宽心。我自有化缘之法。"方丈说："咱们这是公事，可无戏言。"济公说："不要多说，一个月之内，定然见我化缘之妙。"自这日济公在方丈屋中说了化缘，所有众僧俱皆知道济公要修庙，也不见济公出庙，每日吃酒醉的昏天黑地。他还说："但得醉中趣，勿向醒人传。"众僧猜不透化缘之法。

光阴似箭，不知不觉，到了二十七天，差三天一个月，也没见济公出庙。到了次日早饭后，忽然有京营殿帅张士达，带着五百兵，连临安府县全都到庙中来，叫知客僧方丈说："今日太后圣驾来庙降香，赶紧都收拾干净，伺候迎接圣驾！"吓得众僧都战战兢兢，连忙收拾大殿，各处房屋，有兵丁人等帮同办理。方收拾好了，外面凤驾已到，带着秦相、莫相、太监、宫女人等，前呼后拥，来到静慈寺。老方丈率领众僧跪接凤驾，来到大雄宝殿。太后拈完了香，来到禅堂落座，问："这庙中有多少僧人？"方丈说："这庙中有四十多名站堂僧。连挂单来的和尚，共有百余人。"太后吩咐："将众僧的花名册拿来我看。"老方丈赶紧这才把花名册拿来，递与秦相，秦相递与太后，太后翻开看。看来看去，直看到临完，见上面写着长头道济。太后点点头说："原来在这里。"立刻传旨："叫老方丈把道济给我叫来。"老方丈众人一听也不知什么事，知道济颠疯疯癫癫，恐怕冲撞了凤驾，那如何耽得起？太后传旨又不敢抗旨，赶紧这才派监寺的德辉去寻找济颠。

书中交代，太后因何来到静慈寺降香呢？这内中有一段隐情。原来太后前者病体沉重，多少名医开了药方子，调治无效。这天太后正在睡梦之际，见外面站定一个穷和尚，短头发有二寸多长，一脸的油污，破僧衣短袖缺领，腰系绒绦，疙里疙瘩，光着两只脚，穿着两只草鞋，冲着太后龇着牙直笑。太后说："你这穷僧来此何干？"和尚说："西湖有座天竺山，长头和尚叫济颠。我今来此非别故，特与太后结善缘。"太后说："你跟哀家结什么善缘呢？"和尚说："我这里有妙药灵丹，太后吃了，管保立刻病体痊愈。"太后把药接过来吃了，觉着清香异常，当时醒了，原是一梦。还觉着口中香气犹在，身上如失泰山。心中暗想奇怪，方一闭眼，又只见和尚仍在眼前站着。太后问道:"和尚又来做什么?"和尚说:"我来化缘,重修静慈寺,请太后到天竺山前去降香。"太后说:"我病好了,我必要去降香还愿。"如是者三次。太后次日清晨,果然病体痊愈。这才传旨,叫京营殿帅打道到天竺山静慈寺拈香。今日一看花名册,果然有个长头道济,太后传旨要见济颠。不知济公禅师见了太后之后,该当如何,且看下回分解。

第二百三十三回　　钦赐字诏旨加封

**　　　　　　　　会群魔初到金山**

话说太后传旨,要召见长头道济,监寺的德辉赶紧各处寻找济公,找到庙后,只见济公在庙后正同几个孩童一处玩耍。这庙后面住着几家住户,有几个小孩都爱跟济公说笑。德辉来至切近说:"济师弟,太后来拈香来了。"济公说:"太后拈香来了,与我何干?"德辉说:"太后传你去哪!"济公说:"叫我去做什么?"德辉说:"我不知道。"济公说:"既然如是,我去瞧瞧。"德辉说:"你别这个样子去呀,先到庙里洗洗脸,换上衣服,戴上僧帽再去。恭恭敬敬的。倘若冲撞了太后,那如何耽得起!"济公说:"不要紧,我就这样去,我也不洗脸,我恐怕风大把脸吹了。"德辉说他不听,这才带领济公来到前面,先见了秦相。济公本是秦相的替僧,素日秦相知道济公有些疯疯癫癫。秦相先到太后驾前行礼,说:"启禀太后,长头道济有些疯疯癫癫。衣服褴褛不堪,恐冲撞了凤驾。"太后说:"不要紧,我不怪他,只管叫他前来见我。"秦相下来说:"圣僧恭敬些,千万不可怠慢。"济公哈哈一笑,跟着来到太后驾前。

太后一看,果然跟梦中见的和尚一般。济公一打问讯,太后说:"你是长头道济?"和尚说:"西湖有座天竺山,长头和尚叫济颠。我今来此非别故,特与太后结善缘。"太后一听,乃梦中数语,连连点头,说:"是是,我来与你结善缘。我且问你,哀家来世比这世如何?"济公一听,口中连说:"不知道,不知道。"说着话,济公冲着太后,揭起破烂架裟,露出破裤子中衣,把下身全露出来。众人一见,全吓得得惊魂千里。当着太后这样撒野,这还了得! 武侍卫就要打。太后一见,说:"你等不用打,哀家我明白了,下世我必要转女为男。"立刻把金棍武士喝退,这才问道:"长头道济,你在这庙里出家多少年了?"济公说:"我新来,日子不多。我看此庙日久失修,工程浩大,求太后娘娘慈悲慈悲,重修此庙。"太后立刻传旨,叫秦相、莫相:"派你二人监工,把我的俸饷胭脂粉帑银,发来十万两,重修静慈寺。"秦相、莫相说:"遵旨。"济公谢过太后,太后吩咐就道:"回宫。"回到宫内,把此事告知皇上。皇上知道济公乃得道高僧,敕封为护国散禅师。钦派上书房写十六块斗方,皇上赐字:

疯癫劝善,以酒渡人,普度群迷,教化众生。

连帑银一并发到静慈寺,择日兴工。五层大殿,罗汉堂、客堂、禅堂、钟鼓楼、藏经楼,一并满拆满盖。直到如今,古迹犹存。每年四月间,天竺山静慈寺的庙会,热闹非常。庙中老方丈甚感念济公的好处,众僧要给济公开贺办善会,济公说:"不用,我还要上金山寺有约会。"

这天济公下了山,来到三教寺,褚道缘、孙道全二人给师傅行礼,济公说:"你二人好好地看庙,我要上金山寺去会八魔。"褚道缘说:"师傅去不得。"济公说:"不去不行,我总得去,这是你小师兄给我惹的祸,我不去八魔也不能善罢甘休。这也是天数当然。"悟真、悟元拦不了,济公去了三教寺,直奔金山寺而来。书中交代,金山寺万年永寿,由前者在金山寺搅闹,他本是镇守瓜州一带长江的大元帅,奉东海龙王敖广所派。只因金山寺老方丈设立打鱼船要鱼税,伤了他子子孙孙不少,他本是一个大驼龙,有万年的道行,来到金山寺天天打老方丈。这天他正要打老方丈,忽然一阵怪风,由外面进来八个人,面分青、红、黄、黑、白、紫、绿、蓝,来者正是卧云居士灵霄、六合童子悚海、天河钓叟杨明远、桂林樵夫九峰、仙云居士朱长元、白云居士聘啸、扳倒乾坤党燕、登翻宇宙洪韬。八魔各带混元魔幡、丧门剑、子母阴魂绦，前来等济颠。方一进金山寺，见大殿上坐着一个黑脸和尚，八魔说："你是什么人，敢在这里搅闹！"和尚说："我乃万年永寿是也！"八魔就要晃魔火幡，六合童子悚海掏出六合珠一抖手，只听山崩地裂一声响，当时万年永寿滚下供桌，现了原形，是一个大驼龙。八魔也没肯伤他，他自己爬出庙外，滚下江去。八魔进了大殿，把众神像全都摔出来，这八个人在上面一坐。庙里和尚也不敢惹了，也不知是哪里来的这八个野人。

这天八魔掐指一算，知道济公来了，立刻众人下了供桌，来到庙外，见济公驾着一只小舟船，来到金山寺。和尚给了船家一块银子下了船。济公也不能闭三光，虽然佛光、金光、灵光三光露着，八魔也不放在心上。八魔说："济颠你来此甚好，我等在这里久候多时！"和尚说："八位，找我打算怎么样？"八魔说："只因你施展妖术，八卦炉烧死我们徒弟韩祺，戏耍邓连芳，还算小事，你绝不该主使你徒弟悟禅，大闹万花山，火烧圣教堂，你实在欺我太甚！我等特来找你给韩祺报仇！"和尚说："好，咱们进庙去再说。"八魔说："走！"一同来到金山寺。和尚说："你等要跟我比较，先别忙，这庙里的方丈也不是外人。我先去见见老方丈。"八魔说："你见去吧，我等不拦你。"

正说着话，只听后面一声"无量佛"，众人回头一看，来了两位老道，头里这位老道，面如三秋古月，须发皆白，背后背定乾坤奥妙大葫芦，来者正是天台山上清宫东方太悦老仙翁，后面跟定乃是神童子褚道缘。书中交代，济公由三教寺出来，褚道缘不放心，随后驾起趁脚风追赶下来。走到石佛镇，正碰见东方太悦老仙翁。老仙翁由前者跟济公分手，本处知县邀请绅董富户，共成善举，重修石佛院，工程浩大，好容易修齐了。老仙翁见褚道缘慌慌张张，赶紧问道："褚道缘你上哪去？"褚道缘连忙给老仙翁行礼，说："我追我师傅济公上金山寺，只因我小师兄悟禅惹的祸，前者火烧了圣教堂，现在八魔在金山寺要摆魔火金光阵炼我师傅，我要追了去给解和。"老仙翁一听，说："既然如是，你我一同去给解和。"褚道缘说："甚好。"立刻老仙翁带上乾坤奥妙大葫芦，同褚道缘驾起趁脚风，往下追赶来了。追到瓜州，雇了一只船，赶到金山寺。方下了船，只见济公正同八魔讲话。老仙翁口念无量佛，说："众位魔师请了。"

八魔一看认识老仙翁，跟着紫霞真人李涵龄查过山。八魔抬头一看，说："道友，你来此何干？"老仙翁说："我听说你等跟济公为仇，我特来给你等讲和。众位不可，济公他这点来历也不容易，十世的比丘，才能转罗汉。众位要摆魔火金光阵伤害他，看在我的面上，众位不必。"卧云居士灵霄说："道友，你别管，我等原与济颠远日无冤，近日无仇，只因他火烧我徒弟韩祺，戏耍邓连芳，这都算小节。绝不该他主使他徒弟火烧了我们圣教堂，大闹万花山。我等非得结果他的性命不可！"老仙翁说："众位依我说，冤家宜解不宜结。"八魔说："道友，你趁此快走，不要跟我等在此嚼唇鼓舌，再要多说，可别说我等翻脸无情！"老仙翁一听，勃然大怒，说："你们这几个人休要不知事物！"六合童子悚海说："你这老道管事，这叫一头沉莫死，他应当烧死我等门徒，应当火烧圣教堂，应当欺负我们？你要不叫我们摆魔火阵也行，叫济颠给我们跪倒叩头，认罪服输，我等就饶他！"济公说："你满嘴胡说。你给我叩头也不能饶你！"老仙翁说："你等这些孽障，有多大能为，也敢这样无礼？待山人拿法宝取你，全把你们装起来，叫你等知道我的利害！"说着，老仙翁伸手拉乾坤奥妙大葫芦。老仙翁这葫芦有天地人三昧真火，经过四个甲子，勿论什么妖魔鬼怪、魑魅魍魉、山精海怪，装到里面，一时一刻化为脓血。今天老仙翁把葫芦盖一拔，掌中一托，口中念念有词，要捉拿八魔。不知后事如何，且看下回分解。

第二百三十四回

因讲和仙翁斗八魔
施仙术童子炸葫芦

话说老仙翁把乾坤奥妙大葫芦打开,口中念念有词,说声:"吾奉太上老君,急急如律令,敕!""刷啦啦"由葫芦里出来五彩光华,扑奔六合童子悚海。只见六合童子悚海,被光华卷来卷去,被老仙翁卷进葫芦之内。老仙翁立刻先把葫芦一盖。卧云居士灵霄等一见说:"好老道!你敢伤我等兄弟!"众人各拉混元魔火幡,跟老仙翁拼命。老仙翁实指望要把八魔等全拿住,焉想到六合童子悚海成心要伤损老仙翁的宝贝。六合童子悚海他能大能小,要小他能变似苍蝇,要大能有几丈大。他到了葫芦之内,一施展法术,往大了一长,就听葫芦内"咕噜噜"一响,"叭"的一响,把葫芦炸了三四瓣。老仙翁吓得亡魂皆冒,捡起半片瓢,拨头就跑,吓得褚道缘跟着就跑,幸喜八魔没追赶。老仙翁离了金山寺,心痛自己的宝贝,不由的放声痛哭。褚道缘看着老仙翁可惨,又怕济公被八魔所害,不由的也哭起来了。

正哭着,只听对面一声:"无量佛!善哉,善哉?道友何必如此?"褚道缘抬头一看,见对面来了两位老道,面如紫玉,浓眉大眼,花白胡须,头上紫缎色道巾,身穿紫缎色道袍,腰系杏黄丝绦,白袜云鞋,背背宝剑,手拿萤刷。后面跟的这位老道,头戴青缎色九梁道巾,身穿蓝缎色道袍,腰系黄丝绦,白袜云鞋,面如三秋古月,发如三冬雪,须赛九秋霜,一部银髯扇满了前胸,手拿萤刷。真是仙风飘洒,好似太白金星降世。头前这位乃是白云仙长徐长静,后头跟着野鹤真人吕洞明。这两位老道,原本是由焦山来,要逛逛金山寺。走在这里,正遇见老仙翁手拿着破瓢,同褚道缘在就地面坐,放声大哭。徐长静、吕洞明二人赶奔上前,说:"仙翁何至如此?"老仙翁叹了一声,说:"二位道友有所不知,只因济公长老的徒弟火烧万花山,惹下众外道天魔在金山寺要摆魔火金光阵,火烧济颠。我与济公素有旧识,再说济公乃是一位得道高僧,我去给解劝,八魔跟我翻了脸。我用乾坤奥妙大葫芦要装八魔,不想六合童子悚海把我的葫芦炸了。"徐长静一听说:"可惜,可惜!这葫芦乃蓬莱子给你留下的宝贝,不想今天被八魔给毁坏了,着实可恼!"老仙翁:"二位道友既来了,可以帮我去报仇,捉拿八魔行不行?"徐长静一听,连连摇头说:"你我三人焉是八魔的对手?你在这里哭也是枉然。宝贝已然是伤了,你二人何不去请人捉拿八魔?"仙翁说:"请谁去?"徐长静说:"我指你二人两条明路,一位去到万松山云霞观去,找紫霞真人李涵龄,借斩魔剑。一位去到九松山松泉寺,找长眉罗汉灵空长老,借降魔杵。非这两种宝贝拿不了八魔。头一则也可以搭救济公长老,听说济公乃是一位正人,普度群迷,到处济困扶危,遭这样大难,你我也不能不救。再说也可以报葫芦之仇。"老仙翁一听,如梦方醒,说:"多蒙二位指教,我是当局者迷,把这二人忘了。"老仙翁又说:"褚道缘你赶紧驾趁脚风,急不如快,找你师爷爷紫霞真人借斩魔剑,你上万松山。我上九松山,去找灵空长老。谁拿来的快,谁捉拿八魔。你也救救你师傅。"褚道缘立刻点头,众人分手,暂且不表。

单说济公见六合童子悚海伤了老仙翁的葫芦,济公说:"你等也不要跟老道做对,冤各有头,债各有主,咱们进庙去。我可先到庙里,到后面见见老和尚说两句话,回头你我再分个高低上下。"八魔说:"你见去吧,反正你还跑的了吗?"济公这才来到庙里,到了禅堂一见老方丈元彻长老。元彻与远瞩堂元空长老是师兄弟。乃是济公的师叔。济公见了老方丈一行礼,元彻说:"道济你来了,甚好,现在我这庙中闹得不得了局。前者万年永寿在这里闹,现在这八个人,你可知道是怎么一段情节?"济公说:"老方丈不知道,这八个人乃是外道天魔,不懂得敬佛。只因我徒弟火烧了圣教堂,这八个人是来找我报仇,要摆魔火金光阵火炼我。你老人家也管不了,我来请一个能人帮着我。"老方丈说:"哪里有能人?"济公说:"这庙里住着一个大能人。"老方丈说:"没有没有。"济公说:"有,须得我亲身前去请他,我不去是不行。这个人能为来历大了。"

说着话,济公来到后院。这庙中挂单僧站堂僧好几百名,济公一看有一位黑脸膛的和尚在哪里坐着,低头不语。济公说:"你在这里,我找你找不着你。"众僧说:"道济你找他做什么? 他是个哑巴,又聋,人家说话他也听不见。他来到这庙里挂单二三年了,他不会说话。"济公说:"他不是哑巴。"大众说:"他在这庙里二三年,永没说过话,你哪有我们知道,他实在是个哑巴子,又是聋子。"济公过去照定这和尚天灵盖一连就是三巴掌,说:"我来找你来了!"这和尚一抬头,说:"道济,你无故惹下这一场磨难,找我做什么?"大众一听,说:"这可怪,现在他会说话了,二年多来这庙里也没说过话,今天怪不怪?"内中有人说:"也许济师傅打他三下,把哑巴治好了。"都知道济公会治病,大众纷纷议论。书中交代,这个和尚名叫普妙,原本是西方伏虎罗汉降世,奉佛祖派他普度众僧。普妙到处装哑巴,都知道他是傻和尚,也没人知道他的来历,他也不好管闲事。每逢大丛林他去挂单,见真有正务参修的和尚,他在暗中渡脱,也不宣明。今天济公苦苦的挤他,伏虎罗汉这才说出话来,说:"道济,你惹下一场磨难,来找我做什么?"济公说:"我来找你帮着我办这件事。你要不帮着我是不行。"伏虎罗汉普妙说:"既然如是,我同你去就是了,准叫你我都是西方大雷音寺一处来的,奉我佛如来的敕旨,降世人间,普度群迷。你既来找我,我焉能袖手旁观。"说着话,这才同济公一同来到前面。

八魔都在大殿坐着,见济公同着一个黑脸膛和尚。卧云居士灵霄说:"济颠,你还有事没有?"济公说:"没事了,你等打算怎么样罢?"卧云居士灵霄说:"济颠,你也能掐会算,你的劫数到了,你还在睡里梦里!"和尚说:"我不懂什么叫劫数,今天我倒要分个强存弱死,真在假亡,各施所能。我看你等这些孽障有什么能为!"说着话,六合童子悚海由兜囊掏出六合珠,抖手打来,济公哈哈一笑,说:"这也算法宝!"一伸手把六合珠接了去。卧云居士灵霄一看,气往上撞,伸手拿出冲天矢,照定济公射去。这弓箭是符咒修炼的宝贝,勿论什么精灵,一射能现原形。要是人能射去三魂七魄,最厉害无比。照定济公一射,被伏虎罗汉接去。八魔一看,立刻各按方位,各拉混元魔火幡,口中念念有词,说声急,道声快,四面魔火高有千丈,由外面看直仿佛下雾一样。知觉罗汉道济、伏虎罗汉普妙赶紧在当中打坐,头上放出三丈高的金光、佛光、灵光。济颠同普妙二人口念真言,有金光护体,不敢闭眼。你要一闭眼,八魔的法术有幻境,人要闭上眼,想什么就瞧见什么。好喝酒就有酒,想怎么样就能够怎么样,人要一入幻境,就得被魔火烧死。总算济公同伏虎罗汉道德深远,不能上他们的当。但只一见金光被魔火炼来炼去,六个时辰,把金光矮下来三尺。一昼夜去六尺,要有五天的工夫,能把罗汉的金光炼没了,死后过不去伽蓝山。书也要减断,一连就是三天。济公同普妙的金光剩了一丈多。忽然外面一声"无量佛",八魔一看,吓的亡魂皆冒。不知在来者是谁,且看下回分解。

第二百三十五回　群魔怒摆金光阵 道缘偷盗斩魔剑

话说八魔摆下魔火金光阵,把两位罗汉炼在当中。忽听外面一声"无量佛",来者乃是神童子褚道缘,怀中抱定斩魔剑。八魔一看,吓得惊魂千里。书中交代,褚道缘由江口跟老仙翁分手,老仙翁上九松山松泉寺去找长眉罗汉借降杵。褚道缘狂奔万松山云霞观,在道路上急似箭头,恨不能胁生双翅,驾起趁脚风,一天赶到万松山。这座山极高,每逢下过雨后,由山缝里冒出白烟就是云。这座山原是一座宝山,当初褚道缘在这庙里当道童,人也聪明,李涵龄也甚喜爱他。今天褚道缘来到庙门首,自己一想我先别进去,我已然拜了济公,我要明说要斩魔剑,许我师爷爷不肯给我。我到里面必须见机而作。自己想罢,到了角门拍了两下,只听里面说:"来了。""哗啷"把门开放,褚道缘一看,认识是紫霞真人李涵龄的徒弟道童清风。这庙中有两个童子,一名清风,一名明月,合褚道缘都算是同门师兄弟。今日一见褚道缘,连忙施礼说:"师兄你从哪里来?我听说你归了三宝佛门,是有这样一件事吗?"褚道缘把拜济公之故一说,二人往里走了。道缘问:"师爷,他老人家在庙中吗?"清风说:"未在庙中,走了有十数日,去朝北海去了,留我二人看庙。师兄到此有什么事吗?"褚道缘说:"到屋中我慢慢告诉你。"

到了东院北上房,明月接见行礼已毕,三人落座。清风叫明月倒茶去,褚道缘本是心中有事着急,说:"师弟,我今来是为我师傅济公。他老人家本是西方罗汉,因为多管闲事,在常州地方有一座慈云观,有一个老道叫赤发灵官邵华风,招军买马,聚草屯粮,陷害黎民百姓。济公帮着常州府兵败慈云观。邵华风逃在万花山圣教堂,我有个小师兄叫悟禅,到万花山圣教堂去拿邵华风,惹了八魔。悟禅放火烧了圣教堂,跟八魔结下了冤仇。八魔现在金山寺摆魔火金光阵,把济公炼到阵内,要一过四五天,把罗汉的金光炼散了,济公就得没命。他老人家本是一位务正参修的人,可惜要丧在八魔之手。我同老仙翁给解劝,老仙翁跟八魔翻了脸,把老仙翁的乾坤奥妙大葫芦给炸了。现在老仙翁去上九松山松泉寺找灵空长老求降魔宝杵,我来找师爷爷借斩魔剑,非得这两件宝贝,拿不了八魔。既是真人没在家,二位师弟慈悲慈悲,把斩魔剑借给我使一使。我去救了济公长老,我赶紧就给送回来,我也不能要祖师爷的宝贝。"清风、明月一听,说:"这件事我们两个人可没有这么大胆子,祖师爷知道,我们担不了。前者皆因你偷了八宝云光装仙袋去,祖师爷打了我二人一顿,说我二人不留神,这件事我们更不敢了。"褚道缘说:"二位师弟行点好吧,济公原来是一位罗汉,要没有这斩魔剑,就得死在八魔之手。出家人也讲究积福做德,我去救了济公,急速就送回来,决不能叫二位师弟受责。再说即便祖师爷知道,这是一件好事,祖师爷也不能怪。"清风、明月说:"师兄你说什么,我二人也不敢做主意。"褚道缘说:"你二人知道斩魔剑在哪里放着不知道?"清风说:"知道可知道,我二人不敢告诉你。"褚道缘说:"当初我在这庙里当道童,我可知道这口剑在五屋殿的悬龛里供着,此时我可不知道挪了地方没有?"清风、明月说:"你既知道地方,你自己找去,我二人也不敢管你。祖师爷爷问,我二人就说不知道,我二人也不耽这沉重,总不是由我二人嘴里告诉你的。"褚道缘说:"既然如是,二位师弟既不管,我自己找去。二位师弟不拦我,我就感念二位师弟的好处。"清风说:"你是我们大师兄,我二人也不敢拦你呀。你要瞪眼,我二人也不敢惹你。"褚道缘说:"我也不敢跟二位师弟瞪眼,我去找去。"

立刻来到后面,到五屋殿悬龛上一找并没有,褚道缘一想:"怪呀,怎么会没有呢?"愣了半天,自己一想,反正在这庙里,我慢慢找,不能找不着。想罢自己各处寻找,直找了一夜。至次日早饭时,找到最后殿悬龛一看,正是斩魔剑。上面有一块象牙牌子,写得明白。褚道缘一看,有黄缎套丝鲨鱼皮鞘,赤金什件黄绒穗头,黄绒挽手。褚道缘当初在这庙里当过道童,见过这口剑,果然不错。褚道缘一见,心中甚为喜悦。先拜了八拜,口中祝告已毕,这才伸手将此剑请下来。到了跨院,说:"二位师弟,多耐点烦罢,我三两天就送回来,要是祖师爷不回来更好了。"清风、明月说:"我二人全不管,任凭你的量办。你在这庙里各处翻寻,我二人也拦不了,但愿祖师爷不回来,你赶回来。"褚道缘说:"就是。"

说罢,即告辞出了云霞观,驾起趁脚风,心急似箭,恨不能肋生双翅,一步赶到金山寺。好容易赶到了江口,远远一看,只见金山寺里面魔火千丈,庙门关着,那烧香逛庙的人也来不了,看着金山寺如同下雾一般,也不知庙里有什么事。褚道缘来到庙前用手一指,庙门开了。褚道缘直看不见里面的金光,褚道缘一声喊嚷,说:"好孽障大胆!山人来也!"正南方正是天河钓叟杨明远、桂林樵夫王九峰,二人回头一看,吓的惊魂千里。知道褚道缘是紫霞真人李涵龄的徒孙,手中抱定一口宝剑像斩魔剑。杨明远说:"你我远日无冤,近日无仇,你何必因为济颠跟我等做对?"

褚道缘说:"你知道济颠是我什么人?"杨明远说:"你是老道,他是和尚,他是你什么人?"褚道缘说:"他是我师傅。你等既跟我师傅为仇,你我就是冤家对头!"杨明远、王九峰一听,说:"济颠既是你师傅,我等冲得你,不炼他就是了。我们回万花山圣教堂,冲你算白烧了。我们回万花山,叫他回那灵隐寺,从此两罢干戈,你看怎么样?"

褚道缘这个时节要答应了,倒是一件正事。褚道缘当时恨不能把八魔剐了,方出胸中之气,立刻说:"不行,我今天非杀你们不可!"说着话,拉手拿宝剑。书中交代,这口剑有什么好处呢?原来这口剑要一出鞘,有一片白光,专能将魔火赶散,最利害无比,名曰斩魔剑。当初八魔乃是六合童子悚海为尊,只因他在外面无所不为,常常害人,紫霞真人李涵龄查山,用这口剑斩过他,把八魔制服的,故此八魔就怕李涵龄同长眉罗汉这一僧一道,余者别无惧怕之人。焉想到今天褚道缘盗来这口剑,并非是真斩魔剑。真的他如何拿得了来?紫霞真人恐怕有精灵到庙中去盗斩魔剑,故此预备这口剑。今天褚道缘自以为是真的,伸手一拉剑,并无白光,褚道缘就一愣。八魔早看出来不是斩魔剑,杨明远一想,先下手为强,伸手拉丧门剑一晃,天火、地火、人火三昧真火,扑奔褚道缘。褚道缘想跑,如何跑的了?被火烧的连人带剑烧的皮焦肉烂。济公此时也顾不了救他,口念:"阿弥陀佛!善哉,善哉!"王九峰说:"杨大哥,你这个乱可惹大了!他是紫霞真人的徒孙,你把他烧死,倘如紫霞真人要来了给他报仇,该当如何?"杨明远说:"已就烧死了,就是李涵龄来,你我也可以跟他一死相拼!莫非永远老怕他,何时是个了局?"正说着话,只听外面一声喊嚷:"道缘呀,你死得好苦。"不知来者是谁,且看下回分解。

第二百三十六回　神童子身逢魔火劫　请佛仙杵剑镇群魔

话说杨明远把褚道缘烧死,只听外面有人放声大哭,说:"道缘,没想到你死得好苦!罢了!罢了!老夫白去了一回,也未能将宝贝请来,竭了!完了!连济公、伏虎罗汉都完了,这就是你我修道的人下场头!"杨明远一看,来者是东方太悦老仙翁,那半片破瓢拿着,没舍得摔。书中交代,老仙翁跟褚道缘分手,实指望找长眉罗汉借降魔宝杵,可以救济公报葫芦之仇,焉想到来到九松山正碰见悟禅,悟禅连忙行礼,说:"仙翁从哪来?"老仙翁说:"悟禅,可了不得了!皆因你火烧了万花山,现在八魔在金山寺摆魔火金光炼你师傅。我去怎么劝,八魔怎么不答应。我打算拿乾坤奥妙大葫芦,要把八魔装起来,焉想到六合童子悚海神通广大,他把我的葫芦炸碎了。我正同褚道缘放声痛哭,幸遇白云仙长徐长静、野鹤真人吕洞明,二人指我一条明路,叫褚道缘找他师爷爷李涵龄借斩魔剑,我来找长眉罗汉借降魔杵,去救济公。要不然,八魔把你师傅炼死,也必来找你。不用说八魔都来,就来一个一晃魔火幡,你就得现原形。你这五千年的道行也算完了,你也活不了。"悟禅一听叹了一声,说:"事已至此,也无法。我去瞧瞧我师傅去。"老仙翁:"你这孩子胡说,你如何去得?你是祸头,八魔正找你找不着,你去岂不是自投罗网?你跟我见见长眉罗汉,你给你这个师傅磕头,连我求他双关着,可以求他救你那个师傅。"悟禅说:"我这个师傅没在庙里,要在家,我还不同你进去。"老仙翁说:"哪去了?"悟禅说:"走了有几十天了,被紫霞真人约了去朝北海,留下我跟通臂猿猴看庙。"老仙翁一听这话,愣了半天,说:"我到庙里等一天,倘如你师傅回来,也未可定。如不回来,那可就没法了。"悟禅说:"也好。"同老仙翁来到松泉寺庙里,让到东跨院北上房屋中,悟禅给老仙翁烹过茶来。

正说着话,只见由外面进来一个大白猴,浑身白毛,两只红眼,手提一个小篮,摘了一篮果子。见了老仙翁,趴在地下,给老仙翁磕了一个头。悟禅说:"这就是通臂猿猴,每逢摘了好果子,就给老方丈送来。"老仙翁点了点头,说:"无量佛!善哉,善哉!畜类也知道修道,怪不得人家说,'叩户苍猿时献果,守门老鹤夜听经',这话一点不错。"老仙翁在庙中住了一天,心似油烹,次日长眉罗汉也没回来。悟禅说:"仙翁你不用等了,我求你到金山寺去瞧瞧。要是我师傅济公死了,求你给我一口缸,把他成殓起来。我听你回信,我在这庙里大概八魔不敢来找我。我这个师傅回来,我跪着给他老人家叩头,求他给我替师傅报仇,到万花山去拿八魔,也跑不了。你老人家瞧瞧去,我不放心。"

老仙翁无奈,垂头丧气,出了松泉寺。驾趁脚风,方来到金山寺,只见一片火光,把褚道缘烧的皮焦肉烂骨头酥。老仙翁放声大哭,说:"道缘,你死得好苦!"杨明远听老仙翁又哭又说,杨明远说:"你这老道,前者饶你不死,你就该远遁他乡,今天还敢来说说道道!你再不走,我等当时结果你的性命!"老仙翁一听说:"好好!我正不愿意活着,我等要死,死在一处倒好。你来用魔火幡把我烧了吧,我倒甘心!"杨明远说:"烧你也不难!"老仙翁说:"来!"立刻把眼一闭,净等一死,把心横了。

杨明远、王九峰方要到离方位晃魔火幡,忽听正东上一声"阿弥陀佛",来了一僧一道,头前走的那道人口唱山歌,唱的是:

贪利营谋满世间,不如破衲道人闲。笼鸡有食汤锅近,野鹤无粮天地宽。富贵百年难保守,轮回六道任循环。而今看破幻里,学作深山不老仙。

唱罢,后边那个和尚口中说:

为人不必逞英雄,万事无非一理通。虎豹常愁逢狮豸,蛟龙又怕遇蜈蚣。小人行险终须险,君子固穷未必穷。万斛楼船沉海底,皆因使尽十番风。

二人各歌一词。老仙翁一看,那道人身高八尺,头戴莲花道冠,身披鹅黄缎子道袍,腰系丝绦,足下高底云鞋,背后斜插一口宝剑,绿鲨鱼皮鞘,黄绒穗头,黄绒挽手,面如银盆,眉分八彩,目如朗星,准头端正,一部银髯,根根飘洒胸前,手中拿着一把萤刷。后跟那僧人身高九尺,头戴青僧帽,身穿黄缎僧袍,足下白袜云鞋,赤红脸,长眉朗目,怀抱降魔宝杵,相貌惊人。

书中交代,来者这二位非是别人,乃是灵空长老和紫霞真人。这二位本是带禄活神仙,只因二人朝北海,这日正观玩北海名山胜境,忽然间见一股煞气由西往东,直冲霄汉斗牛之间。灵空长老看罢,说:"善哉,善哉!道兄你看。"紫霞真人口念:"无量佛,善哉,善哉!原来降龙、伏虎二位罗汉有难。好孽畜,胆敢这样兴妖作怪!你我这件事不能不管,如不管,恐怕我佛如来见怪。"灵空长老说:"我早就有心把这几个外道天魔除了,我又不肯,他等在万花山修道,我也不肯无故杀害生灵。现今即是他等兴妖作怪,你我赶回去。"紫霞真人说:"你我快走!"僧道二人借遁光往回走,尚未到金山,紫霞真人打了一个冷战,口念:"无量佛,善哉,善哉!道缘这孽障遭此劫数,可惜可惜!"灵空长老说:"你我还得快去,若慢一点,稍迟一刻,东方太悦老仙翁有性命之忧。"僧道急来到金山寺,正赶上杨明远、王九峰正要用魔火幡伤害老仙翁。紫霞真人一声喊嚷:"好孽畜!真乃大胆!"老仙翁睁眼一看,说:"真人、罗汉快来!"

八魔见紫霞真人同灵空长老一来,众人皆是一愣。紫霞真人伸手拉出斩魔剑一指,一片白光,竟将魔火闭住。灵空长老又用降魔宝杵一指,一片金光,那魔火已化为飞灰四散。济公同普妙这才出来道谢。八魔焉敢跟僧道斗法?吓得八个人跪倒在地,卧云居士灵霄说:"真人、罗汉,休要动怒,并非我等无故跟济公颠做对。只因他火烧了我徒弟韩祺,戏耍邓连芳,他又主使徒弟悟禅,火烧了万花山,故此我等找他报仇雪恨。"紫霞真人说:"好孽障!你还以为着有理?你徒弟韩祺同邓连芳上东海瀛洲采灵芝草,就不该多管闲事。赤发灵官邵华风,既是修道的人,就不应该相与绿林贼人贩卖薰香蒙汗药,使人盗取婴胎紫河车,摆阴魂阵伤了多少性命?杀害生灵,荼毒百姓,官兵拿他,他拒捕官兵,情同叛逆。你徒弟帮着他助纣为虐,即是自己为恶,死之不屈!你等在万花山隐藏邵华风,悟禅去要,你就该把邵华风给他。你们不但不给,还要施展魔火要他的命。他也有五千年的道行,也不容易,再说他在松泉寺灵空长老庙里,你等也该有些关照。你等要害他,他焉能不恨你?烧你的万花山,这是你等自找,现在两位罗汉,乃西方大雷音寺奉我佛如来敕旨,降世渡人,你等胆大用魔火炼他二人,真乃胆大妄为! 是你等自作孽不可活!"灵空长老说:"你等跟我走吧,咱们回松泉寺说去。"八魔不敢不跟着。三位罗汉,两位老道,这才带领八魔,狂奔松泉寺而来。不知后事如何,且看下回分解。

第二百三十七回　收八魔符咒封洞口
办善会福善集金山

　　话说长眉罗汉同紫霞真人、东方太悦老仙翁、济公长老、伏虎罗汉,带领八魔,来到九松山松泉寺。这山上有一座子午风雷藏魔洞,长眉罗汉用降魔宝杵,口中念念有词,用法术将八魔置到子午风雷藏魔洞内,立刻将洞门一关,用咒语封锁。灵空长老说:"这八个魔怪,把你们收起来,免生祸端。这洞内到子时有风雷可以镇住八魔。恐其有人来救他们出去,又生是非,洞门口得派人看守。"正说着话,小悟禅来了,给众人行礼。灵空长老说:"悟禅,你速去把灵猿化给我找来,叫他看守此洞。"悟禅答应,去不多时,同梅花真人灵猿化给来了。灵猿化给众人行完了礼,说:"罗汉呼唤我有何吩咐?"灵空长老说:"命你看守此洞,将斩魔剑、降魔杵挂在洞门,八魔那时出来,你用斩魔剑斩他。"灵猿化点头答应,在这里看守八魔,自己修道。灵空这才把众人让到庙中落座。济公说:"多蒙罗汉、真人搭救。我得把悟禅带了去,我要办善会,重修金山寺。要不然,因为我,八魔拆毁金山寺,我这孽造大了。"伏虎罗汉也告辞,往他方前去渡人。济公先带领悟禅告了辞,来到金山寺,写了帖子,遣悟禅去请。所有是济公的徒弟到过的地方,幽州府、龙游县、海潮县、余杭县、石杭县、常州府、镇江府、丹阳县、开化县、临安城、钱塘县、仁和县等处,所有济公认识的都请,上至秦相官宦人家,绅董富户,举监生员,下至庶民,悟禅都给送了帖子,在金山寺八月初一日早降拈香。临安城都吵嚷动了。
　　花花太岁王胜仙一想:"济公救封护国散禅师,乃得道高僧。在金山寺办善会,连我哥哥秦丞相都请,怎么会不请我呢?"这天有风月公子马明来拜王胜仙,二人谈起这件事,王胜仙说:"现在济颠在金山寺办善会,请秦丞相,怎么不请我呢?"马明说:"也没请我。"王胜仙说:"他不请咱们,咱们倒要去带一千银子香资,到金山寺去一趟。"马明说:"也好。"立刻雇了一只大船,带着二十个家人,船上写着一杆大旗,上写"金山寺进香,施助白银一千两",自临安城起身,够奔镇江府金山寺。这天正往前走,见前面一只船上写着"海潮县正堂"的旗子,支着船窗,里面坐着两个丫鬟,一位小姐。这位小姐长得真是千娇百媚,万种风流,梨花面,杏蕊腮,瑶池仙子、月殿嫦娥不如也,可称绝世美人。王胜仙、马明二人一看,眼就直了。这两个人本都是临安城的恶霸,素常净讲究抢人。王胜仙自前番白狗闹洞房,把鼻子咬下去,这小子又派人请名医调治好了,落了疤子。仍然恶习不改,一见美色就动了心,贪淫好色的人全不顾。王胜仙的船在后面跟着,来到镇江口了,相离金山寺还有四十里地。人家靠了船,王胜仙也吩咐靠船。两只船靠着。王胜仙临近一看,这位小姐果然真正美貌。这小子目不转睛一看,这位小姐果然美貌极了。王胜仙真是色胆大如天,当时吩咐管船的,把跳板搭在那只船上。风月公子马明说:"你做什么?"王胜仙说:"我到那只船上去会会这个美人。我自打生人以来,没见过这样绝色的美人,我今天非去找她不可!"风月公子马明说:"那如何使得? 你准知道人家是谁家的姑娘,你硬要去,岂不惹出乱子来?"王胜仙说:"不要紧,我哥哥乃当朝宰相,我乃大理寺正卿,谁敢惹我? 也别管他是谁家的姑娘,我今天非得弄到手,方称我的心。"说着话,王胜仙叫管船地把跳板搭上,他大摇大摆就上了那只船。

书中交代，这船上小姐，乃是海潮县正堂张文魁的妹妹，名叫金娘。只因济公请善会，张文魁施助香资五百两，姑娘带着婆子丫鬟，有三班都头独角蛟安天寿，这位班头水旱两路武艺精通，人也老成，带着十数个班头，保着姑娘金山寺进香。由海潮县要的官船，走在这江口，姑娘叫安天寿买点鲜果，带到金山寺好上供，故此把船靠住。安天寿下船去买东西，偏巧这个时节，王胜仙到这边船上来，大摇大摆，就要进船舱。这里有十几位散役，见王胜仙头戴四棱巾，绣团花，身穿大红宽领阔袖袍，足下粉底官靴，手拿一把折扇，长的梭肩拱背，黄尖尖的脸膛，真是兔头蛇眼，龟背驼腰，一直就要进舱门。当差人一看，连忙阻住，说："你是做什么的？"王胜仙说："我看这女子长得美貌，老爷到里面逛逛。"当差人说："你是什么东西，满嘴放屁！这是我家小姐，你敢这样无礼，你也不打听打听！"王胜仙说："也别管她是什么官的小姐，今天你家大人要找她作乐，哪个敢不答应？"正说着话，偏巧安天寿买东西回来了。见众差役正同王胜仙吵嚷，安天寿说："什么事？"众人说："这厮他硬要进船舱，我问他做什么，他说见小姐长得美貌，他要进去逛逛。安都头，你看世界上哪有这样不通情理的人？我们告诉他说是小姐，他说不论是谁家的小姐，他也要进去作乐。"安天寿一听，把肺都气炸了，立刻把两只怪眼一瞪，说："你还不滚开！如要不然，我结果你的性命！"王胜仙一看安天寿身高八尺，紫脸，在脑门子上有一个大肉瘤子。满部的钢髯，犹如钢针，轧似铁线，根根见肉。头戴缨翎帽，身穿青布靠衫，腰扎皮挺带，薄底鹰脑窄腰快靴，是个班头的打扮。王胜仙自以为是当朝宰相的兄弟，有势利，谁人敢惹，说："哪个敢拦我，我把你们发了！"焉想到安天寿也不管他是谁，先讲动手，当时举手照定王胜仙脸上就是一个嘴巴，底下一腿踢在王胜仙肚子上。王胜仙"呀呀呸"，王胜仙往后一仰，翻身掉在大江之内。大江里水真有几百丈深，王胜仙手下家人一看说："你们胆子真不小，我家大人乃是当朝秦相的兄弟，花花太岁王胜仙，你敢给踢在江里！"安天寿说："王胜仙又该怎么样？踢在江里喂王八！反正先叫他死了。拼出一身剐，敢把皇帝打！"

正说着话，只见对面锣鼓响亮，来了一只大船，船上有大轿，旗子上写着"镇江府正堂"。来者正是本地面知府赵翰章赵大老爷。只因济公在金山寺办善会，赵大老爷亲身带领壮皂快三班，来到金山寺给照料照料，方由金山寺告辞。济公亲身送出庙外，在知府耳边说了几句话，知府点头答应。船到江口方要下船，王胜仙手下家人，一看是镇江府，立刻喊冤。知府吩咐带过来，问什么事？家人等说："我家大人花花太岁王胜仙，乃当朝秦相的兄弟，被他们踢下江去。"正说着话，只见王胜仙仿佛由江里有人给托上岸来，众家人一看也愣了。王胜仙喝了两口水也不要紧，少时还醒过来。众人俱皆纳闷，不知道这是怎么一段缘故。书中交代，原本济公办善会，早吩咐万年永寿，所有烧香来的船，不准在江里伤一个人，如要伤了人，济公说："我告诉龙王定要斩你。托你给照应。"万年永寿答应，吩咐手下子子孙孙，虾兵蟹将，各处巡查。今天见王胜仙掉在江里，故此小王八用脑袋把王胜仙一烘托上来。王胜仙还醒过来，一看镇江府来了，王胜仙说："知府来了好，我要找你。"知府先问："安天寿，这边因为什么？"安天寿说："下役在海潮县当差，我家小姐上金山寺降香，在这里靠船买果供，这个男子他硬要进船舱，说我家小姐长得美貌，他要作乐。拦他他不听，一定要进去。"知府说："你是什么人？"王胜仙说："我是秦丞相的兄弟，我乃大理寺正卿王胜仙。"知府说："你满嘴胡说！王大人焉能做这事？分明是你冒充官长。来人，给我打！"立刻官人将王胜仙按倒，打了四十大板，皮开肉绽，鲜血直流。不知后事如何，且看下回分解。

第二百三十八回

花太岁淫心贪欢报
独角蛟夜探葵花庄

话说知府赵翰章说王胜仙冒充官长，打了他四十大板。知府说："我应该重办你，便宜你放你走，那时再不安分，遇见本府，我定然治罪于你！"说完了，吩咐叫安天寿同小姐开船走，知府也坐着轿走了。王胜仙疼的龇牙咧嘴，真想不到今天受这样苦，只气得眼泪汪汪，说："好一个镇江府！我不要他的命，不算报仇！"自己也不能上金山寺去了，吩咐开船往回走。离此四十里之遥，就是葵花庄，乃是秦丞相的老家。秦丞相家里有一个儿子，名叫秦魁，人称蓝面天王，也是无所不为，时常抢夺良家少妇长女。王胜仙一想，我先找找侄儿去商量商量，设法报仇雪恨。不言讲王胜仙，单说安天寿同姑娘到金山寺去降香。金山寺出善会的人多了，本来济公在外面治的病救人多了，都欠济公的人情，济公从来没要过谢礼，这一办善会，重修金山寺，又是一件善事，众人没有不愿意的。至少的香资一百两，五十两算是顶少的，所有跟济公至近的人，没有不到的。大众还不走，问济公所收的香资够用不够？如其不够，我等大家再给凑。济公说："众位不必费心了，富富有余。"

安天寿同小姐交了五百两香资，烧完了香，吃了素斋，这才告辞，坐船往回走。方走到葵花庄的江岸，忽然刮起了一阵怪风，刮的对面不见人，几乎把船翻了。这阵风过去，再一看丫鬟婆子被杀，小姐也不见了。丫鬟婆子都杀死，要说有截江贼，怎么连人影儿没看见呢？这件事怎么办？回去见了老爷，怎么对得起？有一位老管家，也是在张宅多年的人，叫张福。张福说："安都头不要着急，先在附近访查访查。如访着便罢，如访查不着，你我回金山寺去找济公，求他老人家给找找小姐。反正找不着小姐，你我不能回去。"安天寿无法，靠了船弃舟登岸，顺着江岸往前走了不远，见有一只小打鱼船。安天寿说："借光，管船的，这眼前的村庄叫什么地名儿？"这打鱼的说："这是葵花庄。"安天寿说："这庄子里住着都是做什么的人家？"打鱼的说："你是外乡人罢，你不知道这是当朝秦丞相的大少爷秦魁在这里住？"安天寿一听，心中一动，说："这位秦魁，素日为人是好人是歹人？"打鱼的说："唉！别提了，别提了！你是外乡人不知道，我跟你说说。这位秦魁在我们本地，倚仗着势力欺人，常抢夺良家少妇长女，我们这方没人敢惹。"

安天寿道："我何不进村庄探探去？这件事来得奇怪，令人难测。"说罢，安天寿进村庄探访。见路北有一座大门，门口八字影壁，有上马石，有四棵龙爪槐，拴着幌绳，有十几匹骡马。安天寿一看，大约这必是秦相府，这必是宅院房子不少。路南里有一座小铺，挂着酒幌子，上写"闻香下马，知味停车。"安天寿迈步进去，也没有多少酒座。安天寿找了一张桌坐下。伙计过来："大爷要几壶酒？"安天寿说："来两壶酒，来两碟菜罢。"伙计擦抹桌案，把酒菜摆上，天已黑了，屋中掌上灯了。安天寿心里好似万把钢刀扎心，酒也喝不下去。正在烦的了不得，忽见由外面进来两个人，都是紫花布的裤褂，都有三十多岁，长得凶眉恶目，一脸的横肉。两个人晃晃悠悠的说话，舌头都僵了，大概是喝醉了的样子。这个说："二哥，咱们庄主不是说，每人赏二两银子吗？怎么又不赏呢？"那个说："庄主说话没准，说过了就忘了，也许明天赏，今天只顾喝酒了。"旁边酒铺掌柜的说："你们庄主有什么喜事？"这个说："今天我们庄主的叔叔王胜仙王大人来了，提说上金山寺去烧香，因为一个美人，被镇江府知府打了四十大板。他来找我们庄主，派人去把这个美人得来，今天总算是喜事。"那人说："老二，你别说了，这事也是在外头说的吗？"这个说："不要紧，咱们这方谁敢坏咱们庄主的事。"焉想到旁边安天寿听得明白，自己一想，他们用什么妖术邪法，把我家小姐抢来的？我去他家探探去，再作道理。

想罢，给了酒钱，由酒铺出来，绕到西北角上，回头四顾无人，拧身跳上墙去，见里面黑洞洞，一无人声，二无犬吠。安天寿蹿房越脊，如履平地相仿，探来探去，来到前厅。这院中是大四合房，北上房五间，南房五间，东西配房各三间。北上房屋中灯光闪烁。安天寿在暗中一探，见里面正面上坐定一人，黄脸膛，头带四棱巾，身穿宽领阔袖大红袍白护领，正是王胜仙。上手一位浪荡公子打扮，乃是风月公子马明。还有一个蓝脸的，两道朱砂眉，一双金睛叠暴，空出眶外，头带四棱逍遥巾，双飘秀带，身穿宽阔袖大红袍，这就是蓝面天王秦魁。下手里坐着一个老道，头带青缎子九梁道巾，穿蓝缎色道袍，青护领相衬，白袜云鞋，面似姜黄，浓眉大眼，花白胡须，众人正在一处吃酒。安天寿看够多时，就听老道说："王大人，你今天依我说，先别跟她入洞房，叫婆子慢慢劝解她，总是她自己依从应答才好。再说这一件事，虽然办的严密，可有一节，据我想他等必要去找济颠，都瞒得了，可瞒不了济颠。大概人家也不能善罢甘休。可是我也不怕济颠，他也未必准是山人的对手，可就怕这件事，吵嚷出去，可就不好办了。他那船上可有一个能人，如果到这里哨探倒好，我将他拿住，可以斩草除根。"王胜仙说："济颠来也不要紧，他要讲交情，他是我哥哥的替僧，他就不应该管我的事，帮着人家。他如不讲交情，道爷你只要将他拿住，就把他杀了，有什么祸，都有我呢。惟可恨镇江府赵翰章，他竟敢打我四十大板子，这个仇非得报不可！"

安天寿在暗中听的明白，自己一想："我先救我家小姐要紧，倘若我家小姐有点差错，我拿什么脸去见我家老爷？"想罢，自己蹿房越脊，各院寻找，找到东跨院。这院中是北房三间，南房三间，东西配房各三间。北上房东里间灯影儿朔朔，人影儿摇摇。安天寿蹿下来，把窗纸湿了一个小窟窿，往里一看，屋中顺后墙一张床，地下有椅桌条凳，床上坐着正是金娘小姐。地下有四个仆妇，都在三十多岁，一个个伶牙俐齿，这个说："姑娘你就别哭了，你别想不开，你已然来了，反正你也走不了。这也不是地狱，你这算到了天堂了。你要好好的从了我们大人，享不尽的荣华富贵，受不尽的一呼百诺。你要不依从，把我们大人招恼了，用皮鞭子笞你，也不能一时打死，你到哪时答应，哪时不打你，但是你后悔可就晚了！"这个说完了，那个老婆子就说："姑娘你别哭，我告诉你，男大当婚，女大当嫁，早晚姑娘你也得出聘，还不定给什么人家，就许受了罪。这个我们大人，乃是当朝秦丞相的兄弟，大人本人是大理寺正卿，你跟了我们大人就是夫人。妇人女子一辈子，也无非就是吃喝穿戴。这个主儿，找都找不着，你还哭。要依我说，你洗洗脸，搽点粉，换换衣裳，把大人哄乐了，你要一奉十。"

这个说一套，那个说一套，都是伶牙俐齿。安天寿在外面听着，把肺都气炸了。有心进去杀这四个仆妇，又怕吓着小姐，莫若叫出来杀。想罢，说："老姐姐们出来，庄主叫我来问劝得怎么样了。"仆妇一听说："谁呀？"安天寿说："我。"说着话，由里面出来两个仆妇，被安天寿一刀一个杀了。里面两个仆妇听外面"咕冬咕冬"，赶紧问："王姐姐你摔躺了？"安天寿说："你们来瞧瞧。"这两个人出来，也被安天寿杀了。安天寿进到屋中要救小姐，抬头一看，小姐踪迹不见，把安天寿吓得亡魂皆冒。不知后事如何，且看下回分解。

第二百三十九回　因救千金被贼获　为吓贼人装鬼神

话说安天寿把四个贼婆子杀死，到屋中要救小姐，焉想到踪迹不见，安天寿一看愣了。自己正在发愣之际，忽听外面有人喊嚷"拿贼！"书中交代，王胜仙自从镇江府打了他四十板子，他来找秦魁。同风月公子马明，带领家人来到门首。往里面一回禀，秦魁一听叔叔来了，赶紧往外迎接。来到外面给王胜仙行礼，王胜仙给风月公子马明一引见，大众往里狂奔。来到大厅，王胜仙一看，这里坐着一个老道。

王胜仙就问:"贤侄,这位道爷是谁?"秦魁说:"这是我师傅混天老祖,教给我炼金钟罩铁布衫。"这个老道会妖法,说在这里住着,他会配各样的药,金枪不倒,美女自脱衣等药。秦魁虽爱炼,可也是酒色之徒,故此拿老道敬如上宾,立刻给王胜仙一引见,说:"这是我师傅,他老人家善会呼风唤雨,撒豆成兵,搬山倒海,五行变化,前知五百年,后知五百年。能掐会算,善晓过去未来之事。"王胜仙说:"这就是了。"秦魁说:"叔叔今天从哪来?"王胜仙说:"别提了,我原本要上金山寺去出善会,走在江口,碰着一个美貌的女子,船上插着海潮县正堂的旗子。我要到她船上去,不想被她手下一个能人,将我踢下江去,幸亏我命长,也不知怎么会上来了。镇江府知府赵翰章赶上这件事,我跟他一道名姓,他倒反打了我四十板子。我这口气不出,美人也没得到手。这个美人我真爱的了不得,我来找你给我想个主意。"旁边混天老祖哈哈一笑,说:"这乃小事一段。大人打算要这个美人容易,我去施展法术,将他带来,不费吹灰之力。"王胜仙一听,喜出望外,说:"祖师爷要真能把这女子给我得来,我必有重谢!"老道说:"既然如是,大人等着,我去去就来。"

老道出了葵花庄,在江口一等,工夫不大,见海潮县这只船来了。老道口中念念有词,立刻一阵狂风大作,老道上船将婆子丫鬟杀死,在小姐天灵盖上打了一迷魂掌,小姐糊里糊涂,老道施展法术,风裹着把小姐带回来,交与婆子,叫婆子给烧了一道符灌下去,等小姐明白过来,慢慢劝解。老道来到大厅说:"王大人,我山人已将美人给你得来。"王胜仙千恩万谢,在大厅摆酒,大家开怀畅饮。依着老道,今天先不叫王胜仙跟小姐入洞房。王胜仙喝酒了,一定要入洞房。如其那女子不依从,今天叫人把她捆上,也别管她答应不答应。老道:"既是王大人今天要入洞房,如果她不从,我给你一粒药给她吃了,管保叫她一厢情愿。"王胜仙乐得了不得,赶紧叫家人先去问问婆子劝得怎么样,答应没答应?家人来到这院中方要说话,见地下四个婆子被杀。家人连忙跑到大厅,说:"可了不得了!那院里四个婆子都死在院里,被人杀了,有一个人进了屋子!"秦魁一听,说:"赶紧叫二位护院的拿贼,别放贼走了!"

他这家中两个护院的原是西川路的两个贼,一个叫鸡鸣鬼全得亮、一个叫造月鹏程智远。家人给一送信,二人各拉兵刃,吩咐鸣锣聚众,一直来到东跨院。安天寿在屋中找小姐没有了,找了半天,方转身出来。全得亮一声喊嚷:"好贼,你往哪里走!"安天寿一看,见全得亮头戴翠蓝色六瓣壮士巾,上按六颗明镜,身穿蓝箭袖袍,腰系丝鸾带,单衬袄,薄底靴子,面似姜黄,两道短眉毛,一双三角眼,鹦鼻子,两腮无肉,手擎一条花枪。后面跟定一人,头上紫缎色壮士帽,身穿紫箭袖单衬袄,薄底靴子,手擎一把钢刀,柴脸膛,一脸的花斑。凶眉恶眼,怪肉横生。安天寿见小姐没了,真急了,当时一顺手中刀说:"好贼人,你等施展什么妖术邪法,把我家小姐抢来?今天安大太爷把尔等刀刀斩尽,剑剑诛绝!"全得亮赶上前,抖花枪照定安天寿哽嗓咽喉就扎。安天寿用刀往外一拔,贼人往回一撤枪,反枪照定胸前刺来。这条枪三花九摆,金鸡乱点头。安天寿刀法纯熟,门路精通,急架相还。程智远摆刀过来协力相帮,手下恶奴各掌灯球火把,齐声喊嚷。安天寿一看人多势众,打算要走。秦魁同老道赶到,老道见全得亮、程智远两个人拿不了安天寿,老道说:"二位闪开!好小辈,放着天堂有路你不走,地狱无门自找寻!待山人来拿你!"全得亮二人往旁边一闪,老道口中念念有词,说声"敕令!"用手一指,将安天寿定住。程智远摆刀要杀,老道说:"别杀,捆上他带到前面,细细的审问审问。"他这才立刻将安天寿捆上,搭着来到大厅。王胜仙、秦魁、马明,同老道在上面坐定,老道说:"你姓什么?叫什么?来此何干?趁此实说!"安天寿把眼一瞪,说:"你家大太爷行不更名,住不改姓,我姓安名叫安天寿,绰号人称独角蛟。我乃是海潮县三班都头,只因你等为非作歹,施展妖术邪法,抢我家小姐。我奉我们老爷堂谕,前来寻找我家小姐。大太爷既被你拿住,杀剐你给我快行!"秦魁说:"祖师爷何必还细问他,把他杀了就完了。"

正说着话,忽听后宅"当当当"点响一阵。秦魁一听一愣,每逢宅内有紧要事才打点。正在一愣，婆子来到前面大厅，慌慌张张说："庄主可了不得了，后宅闹大鬼，把大姨奶奶、二姨奶奶全吓死了，你快去瞧瞧罢！"秦魁一听说："这事奇怪，你我同去瞧瞧去。"全得亮、程智远说："这必是绿林人装神弄鬼。"秦魁立刻叫两个家人在大厅看守安天寿，秦魁同王胜仙、风月公子马明、老道混天老祖，带领鸡鸣鬼全得亮、造月鹏程智远，大众一同狂奔内宅。秦魁自己到屋中一看，众姨奶奶全都死过去了，人事不知。秦魁叫了几个大胆的婆子，把大姨奶奶、二姨奶奶搀扶起来，慢慢地呼唤，好容易才还醒过来。老道交给秦魁几丸定神药，拿阴阳水化开，给众位姨奶奶喝下去，定了定神。秦魁说："众位姨奶奶是怎么一段事，全都给吓死过去？"大姨奶奶说："我等在灯下跟婆子丫鬟说着话，等候公子爷过来安歇，忽然间由外面进来一个大鬼，身高有一丈，五色脸大脑袋，冲着我们一晃，吓得我们全糊涂了，也不知这鬼哪里去了。"秦魁一听，气得"哇呀呀"怪叫如雷，说："好鬼！胆敢搅闹我的家宅不安，尔等赶紧给我寻找，找着把他碎尸万段！"众家人点上灯笼，各处寻找，前前后后院中都找遍了，并无踪迹。这才来到后面，说："庄主爷，我等都找遍了，并没有。"

鸡鸣鬼全得亮、造月鹏程智远两个人本是绿林人，什么事瞒不了他们，这两个人在绿林中什么事都做过，蹲到水坑里就装龙，抹一脸锅烟子，就装灶王。那行人知道那行事，程智远说："庄主爷，你老人家不知道，这绝不是鬼，必是安天寿的余党。"秦魁说："我也明白，光天化日，朗朗乾坤，哪里来的鬼。这乃是无名的小辈装神弄鬼，要是好朋友就不该跑。好鬼狗娘养的，吓坏我的爱妾！"秦魁站在院中破口大骂，焉想到英雄侠义，就是不听人骂。忽然房上答了话，一声喊嚷，声音洪亮，说："好囚囊的！你先别骂，大太爷本不是鬼。只因你等为非作歹，无故抢掳良家的妇女，大太爷乃侠义英雄，专杀土豪恶霸，赃官佞党，搭救义夫节妇，孝子贤孙。今天特意前来结果尔等的性命！"鸡鸣鬼全得亮、造月鹏程智远说："你下来。"当时由房上跳下二位惊天动地的大英雄。不知来者是谁，且看下回分解。

第二百四十回　雷陈奉命救良善　济公功满归静慈

话说蓝面天王秦魁破口一骂，由房上答了话，跳下两个人来，一位头戴紫壮帽，紫箭袖，腰系鸾带，单衬袄，薄底靴子，面如蓝靛，发似朱砂，押耳红毫。一位穿蓝翠褂，壮士打扮，白脸膛，俊品人物。各擎钢刀，来者非别，正是风里云烟雷鸣，圣手白猿陈亮。这二位自从前者由京都完了官司，同马兆熊、秦元亮各自回家。雷鸣、陈亮在家中闭门度日，不肯出来，看破了绿林道。前者接着济公请帖，济公在金山寺办善会，这两个人不能不来。二人备了二百两香资，来到金山寺给济公帮着应酬施主。济公把雷鸣、陈亮叫一旁，说："你二人给我办点事。"雷鸣、陈亮说："师傅有什么吩咐？"济公说："你二人不用在庙里帮我张罗，你二人赶紧到葵花庄去。现在秦相的儿子秦魁，把海潮县知县的妹妹张金娘抢了去，有一个三班都头安天寿去救他们小姐，你二人去帮着，把小姐救出龙潭虎穴。只要把人救出来，可千万别招惹秦魁他等，他那里有个老道，你二人可不是他的对手，千万不可跟他交手。倘如你二人闯出祸来，我这里甚忙，可救不了你们。"雷鸣、陈亮点头，二人出了金山寺，坐船到了葵花庄来。上岸天已黑了。二人上了岸，施展飞檐走壁，到秦魁家中一瞧，探见大厅里众人喝酒谈话。雷鸣、陈亮都听明白了，二人各处一寻找小姐，找到东跨院北上房，屋中婆子正劝解姑娘。雷鸣、陈亮在房坡爬着，往下瞧见安天寿正使调虎离山计，往外叫婆子，把四个婆子都杀了。雷鸣、陈亮有心进去救小姐，又一想男女授受不亲，人家是未出阁的女儿，二人正在心中犹疑，见安天寿进了屋中，"呵"了一声说："小姐哪里去了？"雷鸣、陈亮一想："这是什么人，走在我们头里！"

二人赶紧就追，直追出庄子也没赶上，就听庄内人齐呐喊，二人后又回来。雷鸣、陈亮赶紧到前面来要救安天寿，急至来到前面一看，见安天寿跟全得亮、程智远动了手，杀在一处。少时见安天寿被老道拿住。依着雷鸣就要下去，陈亮说："二哥别莽撞，师傅告诉不叫你我下去动手，不是老道的对手，你我别碰钉子。"陈亮把雷鸣拦住，见众人把安天寿搭在大厅去，雷鸣说："你我要不救他，他准得死在恶霸之手，咱们使调虎离山计救他。"这才把隔面具掏出来带上，雷鸣到宅内满屋里一串，把众姨奶奶俱都吓死。

二人在房上看着，见婆子给前面送信，少时秦魁同老道等，都到后面来。雷鸣、陈亮赶紧到前面来救安天寿，急至来到前面一看，见两个家人已被人杀死，安天寿踪迹不见。雷鸣一看就愣了，陈亮说："罢了，真是夜眠清晨起，路上又有早行人。"二人愣了半天，又到后面一探听，秦魁一骂，雷鸣恼了，当时答了话，跳在院内，陈亮也说不上不算来了。二人方一下来，鸡鸣鬼全得亮赶过来照定雷鸣就是一枪，雷鸣摆刀急架相还。程智远摆刀照定陈亮劈头就剁，陈亮用手中刀海底捞月，往上就迎；贼人撒刀分心就刺，陈亮用刀往下就盖。动手走了五六个照面，雷鸣、陈亮本来能为武艺出众，本领高强，刀法纯熟，全得亮、程智远二人不是雷鸣、陈亮的对手。二人尽有招架之功，并无还手之力。老道混天老祖口念"无量佛，"说："好小辈，放着天堂有路你不走，地狱无门自找寻！真是飞蛾投火，自来送死！待山人结果你的性命！"说着话，用手一指，一声"敕令"，用定神法将雷鸣、陈亮定住。秦魁吩咐绑，立刻将雷鸣、陈亮搭到大厅。秦魁一看两个家人俱被杀，安天寿踪迹不见，气得颜色更变。这才问道："你两个姓什么？叫什么？因何来到我家中搅闹？"雷鸣、陈亮说："大太爷行不更名，住不改姓，我叫雷鸣，人称风里云烟。他叫圣手白猿陈亮。我二人由金山寺，奉我师傅济公长老之命前来，只因你等抢夺烧香的良家小姐，派我二人特来救她。"秦魁一听，自己一想，济公是我父亲的替僧，这件事要声张出去，彻底根究，我抢夺良家妇女，被我父亲知道，决不能饶我。要不把这两个人送到当官去，这家中六条命案也不好办。"秦魁说："你两个人既是济公叫你们来的，我跟济颠远日无冤，近日无仇，我这婆子家人是你们谁杀的？"雷鸣说："你要问谁杀的人，我二人不知道。"秦魁说："大概这么问你，你二人也不实说。来人，把他两个人吊起来给我打！"手下家人答应，正要打雷鸣、陈亮，忽听后宅一阵大乱，家人喊嚷："可了不得，宅内着了火了！"秦魁众人一听，吓的惊魂千里，众人连忙往后跑。幸喜家人多，把火扑灭。气得秦魁"哇呀呀"怪叫如雷。再到前面一看，雷鸣、陈亮踪迹不见。天也快亮了。秦魁说："尔等跟我追放火的人！"大众一同追出院子，扑奔村头，方一出村，只见由对面济公带着镇江府的二十个班头来了。风月公子马明伶俐，见事不好，带着自己的从人竟自逃走了，老道一看见济颠眼就红了。书中交代，这个老道本是慈云观漏网的贼人，乃是右殿真人李华山。前者由藏珠坞逃走，各奔他乡，他来到秦魁这里，自称混天老祖，在这里避难。按说就应该改过自新，他还是恶习不改，也是该当遭报。原本济公昨天在金山寺应酬众施主，不能分身，收了有七八万银子。今天一早带领本地面二十名班头，特为来拿老道。老道打算要跑，那如何能行，被济公用手一指，口念"唵嘛呢叭咪吽"，老道已然不能动转，济公派官人把他捆上。秦魁一见不好，先逃进家中，闭门不出。王胜仙连急带吓，逃走到家中，卧病不起，只见有无数冤鬼在床前要命，病了有一个多月，自己就呜呼死矣。临安城人人啐骂，都说是就该死，这也是他一生不做好事之报，在阳世杀男掳女，欺压良善，今朝一死，这也是恶报临头。

单表济公拿获妖道，见秦魁逃走，也未追赶。只见从正南来了几个人，内中有安天寿同着雷鸣、陈亮。书中交代，安天寿是从哪里来的？被何人救去？只因安天寿被人捉住，绑在大厅之上，秦魁带着群寇妖道要杀。雷鸣、陈亮使调虎离山计，后面装鬼。秦魁等奔后面去。只见从房上跳下来一位英雄，身穿夜行衣靠，面如白玉，粉脸如银，长眉阔目，准头端正，唇似涂朱，看年岁二十以外，俊品人物，手执钢刀，先把安天寿绳扣解开说："朋友，跟我来，我特意来救你！"说罢，一飞身蹿上房去。安天寿说："恩公慢走，我还要救我家小姐要紧。"那人说："你不必狐疑，我已然把小姐救上船去，咱二人先到外边，你等候于我，我再去看葵花庄内是何人使调虎离山计。"二人到了外边，那人说："安都头，你在此等我。"说罢翻身进了庄院，正见雷、陈二人被捉。他到西院之中放了一把火，烈焰腾空，那边众人急忙来救火，趁此，那人把雷鸣、陈亮救出来。到了外边，一见安天寿会合一处，安天寿说："兄台救我性命，未领教贵姓高名，仙居何处？"雷、陈也过去问那人名姓。那人说："我姓彭名恒，乃江北黑狼山彭家集的人，江湖上人称八臂膀飞行太保九杰彭恒，只因我寻访我师傅叶德芳，走到此地，听人说葵花庄险恶无常，无人敢惹，欺压良善，无所不为，我想结果恶人性命，扰乱他家宅不安。不想到哪里，正遇安头儿在那里救姑娘。我一见动了一点恻隐之心，我先把小姐救出来。我也不顾避嫌疑，把小姐背至外面，一问方知是张小姐。我送至船上，二次来到秦宅，原要杀他满门家眷，不想我到那里看见安都头被捉，雷、陈二位使调虎离山计，我便把你救出来。复又到里边一看，见雷、陈二位被捉，我放火把他调开，我便把你二人救出来。这是已往之事。"说罢四人共到船上，此时张小姐要寻死，丫鬟奶娘解劝好了。安天寿四人到船，各说各人之事，天色已亮，听见正北人声一片。雷鸣、陈亮四人下船，到外一看，只见济公捉了妖道，秦魁逃走，济公告诉雷、陈，到金山寺帮我办事。安天寿谢了济公等，彭恒告辞，自己去了。

济公同官人到镇江府衙署，见知府把妖道按律议罪，解交常州府完案，把妖道就地正法。济公到金山寺先派人把徒儿全都叫来，先给孙道全落发，就金山寺充当知客僧。悟禅仍回九松山松泉寺庙中。济公择日开工，重修金山寺。不到半年，工程告竣，塑像一新，诸事完毕，雷、陈二人回家。济公自回到临安城，到天竺山静慈寺庙中。众僧接见，方丈德辉说："济公你来此甚好，老僧我正盼之际。现在咱们下院报花寺，年久失修。重修那庙，工程甚大，非汝不能募化。此乃是一件好事，功德无量。"济公点头答应，在报花寺募化十方，京都在朝文武官绅富户，都来给济公书写缘簿，未到半载之久，化了有数万两白银，从此兴工起造，把那庙塑像一新。开光之日，来了四山五岳之善男信女，不计其数。诸事完毕，从此济公仍是走游天下，到处舍药，救济穷人。